Fritz · Pielsticker
Mediationsgesetz
Kommentar · Handbuch · Mustertexte

Fritz · Pielsticker

Mediationsgesetz

Kommentar
Handbuch
Mustertexte

herausgegeben von

Prof. Dr. Roland Fritz
Präsident des Verwaltungsgerichts Frankfurt am Main
Mediator (M. A.)

Dr. Dietrich Pielsticker
Rechtsanwalt und Notar (Berlin)
Attorney-at-Law, New York
Wirtschaftsmediator (M. A.)

Luchterhand Verlag 2013

Zitiervorschlag: Mediationsgesetz/Bearbeiter, § 5 MediationsG, Rdn. 26

Bibliografische Information der Deutschen Nationalbibliothek
Die Deutsche Nationalbibliothek verzeichnet diese Publikation in der Deutschen Nationalbibliografie; detaillierte bibliografische Daten sind im Internet über http://dnb.d-nb.de abrufbar.

ISBN 978-3-472-07952-1

www.wolterskluwer.de
www.luchterhand-fachverlag.de

Alle Rechte vorbehalten.
© 2013 Wolters Kluwer Deutschland GmbH, Luxemburger Straße 449, 50939 Köln.
Luchterhand – eine Marke von Wolters Kluwer Deutschland GmbH.

Das Werk einschließlich aller seiner Teile ist urheberrechtlich geschützt. Jede Verwertung außerhalb der engen Grenzen des Urheberrechtsgesetzes ist ohne Zustimmung des Verlages unzulässig und strafbar. Das gilt insbesondere für Vervielfältigungen, Übersetzungen, Mikroverfilmungen und die Einspeicherung und Verarbeitung in elektronischen Systemen.

Verlag und Autor übernehmen keine Haftung für inhaltliche oder drucktechnische Fehler.

Umschlagkonzeption: Martina Busch, Grafikdesign, Homburg Kirrberg
Satz: Konrad Triltsch Print und digitale Medien GmbH, Ochsenfurt-Hohestadt
Druck und Weiterverarbeitung: L.E.G.O.S.p.A. – Lavis, Italy

Gedruckt auf säurefreiem, alterungsbeständigem und chlorfreiem Papier.

Verzeichnis der Bearbeiter

Nicole Etscheit
Rechtsanwältin (Berlin)
Geschäftsf. Gesellschafterin ADRIBO GbR, Gesellschaft für
Wirtschaftsmediation
Mediatorin (M.A.)

Prof. Dr. Roland Fritz
Präsident des Verwaltungsgerichts Frankfurt am Main
Mediator (M. A.) und Ausbilder

Heiner Krabbe
Diplom-Psychologe und Psychotherapeut (Münster)
Mediator (BAFM), Ausbilder und Supervisor

Dr.-Ing. Moritz Lembcke
Rechtsanwalt (Hamburg)
Wirtschaftsmediator

Dr. Martin P. Lögering
Rechtsanwalt (Hamburg)

Dr. Dietrich Pielsticker
Rechtsanwalt und Notar (Berlin)
Attorney-at-Law, New York
Wirtschaftsmediator (M. A.)

Dr. Hans-Patrick Schroeder, MLE
Rechtsanwalt (Frankfurt am Main)
Wirtschaftsmediator (CVM)

Dr.-Ing. Matthias Sundermeier
Technische Universität Dortmund
GOLDBECK Public Partner GmbH (Bielefeld)

Vorwort

Ironisch und nicht ganz zu Unrecht hatte der Kommentator einer angesehenen deutschen Tageszeitung im Januar 2012 die Frage aufgeworfen, ob im Zusammenhang mit dem parlamentarischen Ringen um das Mediationsförderungsgesetz nicht die Möglichkeit einer Mediation in Betracht gezogen werden sollte. Er tat dies zu einem Zeitpunkt, da die Frist zur Umsetzung der Europäischen Mediationsrichtlinie im Mai 2011 bereits lange abgelaufen und wegen einer Auseinandersetzung zwischen Bundestag und Bundesrat über die Zukunft der gerichtsinternen Mediation ein Ende der Gesetzgebungsverfahrens nicht absehbar war.[1] Inzwischen hat der vom Bundesrat einberufene Vermittlungsausschuss sein Votum abgegeben und das Gesetz ist am 26.07.2012 in Kraft getreten.

Das vorliegende Gesetzeswerk in der Form eines Artikelgesetzes normiert in seinem Artikel 1 das Mediationsgesetz, während sich die übrigen Artikel mit den notwendigen Modifikationen und Anpassungen der jeweiligen Verfahrensordnungen befassen. Erst der Blick auf alle Vorschriften des Mediationsförderungsgesetzes lässt ein Gesamtbild dessen entstehen, was der deutsche Gesetzgeber nunmehr geregelt hat. Von daher umfasst die vorliegende Kommentierung auch die vielfachen Änderungen der einzelnen Prozessordnungen und orientiert sich im Aufbau an der parlamentarischen Vorgabe. Das erfordert um der Handhabbarkeit des Werkes Willen vielfach Querverweisungen, gelegentlich Dopplungen.

Keine Vorschriften finden sich im Regelwerk zu dem, was der Gesetzgeber als »andere Verfahren der außergerichtlichen Streitbeilegung« bezeichnet, so dass eine Kommentierung insoweit nicht in Betracht kam, stattdessen die Darstellungsform umfassender Einzelbeiträge gewählt wurde. Das Gleiche trifft auf die notwendigen Hintergrundinformationen zu Methoden, Techniken, Anwendungsfeldern etc. der Mediation zu, die sich ebenfalls in Einzeldarstellungen finden, um die jeweiligen Kommentierungen des Mediationsgesetzes nicht zu überfrachten. An zahlreichen Stellen wurden »Hinweise für die Praxis« aufgenommen, die Mustertexte wie sonstige Praxisanregungen enthalten. Hieraus erklärt sich die Unterzeile der Titelei als »Kommentar – Handbuch – Mustertexte«.

---

1 *Merati-Kashani* NVwZ 2011, 400 f.

Vorwort

Juristische und psycho-soziale Grundberufe prägen die Mediatorenschaft in Deutschland; für die Autoren des Werkes gilt nichts anderes. Sie alle haben vielfache Erfahrungen als langjährig tätige Streitschlichter in ganz unterschiedlichen Disziplinen sammeln können, sei es in der beruflichen wie in der universitären Mediationsausbildung und -fortbildung, in der Wirtschafts- wie in der Gemeinwesen- und Familienmediation, im außergerichtlichen wie im gerichtlichen Streitschlichtungssektor. Die daraus resultierende Vielfalt der Sichtweisen entspricht der praktizierten Wirklichkeit von ADR, findet ihren Niederschlag in den jeweiligen Kommentierungen und Darstellungen und vermittelt dem Nutzer ein breites Spektrum der unterschiedlichen Ansätze außergerichtlicher Konfliktbeilegung.

Den Prozess des Entstehens des vorliegenden Werkes haben viele kritisch begleitet; ihnen allen gilt unser Dank. Besonders verpflichtet fühlen wir uns Günter Apell, Lothar Aweh, Iva Fleiner, Wolfram Henkel, Camilla Hölzer, Karsten-Michael Ortloff, Frank Schreiber und Arno Tautphäus für kollegialen Rat und fachliche Hinweise. Anregungen und Verbesserungsvorschlägen für eine 2. Auflage sehen wir aufgeschlossen entgegen.

Frankfurt am Main, Berlin
im August 2012

Prof. Dr. Roland Fritz, M.A.
Dr. Dietrich Pielsticker, M.A.

Inhaltsverzeichnis

Vorwort	7
Abkürzungsverzeichnis	15
Literaturverzeichnis	23
Gesetz zur Förderung der Mediation und anderer Verfahren der außergerichtlichen Konfliktbeilegung	1
Einleitung	13
I. Geschichte der Mediation	14
II. Gesetz zur Förderung der Mediation	17
1. Frühe Entwicklungen	17
2. Güteverfahren	18
3. Mediation	30
4. Gesetzgebungsverfahren	45
Mediationsgesetz	55
§ 1 Begriffsbestimmungen	56
§ 2 Verfahren; Aufgaben des Mediators	78
§ 3 Offenbarungspflichten; Tätigkeitsbeschränkungen	143
§ 4 Verschwiegenheitspflicht	181
§ 5 Aus- und Fortbildung des Mediators; zertifizierter Mediator	200
§ 6 Verordnungsermächtigung	215
§ 7 Wissenschaftliche Forschungsvorhaben; finanzielle Förderung der Mediation	232
§ 8 Evaluierung	245
§ 9 Übergangsbestimmung	254
Zivilprozessordnung (§§ 41, 159, 253, 278, 278a ZPO)	263
§ 41 Ausschluss von der Ausübung des Richteramtes	265
§ 159 Protokollaufnahme	273
§ 253 Klageschrift	280

Inhaltsverzeichnis

§ 278 Gütliche Streitbeilegung, Güteverhandlung, Vergleich 288
§ 278a Mediation, außergerichtliche Konfliktbeilegung 319

Gesetz über das Verfahren in Familiensachen und in den Angelegenheiten der freiwilligen Gerichtsbarkeit (§§ 23, 28, 36, 36a, 81, 135, 150, 155, 156 FamFG) 341

§ 23 Verfahrenseinleitender Antrag 343
§ 28 Verfahrensleitung 349
§ 36 Vergleich 357
§ 36a Mediation, außergerichtliche Konfliktbeilegung 370
§ 81 Grundsatz der Kostenpflicht 388
§ 135 Außergerichtliche Konfliktbeilegung über Folgesachen 393
§ 150 Kosten in Scheidungssachen und Folgesachen 401
§ 155 Vorrang- und Beschleunigungsgebot 407
§ 156 Hinwirken auf Einvernehmen 411

Arbeitsgerichtsgesetz (§§ 54, 54a, 55, 64, 80, 83a, 87 ArbGG) 421

§ 54 Güteverfahren 422
§ 54a Mediation, außergerichtliche Konfliktbeilegung 437
§ 55 Alleinentscheidung durch den Vorsitzenden 453
§ 64 Grundsatz 457
§ 80 Grundsatz 459
§ 83a Vergleich, Erledigung des Verfahrens 461
§ 87 Grundsatz 463

Sozialgerichtsgesetz 465

§ 202 465

Verwaltungsgerichtsordnung 499

§ 173 499

Gerichtskostengesetz 533

§ 69b Verordnungsermächtigung 533

Inhaltsverzeichnis

Gesetz über Gerichtskosten in Familiensachen	545
§ 61a Verordnungsermächtigung	545
Finanzgerichtsordnung	551
§ 155	551
Mediationsförderungsgesetz	571
Artikel 9 Inkrafttreten	571
Methodik und Anwendungsbereiche der Mediation	573

I.	Ursache und Entwicklung von Konflikten	574
	1. Einführung	575
	2. Begriff	576
	3. Die Entwicklung der Konflikttheorien	578
	4. Die Typisierung von Konflikten	584
	5. Die Ursachen von Konflikten	592
	6. Die Dynamik von Konflikten	602
	7. Konflikteskalation und Interventionsmöglichkeiten	607
II.	Bedeutung und Methodik der Mediation	609
	1. Bedeutung der Mediation	610
	2. Methodik der Mediation	613
	3. Die mediationsanaloge Supervision	640
III.	Psychologische Aspekte, Hintergründe und Dynamiken	644
	1. Einleitung	646
	2. »Das Gespräch«	646
	3. Emotionen	649
	4. Hocheskalierte Konflikte	653
	5. Konfliktfeld Familie	660
	6. Konfliktfeld Arbeit, Mobbing	683
IV.	Besondere Formen der Mediation	688
	1. Einleitung	689
	2. Die Kurz-Zeit-Mediation	690
	3. Die Co-Mediation	698
	4. Online-Mediation	709

Inhaltsverzeichnis

V.	Anwendungsbereiche der Mediation	716
	1. Einführung	717
	2. Zivilrecht	717
	3. Öffentliches Recht	735
	4. Strafrecht	737

Andere Verfahren der außergerichtlichen Konfliktbeilegung 741

I.	Zusammenfassende Darstellung alternativer Konfliktbeilegungsmethoden im Überblick	743
	1. Einführung	743
	2. Verfahren, in denen die Parteien das Ergebnis bestimmen	744
	3. Verfahren, in denen Dritte das Ergebnis bindend bestimmen	752
	4. Verfahrenskombinationen	755
II.	Ökonomische Aspekte alternativer Streitbeilegung	759
	1. Ökonomische Bedeutung des Konfliktmanagements	761
	2. Ökonomische Kriterien effizienter ADR-Verfahren	765
	3. Zusammenfassung/Resümee	795
	4. Hinweise für die Praxis	796
III.	Kooperatives Anwaltsverfahren	797
	1. Begriffsbildung und Verfahrensbeschreibung	797
	2. Verfahrensablauf	800
	3. Dogmatische Einordnung und Abgrenzung zu anderen ADR-Verfahren	804
	4. Rolle der Anwälte und Qualifikationsanforderungen	805
	5. Anwendungsbereiche der kooperativen Praxis	806
	6. Hinweise für die Praxis	809
IV.	Schlichtung	810
	1. Definition und Ablauf des Schlichtungs-Verfahrens	811
	2. Rechtsdogmatische Einordnung	812
	3. Auswirkung der Schlichtung auf die Verjährung	815
	4. Vollstreckbarkeit eines im Schlichtungsverfahren erzielten Vergleichs	816
	5. Hinweise für die Praxis	817
V.	Adjudikation	821
	1. Definition und Ablauf des Adjudikations-Verfahrens	822

	2. Rechtsdogmatische Einordnung und Abgrenzung zu anderen ADR-Verfahren und dem Schiedsgerichtsverfahren	823
	3. Adjudikation als besonderes ADR-Verfahren für Baukonflikte	826
	4. Anwendungsbereich der Adjudikation und Verzahnung mit anderen ADR-Verfahren (Systematisches Baukonfliktmanagement)	831
	5. Hinweise für die Praxis	836
VI.	Schiedsgutachten	837
	1. Definition des Schiedsgutachtens	838
	2. Rechtsdogmatische Einordnung des Schiedsgutachtens .	840
	3. Möglichkeit rechtlicher Beurteilung	841
	4. Person des Schiedsgutachters	842
	5. Entscheidung	844
	6. Verfahrensgarantien im Schiedsgutachten und materiell-rechtliche Natur	863
	7. Richterliche Ersatzbestimmung	864
	8. Verfahrenskosten	868
	9. Gerichtliche Durchsetzung eines Schiedsgutachtens	868
	10. Haftung des Bürgen	871
	11. Hinweise für die Praxis	871
VII.	Schiedsgerichtsbarkeit	872
	1. Begriff und Wesen der Schiedsgerichtsbarkeit	873
	2. Abgrenzung zu anderen Verfahren der außergerichtlichen Konfliktbeilegung	878
	3. Rechtsquellen der Schiedsgerichtsbarkeit	880
	4. Schiedsvereinbarung	881
	5. Institutionelle Schiedsgerichtsbarkeit und ad-hoc-Schiedsgerichtsbarkeit	884
	6. Ausgestaltung und Ablauf des Schiedsverfahrens	887
	7. Gerichtliche Aufhebung und Vollstreckbarerklärung eines Schiedsspruchs	892
	8. Hybridverfahren	894
	9. Hinweise für die Praxis	898

Inhaltsverzeichnis

Europäische Regelungen 901

I. Entstehungsprozess der EU-Mediationsrichtlinie 2008 (Richtlinie 208/52/EG des Europäischen Parlaments und des Rates vom 21. Mai 2008 über bestimmte Aspekte der Mediation in Zivil- und Handelssachen) 901
    1. Einführung 902
    2. Hintergrund und Dilemma des europäischen Gesetzgebers 905
    3. Grünbuch 2002 911
    4. Europäischer Verhaltenskodex für Mediatoren 923
    5. Erster Entwurf der EU-Mediationsrichtlinie 2004 924
    6. Weitere Entwürfe der EU-Mediationsrichtline 939
    7. EU-Mediationsrichtlinie vom 21. Mai 2008 944
    8. Resümee 949
II. Text der EU-MedRL 951
III. Europäischer Verhaltenskodex für Mediatoren 962

Sachregister 967

Abkürzungsverzeichnis

a.A.	anderer Ansicht
Abs.	Absatz
Abl.	Amtsblatt
AcP	Archiv für civilistische Praxis
ADR	Alternative Dispute Resolution
AEUV	Vertrag über die Arbeitsweise der Europäischen Union
a.F.	alte Fassung
Alt.	Alternative
AnwBl.	Anwaltsblatt, Zeitschrift
AO	Abgabenordnung
ArbG	Arbeitsgericht
ArbGG	Arbeitsgerichtsgesetz
Art.	Artikel
Aufl.	Auflage
BAFM	Bundes-Arbeitsgemeinschaft für Familien-Mediation
BAG	Bundesarbeitsgericht
BATNA	Best Alternative To A Negotiated Agreement
BauR	Baurecht, Zeitschrift
BauSV	Der Bausachverständige, Zeitschrift
BB	Der Betriebs-Berater, Zeitschrift
BDVR	Bund Deutscher Verwaltungsrichter
Begr. BT-Drucks.	Begründung des Gesetzentwurfes der jeweiligen Bundestagsdrucksache
Beschl.	Beschluss
Betrieb	Der Betrieb, Zeitschrift
BeurkG	Beurkundungsgesetz
BF	Bundesfinanzhof
BGB	Bürgerliches Gesetzbuch
BGBl.	Bundesgesetzblatt
BGH	Bundesgerichtshof
BGHZ	Entscheidungen des Bundesgerichtshofs in Zivilsachen
BJ	Betrifft Justiz, Zeitschrift
BORA	Berufsordnung für Rechtsanwälte
BPtK	Bundespsychotherapeutenkammer
BRAGO	Bundesrechtsanwaltsgebührenordnung

Abkürzungsverzeichnis

BR	Bundesrat
BRAK	Bundesrechtsanwaltskammer
BReg.	Bundesregierung
BR-Drucks.	Bundesrats-Drucksache
BSG	Bundessozialgericht
BT-Drucks.	Bundestags-Drucksache
BVerfG	Bundesverfassungsgericht
BVerfGE	Entscheidungen des Bundesverfassungsgerichts, Amtliche Sammlung
BVerwG	Bundesverwaltungsgericht
BVerwGE	Entscheidungen des Bundesverwaltungsgerichts, Amtliche Sammlung
bzgl.	bezüglich
bzw.	beziehungsweise
CL	Collaborative Law
CP	Collaborative Practice
CPO	Civilprozessordnung
DB	Der Betrieb, Zeitschrift
ders.	derselbe
DIS	Deutsche Institution für Schiedsgerichtsbarkeit e.V.
Diss.	Dissertation
DÖV	Die öffentliche Verwaltung, Zeitschrift
DNotZ	Deutsche Notar-Zeitschrift
DRiZ	Deutsche Richterzeitung
DS	Der Sachverständige, Zeitschrift
DStR	Deutsches Steuerrecht, Zeitschrift
DVBl.	Deutsches Verwaltungsblatt, Zeitschrift
DVO	Durchführungsverordnung
EGZPO	Einführungsgesetz zur Zivilprozessordnung
EMRK	Europäische Menschenrechtskonvention
etc.	et cetera
EU	Europäische Union
EuGH	Gerichtshof der Europäischen Gemeinschaften

Abkürzungsverzeichnis

EUMed-RL	Richtlinie 2008/52/EG des Europäischen Parlaments und des Rates vom 21. Mai 2008 über bestimmte Aspekte der Mediation in Zivil- und Handelssachen
EuR	Europarecht, Zeitschrift
f.	folgende
FamFG	Gesetz über das Verfahren in Familiensachen und in den Angelegenheiten der freiwilligen Gerichtsbarkeit
FamGKG	Gesetz über Gerichtskosten in Familiensachen
FamPra	Die Praxis des Familienrechts, Zeitschrift
ff.	fortfolgende
FG	Finanzgericht
Fn.	Fußnote
FPR	Familie, Partnerschaft, Recht, Zeitschrift
FS	Festschrift
G	Gesetz
GBl.	Gesetzblatt
GewArch	Gewerbearchiv, Zeitschrift
GewSchG	Gewaltschutzgesetz
GG	Grundgesetz
ggf.	gegebenenfalls
GKG	Gerichtskostengesetz
GVBl.	Gesetz und Verordnungsblatt
GVG	Gerichtsverfassungsgesetz
hA	herrschende Auffassung
hM	herrschende Meinung
Hrsg.	Herausgeber
HS	Halbsatz
IBB	Informationen für die Bildungs- und Berufsberatung, Zeitschrift
IBR	Immobilien-&Baurecht, Zeitschrift
IBW	Institut für Bauwirtschaft
ICC	International Chamber of Commerce
I.d.F.	in der Fassung
I.d.R.	in der Regel

Abkürzungsverzeichnis

IDR	Journal of International Dispute Resolution, Zeitschrift
IHR	Internationales Handelsrecht, Zeitschrift
i.S.d.	im Sinne des
i.V.m.	in Verbindung mit
JR	Juristische Rundschau, Zeitschrift
juris	Juristisches Informationssystem für die Bundesrepublik Deutschland
JuS	Juristische Schulung, Zeitschrift
JZ	Juristen Zeitung
Kap.	Kapitel
KG	Kammergericht
KoKon	Kooperative Konfliktlösung
KOM	Kommission
KostO	Kostenordnung
KSchG	Kündigungsschutzgesetz
KTS	Zeitschrift für Insolvenzrecht
LAG	Landesarbeitsgericht
LG	Landgericht
lit.	littera (Buchstabe)
LKRZ	Zeitschrift für Landes- und Kommunalrecht Hessen, Rheinland-Pfalz, Saarland
LSG	Landessozialgericht
m.a.W.	mit anderen Worten
MAX	Mediation-Arbitration-Extended, erweitertes Med-Arb-Verfahren
Med-Adj	Mediations-Adjunction, Kombination von Mediation und Adjudikationsverfahren
MEDALOA	Mediation and Last Offer Arbitration
MedArb	Mediation-Arbitration
MediationsG	Mediationsgesetz
MDR	Monatszeitschrift des Deutschen Rechts
MusterBO	Musterberufsordnung
MüKO	Münchner Kommentar
m.w.N.	mit weiteren Nachweisen

Abkürzungsverzeichnis

Nachw.	Nachweise
NJ	Neue Justiz, Zeitschrift
NJW	Neue Juristische Wochenschrift, Zeitschrift
Nr.	Nummer
Nrn.	Nummern
NVwZ	Neue Zeitschrift für Verwaltungsrecht
NVwZ-RR	NVwZ-Rechtsprechungs-Report
NZBau	Neue Zeitschrift für Baurecht und Vergaberecht
NZA	Neue Zeitschrift für Arbeitsrecht
NZG	Neue Zeitschrift für Gesellschaftsrecht
ODR	Online Dispute Resolution
ÖAR	Ökonomische Analyse des Rechts
o.g.	oben genannt
OGHBrZ	Oberster Gerichtshof für die Britische Zone
OLG	Oberlandesgericht
Öst. AnwBl.	Österreichisches Anwaltsblatt, Zeitschrift
OVG	Oberverwaltungsgericht
PatG	Patentgesetz
PPP	Public Private Partnership
RDG	Gesetz über außergerichtliche Rechtsdienstleistungen
Rdn.	Randnummer (werksinterne Verweise)
RegE	Regierungsentwurf
resp.	respektive
RG	Reichsgericht
RGRK	Reichsgerichtsräte-Kommentar
Rn.	Randnummer (werksexterne Verweise)
RIW	Recht der Internationalen Wirtschaft, Zeitschrift
Rspr.	Rechtsprechung
S	Satz
S.	Seite
SchiedsVZ	Zeitschrift für Schiedsverfahren
SchlHA	Schleswig-Holsteinische Anzeigen, Justizministerialblatt für Schleswig-Holstein

Abkürzungsverzeichnis

SG	Sozialgericht
SGb	Die Sozialgerichtsbarkeit, Zeitschrift
SGG	Sozialgerichtsgesetz
SMART	Specific, Measurable, Achievable, Realistic, Timed
s. o.	siehe oben
sog.	sogenannt
SoldG	Soldatengesetz
TAK	Transaktionskosten
u. a.	unter anderem
Übers.	Übersicht
UNCITRAL	United Nations Commission on International Trade Law
Urt.	Urteil
UrhWahrnG	Urheberrechtswahrnehmungsgesetz
u. U.	unter Umständen
VBlBW.	Verwaltungsblätter für Baden-Württemberg, Zeitschrift
VersAusglG	Gesetz zum Versorgungsausgleich
VersR	Zeitschrift für Versicherungsrecht
VerwArch	Verwaltungsarchiv, Zeitschrift
VGH	Verwaltungsgerichtshof
VO	Verordnung
Vorb.	Vorbemerkung
vgl.	vergleiche
vs	versus (gegen)
VwGO	Verwaltungsgerichtsordnung
VwV	Verwaltungsvorschrift
WATNA	Worst Alternative To A Negotiated Agreement
WRP	Wettbewerb in Recht und Praxis, Zeitschrift
WpHG	Wertpapierhandelsgesetz
ZAP	Zeitschrift für die Anwaltspraxis
ZfBR	Zeitschrift für deutsches und internationales Bau- und Vergaberecht
ZfIR	Zeitschrift für Immobilienrecht

Abkürzungsverzeichnis

ZGS	Zeitschrift für Vertragsgestaltung, Schuld- und Haftungsrecht
ZHR	Zeitschrift für das gesamte Handelsrecht und Wirtschaftsrecht
ZIP	Zeitschrift für Wirtschaftsrecht
ZKM	Zeitschrift für Konfliktmanagement
ZPO	Zivilprozessordnung
ZRP	Zeitschrift für Rechtspolitik

Literaturverzeichnis

Abeln, Christoph, Mediation – (K)eine Alternative zur Einigungsstelle? Personalführung 2000, 62 ff.

Acker, Wendelin, Außergerichtliche Konfliktlösungsmodelle unter Einbeziehung angloamerikanischer Modelle, 4. IBW-Symposium, 15. September 2008 in Kassel, Innovative Abwicklungsformen für Bauprojekte: Partnering und PPP, Institut für Bauwirtschaft (IBW) (Hrsg.), 2006

Acker, Wendelin/Konopka, Silvia, Schiedsgutachten im Bau- und Anlagenbauvertrag: Grenzen und Möglichkeiten, SchiedsVZ 2003, 256 ff.

Aden, Menno, Internationale Handelsschiedsgerichtsbarkeit: Kommentar zu den Schiedsverfahrensordnungen ICC – DIS – Wiener Regeln – UNCITRAL – LCIA, 2. Aufl. 2002

Adler, Peter, e-Mediation – Können wir die Mediation einsparen?, http://www.peteradler.at/ueberpa/docs/AdlerSalzburg2005.pdf

Ahrens, Martin, Mediationsgesetz und Güterichter – Neue gesetzliche Regelungen der gerichtlichen und außergerichtlichen Mediation, NJW 2012, 2465 ff.

Alexander, Nadja/Ade, Juliane/Olbrich, Constantin, Mediation, Schlichtung, Verhandlungsmanagement, 2005

Allmayer-Beck, Max J., Außergerichtliche Streitbeilegung, Österreichisches Anwaltsblatt 2010, 421 ff.

Althaus, Stefan/Heidl, Christian, Der öffentliche Bauauftrag. Handbuch für den VOB/B-Vertrag, 2010

Apell, Günter-Richard/Reimers, Wolfgang, Gerichtsnahe Mediation in der hessischen Verwaltungsgerichtsbarkeit, LKRZ 2007, 1 ff.

Arndt, Herbert, Der Prozeßvergleich, Deutsche Richterzeitung 1965, 188 ff.

Bachmann, Birgit/Breidenbach, Stephan/Coester-Waltjen, Dagmar/Heß, Burkhard/Nelle, Andreas/Wolf, Christian (Hrsg.), Grenzüberschreitungen, 2005

Literaturverzeichnis

Baden-Württemberg, Modellversuch »Außergerichtliche Konfliktbeilegung« am Landgericht Stuttgart und Amtsgericht Stuttgart, Abschlussbericht Justizministerium Baden-Württemberg, 2002

Bader, Jochen Frank, Gerichtsinterne Mediation am Verwaltungsgericht, 2009

Bader, Johann/Funke-Kaiser, Michael/Stuhlfauth, Thomas/von Albedyll, Jörg, Verwaltungsgerichtsordnung, 5. Aufl. 2011

Bader, Peter/Creutzfeldt, Malte/Friedrich, Hans-Wolf, ArbGG, Kommentar, 5. Aufl. 2008

Balkowski, Ben, Der Zivilprozeß in der DDR von 1945 bis 1975 zwischen bürgerlicher Rechtstradition und Sozialismus, Dissertation 1999

Ballreich, Rudi/Glasl, Friedrich, Mediation in Bewegung, 2007

Bamberger, Ernst, Friedensrichter, Deutsche Juristen-Zeitung 1911, 966 ff.

Bamberger, Heinz Georg/Roth, Herbert (Hrsg.), BGB, 11. Aufl. 2008

Barabas, Friedrich, Rechtsanspruch auf Beratung! Der § 17 KJHG und seine Konsequenzen für die Kommunalpolitik, Beratung Aktuell 1–2001, 1 ff.

Bargen, Jan Malte von, Gerichtsinterne Mediation, 2008

Bargen, Jan Malte von, Mediation im Verwaltungsverfahren nach Inkrafttreten des neuen Mediationsförderungsgesetzes, ZUR 2012, 468 ff.

Bargen, Joachim von, Konfliktlösung mittels richterlicher Mediation als Alternative zum konventionellen Verwaltungsprozess, Die Verwaltung 2010, 406 ff.

Bargen, Joachim von, Mediation im Verwaltungsprozess, DVBl. 2004, 468 ff.

Bargen, Joachim von, Mediation im Verwaltungsrecht, BDVR-Rundschreiben 2004, 55 ff.

Bargen, Joachim, von, Außergerichtliche Streitschlichtungsverfahren (Mediation) auf verwaltungsrechtlichem Gebiet in rechtsvergleichender Perspektive, EuR 2008, 200 ff.

Bastine, Reiner, Zu kurz gesprungen, ZKM 2011, 59 f.

Battis, Ulrich, Mediation in der Bauleitplanung, DÖV 2011, 340 ff.

Literaturverzeichnis

Baumbach, Adolf, Zivilprozessordnung, 69. Aufl. 2011; 70. Aufl. 2012

Baumbach, Adolf/Hopt, Klaus J., Handelsgesetzbuch, 33. Aufl. 2008

Baumbach, Adolf/Lauterbach, Wolfgang/Albers, Jan/Hartmann, Peter, Zivilprozessordnung mit FamFG, GVG, 70. Aufl. 2012

Baumgärtel, Gundel/Hergenröder, Carmen S./Houben, Peter, RVG Kommentar zum Rechtsanwaltsvergütungsgesetz, 15. Aufl. 2011

Bayerlein, Walter (Hrsg.), Praxishandbuch Sachverständigenrecht, 4. Aufl. 2008

Beck, Lucia, Mediation und Vertraulichkeit, 2009

Beck, Ulrich/Beckstein-Gernsheim, Elisabeth, Das ganz normale Chaos der Liebe, 2005

Beisel, Daniel, Mediation im Erbrecht, in: *Haft, Fritjof/von Schlieffen, Katharina*, (Hrsg.), Handbuch Mediation, 2. Aufl. 2009, S. 495 ff.

Benda, Ernst, Richter im Rechtsstaat, Deutsche Richterzeitung 1979, 357 ff.

Bercher, Anne/Engel, Martin, Richtungsentscheidungen für die Mediation in Deutschland, JZ 2010, 226 ff.

Berger, Klaus Peter, Integration mediativer Elemente in das Schiedsverfahren, RIW 2001, 881 ff.

Berkel, Karl, Konflikttraining: Konflikte verstehen, analysieren, bewältigen, 9. Aufl. 2010

Berner, Fritz/Hirschner, Joachim, Vom Planen zum Bauen, in: *Englert, Klaus/Eschenbruch, Klaus/Langen, Werner/Vygen, Klaus* (Hrsg.), Festschrift für Klaus Dieter Kapellmann zum 65. Geburtstag, Vom Bau-SOLL zum BAU-IST, 2007, S. 13 ff.

Bernhardt, Hanspeter/Winograd, Bianca, Interdisziplinäre Co-Mediaton: Zur Zusammenarbeit von Rechtsanwälten und Psychologen in der Trennungs- und Scheidungsphase, in: *Haft, Fritjof/von Schlieffen, Katharina,* (Hrsg.), Handbuch Mediation, 2. Aufl. 2009, S. 877

Besemer, Christoph, Mediation, Vermittlung in Konflikten, 4. Aufl. 1997

Bewley, Truman F., Advances in Economic Theory: Fifth World Congress, 1987

Literaturverzeichnis

Binder, Anette, Die sog. »Kooperative Praxis« als »Konvergenz« von Rechtsverfahren und Mediation, Masterarbeit FU Hagen, 2010, www.an-kom.de

Bischof, Hans Helmut/Jungbauer, Sabine/Bräuer, Antje/Curkovic, Jaka/Mathias, Wolfgang/Uher, Jochen D., RVG Kommentar, 4. Aufl. 2011

Blankenburg, Erhard/Gottwald, Walther/Strempel, Dieter (Hrsg.), Alternativen in der Ziviljustiz, 1982

Blomeyer, Arwed, Allgemeines Schuldrecht, 4. Aufl. 1969

Böckstiegel, Karl-Heinz, Berger, Klaus Peter, Bredow, Jens (Hrsg.), Schiedsgutachten versus Schiedsgerichtsbarkeit, Schriftenreihe der Deutschen Institution für Schiedsgerichtsbarkeit, Bd. 21, 2007

Böckstiegel, Karl-Heinz, Die Schiedsgerichtsbarkeit in Deutschland – Standort und Stellenwert, SchiedsVZ 2009, 3 ff.

Böckstiegel, Karl-Heinz/Kröll, Stefan/Nacimiento, Patricia, Arbitration in Germany: The Model Law in Practice, 2007

Böhlk, Hans-Joachim, Die Freestyle Justiz oder Warum der Staat nicht über alles nachdenken muss, BRAK-Mitteilungen 2002, 207 f.

Böhm, Katharina, Das Schiedsgutachten in Streitigkeiten aus Bau- und Anlagenverträgen, in: *Böckstiegel, Karl-Heinz, Berger, Klaus Peter, Bredow, Jens* (Hrsg.), Schiedsgutachten versus Schiedsgerichtsbarkeit, Schriftenreihe der Deutschen Institution für Schiedsgerichtsbarkeit, Bd. 21, 2007, S. 87 ff.

Bohnacker, Thorsten (Hrsg.), Sozialwissenschaftliche Konflikttheorie, 2005

Bohnacker, Thorsten/Imbusch, Peter, Begriffe der Friedens-und Konfliktforschung, in: *Imbusch, Peter/Zoll, Ralf* (Hrsg.), Friedens- und Konfliktforschung, 1999

Bold, Antje, Adjudication-Verfahren: Regelungen für das Verfahren zur vorläufigen außergerichtlichen Streitbeilegung, in: *Kapellmann, Klaus D./Vygen, Klaus*, Jahrbuch Baurecht 2009, Aktuelles, Grundsätzliches, Zukünftiges, 2009, S. 115 ff.

Bold, Antje, Vorläufige baubegleitende Streitentscheidung durch Dispute Adjudication Board (DAB) in Deutschland, 2008

Bombe, Ekkehard, Schiedsgerichtsverfahren in Bausachen, IBR 2006, 1312

Bonacker, Thorsten (Hrsg), Sozialwissenschaftliche Konflikttheorie, 2002

Boochs, Wolfgang, Mediation im Steuerrecht, DStR 2006, 1062 ff.

Borowsky, Martin, Adjudication in Großbritannien – ein Modell für Baustreitigkeiten in Deutschland?, ZKM 2007, 54 ff.

Borowsky, Martin, Das Schiedsgutachten im Common Law: ein rechtsvergleichender Beitrag zum Begriff der Schiedsgerichtsbarkeit, 2001

Borris, Christian, Mini-Trial, in: *Deutsche Institution für Schiedsgerichtsbarkeit* (Hrsg.), Alternative Dispute Resolution, DIS – MAT V, 1999, S. 67 ff.

Borris, Christian, Streiterledigung bei (MAC-) Klauseln in Unternehmenskaufverträgen: ein Fall für »Fast-Track« – Schiedsverfahren, BB 2008, 294 ff.

Böttger, Andreas/Hupfeld, Jörg, Mediatoren im Dienste der Justiz, ZKM 2004, 155 ff.

Bötticher, Eduard, »Besinnung auf das Gestaltungsrecht und das Gestaltungsklagerecht«, in: *von Caemmerer, Ernst/Nikisch, Arthur/Zweigert, Konrad* (Hrsg.), Festschrift für Hans Dölle, Vom deutschen zum europäischen Recht: Deutsches Privat- und Zivilprozessrecht, Rechtsvergleichung (Bd. I), 1963, S. 41 ff.

Bötticher, Eduard, Gestaltungsrecht und Unterwerfung, 1964

Brändle, Peter/Schreiber, Frank, Mediation in der hessischen Sozialgerichtsbarkeit als richterliche Tätigkeit, BJ 2008, 351 ff.

Brauns, Hendrik, Online-Mediation, http://www.jurawelt.com/studenten/seminararbeiten/sonst/342

Breidenbach, Stephan/Gläßer, Ulla, Selbstbestimmung und Selbstverantwortung im Spektrum der Mediationsziele, Kon:Sens 1999, 207 ff.

Breidenbach, Stephan/Coester-Waltjen, Dagmar/Heß, Burkhard/Nelle, Andreas/Wolf, Christian (Hrsg.), Konsensuale Streitbeilegung, 2001

Breunlich, Bernhard/Fürst, Gerhart Conrad, Sechs auf einen Streich – Mediation im Handelsrecht, ZKM 2008, 189 ff.

Breyer, Wolfgang (Hrsg.), Unternehmerhandbuch Bau: Mittelständische Bauunternehmen sicher durch Krisen führen, 2005

Brodocz, André/Vorländer, Hans, Freiheiten im Europäischen Binnenmarkt

Literaturverzeichnis

Bubert, Christoph, Kurz-Mediation in Baukonflikten?, Forum Baukonfliktmanagement, werner-baurecht.de, 16.09.2009

Bühl, Walter (Hrsg.), Konflikt und Konfliktstrategie, 1973

Bühl, Walter, Konflikt und Konfliktstrategie, 1973

Bumiller, Ursula/Harders, Dirk, FamFG Freiwillige Gerichtsbarkeit – Gesetz über das Verfahren in Familiensachen und in den Angelegenheiten der freiwilligen Gerichtsbarkeit (FamFG), 10. Aufl. 2011

Bundesrechtsanwaltskammer, Stellungnahme vom Oktober 2010 zum Referentenentwurf eines Gesetzes zur Förderung der Mediation und anderer Verfahren der außergerichtlichen Konfliktbeilegung vom 04.08.2010, S. 1 ff.

Bundesverband der Gütestellen e.V., Stellungnahme zum Referentenentwurf eines Gesetzes zur Förderung der Mediation und anderer Verfahren der außergerichtlichen Konfliktbeilegung vom 04.08.2010, S. 1 ff.

Büte, Dieter, Die Kostenentscheidung in Familiensachen, FuR 2009, 649 ff.

Butler, Richard, Draft Directive on Mediation, 2002

Carl, Eberhard, Qualitätssicherung im Referentenentwurf zum Mediationsgesetz, ZKM 2010, 177 ff.

Carl, Eberhard, Vom richterlichen Mediator zum Güterichter, ZKM 2012, 16 ff.

Carl, Eberhard/Copin, Jean-Pierre/Ripke, Lis, Das deutsch-französische Modellprojekt professioneller Mediation: Ein Model für die internationale Zusammenarbeit bei grenzübergreifenden Kindschaftskonflikten, Kind-Prax Spezial 2004, 25–28

Clostermann Guido/Josephi, Katja/Kleine-Tebbe, Andreas/Niewisch-Lennartz, Antje/Vogelei, Carolin, Gerichtsnahe Mediation im öffentlichen Recht, SGb 2003, 266 ff.

Coase, Ronald H., The Problem of Social Cost, Journal of Law and Economics 1960, 1 ff.

Coogler, O. J., Structured Mediation in Divorce Settlement, 1978

Cormick, Gerealed W., The Theory and Practise of Enviromental Mediation, The Enviromental Professional 1980, 24 ff.

Literaturverzeichnis

Coser, Lewis A., Theorie sozialer Konflikte, 1965

Coulson, Robert, Medaloa: A practical technique for resolving international business disputes, Journal of International Arbitration 1994, 111 ff.

Creifelds, Carl/Weber, Klaus, Rechtswörterbuch, 20. Aufl. 2011

Dahrendorf, Ralf, Gesellschaft und Freiheit, 1961

Dahrendorf, Ralf, Konflikt und Freiheit, 1972

Dahrendorf, Ralf, Zu einer Theorie des sozialen Konflikt, in: *Hamburger Jahrbuch für Wirtschafts- und Gesellschaftspolitik*, 1958

Datcheva, Dessislava, Mediation. Gesetzliche Regelung und Praxis in Bulgarien, OER 53, 2007, 430–434

Dauner-Lieb, Barbara/Heidel, Thomas/Ring, Gerhard (Hrsg.), Anwaltkommentar BGB, Bd. 2, Schuldrecht, 2005

Deinhardt, Richard (Hrsg.), Deutscher Rechtsfriede. Beiträge zur Neubelebung des Güteverfahrens, 1916.

Dendorfer, Renate, Aktives Vergleichsmanagement – Best Practice oder Faux pas schiedsrichterlicher Tätigkeit?, SchiedsVZ 2009, 276 ff.

Dendorfer, Renate, Konfliktlösung durch Mediation bei Gesellschafterstreitigkeiten, MittBayNot 2008, 85 ff.

Dendorfer, Renate/Lack, Jeremy, The Interaction Between Arbitration and Mediation: Vision vs. Reality, SchiedVZ 2007, 195 ff.

Derleder, Peter/Knops, Kai-Oliver/Bamberger, Heinz Georg, Handbuch zum deutschen und europäischen Bankrecht, 2004

Deutsch, Morton/Coleman, Peter (Hrsg.), Handbook of conflict resolution. Theory and practice, 2000

Deutsches Familienrechtsforum e.V. (Hrsg.), Modelle alternativer Konfliktregelungen in der Familienkrise (Schriftenreihe des Deutschen Familienforums, Bd. 3), 1982

Diez, Hannelore, Mediationsanaloge Supervision in den verschiedenen Feldern von Mediation, ZKM 2000, 227 ff.

Diez, Hannelore, Werkstattbuch Mediation, 2005

Literaturverzeichnis

Dixit, Avinash K./Skeath, Susan, Games of Strategy, 2. Aufl. 2004

Döbereiner, Walter, »Anfechtung und Geltendmachung der Unwirksamkeit eines Schiedsgutachtens durch den/die Schiedsgutachter«, VersR 1983, 712 ff.

Dralle, Dorothee, Angemessenes Honorar für eine anwaltliche Mediation – sinnvolle Inhalte einer Gebührenvereinbarung, in Berliner Anwaltsblatt 2012, 263 ff.

Duden, Synonymwörterbuch, Ein Wörterbuch sinnverwandter Wörter, 5. Aufl. 2010

Düll, Rudolf, Der Gütegedanke im römischen Zivilprozeßrecht. Ein Beitrag zur Lehre der Bedeutung von arbiter, actiones arbitrariae, Verfahren in iure und exceptio, 1931

Dürschke, Joachim, Mediation – ein Weg im sozialgerichtlichen Verfahren, SGb 2001, 533 ff.

Dürschke, Joachim/Josephi, Katja, Gerichtsinterne Mediation in der Sozialgerichtsbarkeit – gesetzlicher Regelungsbedarf für Mediation, SGb 2010, 324 ff.

Duss-von Werdt, Josef, Die letzten 2500 Jahre der Mediation, in: *Geißler/ Rückert*, Mediation – die neue Streitkultur, 2000, S. 115–132

Duss-von Werdt, Josef, Mediation in Europa, Studienbrief der Fernuniversität Hagen (71003–1–01–F.1), 1999

Duve, Christian, Brauchen wir ein Recht der Mediation, AnwBl. 2004, 1 ff.

Duve, Christian, Das Gesetz zur Rettung der gerichtlichen Mediation, ZKM 2012, 108 ff.

Duve, Christian, Vermeidung und Beilegung von Gesellschafterstreitigkeiten, AnwBl. 2007, 389 ff.

Duve, Christian/Eidenmüller, Horst/Hacke, Andreas, Mediation in der Wirtschaft, 2003; 2. Aufl. 2011

Duve, Helmuth, Verfahrensdesign – Alternativen zum Dispute Board, BauR 2008, 1531 ff.

Ebenroth, Karlheinz/Boujong, Carsten Thomas/Joost, Detlev, Handelsgesetzbuch, Kommentar, Bd. 2, 2001

Literaturverzeichnis

Eidenmüller, Horst (Hrsg.), Alternative Streitbeilegung, 2011

Eidenmüller, Horst, Die Auswirkung der Einleitung eines ADR-Verfahrens auf die Verjährung, SchiedsVZ 2003, 163 ff.

Eidenmüller, Horst, Establishing a Legal Framework for Mediation in Europe: The Proposal for an EC Mediation Directive, SchiedsVZ 2005, 124 ff.

Eidenmüller, Horst, Hybride ADR-Verfahren bei internationalen Wirtschaftskonflikten, RIW 2002, 1 ff.

Eidenmüller, Horst, Mediationstechniken bei Unternehmenssanierungen, BB 1998, Beilage 10, 19 ff.

Eidenmüller, Horst, Verjährungshemmung leicht gemacht – Prospekthaftung der Telekom vor der Gütestelle, NJW 2004, 23 ff.

Eisele, Jörg, Strafrecht und Strafprozess, in: *Haft, Fritjof/von Schlieffen, Katharina* (Hrsg.), Handbuch Mediation, 2. Aufl. 2009, S. 781 ff.

Enaux, Manfred, Mitwirkung von Sachverständigen in der erichtsinternen Mediation in Bausachen, in: *Heiermann, Wolfgang/Englert, Klaus* (Hrsg.), Baurecht als Herausforderung – Festschrift für Horst Franke zum 60. Geburtstag, 2009, S. 47 ff.

Endruweit, Günter (Hrsg.), Moderne Theorien der Soziologie, 1992

Endruweit, Günter/Trommsdorf, Gisela, Wörterbuch der Soziologie, 2002

Engel, Martin, Collaborative Law in der deutschen Anwaltspraxis, ZKM 2010, 112

Engel, Martin, Collaborative Law, 2010

Engel, Martin, Neue Methoden in der Mediation, ZKM 2007, 68 ff.

Engel, Martin, Transatlantische Impulse für die Beilegung von Rechtsstreitigkeiten, AnwBl. 2012, 13 ff.

Engel, Martin/Schricker-Heinke, Vanessa, Rechtliche und ökonomische Grundlagen der Adjudikation, in: *Forum Baukonfliktmanagement*, werner-baurecht.de, 18.11.2010

Engelhardt, Helmut/Sternal, Werner, FamFG Kommentar zum Gesetz über das Verfahren in Familiensachen und in den Angelegenheiten der freiwilligen Gerichtsbarkeit, 17. Aufl. 2011

Literaturverzeichnis

Englert, Klaus/Schalk, Günther, Mediation als unverzichtbarer Teil des Streitlösungssystems in Bausachen, BauR 2009, 874 ff.

Epstein, Samuel, Integration of cognitive and psychodynamic unconscious, Am. Psychologist 1994, 709 ff.

Erlei, Martin/Leschke, Martin/Sauerland, Dirk, Neue Institutionenökonomik, 1999

Ermann, Walter (Begr.), Bürgerliches Gesetzbuch, Bd. I, 12. Aufl. 2008

Esser, Josef, Grundsatz und Norm in der richterlichen Fortbildung des Privatrechts: Rechtsvergleichende Beiträge zur Rechtsquellen – und Interpretationslehre, 1956

Etscheit, Nicole, Externe Mediation in der Praxis der Berliner Familiengerichte, unveröffentlichte Masterarbeit, 2008

Etscheit, Nicole, Verweisung in die außergerichtliche Mediation – Ergebnisse einer Erhebung zum Umgang der Berliner Familienrichter mit § 278 Abs. 5 S. 2 Zivilprozessordnung (ZPO), in: *Gläßer, Ulla/Schroeter, Kirsten* (Hrsg.), Gerichtliche Mediation, 2011, S. 143 ff.

Evangelische Akademie Bad Boll, FamilienMEDIATION – ihre gesetzliche Verankerung durch Wissenschaft und Politik, Tagung vom 1. bis 3. März 2002, Bad Boll, Protokolldienst 6/03

Ewer, Wolfgang, Wenn nur der Konsens zählt – was bleibt für das Gerichtsverfahren?, AnwBl. 2012, 18 ff.

Ewig, Eugen, Mediationsgesetz 2012: Aufgabe und Rolle des beratenden Anwalts, ZKM 2012, 4 ff.

Eyer, Eckehard, Im Mittelstand ist die Grenze zwischen Wirtschafts- und Familienmediation fließend, ZKM 2000, 277 ff.

Eylmann, Horst/Vaasen, Hans-Dieter, Bundesnotarordnung, Beurkundungsgesetz, 3. Aufl. 2011

Falke, Josef/Gessner, Volkmar, Konfliktnähe als Maßstab für gerichtliche und außergerichtliche Streitbehandlung, in: *Blankenburg, Erhard/Gottwald, Walther/Strempel, Dieter* (Hrsg.), Alternativen in der Ziviljustiz, 1982, S. 289 ff.

Felstiner, William L. F./Abel, Richard/Sarat, Austin, The Emergence of Transformation of Disputes: Naming, Blamin, Claiming, Law and Society Review, Vol. 15, Number 3–4 (10/81), 630

Feuerich, Wilhelm/Weyland, Dag, BRAO Bundesrechtsanwaltsordnung, 8. Aufl. 2012

Fichter, Joseph H., Grundbegriffe der Soziologie, 1970

Figdor, Helmuth, Hochstrittige Scheidungsfamilien und Lösungsstrategien für die Helfer. Aus der Praxis der psychoanalytisch- pädagogischen Erziehungsberatung, in: *Scheuerer-Englisch, Hermann/Hundsalz, Andreas/Menne, Klaus* (Hrsg.), Jahrbuch der Erziehungsberatung, Bd. 7, 2008, S. 57 ff.

Figdor, Helmuth, Scheidungskinder – Wege der Hilfe, 2007

Fischer, Thomas u. a., Strafgesetzbuch und Nebengesetze, 59. Aufl. 2012

Fisher, Roger/Ury, William/Patton, Bruce, Das Harvard-Konzept, 22. Aufl. 2004

Flohr, Eckard, Masterfranchise-Vertrag, 4. Aufl. 2010

Francken, Johannes Peter, Das Arbeitsgericht als Multi-Door- Courthouse, NJW 2006, 1103 ff.

Francken, Johannes Peter, Erforderliche Nachbesserungen im Mediationsgesetz und im Arbeitsgerichtsgesetz, NZA 2012, 249 ff.

Franke, Horst, Konfliktmanagement, in: *Viering, Markus G./Liebchen, Jens H./Kochendörfer, Bernd* (Hrsg.), Managementleistungen im Lebenszyklus von Immobilen, 2007, S. 393 ff.

Franke, Horst/Engler, Klaus/Halstenberg, Michael/Kuffer, Johann/Meyer-Postelt, Eva-Martina/Miernik, Helmut, Kommentar zur Streitlösungsordnung für das Bauwesen SL-Bau, 2011

Franke, Horst/Kemper, Ralf/Zanner, Christian/Grünhagen, Matthias, VOB-Kommentar, 3. Aufl. 2007

Frege, Michael/Keller, Ulrich/Riedel, Ernst, Insolvenzrecht, 7. Aufl. 2008

Friedman, Garry J., Die Scheidungs-Mediation. Anleitung zu einer fairen Trennung, 1999

Literaturverzeichnis

Friedrich, Fabian M., Verjährungshemmung durch Güteverfahren, NJW 2003, 1781 ff.

Friedrichsmeier, Hans, Der Rechtsanwalt als Mediator, in: *Haft, Fritjof/von Schlieffen, Katharina* (Hrsg.), Handbuch Mediation, 2. Aufl. 2009, S. 837 ff.

Fritz, Roland, Berufsbild des Mediators und Ausbildungsvoraussetzungen, in: *Fritz, Roland/Karber, Bernd/Lambeck, Rainer*, Mediation statt Verwaltungsprozess?, 2004, S. 137 ff.

Fritz, Roland, Der – verpasste – Königsweg im Bahnkonflikt: Mediation, NJW 2008, 2312 ff.

Fritz, Roland, Mediation – Vorurteil und Wirklichkeit, in: *Fritz, Roland/Gerster, Rainald/Karber, Bernd/Lambeck, Rainer*, Im Geiste der Demokratie und des sozialen Verständnisses, Festschrift Verwaltungsgericht Gießen, 2007, S. 319 ff.

Fritz, Roland, Mediationsvereinbarung und »mediativer Vergleich«, LKRZ 2009, 281 ff.

Fritz, Roland/Fritz, Elisabeth, Richter als gerichtsinterne Mediatoren, FPR 2011, 328 ff.

Fritz, Roland/Fritz, Elisabeth, Wirtschaftsmediation, 2009

Fritz, Roland/Karber, Bernd/Lambeck, Rainer, Mediation statt Verwaltungsprozess?, 2004

Fritz, Roland/Krabbe, Heiner, Gerichtsinterne Mediation – der Faktor »Zeit«, NVwZ 2011, 396 ff.

Fritz, Roland/Krabbe, Heiner, Neue Entwicklungen in der anwaltlichen Mediationspraxis, NJW 2011, 3204

Galtung, Johan, Theorien zum Frieden, in: *Senghaas, Dieter* (Hrsg.), Kritische Friedensforschung, 1972, S. 201 ff.

Gehlen, Hans von, Angemessene Vertragsstrafe wegen Verzugs im Bau- und Industrieanlagenbauvertrag, NJW 2003, 2961 ff.

Gehrlein, Markus, Wirksamkeitsmängel von Schiedsgutachten, VersR 1994, 1009 ff.

Geimer, Reinhold, Notarielle Vollstreckbarerklärung von Anwaltsvergleichen, DNotZ 1991, 266 ff.

Literaturverzeichnis

Geißler, Peter/Rückert, Klaus, Mediation – die neue Streitkultur, 2000

Gemählich, Rainer, Das bayerische Güterichterprojekt, Spektrum der Mediation 40/2010, 37 ff.

Gerold, Wilhelm/Schmidt, Herbert/von Eicken, Kurt/Madert, Wolfgang/Müller-Rabe, Steffen, Rechtsanwaltsvergütungsgesetz, Kommentar, 17. Aufl. 2006

Giesen, Bernhard, Die Konflikttheorie, in: *Endruweit, Günter* (Hrsg.), Moderne Theorien der Soziologie, 1992, S. 87 ff.

Glasl, Friedrich, Konfliktmanagement, 5. Aufl. 1977

Glasmachers, Marion, Familiendynamisch begründete Interventionsansätze – Alternative Konfliktlösungsversuche in den USA, in: *Evangelische Akademie Bad Boll FamilienMEDIATION* – ihre gesetzliche Verankerung durch Wissenschaft und Politik, Tagung vom 1. bis 3. März 2002, Bad Boll, Protokolldienst 6/03, S. 104 ff.

Gläßer, Ulla, Mediation und Beziehungsgewalt, 2008

Gläßer, Ulla/Schroeter, Kirsten (Hrsg.), Gerichtliche Mediation, 2011

Göcken, Stephan, Mediationsgesetz – Anwaltschaft begrüßt »zertifizierten Mediator«, NJW-aktuell, 52/2011, 16

Göldner-Dahmke, Sabine, Mediation im Arbeitsrecht: Alternative zum Güteverfahren und zur Einigungsstelle, SchlHA 2010, 54 ff.

Gräber, Fritz/Stapperfend, Thomas, FGO, 7. Aufl. 2010

Grabow, Michael, Das kostenfreie Informationsgespräch nach § 135 FamFG, FPR 2011, 33 ff.

Gralla, Mike/Sundermeier, Matthias, Adjudikation – außergerichtliches Streitlösungsverfahren für Baukonflikte auf gesetzlicher Basis? Eine empirisch-baubetriebliche Betrachtung, Bauingenieur 2008, 238 ff.

Greger, Reinhard, Abschlussbericht zum Forschungsprojekt »Außergerichtliche Streitbeilegung in Bayern«, 2004

Greger, Reinhard, Stand und Perspektiven der außergerichtliche Streitbeilegung in Bayern, ZKM 2004, 196.

Literaturverzeichnis

Greger, Reinhard, Erste Erfahrungen mit dem bayerischen Güterichterprojekt, ZKM 2006, 68 ff.

Greger, Reinhard, Güterichter – ein Erfolgsmodell, ZRP 2006, 229 ff.

Greger, Reinhard, Abschlussbericht zur Evaluation des Modellversuchs Güterichter, 2007

Greger, Reinhard, Abschlussbricht zum Modellversuch Güterichter, ZKM 2007, 180 ff.

Greger, Reinhard, Auf dem Weg zu einem deutschen Mediationsgesetz, ZKM 2010, 120 ff.

Greger, Reinhard, Der »zertifizierte Mediator« – Heilsbringer oder Schreckgespenst?, ZKM 2012, 16 ff.

Greger, Reinhard, Mediation und Gerichtsverfahren in Sorge- und Umgangsrechtskonflikten, Pilotstudie zum Vergleich von Kosten und Folgekosten, erstellt im Auftrag des Bundesministeriums der Justiz, 2010

Greger, Reinhard, Was wird aus der gerichtsinternen Mediation?, Spektrum der Mediation 40/2010, 18 ff.

Greger, Reinhard, Die Reglementierung der Selbstregulierung – Zum Referentenentwurf eines Mediationsgesetzes, ZRP 2010, 209 ff.

Greger, Reinhard, Stellungnahme zum Entwurf eines Gesetzes zur Förderung der Mediation und anderer Verfahren der außergerichtlichen Konfliktbeilegung, 2010, S. 1 ff.

Greger, Reinhard, Die von der Landesjustizverwaltung anerkannten Gütestellen: Alter Zopf mit Zukunftschancen, NJW 2011, 1478 ff.

Greger, Reinhard, Verlässlichkeit und Transparenz, ZKM 2011, 86 ff.

Greger, Reinhard/Stubbe, Christian, Schiedsgutachten: Außergerichtliche Streitbeilegung durch Drittentscheidungen, 2007

Greiter, Ivo, »Vergiften ist unpassend«, ZKM 2004, 65 ff.

Grieger, Winfried, Außergerichtliche Streitbeilegung – Welches Modell?, in: *Heiermann, Wolfgang/Englert, Klaus* (Hrsg.), Baurecht als Herausforderung – Festschrift für Horst Franke zum 60. Geburtstag, 2009, S. 91 ff.

Grünbuch 2002, Grünbuch über alternative Verfahren zur Streitbeilegung im Zivil- und Handelsrecht, Kommission der Europäischen Gemeinschaft, vom 19.4.2002, KOM (2002) 196 endgültig

Güth, Werner/Schmittberger, Rolf/Schwarze, Bernd, An Experimental Analysis of Ultimatum Bargaining, Journal of Economic Behavior and Organization, 1982

Habersack, Mathias/Tröger, Tobias, Preisfeststellung durch Schiedsgutachten beim Unternehmenskauf, DB 2009, 44 ff.

Habscheid, Walther J., Das Schiedsgutachten – Ein Grenzgebiet zwischen materiellem Recht und Prozessrecht, in: *Nipperdey, H. C.* (Hrsg.), Festschrift für Heinrich Lehmann zum 80. Geburtstag, Das Deutsche Privatrecht in der Mitte des 20. Jahrhunderts, Bd. II, 1956, S. 789 ff.

Habscheid, Walther J., Schiedsvertrag und Schiedsgutachtenvereinbarung, KTS 1957, 129 ff.

Haft, Fritjof, Zum Entwurf einer Adjudikations-Ordnung für Baustreitigkeiten (AO-Bau), Forum Baukonfliktmanagement, werner-baurecht.de, 25.05.2009

Haft, Fritjof/Kindhäuser, Urs/Neumann, Ulfried/Paeffgen, Hans U., Strafgesetzbuch, 3. Aufl. 2010

Haft, Fritjof/von Schlieffen, Katharina (Hrsg.), Handbuch Mediation, 2. Aufl. 2009

Hamann, Hartmut/Lennarz, Thomas, Sieben Regeln für eine schnelle, einfache und gute Schiedsklausel, BB 2007, 1009 ff.

Hammacher, Peter, Mediation in Bausachen. Konflikte am Bau vermeiden und lösen, BauSV 2008, 48 ff.

Hammerbacher, Paulus-Titus, Chancen und Risiken der Familienmediation am Beispiel des neuen Kindschaftsrechts, Dissertation 2000

Harbst, Ragnar/Winter, Jeremy, Adjudication in England – Das erste Jahrzehnt, BauR 2007, 1974 ff.

Hart, Oliver/Holmström, Bengt, The Theory of Contracts, in: *Bewley, Truman F.*, Advances in Economic Theory: Fifth World Congress, 1987

Hartfield, Günter, Wörterbuch der Soziologie, 1972

Literaturverzeichnis

Hartges, Monika, Außergerichtliche Konfliktlösung in Deutschland -Modell ÖRA-, Dissertation 2003

Hartmann, Christoph, Sicherung der Vertraulichkeit, in: *Haft, Fritjof/von Schlieffen, Katharina* (Hrsg.), Handbuch Mediation, 2. Aufl. 2009, S. 1087 ff.

Hartmann, Martin/Rieger, Michael/Pajonk, Brigitte, Zielgerichtet moderieren. Ein Handbuch für Führungskräfte, Berater und Trainer, 1997

Hartmann, Peter, Kostengesetze, 42. Aufl. 2012

Hartmann, Peter, Mediationsnovelle und Gericht, MDR 2012, 941 ff.

Haynes, John M., The Fundamentals of Family Mediation, 1994

Heckschen, Heribert, Chancen und Grenzen für Mediation im gesellschaftlichen Notariat, ZKM 2002, 215 ff.

Hehn, Markus, Entwicklung und Stand der Medition – ein historischer Überblick, in: *Haft, Fritjof/von Schlieffen, Katharina* (Hrsg.), Handbuch Mediation, 2. Aufl. 2009, S. 175 ff.

Heiland, Gregor, Forderungssicherungsgesetz: Als Anspruch ist § 648a BGB ein scharfes Schwert!, IBR 2008, 493

Heineman, Jörn, Anordnung und Durchführung eines Informationsgesprächs nach § 135 Abs. 1 FamFG, in FamRB 2010, 125 ff.

Heinemann, Jörn, FamFG für Notare, 2009

Helm, Ulrich/Bechtold, Anke F., Der Mini-Trial, ZKM 2002, 159 ff.

Henckel, Wolfram, Die mündliche Verhandlung im Zivilprozess aus kommunikationspsychologischer Sicht, ZZP 1997, 91 ff.

Henckel, Wolfram, Elemente der Mediation im arbeitsgerichtlichen Verfahren, dargestellt am Modell des Kündigungsschutzprozesses, NZA 2000, 929 ff.

Hennig, Werner (Hrsg.), Sozialgerichtsgesetz, Kommentar, 2009

Henssler, Martin/Deckenbrock, Christian, Das neue Mediationsgesetz: Mediation ist und bleibt Anwaltssache!, DB 2012, S. 159 ff

Henssler, Martin/Kilian, Matthias, Die interprofessionelle Zusammenarbeit bei der Mediation, ZKM 2000, 55 ff.

Henssler, Martin/Koch, Ludwig (Hrsg.), Mediation in der Anwaltspraxis, 2. Aufl. 2004

Henssler, Martin/Prütting, Hanns, Bundesrechtsanwaltsordnung, 3. Aufl. 2010

Herms, Andrea/Schwartz, Hansjörg, Mediation im Erbrecht, Kon:Sens 1999, 182 ff.

Herrberg, Antje, Die EU als Akteur in der Internationalen Friedensmediation: A Sleeping Beauty?, konfliktDynamik 2012, 46 ff.

Hertel, Anita von/Vovsik, Wolfgang, Zeittafel zur Geschichte der Mediation unter www.mediation-dach.com

Hess, Burkhard, Rechtsgrundlagen der Mediation, in: *Haft, Fritjof/von Schlieffen, Katharina* (Hrsg.), Handbuch Mediation, 2. Aufl. 2009, S. 1053 ff.

Heussen, Benno, Die Auswahl des richtigen Verfahrens – ein Erfahrungsbericht, in: *Haft, Fritjof/von Schlieffen, Katharina* (Hrsg.), Handbuch Mediation, 2002, S. 217 ff.

Hinterhölzl-Widi, Daniela, Online-Mediation. Erweist sich Online-Mediation als taugliches Instrument in Österreich?, ARGE Bildungsmanagement Wien, 2009

Hirsch, Günter, Ansprache des Präsidenten des Bundesgerichtshofes beim 3. Konfliktmanagement-Kongress 2006 in Hannover am 08.07.2006, www.bundesgerichtshof.de

Hirtz, Bernd, Einforderung des Rechtsgesprächs im Zivilprozess ist Anwaltssache, AnwBl. 2012, 21 ff.

Hobbes, Thomas, Leviathan or the Matter, Forme and Power of a Commonwealth Ecclesiastical and Civil, 1651

Hobeck, Paul/Mahnken, Volker/Keitel, Theodor, FamFG, Kommentar zum Gesetz über das Verfahren in Familiensachen und die Angelegenheit der freiwilligen Gerichtsbarkeit, 2009

Hobeck, Paul/Mahnken, Volker/Koebke, Max, Schiedsgerichtsbarkeit im internationalen Anlagenbau – Ein Auslaufmodell?, SchiedsVZ 2007, 225

Hohmann, Jutta/Morawe, Doris, Praxis der Familienmediation, 2001

Literaturverzeichnis

Hök, Götz-Sebastian, »Schiedsgutachten: Urkunde im Urkundsprozess?«, IBR 2008, 308

Hök, Götz-Sebastian, Dispute Adjudication in Deutschland?, IBR 2007, 55

Hölzer, Camilla, Mediation im Steuerverfahren, ZKM 2012, 119 ff.

Hölzer, Camilla/Schnüttgen, Helena/Bornheim, Wolfgang, Mediation im Steuerrecht nach dem Referentenentwurf zum Mediationsgesetz, DStR 2010, 2538 ff.

Holznagel, Bernd/Ramsauer, Ulrich, Mediation im Verwaltungsrecht, in: *Hommerich, Christoph/Kriele, Dorothea* (Hrsg.), Marketing für Mediation, Ergebnisse einer Befragung der Mitglieder der Arbeitsgemeinschaft Mediation im Deutschen Anwaltsverein, Forschungsberichte des Soldan Instituts für Anwaltsmanagement, Bd. 1, 2004; S. 683 ff., Management Summary unter http://www.soldaninstitut.de

Hommerich, Christoph/Kriele, Dorothea (Hrsg.), Marketing für Mediation, Ergebnisse einer Befragung der Mitglieder der Arbeitsgemeinschaft Mediation im Deutschen Anwaltsverein, Forschungsberichte des Soldan Instituts für Anwaltsmanagement, 2004

Hommerich, Christoph/Prütting, Hanns/Ebers, Thomas/Lang, Sonja/Traut, Ludger, Rechtstatsächliche Untersuchung zu den Auswirkungen des Zivilprozessrechts auf die gerichtliche Praxis – Evaluation ZPO-Reform, 2006

Hopt, Klaus J./Steffek, Felix, Mediation, 2008

Horndasch, K.-Peter/Viefhues, Wolfram, FamFG – Kommentar zum Familienverfahrensrecht, 2. Aufl. 2010

Hornmann, Gerhard, Hessisches Gesetz über die öffentliche Sicherheit und Ordnung, 2. Aufl. 2008

Horst, Peter M., Die Kosten der Mediation, in: *Haft, Fritjof/von Schlieffen, Katharina* (Hrsg.), Handbuch Mediation, 2. Aufl. 2009, S. 1147

Horvath, Günther J., Juristisches Konfliktmanagement in internationalen Großprojekten – Vertragsrechtliche Problemstellungen und Lösungsstrategien in der Praxis, in: *Nicklisch, Fritz* (Hrsg.), Öffentlich-private Großprojekte – Erkenntnisse aus nationaler und internationaler Sicht, Heidelberger Kolloquium Technologie und Recht 2004, 2005, S. 135 ff.

Horvath, Günther J., Schiedsgerichtsbarkeit und Mediation – Ein glückliches Paar?, SchiedsVZ 2005, 292 ff.

Huber, Peter, Schiedsvereinbarung im Scheidungsrecht, SchiedsVZ 2004, 280 ff.

Hückstädt, Gerhard, Gerichtliche Mediation beim Landgericht Rostock, Neue Justiz 2005, 289–295

Illies, Stefan, SL Bau – Vierte Säule wirklich tragfähig?, Forum Baukonfliktmanagement, werner-baurecht.de, 13.10.2010

Imbusch, Peter/Zoll, Ralf (Hrsg), Friedens- und Konfliktforschung. Eine Einführung mit Quellen, 1996

Imbusch, Peter/Zoll, Ralf (Hrsg.), Friedens- und Konfliktforschung, 1999

Jansen, Nicola, Die außergerichtliche obligatorische Streitschlichtung nach § 15 a EGZPO, Dissertation 2000.

Jansen, Nicola, Die historische Entwicklung des Güteverfahrens in Deutschland, ZKM 2003, 24 ff.

Jäntges, André/Schwartz, Hansjörg, Mediation bei Fusionen – Chancen und Grenzen, ZKM 2010, 25 ff.

Jarass, Hans D./Pieroth, Bodo, Grundgesetz für die Bundesrepublik Deutschland, 11. Aufl. 2011

Jenkel, Carolin, Der Streitschlichtungsversuch als Zulässigkeitsvoraussetzung in Zivilsachen, Dissertation 2002

Jensen, Michael C./Meckling, William H., Theory of the Firm: Managerial Behaviour, Agency Costs and Ownership Structure, Journal of Financials Economics 1976, 305 ff.

Johlen, Heribert/Oerder, Michael (Hrsg.), MAH Verwaltungsrecht, 3. Aufl. 2012

Johnston, Janet, Sackgasse Scheidung. Wie geht es weiter? 1991

Jost, Fritz, Das Mediationsgesetz und die Haftungsfrage, ZKM 2011, 168 ff.

Jost, Peter–J., Die Pinzipal-Agenten-Theorie in der Betriebswirtschaftslehre, 2001

Literaturverzeichnis

Jost, Peter-J., Strategisches Konfliktmanagement in Organisationen. Eine spieltheoretische Einführung, 2. Aufl. 1999

Joussen, Jacob, Schlichtung als Leistungsbestimmung und Vertragsgestaltung durch einen Dritten, 2005

Jung, Heike, Mediation – ein Ansatz zu einer »Entrechtlichung sozialer Beziehungen«? in: *Jung/Heike, Neumann, Ulfrid* (Hrsg.), Rechtsbegründung – Rechtsbegründungen. Günter Ellscheid zum 65. Geburtstag, 1999, S. 68 ff.

Jung, Heike, Mediation: Paradigmenwechsel in der Konfliktregelung? in: *Schwind, Hans-Dieter/Kube, Edwin/Kühne, Hans-Heiner* (Hrsg.), Festschrift für Hans-Joachim Schneider zum 70. Geburtstag, 1998, S. 913 ff.

Jung, Martin/Lembcke, Moritz/Steinbrecher, Alexander/Sundermeier, Matthias, Die Adjudikation im Baustreit – Alternative zur Mediation oder ihr Schrittmacher?, ZKM 2011, 50 ff.

Justizministerium Baden-Württemberg, Modellversuch »Außergerichtliche Konfliktbeilegung« am Landgericht Stuttgart und Amtsgericht Stuttgart, Abschlussbericht, 2002

Kapellmann, Klaus D./Vygen, Klaus, Jahrbuch Baurecht 2009, Aktuelles, Grundsätzliches, Zukünftiges, 2009

Kempf, Eberhard/Trossen, Arthur, Integration der Mediation in förmliche Familiengerichtsverfahren, ZKM 2000, 166 ff.

Kersten, Fritz/Bühling, Selmar, Formularbuch und Praxis der Freiwilligen Gerichtsbarkeit, 22. Aufl. 2008

Kessen, Stefan/Troja, Markus, Die Phasen und Schritte der Mediation als Kommunikationsprozess, in: *Haft, Fritjof/von Schlieffen, Katharina* (Hrsg.), Handbuch Mediation, 2. Aufl. 2009, S. 293 ff.

Kettiger, Daniel, Fachbuch Wirkungsorientierte Gesetzgebung im Rahmen des Projekts »Neue Verwaltungsführung NEF 2000«, 2001

Keydel, Birgit/Knapp, Peter, Zwei plus zwei gleich fünf – Praxisbericht zum Thema Co-Mediation, ZKM 2003, 57 ff.

Kilger, Hartmut, Mediation im Sozialrecht, in: *Haft, Fritjof/Kindhäuser, Urs/Neumann, Ulfried/Paeffgen, Hans U.*, Strafgesetzbuch, Bd. 1, 3. Aufl. 2010

Kirchhoff, Lars, Wirtschaftsmediation in Deutschland – Momentausnahme und Perspektiven, ZKM 2007, 108 ff.

Klausa, Ekkehard/Rottleuthner, Hubert, Alternative Rechtsform und Alternative zum Recht. Jahrbuch für Rechtssoziologie und Rechtstheorie Bd. VI, 1980

Klein, Benjamin/Crawford, Robert G./Alchian, Armen, A., Vertical Integration, Approbriable Rents, and the Competitive Contracting Process, The Journal of Law and Economics, Vol. 21, 1978, 297 ff.

Kleine, Lucas, Die Schiedsgerichtsbarkeit aus Sicht ihrer Nutzer, SchiedsVZ 2008, 145 ff.

Klose, Bernhard, Das Urkundenverfahren als Chance der Bauhandwerkersicherung?, NJ 2009, 89 ff.

Kniffka, Rolf, Das Bau- und Vergaberecht im Umbruch – Die Rede zur Einführung in den 1. Deutschen Baugerichtstag, BauR 2006, 1549 ff.

Koch, Harald, Mediation im internationalen Streit, in: *Bachmann, Birgit/Breidenbach, Stephan/Coester-Waltjen, Dagmar/Heß, Burkhard/Nelle, Andreas/Wolf, Christian* (Hrsg.), Grenzüberschreitungen, 2005, S. 402 ff.

Koebke, Max, Schiedsgerichtsbarkeit im internationalen Anlagenbau – Ein Auslaufmodell?, SchiedsVZ 2007, 225 ff.

Kolodey, Christa, Mobbing – Psychoterror am Arbeitsplatz und seine Bewältigung, 2005

Köntges, Helmut/Mahnken, Volker, Die neue DIS-Verfahrensordnung für Adjudikation (DIS-AVO), SchiedsVZ 2010, 310 ff.

Koppmann, Werner, Für den Anspruch auf Sicherheitsleistung nach § 648 a BGB ist das Urkundsverfahren nicht statthaft, IBR 2009, 1084

Korintenberg, Werner/Lappe, Friedrich/Bengel, Manfred/Reimann,Wolfgang, Kostenordnung, 18. Aufl. 2010

Kornblum, Udo, Die Rechtsnatur der Bestimmung der Leistung in den § 315 bis 319 BGB, AcP Bd. 168 (1968), 450 ff.

Kornblum, Udo, Probleme der schiedsrichterlichen Unabhängigkeit, 1968

Literaturverzeichnis

Korte, Hans-Jörg, Fallbeispiele Gerichtlicher Mediation im Zivilrecht, in: *Gläßer, Ulla/Schroeter, Kirsten* (Hrsg.), Gerichtliche Mediation, 2011, S. 201 ff.

Korteweg-Wiers, Marietta, Mediation oder Rechtsprechung, in: *Fritz, Roland u. a.* (Hrsg.), Im Geiste der Demokratie und des sozialen Verständnisses, Festschrift Verwaltungsgericht Gießen, 2007, S. 359 ff.

Kraayvanger, Jan/Richter, Malte, US-Beweishilfe in Schiedsverfahren – ein Anschlag auf die internationale Schiedsgerichtsbarkeit?, SchiedsVZ 2008, 161 ff.

Krabbe, Heiner, Belastende Gefühle von Kindern in Partnerschaftskrisen der Eltern, Perspektive Mediation 2009, 147 ff.

Krabbe, Heiner, Die mediationsanaloge Supervision, Kon:Sens 1999, 160 ff.

Krabbe, Heiner, Kurz-Mediation. Die Kunst der Gesamtmediation in einer Sitzung, ZKM 2004, 72 ff.

Krabbe, Heiner/Fritz, Roland, Die Kurz-Zeit-Mediation – und ihre Verwendung in der gerichtsinternen Praxis, ZKM 2010, 136 ff.

Kracht, Stefan, Rolle und Aufgaben des Mediators – Prinzipien der Mediation, in: *Haft, Fritjof/von Schlieffen, Katharina* (Hrsg.), Handbuch Mediation, 2. Aufl. 2009, S. 267 ff.

Kraft, Volker/Schwerdfeger, Sitta, Das Mediationsgesetz, ZKM 2011, 55 ff.

Krallmann, Dieter/Ziemann, Andreas, Grundkurs Kommunikationswissenschaft, 2001

Kraus, Robert M./Morsella, Ezequiel, Communications and Conflict, in: *Deutsch, Morton/Coleman, Peter* (Hrsg.), Handbook of conflict resolution. Theory and practice, 2000

Krenzler, Michael (Hrsg.), Rechtsdienstleistungsgesetz, Handkommentar, 2010

Kröll, Stefan, »Pathological« arbitration agreements before German Courts – short notes on the occurence of a recent decision by the Higher Regional court Hamm, IHR 2006, 255 ff.

Literaturverzeichnis

Kröll, Stefan, 50 Jahre UN-Übereinkommen über die Anerkennung und Vollstreckung ausländischer Schiedssprüche – Standortbestimmung und Zukunftsperspektive, SchiedsVZ 2009, 40 ff.

Kruse, Petra, Der öffentlich-rechtliche Beauftragte, 2007

Kübler-Ross, Elisabeth, Befreiung aus der Angst. Berichte aus den Workshops. Leben, Tod und Übergang, 1994

Kuffer, Johann/Wirth, Axel, Handbuch des Fachanwalts. Bau- und Architektenrecht, 2. Aufl. 2007

Kuhlmann, Bernd/Rieforth, Joseph, Das Neun-Felder-Modell. Strategischlösungsorientiertes Vorgehen im Mediationsprozess, ZKM 2004, 52 ff.

Lachmann, Jens-Peter, Handbuch für die Schiedsgerichtspraxis, 3. Aufl. 2008

Lammers, Claas-Hinrich, Emotionsbezogene Psychotherapie. Grundlagen, Strategien und Techniken, 2007

Lammers, Claas-Hinrich, Narzisstische Persönlichkeitsstörungen, Seminarunterlagen 2008

Laule, Gerhard, Zur Bestimmung einer Summe durch mehrere Dritte nach billigem Ermessen, DB 1969, 769 ff.

Lazarus, Richard S., Emotion and Adoption, 1991

Lehmann, Matthias, Wertpapierhandel als schiedsfreie Zone? – Zur Wirksamkeit von Schiedsvereinbarungen nach § 37 h WpHG, SchiedsVZ 2003, 219 ff.

Leiss, Myrto, Collaborative Law – ein neues Verfahren der alternativen Streitregelung, IDR 2005, 174 ff.

Leiss, Myrto, Einzelgespräche – ein probates Mittel in der Mediation, ZKM 2006, 74

Lembcke Moritz, Selbständiges Beweisverfahrens bei Schiedsgutachtenklausel unzulässig!, Anmerkung zu OLG Bremen, Beschl. v. 30.01.2009 – 1 W 10/09, IBR 2009, 431

Lembcke, Moritz, Abgrenzung des Schiedsgutachtens von Schlichtung und Schiedsgerichtsverfahren, ZGS 2009, 548 ff.

Literaturverzeichnis

Lembcke, Moritz, Adjudication-Verfahren kein Schiedsgerichtsverfahren, IBR 2008, 1014

Lembcke, Moritz, Adjudikation durch Nichtjuristen nach Rechtsdienstleistungsgesetz zulässig, IBR 2009, 1362

Lembcke, Moritz, Adjudikation verfassungswidrig?, BauR 2010, 1122 ff.

Lembcke, Moritz, Adjudikation: Vollendete Tatsachen und Justizgewährleistung im materiellen Prozessrecht, BauR 2011, 1897 ff.

Lembcke, Moritz, Auslegung einer leistungsfeststellenden Schiedsgutachtenvereinbarung. Anmerkung zu OLG Düsseldorf, Urt. v. 19.06.2007 – I-24 U 210/06, IBR 2008, 1227

Lembcke, Moritz, Baukonfliktmanagement – Weg aus dem ADR-Wirrwarr durch Institution-Clearing?, in: *Gralla, Mike/Sundermeier, Matthias* (Hrsg.), Festschriften für Udo Blecken zum 70. Geburtstag, Innovationen im Baubetrieb, Wirtschaft – Technik – Recht, 2011, S. 417 ff.

Lembcke, Moritz, Bauprozesse – Wenn der Rechtsstaat zum Problem wird, ZRP 2010, 260 ff.

Lembcke, Moritz, Braunschweiger Baubetriebsseminar 2007 des Institutes für Bauwirtschaft und Baubetrieb (IBB) – »Streitvermeidung und Streitbeilegung: etablierte Verfahren und neue Wege«, BauR 2007, 939 ff.

Lembcke, Moritz, Bürgenhaftung im Kontext von Schiedsgutachten, NZBau 2009, 421 ff.

Lembcke, Moritz, Das Gutachten im Spannungsfeld von richterlicher Rechtsfindung, Beweisbeschluss und Parteivortrag, DS 2007, 303 ff.

Lembcke, Moritz, Die Influenz von Justizgewährungsanspruch, Rechtsprechungsmonopol des Staates und rechtlichem Gehör auf außergerichtliche Streitbeilegungsverfahren, NVwZ 2008, 42 ff.

Lembcke, Moritz, Ein Schiedsgutachter kann nicht wegen Befangenheit abgelehnt werden. Anmerkung zu OLG München, Urt. v. 09.01.2008 – 20 U 3478/07, IBR 2008, 301

Lembcke, Moritz, Haftung des Schiedsgutachters und des Adjudikators, DS 2011, 96 ff.

Lembcke, Moritz, Keine Befangenheit des Richters bei vorheriger Mediatorentätigkeit. Anmerkung zu LAG Frankfurt, Beschl. v. 07.07.2009 – 12 Ta 304/09, IBR 2009, 3370

Lembcke, Moritz, Keine Befangenheit eines Schiedsrichters bei Weitergabe von Verfahrensdetails an Mediator. Anmerkung zu OLG Frankfurt, Beschl. v. 26.06.2008 – 26 SchH 2/08, IBR 2008, 549

Lembcke, Moritz, Keine Haftung des § 648 a BGB-Bürgen für Nachträge nach § 1 Nr. 3, 4 S. 1, 2 VOB/B?, NZBau 2010, 158 ff.

Lembcke, Moritz, Klage auf Sicherheitsleistung nicht im Urkundenprozess, IBR 2008, 629

Lembcke, Moritz, Kommentierung der Streitlösungsordnung für das Bauwesen (SL-Bau) werner-baurecht.de, Forum Baukonfliktmanagement, Verfahrensordnungen, 13.08.2010

Lembcke, Moritz, Kommentierung zum Diskussionsvorschlag einer Adjudikations-Ordnung für Baustreitigkeiten des Deutschen Baugerichtstages e.V. (AO-Bau/DBGT), werner-baurecht.de, Forum Baukonfliktmanagement, Verfahrensordnungen, 03.05.2010

Lembcke, Moritz, MedAdj: Gemeinsam, BauR 2010, 1 (Editorial)

Lembcke, Moritz, Mediation in Baustreitigkeiten durch Adjudikation?, ZKM 2009, 122 ff.

Lembcke, Moritz, Rechtsnatur des Verfahrens mit der vorgesetzten Stelle nach § 18 Nr. 2 VOB/B – Leistungsbestimmungsrecht nach § 315 BGB, BauR 2009, 1666 ff.

Lembcke, Moritz, Risiken und Chancen im Zusammenhang mit neuen Verfahren zur Baukonfliktbewältigung am Beispiel der Architektenhaftpflichtversicherung, VersR 2010, 723 ff.

Lembcke, Moritz, Schiedsgutachten nicht vorläufig bindend! Anmerkung zu OLG Jena, Urt. v. 26.09.2007 – 2 U 227/07, IBR 2009, 485

Lembcke, Moritz, Streitbeilegung bei Bauprojekten – Adjudication-Verfahren als Vorbild für vorläufig bindendes Schiedsgutachten, ZfIR 2008, 36 ff.

Lembcke, Moritz, Unrichtiges Schiedsgutachten bindet! Anmerkung zu OLG Düsseldorf, Urt. v. 28.03.2008 – 16 U 88/07, IBR 2008, 550

Literaturverzeichnis

Lembcke, Moritz, Urkundenprozess – Zulässige Beweismittel und Darlegungslast, MDR 2008, 1016 ff.

Lembcke, Moritz, Urkundenprozess in Bausachen, BauR 2009, 19 ff.

Lembcke, Moritz, Was bedeutet »durch die IHK bestellter Gutachter« in Schiedsgutachtenklausel? Anmerkung zu OLG Brandenburg, Urt. v. 04.12.2008 – 5 U 67/05, IBR 2009, 429

Lembcke, Moritz, Zur Teilanfechtung einer schiedsgutachterlichen Entscheidung, ZGS 2010, 261 ff.

Lembcke, Moritz/Sundermeier, Matthias, Adjudikations-Ordnung für Baustreitigkeiten (AO-Bau) – Regelungsvorschläge einer vertraglichen Verfahrensordnung zur Konfliktbewältigung bei Bauprojekten, BauR 2009, 741 ff.

Lembcke, Moritz, Rechtsnatur des Adjudication-Verfahrens Auflösend bedingtes Schiedsgutachten, IBR 2008, 1198

Lenz, Christina/Salzer, Michael/Schwarzinger, Friedrich (Hrsg.), Konflikt, Kooperation, Konsens. 2010

Leonhard, Marc, Internationaler Industrieanlagenvertrag: Konfliktvermeidung und Konflikterledigung, BB 1999, Beilage Nr. 9, 13 ff.

Leutheusser-Schnarrenberger, Sabine, Die Mediations-Richtlinie und deren Implementierung, ZKM 2012, 72 ff.

Levin, Louis, Die Bundesratsverordnung zur Entlastung der Gerichte vom 9. September 1915, Deutsche Juristen-Zeitung 1915, 966 ff.

Levin, Louis, Die Entlastungsverordnung vom 9. September 1915 und die Neugestaltung des bürgerlichen Rechtsstreits, Beiträge zur Erläuterung des deutschen Rechts. Jg. 60, 1916, 1–55, in: *Digitale Bibliothek des Max-Planck-Instituts für Europäische Rechtsgeschichte* 2010 – 09 – 5T15:29:20Z

Levin, Louis, Prozeßnot und Rechtsfrieden, Deutsche Juristenzeitung 1915, 870 ff.

Leymann, Heinz, Mobbing, 2006

Lindner, Martin, Klarer Vertrag, dennoch Streit: Eine Familienmediation, ZKM 2008, 12 ff.

Lionnet, Klaus, Handbuch der internationalen und nationalen Schiedsgerichtsbarkeit: systematische Darstellung der privaten Handelsschiedsgerichtsbarkeit für die Praxis der Parteien, 2. Aufl. 2001

Löer, Lambert, Referentenentwurf eines Mediationsgesetzes, ZKM 2010, 179 ff.

Lögering, Martin P., Die Eignung schiedsgerichtlicher verfahren zur Lösung baurechtlicher Konflikte, ZfBR 2010, 14 ff.

Lohmann, Renate/Sauthoff, Detlef, Mobbing und Mediation, ZKM 2007, 149 ff.

Löning, Annette, Das lachende Erbe oder die Eskalation des Familiendramas, Kon:Sens 1998, 16 ff.

Lörcher, Gino/Lörcher, Torsten, Durchsetzbarkeit von Mediationsergebnissen, in: *Haft, Fritjof/von Schlieffen, Katharina* (Hrsg.), Handbuch Mediation, 2. Aufl. 2009, S. 1119 ff.

Mackensen, Lutz, Großes deutsches Wörterbuch, 1977

MacNeil, Ian R., Contracts: Adjustment of Long-Term Economic Relations under Classical, Neoclassical and Relational Contract Law, (1977) Nw. U. L. Rev. Bd. 72, 854 ff.

MacNeil, Ian R., Econonic Analysis of Contractual Relations: Its Shortfalls and the Need for a Rich Classificatory Apparatus, (1981) Nw. U. L. Rev. Bd. 75, 1018 ff.

MacNeil, Ian R., The Many Futures of Contract, (1974) S. Cal. L. Rev. Bd. 47, 691 ff.

MacNeil, Ian R., The New Social Contract, An Inquiry into Modern Contractual Relations, 1980

Mähler, Hans-Georg/Mähler, Gisela, Cooperative Praxis, ZKM 2009, 70 ff.

Mähler, Hans-Georg/Mähler, Gisela, Familienmediation, in: *Haft, Fritjof/von Schlieffen, Katharina* (Hrsg.), Handbuch Mediation, 2. Aufl. 2009, S. 457 ff.

Malinowski, Jörg/Lenz, Christina, Konfliktmanagement in einem Vertriebsunternehmen, ZKM 2008, 123 ff.

Märker, Oliver/Trénel, Matthias, Online-Mediation – Neue Medien in der Konfliktvermittlung mit Beispielen aus Politik und Wirtschaft, 2003

Literaturverzeichnis

Mangoldt, Herrmann von/Klein, Friedrich, Das Bonner GG, 4. Aufl. 1999

Martinek, Michael/Semler, Franz-Jörg/Habermeier, Stefan/Flohr, Stefan, Vertriebsrecht, 3. Aufl. 2010

Marx, Ansgar/Prell, Irmgard, Mietermediation, ZKM 2006, 59 ff.

Maslow, Abraham H., A theory of human motivation. Psychological Review, 1943, 370 ff.

Matefi, Gabriella, Mediation bei häuslicher Gewalt?, FamPra 2003, 260 ff.

Matscher, Franz, Schiedsgerichtsbarkeit und EMRK, in: *Habscheid, Walther J.* (Hrsg.), Festschrift für Heinrich Nagel, 1987, S. 227 ff.

Matthies, Karl-Heinrich, Ein Erfahrungsbericht: Neue Wege der Justiz Modellprojekt gerichtsnahe Mediation bei dem Landgericht Göttingen, veröffentlich unter http://www.landgericht-goettingen.niedersachsen.de

Mattiolo, Maria/Eyer, Eckard, Mediation in Arbeitskonflikten, Arbeit und Arbeitsrecht 2011, 468 ff.

Mattiolo, Maria/Trenczek, Thomas, Mediation nach Klageerhebung, BJ 2010, 323 ff.

Maunz, Theodor/Dürig, Günter (Begr.), Grundgesetz, Bd. VI, 62. Ergänzungslieferung 2011

Mcllwrath, Michael/Savage, John, International Arbitration and Mediation. A Practical Guide, 2010

Meyer, Birte/Schricker, Vanessa, »Mediiert und finanziert«, ZKM 2008, 156 ff.

Meyer-Großner, Lutz, Strafprozessordnung, 54. Aufl. 2011

Meyer-Ladewig, Jens/Keller, Wolfgang/Leitherer, Stephan, Sozialgerichtsgesetz, 9. Aufl. 2008

Mickley, Angela, Mediation als Friedensmission und Krisenprävention, ZKM 2007, 36 ff.

Migge, Björn, Handbuch Coaching und Beratung, 2. Aufl. 2007

Ministerium der Justiz (DDR), Kommentar zum Zivilgesetzbuch der Deutschen Demokratischen Republik vom 19. Juni 1975 und zum Einführungs-

Literaturverzeichnis

gesetz zum Zivilgesetzbuch der Deutschen Demokratischen Republik vom 19. Juni 1975, Herausgegeben vom Ministerium der Justiz, 1983

Mitglieder des Bundesgerichtshofes (Hrsg.), Das Bürgerliche Gesetzbuch mit besonderer Berücksichtigung der Rechtsprechung des Reichsgerichts und des Bundesgerichtshofes, Bd. II, 1. Teil, §§ 241–413, 12. Aufl. 1976

Mittermaier, Carl Joseph Anton, Die neueste Prozeßgesetzgebung mit beurtheilender Darstellung der neuen Entwürfe für Baiern und die Niederlande und der Prozeßordnung für die Untergerichte des Königreichs Hannover, AcP 1828, 144 ff., 269 ff., 426 ff.

Moltmann-Willisch, Anne-Ruth/Kraus, Anna-Maria/von Hammerstein, Felicitas, Konfrontation oder Kooperation?, ZKM 2011, 26 ff.

Monßen, Hans-Georg, Bringt die ZPO-Reform den Durchbruch für die Mediation?, ZKM 2003, 116 ff.

Monßen, Hans-Georg, Die gerichtsnahe Mediation, AnwBl. 2004, 7 ff.

Monßen, Hans-Georg, Fördert das Mediationsgesetz die gerichtsnahe Mediation?, ZKM 2011, 10 ff.

Montada, Leo/Kals, Elisabeth, Mediation. Lehrbuch für Psychologen und Juristen, 2001

Moore, Christopher, The Mediation Process: Practical Strategies for Resolving Conflict, 2003

Motzke, Gerd/Bauer, Günter/Seewald, Thomas, Prozesse in Bausachen, Privates Baurecht, Architektenrecht, 2009

Münch, Ingo von (Begr.)/Kunig, Philip (Hrsg.), Grundgesetzkommentar, 6. Aufl. 2012

Muhr, Michaela, Die geschichtliche Entwicklung der Mediation in Deutschland und Russland in den letzten 15 Jahren, Master-Theses zur Erlangung des Masters of Art, 2006

Müller, Birgit, Distributives und integratives Verhandeln, 2011

Mullins, Laurie J., Management and Organizational Behaviour, 4. Aufl. 1995

Musielak, Hans-Joachim, Kommentar zur Zivilprozessordnung: mit Gerichtsverfassungsgesetz, 6. Aufl. 2008, 7. Aufl. 2009, 8. Aufl. 2011

Literaturverzeichnis

Musielak, Hans-Joachim/Borth, Helmut, Familiengerichtliches Verfahren, 2. Aufl. 2011

Musielak, Hans-Joachim/Borth, Helmut/Grandel, Mathias, Familiengerichtliches Verfahren, 3. Aufl. 2012

Muthers, Christof, Das Kölner Mediationsprojekt, KammerForum 2007, Heft 3, 1

Natter, Eberhard/Gross, Roland (Hrsg.), Arbeitsgerichtsgesetz, 2010

Nelle, Andreas, »Multi-Door Courthouse Revisited« – Wie steht es um die gerichtsnahen Alternativen?, in: *Eidenmüller, Horst* (Hrsg.), Alternative Streitbeilegung, 2011

Neuenhahn, Hans-Uwe, Streit um 400 Millionen beigelegt, ZKM 2000, 81 ff.

Neumann-Duesberg, Horst, Gerichtliche Ermessensentscheidung nach §§ 315 ff. BGB, JZ 1952, 705 ff.

Neumayr, Matthias, Die Verordnung (EG) Nr. 44/2001 (»Brüssel-I«-VO), 14.6.2005, S. 3, ERA-forum, 172

Neuvians, Nicola, Mediation in Familienunternehmen, ZKM 2011, 93 ff.

Nicklisch, Fritz (Hrsg.), Öffentlich-private Großprojekte – Erkenntnisse aus nationaler und internationaler Sicht, Heidelberger Kolloquium Technologie und Recht, 2004

Nicklisch, Fritz, Gutachter-, Schieds- und Schlichtungsstellen – rechtliche Einordnung und erforderliche Verfahrensgarantien, in: *Böckstiegel, Karl-Heinz/Glossner, Ottoarndt* (Hrsg.), Festschrift für Arthur Bülow zum 80. Geburtstag, 1981, S. 159 ff.

Nicklisch, Fritz, Rechtsfragen des Subunternehmervertrages bei Bau- und Anlageprojekten im In- und Auslandsgeschäft, NJW 1985, 2361 ff.

Nicklisch, Fritz, Sales Contracts against Construction Contracts – Their Similarities and Differences in Civil Law, IBL Bd. 16 (1988), 253 ff.

Nicklisch, Fritz, Schätzorganisationen – Beiträge zum Sachverständigen- und Schiedsgutachtenrecht, ZHR Bd. 136 (1972), Teil 1: Seite 1–30, Teil 2: 97 ff.

Nicolas, Julian, Emotion and New Aims, 2012

Literaturverzeichnis

Niedersachsen, Projektabschlussbericht, Projekt Gerichtsnahe Mediation in Niedersachsen, Februar 2005, vom Niedersächsischen Justizministerium und Konsens e.V. (http://www.berlin.de/sen/justiz/gerichte/kg/mediation)

Niedostadek, André (Hrsg.), Praxishandbuch Mediation, 2010

Niedostadek, André, Mediation im gewerblichen Rechtsschutz, ZKM 2007, 50 ff.

Nierhauve, Christian, Standards der Mediation – Best Practice, in: *Haft, Frietjof/von Schlieffen, Katharina* (Hrsg.), Handbuch Mediation, 2. Aufl. 2009, S. 1173 ff.

Notter, Nikolaus H., Der Richter am Arbeitsgericht als Mediator, Der Betrieb 2001, 874 ff.

Oechsler, Jürgen, Wille und Vertrauen im privaten Austauschvertrag, Die Rezeption des Relational Contract im deutschen Vertragsrecht in rechtsvergleichender Kritik, RabelsZ 1996 (60. Bd.), 91 ff.

Olenhusen, Peter Götz von, Gerichtsmediation – Richterliche Konfliktvermittlung im Wandel -, ZKM 2004, 104 ff.

Ortloff, Karsten-Michael, Berliner Pilotprojekt: Gerichtsmediation, AnwBl. 2004, 229–230

Ortloff, Karsten-Michael, Europäische Streitkultur und Mediation im deutschen Verwaltungsrecht, NVwZ 2007, 35

Ortloff, Karsten-Michael, Gerichtsinterne Mediation – Verbot durch Gesetz?, NJW 2012, Editorial

Ortloff, Karsten-Michael, Mediation außerhalb und innerhalb des Verwaltungsprozesses, NVwZ 2004, 385 ff.

Ortloff, Karsten-Michael, Neue Methoden des Verhandelns: Über den Einfluss der Mediation auf den Verwaltungsprozess, in: *Schmidt-Aßmann, Eberhard u. a.* (Hrsg.), Festgabe 50 Jahre Bundesverwaltungsgericht, 2003, S. 727 ff.

Ortloff, Karsten-Michael, Vom Gerichtsmediator zum Güterichter im Verwaltungsprozess, NVwZ 2012, 1057 ff.

Literaturverzeichnis

Oster, Jan, Normative Ermächtigungen im Regulierungsrecht, Eine vergleichende Untersuchung behördlicher Entscheidungsspielräume in der deutschen und amerikanischen Netzinfrastrukturregulierung, 2010

Palandt, Otto, Bürgerliches Gesetzbuch, 68. Aufl. 2009, 70. Aufl. 2011, 71. Aufl. 2012

Paul, Christoph C., Pre-Court Consideration of Mediation, ZKM 2011, 122 ff.

Paul, Christoph C./Schwartz, Hansjörg, Interdisziplinäre Co-Mediation, in: *Henssler, Martin/Koch, Ludwig* (Hrsg.), Mediation in der Anwaltspraxis, 2. Aufl. 2004, S. 253 ff.

Paul, Insa/Block, Torsten, Gerichtliche Mediation an Amtsgerichten, in: *Gläßer, Ulla/Schroeter, Kirsten* (Hrsg), Gerichtliche Mediation, 2011, S. 215 ff.

Paul, Stefan, Mediation – Ein Thema für Finanzgerichte?, DStR 2008, 1111 ff.

Paulhus, Delroy L., Normal Narcissism. Two minimal accounts, Psych. Inq. 2001, 228 ff.

Peter, James T., Med-Arb in International Arbitration, American Review of International Arbitration, 1997, 1 ff.

Peters, Bele Carolin, Der Gütegedanke im deutschen Zivilprozessrecht. Eine historische – soziologische Untersuchung zum Gütegedanken in Zivilverfahrensrecht seit 1879. Dissertation 2004

Peukert, Rüdiger, Familienformen im sozialen Wandel, 2008

Pfisterer, Thomas, Konsens und Mediation im Verwaltungsbereich, 2004

Piazolo, Marc, Effizienz und Verteilungsgerechtigkeit. Welche Position nehmen Menschen tatsächlich ein, 6th International Conference on Management, Enterprise and Benchmarking, 2008

Picot, Arnold/Dietl, Helmut/Franck, Egon, Organisation. Eine ökonomische Perspektive, 4. Aufl. 2005

Pielsticker, Dietrich, Analyse der Motive und Interessen des EU-Gesetzgebers und verschiedener Interessengruppen an dem Erlass der EU-Richtlinie über bestimmte Aspekte der Mediation in Zivil- und Handelssachen vom

21. Mai 2008 im Rahmen einer Darstellung des gesetzgeberischen Entscheidungsprozesses, Masterarbeit 2008

Pitkowitz, Matthias M./Richter, Marie-Therese, May a Neutral Third Party Serve as Arbitrator and Mediator in the same Dispute?, SchiedsVZ 2009, 225 ff.

Pitschas, Rainer, Mediation als kollaborative Governance, DÖV 2011, 333 ff.

Pitschas, Rainer, Mediation als Methode und Instrument der Konfliktmittlung im öffentlichen Sektor, NWwZ 2004, 396 ff.

Pitschas, Rainer/Walther, Harald (Hrsg.), Mediation in der Verwaltungsgerichtsbarkeit, Speyerer Arbeitsheft Nr. 173, 2005

Pitschas, Rainer/Walther, Harald (Hrsg.), Mediation in der Verwaltungsgerichtsbarkeit, Speyerer Arbeitsheft Nr. 173, 2005

Plagemann, Hermann (Hrsg.), Sozialrecht, 3. Aufl. 2009

Pondy, Louis R., Organizational Conflict: Concepts and Models, Administrative Science Quarterly, Vol. 12, Number 2, 1967

Pornbacher, Karl/Loos, Alexander/Baur, Sebastian, Aktuelle Neuerungen im internationalen Schiedsrecht, BB 2011, 711 ff.

Priebe, Christoph F., Effizienzgewinn durch die Adjudikations-Ordnung für Baustreitigkeiten (AO-Bau), Forum Baukonfliktmanagement, werner-baurecht.de, 26.06.2009

Primus, Nathalie, Ist Neutralität in der Mediation möglich?, ZKM 2009, 104

Probst, Martin, Gerichtliche Mediation in der Rechtsmittelinstanz, in: *Gläßer, Ulla/Schroeter, Kirsten* (Hrsg), Gerichtliche Mediation, 2011, S. 227 ff.

Proksch, Roland, Hypothesen gestützte, Theorie geleitete strategische Kommunikation, ZKM 2008, 141 ff.

Proksch, Roland, Reform des familiengerichtlichen Verfahrens durch das FamFG – Möglichkeit für Mediation, ZKM 2010, 39 ff.

Proksch, Roland, Förderung der Familienmediation durch das Mediationsgesetz, ZKM 2011, 173 ff.

Literaturverzeichnis

Prosch, Alexandra, Mobbing am Arbeitsplatz. Literaturanalyse mit Fallstudie, 1995

Prütting, Hanns, Das neue Mediationsgesetz: Konsensuale Streitbeilegung mit Überraschungen, AnwBl. 3/2012, 204 ff.

Prütting, Hanns, Mediation und Gerichtsbarkeit, ZKM 2006, 100 ff.

Prütting, Hanns/Heck, Wolfgang/ Krafka, Alexander/Schmidt, Uwe/Taxis, Norbert, Außergerichtliche Streitschlichtung. Handbuch für die Praxis, 2002

Puchta, Wolfgang Heinrich, Ist der Vergleichsversuch in Rechtsstreitigkeiten zweckmäßig in die Hände der Gerichte gelegt? – und was läßt sich von der Anordnung eigener Vermittlungsämter erwarten?, AcP 1836, 214 ff.

Quinke, David, § 1061 ZPO und der Meistbegünstigungsgrundsatz des UNÜ, SchiedsVZ 2011, 169 ff.

Rauscher, Bert, Das Schiedsgutachtenrecht: unter besonderer Berücksichtigung der Regelungen der Praxis des Massenverkehrs, 1969

Rauscher, Thomas/Wax, Peter (Hrsg.), Münchener Kommentar zur Zivilprozessordnung, Bd. 3, 3. Aufl. 2008

Reddemann, Luise, Imagination als heilende Kraft zur Behandlung von Traumafolgen und ressourcenorientierten Verfahren, 2009

Redmann, Britta, Mediation – erfolgreiche Alternative zur Einigungsstelle, Fachanwalt für Arbeitsrecht 2000, 76 ff.

Reiter, Harald, Aktuelle Praxis des Güterichterverfahrens am Landgericht Augsburg (gerichtsinterne Mediation), www.justiz.bayern.de/../landgerichte/augsburg/aktuelle_hinweise_zum_g_terrichterverfahren__gerichtsinterne_mediation_.pdf

Reitz, Kristina, Ohne Beziehung kein Rechtsstreit? – Ergebnisse zum Modellprojekt Gerichtsnahe Mediation an hessischen Verwaltungsgerichten, ZKM 2008, 1 ff.

Richter, Rudolf/Furubotn, Eivik Grundtvig, Neue Institutionenökonomik, 3. Aufl. 2003

Rickert, Anne, Online-Mediation im virtuellen Raum, ZKM 2009, 168 ff.

Rieble, Volker/Gutfried, Michael, Spezifikationskauf und BGB-Schuldrecht, JZ 2008, 593 ff.

Ripke, Lis, Paraphrasieren mit beidseitiger Situationsdefinition, ZKM 2004, 70

Ripke, Lis, Recht und Gerechtigkeit in der Mediation, in: *Haft, Fritjof/von Schlieffen, Katharina* (Hrsg.), Handbuch Mediation, 2. Aufl. 2009, S. 161 ff.

Ripke, Lis/Trocha, Roland, Das Hexenwerk ist das Normale, ZKM 2011, 124 ff.

Risse, Jörg, Adjudication – Ein Heilmittel für Baustreitigkeiten?!, in: *Nicklisch, Fritz* (Hrsg.), Öffentlich-private Großprojekte – Erkenntnisse aus nationaler und internationaler Sicht, Heidelberger Kolloquium Technologie und Recht, 2004, 2005, S. 168 ff.

Risse, Jörg, Beilegung von Erbstreitigkeiten durch Mediationsverfahren, ZEV 1999, 205 ff.

Risse, Jörg, Konfliktmanagement und ADR, ZKM 2004, 244 ff.

Risse, Jörg, Neue Wege der Konfliktbewältigung: Last-Offer-Schiedsverfahren, High/Low-Arbitration und Michigan-Mediation, BB-Supplement Mediation und Recht, 16 ff.

Risse, Jörg, Wirtschaftsmediation, 2003

Risse, Jörg, Wirtschaftsmediation, NJW 2000, S. 1614

Risse, Jörg/Wagner, Christof, Mediation im Wirtschaftsrecht, in: *Haft, Fritjof/von Schlieffen, Katharina* (Hrsg.) Handbuch Mediation, 2. Aufl. 2009, S. 553 ff.

Röthemeyer, Peter, Gerichtsmediation im Güterichterkonzept, ZKM 2012, 116 ff.

Rogers, Carl R., Die klientenzentrierte Gesprächspsychotherapie, 16. Aufl. 2003

Rohrbach, Bernd, Kreativ nach Regeln – Methode 635, eine neue Technik zum Lösen von Problemen, Absatzwirtschaft 1969, 73–76

Roquette, Andreas J./Otto, Andreas, Vertragsbuch Privates Baurecht: kommentierte Vertragsmuster, 2005

Roth, Alvin E./Prasnikar, Vesna/Okuno-Fujiwara, Masahino/Zamir, Shmuel, Bargaining and Market Behavior in Jerusalem, Ljubljana, Pittsburgh and

Literaturverzeichnis

Tokyo: An Experimental Study. American Economic Review 81 (1991), 1068 ff.

Rothhaupt, Oliver, Die außergerichtliche Streitbeilegung durch Entscheidung eines neutralen Dritten: Zur Übertragbarkeit der im internationalen Anlagengeschäft etablierten Verfahren auf das private Baurecht, 2008

Säcker, Franz Jürgen/Rixecker, Roland (Hrsg.), Münchener Kommentar zum Bürgerlichen Gesetzbuch, 6. Aufl. 2012

Saenger, Ingo (Hrsg.), Zivilprozessordnung, 4. Aufl. 2011

Safran, Jeremy D., Widening the Scope of Cognitive Therapy. The therapeutic relationship, emotion und the process of change, 1998

Sander, Frank/Crespo, Mariana Hernandez, Exploring the Evolution of the Multi-Door-Courthouse, University of St. Thomas, Law Journal 2008, Vol. 5:3

Schael, Wolfgang, Die Terminologie in Familienstreitsachen nach der bevorstehenden Reform des Familienverfahrensrechts, FamRZ 2009, 7 ff.

Schäfer, Hans-Bernd/Ott, Claus, Lehrbuch der ökonomische Analyse des Zivilrechts, 3. Aufl. 2000

Schellenberg, James A. The Science of Conflict, 1992

Scherer, Klaus, Appraisal considered as a process of emotion. A component process approach, in: *Scherer, Klaus/Schorr, Angela/Johnstone, Tom* (Hrsg.), Appraisal process in emotion, 2001

Scherer, Klaus/Schorr, Angela/Johnstone, Tom (Hrsg.), Appraisal process in emotion, 2001

Scheuerer-Englisch, Hermann/Hundsalz, Andreas/Menne, Klaus (Hrsg.), Jahrbuch der Erziehungsberatung, 2008

Schippel, Helmut/Bracker, Ulrich, Bundesnotarordnung, 9. Aufl. 2011

Schlehe, Volker, Der Bausachverständige als Schiedsgutachter und Mediator, DS 2010, 10 ff.

Schlieffen, Katharina von/Wegmann, Bernd (Hrsg.), Mediation in der notariellen Praxis, 2002

Schlosser, Peter F., Schiedsgerichtsbarkeit, Schiedsgutachtenwesen und Höchstpersönlichkeit der Entscheidungsbefugnis, in: *Berger, Klaus Peter/Borges, Georg/Herrmann, Harald/Schlüter, Andreas/Wackerbarth, Ulrich* (Hrsg.), Festschrift für Norbert Horn zum 70. Geburtstag, Zivil- und Wirtschaftsrecht im Europäischen und Globalen Kontext, 2006, S. 1023 ff.

Schlosser, Peter F., Der gegenwärtige Entwicklungsstand des Rechts des Schiedsgutachtens, in: *Böckstiegel, Karl-Heinz, Berger, Klaus Peter, Bredow, Jens* (Hrsg.), Schiedsgutachten versus Schiedsgerichtsbarkeit, Schriftenreihe der Deutschen Institution für Schiedsgerichtsbarkeit, Bd. 21, 2007, S. 1 ff.

Schmidt, Frank H., Mediation bei Streitigkeiten im Wohnungseigentumsrecht und Nachbarrecht, ZWE 2009, 432 ff.

Schmidt, Thomas, Konfliktmanagement in einer Sparkasse, ZKM 2006, 90 ff.

Schmidt-Ahrendts, Nils/Höttler, Phillip, Anwendbares Recht bei Schiedsverfahren mit Sitz in Deutschland, SchiedsVz 2011, 267 ff.

Schmiedel, Liane, Erfolgreiche Nachbarn, ZKM 2011, 14 ff.

Schmoeckel, Mathias/Rückert, Joachim/Zimmermann, Reinhard (Hrsg.), Historisch-kritischer Kommentar zum BGB, Bd. II, 2007

Schneider, Norbert/Wolf, Hans-Joachim/Volpert, Joachim (Hrsg.), Familiengerichtskostengesetz, 2009

Schoen, Thorsten, Konfliktmanagementsysteme für Wirtschaftsunternehmen, 2003

Scholtissek, Friedrich-Karl, Der Architekt und die Neuerungen des Forderungssicherungsgesetzes, NZBau 2009, 91 ff.

Schopper-Brigel, Elise, »Collaborative Law – Austrian Style«, Öst.-AnwBl. 2003, 392 f.

Schramke, Hein-Jürgen, Gesetzliche Regelungen für eine Adjudikation in Bausachen? Tätigkeit und vorläufige Ergebnisse des Arbeitskreises VII des Deutschen Baugerichtstags, BauR 2007, 1983 ff.

Schreiber, Frank, In Gefahr und höchster Not bringt der Mittelweg den Tod, BJ 2010, 310

Schröder, Rainer, Pflichtteilsrecht, DNotZ 2001, 465 ff.

Literaturverzeichnis

Schröder, Rainer/Gerdes, Stefanie/Teubner-Oberheim, Nikola, Laienbeteiligung im Bauprozess, in: *Kapellmann, Klaus D./Vygen, Klaus* (Hrsg.), Jahrbuch Baurecht 2009, Aktuelles, Grundsätzliches, Zukünftiges, 2009, S. 81 ff.

Schroeder, Hans-Patrick, Mareva Injunctions and Freezing Orders in International Commercial Arbitration, SchiedsVZ 2004, 26 ff.

Schubert, Klaus/Martina Klein, Das Politiklexikon, 4. Aufl. 2006

Schultz von Thun, Friedemann, Miteinander reden, Bd. 1, 49. Aufl. 2011

Schulze-Hagen, Alfons, Plädoyer für Adjudikation in Deutschland, BauR 2007, 1950 ff.

Schütze, Rolf A., Schiedsgericht und Schiedsverfahren, 4. Aufl. 2007

Schwab, Karl Heinz/Walter, Gerhard, Schiedsgerichtsbarkeit: Systematischer Kommentar zu den Vorschriften der Zivilprozeßordnung, des Arbeitsgerichtsgesetzes, der Staatsverträge und der Kostengesetze über privatrechtliche Schiedsgerichtsverfahren, 7. Aufl. 2005

Schwab, Norbert/Weth, Stephan (Hrsg.), Arbeitsgerichtsgesetz, 3. Aufl. 2011

Schwartz, Hans Victor, Ein Beitrag zur Geschichte der Mediation in Europa, 2005, http://himev.de1.cc/wp-content/themes/th_himev/pdf/Ein_Beitrag_zur_Geschichte_der_Mediation_in_Europa.pdf

Schwartz, Hansjörg/Geier, Franziska, Externe Experten im Mediationsverfahren, ZKM 2000, 196 ff.

Schwartz, Hansjörg/Zierbock, Peter, Nachfolge in Familienunternehmen, ZKM 2001, 224 ff.

Schwarz, Karin, Mediation – Collaborative Law – Collaborative Practice, 2010

Schweizer, Adrian, Techniken des Mediators – Übersicht, in: *Haft, Fritjof/von Schlieffen, Katharina* (Hrsg.), Handbuch Mediation, 2. Aufl. 2009, S. 321 ff.

Schwintowski, Hans-Peter, Die Verjährung von Ansprüchen auf Rückzahlung überhöhter Stromentgelte, ZIP 2006, 2302 ff.

Seibert, Max-Jürgen, Mediation in der Verwaltungsgerichtsbarkeit, NVwZ 2008, 365 ff.

Literaturverzeichnis

Senghaas, Dieter (Hrsg.), Kritische Friedensforschung, 1972

Sensburg, Patrick, Mediationsgesetz – Rechtsausschuss schafft Interessenausgleich, NJW-aktuell, 52/2011, 14

Sessler, Anke, Schiedsgutachten in Post-M&A- Streitigkeiten, in: *Böckstiegel, Karl-Heinz/Berger, Klaus Peter/Bredow, Jens* (Hrsg.), Schiedsgutachten versus Schiedsgerichtsbarkeit, Schriftenreihe der Deutschen Institution für Schiedsgerichtsbarkeit, Bd. 21, 2007, S. 97 ff.

Sieg, Karl, Die feststellenden Schiedsgutachter im Privatversicherungsrecht, VersR 1965, 629 ff.

Sienz, Christian, Bürge an Schiedsgutachtenklausel im Bauvertrag nicht gebunden – Anmerkung zu OLG Düsseldorf, Urt. v. 13.11.2003 – 12 U 55/03, IBR 2004, 13

Sieveking, Ramon, Schiedsgutachtenverträge nach deutschem und New Yorker Recht. Eine rechtvergleichende Untersuchung der Sach- und Interessengerechtigkeit des deutschen Schiedsgutachtenrechts, 2007

Simmel, Georg, Der Streit, in: *Bühl, Walter* (Hrsg.), Konflikt und Konfliktstrategie, 1973

Soergel, Theodor (Begr.)/Siebert, Wolfgang (Hrsg.), Bürgerliches Gesetzbuch, 2007

Spangenberg, Ernst, Anmerkung zu OLG Köln, Beschl. v. 03.06.2011, ZKM 2012, 29 ff.

Spellbrink, Wolfgang, Mediation im sozialgerichtlichen Verfahren – Baustein für ein irrationales Rechtssystem, DRiZ 2006, 88 ff.

Stark, Carsten, Die Konflikttheorie von Georg Simmel, in: *Bonacker, Thorsten* (Hrsg), Sozialwissenschaftliche Konflikttheorie, 2002, S. 83 ff.

Staub, Hermann (Begr.), Handelsgesetzbuch Großkommentar, 4. Bd., 4. Aufl. 2004

Staudinger, Ansgar/Stein, Friedrich/Jonas, Martin (Hrsg.), Kommentar zur Zivilprozessordnung, 20. Aufl. 1988, 21. Aufl. 1994, 22. Aufl. 2005

Staudinger, Julius von (Begr.), Kommentar zum Bürgerlichen Gesetzbuch, 2004

Steffek, Felix, Regelung der Mediation, RabelsZ 2010 (74. Bd.), 841 ff.

Literaturverzeichnis

Stein, Friedrich/Jonas, Martin, Die Zivilprozeßordnung für das Deutsche Reich, 14. Aufl. 1928

Stelkens, Ulrich, Das Gesetz zur Neuregelung des verwaltungsgerichtlichen Verfahrens (4. VwGOÄndG), das Ende einer Reform?, NVwZ 1991, 209 ff.

Stubbe, Christian, DIS-Schiedsgutachtenordnung (DIS-SchGO) und DIS-Gutachtenordnung (DIS-GO), SchiedsVZ 2010, 130 ff.

Stubbe, Christian, Kombination des Schiedsgutachtensverfahren mit anderen Verfahrenstypen, in: *Böckstiegel, Karl-Heinz/Berger, Klaus Peter/Bredow, Jens* (Hrsg.), Schiedsgutachten versus Schiedsgerichtsbarkeit, Schriftenreihe der Deutschen Institution für Schiedsgerichtsbarkeit, Bd. 21, 2007, S. 75 ff.

Stubbe, Christian, Konfliktmanagement bedarfsgerechte Streitbeilegungsinstrumente, SchiedsVZ 2009, 321 ff.

Stubbe, Christian, Schiedsgutachten als modernes ADR-Instrument, SchiedsVZ 2006, 150 ff.

Stubbe, Christian, Wirtschaftsmediation und Claim Management, BB 2001, 685 ff.

Stürner, Rolf, Die Aufgabe des Richters, Schiedsrichters und Rechtsanwalts bei der gütlichen Streiterledigung, Juristische Rundschau 1979, 133 ff.

Stumm, Gerhard/Pritz, Alfred, Wörterbuch der Psychotherapie, 2. Aufl. 2009

Sundermeier, Matthias, Gestaltungsvorschläge einer »Neuen« Vertragsordnung für Bauleistungen – eine ingenieurökonomische Analyse des VOB/B-Bauvertrages, 2008

Tautphäus, Arno, Das Thüringer Güterichterverfahren, Spektrum der Mediation, 40/2010, 26 ff.

Tautphäus, Arno/Fritz, Roland/Krabbe, Heiner, Fristlose Kündigung wegen Vertrauensbruchs – neue Methoden der Konfliktbeilegung, NJW 2012, 364 ff.

Tesler, Pauline H., Collaborative Law – Kollaborative Rechtspraxis, American Journal of Family Law, Vol. 13 (1999), 215 ff.

Teubert, Benjamin, Mediative Verhandlungsführung im gerichtlichen Verfahren – ein Praxisbeispiel, ZKM 2011, 186 ff.

Literaturverzeichnis

Theuerkauf, Klaus, Konfliktmanagement in Kooperationsverträgen der Wirtschaft, 2005

Thomann, Christoph/Schulz von Thun, Friedemann, Klärungshilfe, Handbuch für Therapeuten, Gesprächshelfer und Moderatoren in schwierigen Situationen, 1988

Thomas, Heinz/Putzo, Hans/Reichold, Klaus/Hüßtege, Rainer/Seiler, Christian, Zivilprozessordnung, 30. Aufl. 2009; 32. Aufl. 2011

Thomsen, Cornelia Sabine, Mediationsanaloge Supervision in Theorie und Praxis, Spektrum der Mediation 2009, 24 ff.

Tipke, Klaus/Kruse, Heinrich Wilhelm, Abgabenordnung, Finanzgerichtsordnung, Kommentar, Loseblattwerk

Tirole, Jean, The Theory of Industrial Organization, 10. Aufl. 1998

Tochtermann, Peter, Die Unabhängigkeit und Unparteilichkeit des Mediators, 2008

Tögel, Rainer/Rohlff, Daniel, Die Umsetzung der EU-Mediationsrichtlinie, ZKM 2010, 86 ff.

Tomm, Karl, Die Fragen des Beobachters: Schritte zu einer Kybernetik zweiter Ordnung in der systemischen Therapie, 2009

Trenczek, Thomas, Alternatives Konfliktmanagement in der Bürgergesellschaft, Spektrum der Mediation, 19/2005, 64–72

Trenczek, Thomas/Mattioli, Maria, Mediation und Justiz, Spektrum der Mediation 40/2010, 4 ff.

Troja, Markus/Stubbe, Christian, Lehrmodul 5: Konfliktmanagementsysteme, ZKM 2006, 121 ff.

Trossen, Arthur, Integrierte Mediation, ZKM 2001, 159 ff;

Unberath, Hannes, Eckpunkte der rechtlichen Gestaltung des Mediationsverfahrens, ZKM 2012, 12 ff.

Unberath, Hannes, Mediationsklauseln in der Vertragsgestaltung, NJW 2011, 1320 ff.

Unberath, Hannes, Mediationsverfahren, ZKM 2011, 4 ff.

Literaturverzeichnis

Vehling, Jens, »Die Vertraulichkeit der Mediation« oder »Die Ankunft eines Dogmas in der Realität« – Ein Bericht aus der Praxis, DRiZ 2011, 62 ff.

Viering, Markus G./Liebchen, Jens H./Kochendörfer, Bernd (Hrsg.), Managementleistungen im Lebenszyklus von Immobilen, 2007

Volmer, Dirk, Das Schiedsgutachtenrecht – Bestandsaufnahme und Fragen der Praxis, BB 1984, 1010 ff.

Vygen, Klaus, Streitvermeidung, Streitschlichtung und Streitentscheidung – Mögliche Vereinbarungen in Bau-, Architekten- und Ingenieurverträgen, in: *Frank* (Hrsg.), Festschrift für Ulrich Werner zum 65. Geburtstag, 2005, S. 11 ff.

Vygen, Klaus/Schubert, Eberhard/Lang, Andreas, Bauverzögerung und Leistungsänderung. Rechtliche und baubetriebliche Probleme und ihre Lösungen, 5. Aufl. 2008

Wagner, Christof, Mediation im privaten Baurecht: Eine Alternative zum Bauprozess, BauR 2004, 221 ff.

Wagner, Christof, Mediation und Adjudikation – Zwei mögliche Wege aus dem Dilemma des Bauprozesses, BauR 2009, 1491

Wagner, Gerhard, Anmerkung zu LG Heilbronn, Urt. v. 10.09.2010, ZKM 2011, 29 f.

Wagner, Gerhard, Anmerkung zu OLG München, Beschl. v. 20.05.2009, ZKM 2009, 158 f.

Wagner, Gerhard, Der Referentenentwurf eines Mediationsgesetzes, ZKM 2010, 172 ff.

Wagner, Gerhard, Sicherung der Vertraulichkeit von Mediationsverfahren durch Vertrag, NJW 2001, 1398

Wagner, Gerhard, Vertraulichkeit der Mediation, ZKM 2011, 164 ff.

Wagner, Gerhard/Braem, Maike, Anmerkung zu Anwaltsgericht Meckl.-Vorpomm., Beschl. v. 01.08.2007, ZKM 2007, 195 f.

Wagner, Gerhard, Grundstrukturen eines deutschen Mediationsgesetzes, RabelsZ 2010 (74. Bd.), S. 794 ff.

Wagner, Gerhard, Das Mediationsgesetz – Ende gut, alles gut?, ZKM 2012, 110 ff.

Walther, Harald, Mediation in der Verwaltungsgerichtsbarkeit, in: *Pitschas, Rainer/Walther, Harald* (Hrsg.), Mediation in der Verwaltungsgerichtsbarkeit, Speyerer Arbeitsheft Nr. 173, 2005, S. 16

Walther, Harald, Richter als Mediatoren – Ein Modellprojekt in der hessischen Verwaltungsgerichtsbarkeit, DRiZ 2005, 127 ff.

Walz, Robert (Hrsg.), Formularbuch – Außergerichtliche Streitbeilegung, 2006

Wasmuth, Ulrike, Friedensforschung als Konfliktforschung, in: *Imbusch, Peter/Zoll, Ralf* (Hrsg), Friedens- und Konfliktforschung. Eine Einführung mit Quellen, 1996, S. 180 ff.

Wassermann, Rudolf, Neue Streitkultur, NJW 1998, 1685 ff.

Watzlawick, Paul/Beavin, Janet H./Jackson, Don D., Menschliche Kommunikation, Formen, Störungen, Paradoxien, 2000

Wegmann, Bernd, Die Familien-GdbR, ZKM 2000, 126 ff.

Wegmann, Bernd, Erbengemeinschaft im Unternehmensbereich, ZKM 2000, 154 ff.

Weigand, Frank-Bernd (Hrsg.), Practitioner's Handbook on International Arbitration, 2002

Weiler, Eva/Schlickum, Gunter, Praxisbuch Mediation, 2008

Weißleder, Wolfgang M., Mediation im Arbeitsrecht: Alternative zum Güteverfahren und zur Einigungsstelle?, SchlHA 2010, 55 ff.

Weitz, Tobias Timo, Gerichtsnahe Mediation in der Verwaltungs-, Sozial- und Finanzgerichtsbarkeit, 2008

Werner, Ulrich/Pastor, Walter, Der Bauprozess. Prozessuale und materielle Probleme des zivilen Baurechts, 13. Aufl. 2011

Westpfahl, Lars/Busse, Daniel, Vorläufige Maßnahmen durch ein bei Großprojekten vereinbartes ständiges Schiedsgericht, SchiedsVZ 2006, 21 ff.

Weyer, Friedhelm, FoSiG: Anspruch aus § 648a Abs. 1 BGB ein scharfes Schwert?, IBR 2008, 701

Wieczorek, Bernhard (Begr.), Zivilprozeßordnung und Nebengesetze: Großkommentar, 3. Aufl. 1994

Literaturverzeichnis

Wiegand, Christoph, ›Adjudication‹ – beschleunigte außergerichtliche Streiterledigungsverfahren im englischen Baurecht und im internationalen FIDIC-Standardvertragsrecht, RIW 2000, 197 ff.

Williamson, Oliver E., Die ökonomischen Institutionen des Kapitalismus: Unternehmen, Märkte, Kooperationen, 1990

Wimmer, Raimund/Wimmer, Ulrich, Verfassungsrechtliche Aspekte richterlicher Mediation, NJW 2007, 3243

Wirth, Axel (Hrsg.), Darmstädter Baurechtshandbuch – Privates Baurecht, 2. Aufl. 2005

Wolff, Reinmar, Grundzüge des Schiedsverfahrensrechts, JuS 2008, 108 ff.

Wyss, Lukas F., Vorsorgliche Maßnahmen und Beweisaufnahme – die Rolle des Staatlichen Richters bei internationalen Schiedsverfahren aus Schweizer Sicht, SchiedsVZ 2011, 194 ff.

Zenk, Kati, Mediation im Rahmen des Rechts, 2008

Zerhusen, Jörg, Alternative Streitbeilegung im Bauwesen. Streitvermeidung, Schlichtung, Mediation, Schiedsverfahren, 2005

Ziegler, Karl-Heinz, Das private Schiedsgericht im antiken römischen Recht, Dissertation 1970, 1971

Ziekow, Jan, Mediation in der Verwaltungsgerichtsbarkeit, NVwZ 2004, 390 ff.

Zillesen, Horst, Was leistet Mediation für ein demokratisches Gemeinwesen? – Vom liberalen Rechtsstaat zur Zivilgesellschaft, SchlHA 2007, 119 ff.

Zöller, Richard/Geimer, Reinhold/Lückemann, Clemens (Hrsg.), Zivilprozessordnung, 29. Aufl. 2012

Gesetz zur Förderung der Mediation und anderer Verfahren der außergerichtlichen Konfliktbeilegung

vom 21.07.2012[1] (BGBl. I S. 1577)

Der Bundestag hat das folgende Gesetz beschlossen:

Artikel 1 Mediationsgesetz (MediationsG)

§ 1 Begriffsbestimmungen

(1) Mediation ist ein vertrauliches und strukturiertes Verfahren, bei dem Parteien mithilfe eines oder mehrerer Mediatoren freiwillig und eigenverantwortlich eine einvernehmliche Beilegung ihres Konflikts anstreben.

(2) Ein Mediator ist eine unabhängige und neutrale Person ohne Entscheidungsbefugnis, die die Parteien durch die Mediation führt.

§ 2 Verfahren; Aufgaben des Mediators

(1) Die Parteien wählen den Mediator aus.

(2) Der Mediator vergewissert sich, dass die Parteien die Grundsätze und den Ablauf des Mediationsverfahrens verstanden haben und freiwillig an der Mediation teilnehmen.

(3) Der Mediator ist allen Parteien gleichermaßen verpflichtet. Er fördert die Kommunikation der Parteien und gewährleistet, dass die Parteien in angemessener und fairer Weise in die Mediation eingebunden sind. Er kann im allseitigen Einverständnis getrennte Gespräche mit den Parteien führen.

---

1 Dieses Gesetz dient der Umsetzung der Richtlinie 2008/52/EG des Europäischen Parlaments und des Rates vom 21.05.2008 über bestimmte Aspekte der Mediation in Zivil- und Handelssachen (ABl. L 136 v. 24.05.2008, S. 3).

(4) Dritte können nur mit Zustimmung aller Parteien in die Mediation einbezogen werden.

(5) Die Parteien können die Mediation jederzeit beenden. Der Mediator kann die Mediation beenden, insbesondere wenn er der Auffassung ist, dass eine eigenverantwortliche Kommunikation oder eine Einigung der Parteien nicht zu erwarten ist.

(6) Der Mediator wirkt im Falle einer Einigung darauf hin, dass die Parteien die Vereinbarung in Kenntnis der Sachlage treffen und ihren Inhalt verstehen. Er hat die Parteien, die ohne fachliche Beratung an der Mediation teilnehmen, auf die Möglichkeit hinzuweisen, die Vereinbarung bei Bedarf durch externe Berater überprüfen zu lassen. Mit Zustimmung der Parteien kann die erzielte Einigung in einer Abschlussvereinbarung dokumentiert werden.

§ 3 Offenbarungspflichten; Tätigkeitsbeschränkungen

(1) Der Mediator hat den Parteien alle Umstände offenzulegen, die seine Unabhängigkeit und Neutralität beeinträchtigen können. Er darf bei Vorliegen solcher Umstände nur als Mediator tätig werden, wenn die Parteien dem ausdrücklich zustimmen.

(2) Als Mediator darf nicht tätig werden, wer vor der Mediation in derselben Sache für eine Partei tätig gewesen ist. Der Mediator darf auch nicht während oder nach der Mediation für eine Partei in derselben Sache tätig werden.

(3) Eine Person darf nicht als Mediator tätig werden, wenn eine mit ihr in derselben Berufsausübungs- oder Bürogemeinschaft verbundene andere Person vor der Mediation in derselben Sache für eine Partei tätig gewesen ist. Eine solche andere Person darf auch nicht während oder nach der Mediation für eine Partei in derselben Sache tätig werden.

(4) Die Beschränkungen des Absatzes 3 gelten nicht, wenn sich die betroffenen Parteien im Einzelfall nach umfassender Information damit einverstanden erklärt haben und Belange der Rechtspflege dem nicht entgegenstehen.

(5) Der Mediator ist verpflichtet, die Parteien auf deren Verlangen über seinen fachlichen Hintergrund, seine Ausbildung und seine Erfahrung auf dem Gebiet der Mediation zu informieren.

§ 4 Verschwiegenheitspflicht

Der Mediator und die in die Durchführung des Mediationsverfahrens eingebundenen Personen sind zur Verschwiegenheit verpflichtet, soweit gesetzlich nichts anderes geregelt ist. Diese Pflicht bezieht sich auf alles, was ihnen in Ausübung ihrer Tätigkeit bekannt geworden ist. Ungeachtet anderer gesetzlicher Regelungen über die Verschwiegenheitspflicht gilt sie nicht, soweit
1. die Offenlegung des Inhalts der im Mediationsverfahren erzielten Vereinbarung zur Umsetzung oder Vollstreckung dieser Vereinbarung erforderlich ist,
2. die Offenlegung aus vorrangigen Gründen der öffentlichen Ordnung (ordre public) geboten ist, insbesondere um eine Gefährdung des Wohles eines Kindes oder eine schwerwiegende Beeinträchtigung der physischen oder psychischen Integrität einer Person abzuwenden, oder
3. es sich um Tatsachen handelt, die offenkundig sind oder ihrer Bedeutung nach keiner Geheimhaltung bedürfen.

Der Mediator hat die Parteien über den Umfang seiner Verschwiegenheitspflicht zu informieren.

§ 5 Aus- und Fortbildung des Mediators; zertifizierter Mediator

(1) Der Mediator stellt in eigener Verantwortung durch eine geeignete Ausbildung und eine regelmäßige Fortbildung sicher, dass er über theoretische Kenntnisse sowie praktische Erfahrungen verfügt, um die Parteien in sachkundiger Weise durch die Mediation führen zu können. Eine geeignete Ausbildung soll insbesondere vermitteln:
1. Kenntnisse über Grundlagen der Mediation sowie deren Ablauf und Rahmenbedingungen,
2. Verhandlungs- und Kommunikationstechniken,
3. Konfliktkompetenz,
4. Kenntnisse über das Recht der Mediation sowie über die Rolle des Rechts in der Mediation sowie
5. praktische Übungen, Rollenspiele und Supervision.

(2) Als zertifizierter Mediator darf sich bezeichnen, wer eine Ausbildung zum Mediator abgeschlossen hat, die den Anforderungen der Rechtsverordnung nach § 6 entspricht.

(3) Der zertifizierte Mediator hat sich entsprechend den Anforderungen der Rechtsverordnung nach § 6 fortzubilden.

§ 6 Verordnungsermächtigung

Das Bundesministerium der Justiz wird ermächtigt, durch Rechtsverordnung ohne Zustimmung des Bundesrates nähere Bestimmungen über die Ausbildung zum zertifizierten Mediator und über die Fortbildung des zertifizierten Mediators sowie Anforderungen an Aus- und Fortbildungseinrichtungen zu erlassen. In der Rechtsverordnung nach Satz 1 können insbesondere festgelegt werden:
1. nähere Bestimmungen über die Inhalte der Ausbildung, wobei eine Ausbildung zum zertifizierten Mediator die in § 5 Absatz 1 Satz 2 aufgeführten Ausbildungsinhalte zu vermitteln hat, und über die erforderliche Praxiserfahrung;
2. nähere Bestimmungen über die Inhalte der Fortbildung;
3. Mindeststundenzahlen für die Aus- und Fortbildung;
4. zeitliche Abstände, in denen eine Fortbildung zu erfolgen hat;
5. Anforderungen an die in den Aus- und Fortbildungseinrichtungen eingesetzten Lehrkräfte;
6. Bestimmungen darüber, dass und in welcher Weise eine Aus- und Fortbildungseinrichtung die Teilnahme an einer Aus- und Fortbildungsveranstaltung zu zertifizieren hat;
7. Regelungen über den Abschluss der Ausbildung;
8. Übergangsbestimmungen für Personen, die bereits vor Inkrafttreten dieses Gesetzes als Mediatoren tätig sind.

§ 7 Wissenschaftliche Forschungsvorhaben; finanzielle Förderung der Mediation

(1) Bund und Länder können wissenschaftliche Forschungsvorhaben vereinbaren, um die Folgen einer finanziellen Förderung der Mediation für die Länder zu ermitteln.

(2) Die Förderung kann im Rahmen der Forschungsvorhaben auf Antrag einer rechtsuchenden Person bewilligt werden, wenn diese nach ihren persönlichen und wirtschaftlichen Verhältnissen die Kosten einer Mediation nicht,

nur zum Teil oder nur in Raten aufbringen kann und die beabsichtigte Rechtsverfolgung oder Rechtsverteidigung nicht mutwillig erscheint. Über den Antrag entscheidet das für das Verfahren zuständige Gericht, sofern an diesem Gericht ein Forschungsvorhaben durchgeführt wird. Die Entscheidung ist unanfechtbar. Die Einzelheiten regeln die nach Absatz 1 zustande gekommenen Vereinbarungen zwischen Bund und Ländern.

(3) Die Bundesregierung unterrichtet den Deutschen Bundestag nach Abschluss der wissenschaftlichen Forschungsvorhaben über die gesammelten Erfahrungen und die gewonnenen Erkenntnisse.

§ 8 Evaluierung

(1) Die Bundesregierung berichtet dem Deutschen Bundestag bis zum 26. Juli 2017, auch unter Berücksichtigung der kostenrechtlichen Länderöffnungsklauseln, über die Auswirkungen dieses Gesetzes auf die Entwicklung der Mediation in Deutschland und über die Situation der Aus- und Fortbildung der Mediatoren. In dem Bericht ist insbesondere zu untersuchen und zu bewerten, ob aus Gründen der Qualitätssicherung und des Verbraucherschutzes weitere gesetzgeberische Maßnahmen auf dem Gebiet der Aus- und Fortbildung von Mediatoren notwendig sind.

(2) Sofern sich aus dem Bericht die Notwendigkeit gesetzgeberischer Maßnahmen ergibt, soll die Bundesregierung diese vorschlagen.

§ 9 Übergangsbestimmung

(1) Die Mediation in Zivilsachen durch einen nicht entscheidungsbefugten Richter während eines Gerichtsverfahrens, die vor dem 26. Juli 2012 an einem Gericht angeboten wird, kann unter Fortführung der bisher verwendeten Bezeichnung (gerichtlicher Mediator) bis zum 1. August 2013 weiterhin durchgeführt werden.

(2) Absatz 1 gilt entsprechend für die Mediation in der Verwaltungsgerichtsbarkeit, der Sozialgerichtsbarkeit, der Finanzgerichtsbarkeit und der Arbeitsgerichtsbarkeit.

Gesetzestext

Artikel 2 Änderung der Zivilprozessordnung

Die Zivilprozessordnung in der Fassung der Bekanntmachung vom 5. Dezember 2005 (BGBl. I S. 3202; 2006 I S. 431; 2007 I S. 1781), die zuletzt durch Artikel 3 des Gesetzes vom 22. Dezember 2011 (BGBl. I S. 3044) geändert worden ist, wird wie folgt geändert:
1. In der Inhaltsübersicht wird nach der Angabe zu § 278 folgende Angabe eingefügt:
   »§ 278a Mediation, außergerichtliche Konfliktbeilegung«.
2. § 41 wird wie folgt geändert:
   a) In Nummer 7 wird der Punkt am Ende durch ein Semikolon ersetzt.
   b) Folgende Nummer 8 wird angefügt:
      »8. in Sachen, in denen er an einem Mediationsverfahren oder einem anderen Verfahren der außergerichtlichen Konfliktbeilegung mitgewirkt hat.«
3. Dem § 159 Absatz 2 wird folgender Satz angefügt:
   »Ein Protokoll über eine Güteverhandlung oder weitere Güteversuche vor einem Güterichter nach § 278 Absatz 5 wird nur auf übereinstimmenden Antrag der Parteien aufgenommen.«
4. § 253 Absatz 3 wird wie folgt gefasst:
   »(3) Die Klageschrift soll ferner enthalten:
   1. die Angabe, ob der Klageerhebung der Versuch einer Mediation oder eines anderen Verfahrens der außergerichtlichen Konfliktbeilegung vorausgegangen ist, sowie eine Äußerung dazu, ob einem solchen Verfahren Gründe entgegenstehen;
   2. die Angabe des Wertes des Streitgegenstandes, wenn hiervon die Zuständigkeit des Gerichts abhängt und der Streitgegenstand nicht in einer bestimmten Geldsumme besteht;
   3. eine Äußerung dazu, ob einer Entscheidung der Sache durch den Einzelrichter Gründe entgegenstehen.«
5. § 278 Absatz 5 wird wie folgt gefasst:
   »(5) Das Gericht kann die Parteien für die Güteverhandlung sowie für weitere Güteversuche vor einen hierfür bestimmten und nicht entscheidungsbefugten Richter (Güterichter) verweisen. Der Güterichter kann alle Methoden der Konfliktbeilegung einschließlich der Mediation einsetzen.«
6. Nach § 278 wird folgender § 278a eingefügt:
   »§ 278a Mediation, außergerichtliche Konfliktbeilegung

(1) Das Gericht kann den Parteien eine Mediation oder ein anderes Verfahren der außergerichtlichen Konfliktbeilegung vorschlagen.

(2) Entscheiden sich die Parteien zur Durchführung einer Mediation oder eines anderen Verfahrens der außergerichtlichen Konfliktbeilegung, ordnet das Gericht das Ruhen des Verfahrens an.«

Artikel 3 Änderung des Gesetzes über das Verfahren in Familiensachen und in den Angelegenheiten der freiwilligen Gerichtsbarkeit

Das Gesetz über das Verfahren in Familiensachen und in den Angelegenheiten der freiwilligen Gerichtsbarkeit vom 17. Dezember 2008 (BGBl. I S. 2586, 2587), das zuletzt durch Artikel 4 des Gesetzes vom 15. März 2012 (BGBl. 2012 II S. 178) geändert worden ist, wird wie folgt geändert:

1. Die Inhaltsübersicht wird wie folgt geändert:
   a) Nach der Angabe zu § 36 wird folgende Angabe eingefügt:
   »§ 36a Mediation, außergerichtliche Konfliktbeilegung«.
   b) In der Angabe zu § 135 wird das Wort »Streitbeilegung« durch das Wort »Konfliktbeilegung« ersetzt.
2. Nach § 23 Absatz 1 Satz 2 wird folgender Satz eingefügt:
   »Der Antrag soll in geeigneten Fällen die Angabe enthalten, ob der Antragstellung der Versuch einer Mediation oder eines anderen Verfahrens der außergerichtlichen Konfliktbeilegung vorausgegangen ist, sowie eine Äußerung dazu, ob einem solchen Verfahren Gründe entgegenstehen.«
3. Nach § 28 Absatz 4 Satz 2 wird folgender Satz eingefügt:
   »Über den Versuch einer gütlichen Einigung vor einem Güterichter nach § 36 Absatz 5 wird ein Vermerk nur angefertigt, wenn alle Beteiligten sich einverstanden erklären.«
4. Dem § 36 wird folgender Absatz 5 angefügt:
   »(5) Das Gericht kann die Beteiligten für den Versuch einer gütlichen Einigung vor einen hierfür bestimmten und nicht entscheidungsbefugten Richter (Güterichter) verweisen. Der Güterichter kann alle Methoden der Konfliktbeilegung einschließlich der Mediation einsetzen. Für das Verfahren vor dem Güterichter gelten die Absätze 1 bis 4 entsprechend.«

5. Nach § 36 wird folgender § 36a eingefügt:

   »§ 36a Mediation, außergerichtliche Konfliktbeilegung

   (1) Das Gericht kann einzelnen oder allen Beteiligten eine Mediation oder ein anderes Verfahren der außergerichtlichen Konfliktbeilegung vorschlagen. In Gewaltschutzsachen sind die schutzwürdigen Belange der von Gewalt betroffenen Person zu wahren.

   (2) Entscheiden sich die Beteiligten zur Durchführung einer Mediation oder eines anderen Verfahrens der außergerichtlichen Konfliktbeilegung, setzt das Gericht das Verfahren aus.

   (3) Gerichtliche Anordnungs- und Genehmigungsvorbehalte bleiben von der Durchführung einer Mediation oder eines anderen Verfahrens der außergerichtlichen Konfliktbeilegung unberührt.«

6. § 81 Absatz 2 Nummer 5 wird wie folgt gefasst:

   »5. der Beteiligte einer richterlichen Anordnung zur Teilnahme an einem kostenfreien Informationsgespräch über Mediation oder über eine sonstige Möglichkeit der außergerichtlichen Konfliktbeilegung nach § 156 Absatz 1 Satz 3 oder einer richterlichen Anordnung zur Teilnahme an einer Beratung nach § 156 Absatz 1 Satz 4 nicht nachgekommen ist, sofern der Beteiligte dies nicht genügend entschuldigt hat.«

7. § 135 wird wie folgt geändert:
   a) In der Überschrift wird das Wort »Streitbeilegung« durch das Wort »Konfliktbeilegung« ersetzt.
   b) Absatz 1 wird wie folgt geändert:
      aa) Die Absatzbezeichnung »(1)« wird gestrichen.
      bb) In Satz 1 wird das Wort »Streitbeilegung« durch das Wort »Konfliktbeilegung« ersetzt.
   c) Absatz 2 wird aufgehoben.

8. In § 150 Absatz 4 Satz 2 wird nach der Angabe »§ 135« die Angabe »Abs. 1« gestrichen.

9. Dem § 155 wird folgender Absatz 4 angefügt:

   »(4) Hat das Gericht ein Verfahren nach Absatz 1 zur Durchführung einer Mediation oder eines anderen Verfahrens der außergerichtlichen Konfliktbeilegung ausgesetzt, nimmt es das Verfahren in der Regel nach drei Monaten wieder auf, wenn die Beteiligten keine einvernehmliche Regelung erzielen.«

10. § 156 wird wie folgt geändert:
    a) Absatz 1 wird wie folgt geändert:
       aa) Satz 3 wird wie folgt gefasst:
           »Das Gericht kann anordnen, dass die Eltern einzeln oder gemeinsam an einem kostenfreien Informationsgespräch über

Mediation oder über eine sonstige Möglichkeit der außergerichtlichen Konfliktbeilegung bei einer von dem Gericht benannten Person oder Stelle teilnehmen und eine Bestätigung hierüber vorlegen.«
- bb) In Satz 4 wird nach dem Wort »kann« das Wort »ferner« eingefügt.
- cc) In Satz 5 werden die Wörter »Die Anordnung ist« durch die Wörter »Die Anordnungen nach den Sätzen 3 und 4 sind« ersetzt.
b) In Absatz 3 Satz 2 werden nach dem Wort »Beratung« ein Komma sowie die Wörter »an einem kostenfreien Informationsgespräch über Mediation oder einer sonstigen Möglichkeit der außergerichtlichen Konfliktbeilegung« eingefügt.

Artikel 4 Änderung des Arbeitsgerichtsgesetzes

Das Arbeitsgerichtsgesetz in der Fassung der Bekanntmachung vom 2. Juli 1979 (BGBl. I S. 853, 1036), das zuletzt durch Artikel 6 des Gesetzes vom 24. November 2011 (BGBl. I S. 2302) geändert worden ist, wird wie folgt geändert:

1. Dem § 54 wird folgender Absatz 6 angefügt:
»(6) Der Vorsitzende kann die Parteien für die Güteverhandlung sowie deren Fortsetzung vor einen hierfür bestimmten und nicht entscheidungsbefugten Richter (Güterichter) verweisen. Der Güterichter kann alle Methoden der Konfliktbeilegung einschließlich der Mediation einsetzen.«
2. Nach § 54 wird folgender § 54a eingefügt:
»§ 54a Mediation, außergerichtliche Konfliktbeilegung
   (1) Das Gericht kann den Parteien eine Mediation oder ein anderes Verfahren der außergerichtlichen Konfliktbeilegung vorschlagen.
   (2) Entscheiden sich die Parteien zur Durchführung einer Mediation oder eines anderen Verfahrens der außergerichtlichen Konfliktbeilegung, ordnet das Gericht das Ruhen des Verfahrens an. Auf Antrag einer Partei ist Termin zur mündlichen Verhandlung zu bestimmen. Im Übrigen nimmt das Gericht das Verfahren nach drei Monaten wieder auf, es sei denn, die Parteien legen übereinstimmend dar, dass

eine Mediation oder eine außergerichtliche Konfliktbeilegung noch betrieben wird.«
3. § 55 Absatz 1 Nummer 8 wird wie folgt gefasst:
»8. über die Aussetzung und Anordnung des Ruhens des Verfahrens;«.
4. In § 64 Absatz 7 werden nach den Wörtern »der §§ 52, 53, 55 Abs. 1 Nr. 1 bis 9, Abs. 2 und 4,« die Wörter »des § 54 Absatz 6, des § 54a,« und nach den Wörtern »ehrenamtlichen Richter,« die Wörter »Güterichter, Mediation und außergerichtliche Konfliktbeilegung,« eingefügt.
5. In § 80 Absatz 2 Satz 1 werden nach den Wörtern »ehrenamtlichen Richter,« die Wörter »Mediation und außergerichtliche Konfliktbeilegung,« eingefügt.
6. In § 83a Absatz 1 werden nach den Wörtern »oder des Vorsitzenden« die Wörter »oder des Güterichters« eingefügt.
7. In § 87 Absatz 2 Satz 1 werden nach den Wörtern »ehrenamtlichen Richter,« die Wörter »Güterichter, Mediation und außergerichtliche Konfliktbeilegung,« eingefügt.

Artikel 5 Änderung des Sozialgerichtsgesetzes

In § 202 Satz 1 des Sozialgerichtsgesetzes in der Fassung der Bekanntmachung vom 23. September 1975 (BGBl. I S. 2535), das zuletzt durch Artikel 8 des Gesetzes vom 22. Dezember 2011 (BGBl. I S. 3057) geändert worden ist, werden nach dem Wort »Zivilprozeßordnung« die Wörter »einschließlich § 278 Absatz 5 und § 278a« eingefügt.

Artikel 6 Änderung der Verwaltungsgerichtsordnung

In § 173 Satz 1 der Verwaltungsgerichtsordnung in der Fassung der Bekanntmachung vom 19. März 1991 (BGBl. I S. 686), die zuletzt durch Artikel 5 Absatz 2 des Gesetzes vom 24. Februar 2012 (BGBl. I S. 212) geändert worden ist, werden nach dem Wort »Zivilprozeßordnung« die Wörter »einschließlich § 278 Absatz 5 und § 278a« eingefügt.

Artikel 7 Änderung des Gerichtskostengesetzes

Das Gerichtskostengesetz vom 5. Mai 2004 (BGBl. I S. 718), das zuletzt durch Artikel 10 des Gesetzes vom 24. November 2011 (BGBl. I S. 2302) geändert worden ist, wird wie folgt geändert:
1. Dem § 70 wird folgender § 69b vorangestellt:
   »§ 69b Verordnungsermächtigung
   Die Landesregierungen werden ermächtigt, durch Rechtsverordnung zu bestimmen, dass die von den Gerichten der Länder zu erhebenden Verfahrensgebühren über die in den Nummern 1211, 1411, 5111, 5113, 5211, 5221, 6111, 6211, 7111, 7113 und 8211 des Kostenverzeichnisses bestimmte Ermäßigung hinaus weiter ermäßigt werden oder entfallen, wenn das gesamte Verfahren nach einer Mediation oder nach einem anderen Verfahren der außergerichtlichen Konfliktbeilegung durch Zurücknahme der Klage oder des Antrags beendet wird und in der Klage- oder Antragsschrift mitgeteilt worden ist, dass eine Mediation oder ein anderes Verfahren der außergerichtlichen Konfliktbeilegung unternommen wird oder beabsichtigt ist, oder wenn das Gericht den Parteien die Durchführung einer Mediation oder eines anderen Verfahrens der außergerichtlichen Konfliktbeilegung vorgeschlagen hat. Satz 1 gilt entsprechend für die in den Rechtsmittelzügen von den Gerichten der Länder zu erhebenden Verfahrensgebühren; an die Stelle der Klage- oder Antragsschrift tritt der Schriftsatz, mit dem das Rechtsmittel eingelegt worden ist.«
2. In Nummer 1640 der Anlage 1 (Kostenverzeichnis) wird im Gebührentatbestand die Angabe »§ 148 Abs. 1 und 2« durch die Wörter »§ 148 Absatz 1 und 2 des Aktiengesetzes« ersetzt.

Artikel 7a Änderung des Gesetzes über Gerichtskosten in Familiensachen

Dem § 62 des Gesetzes über Gerichtskosten in Familiensachen vom 17. Dezember 2008 (BGBl. I S. 2586, 2666), das zuletzt durch Artikel 10 des Gesetzes vom 23. Mai 2011 (BGBl. I S. 898) geändert worden ist, wird folgender § 61a vorangestellt:

»§ 61a Verordnungsermächtigung
Die Landesregierungen werden ermächtigt, durch Rechtsverordnung zu bestimmen, dass die von den Gerichten der Länder zu erhebenden Verfahrensgebühren in solchen Verfahren, die nur auf Antrag eingeleitet werden, über die im Kostenverzeichnis für den Fall der Zurücknahme des Antrags vorgesehene Ermäßigung hinaus weiter ermäßigt werden oder entfallen, wenn das gesamte Verfahren oder bei Verbundverfahren nach § 44 eine Folgesache nach einer Mediation oder nach einem anderen Verfahren der außergerichtlichen Konfliktbeilegung durch Zurücknahme des Antrags beendet wird und in der Antragsschrift mitgeteilt worden ist, dass eine Mediation oder ein anderes Verfahren der außergerichtlichen Konfliktbeilegung unternommen wird oder beabsichtigt ist, oder wenn das Gericht den Beteiligten die Durchführung einer Mediation oder eines anderen Verfahrens der außergerichtlichen Konfliktbeilegung vorgeschlagen hat. Satz 1 gilt entsprechend für die im Beschwerdeverfahren von den Oberlandesgerichten zu erhebenden Verfahrensgebühren; an die Stelle der Antragsschrift tritt der Schriftsatz, mit dem die Beschwerde eingelegt worden ist.«

Artikel 8 Änderung der Finanzgerichtsordnung

In § 155 Satz 1 der Finanzgerichtsordnung in der Fassung der Bekanntmachung vom 28. März 2001 (BGBl. I S. 442, 2262; 2002 I S. 679), die zuletzt durch Artikel 2 Absatz 35 des Gesetzes vom 22. Dezember 2011 (BGBl. I S. 3044) geändert worden ist, werden nach dem Wort »Zivilprozessordnung« die Wörter »einschließlich § 278 Absatz 5 und § 278a« eingefügt.

Artikel 9 Inkrafttreten

Dieses Gesetz tritt am Tag nach der Verkündung in Kraft.[2]

---

2 Das Bundesgesetzblatt ist am 25.07.2012 ausgegeben worden.

Einleitung

Übersicht	Rdn.		Rdn.
I. Geschichte der Mediation	1	aa) Cochemer Praxis – 1992	32
II. Gesetz zur Förderung der Mediation	8	bb) Regensburger Justizprojekt – 1992	33
1. Frühe Entwicklungen	8	cc) Integrierte Mediation – Altenkirchener Modell – 1997	34
2. Güteverfahren	10		
a) Regelung in der CPO/ZPO seit 1879	10	c) Rechtsanwaltschaft und Juristenausbildung	35
b) Die Emminger-Novelle und das obligatorische Güteverfahren seit 1924	12	d) Förderung und Projekte auf Bundes- und Landesebene	38
c) Das Güteverfahren seit 1944	15	aa) Baden-Württemberg	39
		bb) Niedersachsen	40
d) Der Gütegedanke in der DDR	16	cc) Internationale Familienmediation Deutschland-Frankreich	41
e) § 279 Abs. 1 ZPO (Vereinfachungsnovelle zur ZPO – 01.01.1977)	19	dd) Hessen	42
		ee) Berlin	43
f) Die Öffnungsklausel des § 15a EGZPO – 01.01.2000	21	ff) Rheinland-Pfalz	44
		gg) Mecklenburg-Vorpommern	45
aa) Einführung	21	hh) Bayern	46
bb) Gesetzliche Umsetzung in den Bundesländern	23	ii) Schleswig Holstein	47
		jj) Sachsen-Anhalt	48
3. Mediation	27	kk) Nordrhein-Westfalen	49
a) Historische Entwicklung in Deutschland	27	ll) Bremen	50
		mm) Thüringen	51
aa) Gedanken zu Alternativen in der Ziviljustiz – 1977	27	nn) Hamburg	52
		oo) Brandenburg	53
bb) Gründung erster Fachverbände – 1992	30	pp) Saarland	54
		qq) Sachsen	55
cc) OSZE – Übereinkommen über Vergleich- und Schiedsverfahren – 1994	31	e) Rechtsprechung des BVerfG und BGH	56
		f) Europäische Ebene	58
		4. Gesetzgebungsverfahren	60
b) Erste Projekte zu alternativen Verfahren	32	a) Referentenentwurf 2010	61
		b) Gesetzesentwurf 2011	63
		c) Rechtsausschuss	66

d) Bundestag und Bundesrat .. 71
e) Vermittlungsausschuss 73
f) Inkrafttreten 75

I. Geschichte der Mediation

1 Das Mediationsförderungsgesetz (MediationsG) stellt in Deutschland einen vorläufigen Schluss- und Höhepunkt einer jahrtausendlangen Entwicklung dar. Denn der der Mediation zugrunde liegende Gedanke, Konflikte durch besondere Verhandlungs- und Vermittlungsstrategien beizulegen, ist nicht erst in jüngerer Zeit entstanden: Es gilt als sicher, dass Konflikte schon immer auch im Wege des Vermittelns und Verhandelns unter Einbeziehung einer dritten Person (Vermittler) gelöst wurden – lange bevor es Rechtsnormen und staatliche Organisationen gab. In Japan und China, aber ebenso in weiten Teilen Afrikas wurden immer schon Konflikte im Wege des Vermittelns mit dem Ziel des Konsenses, der Kooperation und der Harmonie beigelegt.[1]

2 Auch in Europa fanden bereits in vorchristlicher Zeit ähnliche Konfliktlösungsverfahren Anwendung, bei denen eine dritte Partei eine Vermittlerrolle in einem Konflikt übernahm. So haben im antiken **Griechenland** kleinere Städte sich als Vermittler angeboten, wenn es zum Streit zwischen den großen und mächtigen Stadtstaaten Sparta und **Athen** kam. Der bekannte athenische Staatsmann und Weise **Solon**[2] (640 – 560 v. Chr.) hat in den Jahren 594 und 593 v. Chr. als Vermittler einen für das Zusammenleben ernsten Konflikt zwischen verschiedenen Klassen in Athen beigelegt.[3] In **Frankreich** spielte bereits im Mittelalter (10./11. Jahrhundert) die Vermittlung zur Beilegung von Konflikten eine große Rolle.[4]

3 Der **Westfälische Frieden** (1648), mit dem der 30-jährigen Krieg sein Ende fand, ist entscheidend durch die Vermittlung des venezianischen Gesandten **Alvise Contarini** zustande gekommen, der über fünf Jahre zwischen den Streitparteien vermittelte. Contarini war von allen Streitparteien in die Rolle des Vermittlers gewählt worden und zu seinen Grundprinzipen gehörte es,

---

1 Vgl. *Hehn* in *Haft/von Schlieffen* (Hrsg.), Handbuch Mediation, § 8 Rn. 3 ff.
2 Solon wird von Demetrios von Phaleron folgender Ausspruch zugeschrieben »Sitze nicht zu Gericht, sonst wirst du dem Verurteilten ein Feind sein.«.
3 *Duss-von Werdt*, Mediation in Europa, S. 29.
4 Vgl. *Hehn* in *Haft/von Schlieffen* (Hrsg.), Handbuch Mediation, § 8 Rn. 3 ff.

Einleitung

seine Neutralität zu wahren, die Informiertheit der Parteien zu gewährleisten und sämtlichen Parteien, unabhängig von ihrem politischen und militärischen Einfluss, Gehör zu verschaffen. Contarini, früher auch Botschafter in Frankreich, England und an der Kurie in Rom und späterer Doge von Venedig, der aus Dankbarkeit auch im Vertragstext rühmend erwähnt wird, wird zudem auf einem zeitgenössischen Stich als »Mediator« bezeichnet.[5] Man kann ihn als einen »Wegbereiter des Mediationsverfahrens moderner Prägung«[6] bezeichnen.

Der Begriff »**Mediator**«[7] hat seinen etymologischen Ursprung im Griechischen (μέσος[8]) und wurde aus der lateinischen Sprache (medius und mediare[9]) in nachklassischer Zeit entwickelt und hat sich so ohne Veränderung bis heute erhalten.

Aus der jüngeren Zeit sei als ein Beispiel für Vermittlung unter Anwendung von Mediationsgedanken der Friedensschluss von **Camp David (1979)** zwischen Ägypten und Israel erwähnt, indem der amerikanischen Präsidenten Jimmy Carter erfolgreich die Friedensverhandlungen in den Jahren 1978 und 1979 zwischen Anwar al-Sadat (Ägypten) und Menachem Begin (Israel) begleitete.[10] Der **Vermittlungsgedanke** hat, wie im Schrifttum dargestellt wird, in zahlreichen anderen Fällen bei der Lösung von Konflikten eine entscheidende Rolle gespielt.[11]

Anfang der 70er Jahre begann man vornehmlich in angloamerikanischen Ländern wie den USA und Australien, die Mediation[12] als alternative Form

---

5 Vgl. *Schwartz*, Ein Beitrag zur Geschichte der Mediation in Europa, S. 1 ff.; *Duss-von Werdt*, Mediation in Europa, S. 29; *Hehn* in *Haft/vonSchlieffen* (Hrsg.), Handbuch Mediation, § 8 Rn. 13.
6 *Schwartz*, Ein Beitrag zur Geschichte der Mediation in Europa, S. 2.
7 Mediator, -oris, m., Mittelsperson, Mittler.
8 μέσος, η, ον, mitten, in der Mitte, zwischen.
9 Medius, -a, -um, mitten, in der Mitte; medius, -i, m., Mitte; mediare, medio, mediavi, mediatus, halbieren, in der Mitte sein, in der Mitte teilen.
10 *Hehn* in *Haft/von Schlieffen* (Hrsg.), Handbuch Mediation, § 8, Rn. 16.
11 *Hehn* in *Haft/von Schlieffen* (Hrsg.), Handbuch Mediation, § 8, Rn. 10 ff.
12 Griechisch Ratschlag, Beschluss, Klugheit, Verschlagenheit; μηδομαι ersinnen, einen Beschluss fassen, klug, listig, aber auch sich um etwas kümmern, für etwas sorgen (*Pape*, Handwörterbuch der griechischen Sprache, 3. Aufl. 1914); lateinisch »mediare« teilen.

Einleitung

der Streitbeilegung zu nutzen. Dies anfänglich bei Familienkonflikten,[13] im Rahmen von Tarifverhandlungen[14] und bei großen öffentlichen Planungsvorhaben.[15] In Kalifornien wurden 1973 erstmals bei Sorgerechts- und Besuchsstreitigkeiten »**conciliation**[16] **courts**« eingeschaltet.[17] Von den **USA** gelangte die Idee der Mediation in den 1980iger Jahren auch nach Europa und **Deutschland**. Zeitgleich begann die Entwicklung in **Frankreich**, wo bereits 1978 zur außergerichtlichen Schlichtung von zivilrechtlichen Streitigkeiten die Institution des »**conciliateurs**«[18] geschaffen wurde.[19] 1996 wurde dort die gerichtsnahe Mediation (médiation judiciare) eingeführt, wonach ein Richter im Einverständnis der Parteien einen Dritten mit der Durchführung eines Mediationsverfahrens bestimmen kann.[20]

7 Neben anderen Entwicklungen war für das MediationsG in **Deutschland** ausschlaggebend, dass der europäische Gesetzgeber am 21. Mai 2008 die **Richtlinie 2008/52/EG** des Europäischen Parlaments und des Rates über bestimmte Aspekte der Mediation in Zivil- und Handelssachen[21] (nachfolgend »**EUMed-RL**«) verabschiedet hat,[22] wodurch der Bundesgesetzgeber zum Handeln gezwungen war, um zumindest die Vorgaben dieser Richtlinie umzusetzen.[23]

---

13 *Coogler*, Structured Mediation in Divorce Settlement; *Breitenbach*, Mediation: Struktur, Chancen und Risiken von Vermittlung im Konflikt, S. 271.
14 *John Haynes* entwickelte den Ansatz, der als »Labor Mediation« in den USA bekannt wurde.
15 *Ripke* in *Haft/von Schlieffen* (Hrsg.), Handbuch Mediation, § 7 Rn. 8 ff., der auf ein großes Vermittlungsverfahren im Zusammenhang mit der Planung des Staudamms am Snoqualnee River – USA Bundesstaat Washington in den Jahren 1973/1974 verweist.
16 Englisch für: Aussöhnung, Versöhnung, Schlichtung, Schlichtungsverfahren.
17 Vgl. www.afccnet.org (Webseite der Association of Family and Conciliation Courts), zur Historie, wonach bereits 1963 die Wurzeln für diese konsensualen Verfahren gelegt wurden.
18 Französisch: der Vermittler, der Abwiegler.
19 Vgl. *Jung*, Mediation: Paradigmenwechsel in der Konfliktregelung, S. 919.
20 Art. 131–1 bis 131–15 des Code de procédure civile.
21 ABl. L 136 v. 24.05.2008, S. 3.
22 Vgl. *Prütting* AnwBl. 2012, 204 f.
23 Vgl. umfassend Europäische Regelungen, I.

Einleitung

II. Gesetz zur Förderung der Mediation
1. Frühe Entwicklungen

Mediation als alternatives Konfliktlösungsverfahren ist, wie oben angesprochen, in Deutschland etwa seit dem Beginn der 1980er Jahre ein Thema, also bereits lange vor Erlass der EU-Mediationsrichtlinie[24] (EUMed-RL) im Jahre 2008 und seit mehr als 30 Jahren vor Erlass des MediationsFG aus dem Jahre 2012. Nun handelt es sich bei der Mediation um ein ganz eigenes Lösungsverfahren für Konflikte, denn u. a. ist der allparteiliche Mediator nicht befugt, den Konflikt zu entscheiden, sondern die Konfliktparteien lediglich bei der Suche nach einer eigenverantwortlichen Entscheidung zu unterstützen. Die Mediation basiert dabei auf der Idee, dass die Konfliktparteien, ohne auf Positionen gestützte Lösungsziele, lösungsoffen und interessenorientiert außerhalb des rechtlichen Rahmens eine einvernehmliche Lösung des Konflikts erarbeiten. Wesentlich sind dabei die freiwillige Teilnahme an der Mediation und der versöhnende Wunsch, eine für beide Seiten dauerhaft tragfähige Lösung zu erzielen. 8

Der Konsensgedanke als Grundlage für die Lösung eines Konflikts findet sich bereits im römischen Recht.[25] Dem deutschen Recht ist bis heute der **Gütegedanke**, also »*der Gedanke staatlicher Rechtshilfe zur Herbeiführung eines außerstreitlichen gütlichen Ausgleichs bestehender privatrechtlicher Differenzen*«[26] bekannt. Dieser Gedanke, auch als »**Sühnegedanke**« oder »**gütliche Einigung**« bezeichnet, lässt sich schriftlich niedergelegt »bis in die Anfänge der deutschen Zivilprozesse zurückverfolgen.«[27] Bestanden hat er wohl schon immer. Es darf vermutet werden, dass er die Basis jeglicher Streitlösung von Menschen war, die, je kleiner die Gruppe, in der ein Konflikt auftrat, war, um so mehr an einer einvernehmlichen und nachhaltigen, den Zusammenhalt der Gruppe nicht gefährdenden Lösung interessiert sein mussten. Im 9

---

24 Richtlinie 2008/52/EG des Europäischen Parlaments und des Rates über bestimmte Aspekte der Mediation in Zivil- und Handelssachen, ABl. L 136 v. 24. 05. 2008, S. 3.
25 Vgl. *Düll*, Der Gütegedanke im römischen Zivilprozeßrecht.
26 *Stein/Jonas*, Die Zivilprozeßordnung für das Deutsche Reich, vor § 495, S. 1202.
27 *Stein/Jonas*, Die Zivilprozeßordnung für das Deutsche Reich, vor § 495, S. 1202, wie er ausführt, dass »er Staat gerade auf dem Gebiete der streitigen Gerichtsbarkeit neben der eigentlichen Rechtsprechung Pflichten prozeßhygienischer Fürsorge hat.«.

Einleitung

Folgenden soll nur auf die Entwicklung in den letzten Jahrzehnten eingegangen werden.[28] Wegen der historischen Entwicklung der Anfänge von Schlichtung und Güteverfahren wird auf die Literatur verwiesen.[29]

2. Güteverfahren

a) Regelung in der CPO/ZPO seit 1879

10 Bereits die **Zivilprozessordnung von 1879**[30] sah in § 268 CPO (ab 01.04. 1910[31] § 296 ZPO) vor, dass das Gericht »*in jeder Lage des Rechtsstreits die gütliche Beilegung desselben oder einzelner Streitpunkte versuchen oder die Parteien zum Zwecke des Sühneversuchs vor einen beauftragten oder ersuchten*

---

28 Zur historischen Entwicklung der Mediation: vgl. *Hehn*, in *Haft/Schlieffen* (Hrsg.), Handbuch Mediation, § 8; *Duss-von Werdt*, Mediation in Europa, Studienbrief der Fernuniversität Hagen (71003–1–01–F.1); *Breitenbach*, Mediation: Struktur, Chancen und Risiken von Vermittlung im Konflikt, S. 7 ff.; *Hammerbacher*, Chancen und Risiken der Familienmediation am Beispiel des neuen Kindschaftsrechts, S. 13 ff.

29 Vgl. *Peters*, Der Gütegedanke im deutschen Zivilprozessrecht; *Jansen*, ZKM 2003, 24 ff., die dort von dem Streit zwischen Befürwortern und Gegnern eines Schlichtungsansatzes berichtet, der in der ersten Hälfte des 19. Jahrhunderts zwischen Carl Joseph Anton Mittermaier und Heinrich Puchta ausgetragen wurde. Vgl. dazu u.a. *Hartges*, Außergerichtliche Konfliktlösung Deutschland -Modell ÖRA-, S. 139 ff.; *Hehn*, in *Haft/von Schlieffen* (Hrsg.), Handbuch Mediation, § 6.

30 Civilprozeßordnung v. 30.01.1877, RGBl. 1877, Nr. 166, S. 83.

31 RGBl. Nr. 30 v. 11.06.1909.

Richter verweisen« kann.³² Nach § 471 CPO (ab 01.04.1910³³ § 510c ZPO) konnte zudem eine Partei bereits vor Klageerhebung »zum Zwecke eines **Sühneversuchs** den Gegner vor das Amtsgericht laden«. Kam es dann zu einem Vergleich, wurde dieser sofort protokolliert, andernfalls wurde der Rechtsstreit auf der Grundlage des mündlichen Vortrags sofort verhandelt (§ 471 Abs. 2 CPO). In Ehesachen durfte die mündliche Verhandlung erst festgesetzt werden, wenn ein Sühneversuch erfolgt war (§§ 570 ff. CPO; ab 01.04.1910³⁴ §§ 608 ff. ZPO). Da die Parteien zu dem **Sühnetermin** nicht zwingend erscheinen mussten, war diesem Streitbeilegungsverfahren letztlich kein Erfolg beschert, obwohl aus einem im Sühnetermin geschlossenen Vergleich unmittelbar die Zwangsvollstreckung möglich war (§ 794 Ziff. 2 ZPO),³⁵ was ein Jahrhundert später (1976) bei der Reform des Scheidungsrechts zu dessen Abschaffung führte.³⁶

»Die Erkenntnis der Jahr für Jahr steigenden Prozeßnot, gegen die die Vorschriften der ZPO über den gerichtlichen Sühneversuch und der Landesgesetzgebungen 11

---

32 *Peters,* Der Gütegedanke im deutschen Zivilprozessrecht, Anhang: Peters verweist auf die »Bürgerliche Prozeßordnung für das Königreich Hannover von 1850«, die in § 175 dem Kläger das Recht gibt, vor Klageerhebung den Beklagten »behufs Sühneversuch« vorladen zu lassen; den »Entwurf einer Prozeßordnung für den Preußischen Staat von 1864«, der in § 275 dem Gericht die Befugnis gab, auf eine gütliche Beilegung des Rechtsstreits oder einzelner Streitpunkte auch durch Verweisung der Parteien an ein Gerichtsmitglied hinzuwirken; »Entwurf einer bürgerlichen Prozeßordnung für das Königreich Sachsen von 1865«, die in § 186 dem Richter die Befugnis gab, Vergleichsverhandlungen zu versuchen, und in bestimmten Verwandtschaftsangelegenheiten musste eine gütliche Einigung versucht werden (§ 187). Das Nichterscheinen zur Vergleichsverhandlung konnte mit Geldbuße oder Gefängnisstrafe geahndet werden (§188); »Prozeßordnung in bürgerlichen Rechtsstreitigkeiten für das Königreich Bayern von 1869«, wonach in jeder Lage der Sache ein Sühneversuch durch das Gericht, durch ein Gerichtsmitglied oder ein Einzelgericht versucht werden konnte.
33 RGBl. Nr. 30 v. 11.06.1909; diese Vorschrift fiel mit der Gesetzesnovelle zum 01.06.1924 und der Einführung des obligatorischen Güteverfahrens nach §§ 495a ff. ZPO (vgl. Rdn. 12 f.).
34 RGBl. Nr. 30 v. 11.6.1909.
35 *Levin,* Die Entlastungsverordnung vom 9. September 1915 und die Neugestaltung des bürgerlichen Rechtsstreits, S. 1 ff.
36 *Jansen* ZKM 2003, 24 ff.; Gesetz zur Reform des Ehe- und Familienrechts (1. EheRG) v. 14.06.1976, BGBl. I, 1421.

Einleitung

über außergerichtliche Sühneversuche vor Schiedsmännern oder **Friedensrichtern** *Abhilfe nicht habe schaffen können, sowie der Wunsch, Mittel zur Steuerung dieser Not zu finden«, führten zu einer Rechtsfriedensbewegung,*[37] *aus der sich 1915 die* »**Vereinigung der Freunde des Güteverfahrens**«[38] gründeten. Deren Ziel war es, bei den Amtsgerichten den Sühneversuch vor Eintritt in die mündliche Verhandlung zur Pflicht zu machen. Wegen des bereits herrschenden Ersten Weltkriegs sollte der Sühnegedanke allerdings »nur bedingt der ›Güte‹ dienen, sondern vielmehr in Zeiten des Krieges einen soweit wie möglich geordneten Justizalltag aufrechterhalten«[39] und den Zusammenhalt der Bevölkerung nach dem Motto fördern: »Im Toben des Weltkriegs sind wir alle einander näher gerückt, das Einigende tritt hervor, das Trennende zurück.«[40] Mit der **Entlastungsverordnung vom 9. September 1915**[41] sollte die Idee der »Umgestaltung des bürgerlichen Streitverfahrens« und der »Neubelebung des Sühneverfahrens«[42] aufgegriffen werden. Doch scheute man sich dann aber in Zeiten des Krieges, »tiefgreifende Änderungen« vorzunehmen.[43] Dennoch wurde intensiv über das Für und Wider eines Güteverfahrens gestritten, wobei es auch um die Frage ging, ob dieses außerhalb der Gerichte oder an diese angegliedert stattfinden sollte.[44] Denn der Richter stehe für Kampfeslust und der außerhalb des Gerichts tätige **Friedens-** oder **Volksrichter** (so einige Vorschläge[45]) stehe für friedliche Kompromisslösungen.[46] Wegen seiner fakultativen Rechtsnatur erlangte das **Güteverfahren** (§§ 18 – 20 der

---

37 *Hartges*, Außergerichtliche Konfliktlösung Deutschland-Modell ÖRA-, S. 141.
38 Deutsche Juristen-Zeitung 1915, 692; vgl. *Peters*, Der Gütegedanke im deutschen Zivilprozessrecht, S. 87 f.
39 *Jansen*, Die außergerichtliche obligatorische Streitschlichtung nach § 15 a EGZPO, S. 98.
40 *Deinhardt*, Deutscher Rechtsfriede, S. 33.
41 RGBl. 1915, S. 562. Die Verordnung wurde aufgrund § 3 des Ermächtigungsgesetzes v. 04.08.1914 (RGBl. 1914, 327) erlassen.
42 *Levin*, Die Entlastungsverordnung vom 9. September 1915 und die Neugestaltung des bürgerlichen Rechtsstreits, S. 38; *Levin*, Deutsche Juristen-Zeitung 1915, 870.
43 *Levin*, Die Entlastungsverordnung vom 9. September 1915 und die Neugestaltung des bürgerlichen Rechtsstreits, S. 38.
44 *Jansen* ZKM 2003,26; *Bamberger*, Deutsche Juristen-Zeitung 1911, Nr. 15, S. 966 ff., der auf vergleichbare Institutionen in Italien, Dänemark und der Schweiz verweist; *Levin*, Deutsche Juristen-Zeitung 1915, 872.
45 *Jansen* ZKM 2003, 26.
46 *Jansen* ZKM 2003, 26.

Verordnung[47]) daher keine große Bedeutung.[48] Es wurde mit der **ZPO-Novelle von 1924** wieder aufgehoben.[49]

b) Die Emminger-Novelle und das obligatorische Güteverfahren seit 1924

Aufgrund der besonderen politischen und wirtschaftlichen Umstände in der **Weimarer Republik** bestand ein großes Interesse daran, kostengünstige und schnelle Verfahrensalternativen zu Gerichtsprozessen zu finden.[50] Mit der nach dem damaligen Reichsjustizminister *Emminger* genannten Novelle[51] (Verordnung über das Verfahren in bürgerlichen Rechtsstreitigkeiten vom 14. Februar 1924,[52] die am 01. Juni 1924 in Kraft trat.) wurde durch §§ 495a ff. ZPO das **obligatorische Güteverfahren** eingeführt:[53] 12

»*Der Erhebung der Klage muß ein Güteverfahren vorangehen*«[54] (§ 495a ZPO). Dies galt nur für Verfahren vor den Amtsgerichten, da nur beim »amtsge- 13

---

47 *Stein/Jonas*, Die Zivilprozeßordnung für das Deutsche Reich, vor § 495, S. 1254 ff.
48 *Levin* Deutsche Juristen-Zeitung 1915, 960. 972; *Stein/Jonas*, Die Zivilprozeßordnung für das Deutsche Reich, vor § 495, S. 1201 ff.
49 Verordnung v. 19.06.1925, RGBl. I, S. 88; *Stein/Jonas*, Die Zivilprozeßordnung für das Deutsche Reich, Einleitung § 6 III.
50 *Jansen* ZKM 2003, 27; *Peters*, Der Gütegedanke im deutschen Zivilprozessrecht, S. 101.
51 Vgl. *Jansen* ZKM 2003, 27; *Jansen*, Die außergerichtliche obligatorische Streitschlichtung nach § 15 a EGZPO, S. 99 ff.
52 RGBl I, 135; 562.
53 Die in § 495a Abs. 1 Nr. 1 – 6 ZPO genannten Ausnahmen erlauben die unmittelbare Klageerhebung; *Jansen* ZKM 2003, 27.
54 Dies galt u. a. nicht: »1. wenn wegen des Anspruchs innerhalb des letzten Jahres vor einer durch die Landesjustizverwaltung eingerichteten oder anerkannten Gütestelle ein Ausgleich unter den Parteien erfolglos versucht worden ist; 2. wenn wegen des Anspruchs bereits ein Güteantrag wegen Aussichtslosigkeit des Anspruchs zurückgewiesen ist; 3. in Urkunden- und Wechselprozessen; 4. für Widerklagen; 5. wenn die Zustellung an den Gegner im Ausland oder durch öffentliche Bekanntmachung erfolgen muß; 6. wenn nach dem Ermessen des Gerichts die alsbaldige Klageerhebung durch einen sonstigen wichtigen Grund gerechtfertigt wird, insbesondere wenn mit Rücksicht auf die Art des Anspruchs, die Verhältnisse der Beteiligten oder besondere Umstände der Versuch einer gütlichen Beilegung aussichtslos erscheint«.

richtlichen Güteverfahren ein glatter, eine Verzögerung ausschließender Übergang zum Streitverfahren und die Verwertung der Ergebnisse der Güteverhandlung in dem anschließenden Streitverfahren möglich«[55] schienen. Es handelte sich dabei um ein »selbständiges, auf gütlichen Ausgleich gerichtetes Verfahren«, bei dem der Richter aufgrund eines Güteantrags in einem nicht öffentlichen Verfahren nicht als »**Streitentscheider**«, sondern als »**Mittler**« tätig wurde.[56] Den Parteien war es auch möglich, »an ordentlichen Gerichtstagen (…) ohne vorherigen Antrag und ohne Terminsbestimmung zur Güteverhandlung vor Gericht« zu erscheinen (§ 500 ZPO).

Um in das streitige Verfahren zu gelangen, musste vor der Gütestelle ein »erfolgloser Ausgleichsversuch stattgefunden« haben, an dem die Parteien beteiligt waren.[57]

14 Auch nach Erlass der **Emminger-Novelle** gab es erhebliche Auseinandersetzungen zwischen Richterschaft, die der Novelle eher positiv gegenüberstand, und der Anwaltschaft, der die deutlich gestärkte Stellung der Richter missfiel.[58] Nach großen anfänglichen Erfolgen nahm die Anzahl der Güteverfahren trotz steigender Anzahl an Prozessen in den 1930iger Jahren stetig ab.[59] Daneben entsprachen auch urteilende und Entscheidungen treffende Richter mehr dem politischen Zeitgeist.[60]

c) Das Güteverfahren seit 1944

15 1944 wurde aufgrund Verordnung[61] das obligatorische Güteverfahren abgeschafft (»Ein besonderes Güteverfahren findet nicht statt.« § 5 S. 1 der Ver-

---

55 *Stein/Jonas*, Die Zivilprozeßordnung für das Deutsche Reich, vor § 495, S. 1202.
56 *Stein/Jonas*, Die Zivilprozeßordnung für das Deutsche Reich, vor § 495, S. 1206.
57 *Stein/Jonas*, Die Zivilprozeßordnung für das Deutsche Reich, vor § 495, S. 1207.
58 Vgl. *Peters*, Der Gütegedanke im deutschen Zivilprozessrecht, S. 111 f., 115 f.
59 *Jansen* ZKM 2003, 29; *Peters*, Der Gütegedanke im deutschen Zivilprozessrecht, S. 116 ff.
60 Vgl. *Peters*, Der Gütegedanke im deutschen Zivilprozessrecht, S. 126, wo der im Nationalsozialismus herrschende Widerspruch zwischen dem in allen Lebensbereichen herrschenden »Kampfgedanken« einerseits und dem Vorrang der Volksgemeinschaft, dem sich die Interessen des einzelnen zum »Wohle des Ganzen« unterzuordnen hatten, andererseits beschreibt.
61 Verordnung über außerordentliche Maßnahmen auf dem Gebiete des bürgerlichen Rechts, der bürgerlichen Rechtspflege und des Kostenrechts aus Anlaß des

ordnung) und die Richter lediglich angehalten, »*in jeder Lage des Verfahrens auf eine gütliche Beilegung des Rechtsstreits*« hinzuwirken (§ 5 S. 2 der Verordnung).[62] Nach Kriegsende wurde das Güteverfahren in der britischen und in der französischen Zone, anders als in der amerikanischen Zone, wieder eingeführt,[63] nachdem es an einigen Oberlandesgerichten bereits wieder praktiziert wurde.[64] Mit dem **Rechtseinheitsgesetz 1950**[65] wurde § 495a ZPO aufgehoben und das Güteverfahren für die gesamte Bundesrepublik Deutschland gänzlich abgeschafft, lediglich § 495 ZPO wurde um Absatz 2 ergänzt, wonach »*der Richter (...) in jeder Lage des Verfahrens auf eine gütliche Beilegung des Rechtsstreits hinwirken*« soll.

d) Der Gütegedanke in der DDR

In der **DDR** galt nach deren Gründung die alte Zivilprozessordnung aus dem Jahre 1879 mit gewissen Änderungen aufgrund Erlasses anderer Gesetze fort.[66] Wie in der britischen und französischen Zone wurde auch in der sowjetischen Zone das Güteverfahren vor den Amtsgerichten wieder eingeführt.[67] Das **obligatorische Güteverfahren**, das in der DDR nicht unumstritten war, wurde aber als ein Verfahren angesehen, dass der »Verwirklichung der Interessen der Werktätigen« diente.[68]

16

---

totalen Krieges (Zweite Kriegsmaßnahmenverordnung) vom 27.09.1944; RGBl I, 229.

62 Vgl. *Peters*, Der Gütegedanke im deutschen Zivilprozessrecht, S. 128, wo ausführt wird, dass der Gütegedanke nicht aus ideologischen Gründen aufgegeben worden sei, sondern allein, um Verfahren zu straffen und Personal für den Kriegseinsatz freistellen zu können.

63 *Jansen* ZKM 2003, 29; *Peters*, Der Gütegedanke im deutschen Zivilprozessrecht, S. 130.

64 Zentral-Justizblatt für die Britische Zone 1948, S. 55.

65 Art. 2 Nr. 61, 62, 67 Gesetz zur Wiederherstellung der Rechtseinheit auf dem Gebiete der Gerichtsverfassung, der bürgerlichen Rechtspflege, des Strafverfahrens und des Kostenrechts v. 12.09.1950. BGBl. I, 455.

66 Befehl Nr. 49 der sowjetischen Militäradministration, Entfernung aller NSDAP-Mitglieder aus dem Justizdienst v. 04.09.1945; *Peters*, Der Gütegedanke im deutschen Zivilprozessrecht, S. 139 f.

67 *Balkowski*, Der Zivilprozeß in der DDR von 1945 bis 1975, S. 55 f.; *Peters*, Der Gütegedanke im deutschen Zivilprozessrecht, S. 141 f.

68 *Peters*, Der Gütegedanke im deutschen Zivilprozessrecht, S. 142, m.w.H.

Einleitung

17 Ab 1. Januar 1976 galten dann in der DDR das **Zivilgesetzbuch der DDR (ZGB)**[69] und die neue Zivilprozeßordnung (ZPO).[70] Das ZGB beschrieb in §§ 13 bis 16 die »Grundsätze für das Zusammenwirken von Bürgern und Betrieben«, wonach die **»gesellschaftlichen Erfordernisse«** und die »Regeln des sozialistischen Zusammenlebens« (§ 13 ZGB) zu berücksichtigen waren. Ergänzend bestimmte § 15 Abs. 2 ZGB, dass die Ausübung eines Rechts dann unzulässig war, wenn damit »…den Grundsätzen sozialistischer Moral widersprechende Ziele verfolgt« wurden. Folgerichtig schrieb § 16 ZGB vor: *»Dem Verlangen auf Rechtsschutz sollen eigene Bemühungen der Beteiligten um eine Beilegung des Konflikts vorausgehen.«* Damit sollten sich die Beteiligten im Konfliktfall erst einmal selbst um eine Einigung bemühen, was dem »Prinzip der eigenverantwortlichen Gestaltung der Zivilrechtsbeziehungen« entsprach und eine »Fortsetzung des Grundsatzes der vertrauensvollen Zusammenarbeit« darstellte.[71] § 12 Abs. 2 Ziff. 2 ZPO sah daher auch vor, dass die Klageschrift einen Hinweis enthalten sollte, welche Bemühungen die Beteiligten vor Klageerhebung unternommen hatten, eine eigenverantwortliche Konfliktlösung zu erreichen. Ferner sollte nach § 12 Abs. 2 Ziff. 3 ZPO auch angegeben werden, welche Kollektive der Werktätigen, sonstige Organisationen oder staatliche Organe in dieser Sache bereits tätig waren bzw. zur Beilegung des Konflikts beitragen könnten.

18 Der von den Regeln des sozialistischen Zusammenlebens getragene Gütegedanke (im Gesetz wird dieser Begriff nicht verwandt, sondern nur von »**Einigung**« gesprochen) setzte sich in der Verpflichtung der Gerichte fort, zu prüfen, ob in der mündlichen Verhandlung eine Einigung der Parteien herbeigeführt werden konnte (§ 45 Abs. 2 ZPO). Sollte diese Einigung aber nicht mit den Grundsätzen des sozialistischen Rechts in Einklang stehen, konnte der Richter die Protokollierung der Einigung ablehnen (§ 46 Abs. 1 u. 3 ZPO). Bereits außerhalb eines anhängigen Verfahrens konnten sich Bürger gemeinsam an die Kreisgerichte wenden, deren Richter sie bei der Einigung ihrer Zivil- oder Familienrechtskonflikte unterstützen konnte (§ 47 ZPO), wodurch streitige Verfahren vermieden werden sollten. Dane-

---

69 Zivilgesetzbuch der Deutschen Demokratischen Republik v. 19.06.1975; GBl. I. 1975 Nr. 27 S. 465.
70 Gesetz über das gerichtliche Verfahren in Zivil-, Familien- und Arbeitsrechtssachen – Zivilprozeßordnung -DDR GBl. 1975 I Nr. 29 S. 533.
71 Kommentar zum Zivilgesetzbuch der Deutschen Demokratischen Republik v. 19.06.1975, Ministerium der Justiz, 1983, S. 45.

ben gab es im zivil- und arbeitsrechtlichen Bereich »**Gesellschaftliche Gerichte**«,[72] die zwar die erste Stufe der Gerichtsbarkeit darstellten konnten, aber von den staatlichen Gerichten getrennt waren. Zwar wurden viele Streitigkeiten bereits vor den Gesellschaftlichen Gerichten durch Einigung beendet. Um Streitschlichtung handelte es sich nicht, da auch Entscheidungen gefällt wurden.[73] Die **Gesellschaftlichen Gerichte** wurden nach der Wende durch die in den Neuen Bundesländern eingerichteten Schiedsstellen ersetzt.[74]

e) § 279 Abs. 1 ZPO (Vereinfachungsnovelle zur ZPO – 01.01.1977)

In der Bundesrepublik wurden zum 01.07.1977 mit der **Vereinfachungsnovelle**[75] **zur Zivilprozessordnung** § 296 ZPO und § 495 Abs. 2 ZPO zum neuen § 279 Abs. 1 ZPO zusammengefasst, in dem es hieß: »*Das Gericht soll in jeder Lage des Verfahrens auf eine gütliche Beilegung des Rechtsstreits oder einzelner Streitpunkte bedacht sein.*« Und das Gericht »*kann die Parteien für einen Güteversuch vor einen beauftragten oder ersuchten Richter verweisen.*« Aus der »**Kann-Vorschrift**« des § 296 ZPO wurde die »**Soll-Vorschrift**« des § 279 Abs. 1 ZPO, die sowohl für die Verfahren vor dem Amtsgericht wie auch vor dem Landgericht galt. Die Richter sollten damit durchaus auf einen Vergleich »**hinwirken**«,[76] obwohl dieser Begriff nicht ins Gesetz übernommen wurde. Aus der Überzeugung, dass der Vergleich »Ruhe und Zufriedenheit« bringt, während ein Urteil nur »neue Wunden schlägt«,[77] sah man nun Vergleich und Urteil als gleichwertiges Mittel zur Konfliktlösung.[78] Von der Einführung eines eindeutig **obligatorischen Güteverfahrens** wurde zwar weiter-

19

---

[72] Gesetz über die Gesellschaftlichen Gerichte v. 25.03.1982, GBl. I. S. 269; Konfliktkommissionsordnung vom 12.03.1982, GBl. I. S. 274.
[73] *Jenkel*, Der Streitschlichtungsversuch als Zulässigkeitsvoraussetzung in Zivilsachen, S. 70.
[74] Gesetz über die Schiedsstellen in den Gemeinden vom 13.09.1990, GBl. I. S. 1527.
[75] Gesetz zur Vereinfachung und Beschleunigung gerichtlicher Verfahren v. 03.12.1976, BGBl. I, 3281.
[76] So § 495 Abs. 2 ZPO vor 1950.
[77] *Arndt* DRiZ 1965, 188, 189.
[78] *Peters*, Der Gütegedanke im deutschen Zivilprozessrecht, S. 22 m.w.V.

hin abgesehen,[79] doch verbreitete sich das Schlagwort »**Schlichten ist besser als Richten**«.[80]

20 In der unmittelbaren Folgezeit begann man auch mit der Suche nach anderen Möglichkeiten der Konfliktlösung.[81] Auslöser war die Zunahme an Gerichtsverfahren und die damit verbundene deutliche Überlastung der Gerichte. Die Rechtsgewährung wurde damit zu einem »knappen Gut«.[82] Dies führte dann aber erst in der 2. Hälfte der 90iger Jahre zu konkreten gesetzgeberischen Maßnahmen.

f) Die Öffnungsklausel des § 15a EGZPO – 01.01.2000

aa) Einführung

21 Mit dem am 01.01.2000 in Kraft getretenen **Gesetz zur Förderung der außergerichtlichen Streitbeilegung**[83] wurde mit der **Öffnungsklausel des § 15a EGZPO**[84] den Bundesländern die Möglichkeit gegeben, als Voraussetzung für bestimmte Klagen einen außergerichtlichen Güteversuch zu fordern. Damit wurde von gesetzgeberischer Seite ein ganz neuer Weg der außergerichtlichen Streitschlichtung eingeschlagen.[85] Wegen der zu erwartenden starken Zunahme der Gerichtsverfahren wollte man durch die Verlagerung der Konfliktregelung weg von den Gerichten, hin zu **Streitschlichtungsstellen** um kostengünstigere und schnellere Konfliktlösungen bei gleichzeitiger Entlastung der Gerichte zu erreichen.[86] Daneben sah man aber auf Vorteile, die ganz ähnlich auch für Mediationsverfahren gelten. So heißt es in der Gesetzesbegründung: »**Konsensuale Lösungen** können darüber hinaus in manchen Fallgestaltungen eher dauerhaften Rechtsfrieden stiften als eine gerichtliche

---

79 Vgl. *Jansen* ZKM 2003, 29.
80 *Stürner* JR 1979, 133.
81 *Peters*, Der Gütegedanke im deutschen Zivilprozessrecht, S. 23 f.; *Jansen*, Die außergerichtliche obligatorische Streitschlichtung nach § 15a EGZPO, S. 27.
82 *Benda* DRiZ 1979, 357 (362).
83 Gesetz zur außergerichtlichen Streitbeilegungvom 15.12.1999, BGBl. I S. 2400 i.d.F. v. 17.12.2008, BGBl. I S. 2586.
84 Vgl. *Jansen* ZKM 2003, 29; *Peters*, Der Gütegedanke im deutschen Zivilprozessrecht, S. 25 ff.
85 Zur Entstehungsgeschichte des § 15a EGZPO vgl. *Jenkel*, Der Streitschlichtungsversuch als Zulässigkeitsvoraussetzung in Zivilsachen, S. 95.
86 BR-Drucks. 605/96, S. 52 ff.; BT-Drucks. 14/163, S. 15.

Entscheidung. In einem Schlichtungsverfahren können nämlich Tatsachen berücksichtigt werden, die für die Lösung des Konflikts der Parteien von wesentlicher oder ausschlaggebender Bedeutung, rechtlich jedoch irrelevant sind. Vermittelnde Lösungen sind auch möglich, wenn im streitigen Verfahren nur voll zu Lasten der einen und zugunsten der anderen Partei entschieden werden könnte.«[87]

Die Diskussionen im Vorfeld um § 15a EGZPO waren ähnlich kontrovers wie in der Vergangenheit, als es zum Beispiel bei Erlass der **ZPO 1879** oder auch im Zuge der **Entlassungsnovelle von 1915** um die Einfügung eines obligatorischen Güteverfahrens ging. Auch die Argumente »Für« und »Gegen« die Umsetzung in landesrechtliche Vorschriften waren sehr ähnlich.[88] Als Gründe für die Neuregelung wurden die Entlastung der Justiz, die Beschleunigung der Konfliktbeilegung, Kosteneinsparung, aber auch die Verbesserung der Streitkultur[89] genannt. Einige Befürworter sahen in diesem neuen außergerichtlichen Güteverfahren erstmalig die Möglichkeit, auf diese Weise die Mediation in **Deutschland** zu fördern.[90]

bb) Gesetzliche Umsetzung in den Bundesländern

Durch Landesgesetz kann seither bestimmt werden, dass eine Klageerhebung erst dann zulässig ist, wenn vor einer durch die Landesjustizverwaltung eingerichteten oder anerkannten Gütestelle der Versuch unternommen worden ist, die Streitigkeit einvernehmlich beizulegen. Diese Möglichkeit beschränkt sich auf vermögensrechtliche Streitigkeiten bis zu einem Geldeswert von 750 €, auf Ansprüche aus dem **Nachbarrecht** in einigen ausgesuchten Fällen, auf Streitigkeiten über Ansprüche wegen **Verletzung der persönlichen Ehre**, die nicht in **Presse und Rundfunk** begangen worden sind und auf Streitigkeiten über Ansprüche nach Abschnitt 3 des allgemeinen **Gleichbehandlungsgesetzes**.

---

87 BR-Drucks. 605/96, S. 52 ff.; BT-Drucks. 14/163, S. 15.
88 Vgl. *Hartges*, Außergerichtliche Konfliktlösung Deutschland-Modell ÖRA, S. 146 f. mit zahlreichen Literaturhinweisen.
89 *Jenkel*, Der Streitschlichtungsversuch als Zulässigkeitsvoraussetzung in Zivilsachen, S. 103 ff. m.w.H.
90 *Hartges*, Außergerichtliche Konfliktlösung Deutschland-Modell ÖRA-, S. 146 f; *Jenkel*, Der Streitschlichtungsversuch als Zulässigkeitsvoraussetzung in Zivilsachen, S. 108 f.

Einleitung

24 Von dieser Ermächtigung hat **Bayern**[91] als erstes Bundesland Gebrauch gemacht, andere Bundesländer, wie **Baden-Württemberg,**[92] **Brandenburg,**[93] **Hessen,**[94] **Niedersachsen,**[95] **Nordrhein-Westfalen,**[96] **Saarland,**[97] **Sachsen Anhalt**[98] und **Schleswig Holstein**[99] sind dem gefolgt. Die Gesetze waren bis auf das Schlichtungsgesetz in **Baden-Württemberg** zeitlich befristet.[100] Manche wurden vom jeweiligen Landesgesetzgeber verlängert, wobei häufig die vermögensrechtlichen Streitigkeiten aus dem Katalog genommen wurden. In **Hamburg** gibt es bereits seit den 20iger Jahren des letzten Jahrhunderts die Einrichtung einer **Öffentlichen Rechtsauskunft und Vergleichsstelle (ÖRA)**, die auf den Regelungen des **Hamburger Landrechts** und der damaligen ZPO (§ 496a i. d. F. vom 1. 6. 1924) beruhten. Die unterschiedlichen gesetzlichen

---

91 Bayerisches Gesetz zur obligatorischen außergerichtlichen Streitschlichtung in Zivilsachen und zur Änderung gerichtsverfassungsrechtlicher Vorschriften (Bayerisches Schlichtungsgesetz) v. 25. 04. 2000, Bayerisches GVBl. Nr. 11/2000, S. 268.
92 Gesetz zur obligatorischen außergerichtlichen Streitschlichtung (Schlichtungsgesetz) v. 28. 06. 2000, Baden-Württemberg GBl. 2000, S. 470 ff.
93 Gesetz zur Einführung einer obligatorischen außergerichtlichen Streitschlichtung im Land Brandenburg (Brandenburgisches Schlichtungsgesetz) v. 05. 10. 2000, GVBl. I S. 134.
94 Hessisches Gesetz zur Ausführung von § 15a des Gesetzes betreffend die Einführung der Zivilprozessordnung v. 06. 02. 2001, Hessisches GVBl. I S. 98.
95 Niedersächsisches Gesetz zur obligatorischen außergerichtlichen Streitschlichtung (Niedersächsisches Schlichtungsgesetz) v. 17. 12. 2009, Nds. GVBl. Nr. 28/2009 S. 482.
96 Gesetz zur Ausführung von § 15a des Gesetzes betreffend die Einführung der Zivilprozeßordnung v. 09. 05. 2000, GV. NRW. 32/2000, S. 475.
97 Gesetz zur Ausführung von § 15a des Gesetzes betreffend die Einführung der Zivilprozessordnung (Landesschlichtungsgesetz) v. 21. 02. 2001, Saarländisches Amtsbl. 2001, 532.
98 Schiedsstellen- und Schlichtungsgesetz v. 22. 06. 2001, GVBl. LSA 2001, 214.
99 Gesetz zur Ausführung von § 15a des Gesetzes betreffend die Einführung der Zivilprozessordnung (Landesschlichtungsgesetz) v. 11. 12. 2001, Schleswig-Holstein GVOBl. 2001, 361.
100 Z. B. in Bayern bis 31. 12. 2005; NRW bis 30. 9. 2005.

Einleitung

Regelungen mündeten 2010 in einer neuen gesetzlichen Regelung,[101] die ihre Legitimation nicht aus § 15 a EGZPO bezieht.

Auf weitere obligatorische außergerichtliche Streitschlichtungsverfahren,[102] z. B. nach § 111 **Arbeitsgerichtsgesetz**,[103] §§ 28, 37 **Arbeitnehmererfindungsgesetz**,[104] §§ 14, 16 **Urheberwahrnehmungsgesetz**,[105] §§ 104, 87 **Sachenrechtsbereinigungsgesetz**[106] und § 305 **Insolvenzordnung**,[107] wird ergänzend hingewiesen. Diese Gesetze sehen vor, dass vor Einleitung eines gerichtlichen Klageverfahrens ein außergerichtlicher Schlichtungsversuch unternommen werden muss.

Mit der **ZPO-Reform zum 1. Januar 2002**[108] setzte der Gesetzgeber das Ziel, die gütliche Streitbeilegung zum wesentlichen Inhalt des Zivilprozesses zu machen, fort. Der neu gefasste § 278 Abs. 5 Satz 2 ZPO (»*In geeigneten Fällen kann das Gericht den Parteien eine außergerichtliche Streitschlichtung vorschlagen.*«) sieht nunmehr vor, dass das Gericht die Entscheidung über den Streit an die Parteien zurückgeben kann. Dabei hat der Gesetzgeber an Mediation als eine wichtige Form der außergerichtlichen Streitbeilegung ge-

---

101 Gesetz über die Öffentliche Rechtsauskunft- und Vergleichsstelle (ÖRA-Gesetz) v. 16.11.2010, HambGVBl 2010, S. 603 (i.d.F. vom 19.04.2011 HambGVBl 2011, S. 123) mit der die VO über die Öffentliche Rechtsauskunft- und Vergleichsstelle v. 04.02.1946 und die Geschäftsordnung für die Öffentliche Rechtsauskunft- und Vergleichsstelle v. 15.11.1946 (Sammlung des bereinigten hamburgischen Landesrechts I 333-a und I 333-a-1) aufgehoben wurden. Vgl. *Hartges*, Außergerichtliche Konfliktlösung Deutschland-Modell ÖRA, S. 52 ff.
102 Vgl. *Jenkel*, Der Streitschlichtungsversuch als Zulässigkeitsvoraussetzung in Zivilsachen, S. 85 f., (87 f.) m.w.N.
103 Arbeitsgerichtsgesetz v. 02.07.1979, BGBl. I S. 853, 1036 i.d.F. v. 14.06.2011, BGBl. I S. 1050.
104 Gesetz über Arbeitnehmererfindungen v. 31.07.2009, BGBl. I S. 2521.
105 Gesetz über die Wahrnehmung von Urheberrechten und verwandten Schutzrechten v. 09.09.1965, BGBl. I S. 1294 i.d.F. v. 26.10.2007, BGBl. I S. 2513.
106 Gesetz zur Sachenrechtsbereinigung im Beitrittsgebiet v. 21.09.1994, BGBl. I S. 2457 i.d.F. v. 08.12.2010, BGBl. I S. 1864.
107 Insolvenzordnung v. 05.10.1994, BGBl. I S. 2866 i.d.F. v. 21.10.2011, BGBl. I S. 2082.
108 BGBl. I 2001, S. 1887.

dacht.[109] Obwohl manche Mediatoren damit den Weg für die gerichtsnahe Mediation endgültig als geebnet ansahen[110] und von einem Umdenkprozess in der Gesellschaft hin zu einer neuen Streitkultur sprachen,[111] wurde diese Verfahrensmöglichkeit auch sehr kritisch begleitet, und als »**Freestyle Justiz**«[112] nicht ernst genommen, teilweise auch als ungeeignet angesehen[113] und daher auch abgelehnt.[114] Dennoch wurde damit den Gerichten die Möglichkeit eröffnet, den Parteien Mediation als außergerichtliche Streitschlichtung zu empfehlen,[115] wovon aber nur wenig Gebrauch gemacht wurde.[116]

3. Mediation

a) Historische Entwicklung in Deutschland

aa) Gedanken zu Alternativen in der Zivil justiz – 1977

27 Im Zuge der sich gegen Ende der 70iger Jahre abzeichnenden knapper werdenden Ressourcen innerhalb der staatlichen Gerichtsbarkeit gewann zum einen der **Gütegedanke** weiter an Bedeutung, aber gleichzeitig begann man auch mit der Suche nach anderen Möglichkeiten der Konfliktlösung.[117] So fand 1977 in Berlin die Veranstaltung der Rechtssoziologen »Alternative

---

109 *Prütting* ZKM 2006, 100, (101); *Etscheit*, Externe Mediation in der Praxis der Berliner Familiengericht, S. 2.
110 *Monßen* ZKM 2003, 116.
111 *Peters*, Der Gütegedanke im deutschen Zivilprozessrecht, S. 26.
112 *Böhlk* BRAK-Mitt. 2002, 207 ff.
113 *Greger* ZKM 2004, 196 (197), der für das Land Bayern ein positives Fazit zieht.
114 Vgl. *Monßen* ZKM 2003, 116 ff.
115 Vgl. *Hirsch*, Ansprache des Präsidenten des Bundesgerichtshofes beim 3. Konfliktmanagement- Kongress 2006 in Hannover am 08.07.2006, www.bundesgerichtshof.de.
116 *Hommerich/Prütting/Ebers/Lang/Traut*, Rechtstatsächliche Untersuchung zu den Auswirkungen des Zivilprozessrechts auf die gerichtliche Praxis, S. 84; *Etscheit*, Verweisung in die außergerichtliche Mediation – Ergebnisse einer Erhebung zum Umgang der Berliner Familienrichter mit § 278 Abs. 5 S. 2 Zivilprozessordnung (ZPO) in *Gläßer/Schroeter* (Hrsg.) Gerichtliche Mediation, S. 144.
117 *Peters*, Der Gütegedanke im deutschen Zivilprozessrecht, S. 23 f; vgl. *Jung*, Mediation – ein Ansatz zu einer »Entrechtlichung sozialer Beziehungen«?

Einleitung

Rechtsformen und Alternativen zum Recht« und 1981 die Tagung des Bundesministeriums der Justiz »Alternativen in der Ziviljustiz« statt.[118]

1982 hat sich das Deutsche Familienrechtsforum bei einer Tagung in **Bad Boll** der Frage nach Modellen alternativer Konfliktregelungen in der Familienkrise angenommen.[119] Dort wurde erstmalig der Öffentlichkeit die Mediation anhand eines Erfahrungsberichts aus den **USA** vorgestellt.[120] Die Mediation ist damals allerdings nicht auf ein breites Interesse gestoßen. Bereits 1980 gab es Veröffentlichungen zu Fragen alternativer Rechtsformen und Alternative zum Recht.[121] Diese Veröffentlichungen basierten auf Ergebnissen einer Arbeitstagung, auf der 1977 in Berlin Rechtssoziologen zum ersten Mal über Mediation diskutiert haben.[122] 1981 wurde in Stuttgart das »**Stuttgarter Modell**« entwickelt, bei dem sich die vom Gesetzgeber bei der Eherechtsreform 1977 zwar diskutierte aber letztlich abgelehnte Idee einer interdisziplinierenden Besetzung des Familiengerichts praktiziert wurde. Ziel war es Familienkonflikte außergerichtlich zu lösen.[123] Im Dezember 1983 veröffentlichte die **Bundesregierung** eine Broschüre mit dem Titel »**Schlichten ist besser als Richten** – Beratung und Schlichtung von Streitfällen«.[124]

1988 wurde am Psychologischen Institut der Universität Heidelberg erstmalig die Aus- und Weiterbildung in Mediation angeboten. Zum 1. Januar 1991 trat das **Gesetz zur Neuordnung des Kinder- und Jugendhilferechts (Kinder-Jugendhilfe-Gesetz, KJHG)** in Kraft, das als Beratungskonzept zwar noch nicht die Mediation erwähnte, aber doch erstmalig die eigenverantwort-

---

118 *Peters*, Der Gütegedanke im deutschen Zivilprozessrecht, S. 24 m.w.H.
119 Vgl. *Deutsches Familienrechtsforum e.V.* (Hrsg.) Modelle alternativer Konfliktregelungen in der Familienkrise.
120 *Muhr*, Die geschichtliche Entwicklung der Mediation in Deutschland und Russland in den letzten 15 Jahren, S. 3; *Glasmachers*, Familiendynamisch begründete Interventionsansätze – Alternative Konfliktlösungsversuche in den USA, S. 104.
121 *Klausa/Rottleuthner*, Alternative Rechtsform und Alternative zum Recht, S. 279 – 316; *Rottleuthner*, Alternativen in Arbeitskonflikten, in: Klausa/Rottleuthner (Hrsg.), Alternative Rechtsform und Alternative zum Recht, S. 263 – 278.
122 *Hertel/Vovsik/Fischer/Wiese*, Zeittafel zur Geschichte der Mediation unter www.mediation-dach.com.
123 Deutsches Familienrechtsforum e.V., www.welt-des-familienrechts.de.
124 *Hertel/Vovsik/Fischer/Wiese*, Zeittafel zur Geschichte der Mediation unter www.mediation-dach.com.

Einleitung

liche Konfliktlösung durch die Eltern im Rahmen des § 17 des KJHG förderte.[125]

bb) Gründung erster Fachverbände – 1992

30 Im Januar 1992 wurde in Bad Boll die **Bundes-Arbeitsgemeinschaft für Familien-Mediation e. V. (BAFM)** mit dem Ziel gegründet, die Familienmediation zu fördern. Bereits im Mai 1992 folgte die Gründung des **Bundesverband Mediation e.V. (BM)** – damals noch »Mediation e.V.« –, einem interdisziplinären Fachverband für Mediation. In diese Zeit fiel auch die Einführung des Ombudsmannverfahrens der privaten Banken. Es handelt sich hierbei um die unbürokratische und effektive Möglichkeit einer außergerichtlichen Streitbeilegung bei Meinungsverschiedenheiten zwischen Banken und ihren Kunden bei einem Beschwerdewert bis 10.000,00 DM (jetzt: 5.000,00 EUR). Hierbei handelt es sich allerdings um ein Verfahren, dass mit einem Schlichterspruch endet, wenn der Konflikt nicht auf andere Weise beendet wird.

cc) OSZE – Übereinkommen über Vergleich- und Schiedsverfahren – 1994

31 Am 15. Dezember 1992 unterzeichnete die Bundesrepublik Deutschland das Stockholmer Übereinkommen über Vergleich- und Schiedsverfahren innerhalb der **OSZE**.[126] Dieses trat am 5. Dezember 1994 in Kraft. Mittlerweile haben 33 europäische Staaten das Übereinkommen ratifiziert. Es sieht u. a. eine vergleichsweise Beendigung von Streitigkeiten vor, bei denen »alle Möglichkeiten für eine gütliche Beilegung ausgeschöpft«[127] werden sollen. 1994 wurde der **Österreichische Bundesverband für Mediation (ÖBM)** in Wien gegründet, der sich maßgeblich für eine gesetzliche Regelung der Mediation in Österreich einsetzt.

---

125 BT-Drucks. 13/4899, S. 75; *Barabas*, Rechtsanspruch auf Beratung! Der § 17 KJHG und seine Konsequenzen für die Kommunalpolitik, Beratung Aktuellonline: http://www.beratung-aktuell.de/artikelsammlung.html1 – 2001, S. 4.
126 BGBl. 1995 II S. 1326.
127 Vgl. Art. 21 Abs. 2 Verfahrensordnung des Vergleichs- und Schiedsgerichtshofs innerhalb der OSZE v. 01.02.1997.

Einleitung

b) Erste Projekte zu alternativen Verfahren

aa) Cochemer Praxis – 1992

1992 entwickelte sich die »**Cochemer Praxis**« mit dem Ziel, Eltern Hilfestellung bei Fragen des Umgangs mit ihren Kindern nach einem Scheidungsverfahren oder einer Trennung zu geben. So wurde ein interdisziplinärer **Arbeitskreis »Trennung und Scheidung«** mit den verschiedenen Personen und Institutionen, die bei einem Scheidungsverfahren oder der Trennung von Partnern beteiligt waren, gegründet.[128] Dazu gehörten neben dem Gericht, das Jugendamt, die Anwaltschaft, Sachverständige und weitere Beratungsstellen. Bei gerichtlichen Verfahren sollte die Sichtweise des Kindes stärker nach dem Motto berücksichtigt werden: Parteiisch sein im Sinne des Kindes, neutral gegenüber den Eltern.[129] Die »**Cochemer Praxis**« kann als erster Schritt auf dem Wege zur »**Integrierten Mediation**« angesehen werden.[130]

bb) Regensburger Justizprojekt – 1992

Um 1992 entstand auch das »**Regensburger Justizprojekt**«. Beim Familiengericht Regensburg standen Psychologen zur Verfügung, zu denen das Gericht die Parteien direkt aus der Verhandlung zur Beratung schicken konnte. Dabei handelte es sich weniger um Mediation, als vielmehr um eine ergänzende Dienstleistung des Gerichts.

cc) Integrierte Mediation – Altenkirchener Modell – 1997

1997 begann man – initiiert durch den Gedankenaustausch zwischen einem Richter und einem Psychologen – am Amtsgericht Altenkirchen im Westerwald, über ein Modell nachzudenken, die Mediation unmittelbar im gerichtlichen Verfahren zu integrieren und zu nutzen, und bereits ein Jahr später wurde dies umgesetzt und unter dem Namen »**Altenkirchener Modell**« als Beispiel für »**integrierte Mediation**« bekannt.[131] In den Jahren 1997 und 1998 fand Mediation auch stärker Anwendung bei familienrechtlichen Streitigkeiten. Dabei stellte die Neuregelung des Kindschaftsrechts durch die

---

128 *Trossen* in *Haft/von Schlieffen* (Hrsg.), Handbuch Mediation § 40, Rn. 31.
129 Vgl. www.ak-cochem.de.
130 *Trossen* in *Haft/von Schlieffen* (Hrsg.), Handbuch Mediation § 40, Rn. 32.
131 *Kempf/Trossen* ZMK 2000, 166 ff.; *Trossen* ZKM 2001, 159 ff.; vgl. *Trossen* in *Haft/von Schlieffen* (Hrsg.), Handbuch Mediation § 40 Rn. 30.

Einleitung

Schaffung des § 17 Abs. 2 KJHG[132] im Jahr 1996 und die Festlegung der gemeinsamen elterlichen Sorge (§ 1671 Abs. 1 BGB in Verbindung mit § 52 Abs. 1 FGG) eine neue Entwicklung der Konfliktbehandlung dar,[133] denn das Familiengericht darf nunmehr die Konfliktparteien an entsprechende Beratungsstellen verweisen, die auch Mediation als Lösungsverfahren anbieten.

c) Rechtsanwaltschaft und Juristenausbildung

35 1996 wurde im **Schlussbericht der Bundesrechtsanwaltskammer** (BRAK)-Ausschuss Mediation erstmalig festgestellt, dass es sich bei Mediation um eine anwaltliche Tätigkeit handelt.[134] Im Hinblick auf das Sachlichkeitsgebot des § 43b BRAO wurde zudem beschlossen, dass Rechtsanwälte auf ihre Tätigkeit als Mediator nur hinweisen dürfen, wenn eine Mediationsausbildung nachgewiesen wird.[135] Im November 1996 wurde die **Berufsordnung der Rechtsanwälte (BORA)** beschlossen,[136] wonach der Rechtsanwalt »seine Mandanten (...) konfliktvermeidend und streitschlichtend zu begleiten« hat (§ 1 Abs. 3 BORA). Als Folge der von der Bundesrechtsanwaltskammer Ende 1996 getroffenen Beschlüsse, erweiterten einige große Versicherungsgesellschaften ab Dezember 1996 den Umfang des versicherten Risikos der anwaltlichen Haftpflichtversicherungen um die Tätigkeit als Mediator.[137]

36 Der Deutsche Anwaltsverein gründet im Mai 1998 die **Arbeitsgemeinschaft Mediation**, die eine 1. Fachtagung am 5. Dezember 1998 in Frankfurt/Main veranstaltete. 1998 erschien die erste interdisziplinäre Zeitschrift zum Thema Mediation »KON:SENS«, die seit 1999 als »Zeitschrift für Konfliktmanagement-ZKM« herausgegeben wird. Die **Berufsordnung der Rechtsanwälte (BORA)** wurde zum 1. Juli 2003 um den § 7a BORA ergänzt, der festlegt, dass sich ein Rechtsanwalt nur dann als Mediator bezeichnen darf, wenn er

---

132 Art. I des Kinder- und Jugendhilfegesetzes v. 26.06.1990 (BGBl. I S. 1163), i. d. F.d Bekanntmachung v. 15.03.1996 (BGBl. I S. 477).
133 *Hammerbacher*, Chancen und Risiken der familienmediation am Beispiel des neuen Kindschaftsrechts, S. 3.
134 BRAK-Mitteilungen 1996, 186.
135 BRAK-Mitteilungen 1996,186.
136 Beschluss der Satzungsversammlung bei der Bundesrechtsanwaltskammer am 29.11.1996, Amtliche Bekanntmachung in BRAK-Mitt. 1996, S. 241 ff.
137 *Hertel/Vovsik/Fischer/Wiese*, Zeittafel zur Geschichte der Mediation unter www.mediation-dach.com.

»durch (eine) geeignete Ausbildung nachweisen kann, dass er die Grundsätze des Mediationsverfahrens beherrscht.«[138]

In der Juristenausbildung in Deutschland wurde erkannt, dass »Aufgaben und Arbeitsmethoden (…) der Konfliktvermeidung und Streitschlichtung«[139] zu kurz kommen. Das Gesetz zur Reform der Juristenausbildung vom 11. Juli 2002[140] (seit 1. Juli 2003 in Kraft) hat daher erstmalig die Kompetenzen in »Streitschlichtung« und »Mediation« zum Inhalt des juristischen Studiums erklärt (§ 5a Abs. 3 Satz 1 Deutsches Richtergesetz). Sie werden als »interdiziplinäre Schlüsselqualifikationen« und »unverzichtbare Fähigkeiten und Fertigkeiten moderner Juristinnen und Juristen« angesehen.[141] Im März 2004 veröffentlicht das **Soldan Institut für Anwaltsmanagement** einen Forschungsbericht über Marketing für Mediation,[142] wonach die größten Marktchancen für Mediation in den Bereichen der familiären Konflikte und der Wirtschaftsmediation gesehen werden.Zum 1. Juli 2004 tritt das **Rechtsanwaltsvergütungsgesetz**[143] (RVG) in Kraft, das in § 34 den Begriff der »Mediation« erstmals gesetzlich erwähnt.

d) Förderung und Projekte auf Bundes- und Landesebene

Mit dem zum 1. Januar 2000[144] geschaffenen § 15a EGZPO und der **ZPO-Reform** zum 1. Januar 2002[145] sahen manche den Weg für die **gerichtsnahe Mediation** endgültig als geebnet an.[146] Es wurde von einem Umdenkprozess in der Gesellschaft hin zu einer neuen Streitkultur gesprochen.[147] Neben den aufgrund der **Öffnungsklausel des § 15a EGZPO** in den einzelnen Bundes-

---

138 Beschlüsse der 4. Sitzung der 2. Satzungsversammlung bei der Bundesrechtsanwaltskammer am 25./26.04.2002, Amtliche Bekanntmachung in BRAK-Mitt. 2002, 219.
139 BT-Drucks. 14/7176 001, S. 10.
140 BGBl I 2002, 2592.
141 BT-Drucks. 14/7176, S. 8;BT-Drucks. 14/7463, S. 10.
142 *Hommerich/Kriele*, Marketing für Mediation. Dort finden sich auch Ausführungen, was die Motive der Konfliktparteien sind, sich für Mediation zu entscheiden.
143 Rechtsanwaltsvergütungsgesetz v. 05. 052004, BGBl. I S. 718, (788).
144 BGBl. I, S. 2400.
145 BGBl. I, S. 1881.
146 *Monßen* ZKM 2003, 116.
147 *Peters*, Der Gütegedanke im deutschen Zivilprozessrecht, S. 26.

Einleitung

länder entstandenen Landesgesetzen,[148] begann man auch auf Länderebene, sich mit der Idee der Mediation vertraut zu machen. Erst am 29./30. Juni 2005 wurde dann auf der **76. Justizministerkonferenz** ein 10-Punkte-Programm zur Förderung der konsensualen Streitbeilegung[149] verabschiedet. Zu diesem Zeitpunkt gab es bereits zahlreiche Mediationsprojekte an vielen Gerichten.

aa) Baden-Württemberg

39 Auf Initiative des Justizministeriums in **Baden-Württemberg** fand 1997 eine Veranstaltung zum Thema »Außergerichtliche Streitschlichtung – eine Chance zur Entlastung der Zivilgerichtsbarkeit?« statt. Dabei war auch die freiwillige außergerichtliche Streitschlichtung Thema. Bereits 2000 begann ein auf zwei Jahre angelegter Modellversuch einer gerichtsnahen Mediation am AG und LG Stuttgart. Die beteiligten Richter sollten bei geeigneten Verfahren auf alternative Konfliktlösungsverfahren hinweisen und entsprechend geeignete Mediatoren empfehlen. Folgten die Parteien dem Vorschlag, wurde das gerichtliche Verfahren ausgesetzt.[150] Der im Dezember 2002 vom Justizministerium Baden-Württemberg vorgelegte Abschlussbericht fasst die Erfahrungen zusammen: »*Die Erfahrungen des **Stuttgarter Modellversuchs** sprechen dafür, künftige Projekte eher im vorgerichtlichen Bereich anzusiedeln und auf einen kürzeren Zeitraum anzulegen. Dabei soll auf die bewährte Zusammenarbeit zwischen Mediatoren, Anwaltschaft und Justiz zurückgegriffen werden, die im Rahmen des Arbeitskreises über vier Jahre erfolgreich funktioniert hat. Die Teilnehmer des Modellversuchs und die Mitglieder des Arbeitskreises bleiben daher aufgerufen, auch in der Zukunft zur Förderung der außergerichtlichen Konfliktbeilegung zusammenzuwirken.*«[151] Daneben wird am Verwaltungsgericht Freiburg **gerichtsintegrierte Mediation**[152] und am Landgericht Mannheim

---

148 S. Rdn. 24.
149 Konferenz der Justizministerinnen und -minister vom 29./30.06.2005/Auszug aus den Beschlüssen »große Justizreform«, DRiZ 2005, 213 f.
150 Vgl. Justizministerium Baden-Württemberg, Modellversuch »Außergerichtliche Konfliktbeilegung« am Landgericht Stuttgart und Amtsgericht Stuttgart, Abschlussbericht, S. 2 ff.
151 Vgl. Justizministerium Baden-Württemberg, Modellversuch »Außergerichtliche Konfliktbeilegung« am Landgericht Stuttgart und Amtsgericht Stuttgart, Abschlussbericht, S. 14.
152 Verwaltungsgericht Freiburg, www.vgfreiburg.de.

Einleitung

die außergerichtliche Mediation (Mannheimer Mediationsprojekt MAMP) nach Vorbild des Modellversuchs in Stuttgart angeboten.[153] Im Landgerichtsbezirk Heidelberg wurde 2010 das interdisziplinäre »**Heidelberger Mediationsprojekt**« unter dem Motto »für jeden Konflikt den passenden Mediator« in Leben gerufen.

bb) Niedersachsen

Im März 2002 startete das Land **Niedersachsen** an einigen Gerichten[154] mit einem dreijährigen Modellversuch »Gerichtsnahe Mediation als Verfahrensangebot innerhalb der Justiz«[155] und übernahm damit eine gewisse Vorreiterrolle.[156] Angeregt vom vormaligen niedersächsischen Justizminister *Pfeiffer*, wird Mediation (gestützt auf analoge Anwendung von § 278 Abs. 5 ZPO) seitdem in Niedersachsen unter dem Motto »**Schlichten statt richten**«[157] als Alternative bei Gerichtsverfahren erstmalig nicht außerhalb des Gerichts, sondern durch zu Mediatoren ausgebildeten Richtern innerhalb des Gerichts angeboten und hat rasch eine hohe Zustimmungsrate bei den dort tätigen Richtern erlangt.[158] Bei einem Scheitern der Mediation war der Richtermediator nicht zur Entscheidung des Rechtsstreits befugt. Niedersachsen hat im Jahr 2007 ein Mediation- und Gütestellengesetz als reines Landesgesetz[159] in

---

153 Mannheimer Anwaltsverein »Mediationsprojekt MaMP«, www.mannheimer-anwaltsverein.de.
154 Amtsgerichte Hildesheim und Oldenburg, Landgerichte Hannover und Göttingen und Sozial- und Verwaltungsgericht Hannover (vgl. *Böttger/Hupfeld* ZKM 2004, 155 ff.).
155 *Böttger/Hupfeld* ZKM 2004, 155; *von Olenhusen* ZKM 2004, 104 ff.
156 *Matthies*, Ein Erfahrungsbericht: Neue Wege der Justiz – Modellprojekt gerichtsnahe Mediation bei dem Landgericht Göttingen, veröffentlicht unter http://www.landgericht-goettingen.niedersachsen.de; vgl. Projektabschlussbericht – Projekt Gerichtsnahe Mediation in Niedersachsen, Februar 2005, vom Niedersächsischen Justizministerium und Konsens e.V.
157 Schon *Levin* spricht 1915 von »Schlichten anstatt des Richtens«; vgl. *Levin* Die Entlastungsverordnung vom 9. September 1915 und die Neugestaltung des bürgerlichen Rechtsstreits, S. 42.
158 *Böttger/Hupfeld* ZKM 2004, 155 (157).
159 Im Land Niedersachsen wurde am 24.04.2007 das Gesetz über die Einführung eines Mediations- und Gütestellengesetzes sowie zur Änderung anderer Gesetze in den Landtag eingebracht; vgl. Nds-Drs. 15/3708.

Einleitung

den Gesetzgebungsprozess des Landes eingebracht, das nach der Landtagswahl 2008 verabschiedet werden sollte. Dazu kam es nicht mehr, da aufgrund der **EUMed-RL** im Mai 2008 nunmehr der Bundesgesetzgeber in der Pflicht stand.

cc) Internationale Familienmediation Deutschland-Frankreich

41 Die Bundesregierung begann 2003 mit einem Modellprojekt zur professionellen internationalen Familienmediation, wobei der Schwerpunkt bei deutsch-französischen Fällen mit Kindesumgang lag.[160] Da aber Mediation in dieser Zeit, wie eine Untersuchung von *Proksch* zeigte, in vielen Jugendämtern bereits als »Standardangebot« genutzt wurde,[161] sah die **Bundesregierung** keine Notwendigkeit für »breit angelegte staatliche Initiativen zur finanziellen Unterstützung und Entwicklung außergerichtlicher Möglichkeiten der eigenverantwortlichen Regelung von Konflikten im familienrechtlichen Bereich (insbesondere zur Lösung von Kindschaftsrechtsstreitigkeiten)«.[162] Zudem unterstützte die Bundesregierung die »weitere Etablierung von außergerichtlichen Streitschlichtungs- und Mediationsmöglichkeiten« sowie die Förderung von Modellprojekten in den Bundesländern, wie die »gerichtsnahen Mediationsstellen« in **Niedersachsen**.[163] Gleichzeitig hatte die Bundesregierung den Plan, eine bundesweite Informationsplattform über die unterschiedlichen Mediationsangebote aufzubauen, um »den qualitativen und quantitativen Nutzen dieser Verfahren für unser Justizsystem zu steigern und die Chancen einer Inanspruchnahme von qualifizierten Angeboten in diesem Bereich für den Bürger zu verbessern«.[164]

dd) Hessen

42 Seit Herbst 2003 bestehen in **Hessen** am LG Frankfurt und seit Mai 2004 an allen hessischen Verwaltungsgerichten erster und zweiter Instanz Projekte zur gerichtsnahen Mediation.[165]

---

160 BT-Drucks. 15/2399, S. 9; vgl. *Carl/Copin/Ripke* KindPrax 2004, 25 ff.
161 BT-Drucks. 15/2399, S. 9.
162 BT-Drucks. 15/2399, S. 8.
163 BT-Drucks. 15/2399, S. 9.
164 BT-Drucks. 15/2399, S. 9.
165 *Walther* DRiZ 2005, 127.

Einleitung

ee) Berlin

Bereits im Oktober 2003 startete das Pilotprojekt der Gerichtsmediation am   43
Verwaltungsgericht Berlin, für das ein Vorsitzender Richter von der Justizverwaltung freigestellt wurde, um allein als Gerichtsmediator in gerichtsanhängigen Verfahren tätig zu werden, was damals bundesweit einmalig war.[166]
Im Herbst 2004 begann die Projektgruppe Mediation an den Berliner Zivilgerichten, die die Durchführbarkeit von **gerichtsinternen Mediationen** durch **Richtermediatoren** prüfen sollte.

ff) Rheinland-Pfalz

In **Rheinland-Pfalz** begann etwa im Jahr 2004 im Bezirk des OLG Koblenz   44
das Projekt »**Integrierte Mediation in Familiensachen**«, bei dem Familienrichter mit dem Ziel in Mediation ausgebildet wurden, Gerichtsfälle zu mediieren, die sie als Richter auch entscheiden sollten. Man griff auf die Erfahrungen mit der »**Cochemer Praxis**« und dem »**Altenkirchener Modell**« zurück.[167] Die »**Integrierte Mediation**« hat das Ziel, die Mediation, also die konsensuale Konfliktlösung, bereits in der anwaltlichen Beratung, aber insbesondere auch innerhalb des Gerichtsverfahrens zu berücksichtigen, um so eine einvernehmliche Lösung zu erreichen. Definiert wird sie heute als eine »Verfahrensweise, welche die Mediation wie ein hybrides Verfahren in streitige Prozesse einbezieht, um eine konsensual verhandelte Streitbeilegung zu ermöglichen«.[168] Innerhalb des Gerichtsverfahrens besteht die Aufgabe der Richter darin, unter Einbeziehung anderer Beratungsstellen, wie Jugendamt, Verfahrenspfleger, Sachverständige, eine Ebene der Kommunikation zwischen den Parteien zu finden, die entsprechende einvernehmliche Lösungen ermöglichen. Bis heute sind mehr als 90 Richter entsprechend ausgebildet worden, und das Modell findet mittlerweile auch im Ausland Anwendung.[169]

gg) Mecklenburg-Vorpommern

Seit Februar 2004 wird in **Mecklenburg-Vorpommern** gerichtliche Mediati-   45
on am LG und OLG Rostock, sowie am VG Rostock angeboten. Dort hat

---

166 *Ortloff* AnwBl. 2004, 229.
167 *Trossen* in *Haft/von Schlieffen* (Hrsg.), Handbuch Mediation, § 40, Rn. 32.
168 *Trossen* in *Haft/von Schlieffen* (Hrsg.), Handbuch Mediation, § 40, Rn. 10.
169 *Trossen* in *Haft/von Schlieffen* (Hrsg.), Handbuch Mediation, § 40, Rn. 36.

man sich neben den inhaltlichen Aufgaben auch mit äußeren Gegebenheiten besonders beschäftigt, um den Konfliktparteien, den Weg in die Mediation angenehm zu gestalten. So wurde eine Serviceeinheit »**Gerichtliche Mediation**« geschaffen, deren Mitarbeiter nicht nur die Mediationsräume vorbereiten, sondern auch die Konfliktparteien an einem besonderen Treffpunkt im Eingangsbereich des LG Rostock, dem »**Mediationspoint**«, empfängt.[170]

hh) Bayern

46 In **Bayern** entwickelte das Bayerische Staatsministerium der Justiz im Jahre 2004 das Konzept »**Modellversuch Güterichter**«, das am 1. Januar 2005 an acht Landgerichten startete. Die speziell geschulten Güterichter sind keine Mediatoren, sondern werden als ersuchte Richter nach § 278 Abs. 5 S. 1 ZPO außerhalb der streitigen Gerichtsverhandlung tätig. Sie sind nicht entscheidungsbefugt und in der Wahl der anzuwendenden Konfliktlösungsverfahren in der Güteverhandlung frei, wobei ein starker Bezug zur Mediation besteht.[171] Die Güteverhandlung findet nur mit Zustimmung der Parteien statt. Bei einer Einigung kann vor dem **Güterichter** ein Vergleich geschlossen werden, scheitert sie hingegen, wird die streitige Verhandlung vor einem anderen Richter fortgesetzt.[172] Das **Güterichtermodell** wird mittlerweile in Bayern landesweit umgesetzt.

ii) Schleswig Holstein

47 In **Schleswig Holstein** wird gerichtliche Mediation seit Herbst 2005 bei der Ordentlichen Gerichtsbarkeit,[173] seit Sommer 2008 an den Verwaltungsgerichten[174] und jüngst auch an den Sozial- und Arbeitsgerichten angeboten.

---

170 Vgl. *Hückstädt* Neue Justiz 2007, 289 (290).
171 Vgl. Justiz in Bayern – Landgericht München I »Gerichtsinterne Mediation durch den Güterichter«, www.justiz.bayern.de.
172 Vgl. *Greger* ZKM 2007, 180 ff.; *Greger* ZKM 2006, 68 ff.; vgl. *Greger*, Abschlussbericht zum Forschungsprojekt »Außergerichtliche Streitbeilegung in Bayern«.
173 Vgl. OLG Schleswig Holstein, »Mediation«, www.schleswig-holstein.de.
174 Vgl. OVG Schleswig Holstein, »Mediation«, www.schleswig-holstein.de.

Einleitung

jj) Sachsen-Anhalt

Im Januar 2006 begann in **Sachsen-Anhalt** das Projekt »**Gerichtsinterne** 48 **Mediation**«, das sich ausschließlich auf bereits bei Gericht anhängige Verfahren beschränkt.[175]

kk) Nordrhein-Westfalen

Zeitgleich beginnt in **Nordrhein-Westfalen** die Erprobung der »**Prozessbe-** 49 **gleitenden Mediation**«, die bei den Sozialgerichten, den Verwaltungsgerichten und der ordentlichen Gerichtsbarkeit von Richtern und Rechtsanwälten durchgeführt wird.[176] Seit Februar 2007 wird an dem AG und LG Köln das Projekt »**Anwaltliche Mediation im Gerichtsverfahren**« durchgeführt.[177] Das »**Kölner Modell**« sieht Mediationen außerhalb des gerichtlichen Verfahrens durch entsprechend ausgebildete Rechtsanwälte vor, wenn diese von dem zuständigen Richter eines bereits anhängigen Verfahrens empfohlen wird.[178] Seit 1. Oktober 2011 findet beim Arbeitsgericht Bonn und seit November 2011 im Landesarbeitsgerichtsbezirk Düsseldorf bei Verfahren vor den Arbeitsgerichten Düsseldorf, Krefeld und Oberhausen die **richterliche Mediation** statt.

ll) Bremen

Im Mai 2008 bietet das LG Bremen erstmals gerichtsnahe Mediation an.[179] 50 Da es sich um bei Gericht anhängige Verfahren handelt, die von Richtern mediiert werden, ist von **gerichtsinterner Mediation** auszugehen.

mm) Thüringen

In *Thüringen* startete im September 2008 das Pilotprojekt »**Thüringer Güte-** 51 **richter**«, bei dem den Parteien die Möglichkeit angeboten wird, im Rahmen

---

[175] Ministerium für Justiz und Gleichstellung Sachsen-Anhalt, www.sachsen-anhalt.de.
[176] Vgl. Justiz-online, Justizportal Nordrhein-Westfalen, »Prozessbegleitende Mediation«, www.justiz.nrw.de.
[177] Vgl. Justiz-online, Justizportal Nordrhein-Westfalen, »Prozessbegleitende Mediation«, www.justiz.nrw.de.
[178] *Muthers*, KammerForum 2007, 1.
[179] Landgericht Bremen, Mediation, www.landgericht.bremen.de.

Einleitung

einer **gerichtsinternen Mediation** unter Leitung eines Güterichters eine Lösung für die bereits bei Gericht anhängige Streitigkeit zu finden.[180] Dieses Projekt führt das Konzept des bayerischen Güterichtermodells fort und weitet es auf die Arbeits- und Verwaltungsgerichtsbarkeit sowie die AG und OLG aus.[181]

nn) Hamburg

52 Im Rahmen der seit den 20iger Jahren des letzten Jahrhunderts bestehenden Einrichtung einer »**Öffentlichen Rechtsauskunft und Vergleichsstelle Hamburg**« (ÖRA), die eine eigene gesetzlichen Grundlage[182] hat, wurden bereits 1999 Mediationsverfahren in familien- und erbrechtlichen Angelegenheiten eingeführt,[183] später auch in Arbeits- und Wirtschaftskonflikten.[184] Die gerichtliche Mediation wird an sämtlichen Amtsgerichten, der Sozialgerichtsbarkeit, dem LG Hamburg seit 2008 und dem OVG Hamburg seit 2009 angeboten.[185]

oo) Brandenburg

53 Seit Ende 2009/Anfang 2010 wird im Rahmen eines Pilotprojektes an sechs Mediationsgerichten (OLG Brandenburg, LG Potsdam, LG Frankfurt/Oder, LG Neuruppin, AG Cottbus und am AG Potsdam) gerichtsinterne Mediation in der ordentlichen Gerichtsbarkeit erfolgreich durchgeführt.[186]

---

180 Vgl. Freistaat Thüringen Justizministerium, »Pilotprojekt: Thüringer Güterichter«, www.thueringen.de.
181 Vgl. *Greger*, Forschungsprojekte, www.reinhard-greger.de.
182 Gesetz über die Öffentliche Rechtsauskunft- und Vergleichsstelle (ÖRA-Gesetz) v. 16.11.2010, HambGVBl 2010, S. 603 (i.d.F. v. 19.04.2011 HambGVBl 2011, S. 123) mit der die VO über die Öffentliche Rechtsauskunft- und Vergleichsstelle v. 04.02.1946 und die Geschäftsordnung für die Öffentliche Rechtsauskunft- und Vergleichsstelle v. 15.11.1946 (Sammlung des bereinigten hamburgischen Landesrechts I 333-a und I 333-a-1) aufgehoben wurden. Vgl. *Hartges*, Außergerichtliche Konfliktlösung Deutschland-Modell ÖRA., S. 52 ff.
183 *Hartges*, Außergerichtliche Konfliktlösung Deutschland-Modell ÖRA, S. 105.
184 Beratung und Vorbeugung; Oera, www.hamburg.de.
185 Hamburger Justiz, »Mediation«, http://justiz.hamburg.de.
186 Vgl. Ministerium der Justiz Brandenburg, »Gerichtliche Mediation«, www.mdj.brandenburg.de.

Einleitung

pp) Saarland

Im **Saarland** startete Anfang 2010 das Pilotprojekt zur gerichtsnahen Mediation, an dem das Landgericht, das Landessozialgericht sowie das Sozialgericht teilnehmen.[187]

54

qq) Sachsen

Seit Januar 2010 gibt es in **Sachsen** zahlreiche gerichtsinterne Mediationsprojekte. So werden am Sächsischen Oberverwaltungsgericht,[188] an den Sozialgerichten in Chemnitz und Leipzig sowie beim Sächsischen Landessozialgericht[189] **richterliche Mediation** angeboten.

55

e) Rechtsprechung des BVerfG und BGH

Seit 2004 wird das Thema Mediation auf der jährlichen Tagung der Präsidenten der Oberlandesgerichte, des Kammergerichts, des Bayerischen Obersten Landesgerichts und des Bundesgerichtshofs ausführlich erörtert. Auch die Präsidenten der Obersten Gerichtshöfe der Europäischen Union befassen sich in einer Arbeitsgruppe mit diesem Thema.[190]

56

Der **BGH** entschied am 23. November 2004,[191] dass ein Einigungsversuch der Klageerhebung vorausgehen muss, wenn durch Landesrecht ein obligatorisches Güteverfahren vorgeschrieben ist. Eine ohne den Einigungsversuch erhobene Klage ist als unzulässig abzuweisen.

Das **BVerfG** führte am 14. Februar 2007 in einem Beschluss[192] über die Abweisung einer Schadensersatzklage wegen Nichtdurchführung eines Schlichtungsverfahrens gemäß § 10 des Gütestellen- und Schlichtungsgesetzes des Landes Nordrhein-Westfalen (GüSchlG NRW) aus:

57

---

187 Vgl. Politik & Verwaltung, Landgericht Saarbrücken, Pressemitteilung v. 25.02.2012 »Einführung der Gerichtsnahen Mediation«, www.saarland.de.
188 Vgl. Oberverwaltungsgericht, Richterliche Mediation, www.justiz.sachsen.de.
189 Vgl. Sächsisches Landessozialgericht, Pressemitteilung v. 15.01.2010 »Sächsische Sozialgerichte bieten Mediation an«, www.justiz.sachsen.de.
190 *Hirsch*, Ansprache des Präsidenten des Bundesgerichtshofes beim 3. Konfliktmanagement- Kongress 2006 in Hannover am 08.07.2006, www.bundesgerichtshof.de.
191 BGHZ 161, 145 (149).
192 BVerfG – 1 BvR 1351/01.

› *Der allgemeine Justizgewährungsanspruch gewährleistet zum einen, dass überhaupt ein Rechtsweg zu den Gerichten eröffnet ist Der Gesetzgeber ist nicht gehalten, nur kontradiktorische Verfahren vorzusehen. Er kann auch Anreize für eine einverständliche Streitbewältigung schaffen, etwa um die Konfliktlösung zu beschleunigen, den Rechtsfrieden zu fördern oder die staatlichen Gerichte zu entlasten. Ergänzend muss allerdings der Weg zu einer Streitentscheidung durch die staatlichen Gerichte eröffnet bleiben. (...) Die Einführung der obligatorischen Streitschlichtung durch § 10 GüSchlG NRW bezweckt in verfassungsrechtlich unbedenklicher Weise – ebenso wie die Ermächtigung in § 15 a EGZPO – zum einen die Entlastung der Ziviljustiz. (...) Darüber hinaus soll durch Konsensbildung eine schnellere und kostengünstigere Lösung der betroffenen Streitigkeiten und zugleich ein Beitrag zum dauerhaften Rechtsfrieden ermöglicht werden, der durch das gerichtliche Verfahren so nicht erreicht werde. (...) Eine zunächst streitige Problemlage durch eine einverständliche Lösung zu bewältigen, ist auch in einem Rechtsstaat grundsätzlich vorzugswürdig gegenüber einer richterlichen Streitentscheidung.«*

f) Europäische Ebene

58 In **Österreich** ist mit Wirkung zum 1. Mai 2004 das Zivilrechts-Mediations-Gesetz nebst Verordnung über die Ausbildung zum eingetragenen Mediator[193] in Kraft getreten. Damit waren erstmals in Europa Mediation und die Ausbildung zum Mediator detailliert gesetzlich geregelt. Auf einer Konferenz in Brüssel wurde am 2. Juli 2004 der **European Code of Conduct for Mediators**[194] verabschiedet.[195]

59 Am 21. Mai 2008 erging die **Richtlinie 2008/52/EG** des Europäischen Parlaments und des Rates über bestimmte Aspekte der Mediation in Zivil- und Handelssachen[196] (**EUMed-RL**), mit der die Mitgliedsstaaten der EU ver-

---

193 Österreichisches BGBl. I Nr. 29/2003; Verordnung des Bundesministers für Justiz über die Ausbildung zum eingetragenen Mediator (ZivMediat-AV), Österreichisches BGBl. II. Nr. 47/2003. Gesetz und Verordnung regeln u. a. Mediation als Begriff in Zivilrechtssachen, die Voraussetzungen und das Verfahren für die Eintragung von Personen in die Liste der eingetragenen Mediatoren, die Rechte und Pflichten der Mediatoren und die Hemmung von Fristen durch den Beginn des Mediationsverfahrens.
194 Abgedruckt in ZKM 2004,148; vgl auch http://ec.europa.eu/civiljustice/adr/adr_ec_code_conduct_en.pdf.
195 Vgl. auch Europäische Regelungen, I.
196 ABl. L 136 v. 24.05.2008, S. 3.

pflichtet wurden, diese innerhalb von 36 Monaten nach deren Erlass in nationales Recht umzusetzen.

4. Gesetzgebungsverfahren

In Erwartung der **EUMed-RL** hatte das Bundesministerium der Justiz bereits im Jahre 2007 eine rechtsvergleichendes Gutachten zur Mediation[197] in Auftrag gegeben, das 2008 veröffentlich wurde. Am 18. April 2008 trat erstmals auf Einladung des Bundesministeriums der Justiz eine Expertenkommission, die aus Vertretern der Wissenschaft und unterschiedlicher Verbände bestand, zur Frage zusammen, ob die sich damals bereits abzeichnende europäische Entwicklung zur Mediation auch für eine innerstaatliche Regelung der Mediation genutzt werden sollte. Die Expertenkommission, die mehrfach tagte, sollte zudem das Ministerium bei der Umsetzung der **EUMed-RL** in innerstaatliches Recht bei der Formulierung eines Gesetzesentwurfs unterstützen. Damit war der eigentliche Gesetzgebungsprozess, der zur Verabschiedung des vorliegenden Mediationsgesetzes führte, eröffnet. Angeregt wurde diese Diskussion noch dadurch, dass sich der **67. Deutsche Juristentag** im September 2008 in Erfurt u. a. intensiv mit Mediation befasste

a) Referentenentwurf 2010

Am 19. Juli 2010 legte das **Bundesjustizministerium** einen ersten **Referentenentwurf** eines Gesetzes zur Förderung der Mediation und anderer Verfahren der außergerichtlichen Streitbeilegung den beteiligten Ressorts zur Abstimmung vor. Dieser Entwurf[198] wurde mit aktuellem Bearbeitungsstand am 5. August 2010 an die Länder und die unterschiedlichen Verbände zur Stellungnahme versandt. Zur Begründung des Entwurfs hieß es u. a.:

» *Wesentliches Ziel des Entwurfs ist es, die Mediation und andere Verfahren der außergerichtlichen Konfliktbeilegung zu fördern. Bislang sind die verschiedenen Formen der Mediation, nämlich die unabhängig von einem Gerichtsverfahren durchgeführte Mediation (**außergerichtliche Mediation**), die während eines Gerichtsverfahrens außer-*

---

197 Vgl. *Hopt/Steffek*, Mediation.
198 Referentenentwurf des Bundesministeriums der Justiz Gesetz zur Förderung der Mediation und anderer Verfahren der außergerichtlichen Konfliktbeilegung, http://gesetzgebung.beck.de/sites/gesetzgebung.beck.de/files/RefE_Mediationsgesetz_20100803.pdf.

> *halb des Gerichts durchgeführte Mediation (**gerichtsnahe Mediation**) und die innerhalb eines Gerichts von einem nicht entscheidungsbefugten Richter durchgeführte Mediation (**richterliche Mediation**) weitgehend ungeregelt. Für die richterliche Mediation soll eine ausdrückliche rechtliche Grundlage geschaffen werden. Darüber hinaus ist die Richtlinie 2008/52/EG des Europäischen Parlaments und des Rates vom 21. Mai 2008 über bestimmte Aspekte der Mediation in Zivil- und Handelssachen (Mediations-RL) bis zum 20. Mai 2011 in deutsches Recht umzusetzen.«*[199]

Mit diesem Entwurf sollte durch Änderung der ZPO und anderer Verfahrensordnungen die Rechtsgrundlage für **gerichtsinterne Mediation**, die damit als richterliche Tätigkeit und nicht als **Justizverwaltungstätigkeit** anzusehen war, geschaffen werden.[200] Der als Mediator tätige Richter sollte nach dem Entwurf zu § 278a Abs. 2 ZPO (**Referentenentwurf**) zudem den in der Mediation erzielten Vergleich protokollieren und den Streitwert festsetzen dürfen.[201]

62 Die im Entwurf enthaltene Regelung der **gerichtsinternen Mediation** wurde zum Teil stark kritisiert, da damit die gerichtsinterne Mediation einseitig gefördert und die Tätigkeit der außergerichtlichen Mediatoren benachteiligt würde.[202] Stellungnahmen gaben u. a. der **Deutsche Notarverein**,[203] der **Deutsche Richterbund**,[204] der **Deutsche Anwaltverein**[205] durch die Ausschüsse Außergerichtliche Konfliktbeilegung (unter Mitwirkung des Geschäftsführenden Ausschusses der Arbeitsgemeinschaft Mediation), die Bun-

---

199 Referentenentwurf des Bundesministeriums der Justiz Gesetz zur Förderung der Mediation und anderer Verfahren der außergerichtlichen Konfliktbeilegung, http://gesetzgebung.beck.de/sites/gesetzgebung.beck.de/files/RefE_Mediationsgesetz_20100803.pdf, S. 1.
200 *Carl* ZKM 2012, 16 (17).
201 Referentenentwurf des Bundesministeriums der Justiz Gesetz zur Förderung der Mediation und anderer Verfahren der außergerichtlichen Konfliktbeilegung, http://gesetzgebung.beck.de/sites/gesetzgebung.beck.de/files/RefE_Mediationsgesetz_20100803.pdf, S. 6.
202 *Carl* ZKM 2012, 16 (17).
203 Schreiben v. 30. 09.2010, www.dnotv.de.
204 Stellungnahme Nr. 35/2010 im September 2010, http://www.drb.de.
205 Stellungnahme Nr. 58/2010 im September 2010 http://www.bundesgerichtshof.de/SharedDocs/Downloads/DE/Bibliothek/Gesetzesmaterialien/17_wp/mediationsg/stellung_dav_refe.pdf?__blob=publicationFile.

desrechtsanwaltskammer,[206] der Deutsche Steuerberaterverband[207] Gesamtverband der Deutschen Versicherungswirtschaft[208] ab.

b) Gesetzesentwurf 2011

Am 12. Januar 2011 legte die Bundesregierung einen ersten Gesetzesentwurf (**Regierungsentwurf**)[209] vor, mit dem die außergerichtliche und gerichtsinterne Mediation gesetzlich geregelt werden sollten. Der Entwurf entsprach strukturell dem **Referentenentwurf**, enthielt aber bereits wichtige Änderungen aufgrund der geäußerten Kritik. So war die Möglichkeit, dass der die Mediation durchführende Richter auch den erzielten Vergleich protokollieren und den Streitwert festlegen können sollte, entfernt worden. Die gerichtsinterne Mediation sollte nach § 278a Abs. 1 ZPO (Regierungsentwurf) zwar eine Option sein, doch sollten die Richter den Parteien zunächst eine gerichtsnahe Mediation oder ein anderes Verfahren der außergerichtlichen Konfliktbeilegung vorschlagen. Über § 278 Abs. 5 ZPO (Regierungsentwurf) wurde die Möglichkeit geschaffen, die Parteien an einen Güterichter zu verweisen, womit die in **Bayern** und **Thüringen** angewandten **Güterichtermodelle** fortgeführt werden konnten.[210]

63

In einer unmittelbaren Stellungnahme begrüßte die bayerische Regierung den Gesetzesentwurf und sah darin eine ausdrückliche Bestätigung des seit fast sechs Jahren erfolgreich funktionierenden Güterrichtermodells.[211] Dage-

64

---

206 Stellungnahme im Oktober 2010, Nr. 27/2010, www.brak.de.
207 Schreiben vom 01.10.2010, http://www.bundesgerichtshof.de/SharedDocs/Downloads/DE/Bibliothek/Gesetzesmaterialien/17_wp/mediationsg/stellung_dstv_refe.pdf?__blob=publicationFile.
208 GDV-Stellungnahme vom 21.12.2010; http://www.gdv.de/2010/12/gdv-stellungnahme-zum-referentenentwurf-eines-mediationsgesetzes/.
209 Gesetzentwurf der Bundesregierung, Gesetz zur Förderung der Mediation und anderer Verfahren der außergerichtlichen Konfliktbeilegung, Bearbeitungsstand 08.12.2010, http://gesetzgebung.beck.de/sites/gesetzgebung.beck.de/files/RegE-Mediationsgesetz.pdf.
210 *Carl* ZKM 2012, 16 (17).
211 Pressemitteilung Nr. 4/11 v. 12.01.2011 des Bayerischen Staatsministeriums der Justiz und für Verbraucherschutz, http://www.justiz.bayern.de/ministerium/presse/archiv/2011/detail/4.php.

Einleitung

gen wandte sich der **Deutsche Richterbund** in einer Stellungnahme[212] gegen die geplante »Beschneidung der bewährten gerichtsinternen Mediation«. Die **Bundesrechtsanwaltskammer**[213] bemängelte den Entwurf wegen der gesetzlichen Regelung der gerichtsinternen Mediation als »Schwächung der außergerichtlichen Mediation«. Der **Gesamtverband der Deutschen Versicherungswirtschaft** beklagte in zwei Stellungnahmen,[214] dass der Entwurf keine Qualitätskriterien für die Ausbildung der Mediatoren vorsah und es so bei einer »Schmalspurausbildung« bleiben könnte.

65 Dazu nahm der **Bundesrat** unter Berücksichtigung der Empfehlungen seiner Ausschüsse[215] und unter Berücksichtigung einiger Anträge aus den Ländern **Niedersachen**,[216] **Thüringen**[217] und **Schleswig-Holstein**[218] am 18. März 2011 Stellung,[219] der den Entwurf positiv aufnahm, aber Änderungen für die praktische Anwendung und Umsetzung des Gesetzes forderte.[220] Der von der **Bundesregierung** eingebrachte Entwurf eines Gesetzes zur Förderung der Mediation und anderer Verfahren der außergerichtlichen Konfliktbeilegung vom 1. April 2011,[221] einschließlich der Gegenäußerung[222] der Bundesregierung zur Stellungnahme des **Bundesrats**, wurde in ersten Lesung am 14.4. 2011 im Bundestag[223] erörtert und zur weiteren Beratung in den **Rechtsausschuss** überwiesen.

---

212 Pressemitteilung Nr. 1/11 v. 19.01.2011 und 4/11 v. 06.04.2011, www.drb.de; Stellungnahme Nr. 6/11 im März 2011, www.drb.de.
213 Presseerklärung Nr. 1/11 v. 14.01.2011, www.brak.de.
214 GDV-Stellungnahme v. 25.02.2011 und 13.04.2011; http://www.gdv.de/tag/mediationsgesetz/.
215 BR-Drucks. 60/1/11.
216 BT-Drucks. 60/2/11.
217 BT-Drucks. 60/3/11.
218 BT-Drucks. 60/4/11.
219 BR-Drucks. 60/11 (B); Erläuterung 881 BR v. 18.03.11; vgl. Pressemitteilung Nr. 42/11 des Bundesrats, www.bundesrat.de.
220 BR-Drucks. 60/11.
221 BT-Drucks. 17/5335.
222 BT-Drucks. 17/5496.
223 Vgl. Deutscher Bundestag-Textarchiv- 2011, »Ausbildung der Mediatoren bleibt Knackpunkt«, www.bundestag.de.

Einleitung

c) Rechtsausschuss

Der **Deutsche Richterbund** versuchte, am 23. Mai 2011 mit einer weiteren 66 Stellungnahme[224] auf den Gesetzgebungsprozess u. a. zugunsten der gerichtsinternen Mediation Einfluss zu nehmen. Die **Neue Richtervereinigung** begrüßte den Entwurf und sah dagegen lediglich bei den Anforderungen an die Ausbildung der Mediatoren Nachbesserungsbedarf.[225] Ebenfalls im Mai 2011 legte die **Bundesrechtsanwaltskammer** eine Stellungnahme[226] nebst Formulierungsvorschlag[227] zur Zertifizierung von Mediatoren vor.

Die erste öffentliche Anhörung des **Rechtsausschusses**[228] fand am 25. Mai 67 2011 statt. Streitpunkt war insbesondere die im Entwurf vorgesehene gerichtsinterne Mediation, gegen deren gesetzliche Festlegung starker Widerstand bestand, wogegen man über eine gesetzliche Festlegung der Ausbildungs- und Fortbildungsregelungen für Mediatoren einig war.[229]

Mit zwei kurz aufeinander folgenden Presseerklärungen[230] machte die **Neue** 68 **Richtervereinigung** auf ihre Bestürzung aufmerksam, dass die gerichtsinterne Mediation nicht mehr Gegenstand der gesetzlichen Regelung werden sollte. Die **Justizministerkonferenz** am 9. November 2011 unterstützte den Vorschlag der Länder **Schleswig-Holsteins**, **Niedersachsens**, **Hessens** und **Mecklenburg-Vorpommerns**, dass in dem Gesetz »bei Erhalt der Methodenvielfalt, die richterliche Mediation gesetzlich verankert werden« sollte.[231] **Hamburg** drohte sogar mit der Anrufung des Vermittlungsausschusses, falls

---

224 Stellungnahme Nr. 14/11 v. 23.05.2011, www.drb.de.
225 Pressemitteilung v. 25.05.2011, www.nrv-net.de.
226 Stellungnahme Nr. 32/11 im Mai 2011, www.brak.de.
227 Stellungnahme Nr. 33/11 im Mai 2011; vgl. auch Presseerklärung Nr. 8/11 der BRAK v. 25.05.2011, beides www.brak.de.
228 Vgl. Deutscher Bundestag Textarchiv-2011, »Experten uneins über Regelungen der Mediation«, u. a. zu den Sachverständigen, die gehört wurden; Aktuelle Meldung (hib) v. 19.05.2011 und 25.05.2011; alles unter www.bundestag.de.
229 Vgl. Stellungnahmen der Sachverständigen vor dem Rechtsausschuss, http://www.bundestag.de/bundestag/ausschuesse17/a06/anhoerungen/archiv/10_Mediation/04_Stellungnahmen/index.html.
230 Stellungnahme der Neue Richtervereinigung v. 22. und 29.11.2011, www.nrv-net.de.
231 Ministerium für Justiz, Gleichstellung und Integration des Landes Schleswig-Holstein, www.schleswig-holstein.de.

Einleitung

das Gesetz die in Hamburg so erfolgreich praktizierte gerichtsnahe Mediation unmöglich machen sollte.[232]

69 Dennoch befürwortete die Mehrheit der Sachverständigen, die gerichtsinterne Mediation in Form des **Güterichtermodells** fortzusetzen oder für die gerichtsinterne Mediation Gebühren zu erheben.[233] Mit **Beschlussempfehlung**[234] vom 1. Dezember 2011 einigten sich die beteiligten Fraktionen im **Rechtsausschuss** auf einen Gesetzesentwurf, der das Ziel haben sollte, die Mediation im Bewusstsein der Bevölkerung und der in der Rechtspflege tätigen Berufsgruppen stärker zu verankern. Gleichzeitig wurde die gerichtsinterne Mediation aus dem Entwurf gestrichen und ein erheblich erweitertes **Güterichterkonzept** beschlossen, das auch auf die Verfahrensordnungen der Arbeits-, Finanz-, Sozial-, Verwaltungs-, Patent- und Markengerichte ausgedehnt wurde.[235]

70 In einer Stellungnahme begrüßt die **Bundesrechtsanwaltskammer** die im Gesetz vorgesehene »Rollenklarheit« der Richter, die nun nicht mehr als Richtermediatoren, sondern allenfalls als Güterichter tätig werden sollen, wohingegen »Mediation ein Verfahren ist, das aufgrund seiner besonderen Anforderungen nur außerhalb des Gerichtes angeboten werden kann«.[236]

d) Bundestag und Bundesrat

71 Am 15. Dezember 2011 beriet der **Bundestag** den Gesetzentwurf[237] der **Bundesregierung** zur Förderung der Mediation in zweiter und dritter Lesung und nahm ihn in der Fassung der Beschlussempfehlung des **Rechtsausschusses**[238] einstimmig an. In einer Pressemitteilung »**Schlichten statt richten**« erklärte die Bundesregierung dazu:

> »Mit dem Gesetz trägt die Bundesregierung den neuesten Entwicklungen in der Schlichtungskultur Rechnung. Es soll die Eigenständigkeit der Streitparteien stärken

---

232 Pressemeldungen der Justizbehörde in Hamburg v. 30.11.2011, www.hamburg.de/justizbehoerde.
233 *Carl* ZKM 2012,16 (17).
234 BT-Drucks. 17/8058 v. 01.12.2011.
235 *Carl* ZKM 2012, 16 (18).
236 Stellungnahme Nr. 19/11 v. 01.12.2011, www.brak.de.
237 BT-Drucks. 17/5335 und 17/5496.
238 BT-Drucks. 17/8058.

Einleitung

und gleichzeitig helfen, die Gerichte zu entlasten. Die Mediation soll damit als eine wichtige Form der Konfliktbeilegung eine gesetzliche Grundlage erhalten. Das Gesetz beschreibt unter anderem die wesentlichen Aufgaben der Mediatorinnen und Mediatoren und soll deren Neutralität und Unabhängigkeit sichern. Außerdem wird die Vollstreckbarkeit von Vereinbarungen, die in Mediationen getroffen wurden, erleichtert.«[239]

»Die Mediation ermöglicht den Streitenden in einem strukturierten Verfahren, sich mit Unterstützung eines Mediators zu einigen, anstatt sich gleich vor einem Richter zu treffen. Die gesetzliche Verankerung der Mediation hilft, Streitigkeiten eigenverantwortlich zu lösen. Gerichtsverfahren, die viel Zeit, Geld und Nerven kosten, können vermieden werden.

Im Rahmen der Beratungen des Deutschen Bundestages wurde der ursprüngliche Gesetzentwurf weiter verbessert. Die Qualität der Aus- und Fortbildung von Mediatoren wird gesetzlich weiter abgesichert. Die Anforderungen an die Grundkenntnisse und Kernkompetenzen eines »einfachen« Mediators werden präzisiert. Zusätzlich wird die Bezeichnung »zertifizierter Mediator« gesetzlich verankert und das Bundesjustizministerium durch Gesetz ermächtigt, in einer Rechtsverordnung verbindliche Standards für den »zertifizierten Mediator« festzulegen.

Die ursprünglich ebenfalls geplante gesetzliche Verankerung der in zahlreichen Ländern praktizierten richterlichen Mediation wurde im Rahmen der parlamentarischen Beratungen in ein erweitertes Güterichtermodell überführt. Während sich ein Mediator jeder rechtlichen Bewertung zu enthalten hat, darf der Güterichter rechtliche Bewertungen vornehmen und den Parteien eine Lösung des Konfliktes vorschlagen. Dieses Güterichtermodell schafft so eine klare Trennung der unterschiedlichen Rollen von Richtern und Mediatoren. Es ermöglicht den Richtern, die bisher als richterliche Mediatoren tätig waren, die auf diesem Gebiet erworbenen Kenntnisse und Erfahrungen in ihrer Rolle als Güterichter weiterhin gewinnbringend einzusetzen. Die Vertraulichkeit im Güterichtermodell ist geschützt: Die Verhandlung vor dem nicht entscheidungsbefugten Güterichter ist nur mit Zustimmung der Parteien öffentlich; auch ein Verhandlungsprotokoll darf nur mit Zustimmung aller Beteiligten erstellt werden.«[240]

Daneben gab es aber auch kritische Stimmen aus dem **Bundestag**, die in der Abschaffung der **gerichtlichen Mediation** eine Schwächung der Idee der Mediation sehen.[241]

---

239 Pressemitteilung v. 16.12.2011, www.bundesregierung.de.
240 Pressemitteilung des Bundesministeriums der Justiz v. 15.12.2011, www.bmj.de.
241 Erklärung nach § 31 GOBT der Bundestagsabgeordneten Mechthild Dyckmans, Jörg van Essen und Gudrun Kopp, http://www.tenos.de/aktuelles/Erklaerung_

Einleitung

72 Nach der einstimmigen Verabschiedung des MediationsG[242] im **Bundestag** ging man davon aus, dass auch der Bundesrat am 10. Februar 2012 dem Gesetz zustimmen würde. Überraschenderweise empfahl der **Rechtsausschuss** des Bundesrates,[243] den **Vermittlungsausschuss** gemäß Art. 77 Abs. 2 GG mit dem Ziel einzuberufen, »zur Aufrechterhaltung der Methodenvielfalt außergerichtlicher Konfliktbeilegung (…) die richterliche Mediation in den Prozessordnungen ausdrücklich« zu verankern.[244]

Der **Bundesrat** begrüßte grundsätzlich die Förderung der Mediation durch das MediationsG. Doch sah der **Bundesrat**, dass zur weiteren Etablierung und Inanspruchnahme der Mediation die Verbraucher noch besser über Mediation informiert werden müssten. Zur weiteren Begründung[245] hieß es u. a.:

»Zu der hierfür notwendigen Entwicklung des zutreffenden und zielführenden Methodenverständnisses trägt das inzwischen weit verbreitete Angebot der Gerichtsmediation wie kein anderer Bereich bei. Zudem wäre es nicht verbrauchergerecht, im Falle versäumter oder gescheiterter vorgerichtlicher Streitbeilegung die Gerichtsmediation deshalb zu versagen, weil der objektiv beste Zeitpunkt der Anwendung des konsensualen Streitlösungsverfahrens versäumt sei.

Die gerichtsinterne Mediation ist in den letzten Jahren zu einem festen Bestandteil einer modernen und bürgernahen Justiz geworden. (..) Die Gerichtsmediation ist eine wirtschaftliche Art der Streitschlichtung. Ihre Akzeptanz und Verbreitung bedarf der Förderung durch geeignete Maßnahmen. Es fehlt eine gesetzliche Regelung. Diese Vorteile bestehen auch für die mediationsbegleitenden Rechtsanwälte. Gerichtsinterne und außergerichtliche Mediation sind einander ergänzende Konfliktlösungsverfahren. Die gerichtsinterne Mediation trägt erheblich zur zunehmenden Bekanntheit und Akzeptanz der außergerichtlichen Mediation bei und soll dies auch weiterhin tun.

Die Richterschaft hat die Mediation auch begrifflich positiv besetzt und ihr Seriosität verliehen. Diese zugunsten der außergerichtlichen Mediation wirkenden Fördereffekte würden erheblich geschwächt, wenn der Begriff der Mediation für das gerichtliche Streitlösungsverfahren nicht mehr verwendet würde. Soweit gesetzliche Klagefristen be-

---

Dyckmans-van-Essen-Kopp_2011-12-15.pdf; zum Streitstand vgl. *Carl* ZKM 2012,16, (18 f).
242 Vorlage BR-Drucks.10/12.
243 Empfehlung der Ausschüsse, BR-Drucks. 10/1/12.
244 Empfehlung der Ausschüsse, BR-Drucks. 10/1/12, S. 1.
245 Anrufung des Vermittlungsausschusses durch den Bundesrat, BR-Drucks. 10/12.

stehen, kann eine außergerichtliche Mediation im Übrigen von vornherein keine Alternative gegenüber der gerichtsinternen Mediation darstellen, weil das Gesetz keine Möglichkeit vorsieht, den Ablauf der Klagefrist durch Einleitung eines außergerichtlichen Mediationsverfahrens zu verhindern. Beispielsweise besteht für die Klage auf Zustimmung zu einem Mieterhöhungsverlangen eine Ausschlussfrist von drei Monaten (§ 558b Abs. 2 S. 2 BGB). Bei Arbeitsverhältnissen besteht für Kündigungsschutzklagen eine Klagefrist von drei Wochen (§ 4 S.1 des Kündigungsschutzgesetzes). Um in diesen Fällen einen Rechtsverlust zu verhindern, ist zwingend Klage zu erheben. Besonders in diesen Fällen, in denen die Streitsache ohnehin bei Gericht anhängig ist, wäre es nicht angemessen, die Betroffenen von einer bevorzugten richterlichen Mediation abzuschneiden.

Die vom Deutschen Bundestag beschlossene Überführung in ein »erweitertes Güterichterkonzept« wird dem Bedürfnis für eine Fortführung der Angebote gerichtsinterner Mediation nicht gerecht.«[246]

Einige Bundestagsabgeordnete haben dies zum Anlass genommen, bereits zu betonen, dass der Deutsche Bundestag an der einstimmig verabschiedeten Gesetzesfassung festhalten wird.

e) Vermittlungsausschuss

Am 27. Juni 2012 erzielte der, auf Verlangen des Bundesrates einberufene **Vermittlungsausschuss**, bestehend aus Vertretern von Bund und Ländern einen Einigungsvorschlag bezüglich der Abänderung des MediationsG.[247] Entscheidend ist die vorgeschlagene Änderung bzw. Ergänzung des § 278 Abs. 5 ZPO, § 36 Abs. 5 S. 1 und S. 2 FamFG und §54 Abs. 6 ArbGG, wodurch die gerichtliche Mediation durch einen **Güterichter** weiterhin möglich sein soll, denn der Streit um die gerichtlichen Mediation war ausschlaggebend für die Einberufung des Vermittlungsausschusses. Unabhängig davon sollte sich auch nach der Beschlussempfehlung lediglich der außergerichtliche Streitschlichter als »Mediator« bezeichnen können.

Am 28. Juni 2012 nahm der **Deutsche Bundestag** in seiner 187. Sitzung die Beschlussempfehlung des Vermittlungsausschusses[248] zum MediationsG

73

74

---

246 Anrufung des Vermittlungsausschusses durch den Bundesrat, BR-Drucks. 10/12, S. 2, 3.
247 Vgl. BT-Drucks. 17/10102.
248 BT- Drucks. 17/10102.

an.[249] Am 29. Juni 2012 beschloss der **Bundesrat** in seiner 898. Sitzung, gegen das am 15. Dezember 2011 und am 28. Juni 2012 verabschiedete MediationsG keinen Einspruch einzulegen.[250]

f) Inkrafttreten

75 Das MediationsG wurde am 21. Juli 2012 ausgefertigt und vom **Bundespräsidenten** unterzeichnet. Am 25. Juli 2012 wurde das Gesetz im Bundesgesetzesblatt verkündet[251] und trat gemäß Art. 9 MediationsG am Folgetag, dem 26. Juli 2012 in Kraft.

---

249 BR- Drucks., 377/12.
250 BR- Drucks., 377/12 (B).
251 Bundesgesetzblatt Jahrgang 2012 Teil I Nr. 35, ausgeben zu Bonn 25.07. 2012.

Mediationsgesetz

Der Gesetzentwurf der Bundesregierung vom 01.04.2011,[1] der im Wesentlichen auf den zuvor veröffentlichten Referentenentwurf vom 04.08.2010 zurückgeht, hatte einen vielstimmigen Chor ausgelöst, der von grundsätzlicher Zustimmung bis differenzierter Ablehnung reichte.[2] In Anbetracht jahrelanger Debatten und umfassender Veröffentlichungen einerseits als auch der mit Mediation und ADR verbundenen wirtschaftlichen Interessen von Ausbildungsinstituten und Anwaltschaft andererseits verwunderte das nicht. Im Gesetzgebungsprozess hat der Rechtsausschuss insbesondere die Kritik von Anwaltsseite aufgegriffen. Durch die von ihm initiierten Modifikationen hat das Gesetz nicht unerhebliche Änderung erfahren,[3] die sodann durch Beschluss des Vermittlungsausschusses noch einmal korrigiert wurden.[4] Die gerichtliche Mediation ging in einem – neu eingeführten – erheblich erweiterten Institut des Güterichters auf und die Anforderungen an Aus- und Fortbildung wurden ebenfalls gesetzlich geregelt.

Kernstück des als Artikelgesetz ausgestalteten Mediationsförderungsgesetzes ist das in Artikel 1 geregelte Mediationsgesetz, das sich mit seinen neun Vorschriften im Anwendungsbereich als umfassend, in der Regelungsdichte gleichwohl als schlank präsentiert[5] und das im parlamentarischen Prozess die oben angesprochenen Änderungen erfahren hat: Neben Legaldefinitionen im erheblich abgespeckten § 1 MediationsG enthält es einen umfangreichen Pflichtenkatalog für Mediatoren (vgl. §§ 2 bis 5 MediationsG), wovon die Tätigkeitsbeschränkungen wie auch die Verschwiegenheitspflicht in eigenen Vorschriften umfassend normiert sind (§§ 3, 4 MediationsG). Zudem erstrecken sich die Regelungen auf Aus- und Fortbildung (§§ 5, 6 MediationsG) wie auch auf wissenschaftliche Forschungsvorhaben zur finanziellen Förderung der Mediation (§ 7 MediationsG), eine in fünf Jahren stattfindende Evaluation (§ 8 MediationsG) und auf Übergangsbestimmungen, die im Zusammenhang mit der gerichtlichen Mediation Bedeutung erlangen (§ 9 MediationsG).

---

1 BT-Drucks. 17/5335.
2 Vgl. hierzu umfassend m.w.N. Einleitung Rdn. 60 ff; ferner *Ahrens* NJW 2012, 2465.
3 *Ortloff* NJW 2012, Heft 3 Editorial, *Göcken* NJW-aktuell, 52/2011, 16.
4 BT-Drucks. 17/10102.
5 *Wagner* ZKM 2010, 172 ff.; *Duve* ZKM 2012, 108.

§ 1 MediationsG Begriffsbestimmungen

3 Daneben wird in den weiteren acht Artikeln des Mediatonsförderungsgesetzes eine Reihe von bestehenden Gesetzen geändert, beginnend mit der Zivilprozessordnung bis hin zu den fachgerichtlichen Verfahrensordnungen. Sie betreffen im Wesentlichen das erheblich erweiterte Institut des Güterichters sowie das Umfeld gerichtlicher Empfehlungen und Beschlüsse zur außergerichtlichen Streitbeilegung.

Die Änderung des Gerichtskostengesetzes enthält in Artikel 7 Nr. 1, ähnlich wie Artikel 7b, eine kostenrechtlichen Länderöffnungsklausel. Die weitere Änderung in Artikel 7 Nr. 2 ist ausschließlich redaktioneller Art, dient der Korrektur eines Fehlers, der sich durch Art. 12 Nr. 6 Buchst. b des Gesetzes vom 22. Dezember 2010 (BGBl. I S. 2248) ergeben hatte und steht daher in keinem Zusammenhang mit dem Mediationsförderungsgesetz.

§ 1 Begriffsbestimmungen

(1) Mediation ist ein vertrauliches und strukturiertes Verfahren, bei dem Parteien mithilfe eines oder mehrerer Mediatoren freiwillig und eigenverantwortlich eine einvernehmliche Beilegung ihres Konflikts anstreben.

(2) Ein Mediator ist eine unabhängige und neutrale Person ohne Entscheidungsbefugnis, die die Parteien durch die Mediation führt.

Übersicht

	Rdn.
I. Regelungsgegenstand und Zweck	1
1. Systematischer Zusammenhang	1
2. Europäische Mediationsrichtlinie	3
II. **Grundsätze/Einzelheiten**	4
1. Legaldefinition der Mediation (Absatz 1)	4
a) Verfahrensstrukturen	9
aa) Parteibegriff	9
bb) »Strukturiertes« Verfahren	12
cc) Einvernehmliche Konfliktbeilegung	15
b) Verfahrensprinzipien	16
aa) Vertraulichkeit	16
bb) Freiwilligkeit	19
cc) Eigenverantwortlichkeit	22
dd) Informiertheit	23
c) Rechtlicher Rahmen	26
2. Co-Mediation (Absatz 1)	30
3. Legaldefinition des Mediators (Absatz 2)	33
a) Unabhängigkeit	34
b) Neutralität	38
c) Fehlende Entscheidungsmacht	43
d) »Führen« der Parteien	45
e) Grundberufe	48

f) Zertifizierter Mediator gem. § 5 Abs. 2 MediationsG 50	1. Mustertexte für Mediationsklauseln 51
III. Hinweise für die Praxis 51	2. Mediatorenvertrag 54
	3. Mustertext für (separate) Honorarvereinbarung 55

I. Regelungsgegenstand und Zweck

1. Systematischer Zusammenhang

Die Vorschrift hat im Laufe des Gesetzgebungsprozesses einschneidende Veränderungen erfahren. Sowohl der Referentenentwurf[1] wie auch der Gesetzentwurf der Bundesregierung[2] differenzierten noch zwischen außergerichtlicher, gerichtsnaher und gerichtsinterner Mediation und grenzten diese gegeneinander ab; von daher erklärt sich auch die Bezeichnung der Norm als »Begriffsbestimmungen«. Auf Vorschlag des Rechtsausschusses findet sich im Gesetz nur noch ein einheitlicher Mediationsbegriff, der in Abs. 1 definiert wird. Abs. 2 enthält eine Legaldefinition des Begriffs des Mediators, die durch den Begriff des »**zertifizierten Mediators gem. § 5 Abs. 2 MediationsG**« und für die Übergangsphase des § 9 MediationsG durch den im Vermittlungsausschuss (wiederum) eingeführten Begriff des »gerichtlichen Mediators«[3] zu ergänzen ist. Allerdings schweigt das Gesetz, was die Unterscheidung zwischen einem Mediator und einem zertifizierten Mediator auf der Rechtsfolgenseite anbelangt und ist daher nur als eine Begriffsbestimmung, hingegen nicht als eine Verbotsnorm zu erachten: Die **Bezeichnung** »Mediator« ist auch nach dem MediationsG **nicht geschützt** und es bestehen keine Zulassungsvoraussetzungen für die Ausübung der Tätigkeit.[4] Wird den Ausbildungsanforderungen (vgl. § 5 MediationsG) nicht entsprochen, dann löst dies keine Verwaltungs- oder Strafsanktionen aus, kann vielmehr nur durch die Vertragsparteien (Anfechtung des Mediatorenvertrages, ggf. Schadensersatzansprüche) oder durch Mitbewerber/Interessensverbände (Unterlassungsansprüche wegen unlauteren Wettbewerbs) geahndet werden.

1 margin 1

---

1 http://www.centrale-fuer-mediation.de/media/RefE_Mediationsgesetz_20100803.pdf.
2 BT-Drucks. 17/5335.
3 BT-Drucks. 17/10102.
4 *Leutheusser-Schnarrenberger* ZKM 2012, 72 ff. (73).

§ 1 MediationsG Begriffsbestimmungen

2 An die Begriffsbestimmungen in den Absätzen 1 und 2 sind, wie sich aus den weiteren Normen des Mediationsförderungsgesetzes ergibt, konkrete Folgen geknüpft:[5] So können in ein **Mediationsverfahren** beispielsweise Dritte einbezogen (§ 2 Abs. 4 MediationsG) oder es kann im Rahmen des Güterichterkonzepts angewendet werden (vgl. § 278 Abs. 5 ZPO). Den Terminus »**Mediator**« rechtlich klar zu definieren war u. a. erforderlich im Hinblick auf die Verfahrensobliegenheiten nach § 2 Abs. 2, 6 MediationsG und die Verschwiegenheitspflicht nach § 4 MediationsG.

2. Europäische Mediationsrichtlinie

3 Die Vorschrift des § 1 MediationsG entspricht im Wesentlichen dem **Art. 3 EUMed-RL**, der allerdings auch noch die Mediation durch einen Richter vorsieht, der nicht für ein Gerichtsverfahren in der betreffenden Sache zuständig ist. Die Legaldefinition des Mediators in Art. 3 b EUMed-RL umfasst neben der Unparteilichkeit zudem die Merkmale »wirksam« und »sachkundig«.

II. Grundsätze/Einzelheiten

1. Legaldefinition der Mediation (Absatz 1)

4 Das Gesetz geht von einem **umfassenden Mediationsbegriff** aus, der sich an die Legaldefinition in Art. 3 EUMed-RL anlehnt. Unter den Begriff der Mediation nach Abs. 1 sind zunächst alle Bemühungen von Konfliktparteien zu subsumieren, in einem vertraulichen und strukturierten Verfahren mit Hilfe eines neutralen Dritten freiwillig und eigenverantwortlich eine einvernehmlich Konfliktlösung anzustreben.

5 Dies betrifft in erster Linie Konflikte, die unabhängig von der Frage einer etwaigen gerichtlichen Klärung zwischen den Parteien bestehen und (nahezu)[6] **alle Lebenssachverhalte** betreffen können, angefangen mit
– Auseinandersetzungen zwischen natürlichen Personen/juristischen Personen des Privatrechts über

---

5 Begr. BT-Drucks. 17/5335, B., Zu Artikel 1, Zu § 1.
6 »Nahezu« deshalb, weil im Hinblick auf bestimmte Institute (z. B. Ehescheidung, Adoption) wie auch aus Gründen des ordre public Mediationen ausgeschlossen sein können.

- Auseinandersetzungen zwischen natürlichen Personen/juristischen Personen des Privatrechts und juristischen Personen des öffentlichen Rechts (Trägern hoheitlicher Gewalt)[7] bis hin zu
- Auseinandersetzungen zwischen juristischen Personen des öffentlichen Rechts (Trägern hoheitlicher Gewalt).[8]

Es spielt keine Rolle, ob es sich um eine nationale oder um eine grenzüberschreitende Streitigkeit handelt. Die **Weite des Begriffs** der Mediation korrespondiert mit dem Ziel des Gesetzgebers, gerade die außergerichtliche Konfliktbeilegung im Bewusstsein der Bevölkerung wie auch der in der Rechtspflege tätigenBerufsgruppen stärker zu verankern und die Streitkultur nachhaltig zu stärken.[9] Soweit es sich um den so beschriebenen Bereich außergerichtlicher Konflikte handelt, wurde hierfür bislang die Bezeichnung der **außergerichtlichen Mediation** verwandt, während nach Wegfall der Bezeichnung »gerichtliche Mediation« zukünftig nur noch von »Mediation« die Rede sein soll.[10]   6

Aber auch wenn ein Konflikt bereits bei einem Gericht anhängig gemacht wurde, ist eine Konfliktlösung im Rahmen einer Mediation (noch) möglich, wobei grundsätzlich alle Rechtsgebiete und alle Gerichtsbarkeiten in Betracht kommen. Grundsätzlich insoweit, als Einigungen im Rahmen einer Mediation in bestimmten Bereichen (so z. B. in Teilen des Familienrechts) nicht in Betracht kommen und auch im Bereich der Strafgerichtsbarkeit Mediationen[11] ausgeschlossen sind. Dementsprechend können die Gerichte den Parteien eine Mediation (oder ein anderes Verfahren der außergerichtlichen Konfliktlösung) vorschlagen, wenn es sich um einen hierfür **geeigneten** Fall   7

---

7 Vgl. zur Mediation im Verwaltungsverfahren *von Bargem* ZUR 2012, 463 ff.
8 Mediation findet auch statt zwischen Völkerrechtssubjekten; vgl. hierzu *Hehn*, Entwicklung und Stand der Mediation – ein historischer Überblick, S. 175 ff. (179 f.), ferner *Herrberg* konfliktDynamik 2012, 46 ff., *Mickley* ZKM 2007, 36 ff.
9 Begr. BT-Drucks. 17/5335, A., II., IV. 3.
10 Vgl. Kommentierung zu § 9 MediationsG, Rdn. 9.
11 Der Täter-Opfer-Ausgleich weist zwar eine gewisse Nähe zur Mediation auf, betrifft aber den staatlichen Strafanspruch insoweit nur mittelbar, als das Gericht gem. § 46a StGB die Strafe mildern oder von ihr absehen kann. Eine Mediation über die Strafe oder das strafgerichtliche Verfahren als solches kommt nicht in Betracht; vgl. jedoch zum Deal im Strafprozess § 257c StPO. Zur Thematik auch *Eisele*, Strafrecht und Strafprozess, S. 781 ff. (808 ff.).

handelt (vgl. § 278a Abs. 1 ZPO, § 36a Abs. 1 FamFG, § 54a Abs. 1 ArbGG, § 202 Satz 1 SGG, § 173 Satz 1 VwGO, § 155 FGO). Entscheiden sich die Parteien hierzu, so ordnet das Gericht das Ruhen des Verfahrens an. Aber auch die Parteien selbst können – ohne Vorschlag des Gerichts – übereinstimmend um ein Ruhen des Verfahrens nachsuchen, um eine außergerichtliche Streitschlichtung durchzuführen. Kommt es zu einer Mediation außerhalb des gerichtlichen Verfahrens, so ist hierfür der Begriff der **gerichtsnahen Mediation** einschlägig.

8 Nur noch in der Übergangsphase des § 9 MediationsG ist das zulässig, was bisher als **gerichtsinterne Mediation**[12] bezeichnet wurde:[13] Der Versuch der Streitbeilegung durch einen besonders ausgebildeten und nicht entscheidungsbefugten Richter während eines Gerichtsverfahrens und ausschließlich im Wege der Mediation, wobei der gerichtliche (oder richterliche) Mediator in die Organisationsstruktur des jeweiligen Gerichts eingebunden ist.[14] An die Stelle der gerichtsinternen Mediation in der bisherigen Form ist –von der o.g. Übergangsphase abgesehen – **nunmehr** das **erheblich erweiterte Institut des Güterichters** getreten (vgl. § 278 Abs. 5 VwGO), welches dem Güterichter zwar die Freiheit der Methodenwahl einräumt (z. B. Moderation, richterliches Vergleichsgespräch, Schlichtung, Mediation etc.), ihm jedoch zugleich die Last aufbürdet, zwischen den einzelnen Verfahren und ihrer unterschiedlichen Anwendung streng zu differenzieren: **Methodenfreiheit verlangt Methodenklarheit**; dementsprechend wird es beispielsweise in einem Mediationsverfahren (bislang) als nicht zulässig erachtet, dass der Mediator den Konfliktparteien einen eigenen Lösungsvorschlag unterbreitet.

a) Verfahrensstrukturen

aa) Parteibegriff

9 Der **Parteibegriff**, den die Legaldefinition des Absatzes 1 verwendet, ist **untechnisch** zu verstehen und umfasst natürliche Personen, juristische Personen

---

12 Vgl. zur Terminologie die Kommentierung zu § 9 MediationsG, Rdn. 9.
13 Umfassend hierzu *Gläßer/Schroeter* (Hrsg.), Gerichtliche Mediation; *von Bargen*, Gerichtsinterne Mediation.
14 Zu den Besonderheiten der gerichtlichen Mediation und den zu beachtenden Formalien vgl. die Kommentierung zu § 9 MediationsG, Rdn. 10 ff.

des Privatrechts[15] wie des öffentlichen Rechts[16] als auch Vereinigungen.[17] Juristische Personen wie auch Vereinigungen werden dabei im Mediationsverfahren durch natürliche Personen repräsentiert; für sie wird auch der Begriff der »**Medianten**« verwendet. Steht die Mediation im Zusammenhang mit einem gerichtlichen Verfahren, so umfasst der Parteibegriff beispielsweise auch die »Beteiligten« des verwaltungsgerichtlichen oder familienrechtlichen Streitverfahrens.

Die Legaldefinition lässt die **Anzahl** der Parteien offen, die an einem Mediationsverfahren teilnehmen: Abhängig vom jeweiligen Konfliktfall können dies u. U. nur zwei, ggf. aber auch mehrere Personen sein. 10

Nicht unter den Parteibegriff des § 1 Abs. 1 MediationsG fallen sog. **Dritte** im Sinne von § 2 Abs. 4 MediationsG: Damit sind in erster Linie Parteivertreter, insbesondere Rechtsanwälte, gemeint, ferner (weitere) Personen die ebenfalls in den Konflikt involviert sind oder beispielsweise als Sachverständige zur Konfliktlösung beitragen können. 11

bb) »Strukturiertes« Verfahren

Der Ablauf eines Mediationsverfahrens folgt bestimmten Regeln, für die sich der Begriff des Stufen- bzw. des »**Phasenmodells**« etabliert hat:[18] Je nach 12

---

15 Z.B. Aktiengesellschaft, GmbH, rechtsfähige Genossenschaft, eingetragener Verein.
16 Z.B. Bund, Länder, Gemeinden und Gemeindeverbände, Landkreise, ferner rechtsfähige Körperschaften wie Universitäten, Berufskammern (z.B. Handwerkskammer, IHK, Rechtsanwaltskammer etc.) und – soweit körperschaftliche verfasst – Kirchen.
17 Anders als im Verwaltungsprozess, der gem. § 61 Nr. 2 VwGO den Begriff der Vereinigungen kennt, »soweit ihnen ein Recht zustehen kann«, ist dieser Zusatz für das Mediationsverfahren nicht zu verlangen. Unter Vereinigungen können daher nicht rechtsfähige Vereine ebenso wie BGB-Gesellschaften fallen, aber auch beispielsweise Elternbeiräte, Bewohner eines Studentenwohnheims oder auch Fachschaften, soweit sich diese durch ein Mindestmaß an Organisation auszeichnen.
18 *Kessen/Troja*, Die Phasen und Schritte der Mediation als Kommunikationsprozess, S. 293 ff.

Ausbildungsschule bzw. -institut werden dabei zwischen vier und acht Phasen/Stufen unterschieden.[19]

13 Eine einheitliche und umfassende Struktur lässt sich allerdings nur schwer darstellen. **Mediation** ist keine monolithische Methode im Sinne von »one size fits all«, sondern **variiert nach Einsatzfeld:**[20] Dementsprechend werden Mediationen mit wenigen Medianten im Bereich des Familienrechts zum Teil anderen Regeln folgen als Mediationen mit einer großen Zahl von Konfliktbeteiligten im Bereich des Wirtschaftsrechts,[21] in einer Kurz-Zeit-Mediation[22] werden andere Schwerpunkte gesetzt und Methoden angewendet als in einer herkömmlichen Langzeitmediation. Es kommt hinzu, dass es sich bei der Mediation um ein Verfahren handelt, das – wie der Gesetzgeber zutreffend betont[23] – noch stark in der Entwicklung begriffen ist.

14 Unterzieht man den Begriff des »strukturierten Verfahrens« einer systematischen Betrachtungsweise, so lassen sich aus den Regelungen der §§ 2 bis 4 MediationsG **weitere Merkmale** herausfiltern, zu denen beispielsweise Informations- und Hinweispflichten zu rechnen sind.

cc) Einvernehmliche Konfliktbeilegung

15 Die einvernehmliche Konfliktbeilegung durch die Konfliktparteien selbst ist **das zentrale Merkmal**, dass die Mediation von den Streitbeilegungsmethoden unterscheidet, in denen ein Dritter für die Parteien eine Lösung herbeiführt, sei es als Schiedsrichter oder als (staatlicher) Richter. Es korrespondiert mit der fehlenden Entscheidungskompetenz des Mediators, dessen Aufgabe es (lediglich) ist, die Parteien durch das Verfahren zu führen und dabei zu unterstützen, ihre eigenen Interessen herauszufinden und wechselseitig anzuerkennen, allseits vorteilhafte Einigungsoptionen zu entwickeln und darauf aufbauend eine gemeinsame, von allen mitgetragene Vereinbarung zur dauerhaften Konfliktlösung zu finden.[24]

---

19 Vgl. hierzu umfassend die Darstellung unter Methodik, II. Rdn. 35 ff.
20 *Wagner* ZKM 2010, 172 ff. (175).
21 Vgl. hierzu umfassend die Darstellung unter Methodik, V. 6 ff.
22 *Krabbe/Fritz* ZKM 2010, 136 ff., 176 ff.; vgl. zudem umfassend die Darstellung unter Methodik, IV. Rdn. 3 ff.
23 Begr. BT-Drucks. 17/5335, A., II.
24 Begr. BT-Drucks. 17/5335, B., Zu Artikel 1, Zu § 1.

b) Verfahrensprinzipien

aa) Vertraulichkeit

Im Schrifttum ist es einhellig anerkannt, dass Vertraulichkeit für den Erfolg einer Mediation wesentlich ist;[25] dementsprechend stellt auch die Gesetzesbegründung hierauf ab:[26] Nur im vertraulichen Rahmen einer Mediation werden die Konfliktparteien bereit sein, ihre regelungsbedürftigen Interessen und die hierfür wesentlichen Informationen sich wechselseitig und offen mitzuteilen. Die Vertraulichkeit bildet einen **geschützten Rahmen**, innerhalb dessen die Konfliktparteien zu gemeinsamen Überzeugungen gelangen können, die die notwendige Grundlage für eine von allen als gerecht empfundenen Lösung darstellt.[27]

16

Als Ausfluss der Eigenverantwortlichkeit und Freiwilligkeit der Parteien ist es anzusehen, wenn diese vom Grundsatz der Vertraulichkeit abrücken und vereinbaren, vom Konflikt ebenfalls betroffene Dritte oder Personen mit besonderem Sachverstand zu dem Mediationsgespräch hinzuziehen.

17

Das Verfahrensprinzip der Vertraulichkeit ist von Gesetzes wegen nur bedingt geschützt: Was den Mediator und seine Hilfspersonen anbelangt, so unterliegen sie gem. § 4 MediationsG einer Verschwiegenheitspflicht.[28] Diese erstreckt sich jedoch nicht auf die miteinander verhandelnden Konfliktparteien, ihre Anwälte und etwaige zum Verfahren hinzugezogene Dritte. Der Schutz der Vertraulichkeit muss insoweit durch Parteivereinbarung und Verschwiegenheitsverpflichtungen gesichert werden.[29]

18

bb) Freiwilligkeit

Das Prinzip der Freiwilligkeit bedeutet, dass die Konfliktparteien **selbst und ohne äußeren Zwang** entscheiden, ob sie eine Mediation durchführen wollen oder nicht.[30]

19

---

25 *Kracht*, Rolle und Aufgabe des Mediators – Prinzipien der Mediation, S. 267 ff. (289).
26 Begr. BT-Drucks. 17/5335, B., Zu Artikel 1, Zu § 1.
27 Vgl. hierzu auch die Darstellung unter Methodik, II., Rdn. 24 ff.
28 Vgl. Kommentierung zu § 4 MediationsG, Rdn. 9 ff., 17 ff.
29 Vgl. umfassend die Kommentierung zu § 4 MediationsG, Rdn. 23.
30 *Kracht*, Rolle und Aufgabe des Mediators – Prinzipien der Mediation, S. 267 ff. (289); vgl. ferner. auch die Darstellung unter Methodik, II. Rdn. 14 ff.

§ 1 MediationsG   Begriffsbestimmungen

20 Gem. § 2 Abs. 2 MediationsG hat sich der Mediator zu vergewissern, dass die Medianten freiwillig an der Mediation teilnehmen. **Ratio legis** dieses Tatbestandsmerkmals ist es, zwischen den Konfliktbeteiligten eine möglichst offene Verhandlungsatmosphäre zu schaffen, die ihnen eine Verhandlung ohne jeglichen äußeren Druck ermöglicht. Ausfluss der Freiwilligkeit ist zudem, dass jede Partei ohne Nachteile jederzeit aus dem Mediationsverfahren wieder ausscheiden kann.[31]

21 Eine bereits bei Vertragsschluss vereinbarte **Mediationsklausel**,[32] im Konfliktfall vor Anrufung eines Gerichts zunächst den Versuch einer gütlichen Einigung im Wege der Mediation unternehmen zu wollen, steht dem Prinzip der Freiwilligkeit nicht entgegen; zum Zeitpunkt der Vereinbarung, mithin bei Vertragsschluss, bestand jedenfalls Freiwilligkeit.[33] Ob sich eine Mediationsklausel jedoch in der Sache – eben wegen des Prinzips der Freiwilligkeit – (gerichtlich) durchsetzen lässt, wenn ein Konfliktbeteiligter letztlich nur pro forma an einem Mediationsgespräch teilnimmt, ohne ernsthaft an einer konsensualen Lösung interessiert zu sein, hängt von den jeweiligen Umständen des Einzelfalles ab.[34]

---

31 *Kracht*, Rolle und Aufgabe des Mediators – Prinzipien der Mediation, S. 267 ff. (284).

32 Umfassend hierzu: Unberath, NJW 2011, 1320 ff. (1321); *ders.*, ZKM 2012, 12 ff. (13 f.); *Duve/Eidenmüller/Hacke*, S. 316 f.

33 Davon zu unterscheiden ist die Frage, ob bei Vorliegen einer Mediationsklausel mit vorläufigem Klageverzicht einer gleichwohl erhobenen Klage das fehlende Rechtsschutzbedürfnis entgegensteht (verneinend LG Heilbronn, U. v. 10. 09. 2010, ZKM 2011, 29). Mit der Rechtsprechung des BGH zum dilatorischen Klageverzicht (U. v. 23. 11. 1983, NJW 1984, 669 – Schlichtungsklausel –; U. v. 18. 11. 1998, NJW 1999, 647) ist von der Rechtswirksamkeit derartiger Klauseln auszugehen; ausführlich, auch zur AGB-Kontrolle: *Wagner* ZKM 2011, 29 f.; *Unberath* NJW 2011, 1320 ff. (1323).

34 Zutreffend weist *Wagner* (ZKM 2011, 29) darauf hin, aus dem Umstand, dass kein Zwang zur Einigung in der Sache bestehe, lasse sich nicht herleiten, dass bereits ein Versuch zur Einigung sinn- und gegenstandslos sei. Vertragsparteien gehe es bei Vertragsabschluss vielmehr darum, für einen möglichen Konfliktfall über eine weitere Handlungsoption zu verfügen, die dann auch – mit offenem Ausgang – genutzt werden müsse.

cc) Eigenverantwortlichkeit

Die Autonomie bzw. Eigenverantwortlichkeit der Parteien umfasst alle Absprachen und Maßnahmen, die vor, während und ggf. nach der Mediation von den Parteien getroffen werden und bezieht sich insbesondere auf den Inhalt der zur Beilegung des Konflikts zu treffenden Vereinbarung.[35]

dd) Informiertheit

Der Grundsatz der Informiertheit geht davon aus, dass eine konfliktangemessene und nachhaltige Lösung nur möglich ist, wenn die Konfliktparteien sich über den **tatsächlichen und** insbesondere auch **rechtlichen Rahmen**, innerhalb dessen sie sich bewegen, im Klaren sind.[36]

Nicht unumstritten ist, wer dafür zu sorgen hat, dass die Parteien hinreichend informiert sind. Soweit dies – in allgemeiner Form – durch den Mediator geschieht, werden zum einem die Grenzen des RDG zu beachten sein; bei einem Anwaltsmediator dürfte dies allerdings unproblematisch sein. Zum anderen verpflichtet das Gesetz den Mediator zur Neutralität (vgl. § 1 Abs. 2 MediationsG): Die Aufklärung über rechtliche wie tatsächliche Umstände kann sich für die Konfliktbeteiligten als januskörpfig erweisen. Ein möglicher Vorteil eines Konfliktbeteiligten kann mit einem denkbaren Nachteil des anderen Konfliktbeteiligten korrespondieren, so dass die Information hierüber durch den Mediator als Verletzung seiner Neutralität empfunden werden kann. Es gilt daher, sensibel und parteiangemessen mit dem Thema umzugehen, jedenfalls dann, solange keine unabdingbaren gesetzlichen Vorschriften wie beispielsweise strafrechtlich bewehrte Normen oder auch unabdingbare Formvorschriften wie notarielle Beurkundungen[37] zu beachten sind.

---

[35] Umfassend zum Streit zwischen der Lehre von der passiven und der aktiven Mediation und mithin zur Rolle des Mediators im Verfahren *Kracht*, Rolle und Aufgabe des Mediators – Prinzipien der Mediation, S. 267 ff. (286); vgl. hierzu auch die Darstellung unter Methodik, II. Rdn. 18 ff.

[36] Vgl. hierzu auch die Darstellung unter Methodik, II. Rdn. 31 ff.

[37] Notarielle Beurkundung ist beispielsweise gesetzlich vorgeschrieben für den Grundstückskaufvertrag (§ 311b Abs. 1 BGB), das Schenkungsversprechen (§ 518 Abs. 1 BGB), die Verfügung über einen Miterbenanteil (§ 2033 BGB), den Erbverzichtsvertrag (§ 2348 BGB), den Erbschaftskauf (§ 2371 BGB) oder die Abtretung von Anteilen an einer GmbH (§ 15 Abs. 2 GmbHG).

§ 1 MediationsG Begriffsbestimmungen

25 Das Gesetz trifft in § 2 Abs. 6 MediationsG eine klare Regelung erst für den Fall der Einigung und verpflichtet den Mediator darauf hinzuwirken, dass die Parteien eine Vereinbarung in Kenntnis der Sachlage treffen und ihren Inhalt verstehen. Ist eine Partei nicht fachlich beraten, so hat der Mediator auf die Möglichkeit hinzuweisen, die Vereinbarung bei Bedarf durch **externe Berater** überprüfen zu lassen.[38]

c) Rechtlicher Rahmen

26 Die Übereinkunft zur Durchführung einer Mediation stellt rechtlich betrachtet eine Vertragsabrede der Parteien dar, deren rechtliche Einordnung im Schrifttum kontrovers diskutiert wird.[39] Ausgehend von den unterschiedlichen Inhalten – prozessuale wie materiellrechtliche Abreden – wird man von einem **zusammengesetzten Vertrag** mit Verhandlungs-, Prozess- und Verjährungselementen auszugehen haben.[40]

Die Mediationsabrede kann als Mediationsklausel bereits in einem früheren Vertrag zwischen den Parteien niedergelegt sein oder erst ad hoc zur Beilegung eines aufgetretenen Konflikts vereinbart werden.

27 Es ist anzuraten, in der **Mediationsklausel** bereits das Verfahren der Mediation zumindest in groben Zügen – ggf. unter Hinweis auf eine Mediationsordnung – festzulegen (Verfahrensstrukturen, Kooperationsverpflichtung, Geheimhaltung, Ausschluss paralleler (Schieds-)Gerichtsverfahren[41]), soweit

---

38 Mediatoren bedürfen, wie aus § 2 Abs. 3 Nr. 4 RDG folgt, keiner Erlaubnis nach dem RDG, solange sie den Parteien nicht rechtliche Regelungsvorschläge unterbreiten; vgl. auch *Greger*, ZKM 2012, 16.
39 Vgl. zum Meinungsstand *Hess*, Rechtsgrundlagen der Mediation, S. 1053 ff. (1062 f.).
40 *Beck*, Mediation und Vertraulichkeit, S. 45.
41 Zur Kombination einer Mediationsvereinbarung mit einer Schiedsvereinbarung, sog. Eskalationsklausel, vgl. *Hess*, Rechtsgrundlagen der Mediation, S. 1053 ff. (1060 f.).

möglich bereits Regelungen bezüglich des Mediators[42] zu treffen und darauf zu achten, dass durch ein derartiges Verfahren keine **Verfristung** eintritt.[43]

Der Vertrag der Parteien mit dem Mediator ist als ein (gesonderter) **Geschäftsbesorgungsvertrag** mit Regelungen über Leistung, Pflichten, Honorar und Haftung anzusehen (vgl. §§ 675, 611 BGB).[44] In der Regel werden Mediationsabrede und Mediatorenvertrag in einem gemeinsamen »Mediationsvertrag« zusammengefasst. 28

Die **Abschlussvereinbarung** einer erfolgreichen Mediation ist als bürgerlich-rechtlicher **Vergleich** im Sinne von § 779 BGB zu qualifizieren. Sie kann gem. §§ 794 Abs. 1 Nr. 1, 796a – c ZPO zur Ermöglichung einer Zwangsvollstreckung tituliert werden;[45] ggf. bietet sich auch eine Titulierung als Schiedsspruch mit vereinbartem Wortlaut (§ 1053 Abs. 1 Satz 2 ZPO) an.[46] 29

2. Co-Mediation (Absatz 1)

Das Gesetz geht davon aus, dass ein Mediationsverfahren von einem oder auch von **mehreren Mediatoren** geleitet werden kann; hierfür hat sich der Begriff der **Co-Mediation bzw. Team-Mediation** etabliert.[47] Zu Recht schweigt der Gesetzgeber hinsichtlich der Umstände wann dies angezeigt ist als auch hinsichtlich der Zahl der Co-Mediatoren und sonstiger Faktoren, die in diesem Zusammenhang eine Rolle spielen können (z.B. unterschiedliche Herkunftsberufe der Mediatoren).[48] Es obliegt allein den Medianten, ob 30

---

42 Um der Gefahr zu entgehen, bereits in der Gegenwart für eine »ferne Zukunft« einen Mediator bestimmen zu müssen, kann auch ein sog. Mediationsorganisationsvertrag mit einem professionellen Dienstanbieter abgeschlossen werden, dessen Verfahrensordnung Anwendung findet und der entweder für die Vorhaltung einer Liste mit Mediatoren oder gar für die Bestimmung eines Mediators zuständig ist, *Hess*, Rechtsgrundlagen der Mediation, S. 1053 ff. (1058, 1065 f.); *Unberath* ZKM 2012, 12 ff. (15).
43 *Unberath* ZKM 2012, 12 ff. (13).
44 *Hess*, Rechtsgrundlagen der Mediation, S. 1053 ff. (1065).
45 *Lörcher/Lörcher*, Durchsetzbarkeit von Mediationsergebnissen, S. 1119 ff. (1124 f.).
46 *Hess*, Rechtsgrundlagen der Mediation, S. 1053 ff. (1058); Unberath ZKM 2012, 12 ff. (15).
47 *Diez*, Werkstattbuch Mediation, S. 229 ff.; *Henssler/Koch*, Mediation in der Anwaltspraxis, § 1 Rn. 16, § 8.
48 *Bernhardt/Winogradt*, Interdisziplinäre Co-Mediation, S. 877 ff.

sie sich für einen oder mehrere Mediatoren entscheiden (vgl. § 2 Abs. 1 MediationsG).

31 Zu den (vorvertraglichen) Pflichten des von den Konfliktparteien benannten Mediators zählt es hingegen, diese darüber in Kenntnis zu setzen, wenn er eine Co-Mediation für notwendig oder gar unabdingbar hält; im letzteren Falle wird er die (Einzel-)Mediation ablehnen. Gründe, die für das Tätigwerden mehrer Mediatoren sprechen, können vielfältig sein: Sie können der besonderen Konfliktsituation geschuldet sein, aber auch den Bedürfnissen des Mediators selbst.[49]

32 Für die Medianten dürfte von nicht unerheblicher Bedeutung sein, dass der Einsatz mehrerer Mediatoren in aller Regel mit einer deutlichen Erhöhung des Honorars verbunden sein wird.[50]

3. Legaldefinition des Mediators (Absatz 2)

33 Absatz 2 enthält eine Definition des Mediators, die bewusst zurückhaltend formuliert ist und gerade kein klar umrissenes Berufsbild beschreibt.[51] Der Gesetzgeber hat sich auch insoweit ersichtlich von der Überlegung leiten lassen, dass das Mediationsverfahren als ein dynamisches Verfahren neueren Entwicklungen und Veränderungen gegenüber offen bleiben und diese »Offenheit« auch Konsequenzen für die in diesem Verfahren tätigen Personen gelten soll. Ob sich ein Streitschlichter selbst als Mediator bezeichnet oder nicht ist – wie zutreffend im Schrifttum erläutert wird – unerheblich:[52] Alle Personen, die das Berufsbild ausfüllen, unterliegen den Anforderungen an Aufgaben, Tätigkeitsbeschränkungen, Verschwiegenheitspflicht sowie an eine geeignete Aus- und Fortbildung. Absatz 2 wird nunmehr ergänzt durch § 5 Abs. 1 Satz 1 MediationsG, der verlangt, dass der Mediator die Parteien in **sachkundiger Weise** durch eine Mediation muss führen können und durch § 5 Abs. 2,3 MediationsG, durch den eine Qualitätsstufe, nämlich die des zertifizierten Mediators, eingeführt wurde.

---

49 Vgl. hierzu auch die Ausführungen nebst Checkliste unter Methodik, IV. Rdn. 44.
50 Zum Honorar vgl. *Horst*, Die Kosten der Mediation, S. 1147 ff.
51 Begr. BT-Drucks. 17/5335, B., Zu Art. 1, Zu § 1.
52 *Ahrens* NJW 2012, 2465 (2467).

a) Unabhängigkeit

Dem Begriff der Unabhängigkeit wohnt ein personales und ein sachbezogenes Element inne: Das **personale Element** betrifft die Unabhängigkeit von den Konfliktparteien. Der Mediator wird zwar von den Konfliktparteien ausgesucht und bestimmt, jedoch unterliegt er ihnen gegenüber keinerlei Weisungen. Gleiches trifft zu, soweit Auftraggeber und Konfliktparteien nicht identisch sind: Auch gegenüber dem Auftraggeber, beispielsweise dem Personalchef einer Firma, der für einen bestimmten Konflikt in einer Abteilung seines Unternehmens ein Mediationsgespräch für angezeigt hält, ist der Mediator **unabhängig** und **weisungsfrei**. Als Ausfluss dieser Unabhängigkeit ist das Recht des Mediators zu nennen, eine **Mediation abzubrechen**, wenn seine Unabhängigkeit nicht gewahrt wird.[53] Soweit in der Übergangsphase des § 9 MediationsG gerichtsinterne Mediationen durch gerichtliche Mediatoren angeboten wird oder ansonsten im Rahmen von Verwaltungsverfahren behördeninterne Mediationen durchgeführt werden, gilt die Weisungsfreiheit ebenfalls für gerichtliche wie für behördliche Mediatoren.

34

Das **sachbezogene Element** der Unabhängigkeit betrifft den Mediationsprozess, das Mediationsverfahren: Hierfür ist allein der Mediator verantwortlich, es sei denn es geht um Verfahrensfragen oder -prinzipien, die abdingbar und/oder verhandelbar sind. Das kann beispielsweise in gewissem Maße die Verschwiegenheitspflicht betreffen (vgl. § 4 Satz 3 MediationsG), die Einbeziehung Dritter (vgl. § 2 Abs. 4 MediationsG) oder aber Ort, Zeit und Umstände der Durchführung des Mediationsgesprächs.[54] Dabei ist zu berücksichtigen, dass der Mediator im Auftrag der Medianten für diese tätig wird. In der Kontraktphase, also dem (Erst-)Gespräch und der Verhandlung des Mediators mit den Medianten, ob und unter welchen Kautelen er als Mediator tätig werden wird, können und müssen die Umstände geklärt und verabredet werden, unter denen die Mediation stattfinden soll. Dabei steht es dem Mediator frei darüber zu befinden, welche konkreten sachlichen Bedingungen er – nicht zuletzt im Interesse der Konfliktparteien – für das Verfahren akzeptieren will und kann.

35

---

[53] Vgl. auch § 2 Abs. 5 Satz 2 MediationsG und die dortige Kommentierung, Rdn. 114 ff.
[54] Zu den Gefahren, die aus dem Einfluss des Mediators für das Verfahren erwachsen können: *Unberath* ZKM 2011, 4 ff. (6).

36 Zum sachlichen Element zählt zudem das, was der Gesetzgeber mit »zu starker Bindung in Bezug auf die Verfahrensgegenstände der Mediation« beschrieben hat:[55] Von einer Unabhängigkeit wird man nicht ausgehen können, wenn der Mediator beispielsweise eine Immobilie, über deren Verkaufspreis die Parteien sich auseinandersetzen, selbst erwerben möchte oder wenn es um Umstände geht, wie sie in § 3 Abs. 2, 3 MediationsG geregelt sind. Im Übrigen sind Unabhängigkeit und die unten beschriebene Neutralität eng miteinander verzahnt.[56]

37 Die Kehrseite der dem Mediator vom Gesetz zugestandenen Unabhängigkeit stellt die **Offenbarungspflicht** nach § 3 Abs. 1 MediationsG dar. Danach hat er den Parteien alle Umstände offen zu legen, die seiner Unabhängigkeit entgegenstehen könnten und darf als Mediator nur tätig werden, wenn die Parteien dem ausdrücklich zustimmen.[57]

b) Neutralität

38 Die Neutralität des Mediators ist für das Mediationsverfahren grundlegend, wobei im Schrifttum zwischen persönlicher Neutralität und Verfahrensneutralität differenziert wird:[58] **Persönliche Neutraliät** meint, dass der Mediator nicht selbst in den Konflikt verstrickt ist und dass er von keinen eigenen persönlichen Betroffenheiten und Interessen geleitet wird.

39 Die **Verfahrensneutralität** hingegen betrifft die Prozessführung durch den Mediator. Sie ist, wie es der Gesetzgeber unter Hinweis auf die Literatur ausdrückt, eine wesentliche Quelle seiner Autorität im gesamten Verfahren.[59] Er hat sich bei der Verfahrensgestaltung so verhalten, dass nicht der Eindruck einer einseitigen Parteinahme entsteht. Von daher muss er für alle Konfliktparteien gleichermaßen »da sein« und ist zu einer unparteilichen Verhandlungsführung und zur Gleichbehandlung der Parteien verpflichtet: Etwaige Informationen – so sie denn nicht vertraulich sind – sind an alle Mediaten gleichermaßen weiterzugeben und alle Parteien müssen gleichermaßen an seinem Fachwissen partizipieren können.

---

55 Begr. BT-Drucks. 17/5335, B., Zu Artikel 1, Zu § 1.
56 Vgl. unter Rdn. 38, ferner auch die Darstellung unter Methodik, II. Rdn. 28 ff.
57 Vgl. im Einzelnen Kommentierung zu § 3 MediationsG, Rdn. 7 ff.
58 *Kracht*, Rolle und Aufgabe des Mediators, S. 267 ff. (273); *Fritz/Fritz*, Wirtschaftsmediation, S. 9.
59 Begr. BT-Drucks. 17/5335, B., Zu Artikel 1, Zu § 1.

Dabei kann es – abhängig vom Konflikt, den Parteien oder der Dynamik – erforderlich werden, dass sich der Mediator – bildlich gesprochen – auf die Seite der einen oder anderen Konfliktpartei begibt, um beispielsweise stellvertretend deren Position zu erläutern,[60] Machtgefälle auszugleichen[61] oder aber auch um Manipulationsversuche zu unterbinden.[62] Diese Interventionen erfolgen im Sinne der Aufrechterhaltung, Weiterführung und Förderung des Kommunikationsprozesses zwischen den Medianten. Statt des Begriffs der Verfahrensneutralität wird in diesem Zusammenhang auch von der **Allparteilichkeit** des Mediators gesprochen, der – im Ganzen betrachtet – um der konstruktiven, nachhaltigen Konfliktlösung willen auf Seiten aller Parteien steht.[63]

40

Die **Sicherstellung der Neutralität** des Mediators kann zum einen **durch das Auswahlverfahren der Parteien** selbst erfolgen, wobei der Grundsatz gilt, dass ein Mediator nicht in Betracht kommt oder ausscheiden muss, wenn ihn eine der Konfliktparteien für nicht neutral hält. Soweit die Parteien **Kriterien für ein Auswahlverfahren** erstellen, müssen diese von allen getragen werden. Zum anderen muss die Sicherstellung der Neutralität auch **durch** den **Mediator** selbst erfolgen: Stellt er – unabhängig von einer Auswahl durch die Parteien selbst – Umstände fest, die seine **Neutralität ausschließen**, so darf er das Verfahren nicht durchführen (vgl. § 3 Abs. 2 MediationsG).[64]

41

Liegen hingegen Umstände vor, die die Neutralität des Mediators (nur) beeinträchtigen könnten, so hat er diese den Parteien offen zu legen (vgl. § 3 Abs. 1 Satz 1 MediationsG) und darf nur tätig werden, wenn die Parteien dem ausdrücklich zustimmen (§ 3 Abs. 1 Satz 2 MediationsG).[65] Vergleichbares gilt für die Fälle der Beschränkungen nach § 3 Abs. 3, 4 MediationsG.

42

---

60 Zur Technik des »Doppelns«: *Ballreich/Glasl*, Mediation in Bewegung, S. 132; *Weiler/Schlickum*, Praxisbuch Mediation, S. 25.
61 *Alexander/Ade/Olbrisch*, Mediation, Schlichtung, Verhandlungsmanagement, S. 105 f.; vgl. hierzu auch die Regelungen des Europäischen Verhaltenskodex für Mediatoren, 3.1, abgedruckt unter Europäische Regelungen, III.
62 *Alexander/Ade/Olbrisch*, Mediation, Schlichtung, Verhandlungsmanagement, S. 68 ff.
63 *Montada/Kals*, Mediation, S. 46 ff.; *Fritz/Fritz*, Wirtschaftsmediation, S. 9.
64 *Kracht*, Rolle und Aufgabe des Mediators, S. 267 ff. (274).
65 Vgl. im Einzelnen Kommentierung zu § 3 MediationsG, Rdn. 30 ff.

c) Fehlende Entscheidungsmacht

43 Die fehlende Entscheidungskompetenz des Mediators korrespondiert mit der Selbst- bzw. Eigenverantwortlichkeit der Konfliktparteien: Da der Mediator – anders als ein Schlichter oder (Schieds-)Richter – keine Lösungsvorschläge unterbreitet oder über den Streit gar selbst entscheidet, müssen die **Medianten** die Lösung ihres Problems selbst erarbeiten. Von daher zählt es, wie es der Gesetzgeber beschreibt, zu den Hauptaufgaben des Mediators, ohne eigene Entscheidungsbefugnis den Konflikparteien dabei behilflich zu sein, dass diese selbst ihre eigenen Interessen erkennen, für alle Beteiligten vorteilhafte Einigungsoptionen entwickeln und eine einvernehmliche und nachhaltige Lösung ihres Konflikts vereinbaren.[66]

44 Welche **Techniken** der Mediator einsetzt, um namentlich in Phase 4 (Optionensuche) und Phase 5 (Verhandlung) die Parteien bei der Suche nach einer Lösung behilflich zu sein, bleibt ihm überlassen und ist abhängig vom Konflikt, den Parteien und der Dynamik des Verfahrens. Während es in bestimmten Konstellationen angezeigt sein kann, den Parteien Beispielsfälle erfolgreicher Einigungen zu benennen, muss dies immer dann unterbleiben, wenn damit die Gefahr verbunden ist, die Parteien könnten dies als einseitige Einflussnahme auffassen.

d) »Führen« der Parteien

45 Der Begriff des Führens, der im Zusammenhang mit dem Tätigwerden des Mediators vom Gesetz verwendet wird, stellt klar, dass der Mediator die **Verantwortung für den Prozess**, für das Gelingen des Verfahrens trägt. Da dieses von der Eigenverantwortlichkeit der Parteien geprägt ist, bedeutet Führen im hiesigen Zusammenhang, für eine gelingende Kommunikation zwischen den Beteiligten zu sorgen und diese zielgerichtet durch das Verfahren zu geleiten. Das beginnt im Vorfeld in der sog. Vorphase und zieht sich hin bis zur abschließenden Vereinbarung der Parteien, ggf. darüber hinaus, soweit eine Bestandsaufnahme in einer Nachphase gewünscht und vereinbart wird. Im Einzelnen bedeutet dies u. a. die Festlegung des Settings, die Vereinbarung und Beachtung von Verfahrensregeln, die Schaffung und Aufrechterhal-

---

66 Begr. BT-Drucks. 17/5335, B., Zu Artikel 1, Zu § 1.

tung einer konflikt- und parteiangemessenen Verhandlungsatmosphäre, die Kontrolle des Verfahrensabschlusses etc.[67]

Im Schrifttum besteht Einigkeit, dass dies nur gelingen kann, wenn der Mediator gegenüber den Medianten eine **emphatische Grundhaltung** an den Tag legt. Er muss mithin über die Bereitschaft und Fähigkeit verfügen, sich in die Vorstellungswelt der Konfliktparteien einzufühlen, d. h. für eine wohlwollende, akzeptierende Atmosphäre zu sorgen, die Verständnis und Einfühlsamkeit ausstrahlt und die die jeweiligen Medianten mit ihren Unklarheiten, Widersprüchlichkeiten und subjektiven Wahrheiten annimmt.[68] Selbstwahrnehmung und -reflektion von Seiten des Mediators sind hierfür unabdingbare Voraussetzungen.[69] 46

Die »Führung«, von der in Absatz 2 die Rede ist, wird nunmehr durch § 5 Abs. 1 Satz 1 MediationsG insoweit ergänzt, als es dort heißt, dass der Mediator die Parteien in **sachkundiger Weise** durch die Mediation führen soll. Damit hat der Gesetzgeber im parlamentarischen Prozess auf ein Merkmal des Art. 3 lit. b EUMed-RL Bezug genommen, das zunächst im nationalen Regelwerk so nicht vorgesehen war. Aus dem weiteren Zusammenhang des § 5 Abs. 1 MediationsG folgt, dass von einer **sachkundigen Führung** ausgegangen werden kann, wenn der Mediator über Kenntnisse der Mediation sowie deren Ablauf und Rahmenbedingungen, über Verhandlungs- und Kommunikationstechniken,[70] über Konfliktkompetenz und Kenntnisse über das Recht der Mediation sowie über die Rolle des Rechts in der Mediation verfügt (vgl. § 5 Abs. 1 Satz 2 Nr. 1 bis 4 MediationsG) und sich zudem in praktischen Übungen, Rollenspielen und Supervision bewährt hat (vgl. § 5 Abs. 1 Satz 2 Nr. 5 MediationsG).[71] 47

---

67 Begr. BT-Drucks. 17/5335, B., Zu Artikel 1, Zu § 1; ferner *Kracht*, Rolle und Aufgabe des Mediators, S. 267 ff. (280 ff.).
68 *Thomann/Schulz von Thun*, Klärungshilfe, S. 73; *Rogers*, Die klientenzentrierte Gesprächspsychotherapie, S. 214.
69 *Alexander/Ade/Olbrisch*, Mediation, Schlichtung, Verhandlungsmanagement, S. 106 f.
70 Umfassend hierzu *Schweizer*, Techniken der Mediation, S. 321 ff.
71 Vgl. insgesamt Kommentierung zu § 5 MediationsG, Rdn. 31 f., zu den Einzelnen Merkmalen im Übrigen die einschlägigen Lehrbücher wie z. B. *Haft/Schlieffen* (Hrsg.), Handbuch Mediation, *Diez*, Werkstattbuch Mediation, *Niedostadek* (Hrsg.), Praxishandbuch Mediation, *Weiler/Schlickum*, Praxisbuch Mediation.

§ 1 MediationsG Begriffsbestimmungen

e) Grundberufe

48 Die weit überwiegende Zahl der Personen, die als Mediatoren tätig sind, stammen aus ganz **unterschiedlichen** »Grundberufen« und arbeiten nicht hauptberuflich bzw. ausschließlich als Mediatoren. Neben Anwälten, Richtern, Steuerberatern, mithin Vertretern »juristischer« Grundberufe, finden sich vielfach Psychologen und Sozialarbeiter, aber auch Lehrer, Pfarrer, Ärzte etc., also Vertreter überwiegend psycho-sozialer Grundberufe.

49 Für viele dieser Grundberufe (beispielsweise Rechtsanwälte, aber auch Psychologen, Ärzte etc.) gibt es zum Teil detaillierte gesetzliche und **berufsrechtliche Regelungen**, die die Berufsangehörigen zu beachten haben.[72] Die Vorschriften des MediationsG sind hierzu die spezielleren Regelungen und gehen dem jeweiligen Berufsrecht vor, wenn zwischen beiden ein Widerspruch auftreten sollte;[73] ansonsten gelten die berufsrechtlichen Vorschriften grundsätzlich weiter,[74] wobei dies jedoch von Berufsrecht zu Berufsrecht unterschiedlich geregelt ist. Für Rechtsanwälte ist insoweit § 18 BORA einschlägig, der die Anwendbarkeit des anwaltlichen Berufsrechts auf die Tätigkeit als Mediator ausdrücklich vorschreibt.[75]

f) Zertifizierter Mediator gem. § 5 Abs. 2 MediationsG

50 Die Einführung des zertifizierten Mediators durch die Regelung in § 5 Abs. 2, 3 MediationsG[76] greift ein Anliegen des Bundesrates im Gesetzgebungsprozess auf, im Interesse des Verbraucherschutzes sicherzustellen, dass bestimmte **Kernkompetenzen als grundlegende Standards** gesetzlich normiert und eine Zertifizierung durch Verordnungsermächtigung ermöglicht wird.[77] Während der »nicht-zertifizierte« Mediator den Anforderungen an

---

[72] *Hartmann*, Sicherung der Vertraulichkeit, S. 1087 ff. (1091 ff.); *Alexander/Ade/Olbrisch*, Mediation, Schlichtung, Verhandlungsmanagement, S. 152.

[73] *Ahrens* NJW 2012, 2465 (2466), der von einem »Berufsgesetz für Mediatoren« spricht.

[74] Begr. BT-Drucks. 17/5335, B., Zu Art. 1, Zu § 1.

[75] § 18 BORA: *»Wird der Rechtsanwalt als Vermittler, Schlichter oder Mediator tätig, so unterliegt er den Regeln des Berufsrechts«*. S. auch *Hess*, Rechtsgrundlagen der Mediation, S. 1053 ff. (1068 ff.).

[76] Vgl. im Einzelnen die Kommentierung zu § 5 MediationsG, Rdn. 33 ff., 39 f.

[77] Begr. BT-Drucks. 17/5335, Anlage 3, Zu Artikel 5. Zur Zertifizierung s. auch *Tögel/Rohlff*, ZKM 2010, 86 ff.

Grundkenntnisse und Kernkompetenzen entsprechen soll, wie sie in § 5 Abs. 1 MediationsG ihren Niederschlag gefunden haben, darf sich nur derjenige als »zertifizierter Mediator gem. § 5 Abs. 2 MediationsG« bezeichnen, der eine Ausbildung abgeschlossen hat, die die Ausbildungsstandards nach der gesondert zu erlassenden Rechtsverordnung nach § 6 MediationsG erfüllt,[78] die auch auf Praxiserfahrung und einen Ausbildungsabschluss abstellt.[79] Die Vorteile einer Zertifizierung dürften sich in wettbewerbsrechtlicher Hinsicht niederschlagen.[80] Allerdings darf, solange keine Rechtsverordnung nach § 6 MediationsG besteht, der Begriff des »zertifizierten Mediators gem. § 5 Abs. 2 MediationsG« nicht verwendet werden; ein Verstoß kann wettbewerbsrechtliche Sanktionen auslösen. Soweit ein Mediator auf andere »Zertifikate« (ausgestellt durch Ausbildungsinstitute etc.) verweist, wird es auf die konkreten Umstände ankommen, um eine Verwechslung mit § 5 Abs. 2 MediationsG auszuschließen.

III. Hinweise für die Praxis

1. Mustertexte für Mediationsklauseln

Im Gegensatz zur reinen Absichtserklärung, in einem Konfliktfall die Durchführung einer Mediation zu erwägen,[81] führt die unbedingte Verpflichtung der Vertragsparteien, im Konfliktfalle vor Klageerhebung eine Mediation durchzuführen, zu einem dilatorischen Klageverzicht.[82] Je nach Komplexität des zugrunde liegenden Vertrages empfiehlt sich die Vereinbarung einer **erweiterten** oder nur einer **einfachen Mediationsklausel.** 51

---

78 Vgl. im Einzelnen die Kommentierung zu § 6 MediationsG, Rdn. 25 f.
79 So auch *Greger* ZKM 2012, 16 ff. (17,18). Ausbildungsabschluss ist jedoch nicht mit Abschlussprüfung gleichzusetzen.
80 *Wagner* ZKM 2010, 172 ff. (175).
81 »Corporate pledge«, *Unberath* NJW 2011, 1320 ff. (1321).
82 *Wagner*, Anm., ZKM 2011, 29 f.; *Unberath* NJW 2011, 1320 ff. (1323).

§ 1 MediationsG Begriffsbestimmungen

52 ▶ **(Erweiterte) Mediationsklausel**[83]

1. Die Parteien verpflichten sich, alle Probleme, die sich aus dieser Vereinbarung (diesem Vertrag) oder bei deren (dessen) Durchführung ergeben, gütlich und in direkten Verhandlungen zu lösen.
2. Gelingt es den Parteien nicht innerhalb von ... (*Zahl*) Tagen nach der Aufforderung einer Partei zur Aufnahme von Verhandlungen, ihre Meinungsverschiedenheiten gütlich beizulegen, werden sie ein Mediationsverfahren gemäß der im Zeitpunkt der Anrufung geltenden Verfahrensordnung der ... (DIS,[84] EUCON[85] etc.) durchführen.[86]
3. Zum Mediator wird bestimmt ... (*Name*). [Oder: Mit der Bestimmung eines Mediators wird die (DIS, EUCON) betraut].
4. Für den Fall, dass sich die Parteien nicht binnen ... (Zahl) Tagen seit der Ernennung des Mediators geeinigt haben, vereinbaren sie die Durchführung eines Schiedsverfahrens gemäß der im Zeitpunkt der Anrufung geltenden Verfahrensordnung der ... (DIS etc).
Oder:
Erzielen die Parteien nicht innerhalb von ... (*Zahl*) Tagen seit der Ernennung eines Mediators eine Einigung, so steht es ihnen frei, den Rechtsweg zu beschreiten. Für diesen Fall wird ... (*Name*) als Gerichtsstand vereinbart.
Oder:
Durch diese Vereinbarung ist keine Partei gehindert, ein gerichtliches Eilverfahren, insbesondere eine Arrest- oder einstweiliges Verfügungsverfahren durchzuführen.

53 ▶ **(Einfache) Mediationsklausel**[87]

1. Die Vertragsparteien sind sich einig, dass bei allen sich aus diesem Vertrag ergebenden Streitigkeiten (einschließlich solcher über das

---

[83] Vgl. auch *Duve/Eidenmüller/Hacke*, Mediation, S. 361; *Unberath* NJW 2011, 1320 ff. (1321).
[84] www.dis-arb.de.
[85] www.eucon-institute.de.
[86] Wenn nicht auf eine Verfahrensordnung Bezug genommen wird, dann empfiehlt sich die Aufnahme weitergehender Regelungen betreffend Verschwiegenheit, Fristen etc.
[87] Vgl. *Pfisterer*, Konsens und Mediation im Verwaltungsbereich, S. 153 f.

rechtswirksame Zustandekommen des Vertrages, seine Abänderung oder Aufhebung) zunächst der Versuch einer gütlichen Einigung im Rahmen einer Mediation unternommen wird.
2. Zum Mediator wird bestimmt ..... (*Name*).

2. Mediatorenvertrag

Einen **separaten Mediatorenvertrag** abzuschließen wird sich **nur in Ausnahmefällen** und allenfalls dann anbieten, wenn der Mediator vorab getrennte Vorgespräche führen soll und die Parteien erst danach endgültig zu entscheiden gedenken, ob eine Mediation in Betracht kommt. Denkbar ist auch, dass aufgrund einer erweiterten Mediationsklausel noch ein separater Mediatorenvertrag erforderlich wird. 54

In aller Regel werden die Parteien mit dem Mediator sofort eine **umfassende Mediationsvereinbarung** schließen, die neben seiner Beauftragung und dem Honorar alle für ein Mediationsverfahren wichtigen Kautelen enthält.

3. Mustertext für (separate) Honorarvereinbarung

Eine Honorarvereinbarung kann (Vertrags-)Teil eines Mediationsvertrages sein oder auch separat geschlossen werden. Wird die Zeit der Vor- und Nachbereitung gesondert berechnet, so muss sie vom Mediator den Medianten gegenüber jeweils nachgewiesen werden. Findet keine gesonderte Berechnung statt, so ist dies bei der Höhe des Stundensatzes zu berücksichtigen.[88] Wird ein Co-Mediator hinzugezogen, so ist dies bei der Honorarvereinbarung zu berücksichtigen. 55

Wird keine Honorarvereinbarung geschlossen, so bemisst sich die Vergütung gem. § 612 Abs. 1, 2 BGB; es ist dann das »übliche« Honorar zu vergüten.[89] Die Medianten haften im Zweifel als Gesamtschuldner, §§ 421, 427 BGB.

---

88 Statt individueller Festsetzung können auch die Honorargrundsätze von (Mediations-) Organisationen wie DIS, EUCON, (örtliche) IHKs vereinbart werden.
89 Vgl. zur strittigen Frage, was als ein übliches Honorar bzw. übliches Zeithonorar anzusehen ist, die umfangreichen Ausführungen mit Nachweisen zur Rechtsprechung bei *Horst*, Die Kosten der Mediation, S. 1147 ff. (1154 ff.), zugleich zur Frage der Gebühren, auch einer Erfolgsgebühr, bei Anwaltsmediatoren. Im Übrigen vgl. die Kommentierung zu § 2 MediationsG, Rdn. 47 ff.

§ 2 MediationsG Verfahren; Aufgaben des Mediators

56 ▶ **Honorarvereinbarung**[90]

1. Die Medianten ..... (*Namen*) und der Mediator ..... (*Name*) vereinbaren ein nach Stundenaufwand zu berechnendes Zeithonorar zuzüglich (*oder: einschließlich*) einer Vor- und Nachbereitungszeit.
2. Das Honorar beträgt ..... (*Zahl*) Euro pro Stunde, zuzüglich gesetzlicher Mehrwertsteuer. Wird ein Co-Mediator hinzugezogen, so beträgt das Honorar insgesamt ..... (*Zahl*) Euro pro Stunde, zuzüglich gesetzlicher Mehrwertsteuer. Eine angemessene Abschlagzahlung kann verlangt werden.
3. Die Kosten des Mediationsverfahrens tragen die Medianten je zur Hälfte. Die eigenen Kosten, einschließlich etwaiger Anwaltskosten, trägt jede Partei selbst.
Ggf.:
4. Reise- und Übernachtungskosten werden gegen Nachweis gesondert erstattet. Die Kosten ggf. anzumietender Tagungsräume, von Getränken, Spesen und Sonstigem (z.B. Beiziehung von Sachverständigen) werden separat abgerechnet und den Medianten direkt in Rechnung gestellt.

§ 2 Verfahren; Aufgaben des Mediators

(1) Die Parteien wählen den Mediator aus.

(2) Der Mediator vergewissert sich, dass die Parteien die Grundsätze und den Ablauf des Mediationsverfahrens verstanden haben und freiwillig an der Mediation teilnehmen.

(3) Der Mediator ist allen Parteien gleichermaßen verpflichtet. Er fördert die Kommunikation der Parteien und gewährleistet, dass die Parteien in angemessener und fairer Weise in die Mediation eingebunden sind. Er kann im allseitigen Einverständnis getrennte Gespräche mit den Parteien führen.

(4) Dritte können nur mit Zustimmung aller Parteien in die Mediation einbezogen werden.

---

90 Vgl. *Redmann*, Mediation, S. 167.

(5) Die Parteien können die Mediation jederzeit beenden. Der Mediator kann die Mediation beenden, insbesondere wenn er der Auffassung ist, dass eine eigenverantwortliche Kommunikation oder eine Einigung der Parteien nicht zu erwarten ist.

(6) Der Mediator wirkt im Falle einer Einigung darauf hin, dass die Parteien die Vereinbarung in Kenntnis der Sachlage treffen und ihren Inhalt verstehen. Er hat die Parteien, die ohne fachliche Beratung an der Mediation teilnehmen, auf die Möglichkeit hinzuweisen, die Vereinbarung bei Bedarf durch externe Berater überprüfen zu lassen. Mit Zustimmung der Parteien kann die erzielte Einigung in einer Abschlussvereinbarung dokumentiert werden.

Übersicht	Rdn.
I. Regelungsgegenstand und Zweck	1
1. Systematischer Zusammenhang	1
2. Berufsrecht	3
3. Europäische Mediationsrichtlinie	4
II. Grundsätze/Einzelheiten	7
1. Auswahl des Mediators (Absatz 1)	7
a) Ausdruck des Selbstbestimmungsrechts	7
b) »Konkludente« Auswahl eines Mediators	8
2. Pflichten des Mediators vor der Mediation (Absatz 2)	13
a) Informationsgespräch	13
aa) Verständnis der Parteien	13
bb) Umfang des Kenntnisstands bzw. der Information	17
cc) Dokumentation	21
b) Grundsätze des Mediationsverfahrens (Absatz 2, 1. HS, 1. Alt.)	22
aa) Neutralität	23
bb) Freiwilligkeit	28
cc) Selbstverantwortlichkeit	29
dd) Informiertheit	31
ee) Vertraulichkeit	37
c) Ablauf des Mediationsverfahrens (Absatz 2, 1. HS, 2. Alt.)	40
aa) Phasen der Mediation	41
bb) Teilnehmer des Mediationsverfahrens	43
cc) Dauer der Mediation	44
d) Kosten der Mediation	47
aa) Honorar des Mediators	47
bb) Weitere Kosten der Mediation	62
e) Haftung und Haftpflichtversicherung	64
f) Alternativen zur Mediation	71
g) Freiwilligkeit der Teilnahme (Absatz 2, 2. HS)	72
3. Verfahrensvereinbarung	78
4. Verhältnis des Mediators zu den Parteien (Absatz 3 Satz 1)	83

§ 2 MediationsG Verfahren; Aufgaben des Mediators

5. Förderung der Mediation (Absatz 3 Satz 2, 1. HS) 86	10. Einigung, Beratung, Abschlussvereinbarung (Absatz 6) 125
6. Angemessene und faire Einbindung der Parteien (Absatz 3 Satz 2, 2. HS) 88	a) Kenntnis der Sachlage und inhaltliches Verständnis (Absatz 6 Satz 1) 125
a) Angemessen und fair 88	aa) Einigung 125
b) Empowerment 89	bb) Vereinbarung 126
c) Gewährleisten 90	cc) In Kenntnis der Sachlage 128
7. Getrennte Gespräche (Absatz 3 Satz 3) 95	dd) Inhaltliches Verständnis der Vereinbarung .. 129
a) Einzelgespräche 97	ee) Vergewisserung 130
b) Allseitiges Einverständnis .. 101	b) Hinzuziehung externer Berater (Absatz 6 Satz 2) ... 132
8. Teilnahme Dritter (Absatz 4) . 103	
a) Dritter 104	aa) Teilnahme ohne fachliche Beratung 135
b) Einbeziehung 105	bb) Bedarf 136
c) Zustimmung 106	cc) Hinweispflicht 138
d) Vertraulichkeit 108	dd) Vor Abschluss der Vereinbarung 139
9. Beendigung der Mediation (Absatz 5) 109	
a) Beendigung durch die Parteien (Absatz 5 Satz 1) 109	ee) Externe Berater 140
aa) Parteien 110	ff) Rechtsinformationen durch Mediator 143
bb) Jederzeit 112	
cc) Kündigung 113	gg) Dokumentationspflicht 149
b) Beendigung durch den Mediator (Absatz 5 Satz 2) . 114	c) Abschlussvereinbarung (Absatz 6 Satz 3) 150
aa) Eigenverantwortliche Kommunikation 117	aa) Rechtlicher Charakter . 153
bb) Einigung 119	bb) Form 155
cc) Sonstige Gründe 120	cc) Dokumentation 156
dd) Mediator 121	III. Hinweise für die Praxis 161
ee) Kann-Vorschrift 122	

I. Regelungsgegenstand und Zweck

1. Systematischer Zusammenhang

1 Die Vorschrift beschreibt bestimmte **Mindestnormen** für ein strukturiertes Mediationsverfahren und konkretisiert die Verantwortung (d.h. **Pflichten**

und Aufgaben) des Mediators in diesem Verfahren.[1] Dadurch soll gewährleistet werden, dass Mediationen gewissen Anforderungen genügen, wobei Kernelemente des **Europäischen Verhaltenskodex für Mediatoren**[2] Berücksichtigung fanden.[3] Gleichzeitig wird mit dieser Vorschrift auch die besondere Verantwortung der Mediatoren hervorgehoben, einen Rahmen für ein strukturiertes Verfahren zu schaffen, in dem den Parteien eine »selbstverantwortete Konfliktlösung ermöglicht«[4] wird.

Damit werden in dieser Vorschrift – sowie in den weiteren Paragrafen – erstmalig die **Grundpflichten des Mediators** normiert, die sich bisher nur aus Lehrsätzen einer allgemeinen Übereinkunft bzw. einer »herrschenden« Meinung und aus den sehr unterschiedlichen Ausbildungskonzepten für Mediatoren ableiten ließen. Daraus resultiert, dass sich der einzelne Mediator bisher zum Teil unterschiedlichen Normen und Verfahrensweisen bei der Durchführung eines Mediationsverfahrens verpflichtet fühlte,[5] die auf berufsspezifischen Regelungen (gesetzliche Regelungen wie auch Standesrichtlinien) des jeweiligen Ausgangsberufs des Mediators sowie allgemeinen Verhaltenskodices (z. B. Vorgaben durch Mediationsfachverbände, Europäischer Verhaltenskodex für Mediatoren) beruhten.

2. Berufsrecht

Das **Berufsrecht**, beispielsweise der Rechtsanwälte, Notare, Steuerberater und Psychologen, hat nach wie vor Auswirkungen auf das Verhältnis zwischen MediationsG und dem jeweiligen Berufsrecht. Die Regelungen des MediationsG gehen dem jeweiligen Berufsrecht, soweit zwischen beiden ein Widerspruch auftritt, vor. Insoweit ist das **MediationsG lex specialis**. Berufsrechtliche Regelungen bleiben neben dem MediationsG anwendbar, soweit sie sich auch auf die mediatorische Tätigkeit erstrecken und insoweit eine Ergänzung zum MediationsG darstellen. Zu beurteilen ist dies nach dem jeweiligen Berufsrecht (für Rechtsanwälte ist beispielsweise die Tätigkeit als

---

1 Begr. BT-Drucks. 17/5335, S. 14.
2 Abgedruckt unter Europäische Regelungen, I. Rdn. 38.
3 Begr. BT-Drucks. 17/5335, S. 14.
4 Begr. BT-Drucks. 17/5335, S. 14.
5 So war beispielsweise lange die Durchführung von Einzelgesprächen (Caucus) durch den Mediator umstritten; das MediationsG sieht dies als Möglichkeit mittlerweile vor.

Mediator in § 18 BORA geregelt[6]). Damit wird im Kern mit dem MediationsG ein »**einheitliches Berufsrecht**«[7] für Mediatoren geschaffen.

3. Europäische Mediationsrichtlinie

4 Art. 3 EUMed-RL (»Begriffsbestimmung«) beschreibt bereits einige **Pflichten und Aufgaben** des Mediators, die dieser bei Durchführung einer Mediation zu beachten hat. So sieht Art. 3 lit. a) EUMed-RL vor, dass es sich bei »Mediation« um ein »freiwilliges« Verfahren handelt, mit dem Ziel, eine »Vereinbarung« über die Beilegung der Streitigkeit zu erzielen. Gleichzeitig hat der »Mediator« nach Art. 3 lit. b) EUMed-RL »*eine Mediation auf wirksame, unparteiische und sachkundige Weise durchzuführen*«, und zwar unabhängig von seinem Auftrag, »*unabhängig von (…) der Art und Weise, in der (der Mediator) für die Durchführung der Mediation benannt oder mit dieser betraut wurde.*«

5 Die in Art 3 EUMed-RL normierte »**Freiwilligkeit**« wird allerdings auch durch den europäischen Gesetzgeber nicht als zwingend erachtet, denn in Art. 5 Abs. 2 EUMed-RL (»**Inanspruchnahme der Mediation**«) wird einschränkend erklärt, dass nationale Rechtsvorschriften, »*nach denen die Inanspruchnahme der Mediation vor oder nach Einleitung eines Gerichtsverfahrens verpflichtend oder mit Anreizen oder Sanktionen verbunden ist,*« von der Richtlinie unberührt bleiben.

6 Zum Teil werden einige der beschriebenen Pflichten und Aufgaben in Art. 4 **EUMed-RL** (»**Sicherstellung der Qualität der Mediation**«) wiederholt. Grundsätzlich will Art. 4 EUMed-RL nicht nur die Qualität der Aus- und Fortbildung der Mediatoren, sondern auch die **Qualität der Mediation** sicherstellen – und zwar mit dem Ziel, dass diese für die Parteien »wirksam, unparteiisch und sachkundig durchgeführt wird« (Art. 4 Abs. 2 EUMed-RL).

---

6 Begr. BR-Drucks. 60/11, S. 19.
7 *Prütting* AnwBl. 2012, 204 (205).

II. Grundsätze/Einzelheiten

1. Auswahl des Mediators (Absatz 1)

a) Ausdruck des Selbstbestimmungsrechts

Die Auswahl des Mediators durch die Parteien ist Ausdruck ihres **Selbstbestimmungsrechts** im Mediationsverfahren.[8] Diesem wesentlichen Grundsatz der Mediation, der maßgeblich auf dem Prinzip der **Eigenverantwortlichkeit**[9] der Parteien beruht,[10] trägt auch das Gesetz Rechnung.[11] Die Auswahl des Mediators erfolgt entweder durch die Eigeninitiative der Parteien oder indem sie sich für einen von einem Dritten, z. B. vom Gericht, **vorgeschlagenen** Mediator entscheiden. Die Parteien einigen sich auf einen Mediator, den sie selbst ausgesucht und ggf. aufgrund eines **Vorgespräches** gemeinsam ausgewählt haben.

7

b) »Konkludente« Auswahl eines Mediators

Die eigenverantwortliche Entscheidung der Parteien für einen Mediator muss aber auch gegeben sein, wenn dieser von dritter Seite **vorgeschlagen** wird und die Parteien in der Auswahl des Mediators eingeschränkt sind. So hatte der **Bundesrat** in seiner Stellungnahme zum Entwurf des MediationsG[12] noch angeregt, Absatz 1 um den Satz »*Ein Anspruch auf einen bestimmten richterlichen Mediator besteht nicht*« zu ergänzen. Damit sollte bei einer **gerichtsinternen Mediation** die Möglichkeit erhalten bleiben, einen Mediator durch gesonderte Geschäftsverteilung zu bestimmen.[13] Das ist zwar durch Streichung der gerichtsinternen Mediation in § 1 MediationsG grundsätzlich obsolet geworden und kann sich deshalb nur noch auf die in § 9 geregelte **Übergangsphase** beziehen. Doch sind weiterhin Situationen denkbar, in denen ein Dritter den Parteien einen Mediator vorschlägt (z. B. der Arbeitgeber bei einem **innerbetrieblichen** Konflikt) und die Parteien sich mehr oder minder verpflichtet fühlen, sich dieser Auswahl »anzuschließen«.

8

---

8 Begr. BT-Drucks. 17/5335, S. 14.
9 S. die Kommentierung zu § 1 MediationsG, Rdn. 22.
10 Vgl. *Kracht* in *Haft/von Schlieffen*, Handbuch Mediation, § 12, Rn. 102 f.; ferner die Kommentierung zu § 1 MediationsG, Rdn. 21.
11 Begr. BR-Drucks. 60/11, S. 19.
12 Begr. BR-Drucks. 60/11, S. 2.
13 Begr. BR-Drucks. 60/11, S. 2.

Dies könnte besonders dann der Fall sein, wenn z. B. ein Arbeitgeber das Honorar des Mediators bei einer innerbetrieblichen Mediation übernimmt.

9 Der Gesetzgeber geht in solchen Fällen offenbar davon aus, dass die Parteien einen entsprechenden Vorschlag für einen Mediator auch »**konkludent**«[14] annehmen können. Was das heißen soll, kann nur vermutet werden: Aus der Zustimmung der Parteien, an einer Mediation mit dem von dritter Seite vorgeschlagenen Mediator teilnehmen zu wollen, kann auf die **eigenverantwortliche Auswahl** des Mediators (»konkludent«) durch die Parteien geschlossen werden. Dieses Verständnis von »eigenverantwortlicher Auswahl« des Mediators war im Zusammenhang mit der ursprünglich geplanten Schaffung des Instituts der »**gerichtsinternen Mediation**« nötig, um bei der Auswahl des Mediators einerseits den elementaren Grundsatz der Mediation, das **Selbstbestimmungsrecht** der Parteien, nicht zu missachten, aber andererseits den Richtermediator allein durch das Gericht (gemäß Geschäftsverteilungsplan) bestimmen zu können. Dies ist zwar durch Wegfall der gerichtsinternen Mediation hinfällig geworden, doch gelten diese Überlegungen auch für alle anderen denkbaren Fälle, in denen ein Dritter einen Mediator vorschlägt und diesen sogar kraft seiner Autorität, die z. B. auf einem Über-/Unterordnungsverhältnis im Arbeitsleben, auf Übernahme der Kosten für die Mediation beruht, bestimmt.

10 Zwar kann jede Partei den von dritter Seite vorgeschlagenen Mediator ablehnen, letztlich durch Ablehnung des Mediationsverfahrens an sich. Wäre nun die »**Auswahl**« des Mediators von dritter Seite Bedingung für die Durchführung der Mediation, hätte die Ablehnung des Mediators durch die Parteien zur Folge, dass die Mediation nicht durchgeführt werden könnte, obwohl sich die Parteien ausdrücklich dafür entschieden haben. Diese Konsequenz entspricht weder Ziel noch Auftrag des Gesetzes, das gerade die Mediation und andere **alternative Konfliktlösungsverfahren fördern** will.

11 Daher wird man von einer »**konkludenten**« eigenverantwortlichen Auswahl des Mediators durch die Parteien nach entsprechendem Vorschlag von dritter Seite nur ausgehen können, wenn den Parteien bekannt ist, dass sie grundsätzlich jeden ihnen vorgeschlagenen Mediator ablehnen können und ein anderer Mediator ausgewählt werden kann. Gründe für die **Ablehnung des Mediators** müssen nicht genannt werden, da es hier allein auf das Vertrauen

---

14 Begr. BT-Drucks. 17/5335, S. 14, 21.

der einzelnen Partei zum Mediator ankommt. Sollten die Parteien der Meinung sein, einen ihnen vorgeschlagenen Mediator nicht ablehnen zu können, wäre der Erfolg einer Mediation zumindest nachhaltig gefährdet, da den Parteien ihre Selbstverantwortlichkeit für den Lösungsprozess gar nicht bewusst ist.

Davon getrennt zu beurteilen sind eingegangene Verpflichtungen aus **Mediationsklauseln** oder sonstigen Schlichtungsregularien in privatschriftlichen Vereinbarungen oder Satzungen (von Gesellschaften, Vereinen, Verbänden), im Konfliktfall einer Mediation unter Leitung eines ggf. bereits bestimmten Mediators zuzustimmen. 12

2. Pflichten des Mediators vor der Mediation (Absatz 2)

a) Informationsgespräch

aa) Verständnis der Parteien

Der Mediator[15] hat sich in einem sog. **Informationsgespräch** über den Kenntnisstand der Parteien[16] bzgl. der Grundsätze und des Ablaufs des Mediationsverfahrens (1. HS) und deren freiwillige Teilnahme (2. HS) daran »**zu vergewissern**«. Er kann dabei entsprechende Kenntnisse bei den Beteiligten nicht annehmen oder aus bestimmten Umständen vermuten, sondern muss sich in einem Gespräch davon **überzeugen**, ob jeder Beteiligte über entsprechende Informationen bereits verfügt. Sollte dies nicht der Fall sein oder sollte der Mediator den Eindruck gewinnen, dass entsprechende Kenntnisse bei einigen oder allen Beteiligten nicht vorliegen, so hat er aktiv in einem Gespräch die Parteien gemeinsam oder auch in **Einzelgesprächen** zu informieren. Sollten Beteiligte mitteilen, sie seien bereits durch Dritte, z.B. Gericht oder andere Stellen, informiert worden, so hat sich der Mediator ebenfalls vom konkreten Kenntnisstand der Parteien durch entsprechende Nachfragen zu vergewissern. 13

Die **sorgfältige Durchführung** des Informationsgespräches ist eine der wichtigen, »vornehmen« Pflichten des Mediators, da sich eine Partei auf ein eigenverantwortliches Konfliktlösungsverfahren nur einlassen kann, wenn sie Verfahrensgrundsätze und Ablauf kennt und die eigenen Erwartungen an die 14

---

15 Vgl. hierzu die Kommentierung zu § 1 MediationsG, Rdn. 33 ff.
16 Vgl. hierzu die Kommentierung zu § 1 MediationsG, Rdn. 9 ff.

§ 2 MediationsG Verfahren; Aufgaben des Mediators

Mediation vorher besprechen konnte. Nur so kann vermieden werden, dass eine Partei vom späteren Mediationsverfahren enttäuscht ist, weil sie aus Unkenntnis andere Erwartungen an die Mediation hatte.

15 Das Informationsgespräch hat naturgemäß **vor Beginn** der Mediation stattzufinden, damit die Parteien entscheiden können, ob sie an einem solchen Verfahren teilnehmen möchten. Ob einzelne, anfänglich **versäumte, Informationen** noch während des Mediationsverfahrens nachgeholt werden können, wird wohl nicht grundsätzlich zu verneinen sein. Problematisch könnte es werden, wenn sich durch die nachgeholten Informationen die Vorstellungen der Parteien über Verfahren und Ablauf so ändern, dass sie sich bei anfänglichem Vorliegen gegen die Mediation entschieden hätten, nun auch das Vertrauen in den Mediator verlieren, und die Mediation daher scheitert. Dies könnte **Haftungsfragen** auslösen. Vertiefende Informationen zum Mediationsverfahren, die über das gesetzlich verlangte Maß an Information hinausgehen, können immer gegeben werden.

16 Der Mediator hat sich zudem auch zu vergewissern, ob die Parteien die Informationen **verstanden** haben. Dieser gesetzliche Anspruch geht über die reine **Informationspflicht**, die der Mediator erfüllen muss, deutlich hinaus. Das Gesetz schweigt dazu, wie der Mediator diese Gewissheit erlangen kann. Letztlich ist diese Verpflichtung kaum zu erfüllen. Der Mediator kann allenfalls im Gespräch einen **subjektiven Eindruck** davon erlangen, ob seine Informationen von allen Beteiligten verstanden worden sind. Er wird die Parteien nicht nach ihrem Kenntnisstand »abfragen« können. Der Mediator wird aber verpflichtet sein, gerade bei unterschiedlich selbstbewusst agierenden Parteien (z. B. bei innerbetrieblichen Mediationen, deren Beteiligte im Über-/Unterordnungsverhältnis zueinander stehen) zu gewährleisten, das alle Beteiligten ausreichend Gelegenheit haben, Fragen an den Mediator zu stellen. Der Mediator sollte sich auch von jedem Beteiligten durch direkte Ansprache **bestätigen** lassen, dass die Informationen über Grundsätze und Verfahren verstanden worden sind bzw. ob der einzelne Beteiligte dazu noch Fragen hat.

bb) Umfang des Kenntnisstands bzw. der Information

17 Der Gesetzgeber stellt bei der Beantwortung der Frage, von welchem Kenntnisstand sich der Mediator bei den Beteiligten überzeugen muss bzw. wel-

chen Grad an Information er zu gewährleisten hat, **hohe Anforderungen.** So heißt es in der Gesetzesbegründung,[17] dass der Mediator zu **gewährleisten** habe, »dass die Parteien über Sachlage und das Verfahren **voll informiert** sind.« Der Begriff der vollen Informiertheit, wonach die Parteien in Kenntnis aller für eine abschließende Entscheidung im Mediationsverfahren wesentlichen Informationen verfügen müssen,[18] ist als ein Grundsatz der Mediation durchaus bekannt. Diese Bedeutung kann hier aber keine Anwendung finden. Denn bei den Informationen über Grundsätze und Ablauf einer Mediation handelt es sich zum Teil um Fachkenntnisse, für deren Verständnis eine entsprechende Ausbildung erforderlich ist. Eine quasi Ausbildung der Beteiligten im Schnelldurchgang zu Mediatoren kann der Gesetzgeber ersichtlich nicht gemeint haben.

Vom Ergebnis her und unter Berücksichtigung des gesetzgeberischen Anspruchs sollte nach dem **Informationsgespräch** mit dem Mediator jede Partei aufgrund ihrer Kenntnis über den Ablauf des Mediationsverfahrens, die Grundprinzipien, die Beteiligten und deren Rolle sowie die sonstigen alternativen Konfliktlösungsverfahren entscheiden können, ob Mediation für sie das **geeignete Verfahren** zur Lösung ihres Konflikts ist. Die Entscheidung darüber, wie umfangreich und tiefgehend dieser Kenntnisstand zu sein hat, ist dabei keine Frage des beruflichen Selbstverständnisses des Mediators (**Berufsethos**). Der Mediator hat vielmehr sicherzustellen, dass keine Partei während der Mediation »Überraschungen« in Bezug auf das Verfahren in einem Umfang erlebt, der zu einem Abbruch der Mediation führen könnte. 18

Die **Pflicht** des Mediators ist es, den entsprechenden Kenntnisstand bei den Parteien zu gewährleisten. Dabei kann der **Umfang der erforderlichen Erklärungen** des Mediators bei jeder Partei unterschiedlich sein, u. a. kann das Informationsbedürfnis der Parteien vom Konfliktstoff und von den Zielen abhängen, die die Parteien mit der Mediation verfolgen. Dies hat der Mediator im Gespräch mit den Parteien heraus zu finden. Hier liegt das **Haftungsrisiko** des Mediators. Zwar ist es zum Zeitpunkt des Informationsgesprächs zwischen den Parteien und dem Mediator noch nicht zum Vertragsschluss (Mediatorvertrag, d. h. Dienstvertrag mit Geschäftsbesorgungscharakter §§ 675, 611 ff. BGB[19]) gekommen, doch findet § 311 Abs. 2 Nr. 1 BGB (culpa in 19

---

17 Begr. BT-Drucks. 17/5335, S. 15.
18 Vgl. zu Einzelheiten unten Rdn. 31 ff.
19 *Hess* in *Haft/von Schlieffen*, Handbuch Mediation, § 43, Rn. 30.

contrahendo) Anwendung. Bei entsprechender Pflichtverletzung kann sich ein **Schadensersatzanspruch** aus § 241 Abs. 2 BGB und §§ 280 ff. BGB ergeben.[20]

20 Im Ergebnis muss jede Partei so umfangreich über Grundzüge und Ablauf der Mediation informiert sein, dass
   - sie eine **eigenverantwortliche Entscheidung** für oder gegen die Mediation treffen kann,
   - die Mediation als **Verfahren formal einwandfrei** durchgeführt werden kann, d. h. die Erwartungen der Parteien an Form und Ablauf des Mediationsverfahrens nicht enttäuscht werden (wobei es nicht darauf ankommt, dass die Mediation auch mit einer Einigung der Parteien beendet wird) und
   - der Mediator **keinerlei Haftungsrisiko** ausgesetzt ist.

cc) Dokumentation

21 Der Mediator sollte aufgrund des bestehenden Haftungsrisikos ein eigenes Interesse daran haben, spätere Vorwürfe zu vermeiden, er sei seinen Pflichten nach Absatz 2 nicht oder nicht ausreichend nachgekommen. Die Erfüllung dieser Pflichten sollte er daher zweckmäßigerweise **schriftlich dokumentieren**, ggf. den Beteiligen ein entsprechendes **Merkblatt** aushändigen. Ferner sollte er sich den Inhalt des Informationsgesprächs, die Übergabe des Merkblatts und das Verständnis über Grundsätze und Ablauf des Mediationsverfahrens sowie die freiwillige Teilnahme der Parteien an der Mediation schriftlich bestätigen lassen.

b) Grundsätze des Mediationsverfahrens (Absatz 2, 1. HS, 1. Alt.)

22 Zu den maßgeblichen und die Mediation prägenden **Grundsätzen** gehören die Neutralität (Allparteilichkeit), die Freiwilligkeit, die Selbstverantwortlichkeit, die Informiertheit und die Vertraulichkeit.

---

20 Vgl. die Kommentierung zu § 1 MediationsG, Rdn. 1 ff.; ferner *Hess*, Rechtsgrundlagen der Mediation, S. 1053 ff. (1062 f.).

aa) Neutralität[21]

Die Neutralität des Mediators ist ein wesentliches Grundprinzip des Mediationsverfahrens[22] und »unerlässliche Voraussetzung für das Gelingen der Mediation«.[23] Sie ist gesondert in § 2 Abs. 3 Satz 1 und in § 3 MediationsG geregelt. Die Neutralität bezieht sich nicht nur auf die persönlichen Merkmale des Mediators, d. h. die Unabhängigkeit von den Beteiligten (**Neutralität der Person**),[24] sondern betrifft auch die Verfahrensneutralität (**Neutralität im Verfahren**).[25] Die Neutralität der Person ist dabei nach objektiven Kriterien zu bestimmen (objektive Neutralität), wohingegen die Neutralität im Verfahren maßgeblich von der mit den Parteien abgeschlossenen Vereinbarung (Mediatorenvertrag, Verfahrensvereinbarung), die dem Mediationsverfahren zugrunde liegt, abhängt (relative Neutralität).[26] Auf dieser Neutralität basiert das Vertrauen der Parteien in die Person des Mediators und auch in das Verfahren; gleichzeitig schöpft der Mediator seine Autorität aus seiner neutralen Rolle gegenüber den Parteien.[27]

23

Die **Neutralität der Person** des Mediators betrifft seine Unabhängigkeit, die nach objektiven Kriterien[28] zu bestimmen ist. Die Vorschrift des § 3 Abs. 1 Satz 1 MediationsG sieht in einer Art **Generalklausel** vor, dass der Mediator alle Umstände offenzulegen hat, die seine Unabhängigkeit beeinträchtigen können (§ 3 Abs. 1 S. 1 MediationsG). Solche Umstände können vorliegen, wenn z. B.

24

– eine persönliche oder geschäftliche Verbindung zwischen Mediator und einer Partei besteht,[29]
– der Mediator in derselben Sache bereits für eine Partei als Berater oder
– als Sachverständiger oder Zeuge tätig war oder

---

21 Vgl. die Kommentierung zu § 1 MediationsG, Rdn. 33 ff.
22 *Breidenbach*, Mediation, S. 145.
23 Begr. BT-Drucks. 17/5335, S.15.
24 *Kracht* in *Haft/von Schlieffen* (Hrsg.), Handbuch Mediation, § 12, Rn. 25 ff.
25 *Kracht* in *Haft/von Schlieffen* (Hrsg.), Handbuch Mediation, § 12, Rn. 18 ff.,30.
26 *Kracht* in *Haft/von Schlieffen* (Hrsg.), Handbuch Mediation, § 12, Rn. 17.
27 *Kracht* in *Haft/von Schlieffen* (Hrsg.), Handbuch Mediation, § 12, Rn. 10; *Breidenbach*, Mediation, S. 145.
28 *Kracht* in *Haft/von Schlieffen* (Hrsg.), Handbuch Mediation, § 12, Rn. 40.
29 Begr. BT-Drucks. 17/5335, S. 16.

- der Mediator ein finanzielles oder sonstiges eigenes Interesse am Ausgang des Verfahren hat.[30]

In diesen Fällen darf der Mediator nur tätig werden, wenn die Parteien ausdrücklich zustimmen (§ 3 Abs. 1 S. 2). In besonderen Fällen kann dies sogar angezeigt sein, wenn einer oder mehrere der vorgenannten Ausschlussgründe den Mediator gerade als besonders geeignet erscheinen lassen, eine Mediation durchzuführen, z.B. weil die Parteien die zu ihnen bestehende besondere Nähebeziehung des Mediators als Grundlage des Vertrauens und der Vertraulichkeit besonders schätzen und wünschen.[31] Wesentlich ist, dass der Mediator nicht nur sich selbst prüft, sondern auch im Gespräch mit den Parteien überprüft, ob **Ausschlussgründe** in seiner Person vorliegen. Sollten die Parteien trotz Vorliegens von Ausschlussgründen die Neutralität des Mediators für die Mediation als gegeben ansehen, so hat der Mediator dennoch zu entscheiden, ob er nach seinem **berufsethischen Selbstverständnis** die Neutralität in seiner Person gewährleisten kann. Sollte er Zweifel daran haben, muss er die Mediation ablehnen.

25 **Konkrete Ausschlussgründe** benennt die Vorschrift in § 3 Absätze 2 und 3 MediationsG. Danach darf als Mediator nicht tätig werden,
- wer vor der Mediation in derselben Sache für eine Partei tätig gewesen ist (§ 3 Abs. 2 MediationsG – absoluter Ausschlussgrund), oder
- wenn eine mit dem Mediator in derselben Berufsausübungs- oder Bürogemeinschaft verbundene andere Person vor der Mediation in derselben Sache für eine Partei tätig gewesen ist, (§ 3 Abs. 3 MediationsG – relativer Ausschlussgrund), wobei dies nicht gilt, wenn die Parteien sich im Einzelfall nach umfassender Information damit einverstanden erklären und Belange der Rechtspflege dem nicht entgegenstehen (§ 3 Abs. 4 MediationsG).

26 Die **Neutralität im Verfahren** betrifft die Entscheidungen, die der Mediator während eines Mediationsverfahren zu treffen hat. Maßstab für diese Entscheidungen sind neben den allgemeinen Prinzipien, die Grundlage für jedes Mediationsverfahren sind, im besonderen Maße die vor Beginn einer Mediation getroffene Vereinbarung mit den Parteien, die u.a. bestimmte Regeln für das Verhalten der Parteien und des Mediators sowie den Ablauf der Me-

---

30 Begr. BT-Drucks. 17/5335, S. 16.
31 *Kracht* in *Haft/von Schlieffen* (Hrsg.), Handbuch Mediation, § 12, Rn. 38 ff.

diation beinhalten kann und deren Inhalt bei jeder Mediation anders sein wird (**relative Neutralität**). Der Begriff der relativen Neutralität bezieht sich allein darauf, dass die Neutralität im Verfahren von den Parteien gemeinsam mit dem Mediator bei jeder Mediation definiert werden kann. Im Rahmen einer solchen Vereinbarung handelt der Mediator dann neutral (nicht »relativ neutral«).[32]

Das Prinzip der Neutralität wird häufig auch durch den Begriff der »**Allparteilichkeit**« ersetzt. Damit soll die aktive Rolle des Mediators, der eben keine »kühle« und unbeteiligte (neutrale) Rolle in Bezug auf die Parteien spielt, hervor gehoben und unterstrichen werden.[33] Der Begriff der Allparteilichkeit folgt zudem dem Gedanken, dass Neutralität grundsätzlich nicht immer erreicht werden kann, da jeder Mediator mit einer bestimmten inneren Haltung basierend auf seinem individuellen soziokulturellen Hintergrund den Parteien gegenübertritt.[34] Überzeugend scheint daher der Ansatz zu sein, dass der Mediator allparteilich gegenüber den Parteien handelt und sich neutral im Hinblick auf den Inhalt, der Gegenstand des Mediationsverfahrens ist, verhalten sollte.[35]

27

bb) Freiwilligkeit

Auf die Freiwilligkeit der Verfahrensteilnahme durch die Parteien wird auch in Art. 3 Abs. 1 und dem 13. **Erwägungsgrund EUMed-RL** hingewiesen, ohne dass dies näher definiert wird. Allerdings lässt die EUMed-RL »*nationale Rechtsvorschriften, nach denen die Inanspruchnahme der Mediation verpflichtend oder mit Anreizen oder Sanktionen verbunden ist, unberührt (…), solange diese Rechtsvorschriften die Parteien nicht daran hindern, ihr Recht auf Zugang zum Gerichtssystem wahrzunehmen*« (vgl. 14. Erwägungsgrund der EUMed-RL). Freiwilligkeit bedeutet, wie oben bereits dargelegt wurde, dass sich kei-

28

---

32 A.A. *Kracht* in *Haft/von Schlieffen* (Hrsg.), Handbuch Mediation, § 12, Rn. 23, der den Begriff der »relativen Neutralität« ablehnt.
33 *Kracht* in *Haft/von Schlieffen* (Hrsg.), Handbuch Mediation, § 12, Rn. 24, der darin eine Begriffsverwirrung sieht. *Montada/Kals*, Mediation, S. 46 ff.; *Fritz/Fritz*, Wirtschaftsmediation, S. 9; Begr. BT-Drucks. 17/5335, S. 15.
34 Vgl. *Primus* ZKM 2009, 104, (105): »*Neutral widerspricht grundsätzlich dem, wie Menschen sich in ihrer Umwelt zurechtfinden, nämlich selektiv, wahrnehmend und bewertend*«.
35 Vgl. auch *Ripke* ZKM 2004, 70.

ne Partei, aus welchem Grund auch immer, gezwungen fühlen darf, an der Mediation teilzunehmen.

cc) Selbstverantwortlichkeit

29 Das Prinzip der **Selbstverantwortlichkeit** besagt, dass die Parteien allein mit der Unterstützung des Mediators, der das Verfahren leitet, den Konflikt selber lösen sollen. Der Mediator ist kein inhaltlicher Berater und trifft für die Parteien im Hinblick auf etwaige Lösungsoptionen auch keine Entscheidungen. Damit ist der Mediator weder Schlichter, noch Schiedsrichter, an den die Parteien die Entscheidung delegieren können, wie bei einem Richter. Die Selbstverantwortlichkeit schließt zudem grundsätzlich aus, dass der Mediator den Parteien inhaltliche Vorschläge im Laufe des Mediationsverfahrens, insbesondere im Rahmen der Lösungssuche, unterbreitet. Bei den Parteien könnte dadurch leicht der Eindruck der Einflussnahme und damit der Parteilichkeit des Mediators (Grundsatz der Neutralität) entstehen, der das Mediationsverfahren gefährden würde.

30 Ob und in welchem **Umfang** der Mediator auf die **Selbstverantwortlichkeit** der Parteien im Mediationsverfahren Einfluss nehmen darf, ist umstritten. So wird einerseits den Parteien eine größtmögliche Rolle zugedacht, bei der der Mediator allein der Kommunikator bzw. Verfahrensverwalter ist und jegliche Verantwortung für den Kreis der Beteiligten und das Ergebnis der Mediation ablehnt (**passive Mediation**). Andererseits wird verlangt, dass der Mediator Verantwortung für das Mediationsergebnis übernimmt, und daher Einfluss auf den Kreis der Beteiligten bei einer Mediation nehmen kann und auch inhaltliche Vorschläge einbringen soll (**aktive Mediation**).[36] Argumente für die aktive Mediation sind, dass eine Einigung im Mediationsverfahren, die eine für den Mediator erkennbare Benachteiligung einer Partei bedeutet und auf die er Einfluss nehmen möchte, nicht auf Dauer angelegt ist. Ebenso können sich die Parteien nicht auf etwas einigen, was rechtlich unzulässig wäre.[37] Dieser Gefahr wird aber durch die Beachtung des Grundsatzes der **Informiertheit** zu begegnen sein. Hier obliegt dem Mediator auf jeden Fall die Pflicht, die Parteien zu warnen und ihnen entsprechende Beratung durch Dritte zu empfehlen, wie es u. a. in § 2 Abs. 6 MediationsG vorsieht.

---

[36] Vgl. *Kracht* in *Haft/von Schlieffen* (Hrsg.), Handbuch Mediation, § 12, Rn. 103 f.
[37] Vgl. *Kracht* in *Haft/von Schlieffen* (Hrsg.), Handbuch Mediation, § 12, Rn. 103 f.

dd) Informiertheit

Informiertheit[38] bedeutet, dass die Parteien in Kenntnis aller für eine Entscheidung wesentlichen Informationen verfügen. Das bezieht sich auf sämtliche Tatsachen, aber ebenso auf die Rechtslage. Es ist die Aufgabe des Mediators, für die Informiertheit der Parteien zu sorgen, soweit er das gewährleisten kann. Voraussetzung ist, dass der Mediator ein Informationsdefizit bei einer Partei erkennt. 31

Im tatsächlichen Bereich kann der Mediator dafür sorgen, dass sämtliche Gespräche nur unter Beteiligung aller Parteien stattfinden, um einen **gleichen Informationsstand** zu gewährleisten. Sollte der Mediator von einer Partei oder von dritter Seite (z. B. Sachverständiger) besondere Informationen erhalten, so hat er diese allen Beteiligten zugänglich zu machen, es sei denn, sie sind ihm vertraulich zugänglich gemacht worden. Hier hat er die Vertraulichkeit zu respektieren. 32

Die Informiertheit im tatsächlichen Bereich umfasst auch besondere **Fachkenntnisse**, die für eine Entscheidung von Bedeutung sind, die aber nicht die Rechtslage betreffen (s.u.). Dabei kann es sich u. a. um technische, naturwissenschaftliche, wirtschaftliche oder finanzspezifische Fachkenntnisse handeln. 33

Die Parteien müssen auch über die **Rechtslage** informiert sein, um eine rechtlich zulässige Vereinbarung abschließen zu können, aber auch um für sich entscheiden zu können, was sie als angemessen und fair ansehen. 34

Nehmen an einer Mediation Rechtsanwälte oder sonstige Fachleute teil und beraten die jeweiligen Parteien, so ist der Mediator insoweit von der Verantwortung entlastet, die rechtliche Informiertheit der Parteien zu gewährleisten. Hier hat er allenfalls auf das Problem der »**Waffengleichheit**« hinzuweisen, wenn nicht alle Parteien durch Rechtsanwälte oder sonstige Fachleute beraten werden. Erkennt der Mediator hingegen, dass bei einer Partei entsprechende Kenntnisse z. B. über die Rechtslage fehlen, so hat er darauf hinzuweisen und durch besondere Verfahrensgestaltung (z. B. Unterbrechen der Mediation) der Partei die Möglichkeit einzuräumen, sich bei einem Rechtsanwalt, Steuerberater oder sonstigem Fachmann zu informieren oder z. B. ein 35

---

38 Vgl. *Kracht* in *Haft/von Schlieffen* (Hrsg.), Handbuch Mediation, § 12, Rn. 114 ff.

Sachverständigengutachten einzuholen. Diese Fachleute können auch zu einem bereits laufenden Mediationsverfahren hinzugezogen werden.

36 Verfügt der Mediator aufgrund seines **Grundberufes** (z. B. der Anwaltsmediator) über besondere Kenntnisse, werden die Parteien häufig gerade an diesem Fachwissen partizipieren wollen.[39] Denn oftmals wählen die Parteien gerade einen Mediator, der über besonderes Fachwissen verfügt, damit gewährleistet ist, dass der Mediator den Konfliktstoff versteht. Zur Wahrung seiner Neutralität sollte der Mediator grundsätzlich keine fachlichen Hinweise und der **Anwaltsmediator** keine Auskünfte zur Rechtslage geben; jedenfalls nicht solche, die die konkrete Konfliktlage betreffen. Da fachliche Hinweise aus den unterschiedlichen Perspektiven der Parteien von der einen als positive, von der anderen aber als negative Auskunft verstanden werden können, insbesondere rechtliche Auskünfte nur in seltenen Fällen tatsächlich rein objektiv sind, kann dies bei einer Partei Vorbehalte gegenüber dem Mediator entstehen lassen. Sollte dies den Verlust des Vertrauens in seine Person zur Folge haben, wäre die Mediation gescheitert.

ee) Vertraulichkeit

37 Das Prinzip der **Vertraulichkeit** ist ein weiterer wesentlicher Pfeiler der Mediation.[40] Damit soll gewährleistet werden, dass die im Rahmen einer Mediation von den Parteien offenbarten Informationen in einem späteren Gerichtsverfahren nicht gegen die andere Partei verwandt werden, sollte die Mediation scheitern. Denn dies würde die Preisgabe von Informationen, die für ein Gelingen der Mediation aber wichtig erschienen, verhindern. So richtet sich der Grundsatz der Vertraulichkeit an verschiedene Adressaten und kann nur auf unterschiedliche Weise gewährleistet werden. Zum Einen soll ausgeschlossen werden, dass die Parteien den Mediator oder andere in die Durchführung der Mediation eingebundene Dritte (nicht Parteien) in einem anschließenden Gerichtsverfahren als Zeugen benennen können. Zum Anderen geht es darum, dass vertrauliche Informationen aus der Mediation von einer Partei in einem Gerichtsverfahren nicht zu Lasten der anderen Partei verwendet werden sollen.

---

39 Vgl. *Kracht* in *Haft/von Schlieffen* (Hrsg.), Handbuch Mediation, § 12, Rn. 116.
40 Umfassend hierzu die Kommentierung zu § 4 MediationsG, Rdn. 45 ff.

Art. 7 EUMed-RL (**Vertraulichkeit der Mediation**) fordert mit bestimmten 38
Einschränkungen, dass »*weder Mediatoren noch die in die Durchführung des Mediationsverfahrens eingebundenen Personen gezwungen sind, in Gerichts- und Schiedsverfahren in Zivil- und Handelssachen Aussagen zu Informationen zu machen, die sich aus einem Mediationsverfahren oder im Zusammenhang mit einem solchen ergeben.*« Diese Vorgaben hat der Gesetzgeber in § 4 MediationsG (**Verschwiegenheitspflicht**) umgesetzt, aus dem sich nunmehr für alle Mediatoren und für die in die Durchführung der Mediation eingebundenen Dritten gemäß § 383 Abs. 1 Nr. 6 ZPO in Zivilverfahren und in allen auf diese Regelung Bezug nehmenden Verfahren ein **Zeugnisverweigerungsrecht** ergibt.[41]

Um die Vertraulichkeit auch zwischen den Parteien zu sichern (**Geheimhaltung**) 39
und um eine Verwendung von Informationen vor Gericht durch eine Partei zu verhindern (Beweisverwertungsverbot), müssen die Parteien wie schon vor Erlass des MediationsG eine Vereinbarung treffen, die ggf. **Sanktionen** (Vertragsstrafen) vorsieht, sollte eine Partei dagegen verstoßen.[42]

c) Ablauf des Mediationsverfahrens (Absatz 2, 1. HS, 2. Alt.)

Der Gesetzgeber verlangt, dass die **Parteien** auch über den Ablauf des Me- 40
diationsverfahrens »**voll**« **informiert** sind, versäumt aber zu erläutern, was er darunter versteht, sondern führt nur aus: Zu Beginn der Mediation kann es angebracht sein, dass die Parteien in einer **Vereinbarung** »grundlegende Verfahrens-, Kommunikations- und Verhaltensregeln«, »Regelungen über Geheimhaltung und Beweisverwertung von Erkenntnissen aus dem Mediationsverfahren«, »Fragen der Vergütung«, »den Umfang des Einsichtsrechts in die Mediationsakten« sowie ggf. »Regeln über einen respektvollen Umgang in der gemeinsamen Kommunikation« verhandeln und festlegen.[43] Diese Details sind aber nur ein Teil des Ablaufs eines Mediationsverfahrens. Unter »voller« Information ist daher ein **umfassendes Bild** über das Mediationsverfahren zu verstehen, aufgrund dessen sich jede Partei entscheiden kann, ob sie an einem solchen Verfahren teilnehmen möchte und bereit ist, sich bestimmten Regularien zu unterwerfen.

---

41 Begr. BT-Drucks. 17/5335, S. 17.
42 Begr. BT-Drucks. 17/5335, S. 15; *Kracht* in *Haft/von Schlieffen* (Hrsg.), Handbuch Mediation, § 12, Rn. 132.
43 Begr. BT-Drucks. 17/5335, S. 15.

aa) Phasen der Mediation

41 Der Ablauf eines Mediationsverfahrens als Kommunikationsprozess wird maßgeblich durch die vorgegebenen Inhalte, die in **Phasen** zusammengefasst werden, bestimmt.[44] Die unterschiedliche Zusammenstellung der ansonsten übereinstimmenden Inhalte führt dazu, dass in Literatur und Praxis Mediationsverfahren mit unterschiedlicher Anzahl von Phasen vorgestellt werden. Meist geht man von fünf oder sechs Phasen aus. Hier sollen von sechs Phasen[45] ausgegangen werden, über deren Inhalt und Bedeutung der Mediator die Parteien zu informieren hat bzw. sich davon überzeugen muss, dass die Parteien darüber in »vollem« Umfang informiert sind.

42 So hat der Mediator die einzelnen Phasen (1. Vorbereitung und Mediationsvertrag, 2. Themensammlung, 3. Interessenklärung, 4. Lösungssuche, 5. Bewertung und Auswahl der Lösungsoptionen, 6. Abschluss der Mediationsvereinbarung) zumindest soweit zu erläutern, dass die Parteien sich ein Bild vom Verfahren und ihrer eigenen Beteiligung am Verfahren machen können. Auch hier gilt der Grundsatz, dass die Parteien so umfangreich zu informieren sind, dass sie während der Mediation keine Überraschungen im Hinblick auf Verfahren und Ablauf erleben, die möglicherweise den Fortgang der mediation gefährden könnten. Allerdings hat der Mediator diese Information nur in einem vernüftigen Umfang zu erteilen, denn eine Ausbildung zum Mediator soll damit nicht erreicht werden.

bb) Teilnehmer des Mediationsverfahrens

43 Zur Information über den Ablauf des Mediationsverfahrens gehört es auch, den Parteien die möglichen **weiteren Teilnehmer** und deren Funktion in der Mediation zu beschreiben. Dazu zählen neben dem Mediator (ggf. Co-Mediator), die Parteien, deren Vertreter (Rechtsanwälte), neutrale Sachverständige und Berater der Parteien (Steuerberater, Architekten und sonstige Fachleute) sowie für den Abschluss der Mediationsvereinbarung ggf. der Notar. Die Parteien sollten über deren Rolle soweit informiert sein, damit sie gerade bei mangelnden fachlichen Kenntnissen den Umfang der Unterstützung

---

44 Vgl. hierzu umfassend die Darstellung unter Methodik, II., Rdn. 35 ff.
45 Vgl. *Kessen/Troja* in *Haft/von Schlieffen* (Hrsg.), Handbuch Mediation, § 13, Rn. 4 ff.

durch Dritte kennen, aber auch damit verbundene Kosten und die Dauer der Mediation einzuschätzen vermögen.

cc) Dauer der Mediation

Die Parteien haben grundsätzlich ein großes Interesse daran, die bestehenden Konflikte möglichst zeitnah zu lösen. Dabei ist die Darstellung der **zeitlichen Abfolge** des Mediationsverfahrens besonders im Vergleich zu anderen Verfahren, wie Gerichts- und Schiedsverfahren, besonders entscheidungsrelevant. Der Mediator hat daher 44
- über die zeitliche Abfolge der Mediation zu informieren,
- seine eigene terminliche Verfügbarkeit und die der Parteien und sonstigen Dritten anzusprechen und abzustimmen und
- auf die Verfügbarkeit von Sitzungsräumen, wenn diese angemietet werden müssen, hinzuweisen.

Grundsätzlich gilt, die Verfügbarkeit sämtlicher Beteiligten und des Mediators vorausgesetzt, dass mit der Mediation relativ kurzfristig nach Beendigung des **Informationsgespräches**, manchmal im unmittelbaren Anschluss an das Informationsgespräch, begonnen werden kann, was ein unschätzbarer Vorteil gegenüber gerichtlichen Verfahren bedeutet.

Die **zeitliche Abfolge** eines Mediationsverfahrens kann sich zusammensetzen aus 45
- dem Informationsgespräch, das mit der Entscheidung für oder gegen die Mediation und der Auswahl des Mediators endet,
- dem Abschluss des Mediationsvertrags zwischen Parteien und Mediator,
- der Mediation, die abhängig vom Konfliktfall stundenweise oder ganztägig an einem oder mehreren (getrennten oder aufeinander folgenden) Terminen stattfindet,
- dem Abschluss der Mediationsvereinbarung bzw. der Protokollierung des Mediationsergebnisses, was entweder in der letzten Mediationssitzung stattfindet oder im Anschluss daran durch die Parteien selbst oder deren Berater oder einen sonstigen Dritten (z. B. Notar) geschieht, und
- ggf. eine später stattfindende Evaluation der Umsetzung des Ergebnisses der Mediation.

Wichtig ist zudem der **Hinweis**, dass sich bei einem Scheitern des Mediationsverfahrens ein **anschließendes Gerichtsverfahren** natürlich um die Dauer des begonnenen Mediationsverfahrens verzögert. Auf der anderen Seite macht ein erfolgreiches Mediationsverfahren nicht nur das gerichtliche Ver- 46 fahren in der 1. Instanz, sondern auch ein mögliches Berufungsverfahren in der 2. Instanz überflüssig.

d) Kosten der Mediation

aa) Honorar des Mediators

47 Die Entscheidung, ob eine Mediation durchgeführt werden soll, wird nicht zuletzt von den damit verbundenen Kosten beeinflusst, wobei das **Honorar** des Mediators meist einen wesentlichen Anteil dieser Kosten ausmacht. Daneben können weitere Kosten für parteiliche Berater (beispielsweise Rechtsanwalt), Gutachten, Sachverständige etc. anfallen.[46] Im Rahmen des **Informationsgesprächs** sollte »offen und mutig«[47] mit den Parteien über die Höhe des Honorars für den Mediator (und ggf. Co-Mediator), die weiteren Kosten und die Frage, wer Schuldner dieser Kosten ist, gesprochen werden.

48 Das Honorar des Mediators richtet sich grundsätzlich nach einer zwischen ihm und den Parteien abgeschlossenen **Honorarvereinbarung.** Diese sollte zur Vermeidung späterer Unstimmigkeiten mit sämtlichen Parteien schriftlich abgeschlossen werden. Daraus haften die Parteien auch im Zweifel[48] dem Mediator als Gesamtschuldner. Die Parteien sollten die Kosten gleichermaßen tragen, damit daraus keine »gefühlten« Abhängigkeiten der Parteien untereinander und auch nicht der Schein der Parteilichkeit[49] des Mediators entsteht. Wie die Parteien dies aber untereinander regeln, bleibt allein diesen überlassen.

49 Die **Höhe des Honorars** können die Parteien frei verhandeln. Sollte keine Honorarvereinbarung abgeschlossen worden sein, gilt § 612 Abs. 1 BGB, wonach eine »Vergütung als stillschweigend vereinbart gilt, wenn die Dienstleistung den Umständen nach nur gegen eine Vergütung zu erwarten ist.« Hinsichtlich der Höhe des Honorars bestimmt § 612 Abs. 2 BGB, dass die »übliche Vergütung« als vereinbart anzusehen ist. Hierbei handelt es sich i. d. R. nicht um einen festen Betrag, sondern um eine Spanne, die sich nach einer festen Übung für gleiche oder ähnliche Dienstleistungen an einem be-

---

46 Vgl. unten Rdn. 62 ff.
47 *Bischof/Jungbauer/Bräuer/Curkovic/Mathias/Uher*, RVG, § 34, Rn. 77.
48 *Hess* in *Haft/von Schlieffen* (Hrsg.), Handbuch Mediation, § 43, Rn. 45.
49 *Bischof/Jungbauer/Bräuer/Curkovic/Mathias/Uher*, RVG, § 34, Rn. 77.

stimmten Ort unter Berücksichtigung der persönlichen Verhältnisse[50] der Parteien und Art und Umfang des Konfliktstoffes richtet.

Für **Rechtsanwälte**[51] hat der Gesetzgeber klargestellt, dass diese, wenn sie als Mediatoren (nicht, wenn der Rechtsanwalt seinen Mandanten in einem Mediationsverfahren als Berater begleitet!) tätig werden, u.a wegen ihrer »streitverhütenden und damit justizentlastenden Wirkung«[52] eine **anwaltliche Tätigkeit** i.S.v. § 1 Abs. 1 RVG[53] erbringen. Damit findet § 34 Abs. 1 Satz 1 RVG Anwendung, der ausdrücklich vorsieht, dass Rechtsanwälte auf den Abschluss einer **Gebührenvereinbarung** hinwirken sollen (**Soll-Vorschrift**), wodurch die in der Mediation erforderliche Transparenz auch im Hinblick auf das Honorare des Mediators gewährleistet ist.[54] Dabei ist es unwesentlich, ob es sich bei den Parteien um **Verbraucher** (§ 13 BGB) handelt oder nicht.[55] Darüber hinaus enthält das RVG für die Mediatortätigkeit keinen gesonderten **Gebührentatbestand**.[56] 50

Zwar muss eine Vergütungsvereinbarung nach RVG grundsätzlich schriftlich abgefasst, undals Vergütungsvereinbarung oder in ähnlicher Weise bezeichnet werden ferner muss sie von anderen Vereinbarungen mit Ausnahme der Auftragserteilung deutlich abgesetzt sein, (§ 3 a Abs. 1 Satz 1 und 2 RVG). Dies gilt aber ausdrücklich nicht für die **Gebührenvereinbarung** nach § 34 RVG (vgl. § 3a Abs. 1 Satz 3 RVG). Diese ist daher **formlos** gültig. Dennoch empfiehlt es sich bereits aus **Beweiszwecken** dringend, eine solche Vergütungsvereinbarung schriftlich abzufassen. Den **Inhalt**[57] der Gebührenvereinbarung bestimmen die Parteien. Sollte keine Gebührenvereinbarung abgeschlossen (§ 34 Abs. 1 Satz 2 RVG) oder diese nicht nachweisbar sein, 51

---

50 BGH NJW 2006, 2472; *Palandt*, § 612, Rn. 8; *Münchener Kommentar* § 612, Rn. 29 ff.
51 Vgl. *Dralle* Berliner Anwaltsblatt 2012, 263 ff.
52 Begr. BT-Drucks. 15/1971, S. 196.
53 Gesetz v. 05.05.2004 (BGBl. I S. 718, 788) i.d.F. v. 24.11.2011 (BGBl. I S. 2302).
54 Begr. BT-Drucks. 15/1971, S. 196.
55 *Baumgärtel/Hergenröder/Houben*, RVG, § 34, Rd. 19.
56 Vgl. *Friedrichsmeier* in *Haft/von Schlieffen* (Hrsg.), Handbuch Mediation, § 34, Rn. 53; *Bischof/Jungbauer/Bräuer/Curkovic/Mathias/Uher*, RVG, § 1, Rn. 92, 93.
57 Vgl. dazu ausführlich *Bischof/Jungbauer/Bräuer/Curkovic/Mathias/Uher*, RVG, § 34, Rn. 91 ff. mit Mustervereinbarungen; *Dralle* Berliner Anwaltsblatt 2012, 263 (264).

erhält der Mediator sowie der Anwaltsmediator Gebühren nach den Vorschriften des bürgerlichen Rechts gemäß § 612 Abs. 2 BGB i.V.m § 315 Abs. 1 BGB.[58]

52 Sollte der Anwaltsmediator mit den Parteien keine Gebührenvereinbarung abgeschlossen haben, so wird § 612 Abs. 2 BGB durch § 34 Abs. 1 Satz 3 RVG eingeschränkt. Handelt es sich bei den Parteien um Verbraucher (§ 13 BGB), so erhält der Anwaltsmediator nur die in § 34 Abs. 1 Satz 3 RVG genannten Beträge (190 EUR/250 EUR).[59]

53 Das Honorar des Anwaltsmediators bemisst sich üblicherweise nach dem **Zeitaufwand**, entweder nach Stunden- oder Tagessätzen, und entspricht grundsätzlich den Honorarsätzen der beratenden Rechtsanwälte.[60] Damit ist der Anwaltsmediator frei bei der Vereinbarung der Höhe seines Honorars. Anerkannt ist, dass bei der **Bemessung** des Stundessatzes u. a. die Bedeutung der Angelegenheit, die dem Konflikt zugrunde liegt, das Vermögen/Einkommen der Parteien, Sitz und Größe der Kanzlei, in der der Mediator tätig ist, zu berücksichtigen und in ihrer Gesamtheit zu würdigen sind.[61] Grenze ist die **Sittenwidrigkeit** der Honorarhöhe nach § 138 BGB.[62]

54 In einer Studie im Jahre 2004[63] wurden **Stundensätze von Anwaltsmediatoren** zwischen 20 € und 400 €, am häufigsten 150 €, genannt. Andere nennen 200 € bis 400 €, die für Mediationen in Ehe- und Familiensachen üblich sind,[64] 180 € bis 420 € für einen »Businessmediator« und weit darüber hinaus gehende Stundensätze bei Mediationen in Wirtschaftssachen; dabei wird auf die Anwaltshonorare verwiesen, die derzeit üblicherweise zwischen 150 € bis 600 € liegen, und dass eine Unterschreitung eines Honorars von 150 € nicht mehr zeitgemäß sei.[65] Bei wirtschaftlich bedeutenden Fällen

---

58 *Bischof/Jungbauer/Bräuer/Curkovic/Mathias/Uher*, RVG, § 34, Rn. 88.
59 *Baumgärtel/Hergenröder/Houben*, RVG, § 34, Rn. 19.
60 *Baumgärtel/Hergenröder/Houben*, RVG, § 34, Rn. 18.
61 *Dralle* Berliner Anwaltsblatt 2012, 263, (264) m.w.H.
62 *Bischof/Jungbauer/Bräuer/Curkovic/Mathias/Uher*, RVG, § 34, Rn. 13, 80.
63 *Hommerich/Kriele*, Marketing für Mediation, S. 4.
64 *Gerold/Schmidt/v. Eicken/Madert/Müller-Rabe*, Rechtsanwaltsvergütungsgesetz, § 34, Rn. 107; vgl. *Dralle* Berliner Anwaltsblatt 2012, 263 (264) m.w.N.
65 *Horst* in *Haft/von Schlieffen* (Hrsg.), Handbuch Mediation, § 47, Rn. 49 f.; *Gerold/Schmidt/v. Eicken/Madert/Müller-Rabe*, Rechtsanwaltsvergütungsgesetz, § 4, Rn. 34.

dürften auch Tagessätze zwischen 3.000 € und 5.000 € nicht unangemessen sein.[66]

Da Mediator und Parteien frei in der Gestaltung der Gebührenvereinbarung 55 sind, können sie auch ein **Pauschalhonorar**[67] oder eine dem RVG entsprechende **Geschäftsgebühr** von bis zu 2,5 (Nr. 2300 VV) und/oder Einigungsgebühr von 1,5 (Nr. 1000 VV) bezogen auf einen festgelegten Geschäftswert vereinbaren. Sollte die Gebührenvereinbarung aber auf die Gebührentatbestände des RVG nicht Bezug nehmen, so kann neben dem beispielsweise vereinbarten Stundenhonorar keine weitere Gebühr nach RVG, beispielsweise eine Einigungsgebühr nach VV Nr. 1000 RVG, anfallen. Denn die Gebührenvereinbarung nach § 34 Abs. 1 RVG lässt daneben keine weiteren gesetzlichen Gebühren nach RVG zu.[68] Die Regelungen des RVG gelten grundsätzlich nur für den Anwaltsmediator, der die Parteien unbedingt vor Beginn der Mediation darauf hinweisen sollte, wie er und ggf. auf Basis welchen Geschäftswerts er abrechnen wird, um mögliche Schadensersatzansprüche zu vermeiden.[69]

Der Mediator kann auch mit den Parteien ein **Erfolgshonorar** vereinbaren. Dem Anwaltsmediator dürfte dies nach § 49b Abs. 2 BRAO nicht verwehrt sein. Ob dies ratsam ist, ist davon abhängig, wie der Mediator gemeinsam mit den Parteien den »Erfolg« definiert.[70]

Mittlerweile tragen etliche **Rechtsschutzversicherungen** die Kosten der Me- 56 diation. Die Tarifvielfalt ist aber noch sehr unübersichtlich. So tragen manche Rechtsschutzversicherungen die Kosten für eine bestimmte Anzahl von Mediationssitzungen, andere erstatten die Kosten bis zu einen Höchstbetrag. Manche Rechtsschutzversicherung versucht, die Streitschlichtung durch Mediation dadurch zu fördern, dass auf den Selbstbehalt, der vom Versicherten in gerichtlichen Verfahren zu tragen ist, verzichtet wird. Sollten die Parteien oder nur eine Partei rechtsschutzversichert sein, so sollte vor Beginn der Mediation geklärt werden, welche Kosten die Rechtsschutzversicherung erstatten

---

66 *Horst* in *Haft/von Schlieffen* (Hrsg.), Handbuch Mediation, § 47, Rn. 53; vgl. zum Ganzen auch *Bischof/Jungbauer/Bräuer/Curkovic/Mathias/Uher*, RVG, § 34, Rn. 95 ff.
67 *Dralle* Berliner Anwaltsblatt 2012, 263 (264).
68 *Dralle* Berliner Anwaltsblatt 2012, 263 (265).
69 *Horst* in *Haft/von Schlieffen*, Handbuch Mediation, § 47, Rn. 40, 41.
70 *Dralle* Berliner Anwaltsblatt 2012, 263 (265); *Bischof/Jungbauer/Bräuer/Curkovic/Mathias/Uher*, RVG, § 34, Rn. 104.

wird. Der Mediator hat beim Informationsgespräch auf die Möglichkeiten der Inanspruchnahme der Rechtsschutzversicherung hinzuweisen.

57 Ein Rechtsanwalt, der als Mediator tätig ist und im Rahmen der Mediation den Parteien **rechtliche Auskunft** gibt, kann diese Tätigkeit nicht gesondert abrechnen. Unabhängig von der Frage, ob der Anwaltsmediator gut beraten ist, wenn er im Rahmen eines Mediationsverfahrens, das er als Mediator leitet, eine rechtliche Auskunft erteilt, drückt sich seine rechtliche Fachkompetenz bereits in der Höhe seines mit den Parteien vereinbarten Honorars aus.[71]

58 Begleitet ein **Rechtsanwalt** seinen Mandanten in einem **Mediationsverfahren** und berät ihn rechtlich, richtet sich sein Honoraranspruch nicht nach § 34 RVG, sondern nach Nr. 2300 VV RVG, soweit es sich um ein Mediationsverfahren außerhalb eines gerichtlichen Verfahrens handelt. Entsprechend fällt je nach Geschäftswert eine Gebühr zwischen 0,5 bis 2,5 an. Die Mediation im Zuge eines gerichtlichen Verfahrens (gerichtsnah oder gerichtsintern) ist Angelegenheit des gerichtlichen Verfahrens i.S.v. § 15 Abs. 1 und 2 RVG und damit auch gebührenrechtlich Bestandteil des gerichtlichen Verfahrens.[72]

59 Wird ein **Notar als Mediator** tätig gilt folgendes: der Notar ist »unabhängiger Träger eines öffentlichen Amtes« (§ 1 BNotO). Bei seiner Tätigkeit als Mediator oder Moderator, die als »sonstige Betreuung der Beteiligten auf dem Gebiete vorsorgender Rechtspflege« i.S.v. § 24 Abs. BNotO angesehen wird,[73] handelt es sich daher »regelmäßig« um eine Amtshandlung i.S.v. § 24 Abs. 1 BNotO.[74] Daher ist der Notar verpflichtet, für seine Tätigkeit die gesetzlichen Gebühren zu erheben (§ 17 Abs. 1 BNotO). Die einschlägige KostO enthält allerdings für Verfahren der Streitbeilegung keine ausdrückliche Regelung, so dass nur auf die Auffangnorm des § 147 Abs. 2 KostO zurück gegriffen werden kann.[75] Der Geschäftswert ist nach § 30 Abs. 1 KostO

---

[71] *Bischof/Jungbauer/Bräuer/Curkovic/Mathias/Uher*, RVG, § 1, Rn. 54, § 34, Rn. 108 ff.
[72] Wegen weiterer vertiefender Ausführungen vgl. *Bischof/Jungbauer/Bräuer/Curkovic/Mathias/Uher*, RVG, § 34, Rn. 106 ff.
[73] *Eylmann/Vaasen*, Bundesnotarordnung, Beurkundungsgesetz, § 24 BNotO, Rn. 2, 46 ff.; *Schippel/Bracker*, Bundesnotarordnung, § 24 Rn. 22.
[74] *Eylmann/Vaasen*, Bundesnotarordnung, Beurkundungsgesetz, § 24 BNotO, Rn. 2, 46 ff.; *Schippel/Bracker*, Bundesnotarordnung, § 24 Rn. 22; *Korintenberg/Lappe/Bengel/Reimann*, Kostenordnung, § 30, Rn. 56a.
[75] *Korintenberg/Lappe/Bengel/Reimann*, Kostenordnung, § 147 Rn. 30d.

nach freiem Ermessen zu bestimmen und hängt vom Gegenstand der Streitbeilegung ab. Allerdings sollte dabei auch das Ergebnis der Mediation berücksichtigt werden. Von dem so ermittelten Wert wird ein Teilwert in Höhe von 30 – 50 % für angemessen erachtet.[76]

Handelt es sich um einen **Anwaltsnotar**, also einen Notar, der auch als Rechtsanwalt zugelassen ist, so gilt das bisher Gesagte. Nur kann der Anwaltsnotar wählen, ob er aus seinem Grundberuf als Rechtsanwalt oder als Notar die Mediation durchführt. Inwieweit dabei die etwas flexibleren Abrechnungsmöglichkeiten seines Honorars als Rechtsanwalt eine Rolle spielen, hat er zu entscheiden. Der hauptamtliche Notar, der also nicht auch Rechtsanwalt ist (sog. Nur-Notar), wird dagegen seine Tätigkeit als Mediator nicht von seiner Tätigkeit als Notar trennen können, und hat daher sein Honorar nach der KostO zu berechnen. 60

Für Psychologen, Architekten, Steuerberater, Wirtschaftsprüfer, Psychologen, Soziologen und sonstige Berufsgruppen, die fast alle **keine berufsspezifischen Regelungen** aus ihren Herkunftsberufen für die Tätigkeit als Mediator kennen, gilt es, das Honorar frei zu vereinbaren. 61

bb) Weitere Kosten der Mediation

Im Rahmen eines Mediationsverfahrens können neben dem Honorar für den Mediator weitere Kosten anfallen für 62
- die Berater der Parteien (Rechtsanwälte, Steuerberater, Architekten etc.),
- Sachverständige oder Zeugen,
- Gutachten,
- Dolmetscher,
- den Abschluss der Mediationsvereinbarung (durch Notar oder sonstige Dritte),
- Auslagen wie
  - Telekommunikationsauslagen, Schreib-, Foto-, Dokumentationskosten,
  - Raummiete, besonderes Setting,
- Reise-, Hotelkosten.

Die Kosten für die **eigenen Berater** der Parteien fallen bei einem Mediationsverfahren, bei dem es um die Beurteilung fachbezogener Fragen geht, regel-

---

76 *Korintenberg/Lappe/Bengel/Reimann*, Kostenordnung, § 147 Rn. 30d.

§ 2 MediationsG Verfahren; Aufgaben des Mediators

mäßig an. Das Gebot der Informiertheit verlangt in vielen Fällen die Interessen wahrende Beratung. Die übrigen der genannten Kosten – mit Ausnahme der Auslagen – entstehen dagegen nur unter besonderen Voraussetzungen. Sachverständige oder schriftliche Gutachten werden erforderlich, wenn das nötige Fachwissen zur Beurteilung eines Sachverhalts bei den Beteiligten nicht vorhanden, dies aber für das Mediationsverfahren entscheidend ist (z. B. bei einem komplexen Bau- oder Arzthaftungskonflikt).

63 Die Höhe der jeweiligen Kosten hängt von entsprechenden Vereinbarungen ab oder richtet sich nach **berufsspezifischen Gebührenordnungen** (z. B. Rechtsanwaltsvergütungsgesetz; Steuerberatergebührenverordnung,[77] Honorarordnung für Architekten und Ingenieure[78]). Die Auslagen sowie Reisekosten werden grundsätzlich je nach Entstehung und angefallener Höhe abgerechnet. Der Ausgleich von Dokumentationskosten und ähnlichem kann auch pauschal vereinbart werden.

e) Haftung und Haftpflichtversicherung

64 Der Mediator haftet wie jeder andere Dienstleister für **schuldhaftes Handeln.** Mangels Sonderregelungen gelten die für alle Schuldverhältnisse anwendbaren Ansprüche aus §§ 280 ff. BGB, es können ferner Ansprüche aus § 311 Abs. 2 BGB bereits vor Abschluss oder nach Kündigung eines Mediatorvertrags nach §§ 627, 628 BGB, sowie deliktische Ansprüche nach § 823 ff. BGB gegeben sein.[79] Bisher waren allerdings die Pflichten des Mediators nicht normiert. Es fehlte zudem eine »allgemein gültige« Übereinkunft, was der Mediator zu tun und was er zu unterlassen hat. Damit war das Haftungsrisiko des Mediators auf solche Fälle beschränkt, die entweder eine eindeutige Verletzung allgemeiner Sorgfaltspflichten oder einen Verstoß gegen den Mediatorvertrag oder berufsrechtliche Regelungen (z. B. beim Anwaltsmediator) darstellten.[80] Da es keine sondergesetzliche Anwaltshaftung

---

77 Steuerberatergebührenverordnung (StBGebV) v. 17.12.1981 (BGBl. I S. 1442), i. d. F.v. 08.04.2008 (BGBl. I S. 666).
78 Honorarordnung für Architekten und Ingenieure (HOAI) vom 11.08.2009 (BGBl. I S. 2732).
79 Vgl. *Jost* ZKM 2011, 168 ff.; *Prütting* in *Haft/von Schlieffen* (Hrsg.), Handbuch Mediation, § 46, Rn. 2.
80 *Prütting* in *Haft/von Schlieffen* (Hrsg.), Handbuch Mediation, § 46, Rn. 14 ff.

gibt (Ausnahme § 44 S. 1 BRAO), finden für den als Mediator tätigen Anwalt auch nur die skizzierten allgemeinen Haftungsregelungen Anwendung.

Dies hat sich durch das **MediationsG** insoweit geändert, als die Pflichten des Mediators nun vielfach klarer bestimmt bzw. das MediationsG einen eindeutigen Raum für rechtliche Interpretationen zulässt. Es bleibt abzuwarten, in welchem Umfang die Rechtsprechung die Verletzung der vom Gesetz vorgegebenen Pflichten als Grundlage für Haftungsansprüche ansehen wird, doch hat sich der vom Mediator zu beachtende Pflichtenkatalog und damit sein **Haftungsrisiko deutlich verschärft**. Neben dem MediationsG wird auch in Zukunft der jeweilige Mediatorvertrag Grundlage für die Beschreibung der Pflichten des Mediators bleiben. Ergänzend sei darauf hingewiesen, dass das Handeln oder Unterlassen des Mediators neben den vertraglichen und gesetzlichen Haftungstatbeständen des Zivilrechts, grundsätzlich auch nach strafrechtlichen Haftungstatbeständen beurteilt werden kann.[81] 65

Ob der Mediator sein Haftungsrisiko durch den Abschluss einer **Vermögensschadensversicherung** verringert, hat er selber zu entscheiden. Eine Pflicht dazu sieht das MediationsG nicht vor. Etwas anderes gilt nur für die Mediatoren, die aus berufsrechtlichen Regelungen ihrer Herkunftsberufe gezwungen sind, eine Vermögensschadenshaftpflichtversicherung (Berufshaftpflichtversicherung) abzuschließen. 66

Für Rechtsanwälte, die als **Anwaltsmediatoren** einer anwaltlichen Tätigkeit nachgehen (vgl. § 1 RVG), ergibt sich diese Pflicht aus § 51 BRAO, der nach § 18 BORA Anwendung findet. (Nach § 18 BORA unterliegt der Rechtsanwalt, der als Mediator tätig wird, den Regeln des Berufsrechts.) Die Berufsregeln der Rechtsanwälte der Europäischen Union (CCBE)[82] enthalten keine entsprechenden Vorgaben. Ob die **anwaltliche Berufshaftpflichtversicherung** die Tätigkeit auch als Mediator abdeckt, hat der Rechtsanwalt abzuklären, andernfalls muss er eine Zusatzversicherung abschließen. 67

Notare haben nach § 19 a BNotO eine Berufshaftpflichtversicherung zu unterhalten.[83] Wird ein Notar als Mediator tätig, so handelt es sich um eine »sonstige Betreuung der Beteiligten auf dem Gebiete vorsorgender Rechts- 68

---

81 *Prütting* in *Haft/von Schlieffen* (Hrsg.), Handbuch Mediation, § 46, Rn. 67 ff.
82 Rat der Anwaltschaften der Europäischen Union (Conseil des Barreaux de L'Union Européenne – CCBE) v. 28.11.1998 in Lyon, vgl. www.anwaltsverein.de.
83 Dieser Haftungsumfang wird über § 67 Abs. 3 Nr. 3 BNotO noch erweitert.

pflege« i.S.v. § 24 Abs. BNotO, und damit um eine **Amtshandlung** i.S.v. § 24 Abs. 1 BNotO.[84] Daraus ist zu schlussfolgern, dass der Notar für die Tätigkeit als Mediator ebenfalls eine entsprechende Berufshaftpflichtversicherung haben muss. Auch für den Notar gilt, dass er prüfen muss, ob seine Berufshaftpflichtversicherung die Tätigkeit als Mediator abdeckt; andernfalls muss auch er eine **Zusatzversicherung** abschließen.

69 **Andere Berufsgruppen**, wie Steuerberater (§§ 67, 72 StBerG), Architekten und Bauingenieure, Ärzte, haben ebenfalls eine Berufshaftpflichtversicherung abzuschließen. Ob diese auch diese auch die Tätigkeit als Mediator abdeckt, ist im Einzelfall zu klären.

70 Der Mediator hat wohl kaum die Pflicht, im Rahmen des Informationsgespräches die Parteien auf seine grundsätzliche Haftung bei Verstoß gegen seine Sorgfaltspflichten hinzuweisen. Der allgemeine Gedanke der Haftung eines Dienstleister für von ihm verursachte Schäden ist in der Bevölkerung so verbreitet, dass es keines Hinweises bedarf. Er hat daher auch nicht die Pflicht, auf eine von ihm etwa für die Tätigkeit als Mediator abgeschlossene Vermögensschadensversicherung hinzuweisen. Es könnte lediglich ein für die Parteien **nützlicher Hinweis** sein, der ihnen die Entscheidung über einen bestimmten Mediator leichter machen kann.

f) Alternativen zur Mediation

71 Neben der Mediation gibt es zahlreiche **andere Konfliktlösungsverfahren**, von denen hier nur die Adjudikation, Kooperatives Anwaltsverfahren, Schiedsgutachten, Schiedsgerichtsbarkeit, Schlichtung genannt werden sollen.[85] Selbstverständlich gehört auch das gerichtliche Verfahren dazu. Um gerade dieses zu vermeiden, suchen die Parteien ein alternatives Konfliktlösungsverfahren. Der Mediator muss daher entscheiden, ob er den Parteien neben der Mediation auch andere Verfahren vorstellt. So hat sich der Mediator davon zu überzeugen, dass die Parteien die Grundzüge und Ablauf des Mediationsverfahrens verstanden haben. Daraus ergibt sich grundsätzlich noch nicht die Pflicht, die Parteien auch über **andere Verfahren** zur Streit-

---

84 *Eylmann/Vaasen*, Bundesnotarordnung, Beurkundungsgesetz, § 24 BNotO, Rn. 2, 46 ff.; *Schippel/Bracker*, Bundesnotarordnung, § 24 Rn. 22; *Korintenberg/Lappe/Bengel/Reimann*, Kostenordnung, § 30, Rn. 56a.
85 Zu Einzelheiten vgl. die Darstellung unter Andere Verfahren, I. Rdn. 1 ff.

beilegung zu unterrichten. Allerdings können die Parteien über die Frage, ob für sie die Mediation das geeignete Verfahren ist, oftmals nur entscheiden, wenn ihnen Alternativen dazu zumindest in Grundzügen bekannt sind. Der Mediator wird daher nur in Ausnahmefällen, wenn er z. B. im Gespräch mit den Parteien den Eindruck gewinnt, ein anderes Verfahren könnte für die Parteien zur Lösung des Konflikts geeigneter erscheinen, auf alternative Verfahren hinweisen müssen.

g) Freiwilligkeit der Teilnahme (Absatz 2, 2. HS)

Der Mediator hat sich nicht nur zu vergewissern, dass die Parteien »**freiwillig**« an der Mediation teilnehmen, sondern er hat die Freiwilligkeit zu **gewährleisten**.[86] Die **Freiwilligkeit** der Beteiligten ist eine entscheidende Verfahrensvoraussetzung für die Mediation. Das bedeutet, dass sich kein Beteiligter aus welchem Grund auch immer, gezwungen fühlen darf, an der Mediation teilnehmen zu müssen. Auch psychologischer Druck darf dazu nicht führen.[87] Das Prinzip der Freiwilligkeit hat der Mediator während des Informationsgespräches mit den Parteien zu erörtern. Er hat sich vor Beginn der Mediation anhand der Erklärungen der Beteiligten zu vergewissern, dass sie an der Mediation freiwillig teilnehmen. Er muss besonders bei bestimmten Beteiligten-Konstellationen, die auf ein unterschiedliches Machtverhältnis schließen lassen, die Frage der Freiwilligkeit sorgfältig prüfen.

72

Das Gesetz verlangt, dass die **Teilnahme** freiwillig erfolgen muss, wobei sich dies auf den Zeitraum vom Anfang bis zum Ende des Mediationsverfahrens bezieht. Die Freiwilligkeit muss daher zu **Beginn** des Mediationsverfahrens vorliegen. Damit ist die Teilnahme eines Beteiligten an einer Mediation, die »mit leichtem Druck« (z. B. bei einer innerbetrieblichen Mediation) erreicht wird, grundsätzlich ausgeschlossen. Jede Mediation z. B. zwischen zwei Arbeitnehmern, denen der Arbeitgeber eine Mediation zur Vermeidung anderweitiger arbeitsrechtlicher Konsequenzen (Kündigung) empfohlen hat, um einen Konflikt zu lösen, wäre damit von Anfang an abzulehnen. Ob dies die Intention des Gesetzgebers ist, darf bezweifelt werden, da mit dem MediationsG doch gerade die außergerichtliche Konfliktlösung gestärkt werden soll.

73

---

[86] Begr. BT-Drucks. 17/5335, S. 15.
[87] *Kracht* in *Haft/von Schlieffen* (Hrsg.), Handbuch Mediation, § 12, Rn. 99.

74 Der Mediator wird bei der Entscheidung, ob er unter diesen Umständen eine Mediation beginnen kann, die Frage nach seiner Aufgabe und Rolle in der Mediation und seine Haltung als Mediator (**Berufsethos**) beantworten müssen. Weder bestimmte Ideologien noch Wertesysteme sollte er in die Mediation einbringen wollen. Er sollte vielmehr eine **Ausgewogenheit** zwischen der konkreten Anforderung der Aufgabe, den Parteien und sich selbst finden. Dabei können Verfahrensrahmen und Prinzipien ein »gutes Korsett«[88] für den Mediator sein. In Zweifelsfällen kann der Mediator Begrifflichkeiten, wie Selbstverantwortlichkeit oder Freiwilligkeit, nur aufgrund seiner ethischen Haltung in der Rolle als Mediator ausfüllen. Damit sind Prinzipien keine Dogmen, sondern »Hilfen für die praktische Anwendung«, an denen der Mediator selbstreflektierend seine Haltung ausrichtet.[89]

75 Man wird daher das gesetzlich geforderte Gebot der »**Freiwilligkeit**« in besonderen Fällen darauf reduzieren können, dass die Parteien ggf. dem Mediationsverfahren als Konfliktlösungsverfahren noch zweifelnd gegenüberstehen, sich möglicherweise auch durch besondere Umstände oder Dritten, z. B. Vorgesetzten, Arbeitgebern, dazu gedrängt fühlen. Erforderlich dürfte aber sein, dass die Parteien trotz dieser Vorbehalte sich eindeutig dazu erklären, dass sie den Konflikt eigenverantwortlich lösen möchten. Im Laufe der Mediation muss sich der Mediator davon überzeugen, dass sich die »Vorbehalte« der Parteien gegen das Verfahren in »Freiwilligkeit« an der Teilnahme umwandeln. Denn ohne diesen Prozess wird die Mediation scheitern, da die Parteien nicht eigenverantwortlich eine tragfähige und dauerhafte Mediationsvereinbarung erarbeiten können.

76 Der Mediator hat dieses Problem mit den Beteiligten zu erörtern und deren Zustimmung zur Mediation trotz **fehlender Freiwilligkeit** einzuholen. Letztlich hat er aufgrund des Informationsgespräches die Entscheidung zu treffen, ob er die Mediation unter diesen Umständen verantworten kann und ob es Anzeichen dafür gibt, dass die Parteien aus Überzeugung und damit freiwillig an der Mediation teilnehmen.

77 Da die Freiwilligkeit der Parteien während des gesamten Mediationsverfahrens grundsätzlich vorhanden sein muss, hat sich der Mediator auch **ständig**

---

[88] *Kracht* in *Haft/von Schlieffen* (Hrsg.), Handbuch Mediation, § 12, Rn. 6.
[89] *Kracht* in *Haft/von Schlieffen* (Hrsg.), Handbuch Mediation, § 12, Rn. 8.

hierüber zu **vergewissern**, und die Mediation abzubrechen, wenn er der Überzeugung ist, dass diese bei einem Beteiligten nicht mehr vorliegt.

3. Verfahrensvereinbarung

Der Mediator hat die Parteien auch auf den möglichen Abschluss einer Ver- 78
fahrensvereinbarung hinzuweisen. Damit können die Parteien »grundlegende Verfahrens-, **Kommunikations- und Verhaltensregeln**«[90] festlegen. Davon zu trennen sind
- die **Mediationsvereinbarung**, die zwischen zwei oder mehr Personen darüber abgeschlossen wird, dass im Falle eines Konflikts eine Mediation als Konfliktlösungsverfahren durchgeführt wird.[91] Dies wird häufig in Verträgen in Form einer Mediationsklausel (z. B. an Stelle einer Schiedsgerichtsklausel) geregelt;[92] und
- die **Mediationsabschlussvereinbarung** (Abschlussvereinbarung), die am Ende einer erfolgreichen Mediation ihr Ergebnis meist in Form eines Vergleichs (§ 779 Abs. 1 BGB) festhält; und mit Einschränkungen
- der **Mediatorenvertrag**, der das Verhältnis zwischen Mediator und Parteien, z. B. über Fragen des Honorars und seiner Fälligkeit, der Verschwiegenheit, der Beendigung des Vertrags, der Protokollierung und der Dokumenten-/Aktenaufbewahrung regelt.[93]

Die **Mediations- bzw. Verfahrensvereinbarung** kann umfangreiche Regeln 79
enthalten, u. a. über die
- persönliche Teilnahme der Parteien an den Mediationssitzungen,
- Vertretung von Personengemeinschaften und juristischen Personen und deren Verhandlungskompetenz,
- Teilnahme von Beratern der Parteien,
- Hinzuziehung von externen Gutachtern,
- Ort und Dauer der Mediation insgesamt,
- Dauer der einzelnen Mediationssitzungen,
- Beendigung der Mediation,
- über einen respektvollen Umgang in der gemeinsamen Kommunikation,[94]

---

90 Begr. BT-Drucks. 17/5335, S. 15.
91 *Hess* in *Haft/von Schlieffen* (Hrsg.), Handbuch Mediation, § 43, Rn. 12 ff.
92 Vgl. *Unberath* NJW 2011, 1320 ff.
93 *Hess* in *Haft/von Schlieffen* (Hrsg.), Handbuch Mediation, § 17, Rn. 63 ff.
94 Begr. BT-Drucks. 17/5335, S. 15.

§ 2 MediationsG Verfahren; Aufgaben des Mediators

- Vertraulichkeit,
- Offenlegung oder Geheimhaltung von Informationen und Beweisverwertung von Erkenntnissen aus dem Mediationsverfahren,
- Zeugnisverweigerungsrecht des Mediators,
- Durchführung von Einzelgesprächen und den Umgang mit den daraus gewonnenen Informationen,
- Fragen zur Erstellung von Protokollen,
- Umgang mit bereits anhängigen Verfahren (z. B. Gerichtsverfahren, Verwaltungsverfahren),
- Verzicht der Verjährungseinrede,
- Kosten der Mediation und Vergütung des Mediators,
- Information der Öffentlichkeit, Medien, Presseverlautbarungen,
- Einsichtsrechts in die Mediationsakte,[95]
- Aufbewahrung von Unterlagen aus dem Mediationsverfahren,
- Sanktionen bei Verstoß gegen Absprachen,
- Überwachung der Umsetzung der Mediationsabschlussvereinbarung.

80 Abhängig vom jeweiligen Mediationsverfahren (Parteien, Konfliktstoff, Dauer und Umfang der Mediation) werden solche Regeln Anwendung finden. Generell wird der Mediator aber bei allen Mediationsverfahren mit den Parteien vor Beginn der Mediation bestimmte Regeln für den gegenseitigen Umgang während der Mediation vereinbaren, die in erster Linie die Kommunikation betreffen und deren Befolgung eine **positive Kommunikation** zwischen Personen erst ermöglicht (z. B. den anderen aussprechen lassen; Ich-Botschaften verwenden; keine beleidigende Ansprache, verständliche Sprache verwenden etc.).

81 Zahlreiche Regeln, die Eingang in eine Verfahrensvereinbarung finden können, betreffen unmittelbar das Verhältnis der Parteien zum Mediator und dessen Rolle in der Mediation. Damit können die Regelungen der Verfahrensvereinbarung durchaus Teil des Mediatorvertrags sein, was meistens auch der Fall sein dürfte, da der Mediator diese Verfahrens-, Kommunikations- und Verhaltensregeln mit den Parteien besprechen und zusammenfassen wird. Es empfiehlt sich, die **Verfahrensvereinbarung**, wie alle anderen die Durchführung oder Beendigung der Mediation betreffenden Vereinbarungen, **schriftlich** abzuschließen. Bei einer Vielzahl von Mediationen, z. B. mit wenigen Parteien und kurzer Dauer, wird der Mediator aber Verfahrens-,

---

95 Begr. BT-Drucks. 17/5335, S. 15.

Kommunikations- und Verhaltensregeln mit den Parteien besprechen, und die Parteien werden der Einhaltung dieser Regelungen mündlich zustimmen.

Der Mediator hat mit den Parteien über diese vertraglichen Möglichkeiten somit **vor Beginn der Mediation** zu sprechen. Der Gesetzgeber geht zwar davon aus, dass ein entsprechender Hinweis »zu Beginn der Mediation«[96] geboten sein kann. Aus verfahrenssystematischen Gründen ist damit der Zeitpunkt der Entscheidung der Parteien für die Durchführung der Mediation und vor Abschluss der vertraglichen Regelungen (Mediatorenvertrag, Verfahrensvereinbarung) gemeint. Da die Verfahrensvereinbarung aber ganz wesentliche und für die Parteien sogar entscheidungsbeeinflussende Regelungen (z. B. Verschwiegenheit, Vertraulichkeit, Beweisverwertungsverbote) enthalten kann, sollte der Mediator frühzeitig die Parteien auf diese Möglichkeit der Regelungsautonomie hinweisen. 82

4. Verhältnis des Mediators zu den Parteien (Absatz 3 Satz 1)

Der Mediator ist **allen Parteien** gleichermaßen zur Neutralität **verpflichtet.**[97] 83

Hier liegt ein gewisses **Haftungspotential** für den Mediator. Parteien spüren sehr genau, wenn der Mediator nicht mehr neutral agiert und z. B. einer Partei gegenüber weniger Verständnis zeigt als der anderen Partei gegenüber. Die mangelnde Neutralität kann bereits zu Beginn der Mediation vorliegen oder sich im Laufe des Mediationsverfahrens aus den unterschiedlichsten Gründen entwickeln. Häufig ist es eine spontane Äußerung des Mediators, die zumindest einer Partei das **subjektive Empfinden** der mangelnden Neutralität des Mediators gibt. Sollte diese Partei daraufhin die Mediation abbrechen und dem Mediator unter Hinweis auf die **Verletzung des Neutralitätsgebots** z. B. die Bezahlung seines Honorars verweigern (vgl. § 628 Abs. 1 S. 2 BGB), wird es für die Beurteilung der Pflichtverletzung durch den Mediator nicht allein auf das subjektive Empfinden (Empfängerhorizont) der Parteien ankommen können. Denn damit könnte auch gegen Ende einer sonst erfolgreich verlaufenden Mediation jeder Honoraranspruch eines Mediators zunichte gemacht werden. Vielmehr hat die Partei die Pflichtverletzung des Mediators ggf. gerichtlich nachprüfbar nachzuweisen. 84

---

96 Begr. BT-Drucks. 17/5335, S. 15.
97 Zu Einzelheiten vgl. oben Rdn. 23 ff.

Pielsticker

85 Der Mediator sollte daher vor Handlungen, die das Gefühl der mangelnden Neutralität bei Parteien entstehen lassen können (z.B. die Erteilung eines rechtlichen Hinweises durch den Anwaltsmediator), die Parteien auf diese Gefahr hinweisen und sich ihre **ausdrückliche Zustimmung** dazu einholen. Sollte dem Mediator mangelnde Neutralität vorgeworfen werden, so ist es sinnvoll, wenn er die damit in Zusammenhang stehenden Äußerungen und Umstände dokumentiert. Das gilt insbesondere, wenn dieser Vorwurf Anlass für die Beendigung der Mediation ist.

5. Förderung der Mediation (Absatz 3 Satz 2, 1. HS)

86 Der Mediator hat im Mediationsverfahren die Kommunikation der Parteien zu fördern. Wie jede **Interaktion von Personen** (nach *Watzlawick*,[98] »*kann man nicht nicht kommunizieren*«) basiert Mediation auf der Kommunikation[99] der Beteiligten, einerseits der Parteien untereinander und andererseits der Parteien mit dem Mediator. Kommunikation ist dabei nicht auf Wort und Schrift (**verbale Mittel**) beschränkt. Dazu gehört vielmehr auch die Art des Sprechens, Sprachgeschwindigkeit, Lautstärke, Wortwahl (**paraverbale Mittel**) sowie jede weitere Art des Versendens von Botschaften, wie Mimik und Körperhaltung (**nonverbale Mittel**),[100] wobei er weitaus größere Teil einer Information über die Form (97 %) als über den Inhalt (3 %) kommuniziert wird.[101] Diese Kommunikation zu **strukturieren**, zu leiten und zu fördern, ist Pflicht des Mediators. Dabei stehen ihm eine Vielzahl (nach *Ripke*[102] gibt es wohl ebenso viele Interaktionsstile, wie es Mediatoren gibt.) von unterschiedlichen Kommunikationsmethoden und -techniken zur Verfügung.[103] Sollte die eine Methode nicht den gewünschten Kommunikationserfolg bringen, hat der Mediator eine andere zu wählen. Denn »der Wert der Kommunikation ist das Resultat, das diese hervorruft.«[104]

---

[98] *Watzlawick/Beavin/Jackson*, Menschliche Kommunikation, S. 53.
[99] Von lat. communicare, communico: jemandem etwas mitteilen, mit jemandem etwas besprechen, jemanden an etwas teilnehmen lassen, etwas gemeinsam machen, vereinigen, zusammenlegen.
[100] Vgl. *Kempf* in *Haft/von Schlieffen* (Hrsg.), Handbuch Mediation, § 35, Rn. 10 f.
[101] *Schweizer* in *Haft/von Schlieffen* (Hrsg.), Handbuch Mediation, § 14, Rn. 14.
[102] *Ripke* ZKM 2004, 70 ff., die von »Mediatorinnen« spricht, damit aber wohl Mediatoren und Mediatorinnen meint.
[103] Begr. BT-Drucks. 17/5335, S. 15.
[104] *Schweizer* in *Haft/von Schlieffen* (Hrsg.), Handbuch Mediation, § 14, Rn. 14.

Zu den wichtigsten Kommunikationstechniken,[105] die der Mediator einzu- 87
setzen hat, gehören u.a. das **aktive Zuhören**, das **Paraphrasieren** und unterschiedliche Fragetechniken.[106] Aber auch alle weiteren Techniken, mit denen der Mediator in der Lage ist, die Kommunikation innerhalb des Mediationsverfahrens positiv fördern (beispielsweise Kreativtechniken), sind hierzu zu rechnen.

6. Angemessene und faire Einbindung der Parteien (Absatz 3 Satz 2, 2. HS)

a) Angemessen und fair

Der Mediator hat zu gewährleisten, dass die Parteien in **angemessener** und 88
fairer Weise in die Mediation eingebunden sind«. Dabei bedeutet »**angemessen**«, die geeigneten und gebotenen Maßnahmen zu ergreifen, um die Mediation im Interesse der Parteien zu fördern; es bezieht sich damit auf die Methodik der Mediation. »**Fair**« bezieht sich auf den Umgang der Beteiligten miteinander in der Mediation, und meint ein »gleichberechtigtes«, »anständiges«, »ehrliches« und den Regeln entsprechendes Verhalten der Beteiligten. Damit hat der Mediator zusammenfassend darauf zu achten, dass die mit den Parteien vereinbarten Verfahrensregeln eingehalten werden,[107] und jede Partei ausreichend, gleichberechtigt und ohne jeden inneren Zwang an der Kommunikation während der Mediation teilnehmen kann. Die **Verfahrensregeln** ergeben sich aus der Verfahrensvereinbarung der Parteien,[108] dem Mediatorvertrag, aber auch aus den allgemeinen Grundsätzen über Verfahren und Ablauf einer Mediation.

b) Empowerment

Sollte eine Partei das Gefühl haben, an der Mediation nicht gleichberechtigt 89
teilnehmen zu können, kann dies vielfältige Gründe haben, z.B. das Bestehen eines Machtungleichgewichts zwischen den Parteien (z.B. bei einer innerbetrieblichen Mediation zwischen Geschäftsführer und Mitarbeiter) oder eines Abhängigkeitsverhältnisses (zwischen Eltern und Kinder) oder unter-

---

105 Vgl. umfassend Methodik, II. Rdn. 60 ff. und Rdn. 66 ff.
106 *Kessen/Troja* in *Haft/von Schlieffen*, Handbuch Mediation, § 13, Rn. 29.
107 Begr. BT- Drucks. 17/5335, S. 15.
108 Vgl. oben Rdn. 88.

schiedlicher Fähigkeiten der Parteien bei den sprachlichen Ausdrucksmöglichkeiten oder ein Unterschied der sozialen Stellung der Parteien. Der Mediator hat die Partei, die nach eigenem, subjektivem Empfinden oder nach Überzeugung des Mediators nicht gleichberechtigt an der Mediation teilnimmt, u. a. durch besondere Kommunikationsmethoden zu ermutigen und zu unterstützen (**Empowerment**), das subjektive Gefühl der Macht- und Einflusslosigkeit zu überwinden, damit sie »ihren Interessen, Bedürfnissen und Wünschen Ausdruck verleihen«[109] kann.

c) Gewährleisten

90 Der Gesetzgeber stellt hier einen sehr hohen Anspruch an den Mediator. Zwar kennt das Recht des Dienstvertrags (§§ 611 ff. BGB) den Begriff »**gewährleisten**« nicht. Im allgemeinen Sprachgebrauch versteht man darunter aber, dass eine bestimmte Leistung, ein bestimmter Erfolg »sichergestellt« oder »garantiert«[110] wird. Der Mediator schuldet den Parteien daher nahezu den Erfolg, dass die Verfahrensregeln von den Parteien eingehalten und die Parteien gleichberechtigt an der Mediation teilnehmen können. Damit ist ein **objektiver Maßstab** für die Erfüllung dieser Pflicht des Mediators beschrieben und es wird nicht allein auf die subjektiven Fähigkeiten des einzelnen Mediators abzustellen sein. Hier besteht das Haftungsrisiko des Mediators, wenn es ihm z. B. mangels Ausbildung oder ausreichender Kenntnis von Kommunikationstechniken nicht gelingt, diese Pflicht zu erfüllen.

91 Dass der Mediator den **Erfolg** hinsichtlich der Beachtung der Verfahrensregeln schuldet, wird man nun vernünftigerweise nicht verlangen können, da dies maßgeblich auch von dem Verhalten der Parteien abhängt. Er hat aber – auch wiederholt – auf die Parteien **einzuwirken**, ggf. auch unter Herausarbeitung mit den Parteien, was die Alternativen zur Mediation wären (z. B. Gerichtsverfahren), die Verfahrensregeln zu beachten. Dies hat er bei allen Parteien gleichermaßen einzufordern, da sonst der Eindruck der Parteilichkeit entstehen kann.

92 Damit ist es auch Aufgabe des Mediators, die Einhaltung der Verfahrensregeln durchzusetzen. Sanktionsmittel stehen dem Mediator dazu allerdings nahezu nicht zur Verfügung. Er kann lediglich den **Abbruch der Mediation**

---

109 *Kessen/Troja* in *Haft/von Schlieffen* (Hrsg.), Handbuch Mediation, § 13, Rn. 27.
110 Begr. BT- Drucks.17/5335, S. 15.

androhen. Ggf. kann er eine Mediationssitzung abbrechen und die erneute Aufnahme der Mediation davon abhängig machen, dass sich die Parteien noch einmal zur Einhaltung der vereinbarten Regeln verpflichtend erklären.

Der Mediator muss die Mediation abbrechen, wenn es ihm trotz intensiver Bemühungen nicht gelingt, die Parteien »in angemessener und fairer Weise in die Mediation« einzubinden. Der Mediator hat mit den Parteien einen Mediatorvertrag abgeschlossen hat. Daher kann er schon eine Mediationssitzung **nicht willkürlich**, sondern nur aus Gründen abbrechen, die ihm eine Fortführung der Mediation unzumutbar machen. Das gilt insbesondere für die Beendigung der Mediation im Ganzen. Hier müssen ausreichende Gründe für eine fristlose **Kündigung** des Mediatorvertrags durch den Mediator vorliegen. Ob und inwieweit die Kündigung ohne Vorliegen dieser Voraussetzungen nach § 627 BGB (**Fristlose Kündigung** bei Vertrauensstellungt) möglich ist, dürfte wohl davon abhängen, wie weit das Mediationsverfahren bereits fortgeschritten ist. Befindet sich die Mediation nach einigen Sitzungen bereits mitten in der Phase der Interessenklärung oder kurz vor der Bewertung der Lösungsoptionen, könnte die Kündigung nach § 627 BGB (keine Kündigung zur Unzeit) ausgeschlossen sein. 93

Zur Anwendung von Absatz 5 Satz 2, wonach der Mediator die Mediation beenden kann, wird auf die dortigen Ausführungen verwiesen.[111] Bei dieser »**Kann-Vorschrift**« hat der Gesetzgeber nur bestimmte Umstände als Kündigungsgründe im Blick. 94

7. Getrennte Gespräche (Absatz 3 Satz 3)

Das Gesetz spricht von »getrennten Gesprächen«. In der Mediationsliteratur wird dagegen nahezu ausnahmslos der Begriff »**Einzelgespräche**« benutzt. Begrifflich liegt der Unterschied darin, dass »Einzelgespräche« immer nur mit einer Partei geführt werden, und »getrennte Gespräche« bei einem Mehrparteienverfahren auch mit mehr als einer Partei gleichzeitig möglich sein können. Solche Gespräche sind in einer Mediation bereits unter dem Gesichtspunkt der Transparenz, der Gleichberechtigung der Parteien und dem Neutralitätsgebots des Mediators schwer vorstellbar. Da der Gesetzgeber auch selber in der Gesetzesbegründung[112] den Begriff »Einzelgespräch« be- 95

---

111 Vgl. unten Rdn. 122 ff.
112 Begr. BT-Drucks. 17/5335, S. 15.

nutzt, scheint es sich hier lediglich um eine redaktionelle Unsauberkeit zu handeln.

96 Ob der Mediator in einem Mediationsverfahren überhaupt Einzelgespräche führen soll, war im Schrifttum lange Zeit umstritten.

a) Einzelgespräche

97 Der Mediator kann mit den Parteien getrennte Gespräche (sog. **Caucus**) führen, bei denen die jeweilige Partei dem Mediator gegenüber bestimmte **Informationen offenbart**, die sie der anderen Partei nicht mitteilen möchte.[113] Das kann ganz unterschiedliche Gründe haben. So kann die Partei fürchten, aus dieser Information könnte die andere Partei einen Nutzen zu Ungunsten der die Information preisgebenden Partei ziehen und diese Information u. U. in einem anschließenden Gerichtsverfahren gegen diese Partei nutzen. Einzelgespräche können u. a. der Klärung der Interessenlage einer Partei (z. B. möchte eine Partei ihre wirtschaftliche Situation, den anhängigen Patentrechtsstreit, eine Krankheit preisgeben oder die Schaffung eines Präzedenzfalls vermeiden), der realistischeren Einschätzung der Rechtslage (meist überschätzen die Parteien die Aussichten eines Gerichtsverfahrens zu ihren eigenen Gunsten, was die Einigung verhindern kann), der weniger abwertenden Einschätzung von Lösungsoptionen, die die Gegenseite genannt hat (Parteien sind gegenüber Lösungsvorschlägen der anderen Partei oft negativ voreingenommen[114]) und der Bearbeitung von Emotionen.

98 Ob Einzelgespräche mit den Parteien grundsätzlich in Betracht zu ziehen sind, ist eine viel diskutierte Thematik. So seien diese bereits mit dem Grundsatz der Gewährung des **rechtlichen Gehörs** (Art. 103 GG, Art. 6 EMRK, § 1042 ZPO) nicht vereinbar.[115] Dies wird von der herrschenden Literatur aber abgelehnt, da dieser Grundsatz auf das Mediationsverfahren keine Anwendung findet.[116] Ein wesentliches Problem ist die Frage, wie der Mediator mit den nur ihm offenbarten Informationen in der Mediation umgeht. Er wird diese ohne Zustimmung der entsprechenden Partei nicht preis-

---

113 Vgl. *Leiss* ZKM 2006, 74.
114 *Risse/Wagner* in *Haft/von Schlieffen* (Hrsg.), Handbuch Mediation, § 23, Rn. 88 ff.; *Leiss* ZKM 2006, 74, 76.
115 Vgl. *Hess* in *Haft/von Schlieffen* (Hrsg.), Handbuch Mediation, § 43, Rn. 53 ff.
116 *Breidenbach/Coester-Waltjen/Heß/Nelle/Wolf* (Hrsg.), Konsensuale Streitbeilegung, S. 45, 76.

geben dürfen. Dieses **Vertraulichkeitsproblem** kann die weitere Mediation belasten, da der Mediator aus Sorge, die vertraulichen Informationen preiszugeben, u. U. nicht mehr unbefangen handeln kann.[117] Je weniger sich der Mediator aber in die Phase der Lösungsfindung selber mit Vorschlägen einbringt, desto geringer ist dieses Problem.[118] Er kann dem auch dadurch begegnen, dass er sich die Zustimmung der Partei einholt, diese Information oder Teile davon auch der anderen Partei mitteilen zu dürfen, die in einer Vielzahl von Fällen auch gegeben wird, nachdem die Partei zuerst mit dem Mediator darüber vertraulich sprechen konnte.[119] Grundsätzlich ist die Sicherung der **Vertraulichkeit** eine wesentliche Aufgabe für den Mediator.[120] Diese kann u. a. im **Mediatorvertrag** besonders geregelt werden, soweit diese nicht durch die Bestimmungen in § 4 MediationsG gesichert ist.

Es besteht zudem die Gefahr, dass Einzelgespräche genutzt werden könnten, den Mediator z. B. durch Informationen zu **beeinflussen**, denen die andere Partei wegen ihres vertraulichen Charakters nicht widersprechen kann. Dadurch kann die Neutralitätspflicht des Mediators gefährdet werden.[121] 99

Generell wird in Einzelgesprächen, insbesondere in **Wirtschaftsmediationen**,[122] ein »wertvolles Instrument der mediativen Streitbeilegung«[123] gesehen, wovon offenbar auch der Gesetzgeber ausgeht. Aus dem Gebot der Neutralität hat der Mediator mit allen Parteien Einzelgespräche zu führen. Er sollte sogar darauf achten, dass die »Parteien möglichst gleich viele und gleich lange Einzelgespräche führen, und zwar auch dann, wenn dies inhaltlich nicht notwendig wäre.«[124] 100

Werden die Einzelgespräch so ausgeweitet, dass der Mediator zwischen den Parteien von Einzelgespräch zu Einzelgespräch pendelt und Lösungsvorschläge überbringt, spricht man von »**Shuttle-Diplomatie**«.[125]

---

117 *Leiss* ZKM 2006, 74, (75).
118 *Leiss* ZKM 2006, 74, (77).
119 *Leiss* ZKM 2006, 74, (77).
120 Vgl. *Kracht* in *Haft/von Schlieffen* (Hrsg.), Handbuch Mediation, § 12, Rn. 123 ff.
121 Vgl. *Kracht* in *Haft/von Schlieffen* (Hrsg.), Handbuch Mediation, § 12, Rn. 122.
122 *Risse* NJW 2000, 1614 (1616).
123 *Leiss* ZKM 2006, 74, 77.
124 *Risse/Wagner* in *Haft/von Schlieffen* (Hrsg.), Handbuch Mediation, § 23, Rn. 186.
125 *Risse* NJW 2000, 1614, (1616); *Risse/Wagner* in *Haft/von Schlieffen* (Hrsg.), Handbuch Mediation, § 23, Rn. 84.

b) Allseitiges Einverständnis

101 Der Mediator kann Einzelgespräche nur im **allseitigen Einverständnis** durchführen. Das Gesetz schweigt dazu, wer die Zustimmung zu erteilen hat. Denn »allseitig« könnte bedeuten, dass grundsätzlich alle an der Mediation Beteiligten ihre **Zustimmung** dazu erklären müssen. Von den Einzelgesprächen wie von der gesamten Mediation sind **unmittelbar nur die Parteien**, nicht jedoch sonstige Dritte betroffen. Daher kommt es grundsätzlich auf deren Zustimmung an. Sollte der Vorschlag zur Durchführung von Einzelgesprächen allerdings von den Parteien kommen, so hat auch der Mediator seine Zustimmung zu erklären. Denn er könnte diese ablehnen, weil er grundsätzliche Einwände hat oder sie für den besonderen Fall als ungeeignet ansieht.

102 Die Zustimmung kann zu **jedem Zeitpunkt** der Mediation erteilt werden. Sinnvoll ist es sicherlich, dies bereits im Mediatorvertrag oder in der Verfahrensvereinbarung zu klären. Aber sollte sich erst im Laufe einer Mediation, was nicht selten ist, die Notwendigkeit für Einzelgespräche ergeben, dann kann darüber ad hoc entschieden werden.[126] Auch die anfänglich von den Parteien abgelehnte Zustimmung kann im Laufe des Verfahrens erteilt werden. Sollte eine Partei ihre Zustimmung zur Durchführung von Einzelgesprächen im Laufe des Verfahrens **widerrufen**, ist damit so zu verfahren, wie mit dem Widerruf jeder im Mediatorvertrag oder der Verfahrensvereinbarung geregelten Verpflichtung. Die Parteien müssen mit Unterstützung des Mediators darüber eine Einigung erzielen oder die Mediation scheitert.

8. Teilnahme Dritter (Absatz 4)

103 Es bedarf der Zustimmung aller Parteien, wenn Dritte in die Mediation einbezogen werden sollen. Dies folgt aus dem Prinzip der **Eigenverantwortlichkeit**; der Gesetzgeber bezeichnet es als »**Parteiautonomie**«.[127]

a) Dritter

104 **Dritte** können grundsätzlich alle Personen sein, die nicht unmittelbar von der Mediation oder vom Ergebnis der Mediation, betroffen sind, daran aber dennoch teilnehmen sollen. Hierbei handelt es sich insbesondere um Partei-

---

126 A.A. *Kracht* in *Haft/von Schlieffen* (Hrsg.), Handbuch Mediation, § 12, Rn. 122.
127 Begr. BT Drucks. 17/5335, S. 15.

vertreter, wie z. B. Rechtsanwälte,[128] Berater, wie z. B. Steuerberater, Architekten, aber auch Gutachter und Sachverständige und Zeugen, aber auch sonstige Begleitpersonen der Parteien, solange über deren Teilnahme Einigkeit besteht.

b) Einbeziehung

Einbeziehung ist so zu verstehen, dass der Dritte **persönlich** in der Mediation **anwesend** ist.[129] Diese Einbeziehung kann zeitlich begrenzt sein, wie z. B. bei Gutachtern oder Zeugen. Außerhalb der Mediation kann sich jede Partei weiterer Personen als Berater oder Unterstützer bedienen, die auf das Mediationsverfahren unmittelbar aber keinen Einfluss nehmen dürfen. D.h. sie dürfen weder schriftlich noch mündlich mit den Beteiligten der Mediation in Kontakt treten.

105

c) Zustimmung

Zustimmung und **Einverständnis**, i.S.v. allseitigem Einverständnis, werden hier synonym gebraucht.[130] Die Teilnahme eines Rechtsanwalts als Parteivertreter oder Berater einer Partei ist daher nur mit Zustimmung aller Parteien möglich.[131] Der Mediator hat darauf zu achten, dass in einem solchen Fall alle Parteien anwaltlich begleitet werden, bzw. die nicht anwaltlich vertretene Partei auf die damit verbundenen Nachteile hinzuweisen. Sollte der Mediator im Laufe der Mediation erkennen, dass diese mangelnde Vertretung bei einer Partei zu einem Informationsdefizit führt, hat er die Informiertheit sicherzustellen (**Informationsgebot**).

106

Im Übrigen gelten die Ausführungen, die oben unter Rdn. 101 ff. zum allseitigen Einverständnis bei Einzelgesprächen dargestellt wurden, im vorliegenden Zusammenhang entsprechend. So ist insbesondere die Einbeziehung Dritter zu jedem Zeitpunkt des Mediationsverfahrens möglich.

107

---

128 Begr. BT-Drucks. 17/5335, S. 15; kritisch *Duve* ZKM 2012, 108 f. (109).
129 Begr. BT-Drucks. 17/5335, S. 15.
130 Begr. BT-Drucks. 17/5335, S. 15.
131 Begr. BT-Drucks. 17/5335, S. 15.

d) Vertraulichkeit

108 Das in § 1 Abs. 1 MediationsG normierte und sich aus den allgemeinen Grundsätzen der Mediation ergebende Gebot der Vertraulichkeit wird insoweit zur Disposition der Parteien gestellt, als diese **frei entscheiden** können, ob sie das Mediationsverfahren für Dritte öffnen und damit die Vertraulichkeit insoweit einschränken.[132]

9. Beendigung der Mediation (Absatz 5)

a) Beendigung durch die Parteien (Absatz 5 Satz 1)

109 Der **Referentenentwurf** des Bundesministeriums der Justiz vom 4. August 2010 sah eine Beendigung des Verfahrens durch die Parteien nicht vor. Durch Absatz 5 Satz 1 MediationsG ist nunmehr ausdrücklich klargestellt, dass selbstverständlich auch die Parteien das Mediationsverfahren jederzeit beenden können.[133] Dieses Recht folgt bereits aus dem Prinzip der **Freiwilligkeit.**[134]

aa) Parteien

110 Jede Partei, die an einer Mediation teilnimmt, kann die Mediation **beenden.** Dieser Beschluss muss nicht von allen an der Mediation teilnehmenden Parteien gemeinsam getroffen werden. Andere Beteilige (zum Mediator vgl. Satz 2) können ihre »unterstützende« Tätigkeit im Mediationsverfahren auch einstellen, aber nicht das Mediationsverfahren beenden. Aus dem Grundsatz der **Freiwilligkeit** folgt nicht nur, dass die Parteien ohne äußeren Druck oder Zwang an der Mediation teilnehmen, sondern auch die Möglichkeit haben, das Verfahren zu beenden, ohne Sanktionen gleiche welcher Art befürchten zu müssen.

111 Ob und inwieweit der Mediator versuchen soll, eine Partei, die die Mediation beenden möchte, zur **Fortsetzung des Verfahrens** zu motivieren, hängt vom Einzelfall ab. Sollte die Partei den Mediator als parteilich und voreingenommen wahrnehmen, so wird eine Fortsetzung der Mediation weniger wahrscheinlich sein, als bei Bedenken über Verfahrensabläufe oder wegen ei-

---

132 Begr. BT-Drucks. 17/5335, S. 15.
133 *Kraft/Schwerdtfeger* ZKM 2011, 56.
134 Begr. BT-Drucks. 17/5335, S. 15.

nes ungehörigen Verhaltens einer anderen Partei. Dies kann in der Mediation mit dem Ziel erörtert werden, **Verfahrensänderungen** mit den Parteien abzustimmen oder die erneute Zusage einer Partei, die abgestimmten Verfahrensregeln zukünftig beachten zu wollen, zu erhalten, um so entsprechende Bedenken auszuräumen. Zumindest sollte der Mediator aber mit den Parteien diskutieren, welche **Alternativen** die Parteien nach Beendigung der Mediation haben, ihren Konflikt zu lösen. Abhängig vom Ausblick dieser Szenarien setzen die Parteien möglicherweise die Mediation fort. Der Mediator darf dabei keinen Druck auf die Parteien ausüben, um die Mediation um jeden Preis zu retten.

bb) Jederzeit

»**Jederzeit**« bedeutet, dass die Parteien zu jedem Zeitpunkt des Verfahrens 112 die Mediation beenden können. Mit dieser normierten Erlaubnis zum Abbruch der Mediation werden etwaige **Schadensersatzansprüche** der anderen Partei, die diese aufgrund des Abbruchs hat (z. B. Durchführung eines gerichtlichen Verfahrens, weitere Beraterkosten, Kosten für ein anschließendes Schiedsverfahren) grundsätzlich **ausgeschlossen**. Ob Schadensersatzansprüche in besonderen Fällen dennoch möglich sind, ist ggf. nach allgemeinen zivilrechtlichen Grundsätzen zu prüfen.

cc) Kündigung

Rechtlich handelt es sich bei der Beendigung der Mediation durch eine Partei um eine fristlose **Kündigung** i.S.v. § 627 Abs. 1 BGB (**Vertrauensstellung**), die nicht begründet zu werden braucht. Die Partei, die das Verfahren beenden möchte, muss dies aufgrund des bestehenden Mediatorvertrags dem Mediator mitteilen. Dies kann mündlich, fernmündlich oder schriftlich geschehen. Der Mediator hat sicherzustellen, dass die andere Partei von der Beendigung der Mediation erfährt. Sollte der Mediator von einer Partei erfahren, dass die andere Partei die Mediation nicht mehr fortsetzen möchte, sollte er sich bei dieser Partei zumindest durch eine direkte Kontaktaufnahme rückversichern, und sich den Beendigungswunsch bestätigen lassen.

§ 2 MediationsG Verfahren; Aufgaben des Mediators

b) Beendigung durch den Mediator (Absatz 5 Satz 2)

114 Auch der Mediator kann die Mediation **beenden**. Dieses grundsätzliche Recht resultiert aus der Pflicht des Mediators, den »Verfahrensrahmen zu beachten und die Einhaltung der Verfahrensregeln zu garantieren«.[135] Allerdings – anders als bei den Parteien – müssen für die Beendigung der Mediation durch den Mediator bestimmte **Gründe** vorliegen. Das Gesetz nennt zwei Gründe: Wenn eine eigenverantwortliche Kommunikation oder eine Einigung der Parteien nicht zu erwarten ist. Diese Aufzählung ist, wie aus dem Tatbestandsmerkmal »insbesondere« folgt, nicht abschließend, sondern nur beispielhaft.

115 Der Mediator hat die Entscheidung allein nach seinem **subjektiven Eindruck** (»er der **Auffassung** ist«) zu treffen. Er beurteilt aufgrund seines in der Mediation bereits gewonnenen Eindrucks die Parteien und deren Verhalten oder schätzt den zukünftigen Verlauf der Mediation ein (»zu **erwarten** ist«).

116 »**Erwarten**« bedeutet, der Mediator hält es für wahrscheinlich und vorhersehbar, dass eine eigenverantwortliche Kommunikation oder eine Einigung der Parteien nicht möglich ist. Da dies nicht immer eindeutig festzustellen ist, hat der Mediator sich bei einem entsprechenden Eindruck eine feste Überzeugung zu bilden. Diese kann er im Gespräch mit den Parteien über seinen Eindruck gewinnen. Aus den Bestimmungen in Absatz 2 hat er aber auch die Pflicht, durch entsprechende Kommunikationstechniken[136] die eigenverantwortliche Kommunikation der Parteien zu fördern und zu gewährleisten. Erst nachdem er diese Möglichkeiten ergebnislos ausgeschöpft hat, kann er die Entscheidung über die Beendigung der Mediation treffen.

aa) Eigenverantwortliche Kommunikation

117 **Eigenverantwortliche Kommunikation** ist die Voraussetzung, damit eine Partei gleichberechtigt, selbständig, unabhängig,[137] informiert und ohne Zwang und äußeren Druck an einer Mediation teilnehmen kann. Stellt sich nach Beginn der Mediation heraus, dass eine Partei in der Fähigkeit zum

---

135 Begr. BT-Drucks. 17/5335, S. 15.
136 S. Rdn. 87.
137 Synonyme sind: autark, autonom, eigenmächtig, eigenständig, emanzipiert, selbstständig, souverän, unabhängig, ungebunden; vgl. Duden, Synonymwörterbuch, 2010.

eigenverantwortlichen Handeln erheblich eingeschränkt oder hierzu überhaupt nicht fähig ist, kann der Mediator die Mediation beenden.[138] Davon ist z. B. dann auszugehen, wenn eine Partei unter einer »schweren psychischen Erkrankung« leidet oder »massiv suchtabhängig« ist.[139] Ob eine entsprechende Erkrankung oder eine Suchtabhängigkeit vorliegt, die die Partei in ihrer eigenverantwortlichen Kommunikation zumindest erheblich einschränkt, wird ein Mediator mangels fachlicher Vorbildung selten beurteilen können. Eine entsprechende Ausbildung wird man von ihm auch nicht verlangen können. Er ist hier allein auf Vermutungen und seine eigene Lebenserfahrung angewiesen. Eine erhebliche Einschränkung der eigenverantwortlichen Kommunikation liegt aber nicht erst bei einem so massiven Krankheitsbild oder Suchtverhalten vor, wenn es vom Mediator erkannt werden kann, sondern dies ist oftmals bereits deutlich unter diesem Niveau anzunehmen. Daher eignen sich die vom Gesetzgeber erwähnten Gründe kaum als Maßstab für den Mediator, eine Mediation zu beenden.

Der Mediator daher wird die Mediation immer dann beenden können, wenn er der »Auffassung ist«, dass eine Partei nicht in der Lage ist, eigenverantwortlich und selbstbestimmt unter Wahrung der eigenen Interessen an der Mediation teilzunehmen. So können sich entsprechende Hindernisse z. B. aus einem **Machtungleichgewicht** zwischen den Parteien, einer sprachlichen Barriere (Mediation mit einer fremdsprachigen Partei), einer großen emotionalen Erregung einer Partei in Bezug auf die andere Partei oder den Konfliktstoffes ergeben. Dies gilt aber auch, wenn eine Partei durch wiederholte Missachtung der vereinbarten Verfahrensregeln die eigenverantwortliche Kommunikation der Parteien untereinander unmöglich macht, und dem Mediator die »angemessene und faire Einbindung« (vgl. Absatz 3) aller Parteien in das Verfahren nicht gelingt 118

bb) Einigung

Die Beendigung durch den Mediator ist auch möglich, wenn er eine **Einigung** der Parteien nicht erwartet. Einigung ist dabei sehr weit zu verstehen, nicht nur im Sinne einer schriftlichen **Vereinbarung** oder **Abschlussvereinbarung.** Vielmehr bedeutet **Einigung** jede Art von Absprache und Übereinkunft zwischen den Parteien, die entweder einen Konflikt zwischen den Par- 119

---

138 Begr. BT-Drucks. 17/5335, S. 16.
139 Begr. BT-Drucks. 17/5335, S. 16.

teien beendet oder die bei einem noch nicht endgültig gelösten Konflikt zumindest das weitere Vorgehen der Parteien außerhalb der Mediation einvernehmlich beschreibt. Damit muss die Einigung ein Mindestmaß an beiderseitiger Verpflichtung enthalten. Die Übereinstimmung der Parteien, dass die Mediation gescheitert ist, ist daher keine Einigung i.S. dieser Regelung, allenfalls eine konvergierende Feststellung.

cc) Sonstige Gründe

120 Aus der beispielhaften Nennung der vorgenannten Beendigungsgründe (»insbesondere«) ergibt sich, dass der Mediator auch aus **anderen Gründen** die Mediation beenden kann. Dabei kann es sich um Gründe handeln, die eine ordnungsgemäße (nach den gesetzlichen und den mit den Parteien und dem Mediator vereinbarten Vorgaben) Fortsetzung der Mediation oder eine Einigung der Parteien nicht »erwarten« lassen oder sogar unmöglich machen. Dabei hat der Mediator Grundsätze und Ablauf des Mediationsverfahrens, den Verfahrensrahmen und die vereinbarten Verfahrensregeln als Maßstab zu berücksichtigen. Die Gründe für die Beendigung der Mediation können damit bei den beteiligten Parteien oder im Verfahren selbst oder im Verfahrensdesign liegen.

dd) Mediator

121 Es sind auch Umstände aus der **Sphäre des Mediators** denkbar,[140] die den Mediator zur Beendigung der Mediation veranlassen können. Solche Umstände können dem Mediator erst während der Mediation bewusst oder bekannt werden, z. B.
- fehlende fachlicher Kenntnisse im Hinblick auf den Konfliktstoff,
- persönliche Ungeeignetheit wegen Komplexität des Verfahrens,
- persönliche Ungeeignetheit wegen Verlust der Neutralität, u. a. wegen emotionalem Engagement für den Konfliktstoff oder Parteinahme für eine Partei,
- Hinderungsgründe nach § 3 MediationsG.

Wenn solche Gründe erkennbar werden, die zur Beendigung der Mediation führen, sollte der Mediator in geeigneten Fällen mit den Parteien besprechen, ob die Fortsetzung der Mediation mit einem anderen Mediator sinn-

---

140 Begr. BT-Drucks. 17/5335, S. 15.

voll ist.[141] Dies liegt bereits aus haftungsrechtlichen Gründen im Interesse des Mediators, da er beispielsweise in den Fällen des § 3 Abs. 2 MediationsG das Vorliegen von in seiner Person liegenden Ausschlussgründen vor Beginn der Mediation hätte sorgfältig prüfen müssen.

ee) Kann-Vorschrift

122 Das Gesetz formuliert, dass der Mediator die Mediation beenden »**kann**«, wenn eine eigenverantwortliche Kommunikation oder eine Einigung der Parteien nicht zu »erwarten ist«. Diese Regelung ist wenig präzise und für den Mediator kaum handhabbar. Denn sie scheint ihm einerseits ein **weites Ermessen** einzuräumen, die Mediation jederzeit beenden zu können. Andererseits scheint der Gesetzgeber mit der beispielhaften Nennung von schweren Gründen (psychische Erkrankung und massive Suchtabhängigkeit[142]), die Beendigung der Mediation rechtfertigen können, den **Ermessensspielraum** des Mediators deutlich einengen zu wollen. Das Vorliegen dieser Gründe wird die Fortsetzung einer Mediation aber unmöglich machen. Auch die mangelnde Fähigkeit zur eigenverantwortlichen Kommunikation einer Partei wird den Mediator die Mediation nicht fortsetzen lassen können. Ebenso wenn erkennbar und zu erwarten ist, dass die Mediation nicht mit einer Einigung endet, sondern scheitern wird.

123 Insbesondere bei Vorliegen **gesetzlicher Tätigkeitsbeschränkungen** (§ 3 Abs. 2 MediationsG) hat der Mediator kein Ermessen, die Mediation fortzusetzen oder zu beenden. Er muss die Mediation beenden.

124 Daraus folgt im Ergebnis, dass der Mediator die Mediation **beenden muss**, wenn aus den oben genannten Gründen die Mediation nicht im Interesse der Parteien in einem ordnungsgemäßen Mediationsverfahren durchgeführt werden kann oder trotz ordnungsgemäßem Verfahren eine Einigung der Parteien unwahrscheinlich ist. Auch hier liegt ein bestimmtes **Haftungsrisiko** für den Mediator, der in Verkennung offensichtlicher Anzeichen z.B. für ein Scheitern der Mediation diese ohne Einwilligung der Parteien fortsetzt. Letztlich hat jeder Mediator die Pflicht, den Verlauf der Mediation und die Parteien in der Mediation, aber auch sich selber ständig daraufhin sorgfältig zu beobachten, ob er den ordnungsgemäßen Verfahrensablauf nach den ge-

---

141 Begr. BT-Drucks. 17/5335, S. 15.
142 Begr. BT-Drucks. 17/5335, S. 15.

10. Einigung, Beratung, Abschlussvereinbarung (Absatz 6)

a) Kenntnis der Sachlage und inhaltliches Verständnis (Absatz 6 Satz 1)

aa) Einigung

125 Von einer **Einigung** i.S. dieser Vorschrift ist dann auszugehen, wenn die Parteien eine Übereinstimmung erreichen, wonach der in der Mediation behandelte Konflikt ganz oder zumindest zum Teil gelöst ist, und wie sie ggf. in Zukunft damit umgehen werden. Auch das **Übereinkommen** der Parteien, dass sie ein anderes Konfliktlösungsverfahren versuchen werden, nachdem sie die Mediation als ungeeignet erkannt haben, stellt eine Einigung dar. Die Einigung muss eine bestimmte **inhaltliche Relevanz** haben, d. h. einen Regelungsinhalt, da andernfalls eine Vereinbarung zwischen den Parteien, die der Einigung nachfolgen soll, ohne Bedeutung wäre. Die übereinstimmende Aussage der Parteien in einer Mediation, man sei sich einig, dass »sich etwas ändern solle« oder dass man »zum Wohle und im Interesse der gemeinsamen Kinder handeln wolle« stellt keine Einigung dar, sondern ist ein übereinstimmender Wunsch, sich einigen zu wollen. Denn dieser postulierten Einigkeit fehlt noch der Bindungswille zu konkreten gegenseitigen Verpflichtungen. Eine Einigung muss zumindest so konkret sein, dass daraus ein Handeln oder Unterlassen abzuleiten ist.

bb) Vereinbarung

126 Eine Vereinbarung ist eine **bindende Verabredung**.[143] Sie wird freiwillig geschlossen und kann in der Form eines Vertrages fixiert sein. Durch die Abgabe **gleichgerichteter Willenserklärungen** der Beteiligten begründen die Parteien ein Schuldverhältnis, welches sowohl hinsichtlich des Abschlusses als auch in Bezug auf den Inhalt ihrer freien Bestimmung unterliegt. Erforderlich ist, dass sich die Willenserklärungen der an der Vereinbarung beteiligten Personen inhaltlich vollständig decken.[144]

---

143 *Mackensen*, Großes Deutsches Wörterbuch.
144 *Creifelds*, Rechtswörterbuch.

Der Abschluss der Vereinbarung ist **formlos** und damit auch **mündlich** möglich. Es empfiehlt sich aber aus naheliegenden Gründen eine schriftliche Mediationsvereinbarung abzuschließen. Zum Einen wegen des Umfangs der vereinbarten Lösungen und Verpflichtungen und zum Anderen, um das Verabredete in Zweifelsfälle zukünftig für die Parteien überprüfbar zu machen. Zudem stellt die Unterzeichnung einer schriftlichen Vereinbarung – ggf. mit dem Mediator – einen für die Parteien sichtbaren Abschluss des Mediationsverfahrens dar, was eine bessere psychologische Wirkung auf die Parteien hat, als ein »Händeschütteln« nach einer mündlichen Übereinkunft, deren genauen Inhalt schon am Folgetag niemand mehr kennt. Durch die **Schriftlichkeit** bekommt die Vereinbarung nicht nur einen höheren **Grad der Verbindlichkeit**, sie bewahrt die Parteien auch vor möglichen Erinnerungslücken und garantiert in stärkerem Maße die künftige Umsetzung. Schließlich hat der Akt des Unterzeichnens für die Parteien auch einen symbolischen Wert und steigert die **Wertschätzung und Akzeptanz** der gemeinsam erarbeiteten Lösung.[145] 127

cc) In Kenntnis der Sachlage

Die Parteien sollen sich ihrer Situation zum Zeitpunkt des Abschlusses der Vereinbarung bewusst sein, d. h. sie müssen über die zur Beurteilung der für das Konfliktthema erforderlichen Sach- und ggf. Rechtsinformationen verfügen. Dies folgt bereits aus dem **Grundsatz der Informiertheit.** Damit soll gewährleistet werden, dass die Parteien keine bindenden Entscheidungen treffen, ohne alle hierfür erheblichen Tatsachen zu kennen. Relevant ist z. B. in einer Scheidungsmediation mit Vermögensauseinandersetzung die Kenntnis aller gemeinsamer und getrennter Konten, der Wert von vorhandenen Immobilien abzüglich Kreditbelastungen, die Steuerbescheide nebst –erklärungen, der Wert des Hausrates und der Lebensversicherungen. Die Parteien benötigen in diesem Fall einen vollständigen Überblick über die finanzielle Situation. 128

dd) Inhaltliches Verständnis der Vereinbarung

»**Verständnis**« bedeutet das Erfassen und Durchdringen eines Sachverhalts oder eines Regelungsinhalts. Zweck dieser Regelung ist sicherzustellen, dass die Parteien Inhalt und Bedeutung der Vereinbarung verstehen, sich der dar- 129

---

145 *Kessen/Troja* in *Haft/von Schlieffen* (Hrsg.), Handbuch Mediation, § 13, Rn. 75.

aus folgenden Konsequenzen, ob in tatsächlicher, rechtlicher oder finanzieller Art, bewusst sind und jede Partei auch die persönliche Auswirkungen und Folgen für sich selber einschätzen kann. Die Beteiligten müssen davon nicht nur eine vage, sondern eine deutliche und klare Vorstellung haben, um von einem »Verständnis« i.S. dieser Vorschrift auszugehen.

ee) Vergewisserung

130 Im **Referentenentwurf** des Bundesministeriums für Justiz vom 4. August 2010 lautete die Vorschrift ursprünglich in § 2 unter Absatz 4: »*Der Mediator vergewissert sich im Falle einer Einigung, dass die Parteien die Vereinbarung in voller Kenntnis der Sachlage treffen und ihren Inhalt verstehen.*« *Diese Formulierung war auf vielfache Kritik gestoßen, weil sich hier die berechtigte F*rage stellte, in welcher Art und Weise sich der Mediator vom Kenntnisstand der Sachlage und dem inhaltlichen Verständnis der Parteien überzeugen soll.[146] Zudem berücksichtigte diese Formulierung nur bedingt, dass der Mediator – unabhängig von seiner Grundausbildung – nicht selten mit Sachverhalten befasst ist, die ihm fachlich unbekannt sind und deren konkreter Regelungsbedarf und -inhalt er selbst gar nicht abschließend beurteilen kann.[147]

131 Die nun **geltende Fassung** der Vorschrift in Absatz 6 Satz 1 (»*der Mediator wirkt darauf hin, dass die Parteien .... verstehen.*«) ist aus diesem Grund **nicht** mehr **erfolgsbezogen** formuliert.[148] Trotz dieser abgeschwächten Formulierung, geht der Gesetzgeber weiterhin davon aus, dass der Mediator verpflichtet ist, sich zu »**vergewissern**«, dass die Parteien eine Vereinbarung in Kenntnis der Sachlage treffen und ihren Inhalt verstehen.[149] Der Mediator hat daher im Gespräch mit den Parteien und durch Rückfragen sicher zu stellen, dass die Parteien nach seiner Überzeugung die Sach- und ggf. auch Rechtslage im Hinblick auf das Konfliktthema sowie den Inhalt der Vereinbarung und deren Folgen kennen und einschätzen können. Über den genauen Umfang und Art und Weise der **Hinwirkungspflicht** des Mediators schweigt der Gesetzgeber. Letztlich ausreichend ist der subjektive Eindruck

---

146 Vgl. *Kraft/Schwerdtfeger* ZKM 2011, 56.
147 Vgl. Stellungnahme der Bundesrechtsanwaltskammer zum Referentenentwurf, Nr. 27/2010.
148 Vgl. *Kraft/Schwerdtfeger* ZKM 2011, 56.
149 Begr. BT-Drucks. 17/5335, S. 15. Zur Bedeutung von »vergewissern« s. Rdn. 13.

des Mediators, dass die Parteien die erforderliche Kenntnis und das nötige Verständnis haben.

b) Hinzuziehung externer Berater (Absatz 6 Satz 2)

Der Mediator ist verpflichtet, Parteien, die ohne fachliche Beratung an der Mediation teilnehmen, auf die Möglichkeit hinzuweisen, bei Bedarf die die Mediation abschließende Vereinbarung durch einen **externen Berater** überprüfen zu lassen, wenn die Mediationsvereinbarung rechtliche Folgewirkungen hat.[150] Dazu zählt insbesondere die **Hinzuziehung anwaltlicher Beratung** vor Abschluss einer Vereinbarung, wenn eine Partei in der Mediation keine rechtliche Begleitung hatte.[151] 132

Der erste Entwurf des Gesetzes sah noch vor, dass der Mediator die Parteien auf die Hinzuziehung fachlicher Berater hinweisen »soll«.[152] Nach Kritik insbesondere von Seiten der Bundesrechtsanwaltskammer[153] wurde die Regelung verstärkt und verpflichtet nun den Mediator zu diesem Hinweis, indem er darauf **hinzuweisen** »**hat**«. Auch wenn man in der Kritik der Bundesrechtsanwaltskammer die Durchsetzung bestimmter Interessen vermuten könnte, so ist Folge dieser Änderung, dass sie eben nicht nur Rechtsanwälten, sondern sämtlichen möglichen fachlichen Beratern wie Steuerberatern, Architekten, Bauingenieuren etc., zu Gute kommt. 133

Die Regelung verzichtet allerdings darauf, die Parteien zu verpflichten, vor Abschluss einer Vereinbarung, fachliche Beratung in Anspruch zu nehmen. Damit trifft den Mediator die Verantwortung zu entscheiden, wann er die Parteien auf die nach seiner Ansicht nach erforderliche fachliche Beratung hinweist. 134

aa) Teilnahme ohne fachliche Beratung

Den Mediator trifft die Hinweispflicht grundsätzlich nur bei den Parteien, die **ohne fachliche Berater** an der Mediation teilnehmen. Aus dem Sinn der Regelung ergibt sich, dass »**an der Mediation teilnehmen**« die unmittelbare 135

---

150 Begr. BT-Drucks. 17/5335, S. 15; *Kracht* in *Haft/von Schlieffen* (Hrsg.), Handbuch Mediation, § 12, Rn. 70 ff.
151 Begr. BT-Drucks. 17/8058, S. 18.
152 Gesetzentwurf in BT-Drucks. 17/5335, S. 5.
153 BRAK-Stellungnahme-Nr. 27/2010, Oktober 2010.

Teilnahme an den Mediationssitzungen bedeutet. Sollte eine Partei ohne entsprechenden Berater an den Mediationssitzungen teilnehmen, so hat sich der Mediator darüber informieren, ob die Partei außerhalb der Mediation im Hinblick auf das Konfliktthema fachlich beraten wird. Bestätigt die Partei dies, trifft den Mediator keine weitere Hinweispflicht. Er sollte sich allerding vor Unterzeichnung der Vereinbarung noch einmal die externe Beratung von der Partei bestätigen lassen. Dies sollte er auch **dokumentieren.**

bb) Bedarf

136 Den Mediator trifft die Hinweispflicht allerdings nur, wenn er für externe fachliche Beratung einen **Bedarf** sieht, d.h. diese Beratung von der Partei benötigt wird. Dies wird in erster Linie von dem Konfliktthema, dem Regelungsinhalt einer zu schließenden Mediationsvereinbarung und dem Grad und der Vorbildung der Partei abhängen. So ist ein Bedarf an fachlicher Beratung bei Mediationen, z.B. bei zwischenmenschlichen Verhaltenskonflikten, die schon im Stadium des Konflikts nicht justiziabel sind (z.B. bestimmte familiäre oder innerbetriebliche Konflikte, Nachbarstreitigkeiten oder Konflikte zwischen Gesellschafter), nicht oder eher selten gegeben. Denn die daraus folgenden Mediationsvereinbarungen enthalten oftmals auch nur Einigungen über zukünftiges miteinander Umgehen (Benehmen), und sind in ihrer Durchsetzung ebenfalls nicht justiziabel. Sollten solche Mediationsvereinbarungen aber rechtlich relevante Regelungen enthalten, ergibt sich daraus ein Bedarf an fachlicher Beratung.

137 Wenn der Mediator den Bedarf für gegeben hält, hat er zu prüfen und durch gezielte Fragen in Erfahrung zu bringen, ob eine Partei entsprechende **fachliche Beratung** benötigt. Es bedarf also des **aktiven Handelns** durch den Mediator. Aus der Kenntnis, dass eine Partei nicht fachlich beraten ist, resultiert dann seine **Hinweispflicht.** Der Mediator hat also den Bedarf in jedem Einzelfall und für jede Partei gesondert zu prüfen. Insoweit hat er einen bestimmten Ermessensspielraum. Um sich keinem Haftungsrisiko auszusetzen, sollte er im Zweifel diesen Bedarf für gegeben halten und die Parteien entsprechend hinweisen.

cc) Hinweispflicht

138 Der Hinweis auf die **fachliche Beratung** durch externe Berater knüpft an das Prinzip der rechtlichen **Informiertheit** der Parteien an. Nur eine in vollem Umfang informierte Partei ist in der Lage, eine Vereinbarung über bestimm-

te Verpflichtungen, die Aufgabe von Rechten zugunsten der anderen Partei oder eines anderen Beteiligten und über die Erlangung eigener Rechte abzuschließen. Da sich Parteien von einer später als für sie nachteilig empfundenen Vereinbarung gerne trennen möchten, sind nur solche Vereinbarungen von nachhaltiger Dauer, die mit entsprechender fachlicher Unterstützung verhandelt worden sind. Daher ist die **Hinweispflicht**, der der Mediator nachkommen muss, ein **Garant** für den Abschluss einer von den Parteien als dauerhaft fair empfundenen Vereinbarung, an die sie sich leichter gebunden fühlen.

dd) Vor Abschluss der Vereinbarung

Die **Hinweispflicht** auf die fachliche Beratung bezieht sich auf den Zeitpunkt vor Abschluss der Mediationsvereinbarung, d. h. **vor Unterzeichnung** der Vereinbarung. Der Gesetzgeber hat darauf verzichtet, dies ausdrücklich durch die Voranstellung des Wortes »beabsichtigte« Vereinbarung deutlich zu machen. Denn es ergibt sich aus dem Zusammenhang von Absatz 6 Satz 1 und 2 eindeutig, dass sich der Wortlaut nicht auf eine bereits abgeschlossene Vereinbarung beziehen kann.[154] Diese Auslegung entspricht auch Sinn und Zweck des Grundsatzes der (rechtlichen und fachlichen) Informiertheit der Parteien, die natürlich vor Abschluss einer sie bindenden Vereinbarung gegeben sein muss.

139

ee) Externe Berater

Der Mediator hat sich zunächst einmal die Frage zu stellen, welcher **fachlichen Beratung** eine Partei zur Bewältigung des Konfliktthemas bedarf. Abhängig vom Konfliktstoff können dies neben Rechtsanwälten sämtliche Berater sein, die mit ihren Fachkenntnissen eine Partei erst in einen Wissens- und Kenntnisstand bringen, der ihr eine Entscheidung in der Mediation möglich macht. Das können u. a. Wirtschaftsprüfer, Steuerberater, Architekten, technische Sachverständige oder Psychologen sein.[155] Der Gesetzgeber geht davon aus, dass es sich bei der externen fachlichen Beratung zumeist um anwaltliche Berater handelt.[156]

140

---

154 Begr. BT-Drucks. 17/5335, S. 15; Begr. BT-Drucks. 17/5496, S. 1.
155 Begr. BT-Drucks. 17/5335, S. 15.
156 Begr. BT-Drucks. 17/8085, S. 18.

§ 2 MediationsG Verfahren; Aufgaben des Mediators

141 Sollte die **fachliche Beratung** nicht oder nicht alleine durch einen Rechtsanwalt gewährleistet werden können, sondern eine weitere fachliche Beratung erforderlich sein, so muss der Mediator die Partei auch darauf hinweisen, welchen fachlichen Hintergrund der Berater haben sollte. Man wird hier **nicht zu hohe Ansprüche** an den Mediator stellen können, den erforderlichen Berater von seiner beruflichen Vorbildung zu identifizieren. Der Mediator kann sich aber selbst zum Maßstab machen und sich fragen, ob er den Sachverhalt noch versteht oder nicht und welcher Berater Abhilfe schaffen könnte.

142 Da es nahezu immer bei der Formulierung einer Mediationsvereinbarung um rechtliche Regelungen geht, sollte der Mediator auf die **Beratung durch einen Rechtsanwalt** immer hinweisen, wenn die Partei nicht entsprechend beraten ist. Dass der Mediator allerdings eine Partei darauf hinweisen muss, dass der begleitende Rechtsanwalt z. B. als ausgewiesener Fachanwalt für Gesellschaftsrecht für die Beratung in einer Familienmediation eher ungeeignet erscheint, wird man wohl ablehnen müssen. Der Mediator würde damit grundsätzlich seine **Beurteilungskompetenz** überschreiten. Erscheint dem Mediator aber die Beratung durch den die Partei begleitenden Rechtsanwalt als in hohem Maße unzureichend, z. B. wenn ein Anwaltsmediator dies gut beurteilen kann, dann hat der Mediator auf diesen Umstand hinzuweisen. In ganz extremen Fällen wäre auch an eine Beendigung der Mediation durch den Mediator nach § 2 Abs. 5 MediationsG zu denken.

ff) Rechtsinformationen durch Mediator

143 In Mediationen werden insbesondere **Anwaltsmediatoren** von den Parteien gelegentlich um Rechtsrat gefragt. Grundsätzlich kann und darf Mediation auch **Rechtsinformationen** durch den Mediator in einem begrenzten Rahmen beinhalten und auch rechtliche Regelungsmöglichkeiten zur Diskussion stellen, wobei die Gestaltung der Rechtsverhältnisse immer den Konfliktparteien im Rahmen ihrer Eigenverantwortung obliegt.[157]

144 Abzugrenzen sind die allgemeinen rechtlichen Informationen von rechtlichen Vorschlägen oder Regelungen, die nach dem **Rechtsdienstleistungsgesetz (RDG)** zu beurteilen sind. Unbedenklich ist die **allgemeine Darstellung** rechtlicher und tatsächlicher Handlungsoptionen, beispielsweise die Voraus-

---

157 Begr. BT-Drucks. 17/5335, S. 15.

setzungen einer einverständlichen Scheidung. Mischt sich der Mediator jedoch in die Gespräche der Parteien mit eigenen rechtlichen Regelungsvorschlägen ein, handelt es sich um eine Rechtsdienstleistung, die nach § 2 Abs. 3 Nr. 4 RDG[158] nicht mehr erlaubnisfrei ist.

Im Einzelfall kann ein Vorschlag des Mediators als eine **rechtsdienstleistende** 145 **Nebentätigkeit** im Zusammenhang mit einer anderen Tätigkeit gemäß § 5 RDG[159] **zulässig** sein, wenn der rechtliche Regelungsvorschlag im Verhältnis zur Gesamtmediation nur einen Randbereich betrifft.[160]

Wird der Mediator beispielsweise bei der **Formulierung** der von den Parteien 146 erarbeiteten Einigung behilflich, liegt darin **keine Rechtsdienstleistung.** In die inhaltliche Abfassung der Abschlussvereinbarung darf er hingegen durch eigene rechtliche Regelungsvorschläge nur eingreifen, wenn die Grenzen des § 5 RDG eingehalten werden. Dies könnte der Fall sein, wenn es beispielsweise bei einer Umgangsregelung darum geht festzulegen, ob die Umgangswochenenden im zweiwöchentlichen Rhythmus jeweils nach den Ferien neu beginnen oder fortlaufend zählen.

Erlaubnisfrei ist in einer Familienmediation die Darstellung, welche Einkünf- 147 te und welche Abzugsposten zu berücksichtigen sind, um den Unterhaltsanspruch zu berechnen. Eine **erlaubnispflichtige Rechtsdienstleistung** liegt hingegen vor, wenn der Mediator anhand dieser Zahlen eine Bewertung vornimmt oder gar den Unterhalt im konkreten Fall berechnet. Dies wäre nicht nur ein Verstoß gegen das Rechtsdienstleistungsgesetz des Mediators, son-

---

158 »Rechtsdienstleistung ist nicht, ... 4. die Mediation und jede vergleichbare Form der alternativen Streitbeilegung, sofern die Tätigkeit nicht durch rechtliche Regelungsvorschläge in die Gespräche der Beteiligten eingreift.«.
159 (1) Erlaubt sind Rechtsdienstleistungen im Zusammenhang mit einer anderen Tätigkeit, wenn sie als Nebenleistung zum Berufs- oder Tätigkeitsbild gehören. Ob eine Nebenleistung vorliegt, ist nach ihrem Inhalt, Umfang und sachlichen Zusammenhang mit der Haupttätigkeit unter Berücksichtigung der Rechtskenntnisse zu beurteilen, die für die Haupttätigkeit erforderlich sind.
(2) Als erlaubte Nebenleistungen gelten Rechtsdienstleistungen, die im Zusammenhang mit einer der folgenden Tätigkeiten erbracht werden:
1. Testamentsvollstreckung,
2. Haus- und Wohnungsverwaltung,
3. Fördermittelberatung.
160 Begr. BT-Drucks. 17/5335, S. 16.

dern auch ein **Verstoß des Anwaltsmediators** gegen das Prinzip der Neutralität im Mediationsverfahren.

148 Spätestens dann, wenn es um die Frage der richtigen Einordnung von Ansprüchen und Rechten geht, und in welchen Bereichen für die Lösung des Konflikts von einer Partei Rechte aufgegeben werden, ist anwaltliche Beratung erforderlich. Diese Einschätzung darf weder rechtskundige Mediator noch der Anwaltsmediator vornehmen. Da bei einem Verstoß gegen diese ihm obliegenden Pflichten eine **Haftung** in Betracht kommt,[161] sollte der Mediator sich von den Parteien (schriftlich) bestätigen lassen, dass er eine externe Fachberatung im konkreten Fall für erforderlich hält und den Parteien nahegelegt hat, diese in Anspruch zu nehmen.

gg) Dokumentationspflicht

149 Aus Absatz 6 Satz 1 und 2 folgt keine Begründung einer **Dokumentationspflicht**.[162] Eine Darstellung des Ablaufs des Mediationsverfahrens, der Einigung und des Inhalts der Abschlussvereinbarung empfiehlt sich, wenn der Mediator es für sinnvoll erachtet. Es erleichtert insbesondere auch nach Abschluss der Mediation ggf. Einzelheiten nachzulesen und im Falle einer Evaluierung des Falles mit den Parteien darauf zurückzugreifen und Entwicklungen zu dokumentieren.

c) Abschlussvereinbarung (Absatz 6 Satz 3)

150 Mit Zustimmung der Parteien kann die erzielte Einigung in einer **Abschlussvereinbarung** dokumentiert werden. Damit führt der Gesetzgeber neben dem bereits in Satz 1 und 2 verwendeten Begriff der »Vereinbarung«, die die Einigung der Parteien wiedergeben soll, einen weiteren Begriff für die die Mediation beendende Übereinkunft der Parteien ein. Ob es einen qualitativen Unterschied zwischen beiden Rechtsinstituten gibt, erläutert der Gesetzgeber nicht.

151 »**Vereinbarung**« und »**Abschlussvereinbarung**« regeln die Einigung der Parteien, die diese in der Mediation erreicht haben. Aus Satz 1 und 2 wird anhand der Verpflichtungen, die der Mediator gegenüber den Parteien vor Abschluss der Vereinbarung hat, deutlich, welch hohen Stellenwert das Gesetz

---

161 Begr. BT-Drucks. 17/5335, S. 16.
162 Begr. BT-Drucks. 17/5335, S. 16.

der »Vereinbarung« beimisst. Aus der Erwähnung des Begriffs »Vereinbarung« in § 4 Nr. 1 MediationsG, der sich auf »die Offenlegung des Inhalts der im Mediationsverfahren erzielten Vereinbarung zur Umsetzung oder Vollstreckung dieser Vereinbarung« bezieht, ergibt sich eindeutig, dass der Gesetzgeber mit dem Begriff der »Vereinbarung« die das Mediationsverfahren beendende vertragliche Übereinkunft meint. Der Begriff der »Abschlussvereinbarung« wird hingegen nur in Absatz 3 erwähnt.

Bei der **Abschlussvereinbarung**, die der Zustimmung der Parteien bedarf, kann es sich nur um die Vereinbarung handeln, die die Parteien entweder alleine oder gemeinsam mit dem Mediator zum Abschluss einer Mediation schriftlich niederlegen. Die Abschlussvereinbarung wird damit nicht von externen Beratern entworfen und von diesen nicht geprüft. Der Sinn für diese Unterscheidung erschließt sich nicht. Es wäre besser gewesen, der Gesetzgeber hätte deutlicher formuliert, was er meint, z. B.: »Die Parteien können alleine oder mit dem Mediator die erzielte Einigung in einer Vereinbarung dokumentieren.« 152

aa) Rechtlicher Charakter

Abschlussvereinbarung und Vereinbarung haben grundsätzlich denselben rechtlichen Charakter. Es handelt sich um einen zwei- oder mehrseitigen Vertrag.[163] Die Vereinbarung kann auch unter den entsprechenden Voraussetzungen für **vollstreckbar** erklärt werden.[164] Handelt es sich bei dem Mediator um einen Rechtsanwalt oder Notar, so kann aber auch die von den Parteien gemeinsam mit dem Mediator abgefasste Abschlussvereinbarung für vollstreckbar erklärt werden. Da die Abschlussvereinbarung die Einigung der Parteien dokumentieren soll, kann es sich grundsätzlich nicht um eine unverbindliche Erklärung der Parteien handeln. Insbesondere dann nicht, wenn rechtlich durchsetzbare Regelungen Inhalt der Abschlussvereinbarung sind. 153

Sollte die Einigung der Parteien nicht justiziable Absprachen enthalten, so wird es ausreichend sein, wenn die Abschlussvereinbarung in Form einer **informellen gemeinsamen Erklärung**[165] abgefasst wird. 154

---

163 *Kessen/Troja* in *Haft/von Schlieffen*, Handbuch Mediation, § 13, Rn. 76.
164 Vgl. die Kommentierung zu § 1 MediationsG, Rdn. 29.
165 *Kessen/Troja* in *Haft/von Schlieffen*, Handbuch Mediation, § 13, Rn. 76.

bb) Form

155 Das Gesetz sieht vor, dass die Abschlussvereinbarung **dokumentiert** wird, was bedeutet, dass sie in einem Dokument wiedergegeben und festgehalten wird. Daraus folgt, dass **Schriftform** erforderlich ist. Welche weitere Form im Übrigen eingehalten werden muss, richtet sich nach dem Regelungsinhalt und dem Zweck, den die Parteien mit der Abschlussvereinbarung verfolgen. Enthält sie Erklärungen über die Unterwerfung unter die **sofortige Zwangsvollstreckung** (wenn nicht das Verfahren der Vollstreckbarkeitserklärung nach § 796d ZPO gewählt wird.) oder haben die Parteien sich z. B. im Rahmen einer Scheidungsmediation oder einer erbrechtlichen Mediation über die Verpflichtung, eine Grundstück zu übertragen, geeinigt, so muss die Abschlussvereinbarung **notariell beurkundet** werden. Ansonsten ist die Schriftform ohne notarielle Beurkundungs- oder Beglaubigungspflicht ausreichend.

cc) Dokumentation

156 In der Mediationspraxis ist es sehr verbreitet, dass der Mediator die von den Parteien in der Mediation erzielte Einigung schriftlich zusammenfasst und **dokumentiert**; als neutraler Dritter wird er dabei auf eine neutrale Formulierung der **Abschlussvereinbarung** achten. Diese Vorgehensweise trägt dazu bei, neue Konflikte über Formulierungen zwischen den Parteien zu vermeiden. Die Parteien haben nach Erhalt des Entwurfs Gelegenheit, Änderungs- und Ergänzungswünsche einzubringen.

157 Beim Entwurf der Abschlussvereinbarung durch den Mediator besteht die Gefahr, dass der Mediator durch seine eigene Sprache und Formulierungen die Einigung der Parteien so interpretiert, dass die Parteien ihren Willen im Entwurf nicht abgebildet sehen und dies möglicherweise als Parteinahme zugunsten einer Partei **missverstehen** können.

158 Der Mediator muss sich daher bei der Formulierung der Abschlussvereinbarung eng an die meist stichwortartig niedergelegte Einigung halten. Um die Einigung auszuformulieren kann er sich, soweit erforderlich, der **Sitzungsprotokolle** und **Zwischenergebnisse** der Mediation bedienen, und im Übrigen die Interessen und Bedürfnisse der Parteien zur Grundlage der konkreten Formulierung machen. In der Praxis hat es sich erwiesen, dass eine Einleitung zum Hintergrund des Konflikts, ähnlich einer Präambel in Verträgen, hilfreich ist, um darzulegen vor welchem Hintergrund die verbindlichen Regelungen der Abschlussvereinbarung entstanden sind.

Die **Parteien** und der **Mediator** können auch gemeinsam während einer Mediationssitzung die Abschlussvereinbarung entwerfen. Dies hat den Vorteil, dass die Parteien ihre Einigung in ihrer eigenen Sprache abfassen und dadurch Missverständnisse gleich zu Beginn ausgeschlossen sind und ein späterer Interpretationsspielraum gering ist. Dabei kann der Mediator den **Formulierungsprozess positiv unterstützen**, indem er diesen moderiert und darauf achtet, dass die Formulierungen den formellen Kriterien entsprechen (Aufbau einer Vereinbarung, ggf. vollstreckbarer Inhalt). Diese Handhabung ist zeitaufwendiger, hat jedoch den Vorteil, dass sich die Parteien deutlich intensiver mit der von ihnen geschaffenen Regelung identifizieren.[166]

159

Möglich ist auch, dass die Parteien die Abschlussvereinbarung **selbst formulieren**. Das dürfte in den seltensten Fällen aber in zufriedenstellender Weise gelingen. Denn selbst bei einem Konflikt unter Rechtsanwälten (z.B. über die finanzielle Beteiligung an einer Sozietät), werden die Parteien die Abschlussvereinbarung nicht mit der nötigen Formulierungsobjektivität entwerfen. Die Parteien werden daher kaum in der Lage sein, eine ausgewogene Abschlussvereinbarung zu formulieren, die die mit dem Mediator erreichte Einigung angemessen wiedergibt. Es besteht die Gefahr, dass der Konflikt durch einzelne Formulierungen, die nach Wahrnehmung des anderen vor- bzw. nachteilig sein könnte, wieder auflebt. Trotz erreichter Einigung ist das Vertrauen der Parteien zueinander in seltenen Fällen zu diesem Zeitpunkt wieder hergestellt.

160

III. Hinweise für die Praxis

§ 2 MediationsG ist neben den §§ 3 und 4 MediationsG Kernstück des Gesetzes. Er enthält erstmalige eine gesetzliche **Normierung der Pflichten** des Mediators gegenüber den Parteien, die deutlich über die bisher den allgemeinen zivilrechtlichen Vorschriften entnommen Pflichten eines Mediators als Geschäftsbesorger/Dienstleister hinausgehen. Eine Verletzung dieser Pflichten führt zu einer Haftung des Mediators und kann Schadensersatzansprüche auslösen.

161

Die Regelungen von § 2 MediationsG sind nicht an allen Stellen so eindeutig formuliert, als dass sich daraus eindeutig ablesen ließe, in welchem Umfang sich der Mediator »zu vergewissern« hat, ob er »einen Hinweis geben«

162

---

166 *Kessen/Troja* in *Haft/von Schlieffen* (Hrsg.), Handbuch Mediation, § 13, S. 317.

§ 2 MediationsG Verfahren; Aufgaben des Mediators

muss oder die »Parteien ausreichendes inhaltliches Verständnis« für eine Vereinbarung aufbringen. Der Mediator wird sich daher häufig fragen müssen, ob er allen gesetzlich vorgeschriebenen Pflichten nachgekommen ist. Aus diesem Grund und zur **Vermeidung eines Haftungsrisikos** sollte der Mediator im Zweifel und bei nicht eindeutigem Sachverhalt die unterschiedlichen gesetzlich normierten Pflichten eher strenger anwenden und z. B. die Parteien eher häufiger »hinweisen« als seltener. Insbesondere wenn der Mediator sich über den Kenntnisstand und das Verständnis der Parteien Gewissheit verschaffen muss, sollte er dies durch häufiges Nachfragen tun.

163 Da sich der persönliche Zustand der Parteien, ihr Empfinden, ihre Aufnahmefähigkeit, ihre Reaktion auf den Mediator und die andere Partei und ihre persönliche Situation außerhalb des in der Mediation behandelten Konflikts im Laufe des Mediationsverfahrens ändern wird, sollte der Mediator im Laufe des Verfahrens auch bereits erteilte **Hinweise wiederholen**, sich über Kenntnisstand und Verständnis bei den Parteien rückversichern und nachfragen, ob es im Hinblick auf Grundsätze und Verfahren der Mediation Unklarheiten gibt.

164 Zur eigenen Absicherung sollte der Mediator seine Hinweise, Informationen und die durch Fragen erreichte Vergewisserung über einen bestimmten Kenntnisstand bei den Parteien entsprechend § 2 Abs. 2 MediationsG **schriftlich dokumentieren** und sich ggf. von den Parteien bestätigen lassen. Eine Bestätigung könnte beispielsweise wie folgt aussehen:

▶ Erklärung nach § 2 Abs. 2 MediationsG

Der Mediator hat die Partei/en in einem Informationsgespräch am .... über die Grundsätze und den Ablauf eines Mediationsverfahrens einschließlich der weiteren sich aus § 2 MediationsG ergebenden Rechte und Pflichten ausführlich unterrichtet und auf die zusammenfassenden Ausführungen auf seiner Homepage unter www...........de/auf die übergebenen Informationsbroschüre »Titel der Broschüre« hingewiesen. Der Mediator hat sämtliche Fragen der Parteien in diesem Zusammenhang ausführlich beantwortet.

Der Mediator hat sich im Gespräch mit den Parteien und durch Nachfrage bei den Parteien im Sinne von § 2 Abs. 2 MediationsG vergewissert, dass die Parteien die Grundzüge und den Ablauf eines Mediationsverfahrens sowie die weiteren sich aus § 2 MediationsG ergebenden Rechte und Pflichten verstanden haben.

Die Parteien bestätigen dies mit ihrer Unterschrift.

(Ort)…….., den………………… ……………………………………

………………………………………

(Partei) (Partei)

Der nachfolgende Entwurf eines Mediatorenvertrags dient als Formulierungsvorschlag, wobei dieser den Gegebenheiten des jeweiligen Konfliktfalls angepasst werden muss. 165

▶ **Mediatorenvertrag**

Zwischen

1 …………………………….. *(Name u. Anschrift)*

anwaltlich beraten durch:… *(Name u. Anschrift)*

2 …………………………….. *(Name u. Anschrift)*

anwaltlich beraten durch:…. *(Name u. Anschrift)*

- nachstehend gemeinsam »**Parteien**« -

und

3. Rechtsanwalt ………………… *(Name u. Anschrift)*

[ggf. auch

4. Dipl. Psychologin …………… *(Name u. Anschrift)*]

- nachstehend [gemeinsam] der »**Mediator**« -

- Parteien und Mediator nachstehend gemeinsam auch »**Vertragsparteien**« -

I. Auftrag

Die vorstehend genannten Parteien vereinbaren hiermit, ein Mediationsverfahren zur außergerichtlichen Streitbeilegung durchzuführen. Sie beauftragen hiermit den Mediator, hinsichtlich des zwischen den Parteien entstandenen Konflikts …………………………………….. (Kurzbeschreibung) tätig zu werden.

II. Verfahren

1. Die Vertragsparteien sind sich darüber einig, dass das Mediationsverfahren, soweit nichts anderes vereinbart worden ist, nach den Regelungen des MediationsG durchgeführt wird. Der Mediator bekennt sich ferner zu den Regelungen des Europäischen Verhaltenskodex für Mediatoren.
2. Ziel der Mediation ist es, die eigenverantwortliche Konfliktregelung durch die Parteien. Der Mediator fördert als neutraler Vermittler die Suche nach interessengerechten Einigungsmöglichkeiten.
3. Der Mediator erklärt, dass keine Umstände vorliegen, die seine Unabhängigkeit und Neutralität beeinträchtigen könnten.[167]
4. Die Parteien verpflichten sich, die Mediation durch einen von Fairness, Offenheit und gegenseitigen Respekt geprägten Verhandlungsstil zu fördern. Dazu gehört insbesondere die Bereitschaft der Parteien, Informationen offen zu legen, die die Einigungschancen erhöhen.
5. Die Vertragsparteien verpflichten sich ausdrücklich zur Verschwiegenheit über alles, was ihnen im Rahmen des Mediationsverfahrens bekannt geworden ist.
6. Das Mediationsverfahren findet nicht öffentlich statt.
7. Der Mediator darf im Einverständnis aller Parteien mit den Parteien »Einzelgespräche« führen. Die Vertragsparteien vereinbaren gesondert, wie der Mediator mit den dort erhaltenen Informationen im Mediationsverfahren umzugehen hat.
8. Den Parteien ist bekannt, dass in dem Mediationsverfahren eine (Rechts-) Beratung durch den Mediator nicht stattfinden soll und sie einen Rechtsanwalt ihrer Wahl konsultieren können. Der Mediator empfiehlt den Parteien grundsätzlich, vor Abschluss einer den Konflikt beendenden Vereinbarung, diese mit einem Rechtsanwalt ihrer Wahl zu besprechen.
9. Hinsichtlich Verjährungs- und Ausschlussfristen finden die gesetzlichen Regelungen Anwendung. Der Mediator weist darauf hin, dass bestimmte gesetzliche Fristen, z.B. 3-wöchige Frist zur Einreichung der Kündigungsschutzklage im Arbeitsrecht, Berufungs- und sonstige Rechtsmittelfristen, einschließlich der Frist zur Begründung von Rechtsmitteln, durch Parteivereinbarung nicht gehemmt werden

---

167 Ggf. Erklärungen entsprechend § 3 Abs. 1 oder Abs. 4 MediationsG und zu einer erforderlichen Entbindung der Schweigepflicht wegen eines Vorverfahren.

können und daher zu beachten sind, um Rechtsansprüche nicht zu verlieren.
(Ggf. individuelle Regelungen über Verzicht der Verjährungseinrede)
(Ggf. Erklärung, dass während des Mediationsverfahrens die Parteien auf die Einleitung gerichtlicher Verfahren jeder Art verzichten und hinsichtlich bereits anhängiger Gerichtsverfahren übereinstimmend das Ruhen der Verfahren beantragen werden.))

10. Der Mediator wird das Ergebnis der Mediation in einer Mediationsabschlussvereinbarung schriftlich dokumentieren.[168] Sollten einzelne Ansprüche aus der Mediationsabschlussvereinbarung vollstreckbar sein können, weist der Mediator auf die damit verbundene Kosten für eine Vollstreckbarerklärung nach § 796a ff. ZPO oder für eine notariellen Beurkundung hin.

11. Die Parteien können das Mediationsverfahren jederzeit einseitig beenden. Für diesen Fall verpflichten sich die Parteien, die bis zur Beendigung entstandenen Kosten des Mediators zu tragen.

III. Vergütung

1. (Stundenhonorar)

Für seine Tätigkeit während des gesamten Mediationsverfahrens erhält der Mediator eine Vergütung von _____ €/Stunde/alternativ _____ €/Tag (Mediationszeit und Vor- u. Nachbereitungszeit) zzgl. der gesetzlichen Mehrwertsteuer (derzeit in Höhe von 19 %), somit gesamt _____ €, zzgl. etwaiger Kosten für Schreibauslagen, Fotodokumentation, Telekommunikationsauslagen, Reisekosten und sonstiger Auslagen. Soweit nichts anderes vereinbart ist, gelten die Vorschriften des Rechtsanwaltsvergütungsgesetz (VV zum RVG Nr. 7000 bis 7006) entsprechend.

alternativ.: (Vergütungsregelung nach Gegenstandswert)

Für seine Tätigkeit während des gesamten Mediationsverfahrens erhält der Mediator eine Vergütung nach dem Gegenstandswert entsprechend dem Rechtsanwaltsvergütungsgesetz und zwar in Form einer bis zu 2,5

---

[168] Dies kann alternativ durch die Berater der Parteien und falls erforderlich durch einen Notar geschehen.

fachen Geschäftsgebühr (VV zum RVG Nr. 2300) bezogen auf einen Gegenstandswert von _____ €.

ergänzend: (**Einigungsgebühr; ggf. in Erfolgsfall**)

Für den Fall, dass das Mediationsverfahren durch eine einvernehmliche Abschlussvereinbarung endet, erhält der Mediator (alternativ: für die schriftliche Formulierung der Abschlussvereinbarung) eine 1,5 fache Einigungsgebühr entsprechend dem Rechtsanwaltsvergütungsgesetz (VV zum RVG Nr. 1000) bezogen auf einen Gegenstandswert von _____ €.

Die Vergütung und die sonstigen Auslagen werden vor den Parteien je zur Hälfte/zu gleichen Teilen als Gesamtschuldner bezahlt.

Der Mediator ist berechtigt, einen angemessenen Vorschuss auf das Honorar zu verlangen.

IV. Verfahrenskosten

1. Sofern es für die Durchführung des Mediationsverfahrens notwendig ist, bestimmte Maßnahmen zu ergreifen, wird der Mediator von den Parteien hierzu ermächtigt. Der Mediator ist berechtigt, solche Maßnahmen sowohl im eigenen Namen für Rechnung der Parteien, als auch im Namen der Parteien zu veranlassen.
2. Sofern die von dem Mediator als notwendig erachteten Maßnahmen Kosten verursachen (z.B. Zustellungen, Zeugenladungen, Gutachterkosten, Raummiete etc), hat der Mediator dies den Parteien vorher mitzuteilen und diesen Gelegenheit zur Stellungnahme über kostenreduzierende Maßnahmen zu geben.
3. Der Mediator ist berechtigt, auf solche Kosten einen angemessenen Vorschuss zu verlangen.
4. Solche Kosten werden von den Parteien je zur Hälfte/zu gleichen Teilen zu treuen Händen an den Mediator geleistet und von diesem in angemessener Zeit abgerechnet.

V. Haftung[169]

VI. Allgemeines

Änderungen und/oder Ergänzungen dieses Vertrages bedürfen der Schriftform. Auch das Schriftformerfordernis kann nur schriftlich abbedungen werden.

Salvatorische Klausel …[170]

Mediationsvereinbarung für den Fall des Streits der Vertragsparteien untereinander ….[171]

(Ort) …….., den ……………

……………………………..   ………………………………

………………………………..

(Partei) (Partei)   (Mediator/en)

§ 3 Offenbarungspflichten; Tätigkeitsbeschränkungen

(1) Der Mediator hat den Parteien alle Umstände offenzulegen, die seine Unabhängigkeit und Neutralität beeinträchtigen können. Er darf bei Vorliegen solcher Umstände nur als Mediator tätig werden, wenn die Parteien dem ausdrücklich zustimmen.

(2) Als Mediator darf nicht tätig werden, wer vor der Mediation in derselben Sache für eine Partei tätig gewesen ist. Der Mediator darf auch nicht während oder nach der Mediation für eine Partei in derselben Sache tätig werden.

(3) Eine Person darf nicht als Mediator tätig werden, wenn eine mit ihr in derselben Berufsausübungs- oder Bürogemeinschaft verbundene andere Person vor der Mediation in derselben Sache für eine Partei tätig gewesen ist. Eine solche andere Person darf auch nicht während oder nach der Mediation für eine Partei in derselben Sache tätig werden.

---

169 Hinsichtlich der möglichen Vereinbarung eines Haftungsausschlusses hat der Anwaltsmediator §§ 51 und 51 a BRAO zu beachten. Auf berufsspezifische und sonstige gesetzliche Vorgaben, insbesondere die Einschränkung des Haftungsausschlusses nach § 309 Nr. 7 BGB wird verwiesen.
170 Auf einen Formulierungsvorschlag wird verzichtet.
171 Auf einen Formulierungsvorschlag wird verzichtet.

§ 3 MediationsG Offenbarungspflichten; Tätigkeitsbeschränkungen

(4) Die Beschränkungen des Absatzes 3 gelten nicht, wenn sich die betroffenen Parteien im Einzelfall nach umfassender Information damit einverstanden erklärt haben und Belange der Rechtspflege dem nicht entgegenstehen.

(5) Der Mediator ist verpflichtet, die Parteien auf deren Verlangen über seinen fachlichen Hintergrund, seine Ausbildung und seine Erfahrung auf dem Gebiet der Mediation zu informieren.

Übersicht

	Rdn.
I. Regelungsgegenstand und Zweck	1
1. Normgefüge und systematischer Zusammenhang	1
2. Europäische Mediationsrichtlinie	6
II. Grundsätze/Einzelheiten	7
1. Offenbarungspflicht (Absatz 1 Satz 1)	7
a) Adressat	9
b) Umfang	10
c) Zeitpunkt	13
d) Inhalt	15
aa) Unabhängigkeit	16
aaa) Geschäftliche Verbindungen	17
bbb) Eigenes Interesse	20
bb) Neutralität	22
cc) Persönliche Verbindungen	25
dd) Inkompatibilität	29
e) Dispensierung durch die Parteien (Absatz 1 Satz 2)	30
aa) Kenntnis der Parteien	31
bb) Ausdrückliche Zustimmung	32
cc) Form, Dokumentation	35
2. Nicht abdingbare Tätigkeitsbeschränkung (Absatz 2)	37
a) Vor der Mediation (Absatz 2 Satz 1)	38
b) Tätigwerden für eine Partei	39
c) Sachverhaltsidentität	43
d) Ausschluss als Mediator tätig zu werden	47
e) Während und nach der Mediation (Absatz 2 Satz 2)	51
f) Zustimmung der Parteien	56
3. Tätigkeitsbeschränkung bei Berufsausübungs- oder Bürogemeinschaft (Absatz 3)	57
a) Andere Person	59
b) Berufsausübungs- oder Bürogemeinschaft	61
c) Verbunden	64
d) Vor der Mediation (Absatz 3 Satz 1)	67
e) Während und nach der Mediation (Absatz 3 Satz 2)	69
f) Ausschluss als Mediator tätig zu werden	70
g) Zustimmung der Parteien	71
4. Dispensierung (Absatz 4)	72
a) Bezugnahme auf Absatz 3	73
b) Betroffene Parteien	74
c) Einzelfall	78
d) Einverständniserklärung	79
aa) Nach umfassender Information	79
bb) Zeitpunkt	82
cc) Form, Dokumentation	83
e) Belange der Rechtspflege	85

5. Informationspflichten (Absatz 5)	89	e) Informationspflicht auf Verlangen	95
a) Fachlicher Hintergrund	91	f) Wahrheitsgebot und Folgen eines etwaigen Verstoßes	96
b) Ausbildung	92		
c) Erfahrung	93	g) Form	97
d) Regelungsadressat	94	III. Hinweise für die Praxis	99

I. Regelungsgegenstand und Zweck

1. Normgefüge und systematischer Zusammenhang

Die Regelung bezweckt nach dem Willen des Gesetzgebers die Sicherung der **Neutralität**, die sich aus § 2 Absatz 3 Satz 1 MediationsG ergibt, und die **Unabhängigkeit** des Mediators.[1] Die Wahrung der Unabhängigkeit des Mediators dient dem Schutz des Vertrauensverhältnisses zwischen Mediator und Parteien und darüber hinaus dem Vertrauen, das die Bevölkerung in die Mediation als Konfliktlösungsverfahren hat bzw. entwickelt. Verständlich ist die Forderung nach Unabhängigkeit des Mediators aber erst, wenn der damit verfolgte Zweck deutlich wird. Dieser Zweck kann nur auf den Schutz und die Wahrung der **Verfahrensgrundsätze** der Mediation, wie den Grundsatz der Neutralität und der Überparteilichkeit, gerichtet sein.[2] Damit wird auch die kumulative und nicht alternative Nennung des Begriffspaars »Unabhängigkeit« und »Neutralität« in der Vorschrift verständlich.

Unberath[3] hingegen hält die Verwendung des Begriffs »Neutralität« in § 3 Absatz 1 MediationsG für »überflüssig, ja (...) irreführend«, da Neutralität und Überparteilichkeit die **Verfahrensgerechtigkeit** einschließen und sich somit allein auf die Durchführung des Verfahrens nach § 2 MediationsG beziehen, § 3 MediationsG dagegen nur die »in der Person des konkreten Mediators angelegte(n) Interessenkonflikte und ähnliche Umstände« regelt. Das

1

2

---

1 Begr. BT-Drucks. 17/5335, S. 16.
2 Vgl. BVerfG – 1BvR 238/01, NJW 2003, 2520, 2521, das im Hinblick auf die in § 43a Abs. 4 BRAO ausführt, dass die Wahrung der Unabhängigkeit des Rechtsanwalts u.a. auf die Geradlinigkeit der anwaltlichen Berufsausübung, »also darauf, dass ein Anwalt nur einer Seite dient«, ausgerichtet ist. Auf den Mediator bezogen, der nicht einer Seite dient, bedeutet dies, den Parteien gleichermaßen, eben »neutral« zu dienen.
3 *Unberath* ZKM 2012, 12 (13).

§ 3 MediationsG   Offenbarungspflichten; Tätigkeitsbeschränkungen

überzeugt nicht: Da die möglichen Folgen einer Abhängigkeit des Mediators, nämlich der mögliche Verlust seiner Neutralität, für das Mediationsverfahren essentiell sind, ist die Verwendung des Begriffs »Neutralität« in § 3 Absatz 1 MediationsG konsequent. Denn es ist die gesetzgeberische Prämisse, die für das Mediationsverfahren wesentliche Neutralität zu gewährleisten.[4]

3   § 3 MediationsG enthält in Absätzen 1, 4 und 5 bestimmte **Offenbarungs-** und **Informationspflichten** des Mediators gegenüber den Parteien, die durch die Regelung in § 4 Satz 4 MediationsG, wonach der Mediator die Parteien über den Umfang seiner **Verschwiegenheitspflicht** zu informieren hat, ergänzt werden.[5] Die Absätze 2 und 3 hingegen regeln, wann der Mediator seine Tätigkeit nicht oder nur mit Zustimmung der Parteien ausüben darf. Vor dem Hintergrund der umfangreichen Rechtsprechung zu den Offenbarungspflichten des Rechtsanwalts im Zusammenhang mit dem Verbot der Vertretung widerstreitender Interessen handelt es sich bei den in § 3 MediationsG kodifizierten Pflichten des Mediators nach *Henssler/Deckenbrock*[6] um eine »schlichte Selbstverständlichkeiten«. Sie vermuten, dass der Gesetzgeber hier die Entwicklung nicht der Rechtsprechung überlassen wollte, die ohne Zweifel zum selben Ergebnis gekommen wäre.[7]

4   Nach Absatz 1 hat der Mediator alle Umstände zu offenbaren, die seine Unabhängigkeit und Neutralität beeinträchtigen können (**Offenbarungspflicht**); von dem sich daraus ergebenden **Tätigkeitsverbot** können die Parteien den Mediator jedoch entbinden. Absatz 2 regelt hingegen die nicht abdingbaren Tätigkeitsbeschränkungen, während Absatz 3 Tätigkeitsbeschränkungen in Fällen von Sozietäten betrifft, die jedoch durch die Parteien abdingbar sind (Absatz 4 – **Aufklärungspflicht**). Mit diesen Vorschriften wird das für die Anwaltschaft nach § 43a Absatz 4 BRAO bereits geltende Verbot, widerstreitende Interessen zu vertreten, auf andere Grundberufe ausgedehnt.[8] Dem Verbraucherschutz und der Markttransparenz sind die **Informationspflichten** bezüglich der Qualifikation des Mediators nach Absatz 5 geschuldet.

---

4 Begr. BT-Drucks. 17/5335, S. 16, wo im Hinblick auf § 3 Abs. 2 MediationsG fast ausnahmslos auf den Begriff »neutral« Bezug genommen wird.
5 Vgl. Kommentierung zu § 4 MediationsG, Rdn. 42 ff.
6 *Henssler/Deckenbrock* DB 2012, 159 (164).
7 *Henssler/Deckenbrock* DB 2012, 159 (164).
8 Begr. BT-Drucks. 17/5335, S. 16.

Die Regelung in Absatz 1 stellt im Hinblick auf die mögliche Beeinträchtigung der Neutralität des Mediators eine weitere **Handlungsanweisung** an den Mediator dar. Bereits aus § 2 Abs. 3 Satz 1 MediationsG ergibt sich, dass das **Neutralitätsgebot** (»*Der Mediator ist allen Parteien gleichermaßen verpflichtet.*«) tragende Grundlage für die Mediation ist. Sollte der Mediator die Neutralität von Anfang nicht besitzen oder im Laufe des Verfahrens verlieren, so darf er die Mediation nicht durch- bzw. weiterführen; auch nicht mit der Zustimmung der Parteien. Sollten dem Mediator dagegen »nur« Umstände bekannt sein, die seine Neutralität beeinträchtigen können, so hat er diese den Parteien zu offenbaren und darf die Mediation nur mit der ausdrücklichen Zustimmung der Parteien beginnen oder fortführen.

2. Europäische Mediationsrichtlinie

Die Offenbarungspflichten und Tätigkeitsbeschränkungen des § 3 MediationsG nehmen im weitesten Sinne Bezug auf den **Erwägungsgrund Nr. 17** und **Art. 4 EUMed-RL**, die beide darauf abstellen, dass die Mediation in »unparteiischer« Weise erfolgen wird. Zudem wird dort auf den **Europäischen Verhaltenskodex für Mediatoren** verweisen, der in seinem Nr. 2.1 vorgibt, dass »Umstände, die die Unabhängigkeit eines Mediators beeinträchtigen oder zu einem **Interessenkonflikt** führen könnten oder den Anschein erwecken, dass sie seine Unabhängigkeit beeinträchtigen oder zu einem Interessenkonflikt führen, (…) der Mediator diese Umstände offenlegen (muss) bevor er seine Tätigkeit wahrnimmt oder bevor er diese fortsetzt, wenn er sie bereits aufgenommen hat.«

II. Grundsätze/Einzelheiten

1. Offenbarungspflicht (Absatz 1 Satz 1)

Offenbarungspflichten bestehen nach der gefestigten Rechtsprechung des BGH für jeden Vertragspartner aus dem besonderen Vertrauensverhältnis, das dann entsteht, wenn sich ein Vertrag zwischen Parteien anbahnt. Jede Partei hat den anderen Teil über solche Umstände **aufzuklären**, die den Vertragszweck (des anderen) vereiteln können und daher für seine Entscheidung von wesentlicher Bedeutung sind, sofern er die Mitteilung nach der Verkehrsauffassung erwarten kann.[9] Die Offenbarungspflicht besteht sogar dann, wenn die Parteien entgegengesetzte Interessen verfolgen.[10]

8 Offenbarungspflichten finden sich zwar nicht in den **Berufsgesetzen** der Grundberufe,[11] aber z. B. in § 1036 ZPO (Ablehnung eines **Schiedsrichters**). Danach hat eine Person, der ein Schiedsrichteramt angetragen wird, alle Umstände offen zu legen, die Zweifel an ihrer Unparteilichkeit oder Unabhängigkeit wecken können (»**Offenlegungspflicht**«[12]). Denn wenn der Gesetzgeber als Ersatz für staatliche Gerichte eine **Privatgerichtsbarkeit** zulässt, kann diese nur verfassungskonform sein, wenn an der Überparteilichkeit und Neutralität des Schiedsrichters keine Zweifel bestehen, da dies zu den elementaren Grundlagen jeder Rechtsprechung gehört.[13] Dieser sich aus **Art. 97 Abs. 1 GG** ergebende Grundsatz gilt grundsätzlich auch für die Mediation, bei der sich es um ein Verfahren der außergerichtlichen Konfliktlösung handelt, das den Rechtsfrieden nachhaltig fördern soll, wobei die Unabhängigkeit und Neutralität des Mediators unerlässliche Voraussetzung für das Gelingen der Mediation ist.[14]

a) Adressat

9 Der Mediator hat nur gegenüber den **Parteien** die **Offenbarungspflicht** wahrzunehmen und nicht auch gegenüber den sonstigen am Mediationsverfahren Beteiligten. Auch wenn die Parteien von bevollmächtige **Beratern**, z. B. Rechtsanwälten, im Mediationsverfahren begleitet werden, so hat der Mediator sich direkt an die Parteien zu wenden, da nur diese als unmittelbar an der Mediation und dem Lösungsverfahren beteiligte Personen die **Zustimmung** nach Satz 2 erteilen können. Diese Entscheidung kann den Parteien nicht von Dritten abgenommen werden.

b) Umfang

10 Die Vorschrift verpflichtet den Mediator, die Parteien über **alle Umstände** zu informieren, die seine Unabhängigkeit und Neutralität beeinträchtigen können. Die dem Schiedsrichter nach § 1036 ZPO obliegenden Offenba-

---

9 BGH VIII ZR 32/00, S. 6; VIII ZR 236/06, S. 13.
10 BGH VIII ZR 236/06, S. 13.
11 *Henssler/Deckenbrock* DB 2012, 159 (164).
12 *Baumbach/Lauterbach/Albers/Hartmann*, ZPO, § 1036, Rn. 1.
13 *Zöller*, ZPO, § 1034, Rn. 4.
14 Begr. BT-Drucks. 17/5335, S. 11 (15).

rungspflichten sind nach dem sog. **»parteiobjektiven Maßstab«** des § 42 ZPO zu beurteilen.[15] Der Schiedsrichter muss danach nicht über »**alles Mögliche**« informieren,[16] sondern nur wenn aus Sicht der ablehnenden Partei nachvollziehbar ein einigermaßen objektiv vernünftiger Grund besteht, der die Befürchtung begründet, der Schiedsrichter werde nicht unparteiisch und sachlich entscheiden.[17] Eine rein subjektive unvernünftige Vorstellung der Partei ist dagegen unerheblich.[18] Dieser **parteiobjektivierte Maßstab** ist bei § 3 Abs. 1 MediationsG allerdings nicht anzulegen. Denn hier reicht bereits der **subjektive Maßstab.** Die Parteien der Mediation können aus jedem beliebigen Grund entscheiden, den Mediator nicht in Anspruch nehmen zu wollen. Sie haben also ein berechtigtes Interesse, »**alles Mögliche**« zu erfahren, was die Neutralität und Unabhängigkeit des Mediators beeinflussen könnte.

Aus der Formulierung »**beeinträchtigen können**« wird zudem deutlich, dass 11 der Mediator bereits bei dem geringsten Anzeichen dafür, dass seine Unabhängigkeit und Neutralität gefährdet sein könnten, die Parteien über diese Umstände zu informieren hat. Ihn trifft die **Offenbarungspflicht** also nicht erst, wenn er für sich feststellt, dass seine Unabhängigkeit und Neutralität beeinträchtigt sind. Da die Unabhängigkeit und Neutralität des Mediators ein hohes und für den Erfolg der Mediation nahezu unverzichtbares Gut ist, soll der Mediator die Entscheidung, ob eine Beeinträchtigung vorliegt, nicht selber treffen. Daher ist die Schwelle für die Pflicht zur Offenbarung entsprechender Umstände sehr niedrig.

Der Mediator hat bei der Information der Parteien sicherzustellen, dass er 12 damit nicht gegen seine **Verschwiegenheitspflicht** gegenüber einzelnen Parteien oder sonstigen Dritten verstößt, die er aufgrund eines früheren Mandats- oder Auftragsverhältnis, ggf. aus einer früheren Mediation (§ 4 MediatiosG), zu beachten hat. Hier sind insbesondere Rechtsanwälte (§ 43a Abs. 2 BRAO), Notare (§ 18 Abs. 1 BNotO) und Steuerberater (§ 57 Abs. 1 StBerG i.V.m. § 5 BOStB) zu erhöhter Aufmerksamkeit verpflichtet; aber auch sonstige Berufsgruppen sollten sich ihrer entsprechenden Verpflichtung bewusst sein, die sich u. a. aus der jeweiligen Berufsordnung, einer vertragli-

---

15 *Baumbach/Lauterbach/Albers/Hartmann*, ZPO, § 1036, Rn. 2.
16 *Zöller*, ZPO, § 1036, Rn. 9.
17 *Baumbach/Lauterbach/Albers/Hartmann*, ZPO, § 42, Rnr. 10.
18 *Baumbach/Lauterbach/Albers/Hartmann*, ZPO, § 42, Rn. 10.

chen Absprache oder auch aus § 203 StGB (**Verletzung von Privatgeheimnissen**) ergibt. Eine Verletzung kann auch das Vertrauen der Parteien in den Mediator erschüttern, der offenbar mit vertraulichen Informationen wenig sorgfältig umzugehen scheint, aber auch ggf. **Haftungs-** und **Unterlassungsansprüche** auslösen. Der Mediator hat sich entweder von der **Schweigepflicht** entbinden zu lassen, was er möglichst schriftlich machen sollte, oder die entsprechende Information nicht preiszugeben. Sollte diese Information allerdings für die Beurteilung seiner Unabhängigkeit und Neutralität wesentlich sein, muss der Mediator ggf. die Durchführung der Mediation von sich aus ablehnen.

c) Zeitpunkt

13 Die Offenbarungspflicht beginnt mit dem ersten **Informationsgespräch**, das der Mediator mit den Parteien führt, und setzt sich über die gesamte Dauer des Mediationsverfahrens fort. Denn es können sich auch nach Beginn der Mediation Umstände ergeben, die die Unabhängigkeit und die Neutralität des Mediators beeinträchtigen. Der Mediator hat daher ständig eine gewisse Selbstprüfung vorzunehmen.

14 Für den Schiedsrichter gilt Ähnliches: Sobald er Anhaltspunkte für entsprechende Umstände hat, hat er diese den Parteien unverzüglich und ohne schuldhaftes Zögern (vgl. § 121 Abs. 1 S. 1 BGB) offenzulegen. Dieser Offenlegungspflicht hat er bis zum Ende des schiedsrichterlichen Verfahrens nachzukommen (§ 1036 ZPO).[19]

d) Inhalt

15 Umstände, die die Unabhängigkeit und Neutralität des Mediators beeinträchtigen können, »sind insbesondere persönliche oder geschäftliche Verbindungen zu einer Partei oder ein finanzielles oder sonstiges eigenes Interesse am Ergebnis der Mediation.«[20]

aa) Unabhängigkeit

16 **Unabhängigkeit** hat u.a. die Bedeutung von Eigenständigkeit, Freiheit, Selbstständigkeit und Selbstbestimmung und findet sich häufig in Begriffs-

---

19 *Baumbach/Lauterbach/Albers/Hartmann*, ZPO, § 1036, Rn. 2.
20 Begr. BT-Drucks. 17/5335, S. 16.

paaren wie »finanzielle Unabhängigkeit«, »wirtschaftliche Unabhängigkeit« oder auch »richterliche Unabhängigkeit«. **Abhängig** ist eine Person, die z. B. in ihrer wirtschaftlichen, sozialen, politischen Stellung von jemandem oder von etwas abhängig ist. D. h. jemand, der von persönlichen Zwängen oder Sachzwängen beeinflusst nicht eigenverantwortlich handeln kann,[21] und damit nicht frei von Interessenkonflikten ist. Dazu gehören insbesondere, aber nicht abschließend, z. B. »**geschäftliche Verbindungen**« des Mediators zu einer Partei oder ein finanzielles oder sonstiges eigenes Interesse des Mediators am Ergebnis der Mediation.[22]

aaa) Geschäftliche Verbindungen

Geschäftliche Verbindungen sind anzunehmen, wenn der Mediator z. B. aus seiner Tätigkeit als Mediator oder aus seinem sonstigen Herkunftsberuf mit einer Partei beruflich in Verbindung steht. Dazu zählt in jedem Fall aber nicht ausschließlich jede bezahlte **auftragsbezogene Tätigkeit** für eine Partei und jede Beauftragung einer Partei durch den Mediator, aber auch Aufsichtsrat- und Beiratsmandate. Geschäftliche Verbindungen im Sinne der Vorschrift sind auch anzunehmen, wenn diese sich noch nicht realisiert haben, sondern noch in der **Akquisitionsphase** befinden. Die Unterscheidung zwischen persönlicher und geschäftlicher Verbindung kann dabei nicht immer eindeutig vorgenommen werden.

Die **geschäftliche Verbindung** braucht nicht nur unmittelbar zu einer Partei zu bestehen, sondern kann auch zu einem Dritten bestehen, der an der Mediation gar nicht teilnimmt, sie aber initiiert und ggf. auch bezahlt. Davon ist z. B. bei einer innerbetrieblichen Mediation zwischen Mitarbeitern eines Unternehmens auszugehen, wenn der Mediator eine berufliche Verbindung zur Geschäftsleitung des Unternehmens hat, auf deren »Wunsch« bzw. »Anregung« die Mediation stattfindet.

Der in einem Unternehmen **angestellte Mediator**, der ausnahmslos innerbetriebliche Konflikte zwischen den Mitarbeitern in diesem Unternehmen mediieren soll, gehört aus seiner **beruflichen Abhängigkeit** als Angestellter des Unternehmens ebenfalls in die Kategorie, wonach er seine geschäftliche Ver-

---

21 Duden, Das Synonymwörterbuch, S. 931.
22 Begr. BT-Drucks. 17/5335, S. 16.

bindung offenbaren muss. Meist wird diese den Parteien aus seiner Stellung im Unternehmen allerdings bereits bekannt sein.

bbb) Eigenes Interesse

20 Sobald der Mediator mit der Mediation ein über die eigentliche Mediation hinausgehendes **eigenes Ziel** verfolgt, daraus einen eigenen Nutzen oder Vorteil ziehen möchte oder damit eine bestimmte Absicht verbindet, handelt der Mediator nicht mehr unabhängig. Diese **eigene Interesse** kann materieller, d. h. meist **finanzieller** (ausgenommen ist das Mediatorenhonorar), oder **immaterieller** Art sein und es kann sich in einem unmittelbaren oder mittelbaren Vorteil zeitnah oder erst in der Zukunft ausdrücken. Alles, was letztlich für den Mediator einen über das Mediatorenhonorar und die mit einem erfolgreichen Mediationsabschluss verbundene Eigenwerbung hinausgehenden Vorteil bedeutet, fällt darunter. Der Vorteil kann z. B. in dem Versprechen eines Geschäftsführers eines Unternehmens liegen, bei erfolgreichem Abschluss mit einer weiteren Beauftragung als Mediator bei innerbetrieblichen Konflikten rechnen zu können. Der Mediator kann ggf. bei einer Mediation über eine öffentliche Baumaßnahme auch selbst Betroffener dieser Baumaßnahme sein (z. B. Flughafenplanung) und damit ein eigenes Interesse am Ausgang eines Mediationsverfahrens haben.

21 Sollte der Mediator ein **eigenes Interesse** an der Mediation haben, wird sich dies meist auf das **Ergebnis der Mediation** richten. Es sind aber auch Fälle denkbar, bei denen der Mediator durchaus ein Interesse an einem Scheitern der Mediation haben könnte, wenn für ihn entweder keine Einigung der Parteien oder auch eine nach dem Scheitern der Mediation zu erwartende gerichtlich Entscheidung von Vorteil wäre.

bb) Neutralität

22 Die **Neutralität** des Mediators ist eines der Grundprinzipien der Mediation, das bereits in § 2 Absatz 2 Satz 1 MediationsG (»Grundsätze der Mediation«),[23] und § 2 Absatz 3 Satz 1 MediationsG (»gleichermaßen verpflichtet«)[24] geregelt ist. Darunter ist die Unparteilichkeit, Sachlichkeit und Vorurteilsfreiheit zu verstehen, wobei es bei der Beurteilung nicht allein auf eine objek-

---

23 Vgl. Kommentierung zu § 2 Abs. 2 MediationsG, Rdn. 22 ff.
24 Vgl. Kommentierung zu § 2 Abs. 3 MediationsG, Rdn. 85 ff.

tive Betrachtungsweise ankommt, sondern auf die Wahrnehmung durch die Mediationsparteien.[25]

Eine scharfe Trennung der Gründe, die eine **Gefährdung der Unabhängig-** 23 **keit** vermuten lassen und den Gründen für die Annahme einer **fehlenden Neutralität** ist schwierig. Ein Mediator, der nicht neutral ist, kann sehr wohl unabhängig sein, aber ein Mediator, der nicht unabhängig ist, wird vermutlich nicht neutral handeln können, wobei durchaus Ausnahmen vorstellbar sind. Die Annahme der mangelnden Unabhängigkeit setzt allerdings weiter voraus, dass der Mediator sich in einem **geschäftlichen Näheverhältnis** zu einer Partei oder einem Dritten, der z. B. als Auftraggeber auf die Mediation Einfluss ausübt, befindet, das seine Entscheidungsfreiheit beeinflusst.

Die fehlende Neutralität ist immer bei Vorliegen eines **besonderen persönli-** 24 **chen Näheverhältnisses** zwischen Mediator und Partei anzunehmen.

cc) Persönliche Verbindungen

Persönliche Verbindungen sind anzunehmen, wenn es ein besonderes un- 25 mittelbares oder mittelbares **Näheverhältnis** zwischen Mediator und einer Partei oder Mediator und einer der Partei nahestehenden Person gibt. Vergleichbar dem Mediator soll auch der Notar »im Interesse einer geordneten und vorsorgenden Rechtspflege bereits dem Anschein einer **Gefährdung** der Unabhängigkeit und Unparteilichkeit entgegenwirken.«[26] Diese Gefährdung wird nach § 3 BeurkG angenommen, wenn an der Beurkundung bestimmte, dem Notar nahe stehende Personen, beteiligt sind, was für den Notar zu einem Beurkundungsverbot (**Mitwirkungsverbot**) führt. Ähnlich gefasst sind die Gründe für den **Ausschluss** und die **Ablehnung eines Richter** von der Ausübung des Richteramtes in §§ 41, 42 ZPO.

Die Gedanken des § 3 BeurkG und der §§ 41, 42 ZPO auf das Media- 26 tionsG zu übertragen, erscheint naheliegend und angemessen. Wenn der Gesetzgeber dem Notar als **ultima ratio** die Mitwirkung an einer Beurkundung bei Beteiligung der in § 3 BeurkG genannten Personen und dem Richter die

---

[25] Begr. BT-Drucks. 17/5335, S. 16. Vgl. *Kracht* in Haft/von Schlieffen, Handbuch Mediation, § 12, Rn. 9 ff.; ferner Kommentierung zu § 2 MediationsG, Rdn. 23 ff.
[26] Begr. BT-Drucks. 13/4184, S. 36; *Eylmann/Vaasen*, Bundesnotarordnung, Beurkundungsgesetz, § 3 BeurkG, Rn. 1.

Ausübung des Richteramts bei Beteiligung der in § 41 ZPO genannten Personen untersagt, so sollte der Mediator bei der Beteiligung eben dieser Personen an der Mediation zumindest einen Umstand erkennen, der seine persönliche Unabhängigkeit gefährden könnte. Das heißt aber im Umkehrschluss, dass die Gefährdung des Mediators auch bei anderen als den in § 3 BeurkG genannten Personen an der Mediation nicht ausgeschlossen werden kann. Der **Katalog** ist daher **nicht abschließend**, und jeder Mediator sollte im Zweifel eine persönliche Nähe, die auch noch so entfernt scheint, den Parteien offenbaren.

27 Ein **besonderes Näheverhältnis** ist auf jeden Fall anzunehmen bei
 – dem jetzigen oder auch früheren Ehepartner oder heterosexuellem oder homosexuellem Lebenspartner – unabhängig von der Begründung der Lebenspartnerschaft nach dem LPartG – oder Verlobten,
 – Angehörigen, zu denen ein Verwandtschaftsverhältnis (vgl. §§ 1589, 1754, 1770 BGB) oder Schwägerschaftsverhältnis (vgl. § 1590 Abs. 1 BGB, § 11 Abs. 2 LPartG) besteht,
 – Personen, deren gesetzlicher Vertreter der Mediator ist, z.B. wenn der Mediator als Vormund, Pfleger, Betreuer, Beistand oder Insolvenzverwalter handelt,
 – Personen, für die der Mediator aufgrund gewillkürter Vertretungsmacht tätig war – nicht notwendigerweise in derselben Sache,
 – Sachen, in denen der Mediator selber Partei ist oder zu einer Partei in dem Verhältnis eines Mitberechtigten, Mitverpflichteten oder Regressberechtigten steht.

28 Zu offenbarende Umstände können sich auch einer **geschäftlichen** oder **beruflichen Verbindung** oder einer **vorherigen Befassung** mit dem Sachverhalt (vgl. auch Absatz 3) ergeben. So beispielsweise bei
 – Personen, die ebenso wie der Mediator, Mitglied in derselben politischen Partei, demselben Verein (z.B. Sportverein) oder beruflichen Verband/ Netzwerk sind, wobei Struktur und Größe der Vereinigung zu berücksichtigen sind. Allein aus der gemeinsamen Mitgliedschaft des Mediators und einer Partei in einer beruflichen Standesorganisation, z.B. der Rechtsanwaltskammer, ist aber nicht auf ein besonderes Näheverhältnis zu schließen,
 – Personen, die wie der Mediator (z.B. der in einem Unternehmen angestellte Mediator) demselben Unternehmen angehören, wobei die Stellung weder des Mediators noch der Partei z.B. als Geschäftsführer oder Vor-

stand, Mitarbeiter (Angestellter, Arbeitnehmer), Gesellschafter oder Aktionäre wesentlich ist.
- Grundsätzlich gehören dazu auch die Personen, mit denen der Mediator beruflich verbunden ist (vgl. § 3 Abs. 1 Nr. 4 BeurkG). Diese Personengruppe ist gesondert in Absatz 3 erwähnt.
- Wenn der Mediator in derselben Sache bereits als Zeuge oder als Sachverständiger gehört wurde, ist von einer vorherigen Befassung auszugehen.
- Wenn der Mediator bereits an einem Mediationsverfahren oder einem anderen Verfahren der außergerichtlichen Konfliktbeilegung oder einem gerichtlichen Verfahren in derselben Sache, ggf. mit identischen Parteien beteiligt war.

dd) Inkompatibilität

»Dem Gebot der Unabhängigkeit und der Neutralität widerspricht es in besonderem Maße, wenn (…) ein Mediator vor, während oder nach einer Mediation in derselben Sache für eine Partei tätig wird.«[27] Dies hat eine gesonderte Regelung in § 3 Absatz 2 MediationsG gefunden.

e) Dispensierung durch die Parteien (Absatz 1 Satz 2)

Sollten nach Satz 1 Umstände vorliegen, die die Unabhängigkeit und Neutralität des Mediators **gefährden** können, so ist der Mediator verpflichtet, die Durchführung der Mediation abzulehnen oder eine bereits begonnene Mediation abzubrechen, es sei denn die **Parteien entbinden** ihn von dieser Verpflichtung, indem sie ihre ausdrückliche **Zustimmung** dazu erteilen.

aa) Kenntnis der Parteien

Die Parteien müssen umfänglich vom Mediator über **alle Umstände** informiert sein und die Möglichkeit haben, Fragen an den Mediator zu stellen. Der Mediator ist grundsätzlich frei in seiner Entscheidung, wie er die Parteien informiert.[28] Um sämtliche Umstände ausreichend zu erörtern, damit die Parteien eine Entscheidungsgrundlage haben, empfiehlt sich ein **persönliches Gespräch** mit den Parteien. Bei weniger komplexen und eindeutigen Sachverhalten kann der Mediator seiner Offenbarungspflicht auch **schriftlich** oder

---

27 Begr. BT-Drucks. 17/5335, S. 16.
28 Begr. BT-Drucks. 17/5335, S. 16.

auf **elektronischem** Wege nachkommen. Der Mediator muss auf jeden Fall den Weg wählen, der zu einer ausreichenden Kenntnis der **Parteien** führt. Grundsätzlich kann der Mediator die Parteien auch in getrennten Gesprächen informieren.

bb) Ausdrückliche Zustimmung

32 Nachdem die Parteien vom Mediator über sämtliche Umstände informiert worden sind, haben sie alleine die **Entscheidung** zu treffen, ob dieser Mediator die Mediation durchführen soll oder nicht. Stimmt nur eine Partei nicht zu, ist der Mediator von der Mediation ausgeschlossen. Die Durchführung der Mediation ist damit nur möglich, wenn alle an der Mediation beteiligten Parteien ihre **Zustimmung** dazu erteilen, dass der bestimmte Mediator die Mediation durchführt.

33 Der Mediator hat sich die **ausdrückliche Zustimmung** einzuholen, d. h. dass er **jede Partei** gesondert befragen und von jeder Partei eine so eindeutige Antwort erhalten muss, dass darin eine eindeutige Zustimmung zu sehen ist. Noch vorhandene Zweifel oder die Unentschlossenheit bei einer Partei schließen die Zustimmung im Sinne dieser Vorschrift aus. Sollte eine Partei ihre endgültige Zustimmung z. B. von ihrem Eindruck über den Mediator in der ersten Mediationssitzung abhängig machen wollen, so ist darin grundsätzlich keine ausreichende Zustimmung zu sehen. Zwar kann eine Partei jederzeit im Laufe des Verfahrens ihr Vertrauen in den Mediator verlieren, doch sollte eine Mediation nicht mit **Vorbehalten** an der Unabhängigkeit und der Neutralität des Mediators beginnen, auch wenn die Partei sich erst einmal einverstanden erklärt. Zumindest müssen in einem solchen Fall auch die anderen Parteien bereit sein, das **Risiko** zu tragen, dass die Mediation doch noch abgebrochen werden kann.

34 Die Zustimmung der Parteien ist grundsätzlich **vor Beginn** der Mediation durch die Parteien zu erteilen. In den meisten Fällen wird die Zustimmung bereits während des Gespräches mit dem Mediator, in dem er die besonderen Umstände offenbart, erteilt oder versagt werden. Diese Erklärung kann von der Partei auch später abgegeben werden, entweder mündlich oder auch in schriftlicher Form. Sollte eine Partei durch einen Rechtsanwalt vertreten werden, kann auch dieser die Erklärung für die Partei abgeben. Die Offenbarung der Umstände muss aber ausschließlich **gegenüber den Parteien** erfolgen, damit diese sich einen eigenen persönlichen Eindruck vom Mediator

und der Art und Weise, wie er seiner Offenbarungspflicht nachkommt, machen können.

cc) Form, Dokumentation

Die Zustimmung kann **grundsätzlich formlos** mündlich oder schriftlich erteilt werden. Abhängig von der jeweiligen Mediation ist daran zu denken, dass der Mediator nach der mündlichen Information in einem **Schreiben** an die Parteien noch einmal den wesentlichen Inhalt der Umstände zusammenfasst, die seine Unabhängigkeit und Neutralität gefährden können. Es scheint unbedingt ratsam zu sein, dass sich der Mediator nach Möglichkeit die Zustimmung der Parteien **schriftlich** geben lässt oder eine mündlich erteilte Zustimmung gegenüber den Parteien schriftlich bestätigt (vgl. **Formulierungsvorschlag** Rdn. 100). Beides dient der **Dokumentation** über die Einhaltung der gesetzlichen Vorgaben und der Vermeidung möglicher späterer Vorwürfe der Parteien, sie seien nicht oder nicht ausreichend informiert worden. 35

Auch die ggf. erforderliche Erklärung über die Entbindung von der Schweigepflicht (**Schweigepflichtentbindungserklärung**) sollte der Mediator schriftlich erhalten. Es bietet sich hier unter Umständen an, dass der Mediator eine solche Erklärung dem Erklärenden bereits als Entwurf zusendet. 36

2. Nicht abdingbare Tätigkeitsbeschränkung (Absatz 2)

»Dem Gebot der Unabhängigkeit und Neutralität widerspricht es in besonderem Maße, wenn (…) ein Mediator vor, während oder nach einer Mediation in derselben Sache für eine Partei tätig wird«.[29] Die Regelung des Absatzes 2 enthält daher eine gesetzliche **Tätigkeitsbeschränkung** des Mediators, von der ihn die Parteien **nicht entbinden** können und die der Mediator nach eigener Prüfung und ohne Rücksprache mit den Parteien selbst zu beachten hat. 37

a) Vor der Mediation (Absatz 2 Satz 1)

Satz 1 der Vorschrift regelt die »**Vorbefassung**« des Mediators durch eine frühere Tätigkeit für eine Partei. Danach ist als Mediator ausgeschlossen, wer bereits **vor der Mediation** in derselben Sache für eine Partei tätig war, unabhängig davon, wann diese Tätigkeit in der Vergangenheit stattgefunden hat. 38

---

[29] Begr. BT-Drucks. 17/5335, S. 16.

§ 3 MediationsG Offenbarungspflichten; Tätigkeitsbeschränkungen

Es gilt, dass eine Vorbefassung in derselben Sache »nicht verjährt«. Dieses Tätigkeitsverbot gilt neben dem Rechtsanwalt für **jeden Mediator**, der früher als Interessenvertreter, Berater, Betreuer oder sonstiger Dienstleister für eine Partei tätig war.

b) Tätigwerden für eine Partei

39 Das MediationsG definiert den Begriff »**Tätigwerden**« zwar nicht, doch wird aus der Begründung zum MediationsG deutlich, dass sich der Gesetzgeber hier die Vorgaben aus dem anwaltlichen Bereich zum Vorbild nimmt.[30] So ist es dem Rechtsanwalt nach § 43a Abs. 4 BRAO verboten, **widerstreitende Interessen** »zu vertreten« – wobei dies nicht einschränkend, sondern im Sinne von »tätig werden« zu verstehen ist.[31] Dies entspricht auch § 3 Abs. 1 BORA, der an § 43a Abs. 4 BRAO anknüpft und diesen präzisiert. Danach darf der Rechtsanwalt »nicht tätig werden, wenn er eine andere Partei, die nunmehr als Partei eines Mediationsverfahrens in Betracht kommt, in derselben Rechtssache im widerstreitenden Interesse bereits beraten oder vertreten hat …«. In § 356 StGB, der Parteiverrat u. a. durch einen Anwalt unter Strafe stellt, wird der Begriff des »Dienens« verwandt, womit jede berufliche Tätigkeit eines Rechtsanwalts, durch die das Interesse des Auftraggebers durch Rat oder Beistand gefördert werden soll, gemeint ist.[32]

40 Da die anwaltliche Berufspflicht sogar über die Strafbestimmung des § 356 StGB hinausgehen soll,[33] ist der Begriff des »**Tätigwerden**« zumindest in anwaltlicher Hinsicht **sehr weit zu fassen.** Er bedeutet daher nicht nur die Vertretung einer Partei nach außen oder deren Beratung, sondern jede rechtliche oder tatsächliche Tätigkeit des Anwalts für seine Partei, und zwar unabhängig davon, ob sein Verhalten seinem Mandanten schadet oder der anderen Partei nützt.[34] Allgemeine Auskünfte, die mit dem Ziel der Mandatserteilung gegeben werden (»**Vertragsanbahnungsverhältnis**«) gehören allerdings nicht dazu.[35] Zwar hat der Rechtsanwalt bereits im Stadium der Vertragsanbah-

---

30 Begr. BT-Drucks. 17/5335, S. 16.
31 *Feuerich/Weyland*, BRAO, § 43a BRAO, Rn. 66; *Henssler/Prütting*, Bundesrechtsanwaltsordnung, § 43a BRAO, Rn. 186.
32 *Feuerich/Weyland*, BRAO, § 43a BRAO, Rn. 66.
33 Begr. BT-Drucks. 12/4993, S. 27.
34 *Feuerich/Weyland*, BRAO, § 3 BORA, Rn. 4, § 43a BRAO, Rn. 66.
35 *Henssler/Prütting*, Bundesrechtsanwaltsordnung, § 43a BRAO, Rn. 192.

nung **Schutz- und Rücksichtnahmepflichten** zu beachten. Doch gehen diese nicht soweit, dass sie »den massiven Eingriff in die Vertragsfreiheit des Anwalts, der mit dem Verbot der Vertretung widerstreitender Interessen verbunden ist, (...) rechtfertigen«[36]

Damit darf ein Mediator nicht tätig werden, wenn er vorher in derselben 41
Sache für eine Partei unabhängig von seinem **Herkunftsberuf** in dem beschriebenen Umfang aufgrund eines Vertragsverhältnisses zumindest beratend tätig war. Das gilt auch, wenn er von einer Partei lediglich beauftragt war, die Möglichkeiten einer **gütlichen Einigung** mit der anderen Partei »auszuloten«.[37] Denn dies setzt einseitige Informationen einer Partei voraus. Diese Regelung findet nicht nur auf Rechtsanwälte Anwendung, sondern gilt für sämtliche Herkunftsberufe, d. h. auch für Steuerberater, Psychologen, Architekten, Ärzte, Lehrer u. a.

Nicht darunter fallen Tätigkeiten des **Mediators** oder eines **Notars** oder eines 42
sonstigen Dritten, wenn die frühere Tätigkeit in derselben Sache im gemeinsamen Auftrag der Parteien erfolgte, die nunmehr Parteien der Mediation sein sollen. So kann beispielsweise der Notar, der für beide Parteien einen Ehevertrag entworfen und beurkundet hat, mit diesen Parteien eine Mediation z. B. über die Umsetzung des Ehevertrags durchführen. Der Notar muss sich allerdings jeglicher rechtlicher Interpretationen seines eigenen Vertrags enthalten, um die gebotene Unabhängigkeit und Neutralität nicht zu verlieren. Daneben besteht grundsätzlich die Gefahr, dass sich bei der Mediation ein Mangel an der Urkunde herausstellt. In diesem Fall muss der Mediator, der vorher in derselben Sache als Notar tätig war, die Mediation abbrechen.

c) Sachverhaltsidentität

Von »**derselben Sache**« ist immer dann auszugehen, wenn der Mediation 43
und der parteilichen Beratung der gleiche Lebenssachverhalt zugrunde liegt.[38]
Dabei ist maßgeblich, dass der sachliche Inhalt der anvertrauten Interessen »bei natürlicher Betrachtungsweise auf ein innerlich zusammengehöriges, einheitliches Lebensverhältnis« zurückzuführen ist.[39] Ist der Sachverhalt, mit

---

36 *Henssler/Prütting*, Bundesrechtsanwaltsordnung, § 43a BRAO, Rn. 192.
37 Begr. BT-Drucks. 17/5335, S. 16; *Henssler/Deckenbrock* DB 2012, 159 (164).
38 Begr. BT-Drucks. 17/5335, S. 16.
39 *Feuerich/Weyland*, BRAO Bundesrechtsanwaltsordnung, § 43a BRAO, Rn. 60 f.

§ 3 MediationsG Offenbarungspflichten; Tätigkeitsbeschränkungen

dem der Mediator als Berater – beispielsweise als mandatierter Anwalt, beratender Architekt oder beauftragter Psychologe – befasst war auch nur teilweise mit dem Konfliktstoff, der Gegenstand der Verhandlung in der Mediation sein soll, identisch oder überschneidet er sich damit, so kann der Mediator in dieser Sache nicht tätig werden.[40] Auch durch einen längeren Zeitablauf oder einen Wechsel der beteiligten Parteien wird die Einheitlichkeit des Lebenssachverhalts nicht aufgehoben.[41]

44 ▶ **Beispiele:**

- Die Beratung einer Partei bei der Gründung einer Gesellschaft mit mehreren Gesellschaftern schließt eine anschließende Mediation durch denselben Berater mit allen Gesellschaftern über das Gesellschafterverhältnis aus (gilt für den Rechtsanwalt und den Steuerberater).
- Die arbeitsrechtliche Beratung des Geschäftsführers einer GmbH wegen des Arbeitsverhätnisses mit einem Mitarbeiter schließt eine anschließende Mediation zwischen Geschäftsführer und Mitarbeiter durch den beratenden Anwalt aus.
- Die Beratung einer Partei bei Abschluss eines Ehevertrags schließt eine Mediation der Ehepartner durch den Berater als Mediator aus.
- Die Bauüberwachung im Auftrage des Bauherrn durch einen Architekten schließt die Mediation zwischen Bauherrn einerseits und Bauunternehmer oder Bauhandwerkern andererseits durch denselben Architekten aus.
- Die Betreuung eines Ehepartners durch einen Eheberater wegen ehelicher Probleme schließt die Mediation mit den Ehepartnern aus;
- Wird ein Patient von einen Psychologen betreut und kommt dabei u. a. das Verhältnis zu einem Dritten zur Sprache, so ist der Psychologe bei eine Mediation mit dem Patienten und dem Dritten als Mediator ausgeschlossen.

45 Die vorgenannten Beispiele gelten selbstverständlich auch für andere **Berufsgruppen**, soweit sie die beschriebenen Tätigkeiten ausüben können.

---

40 Begr. BT-Drucks. 17/5335, S. 16; *Henssler/Prütting*, Bundesrechtsanwaltsordnung, § 43a BRAO, Rn. 199.
41 *Henssler/Prütting*, Bundesrechtsanwaltsordnung, § 43a BRAO, Rn. 199.

Grundsätzlich ist es dem Rechtsanwalt gestattet, bei **nicht identischem**, aber 46
gleichartigem **Lebenssachverhalt** erst für und später gegen dieselbe Partei tätig zu werden (z. B. die Vertretung einer Hausverwaltung gegen den Wohnungseigentümer A und danach die Vertretung des Wohnungseigentümers B gegen die Hausverwaltung).[42] Dies ist grundsätzlich auch dem Mediator zuzubilligen. Unabhängig davon, dass er dabei die Pflichten zur **Verschwiegenheit** beachten muss, hat er aber sämtliche Umstände des früheren Tätigwerdens nach § 3 Abs. 1 MediationsG den Parteien zu offenbaren. Er ist darüber hinaus für die anschließende Tätigkeit als Mediator auf die ausdrückliche **Zustimmung** der Parteien angewiesen.

d) Ausschluss als Mediator tätig zu werden

Der Mediator hat die Umstände, die ggf. zu seinem Ausschluss als Mediator 47
führen können, **so früh wie möglich** zu prüfen. Diese Prüfung muss spätestens in dem Stadium abgeschlossen sein, auf das üblicherweise der Abschluss des Mediatorenvertrags folgt. Denn mit Abschluss des Mediatorenvertrags beginnt die eigentliche Mediation, von der der Mediator ausgeschlossen ist.

Bereits beim **Informationsgespräch** mit den Parteien – einzeln oder gemein- 48
sam – wird der Mediator die Parteien nicht nur über Grundsätze und Ablauf des Mediationsverfahrens unterrichten, sondern sich mit ihnen auch über den Konfliktgegenstand und den Kreis der Beteiligten am Mediationsverfahren mit den Parteien austauschen. Das Informationsgespräch ist zwar nicht Teil der Mediation selbst; es hat aber für die Vorbereitung der Mediation bereits eine besondere Bedeutung (vgl. § 2 Abs. 2 MediationsG), die über eine reine **Vertragsanbahnung** hinausgeht. Das Informationsgespräch ist somit eher Teil des gesamten Mediationsverfahrens, bestehend aus Informationsgespräch, Mediation und Abschlussvereinbarung als ein völlig davon getrennt zu sehendes Vorgespräch.

Um als Mediator bereits im **Informationsgespräch** nicht »tätig« zu werden 49
im Sinne der Vorschrift, ist es daher erforderlich, dass der Mediator als **erste Handlung** die Informationen bei den Parteien erfragt (Parteien und Konfliktgegenstand), die ihm die Prüfung einer möglichen früheren Tätigkeit für eine Partei ermöglicht. Sollte sich dabei eine frühere Tätigkeit für eine der Parteien bestätigen, hat der Mediator die weitere Tätigkeit, unabhängig da-

---

42 *Henssler/Prütting*, Bundesrechtsanwaltsordnung, § 43a BRAO, Rn. 201.

von, in welchem Stadium sich das Informationsgespräch befindet, abzubrechen. Sollte dem Mediator bereits bei der ersten Kontaktaufnahme durch eine Partei oder durch sonstige Informationen die frühere Tätigkeit für eine Partei bekannt geworden sein, so sollte er auch im Rahmen des Informationsgespräches nicht mehr für die Parteien tätig werden, um nicht den Anschein der Unabhängigkeit und der Neutralität zu wecken, obwohl er bessere Kenntnisse hat.[43]

50 Sollte dem Mediator erst **im Laufe der Mediation** aus eigenem Versäumnis oder sonstigen Gründen bewusst werden, dass er in derselben Sache bereits für eine Partei tätig war, hat er seine Mediatortätigkeit unverzüglich einzustellen. Sollte der Mediator bei der Feststellung der Vorbefassung seine **Prüfungspflichten schuldhaft verletzt** haben, können sich Haftungsansprüche gegen ihn ergeben.

e) Während und nach der Mediation (Absatz 2 Satz 2)

51 Satz 2 der Vorschrift regelt die **Vorbefassung** durch die Tätigkeit als Mediator. Damit darf der Mediator **während oder nach einer Mediation** in derselben Sache für keine Partei tätig werden. Dieses Tätigkeitsverbot gilt spätestens ab Unterzeichnung des Mediatorenvertrags, denn ab diesem **Zeitpunkt** ist der Mediator den Parteien vertraglich zur Durchführung der Mediation verpflichtet. Die Mediation hat damit begonnen. Ab diesem Zeitpunkt ist dem Mediator daher jede Tätigkeit für eine Partei in derselben Sache untersagt.

52 Problematisch sind die Fälle, bei denen ein **Informationsgespräch** mit den Parteien stattgefunden hat, es aber nicht zur Durchführung der Mediation, nicht zum Abschluss des Mediatorenvertrags, kommt. Sollte der Mediator von den Parteien bereits während des Informationsgesprächs **mediationsrelevante Informationen** (z. B. persönliche Angaben der Parteien zum Konfliktgegenstand, erste Informationen zu ihren Interessen und Beweggründen oder zur Einschätzung der eigenen Rechtspositionen) erhalten haben, die diese im Vertrauen auf die Unabhängigkeit und die Neutralität des Mediators diesem anvertraut haben, so ist der Mediator bereits ab diesem Zeitpunkt von jeder weiteren Tätigkeit für eine Partei in derselben Sache **ausgeschlossen.** Allerdings wird es nicht immer eindeutig zu bestimmen sein, ab wann der Media-

---

[43] *Kracht* in *Haft/von Schlieffen*, Handbuch Mediation, § 12, Rn. 36.

tor durch die Informationen, die er im Informationsgespräch von den Parteien erhalten hat, als vorbefasst anzusehen ist. Der Mediator sollte bereits aus eigener Vorsicht mit der Übernahme eines Mandats von einer Partei in derselben Sache zumindest ab Eintritt in das Informationsgespräch mit beiden Parteien sehr zurückhaltend sein und seine Vorbefassung sorgfältig prüfen.

Sollte sich dagegen zu einem ganz frühen Zeitpunkt, z. B. bei der ersten Kontaktaufnahme durch eine Partei, herausstellen, dass die Durchführung der Mediation mit diesem Mediator, z. B. wegen fehlender Fachkenntnisse, nicht möglich ist, ist der Mediator von einer anschließenden Parteivertretung **nicht ausgeschlossen**. Sollte der Mediator ausgeschlossen sein, weil er in derselben Sache bereits vorbefasst ist, gilt Satz 1. 53

Nach Abschluss der Mediation ist der Mediator ebenfalls von jeder weiteren Tätigkeit für eine an der Mediation beteiligte Partei in derselben Sache ausgeschlossen. Dieses Tätigkeitsverbot gilt **zeitlich unbegrenzt**, nach dem Grundsatz, dass eine Vorbefassung in derselben Sache nicht »verjährt«. 54

Die Beispiele für Tätigkeiten, die dem Mediator nach Beendigung der Mediation untersagt sind, entsprechen den oben unter Rdn. 44 genannten nur in umgekehrter Reihenfolge der Tätigkeiten, z. B. darf der Anwaltsmediator nach gescheiterter Ehemediation einen Ehepartner nicht gegen den anderen im Scheidungsverfahren vertreten. 55

f) Zustimmung der Parteien

Der Mediator kann von dem in Absatz 2 enthaltenen **Tätigkeitsverbot** selbst durch die Zustimmung aller an der Mediation beteiligten Parteien **nicht entbunden** werden. Denn eine Partei wird einem Mediator die für die Lösung des Konflikts notwendige Offenheit nicht entgegenbringen, wenn sie befürchten muss, dass der Mediator nach einem etwaigen Scheitern der Mediation die Interessen der Gegenpartei vertritt und dabei das in der Mediation erlangte Wissen zu ihrem Nachteil nutzt.[44] Dies gilt ebenso für die Fälle, in denen der Mediator bereits vor der Mediation in derselben Sache für eine Partei tätig war, denn eine neutrale Durchführung der Mediation ist dann nicht mehr möglich. Dabei kommt es nicht nur darauf an, ob der Mediator zur neutralen Durchführung der Mediation in der Lage ist, sondern ob er von den Parteien als **neutral wahrgenommen** wird. Sobald der Mediator aber 56

---

44 Begr. BT-Drucks. 17/5335, S. 16.

einseitig Informationen von einer Partei aus einer Tätigkeit in derselben Sache erhalten hat, wird er von der anderen Partei nicht mehr als »unbeschriebenes Blatt« wahrgenommen.[45] Daher ist das Tätigkeitsverbot des Absatzes 2 nicht mit der Zustimmung der Parteien zu umgehen.

3. Tätigkeitsbeschränkung bei Berufsausübungs- oder Bürogemeinschaft (Absatz 3)

57 Die Vorschrift des Absatzes 2 untersagt einer Person als Mediator tätig zu werden, wenn diese Person selbst – in eigener Person – für eine Partei in derselben Sache tätig (vorbefasst) gewesen ist. Nach Absatz 3 besteht dieses Tätigkeitsverbot auch, wenn andere Personen, mit denen der in Aussicht genommene Mediator in derselben **Berufsausübungs- oder Bürogemeinschaft** verbunden ist, insoweit vorbefasst waren. Mit dieser Vorschrift wird das für die Anwaltschaft bereits nach § 43a Abs. 4 BRAO geltende Verbot auch auf alle anderen **Grundberufe** ausgedehnt.[46]

58 Diese Ausdehnung des Vorbefassungsverbotes auf die mit dem in Aussicht genommenem Mediator beruflich verbundenen Kollegen ist unter Beachtung der **Freiheit der Berufsausübung** (Art. 12 Abs. 1 GG) in verfassungsrechtlicher Hinsicht nicht unumstritten.[47] Das **BVerfG**[48] (»Entscheidung zum Sozietätswechsel«) hat den mit einer solchen Regelung verbundenen Eingriff in das Grundrecht der Freiheit der Berufsausübung wegen hinreichender Gründe des **Gemeinwohls** grundsätzlich als verfassungskonform angesehen.[49] Allerdings hat das BVerfG ergänzend ausgeführt, dass das Tätigkeitsverbot nicht absolut und uferlos gilt, sondern Ausnahmen zugelassen sein müssen,[50] was im Anschluss an das Urteil des BVerfG am 1. Juli 2006 zu einer Novellierung von § 3 BORA geführt hat. Eine entsprechende Ausnahmeregelung enthält § 3 MediationsG in Absatz 4.[51]

---

45 Begr. BT-Drucks. 17/5335, S. 16.
46 Begr. BT-Drucks. 17/5335, S. 16.
47 *Feuerich/Weyland*, BRAO, § 3 BORA, Rn. 8, 9.
48 BVerfGE 108, 150 ff, NJW 2003, 2520.
49 *Henssler/Prütting*, Bundesrechtsanwaltsordnung, § 43a BRAO, Rn. 166.
50 BVerfGE 108, 150 ff, NJW 2003, 2520.
51 Begr. BT-Drucks. 17/5335, S. 16.

a) Andere Person

Nach den Vorstellungen des Gesetzgebers fällt darunter insbesondere jeder 59
Rechtsanwalt, mit dem der mögliche Mediator entsprechend beruflich verbunden ist.[52] Grundsätzlich gehören aber zu diesem Kreis alle Personen aus den unterschiedlichen Berufen, die für eine Partei in **derselben Sache**[53] vorher im eigenen Grundberuf **tätig** war.[54] So ist der in Aussicht genommene Anwaltsmediator, der in einer Rechtsanwalts- und Steuerberatersozietät tätig ist, als Mediator ausgeschlossen, wenn ein Steuerberater (»andere Person«) aus der Sozietät vorher eine Partei in derselben Sache beraten hat. Gleiches gilt für den Psychologen einer Beratungsstelle, dessen Kollege (»andere Person«) vorher eine Partei in derselben Sache beraten hat.

Nicht zu den (anderen) Personen zählt der **Mediator** oder **Notar**, der vorher 60
für dieselben Parteien in derselben Sache tätig war.[55] Hier fehlt es bereits an der einseitigen Tätigkeit für eine Partei. Zudem sind der Mediator und der Notar in ihrer Grundtätigkeit keine Interessenvertreter, sondern den beteiligten Parteien **gleichermaßen verpflichtet**, neutral und unabhängig zu handeln. Damit kann z. B. bei einer gescheiterten Mediation diese von einem anderen Mediator aus demselben Büro aufgenommen und fortgesetzt werden. So ist auch ein Anwaltsmediator als Mediator nicht ausgeschlossen, einen Konflikt zu mediieren, obwohl sein Sozius als Notar in derselben Sache tätig war. Voraussetzung ist allerdings, dass es jeweils um dieselben Parteien geht und der Konflikt seine Ursache nicht in der Tätigkeit der vorher handelnden Person hat. Ist bspw. Gegenstand des Konflikts u. a. die Amtstätigkeit des vorher tätigen Notar oder streiten die Parteien über die rechtliche Interpretation eines vom Notar entworfenen Vertrags, so ist die Tätigkeit des Sozius als Mediator zwar nicht nach Absatz 1 Satz 3, sondern nach Absatz 1 Satz 1 ausgeschlossen, es sei denn die Parteien erklären ihre ausdrückliche **Zustimmung** (Absatz 1 Satz 2).

---

52 Begr. BT-Drucks. 17/5335, S. 16.
53 Vgl. oben Rdn. 43 ff.
54 Vgl. oben Rdn. 39 ff.
55 Vgl. oben Rdn. 42.

b) Berufsausübungs- oder Bürogemeinschaft

61 Unter Berufsausübungs- und Bürogemeinschaft sind sämtliche **Rechts- und Organisationsformen** zu verstehen, die für eine **gemeinsame Berufsausübung** geeignet sind. Für die Rechtsanwälte ergibt sich das aus § 43a Abs. 4 BRAO und § 3 Abs. 2 BORA.[56] Dazu zählen neben der Gesellschaft bürgerlichen Rechts, die Partnerschaftsgesellschaft, die Anwalts-GmbH und die Anwalts-AG, aber auch jede sonstige Art der verfestigten Kooperation in Form der Bürogemeinschaft.[57] Auch Schein- oder Außensozietäten zählen dazu, wobei es unerheblich ist, ob das Mandat nur einem Sozietätsmitglied oder der gesamten Sozietät erteilt ist.[58] Auch alle zulässigen Rechtsformen ausländischer Rechtsordnungen, wie z.B. die Europäische wirtschaftliche Interessenvereinigung (EWIV)[59] oder die bei Anwälten zunehmend beliebter werdende LLP,[60] gehören dazu.

62 Dies gilt so auch für alle anderen **Berufsgruppen** (Architekten, Steuerberater, Wirtschaftsprüfer, Psychologen, Soziologen, sonstige Berater), die sich zur gemeinsamen Berufsausübung verabreden und organisieren. Soweit es diesen Berufsgruppen rechtlich gestattet ist, sind auch weitere Organisationsformen wie die Unternehmergesellschaft (haftungsbeschränkt), der Verein oder die Kommanditgesellschaft oder auch die Limited (Ltd.)[61] denkbar.

63 Aber auch alle Formen der **gemeinschaftlichen Büronutzung** gehören dazu, soweit diese nicht so organisiert ist, dass eine Kenntnis von **gegenseitigen Auftragsverhältnissen** ausdrücklich ausgeschlossen ist. Das wird aber kaum möglich sein, da der Zweck der Bürogemeinschaft (überwiegend) darin liegt, bestimmte Büroeinrichtungen (Sekretariat, Telefonanlage, Besprechungsräu-

---

56 BVerfGE 108, 150 ff., NJW 2003, 2520, das trotz fehlender Erstreckungsklausel davon ausgeht, dass § 43a Abs. 4 BRAO auch Fälle der gemeinsamen Berufsausübung umfasst.
57 *Feuerich/Weyland*, BRAO, § 3 BORA, Rn. 11.
58 *Feuerich/Weyland*, BRAO, § 3 BORA, Rn. 11.
59 Europäische wirtschaftliche Interessenvereinigung, eine nach Europäischem Recht (Verordnung (EWG) Nr. 2137/85 des Rates vom 25. Juli 1985) zu gründende Gesellschaft.
60 Limited Liability Partnership, eine Rechtsform der Personengesellschaften nach britischem und amerikanischem Recht.
61 Die Limited, Private Limited Company by shares, wird nach britischem Recht gegründet und ist der Unternehmergesellschaft (haftungsbeschränkt) ähnlich.

me, Computeranlage und sonstige technische Einrichtungen) oder auch die Zuarbeit von Mitarbeiter aus Kostengründen gemeinsam zu nutzen. Dadurch kann aber jeder Kollege innerhalb der Bürogemeinschaft jederzeit von den Aufträgen des anderen Kenntnis erlangen.[62]

c) Verbunden

Verbunden bedeutet jede Art der **rechtlichen oder organisatorischen Zusammenarbeit** mit Kollegen. Das kann im Rahmen eines partnerschaftlichen Verhältnisses zur gemeinsamen beruflichen und wirtschaftlichen Zusammenarbeit als Gesellschafter einer Personengesellschaft (Sozien in einer Anwaltssozietät) oder einer juristischen Person (Gesellschafter einer Steuerberatungs-GmbH) oder als Kollege in einer Bürogemeinschaft oder als Angestellter und freier Mitarbeiter sein. 64

Allein bei der Bürogemeinschaft kommt es auch darauf an, dass neben der organisatorischen auch eine gewisse **örtliche Verbundenheit**, beispielsweise in Form eines gemeinsamen Büros, besteht, was den Zweck dieser Organisationsform ausmacht. Auch Mischformen, wie die nur tageweise Anwesenheit im Büro der Bürogemeinschaft, sind ausreichend. Bei allen auf Basis eines Gesellschaftsvertrags bestehenden Zusammenschlüssen von Berufskollegen kommt es auf die Örtlichkeit der Berufsausübung nicht an. So kann es sich um Sozietäten von Rechtsanwälten oder anderen Berufsgruppen handeln, die an unterschiedlichen Standorten in einer Stadt, in einem Land oder auch international tätig sind.[63] 65

Das Tätigkeitsverbot **besteht** nur so lange fort, wie die rechtliche und organisatorische Verbindung zu dem bereits vorher für eine Partei in derselben Sache tätigen Kollegen andauert.[64] Nach Ausscheiden dieses Kollegen aus der Berufsausübungs- und Bürogemeinschaft kann eine Person aus dieser Bürogemeinschaft als Mediator tätig sein. Da ihn dann grundsätzlich die Offenbarungspflicht nach § 3 Abs. 1 MediationsG trifft, werden die Parteien aber ihre ausdrückliche **Zustimmung** erteilen müssen. 66

---

62 *Feuerich/Weyland*, BRAO, § 3 BORA, Rn. 11.
63 *Feuerich/Weyland*, BRAO, § 3 BORA, Rn. 11.
64 *Henssler/Deckenbrock* DB 2012, 159 (164).

d) Vor der Mediation (Absatz 3 Satz 1)

67 Satz 1 der Vorschrift regelt das Tätigkeitsverbot des in Aussicht genommenen Mediators für den Fall, dass bereits **vor der Mediation** eine mit ihm in derselben Berufsausübungs- und Bürogemeinschaft verbundene Person in derselben Sache für die Partei tätig war.[65]

68 Die sich zu einer Berufsausübungs- und Bürogemeinschaft verbundenen Personen haben durch entsprechende **organisatorische Einrichtungen** sicher zu stellen, dass die Überprüfung einer Tätigkeit in derselben Sache durch einen Kollegen kurzfristig gewährleistet ist. Dabei ist besonders bei überörtlichen Kanzleien oder Bürozusammenschlüssen ständig und zeitnah aktualisiert die Möglichkeit einer **Interessenkollission** im Blick zu behalten.

e) Während und nach der Mediation (Absatz 3 Satz 2)

69 Satz 2 der Vorschrift regelt das sich an die Tätigkeit als Mediator anschließende Tätigkeitsverbot. Damit darf eine mit dem Mediator in derselben Berufsausübungs- und Bürogemeinschaft verbundene Person **während oder nach einer Mediation** in derselben Sache für keine Partei tätig werden. So kann nach einer gescheiterten Mediation durch einen Anwaltsmediator dessen Kollege (Sozius) nicht die anwaltliche Vertretung einer der Parteien übernehmen.[66]

f) Ausschluss als Mediator tätig zu werden

70 Es gelten hier die Ausführungen, wie sie oben im Zusammenhang mit der Regelung in Absatz 2 gemacht wurden.[67]

g) Zustimmung der Parteien

71 Wegen der Möglichkeit, den Mediator oder auch die andere Person von dem Tätigkeitsverbot zu entbinden, ist auf die folgenden Ausführungen zur **Dispensierung** nach Absatz 4 zu verweisen.

---

65 Vgl. Rdn. 38.
66 Begr. BT-Drucks. 17/5335, S. 16; vgl. Rdn. 51 bis 55, 67.
67 Vgl. Rdn. 47 bis 50.

4. Dispensierung (Absatz 4)

Die Beschränkungen des Absatzes 3 gelten nicht, wenn sich die **betroffenen** 72 **Parteien** im Einzelfall nach umfassender Information damit **einverstanden** erklärt haben und **Belange der Rechtspflege** dem nicht entgegenstehen. Diese Ausnahmeregelung, die der Regelung in **§ 3 Abs. 2 BORA** nahezu wörtlich entspricht, ist »verfassungsgemäßer Ausfluss des Grundsatzes der Verhältnismäßigkeit«.[68] Die Entbindung in Einzelfällen von dem in Absatz 3 vorgesehenen Tätigkeitsverbot ermöglicht die Mediatorentätigkeit trotz vorhergehender Vertretung oder Beratung einer Partei in derselben Sache durch einen Kollegen innerhalb derselben **Berufsausübungs- und Bürogemeinschaft**.[69] Umgekehrt ist es unter den in Absatz 3 vorgesehenen Voraussetzungen möglich, dass nach einer gescheiterten Mediation ein Kollege die anschließende anwaltliche Vertretung einer Partei übernimmt. Denkbar ist damit auch, dass bei einem laufenden Mediationsverfahren eine Partei die erforderliche rechtliche Beratung durch einen Kollegen innerhalb derselben Berufsausübungs- und Bürogemeinschaft erfährt.

a) Bezugnahme auf Absatz 3

Absatz 4 bezieht sich nur auf die in Absatz 3 genannten Beschränkungen. 73 Das Tätigkeitverbot nach Absatz 2 ist **absolut**. Denn nach dem Grundsatz, dass auch der Rechtsanwalt niemals **widerstreitende Interessen** vertreten darf,[70] darf auch der Mediator nicht zum anschließenden Berater einer Partei in derselben Sache werden oder im Anschluss an eine Beratung einer Partei die Mediation in derselben Sache durchführen. Mediation und Parteivertretung in einer Person schließen sich damit aus.[71]

b) Betroffene Parteien

Bei den **betroffenen Parteien** kann man zwischen den »Mediations-« und 74 den »Streit«-Parteien unterscheiden. »**Mediations**«-**Parteien** sind jene Parteien, die in derselben Sache an einer Mediation bereits teilgenommen haben, an ihr gerade teilnehmen oder in der Zukunft teilnehmen sollen. Zu den

---

68 *Feuerich/Weyland*, BRAO, § 3 BORA, Rn. 12; Begr. BT-Drucks. 17/5335, S. 16.
69 Begr. BT-Drucks. 17/5335, S. 16.
70 *Feuerich/Weyland*, BRAO, § 3 BORA, Rn. 12.
71 *Henssler/Deckenbrock* DB 2012, 159 (164).

§ 3 MediationsG Offenbarungspflichten; Tätigkeitsbeschränkungen

»Streit«-Parteien gehört zum einen die Partei (ggf. auch mehrere), die in derselben Sache vor, während oder nach einer Mediation eine Tätigkeit im Sinne von Absatz 3 erfährt, und zum anderen die Partei (ggf. auch mehrere), gegen die sich diese Tätigkeit richtet oder die davon direkt oder indirekt betroffen ist. Betrifft die anwaltliche Beratung eines Ehepartners die Einleitung eines Scheidungsverfahrens, müssen selbstverständlich beide Ehepartner einer anschließenden Mediation über die Scheidungsfolgen zustimmen. Richtet sich die vorangegangene anwaltliche Beratung für einen Gesellschafter gegen mehrere andere Mitgesellschafter, so müssen alle zustimmen, wenn in derselben Sache eine Mediation durchgeführt werden soll. Dies gilt gleichermaßen, wenn erst eine Mediation durchgeführt worden ist, und danach die Beratungstätigkeit für eine Partei in derselben Sache aufgenommen wird.

75 Es sind Fälle denkbar, bei denen sich eine anwaltliche Beratung für eine Partei (A) gegen mehrere Personen (B und C) richtet, und die anschließende Mediation nur mit A und B durchgeführt wird. So könnte es bei einem Konflikt zwischen mehreren Gesellschaftern (A, B und C) einer Beratungskanzlei bereits eine Einigung zwischen A und C gegeben haben. In diesem Fall ist die Zustimmung zur Durchführung der Mediation nur von A und B erforderlich, da die Interessen des C durch die anschließende Mediation nicht mehr betroffen werden. Sollte mit C noch keine Einigung erzielt worden sein, so wäre grundsätzlich auch ohne seine Zustimmung eine Mediation zwischen A und B möglich, wenn sich das überhaupt als sinnvoll erweisen sollte, da grundsätzlich alle am Konflikt beteiligten Parteien an der Mediation teilnehmen sollten.

76 Das Gleiche gilt, wenn sich beispielsweise der Kreis der Parteien nach anfänglicher Mediation oder vorangegangener streitigen Tätigkeit vergrößern sollte. Haben A und B eine streitige Auseinandersetzung geführt und erkennen, dass eine Mediation in derselben Sache nur sinnvoll ist, wenn daran auch C teilnimmt, so bedarf es nicht der Zustimmung des C, damit der Mediator ein Kollege derselben Berufsausübungs- und Bürogemeinschaft sein kann.

77 **Betroffene Parteien** sind damit nur diejenigen Personen, die an der Mediation teilnehmen und in derselben Sache Beteiligte einer Tätigkeit im Sinne des Absatzes 3 sind.[72]

---

72 *Feuerich/Weyland*, BRAO, § 3 BORA, Rn. 15.

c) Einzelfall

Es handelt sich bei der Vorschrift nach Absatz 4 um eine reine **Ausnahmeregelung**. Allein darauf weist der Gesetzgeber mit dem Hinweis auf eine mögliche Entbindung vom Tätigkeitsverbot »**im Einzelfall**« hin. In jedem Einzelfall, der eine Entbindung vom gesetzlich normierten Tätigkeitsverbot bedeutet, müssen die betroffenen Parteien **abwägen**, ob sie ihre Zustimmung erteilen wollen. Diese kann nicht pauschal für eine Vielzahl von Fällen erteilt werden. Schon aus dem verständlichen Wunsch der Parteien, ihre Interessen in der Mediation und bei einer sonstigen Tätigkeit im Sinne von Absatz 3 wahren zu wollen, werden sie – was die Zukunft allerdings noch zeigen muss –, mit der Erteilung der Zustimmung aller Voraussicht nach äußerst zurückhaltend umgehen.

78

d) Einverständniserklärung

aa) Nach umfassender Information

Die betroffenen Parteien sind über **sämtliche Umstände** zu informieren, die sie benötigen, um jeweils für sich entscheiden zu können, ob eine **Entbindung** des in Absatz 3 bestimmten Tätigkeitsverbots sie in ihren Rechten und in den Möglichkeiten, ihre Interessen wahrzunehmen und durchzusetzen, beeinträchtigen könnte. Die Parteien sind wahrheitsgemäß und vollständig **aufzuklären**, damit sie die daraus resultierenden Folgen und Gefahren einschätzen können.[73] Dabei kommt es nicht darauf an, dass bestimmte Folgen und Beeinträchtigungen sicher eintreten oder auch nur wahrscheinlich sind, sondern allein, ob diese möglich erscheinen. Die prinzipielle Überzeugung einer Partei, ihre Zustimmung in Fällen des Absatzes 3 zu verweigern, ist nicht zu beanstanden.

79

Inhalt und Umfang der Information entspricht den **Tatsachen und Umständen**, die zu einer Anwendung von Absatz 3 führen. Die betroffenen Parteien müssen damit umfassend z. B. über die anwaltliche Vertretung durch einen Berufskollegen aus derselben **Berufsausübungs- und Bürogemeinschaft** in derselben Sache bzw. über die Durchführung einer Mediation in derselben Sache durch einen Berufskollegen aus derselben Berufsausübungs- und Büro-

80

---

[73] BverfGE 108, 150, NJW 2003, 2520; vgl. im Hinblick auf § 3 Abs. 2 S. 2 BORA, Satzungsversammlung der Bundesrechtsanwaltskammer in BRAK-Mitt. 2006, S. 212 (214).

gemeinschaft in Kenntnis gesetzt werden. Dazu gehört es auch, den Parteien die Umstände darzulegen, die zur Annahme führen, dass es sich um **dieselbe Sache** handeln könnte.[74] Sollte sich eine frühere anwaltliche Vertretung, die eine anschließende Tätigkeit als Mediator eigentlich ausschließen würde, erst im Laufe einer Mediation aus Unkenntnis herausstellen, so sind den Parteien auch die Umstände darzulegen, die zu dieser Unkenntnis geführt haben.[75]

81 Der Umfang der Information hat dort seine Grenzen, wo die aufklärende Person ihrer **Verschwiegenheitspflicht** nachkommen muss. Kann eine ausreichende Aufklärung der betroffenen Parteien nur unter Preisgabe geheimhaltungsbedürftiger Informationen erfolgen, so muss diese Information versagt werden. Sollte den Parteien die erforderliche Aufklärung durch das Aufzeigen abstrakter Gefahren nicht ausreichen, um ihre Zustimmung zu erteilen, hat die Tätigkeit nach Absatz 3 zu **unterbleiben**.[76]

bb) Zeitpunkt

82 Die betroffenen Parteien haben ihr Einverständnis **vor Beginn** der jeweiligen nach Absatz 3 verbotenen Tätigkeit zu erklären. Sollte sich erst im Laufe einer Tätigkeit herausstellen, dass es sich um eine nach Absatz 3 verbotene Tätigkeit handelt, können die Parteien auch **unverzüglich nach Bekanntwerden** der Umstände noch ihr Einverständnis erklären.[77]

cc) Form, Dokumentation

83 Die betroffenen Parteien können ihr **Einverständnis formlos** mündlich oder schriftlich erteilen. Sollte das Einverständnis für die Durchführung einer Mediation erforderlich sein, kann dieses z. B. im ersten Informationsgespräch mit den Parteien vom Mediator eingeholt werden. Die betroffenen Parteien haben das Einverständnis selbst gegenüber dem Mediator zu erklären. Sollte das Einverständnis für die Durchführung einer Tätigkeit im Anschluss an eine Mediation erforderlich sein, so kann dieses Einverständnis z. B. auch von dem anwaltlichen Vertreter der jeweils betroffenen Partei erteilt werden.

---

74 *Feuerich/Weyland*, BRAO, § 3 BORA, Rn. 15.
75 *Feuerich/Weyland*, BRAO, § 3 BORA, Rn. 15.
76 Vgl. im Hinblick auf § 3 Abs. 2 Satz 2 BORA, Satzungsversammlung der Bundesrechtsanwaltskammer in BRAK-Mitt. 2006, S. 212 (214).
77 *Feuerich/Weyland*, BRAO, § 3 BORA, Rn. 15.

Es empfiehlt sich, die erteilten Informationen, die Grundlage für eine Ent- 84
scheidung der betroffenen Parteien nach Absatz 4 sind, **schriftlich zu dokumentieren**[78] und den Parteien auch in Schriftform zu überreichen (vgl. **Formulierungsvorschlag** Rdn. 102). Ebenfalls scheint es angezeigt zu sein, dass sich die Person, die sich von einem Tätigkeitsverbot nach Absatz 3 entbinden lassen möchte, die Einverständniserklärungen der betroffenen Parteien ebenfalls schriftlich erteilen lässt.[79]

e) Belange der Rechtspflege

Neben der **Einverständniserklärung** der betroffenen Parteien verlangt die 85
Vorschrift, dass keine **Belange der Rechtspflege** einer Entbindung des Tätigkeitsverbots nach Absatz 3 entgegenstehen. Beide Voraussetzungen müssen kumulativ vorliegen. Neben den subjektiven Interessen der Parteien sind damit die **Belange der Allgemeinheit** als objektives Kriterium gleichwertig zu berücksichtigen.[80] Die Belange der Rechtspflege konkretisieren sich u. a. in der **unabhängigen, verschwiegenen und gradlinigen Wahrnehmung der Mandanteninteressen** durch den Rechtsanwalt.[81] Das **BVerfG** führt dazu aus, dass diese Eigenschaften nicht zur Disposition der Mandanten stehen. Der Rechtsverkehr müsse sich vielmehr darauf verlassen können, dass der Pflichtenkanon des § 43a BRAO befolgt werde, damit die angestrebte Chancen- und Waffengleichheit der Bürger untereinander und gegenüber dem Staat gewahrt wird und die Rechtspflege funktionsfähig bleibt. Dies bedeute indessen nicht, dass die Definition, was den Interessen des eigenen Mandanten und damit zugleich der Rechtspflege dient, abstrakt und verbindlich ohne Rücksicht auf die konkrete Einschätzung der hiervon betroffenen Mandanten vorgenommen werden dürfe.[82] Es liege in der »gesetzesgeleiteten verantwortlichen Einschätzung der betroffenen Rechtsanwälte, ob die Konfliktsituation oder doch jedenfalls das Ziel der Vermeidung zukünftiger Störungen des Vertrauensverhältnisses eine Mandatsniederlegung gebiete.«[83] Ein entsprechender verantwortlicher Umgang mit einer solchen Situation,

---

78 Begr. BT-Drucks. 17/5335, S. 12.
79 Vgl. Rdn. 35 f.
80 *Feuerich/Weyland*, BRAO, § 3 BORA, Rn. 19.
81 Vgl. im Hinblick auf § 3 Abs. 2 Satz 2 BORA, Satzungsversammlung der Bundesrechtsanwaltskammer in BRAK-Mitt. 2006, S. 212, 214.
82 BVerfGE 108, 150; NJW 2003, 2520.
83 BVerfGE 108, 150; NJW 2003, 2520.

§ 3 MediationsG Offenbarungspflichten; Tätigkeitsbeschränkungen

der auch die Ablehnung eines Mandats bedeuten könne, sei von einem Rechtsanwalt zu verlangen.[84]

86 In tatsächlicher Hinsicht stellt das BVerfG maßgeblich darauf ab, dass **die Verschwiegenheitspflicht** gegenüber dem Mandanten gewahrt wird. Diese könne u. a. in einer Kanzlei durch die räumliche Trennung der Rechtsanwälte (bei **überörtlichen Sozietäten oder Bürogemeinschaften**), durch organisatorische Vorkehrungen (**Chinese wall**[85]), durch die Ausgestaltung des Vertragsverhältnisses (Sozius, Angestellter oder freier Mitarbeiter), durch ihre schiere Größe oder die fachliche Abschottung der verschiedenen Bereiche einer Kanzlei gewährleistet werden.[86]

87 Ob diese Grundsätze des **BVerfG** auf das MediationsG eins zu eins übertragen werden können, ist zumindest zweifelhaft. *Henssler* sieht in dem Tatbestandsmerkmal »**Belange der Rechtspflege**« ein »konturloses Merkmal (…), aus dem sich keine verwertbaren Anforderungen ableiten lassen.«[87] Auch der Gesetzgeber scheint hier keine hohen Erwartungen zu haben. Es sei eine häufig in psychologischen Beratungsstellen anzutreffende Praxis, zunächst eine Kontakt suchende Person zu beraten und anschließend eine Mediation anzubieten, was mit der Zustimmung der Parteien zulässig sei.[88] Gleichzeitig bezieht sich der Gesetzgeber auf die Rechtsprechung des **BVerfG** und erklärt ausdrücklich, dass das in § 43a Abs.4 BRAO geltende Verbot, widerstreitende Interessen zu vertreten, mit dem MediationsG auch auf andere Grundberufe ausgedehnt wird.

88 Im Ergebnis wird man sich den vom **BVerfG** genannten Kriterien stellen müssen. Das wird wohl auch die zukünftige Rechtsprechung zeigen.[89] So ist das vom Gesetzgeber gewählte Beispiel über die Beratung und anschließende Mediation durch dieselbe psychologische Beratungsstelle irreführend. Denn je weniger Berufsträger in derselben **Berufsausübungs- und Bürogemein-**

---

84 BVerfGE 108, 150; NJW 2003, 2520.
85 »Chinese wall« bedeutet Abteilungen oder Bürostandorte einer Kanzlei organisatorisch und ggf. räumlich so voneinander zu trennen, dass es zu keinem Informationsaustausch kommt und damit Interessenkonflikte vermieden werden.
86 BVerfGE 108, 150; NJW 2003, 2520.
87 *Henssler/Deckenbrock* DB 2012, 159 (164); *Henssler/Prütting*, Bundesrechtsanwaltsordnung, § 3 BORA, Rn. 19.
88 Begr. BT-Drucks. 17/5335, S. 16.
89 *Henssler/Deckenbrock* DB 2012, 159 (163).

schaft tätig sind, desto geringer ist die Wahrscheinlichkeit, dass diese untereinander keine Kenntnis von den Fällen erhalten, mit denen ein anderer Kollege befasst ist. Damit kann dem grundsätzlichen Gebot der Verschwiegenheitspflicht nicht entsprochen werden. Das bedeutet in der Praxis, dass durch **organisatorische Maßnahmen** sichergestellt sein muss, dass die in derselben Berufsausübungs- und Bürogemeinschaft tätigen Kollegen keine inhaltlichen Kenntnisse von entsprechenden vorangegangen Tätigkeiten erlangen. Bei kleineren Berufsausübungs- und Bürogemeinschaft wird dies häufig nur gelingen, wenn dies überörtlich organisiert und tätig sind. In diesem Fall müsste die Tätigkeit, zu der die betroffenen Parteien ihr Einverständnis erklären sollen, an einem anderen Bürostandort durchgeführt werden, als die vorangegangene Tätigkeit in derselben Sache. Der vom Gesetzgeber beschriebene Fall der psychologischen Beratungsstelle, die quasi alles aus einer Hand macht, ist damit nicht vorstellbar.

5. Informationspflichten (Absatz 5)

Absatz 5 legt dem Mediator umfangreiche **Informationspflichten betreffend** seine **Qualifikation** auf. Mit der Norm, die sich bereits im Gesetzentwurf der Bundesregierung findet,[90] sollte dem Umstand Rechnung getragen werden, dass keine gesetzlichen Mindestqualifikationen im Gesetz vorgesehen waren und die **Qualitätssicherung** dem Markt überlassen bleiben sollte.[91]

Zwar sehen mittlerweile die §§ 5 und 6 MediationsG[92] Anforderungen an Kernkompetenzen wie auch an die Voraussetzungen für das Führen der Bezeichnung »**zertifizierter Mediator**« vor, gleichwohl gibt es nach wie vor kein gesetzlich geregeltes Berufsbild für Mediatoren und dementsprechend auch keine Zulassungsvoraussetzungen für die Ausübung dieser Tätigkeit. Wer den gesetzlichen Anforderungen der §§ 5, 6 MediationsG nicht genügt, hat behördliche Sanktionen nicht zu befürchten; allenfalls **Schadensersatzforderungen** oder wettbewerbsrechtlichen Ansprüchen kommen in Betracht.[93] Von daher ist es im Hinblick auf **Qualitätssicherung** und **Markttransparenz** nach wie vor sinnvoll, die Eignung der Mediatoren für die Parteien transpa-

---

90 Begr. BT-Drucks. 17/5335, S. 16.
91 Begr. BT-Drucks. 17/5335, S. 16.
92 Begr. BT-Drucks. 17/8058, S. 6.
93 *Greger* ZKM 2012, 16 ff.

§ 3 MediationsG   Offenbarungspflichten; Tätigkeitsbeschränkungen

rent zu halten, um ihnen eine informierte Auswahlentscheidung zu ermöglichen.

a) Fachlicher Hintergrund

91 Die Norm verpflichtet den Mediator, über seinen fachlichen Hintergrund zu informieren. Dazu zählen beispielsweise **Studium** und **ausgeübter Beruf**, Zusatzausbildungen und –qualifikationen, aber auch spezifische Berufserfahrungen wie Auslandsaufenthalte, Lehrtätigkeiten und/oder wissenschaftliche Betätigungen. Für Konfliktparteien kann es durchaus von Interesse sein zu wissen, ob ein Mediator vom Grundberuf her Jurist oder Steuerberater, Psychotherapeut oder Sozialarbeiter, Seelsorger oder Mediziner ist, um nur einige Berufe zu nennen.

b) Ausbildung

92 Der Begriff der Ausbildung meint im vorliegenden Zusammenhang die »**Ausbildung zum Mediator**« und umfasst grundsätzlich alle Informationen, die zur Beurteilung der Fähigkeiten und Kenntnisse des Mediators von Bedeutung sind. Dies betrifft einmal die **Art der Ausbildung**,[94] mithin die Frage nach theoretischen und/oder praktischen Schwerpunkten, zum anderen aber auch das Ausbildungsinstitut, wobei private (z. B. RAK-FSG, IKOM-Frankfurt, Deutsche Anwaltsakademie, Mediationswerkstatt Münster, Centrale für Mediation etc.) wie öffentliche Einrichtungen (z. B. Europa-Universität Viadrina Frankfurt/Oder, Fernuniversität Hagen etc.) hierzu zählen. Von Bedeutung ist ferner die **Dauer der Ausbildung**,[95] also die Stundenzahl, die die Ausbildung umfasste, ggf. ergänzt durch Hinweise auf besondere Schwerpunkte der Ausbildung wie Familienrecht, Wirtschaftsrecht, Arbeitsrecht etc. Der **Erwerb besonderer Ausbildungsqualifikationen** wie Diplome, universitäre Abschlüsse (Master of Arts), aber auch die des neu geschaffenen »zertifizierten Mediators nach § 5 Abs. 2 MeditionsG zählt ebenfalls hierzu.

c) Erfahrung

93 Der Begriff der Erfahrung bezieht sich auf **verschiedene Aspekte:** Für die Parteien dürfte dabei von vorrangigem Interesse sein zu erfahren, **wie lange**

---

[94] Begr. BT-Drucks. 17/5335, S. 16.
[95] Begr. BT-Drucks. 17/5335, S. 16.

und wie häufig der Mediator konfliktbeilegend **tätig** ist; auch die Erfolgsquote seiner Bemühungen dürfte von Bedeutung sein, ferner die **Bereiche**, in denen er (überwiegend bzw. schwerpunktmäßig) arbeitet, also beispielsweise Wirtschaftsmediation, Gemeinwesenmediation, Familienmediation etc. Gleiches gilt für den Umstand, welcher **Methoden** er sich bedient, ob er überwiegend alleine oder in Zusammenarbeit mit anderen Mediatoren tätig ist, ob er bei Bedarf **Kurz-Zeit-Mediation** anbietet etc. Schließlich empfiehlt es sich, falls es für den jeweiligen Mediator zutreffen sollte, darauf hinzuweisen, dass er im Bereich der Supervision, der Ausbildung, der Lehre etc. aktiv ist.

d) Regelungsadressat

Die Verpflichtung des Absatzes 5 richtet sich an **alle Mediatoren**, gleich ob sie haupt- oder nebenberuflich tätig sind, ob ein Mediationsverfahren auf Vorschlag des Gerichts[96] oder auf eine Initiative der Konfliktparteien zurückzuführen ist, ob ein Honorar anfällt oder ob das Verfahren pro bono durchgeführt wird. Im Übergangszeitraum des § 9 MediationsG gilt die Verpflichtung zudem für gerichtliche Mediatoren.

94

e) Informationspflicht auf Verlangen

Das Gesetz verpflichtet den Mediator, nur »**auf Verlangen**« der Parteien zur Auskunftserteilung. Von sich aus ist er hierzu nicht verpflichtet, wenngleich es sich aus Gründen der Akquisition und Eigenwerbung grundsätzlich empfiehlt, die in Absatz 5 benannten Informationen freiwillig zu erteilen. Die Informationspflicht besteht immer nur in einem **konkreten** Mediationsfall, dabei allerdings auch **schon im Vorfeld** eines sich anbahnenden Mediatorenvertrages. Sie hat ausschließlich gegenüber den Parteien zu erfolgen, nicht gegenüber ins Verfahren einbezogenen Dritten gem. § 2 Abs. 4 MediationsG und auch **nicht gegenüber Mitbewerbern.**

95

f) Wahrheitsgebot und Folgen eines etwaigen Verstoßes

Es versteht sich von selbst, dass die Informationen, die der Mediator den Parteien auf Verlangen zukommen lassen muss, der Wahrheit entsprechen müssen. Ein **Verstoß gegen** die **Wahrheitspflicht** kann zur Kündigung eines Mediatorenvertrages führen, u. U. haftungsrechtliche Konsequenzen wie

96

---

96 Vgl. § 278a ZPO, § 36a FamFG, § 54a ArbGG.

Schadensersatzansprüche nach sich ziehen, wettbewerbsrechtliche Abmahnungen bedingen und ggf. in strafrechtlicher Hinsicht von Bedeutung sein.

g) Form

97 Der Informationspflicht kann auf **vielfältige Weise** genügt werden, da der Gesetzgeber insoweit keine Regelung getroffen hat: So ist es vorstellbar, dass der Mediator die Informationen nach Absatz 5 in standardisierter Form auf seiner **Homepage** einstellt und die Parteien hierauf verweist. Möglich ist zudem, den Umfang der Verschwiegenheitspflicht in einem **Informationsblatt** niederzulegen und dieses den Konfliktparteien zugänglich zu machen. Soweit sich ein Mediator dieser Formen bedient ist anzuraten, diese Informationen mit denen über die Verschwiegenheitspflicht nach § 4 Satz 4 MediationsG zu verbinden.

98 Schließlich kann es angezeigt sein, die Parteien auf Verlangen individuell **mündlich aufzuklären** und/oder einen entsprechenden Passus in den **Mediatorenvertrag**[97] aufnehmen oder die erteilte Information anderweitig zu dokumentieren, ggf. den Parteien gegenüber schriftlich zu bestätigen.

III. Hinweise für die Praxis

99 Der Mediator sollte seine **Offenbarungspflicht** nach § 3 Abs. 1 MediationsG ernst nehmen und in Zweifelsfällen eher den Parteien die Entscheidung überlassen, als selbst darüber zu entscheiden. Er sollte dieser Pflicht auch so **zeitig** wie möglich nachkommen, um den Vorwurf zu vermeiden, die Parteien hätten bei rechtzeitiger Offenbarung früher entscheiden und ggf. einen anderen Mediator auswählen können. Zudem können den Parteien durch eine verspätete Offenbarung Kosten entstehen, für die sie ggf. den Mediator in Anspruch nehmen. Dringend zu empfehlen ist dem Mediator, sowohl die Tatsachen, die Inhalt der Offenbarung sind, und die Zustimmung der Parteien schriftlich zu **dokumentieren**. Dies kann durch Unterzeichnung einer vom Mediator vorbereiteten Erklärung durch die Parteien geschehen oder durch eine schriftliche Zusammenfassung der entsprechenden Tatsachen einschließlich der Wiedergabe der Zustimmung der Parteien, die der Mediator den Parteien übergibt.

---

[97] Vgl. Formulierungsvorschlag Rdn. 104.

Beispiel für eine von den Parteien zu unterzeichnende Zustimmungserklärung: 100

▶ »**Zustimmungserklärung nach § 3 Abs. 1 MediationsG**

Als Mediator habe ich die Parteien A und B in dem Mediationsverfahren wegen Erbstreitigkeit am *...(Datum)...* darüber informiert, dass ich als Coautor zusammen mit A und weiteren Autoren im Jahr 2012 gemeinsam ein Buch verfasst habe. Gleichzeitig habe ich darauf hingewiesen, dass mir A nur von der gemeinsamen Buchpräsentation persönlich bekannt ist. Daraus entstehen keinerlei persönliche oder wirtschaftliche Interessen zwischen A und mir Gründe für eine Beeinträchtigung meiner Unabhängigkeit und Neutralität bestehen nach meiner Überzeugung daher nicht.

Ich habe die Parteien auf die Bedeutung von § 3 Abs. 1 MediationsG hingewiesen. Nach Erörterung sämtlicher Umstände bestätigen die Parteien, dass sie ebenfalls keine Gründe für eine Beeinträchtigung meiner Unabhängigkeit und Neutralität erkennen.

Die Parteien erteilen mit Ihrer Unterschrift ausdrücklich ihre Zustimmung, dass ich unter den genannten Umständen in diesem Mediationsverfahren als Mediator tätig werde.

Berlin, den .... Unterschriften der Parteien ....«

Im Lichte der Rechtsprechung des **BVerfG** sollte man die Umstände für die Annahme einer Tätigkeitsbeschränkung nach Absatz 3 sorgfältig prüfen. Dies gilt besonders für die Mediatoren, die aus ihrem Herkunftsberuf als Rechtsanwalt nicht geschult sind, sich diesen Fragen zu stellen. So kann folgende **Faustregel** hilfreich sein, die eine genaue Prüfung des Tätigkeitsverbotes aber nicht überflüssig macht: Von einem Tätigkeitsverbot ist desto eher auszugehen, je geringer die Anzahl der Personen innerhalb einer Büroeinheit ist, mit denen der Mediator seinen Beruf gemeinsam ausübt, und je geringer die Anzahl der Bürostandorte ist. Je größer die Anzahl der Berufskollegen in einem Büro ist und je weiter diese auf unterschiedliche Bürostandorte verteilt sind, desto eher ist ein Tätigkeitsverbot auszuschließen. 101

Auch hier gilt, dass der Mediator sich eher einmal zu viel, als einmal zu wenig eine **Einverständniserklärung** der Parteien nach Absatz 4 geben lassen sollte.

Pielsticker

§ 3 MediationsG Offenbarungspflichten; Tätigkeitsbeschränkungen

102 Beispiel für eine von den Parteien zu unterzeichnende Einverständniserklärung:

▶ »**Einverständniserklärung nach § 3 Abs. 1 MediationsG**

Als Mediator habe ich die Parteien A und B in dem Mediationsverfahren wegen Erbstreitigkeiten am ...*(Datum)*... darüber informiert, dass ich mit Frau Müller und weiteren Kollegen in einer überörtlichen Anwalts- und Mediationskanzlei tätig bin. Frau Müller hat A im Jahre 2011 in derselben Erbstreitigkeit gegen B anwaltlich beraten. Frau Müller ist als Anwältin in unserem Bürostandort in X-Stadt tätig. Ich bin in unserem Büro in Berlin tätig. Ein Informationsaustausch in dieser Sache hat zwischen uns bis heute nicht stattgefunden. Auch auf andere kanzleiinterne Weise sind mir Informationen aus der anwaltlichen Betreuung durch Frau Müller nicht bekannt geworden. Aufgrund unserer kanzleiinternen Organisation ist auch für die Zukunft sicher gestellt, dass ein solcher Austausch von Informationen nicht stattfinden wird.

Ich habe die Parteien auf die Bedeutung von § 3 Abs. 3 und 4 MediationsG hingewiesen.

Nach Erörterung sämtlicher Umstände erklären die Parteien mit ihrer Unterschrift, dass sie mit meiner Tätigkeit als Mediator in derselben Sache einverstanden sind.

Berlin, den .... Unterschriften der Parteien ....«

103 Den **Informationspflichten nach Absatz 5** kann der Mediator mit einer generellen Information auf seiner Homepage und/oder einem Hinweis- und Informationsblatt genügen, die folgenden Inhalt aufweisen sollte:

▶ **Informationen nach § 3 Abs. 5 MediationsG**

- **Name** und ggf. akademischer Titel des Mediators
- **Grundberuf** (Bezeichnung), dazu Ausbildung (Bezeichnung, Ort, Dauer), ggf. Zusatzqualifikationen, spezifische Berufserfahrungen, Lehrtätigkeiten etc.
- **Mediationsausbildung** (Ausbildungsinstitut, Dauer [Stunden], Zeit [Monate], besondere Abschlussqualifikationen [Master of Arts, Diplom, zertifizierter Mediator nach § 5 Abs. 2 MediationsG])

- **Mediationserfahrung** (Dauer der Tätigkeit, ggf. Anzahl der mediierten Konflikte oder solcher von besonderer Bedeutung, ggf. Erfolgsquote, Mediationsschwerpunkte [Wirtschaftsmediation, Familienmediation etc.], besondere Mediationsmethoden [Co-Mediation, Kurz-Zeit-Mediation etc.], sonstige Besonderheiten wie Supervisor, Trainer, Coach etc.).

Zudem empfiehlt es sich zu dokumentieren, dass die Parteien entsprechend 104 § 3 Abs. 5 MediationsG informiert wurden, beispielsweise durch eine gesonderte schriftliche Bestätigung der Parteien und/oder durch einen entsprechenden Passus im Mediatorvertrag. Dieser könnte beispielsweise folgenden Inhalt haben:

▶ »Die Parteien wurden, unter Hinweis auf die Homepage des Mediators (oder: »durch Überlassung eines entsprechenden Informationsbelegs«; ggf auch: »und durch ergänzende mündliche Ausführungen«) über die Informationspflichten des Mediators und die einschlägigen Umstände gem. § 3 Abs. 6 MediationsG unterrichtet (ggf: »sowie über die Verschwiegenheitspflicht gem. § 4 Satz 4 MediationsG«).«

§ 4 Verschwiegenheitspflicht

Der Mediator und die in die Durchführung des Mediationsverfahrens eingebundenen Personen sind zur Verschwiegenheit verpflichtet, soweit gesetzlich nichts anderes geregelt ist. Diese Pflicht bezieht sich auf alles, was ihnen in Ausübung ihrer Tätigkeit bekannt geworden ist. Ungeachtet anderer gesetzlicher Regelungen über die Verschwiegenheitspflicht gilt sie nicht, soweit
1. die Offenlegung des Inhalts der im Mediationsverfahren erzielten Vereinbarung zur Umsetzung oder Vollstreckung dieser Vereinbarung erforderlich ist,
2. die Offenlegung aus vorrangigen Gründen der öffentlichen Ordnung (ordre public) geboten ist, insbesondere um eine Gefährdung des Wohles eines Kindes oder eine schwerwiegende Beeinträchtigung der physischen oder psychischen Integrität einer Person abzuwenden, oder
3. es sich um Tatsachen handelt, die offenkundig sind oder ihrer Bedeutung nach keiner Geheimhaltung bedürfen.

§ 4 MediationsG Verschwiegenheitspflicht

Der Mediator hat die Parteien über den Umfang seiner Verschwiegenheitspflicht zu informieren.

Übersicht

	Rdn.
I. Regelungsgegenstand und Zweck	1
1. Systematischer Zusammenhang	1
2. Europäische Mediationsrichtlinie	5
II. Grundsätze/Einzelheiten	6
1. Verschwiegenheitspflicht (Satz 1)	6
a) Umfang und Inhalt	6
b) Zeugnisverweigerungsrecht	9
2. Personenkreis (Satz 1)	14
a) Mediator	14
b) In die Durchführung des Mediationsverfahrens eingebundene Personen	17
c) Parteien oder Dritte	21
3. Umfang der Verschwiegenheitspflicht (Satz 2)	25
4. Entbindung von der Verschwiegenheitspflicht	27
5. Gesetzliche Ausschluss der Verschwiegenheitspflicht	28
a) Regelungen außerhalb des MediationsG (Satz 1, 3)	28
b) Umsetzung oder Vollstreckung einer Mediationsvereinbarung (Satz 3 Nr. 1)	29
c) Offenlegung wegen ordre public (Satz 3 Nr. 2)	32

	Rdn.
aa) Vorrangige Gründe der öffentlichen Ordnung	32
bb) Gefährdung des Kindeswohls	34
cc) Schwerwiegende Beeinträchtigung physischer Integrität	37
dd) Schwerwiegende Beeinträchtigung psychischer Integrität	40
d) Offenlegung wegen Offenkundigkeit oder fehlender Geheimhaltung (Satz 3 Nr. 3)	41
6. Informationspflicht über Umfang der Verschwiegenheit (Satz 4)	42
7. Folgen eines Verstoßes gegen Verschwiegenheitspflicht	44
8. Sicherung einer Vertraulichkeitsabrede	45
II. Hinweise für die Praxis	48
1. Mustertext für Information über Verschwiegenheitspflicht	48
2. Mustertexte für Parteivereinbarung und Verschwiegenheitsverpflichtung	50

I. Regelungsgegenstand und Zweck

1. Systematischer Zusammenhang

1 Die Vorschrift über die Verschwiegenheitspflicht zählt zu den drei großen »V«, die – neben Verjährung und Vollstreckung – dem nationalen Gesetzgeber zur Regelung durch die EUMed-RL auferlegt ist. Im Gesetzgebungsver-

fahren war die Vorschrift nicht weiter strittig; einer von Bundesrat angeregten Präzisierung des Satzes 1[1] haben sich Bundesregierung[2] – und ihr folgend die Gesetzgebungsorgane – nicht angeschlossen.

Mit der Regelung in § 4 MediationsG findet eine Überschneidung zu denjenigen gesetzlichen Regelungen statt, die bislang schon für bestimmte Berufsgruppen wie Rechtsanwälte, Ärzte, Psychologen eine Schweigepflicht begründen.[3] Nunmehr gilt die Schweigepflicht für alle Mediatoren, unabhängig von ihrem Herkunftsberuf (vgl. § 383 Abs. 1 Nr. 6 ZPO i.V. m. § 4 Satz 1 MediationsG). 2

Die **Verschwiegenheitspflicht** ist im MediationsG **nicht umfassend**, aber auch nicht abschließend normiert und überlässt es den Konfliktbeteiligten, die gesetzliche Regelung des § 4 MediationsG im Rahmen ihrer Dispositionsbefugnis durch vertragliche Abreden zu präzisieren oder zu erweitern. Dies bürdet im Konfliktfalle den Prozessparteien das Risiko auf, ob eine vertragliche Abrede vom Gericht als wirksam erachtet wird oder nicht und konterkariert die Absicht des EU-Gesetzgebers, die Transaktionskosten in diesem Bereich durch verbindliche Regelungen zu senken.[4] Zudem kommen Parteivereinbarungen für den Bereich des Strafprozesses nicht in Betracht.[5] 3

---

1 Begr. BT-Drucks. 17/5335, Anl. 3, Zu Artikel 1 (§ 4 Satz 1 MediationsG). Der Bundesrat verwies auf die Intention des Gesetzgebers, dass neben dem Mediator nur seine Hilfspersonen der Verschwiegenheitspflicht unterliegen sollen, was durch den Gesetzeswortlaut nicht hinreichend deutlich werde.
2 Begr. BT-Drucks. 17/5496, Zu Nummer 5.
3 Vgl. umfassend zu Rechtsanwälten und Notaren, Diplompsychologen, Diplompädagogen, Sozialarbeiter und Sozialpädagogen, Ehe-, Erziehungs-, Jugend- und Suchtberatern, Steuerberatern, vereidigten Buch- und Wirtschaftsprüfern und Richtern: *Hartmann*, Sicherung der Vertraulichkeit, S. 1087 ff. (1091 ff.); *Beck*, Mediation und Vertraulichkeit, S. 95 ff.
4 Ebenso *Wagner* ZKM 2011, 164 ff. (166).
5 Begr. BT-Drucks. 17/5335, B., Zu Artikel 1, Zu § 4.

4 Es bietet sich an, vertragliche Abreden beispielsweise an den Formulierungen des Art. 7 Abs. 2 ICC ADR-Regeln,[6] Art. 20 UNCITRAL Conciliation Rules[7] oder § 10 Abs. 1 DIS-Mediationsordnung[8] auszurichten.[9]

2. Europäische Mediationsrichtlinie

5 § 4 MediationsG dient der Umsetzung von **Art. 7 Abs. 1 EUMed-RL**, wonach »*weder Mediatoren noch in die Abwicklung des Mediationsverfahrens eingebundene Personen gezwungen sind, in Gerichts- oder Schiedsverfahren in Zivil- und Handelssachen Aussagen zu Informationen zu machen, dies sich aus einem Mediationsverfahren oder im Zusammenhang mit einem solchen ergeben*«. Von der Möglichkeit des Absatzes 2, strengere Maßnahmen zum Schutz der Vertraulichkeit bei der Mediation zu erlassen, hat der Gesetzgeber keinen Gebrauch gemacht.

II. Grundsätze/Einzelheiten

1. Verschwiegenheitspflicht (Satz 1)

a) Umfang und Inhalt

6 Nach § 4 Satz 1 MediationsG sind die in der Vorschrift genannten Personen grundsätzlich zur Verschwiegenheit verpflichtet.[10] Die Pflicht gilt gegenüber jedermann, auch gegenüber den Vertretern der Parteien wie deren Anwälten.

7 Die Verschwiegenheit umfasst zwei Aspekte: Sie betrifft einmal den **stattfindenden Gesprächs- und Verhandlungsprozess** und sichert so die Vertraulichkeit des Verfahrens[11] durch Ausschluss von Öffentlichkeit. Der Ausschluss von Öffentlichkeit umfasst nicht allein die Abwesenheit Dritter während des Mediationsgesprächs, sondern auch den Wegfall von Verlautbarungen im Anschluss daran. Hierdurch entsteht ein geschützter Raum, innerhalb dessen die Konfliktparteien zu gemeinsamen Überzeugungen gelangen

---

6 http://www.iccwbo.org/uploadedFiles/Court/Arbitration/other/german.pdf.
7 www.uncitral.org.
8 http://www.dis-arb.de/en/16/rules/dis-mediationsordnung-10-medo-id19.
9 Zur Umsetzung vgl. unten Rdn. 50 ff.; zur Problematik umfassend *Wagner* ZKM 2011, 164 ff. (166 f.).
10 Dies betrifft in der Übergangsphase des § 9 MediationsG auch gerichtliche Mediatoren und das entsprechende Servicepersonal der Geschäftsstellen.
11 Vgl. insoweit auch die Kommentierung zu § 1 Abs. 1 MediationsG, Rdn. 16 ff.

können, die die notwendige Grundlage für eine von ihnen als gerecht empfundene Lösung darstellt.

Der zweite Aspekt meint ein nach gescheiterter Mediation möglicherweise **nachfolgendes Gerichts- oder Schiedsverfahren**. Mit der Verschwiegenheitspflicht soll sichergestellt werden, dass etwaige im Verfahren gemachte Angebote, Zugeständnisse, Vergleichsvorschläge, Meinungsäußerungen, Einigungsoptionen etc., gleich von welcher am Mediationsverfahren teilnehmenden Person unterbreitet, durch den Mediator und die anderen in Satz 1 benannten Personen bekannt werden. Der Mediator wie auch die anderen Personen sollen diese wie auch sonstige die Parteien betreffende Informationen weder von sich aus preisgeben dürfen noch über eine Benennung als Zeuge in einem Prozess zur Aussage verpflichtet sein.[12] 8

b) **Zeugnisverweigerungsrecht**

Über die Verschwiegenheitspflicht des Satzes 1 wächst den dort Benannten ein **Zeugnisverweigerungsrecht gem. 383 Abs. 1 Nr. 6 ZPO** zu: Danach sind Personen zur Zeugnisverweigerung berechtigt, denen kraft ihres Amtes Tatsachen anvertraut sind, deren Geheimhaltung durch gesetzliche Vorschrift geboten ist. Als **gesetzliche Vorschrift** im Sinne des § 383 Abs. 1 Nr. 6 ZPO ist die Regelung der Verschwiegenheitspflicht in § 4 Satz 1 MediationsG anzusehen. 9

Anvertraut im Sinne der Vorschrift meint die Kenntniserlangung von Tatsachen im Zusammenhang mit der besonderen Vertrauensstellung, die der Mediator oder die anderen in § 4 Satz 1 MediationsG zur Verschwiegenheit verpflichteten Personen einnehmen.[13] Nicht erforderlich ist, dass es sich um Tatsachen handelt, die besonders als vertraulich deklariert wurden oder um solche, die beispielsweise in einem Caucus (Einzelgespräch) mitgeteilt wurden. 10

---

12 Im Schrifttum (*Kracht*, Rolle und Aufgabe des Mediators, S. 267 ff. (290)) wird auf die Gefahren aufmerksam gemacht, die aus Aufzeichnungen aller Art über den Verlauf des Verfahrens erwachsen und angeraten, erst gar keine gemeinsamen Protokolle zu führen oder diese nach Abschluss des Verfahrens zu vernichten oder zu anonymisieren (str.).
13 *Zöller*, ZPO, § 383 Rn. 11; *Thomas/Putzo*, ZPO, § 383 Rn. 6.

§ 4 MediationsG Verschwiegenheitpflicht

11 Es reicht aus, wenn sie **bei Gelegenheit** der Ausübung der Mediatorentätigkeit bekannt wurden (vgl. insoweit auch § 4 Satz 2 MediationsG). Von daher umfasst die Vorschrift nicht allein die Tatsachen, die während einer laufenden Mediation zur Kenntnis gelangen, sondern auch solche, von denen der Mediator im Vorfeld einer Mediation, also im Rahmen der Vertragsanbahnung für eine Mediation (sog. Vorphase), erfährt. Dabei ist es unerheblich, ob es später zum Abschluss eines Mediatorenvertrages kommt oder nicht. Haben die Parteien mit dem Mediator eine Nachbetreuung (sog. Nach- oder Überprüfungsphase)[14] vereinbart, so umfassen die obigen Ausführungen auch diesen Teil.

12 Das **Zeugnisverweigerungsrecht** des § 383 Abs. 1 Nr. 6 ZPO bezieht sich nur **Zivilverfahren**; über die entsprechenden Verweisungen in den einzelnen Prozessordnungen besteht das Zeugnisverweigerungsrecht auch in den **anderen Rechtsgebieten**.[15] Somit sind auch die Verfahren nicht ausgenommen, die durch die Untersuchungsmaxime bestimmt sind, wie dies im Familienrecht (§ 26 FamFG), aber insbesondere auch im Verwaltungsprozess (§ 86 VwGO) und im sozialgerichtlichen Verfahren (§ 103 SGG) der Fall ist.

13 Gäbe es keine dem § 4 Satz 1 MediationsG entsprechende Regelung, so bestünde die Gefahr, dass die strikte Rollentrennung, die das Mediationsverfahren namentlich in Bezug auf den Mediator auszeichnet, nämlich dass dieser als Vermittler und nicht als Entscheider fungiert, aus der Sicht der Konfliktparteien relativiert und damit ihre Bereitschaft zu konstruktivem Verhalten geschmälert würde.

2. Personenkreis (Satz 1)

a) Mediator

14 **Adressat** der Norm ist zunächst derjenige, der als Mediator für Konfliktparteien tätig wird, also die unabhängige und neutrale Person ohne Entscheidungsbefugnis, die die Parteien durch die Mediation führt (vgl. § 1 Abs. 2 MediationsG).[16] Dies ist unproblematisch in den Fällen, in denen es zum

---

14 Vgl. zu den Phasen die Ausführungen unter Methodik, II. Rdn. 35 ff.
15 Vgl. insoweit § 98 VwGO, § 46 Abs. 2 ArbGG i.V.m. § 495 ZPO, § 118 Abs. 1 SGG, § 29 Abs. 2 FamFG.
16 In der Übergangsphase des § 9 MediationsG betrifft ist dies auch gerichtliche Mediatoren.

Abschluss eines Mediatorenvertrages gekommen ist. Sinn und Zweck der Vorschrift sprechen dafür, bereits denjenigen als Adressaten der Vorschrift anzusehen, dem eine Mediation nur angetragen wird – sei es von einer Partei oder von allen Konfliktbeteiligten –, ohne dass es dann zur Abschluss eines Mediatorenvertrages kommt.

Wird die Mediation zusammen mit einem anderen Mediator in **Co-Mediation** durchgeführt,[17] so betrifft die Verschwiegenheitspflicht auch den Co-Mediator. Es kann dahingestellt bleiben, ob als Co-Mediator derjenige anzusehen ist, der beispielsweise allein wegen seiner besonderen Sprachkenntnisse zu einem Verfahren hinzugezogen wurde; handelt es sich ausschließlich um Übersetzungstätigkeit, so erwächst die **Verschwiegenheitspflicht** jedenfalls aus der Stellung als sog. **Hilfsperson des Mediators.** 15

§ 4 Satz 1 MediationsG trifft weder ein Einschränkung hinsichtlich der **Qualifikation** eines Mediators noch hinsichtlich der **Anwendungsfelder**, in denen er tätig wird: Daher obliegt die Verschwiegenheitspflicht zertifizierten wie nichtzertifizierte Mediatoren, hauptberuflichen Mediatoren ebenso wie denjenigen, die nur gelegentlich streitschlichtend aktiv sind, auch unabhängig davon, ob dies für ein Honorar geschieht oder pro bono. Schließlich spielt es auch keine Rolle, ob es sich beispielsweise um eine Familien- oder eine Wirtschaftsmediation handelt, ob diese im privaten Bereich (Nachbarschaft) oder im öffentlichen Sektor (z. B. Schule) stattfindet. In allen Fällen gilt die Verschwiegenheitspflicht des Satzes 1 und damit korrespondierend das Zeugnisverweigerungsrecht des § 383 Abs. 1 Nr. 6 ZPO. 16

b) In die Durchführung des Mediationsverfahrens eingebundene Personen

Zur Verschwiegenheit sind auch diejenigen verpflichtet, die in die Durchführung des Mediationsverfahrens eingebunden sind. Ausgehend vom Wortlaut der Norm kann hiervon eine Vielzahl von Personen umfasst werden, angefangen von den Mitarbeitern des Mediators über Bevollmächtigte der Parteien bis hin zu Sachverständigen etc. Sowohl die historische Interpretation wie auch der systematische Zusammenhang, in dem die Norm des § 4 MediationsG steht, lässt jedoch eine **restriktive Auslegung** angezeigt erscheinen. 17

---

[17] Vgl. hierzu Kommentierung zu § 1 Abs. 1 MediationsG, Rdn. 32 ff., ferner die Ausführungen nebst Checkliste unter Methodik, IV. Rdn. 44.

§ 4 MediationsG Verschwiegenheitspflicht

Nach Auffassung der Bundesregierung[18] orientiert sich die Vorschrift unmittelbar an Art. 7 Abs. 1 der EUMed-RL, der in der deutschen Übersetzung von »in die **Abwicklung** des Mediationsverfahrens« eingebundene Personen spricht. Der Terminus »Abwicklung«, wenngleich ein Synonym für »Durchführung«, macht im Sprachverständnis die enge Anbindung dieser Personen zum verantwortlichen Mediator deutlich. Dementsprechend heißt es auch in der Gesetzesbegründung, der **Kreis** der hierunter fallenden Personen sei **eng** zu verstehen.[19]

18   Ausgehend hiervon wird man unter die Vorschrift mithin **nur** diejenigen Personen fassen können, die vom Mediator als **Hilfspersonen** zu seiner Unterstützung eingesetzt werden:[20]
– Bürokräfte, die für die Vorbereitung, Durchführung und Abwicklung der Mediation mit Organisations-, Kommunikations- und Schreibarbeiten beauftragt werden,
– Übersetzer, deren Hilfe sich der Mediator im Vorfeld von Mediationsgesprächen wie auch während der Mediation selbst bedient,
– Fachpersonen, deren Rat/Information der Mediator zur Vervollständigung seiner Feldkompetenz bedarf.

19   Zu den Obliegenheiten des Mediators zählt es, durch gewissenhafte Auswahl und Belehrung seiner Hilfspersonen dafür Sorge zu tragen, dass dem Verschwiegenheitsgebot des § 4 Satz 1 MediationsG genügt wird. Bei Verletzungen des Verschwiegenheitsgebots durch Hilfspersonen kann eine zivilrechtliche Haftung des Mediators über §§ 278, 831 BGB als auch der Hilfspersonen selbst in Betracht kommen.

20   Ebenso wie dem Mediator steht auch seinen Hilfspersonen ein Zeugnisverweigerungsrecht gem. § 383 Abs. 1 Nr. 6 ZPO zu.[21]

c) Parteien oder Dritte

21   **Parteien**, ihre gesetzlichen Vertreter, ihre Bevollmächtigten als auch sonstige **Dritte** im Sinne von § 2 Abs. 4 MediationsG, die am Mediationsgespräch

---

18   Begr. BT-Drucks. 17/5496, Zu Nummer 5.
19   Begr. BT-Drucks. 17/5335, B., Zu Artikel 1, Zu § 4.
20   *Wagner*, ZKM 2011, 161 ff. (166).
21   In der Übergangsphase des § 9 MediationsG gilt dies auch für das vom richterlichen Mediator eingesetzte Servicepersonal der Geschäftsstelle.

teilnehmen, **fallen nicht unter** den Personenkreis des **Satzes 1**.[22] In einem nach gescheiterter Mediation sich anschließenden Gerichts- oder Schiedsgerichtsverfahren sind daher die Parteien durch § 4 MediationsG nicht gehindert, umfassend – auch zum Mediationsverfahren selbst – vorzutragen, entsprechende Beweisanträge zu stellen und Dokumente sowie sonstige Unterlagen aus dem Verfahren in den Prozess einzuführen.

Soweit in der **Übergangsphase** des § 9 MediationsG **gerichtliche Mediationen** durchgeführt werden, ist es grundsätzlich nicht ausgeschlossen, dass die Parteien Einsicht in die Mediationsakten nehmen und ggf. daraus im Prozess vortragen.[23] Gerichtliche Mediation ist nicht der Justizverwaltung zuzurechnen, sondern als richterliche Tätigkeit eigener Art anzusehen, so dass die insoweit geführten Akten zu den Prozessakten im Sinne von § 299 ZPO zählen.[24] 22

Die Vertraulichkeit untereinander und im Hinblick auf etwaige Dritte zu sichern, obliegt alleine den Parteien, wobei dem Mediator jedoch eine entsprechende Hinweispflicht aus dem Mediatorenvertrag erwächst. Als adäquates Mittel hierfür steht den Parteien die Möglichkeit offen, untereinander eine sog. **Parteivereinbarung**[25] mit einem entsprechenden **Vortrags- und Beweismittelverbot**[26] abzuschließen und zugleich zu regeln, wie der Umgang mit Einzelgesprächen und geheim zu haltenden Informationen gesichert werden soll.[27] Dies geschieht in aller Regel zu Beginn des Mediationsverfahrens. Eine 23

---

22 Begr. BT-Drucks. 17/5335, B., Zu Artikel 1, Zu § 4.
23 OLG München, Beschl. v. 20.05.2009 – 9 VA 5/09 –, mit Anm. *Wagner* ZKM 2009, 158 ff.
24 Soweit in einigen Projekten wie dem der hessischen Verwaltungsgerichtsbarkeit die gerichtliche Mediation als Teil der Gerichtsverwaltung gem. § 4 Abs. 2 Nr. 1 DRiG qualifiziert wurde und dementsprechend die Mediationsakten nicht als Teil der Prozessakten anzusehen waren mit der Folge, dass ein Akteneinsichtsrecht gem. § 100 VwGO nicht in Betracht kam, entfällt diese rechtliche Einordnung in der Übergangsphase des § 9 MediationsG.
25 Vgl. hierzu *Wagner/Braem* ZKM 2007, 194 ff.
26 *Wagner* ZKM 2011, 164 ff. (166) bringt das auf folgende Formel: »*Die Partei soll durch das gescheiterte Mediationsverfahren nichts an prozessualer »Munition« hinzugewinnen, doch sie behält alle Pfeile in ihrem Köcher, die sie zuvor schon hatte*«.
27 Begr. BT-Drucks. 17/5335, B., Zu Artikel 1, Zu § 4. Haben die Parteien die Möglichkeit von Einzelgesprächen (Caucus) gem. § 2 Abs. 2 Satz 3 MediationsG vereinbart, so macht es Sinn, der Verschwiegenheitspflicht auch solche Informatio-

derartige Parteivereinbarung umfasst auch die Bevollmächtigten, vgl. §166 BGB, § 85 ZPO.[28]

24 Gleiches gilt im Hinblick auf **Dritte**, die in das Verfahren einbezogen werden: Auch mit ihnen müssen die Parteien eine entsprechende Vereinbarung treffen. Verstöße gegen Parteivereinbarungen als auch mit Dritten abgeschlossene Vereinbarungen können haftungsrechtliche Ansprüche nach sich ziehen.

3. Umfang der Verschwiegenheitspflicht (Satz 2)

25 Die Verschwiegenheitspflicht und daraus resultierend das Zeugnisverweigerungsrecht nach § 383 Abs. 1 Nr. 6 ZPO umfasst **alles**, was dem Mediator bzw. den von ihm eingebundenen Personen **in Ausübung ihrer Tätigkeit bekannt geworden** ist. Wenngleich sich das »alles« in erster Linie auf die **Umstände eines Mediationsverfahrens**, mithin etwaige unterbreitete Angebote, Zugeständnisse, Vergleichsvorschläge, Meinungsäußerungen, Einigungsoptionen etc. bezieht, sind darüber hinaus aber auch **sonstige Informationen** betreffend die Parteien selbst, also ihre persönlichen Lebensumstände, ihre beruflichen und wirtschaftlichen Umstände sowie damit zusammenhängend Geschäftsgeheimnisse etc. gemeint.

26 **In Ausübung** bedeutet die Erlangung von Kenntnissen nicht allein aufgrund einer durchgeführten Mediation, sondern betrifft auch Informationen, die dem Mediator im Vorfeld einer Mediation (sog. Vorphase) zugeflossen sind, unabhängig davon, ob es später zu einem Mediationsvertrag gekommen ist oder nicht. Gleiches gilt, wenn die Parteien mit dem Mediator sich auf eine sog. Nach- oder Überprüfungsphase verständigt haben.[29]

---

nen unterfallen zu lassen, die der Mediator nur von einer Partei im Rahmen eines Caucus vertraulich erlangt hat, sog. interne Vertraulichkeit. Sie dürfen der anderen Partei nicht offenbart werden. Insoweit empfiehlt sich eine entsprechende Parteivereinbarung abzuschließen, die zudem im Falle einer Co-Mediation die Weitergabe an den Co-Mediator erlaubt (vgl. insoweit auch Art. 4 Abs. 2 des Europäischen Verhaltenskodex, abgedruckt unter Europäische Regelungen, III.).

28 Die vertragliche Vertraulichkeitsabrede begründet für den Anwalt nach der Rechtsprechung keine strafbewehrte gesetzliche Schweigepflicht gem. § 203 Abs. 1 Nr. 3 StGB und stellt keine Berufspflicht nach § 43 Abs. 2 BRAO dar, Anwaltsgericht Meckl.-Vorpomm., Beschl. v. 01.08.2007 – I AG 6/07, ZKM 2007, 194 ff.

29 Vgl. zu den Phasen die Ausführungen unter Methodik, II. Rdn. 35 ff.

4. Entbindung von der Verschwiegenheitspflicht

Wenngleich im Gesetz nicht geregelt, bleibt es den Parteien als Ausfluss ihrer Dispositionsmaxime unbenommen, im allseitigen Einvernehmen sowohl den Mediator als auch seine Hilfspersonen von der **Verschwiegenheitspflicht zu entbinden**,[30] und zwar generell wie auch nur bestimmte Tatsachen und/oder Umstände betreffend. Dies gilt auch, soweit die Parteien untereinander Vertraulichkeit vereinbart oder diese auf Dritte erstreckt haben. Zur Vermeidung etwaiger Unstimmigkeiten oder gar Auseinandersetzungen ist anzuraten, einen derartigen Dispens schriftlich zu fixieren. 27

5. Gesetzliche Ausschluss der Verschwiegenheitspflicht

a) Regelungen außerhalb des MediationsG (Satz 1, 3)

Die Verschwiegenheitspflicht nach § 4 Satz 1 MediationsG steht unter dem Vorbehalt einer abweichenden **gesetzlichen Regelung** außerhalb des Mediationsgesetzes. Hierzu rechnen gesetzliche Auskunftspflichten wie nach den §§ 6, 8 Infektionsschutzgesetz für die dort genannten Personen, wenn sie zugleich als Mediatoren tätig werden, aber auch Fälle rechtfertigenden Notstandes gem. § 34 StGB und solche der §§ 138, 139 StGB (Nichtanzeige geplanter Straftaten).[31] 28

b) Umsetzung oder Vollstreckung einer Mediationsvereinbarung (Satz 3 Nr. 1)

Von der Verschwiegenheitspflicht ist der Mediator **gesetzlich dispensiert**, wenn er den Inhalt einer erzielten Vereinbarung offen legt, weil dies zur Umsetzung oder Vollstreckung erforderlich ist. 29

Unter **Umsetzung** können vielfältige Handlungen verstanden werden, die jeweils abhängig vom Inhalt der erzielten Vereinbarung sind. Wurden der Mediator oder eine seiner Hilfspersonen von den Parteien übereinstimmend mit einer Umsetzung beauftragt, so bedarf es keines Rückgriffs auf § 4 Satz 3 30

---

30 Begr. BT-Drucks. 17/5335, B., Zu Artikel 1, Zu § 4.
31 In der Übergangsphase des § 9 MediationsG ist für richterliche Mediatoren zu beachten, dass diese nach wie vor Richter und als Amtsträger nicht nur den Parteien verpflichtet sind. Ihnen obliegen weiterhin besondere Anzeigepflichten, beispielsweise nach § 116 AO oder nach § 6 SubvG; vgl. insoweit Begr. BT-Drucks. 17/5335, B., Zu Artikel 1, Zu § 4.

Nr. 1 MediationsG. Sinn macht die Regelung daher nur, wenn es sich um Fallkonstellationen handelt, in denen der Mediator im Auftrag nur einer Partei tätig wird, weil sich die andere Partei nicht an die Vereinbarung hält und sein Tätigwerden mit einer Information Dritter verbunden ist.

31 Gleiches gilt, soweit das Gesetz von **Vollstreckung** spricht, wenngleich die Sinnhaftigkeit der Regelung nach Wegfall[32] der ursprünglich im Regierungsentwurf vorgesehenen Vollstreckbarerklärung der Mediationsvereinbarung nach § 796d ZPO[33] deutlich reduziert ist. Allerdings können Mediationsvereinbarungen nach den vorhandenen Strukturen der §§794 ff., 796a ff. ZPO vollstreckbar gemacht werden.[34]

c) Offenlegung wegen ordre public (Satz 3 Nr. 2)

aa) Vorrangige Gründe der öffentlichen Ordnung

32 Der Grundsatz des **ordre public** besagt im vorliegenden Zusammenhang, dass eine Durchbrechung der Verschwiegenheitspflicht deshalb erforderlich ist, weil deren Einhaltung sonst zu Ergebnissen führen würde, die mit den Grundwerten der deutschen Rechtsordnung nicht zu vereinbaren wären. Der Gesetzestext spricht in diesem Zusammenhang von **vorrangigen Gründen der öffentlichen Ordnung**.[35]

33 Der unbestimmte Rechtsbegriff der öffentlichen Ordnung ist wegen seiner Unschärfe und Offenheit restriktiv auszulegen, stellt er doch ein Einfallstor für sonst nur schwer zu fassende Anschauungen und Auffassungen dar, die häufigen Änderungen unterworfen sein können. Dieser Gefahr wird auch

---

32 BT-Drucks. 17/8058, III., Zu Artikel 2 – neu –, Zu den Nummern 6 – alt –, 7 – alt – und 8 – alt –.
33 Vgl. Begr. BT-Drucks. 17/5335, B., Zu Artikel 1, Zu Nummer 7.
34 *Leutheusser-Schnarrenberger* ZKM 2012, 72 ff. (73).
35 Unter öffentlicher Ordnung wird gemeinhin verstanden »die Gesamtheit jener ungeschriebenen Regeln für das Verhalten des Einzelnen in der Öffentlichkeit, deren Beobachtung nach den jeweils herrschenden Anschauungen als unerlässliche Voraussetzung eines geordneten staatsbürgerlichen Gemeinwesens betrachtet wird«, vgl. *Hornmann*, HSOG, § 11 Rn. 18 ff., der zutreffend die Kritik an der Weite und Unbestimmtheit des Begriffs wiedergibt und für eine restriktive Handhabung plädiert.

durch das einschränkende Tatbestandsmerkmal der **vorrangigen Gründe** nur bedingt begegnet.

Hilfreich sind in diesem Zusammenhang jedoch die vom Gesetzgeber aufgeführten **Regelbeispiele**. Aus ihnen kann gefolgert werden, dass weitere Durchbrechungen des Grundsatzes der Verschwiegenheit nur zulässig sein sollen, sofern sie hinsichtlich ihrer Intensität und Schwere den Regelbeispielen vergleichbar sind und dies **geboten** ist. Geboten bedeutet, dass eine Durchbrechung der Verschwiegenheitspflicht in besonderem Maße angezeigt sein muss, weil jedes anderes Verhalten, gemessen an den Grundwerten der deutschen Rechtsordnung, sonst unerträglich wäre.[36] Dabei ist stets prüfend in den Blick zu nehmen, ob nicht die Mediation selbst ein geeignetes Mittel ist, zu einer effektiven und endgültigen Wiederherstellung des ordre public beizutragen.

bb) Gefährdung des Kindeswohls

Hierunter ist, wie aus **§ 1666 BGB**[37] folgt, eine Gefährdung des körperlichen, 34

geistigen oder seelischen Wohls des Kindes oder seines Vermögens zu verstehen. Anders als bei § 1666 BGB, der bereits beim Vorliegen der vorstehend genannten Merkmale ein Einschreiten des Familiengerichts notwendig macht, ist für eine Durchbrechung der Verschwiegenheitspflicht zudem erforderlich, dass die Offenlegung der Informationen, die der Mediator erlangt hat, geboten ist.[38]

Geboten bedeutet in diesem Zusammenhang, dass es **keinen anderen** Weg 35 als den der Offenlegung gibt, um eine Gefährdung des Kindeswohl **abzu-**

---

36 Vgl. Begr. BT-Drucks. 17/5335, B., Zu Artikel 1, Zu Nummer 4.
37 § 1666 BGB: »*(1) Wird das körperliche, geistige oder seelische Wohl des Kindes oder sein Vermögen gefährdet und sind die Eltern nicht gewillt oder nicht in der Lage, die Gefahr abzuwenden, so hat das Familiengericht die Maßnahmen zu treffen, die zur Abwendung der Gefahr erforderlich sind.*
(2) In der Regel ist anzunehmen, dass das Vermögen des Kindes gefährdet ist, wenn der Inhaber der Vermögenssorge seine Unterhaltspflicht gegenüber dem Kind oder seine mit der Vermögenssorge verbundenen Pflichten verletzt oder Anordnungen des Gerichts, die sich auf die Vermögenssorge beziehen, nicht befolgt.«
38 Vgl. Begr. BT-Drucks. 17/5335, B., Zu Artikel 1, Zu Nummer 4.

wenden: weder durch die Mediation selbst noch durch konkretes Ansprechen der Gefährdungen bei den Medianten.

36 Aber auch die Form der Offenlegung wie auch die Adressaten, denen gegenüber die Gefährdung kundgetan wird, sind von Belang; hier sind die Grundsätze der Geeignetheit und Erforderlichkeit zu beachten. In aller Regel werden Beratungsstellen, das Jugendamt oder die Polizei zu verständigen sein.

Die Restriktionen, denen § 4 Satz 3 Nr. 1 MediationsG im Vergleich zu § 1666 BGB unterliegt, beruhen darauf, dass der Mediator in erster Linie den Medianten verpflichtet ist, die durch § 4 Satz 1 MediationsG geschützt werden sollen.

cc) Schwerwiegende Beeinträchtigung physischer Integrität

37 Das Gesetz verwendet im Zusammenhang mit diesem Regelbeispiel den Begriff »**Person**«. Hieraus kann abgeleitet werden, dass damit der Kreis möglicher Betroffener über den der am Mediationsverfahren Beteiligten hinausgeht.

38 Die **körperliche Unversehrtheit**, die geschützt werden soll und eine Durchbrechung der Verschwiegenheitspflicht zulässt, muss zudem **schwerwiegend** beeinträchtigt sein, was im Sinne einer Intensität und/oder Dauer zu verstehen ist. In der Gesetzesbegründung ist von Misshandlungen die Rede.[39]

39 Es ist stets eine **Einzelfallbetrachtung** angezeigt: Kommt in einem Mediationsverfahren beispielsweise eine einmalige oder allenfalls in großen Zeitabständen auftretende körperliche Züchtigung in Form einer Ohrfeige zur Sprache, so handelt es sich hierbei zwar um eine Beeinträchtigung der physischen Integrität, jedoch mangelt es am Tatbestandsmerkmal »schwerwiegend«. Hingegen kann ein einmaliger Schlag, der Verletzungen (Prellungen und/oder Knochenbrüchen) nach sich zieht, bereits das Tatbestandsmerkmal schwerwiegend erfüllen. Auch bei diesem Regelbeispiel muss die Offenlegung geboten sein. Dabei wird stets darauf abzustellen sein, ob Wiederholungsgefahr vorliegt und aus welchen Gründen die betroffene Person dies bislang selbst nicht offenbart hat.

---

39 Vgl. Begr. BT-Drucks. 17/5335, B., Zu Artikel 1, Zu Nummer 4.

dd) Schwerwiegende Beeinträchtigung psychischer Integrität

Unter psychischer Integrität im Sinne dieses Regelbeispiels sind das Empfindungsleben, die Vorstellungswelt, das Gefühlsleben, die Selbstachtung, die Willens- und Betätigungsfreiheit und das Recht auf Identität, Individualität und freie Entfaltung der Persönlichkeit zu verstehen.[40] Auch hier ist erforderlich, dass eines der benannten Merkmale schwerwiegend beeinträchtigt ist und eine Durchbrechung der Verschwiegenheitspflicht geboten ist, insbesondere die Mediation nicht dazu beitragen kann, die Beeinträchtigung zu beseitigen.

d) Offenlegung wegen Offenkundigkeit oder fehlender Geheimhaltung (Satz 3 Nr. 3)

Die Verschwiegenheitspflicht des § 4 Satz 1 MediationsG umfasst keine Umstände, die in der Öffentlichkeit bereits bekannt sind, beispielsweise durch Selbstoffenbarung der Betroffenen oder durch Veröffentlichung in den allgemein zugänglichen Medien.[41] Sie kommt zudem nicht in Betracht, wenn Umstände und Tatsachen ihrer Bedeutung nach keiner Geheimhaltung bedürfen, weil sie in Bezug auf Personen oder Umstände ohne Belang sind. Hier kommt es jeweils auf den Einzelfall an, wobei Mediatoren wie auch ihren Hilfspersonen stets eine Zurückhaltung hinsichtlich öffentlicher oder sonstiger Verlautbarungen bezüglich ihrer Medianten anzuraten ist, um das notwendige Vertrauensverhältnis durch unbedachte Äußerungen nicht zu gefährden.

6. Informationspflicht über Umfang der Verschwiegenheit (Satz 4)

Das Gesetz verpflichtet Mediatoren,[42] die Konfliktparteien über den Umfang der Verschwiegenheitspflicht zu informieren. Diese Pflicht trifft in der Übergangsphase des § 9 MediationsG auch richterliche Mediatoren, solange in dieser Zeit gerichtliche Mediation noch praktiziert wird.

---

40 Vgl. http://www.enzyklo.de/Begriff/psychische.
41 *Hartmann*, Sicherung der Vertraulichkeit, S.1087 ff. (1101).
42 In der Übergangsphase des § 9 MediationsG gilt dies auch für gerichtliche Mediatoren und ihre aus der Amtsstellung sich ergebenden weitergehenden Anzeigepflichten.

43 Der Informationspflicht kann auf **vielfältige Weise** genügt werden: So ist es vorstellbar, dass der Mediator die Informationen hierüber in standardisierter Form auf seiner Homepage einstellt und die Parteien hierauf verweist. Möglich ist zudem, den Umfang der Verschwiegenheitspflicht in einem Informationsblatt niederzulegen und dieses den Konfliktparteien zugänglich zu machen. Schließlich kann es angezeigt sein, die Parteien individuell mündlich aufklären oder einen entsprechenden Passus in den Mediatorenvertrag aufnehmen. In allen Fällen ist anzuraten, diese Information zu Beginn eines Mediationsverfahrens mitzuteilen, ggf. verbunden mit den notwendigen Mitteilungen nach § 3 Abs. 1 und 5 MediationsG.[43]

7. Folgen eines Verstoßes gegen Verschwiegenheitspflicht

44 Ein Verstoß gegen die Verschwiegenheitspflicht durch den Mediator oder seine Hilfspersonen ist gem. § 203 Abs. 1 Nr. 3 StGB strafbar. Sie stellt zudem eine vertragliche Verletzung des Mediatorenvertrages dar und kann, je nach Fallgestaltung, haftungsrechtliche Konsequenzen nach sich ziehen. Zugleich sind Schadenersatzansprüche nach § 823 BGB denkbar.[44] Eine Haftung für die vom Mediator in die Durchführung des Mediationsverfahrens eingebundenen Hilfspersonen kommt über die §§ 278, 831 BGB in Betracht. Deliktische Ansprüche können auch gegen die Hilfspersonen selbst gerichtet sein, § 823 BGB.

8. Sicherung einer Vertraulichkeitsabrede

45 Haben die Parteien untereinander Vertraulichkeit verabredet, so bedarf diese der Sicherung, wenn sie wirksam sein soll.[45] Hierfür kommt ein sog. **prozessualer Geständnisvertrag** in Betracht. Seine rechtliche Zulässigkeit folgt aus dem Dispositionsgrundsatz und der Verhandlungsmaxime:[46] Steht danach ein bestimmtes Tun oder Unterlassen im Belieben der Parteien (z. B. das

---

43 Vgl. Kommentierung zu § 3 Abs. 1, 5 MediationsG, Rdn. 7 ff., 89 ff.
44 Denkbar sind Verletzungen des allgemeinen Persönlichkeitsrechts oder des Rechts am eingerichteten und ausgeübten Gewerbebetrieb, *Jost* ZKM 2011, 168 ff. (171 m.w.N.).
45 Es empfiehlt sich, auch eine Regelung bezüglich der vom Mediator in vertraulichen Einzelgesprächen erzielten Informationen zu vereinbaren, auch in Bezug auf einen ggf. hinzugezogenen Co-Mediator.
46 *Hartmann*, Sicherung der Vertraulichkeit, S. 1087 ff. (1104).

Vorbringen von Angriffs- oder Verteidigungsmitteln, Beweisführung durch Beweisantritt), so können sie sich hierüber verständigen (vgl. §§ 138 Abs. 3, 288 ff., 399, 404 Abs. 4 ZPO).[47] Eine **Beschränkung** erfährt die **Gestaltungsfreiheit** jedenfalls durch gesetzliche Verbote, durch die guten Sitten, durch Treu- und Glauben, durch nicht disponible Interessen der Rechtspflege (Versuch eines Prozessbetruges).[48]

Die **Sicherung der Vertraulichkeitsabrede** kann auf vielfältige Weise erfolgen: 46
- Erfüllungsklage aus dem prozessualen Geständnisvertrag auf Unterlassung von Äußerungen oder Einführung von Urkunden, die der Vertraulichkeitsabrede widersprechen.
- Vertraglicher oder deliktischer Haftungsanspruch.[49]
- Einwand im Prozess gegen das abredewidrige Verhalten, dass dem Prozessvertrag entgegensteht. Folgt das Gericht dem nicht und berücksichtigt den Sachvortrag oder erhebt Beweis,[50] so muss dieser Verfahrensfehler gem. § 295 Abs. 1 ZPO rechtzeitig gerügt werden, um ihn in der nächsten Instanz korrigieren lassen zu können.

Gleiches gilt, soweit die Parteien mit Dritten, die in das Verfahren einbezogen wurden, eine Vertraulichkeitsabrede getroffen haben. 47

II. Hinweise für die Praxis

1. Mustertext für Information über Verschwiegenheitspflicht

Die notwendige Information über die Verschwiegenheitspflicht des Mediators und seiner Hilfspersonen kann mündlich, schriftlich oder durch Einstellung auf der Homepage des Mediators erfolgen. Es ist anzuraten, die Erfüllung der Informationsverpflichtung schriftlich zu dokumentieren, sinnvollerweise im Mediatorenvertrag, ggf. unter Aufnahme des folgenden Musters, das sich am Gesetzestext orientiert: 48

---

47 *Wagner* NJW 2001, 1398 f. (1399); *Wagner/Braem* ZKM 2007, 194 ff. (195).
48 *Zöller*, ZPO, vor § 128, Rn. 32; *Hartmann*, Sicherung der Vertraulichkeit, S. 1087 ff. (1104).
49 *Hartmann*, Sicherung der Vertraulichkeit, S. 1087 ff. (1116 f.).
50 *Hartmann*, Sicherung der Vertraulichkeit, S. 1087 ff. (1105).

§ 4 MediationsG Verschwiegenheitspflicht

49 ▶ **Information über Verschwiegenheitspflicht**

Der Mediator hat die Parteien darüber informiert, dass sowohl er als auch die von ihm in die Durchführung des Mediationsverfahrens eingebundenen Personen, die von ihm entsprechend belehrt und verpflichtet wurden, zur Verschwiegenheit verpflichtet sind.

Die Verschwiegenheitspflicht bezieht sich auf alles, was ihnen in Ausübung der Mediation bekannt geworden ist,
- insbesondere im Verfahren unterbreitete Angebote, Zugeständnisse, Vergleichsvorschläge, Meinungsäußerungen, Einigungsoptionen etc. sowie
- sonstige Informationen betreffend die Parteien selbst, also ihre persönlichen Lebensumstände, ihre beruflichen und wirtschaftlichen Umstände sowie etwaige damit zusammenhängende Geschäftsgeheimnisse.

Ungeachtet anderer gesetzlicher Regelungen über die Verschwiegenheitspflicht gilt

diese nicht, soweit
- die Offenlegung des Inhalts der im Mediationsverfahren erzielten Vereinbarung zur Umsetzung oder Vollstreckung dieser Vereinbarung erforderlich ist,
- die Offenlegung aus vorrangigen Gründen der öffentlichen Ordnung geboten ist, insbesondere um eine Gefährdung des Wohles eines Kindes oder
  eine schwerwiegende Beeinträchtigung der physischen oder psychischen
  Integrität einer Person abzuwenden, oder
- es sich um Tatsachen handelt, die offenkundig sind oder ihrer Bedeutung nach keiner Geheimhaltung bedürfen.

Die Parteien können weitergehende Parteivereinbarungen treffen, die auch die Vertraulichkeit des Inhalts von Einzelgespräche des Mediators (und ggf. eines Co-Mediators) gegenüber der anderen Partei regeln.

Ort, Datum, Unterschriften

2. Mustertexte für Parteivereinbarung und Verschwiegenheitsverpflichtung

Es empfiehlt sich, gleich zu Beginn eines Mediationsverfahrens eine Parteivereinbarung betreffend Verschwiegenheit und Vertraulichkeit im Hinblick auf die Parteien selbst und auf den Mediator abzuschließen. Werden von Beginn an Dritte zum Verfahren hinzugezogen, so sollten auch sie unmittelbar mit einbezogen werden, ansonsten spätestens dann, wenn ihre Teilnahme feststeht. Zugleich ist es ratsam, Dritten eine Verschwiegenheitspflicht aufzuerlegen. Schriftform ist für alle Vereinbarungen zu empfehlen, die Verabredung einer **Vertragsstrafe** wird eher beispielsweise in Wirtschaftsmediationen denn in Familienmediatonen in Betracht kommen. 50

▶ **Parteivereinbarung** 51

Die Medianten des Mediatonsverfahrens (*Namen*) kommen wie folgt überein:

In Gerichts- oder Schiedsverfahren dürfen nicht vorgetragen oder vorgelegt werden

Dokumente, Stellungnahmen oder Mitteilungen
– der anderen Partei,
– des Mediators oder
– des/der am Verfahren beteiligten Dritten (*Name, Wohnort*),

wenn nicht die an der Offenlegung interessierte Partei auch ohne das Mediationsverfahren dazu in der Lage gewesen wäre.

Dem Verbot des Satzes 1 unterliegen ferner
– Ansichten und Vorschläge, die von einer Partei im Rahmen des Mediationsverfahrens im Hinblick auf eine gütliche Einigung geäußert oder gemacht wurden,
– Zugeständnisse der anderen Partei im Rahmen des Mediationsverfahrens,
– Ansichten und Vorschläge des Mediators,
– Ansichten und Vorschläge am Verfahren beteiligter Dritter,
– die Tatsache, dass eine Partei im Rahmen des Mediationsverfahrens sich zum Abschluss eines Vergleichs bereit erklärt hat.

Bei einer Zuwiderhandlung gegen die o.g. Verboten wird eine Vertragsstrafe in Höhe von ..... (*Summe*) Euro fällig. Eine Aufhebung der o.g. Verbote ist nur schriftlich möglich.

Ort, Datum, Unterschriften

§ 5 MediationsG   Aus- und Fortbildung des Mediators

52 ▶ **Verschwiegenheitsverpflichtung Dritter**

Herr (*Name, Wohnort*)

verpflichtet sich zur Verschwiegenheit hinsichtlich aller Tatsachen, Meinungsäußerungen und Umstände, die ihm im Zusammenhang mit seiner Teilnahme an dem Mediationsverfahren (*Namen der Medianten*) bekannt geworden sind. Dies betrifft nicht Tatsachen, die offenkundig sind oder ihrer Bedeutung nach keiner Geheimhaltung bedürfen.

Ort, Datum, Unterschriften

§ 5 Aus- und Fortbildung des Mediators; zertifizierter Mediator

(1) Der Mediator stellt in eigener Verantwortung durch eine geeignete Ausbildung und eine regelmäßige Fortbildung sicher, dass er über theoretische Kenntnisse sowie praktische Erfahrungen verfügt, um die Parteien in sachkundiger Weise durch die Mediation führen zu können. Eine geeignete Ausbildung soll insbesondere vermitteln:
1. Kenntnisse über Grundlagen der Mediation sowie deren Ablauf und Rahmenbedingungen,
2. Verhandlungs- und Kommunikationstechniken,
3. Konfliktkompetenz,
4. Kenntnisse über das Recht der Mediation sowie über die Rolle des Rechts in der Mediation sowie
5. praktische Übungen, Rollenspiele und Supervision.

(2) Als zertifizierter Mediator darf sich bezeichnen, wer eine Ausbildung zum Mediator abgeschlossen hat, die den Anforderungen der Rechtsverordnung nach § 6 entspricht.

(3) Der zertifizierte Mediator hat sich entsprechend den Anforderungen der Rechtsverordnung nach § 6 fortzubilden.

Übersicht	Rdn.		Rdn.
I. Regelungsgegenstand und Zweck	1	II. Grundsätze	7
1. Normentwicklung und systematischer Zusammenhang	1	1. Zur rechtlichen Stellung des Mediators	7
2. Europäische Mediationsrichtlinie	6	2. Prinzip der Eigenverantwortung (Absatz 1 Satz 1, 1. HS) ..	9

3.	Aus- und Fortbildung (Absatz 1 Satz 1)	12	
	a) Geeignete Ausbildung	13	
	b) Regelmäßige Fortbildung	14	
	c) Sinnhaftigkeit des Prinzips der Eigenverantwortung	15	
	d) Aus- und Fortbildungsinhalte (Absatz 1 Satz 1, 2. HS)	16	
	aa) Theoretischen Kenntnisse	16	
	bb) Praktische Erfahrungen	17	
	cc) Wechselseitigkeit von Theorie und Praxis	18	
	e) Bedeutung unterschiedlicher Herkunftsberufe	19	
	e) Zielsetzung der Aus- und Fortbildung (Absatz 1 Satz 1, letzter HS)	20	
	aa) »Führen«	21	
	bb) Führen »in sachkundiger Weise«	23	
4.	Anforderungen an geeignete Ausbildung (Absatz 1 Satz 2)	24	

a) Kenntnisse über Grundlagen der Mediation sowie deren Ablauf und Rahmenbedingungen (Absatz 1 Satz 2 Nr. 1) 25
b) Verhandlungs- und Kommunikationstechniken (Absatz 1 Satz 2 Nr. 2) 27
c) Konfliktkompetenz (Absatz 1 Satz 2 Nr. 3) 28
d) Rechtliche Kenntnisse (Absatz 1 Satz 2 Nr. 4) 29
  aa) Recht der Mediation ... 29
  bb) Rolle des Rechts in der Mediation 30
e) Praktische Übungen, Rollenspiele, Supervision (Absatz 1 Satz 2 Nr. 5) 31
5. Zertifizierter Mediator (Absatz 2) 33
  a) Rechtliche Anforderungen .. 33
  b) Rechtsverordnung nach § 6 MediationsG 36
6. Fortbildungsverpflichtung des zertifizierten Mediators (Absatz 3) 39

I. Regelungsgegenstand und Zweck

1. Normentwicklung und systematischer Zusammenhang

Die **Problematik der Qualitätssicherung**, mithin der Anforderungen an Aus- und Fortbildung von Mediatoren, wurde im Schrifttum schon seit Jahren kontrovers erörtert und zählte dementsprechend von Beginn der Gesetzgebungsarbeiten an zu den mit am intensivsten diskutierten Fragen:[1] Dabei kollidierten grundrechtsfreundliche und (markt)liberale Überlegungen mit

---

1 *Nierhauve*, Standards der Mediation – Best Practice, S. 1173 ff.

Forderungen nach staatlicher Reglementierung und Kontrolle.[2] Neben den Mediationsverbänden und der Anwaltschaft[3] waren vor allem Vertreter der Versicherungswirtschaft[4] daran interessiert, die Mediatorenlandschaft durch gesetzliche Vorgaben transparent zu gestalten und Anreize für Qualifizierung zu geben. Dementsprechend reichten die Überlegungen von Berufszulassungsregelungen über öffentliche Bestellungen und Schutz der Berufsbezeichnung bis hin zu Zertifizierungsmodellen und Einbindung in das Rechtspflegesystem.[5]

2 Die **Bundesregierung**, die sich der Bedeutung von Kernkompetenzen und dementsprechender Aus- und Fortbildung wohl bewusst war, hat dennoch auf freiwillige Mindeststandards abgestellt und mit ihrem Gesetzesentwurf auf **Staatsferne und Selbstverantwortung** gesetzt. Es sei ausreichend, so heißt es in der Gesetzesbegründung, die Mediatoren anzuhalten, in eigener Verantwortung sicherzustellen, dass sie die Parteien in sachkundiger Weise durch die Mediation führen. Eine gesetzliche Regelung, insbesondere eine detaillierte Regelung des Berufsbildes mit einheitlichen Aus- und Fortbildungsstandards, sei – nicht zuletzt vor dem Hintergrund des Bemühens von Mediations- und Berufsverbänden um inhaltliche Mindeststandards – derzeit nicht erforderlich.[6]

3 Demgegenüber forderte der **Bundesrat** in seiner Stellungnahme zum Gesetzentwurf fachliche Grundqualifikationen und gegebenenfalls Zusatzqualifikationen für Spezialbereiche, die nicht der alleinigen Beurteilung des Mediators überlassen bleiben dürften. Grundlegende Standards der Aus- und Fortbildung sollten gesetzlich geregelt und eine Verordnungsermächtigung, insbesondere für eine mögliche Zertifizierung, vorgesehen werden.[7]

4 Während die Bundesregierung in ihrer Gegenäußerung noch Bedenken im Hinblick auf die Berufsfreiheit und den notwendigen kostenträchtigen Auf-

---

2 Vgl. *Fritz*, Berufsbild des Mediators und Ausbildungsvoraussetzungen, S. 137 ff. (139 m.w.N.).
3 Vgl. beispielhaft Deutscher Bundestag, 17. Wahlperiode, Rechtsausschuss, Protokoll Nr. 51.
4 *Tögel/Rohlff* ZKM 2010, 86 ff.
5 *Greger* ZKM 2012, 16 m.w.N.
6 Begr. BT-Drucks. 17/5335, B. Zu Artikel 1, Zu § 5; vgl. auch *Wagner* ZKM 2012, 110 ff. (114).
7 BT-Drucks. 17/5335, Anl. 3, 6., Zu Artikel 1 (§ 5 MediationsG).

bau bürokratischer Strukturen äußerte,[8] entschied sich der **Rechtsausschuss** für ein zweistufiges Modell:[9] Er empfahl aus Gründen der Qualitätssicherung und Markttransparenz die Anforderungen an die Grundkenntnisse und Kernkompetenzen zu präzisieren und die Bezeichnung »zertifizierter Mediator« gesetzlich zu verankern; zudem sollten – im Zusammenspiel mit einer von der Bundesregierung zu erlassenden Verordnung – die Voraussetzungen für das Führen der Bezeichnung festgelegt werden.[10] Mit den Ergänzungen des Absatzes 1 und den Einfügungen der Absätze 2 und 3 wurden die o. g. Anliegen des Bundesrates aufgegriffen und haben nunmehr im Gesetz ihren Niederschlag gefunden.

Der in Absatz 1 **neu eingefügte Satz 2** benennt fünf theoretische bzw. praktische Mindestkriterien, die für eine geeignete Ausbildung eines Mediators sprechen sollen. **Absatz 2** regelt die Voraussetzungen für die neu eingeführte Bezeichnung des »zertifizierten Mediators« und in **Absatz 3** geht es um die Erforderlichkeit entsprechender Fortbildung eines »qualifizierten Mediators«. Dabei wird die Vorschrift des § 5 Abs. 2, 3 MediationsG durch § 6 MediationsG ergänzt, der das Bundesministerium der Justiz zum Erlass einer Verordnung über die Aus- und Fortbildung von zertifizierten Mediatoren ermächtigt.

2. Europäische Mediationsrichtlinie

§ 5 dient, im Verbund mit § 6 MediationsG, der **Umsetzung von Art. 4 E-UMed-RL**. Bereits im **Erwägungsgrund Nr. 16** wird ausgeführt, die Mitgliedstaaten sollten die Aus- und Fortbildung von Mediatoren und die Einrichtung wirksamer Mechanismen zur Qualitätskontrolle in Bezug auf die Erbringung von Mediationsdiensten mit allen ihnen geeignet erscheinenden Mitteln fördern. In Art. 4 Abs. 1 EuMed-RL wird dementsprechend auf die Förderung von Verhaltenskodizes sowie auf wirksame Verfahren zur Qualitätskontrolle abgestellt und in Art. 4 Abs. 2 EUMed-RL bestimmt, dass die Mitgliedstaaten die Aus- und Fortbildung von Mediatoren fördern um sicherzustellen, dass die Mediation für die Parteien wirksam, unparteiisch und sachkundig durchgeführt wird.

---

8 BT-Drucks. 17/5496, Zu Nummer 6 und 7.
9 *Göcken* NJW-aktuell, 52/2011, 16.
10 BT-Drucks. 17/8058, III. Zu Artikel 1, Zu § 5, Zu § 6 – neu –.

II. Grundsätze

1. Zur rechtlichen Stellung des Mediators

7 Wer als **Mediator** im Sinne des § 1 Abs. 2 MediationsG tätig werden will, der muss den ihm durch die §§ 2 bis 6 MediationsG nicht unerheblich auferlegten **Aufgaben** und **Pflichten** genügen: Seien es Vergewisserungen oder Hinweispflichten im Sinne von § 2 Abs. 2, 6 MediationsG, Offenbarungspflichten oder Tätigkeitsbeschränkungen im Sinne von § 3 MediationsG, Verschwiegenheitspflichten im Sinne § 4 MediationsG oder auch Ausbildungsobliegenheiten nach §§ 5, 6 MediationsG.

8 Gleichwohl geht auch der Gesetzgeber davon aus, dass es ein **gesetzlich geregeltes Berufsbild** für Mediatoren nicht gibt und demnach auch keine Zulassungsvoraussetzungen für die Ausübung dieser Tätigkeit.[11] Derjenige, der den gesetzlichen Anforderungen nicht genügt, sieht sich möglicherweise Schadenersatzforderungen oder wettbewerbsrechtlichen Ansprüchen ausgesetzt;[12] behördliche Sanktionen hat er hingegen nicht zu befürchten. Zutreffend wird in diesem Zusammenhang im Schrifttum[13] darauf hingewiesen, dass

- Mediatoren keiner Erlaubnis nach dem RechtsdienstleistungsG bedürfen, solange sie nicht rechtliche Regelungsvorschläge unterbreiten,[14]
- die Bezeichnung »Mediator« weiterhin gesetzlich nicht geschützt ist, weil § 1 Abs. 2 MediationsG nur eine Begriffsbestimmung enthält und keine Verbotsnorm darstellt,[15] und
- es keine Möglichkeit der öffentlichen Bestellung von Mediatoren gibt.

Allein die Führung der Bezeichnung als »zertifizierter Mediator« nach Absätzen 2 und 3 ist gesetzlich verankert, wobei es hinsichtlich der Voraussetzun-

---

11 Vgl. Begr. BT-Drucks. 17/5335, A. II. und B. Zu Artikel 1, Zu § 1; *Leutheusser-Schnarrenberger* ZKM 20012, 72 ff. (73).
12 Vgl. Begr. BT-Drucks. 17/8058, III., Zu Artikel 1, Zu § 5; *Göcken* NJW-aktuell 52/2011, 16.
13 Vgl. mit umfangreichen Nachweisen zum Schrifttum *Greger* ZKM 2012, 16.
14 Vgl. § 2 Abs. 3 Nr. 4 RDG und *Krenzler*, RDG, § 2 Rn. 216 ff.
15 Vgl. Kommentierung zu § 1 MediationsG, Rdn. 1. Für Rechtsanwälte, die als Mediatoren tätig werden, gilt jedoch § 7a BORA.

gen im Einzelnen noch einer Rechtsverordnung nach § 6 MediationsG bedarf.[16]

2. Prinzip der Eigenverantwortung (Absatz 1 Satz 1, 1. HS)

Mediation als komplexes Konfliktlösungsverfahren lässt sich nach h. M. nur 9 durchführen, wenn Mediatoren zumindest über eine **fachliche Grundqualifikation** verfügen und **ggf. Kenntnisse in Spezialbereichen** (Familienrecht, Schulrecht, Arbeitsrecht etc.) aufweisen. Was dies im Einzelnen bedeutet, insbesondere auf welchen (Ausbildungs-) Pfaden dies zu erreichen ist, wurde und wird unterschiedlich gesehen.

Der Gesetzgeber war daher gut beraten, dem Drängen von Anwaltschaft und 10 Verbänden nach einer endgültigen Deklination dessen, was hierfür erforderlich ist und insbesondere wie eine Grundqualifikation nachgewiesen werden kann, nicht nachzukommen, sondern dies **in eigener Verantwortung** bei den jeweiligen Mediatoren zu belassen. Denn zum einen handelt es sich bei der Mediation um eine Konfliktlösungsmethode, die sich in einer permanenten Weiterentwicklung befindet, zum anderen sind die tatsächlichen Gegebenheiten praktizierter Mediatorentätigkeit zu beachten. Diese findet in ganz verschiedenen Feldern und in ganz unterschiedlicher Intensität statt – angefangen von Schülermediation oder privater Vereinsmediation auf der einen Seite über Familienmediation mit hochemotionalen Konfliktparteien[17] bis hin zu Großgruppen-Mediationen in staatlichen Planungsverfahren und/oder Bauvorhaben. Hier jeweils – von Gesetzes wegen – die gleichen Ausbildungsvoraussetzungen und den gleichen Wissens- und Kenntnisstand verlangen und bei einem etwaigen Fehlen dies u. U. sanktionieren zu wollen, würde schwerlich der Vielfalt der Mediations- und Mediatorenlandschaft gerecht werden noch verfassungsrechtliche verbürgten Freiheitsrechten genügen.

Zwar sind die vorgebrachten Argumente von **Qualitätssicherung** und **Markt**- 11 **transparenz** nicht von der Hand zu weisen. Intensität und Umfang von Aus- und Fortbildung konnte der Gesetzgeber aber deshalb im Verantwortungsbereich der jeweiligen Mediatoren belassen, weil er ihnen mit § 3 Abs. 5 MediationsG eine Informationspflicht auferlegt hat – so haben sie auf Verlangen der Parteien ihren fachlichen Hintergrund, ihre Ausbildung und ihre Erfah-

---

16 S. hierzu unten Rdn. 33 ff.
17 Vgl. Methodik, III. Rdn. 19 ff.

rung auf dem Gebiet der Mediation dazutun[18] – und zugleich das **Qualifikationsmerkmal** des »zertifizierten Mediators« eingeführt hat, für den andere Regelungen gelten.

3. Aus- und Fortbildung (Absatz 1 Satz 1)

12 Der Gesetzgeber geht zutreffend davon aus, dass nur derjenige erfolgreich in der Lage sein wird, als Mediator (vgl. hierzu § 1 Abs. 2 MediationsG) im Rahmen eines bestehenden Konflikts tätig zu werden, der das hierfür **notwendige »Handwerkszeug«** erlernt hat, es beherrscht und es zudem auf aktuellem Wissensstand hält.[19] Dass es sich bei der Mediation um eine ausgesprochen anspruchsvolle Tätigkeit handelt, die spezifisches Wissen, umfassende Kompetenzen und konfliktangemessene Haltung voraussetzt, ist im Schrifttum unumstritten und unterscheidet sie daher grundlegend von anderen Konfliktlösungsverfahren wie beispielsweise der Gesprächsmoderation[20] oder auch der anwaltlichen[21] oder richterlichen Vergleichsvermittlung.[22]

a) Geeignete Ausbildung

13 Soweit es in der Eigenverantwortung des einzelnen Mediators liegt, sich die erforderliche Sachkunde und die notwendigen praktischen Fähigkeiten hierfür anzueignen, geht Absatz 1 Satz 1 davon aus, dass dies durch eine **geeignete Ausbildung** erfolgen soll, wobei der **unbestimmte Rechtsbegriff** der »Geeignetheit« hinsichtlich der Grundkenntnisse und Kernkompetenzen eine inhaltliche Konkretisierung durch Absatz 1 Satz 2 erfährt.

b) Regelmäßige Fortbildung

14 Zudem soll erworbenes Wissen rekapituliert und ggf. erfolgte Weiterentwicklungen im Blick behalten werden, weshalb es nach der Vorschrift des Absatz 1 Satz 1 auch **regelmäßiger Fortbildungen** bedarf. Anders als zur Geeig-

---

18 Vgl. zur konkreten Umsetzung, beispielsweise auch durch ein Informationsblatt und/oder Homepage und/oder mündliche Erläuterung die Kommentierung zu § 3 Abs. 5 MediationsG.
19 Begr. BT-Drucks. 17/5335, B. Zu Artikel 1, Zu § 5.
20 Vgl. hierzu Andere Verfahren, I. Rdn. 5 ff.
21 Vgl. hierzu Andere Verfahren, I. Rdn. 8 ff.
22 Die Anforderungen an Aus- und Fortbildungen gelten daher auch für den Güterichter nach § 278 Abs. 5 ZPO.

netheit der Ausbildung verhält sich das Gesetz zum Begriff der »Regelmäßigkeit« nicht. Da jedoch in der Gesetzesbegründung für den zertifizierten Mediator im Sinne des Absatz 2 eine zehnstündigen Fortbildung im Zeitraum von zwei Jahren für notwendig erachtet wird,[23] ist für den nicht qualifizierten Mediator im Lichte des Grundrechts aus Art. 12 Abs. 1 GG betrachtet von einer deutlich längeren Zeitspanne zwischen Ausbildung und Fortbildung bzw. Fortbildung und Fortbildung auszugehen, zudem auch von einer entsprechend reduzierten Stundenzahl.

c) Sinnhaftigkeit des Prinzips der Eigenverantwortung

Die Bedeutung der Regelung, statt detaillierter gesetzlicher Vorgaben die **konkrete Ausgestaltung** dem Mediator selbst **in eigener Verantwortung** zu überlassen,[24] erschließt sich bezüglich der Fortbildung insoweit, als es immer nur auf die jeweiligen konkreten Umstände hinsichtlich des einzelnen Mediators ankommen kann, um die Frage nach der »Regelmäßigkeit« beantworten zu können. Derjenige, der mehrfach im Jahr als Mediator tätig ist, wird u. U. weniger Fortbildung im klassischen Sinne zur Auffrischung seiner in der Ausbildung erworbenen Kenntnisse und Fertigkeiten benötigen als derjenige, der nur gelegentlich (oder gar nicht) und/oder nur in großen Zeitspannen als Mediator tätig ist. Während für den Erstgenannten u. U. Fall-Supervision angezeigt sind, um etwaige »handwerkliche« Fehler wie auch Einstellungen und Verhaltensweisen kritisch zu hinterfragen, wird der nur gelegentlich als Mediator Tätige eher in kürzeren Abständen sowohl seine theoretische Kenntnisse auffrischen wie auch seine praktischen Fähigkeiten schärfen müssen. 15

d) Aus- und Fortbildungsinhalte (Absatz 1 Satz 1, 2. HS)

aa) Theoretischen Kenntnisse

Theoretische Kenntnisse im hier interessierenden Zusammenhang umfassen zunächst die gesamte Bandbreite dessen, was in Absatz 1 Satz 2 Nr. 1 bis 5 angesprochen ist, ferner das Wissen um die notwendigen Inhalte persönlicher Kompetenzen (das umfasst beispielsweise das eigene Rollenverständnis sowie 16

---

23 Begr. BT-Drucks. 17/8058, III. Zu Artikel 1, Zu § 5.
24 S. hierzu die obigen Ausführungen zum Prinzip der Eigenverantwortung, Rdn. 9 ff.

die Fähigkeit zur Selbstkritik und Selbsterkenntnis) und um die Erforderlichkeit einer mediatorischen Haltung.[25]

bb) Praktische Erfahrungen

17 Praktische Erfahrungen lassen sich auf vielfältige Weise erwerben: Zunächst stellvertretend für die Wirklichkeit durch Übungen und Rollenspiele, zudem durch Hospitationen bei anderen Mediatoren, ferner im Rahmen von Co-Mediationen und schließlich durch die Inanspruchnahme von Supervisionen.[26]

cc) Wechselseitigkeit von Theorie und Praxis

18 **Theoretische Kenntnisse** und **praktische Erfahrungen** stehen in einem **wechselseitigen**, sich ergänzenden **Verhältnis:** So hilft beispielsweise die umfassende Kenntnis über Verhandlungs- und Kommunikationstechniken allein nicht weiter, um Konfliktbeteiligte bei der Lösung ihres Problems zu unterstützen, wenn es an der praktischen Erfahrung mangelt, mit diesem Wissen zu arbeiten und es effektiv und fallbezogen einzusetzen. Andererseits mag eine Person durchaus über praktische Erfahrungen im Umgang mit schwierigen Personen verfügen; fehlt es hingegen am notwendigen theoretischen Wissen, sei es beispielsweise über die Rolle des Rechts in der Mediation oder über die Bedeutung von Macht und Fairness, so wird auch bei dieser Konstellation eine die Parteien zufriedenstellende Lösung kaum erarbeitet werden können.

e) Bedeutung unterschiedlicher Herkunftsberufe

19 Bereits in der Begründung des Regierungsentwurfs wird im Zusammenhang mit den Anforderungen an die Ausbildung auf die **Bedeutung** unterschiedlicher **Quellberufe** von Mediatoren abgestellt, die es zu berücksichtigt gilt:[27] Mediatoren, die keinen **juristischen Berufshintergrund** aufweisen, sollten demnach für typische Sachverhaltskonstellationen sensibilisiert werden, bei denen Parteien ohne anwaltliche Beratung oder eigene rechtliche Vorkenntnisse unbewusst Rechtsverluste drohen können. Bei Grundberufen mit **seel-**

---

25 Vgl. Begr. BT-Drucks. 17/5335, B., Zu Artikel 1, Zu § 5.
26 Vgl. Begr. BT-Drucks. 17/5335, B., Zu Artikel 1, Zu § 5.
27 Vgl. Begr. BT-Drucks. 17/5335, B., Zu Artikel 1, Zu § 5.

sorgerischem oder sozialengagiertem Hintergrund** wird zudem darauf zu achten sein, stets die nötige Distanz zum Konflikt und den involvierten Parteien zu bewahren, während für Mediatoren mit juristischem Herkunftsberuf in der Mediationsausbildung ggf. der Erwerb wesentlicher Kommunikationstechniken und Konfliktkompetenzen ebenso von Bedeutung sein kann wie die Sensibilisierung für die Schwierigkeiten, die durch zu einseitige Orientierung an Parteiinteressen oder ein stark lösungsorientiertes Arbeiten entstehen können.

e) Zielsetzung der Aus- und Fortbildung (Absatz 1 Satz 1, letzter HS)

Die Zielsetzung einer an theoretischen Kenntnissen und praktischen Erfahrungen orientierten Aus- und Fortbildung sind im erfolgreichen Prozessverlauf zu sehen, der im Gesetz dahingehend beschrieben wird, die Parteien in **sachkundiger Weise** durch die Mediation zu **führen**. Damit wird an die Regelung des § 1 Abs. 2 MediationsG angeknüpft, in der der Mediator als unabhängige und neutrale Person ohne Entscheidungsbefugnis beschrieben wird, die »die Parteien durch die Mediation führt«. 20

aa) »Führen«

Mit dem Begriff des »**Führens**« soll klargestellt werden, dass der Mediator die **Verantwortung für den Prozess**, für das Gelingen des Verfahrens trägt. Da dieses von der Eigenverantwortlichkeit der Parteien geprägt ist, bedeutet »führen«, für eine gelingende Kommunikation zwischen den Beteiligten zu sorgen und diese zielgerichtet durch das Verfahren zu geleiten. Das beginnt bereits im **Vorfeld** in der sog. Vorphase und zieht sich hin bis zur abschließenden Vereinbarung der Parteien; je nach Konfliktkonstellation und/oder Wunsch der Parteien kann eine Bestandsaufnahme (oder fortführende Begleitung) in einer **sog. Nachphase** in Betracht kommen. Im Einzelnen bedeutet dies u. a. die Festlegung des Settings, die Vereinbarung und Beachtung von Verfahrensregeln, die Schaffung und Aufrechterhaltung einer konflikt- und parteiangemessenen Verhandlungsatmosphäre, die Kontrolle des Verfahrensabschlusses etc.[28] 21

Dass dies nur gelingen kann, wenn der Mediator gegenüber den Parteien eine **emphatische Grundhaltung** an den Tag legt, ist als ungeschriebenes 22

---

28 Begr. BT-Drucks. 17/5335, B., Zu Artikel 1, Zu § 1.

Tatbestandsmerkmal Konsens. Er muss mithin über die Bereitschaft und die Fähigkeit verfügen, sich in die Parteien, ihren Konflikt und ihre Einstellung einzufühlen, mithin für eine wohlwollende, akzeptierende Atmosphäre zu sorgen, die Verständnis und Einfühlsamkeit ausstrahlt und die die einzelnen Medianten mit ihren Unklarheiten, Widersprüchlichkeiten und subjektiven Wahrheiten annimmt.[29] Selbstwahrnehmung und –reflektion von Seiten des Mediators sind hierfür unabdingbare Voraussetzungen.[30]

bb) Führen »in sachkundiger Weise«

23 Da eine emphatische Grundhaltung allein keine Garantie für eine professionelle Mediation bietet, verlangt das Gesetz unter Anknüpfung an ein Merkmal des Art. 3 lit. b EUMed-RL zudem, dass die Parteien **in sachkundiger Weise** durch die Mediation geführt werden sollen. Die Sachkunde, über die der Mediator verfügen soll, um der Zielsetzung des Absatz 1 Satz 1 gerecht werden zu können, setzt einschlägige theoretische Kenntnisse und praktische Fähigkeiten voraus. Ob diese jeweils im Einzelfall ausreichen, um in sachkundiger Weise eine Mediation durchzuführen, lässt sich von Gesetzes wegen abstrakt nicht bestimmen. Festlegen lässt sich allein der Weg, den ein Mediator zu beschreiten hat, damit angenommen werden kann, dass er über die entsprechende Sachkunde verfügt, nämlich das Absolvieren einer geeigneten Ausbildung, die auf dieses Ziel hin ausgerichtet ist und die den Merkmalen des Absatz 1 Satz 2 Nr. 1 bis 5 gerecht wird.

4. Anforderungen an geeignete Ausbildung (Absatz 1 Satz 2)

24 Die in Absatz 1 Satz 2 aufgeführten Inhalte sind, wofür das Tatbestandsmerkmal »insbesondere« spricht, jedenfalls geeignet, dass die erforderliche Grundqualifikation erworben wird. Weitere Bereiche können, müssen aber nicht hinzukommen: Dies kann beispielsweise Kenntnisse auf besonderen Anwendungsfeldern wie der Familien- oder der Gemeinwesenmediation umfassen, aber auch vertiefendes Wissen über besondere Arbeitsformen wie

---

[29] *Thomann/Schulz von Thun*, Klärungshilfe, S. 73; *Rogers*, Die klientenzentrierte Gesprächspsychotherapie, S. 214.
[30] *Alexander/Ade/Olbrich*, Mediation, Schlichtung, Verhandlungsmanagement, S. 106 f.

Kurz-Zeit-Mediation[31] oder alternative Konfliktbeilegungsformen wie beispielsweise das kooperative Anwaltsverfahren.[32]

a) Kenntnisse über Grundlagen der Mediation sowie deren Ablauf und Rahmenbedingungen (Absatz 1 Satz 2 Nr. 1)

Grundlagen der Mediation umfassen jedenfalls die Prinzipien, den Verfahrensablauf und die Phasen der Mediation, ferner die Abgrenzung zu anderen Konfliktlösungsverfahren[33] und einen Überblick über die Anwendungsfelder, während **Ablauf und Rahmenbedingungen** die Merkmale der Vor- und Nachbereitung sowie etwaiger Dokumentationen betreffen, aber auch besondere Settings wie Einzelgespräche, Co-Mediation etc. 25

Im Übrigen gilt für Nummer 1 wie auch die folgenden Nummern 2 bis 5, dass grundsätzlich die vom Gesetzgeber in der Begründung zu § 6 MediationsG[34] jeweils aufgeführten Inhalte zur Interpretation herangezogen werden können, wobei es auf der Hand liegt, dass sich Intensität und Tiefe der in der Ausbildung behandelten Themen von den Anforderungen einer 120stündigen Ausbildung unterscheiden. 26

b) Verhandlungs- und Kommunikationstechniken (Absatz 1 Satz 2 Nr. 2)

Dieses Merkmal umfasst jedenfalls die Kenntnis über Verhandlungen nach dem Harvard-Konzept, aber auch über aktives Zuhören, Paraphrasieren, besondere Fragetechniken sowie über Grundtechniken zur Entwicklung, Bewertung und Darstellung von Lösungen.[35] 27

c) Konfliktkompetenz (Absatz 1 Satz 2 Nr. 3)

Hierzu zählt das Wissen über Konfliktfaktoren, -dynamiken, -analyse und -typen, ferner über Eskalationsstufen und Interventionstechniken.[36] 28

---

31 Vgl. hierzu die Darstellung unter Methodik, IV. Rdn. 3 ff.
32 Vgl. hierzu die Darstellung unter Andere Verfahren, III. Rdn. 1 ff.
33 Vgl. hierzu die Darstellung unter Andere Verfahren, I. Rdn. 1 ff.
34 BT-Drucks. 17/8058, III., Zu Artikel 1, Zu § 6 – neu –.
35 Umfassend hierzu *Schweizer*, Techniken der Mediation, S. 321 ff.; s. auch Methodik, II. Rdn. 54 ff.
36 Vgl. hierzu Methodik, I. Rdn. 86 ff.

d) Rechtliche Kenntnisse (Absatz 1 Satz 2 Nr. 4)

aa) Recht der Mediation

29 Hierunter fällt die Kenntnis der Vorschriften des Mediationsgesetzes und der dadurch bedingten rechtlichen Rahmenbedingungen wie beispielsweise Mediatoren- und Mediationsvertrag, Honorarregelung etc., aber auch berufsrechtliche Regelungen, die sich aus der Zusammenarbeit mit unterschiedlichen Grundberufen wie beispielsweise dem eines Rechtsanwalts oder Psychologen ergeben können.[37]

bb) Rolle des Rechts in der Mediation

30 Die Bedeutung des Rechts in der Mediation meint jedenfalls die Abgrenzung von rechtlich zulässiger Information zur unzulässigen Rechtsberatung nach dem RDG, Bedeutung und Mitwirkung bei Abschlussvereinbarungen etc.

e) Praktische Übungen, Rollenspiele, Supervision (Absatz 1 Satz 2 Nr. 5)

31 Zutreffend stellt das Gesetz in seinem Anforderungskatalog auf die Bedeutung der praktischer Übungen und Rollenspiele ab: Nur dadurch wird der angehende Mediator in die Lage versetzt, das theoretische Wissen fall- und konfliktbezogen anzuwenden. Unter Anleitung eines erfahrenen Trainers werden realitätsnah Mediationen geübt und anschließend analysiert.

32 Supervision, die in der Ausbildung gelehrt und vermittelt werden soll, versteht sich als berufsbegleitende Qualifizierung, durch die der Mediator in die Lage versetzt wird, seine Fähigkeiten zu optimieren, sei es in der Einzelsupervision, in der Gruppensupervison oder in der Peer-Gruppen-Supervision.[38]

---

[37] Vgl. umfassend *Köper*, Die Rolle des Rechts im Mediationsverfahren.
[38] Vgl. die Ausführungen zur mediationsanalogen Supervision unter Methodik, II. Rdn. 75 ff.

5. Zertifizierter Mediator (Absatz 2)

a) Rechtliche Anforderungen

Verbände,[39] Ausbildungsinstitute,[40] öffentlich rechtliche Körperschaften[41] etc. haben in der Vergangenheit denjenigen, die bei ihnen eine Ausbildung absolviert haben, häufig sog. Zertifikate als Nachweis einer besonders qualifizierten Ausbildung erteilt. Absatz 2 steht der Verwendung dieser Zertifikate insoweit entgegen, als hieraus nicht die Qualitätsbezeichnung »zertifizierter Mediator« abgeleitet und verwendet werden darf. 33

Als zertifizierter Mediator darf sich zukünftig nur derjenige bezeichnen, der eine Ausbildung zum Mediator abgeschlossen hat, die den Anforderungen einer **Rechtsverordnung nach § 6 MediationsG** entspricht. Da nach dem Willen des Gesetzgebers diese Rechtsverordnung erst im Jahr nach ihrem Erlass in Kraft treten soll,[42] ist die Verwendung der Qualitätsbezeichnung »zertifizierter Mediator« bis dahin blockiert.[43] Dies gilt nicht für die Verwendung universitärer Diplome und Titel[44] wie beispielsweise ein an der Europa-Universität Viadrina aufgrund eines Mediationsstudiums erworbene Titel »Master of Arts« (M.A.); diese dürfen immer geführt werden. 34

Wer ein ihm bereits verliehenes »Zertifikat« (weiterhin) verwenden will, muss dies so gestalten, dass eine Verwechselung mit dem nach Absatz 2 vorgesehenen »zertifizierten Mediator« ausgeschlossen ist.[45] Allerdings zieht auch insoweit ein Verstoß gegen die gesetzliche Regelung keine behördlichen, sondern nur haftungs- oder wettbewerbsrechtliche Konsequenzen nach sich. Das Gesetz sieht keine Zertifizierungsstelle vor, die dem Mediator die Qualitäts- 35

---

39 Vgl. beispielsweise Centrale für Mediation (www.centrale-fuer-mediation.de), BAFM, BM etc.
40 Vgl. beispielsweise Institut für Konfliktberatung und Mediation (www.ikom-frankfurt.de), Fortbildungs- und Service GmbH der Hessischen Rechtsanwaltschaft (www.fsg-hessen.de), Mediationswerkstatt Münster (www.mediationswerkstatt-muenster.de).
41 Vgl. beispielsweise IHKs sowie andere Kammern.
42 Begr. BT-Drucks. 17/8058, III., Zu Artikel 1, Zu § 6 – neu –.
43 *Greger*, ZKM 2012, 16.
44 Vgl. hierzu auch die Darstellungen bei *Haft/von Schlieffen*, Handbuch Mediation, 7. Kapitel Aus- und Weiterbildung.
45 Zu denken wäre an die Verwendung einer Klammerbezeichnung, beispielsweise »Mediator (BAFM)« oder »Mediator (Zertifizierung CfM)«.

§ 5 MediationsG Aus- und Fortbildung des Mediators

bezeichnung verleihen könnte; es regelt ausschließlich die Befugnis, wer die Bezeichnung führen darf. Von daher gibt es auch keine Stelle, die die Berechtigung des Führens dieser Bezeichnung überprüfen könnte.[46]

b) Rechtsverordnung nach § 6 MediationsG

36 Eine Rechtsverordnung nach § 6 MediationsG soll vor allem nähere Bestimmungen über die Ausbildung zum zertifizierten Mediator enthalten (§ 6 Satz 1 MediationsG) und Übergangsbestimmungen für Mediatoren, die bereits vor Inkrafttreten des Gesetzes als Mediatoren tätig waren (§ 6 Satz 2 Nr. 8 MediationsG). Zudem geht der Gesetzgeber davon aus, dass an die Qualifikation »zertifizierter Mediatoren« hohe Anforderungen zu stellen sind, die sich von dem Standard des Absatz 1, der von jedem Mediator erwartet werden kann, deutlich unterscheiden. Dies betrifft nicht nur Inhalte und Umfänge einer Aus- und Fortbildung, sondern in besonderem Maße auch Praxiserfahrung und einen Ausbildungsabschluss, der jedoch keine Abschlussprüfung sein darf, da es hierfür an einer gesetzlichen Ermächtigung mangelt.[47]

37 Ausbildungsinstitute, die zukünftig für die Ausbildung zum zertifizierten Mediator verantwortlich sein werden, sollen nach den Vorstellungen des Gesetzgebers ihrerseits zertifiziert werden;[48] diese Zertifizierung sollte einer öffentlich-rechtlichen oder beliehenen Institution übertragen werden.[49] Auch sollen die Anforderungen an die in den Aus- und Fortbildungseinrichtungen eingesetzten Lehrkräfte festgesetzt werden (§ 6 Satz 2 Nr. 5 MediationsG).

38 Eine im Ausland durchgeführte Ausbildung berechtigt zur Führung der Bezeichnung »zertifizierter Mediator«, wenn die Ausbildung den Anforderungen der Rechtsverordnung nach § 6 MediationsG entspricht; dies gilt auch für die Anforderungen, die an eine Fortbildung zu stellen sind.[50]

---

46 Vgl. Kommentierung zu § 6 MediationsG, Rdn. 35.
47 Vgl. Kommentierung zu § 6 MediationsG, Rdn. 8.
48 Vgl. § 6 Satz 1 MediationsG.
49 Vgl. die Kommentierung zu § 6 MediationsG, Rdn. 40, ferner *Greger* ZKM 2012, 16 ff. (17), der zutreffend auf die Anforderungen der Dienstleistungsrichtlinie verweist (vgl. Art. 26 Abs. 1 lit. a der Richtlinie 2006/123/EG des Europäischen Parlaments und des Rates über Dienstleistungen im Binnenmarkt v. 12. 12. 2006, ABl. 2006 L 376, S. 36).
50 Begr. BT-Drucks. 17/8058, III., Zu Artikel 1, Zu § 5.

6. Fortbildungsverpflichtung des zertifizierten Mediators (Absatz 3)

Während der nicht zertifizierte Mediator in eigener Verantwortung für eine 39
regelmäßige Fortbildung zu sorgen hat, muss sich der zertifizierte Mediator
entsprechend den Anforderungen der Rechtsverordnung nach § 6 MediationsG fortbilden. Damit soll der Qualitätsstandard, den der Gesetzgeber für
die Bezeichnung »zertifizierter Mediator« verlangt, auch für die Zukunft sichergestellt werden.[51]

Allerdings fehlt es auch in diesem Zusammenhang an einer Regelung für die- 40
jenigen, die den Anforderungen an eine Fortbildung nicht genügen: Da dem
Mediator kein Zertifikat nach § 6 Abs. 2 MediationsG verliehen wird, kann
es ihm bei Nichterfüllung der Fortbildungsanforderungen weder entzogen
noch (bei nachträglicher Erfüllung) wiederum erteilt werden (sog. Rezertifizierung).[52]

§ 6 Verordnungsermächtigung

Das Bundesministerium der Justiz wird ermächtigt, durch Rechtsverordnung ohne Zustimmung des Bundesrates nähere Bestimmungen über die Ausbildung zum zertifizierten Mediator und über die Fortbildung des zertifizierten Mediators sowie Anforderungen an Aus- und Fortbildungseinrichtungen zu erlassen. In der Rechtsverordnung nach Satz 1 können insbesondere festgelegt werden:
1. **nähere Bestimmungen über die Inhalte der Ausbildung, wobei eine Ausbildung zum zertifizierten Mediator die in § 5 Absatz 1 Satz 2 aufgeführten Ausbildungsinhalte zu vermitteln hat, und über die erforderliche Praxiserfahrung;**
2. **nähere Bestimmungen über die Inhalte der Fortbildung;**

---

[51] Der Gesetzgeber legt, wie sich aus der Begründung ergibt (BT-Drucks. 17/8058, III., Zu Artikel 1, Zu § 5), großen Wert auf praktische Erfahrungen und spricht davon, dass »*nach Abschluss der Ausbildung innerhalb von zwei Jahren praktische Erfahrungen in mindestens vier Fällen zu erwerben und zu dokumentieren sind und anschließend alle zwei Jahre eine Fortbildung von mindestens 10 Stunden zu absolvieren ist*«. Kritisch hierzu *Wagner* ZKM 2012, 110 ff. (114).
[52] Umfassend hierzu, auch mit (im Hinblick auf den Gesetzesvorbehalt sehr weitgehenden) Lösungsvorschlägen wie »Abmahnungen durch die Ausbildungseinrichtungen«: *Greger* ZKM 2012, 16 ff. (18).

3. Mindeststundenzahlen für die Aus- und Fortbildung;
4. zeitliche Abstände, in denen eine Fortbildung zu erfolgen hat;
5. Anforderungen an die in den Aus- und Fortbildungseinrichtungen eingesetzten Lehrkräfte;
6. Bestimmungen darüber, dass und in welcher Weise eine Aus- und Fortbildungseinrichtung die Teilnahme an einer Aus- und Fortbildungsveranstaltung zu zertifizieren hat;
7. Regelungen über den Abschluss der Ausbildung;
8. Übergangsbestimmungen für Personen, die bereits vor Inkrafttreten dieses Gesetzes als Mediatoren tätig sind.

Übersicht

	Rdn.		Rdn.
I. Regelungsgegenstand und Zweck	1	c) Mindeststundenzahl (Satz 2 Nr. 3)	23
1. Systematischer Zusammenhang	1	aa) Ausbildung	23
2. Europäische Mediationsrichtlinie	4	bb) Fortbildung	26
II. Grundsätze/Einzelheiten	5	d) Zeitliche Abstände für Fortbildungsmaßnahmen (Satz 2 Nr. 4)	29
1. Ermächtigungsnormen	5	e) Anforderungen an Lehrkräfte (Satz 2 Nr. 5)	30
a) Ermächtigungsadressat (Satz 1)	6	f) Zertifizierung durch Aus- und Fortbildungseinrichtung (Satz 2 Nr. 6)	31
b) Bestimmung von Inhalt, Zweck und Ausmaß	7	g) Abschluss der Ausbildung (Satz 2 Nr. 7)	32
c) Entbehrlichkeit einer Zustimmung	10	h) Übergangsbestimmung für bereits tätige Mediatoren (Satz 2 Nr. 8)	33
2. Regelungsbereiche, abstrakt	12	4. Gesetzgeberische Erwartungen an ein Ausbildungscurriculum	36
3. Konkretisierung der Ermächtigung (Satz 2)	16	5. Vorgesehenes Inkrafttreten	39
a) Inhalte der Ausbildung (Satz 2 Nr. 1)	17		
b) Inhalte der Fortbildung (Satz 2 Nr. 2)	21		

I. Regelungsgegenstand und Zweck

1. Systematischer Zusammenhang

1 Nachdem der Gesetzgeber in Ergänzung des Entwurf der Bundesregierung nunmehr den »zertifizierten Mediator gem. § 5 Abs. 2 MediationsG« als

Qualitätsmerkmal (sog. Gütesiegelmodell)[1] in das Gesetz eingeführt hat, hat er davon Abstand genommen, die Inhalte der Aus- und Fortbildung sowie die Anforderungen an Aus- und Fortbildungseinrichtungen unmittelbar durch (Bundes-) Gesetz selbst zu regeln, sondern den Weg über eine **Verordnungsermächtigung** gewählt (vgl. **Art. 80 GG**). Das erscheint aus vielerlei Gründen sachgerecht und betrifft die Komplexität der Materie einerseits und den vielfältigen Wandel und die Weiterentwicklung, dem die konsensuale Streitschlichtung und insbesondere die Mediation unterliegen, andererseits. Für den Bereich der Ausbildung findet sich in der Gesetzesbegründung bereits einen nahezu ausformulierten Verordnungsentwurf;[2] der Gesetzgeber verdeutlicht damit, inwieweit er die Ausbildung jedenfalls geregelt sehen will.[3]

Auf den Erlass einer Verordnungsermächtigung im Hinblick auf Mindeststandards hatte bereits der Bundesrat in seiner Stellungnahme zum Gesetzentwurf der Bundesregierung gedrängt;[4] diese hatte dann in ihrer Gegenäußerung eine weiter Prüfung im Gesetzgebungsverfahren unter Einbeziehung der maßgeblichen Mediations- und Berufsverbände zugesagt.[5]   2

Nach Auffassung des Bundesrates ist damit eine wesentliche Förderung der Mediation verbunden. Denn die als unbefriedigend zu bezeichnende Entwicklung der Mediation sei auf einen Mangel an **Markttransparenz** zurückzuführen. Sowohl mediationswilligen Verbrauchern als auch professionellen Nachfragern wie beispielsweise Versicherungen mangele es an einem »Marktüberblick zu Angebot, Herkunftsberuf, Schwerpunkten und Kosten sowie allgemein und bezogen auf den konkreten Streitfall zur Geeignetheit konkreter Mediatorinnen und Mediatoren«.[6]   3

2. Europäische Mediationsrichtlinie

Mit der Verordnungsermächtigung greift der Gesetzgeber den **Erwägungsgrund Nr. 16** der EUMed-RL sowie **Art. 4 EUMed-RL** auf. Danach sollen die Mitgliedstaaten mit allen ihnen geeignet erscheinenden Mitteln wirksame   4

---

1 *Wagner* ZKM 2012, 110 ff. (114).
2 BT-Drucks. 17/8058, III., Zu Artikel 1, zu § 6 – neu –.
3 *Göcken* NJW-aktuell, 52/2011, 16.
4 Vgl. BT-Drucks. 17/5335, Anl. 3, Zu Artikel 1 (§ 5 MediationsG).
5 BT-Drucks. 17/5496, Zu Nummer 6 und 7.
6 Vgl. BT-Drucks. 17/5335, Anl. 3, Zu Artikel 1 (§ 5 MediationsG).

§ 6 MediationsG   Verordnungsermächtigung

Verfahren zur Qualitätskontrolle für die Erbringung von Mediationsdiensten fördern, ferner die Aus- und Fortbildung von Mediatoren, um sicherzustellen, dass die Mediation für die Parteien wirksam, unparteiisch und sachkundig durchgeführt wird.

II. Grundsätze/Einzelheiten

1. Ermächtigungsnormen

5   § 6 MediationsG i.V.m. § 5 Abs. 2 MediationsG stellen die Ermächtigungsnormen dar, deren es nach Art. 80 Abs. 1 GG bedarf, wenn rechtsetzende Gewalt auf die Exekutive übertragen werden soll.

a) Ermächtigungsadressat (Satz 1)

6   Als Ermächtigungsadressat im Sinne von Art. 80 Abs. 1 Satz 1 GG hat der Gesetzgeber das **Bundesministerium der Justiz** bestimmt und sich damit im Rahmen seiner Ermächtigungsmöglichkeiten gehalten: Ein Bundesminister wird als möglicher Delegatar in der Verfassung benannt; die geschlechterneutrale Bezeichnung »Bundesministerium« ist unschädlich.

b) Bestimmung von Inhalt, Zweck und Ausmaß

7   § 6 MediationsG ist zudem an den Anforderungen zu messen, die nach dem Konkretisierungsgebot des Art. 80 Abs. 1 Satz 2 GG zu beachten sind: **Inhalt, Zweck und Ausmaß** der erteilten Ermächtigung müssen im Gesetz selbst bestimmt sein. Daran würde es fehlen, wenn die Ermächtigung so unbestimmt wäre, dass nicht mehr vorausgesehen werden kann, in welchen Fällen und mit welcher Tendenz von ihr Gebrauch gemacht werden wird und welchen Inhalt die auf Grund der Ermächtigung erlassene Verordnung haben könnte.[7]

8   Indem der Gesetzgeber in § 6 Satz 1 MediationsG ausführt, welche Fragen durch die Verordnung geregelt werden sollen, nämlich
 – Aus- und Fortbildung des zertifizierten Mediators und
 – Anforderungen an Aus- und Fortbildungseinrichtungen,
 – jeweils konkretisiert durch § 6 Satz 2 Nr. 1 bis 7 MediationsG,

---

7 BVerfGE 1, 14 (60), 58, 257 (277).

– ferner eine Übergangsbestimmung für bereits tätige Mediatoren (vgl. § 6 Satz 2 Nr. 8 MediationsG),

genügt er nicht nur den Anforderungen an die inhaltliche Bestimmung (»theoretische und praktische Ausbildungsinhalte«), sondern setzt zugleich die Grenzen hierfür fest (»kein Prüfungsverfahren,[8] keine behördliche Vollzugs- und oder Sanktionsregelungen«) und macht das Ziel deutlich, das er damit erreichen will (»Qualitätssicherung und Markttransparenz«).

Es kommt hinzu, dass nach der Rechtsprechung des Bundesverfassungsgerichts[9] Inhalt, Zweck und Ausmaß der Ermächtigung nicht ausdrücklich im Gesetzestext bestimmt sein müssen, wenn denn nach den herkömmlichen Interpretationsgrundsätzen, wozu auch die Entstehungsgeschichte und Gesetzesbegründung zählt, sich das Konkretisierungsgebot erschließen lässt: Da die Gesetzesbegründung zum Regelungsbereich detaillierte Ausführungen enthält,[10] kann vorliegend am gesetzgeberischen Wollen kein Zweifel bestehen.

c) Entbehrlichkeit einer Zustimmung

Die vom Bundesministerium der Justiz zu erlassende Verordnung kann **ohne die Zustimmung des Bundesrates** ergehen. Einer Zustimmung hätte es nur bedurft, wenn einer der in Art. 80 Abs. 2 GG benannten Regelungsbereiche betroffen gewesen wäre oder das Mediationsförderungsgesetz der Zustimmung des Bundesrates bedurft hätte. Da es sich um Einspruchsgesetz handelt, kann der zuständige Minister eine entsprechende Verordnung alleine erlassen.

Wenn von der Ermächtigung Gebrauch gemacht wird, dann muss sich die Verordnung in dem durch §§ 6, 5 Abs. 2 MediationsG vorgegebenen Rahmen halten und gem. Art. 80 Abs. 1 Satz 3 GG ihre Rechtsgrundlage zu benennen.

---

8 A.A. wohl *Greger* ZKM 2012, 16 ff. (18). Keine Prüfungen im herkömmlichen Sinne wie beispielsweise Universitäts- oder Staatsprüfungen stellen Nachweise über Praxiserfahrungen durch Falldokumentationen oder durch Fallsupervisionen dar.
9 BVerfGE 19, 354 (362); 24, 1 (15); 38, 348 (358).
10 Begr. BT-Drucks. 17/8058, III. Zu Artikel 1, Zu § 6 – neu –.

2. Regelungsbereiche, abstrakt

12 Die Ermächtigungsnorm des § 6 MediationsG benennt in Satz 1 und in Satz 2 Nr. 8 zunächst abstrakt die **vier Regelungsbereiche**, die im Zusammenhang mit dem Qualitätsmerkmal »zertifizierter Mediator« (§ 5 Abs. 2 MediationsG) durch eine Verordnung konkretisiert werden sollen:
– Bestimmungen über die Ausbildung,
– Bestimmungen über die Fortbildung,
– Anforderungen an Aus- und Fortbildungseinrichtungen,
– Übergangsbestimmungen für bislang schon tätige Mediatoren.

Für die drei ersten Bereiche finden sich sodann Satz 2 weitere Konkretisierungen, für alle vier Bereiche zudem in der Gesetzesbegründung.[11]

13 Detaillierte Regelungen des Berufsbildes des zertifizierten Mediators mit einheitlichen Aus- und Fortbildungsstandards, wie sie durch den Verordnungsgeber geschaffen werden sollen, stellen **Beschränkungen der Berufsfreiheit** im Sinne der Rechtsprechung des Bundesverfassungsgerichts zu Art. 12 Abs. 1 GG dar und sind nur zulässig, soweit sie zum Schutz besonders wichtiger Gemeinschaftsgüter zwingend erforderlich sind.[12] Als Ausprägung des Verhältnismäßigkeitsgrundsatzes ist mithin eine sorgfältige Prüfung angezeigt, ob dem Schutz der Gemeinschaftsgüter Vorrang vor dem Freiheitsanspruch des Einzelnen einzuräumen ist und ob dieser Schutz nicht mit weniger belastenden bzw. einschneidenden Mitteln gesichert werden kann. Dabei ist stets die Regelungsmöglichkeit zu wählen, die den geringsten Eingriff in die Freiheit der Berufswahl nach sich zieht.

14 Die Regelungen, die der Gesetzgeber durch die Verordnungsermächtigung vorgesehen hat, stellen **subjektive Zulassungsvoraussetzungen** für das Berufsbild des »zertifizierten Mediators gem. § 5 Abs. 2 MediationsG« dar, weil sie die Aufnahme der beruflichen Tätigkeit von persönlichen Fähigkeiten und Fertigkeiten abhängig macht.[13] Gleiches gilt, soweit es um die Anforderungen für Aus- und Fortbildungseinrichtungen sowie die eingesetzten Lehrkräfte geht.

---

11 Begr. BT-Drucks. 17/8058, III. Zu Artikel 1, Zu § 6 – neu –.
12 Grundlegend BVerfGE 7, 406 ff. (Apothekenurteil).
13 *Fritz*, Berufsbild des Mediators und Ausbildungsvoraussetzungen, S. 37 ff. (139); *Greger* ZKM 2011, 86.

Als **besonders wichtiges Gemeinschaftsgut** ist vorliegend der Schutz der Verbraucher zu sehen: Sie sollen darauf vertrauen dürfen, dass ein zertifizierter Mediator über die theoretischen und praktischen Kenntnisse und Fertigkeiten verfügt, um dem ihm angetragenen Konflikt angemessen, qualifiziert und unter Beachtung der rechtlichen und fachspezifischen Implikationen bearbeiten zu können. Der Verordnungsgeber ist daher gehalten, bei der Umsetzung der in Satz 2 Nr. 1 bis 8 genannten Regelungsbereiche darauf zu achten, ob seine beschränkenden Vorschriften im Sinne des Verbraucherschutzes **geeignet, erforderlich und angemessen** sind. Dabei spielt es vorliegend keine Rolle, dass der Gesetzgeber in § 5 MediationsG von einem zweistufigen Regelungsmodell[14] ausgegangen ist. Im umkämpften Markt der alternativen Streitschlichtung kommt dem Zertifizierungsmodell des Gesetzgebers bereits aus wirtschaftlichen Erwägungen eine besondere Bedeutung zu, weshalb eine Verweisung auf die Tätigkeit als »nicht-zertifizierter« Mediator keine Rechtfertigung für unverhältnismäßige Beschränkungen darstellen würde.

3. Konkretisierung der Ermächtigung (Satz 2)

Aus § 6 Satz MediationsG folgt, dass in der Rechtsverordnung insbesondere die in Satz 2 Nr. 1 bis 8 genannten Inhalte festgelegt werden können. Aus den Tatbestandsmerkmalen »insbesondere« und »können« ergibt sich, dass es dem Verordnungsgeber überlassen bleiben soll, ob er sich auf die benannten Bereiche beschränken oder ob er weitere Regelungen hinzufügen will.[15] Eine Nichtregelung einer der in Satz 2 aufgeführten Punkte dürfte im Hinblick auf das gesetzgeberische Ziel der Einführung des Qualitätsmerkmals »zertifizierter Mediator« wohl nicht in Betracht kommen, wenngleich der Verordnungsgeber letztlich nicht gezwungen werden kann, überhaupt eine Verordnung zu erlassen.

a) Inhalte der Ausbildung (Satz 2 Nr. 1)

Eine Ausbildung zum zertifizierten Mediator muss die **Inhalte** umfassen, die in § 5 Abs. 1 Satz 2 Nr. 1 bis 5 MediationsG aufgeführt sind:
– Kenntnisse über Grundlagen der Mediation sowie deren Ablauf und Rahmenbedingungen,

---

14 *Göcken* NJW-aktuell 52/2011, 16.
15 Eine abgeschlossene Berufsausbildung oder gar ein Hochschulstudium als Eingangsvoraussetzung zu fordern wäre durch die Ermächtigungsnorm nicht gedeckt.

§ 6 MediationsG Verordnungsermächtigung

- Verhandlungs- und Kommunikationstechniken,
- Konfliktkompetenz,
- Kenntnisse über das Recht der Mediation sowie über die Rolle des Rechts in der Mediation,
- praktische Übungen, Rollenspiele und Supervision.

18   Zudem muss im Rahmen der Ausbildung **Praxiserfahrung** gesammelt werden (vgl. Satz 2 Nr. 1 letzter Halbsatz). Herkömmlich geschieht dies dadurch, dass nach erfolgter Ausbildung die Mediatoren innerhalb eines bestimmten Zeitraums (beispielsweise eines Jahres) die Durchführung einer gewissen Zahl von Mediationen (in der Regel vier) als Mediator oder Co-Mediator dokumentieren müssen. Es spricht nichts dagegen, dies auch in einer Ausbildungsverordnung entsprechend festzulegen, die auch Regelungen über Art und Umfang von Dokumentationen und/oder Fallsupervisionen enthalten kann.

19   Welchen Inhalt eine Ausbildungsverordnung im Einzelnen haben könnte, hat der Gesetzgeber in der **Gesetzesbegründung bis ins Detail** dargestellt.[16] Möglicherweise wird sich herausstellen, dass ein derartiges Curriculum bereits zu detailliert beschrieben ist, andererseits aber Spezialisierungen in bestimmten Bereichen (Wirtschaftsrecht, Familienrecht, Gemeinwesenmediation etc.) nicht hinreichend in den Blick nimmt.

20   Spezialisierungen und Qualifizierungen hingegen von weiteren kostenintensiven Ausbildungsstunden abhängig zu machen, würde zwar für die Ausbildungsinstitute lukrativ sein, kaum aber den Maßstäben genügen, die nach Art. 12 Abs. 1 GG an berufsfreiheitsbeschränkende Regelungen in diesem Bereich zu stellen sind.[17]

b) Inhalte der Fortbildung (Satz 2 Nr. 2)

21   Fortbildungsverpflichtungen sind einer Vielzahl von Berufen nicht unbekannt und finden sich bei Ärzten, Psychologen, Rechtsanwälten etc. Der Gesetzgeber hat sich aus Gründen der Qualitätssicherung dazu entschieden, dies auch für zertifizierte Mediatoren zu verlangen. Gerade im Bereich der alternativen Konfliktlösungsmethoden, der nicht als statisch, sondern als ausge-

---

16   Vgl. hierzu die Ausführungen unter Rdn. 36 ff.
17   Vgl. mit weiteren Nachweisen: *Fritz*, Berufsbild des Mediators und Ausbildungsvoraussetzungen, S. 137 Fn. 4, 139.

sprochen innovativ zu bezeichnen ist, ist dies grundsätzlich als sinnvolle Maßnahme zu erachten, auch im Hinblick auf Art. 12 Abs. 1 GG.

Hierfür kommen in Betracht 22
- zunächst alle Bereiche, die Gegenstand der Ausbildung sind und in § 5 Satz 2 Nr. 1 bis 5 MediationsG beschrieben werden,
- ferner bestimmte Mediationsfelder (z. B. Familienmediation, Wirtschaftsmediation, Gemeinwesenmediation etc.[18]),
- zudem andere Verfahren der alternativen Konfliktbeilegung (z. B. kooperatives Anwaltsverfahren, Adjudikation etc.[19]),
- wie auch bestimmte Methoden und Techniken (z. B. Kurz-Zeit-Mediation, Co-Mediation etc.[20]).

c) Mindeststundenzahl (Satz 2 Nr. 3)

aa) Ausbildung

Die Frage, wie viele Stunden für eine qualifizierte Ausbildung zum Mediator 23 erforderlich sind, wird schon seit Jahren im Schrifttum höchst kontrovers diskutiert. Die Beispiele und Erfahrungen in den USA machen deutlich, dass das starre Erfordernis einer **Mindeststundenzahl** für eine erfolgreiche Mediatorentätigkeit eine Chimäre ist.[21]

Der Gesetzgeber geht in der Gesetzesbegründung nunmehr davon aus, dass 24 »die Ausbildung zu einem zertifizierten Mediator nach gegenwärtigem Erkenntnisstand« eine »Mindeststundenzahl von **120 Stunden**« vorsehen sollte. Der Begriff der Mindeststundenzahl von 120 Stunden taucht sodann im Zusammenhang mit einer Übergangsregelung für bereits praktizierende Mediatoren wiederum auf.

In Anbetracht der erfolgreichen Lobbyarbeit der Mediationsverbände und 25 Ausbildungsinstitute im Gesetzgebungsprozess ist kaum damit zu rechnen, dass der Verordnungsgeber weniger als 120 Stunden festschreiben wird. Die generelle Festsetzung einer Mindeststundenzahl in dieser Höhe verkennt je-

---

18 S. hierzu die Darstellungen unter Methodik, V. Rdn. 1 ff., jeweils m.w.N.
19 S. hierzu die Darstellungen unter Andere Verfahren III. Rdn. 1 ff. und Andere Verfahren, IV. Rdn. 1 ff.
20 *Fritz/Krabbe*, NJW 2011,3204; *Krabbe/Fritz*, ZKM 2010, 136 ff., 176 ff., sowie die Darstellungen unter Methodik, IV. Rdn. 3 ff., 19 ff., jeweils m.w.N.
21 Vgl. hierzu schon *Duve* IDR-Beilage 7, S. 9 zu BB 2002, Heft 46 m.w.N.

doch, dass bestimmte Berufsgruppen wie Psychologen, Kommunikationswissenschaftler, Juristen etc. bereits wertvolles Wissen vorzuweisen haben, das zumindest anrechenbar sein sollte. Mit guten Gründen hatte daher in der Vergangenheit die BRAK für Rechtsanwälte eine Ausbildung von 90 Stunden als ausreichend erachtet. Jedenfalls dürfte der Verordnungsgeber im Hinblick auf Art. 12 Abs. 1 GG nicht gehindert sein, auf die Mindeststundenzahl ein abgeschlossenes Hochschulstudium in den oben genannten Fächern oder eine vergleichbare Ausbildung beispielsweise als Coach oder Kommunikationstrainer in angemessenem Umfang anzurechnen. Keine Regelung findet sich im Gesetz zur Frage etwaiger Konsequenzen bei unzulässigem Gebrauch der Bezeichnung »zertifizierter Mediator«; Verwaltungs- und/oder Strafsanktionen kommen nicht in Betracht, allenfalls privatrechtliche Folgen wie Abmahnungen oder Kündigung von Mediatorenverträgen.[22]

bb) Fortbildung

26 Eine **regelmäßige Fortbildung** ist zweifellos sinnvoll, um erlerntes Wissen zu erweitern und erworbene Fähigkeiten zu überprüfen und fortzuentwickeln. Dies kann auf vielfältige Weise geschehen, im Eigen- wie im Fernstudium, durch Fortbildungsmaßnahmen bei einem Fortbildungsinstitut, aber auch im Rahmen eines Arbeitskreises oder eines Netzwerkes. Im Hinblick auf die Bedeutung der praktischen Aspekte der Mediation wird gerade der Austausch mit anderen Mediatoren über konkrete Fälle etc. für alle Beteiligten von hohem Nutzen sein. Wenn allerdings Inhalt und Umfang von Fortbildung durch Verordnung vorgegeben werden und zugleich Kosten nach sich ziehen, dann stellt sich die Frage nach der **Verhältnismäßigkeit** einer derartigen Regelung.

27 Dem Gesetzgeber schwebt eine **Mindeststundenzahl** für Fortbildungsmaßnahmen von **zehn Stunden** innerhalb eines Zeitraums von zwei Jahren vor.[23] Das erscheint im Lichte der Berufsfreiheit des Art. 12 Abs. 1 GG betrachtet nicht unbedenklich. Denn bedeutungsvoller als zeitlich enge Fortbildungsmaßnahmen sind Erfahrungen in der praktischen Ausübung der Tätigkeit als Mediator, deren Mangel sich durch häufige, in aller Regel theoretische Fortbildungsmaßnahmen letztlich auch nicht kompensieren lassen.

---

22 Vgl. hierzu *Greger* ZKM 2012, 16 ff. (17); *Göcken* NJW-aktuell 52/2011, 16.
23 Begr. BT-Drucks. 17/8085, III. Zu Artikel 1, Zu § 5.

Wenn der Gesetzgeber, wie in der Begründung deutlich wird, eine zehnstündige Fortbildungsmaßnahme favorisiert, die sich beispielsweise aus zwei Fortbildungseinheiten zu je fünf Stunden zusammensetzen kann, dann ist dies im Hinblick auf die oben[24] beschriebenen möglichen Inhalte aus didaktischen Gründen zweifellos sinnvoll. Ob der hierfür angedachte **Zweijahresrhythmus** dem Verhältnismäßigkeitsgrundsatz genügt, erscheint – nicht zuletzt aus finanziellen Erwägungen – fraglich. Ebenfalls nicht geregelt sind Sanktionen bei Nichterfüllung der Fortbildungspflicht: Im Schrifttum wird die Auffassung vertreten, dass damit die Berechtigung entfalle, sich »zertifizierter Mediator gem. § 5 Abs. 2 MediationsG« zu nennen.[25]   28

d) Zeitliche Abstände für Fortbildungsmaßnahmen (Satz 2 Nr. 4)

Für Fortbildungsmaßnahmen, die einen Gesamtumfang von zehn Stunden umfassen, dürfte – im Lichte der Rechtsprechung des Bundesverfassungsgerichts zur Berufsfreiheit betrachtet – ein **dreijähriger Rhythmus** als zeitlicher Abstand angemessen und verhältnismäßig sein.   29

e) Anforderungen an Lehrkräfte (Satz 2 Nr. 5)

Die Ausführungen zur Berufsfreiheit gelten auch insoweit, als durch die Verordnung die Anforderungen an Lehrkräfte geregelt werden. Umfängliche Praxiserfahrung in alternativer Streitbeilegung, insbesondere in Mediationsverfahren, werden für Lehrkräfte grundsätzlich verlangt werden können, u. U. zudem Erfahrung in der Lehrtätigkeit. Es ist allerdings zu beachten, dass auch und gerade die alternative Streitbeilegung vom (internationalen) **Wissenstransfer** lebt. Die Einbeziehung von (ausländischen) Trainern oder Praktikern sollte jedenfalls durch restriktive Regelungen in diesem Bereich nicht unmöglich gemacht werden. Soweit staatliche Hochschulen in diesem Bereich aktiv sind, werden ohnehin andere Anforderungen an die Lehre zu stellen sein als dies bei privaten Instituten der Fall sein wird. Von daher könnte es als ausreichend erachtet werden, wenn die Lehrkräfte eines privaten Instituts unter der Anleitung **eines** zertifizierten Ausbilders tätig werden.   30

---

24 Vgl. Rdn. 21 ff.
25 *Greger* ZKM 2012, 16 ff. (18). Unklar bliebe bei dieser Vorgehensweise auch, ob und wie die Berechtigung wieder erlangt werden könnte.

f) Zertifizierung durch Aus- und Fortbildungseinrichtung (Satz 2 Nr. 6)

31 In diesem Zusammenhang ist an einen für alle Aus- und Fortbildungseinrichtungen **einheitliche Zertifizierungsnachweis** zu denken, der neben der Bezeichnung des Ausbildungsinstituts den Namen des Absolventen, der in der Aus- oder Fortbildung eingesetzten Lehrkräfte sowie die Anzahl der Stunden und der vermittelten Inhalte enthält. Im Übrigen ist Satz 2 Nr. 6 im Zusammenhang mit Satz 1 zu sehen, wonach der Verordnungsgeber Regelungen über die an Aus- und Fortbildungseinrichtungen zu stellenden Anforderungen erlassen kann. Das bedeutet, dass die Ausbildungseinrichtung ihrerseits zertifiziert sein muss, um sodann bezüglich der von ihr vermittelten Ausbildungsinhalte Zertifikate verleihen zu können.

g) Abschluss der Ausbildung (Satz 2 Nr. 7)

32 Was der Gesetzgeber unter »Regelungen über den Abschluss der Ausbildung« versteht, erschließt sich nicht ohne Weiteres; auch die Gesetzesbegründung verhält sich hierzu nicht. Eine Prüfung kann im Hinblick auf die Anforderungen nach Art. 80 Abs. 1 GG jedenfalls nicht gemeint sein;[26] dies hätte der Gesetzgeber klar zum Ausdruck bringen müssen. Denkbar sind jedoch Vorschriften über Praxisnachweise oder darüber, wie im Falle versäumter Ausbildungsinhalte vorzugehen ist.

h) Übergangsbestimmung für bereits tätige Mediatoren (Satz 2 Nr. 8)

33 Dass bereits seit langem tätige Mediatoren, u. U. noch dazu in der Aus- und Fortbildung aktiv, nicht ohne Weiteres dem Regime einer noch zu erlassenden Ausbildungsverordnung unterworfen werden können, war auch dem Gesetzgeber bewusst. In der Gesetzesbegründung hierzu heißt es:

34 *»Ein Mediator, der bereits vor Inkrafttreten der Rechtsverordnung eine Ausbildung im Inland oder im Ausland absolviert hat, die den Anforderungen oder Mindeststundenzahl von 120 Stunden nach der Rechtsverordnung entspricht, darf sich mit Inkrafttreten der Rechtsverordnung als zertifizierter Mediator bezeichnen. Soweit die bereits absolvierte Ausbildung nicht alle nach der Rechtsverordnung erforderlichen Ausbildungsinhalte oder weniger als 120 Stunden umfasst, genügt eine Nachschulung zu den noch fehlenden Ausbildungsinhalten.*

---

26 A.A. wohl *Greger* ZKM 2012, 16 ff. (18).

In einer Übergangsregelung soll für die Mediatoren, die vor dem Inkrafttreten des Gesetzes eine Ausbildung von weniger als 120 Stunden absolviert haben, vorgesehen werden, dass bei Einhaltung einer Mindeststundenzahl von 90 Stunden die fehlenden Ausbildungsinhalte durch praktische Erfahrungen als Mediator oder durch Fortbildungen ausgeglichen werden können. Die Mindeststundenzahl von 90 Stunden entspricht der bisherigen durchschnittlichen Mindestausbildungsdauer und gewährleistet, dass der Mediator zumindest die in § 5 Absatz 1 festgelegten Kenntnisse und Kompetenzen hat.«[27]

Der Gesetzgeber hält es danach für angezeigt, dass diejenigen Mediatoren, die die Voraussetzungen der zu erlassenden Rechtsverordnung erfüllen, sich als zertifizierter Mediator bezeichnen können. Ob dies ohne eine Verifizierung sinnvoll ist, darf bezweifelt werden.[28] Von daher stellt sich die Frage, ob nicht eine **Institution zur Überprüfung** der Voraussetzungen zuständig sein sollte, und zwar sowohl für diejenigen, die Voraussetzungen der zu erlassenden Ausbildungsverordnung erfüllen wie für die, die noch einer Nachschulung bedürfen oder deren fehlende Stunden durch Praxisnachweis kompensiert werden sollen. In Betracht hierfür kommt eine privatrechtlich wie auch eine öffentlich-rechtlich organisierte Stelle.[29]

4. Gesetzgeberische Erwartungen an ein Ausbildungscurriculum

Der vom Bundesministerium der Justiz initiierten **Arbeitskreis** »Zertifizierung für Mediatorinnen und Mediatoren« hatte sich bereits am 20.05.2010 auf Ausbildungsinhalte geeinigt.[30] Der Gesetzgeber geht ersichtlich davon aus, dass der Verordnungsgeber sich hieran orientieren solle; um dies zu unterstreichen, ist in der Gesetzesbegründung für den Ausbildungsbereich bereits folgendes Curriculum vorgesehen:[31]

---

27 BT-Drucks. 17/8058, III. Zu Artikel 1, Zu § 6 – neu –.
28 *Greger* ZKM 2012, 16 ff. (18) vertritt die Auffassung, im Gesetz sei eine Zertifizierung durch einen besonderen Akt nicht vorgesehen, so dass auch eine Rezertifizierung nicht möglich sei.
29 S. unten Rdn. 39 ff.
30 *Leutheusser-Schnarrenberger* ZKM 2012, 72 ff (73).
31 Begr. BT-Drucks. 17/8085, III. Zu Artikel 1, Zu § 6 – neu –. Dieses Curriculum entspricht in den Punkten I. bis IX. einschließlich der prozentualen Gewichtungen den von den Verbänden entwickelten Standards. Es ist allerdings für den Verordnungsgeber nicht bindend, vgl. auch *Ahrens* NJW 2012, 2465 ff. (2468).

§ 6 MediationsG Verordnungsermächtigung

37 »**I. Einführung und Grundlagen der Mediation**

Gewichtung: 18 Stunden (15 Prozent)
1. Definitionen
2. Grundlagen der Mediation
   a) Überblick zu Prinzipien, Verfahrensablauf und Phasen
   b) Überblick zu Kommunikations- und Arbeitstechniken in der Mediation.
3. Abgrenzung der Mediation zum streitigen Verfahren und anderen alternativen Konfliktbeilegungsverfahren.
4. Überblick über die Anwendungsfelder der Mediation.

II. Ablauf und Rahmenbedingungen der Mediation

Gewichtung: 30 Stunden (25 Prozent)
1. Einzelheiten zu den Phasen der Mediation
   a) Mediationsvertrag,
   b) Stoffsammlung,
   c) Interessenerforschung,
   d) Sammlung und Bewertung von Optionen,
   e) Abschlussvereinbarung.
2. Besonderheiten unterschiedlicher Settings in der Mediation
   a) Einzelgespräche,
   b) Co-/Teammediation, Mehrparteienmediation, Shuttle-Mediation,
   c) Einbeziehung Dritter (z. B. Kinder, Steuerberater, Gutachter).
3. Weitere Rahmenbedingungen
   a) Vor- und Nachbereitung von Mediationsverfahren,
   b) Dokumentation/Protokollführung.

III. Verhandlungstechniken und -kompetenz

Gewichtung: 12 Stunden (10 Prozent)
1. Grundlagen der Verhandlungsanalyse.
2. Verhandlungsführung und Verhandlungsmanagement:
   Intuitives Verhandeln, Verhandlung nach dem Harvard- Konzept/integrative Verhandlungstechniken, distributive Verhandlungstechniken.

IV. Gesprächsführung, Kommunikationstechniken

Gewichtung: 18 Stunden (15 Prozent)
1. Grundlagen der Kommunikation.
2. Kommunikationstechniken: aktives Zuhören, Paraphrasieren, Fragetechniken, Verbalisieren, Reframing, verbale und nonverbale Kommunikation.
3. Techniken zur Entwicklung und Bewertung von Lösungen (Brainstorming, Mindmapping, sonstige Kreativitätstechniken, Risikoanalyse).
4. Visualisierungs- und Moderationstechniken.

5. *Umgang mit schwierigen Situationen (z. B. Blockaden, Widerstände, Eskalationen, Machtungleichgewichte).*

V. Konfliktkompetenz

Gewichtung: 12 Stunden (10 Prozent)
1. *Konflikttheorie (Konfliktfaktoren, Konfliktdynamik und Konfliktanalyse; Eskalationsstufen; Konflikttypen).*
2. *Erkennen von Konfliktdynamiken.*
3. *Interventionstechniken.*

VI. Recht der Mediation

Gewichtung: 6 Stunden (5 Prozent)
1. *Rechtliche Rahmenbedingungen: Mediationsvertrag, Berufsrecht, Verschwiegenheit, Vergütungsfragen, Haftung und Versicherung.*
2. *Einbettung in das Recht des jeweiligen Grundberufs.*
3. *Grundzüge des Rechtsdienstleistungsgesetzes.*

VII. Recht in der Mediation, Ermöglichung einer rechtlich informierten Entscheidung bei rechtlich relevanten Sachverhalten

Gewichtung: 12 Stunden (10 Prozent)
1. *Rolle des Rechts in der Mediation.*
2. *Abgrenzung von zulässiger rechtlicher Information und unzulässiger Rechtsberatung in der Mediation durch den Mediator.*
3. *Abgrenzung zu den Aufgaben des Parteianwalts.*
4. *Sensibilisierung für die rechtliche Relevanz bestimmter Sachverhalte bzw. rechtzeitige Empfehlung an die Medianten, in rechtlich relevanten Fällen externe rechtliche Beratung in Anspruch zu nehmen.*
5. *Mitwirkung von Rechtsanwälten in der Mediation selbst.*
6. *Rechtliche Besonderheiten der Mitwirkung des Mediators bei der Abschlussvereinbarung.*
7. *Rechtliche Bedeutung und Durchsetzbarkeit der Abschlussvereinbarung unter Berücksichtigung der Vollstreckbarkeit.*

VIII. Persönliche Kompetenz, Haltung und Rollenverständnis

Gewichtung: 12 Stunden (10 Prozent)
1. *Rollendefinition, Rollenkonflikte.*
2. *Aufgabe und Selbstverständnis des Mediators.*
3. *Mediation als Haltung, insbesondere Wertschätzung, Respekt und innere Haltung.*
4. *Allparteilichkeit, Neutralität und professionelle Distanz zu den Medianten und zum Konflikt.*
5. *Macht und Fairness in der Mediation.*

6. *Umgang mit eigenen Gefühlen.*
7. *Selbstreflexion.*
8. *Vernetzung.*
9. *Bewusstheit über die eigenen Grenzen aufgrund der beruflichen Prägung und Sozialisation.*

IX. *Praxis und Supervision und Intervision in der Ausbildung*
1. Rollenspiele mit Feedback und Analyse.
2. Information über die Bedeutung von Supervision.

X. *Praktische Erfahrung und Nachweis von Fällen*
1. *praktische Erfahrungen in eigenen Mediationsfällen, auch als Co-Mediator.*
2. *praktische Erfahrungen im Rahmen von Supervision, Inter- oder Covision.«*

38 Das **Curriculum**, das dem Gesetzgeber vorschwebt, stellt auf den **gegenwärtigen Erkenntnisstand** im Zusammenhang mit einer Ausbildung ab. Der Verordnungsgeber ist nicht gehindert, den Ausbildungsbereich in einzelnen Punkten zu verändern, neue hinzuzufügen oder die vorhandenen anders zu gewichten. Er wird darauf zu achten haben, dass die Ausbildungsinhalte den Erfordernissen der Praxis gerecht werden und nicht durch die Aufnahme neuer Anforderungen für die Ausbildungsinstitute sich ertragreiche Claims ergeben, die von Auszubildenden wie auch bereits seit langem praktizierenden Mediatoren teuer zu bezahlen sind.

5. Vorgesehenes Inkrafttreten

39 Der Gesetzgeber hegt die Erwartung, dass die vorgesehene Rechtsverordnung erst **ein Jahr** nach ihrem Erlass in Kraft tritt. Dabei lässt er sich von der Überlegung leiten, dass hierdurch die maßgeblichen Mediatoren- und Berufsverbände, die berufsständischen Kammern, die Industrie- und Handelskammern sowie andere berufsständische Gruppen die notwendige Zeit erlangen, um sich auf eine bestimmte Stelle zu einigen, die für die Zertifizierung der Ausbildungsträger zuständig sein soll. Ersichtlich schwebt dem Gesetzgeber eine **privatrechtlich organisierte Stelle** vor,[32] möglicherweise unter Federführung der Versicherungswirtschaft, der an einer Förderung der Mediation besonders gelegen ist.[33]

---

32 BT-Drucks. 17/8058, III., Zu Artikel 1, zu § 5.
33 *Tögel/Rohlff* ZKM 2010, 86 ff.

Gleichwohl ist der Verordnungsgeber nicht gehindert, dies auch anders zu 40
regeln.

Es dürfte sich anbieten, die entsprechende Institution bei einer **öffentlich-rechtlichen Körperschaft** einzurichten.[34] In Betracht kämen hierfür beispielsweise die Industrie- und Handelskammer oder die Rechtsanwaltskammer, die über hinreichende Erfahrung mit Zertifizierungen verfügen. Soweit hiergegen Bedenken bestehen sollten, weil beide Institutionen ebenfalls als Ausbildungsträger tätig sind, wäre auch an eine **staatliche Stelle** – Regierungspräsidium (Bezirksregierung), Innen- oder Justizministerium, Bundesamt für Justiz – oder an eine gerichtliche Stelle – Oberlandesgericht, Oberverwaltungsgericht/VGH – zu denken.[35] Das Zertifizierungskonzept geht mithin von einer Zertifizierungsstelle aus, die diejenigen Aus- und Fortbildungsträger zertifiziert, bei denen Mediatoren eine Aus- und Fortbildung ableisten können, die sie sodann zur Führung der Bezeichnung »zertifizierter Mediator gem. § 5 Abs. 2 MediationsG« berechtigt.[36]

Schließlich soll die Jahresfrist zwischen Erlass der Rechtsverordnung und ih- 41
rem Inkrafttreten den Ausbildungsträgern die Möglichkeit eröffnen, ihre **Lehrpläne** auf das dann verordnete Curriculum **abzustimmen**.

---

34 So auch *Greger* ZKM 2012, 16 ff. (17), der in diesem Zusammenhang auf die Anforderungen des Art. 12 Abs. 1 GG und der Richtlinie 2006/123/EG des Europäischen Parlaments und des Rates über Dienstleistungen im Binnenmarkt vom 12. 12. 2006, ABl. EU Nr. L 376, 36 verweist und ebenfalls eine öffentlich-rechtliche oder eine beliehene Institution fordert.
35 Vgl. hierzu auch *Greger* ZKM 2011, 86 ff. (87); ferner *Mattioli/Trenczek* BJ 2010, 323 ff. (330), die sich für ein »Mediationsinstitut«, vergleichbar dem niederländischen »Nederlands Mediation Instituut, NMI« oder einer eigenständigen Mediatorenkammer stark machen. Letztere könne auch als Beschwerdestelle zur Aufarbeitung und Regelung von Beschwerden und »Kunstfehlern« sowie als zentrale Anlaufstelle zur leichteren Auffindbarkeit von passgenauen außergerichtlichen Angeboten zur einvernehmlichen, außergerichtlichen Streiterledigung dienen.
36 *Greger* ZKM 2012, 16 ff. (17).

§ 7 Wissenschaftliche Forschungsvorhaben; finanzielle Förderung der Mediation

(1) Bund und Länder können wissenschaftliche Forschungsvorhaben vereinbaren, um die Folgen einer finanziellen Förderung der Mediation für die Länder zu ermitteln.

(2) Die Förderung kann im Rahmen der Forschungsvorhaben auf Antrag einer rechtsuchenden Person bewilligt werden, wenn diese nach ihren persönlichen und wirtschaftlichen Verhältnissen die Kosten einer Mediation nicht, nur zum Teil oder nur in Raten aufbringen kann und die beabsichtigte Rechtsverfolgung oder Rechtsverteidigung nicht mutwillig erscheint. Über den Antrag entscheidet das für das Verfahren zuständige Gericht, sofern an diesem Gericht ein Forschungsvorhaben durchgeführt wird. Die Entscheidung ist unanfechtbar. Die Einzelheiten regeln die nach Abs. 1 zustande gekommenen Vereinbarungen zwischen Bund und Ländern.

(3) Die Bundesregierung unterrichtet den Deutschen Bundestag nach Abschluss der wissenschaftlichen Forschungsvorhaben über die gesammelten Erfahrungen und die gewonnenen Erkenntnisse.

Übersicht Rdn.

I. **Regelungsgegenstand und Zweck** 1
1. Systematischer Zusammenhang 1
2. Europäische Mediationsrichtlinie 4

II. **Grundsätze und Einzelheiten**. 5
1. Wissenschaftlichen Forschungsvorhaben (Absatz 1) .. 6
   a) Kann-Vorschrift für Bund und Länder 6
   b) Vereinbarung von wissenschaftlichen Forschungsvorhaben 8
   c) Zweck der wissenschaftlichen Forschungsvorhaben . 11
   d) Träger der Forschungsvorhaben 14

2. Finanzielle Förderung der Mediation (Absatz 2) 15
   a) Bewilligung der Förderung (Absatz 2 Satz 1) 16
      aa) Förderung 17
      bb) Auf Antrag 18
      cc) Bedürftigkeit 19
      dd) Keine Mutwilligkeit ... 21
      ee) Kann-Vorschrift 22
   b) Entscheidung über den Antrag auf Förderung (Absatz 2 Satz 2) 23
   c) Unanfechtbarkeit der Entscheidung (Absatz 2 Satz 3) 24
   d) Einzelheiten zur Förderung (Absatz 2 Satz 4) 25
3. Unterrichtung des Deutschen Bundestages (Absatz 3) 27

III. **Kritik** 30

I. Regelungsgegenstand und Zweck

1. Systematischer Zusammenhang

Mit § 7 MediationsG erhalten Bund und Länder die Möglichkeit, aufgrund wissenschaftlich ermittelter Erkenntnisse zu entscheiden, ob und gegebenenfalls wie eine bundesweite **finanzielle Förderung** der Mediation in Deutschland eingeführt werden kann.[1] Ferner soll bereits jetzt auf Grundlage der zu initiierneden **Forschungsvorhaben** im Einzelfall eine **Mediationskostenhilfe** an einzelne Konfliktparteien bezahlt werden können.

Aufgrund der derzeitigen finanziellen Situation der öffentlichen Haushalte war der Gesetzgeber nicht bereit, nach dem Vorbild der Prozesskostenhilfe auch eine **Mediationskostenhilfe** einzuführen. Sieht man von den **kostenrechtlichen Länderöffnungsklauseln** in § 69b GKG und § 61a FamGKG ab, die auf Betreiben des Vermittlungsausschusses in diese Gesetze eingefügt wurden, so ist die doppelte **Ermessensregelung** des § 7 MediationsG die einzige Vorschrift zur finanziellen Förderung der Mediation, was zu umfangreicher Kritik[2] geführt hat. Grund für diese Zurückhaltung des Gesetzgebers ist, dass zunächst anhand von **Forschungsvorhaben** geprüft werden soll, ob die bereits existierende hohe finanzielle Belastung der Länder durch die Prozess- und Verfahrenskostenhilfe dadurch verringert werden kann, dass die Mediation finanziell gefördert wird.[3] Die Ergebnisse dieser Forschungsvorhaben dienen dann als Grundlage für die zukünftige Entscheidung, ob und in welcher Form Regelungen zur bundesweiten finanziellen Förderung der außergerichtlichen Konfliktbeilegung und der Mediation eingeführt werden sollen.[4]

Der Gesetzentwurf der Bundesregierung vom 01.04.2011[5] sah noch vor, dass **Forschungsvorhaben** allein im Zusammenhang mit Mediationen in **Familiensachen** durchgeführt werden sollten, da es sich bei Familienstreitigkeiten besonders häufig um mediationsgeeignete Konflikte handelt und in diesem Bereich »die Ausgaben für die Verfahrenskostenhilfe besonders hoch

1
2
3

---

1 Begr. BT-Drucks. 17/5335, S. 18.
2 Vgl. unten Rdn. 28 ff.
3 Begr. BT-Drucks. 17/5335, S. 19.
4 Begr. BT-Drucks. 17/5335, S. 19.
5 Begr. BT-Drucks. 17/5335, S. 6.

sind und weiter steigen«.[6] Diese Einschränkung stieß auf Kritik,[7] weil das Ziel des MediationsG die Förderung der Mediation in sämtlichen dafür geeigneten Konfliktbereichen sei und eben nicht deren Etablierung nur in Familiensachen. Der Gesetzgeber hat sich dem auf Vorschlag des Rechtsausschusses[8] angeschlossen, sodass die Regelung nunmehr uneingeschränkt in **sämtlichen Rechtsbereichen** Anwendung findet. Auf diese Weise ist eine breitere »Erkenntnisgrundlage aus den Forschungsvorhaben« gewährleistet.[9]

2. Europäische Mediationsrichtlinie

4 Die vorstehende Regelung steht im (weitesten) Zusammenhang mit **Erwägungsgrund Nr. 17** sowie **Art. 5 Abs. 2 EUMed-RL**.

II. Grundsätze und Einzelheiten

5 Die Vorschrift des § 7 MediationsG beinhaltet zwei verschiedene Ermessensstufen. In Absatz 1 wird die Entscheidung, ob an einem oder mehreren Gerichten des jeweiligen Bundeslandes überhaupt ein Forschungsvorhaben innitiiert wird, in das Ermessen von Bund und Ländern gestellt (**1. Ermessenstufe**). Sofern die Ermessensentscheidung auf der 1. Stufe positiv entschieden wird, dh. ein entsprechendes Forschungsvorhaben durchgeführt wird, findet sich sich in Absatz 2 S. 1 der Vorschrift eine weitere Ermessensstufe (**2. Ermessensstufe**), die es in das Ermessen des jeweiligen Gerichts stellt, ob dem einzelnen Antragstellet im konkreten Fall eine Förderung gewährt wird.

1. Wissenschaftlichen Forschungsvorhaben (Absatz 1)

a) Kann-Vorschrift für Bund und Länder

6 § 7 Abs. 1 MediationsG eröffnet dem Bund und den Ländern die Möglichkeit, wissenschaftliche **Forschungsvorhaben** zu vereinbaren, um die Folgen einer finanziellen Förderung der Mediation für die Länder zu ermitteln. Die

---

6 Begr. BT-Drucks. 17/5335, S. 18.
7 Vgl. Stellungnahme der Bundesrechtsanwaltskammer zum Referentenentwurf, 2010, S. 14; Stellungnahme der Centrale für Mediation (CfM) zum Referentenentwurf, 2010, S. 7.
8 BT-Drucks. 17/8058.
9 Begr. BT-Drucks. 17(6)151, S. 24.

Regelung basiert auf **Art. 91b Abs. 1 Nr. 1 GG** (Gemeinschaftsaufgaben, Verwaltungszusammenarbeit), wonach Bund und Länder auf Grund von Vereinbarungen in Fällen **überregionaler Bedeutung** bei der Förderung von Einrichtungen und Vorhaben der wissenschaftlichen Forschung außerhalb von Hochschulen zusammenwirken können. Mit § 7 Abs. 1 MediationsG schafft der Gesetzgeber nun die erforderliche Rechtsgrundlage »für wissenschaftliche Forschungsvorhaben außerhalb von Hochschulen, um die Auswirkungen der finanziellen Förderung«[10] der Mediation festzustellen.

Bund und Länder haben ein **weites Ermessen** (1. Ermessensstufe)[11] darüber 7 zu entscheiden, ob und an welchen Gerichten entsprechende **Forschungsvorhaben** vereinbart, d. h. durchgeführt, werden sollen. Es kann nur gehofft werden, dass Bund und Länder wegen der Lage der öffentlichen Haushalte hier nicht zu zurückhaltend agieren werden, sondern sich möglichst viele Bundesländer möglichst schnell an den Forschungsvorhaben zur Mediationskostenhilfe beteiligen.[12] Denn die zwangsläufige Alternative wäre für eine rechtsuchende Partei, sich für ein gerichtliches Verfahren zu entscheiden, um dort Prozesskostenhilfe beantragen zu können. Dies würde dem Sinn und Zweck des Gesetzes zuwider laufen. Im Übrigen sollten entsprechende Vereinbarungen zeitnah nach Inkrafttreten des Gesetzes getroffen werden, um die nach Absatz 3 vorgesehene Unterrichtung des Deutschen Bundestages über die gesammelten Erfahrungen und Erkenntnisse, die Voraussetzung für weitere Entscheidungen durch den Gesetzgeber ist, ggf. zusammen mit dem Bericht nach § 8 Abs. 1 Satz 1 MediationsG vornehmen zu können.

b) Vereinbarung von wissenschaftlichen Forschungsvorhaben

Die wissenschaftlichen Forschungsvorhaben werden auf der Grundlage ent- 8 sprechender Vereinbarungen zwischen Bund und Ländern begonnen. Der **Rechtsnatur** nach handelt es sich bei den **Vereinbarungen** um **Verwaltungsabkommen** oder **Staatsverträge**.[13] Diese können zwischen dem Bund und al-

---

10 Begr. BT-Drucks. 17/5335, S. 18.
11 Vgl. Rdn. 5.
12 Plenarprotokoll 17/149, Deutschen Bundestag, S. 17844.
13 Von *Münch/Kunig*, Grundgesetzkommentar, Art. 91b, Rn. 12; *Maunz/Dürig*, Kommentar zum Grundgesetz, Art. 91b, Rn. 34; *Jarass/Pieroth*, Grundgesetz für die Bundesrepublik Deutschland, Art. 91b, Rn. 2; a. A. von *Mangoldt/Klein*, Das Bonner GG, Anm. IV. 5.

len Ländern wie auch zwischen dem Bund und einzelnen Ländern abgeschlossen werden.

9 **Wissenschaftliche Forschung** i.S.v. **Art. 91b Abs. 1 Nr. 1 GG** wird definiert als »geistige Tätigkeit, deren Ziel es ist, in methodischer, systematischer und nachprüfbarer Weise neue Erkenntnisse zu gewinnen.«[14] Die entsprechenden Vorhaben müssen sich an diesen Kriterien messen lassen. Dies bedeutet zum Einen, dass die Vorhaben, die daraus zu gewährende finanzielle Förderung und die Vergabevoraussetzungen in tatsächlicher und rechtlicher Hinsicht sehr konkret definiert werden und überprüfbar sein müssen. Da es sich um Vorhaben handelt, aus denen Rechtsuchende praktische, d. h. finanzielle Hilfe, erfahren sollen, was mit verwaltungstechnischer Arbeit verbunden ist, wird zum Anderen eine wissenschaftliche Begleitung dieser Vorhaben von dritter Seite (u. a. Wissenschaftlichen Einrichtungen, Hochschulen, Fachleuten) erforderlich sein.

10 Wie die Forschungsvorhaben **inhaltlich** gestaltet werden, ist nicht explizit geregelt. Aus Absatz 2 Satz 2 ergibt sich, dass jedenfalls nicht nur die Auswirkungen einer finanziellen Förderung zu untersuchen sind, sondern auch die Art und Weise der finanziellen Förderung (z. B. **Mediationskostenhilfe**) abstrakt in den **Forschungsvorhaben** zu definieren und zu regeln sind. Das bedeutet, dass jedes Forschungsvorhaben u. a. Bedingungen beschreiben muss, deren Erfüllung durch den einzelnen Rechtsuchenden dann Voraussetzung für die Zahlung (»**Förderung**«) einer Art Mediationskostenhilfe ist. Diese im Rahmen des Forschungsvorhabens festgelegte Förderung kann dann im konkreten Einzelfall von dem einzelnen Rechtsuchenden beantragt werden (vgl. § 7 Abs. 2 Satz 1 MediationsG). Aus § 7 Abs. 2 Satz 4 MediationsG ergibt sich ferner, dass die »Einzelheiten« in den jeweiligen Vereinbarungen zu regeln sind. Aufgrund systematischer Auslegung ist davon auszugehen, dass sich der Begriff »**Einzelheiten**« insbesondere auf die in § 7 Abs. 2 Sätze 1–3 MediationsG erwähnte »finanzielle Förderung« sowie deren »Beantragung und Bewilligung« bezieht. Art und Weise der finanziellen Förderung bleibt somit der Vereinbarung zwischen Bund und Ländern überlassen.

---

14 BVerfGE 35, 79 (113).

c) Zweck der wissenschaftlichen Forschungsvorhaben

Alleiniger Zweck der wissenschaftlichen Forschungsvorhaben ist, die **Folgen einer finanziellen Förderung** der Mediation für die Länder zu ermitteln. Dieser abstrakte Zweck des Gesetzes führt als positive Auswirkung zur unmittelbaren finanziellen Unterstützung einzelner Rechtssuchender. Somit erfüllt das Gesetz auch einen individuellen Zweck.

Die Forschungsvorhaben sollen die **Folgen** ermitteln, d. h. sämtliche Auswirkungen, die aufgrund der finanziellen Förderung zu beobachten sind. Wobei sich aus dem mit der Bestimmung verfolgten Ziel wiederrum ableiten lässt, dass in erster Linie die **finanziellen Auswirkungen** bei den Ländern zu ermitteln sind, was mit einer erhofften Entlastung der Justiz einhergeht. In der Gesetzesbegründung heißt es, dass die Forschungsvorhaben Auskunft darüber geben sollen, »inwieweit die finanziellen Belastungen der Länder reduziert werden können.«[15] Diese Aspekte waren im Übrigen bereits mit ausschlaggebend für die Einführung einer gesetzlichen Regelung zur Förderung der Mediation.

Da die Kosten der Mediation meist geringer sind als die Kosten eines Gerichtsverfahrens ist davon auszugehen, dass auch die staatliche Belastung im Falle einer Kostenhilfe für Mediation geringer sein werden, als die derzeitige Belastung der Haushalte durch die Prozess- und Verfahrenskostenhilfe. Voraussetzung dafür ist allerdings, dass zumindest eine große Anzahl von Mediationen erfolgreich abgeschlossen werden und kein Gerichtsverfahren mehr erforderlich werden wird, so dass die Ausgaben des Staates lediglich umgewidmet werden und nicht zusätzlich anfallen.

d) Träger der Forschungsvorhaben

Die Forschungsvorhaben muss der Bund gemeinsam mit den Ländern vereinbaren, da die finanzielle Förderung der Mediation »in erstere Linie die Länderhaushalte tangiert«. Die Aufgabe, die Forschungsvorhaben durchzuführen, liegt bei den **Ländern**. Denn die Länder trifft auch die Aufgabe, die Gerichte zu bestimmen, bei denen die **Forschungsvorhaben** durchgeführt werden (vgl. Absatz 2 Satz 2).

---

15 Begr. BT Drucks. 17/5335, S. 18.

§ 7 MediationsG Forschungsvorhaben; finanzielle Förderung

2. Finanzielle Förderung der Mediation (Absatz 2)

15 In Absatz 2 regelt der Gesetzgeber nur sehr grob den Ablauf bzw. die Voraussetzungen für die Gewährung einer finanziellen Förderung der Mediation. Die nähere Ausgestaltung überlässt er den Vereinbarungen zwischen Bund und Ländern (vgl. Absatz 2 Satz 3).

a) Bewilligung der Förderung (Absatz 2 Satz 1)

16 Nach dieser Bestimmung kann die Förderung im Rahmen der Forschungsvorhaben auf Antrag einer rechtsuchenden Person im Einzelfall **bewilligt** werden, wenn diese nach ihren **persönlichen und wirtschaftlichen Verhältnissen** die Kosten einer Mediation nicht, nur zum Teil oder nur in Raten aufbringen kann und die beabsichtigte Rechtsverfolgung oder Rechtsverteidigung **nicht mutwillig** erscheint.

aa) Förderung

17 In Absatz 2 Satz 1 wird erstmals der Begriff der »**Förderung**« konkret erwähnt. Die Art, den Umfang und die Ausgestaltung dieser Förderung hat der Gesetzgeber jedoch nicht geregelt, so dass diese in den Vereinbarungen zwischen Bund und Ländern festzulegen sind. Mithin kann die **Ausgestaltung** der Förderung in jedem einzelnen Forschungsvorhaben unterschiedlich ausfallen und muss beispielsweise auch nicht die gesamten Kosten einer Mediation umfassen. Mediation meint im vorliegenden Zusammenhang eine Mediation, die durchgeführt wird, nachdem bereits bei Gericht ein **Rechtsstreit anhängig** gemacht wurde. Dabei spielt es allerdings keine Rolle, ob sich die Parteien hierzu aufgrund eines Vorschlags des Gerichts gem. § 278a Abs. 1 ZPO, § 36a Abs. 1 FamFG oder § 54a Abs. 1 ArbGG entschlossen haben oder von sich aus dem Gericht unterbreitet haben, den Versuch einer konsensualen Lösung im Rahmen einer Mediation zu unternehmen.

bb) Auf Antrag

18 Beantragt werden kann die Förderung nach dieser Vorschrift zunächst durch jede **rechtsuchende Person**. Die nach Absatz 1 getroffene Vereinbarung wird ggf. weitere Anforderungen an die **Antragsberechtigung** stellen. Die rechtsuchende Person bzw. deren Berater müssen daher zunächst in Erfahrung bringen, ob bei dem für das Verfahren zuständigen Gericht überhaupt ein Forschungsvorhaben durchgeführt wird und welche inhaltlichen Anforderungen darin an die Antragsberechtigung gestellt werden.

cc) Bedürftigkeit

Bewilligt werden kann die Förderung, wenn die rechtsuchende Person nach 19 ihren **persönlichen und wirtschaftlichen Verhältnissen** die Kosten einer Mediation nicht, nur zum Teil oder nur in Raten aufbringen kann und die beabsichtigte Rechtsverfolgung oder Rechtsverteidigung **nicht mutwillig** erscheint. Die Regelung zur Bedürftigkeit knüpft an § 114 Satz 1 ZPO, der die Voraussetzungen für die Gewährung für Prozesskostenhilfe erwähnt.[16] Allerdings verzichtet Absatz 2 Satz 1 MediationsG im Gegensatz zu § 114 Satz 1 ZPO auf das tatbestandsmerkmal, wonach die beabsichtigte Rechtsverfolgung oder Rechtsverteidigung hinreichende **Erfolgsaussichten** haben muss, da rechtliche Aspekte und der rechtliche Erfolg in einer Mediation gerade nicht das ausschlaggebende Moment sind.[17] Ferner verzichtet Absatz 2 darauf näher anzuführen, welche konkreten **Tatsachen** bzgl. der Vermögensverhältnisse oder des Streitgegenstandes in welcher Form seitens des Antragstellers dargelegt werden müssen. Diese Einzelheiten zu regeln, bleibt den Vereinbarungen nach Absatz 1 vorbehalten, was sich aus Absatz 2 Satz 4 ergibt. Im Übrigen kann auf die zu § 114 Satz 1 ZPO entwickelten Grundsätze zur **Bedürftigkeit** zurückgegriffen werden.[18]

Mit **Kosten** der Mediation meint das Gesetz zunächst das Honorar des Me- 20 diators, das je nach Art und Umfang der Mediation stark variieren kann, und von den Parteien im Vorfeld meist als Stundenhonorar vereinbart wird.[19] Ferner fallen eventuell zusätzliche Kosten durch externe Berater oder durch eine notarielle Beurkundung der Mediationsvereinbarung an. Die Förderung muss nicht alle anfallenden Kosten umfassen, kann vielmehr auch pauschalierende Regelungen vorsehen.

dd) Keine Mutwilligkeit

Was das Tatbestandsmerkmal der fehlenden **Mutwilligkeit** anbelangt, so fin- 21 den grundsätzlich auch insoweit die zu § 114 Satz 1 ZPO entwickelten Prinzipien Anwendung, zumal der Gesetzgeber in seiner Begründung auf § 114

---

16 Begr. BT-Drucks. 17/5335, S. 18.
17 Begr. BT-Drucks. 17/5335, S. 18.
18 Vgl. beispielhaft *Thomas/Putzo*, ZPO, § 114 Rn. 7 ff; *Zöller*, ZPO, § 114 Rn. 30 ff.
19 Vgl. zum Honorar die Kommentierung zu § 2 MediationsG, Rdn. 47 ff.

Satz 1 ZPO verweist. Danach liegt der Ausschlussgrund der Mutwilligkeit vor, wenn eine verständige nicht hilfsbedürftige Person ihre Rechte nicht **in gleicher Weise** verfolgen würde.[20] Es sollen Unbemittelte in die gleiche Lage versetzt werden können wie Bemittelte; allerdings verlangt dieses Gebot keinen sinnlosen Einsatz staatlicher Mittel.[21] Zu § 114 ZPO ist dafür als Maßstab entwickelt worden, ob eine bemittelte Partei bei Abwägung zwischen dem erzielbaren Vorteil und dem dafür einzugehenden Kostenrisiko ihre Rechte in der Art und Weise wahrnehmen würde, wie es die unbemittelte Person beabsichtigt.[22] Während sich dieser Maßstab im Rahmen von § 114 ZPO sowohl auf das »ob« als auch auf das »wie« der Rechtsverfolgung vor Gericht bezieht, meint »**Rechtsverfolgung oder Rechtsverteidigung**« im hiesigen Kontext die Geltendmachung eigener Rechte und Interessen in einem Verfahren der Mediation. Die etwas unglückliche Wortwahl des Gesetzes ist ersichtlich dem Umstand geschuldet, dass sich der Gesetzgeber an den tatbestandlichen Voraussetzungen der Prozesskostenhilfe orientierte, ohne insoweit den Besonderheiten eines Mediationsverfahrens terminologisch Rechnung zu tragen.

ee) Kann-Vorschrift

22 Die Entscheidung, ob die beantragte Förderung gewährt wird, steht im **Ermessen** (2. Ermessensstufe[23]) des zuständigen Gerichts, d.h. es besteht kein Rechtsanspruch des Hilfebedürftigen auf die beantragte Förderung. Es handelt sich viel mehr um eine **Einzelfallentscheidung.** Voraussetzung für die Bewilligung der Förderung ist jedenfalls, dass an dem für das Verfahren zuständigen Gericht ein Forschungsvorhaben initiiert worden ist und die beantragte Förderung im Rahmen des Forschungsvorhabens bleibt. Es ist auch hier davon auszugehen, dass die nähere Ausgestaltung des Ermessens wiederum in den nach Absatz 1 zu treffenden Vereinbarungen zwischen Bund und Ländern geregelt werden wird, wie sich aus Absatz 2 Satz 4 ergibt. Man kann nur hoffen, dass der Bund ausreichende Mittel zur Verfügung stellt und die Länder auf diese Mittel auch zurückgreifen. Denn andernfalls droht eine »so-

---

20 Begr. BT-Drucks. 17/5335, S. 18.
21 BGH FamRZ 10, 1147f.; BGH JurBüro 81, 1169f.
22 BGH FamRZ 10, 1147f.; BGH JurBüro 81, 1169f.
23 Vgl. Rdn. 5.

ziale Schieflage, da der Zugang zur Mediation für sozial Schwache erschwert würde.«[24]

b) Entscheidung über den Antrag auf Förderung (Absatz 2 Satz 2)

Über den Antrag entscheidet das für das Verfahren **zuständige Gericht**. Damit ist das Gericht gemeint, das im Falle einer streitigen gerichtlichen Auseinandersetzung zuständig wäre.

c) Unanfechtbarkeit der Entscheidung (Absatz 2 Satz 3)

Die Entscheidung des zuständigen Gerichts ist **unanfechtbar**. Rechtsmittel sind damit nicht vorgesehen.

d) Einzelheiten zur Förderung (Absatz 2 Satz 4)

Sämtliche in dieser Vorschrift **nicht geregelten Einzelheiten** sind in den nach Absatz 1 zustande gekommenen Vereinbarungen zwischen Bund und Ländern zu regeln.[25]

Keine Angaben finden sich in der Gesetzesbegründung, inwieweit Bund und Länder in ihren Vereinbarungen von den wenigen Vorgaben des § 7 MediationsG **abweichen** können, z. B. ob sie vereinbaren können, dass der Antrag auf finanzielle Förderung unter bestimmten Voraussetzungen zu bewilligen ist, d. h. die Bewilligung nicht im Ermessen des Gerichts zu stehen braucht (vgl. § 7 Abs. 2 Satz 1 MediationsG). Es ist davon auszugehen, dass die Vereinbarungen die Regelungen des § 7 MediationsG ergänzen können, solange sie nicht dessen Sinn und Zweck unterlaufen.

3. Unterrichtung des Deutschen Bundestages (Absatz 3)

Die **Bundesregierung** hat nach Abschluss der wissenschaftlichen Forschungsvorhaben den Deutschen Bundestag über die gesammelten Erfahrungen und die gewonnen Erkenntnisse **zu unterrichten**, da die wissenschaftlichen Forschungsvorhaben eine überregionale Bedeutung haben. Als **Zeitpunkt** der Unterrichtung wird der Abschluss »der wissenschaftlichen Forschungsvorhaben« genannt. Unklar ist, ob eine Unterrichtung nach Abschluss jedes einzel-

---

24 *Petermann*, Plenarprotokoll 17/149, Deutscher Bundestag, S. 17842.
25 Begr. BT-Drucks. 17/5335, S. 19.

nen Forschungsvorhabens oder wie es der Wortlaut impliziert, nach Abschluss »der wissenschaftlichen Forschungsvorhaben« und damit nach Abschluss sämtlicher Forschungsvorhaben erfolgen soll. Im Sinne einer Weiterentwicklung und steten Verbesserung der Forschungsvorhaben wäre es wünschenswert die Unterrichtung jedenfalls nicht erst am Ende sämtlicher Forschungsvorhaben vorzunehmen. Ziel der Unterrichtung des Deutschen Bundestages ist es allerdings, diesen in »die Lage zu versetzen, über eine bundesweite Förderung der Mediation und deren Modalitäten zu entscheiden«.[26] Dies kann sinnvoll aber erst geschehen, wenn dem Bundestag die Ergebnisse der Forschungsvorhaben in ihrer Gesamtheit vorliegen. Daher macht auch nur die Unterrichtung über sämtliche Ergebnisse Sinn.

28 Eine **Frist**, bis zu der die Unterrichtung über die Ergebnisse der Forschungsvorhaben zu erfolgen hat, sieht die Vorschrift nicht vor. Allerdings geht der Gesetzgeber davon aus, dass die Frist des § 8 Abs. 1 Satz 1 MediationsG (**26. Juli 2017**) hier entsprechend Anwendung findet. Denn der **Evaluationsbericht** nach § 8 Abs. 1 MediationsG soll auch Ausführungen über die Erforderlichkeit einer finanziellen Förderung der Mediation enthalten.[27]

29 Unter gesammelten Erfahrungen und gewonnenen Erkenntnissen ist die **Gesamtheit** der während der Zeit des Forschungsvorhabens erlangten und relevanten Ergebnisse u verstehen.

III. Kritik

30 Obwohl die **Förderung der Mediation** und die **Entlastung der staatlichen Gerichte** ausgesprochenes Ziel des MediationsförderungsG ist,[28] enthält das Gesetz weder einen das Interesse und die Akzeptanz der Mediation bei den »rechtsuchenden Personen« frühzeitig fördernden, finanzieller Anreiz, noch eine ausdrückliche bundesweite Regelung zur Kostenhilfe (**Mediationskostenhilfe**) im Falle einer Bedürftigkeit ähnlich der Prozess- und Verfahrenskostenhilfe.

31 Einen **frühzeitigen finanziellen Anreiz** hätte man beispielsweise dadurch schaffen können, dass ein bestimmtes vorgerichtliches Verhalten eines Rechtsuchenden, u.a. der Versuch einer Mediation, bei der Kostenentscheidung

---

26 Begr. BT-Drucks. 17/5335, S. 19.
27 Begr. BT-Drucks. 17/8058, S. 20.
28 Begr. BT-Drucks. 17/5335, S. 11.

im Rahmen eines Gerichtsprozesses berücksichtigt würde. Denn Untersuchungen belegen, dass streitige Gerichtsverfahren nach versuchten, aber gescheiterten Mediationen »durch die mediative Konfliktbearbeitung schneller und zudem noch sehr häufig durch einen Vergleich zu regeln sind«.[29]

Eine derartige **Mediationskostenhilfe** hätte ähnlich den Regelungen über die Prozesskostenhilfe (§§ 114 ff. ZPO) ausgestaltet werden können. Der Gesetzgeber hat darauf verzichtet, obwohl ihm die ständig steigenden Ausgaben der Länder für die eigentliche Prozesskostenhilfe bekannt sind und Untersuchungen belegen, dass viele über Prozesskostenhilfe finanzierte Gerichtsverfahren vermieden werden könnten, wenn es mehr erfolgreich abgeschlossene außergerichtliche Konfliktlösungsverfahren gäbe.[30] So haben erste Untersuchungen[31] – die in Vorbereitung des MediationsG von dem Bundesministerium der Justiz in Auftrag gegeben wurden – gezeigt, dass die Kosten einer Mediation jedenfalls in **Sorge- und Umgangsrechtskonflikten** erheblich geringer sind als die Kosten eines streitigen Gerichtsverfahrens. Dies gilt auch für alle sonstigen gerichtlichen Verfahren, wenn die Kosten für ein gerichtliches Verfahren über zwei Instanzen betrachtet werden. Die außergerichtlichen Mediationsverfahren mit Hilfe einer Mediationskostenhilfe zu fördern, würde daher nach diesen Untersuchungen die steigenden Ausgaben für die Prozess- und Verfahrenskostenhilfen senken und zu einer Einsparung von Ressourcen bei Bund und Ländern führen. 32

Zahlreiche **europäische Länder**[32] haben eine finanzielle Förderung der Mediation bereits erfolgreich eingeführt, wobei sich Art und Weise der Förderung unterscheiden.[33] So wird in einigen Staaten[34] nur eine bestimmte Anzahl von Mediationsstunden gefördert und das Honorar des Mediators nur bis zu einer bestimmten Höhe erstattet. 33

---

29 Stellungnahme der Bundesrechtsanwaltskammer zum Referentenentwurf, 2010, S. 17.
30 Begr. BT-Drucks. 17/5335, S. 18.
31 *Greger*, Mediation und Gerichtsverfahren in Sorge- und Umgangsrechtskonflikten.
32 Österreich, Frankreich, Belgien, England, Portugal, Niederlande, Schweiz vgl. Länderberichte in *Hopt/Steffek*, Mediation, S. 103 ff., 183 ff., 259 ff., 329 ff.
33 Referentenentwurf des Bundesministeriums der Justiz, 04.08.2010, S. 22.
34 Vgl. Länderberichte zu Frankreich, Niederlande, Österreich, in *Hopt/Steffek*, Mediation, S. 183 ff., 105 ff., 329 ff.

34 Die Tatsache, dass der deutsche Gesetzgeber versäumt hat, eine bundesweite finanzielle Förderung der Mediation einzuführen, ist vielfach kritisiert worden. Dieses **Versäumnis** steht im Widerspruch zu der beabsichtigten Förderung der außergerichtlichen Streitbeilegung und Mediation und führt nicht zu der angestrebten Entlastung der Justiz:

35 So sei es nicht ausreichend, wenn der Gesetzgeber in verschiedenen Normen sowohl den Rechtsanwälten auferlege an die Möglichkeit der Mediation zu denken (z. B. § 253 ZPO, § 1 Abs. Abs. 3 BORA), als auch den Gerichten die Möglichkeit einräume, die Teilnahme an einem Informationsgespräch zur außergerichtlichen Konfliktbeilegung anzuordnen (z. B. §§ 135, 156 FamFG), in letzter Konsequenz aber dem Rechtssuchenden **keine staatliche Unterstützung** für das Konzept der außergerichtlichen Streitbeilegung zur Seite zu stellen.[35]

36 Auch wird angeführt,[36] es sei eine »geradezu absurde Situation«,[37] dass der Staat streitige Verfahren finanziere und laut einer Untersuchung zu Umgangs- und Sorgerechtskonflikten[38] »sogar befeuere«,[39] der Gesetzgeber es dann jedoch versäume, die **Zugangsbarrieren zur Mediation zu beseitigen** und im Vorfeld die einvernehmliche Konfliktlösung zu fördern, um streitige Verfahren zu vermeiden.[40]

37 Die derzeitige Rechtslage führe zu der Situation, dass weniger bemittelte Rechtsuchende geradezu in die gerichtliche Auseinandersetzung getrieben würden, da Klageverfahren durch die Prozesskostenhilfe finanziert würden, während die außergerichtliche Streitbeilegung selbst bezahlt werden müsse.[41] Ohne Kostenübernahme stelle die Mediation keine **Alternative zum Ge-**

---

35 Stellungnahme der Bundesrechtsanwaltskammer zum Referentenentwurf, 2010, S. 15.
36 *Greger*, Stellungnahme zum Referentenentwurf, 2010, S. 2; *Greger* ZRP 2010, 212 (213).
37 *Greger*, Stellungnahme zum Referentenentwurf, 2010, S. 2.
38 *Greger*, Mediation und Gerichtsverfahren in Sorge- und Umgangsrechtskonflikten.
39 *Greger*, Stellungnahme zum Referentenentwurf, 2010, S. 2.
40 *Greger*, Stellungnahme zum Referentenentwurf, 2010, S. 2; Stellungnahme der Bundesrechtsanwaltskammer zum Referentenentwurf, 2010, S. 14.
41 *Greger* ZRP 2010, 212 (213); Stellungnahme der Bundesrechtsanwaltskammer zum Referentenentwurf, 2010, S. 16.

richtsverfahren dar.[42] Es sei zu befürchten, dass sich ein »gespaltener Markt« entwickele und sich nur finanziell besser Gestellte den Versuch einer Mediation leisten könnten.[43] Diese **Benachteiligung** sei durch nichts, auch nicht durch leere Haushaltskassen gerechtfertigt.[44]

Auch die positiven Erfahrungen der **Rechtsschutzversicherungen**, die in Modellprojekten zunächst begrenzt die Kosten der Mediation übernommen haben und die Übernahme der Mediationskosten nun zunehmend in ihre Leistungskataloge aufnehmen zeigten, dass sich die Förderung der Mediation bereits aus Kostengründen lohne.[45] 38

Unverständlich sei vor diesem Hintergrund, dass der Gesetzgeber lediglich **Forschungsvorhaben** anrege, anstatt gleich, ggf. auch mit vorsorglicher Befristung oder beschränkt auf bestimmte Konfliktarten und beschränkt in der Höhe, Regelungen zur finanziellen Förderung zu treffen.[46] Durch weitere Evaluationen und mögliche Nachbesserungen der Regelungen könnten die **Kostenrisiken des Staates** weiter minimiert werden.[47] Die derzeitige Beschränkung auf Forschungsvorhaben sei »nachlässig«.[48] 39

Der gegenwärtige Erkenntnisstand spricht für die oben dargestellte Kritik. Es bleibt daher zu hoffen, dass der Gesetzgeber spätestens nach entsprechender Unterrichtung die notwendigen Konsequenzen ziehen und eine Förderung der Mediation umsetzen wird, die diesen Namen verdient. 40

§ 8 Evaluierung

(1) **Die Bundesregierung berichtet dem Deutschen Bundestag bis zum 26. Juli 2017, auch unter Berücksichtigung der kostenrechtlichen Länderer-**

---

42 Stellungnahme der Centrale für Mediation (CfM) zum Referentenentwurf, 2010, S. 7.
43 Stellungnahme der Bundesrechtsanwaltskammer zum Referentenentwurf, 2010, S. 14.; vgl. Plenarprotokoll 17/149, Deutscher Bundestag, S. 17838, S. 17840, S. 17842.
44 Stellungnahme der Centrale für Mediation (CfM) zum Referentenentwurf, 2010, S. 7.
45 *Greger* ZRP 2010, 212 (213).
46 *Greger* ZRP 2010, 212 (213).
47 *Greger* ZRP 2010, 212 (213).
48 *Bastine* ZKM 2011, 59 f.

§ 8 MediationsG Evaluierung

öffnungsklauseln, über die Auswirkungen dieses Gesetzes auf die Entwicklung der Mediation in Deutschland und über die Situation der Aus- und Fortbildung der Mediatoren. In dem Bericht ist insbesondere zu untersuchen und zu bewerten, ob aus Gründen der Qualitätssicherung und des Verbraucherschutzes weitere gesetzgeberische Maßnahmen auf dem Gebiet der Aus- und Fortbildung von Mediatoren notwendig sind.

(2) Sofern sich aus dem Bericht die Notwendigkeit gesetzgeberischer Maßnahmen ergibt, soll die Bundesregierung diese vorschlagen.

Übersicht

	Rdn.
I. Europäische Mediationsrichtlinie	4
II. **Grundsätze und Einzelheiten**	5
1. Evaluierung und Berichterstattung (Absatz 1)	5
a) Evaluierung	5
b) Bericht	8
c) Frist	9
d) Inhalt (Absatz 1 Satz 1)	10
aa) Auswirkungen des MediationsG	11
bb) Situation der Aus- und Fortbildung	12
cc) Kostenrechtliche Länderöffnungsklauseln	15
e) Schwerpunkt des Berichts (Absatz 1 Satz 2)	18
aa) Qualitätssicherung	20
bb) Verbraucherschutz	23
cc) Notwendigkeit gesetzgeberischer Maßnahmen	24
2. Vorschlag gesetzgeberischer Maßnahmen (Absatz 2)	25

1 Das MediationsG ist innerhalb von fünf Jahren nach Inkrafttreten einer **Evaluierung** zu unterziehen, die dem Gesetzgeber in einem Bericht vorzulegen ist. § 8 MediationsG war nicht von Anfang an Inhalt des Gesetzentwurfes, sondern wurde erst später aufgrund der **Beschlussempfehlung des Rechtsausschusses**[1] in das Gesetz eingefügt. Der Gesetzgeber will damit deutlich zum Ausdruck bringen, dass die Einführung des MediationsG nur ein erster Schritt auf dem Weg hin zur tatsächlichen Akzeptanz und Verbreitung der Mediation ist, und es noch einige Zeit und ggf. Änderungen des MediationsG bedarf, bis Mediation erfolgreich in unserem System verankert und akzeptiert ist.[2] Denn »die Mediation als Instrument zur Konfliktlösung und

---

1 BT-Drucks. 17/8058.
2 Plenarprotokoll 17/149 des Deutschen Bundestages, S. 17839.

die Anforderungen an Mediatoren befinden sich noch in der Entwicklung«[3] und »die Rahmenbedingungen für Konfliktlösungen durch Mediation werden mit dem MediationsG erstmals gesetzlich geregelt.«[4]

Die Bundesregierung ist gemäß § 8 Abs. 1 Satz 1 MediationsG gehalten, auch unter Berücksichtigung der **kostenrechtlichen Ländereröffnungsklauseln** zum einen die **Auswirkungen des MediationsG** auf die **Entwicklung der Mediation in Deutschland** und zum anderen die **Situation der Aus- und Fortbildung der Mediatoren** zu evaluieren und dem Deutschen Bundestag einen Bericht über die Evaluierung zu erstatten.[5] Ziel des Berichtes ist herauszufinden, ob und inwieweit weitere gesetzgeberische Maßnahmen insbesondere auf dem Gebiet der Aus- und Fortbildung von Mediatoren notwendig sind (Absatz 1 Satz 2). Entsprechende Vorschläge für weitere gesetzgeberische Maßnahmen sollen dann von der Bundesregierung erfolgen (Absatz 2).

Absatz 1 Satz 2 erwähnt ausdrücklich, dass der **Bericht** und **Evaluation** die Situation der Aus- und Fortbildung der Mediatoren besonders untersuchen und bewerten soll. Grundsätzlich sollen aber sämtliche verbesserungswürdigen oder sonst wesentlichen Themenbereiche bei der Evaluation Berücksichtigung finden. So könnte insbesondere die Frage der **finanziellen Förderung** im Rahmen der Evaluation weiter untersucht und bewertet werden. Vor diesem Hintergrund soll dann entschieden werden, ob weitere gesetzliche Maßnahmen notwendig erscheinen. Untersucht werden soll mithin, ob die Ziele des MediationsG, dh. insbesondere die **Förderung der Mediation** und die **Entlastung der Justiz**,[6] erreicht werden konnten oder ob es Verbesserungsbedarf beim MediationsG gibt.

I. Europäische Mediationsrichtlinie

Auch die **EUMed-RL** sieht in Art. 11 (»Überprüfung«) eine **Evaluierung und Berichterstattung** zur Anwendung der EUMed-RL vor. Danach soll die Kommission dem **Europäischen Parlament**, dem Rat und dem Europäischen Wirtschafts- und Sozialausschuss bis zum 21. Mai 2016, und damit acht Jah-

---

3 Begr. BT-Drucks. 17/8058, S. 20.
4 Begr. BT-Drucks. 17/8058, S. 20.
5 Begr. BT-Drucks. 17/8058, S. 20.
6 Begr. BT-Drucks. 17/5335, S. 18.

re nach Inkrafttreten der EUMed-RL, über die Anwendung der Richtlinie und insbesondere über die Entwicklung der Mediation in der gesamten Europäischen Union und die Auswirkungen der EUMed-RL in den Mitgliedstaaten Bericht erstatten. Ferner sieht Art. 11 S. 2 EUMed-RL vor, dass dem Bericht, »soweit erforderlich, Vorschläge zur Anpassung dieser Richtlinie beizufügen« sind.

II. Grundsätze und Einzelheiten

1. Evaluierung und Berichterstattung (Absatz 1)

a) Evaluierung

5 Der **Begriff Evaluierung** bedeutet im allgemeinen Sinne die »Bewertung« und »Beurteilung« von Sachverhalten und stammt ursprünglich aus dem Bereich der Sozialwissenschaften, wo er als »Analyse und Bewertung eines Sachverhalts, vor allem als Begleitforschung einer Innovation« verstanden wird. In der Rechts- und Verwaltungswissenschaft dienen Evaluationen von Gesetzen und Verordnungen dazu, die Auswirkungen staatlichen Handelns unter Einsatz wissenschaftlicher Methoden zu erfassen.[7] Evaluationen setzen in der Regel auf der Wirkungsebene und nicht auf der Leistungsebene an, denn beurteilt werden insbesondere die Wirkungen, die Zielerreichung/Vollzugskonformität (Effektivität, Wirksamkeit) sowie die Wirtschaftlichkeit (im Sinne der Kosten-Nutzen-Effizienz).[8] Damit können neue Gesetze und Verordnungen den tatsächlichen Gegebenheiten angepasst und auf eine sichere Grundlage gestellt werden, ihr Vollzug besser auf die mit dem Gesetz angestrebten Ziele ausgerichtet und Transparenz im Hinblick auf staatliches Handeln gewährleistet sowie die Ergebnisse und Schlussfolgerungen im Rahmen von Aufgabenüberprüfungen zusammengefasst werden.

6 Die Pflicht des Gesetzgebers zur **Prognose-, Beobachtungs-** und **Nachbesserungspflicht** bei Gesetzen und Verordnungen, also auch zur nachträglichen Prüfung (retrospektive Evaluation) der wesentlichen Aus- und Nebenwirkungen neuer Gesetze als eine Form der **Gesetzesfolgenabschätzung,** ergibt sich nach ständiger Rechtsprechung des Bundesverfassungsgerichts[9] aus den grundrechtlichen Schutzpflichten des Gesetzgebers. Die Gesetzesfolgenab-

---

7 *Kettiger*, Wirkungsorientierte Gesetzgebung, S. 15.
8 *Kettiger*, Wirkungsorientierte Gesetzgebung, S. 15.
9 Vgl. BVerfGE 50, 290 (333); BVerfGE 56, 54 (78); BVerfGE 88, 203 (263).

schätzung erfolgt nicht nur vor Erlass eines Gesetzes, sondern auch nach dessen Erlass. Es lassen sich mithin drei Phasen der Gesetzesfolgenabschätzung unterscheiden: die **Konzeptionsphase**, die **Durchführungsphase** und die **Auswertungsphase**. Während die ersten zwei Phasen dazu dienen den Gesetzesentwurf zu begleiten, wird in der letzten Phase, das bereits erlassene Gesetz ausgewertet, um so mögliche Regelungsalternativen zu finden.

Die Evaluierung des MediationsG bedeutet damit, seine Auswirkungen umfassend und systematisch zu analysieren und zu bewerten. Dadurch sollen Fortschritte und Erfolge aber auch Fehlentwicklungen oder sonstige Missstände erfasst werden. Vor diesem Hintergrund kann der Gesetzgeber dann beurteilen, inwieweit Veränderungen in der Zukunft notwendig sind und die neu eingeführten Regelungen abändern oder ergänzen. 7

b) Bericht

Die Bundesregierung, soll dem Bundestag »**berichten**«. Wie sich aus dem Titel und Absatz 1 Satz 2 der Vorschrift ergibt, ist darunter die Untersuchung, Bewertung und der abschließende Bericht über die Evaluierung zu verstehen. 8

c) Frist

Der Bericht hat bis zum **26.07.2017** und damit fünf Jahre nach Inkrafttreten des MediationsG zu erfolgen. Dieser Zeitraum[10] wird und ist als »hinreichend langer Zeitraum für eine aussagekräftige Evaluation« angesehen. 9

d) Inhalt (Absatz 1 Satz 1)

Der Bericht soll Stellung nehmen zu den **Auswirkungen des MediationsG** auf die Entwicklung der Mediation in Deutschland und zu der Situation der Aus- und Fortbildung der Mediatoren. 10

aa) Auswirkungen des MediationsG

Die Evaluation zu den **Auswirkungen des MediationsG** auf die **Entwicklung der Mediation** in Deutschland soll insbesondere die Verbreitung und Akzeptanz von Mediation als Mittel zur Konfliktlösung, die Lebensbereiche, in denen Mediation erfolgreich oder erfolglos praktiziert wird, die Erforderlichkeit 11

---

10 Begr. BT-Drucks. 17/8058, S. 20.

§ 8 MediationsG Evaluierung

einer finanziellen Förderung der Mediation und die Auswirkungen der Mediation auf die Vermeidung oder einvernehmliche Beendigung justizieller Verfahren berücksichtigen.[11] Diese Aufzählung ist beispielhaft und nicht abschließend. Die sehr weit und allgemein gehaltene Formulierung der Vorschrift lässt der Bundesregierung die Möglichkeit, in dem Bericht auch alle sonstigen erforderlich erscheinenden Themenbereiche einer Evaluation zu unterziehen.

bb) Situation der Aus- und Fortbildung

12 Gegenstand des Berichts ist ferner die Evaluierung der **Aus- und Fortbildung** der Mediatoren. Dabei ist besonders zu berücksichtigen, »ob aus Gründen der **Qualitätssicherung** und des **Verbraucherschutzes** eine intensivere staatliche Überprüfung der Qualifikation von Mediatoren erforderlich ist und ob die Qualifikationsanforderungen an Mediatoren an möglicherweise veränderte Anforderungen angepasst werden sollten.«[12] Gegenstand wird dabei insbesondere die Situation der Aus- und Fortbildung nach den Vorgaben von § 5 MediationsG und auf Grundlage der gemäß § 6 MediationsG vom Bundesministerium der Justiz zu erwartenden Verordnung zur Aus- und Fortbildung sein.

13 Zum Bereich der Aus- und Fortbildung zählen auch die »**Ausbildungsträger**, die die Aus- und Fortbildung von Mediatoren und deren Zertifizierung organisieren und durchführen.«[13]

14 Die Vorschrift gibt auch hier der Bundesregierung einen sehr weiten Raum, sämtliche Aspekte über die Situation der Aus- und Fortbildung der Mediatoren und sämtliche diese beeinflussenden Faktoren zum Gegenstand der Evaluierung zu machen.

cc) Kostenrechtliche Länderöffnungsklauseln

15 Die Evaluierung der Auswirkung des Gesetzes auf die Entwicklung der Mediation in Deutschland soll auch unter Berücksichtigung der **kostenrechtlichen Länderöffnungsklauseln** erfolgen. Diese kostenrechtlichen Länderöffnungsklauseln wurden aufgrund der Beschlussempfehlung des

---

11 Begr. BT-Drucks. 17/8058, S. 20.
12 Begr. BT-Drucks. 17/8058, S. 20.
13 Begr. BT-Drucks. 17/8058, S. 20.

Vermittlungsausschusses[14] in **§ 69 b Gerichtskostengesetz** (GKG) und § 61 a **Gesetz über Gerichtskosten in Familiensachen** (FamGKG) aufgenommen.

Hierbei handelt sich um **Verordnungsermächtigungen**, die es den Landesregierungen ermöglichen, durch Rechtsverordnung zu bestimmen, dass die **Verfahrensgebühren** über die in den Kostenverzeichnissen bereits vorgesehenen Ermäßigungen hinaus weiter ermäßigt oder sogar entfallen können. Voraussetzung dafür ist, dass das gesamte Verfahren nach einer Mediation oder einer anderen außergerichtlichen Streitbeilegung durch Zurücknahme der Klage oder des Antrags beendet wird, und in der Klage- oder Antragsschrift mitgeteilt worden ist, dass eine Mediation oder ein anderes Verfahrens der außergerichtlichen Konfliktbeilegung durchgeführt oder abgestrebt wird, oder wenn das Gericht den Parteien die Durchführung einer Mediation oder eines anderen Verfahrens der außergerichtlichen Konfliktbeilegung vorgeschlagen hat.[15]

Inwieweit der damit verbundene Kostenanreiz Auswirkungen auf die Mediation, z. B. die Akzeptanz der Mediation bei der rechtsuchenden Bevölkerung fördert, soll ausdrücklich Gegenstand der Evaluierung sein.

e) Schwerpunkt des Berichts (Absatz 1 Satz 2)

Nach Absatz 1 Satz 2 der Vorschrift ist **wesentlicher Inhalt** des Berichts die Untersuchung und Bewertung, ob aus Gründen der Qualitätssicherung und des Verbraucherschutzes **weitere gesetzgeberische Maßnahmen** hinsichtlich **der Aus- und Fortbildung** der Mediatoren notwendig sind.

Diese hervorgehobene Berücksichtigung erklärt sich aus der während des Gesetzgebungsprozesses besonders kontrovers geführten Diskussion über die Frage des »Ob« und des »Wie« einer gesetzlich **normierten Qualitätssicherung** der Aus- und Fortbildung der Mediatoren. Weiterer Grund ist das gesetzgeberische Ziel, mit der Evaluierung auch die Überprüfung und ggf. Verbesserung der Regelungen des MediationsG zu erreichen. Diese Aufzählung hebt jedoch lediglich ein besonderes Ziel des Berichts hervor und ist nicht abschließend zu verstehen; so sollte daneben ebenfalls untersucht und bewertet werden, ob andere Gründe (z. B. die Ergebnisse der **Forschungsvorhaben**

---

14 Begr. BT-Drucks. 17/10102, S. 3, 4.
15 Plenarprotokoll 898, Bundesrat, S. 296.

§ 8 MediationsG Evaluierung

nach § 7 MediationsG) die Einführung weiterer gesetzgeberischen Maßnahmen notwendig machen.

aa) Qualitätssicherung

20 Der Mediator benötigt eine qualifizierte und intensive Ausbildung, um die Mediation, die ein komplexes Konfliktlösungsverfahren darstellt, kompetent durchführen zu können.[16] Aus Gründen der **Qualitätssicherung** und der **Markttransparenz** sind in § 5 Abs. 1 MediationsG die Anforderungen an die Grundkenntnisse und Kernkompetenzen des Mediators festgelegt.[17] § 5 MediationsG unterscheidet zwischen dem »**Mediator**« und dem »**zertifizierten Mediator**«. Der »Mediator« hat in eigener Verantwortung seine Aus- und Fortbildung zu sichern (vgl. § 5 Abs. 1 MediationsG). Die Voraussetzungen für die Aus- und Fortbildung des »zertifizierten Mediators« sind in einer vom Bundesministerium der Justiz noch zu erlassenden Verordnung zu bestimmen (vgl. § 5 Abs. 2 und 3 i. V. m. § 6 MediationsG).

21 Einheitliche, sich am Markt bereits durchgesetzte Ausbildungsstandards gibt es derzeit noch nicht. Dementsprechend haben die am Markt agierenden **Mediationsverbände** und **Ausbildungsinstitute** unterschiedliche Ausbildungsstandards. Vergleichbare und standardisierte Bestimmungen über die Aus- und Fortbildung der Mediatoren würden jedoch Markttransparenz schaffen und wären daher im Verbraucherinteresse wünschenswert. Dies könnte bei den Verbrauchern auch das für die Durchsetzung der Mediation am Markt erforderliche Vertrauen schaffen. Auch die **Versicherungswirtschaft** (z. B. Rechtsschutzversicherungen) fragt nach einheitlichen Ausbildungsstandards zur Qualitätssicherung,[18] um Mediatoren an ihre Versicherungsnehmer empfehlen zu können.

22 Solange die Bundesregierung nicht im Verordnungswege Bestimmungen über die Aus- und Fortbildung des »**zertifizierten Mediators**« vorgibt, handelt jeder Mediator im Hinblick auf seine Aus- und Fortbildung nur nach eigener Verantwortung (und seinen finanziellen Möglichkeiten!). Es scheint daher dringend erforderlich zu sein, die Qualitätssicherung zum Gegenstand der Evaluierung zu machen und u. a. zu untersuchen und zu bewerten, ob

---

16 Begr. BT- Drucks. 17/8058, S. 18.
17 Begr. BT- Drucks. 17/8058, S.18.
18 Begr. BR-Drucks. 60/11, S. 5.

die jetzigen Regelungen ausreichen, um die Qualität der Aus- und Fortbildung der Mediatoren sicherzustellen.

bb) Verbraucherschutz

Verbraucher im Sinn der Vorschrift ist jede Person, die als Partei oder sonstiger Beteiligter an einer Mediation teilnimmt bzw. für die Mediation als Konfliktlösungsverfahren in Betracht kommt. Dieser Personenkreis soll vor Mediatoren geschützt werden, die **ohne ausreichende Qualifikation** ihre Tätigkeit anbieten.[19] Zudem soll eine Markttransparenz geschaffen werden, durch die dem Verbraucher der Zugriff auf den Mediationsmarkt erleichtert und die Inanspruchnahme der Mediation gewährleistet wird. Qualitätssicherung und Verbraucherschutz sind eng miteinander verknüpft und beide Aspekte sind entscheidend für die Anforderungen, die an die Aus- und Fortbildung der Mediatoren zu stellen sind.

cc) Notwendigkeit gesetzgeberischer Maßnahmen

Der Gesetzgeber soll im Rahmen der Evaluation die Notwendigkeit von **weiteren gesetzgeberischen Maßnahmen** prüfen und diese im Bericht darstellen und vorschlagen (vgl. Absatz 2). Während **Art. 11 EUMed-RL** davon spricht, dass Änderungen der Richtlinie erfolgen sollen, sofern dies »erforderlich« ist, verwendet der deutsche Gesetzgeber die Formulierung »notwendig«, was im Ergebnis dieselbe Bedeutung hat. Weitere gesetzliche Regelungen müssen daher im Lichte des Art. 12 GG unerlässlich und zwingend sein, damit der Gesetzgeber in der Zukunft entsprechend tätig wird.

2. Vorschlag gesetzgeberischer Maßnahmen (Absatz 2)

Sofern die **Bundesregierung** aufgrund des Berichts feststellen sollte, dass weitere gesetzgeberische Maßnahmen notwendig sind, um das Ziel des MediationsförderungsG zu erreichen und um sonstige mögliche negative Entwicklungen zu korrigieren oder positive Entwicklungen zu verstärken, soll sie entsprechende gesetzgeberische Maßnahmen vorschlagen. Der Inhalt und Umfang der Maßnahmen hängt entscheidend von dem Ergebnis des Berichtes über die Evaluation ab, aber auch von der weiteren Entwicklung im Bereich der **Europäischen Union**.

---

19 Begr. BR-Drucks. 60/1/11, S. 3.

§ 9 Übergangsbestimmung

(1) Die Mediation in Zivilsachen durch einen nicht entscheidungsbefugten Richter während eines Gerichtsverfahrens, die vor dem 26. Juli 2012 an einem Gericht angeboten wird, kann unter Fortführung der bisher verwendeten Bezeichnung (gerichtlicher Mediator) bis zum 1. August 2013 weiterhin durchgeführt werden.

(2) Absatz 1 gilt entsprechend für die Mediation in der Verwaltungsgerichtsbarkeit, der Sozialgerichtsbarkeit, der Finanzgerichtsbarkeit und der Arbeitsgerichtsbarkeit.

Übersicht

	Rdn.
I. Regelungsgegenstand und Zweck	1
1. Entwicklung der Vorschrift und systematischer Zusammenhang	1
2. Europäische Mediationsrichtlinie	5
II. Grundsätze/Einzelheiten	6
1. Weiterführung gerichtlicher Mediationen in Zivilsachen (Absatz 1)	6
a) Übergangszeitraum	6
b) Grundsätze	7
c) Zeitlich begrenzte Verwendung des Begriffs »gerichtlicher Mediator«	9
d) Status der gerichtlichen Mediatoren	10
e) Anzuwendende Methodik in Abgrenzung zum Güterichter	14
f) Verfahrensrechtliche Konsequenzen	15
2. Weiterführung gerichtlicher Mediationen in den Fachgerichtsbarkeiten (Absatz 2)	18
III. Hinweise für die Praxis	19

I. Regelungsgegenstand und Zweck

1. Entwicklung der Vorschrift und systematischer Zusammenhang

1 Die Übergangsbestimmung zählt zu den Vorschriften, die im Laufe des Gesetzgebungsprozesses mehrere Änderungen erfahren haben:

Im Referentenentwurf zunächst allein als Öffnungsklausel für die Länder zur Regelung der richterlichen Mediation durch Rechtsverordnung in § 15 GVG konzipiert (*»Die Landesregierungen werden ermächtigt, durch Rechtsverordnung* *zu bestimmen, dass gerichtsinterne Mediation ... angeboten wird*«),[1] sah der Gesetzentwurf der Bundesregierung in seinem § 7 MediationsG bereits eine Übergangsbestimmung für gerichtsinterne Mediation von einem Jahr nach Inkrafttreten des Gesetzes vor, solange keine Rechtsverordnung entsprechend § 15 GVG erlassen worden wäre.[2]

Auf Empfehlung des Rechtsausschusses beschloss der Bundestag sodann in § 9 Abs. 1 MediationsG eine der nunmehr geltenden Regelung im Wesentlichen entsprechende Übergangsbestimmung für »Mediation durch einen nicht entscheidungsbefugten Richter während eines Gerichtsverfahrens« für eine Übergangsdauer von einem Jahr, wobei dies für die ordentliche Gerichtsbarkeit und alle Fachgerichtsbarkeiten gelten sollte; die Bedeutung der Vorschrift erschloss sich aus dem Zusammenhang mit der beschlossenen Einführung des Güterichters in § 278 Abs. 5 ZPO.[3]

Im Zuge des vom Bundesrat eingeleiteten Vermittlungsverfahrens erhielt die Vorschrift ihre nunmehr geltende Fassung, die in Absatz 1 um den Halbsatz »unter Fortführung der bisher verwendeten Bezeichnung (gerichtlicher Mediator)« ergänzt wurde. Die Sinnhaftigkeit der Änderung erschließt sich aus dem Zusammenhang mit der gleichfalls im Vermittlungsverfahren erfolgten Änderung des § 278 Abs. 5 ZPO, insbesondere der Einfügung des Satzes 2 in Absatz 5.[4]

Die Gesetzesentwicklung macht somit deutlich, dass die zunächst nur eröffnete Option, im gerichtlichen Verfahren weiterhin Mediation anbieten zu können, sich über eine zeitlich befristete Bestandsgarantie in einer Übergangsphase nunmehr zu einer Gesamtregelung mauserte, die in allen Gerichtsbarkeiten das Verfahrensangebot der Mediation im Rahmen des erheblich erweiterten Instituts des Güterichters zulässt, wobei die Verwendung der Bezeichnung gerichtlicher Mediator nur noch in der Übergangsphase zulässig ist und durch die Bezeichnung Güterichter ersetzt wird.

---

1 Vgl. Referentenentwurf vom 04.08.2010.
2 BT-Drucks. 17/5335.
3 BT-Drucks. 17/8058.
4 BT-Drucks. 17/10102.

2. Europäische Mediationsrichtlinie

5 Mit § 9 MediationsG im Zusammenhang mit § 278 Abs. 5 ZPO greift der Gesetzgeber den Erwägungsgrund Nr. 12 sowie Art. 3 lit. a der EUMed-RL auf, die die Möglichkeiten einer Mediation durch einen Richter vorsehen.

II. Grundsätze/Einzelheiten

1. Weiterführung gerichtlicher Mediationen in Zivilsachen (Absatz 1)

a) Übergangszeitraum

6 Absatz 1 der Vorschrift ermöglicht zunächst die Weiterführung der gerichtlichen Mediation in Zivilsachen, mithin der zahlreichen Projekte, die bundesweit von Richtern und Justizverwaltungen initiiert wurden.[5] In dem im Gesetz bezeichneten Übergangszeitraum von einem Jahr seit Inkrafttreten des Mediationsförderungsgesetzes, mithin bis zum 01.08.2013, können die Gerichte ihre bisherigen gerichtlichen Mediationsprojekte weiter laufen lassen; **neue Projekte** dürfen jedoch **nicht** begonnen werden. Es bleibt den Gerichten unbenommen, mit Inkrafttreten des Gesetzes ihr bisheriges Angebot der gerichtlichen Mediation auf das Güterichtermodell umzustellen. Auch bestehen keine Bedenken, beides – gerichtlichen Mediation und Güterichterverfahren – nebeneinander anzubieten.

b) Grundsätze

7 Der Gesetzgeber stellt in Absatz 1 klar, dass von einer gerichtlichen Mediation nur gesprochen werden kann, wenn sie von einem **nicht entscheidungsbefugten Richter** angeboten und durchgeführt wird. Damit nimmt er auf § 1 Abs. 2 MediationsG Bezug und grenzt das besondere Verfahren der Mediation von sonstigen Bemühungen des streitentscheidenden Richters ab, eine Einigung zwischen Verfahrensbeteiligten herbeizuführen.

8 Es ist den Gerichten nicht verwehrt, im Übergangszeitraum »neue« gerichtliche **Mediationsverfahren** zu initiieren und durchzuführen.[6] Bereits begonnene Mediationen können nach Ablauf der Übergangsphase des § 9 MediationsG zu Ende geführt werden, dann jedoch im Rahmen des sog.

---

5 Vgl. die angeführten Projekte bei *Gläßer/Schroeter*, Gerichtsinterne Mediation, S. 191 ff.
6 Vgl. Begr. BT-Drucks. 17/8058, III., Zu Artikel 1, Zu § 9.

Güterichterverfahrens. Diese Veränderung ausschließlich als Begriffskosmetik zu verstehen, würde die verfahrensrechtlichen Möglichkeiten[7] außer Betracht lassen, die dem Güterichter im Gegensatz zum gerichtlichen Mediator (dann) zur Verfügung stehen.

c) Zeitlich begrenzte Verwendung des Begriffs »gerichtlicher Mediator«

Dem Vermittlungsausschuss war ersichtlich daran gelegen, dass nach der Übergangsphase des § 9 MediationsG der Begriff »**gerichtlicher Mediator**« **nicht** weiter **verwendet** wird. Der Bezeichnung Mediator soll zukünftig nur für solche Mediatoren gebraucht werden dürfen, die nicht statusmäßig in eine gerichtliche Organisation eingebunden sind, mithin freiberuflich, jedenfalls außergerichtlich tätig werden.[8] Soweit die Methode der Mediation gleichwohl im Rahmen einer gerichtlichen Streitbeilegung durch den Güterichter gem. § 278 Abs. 5 Satz 2 ZPO angeboten und angewendet wird, ist es den Gerichten verwehrt, in diesem Zusammenhang weiterhin von »gerichtlichen Mediatoren« zu sprechen bzw. die entsprechenden Synonyme wie »richterliche Mediatoren«, »Richtermediatoren«, »Gerichtsmediatoren« etc. zu benutzen oder für das Verfahren die Bezeichnungen »gerichtliche Mediation«, »gerichtsinterne Mediation«, »richterliche Mediation«, »Richtermediation«, »Gerichtsmediation« etc. zu gebrauchen.[9] Nach der Übergangsphase sind nur noch die Bezeichnungen »**Güterichter**« bzw. »**Güterichterverfahren**« zu verwenden, wobei auch der Hinweis »Mediation beim Güterichter« nicht zu beanstanden ist.[10]

9

---

7 Z. B. die Protokollierung einer Mediationsvereinbarung als Vergleich.
8 *Röthemeyer* ZKM 2012, 116 ff.
9 Im Schrifttum wie auch im Gesetzgebungsverfahren wurde in der Vergangenheit keine einheitliche Terminologie gebraucht; während der Gesetzgeber nunmehr von »gerichtlicher Mediation« spricht, hatte noch den Entwurf der Bundesregierung in seinem § 1 Abs. 1 MediationsG den Begriff »gerichtsinterne Mediation« vorgesehen.
10 In der Übergangsphase hingegen hingegen stehen alle Begriffe gleichberechtigt nebeneinander und bezeichnen das Gleiche; dementsprechend werden sie auch im Kommentar synonym verwendet.

d) Status der gerichtlichen Mediatoren

10 Für die gerichtliche Mediation mangelte es bislang an einer ausdrücklichen gesetzlichen Regelung; überwiegend wurde als prozessrechtliche Grundlage § 278 Abs. 5 VwGO in analoger Anwendung herangezogen,[11] zum Teil wurde die gerichtliche Mediation der Tätigkeit der Gerichtsverwaltung zugeordnet.[12] Dieser Streit ist nunmehr geklärt, für den Übergangszeitraum ergibt sich die **prozessrechtliche Grundlage** aus § 9 MediationsG.

11 Somit kann die gerichtliche Mediation als **richterliche Tätigkeit eigener Art** eingestuft werden mit der Folge, dass eine **Geschäftsverteilung** durch das gerichtliche **Präsidium** erfolgen muss. Der Grundsatz des gesetzlichen Richters (Art. 101 Abs. 1 GG) findet auf den gerichtlichen Mediator keine Anwendung: Da die Vorschriften des MediationsG für alle – freiberuflich wie gerichtlich tätige – Mediatoren gelten, steht den Parteien hinisichtlich der Person des gerichtlichen Mediators ein Wahlrecht zu, ohne dass damit zugleich ein Anspruch auf einen bestimmten richterlichen Mediator verbunden wäre.[13]

12 Für die gerichtsinterne Mediation gelten grundsätzlich die **gleichen Regelungen** wie für sonstige Mediationen. Wegen der näheren Einzelheiten wird auf die Kommentierung des Mediationsgesetzes zu Verfahren, Aufgaben, Offenbarungspflichten, Tätigkeitsbeschränkungen und Verschwiegenheitspflicht (§§ 2 bis 4 MediationsG) sowie zur Aus- und Fortbildung (§§ 5, 6 MediationsG) verwiesen. Darüber hinaus ist folgendes von Bedeutung:

13 Was die **Verschwiegenheitspflicht** anbelangt, so findet § 4 MediationsG mit der Besonderheit Anwendung, dass über die Ausnahmen in § 4 Satz 3 Nrn. 1 – 3 MediationsG hinaus gerichtliche Mediatoren, weil sie als Amtsträger nicht nur den Parteien verpflichtet sind, besondere Anzeigepflichten treffen. Dies betrifft u. a. § 116 Abgabenordnung und § 6 des Gesetzes gegen missbräuchliche Inanspruchnahme von Subventionen.[14]

---

11 *Brändle/Schreiber* BJ 2008, 351 ff. (354).
12 *Walther* ZKM 2005, 53.
13 Begr. BT-Drucks. 17/5335, B., Zu Artikel 3, Zu Nummer 5.
14 Begr. BT-Drucks. 17/5335, B., Zu Artikel 1, Zu Nummer 4.

e) Anzuwendende Methodik in Abgrenzung zum Güterichter

Im Gegensatz zum gerichtlichen Mediator sind die Handlungsmöglichkeiten 14
des Güterichters nicht allein auf Mediationen beschränkt ist. Er kann sich
aller Methoden bedienen, die ihm zur Herbeiführung einer konsensualen Lösung des anhängigen Konflikts geeignet erscheinen, wobei die Handlungsvielfalt mit einer Methodenklarheit korrespondiert: Das bedeutet, dass der
Güterichter bereits im Vorfeld gegenüber den Streitparteien deutlich macht
und mit ihnen abspricht, welche Methoden zur Konsensfindung er anzuwenden gedenkt.

Der **gerichtliche Mediator** hingegen wird sich **ausschließlich** der Methode
der **Mediation** bedienen, dabei aber alle Handlungsmöglichkeiten ausschöpfen, die diese bietet, angefangen von der Langzeitmediation über die Kurzzeitmeditation bis hin zur Co-Mediation.

f) Verfahrensrechtliche Konsequenzen

Da der gerichtliche Mediator kein entscheidungsbefugter Richter ist, kann er 15
weder einen **Vergleich** protokollieren **noch** einen **Streitwert** festsetzen.[15]
Auch bei einer Streitwertfestsetzung sind rechtliche Fragen zu beurteilen und
im Falle der Beschwerde würde die Grenze zwischen Streitentscheidung und
Mediation verwischt, wenn die gebotene Abhilfeprüfung durch den Mediator
vorgenommen werden würde.

Eine in der gerichtlichen Mediation geschlossene **Vereinbarung** kann somit 16
nur vom streitentscheidenden Richter, mithin nicht vom gerichtlichen Mediator, als Vergleich **protokolliert** werden und ist dann Vollstreckungstitel
gem. § 794 Abs. 1 Nr. 1 ZPO. Die Parteien können die Vereinbarung auch

---

15 In einigen vor Inkrafttreten des Mediationsförderungsgesetzes bestehenden Modellprojekten wie dem der hessischen Verwaltungsgerichtsbarkeit (vgl. hierzu *Fritz*, FS VG Gießen, S. 319 ff. (330)) wurden die gerichtlichen Mediatoren zwar in analoger Anwendung des früheren § 278 Abs. 5 ZPO beauftragt, im Anschluss an ein Mediationsgespräch ggf. auch einen Vergleich zu protokollieren und einen Streitwert festzusetzen, mithin den »Hut des Mediators« abzunehmen und den »Hut des Richters« aufzusetzen. Die nunmehrige Regelung des § 9 MediationsG hat demgegenüber den klaren Vorteil, eindeutig zwischen Streitentscheidung durch den Richter und Mediation durch den gerichtlichen Mediator zu unterscheiden.

dem erkennenden Gericht gem. § 278 Abs. 6 ZPO vorlegen und das Zustandekommen eines Vergleichs durch Beschluss feststellen lassen.

17 Ob dem gerichtlichen Mediator, wie es in der Begründung des Gesetzentwurfs der Bundesregierung heißt, regelmäßig der **Einblick** in die **Prozessakten** verwehrt ist,[16] darf mit guten Gründen bezweifelt werden. Zur seriösen Vorbereitung einer gerichtlichen Mediation zählt jedenfalls die Einsichtnahme in die Prozessakte.[17] Wenn schon die Einsichtnahme in die Akte nicht bereits aus der gerichtlichen Mediation als solcher folgt, weil die gerichtlichen Mediatoren weiterhin Richter und in die Gerichtsorganisation eingebunden sind und zugleich als Amtsträger besonderen Verpflichtungen unterliegen,[18] dann ist zumindest anzuraten, das – in der Praxis regelmäßig erteilte – Einverständnis der Parteien hierfür einzuholen.[19]

2. Weiterführung gerichtlicher Mediationen in den Fachgerichtsbarkeiten (Absatz 2)

18 Durch Absatz 2 wird die Möglichkeit eröffnet, die in den **Fachgerichtsbarkeiten** praktizierten gerichtlichen Mediationsprojekte im **Übergangszeitraum** fortzuführen. Die Ausführungen im Zusammenhang mit Absatz 1 gelten daher entsprechend für die gerichtliche Mediation in der Verwaltungsgerichtsbarkeit, der Sozialgerichtsbarkeit, der Finanzgerichtsbarkeit und der Arbeitsgerichtsbarkeit.

III. Hinweise für die Praxis

19 Die **Geschäftsverteilung** der Gerichte muss für die Übergangsphase des § 9 MediationsG eigene Regelungen für den Einsatz gerichtlicher Mediatoren enthalten.[20] Es dürfte ausreichen, eine Rubrik »Mediation« aufzunehmen und dort auszuführen, welche namentlich benannten Richter die Aufgaben als gerichtliche Mediatoren wahrnehmen und ob, in welchem Umfang und nach welchem Modus hierfür eine Entlastung gewährt wird. Das der Mediation innewohnende Freiwilligkeitsprinzip verbietet es, im Geschäftsvertei-

---

16 Begr. BT-Drucks. 17/5496, Zu Artikel 3, Zu Nummern 5 und 6.
17 *Krabbe/Fritz* ZKM 2010, 136 ff.
18 Vgl. Begr. BT-Drucks. 17/5335, B. Zu Artikel 1 Zu Nummer 4.
19 Vgl. hingegen den konservativen Ansatz der »mediatorischen Unbefangenheit« bei *Carl* ZKM 2012, 16 ff. (20).
20 Vgl. *Brändle/Schreiber* BJ 2008, 351 ff. (356, Fn. 2).

lungsplan **abschließend** festzulegen, wann bzw. in welchen Fällen ein Mediator zuständig ist. Im Hinblick auf die Inkompatibilitätsregelung des § 41 Nr. 8 ZPO empfiehlt es sich jedoch, eine **negative Zuständigkeitsregelung** zu beschließen in etwa dem Sinne, dass in Spruchkörpern tätige Mediatoren keine Mediationen übernehmen dürfen in den Rechtsgebieten, in denen ihr Spruchkörper zuständig ist.

▶ **Mediation**   20

1. Die Angelegenheiten der gerichtlichen Mediation werden von den Richtern ... (*Namen*) wahrgenommen.
2. Mediationsverfahren erhalten eine eigene Geschäftsnummer und werden in der Reihenfolge ihres Eingangs den Richtern ... (*Namen*) abwechselnd zugewiesen. Besteht ein Sachzusammenhang mit einer früheren Mediation, so wird die Angelegenheit dem diesbezüglich zuständigen Mediator zugewiesen und dies bei der nächsten Mediationssache entsprechend berücksichtigt. Eine entsprechende Berücksichtigung findet auch statt, wenn sich die Parteien für einen anderen gerichtlichen Mediator entscheiden als den nach Nr. 2 Satz 1 vorgesehenen Mediator.
3. Fällt das dem Mediationsverfahren zugrundeliegende Verfahren in die Zuständigkeit des gerichtlichen Mediators oder des Spruchkörpers, dem er angehört, dann erfolgt die Zuweisung an den nächsten nach der Liste vorgesehenen Mediator. Gleiches gilt, wenn der Mediator mit der Sache oder den (natürlichen) Parteien als gesetzlich zuständiger Richter befasst gewesen ist oder befasst werden könnte.
4. Ab ... (*Anzahl*) durchgeführte Mediationsverfahren im laufenden Geschäftsjahr erfolgt eine Entlastung von ... (*Anteil*) Arbeitskraftanteilen im kommenden Geschäftsjahr.

In der Übergangsphase des § 9 MediationsG gilt für die gerichtliche Mediation die Besonderheit, dass die **Parteien** sich zwar einen Mediator **auswählen** können, soweit am Gericht mehrere tätig sind, allerdings keinen Anspruch darauf haben, dass der Ausgewählte auch die gerichtliche Mediation durchführt. **Vielfältige Gründe** sind denkbar, warum ein Mediator ggf. nicht zu Verfügung steht; die Parteien müssen sich dann um einen anderen gerichtlichen Mediator bemühen. Die Anregung einer gerichtlichen Mediation sollte   21 einen Hinweis enthalten, wer als Mediator tätig ist und dass den Parteien bei mehreren Mediatoren insoweit ein Wahlrecht zusteht.

22 Es empfiehlt sich, gerichtliche Mediationsprojekte nicht erst zum Ende der Übergangsphase auslaufen zu lassen, sondern bereits zum Jahreswechsel 2012/2013 und in den Geschäftsverteilungsplan 2013 entsprechende Regelungen über den Güterichter aufzunehmen.[21] Das Präsidium läuft sonst Gefahr, im laufenden Geschäftsjahr 2013 den Geschäftsverteilungsplan ändern zu müssen.

---

21 Vgl. die Hinweise für die Praxis bei der Kommentierung zu § 278 ZPO, Rdn. 84.

Zivilprozessordnung (§§ 41, 159, 253, 278, 278a ZPO)

In der ZPO fanden sich bislang Regelungen über Verfahren der außergerichtlichen Konfliktbeilegung allein in § 278 Abs. 5 Satz 2 ZPO. 1

Die Umsetzung der EUMed-RL in nationales Recht, verbunden mit der Implementierung eines gegenüber dem bisherigen Güterichtermodell[1] »**erheblich erweiterten Instituts des Güterichters**« aufgrund der Beschlussempfehlung des Rechtsausschusses[2] und der Ergänzung und Konkretisierung durch den Vermittlungsausschuss[3] machte es erforderlich, die einschlägigen Vorschriften der Prozessordnungen darauf abzustimmen bzw. entsprechende Regelungen neu zu schaffen. Für die Zivilprozessordnung ist dies durch **Artikel 2** des **Mediationsförderungsgesetzes** erfolgt und betrifft nunmehr Fragen der Inkompatibilität, die in § 41 ZPO geregelt sind, Regelungen über den Güterichter (§ 278 Abs. 5 ZPO) und damit zusammenhängend Vorschriften über die Protokollierung (§ 159 Abs. 2 Satz 2 ZPO), Anforderungen an die Klageschrift (§ 253 Abs. 3 ZPO) und Einführung eines gerichtlichen Vorschlagsrechts zur Mediation (§ 278a ZPO). Die noch im Gesetzentwurf der Bundesregierung vorgesehene gerichtsinterne Mediation ist ebenso wie die sinnvollen Regelungen zur Vollstreckbarkeit von Mediationsvereinbarungen[4] nicht in das Gesetz aufgenommen worden. Eine Fortführung der bisherigen gerichtsinternen[5] Mediationsprojekte durch nicht entscheidungsbefugte Richter ist allerdings bis zu einem Jahr nach Inkrafttreten des Mediationsförderungsgesetzes noch möglich (vgl. § 9 MediationsG). 2

Die EUMed-RL verlangt, wie aus ihrem Art. 1 Abs. 2 folgt, eine Umsetzung nur für grenzüberschreitende Streitigkeiten in Zivil- und Handelssachen. Soweit bei den einzelnen Normen der ZPO daher auf die EUMed-RL verwiesen wird, ist diese Einschränkung stets mitzulesen. 3

---

1 *Tautphäus*, Spektrum der Mediation 2010, S. 26 ff.; *Gemählich*, Spektrum der Mediation 2010, S. 37 ff.
2 Begr. BT-Drucks. 17/8058, B.
3 BT-Drucks. 17/10102.
4 Vgl. die umfasssende Kritik von Wagner ZKM 2012, 110 ff. (111), der zutreffend darauf hinweist, dass die Regelungen über notarielle Urkunde und Anwaltsvergleich (§§ 794 Abs. 1 Nr. 5, 796a-796c ZPO) für die Vollstreckbarerklärung aus einem Wohnraummietverhältnis nicht Anwendung finden.
5 Zur Terminologie vgl. Kommentierung zu § 9 MediationsG, Rdn. 9.

4 Die Änderungen der Zivilprozessordnung sind in erster Linie für Parteien, Anwaltschaft und Gerichte von Bedeutung. Mediatoren sind davon insoweit betroffen, als die Gerichte den Parteien eines Rechtsstreits eine Mediation empfehlen können. Zudem folgt aus der Regelung der Verschwiegenheitspflicht in § 4 MediationsG, dass den hiervon Betroffenen (Mediatoren und in die Durchführung des Mediationsverfahrens eingebundene Personen) ein Zeugnisverweigerungsrecht gem. § 383 Abs. 1 Nr. 6 ZPO (und allen hierauf verweisenden Verfahrensordnungen) zusteht.

5 Keine Regelung enthält das Gesetz im Hinblick auf eine **Verjährung**. Im Schrifttum war angeregt worden, einen speziell auf Mediationsverfahren zugeschnittenen Verjährungstatbestand im Anschluss an die für Schiedsverfahren geltenden Vorschriften der §§ 204 Abs. 1 Nr. 11, 1044 ZPO zu schaffen.[6] Nach Auffassung des Gesetzgebers besteht kein Regelungsbedarf, weil die Verjährung bereits gem. § 203 Satz 1 BGB dann gehemmt ist, wenn zwischen den Parteien Verhandlungen über den Anspruch oder über die den Anspruch begründenden Umstände schweben, wozu auch die Mediation zu zählen ist.[7] Auch Gespräche über den Vorschlag, eine Mediation einzuleiten, sind danach als Verhandlungen im Sinne des § 203 Satz 1 BGB anzusehen.[8]

6 Nach der Gesetzesbegründung des Regierungsentwurfs ist eine Verjährung auch dann gehemmt, wenn beispielsweise eine Partei eine Mediation vorschlägt und die Gegenpartei signalisiert, den Vorschlag zu prüfen und das Ergebnis der Prüfung mitzuteilen. Die **Hemmung endet**, wenn eine der Parteien eindeutig und klar zu erkennen gibt, eine Mediation nicht beginnen zu wollen. Lassen die Parteien eine Mediation ruhen, weil sie die bisher erzielten Übereinkünfte überprüfen und im Anschluss über eine mögliche Fortsetzung entscheiden wollen, so endet die Hemmung erst, wenn eine Partei eine Fortsetzung des Mediationsgesprächs eindeutig ablehnt; allerdings bestehen insoweit Sonderregelungen für das familien- und arbeitsgerichtliche Verfahren (§ 155 Abs. 4 FamFG, § 54a Abs. 2 Satz 3 ArbGG).

7 Das Gesetz und die Begründung des Regierungsentwurfs, die auch in diesem Zusammenhang wiederum zivilprozessual geprägt sind, lassen die Besonder-

---

6 *Wagner* ZKM 2010, 172 ff. (173).
7 Vgl. Begr. BT-Drucks.17/5335, A., II.
8 Vgl. m.w.N. zu Schrifttum und Rechtsprechung: *Ahrens* NJW 2012, 2465 ff. (2468).

heiten der Fachgerichtsbarkeiten außer acht: Sowohl im arbeitsgerichtlichen Verfahren wie auch in den öffentlich-rechtlichen Gerichtsbarkeiten gibt es **Klagefristen**, die zu beachten sind.[9] Auch für materiell-rechtliche Ausschlussfristen hätte es einer Regelung bedurft.

Für Mediationen und die anderen Verfahren der außergerichtlichen Konfliktbeilegung ist allerdings **§ 204 BGB** mit in den Blick zu nehmen: Danach endet die Hemmung der Verjährung durch Klageerhebung gem. § 204 Abs. 1 Nr. 1 BGB nach Ablauf von 6 Monaten nach der letzten Verfahrenshandlung der Parteien oder des Gerichts (vgl. § 204 Abs. 2 BGB), also der Anordnung des Ruhens des Verfahrens gem. § 278a Abs. 2 ZPO; im Übrigen gilt jedoch weiterhin § 203 Satz 1 BGB. 8

Schließlich fehlt es auch an durchgreifenden Regelungen, Verfahren der außergerichtlichen Konfliktbeilegung durch **finanzielle Anreize** zu fördern:[10] Weder findet sich in der ZPO eine den §§ 135, 150 Abs. 4 Satz 2 FamFG entsprechende Normierung noch eine solche über Mediationskostenhilfe, sieht man einmal von der wenig gelungenen Vorschrift des § 7 MediationsG ab.[11] Die über das Vermittlungsverfahren in das Regelwerk aufgenommene Vorschrift des § 69b GKG kann nur als ein erster Schritt in die richtige Richtung erachtet werden. 9

§ 41 Ausschluss von der Ausübung des Richteramtes

Ein Richter ist von der Ausübung des Richteramtes kraft Gesetzes ausgeschlossen:

1. in Sachen, in denen er selbst Partei ist oder bei denen er zu einer Partei in dem Verhältnis eines Mitberechtigten, Mitverpflichteten oder Regresspflichtigen steht;

2. in Sachen seines Ehegatten, auch wenn die Ehe nicht mehr besteht;

2a. in Sachen seines Lebenspartners, auch wenn die Lebenspartnerschaft nicht mehr besteht;

---

9 *Schreiber* BJ 2010, 310.
10 *Löer* ZKM 2010, 179 ff. (182).
11 *Bastine* ZKM 2010, 59 f. (60); *Kraft/Schwerdtfeger* ZKM 2011, 55 ff. (56).

3. in Sachen einer Person, mit der er in gerader Linie verwandt oder verschwägert, in der Seitenlinie bis zum dritten Grad verwandt oder bis zum zweiten Grad verschwägert ist oder war;

4. in Sachen, in denen er als Prozessbevollmächtigter oder Beistand einer Partei bestellt oder als gesetzlicher Vertreter einer Partei aufzutreten berechtigt ist oder gewesen ist;

5. in Sachen, in denen er als Zeuge oder Sachverständiger vernommen ist;

6. in Sachen, in denen er in einem früheren Rechtszug oder im schiedsrichterlichen Verfahren bei dem Erlass der angefochtenen Entscheidung mitgewirkt hat, sofern es sich nicht um die Tätigkeit eines beauftragten oder ersuchten Richters handelt;

7. in Sachen wegen überlanger Gerichtsverfahren, wenn er in dem beanstandeten Verfahren in einem Rechtszug mitgewirkt hat, auf dessen Dauer der Entschädigungsanspruch gestützt wird;

8. **in Sachen, in denen er an einem Mediationsverfahren oder einem anderen Verfahren der außergerichtlichen Konfliktbeilegung mitgewirkt hat.**

Übersicht

	Rdn.		Rdn.
I. Regelungsgegenstand und Zweck	1	4. Mitwirkung	16
1. Normgefüge	1	a) Verfahrensverantwortlicher	16
2. Europäische Mediationsrichtlinie	6	b) Sonstige Beteiligung	20
		c) Zeitpunkt	22
II. Grundsätze/Einzelheiten	7	5. Sachidentität	23
1. Ausschluss vom Richteramt	7	6. Folgen eines Verstoßes gegen die Regelung der Nr. 8	24
2. Mediationsverfahren	9	7. Verfahren	25
3. Andere Verfahren der außergerichtlichen Konfliktbeilegung	13	8. Anwendbarkeit der Vorschrift in anderen Gerichtsbarkeiten	27

I. Regelungsgegenstand und Zweck

1. Normgefüge

Die §§ 41 bis 48 ZPO über die Ausschließung und Ablehnung der Gerichts- 1
personen finden **unmittelbar** nur **Anwendung auf Richter** – einschließlich
der ehrenamtlichen Richter – der Zivilgerichtsbarkeit.[1]

Mit der **Neueinfügung** des § 41 Nr. 8 ZPO soll den Besonderheiten des 2
Mediationsverfahrens, insbesondere den Grundsätzen der Offenheit und
Vertraulichkeit, Rechnung getragen werden. Parteien, die an einer konsensualen Konfliktlösung beteiligt waren, sollen nach dem Willen des Gesetzgebers nicht befürchten müssen, dass in einem späteren Prozess vor dem streitentscheidenden Richter Tatsachen verwertet werden, die diesem Richter zuvor bekannt geworden sind,[2] und zwar im Rahmen einer Mediation oder eines anderen Verfahrens der außergerichtlichen Konfliktbeilegung. Von daher umfasst die Vorschrift nicht allein Lenkungs- und Leitungsfunktionen in konsensualen Streitbeilegungsverfahren, sondern auch andere Formen von Beteiligungen.

Keine Rolle spielt es, ob der streitentscheidende Richter unter Umständen 3
lange vor Klageerhebung als »außergerichtlicher« Mediator tätig war oder
nach Klageerhebung im Rahmen einer vom Gericht angeregten Mediation
nach § 278a ZPO oder als gerichtlicher Mediator im Rahmen der Übergangsregelung des § 9 MediationsG. Die Norm des § 41 Nr. 8 ZPO korrespondiert im Übrigen mit den Vorschriften der §§ 3, 4 MediationsG über
Tätigkeitsbeschränkungen und Verschwiegenheitspflicht.

Der in früheren Pilotprojekten zur Mediation gelegentlich ausgeübten und 4
schon seinerzeit höchst umstrittenen Praxis, als zuständiger Richter zunächst
eine Mediation durchzuführen und im Falle des Scheiterns dann als Spruchrichter zu agieren, ist durch die jetzige Regelung ein Riegel vorgeschoben.

Vom Regelungsgegenstand der Nr. 8 nicht umfasst wird die **Anwendung** 5
mediativer Elemente im gerichtlichen Verfahren und die Tätigkeit als **Güterichter** gem. § 278 Abs. 5 ZPO.

---

1 *Baumbach*, ZPO, Übersicht § 41 Rn. 5.
2 Vgl. Begr. BT-Drucks.17/5335, B., Zu Artikel 3, Zu Nummer 2.

2. Europäische Mediationsrichtlinie

6 § 41 Nr. 7 ZPO dient (auch) der Umsetzung der Regelung des **Art. 3 lit. a EUMed-RL**, die von einer Trennung der gerichtlichen Mediation und der richterlichen Streitentscheidung ausgeht.

II. Grundsätze/Einzelheiten

1. Ausschluss vom Richteramt

7 Als Richter im Sinne der Vorschrift ist immer nur eine **bestimmte Person** anzusehen, nie das Gericht als solches.[3] Unter Richteramt ist die dem Richter übertragene Zuständigkeit gemeint, in einem bestimmten Rechtsstreit rechtsordnende Handlungen vorzunehmen.

8 Der Ausschluss wirkt **kraft Gesetzes** und ist nicht abhängig von der Kenntnis einer Prozesspartei. Die Ablehnung eines Richters wegen Besorgnis der Befangenheit nach § 42 ZPO wird durch die Vorschrift des § 41 ZPO nicht ausgeschlossen; auch können die Parteien den Ausschlussgrund des § 41 Nr. 8 ZPO im Rahmen eines Ablehnungsgesuchs nach §§ 42, 44 ZPO geltend machen.[4]

2. Mediationsverfahren

9 Der Begriff des Mediationsverfahrens wird in § 1 Abs. 1 MediationsG definiert und umfasst für den Übergangzeitraum des § 9 MediationsG auch gerichtliche Mediationen.

10 Um den wünschenswerten Einsatz kommunikativer wie mediativer Elemente durch den streitentscheidenden Richter – sei es in Erörterungs- oder Güteterminen (vgl. § 278 ZPO, § 87 VwGO, § 106 Abs. 3 Nr. 7 SGG, § 54 ArbGG) wie auch in der eigentlichen mündlichen Verhandlung (vgl. §§ 128 ff ZPO; §§ 101 ff. VwGO etc.) – nicht auszuschließen,[5] andererseits dem verfassungsrechtlichen Grundsatz des gesetzlichen Richters gem. Art. 101 Abs. 1 GG zu entsprechen, muss der Begriff des Mediationsverfahrens im hier erörterten Zusammenhang **klar abgrenzbaren Kriterien** genügen.

---

[3] *Thomas/Putzo*, ZPO, Vorbemerkung § 41 Rn. 2.
[4] *Thomas/Putzo*, ZPO, § 41 Rn. 1.
[5] Umfassend hierzu *Fritz* LKRZ 2009, 281 ff.

Gründe der Klarheit und Rechtssicherheit verlangen deshalb, dass sich die 11
Parteien eindeutig und nachweisbar auf die Durchführung eines Mediationsverfahrens verständigt haben. In Konflikten, die noch nicht bei Gericht rechtshängig gemacht wurden, wird dies durch einen »Mediationsvertrag zur Durchführung einer Mediation« belegt werden können. Bei rechtshängigen Konflikten kann auf die ebenfalls neue Vorschrift des § 278a Abs. 2 ZPO zurückgegriffen werden, die einen gerichtlichen Ruhensbeschluss verlangt, wenn sich die Beteiligten zur Durchführung einer Mediation entschlossen haben; in familiengerichtlichen Verfahren ist dies gem. § 36a Abs. 2 FamFG ein Aussetzungsbeschluss.

Die Tätigkeit als **Güterichter** gem. § 278 Abs. 5 ZPO wird von § 41 12
Nr. 8 ZPO **ebenfalls** erfasst.[6] Im Falle des Güterichters, der zwar zunächst ein nicht zur Entscheidung berufener Richter ist, jedoch zu einem späteren Zeitpunkt mit dem Streitstoff befasst wird, besteht für die Parteien zudem die Möglichkeit einer Ablehnung wegen Besorgnis der Befangenheit gem. § 42 ZPO.

3. Andere Verfahren der außergerichtlichen Konfliktbeilegung

Der Begriff der »anderen Verfahren der außergerichtlichen Konfliktbeile- 13
gung« findet sich bereits in der Überschrift des Gesetzes sowie an zahlreichen weiteren Stellen (vgl. nur § 278a ZPO, § 36a FamFG, § 54a ArbGG), wird jedoch durch das Gesetz selbst nicht definiert.

Unter Hinweis auf das Schrifttum[7] werden in der Gesetzesbegründung 14
Schlichtungs-, Schieds- und Gütestellen, die Ombudsleute, Clearingstellen und neuere Schieds-[8] und Schlichtungsverfahren wie Shuttle-Schlichtung, Adjudikation, Mini-Trial, Early Neutral Evaluation und Online-Schlichtung aufgezählt und ausgeführt, dass diese Verfahren in den verschiedensten Ausprägungen und Kombinationen praktiziert werden.[9] Die dynamische Entwicklung außergerichtlicher Konfliktbeilegungsverfahren lässt unschwer die

---

6 *Ahrens* NJW 2012, 2465 ff. (2469); *Röthemeyer* ZKM 2012, 116 ff. (118).
7 *Risse/Wagner*, Handbuch der Mediation, § 23 Rn. 93 ff.
8 Vgl. zum schiedsgerichtlichen Verfahren auch den Ausschlusstatbestand des § 41 Nr. 6 ZPO.
9 Vgl. Begr. BT-Drucks.17/5335, A. II.

Prognose zu, dass zukünftig weitere »Spielarten bestehender Verfahren« sowie neue Verfahren hinzukommen werden.[10]

15 Die **Weite des Begriffes** korrespondiert somit nicht mit der durch die Verfassung vorgeschriebenen Notwendigkeit, einen Richterausschluss nur in den gesetzlich klar definierten Fällen vorzusehen.[11] Die Gesetzesbegründung, die den Richterausschluss in Fällen der Mediation trägt, lässt sich auf die hier benannten andere Verfahren der außergerichtlichen Konflikten nicht ohne weiteres übertragen. Der hierdurch hervorgerufene Widerspruch ist bei der **Auslegung verfassungskonform** zu beachten.

Von daher ist anzuraten, in nicht rechtshängigen Konflikten klare Vereinbarungen zu treffen, die ein entsprechendes Tätigwerden des Dritten dokumentieren; bei rechtshängigen Konflikten kann wiederum auf den gerichtlichen Aussetzungs- oder Ruhensbeschluss abgestellt werden.[12]

4. Mitwirkung

a) Verfahrensverantwortlicher

16 Im Hinblick auf die bereits angesprochenen verfassungsrechtlichen Vorgaben ist der **Begriff der Mitwirkung** zunächst so zu verstehen, als er die Tätigkeit als **Mediator** oder Co-Mediator (vgl. die Definition in § 1 Abs. 1 MediationsG) **oder** die als eines für ein anderes Verfahren der außergerichtlichen Konfliktbeilegung **Verfahrensverantwortlichen** (Schlichter, Schiedsgutachter etc.) betrifft.

17 Dabei wird zwischen **vorbereitenden Handlungen** organisatorischer Art wie Terminsbestimmungen, Informationsübersendungen etc. und solchen zu unterscheiden sein, die ausgehend vom konkreten Konflikt dazu dienen, diesen zielgerichtet einer konfliktbezogenen Lösung zuzuführen. Nur für letztere trifft der Ausschluss des § 41 Nr. 8 ZPO zu.

18 Dies kann in einem Clearingverfahren wie in einem Schlichtungsverfahren die Anhörung von Beteiligten sein, in einer Early Neutral Evaluation die Befassung mit dem Streitgegenstand, um für das Verfahren eine Bewertung ab-

---

10 Vgl. hierzu die Ausführungen unter Andere Verfahren, I. Rdn. 1 ff.
11 *Musielak*, ZPO, § 41 Rn. 3.
12 Vgl. oben Rdn. 11.

zugeben oder in einem Mini-Trial die Beratung mit weiteren Entscheidungsberufenen.

Wer hingegen – sei es als gerichtlicher Mediator oder sonst als freiberuflicher 19 Mediator – für einen anderen Mediator in Absprache mit den Parteien zu einem Mediationstermin einlädt oder sonst wie nur **vorbereitend unterstützend** tätig wird, hat nicht im Sinne dieser Vorschrift »mitgewirkt«.

b) Sonstige Beteiligung

Mitwirkung im Sinne des Gesetzes betrifft über die oben dargestellte Verfah- 20 rensverantwortung hinaus zugleich **andere Formen von Beteiligung** in einem konsensualen Streitbeilegungsverfahren, sei es als Konfliktpartei selbst oder als deren Vertreter, Bevollmächtigter etc. Die Beteiligung als Zeuge, Sachverständiger, Gutachter etc. wie auch die als eines zum Verfahren hinzugezogenen Dritten ist ebenfalls hierzu zu rechnen. Allerdings dürften etliche dieser Fallkonstellationen bereits von den Nummern 1 bis 6 des § 41 ZPO erfasst werden.

Zumindest missverständlich ist der Ansatz von *Baumbach*,[13] wenn er bereits 21 eine Beratung beliebiger Art und Dauer in Bezug auf ein derartiges Verfahren als Mitwirkung erachtet. Eine Beratung über ein Verfahren als solches, das über die jeweiligen Vor- und Nachteile aufklärt, dient allein der Informiertheit eines Konfliktbeteiligten und stellt keine Mitwirkung dar.

c) Zeitpunkt

Eine Mitwirkung an einer Mediation oder einem anderen außergerichtlichen 22 Konfliktlösungsverfahren mit der Folge eines Ausschlusses liegt auch vor, wenn die Mitwirkung bereits **vor In-Kraft-Treten** der jetzigen Regelung erfolgte; ein relevantes Rückwirkungsverbot greift insoweit nicht Platz.

5. Sachidentität

Schließlich ist ein Sachzusammenhang des bereits in einem konsensualen 23 Verfahren behandelten Konflikts mit dem nunmehr gerichtlich anhängig gemachten Konflikt erforderlich, d.h. es muss sich jeweils um den **gleichen**

---

13 *Baumbach*, ZPO, Rechtspolitischer Ausblick, § 41 ZPO Rn. 15.

Streitgegenstand handeln.[14] Im Hinblick darauf, dass in einem Mediationsgespräch wie auch in einem anderen Verfahren der außergerichtlichen Konfliktbeilegung häufig über den eigentlichen Konfliktgegenstand hinaus Probleme erörtert werden, liegt ein gesetzlicher Ausschluss im Sinne der Nr. 8 auch dann vor, wenn die in der Mediation bzw. der außergerichtlichen Konfliktbeilegung mitbehandelten Probleme nunmehr den Gegenstand des Rechtsstreites bilden.

6. Folgen eines Verstoßes gegen die Regelung der Nr. 8

24 Der Ausschluss gilt für **jedes Stadium** des gerichtlichen Verfahrens.

Wirkt ein ausgeschlossener Richter am Verfahren mit, dann ist die Entscheidung allerdings nicht nichtig, sondern nur **anfechtbar**. Das Gericht selbst kann – mit dem nach dem Geschäftsverteilungsplan vorgesehenen Vertreter – die Prozesshandlung wiederholen, vorausgesetzt es hat sich nicht gebunden oder der Rechtszug ist noch nicht beendet. Ist dies nicht möglich, so sind Rechtsmittel begründet, bei Rechtskraft auch eine Nichtigkeitsklage.

7. Verfahren

25 Der Ausschluss eines Richters ist **von Amts wegen** zu beachten. Die Parteien können auf die Vorschriften über die Ausschließung nicht wirksam verzichten.

26 Bestehen Zweifel, ob ein Richter kraft Gesetzes nach Nr. 8 ausgeschlossen ist, so hat gem. § 48 ZPO das für ein Ablehnungsgesuch zuständige Gericht hierüber zu entscheiden. Die Parteien sind zuvor zu hören und die Entscheidung ist ihnen mitzuteilen. Ablehnende wie stattgebende Entscheidung sind unanfechtbar.

8. Anwendbarkeit der Vorschrift in anderen Gerichtsbarkeiten

27 Über Verweisungsnormen der einschlägigen Prozessordnungen der Fachgerichtsbarkeiten wie beispielsweise § 6 FamFG, § 54 Abs. 1 VwGO, § 60 Abs. 1 SGG, § 46 Abs. 2 ArbGG, § 51 FGO findet die Vorschrift auch in den anderen Gerichtsbarkeiten Anwendung.

---

14 *Ahrens* NJW 2012, 2465 ff. (2469).

§ 159 Protokollaufnahme

(1) Über die Verhandlung und jede Beweisaufnahme ist ein Protokoll aufzunehmen. Für die Protokollführung kann ein Urkundsbeamter der Geschäftsstelle zugezogen werden, wenn dies auf Grund des zu erwartenden Umfangs des Protokolls, in Anbetracht der besonderen Schwierigkeit der Sache oder aus einem sonstigen wichtigen Grund erforderlich ist.

(2) Absatz 1 gilt entsprechend für Verhandlungen, die außerhalb der Sitzung vor Richtern beim Amtsgericht oder vor beauftragten oder ersuchten Richtern stattfinden. **Ein Protokoll über eine Güteverhandlung oder weitere Güteversuche vor einem Güterichter nach § 278 Absatz 5 wird nur auf übereinstimmenden Antrag der Parteien aufgenommen.**

Übersicht

	Rdn.
I. Regelungsgegenstand und Zweck	1
1. Normgefüge	1
2. Europäische Mediationsrichtlinie	4
II. Grundsätze/Einzelheiten	5
1. Ausnahme von der Protokollpflicht (Absatz 2 Satz 2)	5
2. Güterichter nach § 278 Abs. 5 ZPO	6
3. Weiterer Schutz der Vertraulichkeit	7
4. Protokollpflicht bei übereinstimmendem Antrag	9
5. Form und Inhalt	15
a) Form	16
b) Inhalt	17
6. Folgen eines Verstoßes gegen Protokollersuchen	19
7. Materiellrechtliche Bedeutung der Protokollierung	21
8. Anwendbarkeit der Vorschrift in anderen Gerichtsbarkeiten	22
III. Hinweise für die Praxis	25

I. Regelungsgegenstand und Zweck

1. Normgefüge

§ 159 ZPO regelt die (grundsätzliche) Verpflichtung, ein Sitzungsprotokoll aufzunehmen und wird ergänzt durch die Vorschriften der §§ 160 bis 165 ZPO, die den Inhalt, das Verfahren bei Anfertigung und Berichtigung sowie die Bedeutung des Protokolls regeln.[1]

---

1 *Thomas/Putzo*, ZPO, § 159, Rn. 1.

§ 159 ZPO   Protokollaufnahme

2   Die Bedeutung des Protokolls liegt darin, dass es verbindliche Auskunft gibt über den Hergang eines Termins; ihm kommt die **Beweiskraft einer öffentlichen Urkunde** zu.[2]

Während Absatz 1 Satz 1 den Protokollzwang statuiert, bestimmt Satz 2 die Urkundsperson: Entweder übernimmt der zugezogene Urkundsbeamte der Geschäftsstelle die Protokollierung oder sie erfolgt durch den Richter.

Absatz 2 Satz 1 erstreckt die Protokollpflicht außerhalb von Sitzungen auf Verhandlungen vor dem Amtsgericht oder vor einem beauftragten oder ersuchten Richter, wobei Satz 2 für Güteverhandlungen oder weitere Güteversuche vor einem ersuchten Richter eine Ausnahme zulässt.

3   Die Einfügung des Satzes 2 in Abs. 2 erfolgte aufgrund der Beschlussempfehlung des Rechtsausschusses[3] und erklärt sich aus dem Zusammenhang der Abschaffung der bisherigen gerichtlichen Mediation und der gleichzeitigen Implementierung des erheblich erweiterten Instituts des Güterichters. Die endgültige Fassung der Vorschrift erfolgte aufgrund des Beschlusses des Vermittlungsausschusses, der den Terminus »ersuchter Güterichter« durch den des »Güterichters nach § 278 Abs. 5« ersetzte.

2. Europäische Mediationsrichtlinie

4   Wenngleich nicht jedes Tätigwerden eines ersuchten Güterichters in Form einer Mediation erfolgen wird, nimmt § 159 Abs. 2 Satz 2 ZPO gleichwohl den **Erwägungsgrund Nr. 23** der EUMed-RL und die Regelungen der **Art. 1 Abs. 1** und des **Art. 7 der EUMed-RL** auf; denn der Schutz der Vertraulichkeit kann auch geboten sein, wenn der ersuchte Güterichter sich nicht der Mediation bedient, sondern als Streitschlichter sui generis tätig wird.

II. Grundsätze/Einzelheiten

1. Ausnahme von der Protokollpflicht (Absatz 2 Satz 2)

5   Der Gesetzgeber geht mit Recht davon aus, dass Parteien eher zu einer umfassenden Beratung über eine Lösung ihres Konfliktes bereit sein werden, wenn ihnen im Falle eines Scheiterns der Güteverhandlung ihre Erklärungen und ihr Verhalten in dem nachfolgenden gerichtlichen Verfahren nicht ent-

---

[2] *Baumbach*, ZPO, Einführung vor §§ 159–165, Rn. 2 m.N. zur Rechtsprechung.
[3] Vgl. BT-Drucks. 17/8058.

gegengehalten werden können.[4] Die Vorschrift bezweckt mithin eine Erhöhung des **Schutzes der Vertraulichkeit** einer Güteverhandlung wie auch weiterer Güteversuche, indem sie eine Ausnahme vom Protokollzwang des Absatz 1 Satz 1 festlegt und den Güterichter von der gesetzlichen Pflicht entbindet, ein Protokoll zu erstellen.

2. Güterichter nach § 278 Abs. 5 ZPO

Die Suspendierung vom Protokollzwang betrifft **nur** den **Güterichter nach § 278 Abs. 5 ZPO**, mithin denjenigen, der hierfür bestimmt und nicht entscheidungsbefugt ist.

3. Weiterer Schutz der Vertraulichkeit

Über die Normierung des Absatzes 2 Satz 2 hinaus wird die Vertraulichkeit eines Gütegesprächs vor einem Güterichter nach § 278 Abs. 5 ZPO noch durch weitere Regelungen geschützt:[5] Hierzu zählt, dass das Gütegespräch unter **Ausschluss der Öffentlichkeit** stattfindet. Das Öffentlichkeitsgebot des § 169 GVG wird dadurch nicht verletzt, da es nur für Verhandlungen vor dem erkennenden Gericht Anwendung findet.[6]

Der Güterichter kann sich zudem gem. § 383 Abs. 1 Nr. 6 ZPO auf ein **Zeugnisverweigerungsrecht** hinsichtlich des Inhalts des Gütegesprächs berufen, wenn ihm als Güterichter Tatsachen anvertraut wurden, deren Geheimhaltung durch ihre Natur oder durch gesetzliche Vorschrift geboten ist.[7]

4. Protokollpflicht bei übereinstimmendem Antrag

Die **Regelung** des Absatz 2 Satz 2 ist **abdingbar:** Auf übereinstimmenden Antrag der Parteien ist ein Protokoll zu erstellen. Das Merkmal der Übereinstimmung ist dabei als ein Element des konsensuale Streitbeilegungsverfahren auszeichnenden Prinzips der Freiwilligkeit zu erachten. Parteien im Sinne

---

4 Vgl. Begr. BT-Drucks. 17/8058, III. Zu Artikel 2 – neu –, Zu Nummer 3 – neu –.
5 Vgl. Begr. BT-Drucks. 17/8058, III. Zu Artikel 2 – neu –, Zu Nummer 3 – neu –.
6 Vgl. *Baumbach*, ZPO, § 169 GVG, Rn. 3 mit Nachw. zur Rechtsprechung.
7 Vgl. Begr. BT-Drucks. 17/8058, III. Zu Arikel 2 – neu –, Zu Nummer 3 – neu –; *Röthemeyer* ZKM 2012, 116 ff. (118). Das Zeugnisverweigerungsrecht steht auch den dem Güterichter zuarbeitenden Servicemitarbeitern der Geschäftsstelle zu, vgl. *Zöller*, ZPO, § 383 Rn. 17 m.w.N.

des Gesetzes sind diejenigen des Ausgangsstreites; auf die Zustimmung etwaiger Dritter, die zum Gütegespräch hinzugezogen wurden, kommt es nicht an.

10 Der Antrag kann zu jeder Zeit während des Gütegesprächs gestellt werden, mithin gleich zu Beginn, im Verlaufe der Verhandlungen oder erst am Ende. Die vom Gesetz insoweit geforderte »Übereinstimmung« stellt sicher, dass die Rechte aller Parteien gewahrt bleiben.

11 In aller Regel werden sich die Parteien erst dann zu diesem Schritt entschließen, wenn eine Einigung bezüglich ihres Konflikts absehbar ist. Haben sie jedoch eine Lösung ihres Konfliktes erzielt und eine Vereinbarung getroffen, sei es in der Form einer Erklärung bezüglich des Sachkonflikts und/oder des anhängigen gerichtlichen Verfahrens (beispielsweise in der Form eines Verzichts (§ 306 ZPO), eines Anerkenntnisses (§ 307 ZPO), einer Klagerücknahme (§ 269 ZPO), einer Hauptsacheerledigung (§ 91a ZPO) oder eines Vergleichs (vgl. § 160 Abs. 3 Nr. 1 ZPO)), so sollte die Vereinbarung wegen des **Beweiswertes einer Niederschrift** stets protokolliert werden. Es kommt hinzu, dass ein gerichtlicher Vergleich einen Vollstreckungstitel (§ 794 Abs. 1 Nr. 1 ZPO) darstellt.

12 Die **richterliche Fürsorgepflicht**[8] gebietet, dass der Güterichter die Parteien, wenn sich geeinigt haben, **über** die **Bedeutung** einer Protokollierung informiert und eine solche anregt.

13 Verfahrensrechtlich stellt ein Antrag auf Protokollierung eine **Parteiprozesshandlung** im Sinne einer Bewirkungshandlung dar. Sie ist bedingungsfeindlich und unwiderrufbar.[9]

14 Erfolgt eine Protokollierung, so empfiehlt es sich, bereits den »übereinstimmenden Antrag der Parteien« zur Protokollierung in der Niederschrift festzuhalten.

5. Form und Inhalt

15 Form und Inhalt eines in einem Güterichtertermin erstellten Protokolls unterscheiden sich nicht von dem Protokoll eines sonstigen Termins.

---

8 Zum Begriff und Umfang *Baumbach*, ZPO, § 139 Rn. 1 ff.
9 *Musielak*, ZPO, Einf., Rn. 61, 63 f.

a) Form

Ein Protokoll ist **schriftlich** zu erstellen, kann allerdings zunächst vorläufig in einer gebräuchlichen Kurzschrift, durch verständliche Abkürzungen oder auf einem Ton- oder Datenträger aufgezeichnet werden (§ 160a Abs. 1 ZPO). Es ist vom Güterichter und – sollte er hinzugezogen worden sein – zugleich vom Urkundsbeamten der Geschäftsstelle zu unterschreiben (§ 163 Abs. 1 ZPO). Ist eine Berichtigung eines Protokolls notwendig, weil es unrichtig ist, so geschieht dies entsprechend § 164 ZPO.

16

b) Inhalt

Was den Inhalt einer Niederschrift anbelangt, so sind grundsätzlich die Regelungen der **§§ 160, 161, 162 ZPO** einschlägig: Ort und Tag des Güterichtertermins, die Namen des Güterichters, eines etwaigen Urkundsbeamten der Geschäftsstelle und eines etwa zugezogenen Dolmetschers, die Bezeichnung des Ausgangsrechtsstreits, die Namen der Erschienenen sowie die Angabe, dass nicht öffentlich verhandelt wurde (vgl. § 160 Abs. 1 ZPO). Die wesentlichen Vorgänge[10] sind aufzunehmen, wobei den Besonderheiten des Güterichtertermins Rechnung zu tragen ist. Zu den wesentlichen Vorgängen zählen jedenfalls ein etwaiges Anerkenntnis, ein Anspruchsverzicht und Vergleich, die Zurücknahme einer Klage oder eines Rechtsmittels und das Ergebnis des Güterichtertermins (vgl. § 160 Abs. 3 ZPO).

17

Zudem können die Parteien die **Aufnahme bestimmter Vorgänge** und Äußerungen beantragen, wobei dies – entsprechend § 159 Abs. 2 Satz 2 ZPO – unter dem Vorbehalt der **Übereinstimmung der Parteien** steht; diese Einschränkung dürfte auch für die wesentlichen Vorgänge im Sinne des § 160 Abs. 2 ZPO gelten.

18

6. Folgen eines Verstoßes gegen Protokollersuchen

Kommt, was nur schwer vorstellbar ist, der Güterichter einem übereinstimmenden Protokollersuchen der Parteien gem. Absatz 2 Satz 2 nicht nach, so bedeutet dies materiellrechtlich eine Amtspflichtverletzung und kann Schadensersatzansprüche nach sich ziehen. In formeller Hinsicht, d. h. der fehlenden Protokollierung, bietet es sich an, in **entsprechender** Anwendung des § 164 ZPO vorzugehen und eine Protokollierung vorzunehmen.

19

---

10 Zum Begriff vgl. *Baumbach*, ZPO, § 160 Rn. 7.

20 Gleiches gilt im Übrigen für den umgekehrten Fall, also einer Protokollierung trotz fehlenden übereinstimmenden Antrages der Parteien; auch hier kommt eine Berichtigung in Betracht.[11]

7. Materiellrechtliche Bedeutung der Protokollierung

21 Die Protokollierung einer nach einem Gütegespräch getroffenen Vereinbarung in Form eines **gerichtlichen Vergleiches ersetzt** nach § 127a BGB die **notarielle Beurkundung**, beispielsweise bei einem Versorgungsausgleich gem. § 7 VersAusglG. Gem. § 925 Abs. 1 Satz 3 BGB kann auch die Auflassung in einem protokollierten Vergleich erklärt werden, wobei gem. § 17 BeurkG Prüfungs- und Belehrungspflichten bestehen.[12] Hingegen ist die Errichtung oder der Widerruf eines Testaments in einem Vergleichsprotokoll nicht möglich,[13] jedoch sind der Abschluss eines Erbvertrages bzw. eines Erbverzichtsvertrages durch Vergleichsprotokoll zulässig und insoweit auch Widerruf oder Aufhebung eines Testamentes durch einen entsprechenden Erbvertrag.

8. Anwendbarkeit der Vorschrift in anderen Gerichtsbarkeiten

22 Für Verfahren in **Familiensachen** und Verfahren in Angelegenheiten der freiwilligen Gerichtsbarkeit hat der Gesetzgeber mit **§ 28 Abs. 4 Satz 3 FamFG** eine vergleichbare Regelung getroffen, die allerdings in Ehesachen und Familienstreitsachen nicht anwendbar ist (§ 113 Abs. 1 Satz 1 FamFG). In Ehesachen, also in Verfahren auf Scheidung und Aufhebung sowie auf Feststellung des Bestehens oder Nichtbestehens einer Ehe (vgl. § 121 FamFG), kommt ein Rückgriff auf § 159 Abs. 2 Satz 2 ZPO nicht in Betracht, weil die Vorschriften der Zivilprozessordnung über die Güteverhandlung gem. § 113 Abs. 4 Nr. 4 FamFG keine Anwendung finden. In Familienstreitsachen gem. § 112 FamFG hingegen sind gem. § 113 Abs. 1 Satz 2 FamFG die Vorschriften der Zivilprozessordnung und damit auch die Regelungen über den Güterichter und folglich die des § 159 Abs. 2 Satz 2 ZPO anwendbar.

23 Im **arbeitsgerichtlichen Verfahren** ist das »erheblich erweiterte Institut des Güterichters« über die Änderungen in §§ 54 Abs. 6, 64 Abs. 7, 83a Abs. 1

---

11 Vgl. umfassend zur Berichtigung *Baumbach*, ZPO, § 164 Rn. 5 ff; *Musielak*, ZPO, § 164 Rn. 1 ff.
12 *Musielak*, ZPO, § 159 Rn. 3.
13 *Zöller*, ZPO, Vorb. zu §§ 159–165, Rn. 3 m.N. zur Rechtsprechung.

und 87 Abs. 2 Satz 1 ArbGG sowohl im Urteils- wie im Beschlussverfahren vor dem Arbeits- wie dem Landesarbeitsgericht implementiert. Die Vorschrift des § 159 Abs. 2 Satz 2 ZPO über die Protokollierung findet über §§ 46 Abs. 2, 64 Abs. 6, 7, 80 Abs. 2, 87 Abs. 2 ArbGG auch für das Güterichterverfahren im Arbeitsgerichtsprozess Anwendung.

Die Anwendbarkeit des § 159 Abs. 2 Satz 2 ZPO im **verwaltungs-, sozial- und finanzgerichtlichen Verfahren** folgt zum einen aus der Einführung des Güterichters nach § 278 Abs. 5 ZPO auch in diesen Gerichtsbarkeiten und zum anderen aus der jeweils einschlägigen Verweisungsnorm des § 105 VwGO, des § 122 SGG und des § 94 FGO. Für das Verfahren vor dem Patentgericht findet § 159 Abs. 2 Satz 2 ZPO über die Verweisungsnormen § 99 Abs. 1 PatentG, § 82 Abs. 1 MarkG ebenfalls Anwendung. 24

III. Hinweise für die Praxis

Für ein auf übereinstimmenden Antrag der Parteien aufgenommenes Protokoll vor dem Güterichter nach § 278 Abs. 5 ZPO bietet sich folgendes Muster an: 25

▶ **Niederschrift über die nichtöffentliche Sitzung vor dem Güterichter nach § 278 Abs. 5 ZPO**

Gerichtsbezeichnung Ort, Datum

Geschäftsnummer

Gegenwärtig:

Richter ..... *(Name)* als Güterichter und zugleich als Protokollführer. Das Protokoll wird vorläufig auf Tonträger aufgezeichnet.

Verfahren

..... *(Parteibezeichnung, ggf. Bevollmächtigter)*

gegen

..... *(Parteibezeichnung, ggf. Bevollmächtigter)*

An dem Gütegespräch, das auf übereinstimmenden Antrag der Parteien gem. § 159 Abs. 2 Satz 2 ZPO protokolliert wird, nehmen teil ... *(Namen der Anwesenden).*

Die Parteien erklären ...

> Die Parteien einigen sich wie folgt …
>
> Die Parteien schließen folgenden
>
> > V e r g l e i c h :
>
> … *(Vergleichstext)*
>
> Laut diktiert, vorgespielt und genehmigt.
>
> *(ggf. Streitwert- bzw. Verfahrens- oder Gegenstandswertbeschluss und entspr. Rechtsmittelverzicht mit Diktier-, Abspiel- und Genehmigungsvermerk)*
>
> … *(Name)*
>
> Unterschrift Güterichter

§ 253 Klageschrift

(1) Die Erhebung der Klage erfolgt durch Zustellung eines Schriftsatzes (Klageschrift).

(2) Die Klageschrift muss enthalten:
1. die Bezeichnung der Parteien und des Gerichts;
2. die bestimmte Angabe des Gegenstandes und des Grundes des erhobenen Anspruchs, sowie einen bestimmten Antrag.

(3) Die Klageschrift soll ferner enthalten:
1. die Angabe, ob der Klageerhebung der Versuch einer Mediation oder eines anderen Verfahrens der außergerichtlichen Konfliktbeilegung vorausgegangen ist, sowie eine Äußerung dazu, ob einem solchen Verfahren Gründe entgegenstehen;
2. die Angabe des Wertes des Streitgegenstandes, wenn hiervon die Zuständigkeit des Gerichts abhängt und der Streitgegenstand nicht in einer bestimmten Geldsumme besteht;
3. eine Äußerung dazu, ob einer Entscheidung der Sache durch den Einzelrichter Gründe entgegenstehen.

(4) Außerdem sind die allgemeinen Vorschriften über die vorbereitenden Schriftsätze auch auf die Klageschrift anzuwenden.

(5) Die Klageschrift sowie sonstige Anträge und Erklärungen einer Partei, die zugestellt werden sollen, sind bei dem Gericht schriftlich unter Beifügung

der für ihre Zustellung oder Mitteilung erforderlichen Zahl von Abschriften einzureichen. Einer Beifügung von Abschriften bedarf es nicht, soweit die Klageschrift elektronisch eingereicht wird.

Übersicht

	Rdn.		Rdn.
I. Regelungsgegenstand und Zweck	1	3. Angaben über zukünftige Konfliktlösungsversuche (Absatz 3 Nr. 1, 2. Alt.)	12
1. Normgefüge	1	4. Angaben über entgegenstehende Gründe	14
2. Europäische Mediationsrichtlinie	5	5. Soll-Vorschrift	16
II. Grundsätze/Einzelheiten	6	6. Anwendbarkeit der Vorschrift in anderen Gerichtsbarkeiten	21
1. Begriff der Klageschrift (Absatz 1)	6	**III. Hinweise für die Praxis**	26
2. Angaben über bisherige Konfliktlösungsversuche (Absatz 3 Nr. 1, 1. Alt.)	11		

I. Regelungsgegenstand und Zweck

1. Normgefüge

Die Vorschrift des § 253 ZPO regelt die Voraussetzungen, um wirksam bei 1 Gericht Klage erheben zu können. Während Absatz 1 auf die förmliche Zustellung eines Schriftsatzes (Klageschrift) abstellt, normiert Absatz 2 die für die Klageschrift unabdingbaren Erfordernisse; Absatz 4 verweist auf die einzuhaltenden Vorschriften der §§ 130, 131 und 133 ZPO und Absatz 5 regelt die Schriftform sowie die nötigen Abschriften.[1]

Der **neugefasste Absatz 3** enthält als **Sollvorschrift** weitere Erfordernisse, die 2 in der Klageschrift anzugeben sind: Angaben zur Mediation (Nr. 1), zum Streitwert (Nr. 2) und zu einer Entscheidung durch den Einzelrichter (Nr. 3).

Neu ist das Erfordernis nach Absatz 3 Nr. 1 sowie die formale Gestaltung 3 des Absatzes 3 nach Nummern. Sie dienen dem Ziel, die Mediation und die außergerichtliche Konfliktbeilegung stärker im Bewusstsein der Bevölkerung und in der Beratungspraxis der Anwaltschaft zu verankern.[2] Im Schrifttum

---

[1] Zu Einzelheiten vgl. *Baumbach*, ZPO, § 253 Rn. 1 ff.
[2] Begr. BT-Drucks. 17/5335, B., Zu Artikel 3, Zu Nummer 3.

finden sich Stimmen, die von bestehenden Vorbehalten der Anwaltschaft gegenüber Mediation wie auch einer bislang meist unvollständigen Beratungspraxis berichten;[3] dem soll mit der Regelung entgegengewirkt werden. Im Übrigen ist Absatz 3 inhaltlich unverändert.

4 Die Bundesregierung[4] ist der Anregung des Bundesrates[5] nicht gefolgt, den Halbsatz »sowie eine Äußerung dazu, ob einem solchen Verfahren Gründe entgegenstehen« zu streichen. Durch die auf Vorschlag des Vermittlungsausschusses erfolgte Einfügung der Vorschrift des § 69b GKG in das Regelwerk ergeben sich Auswirkungen auf die Interpretation der Tatbestandsmerkmale des Absatz 3 Nr. 1.

2. Europäische Mediationsrichtlinie

5 Die Vorschrift korrespondiert mit dem Ziel des **Art. 1 Abs. 1 EUMed-RL**, die gütliche Beilegung von Streitigkeiten zu fördern.

II. Grundsätze/Einzelheiten

1. Begriff der Klageschrift (Absatz 1)

6 Die Klageschrift dient der Einleitung eines Prozesses. Die Essentialia, die sie nach Absatz 2 enthalten muss und nach Absatz 3 enthalten soll, gelten grundsätzlich für alle Klageverfahren.

7 Ob die Vorschriften über die Klageschrift auch für ein **einstweiliges Anordnungsverfahren** nach § 935 ZPO zur Anwendung gelangen, lässt sich aus dem Gesetz (§§ 936, 920 ZPO) allein nicht beantworten. Da in § 920 ZPO die inhaltlichen Voraussetzungen nur unvollständig benannt sind, ziehen Rechtsprechung und Schrifttum[6] § 253 ZPO ergänzend heran. Ausgehend hiervon und der Intention des Gesetzgebers, die konsensuale **Streitschlichtung stärker** im Bewusstsein der Bevölkerung zu **verankern**, spricht vieles dafür, die Sollvorschrift des Abs. 3 Nr. 1 auch für einstweilige Anordnungsverfahren nutzbar zu machen, zumal eine hinreichende Zahl von Eilverfahren

---

3 *Bercher/Engel* JZ 2010, 226 ff. (230 f.); *Trenczek/Mattioli*, Spektrum der Mediation 40/2010, 4 ff. (11).
4 BT- Drucks. 17/5496 zu Nummer 10.
5 BT-Drucks. 17/5335, Anl. 3 Nummer 10.
6 *Musielak*, ZPO, § 920 Rn. 1, 6; *Baumbach*, ZPO, § 920 Rn. 4.

nicht eine umgehende und kurzfristige Entscheidung des Gerichts notwendig machen. Es kommt hinzu, dass gem. § 69b GKG auch nur der in den Genuss einer (zukünftigen) Ermäßigung der Verfahrensgebühren kommen kann, der bei Antragstellung entsprechende Angaben gemacht hat, ob nämlich bereits eine Mediation unternommen wird oder beabsichtigt ist; dies folgt aus der Bezugnahme in § 69b GKG auf Nr. 1211 des Kostenverzeichnisses.

Die gleichen Überlegungen treffen auch für **amtsgerichtliche Verfahren** zu, zumal gem. §§ 495, 496 ZPO in Verfahren vor dem Amtsgerichten grundsätzlich die Vorschriften über das Verfahren vor den Landgerichten Anwendung finden, wozu nach h. M. auch § 253 ZPO zählt.[7] 8

Hingegen könnte aus dem Umstand, dass der Gesetzgeber die dem früheren § 253 Abs. 3 ZPO korrespondierende Norm des § 520 Abs. 4 ZPO nicht geändert hat, gefolgert werden, dass er die Angaben zu Konfliktlösungsversuchen jedenfalls nicht auf das **Berufungsverfahren** angewandt wissen wollte. Ein Berufungskläger ist aber nicht gehindert, von sich aus entsprechende Angaben zu zukünftige Konfliktlösungsversuchen zu unterbreiten, wenn er dies für angezeigt hält. Auch hat der Vermittlungsausschuss, auf dessen Beschluss hin § 69b Satz 2 GKG in das MediatonsförderungsG eingefügt wurde, damit zu verstehen gegeben, dass entsprechende Angaben auch in den Rechtsmittelzügen angezeigt sind, weil sonst eine Ermäßigung der Verfahrensgebühr ausscheidet. 9

Die Einreichung der **Klageschrift** im Verfahren vor dem Landgericht hat **schriftlich** zu erfolgen, wobei neben einer Übersendung per Telefax auch eine elektronische Einreichung gem. § 130a Abs. 2 ZPO möglich ist.[8] Im Verfahren vor dem Amtsgericht ist gem. § 496 ZPO eine Erklärung zu Protokoll der Geschäftsstelle möglich. 10

---

7 *Musielak*, ZPO, § 495 Rn. 2; Baumbach, ZPO, § 495 Rn. 1; Zöller, ZPO, § 496 Rn. 2; *Thomas/Putzo*, ZPO, § 495 Rn. 1. Vgl. im Übrigen die Bezugnahme auf Nr. 1211 des Kostenverzeichnisses in § 69b GKG, die auch das amtsgerichtliche Verfahren betrifft.
8 *Baumbach*, ZPO, § 253 Rn. 105.

2. Angaben über bisherige Konfliktlösungsversuche (Absatz 3 Nr. 1, 1. Alt.)

11 In der Klageschrift soll dargetan werden, ob in der Vergangenheit – mithin vor Klageerhebung – bereits Versuche unternommen wurden, den Konflikt mit Hilfe einer Mediation oder eines anderen Verfahrens der außergerichtlichen Konfliktbeilegung zu lösen. Diese Informationen soll das Gericht in die Lage versetzen, die Chancen einer außergerichtlichen Konfliktlösung einschätzen und darauf aufbauend ggf. den Parteien einen Vorschlag gem. § 278a ZPO unterbreiten zu können. Soweit in Absatz 3 Nr. 1 von Angaben, »ob der Klageerhebung der Versuch einer Mediation ... vorausgegangen ist«, die Rede ist, umfasst dies auch Angaben darüber, wie es in § 69b Satz 1 GKG heißt, »ob eine Mediation ... unternommen wird oder beabsichtigt ist«, weil dies eine der Voraussetzungen für eine mögliche Reduzierung der Verfahrensgebühr ist.

3. Angaben über zukünftige Konfliktlösungsversuche (Absatz 3 Nr. 1, 2. Alt.)

12 Auch die Angaben, ob zukünftigen **Konfliktlösungsversuchen** möglicherweise in Betracht kommen, dienen der Information des Gerichts im Hinblick darauf, den Parteien ggf. aus dem gesamten Spektrum der verfügbaren außergerichtlichen Konfliktlösungsverfahren ein für ihr Problem geeignetes Verfahren zu unterbreiten. Damit wird auf die Parteien – nach Änderung des ursprünglichen Referentenentwurfs, der noch die Angabe verlangte, warum ein solcher Versuch unterlassen wurde[9] – nunmehr kein Rechtfertigungsdruck ausgeübt, der sich als Hürde für (nochmalige) Einigungsversuche erweisen könnte.

13 Sollte sich herausstellen, dass sich die Angaben auf floskelhafte Gründe und/oder **Textbausteine** beschränken, so wird es Aufgabe der Gerichte sein, im Einzelfall durch richterliche Aufklärungsverfügung insoweit nachzufassen.

4. Angaben über entgegenstehende Gründe

14 Entgegenstehende Gründe können **vielfältige** sein:

---

9 Vgl. *Kraft/Schwerdtfeger* ZKM 2011, 55 ff. (58); *Monßen* ZKM 2011, 10 ff. (12).

- Es kann sich um einen **hoch eskalierten Konflikt** handeln, der nur noch durch einen Machteingriff entschieden werden kann,[10]
- den Parteien kann es um die Entscheidung einer bislang **nicht judizierten Rechtsfrage** gehen,
- zwischen den Parteien besteht ein **Machtungleichgewicht**, das einer konsensualen Streitschlichtung entgegensteht,
- der Rechtsstreit stammt aus einem **Rechtsgebiet**, das – wie das Verkehrsunfallrecht – beispielsweise einer Mediation etc. nur in Ausnahmefällen zugänglich ist.

Die Frage, ob dies – aus Sicht des Gerichts – »gute Gründe« sind oder nicht, stellt sich im Hinblick auf die Rechtsschutzgarantie des Art. 19 Abs. 4 GG und das die Mediation prägende Prinzip der Freiwilligkeit nicht. Von daher verbietet es sich für das Gericht, die Parteien zu einem nicht gerichtlichen Konfliktlösungsverfahren zu drängen, wenn diese deutlich gemacht haben, ein solches nicht zu wünschen.

5. Soll-Vorschrift

Die nach Absatz 3 geforderten Angaben, mithin auch die über Mediation nach Absatz 3 Nr. 1, sind allesamt nicht erzwingbar. Fehlende Angaben werden jedoch u. U. Anfragen des Gerichts nach sich ziehen und können von daher zu einer (Verfahrens-) Verzögerung führen. Auch können sie zum Ausschluss einer Reduzierung der Verfahrensgebühr nach § 69b GKG führen.

Die Vorschrift richtet sich ebenso an die **Naturalpartei** wie an die **Prozessbevollmächtigten**.

Für die Rechtsanwaltschaft besteht nach § 1 Abs. 3 BORA ohnehin bereits die Verpflichtung, ihre Mandantschaft konfliktvermeidend und streitschlichtend zu begleiten.[11] Die Vorschrift führt bislang nur ein Schattendasein.[12] An diese gesetzliche Verpflichtung knüpft die Neuregelung des § 253 Abs. 3 Nr. 1 ZPO an: Bereits in der Beratungspraxis, spätestens beim Abfassen der Klageschrift sollen sich Parteien und Rechtsanwälte mit der Frage auseinandersetzen, ob und wie sie den der beabsichtigten Klageerhebung zugrundelie-

---

10 Vgl. *Glasl*, Konfliktmanagement, S. 218 ff.
11 *Lembcke* JurBüro 2009, 175 ff.
12 *Greger* ZKM 2010, 120 ff., 123.

genden Konflikt außergerichtlich beilegen können.[13] Hierüber soll das Gericht mit der Klageschrift informiert werden.

19 Obgleich die Vorschrift im Hinblick auf § 278a Abs. 1 ZPO ersichtlich auf eine Mediation bzw. auf eine andere »außergerichtliche« Konfliktbeilegung abstellt und somit (auch) eine Entlastung der Justiz mit im Blick hat, liegt es für den beratenden Rechtsanwalt wie die Naturalpartei allerdings nahe zu prüfen, ob das Gericht, bei dem die Klage eingereicht werden soll, in der Übergangsphase des § 9 MediationsG weiterhin gerichtliche Mediation anbietet. Ist dies der Fall, so ist anzuraten, sich auch hierzu in der Klageschrift entsprechend zu äußern. Die bisherigen Erfahrungen mit gerichtlicher Mediation haben deutlich gemacht, dass diese geschätzt wird und Parteien gelegentlich eher bereit sind, einer gerichtsinternen Mediation nahe zu treten statt einer »außergerichtlichen«.[14] Sie gehen mit Recht davon aus, dass die gleiche Professionalität, die sie von einem Richter erwarten, auch von einem gerichtlichen Mediator gezeigt wird.[15]

20 Die gleichen Überlegungen gelten für ein Verfahren vor dem Güterichter gem. § 278 Abs. 5 ZPO. Auch insoweit bleibt es den Parteien unbenommen gegenüber dem Gericht anzuregen, ein **Gütegespräch** im Rahmen des neu eingeführten »erheblich erweiterten Instituts des Güterichters« durchzuführen.

6. Anwendbarkeit der Vorschrift in anderen Gerichtsbarkeiten

21 Ob die Vorschrift des § 253 Abs. 3 Nr. 1 ZPO über die jeweiligen Verweisungsnormen der Prozessordnungen der Fachgerichtsbarkeiten dort Anwendung findet, ist unklar.[16] § 173 VwGO beispielsweise erklärt die Zivilprozessordnung nur für anwendbar, wenn die VwGO selbst keine Bestimmungen über das Verfahren enthält. Mit den §§ 81, 82 VwGO finden sich jedoch dem § 253 ZPO vergleichbare Regelungen über Klageerhebung und Klageschrift; im sozialgerichtlichen Verfahren und dem Verfahren vor den Finanzgerichten stellt sich die Situation, wie aus §§ 202, 92 SGG bzw. §§ 155, 65 FGO folgt, ähnlich dar.

---

13 Begr. BT-Drucks. 17/5335, B., zu Artikel 3, Zu Nummer 3.
14 Vgl. auch *Moltmann-Willisch u. a.* ZKM 2011, 26 ff. (27).
15 *Fritz/Fritz* FPR 2011, 328 ff. m.w.N.
16 Bejahend *Duve* ZKM 2012, 108 f. (109).

Die Besonderheiten des **verwaltungsgerichtlichen** und des **sozialgerichtlichen Prozesses**, die durch einen einfachen Zugang zum Verfahren auch ohne anwaltliche Vertretung geprägt sind, sprechen nach Auffassung der Bundesregierung gegen eine entsprechende Regelung in diesen Verfahrensordnungen.[17] Das überzeugt im Hinblick auf die Ausgestaltung des Verfahrens als Soll-Regelung und die mittlerweile hohe anwaltliche bzw. rechtskundige Vertretungsdichte in Verfahren vor den Verwaltungs-, Sozial- und Finanzgerichten nicht. Zudem spricht die hier vertretene Anwendung des § 253 Abs. 3 Nr. 1 ZPO im amtsgerichtlichen Verfahren[18] ebenso dafür, die Vorschrift auch in den Fachgerichtsbarkeiten anzuwenden, wie die auf Vorschlag des Vermittlungsausschusses in das Regelwerk aufgenommene Vorschrift des § 69b GKG. 22

Für Verfahren in **Familiensachen** und Verfahren in Angelegenheiten der freiwilligen Gerichtsbarkeit hat der Gesetzgeber mit § 23a Abs. 1 Satz 3 FamFG eine inhaltsgleiche Regelung getroffen, wobei in den Fällen der §§ 113 Abs. 1 Satz 2, 124 Satz 2 FamFG wiederum § 253 Abs. 3 Nr. 1 ZPO Anwendung findet. 23

Im **arbeitsgerichtlichen Verfahren** finden sich mit §§ 46 Abs. 2, 80 Abs. 2 ArbGG Vorschriften, die auf die ZPO verweisen, so dass eine Anwendbarkeit des § 253 Abs. 3 Nr. 1 ZPO sowohl für das Urteils-[19] wie auch das Beschlussverfahren[20] gegeben ist. 24

Da es sich jedoch – wie oben ausgeführt – bei den Angaben über bisherige oder zukünftige Konfliktlösungsversuche ohnehin um nicht erzwingbare Angaben handelt, sollten die Fachgerichte mit der ersten richterlichen Verfügung diese Angaben bei den Prozessbeteiligten erfragen. Denn die **ratio legis** der Vorschrift, wonach die Parteien über andere Formen der Streitbeilegung reflektieren sollen, gilt auch für die **Fachgerichtsbarkeiten.** Es ist davon auszugehen, dass bei entsprechender Handhabung durch die Fachgerichtsbarkeiten die Anwaltschaft sich hierauf zeitnah einstellen und entsprechende Ausführungen in den jeweiligen Klage- und Antragsschriften machen wird. 25

---

17 Begr. BT-Drucks. 17/5335, B., Zu Artikel 6, Zu Nummer 3; Zu Artikel 7, Zu Nummer 3.
18 Vgl. oben Rdn. 8.
19 *BAG* NZA 2009, 685.
20 *BAG* NZA 2010, 1134.

III. Hinweise für die Praxis

26 Sowohl für die Naturalpartei als auch für den zunächst beratenden und sodann das Mandat für eine gerichtliche Auseinandersetzung übernehmenden Anwalt wird sich regelmäßig die Frage stellen, in welchen Verfahren sich eine Mediation als hilfreich erweist und in welchen nicht, ob es mithin Kriterien gibt, die für eine **Indikation** bzw. eine **Kontraindikation** sprechen. Gleiches gilt für andere Verfahren der außergerichtlichen Konfliktbeilegung. Allgemeingültige Parameter werden sich hierfür nicht finden lassen, zumal es letztlich immer auf das voluntative Element der Konfliktbeteiligten ankommen wird.

27 Für den Bereich der Mediation lassen sich dem Schrifttum gleichwohl **verschiedene Ansätze** entnehmen, die zumindest Anhaltspunkte dafür bieten, wann der Frage einer Mediation nähergetreten werden sollte. Das ist dann der Fall, wenn es den Konfliktbeteiligten vorrangig darum geht,
– nichtrechtliche Interessen zu berücksichtigen,
– eine zukunftsorientierte Lösung anzustreben,
– Vertraulichkeit zu wahren oder
– eine schnelle Lösung herbeizuführen,

sowie dann, wenn
– es sich um einen komplexen Sachverhalt handelt,
– nichtbeteiligte Dritte in das Verfahren einbezogen werden sollen,
– zwischen den Parteien eine besondere Emotionalität besteht oder
– es um einen grenzüberschreitenden Rechtsstreit geht.

28 Hingegen wird eine konsensuale Streitbeilegung nicht in Betracht kommen, wenn beispielsweise
– gesetzliche Bestimmungen den Parteien eine privatautonome Regelung untersagen,
– ein besonderes öffentliches Interesse an der Rechtsdurchsetzung besteht oder
– eine Grundsatzentscheidung begehrt wird.

§ 278 Gütliche Streitbeilegung, Güteverhandlung, Vergleich

(1) Das Gericht soll in jeder Lage des Verfahrens auf eine gütliche Beilegung des Rechtsstreits oder einzelner Streitpunkte bedacht sein.

(2) Der mündlichen Verhandlung geht zum Zwecke der gütlichen Beilegung des Rechtsstreits eine Güteverhandlung voraus, es sei denn, es hat bereits ein Einigungsversuch vor einer außergerichtlichen Gütestelle stattgefunden oder die Güteverhandlung erscheint erkennbar aussichtslos. Das Gericht hat in der Güteverhandlung den Sach- und Streitstand mit den Parteien unter freier Würdigung aller Umstände zu erörtern und, soweit erforderlich, Fragen zu stellen. Die erschienenen Parteien sollen hierzu persönlich gehört werden.

(3) Für die Güteverhandlung sowie für weitere Gütersuche soll das persönliche Erscheinen der Parteien angeordnet werden. § 141 Abs. 1 Satz 2, Abs. 2 und 3 gilt entsprechend.

(4) Erscheinen beide Parteien in der Güteverhandlung nicht, ist das Ruhen des Verfahrens anzuordnen.

(5) **Das Gericht kann die Parteien für die Güteverhandlung sowie für weitere Gütersuche vor einen hierfür bestimmten und nicht entscheidungsbefugten Richter (Güterichter) verweisen. Der Güterichter kann alle Methoden der Konfliktbeilegung einschließlich der Mediation einsetzen.**

(6) Ein gerichtlicher Vergleich kann auch dadurch geschlossen werden, dass die Parteien dem Gericht einen schriftlichen Vergleichsvorschlag unterbreiten oder einen schriftlichen Vergleichsvorschlag des Gerichts durch Schriftsatz gegenüber dem Gericht annehmen. Das Gericht stellt das Zustandekommen und den Inhalt eines nach Satz 1 geschlossenen Vergleichs durch Beschluss fest. § 164 gilt entsprechend.

Übersicht	Rdn.		Rdn.
I. Regelungsgegenstand und Zweck	1	a) Grundsatz	20
1. Normzweck	1	b) Modifikation	23
a) Gütliche Streitbeilegung	1	2. Das »erheblich erweiterte Institut des Güterichters« nach Absatz 5	24
b) Güteverhandlung	8		
c) Vergleich	11	a) Das bayerisch-thüringische Modell des Güterichters	27
2. Bisherige und aktuelle Fassung der Vorschrift	13	b) Die Systematik der Änderungen des Rechtsausschusses	32
3. Europäische Mediationsrichtlinie	19		
II. Grundsätze/Einzelheiten	20	c) Die Systematik der Änderungen im Verfahren des Vermittlungsausschusses	37
1. Das Verfahren der Güteverhandlung nach § 278 ZPO	20		

d) Die Gesetzgebungsmaterialien	38
aa) Beratungsverlauf und Beratungsergebnisse im federführenden Ausschuss	39
bb) Begründung der Beschlussempfehlung	41
e) Das Güterichterkonzept in der Zusammenfassung	45
3. Zusammenfassende Darstellung des Verfahrensablaufs vor dem Güterichter	47
a) Verweisungsbeschluss des erkennenden Gerichts	47
aa) Ermessen	49
aaa) Einverständnis der Parteien	50
bbb) Konstellationen, in denen eine Verweisung ausscheidet	54
bb) Folgen einer Verweisung	58
b) Vorgehensweise des Güterichters	60
aa) Akteneinsicht und Informationsbeschaffung.	60
bb) Verfahrens- und Terminsabsprache	62
cc) Festlegung des Setting .	64
c) Durchführung der Güteverhandlung	65
d) Mögliche Ergebnisse und Verfahrensbeendigungen ..	71
e) Zeugnisverweigerungsrecht	79
4. Anwendbarkeit der Vorschrift in anderen Gerichtsbarkeiten .	80
5. Verhältnis von § 278 Abs. 5 ZPO zu § 278a Abs. 1 ZPO .	82
III. Hinweise für die Praxis	**83**
1. Geschäftsverteilungsplan	83
2. Verweisungs- und Ruhensbeschluss	85
3. Mustertexte für Parteivereinbarung und Verschwiegenheitsverpflichtung	87
4. Aus- und Fortbildung der Richterschaft	90

I. Regelungsgegenstand und Zweck

1. Normzweck

a) Gütliche Streitbeilegung

1   § 278 ZPO ist die zentrale zivilprozessuale Norm, die auf eine gütliche, nichtstreitige Erledigung des Rechtsstreits abstellt:[1] Die Gerichte sind nach Absatz 1 gehalten, ohne besondere Förmlichkeiten auf eine einvernehmliche Regelung des zwischen den Parteien bestehenden Konflikts hinzuwirken. Dieser gesetzliche Auftrag gilt für jeden Prozessabschnitt.

---

1 Umfassend hierzu Einleitung, Rdn. 10 ff.

§ 278 ZPO Gütliche Streitbeilegung, Güteverhandlung, Vergleich

Zutreffend wird in der Kommentarliteratur auf die Vorzüge einer gütlichen 2
Einigung abgestellt: Sie dient dem **Rechtsfrieden**, führt überwiegend zu einer
Beschleunigung der Verfahren und verursacht in der Regel geringere **Kosten**.[2]

Der Aufwand, der durch das Gericht zu erbringen ist, um dem gesetzgeberi- 3
schen Ziel gütlicher Streitbeilegung in der Bundesrepublik Deutschland zu
entsprechen und die als unzureichend empfundene Streitschlichtungskultur[3]
zu verbessern, wurde in der Vergangenheit allerdings unterschiedlich bewertet:

Mehr traditionell geprägt und dementsprechend zurückhaltend formuliert 4
hieß es im *Baumbach*[4] zur bisherigen Gesetzeslage, der »Richter heiße eben
nicht Schlichter« und eine mediationsfreundliche Auslegung sei nicht angezeigt.

Die Intention des Gesetzgebers aufgreifend und zutreffend umfassender ar- 5
gumentierend wird hingegen im *Zöller*[5] betont, der Richter dürfe sich dem
gesetzlichen Auftrag einer gütlichen Streitbeilegung nicht deshalb entziehen,
weil die Herbeiführung einer unstreitigen Erledigung ggf. einen Mehraufwand an Zeit und Arbeitskraft erfordere. Zu einer echten Befriedung und
Vermeidung neuer Prozesse gehöre auch, etwaiges über den konkreten Streitgegenstand hinausgehendes Konfliktpotential in gütliche Lösungen mit einzubeziehen und durch konstruktive Lösungen zu bereinigen.

Als **Instrumente** einer **gütlichen Einigung** sind die Anregung eines Prozess- 6
vergleichs und das Hinwirken auf verfahrensbeendende Parteierklärungen
(Klagerücknahme, Anerkenntnis, Verzicht, Erledigungserklärung) zu erachten.

Der besondere **formale Rahmen**, innerhalb dessen verschiedene Methoden 7
der Streitschlichtung nach § 278 ZPO zur Anwendung gelangen, sind die
Güteverhandlung und weitere Güteversuche (vgl. Absätze 2 und 3). Auch
der Güterichter nach Absatz 5 bewegt sich innerhalb dieses formalen Rahmens, wobei das erheblich erweiterten Instituts des Güterichters die Anwen-

---

2 Vgl. *Musielak*, ZPO, § 278 Rn. 1.
3 BT-Drucks. 14/4722, S. 58, 62, 83.
4 *Baumbach*, ZPO, § 278 Rn. 7.
5 *Zöller*, ZPO, § 278 Rn. 1.

dung aller Methoden der Konfliktbeilegung einschließlich der Mediation, mithin auch andere Verfahren der außergerichtlichen Konfliktbeilegung (z. B. durch Schiedsverfahren, Schiedsgutachten etc.)[6] zulässt. Zum formalen Rahmen außerhalb des § 278 ZPO sind § 278a ZPO sowie in der Übergangsphase § 9 MediationsG zu zählen.

b) Güteverhandlung

8 Ähnlich wie im arbeitsgerichtlichen Verfahren nach § 54 ArbGG verpflichtet § 278 Abs. 2 ZPO das Gericht, **vor** einer **mündlichen Verhandlung** eine Güteverhandlung zur gütlichen Beilegung des Rechtsstreits durchzuführen, es sei denn es liegt ein erfolgloser früherer Einigungsversuch vor oder die Güteverhandlung ist erkennbar aussichtslos (sog. **semi-obligatorische Güteverhandlung**).

9 Die Güteverhandlung vor dem erkennenden Gericht, in der der Sach- und Streitstandes erörtert wird und bei der die Parteien gehört werden sollen, kann unter Verwendung mediativer Elemente durchgeführt werden.[7] Das Gericht kann die Güteverhandlung durch Beschluss an einen Güterichter nach Absatz 5 Satz 1 verweisen, dem nach Satz 2 alle Methoden der Konfliktbeilegung zur Verfügung stehen. Entfallen ist durch die Neuregelung des Absatzes 5 allerdings die Möglichkeit einer Verweisung an einen ersuchten Richter.

10 Die Handhabung des § 278 Abs. 2, 5 ZPO in der Praxis war bislang höchst unterschiedlich und häufig unbefriedigend. Überwiegend verstanden und handhabten die Zivilgerichte die Güteverhandlung ausschließlich im Sinne eines **Vergleichsgesprächs**;[8] nicht selten reduzierte sich das Bemühen der erkennenden Gerichte auf die **formale Abfrage**, ob eine gütliche Einigung in Betracht komme oder nicht, um sodann zum bereits vorsorglich geladenen frühen ersten Termin oder Haupttermin (vgl. § 279 ZPO) überzugehen.[9]

---

6 Vgl. nunmehr § 278a ZPO.
7 Vgl. hierzu *Fritz* LKRZ 2009, 281 ff.; *Teubert* ZKM 2011, 186 ff.
8 Vgl. Begründung BR-Drucks 747/04, I. Allgemeines, S. 20.
9 Vgl. zum idealen Design einer Güteverhandlung und der entsprechenden Umsetzung *Zöller*, ZPO, § 278 Rn. 6 ff.

c) Vergleich

Absatz 6 regelt das Zustandekommen eines Vergleichs außerhalb der mündlichen Verhandlung. Dies setzt einen schriftlichen Vorschlag voraus, den – neben dem Gericht – auch die Parteien unterbreiten können. Durch gerichtlichen Beschluss werden sodann das Zustandekommen und der Inhalt des Vergleichs festgestellt.[10]

Der Vergleich nach Absatz 6 stellt wie jeder andere Prozessvergleich einen Vollstreckungstitel dar (vgl. § 794 Abs. 1 Nr. 1 ZPO).

2. Bisherige und aktuelle Fassung der Vorschrift

§ 278 Abs. 5 ZPO erfuhr nicht nur in der Vergangenheit, sondern auch im Gesetzgebungsprozess des Mediationsförderungsgesetzes vielfache Änderungen.[11] Vor der jetzt geltenden Fassung hatte Absatz 5 noch folgenden Wortlaut:

> »*Das Gericht kann die Parteien für die Güteverhandlung vor einen beauftragten oder ersuchten Richter verweisen. In geeigneten Fällen kann das Gericht den Parteien eine außergerichtliche Streitschlichtung vorschlagen. Entscheiden sich die Parteien hierzu, gilt § 251 entsprechend.*«

Für die zahlreichen gerichtsinternen Mediationsprojekte fehlte es bislang an einer ausdrücklichen gesetzlichen Regelung. Im Schrifttum war überwiegend die Auffassung vertreten worden, prozessrechtliche Grundlage sei die obige Fassung des § 278 Abs. 5 ZPO in analoger Anwendung,[12] während in den Fachgerichtsbarkeiten z. T. auf § 4 Abs. 2 DRiG rekurriert wurde.[13]

Der Gesetzentwurf der Bundesregierung sah – in Abänderung des Referentenentwurfs – eine Trennung zwischen Güterichterverfahren und gerichtsinterner Mediation vor; letztere verankerte er in § 278a ZPO, während § 278 Abs. 5 ZPO lauten sollte:

---

10 Vgl. auch die ähnliche Regelung des § 106 VwGO.
11 Vgl. die Darstellung bei *Wagner* ZKM 2012, 110 ff. (112 ff.).
12 Vgl. umfassend m.w.N. *von Bargen* Die Verwaltung 2010, 422 ff.
13 *Walther*, Mediation in der Verwaltungsgerichtsbarkeit, S. 16.

§ 278 ZPO   Gütliche Streitbeilegung, Güteverhandlung, Vergleich

> *»Das Gericht kann die Parteien für die Güteverhandlung vor einen Güterichter als beauftragten oder ersuchten Richter verweisen.«*

Durch die Einfügung des Terminus »Güterichters« sollte ausweislich der Gesetzesbegründung lediglich klargestellt werden, dass das in der Vergangenheit in Bayern und Thüringen praktizierte Modell[14] durch die seinerzeit im Gesetzentwurf noch vorgesehene gesetzliche Regelung der gerichtsinternen Mediation nicht ausgeschlossen werden würde und weiterhin praktiziert werden könnte.[15]

16 Diese Intention wurde durch die Beratungen und Beschlussfassungen im Rechtsausschuss auf den Kopf gestellt. Absatz 5 in der sodann vom Bundestag verabschiedeten Fassung lautete nämlich:

> *»Das Gericht kann die Parteien für die Güteverhandlung sowie für weitere Güteversuche vor einen Güterichter als beauftragten oder ersuchten Richter verweisen.«*

Durch den zeitgleichen **Wegfall der gerichtsinternen** Mediation wurde der bayerische und thüringische Sonderweg geadelt mit dem Ziel, die bislang praktizierten unterschiedlichen Modelle der gerichtsinternen Mediation in ein »erheblich erweitertes Institut des Güterichters« überzuführen.[16]

17 Auf die Beschlussempfehlung des **Vermittlungsausschusses**[17] geht die jetzige Fassung des Absatzes 5 zurück. Alles in allem baut sie nunmehr auf der bisherige Regelung auf, verschiebt Teile davon in den neueingefügten § 278a ZPO und ergänzt den Wortlaut, indem sie klarstellt, dass der **Güterichter** für die Güteverhandlung **bestimmt** sein muss, **nicht entscheidungsbefugt** sein darf und sich **aller Methoden** der Konfliktbeilegung **einschließlich** der **Mediation** bedienen kann.

18 Die **Vorschrift** kann insgesamt als **wenig geglückt** angesehen werden.[18] Das beginnt bereits mit der Einführung des eher verwirrenden und kaum aussa-

---

14 *Gemählich* Spektrum der Mediation, 40/2010, 37 ff.; *Tautphäus* Spektrum der Mediation, 40/2010, 26 ff.; *Kotzian-Marggraf* ZKM 2012, 123 ff.
15 Begr. BT-Drucks. 17/5496 Zu Artikel 3, Zu Nummer 4.
16 Vgl. BT-Drucks. 17/8058, III. Allgemeines; zum Gesetzgebungsverfahren siehe *Carl* ZKM 2012, 16 ff.
17 BT-Drucks. 17/10102.
18 Vgl. nur *Ortloff* Editorial, NJW 3/2012, 5; *Francken* NZA 2012, 249 ff. (251).

gekräftigen Terminus »Güterichter«, der mehr an einen »gütigen Richter« denn an einen hochqualifizierten und besonders ausgebildeten Streitschlichter denken lässt, und endet mit der Intention der Gesetzgebers, ein »erheblich erweitertes Institut des Güterichters« einzuführen, das sich als Begriff im Gesetz jedoch nicht findet. Selbst im Verbund derjenigen Normen des Mediationsförderungsgesetzes, die Bezüge zum Güterichter aufweisen (§ 159 Abs. 2 Satz 2 ZPO, §§ 28 Abs. 4 Satz 2, 36 Abs. 5 FamFG, §§ 54 Abs. 6, 64 Abs. 7, 83a Abs. 1 und 87 Abs. 2 Satz 1 ArbGG) und selbst nach den durch das Vermittlungsausschussverfahren erfolgten Änderungen erschließt sich nur mit Mühe, was hierunter im Einzelnen zu verstehen ist.

3. Europäische Mediationsrichtlinie

Nachdem der Güterichter nunmehr ein nicht entscheidungsbefugter Richter **19** ist, der sich auch der Methode der Mediation bedienen kann, korrespondert die Vorschrift mit dem **Erwägungsgrund Nr. 12** der EUMed-RL und mit **Art. 1 Abs. 1 EUMed-RL**.

II. Grundsätze/Einzelheiten

1. Das Verfahren der Güteverhandlung nach § 278 ZPO

a) Grundsatz

Das Gesetz geht in § 278 Abs. 2 ZPO von dem Grundsatz aus, dass eine **20** **Güteverhandlung** von dem **erkennenden Gericht** durchzuführen ist (sog. **semi-obligatorische Güteverhandlung**). Nach der grundsätzlichen Prüfung, ob überhaupt ein Gütetermin in Betracht kommt (vgl. Absatz 2 Satz 1, 2. Halbsatz),[19] erörtert das Gericht den Sach- und Streitstand mit den Parteien unter Würdigung aller Umstände und hört erschienene Parteien persönlich an (Absatz 2 Sätze 2 und 3).

Regelungen für das Verfahren der Güteverhandlung enthalten die Absätze 3 **21** und 4:

Das persönliche Erscheinen der Parteien zur Verhandlung soll gem. Absatz 3 angeordnet werden, da dies erfahrungsgemäß die Chancen einer gütlichen Einigung erhöht; nur in atypischen Fällen kann davon abgesehen werden.[20]

---

19 Vgl. hierzu *Baumbach*, ZPO, § 278 Rn. 14 ff.
20 *Baumbach*, ZPO, § 278 Rn. 24.

§ 278 ZPO Gütliche Streitbeilegung, Güteverhandlung, Vergleich

Bei Nichterscheinen der Parteien, d. h. bei Säumnis i.S.d. §§ 330 f ZPO, ist gem. Absatz 4 das Ruhen des Verfahrens anzuordnen.

22 Wer erkennendes Gericht ist, hängt vom Rechtszug ab: Es kann dies ein Spruchkörper (§§ 60, 75 GVG), ein Einzelrichter (§§ 348, 348a, 526, 527 ZPO) oder auch ein Amtsrichter als Einzelrichter (§ 22 Abs. 1 GVG) sein.

b) Modifikation

23 Eine teilweise **Ausnahme** vom Grundsatz des Absatzes 2 regelt nunmehr **Absatz 5**: Für die Güteverhandlung sowie für weitere Güteversuche kann das Gericht die Parteien vor einen Güterichter verweisen, der – im Gegensatz zur bisherigen Rechtslage – nicht (mehr) dem erkennenden Gericht angehören darf,[21] sondern hierfür bestimmt sein muss und nicht entscheidungsbefugt sein darf.

2. Das »erheblich erweiterte Institut des Güterichters« nach Absatz 5

24 Der Begriff des Güterichters ist **im Gesetz** selbst **nicht definiert**, die Vorschrift des Absatzes 5 enthält nur einige Elemente (»hierfür bestimmt«, »nicht entscheidungsbefugt«, »alle Methoden der Konfliktbeilegung«). Was unter einem Güterichter zu verstehen ist und wie er seine Aufgaben im Einzelnen erfüllen soll, erschließt sich erst im Wege der Interpretation der einschlägigen Normen. Die Klarheit der Gliederung wie der Regelungen im Einzelnen, die die (frühere) Gesetzesinitiative des Freistaates Bayern[22] zur Einführung des Güterichters auszeichnete, lässt das Mediationsförderungsgesetz in diesem Zusammenhang vermissen.

25 Die Regelung des Absatzes 5 Satz 1, wonach das Gericht die Parteien **vor** einen (und) **hierfür bestimmten** Güterichter verweisen kann, der im Übrigen

---

21 Ratio legis der Vorgängervorschrift des jetzigen Absatzes 5, der eine Güteverhandlung durch ein Mitglied des streitentscheidenden Spruchkörpers »als beauftragter Richter« noch vorsah, war es, in geeigneten Fällen den gesamten Spruchkörper von der Aufgabe der Güteverhandlung zu entbinden und somit für eine Entlastung zu sorgen. Einfach gelagerte und für eine Verweisung vor den Güterichter nicht in Betracht kommende Fälle auf diese Weise einer nichtstreitigen Lösung zuzuführen ist nunmehr nicht mehr möglich.
22 BR-Drucks. 747/04.

nicht entscheidungsbefugt sein darf, streitet dafür, dass der Güterichter ein besonders ausgebildeter Richter sein muss. Das ist, wie sich aus der historischen und systematischen Interpretation ergibt und noch aufzuzeigen sein wird, ersichtlich der Fall.

Um insgesamt nachvollziehen zu können, was sich hinter dem Begriff des »erheblich erweiterten Instituts des Güterichters« verbirgt, ist es erforderlich, die bisherige Entwicklung des »Güterichters«, die durch den Rechtsausschuss und sodann durch das Vermittlungsverfahrens geänderten Vorschriften des Mediationsförderungsgesetzes insgesamt und schließlich die einschlägigen Gesetzesmaterialien in den Blick zu nehmen. 26

a) Das bayerisch-thüringische Modell des Güterichters

Der Begriff des Güterichters geht zunächst auf einen **bayerischen Modellversuch** zurück, der sodann von **Thüringen** übernommen wurde. *Greger* hat diesen Sonderweg wissenschaftlich begleitet, evaluiert und mehrfach beschrieben.[23] 27

Ebenso wie die gerichtlichen Mediationprojekte konnte sich auch das Güterichtermodell auf keine ausdrückliche gesetzliche Grundlage berufen. Ein Versuch des Freistaates Bayern, über den Bundesrat eine entsprechende gesetzliche Regelung zu initiieren,[24] führte zwar zu keinem Erfolg, jedoch orientierte sich die bayerische und thüringische Praxis[25] an den Vorschlägen und Überlegungen, die in der Gesetzesinitiative wie folgt beschrieben waren: 28

»Es handelt sich um einen Richter, der hauptamtlich durch die gerichtliche Geschäftsverteilung mit der Durchführung von Güteverhandlungen und sonstigen Güteversuchen betraut und hierfür in geeigneten Konfliktlösungsmethoden (insbes. Mediation) speziell geschult wird. Der Güterichter soll eng mit dem Streitrichter zusammenarbeiten, der geeignete Fälle an ihn verweist. Primäres Ziel dieser Zusammenarbeit ist es, möglichst alle für eine einvernehmliche Streitbeilegung in Betracht kommenden Fälle vor dem 29

---

23 Vgl. nur Abschlussbericht unter www.jura-uni-erlangen.de/aber/gueterichter.htm, ferner *Greger* Spektrum der Mediation 40/2010, 18 ff. und ZRP 2006, 229 ff.
24 Entwurf eines Gesetzes zur Stärkung der gütlichen Streitbeilegung im Zivilprozess, BR-Drucks. 747/04.
25 *Gemählich* Spektrum der Mediation, 40/2010, 37 ff.; *Tautphäus* Spektrum der Mediation, 40/2010, 26 ff.; *Reiter*, Aktuelle Praxis des Güterichterverfahrens am Landgericht Augsburg, S. 5; *Kotzian-Marggraf* ZKM 2012, 123 ff.

Eintritt in die mündliche Verhandlung abzuschöpfen. Der Güterichter soll daher in erster Linie die Güteverhandlung übernehmen. Aber auch für spätere Schlichtungsversuche soll noch Raum bleiben; deshalb kann der Güterichter auch für sonstige Güteversuche eingeschaltet werden .... Der Güterichter wird nur dann erfolgreich tätig werden, soweit sich die Parteien darauf verlassen können, dass die Erörterungen vor ihm vertraulich bleiben .... Wesentliche Elemente sind in diesem Zusammenhang die Personenverschiedenheit von Güterichter und Streitrichter, die Ausnahme vom Öffentlichkeitsgrundsatz, der regelmäßige Verzicht auf eine Protokollierung der Erörterungen vor dem Güterichter sowie ein Beweisverwertungsverbot hinsichtlich vertraulich erörterter Umstände, das an eine entsprechende Vereinbarung der Parteien anknüpft.«[26] ...
»Den Bedürfnissen der Praxis folgend wird die Verweisungsmöglichkeit außerdem über den Fall der Güteverhandlung hinaus auf alle sonstigen gerichtlichen Güteversuche (»weitere Güteversuche« ...) ausgedehnt. Denn nicht selten eröffnet sich erst in einem späteren Verfahrensstadium – etwa nach einer Beweisaufnahme zu bestimmten wesentlichen Tatfragen – die Möglichkeit und der Bedarf für einen Schlichtungsversuch .... Mit dem Verweisungsbeschluss wird der Güterichter .... zum gesetzlichen Richter im Sinne von Art. 101 Abs. 1 Satz 2 GG .... An die Einschätzung des Streitrichters zur Schlichtungsaussicht ... soll der Güterichter allerdings nicht gebunden sein ... Dabei ist hervorzuheben, dass der Güterichter in der Frage, wie er die Erörterung des Sach- und Streitstandes gestaltet, die nach seinem fachlichen Ermessen im Einzelfall geeignete Methode wählen wird. Das kann insbesondere die bereits erwähnte Mediation sein .... Im Falle einer Einigung der Parteien schließt und protokolliert der Güterichter einen Vergleich im Sinne der §§ 160 Abs. 3 Nr. 1, 794 Abs. 1 Nr. 1 ZPO. Scheitert der Versuch gütlicher Beilegung, so vermerkt der Güterichter dies in den Akten und leitet diese zur Fortsetzung des Verfahrens an den Streitrichter zurück. Gleiches gilt, wenn die Voraussetzungen einer Verfahrenserledigung durch Klagerücknahme, Erledigerklärung oder Anerkenntnis eintreten.«[27]

30 Ausgehend hiervon wurde in der Praxis der bayerischen[28] und thüringischen[29] Gerichte unter einem Güterichter, die entsprechende **Qualifikation**

---

26 Begründung BR-Drucks. 747/04, I. Allgemeines, S. 5.
27 Begründung BR-Drucks. 747/04, II. Zu Artikel 1, zu Nummer 4, S. 9 f.
28 *Gemählich* Spektrum der Mediation 40/2010, 37 ff.; *Reiter*, Aktuelle Praxis des Güterichterverfahrens am Landgericht Augsburg, S. 5; *Kotzian-Marggraf* ZKM 2012, 123 ff.
29 *Tautphäus* Spektrum der Mediation, 40/2010, 26 f.

und Verankerung im richterlichen Geschäftsverteilungsplan vorausgesetzt,[30] jeder Richter derselben Gerichtsbarkeit außerhalb des streitentscheidenden Spruchkörpers gesehen. Dabei spielte es keine Rolle, ob er demselben Gericht (Organisationseinheit) oder derselben Instanz angehörte. Güterichter wurden somit gerichtsbezogen wie auch gerichtsübergreifend organisiert[31] und tätig, vorausgesetzt die Parteien stimmten dem Güterichterverfahren zu.

Der wesentliche Unterschied zu dem in anderen Bundesländern wie auch dem in Bayern in der Verwaltungs- und Sozialgerichtsbarkeit praktizierten Modell der gerichtlichen Mediation bestand darin, dass der **Güterichter nicht** auf die Durchführung einer Mediation **festgelegt** war,[32] sondern die Methode der Konfliktlösung an den Gegebenheiten des Falles und der Parteien ausrichten konnte.[33] Dies reichte von der bloßen Moderation eines Vergleichsgesprächs über ein Schlichtungsverfahren mit Entscheidungsvorschlag bis zur Unterstützung einer parteiautonomen Konfliktlösung mit Mitteln der Mediation.[34] 31

b) Die Systematik der Änderungen des Rechtsausschusses

Die im hier interessierenden Zusammenhang vom Rechtsausschuss veranlassten Änderungen betreffen zum einen die Streichung der im Regierungsentwurf vorgesehenen Bestimmungen zur gerichtsinternen Mediation,[35] zum an- 32

---

30 Vgl. den Geschäftsverteilungsplan des OLG München unter: http://www.justiz.bayern.de/imperia/md/content/stmj_internet/gerichte/oberlandesgerichte/muenchen/gvp_2012.pdf.
31 Vgl. auch BT-Drucks. 17/5496 zu Nummer 11, Begr. BT-Drucks. 17/5335, Anlage 3 Zu Artikel 3 Nummer 4.
32 Auch die Bayerische Justizministerin betonte bei der Einbringung des Gesetzentwurfs im Bundesrat, er sei »*bewusst offen gehalten. Er legt den Güterichter nicht etwa auf die Mediation fest, sondern soll ihm methodische Freiheit geben. Der Entwurf wählt damit einen viel breiteren Ansatz als die meisten der derzeit laufenden Modellversuche zur Richtermediation.*«, Bundesrat, Plenarprotokoll der 804. Sitzung, 506 C.
33 *Greger* Spektrum der Mediation 40/2010, 18 ff. (19).
34 Zur Praxis vgl. *Tautphäus/Fritz/Krabbe* NJW 2012, 364 ff.
35 Vgl. Gesetzentwurf der Bundesregierung BT-Drucks. 17/5335: §§ 1 Abs. 1 Satz 2, 7 Abs. 1, 2 MediationsG, § 15 GVG, §§ 36a Abs. 1, 155 Abs. 4 FamFG, § 54a Abs. 1 ArbGG, § 173 VwGO, § 202 SGG, § 99 PatentG, § 82 MarkenG.

deren die Etablierung eines erheblich erweiterten Güterichterkonzepts,[36] das in etlichen Normen des Mediationsförderungsgesetzes seinen, wenn auch unterschiedlichen, Niederschlag gefunden hat und sich nur in einer **Gesamtschau** der Vorschriften erschließt.

33 Dazu zählt, dass die nach dem Regierungsentwurf zunächst allein auf die **Zivilprozessordnung** beschränkte Regelung des Güterichters (mit seinen Elementen der Vertraulichkeit und Freiwilligkeit gem. § 152 Abs. 2 Satz 2 ZPO) nunmehr ebenfalls im Verfahren nach dem FamFG sowie dem arbeits-, sozial-, verwaltungs- und finanzgerichtlichen Prozess Anwendung findet. Keine Anwendung findet hingegen die semi-obligatorische Güteverhandlung nach Absatz 2.

34 Dementsprechend hat der Gesetzgeber für Verfahren in **Familiensachen** und in den Angelegenheiten der **freiwilligen Gerichtsbarkeit** mit den §§ 28 Abs. 4 Satz 2, 36 Abs. 5 FamFG eine den Vorschriften der ZPO vergleichbare Regelung geschaffen und damit unterstrichen, dass das erweiterte Güterichterkonzept mit seinem besonderen Schutz der Vertraulichkeit auch im Verfahren nach dem FamFG zur Anwendung gelangen soll.[37]

35 Vergleichbar stellt sich die Rechtslage im **arbeitsgerichtlichen Verfahren** dar,[38] zumal § 54 Abs. 6 ArbGG eine entsprechende Regelung des Güterichters aufweist. Einer eigenständigen Normierung des besonderen Schutzes der Vertraulichkeit bedurfte es wegen der Vorschriften der §§ 54 Abs. 3, 46 Abs. 2 ArbGG nicht.

36 Für die Verfahren vor den **Sozial-, Verwaltungs- und Finanzgerichten** hat sich der Gesetzgeber mit kleineren Änderungen in den jeweiligen allgemeinen Verweisungsnormen des § 202 SGG, des § 173 VwGO und des § 155 FGO begnügt, die nunmehr auf §§ 278 Abs. 5 und 278a ZPO Bezug nehmen, nicht jedoch auf die Güteverhandlung nach § 278 Abs. 2 ZPO. Für das Verfahren nach dem Patent- und Markengesetz hat der Gesetzgeber wegen der auf die ZPO verweisenden Normen des § 99 Abs. 1 PatentG und des § 82 Abs. 1 MarkenG auf eigene Regelungen verzichtet.[39]

---

36 *Sensburg* NJW-aktuell, 52/2011, 14; *Göcken* NJW-aktuell, 52/2011, 16.
37 Vg. hierzu im Einzelnen die Kommentierung zu §§ 28, 36 FamFG.
38 Vgl. *Francken* NZA 2012, 49 ff.
39 Vgl. BT-Drucks. 17/8058, III. Zu den Artikeln 10 – alt – und 11 – alt –, S. 23.

c) Die Systematik der Änderungen im Verfahren des Vermittlungsausschusses

Im Vermittlungsverfahren erfuhr Absatz 5 Satz 1 eine Änderung dahingehend, als die Begriffe beauftragter und ersuchter Richter gestrichen und klargestellt wurde, dass der **Güterichter** ein hierfür **bestimmter** und **nicht entscheidungsbefugter Richter** ist. Zudem wurde ein neuer Satz 2 eingefügt, der klarstellt, dass der Güterichter alle Methoden der Konfliktbeilegung, u. a. die **Methode der Mediation**, anwendenden kann. Dies war der Intervention der Länder geschuldet, die ihre erfolgreichen gerichtlichen Mediationsprojekte fortgesetzt wissen wollten,[40] wobei es ihnen mehr auf die Inhalte denn auf die formale Bezeichnung ankam.

37

d) Die Gesetzgebungsmaterialien

Der Wille des Gesetzgebers erschließt sich in erster Linie aus der Begründung der Beschlussempfehlung und dem Bericht des Rechtsausschusses,[41] aber auch aus der Regierungsvorlage, soweit der Ausschuss den Gesetzentwurf unverändert übernommen hat.[42]

38

aa) Beratungsverlauf und Beratungsergebnisse im federführenden Ausschuss

Im Verlauf der Beratungen betonte die Fraktion der CDU/CSU, »*mit dem Güterichtermodell schaffe man ein Konzept, dass sowohl der Mediation im Gericht als auch der außerhalb des Gerichts gerecht werde*«.[43]

39

Die FDP-Fraktion stellte fest, die Richterschaft solle »*ihre in den vergangenen Jahren unter der Bezeichnung Mediation erfolgreich betriebenen Aktivitäten fortsetzen können. Hierzu diene das Modell des erweiterten Güterichters, das die mediativen Elemente der bisherigen gerichtlichen Mediation zum großen Teil übernehme. Hervorzuheben sei, dass auch beim erweiterten Güterichter zukünftig die Vertraulichkeit gesichert sei, indem ein Protokoll nur bei Zustimmung aller Beteiligten erstellt werden …*«.[44]

40

---

40 *Ahrens* NJW 2012, 2465.
41 Vgl. BT-Drucks. 17/8058, III. Allgemeines, S. 17.
42 Vgl. BT-Drucks. 17/5335, BT-Drucks. 17/5496.
43 Vgl. BT-Drucks. 17/8058, II. S. 16.
44 Vgl. BT-Drucks. 17/8058, II. S. 16 f.

bb) Begründung der Beschlussempfehlung

41 Im Allgemeinen Teil der Begründung der Beschlussempfehlung heißt es zunächst, bei der Verweisung der Parteien an den Güterichter *»können auch an den Gerichten gegebenenfalls besonderes geschulte Koordinatoren behilflich sein.«*[45] Weiterhin wird ausgeführt, mit dem Güterichtermodell *»werde dem vom Rechtsausschuss unterstützen Anliegen Rechnung getragen, die Kompetenzen und Erfahrungen der bisherigen richterlichen Mediatoren und die entsprechenden Aus- und Forbildungsmaßnahmen der Länder in vollem Umfang weiter zu nutzen und fortzuentwickeln.«*[46]

42 Im Zusammenhang mit § 1 Abs. 1 MediationsG wird darauf abgestellt, dass der Güterichter – anders als ein gerichtsinterner Mediator – *»u. a. rechtliche Bewertungen vornehmen und den Parteien Lösungen für den Konflikt vorschlagen«* und *»auch ohne Zustimmung der Parteien in Gerichtsakten Einsicht nehmen und auf Wunsch der Parteien einen Vergleich protokollieren«* kann. *»Ein Güterichter ist zwar kein Mediator, er kann in einer Güteverhandlung jedoch zahlreiche Methoden und Techniken der Mediation einsetzen, mit denen insbesondere der Sinn der Parteien für ihre Verantwortlichkeit und ihre Autonomie sowie die Bereitschaft sich aufeinander einzulassen gefördert werden sollen.«*[47]

43 Im Kontext mit der eingeschränkten Protokollierung in § 159 Abs. 2 Satz 2 ZPO werden *»der Schutz der Vertraulichkeit«* und die Durchführung *»der Güteverhandlung oder der weitere Güteversuch vor einem ersuchten Richter«* betont; zugleich wird auf den Schutz der Vertraulichkeit durch weitere Regelungen (§ 169 GVG, § 383 Abs. 1 ZPO) hingewiesen.[48]

44 In der Begründung zur Änderung des § 278 Abs. 5 ZPO heißt es: *»Mit dem weiteren Zusatz »sowie für weitere Güteversuche« wird klargestellt, dass das Gericht die Parteien nicht nur für die erste Güteverhandlung, sondern auch für weitere Güteversuche an den Güterichter verweisen«* und *»dass der Güterichter nicht nur an demselben Gericht, sondern auch an einem anderen Gericht tätig sein kann«* und es zudem möglich ist, die Sache an ein Gericht *»einer anderen Gerichtsbarkeit zu verweisen.«* Da es erforderlich sei, dass die Parteien für eine

---

45 Vgl. BT-Drucks. 17/8058, III. Allgemeines, S. 17.
46 Vgl. BT-Drucks. 17/8058, III. Allgemeines, S. 17.
47 Vgl. BT-Drucks. 17/8058, III. Zu Artikel 1, Zu § 1 Abs. 1, S. 17 f.
48 Vgl. BT-Drucks. 17/8058, III. Zu Artikel 2 – neu –, Zu Nummer 3 – neu –, S. 21.

einvernehmliche Konfliktlösung offen seien, komme »*der Verweis vor einen zur Durchführung einer Güteverhandlung bereiten Güterichter nur mit Einverständnis der Parteien in Betracht.*«[49]

e) Das Güterichterkonzept in der Zusammenfassung

Zweck, Bedeutung und Inhalt des neu eingeführten »erheblich erweiterten Instituts des Güterichters« erschließen sich aus der obigen Gesamtschau der bisherigen Güterichterpraxis, des systematischen Zusammenhangs der geänderten Vorschriften und des Willens des Gesetzgebers; dabei kommt der historischen Interpretation ausnahmsweise deshalb ein besonderer Stellenwert zu, weil ein enger zeitlicher Zusammenhang mit dem Inkrafttreten der neu geschaffener Regelungen besteht.[50] Dass der Gesetzgeber die Vorschriften derart offen gestaltet hat mag auch damit zusammenhängen, dass er Raum lassen wollte für Innovationen und Veränderungen. Dazu zählt die Weiterentwicklung der Kompetenzen der Güterichter, auch in Abhängigkeit von Veränderungen im Bereich der Streitschlichtungsverfahren und -methoden, wie auch die Möglichkeit, die Verweisungspraxis von Streitrichter an Güterichter mit Hilfe besonders geschulter Koordinatoren zu optimieren.[51]

45

Das neue Konzept des erheblich erweiterten Instituts des Güterichters beinhaltet demnach, dass es
- in allen Gerichtsbarkeiten Anwendung findet,
- nur auf einen nicht entscheidungsbefugten Richter zutrifft,
- allein für fakultative Güteverhandlungen nach § 278 Abs. 5 ZPO wie auch weitere Gütversuche gilt,[52] nicht jedoch für semi-obligatorische Güteverhandlungen nach § 278 Abs. 2 ZPO,
- als richterliche Tätigkeit anzusehen ist und

46

---

49 Vgl. BT-Drucks. 17/8058, III. Zu Artikel 2 – neu –, Zu Nummer 5 – neu –, S. 21.
50 Vgl. BVerfGE 62, 1 (45); 82, 60 (79, 99); 82, 209, (224).
51 Vgl. BT-Drucks. 17/8058, III. Allgemeines, S. 17.
52 Mit dem weiteren Zusatz »sowie für weitere Gütversuche« soll ausweislich der Gesetzesbegründung (BT-Drucks. 17/8058, III., Zu Artikel 2 – neu –, Zu Nummer 5 – neu –) klargestellt werden, dass das Gericht die Parteien nicht nur für die erste Güteverhandlung, sondern auch für mögliche weitere Gütversuche an den Güterichter verweisen kann.

– der Freiwilligkeit und Vertraulichkeit besondere Aufmerksamkeit zukommen lässt.

Dementsprechend gilt für den einzelnen Güterichter, dass er
– über besondere fachliche Qualifikationen verfügen muss, vergleichbar denen der bisherigen gerichtlichen Mediatoren,
– nur mit Einverständnis der Parteien tätig werden kann (sog. fakultative Güteverhandlung),[53]
– am eigenen Gericht aber auch an einem anderen Gericht, sogar dem einer anderen Gerichtsbarkeit, eingesetzt werden kann,[54]
– die Prozessakten einsehen darf,
– sich aller Verfahren der Konfliktbeilegung einschließlich der Mediation bedienen kann, mithin die Freiheit der Methodenwahl hat,
– rechtliche Bewertungen vornehmen und den Parteien Lösungen für den Konflikt vorschlagen kann,
– mit Zustimmung der Parteien eine Niederschrift erstellen, Anträge entgegenzunehmen und einen Vergleich protokollieren kann.

3. Zusammenfassende Darstellung des Verfahrensablaufs vor dem Güterichter

a) Verweisungsbeschluss des erkennenden Gerichts

47 Ein Tätigwerden des Güterichters setzt zunächst voraus, dass seitens des erkennenden Gerichts das Verfahren verwiesen wurde.

48 Die Verweisung selbst erfolgt durch **gerichtlichen Beschluss**, der nicht begründet zu werden braucht und **nicht** selbständig **anfechtbar** ist.[55] Wer als Güterichter in Betracht kommt, ergibt sich aus dem **Geschäftsverteilungsplan** des Gerichts gem. § 21e GVG.[56] Es ist Aufgabe des Präsidiums festzule-

---

53 *Röthemeyer* ZKM 2012, 116 ff. (117); a.A. *Carl* ZKM 2012, 16 ff. (19).
54 Vgl. hierzu *Ortloff* NVwZ 2012, 1057 ff.; *Röthemeyer* ZKM 2012, 116 ff. (117); a.A. *Ahrens* NJW 2012, 2465 ff. (2469).
55 *Baumbach*, ZPO, § 278 Rn. 55; *Musielak*, ZPO, § 278 Rn. 4 zur Anordnung bzw. Unterlassung einer Güteverhandlung.
56 Die Präsidien sind verpflichtet, Güterichter zu bestimmen: vgl. insoweit *Hartmann* MDR 2012, 941; *Röthemeyer* ZKM 2012, 116 ff. (117), ferner auch die Ausführungen unter Rdn. 83 f. Im Schrifttum (*Ortloff* NVwZ 2012, 1057 ff.; *Röthemeyer* ZKM 2012, 116 ff. (117)) wird zutreffend die Auffassung vertreten, bei

gen, **wie** diejenigen Richter, die über **entsprechende Ausbildung und Qualifikationen**[57] verfügen, »als Güterichter nach § 278 Abs. 5 ZPO« eingesetzt werden.[58] Den Parteien steht – anders als in einem Mediationsverfahren – kein Wahlrecht hinsichtlich des Güterichters zu.

aa) Ermessen

Grundsätzlich liegt die Verweisung an einen Güterichter im **pflichtgemäßen** 49
Ermessen des erkennenden Gerichts.

---

mehreren Güterichtern an einem Gericht könne es diesen selbst überlassen bleiben, wie sie ihre Geschäfte, d.h. die Reihenfolge ihrer Heranziehung, regeln.
57 So wie bisher schon als gerichtlicher Mediator nur derjenige bestellt werden konnte, der eine entsprechende Ausbildung durchlaufen hatte, so kommt auch zukünftig als Güterichter nach § 278 Abs. 5 ZPO nur in Betracht, wer aufgrund entsprechender Ausbildung in der Lage ist, die einschlägigen Methoden der Konfliktbeilegung einschließlich der Mediation einzusetzen. Dabei finden die in § 5 Abs. 1 MediationsG geregelten Standards hinsichtlich der Aus- und Fortbildung auch auf Güterichter entsprechende Anwendung, nicht jedoch die für den zertifizierten Mediator geltenden des § 5 Abs. 2 MediationsG: Vgl. insoweit auch Begr. BT-Drucks. 17/5335, A.II. Weitergehend *Hölzer* ZKM 2012, 119ff. (121).
58 Es obliegt dem Präsidenten, dem Präsidium das Vorliegen entsprechenden Qualifikationen derjenigen Richter zu unterbreiten, die als Güterichter zur Verfügung stehen. Es ist dies vergleichbar der Information über formale Qualifikationen, wie sie in § 22 Abs. 5, 6 GVG angesprochen sind. Nach *Ortloff* NVwZ 2012, 1057ff.) soll die »Anhörung« der als Güterichter einzusetzenden Richter gem. § 21e Abs. 2 GVG nicht genügen, vielmehr sei deren »Zustimmung« erforderlich, da es sich um eine freiwillig übernommene zusätzliche Aufgabe handele. Dass dieser Ansatz mit den Richteramtspflichten vereinbar ist, kann mit guten Gründen bezweifelt werden; auch die Überlegung, dass ein Güterichter eine Mediation oder eine sonstige Streitschlichtung ebenso wie die Parteien beenden kann (vgl. insoweit § 2 Abs. 5 Satz 2 MediationsG), dürfte als konkrete Einzelfallentscheidung im vorliegenden Zusammenhang nicht fruchtbar gemacht werden können. Ob es hingegen sinnvoll erscheint, einen zwar entsprechend ausgebildeten, gleichwohl im Hinblick auf die Güterichtertätigkeit unwilligen Richter durch das Präsidium mit einer Aufgabe zu betrauen, die Engagement, Einfühlungsvermögen und Empathie erfordert, ist keine rechtliche, sondern eine tatsächliche Frage, deren Bejahung mit guten Gründen bezweifelt werden kann; vgl. auch Fn. 65.

aaa) Einverständnis der Parteien

50 Das Gericht muss bei seiner Entscheidung jedoch das für das Güterichterverfahren geltende **ungeschriebenen Tatbestandsmerkmals** der **Freiwilligkeit** beachten: Nur mit Einwilligung der Parteien kann ein Verfahren vor dem Güterichter durchgeführt werden.[59]

51 Dieser Umstand zeitigt Konsequenzen für die **Verweisungspraxis:** Entweder holt bereits der streitentscheidende Richter das Einverständnis der Parteien für ein Güterichterverfahren ein und verweist sodann das Verfahren, oder er nimmt eine Verweisung vor und der Güterichter holt daraufhin die Zustimmung der Parteien für die Durchführung einer Güterverhandlung ein. Während die Sachnähe des ersuchten Güterichters zu den Verfahren der konsensualen Streitschlichtung und seine besondere fachliche Qualifikation dafür sprechen, ihm die Einholung der Zustimmung zu übertragen, streiten prozessökonomische Gründe – u.U. auch der Grundsatz des rechtlichen Gehörs – dafür, den Streitrichter hiermit zu betrauen.[60] Von daher bietet sich folgendes **Vorgehensweise** an: Der Streitrichter informiert die Parteien zunächst über die grundsätzlich möglichen Methoden, die ein Güterichter einsetzen kann und weist darauf hin, dass dieser in Absprache mit ihnen die fall- und konfliktangemessene Methode absprechen wird; hierzu holt er ihre Zustimmung ein. Nach sodann erfolgter Verweisung an den Güterichter ist es dessen Aufgabe, in Absprache mit den Parteien das weitere Vorgehen, insbesondere die einzusetzenden Methoden zu erörtern und hierfür das Einverständnis einzuholen.

52 Die Einschaltung eines »**besonders geschulten Koordinators**«[61] könnte u.U. datenschutzrechtliche Probleme aufwerfen. Von daher dürfte es auf die konkrete Ausgestaltung eines derartigen »Court-Dispute-Managers« ankommen:

---

59 Vgl. *Ewig* ZKM 2012, 4, der die Auffassung vertritt, es erscheine sinnvoll, wenn die Verweisung »nur im Konsens mit den Parteien erfolge«; ebenso *Ortloff* NVwZ 2012, 1057 ff); *Röthemeyer* ZKM 2012, 116 ff. (117); a.A. *Carl* ZKM 2012, 16 ff. (19); *Duve* ZKM 2012, 108 f. (109).
60 Unkritisch insoweit *Hartmann* MDR 2012, 941 ff. (943).
61 Vgl. BT-Drucks. 17/8058, III. Allgemeines, S. 17. Zur Praxis in den Niederlanden mit besonderen Verweisungsbeauftragten vgl. *Schmiedel* ZKM 2011, 14 ff. (15).

Vom Entlastungseffekt idealiter bei einem Rechtspfleger verankert,[62] müsste dies aber mangels entsprechender gesetzlicher Regelung als (insoweit zulässige) richterassistierende Verwaltungstätigkeit organisiert werden.

Den Parteien eines Rechtsstreits bleibt es unbenommen, die Durchführung einer Güterichterverhandlung vor einem Güterichter nach § 278 Abs. 5 ZPO selbst anzuregen. Liegt ein übereinstimmendes Petitum beider Parteien vor, dann reduziert sich das dem Gericht eingeräumte Ermessen zur Verweisung auf Null. 53

bbb) Konstellationen, in denen eine Verweisung ausscheidet

Das Ermessen ist nicht eröffnet, wenn schon eine Güteverhandlung selbst nicht in Betracht kommen wird, weil nach dem Inhalt der Klageschrift, insbesondere den Ausführungen gem. § 253 Abs. 3 Nr. 1 ZPO, der Klageerwiderung und ggf. der Replik eine gütliche Beilegung des Rechtsstreits **erkennbar aussichtslos** erscheint.[63] 54

Das Gericht wird von einer Verweisung an den Güterichters absehen können, wenn es den Eindruck gewinnt, dass es sich um ein **einfach gelagertes Verfahren** handelt, welches in einer Güteverhandlung schon von dem erkennenden Gericht selbst zu einem gütlichen Abschluss gebracht werden kann. 55

Eine Verweisung kommt ferner nicht in Betracht, wenn eine Partei zu verstehen gegeben hat, dass sie ein solches Verfahren nicht wünscht. Dies ist Ausfluss des Freiwilligkeitsprinzips. 56

Die maßgeblichen Erwägungen, von einer Verweisung an den Güterichter abzusehen, sollten in einem **Aktenvermerk** mit kurzer Begründung festgehalten werden. 57

bb) Folgen einer Verweisung

Die Verweisung eines Rechtsstreits zum Zwecke der Güterverhandlung an den Güterichter führt, anders als in den Fällen des § 278a Abs. 1 ZPO, nicht zum Ruhen des Verfahrens gem. § 278a Abs. 2 ZPO; jedoch ist **auf Antrag** der Parteien ein **Ruhensbeschluss** gem. § 251 ZPO möglich. 58

---

[62] Das verkennt *Carl* ZKM 2012, 16 ff. (20), der hierfür die früheren richterlichen Mediatoren einsetzen will.
[63] *Thomas/Putzo*, ZPO, § 278 Rn. 7.

§ 278 ZPO Gütliche Streitbeilegung, Güteverhandlung, Vergleich

59 Der Güterichter übt **richterliche Tätigkeit** – aber ohne Entscheidungskompetenz – aus und handelt als gesetzlicher Richter im Sinne des § 16 Satz 2 GVG. Seine konkrete Zuständigkeit folgt aus dem gerichtlichen Geschäftsverteilungsplan gem. § 21e GVG. Den Parteien steht daher – anders als bei einem Mediator und zugleich auch anders als bei einem gerichtlichen Mediator in der Übergangsphase des § 9 MediationsG – hinsichtlich seiner Person kein Wahlrecht zu.[64]

b) Vorgehensweise des Güterichters

aa) Akteneinsicht und Informationsbeschaffung

60 Der Güterichter wird **Einsicht in** die ihm vom erkennenden Gericht überlassenen **Akten** nehmen und prüfen, welches Verfahren der außergerichtlichen Konfliktbeilegung indiziert ist.

61 Sodann wird er sich mit den Parteien des Rechtsstreits ins Benehmen setzen, ggf. vorab weitere Informationen bei ihnen einholen und ggf. auch klären, ob weitere Personen für die Güteverhandlung hinzuziehen sind (sog. fall- und konfliktangemessenes **Prozessmanagement**).

bb) Verfahrens- und Terminsabsprache

62 Der Güterichter wird den Parteien einen **Verfahrens-** und einen **Terminsvorschlag** unterbreiten:

Ausgehend vom Prinzip der **Freiwilligkeit** wie dem der **Informiertheit** der Parteien erscheint es angezeigt, diese bereits zu diesem frühen Zeitpunkt darüber in Kenntnis zu setzen, ob der Güterichter beispielsweise mehr zu einer Schlichtung mit rechtlichen Hinweisen und ggf. einem Vorschlag tendiert oder ob er die Durchführung einer Mediation für angezeigt hält. Dies ist Ausfluss des Grundsatzes »**Methodenklarheit bei Methodenvielfalt**«.[65]

---

[64] Umfassend hierzu *Röthemeyer* ZKM 2012, 116 ff. (118), der zutreffend darauf hinweist, dass gleichwohl Raum besteht für die Berücksichtigung etwa des (übereinstimmenden) Wunsches der Parteien (beispielsweise das Geschlecht des Güterichters betreffend), besonderer fachlicher Kenntnisse und Voraussetzungen wie auch aktueller Belastungssituationen.

[65] A.A. *Ortloff* NVwZ 2012, 1057 ff., der die – allerdings durch das Gesetz nicht gedeckte – Meinung vertritt, der Güterichter könne vom Präsidium von vornherein auf die Methode der Mediation festgelegt werden; vgl. auch oben Fn. 58.

Zwar kann der Güterichter gem. §§ 272, 216 ZPO den Termin der Güte- 63
verhandlung bestimmen und gem. § 278 Abs. 3 ZPO das persönliche Erscheinen der Parteien anordnen.[66] In einem auf eine einvernehmliche Lösung angelegten Verfahren sprechen jedoch gute Gründe dafür, in gemeinsamer Absprache einen allen Parteien passenden Termin zu wählen und von einer Anordnung nach § 278 Abs. 3 ZPO abzusehen. Ein Anwaltszwang besteht für die Güteverhandlung nicht,[67] bestellte Bevollmächtigte sind jedoch in die Güteverhandlung einzubeziehen.

cc) Festlegung des Setting

Es obliegt allein dem Güterichter, das Setting für die Güteverhandlung fest- 64
zulegen; hierbei bietet sich ein **mediationsanaloges Vorgehen** mit dem Ziel einer kommunikationsfördernden Verhandlungsatmosphäre an.[68]

c) Durchführung der Güteverhandlung

Die Durchführung der Güteverhandlung ist **nicht öffentlich**; das Öffentlich- 65
keitsgebot des § 169 GVG gilt nur für mündliche Verhandlungen vor dem erkennenden Gericht.[69] Der Güterichter wird die Parteien auf die Vorschrift des § 159 Abs. 2 Satz 2 ZPO hinweisen sowie darauf, dass die Vertraulichkeit zudem durch eine Vereinbarung zwischen den Parteien besonders geregelt werden kann, die ggf. in das Verfahren einbezogene Dritte mitberücksichtigt.

Die Beachtung des Grundsatzes »**Methodenklarheit bei Methodenvielfalt**« 66
soll den Güterichter davor bewahren, zwischen einzelnen Verfahren der Konfliktbeilegung zu wechseln und Elemente der einzelnen Methoden miteinander zu vermischen: Ein »stockendes oder gar scheiterndes« Mediationsverfahren dadurch retten zu wollen, dass der Güterichter – entgegen seiner eingangs mit den Parteien getroffenen Vereinbarung – sodann einen Lösungsvorschlag unterbreitet, bedeutet eine methodische Fehlleistung und führt zu einem Glaubwürdigkeitsverlust des Güterichters. Denkbar ist allenfalls, dass der Güterichter gemeinsam mit den Parteien übereinkommt, eine

---

66 *Ahrens* NJW 2012, 2465 ff. (2470).
67 Vgl. *Zöller* ZPO, § 78 Rn. 46; a.A. *Ewig* ZKM 2012, 4 ff. (5).
68 *Tautphäus* Spektrum der Mediation 40/2010, 26.
69 *Baumbach*, ZPO, § 169 GVG Rn. 3 m.N. zur Rechtsprechung.

bestimmte Methode abzuschließen und mit deren Einverständnis mit einer anderen Methode fortzufahren.[70] Gleichwohl erscheint eine derartige Vorgehensweise nicht unproblematisch, besteht doch die Gefahr einer »Verwässerung« bzw. »Relativierung« der Dynamik des Mediationsprozesses: Die Parteien könnten dann nämlich geneigt sein, sich nicht vorbehaltlos auf das Verfahren der Mediation einzulassen und in den Prozess einzusteigen, weil sie u. U. auf einen Schlichterspruch des »Güterichters« spekulieren.[71]

67 Wenn angezeigt, kann der Güterichter mit den Parteien auch **Einzelgespräche** (Caucus) führen. Um die Neutralität des Güterichters nicht zu gefährden, sollte dies jedoch vorab mit den Parteien erörtert und vereinbart werden.

68 Die Erörterung mit den Parteien ist – anders als in der obligatorischen Güteverhandlung nach Absatz 2 – nicht auf die dem Rechtsstreit zugrundeliegenden entscheidungserheblichen Punkte reduziert; vielmehr wird – unter der Zielsetzung einer konsensualen Lösung – das zur Sprache gebracht, was den Parteien zur Beilegung ihres Konfliktes wichtig ist.[72] Soweit der Güterichter rechtliche Hinweise erteilt, sind diese mangels Entscheidungskompetenz unverbindlich.[73]

69 Dem Güterichter ist es verwehrt, den Parteien **Prozesskostenhilfe** gem. §§ 114 ff. ZPO zu gewähren oder einen Ruhensbeschluss gem. § 251 ZPO zu erlassen, da er nicht »Gericht« im Sinne der genannten Vorschriften ist. Hingegen kann er, unter der Voraussetzung des § 159 Abs. 2 Satz 2 ZPO,

---

70 Langfristig wird nicht auszuschließen sein, dass sich eine neue und eigenständige Methode der Konfliktbeilegung durch einen Güterichter entwickelt. Davon scheint auch der Gesetzgeber auszugehen, wenn er in der Begründung der Beschlussempfehlung des Rechtsausschusses (BT-Drucks. 17/8058, III., Zu Artikel 1, Zu § 1 Abs. 1) u.a. ausführt, die in der gerichtsinternen Mediation entwickelten Kompetenzen könnten im Rahmen der Güterichtertätigkeit fortentwickelt werden.
71 Zutreffend weist auch *Ortloff* NVwZ 2012, 1057 ff. darauf hin, dass in derartigen Fällen wohl kaum damit gerechnet werden kann, dass sich die Kreativität der Konfliktparteien für einen Interessenausgleich uneingeschränkt entfalten wird.
72 *Gemählich* Spektrum der Mediation 40/2010, 37 ff. (38).
73 Rechtliche Hinweise, die noch dazu in eine nicht bindende Empfehlung zur Konfliktlösung einmünden, sind das Kennzeichen einer Schlichtung. Vgl. hierzu, auch in Abgrenzung zur Mediation, Methodik, I. Rdn. 13 f.; IV. Rdn. 1 ff.

einen Vergleich protokollieren oder eine prozessbeendende Erklärung zu Protokoll nehmen.

Ob es ihm gestattet ist, einen Streitwert, Beschwerdewert oder Gegenstandswert festzusetzen, ist streitig.[74] Dafür spricht, die Festsetzung des Streitwertes als Annexkompetenz zur Protokollierung des Vergleichs zu erachten, zumal (nur) der Güterichter Kenntnis vom Umfang und Wert des Vergleichsgegenstandes hat.[75]

70

Zur Vermeidung etwaiger Rechtsstreitigkeiten nach entsprechender Beschlussfassung empfiehlt es sich, einen Rechtsmittelverzicht zu protokollieren.

d) Mögliche Ergebnisse und Verfahrensbeendigungen

Das Güteverfahren vor dem Güterichter kann wie folgt enden:

71

(1) Die Parteien haben sich auf eine Lösung ihres Konfliktes geeinigt. Sie schließen daraufhin einen gerichtlichen Vergleich in der Form des § 160 Abs. 3 Nr. 1 ZPO. Das führt zur Beendigung des anhängigen Rechtsstreits.

72

(2) Die Parteien haben sich auf eine Lösung ihres Konfliktes geeinigt. Der anhängige Rechtsstreit wird durch eine prozessbeendende Erklärung der Parteien (Klagerücknahme § 269 ZPO, Hauptsacheerledigung § 91a ZPO) abgeschlossen.

73

(3) Die Parteien haben sich im Grundsatz auf eine Lösung ihres Konfliktes geeinigt und erbitten einen Vergleichsvorschlag des erkennenden Gerichts gem. § 278 Abs. 6 ZPO nach Maßgabe der in der Güteverhandlung erzielten Eckpunkte. Die Annahme des Vorschlags führt zur Beendigung des anhängigen Rechtsstreits.

74

(4) Die Parteien haben sich im Grundsatz auf eine Lösung ihres Konfliktes geeinigt und unterbreiten – ggf. nach weiterer Prüfung oder Bedenkzeit – dem erkennenden Gericht einen schriftlichen Vergleichsvorschlag gem.

75

---

74 Ablehnend *Ahrens* NJW 2012, 2465 ff. (2470).
75 Vgl. *Zöller*, ZPO, § 278 Rn. 27. Die Überlegungen, die die Bundesregierung in ihrem Gesetzentwurf dazu bewogen hatten, für den seinerzeit noch vorgesehenen gerichtsinternen Mediator eine Streitwertfestsetzung nicht zuzulassen (Begr. BT-Drucks. 17/5335, Anl. 3, Zu Artikel 3, Zu Nummern 5 und 6), treffen auf den Güterichter nicht zu.

§ 278 Abs. 6 ZPO. Diese führt dann zur Beendigung des anhängigen Rechtsstreits.

76 (5) Die Parteien haben sich verständigt, außerhalb des anhängigen Verfahrens noch Sachaufklärung zu betreiben und ggf. Dritte als Sachverständige einzuschalten oder aber ein Verfahren der außergerichtlichen Konfliktbeilegung zu beschreiten. Der Rechtsstreit bleibt anhängig, kann jedoch – falls noch nicht geschehen – gem. § 251 ZPO vom erkennenden Gericht zum Ruhen gebracht werden.

77 (6) Die Parteien haben sich hinsichtlich des anhängig gemachten Rechtsstreits nur zum Teil oder überhaupt nicht geeinigt. Der Güterichter gibt – nach vorheriger Anhörung der Parteien, ggf. auch nach entsprechendem »Rückgabebeschluss«[76] – das Verfahren an das erkennende Gericht zurück, das den anhängigen Rechtsstreit in der Lage fortsetzt, in dem er sich befindet, also beispielsweise mit einem frühen ersten Termin oder der Anberaumung einer mündlichen Verhandlung.

78 (7) Beide Parteien erscheinen nicht zum ordnungsgemäß geladenen Gütetermin. Da das Verfahren vor dem Güterichter freiwillig ist, kommt ein Ruhensbeschluss nach § 278 Abs. 4 ZPO nicht in Betracht.[77] Der Güterichter gibt das Verfahren – ggf. nach entsprechendem Beschluss, jedenfalls nach enspechendem Aktenvermerk – an das erkennende Gericht zurück, das den anhängigen Rechtsstreit in der Lage fortsetzt, in dem er sich befindet, also beispielsweise mit einem frühen ersten Termin oder der Anberaumung einer mündlichen Verhandlung

e) Zeugnisverweigerungsrecht

79 Eine analoge Anwendung der Verschwiegenheitsregelung des § 4 MediationsG auf den Güterichter scheidet aus. Er kann sich jedoch gem. § 383 Abs. 1 Nr. 6 ZPO auf ein **Zeugnisverweigerungsrecht** hinsichtlich des **Inhalts der Güteverhandlung** berufen, wenn ihm als Güterichter Tatsachen anvertraut wurden, deren Geheimhaltung durch ihre Natur oder gesetzliche

---

76 Hierdurch wird zugleich für die Parteien eindeutig dokumentiert, dass der Güteversuch als gescheitert zu erachten ist.
77 Erscheint die beklagte Partei nicht zum Gütetermin, so ist es dem »Güterichter nach § 278 Abs. 5 ZPO« verwehrt, ein Versäumnisurteil nach §§ 330 ff. ZPO zu erlassen; *Ahrens* NJW 2012, 2465 ff. (2470).

Vorschrift geboten ist.[78] Im Übrigen sind Güterichter, auch wenn sie sich beispielsweise der Mediation bedienen, nach wie vor Richter und als Amtsträger nicht nur den Parteien verpflichtet. Sie unterliegen daher weiterhin **besonderen Anzeigeverpflichtungen.**[79] In Verfahren mit Amtsermittlungsgrundsatz besteht gleichwohl keine Aussageerzwingung bezüglich des Güterichters.

4. Anwendbarkeit der Vorschrift in anderen Gerichtsbarkeiten

Für Verfahren in Familiensachen und in den Angelegenheiten der **freiwilligen Gerichtsbarkeit** findet sich in § 36 Abs. 5 FamFG eine dem § 278 Abs. 5 ZPO vergleichbare Regelung, wobei in Familienstreitsachen gem. § 112 FamFG i.V.m. § 113 Abs. 1 Satz 2 FamFG die Vorschriften der Zivilprozessordnung und damit auch die Regelungen über den ersuchten Güterichter gem. § 278 Abs. 5 ZPO Anwendung finden. In Ehesachen (vgl. § 121 FamFG) hingegen kommt gem. § 113 Abs. 4 Nr. 4 FamFG ein Rückgriff auf die Regelungen über den Güterichter nicht in Betracht. 80

Im Arbeitsgerichtsprozess ist der Einsatz eines Güterichters über § 54 Abs. 6 ArbGG möglich. Im verwaltungsgerichtlichen Verfahren gelangt § 278 Abs. 5 ZPO über § 173 Satz 1 VwGO, im sozialgerichtlichen Verfahren über § 202 SGG, im finanzgerichtlichen Verfahren über 155 Satz 1 FGO und im Verfahren vor dem Patentgericht über § 99 Abs. 1 PatentG, § 82 Abs. 1 MarkenG zur Anwendung. 81

5. Verhältnis von § 278 Abs. 5 ZPO zu § 278a Abs. 1 ZPO

Weder im Mediationsförderungsgesetz selbst noch in der Gesetzesbegründung und den parlamentarischen Protokollen finden sich Anhaltspunkte für das Verhältnis von § 278 Abs. 5 ZPO zu § 278a Abs. 1 ZPO. Grundsätzlich wird das Gericht jedoch jeweils die gleichen Überlegungen anzustellen und sich zu fragen haben, ob dem Rechtsstreit Konflikte zugrunde liegen, die im 82

---

78 Vgl. Begr. BT-Drucks. 17/8058, III. Zu Artikel 2 – neu –, Zu Nummer 3 – neu –; *Zöller*, ZPO, § 383 Rn. 19; *Musielak*, ZPO, § 383 Rn. 4, 6; *Röthemeyer* ZKM 2012, 116 ff. (118). Das Zeugnisverweigerungsrecht erstreckt sich auch auf die vom Güterichter mit dem Verfahren befasste Servicemitarbeiter der Geschäftsstelle.
79 Z.B. nach § 116 AO oder nach § 6 SubvG, vgl. Begr. BT-Drucks. 17/5335, B., Zu Artikel 1, Zu § 4.

Prozess nicht oder nur unzureichend beigelegt werden können. Auch bedarf es für beide Verfahren des Einverständnisses aller Konfliktparteien. Das Verfahren nach § 278 Abs. 5 ZPO dürfte vorzuziehen sein, wenn davon ausgegangen werden kann, dass der Güterichter innerhalb eines überschaubaren Zeitrahmens von zwei, höchstens drei Sitzungen zu einem Ergebnis gelangen wird. Ist hingegen absehbar, dass (auch) eine konsensuale Lösung eine Vielzahl von Terminierungen erforderlich machen wird, so bietet sich der Vorschlag einer (Langzeit-) Mediation gem. § 278a Abs. 1 ZPO an.[80] Das Gleiche gilt, wenn ein anderes Verfahren der außergerichtlichen Konfliktbeilegung in Betracht zu ziehen sein wird, sei es die Kooperative Anwaltspraxis, ein Schiedsgutachten oder eine Verfahrenskombination.[81] Schließlich dürfen finanzielle Gesichtspunkte nicht außer Acht gelassen werden, sind doch mit dem Güterichterverfahren keine zusätzlichen (Gerichts-) Kosten verbunden, während durch ein Verfahren der Mediation oder der außergerichtlichen Konfliktbeilegung weitere Kosten auf die Konfliktparteien zukommen, die durch eine mögliche Reduzierung der Verfahrensgebühren gem. § 69b GKG (bzw. § 61a FamFG für das Verfahren vor dem Familiengericht) nicht kompensiert werden.

III. Hinweise für die Praxis

1. Geschäftsverteilungsplan

83 Die Tätigkeit als nicht entscheidungsbefugter Güterichter nach § 258 Abs. 5 ZPO ist richterliche Tätigkeit und bedarf der Festschreibung im richterlichen Geschäftsverteilungsplan durch das Präsidium. Die Präsidien sind zur Bestimmung von Güterichtern verpflichtet,[82] es sei denn, es besteht eine **gerichtsübergreifende Kooperation**.[83] Es gilt das Jährlichkeitsprinzip. Zum Güterichter kann nur bestimmt werden, wer über eine entsprechende Qualifikation verfügt; es ist Aufgabe des Präsidenten, dem Präsidium die hierfür in Betracht kommenden Richter zu benennen. Ob ein Richter trotz entspre-

---

80 Auch die Komplexität der Auseinandersetzung kann als Abgrenzungskriterium herangezogen werden: Für Konflikte, die die Parteien in mehreren Prozessen und über mehrere Instanzen gerichtlich austragen, dürfte eher eine Mediation angezeigt sein.
81 Vgl. hierzu die Darstellungen unter Andere Verfahren, I. Rdn. 46 ff.
82 *Hartmann* MDR 2012, 941; *Röthemeyer* ZKM 2012, 116 ff. (117).
83 Vgl. hierzu *Röthemeyer* ZKM 2012, 116 ff. (117).

chender Qualifikation gegen seinen Willen vom Präsidium zum Güterichter bestimmt werden kann, ist streitig. Andererseits kann sich das Präsidium nicht sperren, Güterichter im Geschäftsverteilungsplan zu bestellen, wenn Richter mit entsprechender Qualifikation zur Verfügung stehen und mit ihrer Bestellung einverstanden sind. Es bedarf ebenfalls einer Regelung im Geschäftsverteilungsplan, wenn Güterichter für andere Gerichte oder Gerichtsbarkeiten tätig werden sollen.[84] Je nach Größe eines Gerichts kann es sinnvoll sein, spezielle Vertretungsregelungen für mehrere Güterichter vorzusehen als auch Ausgleichsregelungen für Güterichterverfahren zu bestimmen, die zu einer Verfahrensbeendigung geführt haben. Letzteres sollte allerdings stets nur zugunsten von Güterichtern erfolgen und nicht zu Lasten derjenigen, die Verfahren an den Güterichter verwiesen haben; alles andere widerspräche der Intention des Gesetzgebers, die konsensuale Konfliktbeilegung zu fördern.

Eine entsprechende Regelung im Geschäftsverteilungsplan könnte wie folgt aussehen:

▶ **Nicht entscheidungsbefugter Richter als Güterichter**

1. Beim ….. (*Name des Gerichts*) sind Güterichter im Sinne von § 278 Abs. 5 ZPO bestimmt, die als nicht entscheidungsbefugte Richter in einer Güteverhandlung sich um eine konsensuale Lösung des Konflikts bemühen und hierfür auch die Grundsätze und Methoden der Mediation einsetzen können.

Die Verweisung zur Güteverhandlung zum Zwecke einer konsensualen Lösung erfolgt mit Zustimmung der Parteien.

Eignet sich das Verfahren aus Sicht des Güterichters nicht für eine interessenorientierte Konfliktbewältigung, nimmt ein Prozessbeteiligter nicht freiwillig an einer solchen Güteverhandlung teil oder einigen sich die Parteien nicht innerhalb eines Termins oder mehrerer Termine zur Güteverhandlung, gibt der Güterichter das Verfahren zur weiteren Bearbeitung an das erkennende Gericht zurück.

Einigen sich die Parteien im Rahmen eines Vergleichs, so kann der Güterichter den Streitwert festsetzen.

---

84 Vgl. insoweit auch *Ortloff* NVwZ 2012, 1057 ff.

2. Als Güterichter sind bestimmt:

Richter ..... (*Namen*)

3. Jede(r) ..... (*Einzelrichter, Kammer, Senat*) kann geeignet erscheinende Verfahren der Güterichtergeschäftsstelle zuleiten, nachdem die Parteien ihre Zustimmung erteilt haben und der(die) ..... (*Einzelrichter, Kammer, Senat*) die Verweisung gemäß § 278 Abs. 5 Satz 1 ZPO beschlossen hat.

4. Die Verfahren werden in der Reihenfolge ihres Eingangs den Güterichtern ..... (*Namen*) nacheinander zugewiesen. Besteht ein Sachzusammenhang mit einer früheren Güteverhandlung, so wird die Angelegenheit dem diesbezüglich zuständigen Güterichter zugewiesen und dies bei der nächsten Sache entsprechend berücksichtigt.

5. Ab ..... (*Anzahl*) durchgeführte Güterichterverhandlungen im laufenden Geschäftsjahr erfolgt eine Entlastung von ..... (*Anteil*) Arbeitskraftanteilen im kommenden Geschäftsjahr.

2. Verweisungs- und Ruhensbeschluss

85 Es ist anzuraten, seitens des erkennenden Gerichts nicht nur die Zustimmung der Parteien für eine Verweisung an den Güterichter einzuholen, sondern zugleich **anzuregen**, das Ruhen des Verfahrens zu beantragen.

86 Ein entsprechender gerichtlicher Beschluss könne folgenden Inhalt haben:

▶ **Beschluss**

1. Der Rechtsstreit wird mit Zustimmung der Parteien an den Güterichter verwiesen.

2. Für die Dauer des Güteverfahrens wird auf Antrag der Parteien das Ruhen des Streitverfahrens angeordnet.

3. Mustertexte für Parteivereinbarung und Verschwiegenheitsverpflichtung

87 Es empfiehlt sich, gleich zu Beginn eines Verfahrens vor dem Güterichter eine Parteivereinbarung betreffend Verschwiegenheit und Vertraulichkeit im Hinblick auf die Parteien selbst und auf den Güterichter abzuschließen. Werden von Beginn an Dritte zum Verfahren hinzugezogen, so sollten auch sie unmittelbar mit einbezogen werden, ansonsten spätestens dann, wenn

ihre Teilnahme feststeht. Zugleich ist es ratsam, Dritten eine Verschwiegenheitspflicht aufzuerlegen. Schriftform ist für alle Vereinbarungen zu empfehlen, die Verabredung einer **Vertragsstrafe** wird eher in Wirtschaftssachen denn in Familiensachen in Betracht kommen.

▶ Parteivereinbarung 88

Die Parteien ..... (Namen) des Verfahrens vor dem Güterichter gem. § 278 Abs. 5 ZPO kommen wie folgt überein:

Im streitigen Gerichtsverfahren vor dem erkennenden Gericht dürfen nicht vorgetragen oder vorgelegt werden

Dokumente, Stellungnahmen oder Mitteilungen
– der anderen Partei,
– des Güterichters oder
– des/der am Verfahren beteiligten Dritten (*Name, Wohnort*),

wenn nicht die an der Offenlegung interessierte Partei auch ohne das Güterichterverfahren dazu in der Lage gewesen wäre.

Dem Verbot des Satzes 1 unterliegen ferner
– Ansichten und Vorschläge, die von einer Partei im Rahmen des Güterichterverfahrens im Hinblick auf eine gütliche Einigung geäußert oder gemacht wurden,
– Zugeständnisse der anderen Partei im Rahmen des Güterichterverfahrens,
– Ansichten und Vorschläge des Güterichters,
– Ansichten und Vorschläge am Verfahren beteiligter Dritter,
– die Tatsache, dass eine Partei im Rahmen des Güterichterverfahrens sich zum Abschluss eines Vergleichs bereit erklärt hat.

Bei einer Zuwiderhandlung gegen die o.g. Verboten wird eine Vertragsstrafe in Höhe von ..... (*Summe*) Euro fällig. Eine Aufhebung der o.g. Verbote ist nur schriftlich möglich.

Ort, Datum, Unterschriften.

89 ▶ **Verschwiegenheitsverpflichtung Dritter**

Herr/Frau (*Name, Wohnort*)

verpflichtet sich zur Verschwiegenheit hinsichtlich aller Tatsachen, Meinungsäußerungen und Umstände, die ihm im Zusammenhang mit seiner Teilnahme an dem Güterichterverfahren (*Namen der Parteien*) bekannt geworden sind. Dies betrifft nicht Tatsachen, die offenkundig sind oder ihrer Bedeutung nach keiner Geheimhaltung bedürfen.

Ort, Datum, Unterschriften.

4. Aus- und Fortbildung der Richterschaft

90 Eine adäquate und den Erwartungen des Gesetzgebers gerecht werdende Anwendung der Möglichkeiten des § 278 Abs. 5 ZPO wie auch der des § 278a ZPO setzt eine entsprechende Grundkenntnis der Richterschaft über konsensuale Konfliktbeilegung voraus. Aber auch die bisherigen gerichtlichen Mediatoren müssen, was das MediationsförderungsG und die neuen Möglichkeiten des Güterichterverfahrens anbelangt, ihren Verpflichtungen aus § 5 MediationsG gerecht werden, wenn sie denn als Güterichter eingesetzt werden; neue Güterichter bedürfen ebenfalls einer angemessenen Ausbildung.[85]

91 Ein Curriculum für die **Richterschaft** allgemein, das im Wesentlichen auf Information setzt, könnte mit einem Zeitrahmen von 4 bis 6 Stunden auskommen und folgende Inhalte umfassen:
– neue Gesetzeslage des MediationsförderungsG allgemein,
– Güterichter bisheriger Ordnung/nicht streitentscheidender Güterichter,
– Rolle Dritter im Verfahren,
– Prinzipien der Mediation,
– Vorteile der Mediation,
– andere Verfahren außergerichtlicher Konfliktbeilegung,
– Indikation/Kontra-Indikation von Mediation und anderen Verfahren außergerichtlicher Konfliktbeilegung,
– Information der Parteien über Mediation und andere Konfliktbeilegungsmethoden,
– Form und Konsequenzen einer Abgabe an den Güterichter.

---

85 *Schreiber* BJ 2012, 337 ff.

Ein Curriculum für die Fortbildung **bisheriger gerichtliche Mediatoren**, die 92
als Güterichter eingesetzt werden, könnte mit einem Zeitrahmen von 2 Tagen (16 Stunden) auskommen und vor allem folgende Inhalte vermitteln:
– Konsequenzen der neuen Gesetzeslage des MediationsförderungsG,
– Wiederauffrischung bisheriger Kenntnisse (Prinzipien, Methoden, Techniken; Aktualisierung des Prozessleitplans),
– neue Methoden und Verfahren, neue Techniken, Konsequenzen für Kommunikation,
– Feldkompetenz/Hintergrundwissen,
– Methodenklarheit bei Methodenvielfalt,
– Fall-Supervision,
– Kurz-Zeit-Mediation,
– Co-Mediation.

Ein Curriculum für eine Ausbildung **neuer Güterichter** sollte drei mal drei 93
Tage (60 Stunden) nebst Eigenstudium und Intervision (20 Stunden) umfassen und könnte, orientiert an § 5 Abs. 1 Satz 2 Nr. 1 bis 5 MediationsG, insbesondere folgende Schwerpunkte beinhalten:
– Stufen, Methoden, Techniken der Mediation, Rolle des Mediators,
– Rolle des Rechts, der neuen Gesetzeslage und der Formen und Konsequenzen einer Verfahrensabgabe,
– andere Verfahren außergerichtlicher Konfliktbeilegung,
– Indikation/Kontra-Indikation von Mediation und anderen Verfahren außergerichtlicher Konfliktbeilegung,
– Methodenklarheit bei Methodenvielfalt,
– Zeitmanagement,
– Fallsupervision,
– besondere Praxisfragen.

§ 278a Mediation, außergerichtliche Konfliktbeilegung

(1) Das Gericht kann den Parteien eine Mediation oder ein anderes Verfahren der außergerichtlichen Konfliktbeilegung vorschlagen.

(2) Entscheiden sich die Parteien zur Durchführung einer Mediation oder eines anderen Verfahrens der außergerichtlichen Konfliktbeilegung, ordnet das Gericht das Ruhen des Verfahrens an.

§ 278a ZPO Mediation, außergerichtliche Konfliktbeilegung

Übersicht

	Rdn.
I. Regelungsgegenstand und Zweck	1
1. Gesetzgebungsverfahren	1
2. Europäische Mediationsrichtlinie	3
II. Grundsätze/Einzelheiten	4
1. Gerichtlicher Vorschlag (Absatz 1)	4
a) Adressatenkreis	4
b) Ermessen	5
aa) Zivilgerichtliche Verfahren	6
bb) Verfahren in Familiensachen und in Angelegenheiten der freiwilligen Gerichtsbarkeit	9
cc) Verwaltungsgerichtliche Verfahren	11
dd) Sozialgerichtliche Verfahren	14
ee) Arbeitsgerichtliche Verfahren	15
ff) Finanzgerichtliche Verfahren	17
gg) Gerichtliche Mediation	18
hh) Abstrakte, allgemein geltende Kriterien	19
c) Zeitpunkt	21
d) Gericht	25
e) Form	26
2. Vorschlag einer Mediation (Absatz 1, 1. Alt.)	35
a) Begrifflichkeit	35
b) Stufenverhältnis	38
c) Formale und inhaltliche Kriterien	40
3. Vorschlag eines anderen Verfahrens der außergerichtlichen Konfliktbeilegung (Absatz 1, 2. Alt.)	44
a) Begrifflichkeit	44
b) Stufenverhältnis	47
c) Formale und inhaltliche Kriterien	48
4. Vorschlag einer gerichtlichen Mediation im Übergangszeitraum	50
a) Begrifflichkeit	50
b) Stufenverhältnis	52
c) Formale und inhaltliche Kriterien	54
5. Entscheidung der Parteien (Absatz 2)	60
a) Aufgrund eines gerichtlichen Vorschlages	60
b) Eigener Vorschlag der Parteien	62
6. Gerichtlicher Ruhensbeschluss (Absatz 2)	64
7. Anwendbarkeit der Vorschrift in anderen Gerichtsbarkeiten	71
8. Verhältnis von § 278a Abs. 1 ZPO zu § 278 Abs. 5 ZPO	73
III. Hinweise für die Praxis	74
1. Geschäftsverteilung für gerichtliche Mediation	74
2. Verfahrensfragen	75
3. Mediatorenliste	78

I. Regelungsgegenstand und Zweck

1. Gesetzgebungsverfahren

Die **neugeschaffene Vorschrift** übernimmt in Absatz 1 die Regelung einer 1
außergerichtlichen Streitschlichtung aus dem bisherigen § 278 Abs. 5 Satz 2
ZPO und konkretisiert sie auf die Mediation im Sinne des § 1 Abs. 1 MediationsG sowie andere Verfahren der außergerichtlichen Konfliktbeilegung.
Der Entwurf der Bundesregierung[1] hatte noch die gerichtsinterne Mediation
vorgesehen, die nunmehr aufgrund der Beschlussempfehlung des Rechtsausschusses entfallen ist,[2] sieht man einmal von der Übergangsregelung in § 9
MediationsG ab. Für die gerichtliche Mediation mangelte es bislang an einer
ausdrücklichen gesetzlichen Regelung, weshalb als prozessrechtliche Grundlage überwiegend § 278 Abs. 5 Satz 2 ZPO in analoger Anwendung herangezogen wurde; für den Übergangszeitraum folgt dies nunmehr aus § 9 MediationsG.[3]

Im Hinblick auf die Regelung in Absatz 1 ist es die erklärte Intention des 2
Gesetzgebers, die außergerichtliche Konfliktbeilegung auch bei bereits rechtshängigen Streitigkeiten zu ermöglichen.[4]

2. Europäische Mediationsrichtlinie

§ 278a Abs. 1 ZPO nimmt den **Erwägungsgrund Nr. 12** der EUMed-RL 3
auf und dient der Umsetzung der **Art. 1 Abs. 1, Art. 3 lit. a und Art. 5
Abs. 1 EUMed-RL**. So heißt es schon in der Richtlinie, ein Gericht, das mit
einer Klage befasst wird, könne die Parteien auffordern, die Mediation zur
Streitbeilegung in Anspruch zu nehmen. Das Gericht könne dies sowohl vorschlagen als auch anordnen; dies umfasse auch die Mediation durch einen in
der betreffenden Streitsache nicht zuständigen Richter.

---

1 BT-Drucks. 17/5335, Artikel 1 § 1 MediationsG, Artikel 3 § 278a ZPO.
2 BR-Drucks. 17/8058, III. Zu Artikel 1, Zu § 1 Abs. 1.
3 Vgl. zum Verfahren der gerichtlichen Mediation die Kommentierung zu § 9 MediationsG, Rdn. 3 ff.
4 Begr. BT-Drucks. 17/5335 Zu Artikel 3, zu Nummer 5.

§ 278a ZPO Mediation, außergerichtliche Konfliktbeilegung

II. Grundsätze/Einzelheiten

1. Gerichtlicher Vorschlag (Absatz 1)

a) Adressatenkreis

4   Nach dem Gesetzeswortlaut ist der gerichtliche Vorschlag einer Mediation oder eines anderen Verfahrens der außergerichtlichen Konfliktbeilegung »**den Parteien**« zu unterbreiten, mithin denjenigen, die zum entsprechenden Zeitpunkt in das Verfahren involviert sind: Das sind Kläger und Beklagter im Urteilsverfahren (vgl. § 253 ZPO), Gläubiger und Schuldner im Zwangsvollstreckungsverfahren (vgl. § 754 ZPO), Antragsteller und Antragsgegner in den anderen Verfahrensarten. Zum Adressatenkreis können auch am Rechtsstreit beteiligte Dritte gem. §§ 64 bis 77 ZPO zählen, wenn sie denn in das jeweilige Verfahren einbezogen wurden.[5]

b) Ermessen

5   Ob das Gericht den Parteien einen Vorschlag unterbreitet, liegt alleine in seinem **pflichtgemäßen Ermessen**. Zwar benennt das Gesetz keine Voraussetzungen, die dem Vorschlag des Gerichts vorausgehen sollen; als **ungeschriebenes Tatbestandsmerkmal** ist stets zu prüfen, ob es sich um einen für eine Mediation oder eine andere außergerichtliche Konfliktlösung **geeigneten** Fall handelt.[6]

aa) Zivilgerichtliche Verfahren

6   Der Vorschlag einer Mediation soll nach dem Willen des Gesetzgebers dann angezeigt sein, wenn dem Rechtsstreit Konflikte zugrunde liegen, die im Prozess nicht oder nur unzureichend beigelegt werden können; diese Überlegungen treffen für die Übergangsphase des § 9 MediationsG selbstverständlich auch auf die gerichtliche Mediation zu.

7   So werden in der Gesetzesbegründung für den Zivilprozess beispielhaft Konstellationen benannt, in denen hinter dem den Streitgegenstand bildenden Zahlungsanspruch eine **dauerhafte** persönliche oder geschäftliche **Beziehung** der Parteien besteht, die durch den Ablauf des Rechtsstreits oder dessen Er-

---

[5] Vgl. *Baumbach u.a.*, ZPO, Übersicht zu § 59, Rn. 1.
[6] So auch *Baumbach u.a.*, ZPO, II. A., Rechtspolitischer Ausblick II A, § 278a Rn. 7.

gebnis beeinträchtigt werden kann. In einem Bau- oder Arzthaftungsprozess, in dem gutachterlich zu klärende Tatsachenfragen streitentscheidend sind, kann es beispielsweise sinnvoll sein, den Parteien ein verbindliches Schiedsgutachten vorzuschlagen.[7]

In der Kommentarliteratur[8] wird die Auffassung vertreten, ein gerichtliches Vorschlagsrecht komme auch in Entschädigungsverfahren nach §§ 403 ff. StPO in Betracht. 8

bb) Verfahren in Familiensachen und in Angelegenheiten der freiwilligen Gerichtsbarkeit

Mit § 36a FamFG hat der Gesetzgeber eine für diese Rechtsbereiche spezifische Regelung geschaffen; insoweit wird auf die dortige Kommentierung Bezug genommen. 9

Mediationen bieten sich an bei **personenbezogenen Auseinandersetzungen** (z. B. Umgang, elterliche Sorge) und bei vermögensrechtlichen Streitgegenständen (z. B. Unterhalt, Zugewinn-/Vermögensausgleich),[9] während in Ehe-, Adoptions- und Abstammungssachen Mediationen oder andere Verfahren der außergerichtlichen Konfliktbeilegung regelmäßig ausscheiden.[10] 10

cc) Verwaltungsgerichtliche Verfahren

In einem verwaltungsgerichtlichen Streitverfahren wird das Gericht bei den Beteiligten beispielsweise eine Mediation anregen, wenn es um Verfahrensbeteiligte geht, zwischen denen sich über eine längere Dauer immer wieder neue Konflikte ergeben und damit immer wieder neue Verfahren anhängig werden.[11] 11

Die **Vermeidung** von **Folgeverfahren** wie auch der Umstand, dass zwischen den Beteiligten mehrere Verfahren gleichzeitig anhängig sind, können ebenfalls tragende Gesichtspunkte für den Vorschlag eines Verfahrens der konsensualen Konfliktbearbeitung sein.[12] 12

---

7 Begr. BT-Drucks. 17/5335,B., Zu Artikel 3, Zu Nummer 5.
8 *Palandt*, ZPO, II A, Rechtspolitischer Ausblick, § 278a Rn. 12.
9 Vgl. *Proksch* ZKM 2010, 39 ff.
10 Begr. BT-Drucks. 17/5335, B., Zu Artikel 4, Zu Nummer 2.
11 Vgl. umfassend die Kommentierung zu § 173 VwGO, Rdn. 1 ff.
12 *Ortloff*, in: *Schoch u. a.*, VwGO, § 104, Rn. 82.

13 Zudem ist an besonders verfahrene, hochkomplexe Auseinandersetzungen mit zahlreichen miteinander verwobenen Konfliktpunkten zu denken wie auch an solche, bei denen die Kläger deshalb stark emotionalisiert sind, weil sie sich beispielsweise von einer Behörde bzw. deren Mitarbeitern nicht hinreichend ernst genommen fühlen.[13]

dd) Sozialgerichtliche Verfahren

14 In einem sozialgerichtlichen Prozess[14] wird Mediation u. a vorgeschlagen werden in Verfahren mit komplexen, schnell zu entscheidenden oder ungeklärten Sachverhalten, vor allem in Verbindung mit bedeutenden wirtschaftlichen Folgen für einen Beteiligten oder beide Beteiligte, ferner wenn es um die Anwendung von Normen mit unbestimmten Rechtsbegriffen geht sowie dann, wenn ein Ermessen ausgeübt werden soll.[15]

ee) Arbeitsgerichtliche Verfahren

15 Für das arbeitsgerichtliche Verfahren hat der Gesetzgeber mit § 54a Abs. 1 ArbGG eine inhaltsgleiche Regelung geschaffen; auf die dortige Kommentierung wird verwiesen.

16 In einem Arbeitsgerichtsprozess bietet sich der Vorschlag für eine Mediation beispielsweise in Fällen an, in denen die Parteien auch zukünftig weiterhin zusammenarbeiten werden, in denen eine Vielzahl von Arbeitnehmern betroffen sind oder in denen es um hochemotionalisierte und nicht öffentlich zu erörternde Umstände wie beispielsweise Mobbing geht.[16]

ff) Finanzgerichtliche Verfahren

17 Die Erfahrungen mit Mediation in finanzgerichtlichen Verfahren sind bislang eher bescheiden, wenngleich »Verhandlungen« über Steuertatsachen zwischen Finanzbehörden und Steuerpflichtigen, beispielsweise im Rahmen eines Erörterungstermins nach § 79 Abs. 1 Satz Nr. 1 FGO und unter Anwendung des Rechtsinstituts der »tatsächlichen« Verständigung zahlenmäßig

---

13 Vgl. umfassend *von Bargen*, Die Verwaltung 2010, 405 ff. (421 f.).
14 Vgl. umfassend die Kommentierung zu § 202 SGG, Rdn. 1 ff.
15 Vgl. *Dürschke* SGb 2001, 533 ff. (536), sowie das Prüfungsraster von *Brändle/Schreiber* BJ 2008, 351 ff. (352).
16 *Göldner-Dahmke* SchlHA 2010, 54 ff.

wie auch inhaltlich nicht außergewöhnlich sind.[17] Geeignetheit kann in solchen Verfahrenskonstellationen unterstellt werden, in denen es um komplexe Sachverhalte, um atypische Fälle oder um neue Sachverhalte geht, ferner ggf. dann, wenn die angegriffenen Entscheidungen einen längeren Zeitraum betreffen oder auf einen solchen Auswirkungen haben.

gg) Gerichtliche Mediation

Ob ein Verfahren für eine gerichtliche Mediation geeignet ist, spielt nur noch in der Übergangsphase des § 9 MediationsG eine Rolle. *Von Bargen*[18] hat in diesem Zusammenhang zutreffend den Begriff des »**spezifischen Leistungsprofils**« entwickelt: Ausgehend von den begrenzten Ressourcen des Gerichts muss der Arbeits- und Zeitaufwand für eine gerichtliche Mediation überschaubar bleiben.[19] Passt ein an sich mediationsgeeigneter Fall nicht ins Leistungsprofil des Gerichts, dann wird das Gericht den Beteiligten statt dessen eine (sog. außergerichtliche) Mediation oder ein anderes Verfahren der außergerichtlichen Konfliktbeilegung empfehlen.

hh) Abstrakte, allgemein geltende Kriterien

Abstrakt betrachtet wird das Gericht immer dann eine konsensuale Streitbeilegung in Betracht ziehen, wenn es den Konfliktbeteiligten **vorrangig** darum geht,
- nichtrechtliche Interessen zu berücksichtigen,
- eine zukunftsorientierte Lösung anzustreben,
- Vertraulichkeit zu wahren oder
- eine schnelle Lösung herbeizuführen

sowie dann, wenn
- es sich um einen komplexen Sachverhalt handelt,
- zahlreiche Rechtsstreitigkeiten/Verfahren anhängig sind,
- nichtbeteiligte Dritte in das Verfahren einbezogen werden sollen,
- zwischen den Parteien eine besondere Emotionalität besteht oder
- es um einen grenzüberschreitenden Rechtsstreit geht.

---

17 Vgl. Kommentierung zu § 155 FGO, Rdn. 1 ff.
18 *Von Bargen* Die Verwaltung 2010, 405 ff. (422).
19 Vgl. zum Faktor Zeit und der Möglichkeit, diese optimal einzusetzen, *Fritz/Krabbe* NVwZ 2011, 396 ff.

20 Demgegenüber spricht die **Prozessförderungspflicht** des Gerichts dafür, einen Vorschlag nach Absatz 1 nicht zu unterbreiten, weil eine konsensuale Lösung nicht in Betracht kommt und daher ein solches Verfahren den Prozess nur in die Länge ziehen, verteuern oder komplizieren würde.[20] Davon kann ausgegangen werden, wenn beispielsweise
– gesetzliche Bestimmungen den Parteien eine privatautonome Regelung untersagen,
– ein besonderes öffentliches Interesse an der Rechtsdurchsetzung besteht oder
– eine Grundsatzentscheidung begehrt wird.[21]

c) Zeitpunkt

21 Der Vorschlag kann gegenüber den Parteien grundsätzlich in jedem Stadium des Rechtsstreits erfolgen, also vor und in der mündlichen Verhandlung, aber auch noch im Rechtsmittelzug. Im Revisionsverfahren dürfte eine außergerichtliche Konfliktlösung eher nicht in Betracht zu ziehen sein.[22]

22 Gleichwohl bietet es sich grundsätzlich an, den **Vorschlag** für eine nichtstreitige Konfliktbeilegung **zu Beginn** eines Prozesses zu unterbreiten. Hierfür sprechen Gründe der Zeit- und Kostenersparnis für die Parteien wie auch für das Gericht. Zudem wird erfahrungsgemäß durch ein frühzeitiges Mediationsgespräch der Gefahr weiterer »emotionaler Verletzungen« während des Rechtsstreits entgegengewirkt.

23 Ob der Vorschlag unmittelbar nach Klageerhebung erfolgt oder nach Klageerwiderung und ggf. Replik, u. U. erst nach Erörterung mit den Parteien oder gar später, ist jeweils vom **Einzelfall** abhängig – zudem vom Rechtsgebiet und auch von der Gerichtsbarkeit; schließlich spielen die Informationen nach § 253 Abs. 3 Nr. 1 ZPO eine nicht unerhebliche Rolle.

24 Rechtliche Bedenken bestehen nicht, einen **Vorschlag** nach Absatz 1 ggf. **mehrfach** zu unterbreiten, also nach zunächst erfolgter Ablehnung durch die

---

20 *Baumbach u.a.*, ZPO, II. A, Rechtspolitischer Ausblick, § 278a Rn. 12.
21 Vgl. in diesem Zusammenhang auch die Versuche im Schrifttum, mit Hilfe von Checklisten die Mediationsgeeignetheit von Konflikten zu ergründen: *Monßen* AnwBl 2004, 7 ff. (8 f.); *Korteweg-Wiers*, FS VG Gießen, S. 359 ff. (360 Fn. 5; 366 f.).
22 Vgl. jedoch zum Verwaltungsprozess *Ortloff*, Festgabe, S. 797.

Parteien in einer späteren Phase des Prozesses (ggf. nach erfolgter Beweisaufnahme) oder nach einer gescheiterten Mediation- oder einem anderen Konfliktlösungsverfahren. Der erneute Vorschlag kann sowohl in der gleichen Instanz wie auch im Rechtsmittelzug erfolgen.

d) Gericht

Vom Zeitpunkt, in dem der Vorschlag erfolgt, ist es auch **abhängig**, wer ihn unterbreitet: Grundsätzlich kann dies durch den Vorsitzenden geschehen, nach Übertragung auf den Berichterstatter durch diesen. Erfolgt der Vorschlag (erst) in der mündlichen Verhandlung, so geschieht dies durch den Spruchkörper. Nach erfolgter Übertragung auf den Einzelrichter ist dieser zuständig. 25

e) Form

Nach dem Gesetzeswortlaut ist der Vorschlag **weder** an eine **Form noch** an (inhaltliche) **Voraussetzungen** gebunden. 26

Das Gericht kann ihn mündlich als auch schriftlich unterbreiten und ist auch nicht gehindert, vor dem eigentlichen Vorschlag bei und mit den Parteien zu sondieren, ob eine nichtstreitige Konfliktlösung für sie bzw. die Lösung ihres Rechtsstreits in Betracht kommt. 27

Das Gericht ist im Rahmen seiner Pflicht aus § 139 ZPO gehalten, den Parteien Inhalt und Umstände des beabsichtigten oder unterbreiteten Vorschlags, auch in Abgrenzung zu etwaigen Alternativen außergerichtlicher Konfliktlösungen, deutlich zu machen und dabei auf Chancen, Risiken und auch Kosten hinzuweisen. 28

Dass derartige Informationen entsprechende Kenntnisse der Richterschaft voraussetzen und somit auch entsprechende Schulungen erforderlich machen, liegt auf der Hand. Denn nur wer selbst hinreichend informiert ist, wird seiner Informationspflicht gegenüber den Parteien gerecht werden können. 29

30 **Prozesskostenhilfe** für die Durchführung einer Mediation etc. darf nicht bewilligt werden;[23] für eine Anwendung des § 7 MediationsG fehlt es bislang an der vom Gesetz geforderten Vereinbarung zwischen Bund und Ländern.

31 Erfolgen Vorschlag und ggf. Ablehnung durch die Parteien in der Güteverhandlung oder in der mündlichen Verhandlung, so ist dies gem. § 160 Abs. 2, 3 ZPO in der **Niederschrift** zu vermerken und im Ablehnungsfall das Verfahren in dem Stadium fortzusetzen, in dem es sich befindet.

32 Ob und ggf. wie lange das Gericht den Parteien eine **Frist** einräumt, sich zu seinem Vorschlag **zu äußern**, liegt ebenfalls in seinem pflichtgemäßen **Ermessen**. In einem Klageverfahren dürften drei Wochen, in einem Eilverfahren längstens eine Woche sachangemessen sein.

33 Einen Vorschlag in **Beschlussform** zu erlassen, wird nicht verlangt werden können. Gleichwohl wäre es wünschenswert, wenn die Gerichte – um die Bedeutung konsensualer Konfliktlösungsmöglichkeiten zu unterstreichen und um diese zu fördern – den Parteien einen entsprechenden Vorschlag in Form eines verfahrensleitenden, nicht anfechtbaren Beschlusses unterbreiten würden.

34 Anderenfalls sollte aus Gründen der Klarheit der Vorschlag in Form einer **richterlichen Verfügung** erfolgen, aus Gründen der Nachvollziehbarkeit und Dokumentation ist Schriftform anzuraten, wobei die Übermittlung dann auch per Telefax, mündlich/telefonisch oder elektronisch erfolgen kann. Macht das Gericht – fallspezifisch – von seinem Vorschlagsrecht keinen Gebrauch, so sollten die tragenden Erwägungen hierfür jedenfalls in einem **Aktenvermerk** festgehalten werden.

2. Vorschlag einer Mediation (Absatz 1, 1. Alt.)

a) Begrifflichkeit

35 Was eine Mediation ist, folgt aus der **Begriffsbestimmung** des **§ 1 Abs. 1 MediationsG**: Ein vertrauliches und strukturiertes Verfahren, bei dem die Parteien mit Hilfe eines oder mehrerer Mediatoren freiwillig und eigenverantwortlich eine einvernehmliche Beilegung ihres Konflikts anstreben.

---

23 A.A. zur früheren Rechtslage OLG Köln, Beschl. v. 03.06.2011, ZKM 2012, 29 ff., mit ablehnender Anmerkung von *Spangenberg* ZKM 2012, 31.

Mediation im Sinne des Mediationsgesetzes meint Mediation durch einen 36
nicht in das **gerichtliche System** eingebundenen Mediator, mithin eine sog.
»außergerichtliche« Mediation. Lediglich für die Übergangsphase des § 9
MediationsG kommt auch noch eine gerichtliche Mediation in Betracht.

Als Mediator in einer »außergerichtlichen« Mediation wird in aller Regel ein 37
Anwaltsmediator, ein pensionierter Gerichtsmediator oder ein Mediator mit
einem psychosozialen Grundberuf in Betracht kommen, mithin ein freiberuflich tätiger Mediator. Durch die Regelung ist nicht ausgeschlossen, dass
auch ein Richter außerhalb seines Amtes – nebenberuflich – in einem vom
Gericht vorgeschlagenen Mediationsverfahren tätig werden kann, sofern er
denn hierfür eine Nebentätigkeitserlaubnis erhalten hat.

b) Stufenverhältnis

Mit der Reihenfolge in Absatz 1 hat der Gesetzgeber **kein Stufenverhältnis** 38
zwischen einer Mediation oder einem anderen Verfahren der außergerichtlichen Konfliktbeilegung[24] festgelegt. Allenfalls der Umstand, dass sich der Gesetzgeber intensiv mit Regelungen zur Mediation auseinandergesetzt hat
könnte dafür streiten, dass er dieser eine gewisse Präferenz zubilligt.

Auch die gerichtliche Mediation steht in der Übergangsphase des § 9 Media- 39
tionsG gleichberechtigt neben den anderen in Absatz 1 aufgeführten Methoden.

c) Formale und inhaltliche Kriterien

Der Vorschlag einer Mediation kann in der Eingangs-, in der Berufungs- 40
und in der Revisionsinstanz unterbreitet werden. In aller Regel wird ein derartiger Vorschlag in der auf die Überprüfung von Rechtsfragen beschränkten
Revisionsinstanz jedoch nur ausnahmsweise in Betracht kommen.

Für das von einem Gericht unterbreitete Mediationsverfahren gelten die **glei-** 41
chen Regeln wie für jedes andere Mediationsverfahren auch. Wegen der näheren Einzelheiten wird auf die Kommentierung des Mediationsgesetzes zu
Verfahren, Aufgaben, Offenbarungspflichten, Tätigkeitsbeschränkungen und
Verschwiegenheitspflicht (§§ 2 bis 4 MediationsG) sowie zur Aus- und Fortbildung (§§ 5, 6 MediationsG) verwiesen.

---

24 Vgl. hierzu den Überblick unter Andere Verfahren, I. Rdn. 1 ff.

42 Eine etwaige in einer Mediation geschlossene Vereinbarung kann dem erkennenden Gericht gem. § 278 Abs. 6 ZPO vorgelegt und das Zustandekommen eines **Vergleichs** durch Beschluss festgestellt werden. Aus einem gerichtlichen Vergleich kann gem. § 794 Abs. 1 Nr. 1 ZPO die **Vollstreckung** betrieben werden.

43 Der Vorschlag zur Durchführung einer Mediation kann nicht zugleich mit der Person eines bestimmten Mediators verbunden werden.[25] Hierfür spricht zum einen die neutrale Haltung, die einzunehmen vornehmste Pflicht des Gerichts ist und dem es ebenfalls untersagt ist, den Parteien einen bestimmten Anwalt zu empfehlen; zum anderen ist es Ausfluss des Prinzips der Freiwilligkeit, dass sich die Parteien ihren Mediator selbst auswählen können.

3. Vorschlag eines anderen Verfahrens der außergerichtlichen Konfliktbeilegung (Absatz 1, 2. Alt.)

a) Begrifflichkeit

44 Das **Gesetz schweigt** sich darüber aus, was unter einem »anderen Verfahren der außergerichtlichen Konfliktbeilegung« zu verstehen ist. Der Begriff findet sich bereits in der Überschrift des Gesetzes sowie in § 278a ZPO, § 36a FamFG und § 54a ArbGG, wird jedoch durch das Gesetz selbst nicht definiert.

45 Unter Hinweis auf das Schrifttum[26] werden in der **Gesetzesbegründung** Schlichtungs-, Schieds- und Gütestellen, die Ombudsleute, Clearingstellen und neuere Schieds- und Schlichtungsverfahren wie Shuttle-Schlichtung, Adjudikation, Mini-Trial, Early Neutral Evaluation und Online-Schlichtung aufgezählt[27] und ausgeführt, dass diese Verfahren in den verschiedensten Ausprägungen und Kombinationen praktiziert werden.

---

25 A.A. *Baumbach u.a.*, ZPO, II. A, Rechtspolitischer Ausblick, § 278a Rn. 12. Es spricht jedoch nichts dagegen, die Parteien auf die Rechtsanwaltskammer, die IHK oder Mediationsinstitute zu verweisen, die Listen von Mediatoren vorhalten. Es dürfte auch nicht zu beanstanden sein, wenn die Gerichte selbst derartige Listen anlegen und die Parteien darauf verweisen. Weitergehend: *Nelle*, »Multi-Door-Courthouse Revisited«, S. 123 ff. (129 f.).

26 *Risse/Wagner*, Mediation im Wirtschaftsrecht, in: *Haft/Schlieffen*, Handbuch der Mediation, S. 553 ff. (580).

27 Vgl. Begr. BT-Drucks.17/5335, A. II.

Es handelt sich hierbei um **keine abschließende Aufzählung**; zu den Verfahren der außergerichtlichen Konfliktbeilegung gehört beispielsweise auch die Kooperative Anwaltspraxis, die in Deutschland erst im Entstehen begriffen ist.[28] Zudem kann davon ausgegangen werden, dass über die zurzeit bekannten und praktizierten Konfliktlösungsverfahren hinaus nicht nur neue hinzukommen, sondern die bereits praktizierten Verfahren sich in ihrer Ausgestaltung und Anwendung verändern werden.[29]

b) Stufenverhältnis

Es kann auf die bereits oben erfolgten Ausführungen zum Stufenverhältnis verwiesen werden.[30] Der Umstand, dass der Gesetzgeber das Mediationsverfahren umfänglich geregelt hat spricht dafür, dass er diesem gegenüber anderen konsensualen Streitbeilegungsverfahren einen gewissen Vorzug einräumt. Dies geht allerdings **nicht** so weit geht, dass zwischen ihnen ein Stufenverhältnis bestehen würde.

c) Formale und inhaltliche Kriterien

Der Vorschlag für ein Verfahren der außergerichtlichen Konfliktbeilegung kann in jeder Phase des gerichtlichen Verfahrens erfolgen,[31] wenngleich die Besonderheiten mancher Konfliktbeilegungsverfahren wie beispielsweise Mini-Trial oder Early-Neutral-Evaluation in aller Regel dafür streiten, sie den Parteien nur in der Eingangsinstanz vorzuschlagen.

Auch der Vorschlag eines bestimmten Konfliktbeilegungsverfahrens darf nicht mit einer bestimmten Person verbunden werden. Insoweit gelten die oben gemachten Ausführungen.[32]

---

28 Vgl. Andere Verfahren, III. Rdn. 1 ff.
29 Wegen weiterer Einzelheiten zu den verschiedenen Verfahrensarten und ihren Inhalten vgl. die Ausführungen unter Andere Verfahren, I. Rdn. 1 ff.
30 Vgl. Rdn. 38.
31 Vgl. insoweit die Ausführungen unter Rdn. 40.
32 Vgl. insoweit die Ausführungen unter Rdn. 43.

4. Vorschlag einer gerichtlichen Mediation im Übergangszeitraum

a) Begrifflichkeit

50 Eine **gerichtliche Mediation** ist eine Mediation, die während eines anhängigen Gerichtsverfahrens von einem nicht entscheidungsbefugten Richter durchgeführt wird. Der **Unterschied** zum **Güterichter** nach § 278 Abs. 5 ZPO besteht darin, dass der gerichtliche Mediator ausschließlich die Methode der Mediation anwendet, die rechtliche Hinweise wie auch Einigungs- oder Lösungsvorschläge ausschließt und auch keine richterlichen Tätigkeiten wie Protokollierung von Vergleichen oder Festsetzung des Streitwertes vornimmt. Der Güterichter hingegen bedient sich der gesamten Palette von Streitbeilegungsmethoden einschließlich rechtlicher Hinweise und Einigungsvorschlägen, protokolliert Vergleiche und setzt den Streitwert fest.[33]

51 Gerichtliche Mediation ist **nur** noch möglich **in** der **Übergangsphase** des § 9 MediationsG und auch nur dann, wenn sie vor Inkrafttreten des Mediationsförderungsgesetzes bereits an einem Gericht angeboten wurde.

b) Stufenverhältnis

52 Es besteht **kein** Stufenverhältnis zwischen gerichtlicher Mediation und (sog. außergerichtlichen) Mediation, auch nicht im Hinblick auf andere Verfahren der außergerichtlichen Konfliktbeilegung.

53 Die bisherigen Erfahrungen mit den Modellprojekten der gerichtlichen Mediation sprechen dafür, dass die Parteien auch in den Fällen, in denen ihnen das Gericht eine (sog. außergerichtliche) Mediation vorschlägt, auf die gerichtliche Mediation zurückgreifen werden, nicht zuletzt aus Kostengründen.[34]

Solange keine durchgreifenden kostenrechtlichen Anreize, beispielsweise über § 7 MediationsG, erfolgen, wird das gesetzgeberische Ziel der Förderung der Mediation in rechtshängigen Verfahren nur schwer zu erreichen sein.[35]

---

33 Vgl. die Kommentierung zu § 278 ZPO, Rdn. 69 f.
34 *Wagner* ZKM 2010, 172 ff. (173).
35 Die Regelungen der § 69b GKG, 61a FamGKG dürften als Anreiz nur bedingte Wirksamkeit entfalten.

c) Formale und inhaltliche Kriterien

Gerichtliche Mediation ist nicht der Gerichtsverwaltung zuzurechnen, sondern als richterliche Tätigkeit eigener Art anzusehen mit der Folge, dass die **Geschäftsverteilung** durch das gerichtliche Präsidium erfolgen muss. Allerdings findet der Grundsatz des gesetzlichen Richters (Art. 101 Abs. 1 GG) auf den gerichtlichen Mediator keine Anwendung: Da die Vorschriften des MediationsG für alle Mediatoren gelten, mithin für richterliche wie außergerichtlich tätige Mediatoren, steht den Parteien auch hinsichtlich der Person des richterlichen Mediators ein Wahlrecht zu, ohne dass damit zugleich ein Anspruch auf einen bestimmten gerichtlichen Mediator verbunden wäre.[36]

54

Für die gerichtliche Mediation gelten grundsätzlich die **gleichen Regelungen** wie für sonstige Mediationen. Wegen der näheren Einzelheiten wird auf die Kommentierung des Mediationsgesetzes zu Verfahren, Aufgaben, Offenbarungspflichten, Tätigkeitsbeschränkungen und Verschwiegenheitspflicht (§§ 2 bis 4 MediationsG) sowie zur Aus- und Fortbildung (§§ 5, 6 MediationsG) verwiesen.

55

Was die **Verschwiegenheitspflicht** anbelangt, so findet § 4 MediationsG mit der Besonderheit Anwendung, dass über die Ausnahmen in § 4 Satz 3 Nrn. 1 – 3 MediationsG hinaus gerichtliche Mediatoren, weil sie als Amtsträger nicht nur den Parteien verpflichtet sind, besondere Anzeigepflichten treffen. Dies betrifft u. a. § 116 Abgabenordnung und § 6 des Gesetzes gegen missbräuchliche Inanspruchnahme von Subventionen.[37]

56

Durch § 9 Abs. 1 MediationsG ist nunmehr klargestellt, dass der gerichtliche Mediator ein nicht entscheidungsbefugter Richter ist: Er kann daher weder einen Vergleich protokollieren noch einen Streitwert festsetzen.[38] Auch bei

57

---

36 Begr. BT-Drucks. 17/5335, B., Zu Artikel 3, Zu Nummer 5.
37 Begr. BT-Drucks. 17/5335, B., Zu Artikel 1, Zu Nummer 4.
38 In einigen vor Inkrafttreten des Mediationsförderungsgesetzes bestehenden Modellprojekten wie dem der hessischen Verwaltungsgerichtsbarkeit (vgl. hierzu *Fritz* FS VG Gießen, S. 319 ff. (330)) wurden die gerichtlichen Mediatoren zwar in analoger Anwendung des früheren § 278 Abs. 5 ZPO beauftragt, im Anschluss an ein Mediationsgespräch ggf. auch einen Vergleich zu protokollieren und einen Streitwert festzusetzen, mithin den »Hut des Mediators« abzunehmen und den »Hut des Richters« aufzusetzen. Die nunmehrige Regelung des § 9 MediationsG hat demgegenüber den klaren Vorteil, eindeutig zwischen Streitentscheidung

einer Streitwertfestsetzung sind rechtliche Fragen zu beurteilen und im Falle der Beschwerde würde die Grenze zwischen Streitentscheidung und Mediation verwischt, wenn die gebotene Abhilfeprüfung durch den Mediator vorgenommen würde.

58 Eine in der gerichtlichen Mediation geschlossene **Vereinbarung** kann allein vom streitentscheidenden Richter, mithin nicht vom gerichtlichen Mediator, als Vergleich **protokolliert** werden und ist dann Vollstreckungstitel gem. § 794 Abs. 1 Nr. 1 ZPO. Die Parteien können die Vereinbarung auch dem erkennenden Gericht gem. § 278 Abs. 6 ZPO vorlegen und das Zustandekommen eines Vergleichs durch Beschluss feststellen lassen.

59 Ob dem gerichtlichen Mediator, wovon der Regierungsentwurf wohl ausgeht, regelmäßig der **Einblick** in die **Prozessakten** verwehrt ist,[39] darf mit guten Gründen bezweifelt werden. Zur seriösen Vorbereitung einer gerichtlichen Mediation zählt jedenfalls die Einsichtnahme in die Prozessakte.[40] Wenn schon die Einsichtnahme in die Akte nicht bereits aus der gerichtlichen Mediation als solcher folgt, weil die gerichtlichen Mediatoren weiterhin Richter und in die Gerichtsorganisation eingebunden sind und zugleich als Amtsträger besonderen Verpflichtungen unterliegen,[41] dann ist zumindest anzuraten, das – in der Praxis regelmäßig erteilt werdende – Einverständnis der Parteien hierfür einzuholen.[42]

5. Entscheidung der Parteien (Absatz 2)

a) Aufgrund eines gerichtlichen Vorschlages

60 Die Entscheidung der Parteien für eine Mediation oder eine andere konsensuale Streitbeilegung ist an **keine Form** gebunden. Sie kann schriftlich, mündlich als auch zu Protokoll geschehen. Sie hat gegenüber dem Gericht zu erfolgen, welches den Vorschlag unterbreitet hat; bei einer nur mündli-

---

durch den Richter und Mediation durch den gerichtlichen Mediator zu unterscheiden.
39 Begr. BT-Drucks. 17/5496 Zu Artikel 3, Zu Nummern 5 und 6.
40 *Krabbe/Fritz* ZKM 2010, 136 ff.
41 Vgl. Begr. BT-Drucks. 17/5335, B. Zu Artikel 1, Zu Nummer. 4.
42 Vgl. hingegen den konservativen Ansatz der »mediatorischen Unbefangenheit« bei *Carl* ZKM 2012, 16 ff. (20).

chen Erklärung einer Partei wird das Gericht einen entsprechenden Aktenvermerk fertigen oder die Erklärung in ein Protokoll aufnehmen.

Die Parteien sind an den Vorschlag des Gerichts nicht gebunden, können 61 also, wenn beispielsweise eine Mediation vorgeschlagen wurde, dem Gericht auch übereinstimmend mitteilen, dass sie sich beispielsweise für eine Schlichtung entschieden haben oder – in der Übergangsphase des § 9 MediationsG – eine gerichtliche Mediation bevorzugen.

b) Eigener Vorschlag der Parteien

Die Parteien sind nicht auf einen gerichtlichen Vorschlag angewiesen. Es 62 steht ihnen frei, auch selbst einen entsprechenden Vorschlag über das Gericht der anderen Partei zukommen lassen oder bereits übereinstimmend dem Gericht mitzuteilen, dass sie sich beispielsweise für eine Mediation entschieden haben. Regt zunächst nur eine Partei ein Verfahren der außergerichtlichen Konfliktbeilegung oder der gerichtsinternen Mediation an, so sollte das für das Gericht Anlass sein darüber zu reflektieren, seinerseits gem. Absatz 1 den Beteiligten einen Vorschlag zu unterbreiten.

Die Intention des Gesetzes nach Förderung der Mediation wie auch anderer 63 Verfahren der außergerichtlichen Konfliktbeilegung[43] erfordert, dass das Gericht einen entsprechenden Vorschlag einer Partei an die andere Partei zur Stellungnahme weiterleitet. Gem. § 78 Abs. 1 ZPO steht die Entscheidung der Parteien für eine Mediation auch im Anwaltsprozess **nicht** unter **Anwaltszwang**.

6. Gerichtlicher Ruhensbeschluss (Absatz 2)

Zwingende und daher unanfechtbare Rechtsfolge einer Entscheidung der 64 Parteien für eine Mediation oder ein anderes Verfahren der außergerichtlichen Streitbeilegung ist die Anordnung des Ruhens des Verfahrens gem. § 278a Abs. 2 ZPO i.V.m. § 251 ZPO durch gerichtlichen Beschluss. Eines gesonderten Antrages hierzu bedarf es nicht; er ist in der Erklärung »für« ein konsensuales Verfahren konkludent enthalten.[44]

---

43 Begr. BT-Drucks. 17/5335, A. II.
44 *Löer* ZKM 2010, 179 ff. (182).

65 Dies gilt nicht nur in den Fällen, in denen die Parteien sich zu einem entsprechenden Vorschlag des Gerichts gem. § 278a Abs. 2 ZPO verhalten, sondern auch dann, wenn die Parteien aus eigenem Antrieb dem Gericht mitteilen, den Versuch einer konsensualen Einigung im Rahmen einer Mediation (oder einer gerichtlichen Mediation in der Übergangsphase des § 9 MediationsG) bzw. eines anderen außergerichtlichen Konfliktbeilegungsverfahrens unternehmen zu wollen: Auch in diesen Fällen ist die Ruhensanordnung zwingende Rechtsfolge.

66 Aus § 251 Satz 2 ZPO folgt, dass bei einer Ruhensanordnung grundsätzlich wie bei einer Unterbrechung und Aussetzung nach § 249 ZPO der **Lauf einer jeden Frist aufhört** mit Ausnahme der in § 233 ZPO bezeichneten Fristen. Das bedeutet, dass die Notfristen gem. § 224 Abs. 1 Satz 1 ZPO, die Rechtsmittelbegründungsfristen und die Wiedereinsetzungsfrist des § 234 Abs. 1 ZPO weiterhin laufen.[45]

67 Die **Wiederaufnahme** des Verfahrens erfolgt **nicht von Amts wegen.** Kommt in der Mediation oder einem anderen außergerichtlichen Konfliktbeilegungsverfahren eine Vereinbarung nicht zustande und wird insbesondere der Rechtsstreit nicht beendet, so obliegt es den Parteien und nicht dem Streitschlichter (Mediator etc.), ob sie das Gericht hierüber informieren, die Aufhebung des Ruhensbeschlusses beantragen und das Verfahren fortsetzen wollen. In der gerichtlichen Mediation dürften die Dinge etwas anders liegen: Der gerichtliche Mediator wird nach Beendigung des Mediationsverfahrens die Gerichtsakten wiederum dem streitentscheidenden Richter zuleiten und diesen auf diese Weise über die Beendigung in Kenntnis setzen.

68 In **familien- und arbeitsgerichtlichen Verfahren** gelten insoweit jedoch **Besonderheiten:** Dort nimmt das Gericht grundsätzlich nach drei Monaten das Verfahren wieder auf.[46]

69 Der Ruhensbeschluss des Gerichts ist zudem relevant für die Hemmung der Verjährung: Danach endet die Hemmung der Verjährung durch Klageerhebung (§ 204 Abs. 1 Nr. 1 BGB) nach Ablauf von 6 Monaten nach der letzten Verfahrenshandlung der Parteien oder des Gerichts (vgl. § 204 Abs. 2

---

[45] Vgl. zu Einzelheiten *Baumbach*, ZPO, § 251 Rn. 9.
[46] Vgl. die Kommentierung zu § 155 Abs. 4 FamFG, Rdn. 10 und zu § 54a Abs. 2 ArbGG, Rdn. 54 ff.

BGB), also der Anordnung des Ruhens des Verfahrens gem. § 278a Abs. 2 ZPO; im Übrigen gilt jedoch weiterhin § 203 Satz 1 BGB.

Die Entscheidung des Gerichts über die Wiederaufnahme des Verfahrens 70 kann gem. § 252 ZPO angefochten werden.

7. Anwendbarkeit der Vorschrift in anderen Gerichtsbarkeiten

Über § 173 Satz 1 VwGO, § 202 Satz 1 SGG und § 155 FGO ist die Vor- 71 schrift auch im verwaltungs-, sozial- und finanzgerichtlichen Verfahren anwendbar, über §§ 113 Abs. 1 Satz 2, 124 Satz 2 FamFG zudem in Ehesachen und Familienstreitsachen,[47] über § 99 Abs. 1 PatentG und § 82 Abs. 1 MarkenG im Verfahren vor dem Patentgericht.[48] Dem § 278a Abs. 5 ZPO vergleichbare Regelungen weisen im Übrigen § 36a FamFG und § 54a ArbGG auf.

Nach Auffassung des Gesetzgebers[49] soll eine Verweisung in einzelnen Geset- 72 zen auf die Zivilprozessordnung nicht ohne weiteres zur Anwendbarkeit der Mediation führen, vielmehr sei auf die **Eigenart der jeweiligen Verfahren** abzustellen; Mediation und außergerichtliche Konfliktbeilegung komme daher nicht in Betracht in den – bundesrechtlich geregelten – Verfahren nach der Wehrdisziplinarordnung und der Wehrbeschwerdeordnung. Das überzeugt nicht, zumal das Prinzip der Freiwilligkeit jeder Partei bzw. jedem Beteiligten die Möglichkeit einräumt, einem Verfahren der konsensualen Streitschlichtung zu widersprechen bzw. nicht zuzustimmen. Von daher wird man auch der Anwendung der Mediation beispielsweise in Verfahren nach der Abgabenordnung nicht grundsätzlich widersprechen können.

8. Verhältnis von § 278a Abs. 1 ZPO zu § 278 Abs. 5 ZPO

Da sich zum Verhältnis der o.g. Vorschriften weder dem Gesetz noch der 73 Gesetzesbegründung Anhaltspunkte entnehmen lassen, muss das Gericht zunächst einmal für beide Verfahren grundsätzlich die gleichen Überlegungen

---

47 Vgl. hierzu umfassend die Einführung FamFG, Rdn. 3.
48 Ob und ggf. in welchem Umfang das Bundespatentgericht den Vorschlag einer Mediation unterbreiten und einsetzen kann, wird, worauf bereits im Referentenentwurf hingewiesen wurde (vgl. Begründung, B., Zu Artikel 11), von den Besonderheiten der verschiedenen Verfahrensarten bestimmt.
49 Begr. BT-Drucks. 17/5335, A., II.

zugrunde legen, also neben dem Aspekt der Freiwilligkeit insbesondere die Geeignetheit, ferner Zeit- und Kostenfaktoren sowie die Komplexität der Auseinandersetzung berücksichtigen. Bietet sich im Hinblick auf den konkreten Konflikt ein anderes Verfahren der außergerichtlichen Konfliktbeilegung an, so ist dem jedenfalls gegenüber § 278 Abs. 5 ZPO der Vorrang einzuräumen.[50]

III. Hinweise für die Praxis

1. Geschäftsverteilung für gerichtliche Mediation

74 Die Geschäftsverteilung des Gerichts muss für die Übergangsphase des § 9 MediationsG eine **eigene Regelung** für den Einsatz der gerichtlichen Mediatoren enthalten.[51] Es dürfte ausreichen, eine Rubrik »Mediation« aufzunehmen und dort auszuführen, welche namentlich benannten Richter die Aufgaben als richterliche Mediatoren wahrnehmen und ob, in welchem Umfang und nach welchem Modus hierfür eine Entlastung gewährt wird.[52]

2. Verfahrensfragen

75 Den Gerichten ist anzuraten, den ausschließlichen **Vorschlag einer Mediation** in der Übergangsphase des § 9 MediationsG stets **alternativ** zu formulieren, d. h. Empfehlung einer Mediation, hilfsweise einer gerichtsinternen Mediation und umgekehrt, es sei denn das spezifische Leistungsprofil des Gerichts steht dem entgegen. Der gerichtliche Vorschlag für eine gerichtliche Mediation sollte mit dem Hinweis verbunden werden, wer als gerichtlicher Mediator tätig ist und dass den Parteien bei mehreren Mediatoren insoweit ein Wahlrecht zusteht.

76 Soweit der in der Kommentierung zur Akteneinsicht des gerichtlichen Mediators vertretenen Auffassung nicht gefolgt wird, sollte das Gericht den Vorschlag einer gerichtlichen Mediation stets mit der Einholung des **Einverständnisses** der Parteien **zur Akteneinsicht** für den gerichtlichen Mediator verbinden. Geschieht dies nicht, so ist dem gerichtlichen Mediator anzuraten, sich insoweit um das Einverständnis der Parteien zu bemühen.

---

50 Vgl. hierzu auch Rdn. 19 ff., ferner zum Verhältnis von § 278 Abs. 5 ZPO zu § 278a Abs. 1 ZPO die Kommentierung zu § 278 ZPO, Rdn. 82.
51 Vgl. *Brändle/Schreiber* BJ 2008, 351 ff. (356, Fn. 2).
52 Vgl. umfassend hierzu die Kommentierung zu § 9 MediationsG, Rdn. 19 ff.

Parteien, die nicht auf Vorschlag des Gerichts sondern von sich aus dem Ge- 77
richt mitteilen, dass sie sich auf die Durchführung einer konsensualen Streitschlichtung geeinigt haben, sollten – solange noch keine Rechtsprechung hierzu vorliegt – ihre entsprechende Information an das Gericht **hilfsweise** mit einem **Ruhensantrag** verbinden.

3. Mediatorenliste

Für die Parteien dürfte es nicht immer einfach sein, einen qualifizierten Me- 78
diator zu finden und sich auf ihn zu verständigen. Insoweit kann nur angeraten werden, sich an die zuständige Rechtsanwaltskammer, die IHK oder die Mediationsverbände zu wenden, die entsprechende **Listen über praktizierende Mediatoren** und ggf. deren Ausbildungsqualifikation und sonstige Qualifikation sowie Zertifizierung vorhalten. Gleiches gilt für Schlichter, Schiedsrichter und andere im Bereich außergerichtlicher Konfliktlösung tätige Personen. Es ist davon auszugehen, dass auch die einzelnen Gerichte langfristig derartige Listen vorhalten werden.

Gesetz über das Verfahren in Familiensachen und in den Angelegenheiten der freiwilligen Gerichtsbarkeit (§§ 23, 28, 36, 36a, 81, 135, 150, 155, 156 FamFG)

Die Fokussierung des Mediationsförderungsgesetzes über seinen Artikel 3 auf Verfahren in Familiensachen konkretisiert sich in etlichen, z. T. neuen Vorschriften des FamFG, mit denen der Gesetzgeber Mediationen und andere Verfahren außergerichtlicher Konfliktbeilegung für diesen Bereich detailreich regelt und damit zugleich auf eine ausdrückliche normative Grundlage stellt. Dies betrifft § 23 Abs. 1 Satz 2 FamFG (Anforderungen an die Antragsschrift), § 28 FamFG (Verfahrenseinleitung), § 36 FamFG (Vergleich), § 36a FamFG (Regelungen über das gerichtliche Vorschlagsrecht), § 81 Abs. 2 Nr. 5 FamFG (Regelungen über die Kostenpflicht), § 135 FamFG (Außergerichtliche Streitbeilegung bei Folgesachen), § 150 Abs. 4 Satz 2 FamFG (Kosten in Scheidungssachen und Folgesachen), § 155 Abs. 4 FamFG (Aussetzung des Verfahrens und Wiederaufnahme) und § 156 Abs. 1 FamFG (Anordnung zur Teilnahme an einem kostenfreien Informationsgespräch). Dabei sind §§ 23 Abs. 1 Satz 2, 28 Abs. 4, 36 Abs. 5, 36a FamFG den korrespondierenden Normen der §§ 159 Abs. 2, 253 Abs. 3, 278 Abs. 5, 278a ZPO im Wesentlichen nachgebildet.

Indem der Gesetzgeber die neuen Regelungen in den §§ 23, 28, 36, 36a FamFG und damit in Buch 1 des FamFG verortet, trägt er dem Umstand Rechnung, dass die einvernehmliche Konfliktbeilegung zwar in Familiensachen besonders bedeutsam ist, jedoch auch in den übrigen Angelegenheiten der freiwilligen Gerichtsbarkeit durchaus Fall- und Verfahrenskonstellationen auftreten können, die einer konsensualen Streitbeilegung zugänglich sind.[1]

Die durch das Mediationsförderungsgesetz geänderten Vorschriften des Buches 1 finden gem. §§ 113 Abs. 1 Satz 2, 111 Nr. 2 bis 11 und 112 FamFG in Familiensachen des Buches 2 Anwendung, soweit davon Kindschaftssachen, Abstammungssachen, Adoptionssachen, Ehewohnungs- und Haushaltssachen, Gewaltschutzsachen und Versorgungsausgleichssachen sowie eingeschränkt auch Unterhaltssachen, Güterrechtssachen, sonstige Familiensachen und Lebenspartnerschaftssachen betroffen sind.

---

1 Begr. BT-Drucks. 17/5335, B., zu Artikel 4.

FamFG Einführung

4 Geht es hingegen
   - um Ehesachen (dies sind gem. § 121 FamFG Verfahren auf Scheidung der Ehe [Scheidungssachen], auf Aufhebung der Ehe und auf Feststellung des Bestehens oder Nichtbestehens einer Ehe zwischen den Beteiligten) und
   - um Familienstreitsachen (Unterhaltssachen nach § 231 Abs. 1 FamFG und Lebenspartnerschaftssachen nach § 269 Abs. 1 Nr. 8 und 9 FamFG, Güterrechtssachen nach § 261 Abs. 1 FamFG und Lebenspartnerschaftssachen nach § 269 Abs. 1 Nr. 10 FamFG sowie sonstige Familiensachen nach § 266 Abs. 1 FamFG und Lebenspartnerschaftssachen nach § 269 Abs. 2 FamFG),

   so verweisen §§ 113 Abs. 1 Satz 2, 124 Satz 2 FamFG auf die allgemeinen Vorschriften der ZPO und die Vorschriften der ZPO über das Verfahren vor den Landgerichten mit der Folge, dass hierfür die in Art. 2 des Mediationsförderungsgesetzes aufgeführten ZPO-Regelungen unmittelbar gelten. Allerdings sind die Regelungen über den Güterichter gem. § 113 Abs. 4 Nr. 4 FamFG in Ehesachen nicht anzuwenden.

5 Die übrigen Angelegenheiten der freiwilligen Gerichtsbarkeit, auf die die allgemeinen Regelungen des Buches 1 des FamFG und mithin auch die Änderungen des Mediationsförderungsgesetzes grundsätzlich Anwendung finden, betreffen u. a. Verfahren in Betreuungs- und Unterbringungssachen (Buch 3, §§ 271 bis 341 FamFG), Verfahren in Nachlass- und Teilungssachen (Buch 4, §§ 272 bis 373 FamFG), Verfahren in Registersachen und unternehmensrechtliche Verfahren (Buch 5, §§ 374 bis 409 FamFG), Verfahren in weiteren Angelegenheiten der freiwilligen Gerichtsbarkeit (Buch 6, §§ 410 bis 414 FamFG) etc.

6 In allen Familiensachen und Angelegenheiten der freiwilligen Gerichtsbarkeit ist die ebenfalls durch das Mediationsförderungsgesetz geänderte Vorschrift über Inkompatibilität (§ 41 Nr. 8 ZPO) anzuwenden, wie aus § 6 FamFG folgt.

7 Die in der Einführung zur Zivilprozessordnung aufgeworfenen Fragen im Zusammenhang mit einem Zeugnisverweigerungsrecht nach § 383 Abs. 1 Nr. 6 ZPO sowie der Verjährung nach § 203 Satz 1 BGB treffen auch für Verfahren in Familiensachen und Angelegenheiten der freiwilligen Gerichts-

barkeit zu; insoweit wird auf die dortigen Ausführungen verwiesen.[2] Die Möglichkeit, finanzielle Anreize für konsensuale Konfliktlösungen im Bereich des FamFG bei gerichtshängigen Verfahren zu schaffen, ergibt sich für die Gesetzgebung der Länder über Art. 7a MediationsförderungsG aus § 61a FamGKG.

§ 23 Verfahrenseinleitender Antrag

(1) Ein verfahrenseinleitender Antrag soll begründet werden. In dem Antrag sollen die zur Begründung dienenden Tatsachen und Beweismittel angegeben sowie die Personen benannt werden, die als Beteiligte in Betracht kommen. **Der Antrag soll in geeigneten Fällen die Angabe enthalten, ob der Antragstellung der Versuch einer Mediation oder eines anderen Verfahrens der außergerichtlichen Konfliktbeilegung vorausgegangen ist, sowie eine Äußerung dazu, ob einem solchen Verfahren Gründe entgegenstehen.** Urkunden, auf die Bezug genommen wird, sollen in Urschrift oder Abschrift beigefügt werden. Der Antrag soll von dem Antragsteller oder seinem Bevollmächtigten unterschrieben werden.

(2) Das Gericht soll den Antrag an die übrigen Beteiligten übermitteln.

Übersicht

	Rdn.
I. Regelungsgegenstand und Zweck	1
1. Normgefüge	1
2. Europäische Mediationsrichtlinie	5
II. Grundsätze/Einzelheiten	6
1. Norminhalt (Absatz 1 Satz 3)	6
2. Angaben über bisherige Konfliktlösungsversuche (Absatz 1 Satz 3, 1. Alt.)	7
3. Angaben über zukünftige Konfliktlösungsversuche (Absatz 1 Satz 3, 2. Alt.)	8
4. Angaben über entgegenstehende Gründe	10
5. Geeignete Fälle	12
6. Soll-Vorschrift	13
7. Anwendungsbereich der Vorschrift	16
III. Hinweise für die Praxis	17

---

2 Vgl. Einführung ZPO, Rdn. 4 ff.

§ 23 FamFG   Verfahrenseinleitender Antrag

I. Regelungsgegenstand und Zweck

1. Normgefüge

1 Die Vorschrift enthält die **formellen Erfordernisse**, die bei einem verfahrenseinleitenden Antrag beachtet werden sollen. Sie wird ergänzt durch Spezialvorschriften wie §§ 1752 Abs. 2 Satz 2, 1762 Abs. 3 BGB, die für das Adoptionsverfahren notarielle Beurkundung verlangen.

2 § 23 FamFG betrifft – im Gegensatz zu § 24 FamFG – sowohl **Antragsverfahren**, die im Verfahrensrecht wurzeln, mithin solche nach § 171 Abs. 1 FamFG (Abstammungssachen), § 203 Abs. 1 FamFG (Ehewohnungs- und Haushaltssachen) und § 223 FamFG (Ausgleichsansprüche nach der Scheidung), wie auch **Verfahren**, die **im materiellen Recht** verankert sind wie beispielsweise nach § 1671 BGB (Trennung der Eltern), § 1752 BGB (Adoptionssachen) und § 1 GewSchG (Gewaltschutzsachen).[1]

3 Die Anforderungen nach Absatz 1 sind als **Soll-Vorschrift** ausgestaltet, ihr Fehlen ist nicht sanktionsbehaftet. Gleiches gilt für die neu eingefügte Regelung des Absatzes 1 Satz 3, die dem § 253 Abs. 3 Nr. 1 ZPO nachgebildet ist. Auch das Ziel, das mit der Norm erreicht werden soll, entspricht dem des § 253 Abs. 3 Nr. 1 ZPO: Mediation und außergerichtliche Konfliktbeilegung sollen stärker im Bewusstsein der Bevölkerung und in der Beratungspraxis der Anwaltschaft verankert werden. Allerdings ist auch § 61a FamGKG mit in den Blick zu nehmen, der nach entsprechendem Beschluss des Vermittlungsausschusses Eingang in das Gesetz fand und eine Reduzierung der Verfahrensgebühr neben anderen Voraussetzungen dann vorsieht, wenn bereits in der Antragsschrift bestimmte Angaben gemacht wurden.

4 Nicht gefolgt ist die Bundesregierung[2] der Anregung des Bundesrates,[3] den Halbsatz »sowie eine Äußerung dazu, ob einem solchen Verfahren Gründe entgegenstehen« zu streichen.

2. Europäische Mediationsrichtlinie

5 Die Vorschrift korrespondiert mit dem Ziel des **Art. 1 Abs. 1 EUMed-RL**, die gütliche Beilegung von Streitigkeiten zu fördern.

---

1 Vgl. *Zöller*, § 23 FamFG, Rn. 1.
2 BT-Drucks. 17/5496 zu Nummer 10.
3 BT-Drucks. 17/5335, Anl. 3, Nummer 10.

II. Grundsätze/Einzelheiten

1. Norminhalt (Absatz 1 Satz 3)

Der Regelungsinhalt des Absatzes 1 Satz 3 **entspricht im Wesentlichen** dem 6
des § 253 Abs. 3 Nr. 1 ZPO, ist sprachlich auf das FamFG abgestimmt und
um das Tatbestandsmerkmal »in geeigneten Fällen« ergänzt. Die Antragsschrift dient der Einleitung eines Verfahrens nach dem FamFG mit Ausnahme der Ehesachen (§ 121 FamFG) und der Familienstreitsachen (§ 112 FamFG).[4] Der Begriff des Antrags ist der Terminologie des FamFG geschuldet und umfasst Klagen wie Anträge.[5] Die Vorschrift wird durch § 61a FamGKG ergänzt.

2. Angaben über bisherige Konfliktlösungsversuche (Absatz 1 Satz 3, 1. Alt.)

In der Antragsschrift soll dargetan werden, ob in der Vergangenheit – mithin 7
vor Antragstellung – bereits Versuche unternommen wurden, den Konflikt
mit Hilfe einer Mediation oder eines anderen Verfahrens der außergerichtlichen Konfliktbeilegung zu lösen. Zudem bedarf es im Hinblick auf § 61a
Satz 1 FamGKG der Mitteilung, ob »eine Mediation ... unternommen wird
oder beabsichtigt ist«. Diese **Informationen** soll das **Gericht** in die Lage versetzen, die Chancen einer außergerichtlichen Konfliktlösung einschätzen und
darauf aufbauend ggf. nach § 36 Abs. 5 FamFG vorgehen zu können oder
den Beteiligten einen Vorschlag gem. § 36a FamFG unterbreiten zu können.

3. Angaben über zukünftige Konfliktlösungsversuche (Absatz 1 Satz 3, 2. Alt.)

Auch die Angaben, ob zukünftigen Konfliktlösungsversuchen Gründe entge- 8
genstehen, dienen der Information des Gerichts im Hinblick darauf, den Beteiligten ggf. aus dem gesamten Spektrum der verfügbaren außergerichtlichen
Konfliktlösungsverfahren ein für ihr Problem geeignetes Verfahren zu unterbreiten. Damit wird auf die Beteiligten – nach Änderung des ursprünglichen
Referentenentwurfs, der noch die Angabe vorsah, warum ein solcher Versuch

---

[4] Zur Abgrenzung von Amts- und Antragsverfahren sowie der Unterscheidung eines Verfahrensantrags vom Sachantrag vgl. *Keidel u. a.*, FamFG, § 23 Rn. 3 ff., 11 ff.
[5] *Schael* FamRZ 2009, 7.

unterlassen wurde[6] – nunmehr kein Rechtfertigungsdruck ausgeübt, der sich als Hürde für (nochmalige) Einigungsversuche erweisen könnte.

9 Sollte sich herausstellen, dass sich die Angaben auf floskelhafte Gründe und/ oder Textbausteine beschränken, so wird es Aufgabe der Gerichte sein, im Einzelfall durch **richterliche Aufklärungsverfügung** insoweit nachzufassen.

4. Angaben über entgegenstehende Gründe

10 Entgegenstehende Gründe können **vielfältige** sein:
   – So kann es sich um einen hoch eskalierten Konflikt handeln, der nur noch durch einen Machteingriff entschieden werden kann,[7]
   – den Beteiligten kann es um die Entscheidung einer bislang nicht judizierten Rechtsfrage gehen,
   – zwischen den Beteiligten besteht ein Machtungleichgewicht, das einer konsensualen Streitschlichtung entgegensteht,
   – das Verfahren stammt aus einem Rechtsgebiet, das beispielsweise einer Mediation nur in Ausnahmefällen zugänglich ist.

11 Die Frage, ob dies – aus Sicht des Gerichts – »gute Gründe« sind oder nicht, stellt sich im Hinblick auf die Rechtsschutzgarantie des Art. 19 Abs. 4 GG und das die Mediation prägende Prinzip der Freiwilligkeit nicht. Von daher verbietet es sich für das Gericht, die Beteiligten zu einem nicht gerichtlichen Konfliktlösungsverfahren zu drängen, wenn diese deutlich gemacht haben, ein solches nicht zu wünschen.

5. Geeignete Fälle

12 In Adoptions- und Abstammungssachen, aber auch beispielsweise in bestimmten Verfahren nach den Büchern 3 oder 5 des FamFG, dürfte regelmäßig weder eine Mediation noch ein anderes Verfahren der außergerichtlichen Konfliktbeilegung in Betracht kommen. Von daher sieht § 23 Abs. 1 Satz 3 FamFG vor, dass die Angaben über bisherige und zukünftige Konfliktlösungsversuche nur »in geeigneten Fällen« gemacht werden sollen, mithin solchen, in denen die **Chance** besteht, dass die Beteiligten zu einer **außergerichtlichen Lösung** ihres Konflikts gelangen. Allgemeingültige Kriterien werden sich hierfür nicht finden lassen; der Einzelfall ist entscheidend.

---

6 Vgl. *Kraft/Schwerdtfeger* ZKM 2011, 55 ff. (58); *Monßen* ZKM 2011, 10 ff. (12).
7 Vgl. *Glasl* Konfliktmanagement, 218 ff.

6. Soll-Vorschrift

Die nach Absatz 1 geforderten **Angaben**, mithin auch die über Mediation 13
etc., sind allesamt **nicht erzwingbar**. Fehlende Angaben werden jedoch u. U.
Anfragen des Gerichts nach sich ziehen und können von daher zu einer Verzögerung führen. Zudem können sie den Ausschluss einer Reduzierung der Verfahrensgebühr nach § 61a FamGKG nach sich ziehen.

Die Vorschrift richtet sich ebenso an die Naturalpartei wie an die Prozessbevollmächtigten.

Für die **Rechtsanwaltschaft** besteht nach § 1 Abs. 3 BORA ohnehin bereits 14
die Verpflichtung, ihre Mandantschaft konfliktvermeidend und streitschlichtend zu begleiten; diese Vorschrift führte in der Vergangenheit eher ein Schattendasein.[8] An diese gesetzliche Verpflichtung knüpft die Neuregelung des § 23 Abs. 1 Satz 3 FamFG an: Bereits in der **Beratungspraxis**, spätestens beim Abfassen der Antragsschrift sollen sich Beteiligte und Rechtsanwälte mit der Frage auseinandersetzen, ob und wie sie den der beabsichtigten Antragstellung zugrundeliegenden Konflikt außergerichtlich beilegen können.[9] Hierüber soll das Gericht mit der Antragsschrift informiert werden.

Obgleich die Vorschrift im Hinblick auf § 36a Abs. 1 FamFG ersichtlich auf 15
eine Mediation bzw. »außergerichtliche« Konfliktbeilegung abstellt und somit auch eine Entlastung der Justiz mit im Blick hat, liegt es für den beratenden Rechtsanwalt wie auch die Naturalpartei allerdings nahe zu prüfen, ob das Gericht, bei dem der Antrag eingereicht werden soll, in der **Übergangsphase des § 9 MediationsG** gerichtliche Mediation anbietet. Ist dies der Fall, so ist anzuraten, sich auch hierzu in der Antragsschrift entsprechend zu äußern. Die bisherigen Erfahrungen mit gerichtlicher Mediation haben deutlich gemacht, dass diese geschätzt wird und Parteien gelegentlich eher bereit sind, einer gerichtlichen Mediation nahe zu treten statt einer außergerichtlichen;[10] sie gehen mit Recht davon aus, dass die gleiche Professionalität, die sie von einem Richter erwarten, auch von einem gerichtlichen Mediator gezeigt wird.[11]

---

8 *Greger* ZKM 2010, 120 ff. (123). Zu Rolle und Aufgabe des beratenden Anwalts vgl. *Ewig* ZKM 2012, 4 ff. (59 f).
9 Begr. BT-Drucks. 17/5335, B., Zu Artikel 3, Zu Nummer 3.
10 Vgl. auch *Moltmann-Willisch u. a.* ZKM 2011, 26 ff. (27).
11 *Fritz/Fritz* FPR 2011, 328 ff. (333 m.w.N.).

7. Anwendungsbereich der Vorschrift

16 Die Vorschrift findet **keine Anwendung** auf **Ehesachen** und **Familienstreitsachen**, §§ 113 Abs. 1 Satz 2, 124 Satz 2 FamFG.[12]

III. Hinweise für die Praxis

17 Mit der Frage der **Indikation** bzw. **Contra-Indikation** einer Mediation oder ein anderen Verfahrens der außergerichtlichen Konfliktbeilegung werden sich Beteiligte und ihre Anwälte gerade in Verfahren nach dem FamFG regelmäßig befassen. Allgemeingültige Parameter lassen sich hierfür allerdings nur schwer finden, zumal es letztlich immer auf das voluntative Element der Konfliktbeteiligten ankommen wird.

18 Aus der Praxis lassen sich jedoch Bereiche benennen, in denen Mediationsverfahren häufig zu konsensualen Lösungen führen: Dies betrifft im Zusammenhang mit Trennung und Scheidung neben dem gesamten Komplex der Verantwortung für Kinder wie auch des Umgangsrechts mit Kindern insbesondere Regelungen finanzieller Art (z. B. getrennt lebenden Unterhalt) oder die Aufteilung bislang gemeinsam genutzten Wohnraums oder gemeinsamer Gegenstände.

19 Zudem lassen sich dem Schrifttum verschiedene Ansätze entnehmen, die zumindest **Anhaltspunkte** dafür bieten, wann der Frage einer **Mediation** nähergetreten werden sollte. Das ist dann der Fall, wenn es den Konfliktbeteiligten vorrangig darum geht,
– nichtrechliche Interessen zu berücksichtigen,
– eine zukunftsorientierte Lösung anzustreben,
– Vertraulichkeit zu wahren oder
– eine schnelle Lösung herbeizuführen
– sowie dann, wenn es sich um einen komplexen Sachverhalt handelt, nichtbeteiligte Dritte in das Verfahren einbezogen werden sollen,
– zwischen den Parteien eine besondere Emotionalität besteht oder
– es um einen grenzüberschreitenden Rechtsstreit geht.

20 Hingegen wird eine konsensuale Streitbeilegung nicht in Betracht kommen, wenn beispielsweise

---

[12] Vgl. Einführung FamFG, Rdn. 3.

- gesetzliche Bestimmungen den Beteiligten eine privatautonome Regelung untersagen,
- ein besonderes öffentliches Interesse an der Rechtsdurchsetzung besteht oder
- eine Grundsatzentscheidung begehrt wird.

§ 28 Verfahrensleitung

(1) Das Gericht hat darauf hinzuwirken, dass die Beteiligten sich rechtzeitig über alle erheblichen Tatsachen erklären und ungenügende tatsächliche Angaben ergänzen. Es hat die Beteiligten auf einen rechtlichen Gesichtspunkt hinzuweisen, wenn es ihn anders beurteilt als die Beteiligten und seine Entscheidung darauf stützen will.

(2) In Antragsverfahren hat das Gericht auch darauf hinzuwirken, dass Formfehler beseitigt und sachdienliche Anträge gestellt werden.

(3) Hinweise nach dieser Vorschrift hat das Gericht so früh wie möglich zu erteilen und aktenkundig zu machen.

(4) Über Termine und persönliche Anhörungen hat das Gericht einen Vermerk zu fertigen; für die Niederschrift des Vermerks kann ein Urkundsbeamter der Geschäftsstelle hinzugezogen werden, wenn dies auf Grund des zu erwartenden Umfangs des Vermerks, in Anbetracht der Schwierigkeit der Sache oder aus einem sonstigen wichtigen Grund erforderlich ist. In den Vermerk sind die wesentlichen Vorgänge des Termins und der persönlichen Anhörung aufzunehmen. **Über den Versuch einer gütlichen Einigung vor einem Güterichter nach § 36 Absatz 5 wird ein Vermerk nur angefertigt, wenn alle Beteiligten sich einverstanden erklären.** Die Herstellung durch Aufzeichnung auf Datenträger in der Form des § 14 Abs. 3 ist möglich.

Übersicht	Rdn.		Rdn.
I. Regelungsgegenstand und Zweck	1	1. Ausnahme von der Pflicht einen Vermerk zu fertigen (Absatz 4 Satz 3)	6
1. Normgefüge	1		
2. Europäische Mediationsrichtlinie	5	2. Güterichter nach § 36 Abs. 5 FamFG	7
II. Grundsätze/Einzelheiten	6		

Fritz

§ 28 FamFG Verfahrensleitung

3. Weiterer Schutz der Vertraulichkeit ... 8	7. Besonderheit bei gerichtlichem Vergleich ... 24
4. Verpflichtung zur Fertigung eines Vermerks bei Einverständnis aller Beteiligten ... 12	a) Niederschrift statt Vermerk ... 24
	b) Materiellrechtliche Bedeutung der Protokollierung eines Vergleichs ... 25
5. Form und Inhalt ... 18	8. Anwendungsbereich der Vorschrift ... 26
a) Form ... 19	
b) Inhalt ... 20	
6. Folgen eines Verstoßes gegen Absatz 4 Satz 3 ... 22	III. Hinweise für die Praxis ... 27

I. Regelungsgegenstand und Zweck

1. Normgefüge

1 Die Vorschrift enthält die wichtigsten Grundsätze, die das Gericht nach einer Verfahrenseinleitung zu beachten hat; die Offenheit der Norm lässt dem Gericht dennoch hinreichend Raum für eine flexible Verfahrensgestaltung.

2 Absatz 1 stellt eine Ergänzung der Amtsermittlungsgrundsatzes des § 26 FamFG dar und verpflichtet das Gericht, auf eine rechtzeitige und vollständige Klärung entscheidungserheblicher Tatsachen hinzuwirken und – in Ausprägung des rechtlichen Gehörs – auf einschlägige rechtliche Gesichtspunkte hinzuweisen.

Nach Absätzen 2 und 3 hat es rechtzeitig auf die Beseitigung von Formfehlern hinzuwirken und dies aktenkundig zu machen. Absatz 4 Sätze 1 und 2 enthalten vereinfachte Regelungen über die Anfertigung von Vermerken über Termine und persönliche Anhörungen.

3 Ein Vermerk gibt Auskunft über den Hergang eines Termins oder einer persönlichen Anhörung, wobei ihm nicht die Beweiskraft zukommt, die ein Protokoll auszeichnet. Als öffentliche Urkunde gem. §§ 415, 418 ZPO kann mit dem Vermerk jedoch die Richtigkeit der festgehaltenen Umstände und Vorgänge bewiesen werden, wobei der Gegenbeweis durch Beweismittel jeder Art geführt werden kann (§§ 415 Abs. 2, 418 Abs. 2 ZPO).[1] Es liegt im Ermessen des erkennenden Gerichts, ob es für die Niederschrift des Vermerks einen Urkundsbeamten der Geschäftsstelle hinzuzieht; auch besteht

---

[1] *Keidel* FamFG, § 28 Rn. 26.

nach Absatz 4 Satz 4 die Möglichkeit, den Vermerk durch Aufzeichnung auf einen Datenträger in der Form des § 14 Abs. 3 FamFG zu erstellen.

Die **neueingefügte** Vorschrift des **Absatz 4 Satz 3** beruht auf der Beschlussempfehlung des Rechtsausschusses[2] und erklärt sich aus dem Zusammenhang der Abschaffung der bisherigen gerichtsinternen Mediation und der gleichzeitigen Implementierung des erheblich erweiterten Instituts des Güterichters. Die Regelung **korrespondiert mit** dem ebenfalls neu eingeführten **§ 159 Abs. 2 Satz 2 ZPO.**[3] Die endgültige Fassung der Vorschrift erfolgte aufgrund des Beschlusses des Vermittlungsausschusses, der den Terminus des »ersuchten Güterichters« durch den des »Güterichters nach § 36 Abs. 5 FamFG« ersetzte.[4] 4

2. Europäische Mediationsrichtlinie

Wenngleich nicht jedes Tätigwerden eines Güterichters in Form einer Mediation erfolgen wird, nimmt § 28 Abs. 4 Satz 3 FamFG dennoch den **Erwägungsgrund Nr. 23** der EUMed-RL und die Regelungen der **Art. 1 Abs. 1** und des **Art. 7 der EUMed-RL** auf; denn der Schutz der Vertraulichkeit kann auch geboten sein, wenn der ersuchte Güterichter sich nicht der Mediation bedient, sondern als Streitschlichter sui generis tätig wird. 5

II. Grundsätze/Einzelheiten

1. Ausnahme von der Pflicht einen Vermerk zu fertigen (Absatz 4 Satz 3)

Die Vorschrift des Absatzes 4 Satz 3 enthält eine **Ausnahme** von der Verpflichtung des Satzes 1, über Termine und persönliche Anhörungen einen Vermerk zu fertigen. Der Gesetzgeber erstrebt ein »**offenes Gütegespräch**«[5] und geht zutreffend davon aus, dass die Beteiligten eher zu einer umfassenden Beratung über eine Lösung ihres Konfliktes bereit sein werden, wenn ihnen im Falle eines Scheiterns der Güteverhandlung ihre Erklärungen und ihr Verhalten in dem nachfolgenden gerichtlichen Verfahren nicht entgegen- 6

---

2 Vgl. BT-Drucks. 17/8058.
3 Vgl. zur Ergänzung die Kommentierung zu § 159 Abs. 2 ZPO, Rdn. 5 ff.
4 BT-Drucks. 17/10102.
5 Begr. BT-Drucks. 17/8058, III. Zu Artikel 3 – neu –, Zu Nummer 3 – neu –.

gehalten werden können.[6] Die Vorschrift bezweckt mithin eine Erhöhung des Schutzes der Vertraulichkeit einer Güteverhandlung wie auch weiterer Güteversuche, indem sie eine Ausnahme von der Verpflichtung des Absatz 4 Satz 1 festlegt und den ersuchten Güterichter davon entbindet, einen Vermerk zu fertigen.

2. Güterichter nach § 36 Abs. 5 FamFG

7 Die Suspendierung von der Pflicht, einen Vermerk zu fertigen, betrifft **nur** den **Güterichter** nach § 36 Abs. 5 FamFG, mithin denjenigen, der hierfür bestimmt und nicht entscheidungsbefugt ist.

3. Weiterer Schutz der Vertraulichkeit

8 Über die Normierung des Absatz 4 Satz 3 hinaus wird die Vertraulichkeit eines Gütegesprächs vor einem Güterichter nach § 36 Abs. 5 FamFG noch durch weitere Regelungen geschützt:[7] Hierzu zählt, dass das Gütegespräch unter **Ausschluss der Öffentlichkeit** stattfindet. Das Öffentlichkeitsgebot des § 169 GVG wird dadurch nicht verletzt, da es nur für Verhandlungen vor dem erkennenden Gericht Anwendung findet.[8]

9 Der Güterichter kann sich zudem gem. § 383 Abs. 1 Nr. 6 ZPO auf ein **Zeugnisverweigerungsrecht** hinsichtlich des Inhalts des Gütegesprächs berufen, wenn ihm als Güterichter Tatsachen anvertraut wurden, deren Geheimhaltung durch ihre Natur oder durch gesetzliche Vorschrift geboten ist.[9]

10 Der Güterichter zählt zu den Personen mit besonderer Vertrauensstellung; darauf hat ein Gericht von Amts wegen Rücksicht zu nehmen.[10] »Anver-

---

6 Vgl. zur entsprechenden Vorschrift des § 159 ZPO: Begr. BT-Drucks. 17/8058, III. Zu Artikel 2 – neu –, Zu Nummer 3 – neu –.
7 Vgl. zur entsprechenden Vorschrift des § 159 ZPO: Begr. BT-Drucks. 17/8058, III. Zu Artikel 2 – neu –, Zu Nummer 3 – neu –.
8 Vgl. *Baumbach*, ZPO, § 169 GVG, Rn. 3 m. N. zur Rechtsprechung.
9 Vgl. Begr. BT-Drucks. 17/8058, III. Zu Artikel 2 – neu –, Zu Nummer 3 – neu –. Das Zeugnisverweigerungsrecht steht auch den dem Güterichter zuarbeitenden Servicemitarbeitern der Geschäftsstelle zu, *Zöller* ZPO, § 383 Rn. 17 m.w.N.
10 *Musielak* ZPO, § 383 Rn. 4, 6.

traut« meint die Kenntnisnahme von objektiv vertraulichen Tatsachen in unmittelbarem oder innerem Zusammenhang mit dem Gütegespräch und umfasst dementsprechend auch solche Tatsachen, die dem Güterichter in Vorbereitung des Gütegesprächs von den Beteiligten mitgeteilt werden. Da die Beteiligten eines Gütegesprächs in aller Regel vorab Vertraulichkeit vereinbaren,[11] erwarten sie Verschwiegenheit jedenfalls auch vom Güterichter.

Sollte ein Gericht einen entsprechenden Zeugnisverweigerungsgrund nicht beachten, so liegt ein Revisionsgrund vor. Allerdings kann ein solcher Verstoß durch rügelose Einlassung gem. § 295 Abs. 1 ZPO geheilt werden. 11

4. Verpflichtung zur Fertigung eines Vermerks bei Einverständnis aller Beteiligten

Die Regelung des Absatzes 4 Satz 3 ist abdingbar: Wenn **alle Beteiligten** sich einverstanden erklären, ist ein Vermerk zu fertigen. Das Merkmal der **Übereinstimmung** (»alle Beteiligte«) ist dabei als ein Element des konsensuale Streitbeilegungsverfahren auszeichnenden Prinzips der Freiwilligkeit zu erachten. Beteiligte im Sinne des Gesetzes sind diejenigen des Ausgangsstreites; auf die Zustimmung etwaiger Dritter, die zum Gütegespräch hinzugezogen wurden, kommt es nicht an. 12

Das Einverständnis kann von den Beteiligten **zu jeder Zeit** während des Gütegesprächs erklärt werden, mithin gleich zu Beginn, im Verlaufe der Verhandlungen oder erst am Ende. Die vom Gesetz insoweit geforderte »Übereinstimmung« stellt sicher, dass die Rechte aller Beteiligten gewahrt bleiben. 13

In aller Regel werden sich die Beteiligten erst dann zu diesem Schritt entschließen, wenn eine Einigung bezüglich ihres Konflikts absehbar ist. Haben sie jedoch eine Lösung ihres Konfliktes erzielt und eine Vereinbarung getroffen, sei es in der Form einer Erklärung bezüglich des Sachkonflikts und/oder des anhängigen gerichtlichen Verfahrens (beispielsweise in der Form eines Verzichts (§ 306 ZPO), eines Anerkenntnisses (§ 307 ZPO), einer Klagerücknahme (§ 269 ZPO), einer Hauptsacheerledigung (§ 91a ZPO), so sollte die Vereinbarung wegen des Beweiswertes eines Vermerks stets festgehalten werden. 14

---

11 Diese Vereinbarung dürfte als Prozessvertrag zu qualifizieren sein: *Baumbach* ZPO, Grdz. vor § 128, Rn. 49.

15 Die **richterliche Fürsorgepflicht**[12] gem. § 28 Abs. 1, 2 FamFG gebietet, dass der Güterichter die Beteiligten, wenn sich geeinigt haben, über die Bedeutung eines Vermerks informiert und einen solchen anregt.

16 Verfahrensrechtlich stellt das Einverständnis mit der Anfertigung eines Vermerks eine Prozesshandlung im Sinne einer Bewirkungshandlung dar. Sie ist bedingungsfeindlich und unwiderrufbar.[13]

17 Wird ein Vermerk erstellt, so empfiehlt es sich, das Einverständnis aller Beteiligten zur Anfertigung im Vermerk selbst festzuhalten.

5. Form und Inhalt

18 Form und Inhalt eines in einem Güterichtertermin angefertigten Vermerks unterscheiden sich nicht von dem Vermerk eines sonstigen Termins.

a) Form

19 Ein Vermerk ist **schriftlich** zu fertigen, kann allerdings zunächst vorläufig in einer gebräuchlichen Kurzschrift oder durch verständliche Abkürzungen erstellt oder auf einem Ton- oder Datenträger aufgezeichnet werden (Absatz 4 Satz 3 i.V.m. § 14 Abs. 3 FamFG). Aus dem Tatbestandsmerkmal »über« ergibt sich, dass der Vermerk auch **nachträglich** hergestellt werden kann. Er ist vom Güterichter und – sollte er hinzugezogen worden sein[14] – zugleich vom Urkundsbeamten der Geschäftsstelle in entsprechender Anwendung des § 163 Abs. 1 ZPO zu unterschreiben. Ist eine Berichtigung des Vermerks notwendig, weil er unrichtig ist, so geschieht dies in entsprechend Anwendung des § 42 FamFG.[15]

b) Inhalt

20 Was den Inhalt eines Vermerks anbelangt, so empfiehlt es sich, die **Grundsätze** über die **förmliche Protokollierung** (§§ 160, 161, 162 ZPO) heranzuziehen:[16] Ort und Tag des Güterichtertermins, die Namen des Güterichters,

---

12 Zum Begriff und Umfang: *Baumbach*, ZPO, § 139 Rn. 1 ff.
13 *Musielak* ZPO, Einf., Rn. 61, 63 f.
14 Ob ein Urkundsbeamter hinzugezogen wird, liegt im pflichtgemäßen Ermessen des Güterichters.
15 *Keitel* FamFG, § 28 Rn. 31.
16 *Keitel* FamFG, § 28 Rn. 28.

eines etwaigen Urkundsbeamten der Geschäftsstelle und eines etwa zugezogenen Dolmetschers, die Bezeichnung des gerichtlichen Verfahrens, die Namen der Erschienenen sowie die Angabe, dass nicht öffentlich verhandelt wurde. Die wesentlichen Vorgänge (Absatz 4 Satz 2)[17] sind aufzunehmen, wobei den Besonderheiten des Güterichtertermins Rechnung zu tragen ist. Zu den wesentlichen Vorgängen zählen jedenfalls ein etwaiges Anerkenntnis, ein Anspruchsverzicht, die Zurücknahme einer Klage oder eines Rechtsmittels und das Ergebnis des Güterichtertermins.

Zudem können die Beteiligten die Aufnahme bestimmter Vorgänge und Äußerungen beantragen, wobei dies – entsprechend Absatz 4 Satz 3 – unter dem Vorbehalt der Übereinstimmung der Beteiligten steht; diese Einschränkung dürfte auch für die wesentlichen Vorgänge im Sinne des Absatzes 4 Satz 2 gelten. 21

6. Folgen eines Verstoßes gegen Absatz 4 Satz 3

Kommt, was nur schwer vorstellbar ist, der Güterichter einem übereinstimmenden Begehren der Beteiligten gem. Absatz 4 Satz 3 nicht nach, so bedeutet dies materiellrechtlich eine Amtspflichtverletzung und kann Schadensersatzansprüche nach sich ziehen. In formeller Hinsicht, d. h. bei fehlendem Vermerk, bietet es sich an, in entsprechender Anwendung des § 42 FamFG vorzugehen und einen Vermerk anzufertigen. 22

Gleiches gilt für den umgekehrten Fall, also der Anfertigung eines Vermerks trotz fehlender Übereinstimmung der Beteiligten; auch hier kommt eine **Berichtigung** in Betracht. 23

7. Besonderheit bei gerichtlichem Vergleich

a) Niederschrift statt Vermerk

Schließen die Beteiligten hingegen gem. § 36 Abs. 1 FamFG einen **Vergleich**, so gelangt § 36 Abs. 2 FamFG zur Anwendung, der die Anfertigung einer **Niederschrift** in entsprechender Anwendung der Vorschriften der Zivilprozessordnung vorsieht.[18] Ein gerichtlicher Vergleich stellt einen **Vollstreckungstitel** (§ 794 Abs. 1 Nr. 1 ZPO) dar. 24

---

17 *Keitel* FamFG, § 28 Rn. 26 f.
18 Begr. BT-Drucks. 17/8058, III., Zu Artikel 3 – neu –, Zu Nummer 3 – neu –.

b) Materiellrechtliche Bedeutung der Protokollierung eines Vergleichs

25 Die Protokollierung einer nach einem Gütegespräch getroffenen Vereinbarung in Form eines **gerichtlichen Vergleiches** gem. § 36 FamFG ersetzt nach § 127a BGB die **notarielle Beurkundung**, beispielsweise bei einem Versorgungsausgleich gem. § 7 VersAusglG. Gem. § 925 Abs. 1 Satz 3 BGB kann auch die Auflassung in einem protokollierten Vergleich erklärt werden, wobei gem. § 17 BeurkG Prüfungs- und Belehrungspflichten bestehen.[19]

8. Anwendungsbereich der Vorschrift

26 Die Regelung des § 28 Abs. 4 Satz 3 FamFG ist grundsätzlich in **Familiensachen** und in Verfahren in Angelegenheiten der freiwilligen Gerichtsbarkeit anwendbar; eine Ausnahme bilden Ehesachen und Familienstreitsachen (§ 113 Abs. 1 Satz 1 FamFG), für die die Vorschriften der Zivilprozessordnung gelten. In Ehesachen, also in Verfahren auf Scheidung und Aufhebung sowie auf Feststellung des Bestehens oder Nichtbestehens einer Ehe (vgl. § 121 FamFG), sind die Vorschriften der Zivilprozessordnung über die Güteverhandlung gem. § 113 Abs. 4 Nr. 4 FamFG und damit auch die Regelungen § 159 Abs. 2 Satz 2 ZPO nicht anzuwenden. Anders stellt es sich hingegen in Familienstreitsachen gem. § 112 FamFG dar: Gem. § 113 Abs. 1 Satz 2 FamFG sind die Vorschriften der Zivilprozessordnung, damit auch die Regelungen über den Güterichter und folglich die des § 159 Abs. 2 Satz 2 ZPO anwendbar.

III. Hinweise für die Praxis

27 Für einen im Einverständnis der Beteiligten gefertigten Vermerk vor dem Güterichter bietet sich ein – dem Protokoll entsprechendes – **Vorgehen** an, **wie** es unter III. zu § 159 ZPO dargestellt wurde; vergleichbares gilt im Falle der Protokollierung eines Vergleichs.

---

[19] *Musielak*, ZPO, § 159 Rn. 3.

§ 36 Vergleich

(1) Die Beteiligten können einen Vergleich schließen, soweit sie über den Gegenstand des Verfahrens verfügen können. Das Gericht soll außer in Gewaltschutzsachen auf eine gütliche Einigung der Beteiligten hinwirken.

(2) Kommt eine Einigung im Termin zustande, ist hierüber eine Niederschrift anzufertigen. Die Vorschriften der Zivilprozessordnung über die Niederschrift des Vergleichs sind entsprechend anzuwenden.

(3) Ein nach Absatz 1 Satz 1 zulässiger Vergleich kann auch schriftlich entsprechend § 278 Absatz 6 der Zivilprozessordnung geschlossen werden.

(4) Unrichtigkeiten in der Niederschrift oder in dem Beschluss über den Vergleich können entsprechend § 164 der Zivilprozessordnung berichtigt werden.

(5) Das Gericht kann die Beteiligten für den Versuch einer gütlichen Einigung vor einen hierfür bestimmten und nicht entscheidungsbefugten Richter (Güterichter) verweisen. Der Güterichter kann alle Methoden der Konfliktbeilegung einschließlich der Mediation einsetzen. Für das Verfahren vor dem Güterichter gelten die Absätze 1 bis 4 entsprechend.

Übersicht	Rdn.
I. Regelungsgegenstand und Zweck	1
1. Normgefüge	1
2. Europäische Mediationsrichtlinie	7
II. Grundsätze/Einzelheiten	8
1. Verweisung nach Absatz 5	8
a) Anwendungsbereich der Norm	8
b) Abweichung von § 278 Abs. 5 ZPO	10
2. Gericht	11
3. Das erheblich erweiterte Institut des Güterichters nach Absatz 5	12
4. Darstellung des Verfahrensablaufs vor dem Güterichter	14
a) Entsprechende Anwendung der Absätze 1 bis 4	14
b) Verweisungsbeschluss des erkennenden Gerichts	15
aa) Ermessen	17
aaa) Einverständnis der Beteiligten	18
bbb) Konstellationen, in denen eine Verweisung ausscheidet	22
bb) Folgen einer Verweisung	26
c) Vorgehensweise des Güterichters	28
aa) Akteneinsicht und Informationsbeschaffung	28

Fritz

bb) Verfahrens- und Terminsabsprache	30	f) Zeugnisverweigerungsrecht	49
cc) Festlegung des Setting	33	5. Verhältnis von § 36 Abs. 5 FamFG zu § 36a Abs. 1 FamFG	50
d) Durchführung des Güteversuchs	34		
e) Mögliche Ergebnisse und Verfahrensbeendigungen	41	III. Hinweise für die Praxis	51

I. Regelungsgegenstand und Zweck

1. Normgefüge

1 Im Rahmen des FamFG hat der Gesetzgeber durch eine Reihe von Normen deutlich gemacht, dass es zu den vordringlichen Aufgaben des Familiengerichts zählt, auf einvernehmliche Regelungen hinzuwirken. § 36 FamFG ist dabei die **zentrale Norm** und insoweit § 278 ZPO vergleichbar. Entsprechend der Regelungsbreite des FamFG sind vielfache Besonderheiten zu beachten.

2 Die mit »Vergleich« überschriebene Vorschrift des § 36 FamFG normiert in ihren (bisherigen) vier Absätzen die formalen Voraussetzungen, die zu beachten sind, wenn eine einvernehmliche Regelung in die Form eines Vergleiches abgeschlossen werden soll.

3 Während **Absatz 1 Satz 1** klarstellt, dass ein Vergleich nur insoweit möglich ist, als die Beteiligten über den Gegenstand des Verfahrens verfügen können, soll nach Satz 2 die Verpflichtung der Gerichte, auf eine gütliche Einigung der Beteiligten hinzuwirken, für Gewaltschutzsachen nicht gelten.

4 Die Soll-Vorschrift des **Satzes 2** ist nach der **Neuregelung des § 36a Abs. 5 FamFG** im Lichte dieser Vorschrift zu interpretieren, die darauf abstellt, dass in Gewaltschutzsachen im Sinne von § 210 FamFG die schutzwürdigen Belange der von Gewalt betroffenen Personen zu wahren sind.

5 Über die **Absätze 2 bis 4** werden schließlich die einschlägigen zivilprozessualen Vorschriften über Vergleich und Niederschrift in das familiengerichtliche Verfahren implementiert.

Das auf Vorschlag des Rechtsausschusses in das Regelwerk des MediationsförderungsG eingeführte erheblich erweiterte Güterichtermodell[1] gilt nunmehr auch im familiengerichtlichen Verfahren, wie sich aus dem neuen Absatz 5 ergibt. Allein in Familienstreitsachen ergab sich über § 113 Abs. 1 Satz 2 FamFG bislang schon die Möglichkeit, Beteiligte vor einen Güterichter zu verweisen.[2] In diesen Verfahren findet die Bandbreite der Möglichkeiten des § 278 ZPO Anwendung, angefangen mit der Güteverhandlung nach § 278 Abs. 2 ZPO bis hin zum neuen erheblich erweiterten Güterichtermodell nach § 278 Abs. 5 ZPO.[3]

2. Europäische Mediationsrichtlinie

Nachdem der Güterichter nunmehr ein nicht entscheidungsbefugter Richter ist, der sich auch der Methode der Mediation bedienen kann, korrespondiert die Vorschrift mit dem **Erwägungsgrund Nr. 12** der EUMed-RL und mit **Art. 1 Abs. 1 EUMed-RL**.

II. Grundsätze/Einzelheiten

1. Verweisung nach Absatz 5

a) Anwendungsbereich der Norm

Die Regelung des § 36 Abs. 5 FamFG zählt nach ihrer systematischen Einordnung zu den »Allgemeinen Vorschriften« des Buches 1 des Gesetzes über das Verfahren in Familiensachen und in den Angelegenheiten der freiwilligen Gerichtsbarkeit. Diese »Allgemeinen Vorschriften« finden auf die Verfahren nach den Büchern 2 bis 8 grundsätzlich Anwendung, soweit in den einzelnen Büchern nicht Ausnahmen formuliert sind.

In Familiensachen des Buches 2 bestehen gem. §§ 113 Abs. 1 Satz 2, 124 Satz 2 FamFG derartige Ausnahmen, als für **Ehesachen**[4] und für **Familien-**

---

[1] Vgl. zum Gesetzgebungsprozess die Kommentierung zu § 278 ZPO, Rdn. 13 ff.
[2] Begr. BT-Drucks. 17/8058, III. Zu Artikel 3 –neu–, Zu Nummer 4 –neu–.
[3] Vgl. Kommentierung zu § 278 ZPO, Rdn. 46 ff.
[4] Dies sind gem. § 121 FamFG Verfahren auf Scheidung der Ehe (Scheidungssachen), auf Aufhebung der Ehe und auf Feststellung des Bestehens oder Nichtbestehens einer Ehe zwischen den Beteiligten.

streitsachen[5] die allgemeinen Vorschriften der ZPO Anwendung finden. Dabei kommen die Regelungen über die Güteverhandlung nach § 278 ZPO allerdings nur für Familienstreitsachen in Betracht, nicht hingegen für Ehesachen (§ 113 Abs. 4 Nr. 4 FamFG).

b) Abweichung von § 278 Abs. 5 ZPO

10 Der Gesetzestext des Absatzes 5 Satz 1 unterscheidet sich von dem des § 278 Abs. 5 ZPO in **zwei Punkten:**
- Zum einen durch die Verwendung des Begriffs »Beteiligte« statt »Parteien«. Dieser Umstand ist den unterschiedlichen Terminologien der Prozessordnungen ZPO und FamFG geschuldet.
- Zum anderen ist in § 278 Abs. 5 ZPO von »Güteverhandlung und von weiteren Güteversuchen« die Rede, während § 36 Abs. 5 Satz 1 FamFG vom »Versuch einer gütlichen Einigung« spricht.

Die unterschiedliche Wortwahl ist dem Umstand geschuldet, dass das FamFG keine Güteverhandlung kennt und bedeutet daher **keinen inhaltlichen Unterschied.**[6] Auch in familienrechtlichen Streitigkeiten ist es zulässig, einen Güteversuch nicht nur in einem, sondern in mehreren Terminen durchzuführen und nach einem erfolglosen Güteversuch (ggf. in einem späteren Verfahrensverlauf) weitere Güteversuche anzubieten.[7]

2. Gericht

11 Gericht im Verständnis dieser Vorschrift sind alle Gerichte, die für Verfahren nach dem FamFG zuständig sind: Amtsgerichte (Familiengerichte- und Betreuungsgerichte, §§ 23b, 23c GVG), Landgerichte und Oberlandesgerichte.

---

5 Hierzu zählen Unterhaltssachen nach § 231 Abs. 1 FamFG und Lebenspartnerschaftssachen nach § 269 Abs. 1 Nr. 8 und 9 FamFG, Güterrechtssachen nach § 261 Abs. 1 FamFG und Lebenspartnerschaftssachen nach § 269 Abs. 1 Nr. 10 FamFG sowie sonstige Familiensachen nach § 266 Abs. 1 FamFG und Lebenspartnerschaftssachen nach § 269 Abs. 2 FamFG.
6 Lediglich in Familiensachen gelangt § 278 Abs. 2 ZPO zur Anwendung, allerdings über die Verweisungsnorm in § 113 Abs. 1 Satz 2 FamFG.
7 Vgl. Begr. BT-Drucks. 17/8058, III. Zu Artikel 2 – neu –, Zu Nummer 5 – neu –.

3. Das erheblich erweiterte Institut des Güterichters nach Absatz 5

Absatz 5 Satz 1 verwendet den Begriff des Güterichters als eines hierfür bestimmten und nicht entscheidungsbefugten Richters, der nach Satz 2 alle Methoden der Konfliktbeilegung einschließlich der Mediation einsetzen kann. Was im Einzelnen unter einem Güterichter, namentlich dem »erheblich erweiterten Institut des Güterichters« zu verstehen ist und wie er seine Aufgaben im Einzelnen erfüllen soll, erschließt sich aus einer Gesamtbetrachtung der bisherigen Güterichterpraxis in Bayern und Thüringen, des systematischen Zusammenhangs der geänderten Vorschriften und des Willens des Gesetzgebers, wie dies in der Kommentierung zu § 278 Abs. 5 ZPO dargestellt wurde.[8]

Das **neue Konzept** des erheblich erweiterten Instituts des Güterichters bedeutet im hier interessierenden Zusammenhang folgendes:
- Güterichter kann nur ein nicht entscheidungsbefugter Richter sein,
- seine Tätigkeit ist als richterliche Tätigkeit zu qualifizieren,
- er wird nur tätig, soweit es um den/die Versuch(e) einer gütlichen Einigung geht,
- er muss über besondere fachliche Qualifikationen verfügen, die denen der bisherigen gerichtlichen Mediatoren vergleichbar sind,
- er kann am eigenen Gericht, einem anderen Gericht und auch in einer anderen Gerichtsbarkeit eingesetzt werden,
- er wird nur mit Einverständnis der Beteiligten tätig (sog. fakultativer Güteversuch), wobei Vertraulichkeit und Freiwilligkeit das Verfahren prägen,
- er kann die Prozessakten einsehen,
- er kann sich aller Methoden der Konfliktbeilegung bedienen, einschließlich der Mediation,
- er kann rechtliche Bewertungen vornehmen und den Beteiligten Lösungsvorschläge für den Konflikt unterbreiten und
- er kann mit Zustimmung der Beteiligten eine Niederschrift erstellen, einen Vergleich protokollieren und – was streitig ist – den Streitwert festsetzen.

---

8 Vgl. hierzu umfassend die Kommentierung zu § 278 Abs. 5 ZPO, Rdn. 20 ff.

4. Darstellung des Verfahrensablaufs vor dem Güterichter

a) Entsprechende Anwendung der Absätze 1 bis 4

14 Auch für das Verfahren vor dem Güterichter nach Absatz 5 finden die Regelungen der Absätze 1 bis 4 entsprechend Anwendung, mithin die darin geregelten verfahrensrechtlichen **Teilaspekte**. Diese betreffen
- gem. Absatz 1 den Abschluss eines Vergleichs, wobei in Gewaltschutzsachen die schutzwürdigen Belange der von Gewalt betroffenen Personen zu wahren sind,[9]
- gem. Absatz 2 die Protokollierung eines Vergleichs in einer Niederschrift, insoweit in Ergänzung zu § 28 Abs. 4 Satz 3 FamFG,
- gem. Absatz 3 die Möglichkeit, einen Vergleich auch schriftlich entsprechend § 278 Abs. 6 ZPO zu schließen und
- gem. Absatz 4 die Möglichkeit, eine Niederschrift oder einen Beschluss über einen Vergleich entsprechend § 164 ZPO zu berichtigen.

Über die obigen Punkte hinaus wird der Verfahrensablauf durch die im Folgenden dargestellten Aspekte bestimmt.

b) Verweisungsbeschluss des erkennenden Gerichts

15 Ein Tätigwerden des ersuchten Güterichters setzt zunächst voraus, dass seitens des erkennenden Gerichts[10] das Verfahren verwiesen wurde.

16 Die Verweisung selbst erfolgt durch **gerichtlichen Beschluss**, der nicht begründet zu werden braucht und nicht selbständig anfechtbar ist.[11] Wer als Güterichter in Betracht kommt, ergibt sich aus dem **Geschäftsverteilungsplan**[12] des Gerichts gem. § 21e GVG. Es zählt zu den Aufgaben des Präsidi-

---

9 Vgl. die Kommentierung zu § 36a FamFG, Rdn. 13 ff.
10 Zum Gericht vgl. oben Rdn. 11.
11 *Baumbach*, ZPO, § 278 Rn. 55; *Musielak* ZPO, § 278 Rn. 4 zur insoweit vergleichbaren Anordnung bzw. Unterlassung einer Güteverhandlung.
12 So wie bisher schon als gerichtlicher Mediator nur derjenige bestellt werden konnte, der eine entsprechende Ausbildung durchlaufen hatte, so kommt auch zukünftig als Güterichter nach § 278 Abs. 5 ZPO nur in Betracht, wer aufgrund entsprechender Ausbildung in der Lage ist, alle Methoden der Konfliktbeilegung einschließlich der Mediation einzusetzen. Dabei finden die in § 5 MediationsG geregelten Standards hinsichtlich der Aus- und Fortbildung auch auf Güterichter entsprechende Anwendung: Vgl. insoweit Begr. BT-Drucks. 17/5335, A. II.

ums, wie diejenigen Richter, die über entsprechende Ausbildung und Qualifikationen verfügen, »als Güterichter gem. § 36 Abs. 5 FamFG« eingesetzt werden.[13] Den Beteiligten steht – anders als in einem Mediationsverfahren – kein Wahlrecht hinsichtlich des Güterichters zu.

aa) Ermessen

Grundsätzlich liegt die Verweisung an einen Güterichter im **pflichtgemäßen** 17 **Ermessen** des erkennenden Gerichts.

aaa) Einverständnis der Beteiligten

Das Gericht muss bei seiner Entscheidung jedoch das für den Güterichter 18 geltende **ungeschriebenen Tatbestandsmerkmals** der **Freiwilligkeit** beachten: Nur mit Einwilligung der Beteiligten kann ein Verfahren vor dem Güterichter durchgeführt werden (fakultativer Güteversuch).[14]

Dieser Umstand zeitigt Konsequenzen für die **Verweisungspraxis**: Entweder 19 holt bereits der streitentscheidende Familienrichter (oder ggf. der Spruchkörper in der Rechtsmittelinstanz, wenn keine Einzelrichterübertragung vorliegt) das Einverständnis der Beteiligten für ein Güterichterverfahren ein und verweist sodann das Verfahren, oder er nimmt eine Verweisung vor und der Güterichter holt daraufhin die Zustimmung der Beteiligten für die Durchführung eines Güteversuchs ein. Während die Sachnähe des Güterichters zu den Verfahren der konsensualen Streitschlichtung dafür spricht, ihm die Einholung der Zustimmung zu übertragen, streiten prozessökonomische Gründe – u.U. auch der Grundsatz des rechtlichen Gehörs – dafür, den Streitrichter hiermit zu betrauen. Von daher bietet sich folgendes **Vorgehensweise** an: Der Streitrichter (Familienrichter) informiert die Beteiligten zunächst über die grundsätzlich möglichen Methoden, die ein Güterichter einsetzen kann und weist darauf hin, dass dieser in Absprache mit ihnen die fall- und konfliktangemessene Methode absprechen wird; hierzu holt er ihre Zustimmung ein. Nach sodann erfolgter Verweisung an den Güterichter ist es dessen Auf-

---

13 Es obliegt dem Präsidenten, dem Präsidium das Vorliegen der entsprechenden Qualifikationen zu unterbreiten, vergleichbar der Information über formale Qualifikationen, wie sie in § 22 Abs. 5, 6 GVG angesprochen sind.
14 Vgl. *Ewig* ZKM 2012, 4, der die Auffassung vertritt, es erscheine sinnvoll, wenn die Verweisung »nur im Konsens« mit den Beteiligten erfolge. A.A. *Carl* ZKM 2012, 16 ff. (19).

gabe, in Absprache mit den Parteien das weitere Vorgehen, insbesondere die einzusetzenden Methoden zu erörtern und hierfür das Einverständnis einzuholen.

20 Die Einschaltung eines »**besonders geschulten Koordinators**«[15] könnte u. U. datenschutzrechtliche Probleme aufwerfen. Von daher dürfte es auf die konkrete Ausgestaltung eines derartigen »Court-Dispute-Managers« ankommen: Vom Entlastungseffekt idealiter bei einem Rechtspfleger verankert,[16] müsste dies dann aber mangels entsprechender gesetzlicher Regelung als zulässige richterassistierende Verwaltungstätigkeit organisiert werden.

21 Den Beteiligten bleibt es unbenommen, die Durchführung einer Güterichterversuchs vor einem Güterichter selbst anzuregen. Liegt ein übereinstimmendes Petitum beider Beteiligten vor, dann reduziert sich das dem Gericht eingeräumte Ermessen zur Verweisung auf Null.

bbb) Konstellationen, in denen eine Verweisung ausscheidet

22 Das Ermessen ist nicht eröffnet, wenn schon nach dem Inhalt der Antragsschrift, insbesondere den Ausführungen gem. § 23 Abs. 1 Satz 3 FamFG, der Antragserwiderung und ggf. der Replik eine **gütliche Beilegung** des Rechtsstreits **erkennbar aussichtslos** erscheint.

23 Das Gericht wird von einer Verweisung an den Güterichters absehen können, wenn es den Eindruck gewinnt, dass es sich um ein **einfach gelagertes Verfahren** handelt, welches von dem erkennenden Gericht selbst oder in der Rechtsmittelinstanz ggf. einem beauftragten Richter zu einem gütlichen Abschluss gebracht werden kann.

24 Eine Verweisung kommt ferner nicht in Betracht, wenn ein **Beteiligter** zu verstehen gegeben hat, dass er ein solches **Verfahren nicht wünscht**. Dies ist Ausfluss des Freiwilligkeitsprinzips.

---

15 Vgl. BT-Drucks. 17/8058, III. Allgemeines, S. 17. Zur Praxis in den Niederlanden mit besonderen Verweisungsbeauftragten vgl. *Schmiedel* ZKM 2011, 14 ff. (15).

16 Das verkennt *Carl* ZKM 2012, 16 ff. (20), der hierfür die früheren richterlichen Mediatoren einsetzen will.

Die maßgeblichen Erwägungen, von einer Verweisung an den Güterichter 25
abzusehen, sollten in einem Aktenvermerk mit kurzer Begründung festgehalten werden.

bb) Folgen einer Verweisung

Die Verweisung eines Rechtsstreits zum Zwecke eines Güterversuchs gem. 26
§ 36 Abs. 5 FamFG an den Güterichter führt, anders als in den Fällen des
§ 36a Abs. 2 FamFG, nicht zur Aussetzung des Verfahrens; jedoch ist ein
Ruhensbeschluss gem. § 251 ZPO **möglich.**

Der Güterichter übt richterliche Tätigkeit – aber ohne Entscheidungskompe- 27
tenz – aus und handelt als gesetzlicher Richter im Sinne des § 16 Satz 2
GVG. Seine konkrete Zuständigkeit folgt aus dem gerichtlichen **Geschäftsverteilungsplan** gem. § 21e GVG. Den Beteiligten steht daher – anders als
bei einem Mediator und zugleich auch anders als bei einem gerichtlichen
Mediator in der Übergangsphase des § 9 MediationsG – hinsichtlich seiner
Person kein Wahlrecht zu.

c) Vorgehensweise des Güterichters

aa) Akteneinsicht und Informationsbeschaffung

Der Güterichter wird **Einsicht** in die ihm vom erkennenden Gericht überlas- 28
senen **Akten** nehmen und prüfen, welches Verfahren der außergerichtlichen
Konfliktbeilegung indiziert ist.

Sodann wird er sich mit den Beteiligten des Rechtsstreits ins Benehmen set- 29
zen, ggf. vorab weitere Informationen bei ihnen einholen und auch klären,
ob **weitere Personen** zum Güteversuch hinzuziehen sind.

bb) Verfahrens- und Terminsabsprache

Der Güterichter wird den Beteiligten einen Verfahrens- und einen Termins- 30
vorschlag unterbreiten:

Ausgehend vom **Grundsatz der Informiertheit** der Beteiligten erscheint es 31
angezeigt, diese bereits zu diesem frühen Zeitpunkt darüber in Kenntnis zu
setzen, ob der Güterichter beispielsweise zu einer Schlichtung mit rechtlichen
Hinweisen und ggf. einem Vorschlag tendiert oder ob er die Durchführung
einer Mediation für angezeigt hält (Grundsatz der »**Methodenklarheit bei
Methodenvielfalt**«).

32 Das **Prinzip der Freiwilligkeit** spricht dafür, in gemeinsamer Absprache einen allen Beteiligten passenden Termin zu wählen und von einer Terminsanordnung abzusehen. Ein Anwaltszwang besteht für den Güteversuch nicht,[17] bestellte Bevollmächtigte sind jedoch einzubeziehen.

cc) Festlegung des Setting

33 Es obliegt allein dem Güterichter, das Setting für den Güteversuch festzulegen; hierbei bietet sich ein **mediationsanaloges Vorgehen** mit dem Ziel einer kommunikationsfördernden Verhandlungsatmosphäre an.[18]

d) Durchführung des Güteversuchs

34 Die Durchführung des Güteversuchs ist **nicht öffentlich**; das Öffentlichkeitsgebot des § 169 GVG gilt nur für mündliche Verhandlungen vor dem erkennenden Gericht.[19] Der Güterichter wird die Beteiligten auf die Vorschrift des § 28 Abs. 4 Satz 3 FamFG hinweisen sowie darauf, dass die Vertraulichkeit zudem durch eine Vereinbarung zwischen den Beteiligten besonders geregelt werden kann, die ggf. in das Verfahren einbezogene Dritte mitberücksichtigt.

35 Die Beachtung des Grundsatzes »**Methodenklarheit bei Methodenvielfalt**« soll den Güterichter davor bewahren, zwischen einzelnen Verfahren der Konfliktbeilegung zu wechseln und Elemente der einzelnen Methoden miteinander zu vermischen: Ein »stockendes oder gar scheiterndes« Mediationsverfahren dadurch retten zu wollen, dass der Güterichter – entgegen seiner eingangs erfolgten Information der Beteiligten – sodann einen Lösungsvorschlag unterbreitet, bedeutet eine methodische Fehlleistung und führt zu einem Glaubwürdigkeitsverlust des Güterichters. Denkbar ist allenfalls, dass der Güterichter gemeinsam mit den Beteiligten übereinkommt, eine bestimmte Methode abzuschließen und mit deren Einverständnis mit einer an-

---

17 Vgl. *Zöller*, ZPO, § 78 Rn. 46; a.A. *Ewig* ZKM 2012, 4 ff. (5).
18 *Tautphäus* Spektrum der Mediation 40/2010, 26.
19 *Baumbach*, ZPO, § 169 GVG Rn. 3 m.N. zur Rechtsprechung.

deren Methode fortzufahren,[20] was jedoch ebenfalls nicht unproblematisch ist.[21]

Wenn angezeigt, kann der Güterichter mit den Beteiligten auch **Einzelgespräche** (Caucus) führen. Um die Neutralität des Güterichters nicht zu gefährden, sollte dies jedoch vorab mit den Beteiligten erörtert und vereinbart werden. 36

Die Erörterung mit den Beteiligten ist nicht auf die dem Rechtsstreit zugrundeliegenden entscheidungserheblichen Punkte reduziert; vielmehr wird – unter der Zielsetzung einer konsensualen Lösung – das zur Sprache gebracht, was den Beteiligten zur Beilegung ihres Konfliktes wichtig ist;[22] rechtliche Hinweise bleiben mangels Entscheidungskompetenz unverbindlich.[23] 37

Dem Güterichter ist es verwehrt, den Beteiligten **Prozesskostenhilfe** gem. §§ 114 ff. ZPO zu gewähren oder einen **Ruhensbeschluss** gem. § 251 ZPO zu erlassen, da er nicht »Gericht« im Sinne der genannten Vorschriften ist. Hingegen kann er, unter der Voraussetzung der §§ 28 Abs. 4 Satz 3, 36 Abs. 2 FamFG einen Vergleich protokollieren oder eine prozessbeendende Erklärung zu Protokoll nehmen. 38

Ob es ihm gestattet ist, einen Streitwert, Beschwerdewert oder Gegenstandswert festzusetzen, ist streitig. Dafür spricht, die Festsetzung des Streitwertes als Annexkompetenz zur Protokollierung des Vergleichs zu erachten, zumal der (nur) Güterichter Kenntnis vom Umfang und Wert des Vergleichsgegenstandes hat.[24] 39

---

20 Langfristig wird nicht auszuschließen sein, dass sich eine neue und eigenständige Methode der Konfliktbeilegung durch einen Güterichter entwickelt. Davon scheint auch der Gesetzgeber auszugehen, wenn er in der Begründung der Beschlussempfehlung des Rechtsausschusses (BT-Drucks. 17/8058, III., Zu Artikel 1, Zu § 1 Abs. 1) u. a. ausführt, die in der gerichtsinternen Mediation entwickelten Kompetenzen könnten im Rahmen der Güterichtertätigkeit fortentwickelt werden.
21 Vgl. die Kommentierung zu § 278 ZPO, Rdn. 68.
22 *Gemählich* Spektrum der Mediation 40/2010, 37 ff. (38).
23 Rechtliche Hinweise, die noch dazu in eine nicht bindende Empfehlung zur Konfliktlösung einmünden, kennzeichnen eine Schlichtung; vgl. hierzu, auch in Abgrenzung zur Mediation, Methodik, IV. Rdn. 1 ff.; I. Rdn. 13 f.
24 *Zöller*, ZPO, § 278 Rn. 27. Die Überlegungen, die die Bundesregierung in ihrem Gesetzentwurf dazu bewogen hatten, für den seinerzeit noch vorgesehenen ge-

§ 36 FamFG   Vergleich

40 Zur Vermeidung etwaiger Rechtsstreitigkeiten nach entsprechender Beschlussfassung empfiehlt es sich, einen Rechtsmittelverzicht zu protokollieren.

e) Mögliche Ergebnisse und Verfahrensbeendigungen

41 Der Güteversuch vor dem Güterichter kann wie folgt enden:

42 (1)
Die Beteiligten haben sich auf eine Lösung ihres Konfliktes geeinigt. Sie schließen daraufhin einen gerichtlichen Vergleich in der Form des § 36 Abs. 2 FamFG. Das führt zur Beendigung des anhängigen Rechtsstreits.

43 (2)
Die Beteiligten haben sich auf eine Lösung ihres Konfliktes geeinigt. Der anhängige Rechtsstreit wird durch eine prozessbeendende Erklärung der Beteiligten (Klagerücknahme, Hauptsacheerledigung) abgeschlossen.

44 (3)
Die Beteiligten haben sich im Grundsatz auf eine Lösung ihres Konfliktes geeinigt und erbitten einen gerichtlichen Vergleichsvorschlag des erkennenden Gerichts gem. § 36 Abs. 3 FamFG, § 278 Abs. 6 ZPO nach Maßgabe der in dem Güteversuch erzielten Eckpunkte. Die Annahme des Vorschlags führt zur Beendigung des anhängigen Rechtsstreits.

45 (4)
Die Beteiligten haben sich im Grundsatz auf eine Lösung ihres Konfliktes geeinigt und unterbreiten – ggf. nach weiterer Prüfung oder Bedenkzeit – dem Gericht einen schriftlichen Vergleichsvorschlag gem. § 36 Abs. 3 FamFG, § 278 Abs. 6 ZPO. Dieser führt dann zur Beendigung des anhängigen Rechtsstreits.

46 (5)
Die Beteiligten haben sich verständigt, außerhalb des anhängigen Verfahrens noch Sachaufklärung zu betreiben und ggf. Dritte als Sachverständige einzuschalten oder aber ein Verfahren der außergerichtlichen Konfliktbeilegung zu

---

richtsinternen Mediator eine Streitwertfestsetzung nicht zuzulassen (Begr. BT-Drucks. 17/5335, Anl. 3, Zu Artikel 3, Zu Nummern 5 und 6), treffen auf den Güterichter nicht zu.

beschreiten. Der Rechtsstreit bleibt anhängig, kann jedoch – falls noch nicht geschehen – gem. § 251 ZPO vom Gericht zum Ruhen gebracht werden.

(6) 47
Die Beteiligten haben sich hinsichtlich des anhängig gemachten Rechtsstreits nur zum Teil oder überhaupt nicht geeinigt. Der Güterichter gibt – nach vorheriger Anhörung der Beteiligten, ggf. auch nach entsprechendem »Rückgabebeschluss« – das Verfahren an das erkennende Gericht zurück, das den noch anhängigen Rechtsstreit fortsetzt.

(7) 48
Beide Beteiligten erscheinen nicht zum verabredeten und ordnungsgemäß geladenen Gütetermin. Der Güterichter gibt das Verfahren – ggf. nach entsprechendem Beschluss, jedenfalls nach entsprechendem Aktenvermerk – an das erkennende Gericht zurück, das den noch anhängigen Rechtsstreit fortsetzt.

f) Zeugnisverweigerungsrecht

Eine analoge Anwendung der Verschwiegenheitsregelung des § 4 Media- 49 tionsG auf den Güterichter scheidet aus. Er kann sich jedoch gem. **§ 383 Abs. 1 Nr. 6 ZPO** auf ein Zeugnisverweigerungsrecht hinsichtlich des Inhalts der Güteversuchs berufen, wenn ihm als Güterichter Tatsachen anvertraut wurden, deren Geheimhaltung durch ihre Natur oder gesetzliche Vorschrift geboten ist.[25] Im Übrigen sind Güterichter, auch wenn sie sich beispielsweise der Mediation bedienen, nach wie vor Richter und als Amtsträger nicht nur den Beteiligten verpflichtet. Sie unterliegen daher weiterhin **besonderen Anzeigeverpflichtungen.**[26]

5. Verhältnis von § 36 Abs. 5 FamFG zu § 36a Abs. 1 FamFG

Weder im Mediationsförderungsgesetz selbst noch in der Gesetzesbegrün- 50 dung und den parlamentarischen Protokollen finden sich Anhaltspunkte für

---

25 Vgl. Begr. BT-Drucks. 17/8058, III. Zu Artikel 2 – neu –, Zu Nummer 3 – neu –; *Zöller*, ZPO, § 383 Rn. 19. *Musielak*, ZPO, § 383 Rn. 4, 6. Das Zeugnisverweigerungsrecht erstreckt sich auch auf die vom Güterichter mit dem Verfahren befassten Servicemitarbeiter der Geschäftsstelle.
26 Z.B. nach § 116 AO oder nach § 6 SubvG, vgl. Begr. BT-Drucks. 17/5335, B., Zu Artikel 1, Zu § 4.

das Verhältnis der oben benannten beiden Normen. Grundsätzlich wird das Gericht jedoch jeweils die gleichen Überlegungen anzustellen und sich zu fragen haben, ob dem Rechtsstreit Konflikte zugrunde liegen, die im Prozess nicht oder nur unzureichend beilegt werden können. Auch bedarf es für beide Verfahren des Einverständnisses aller Konfliktparteien. Das Verfahren nach § 36 Abs. 5 FamFG dürfte vorzuziehen sein, wenn davon ausgegangen werden kann, dass der Güterichter innerhalb eines überschaubaren Zeitrahmens von zwei, höchstens drei Sitzungen zu einem Ergebnis gelangen wird. Ist hingegen absehbar, dass (auch) eine konsensuale Lösung eine Vielzahl von Terminierungen erforderlich machen wird, so bietet sich der Vorschlag einer (Langzeit-) Mediation gem. § 36a Abs. 1 FamFG an.[27] Das Gleiche gilt, wenn ein anderes Verfahren der außergerichtlichen Konfliktbeilegung in Betracht zu ziehen sein wird.[28] Schließlich dürfen finanzielle Gesichtspunkte nicht außer Acht gelassen werden, sind doch mit dem Güterichterverfahren keine zusätzlichen (Gerichts-)Kosten verbunden, während durch ein Verfahren der Mediation oder der außergerichtlichen Konfliktbeilegung weitere Kosten auf die Konfliktparteien zukommen werden.

III. Hinweise für die Praxis

51 Zur Einbindung des Güterichters im richterlichen Geschäftsverteilungsplans vgl. die »**Hinweise für die Praxis**« in der Kommentierung zu § 278 ZPO,[29] ferner an gleicher Stelle die Mustertexte für »Beteiligtenvereinbarung über Verschwiegenheit und Vertraulichkeit« sowie für »Vereinbarungen bei Einbeziehung Dritter«.

§ 36a Mediation, außergerichtliche Konfliktbeilegung

(1) Das Gericht kann einzelnen oder allen Beteiligten eine Mediation oder ein anderes Verfahren der außergerichtlichen Konfliktbeilegung vorschla-

---

[27] Auch die Komplexität der Auseinandersetzung kann als Abgrenzungskriterium herangezogen werden. Für Konflikte, die die Beteiligten in mehreren Prozessen über mehrere Instanzen parallel austragen, dürfte eine Mediation angezeigt sein.
[28] Vgl. hierzu die Darstellungen der unterschiedlichen Verfahren unter Andere Verfahren, I. Rdn. 1 ff.
[29] Vgl. Kommentierung zu § 278 ZPO Rdn. 84 ff.

gen. In Gewaltschutzsachen sind die schutzwürdigen Belange der von Gewalt betroffenen Person zu wahren.

(2) Entscheiden sich die Beteiligten zur Durchführung einer Mediation oder eines anderen Verfahrens der außergerichtlichen Konfliktbeilegung, setzt das Gericht das Verfahren aus.

(3) Gerichtliche Anordnungs- und Genehmigungsvorbehalte bleiben von der Durchführung einer Mediation oder eines anderen Verfahrens der außergerichtlichen Konfliktbeilegung unberührt.

Übersicht

	Rdn.		Rdn.
I. Regelungsgegenstand und Zweck	1	a) Begrifflichkeit	42
1. Systematischer Zusammenhang	1	b) Stufenverhältnis	44
2. Europäische Mediationsrichtlinie	3	c) Formale und inhaltliche Kriterien	45
II. Grundsätze/Einzelheiten	4	4. Vorschlag einer gerichtlichen Mediation im Übergangszeitraum	47
1. Gerichtlicher Vorschlag (Absatz 1 Satz 1)	4	a) Begrifflichkeit	47
a) Adressatenkreis	4	b) Stufenverhältnis	49
b) Ermessen	8	c) Formale und inhaltliche Kriterien	51
aa) Allgemeine Voraussetzungen	8	5. Entscheidung der Beteiligten (Absatz 2, 1. HS)	57
bb) Gewaltschutzsachen (Absatz 1 Satz 2)	13	a) Aufgrund eines gerichtlichen Vorschlages	57
c) Zeitpunkt	16	b) Eigener Vorschlag der Beteiligten	59
d) Gericht	20	6. Aussetzung des Verfahrens (Absatz 2, 2. HS)	60
e) Form	24	7. Gerichtliche Anordnungs- und Genehmigungsvorbehalte (Absatz 3)	64
2. Vorschlag einer Mediation (Absatz 1 Satz 1, 1. Alt.)	33	8. Anwendungsbereich der Vorschrift	66
a) Begrifflichkeit	33	9. Verhältnis vom § 36a Abs. 1 FamFG zu § 36 Abs. 5 FamFG	67
b) Stufenverhältnis	36		
c) Formale und inhaltliche Kriterien	38		
3. Vorschlag eines anderen Verfahrens der außergerichtlichen Konfliktbeilegung (Absatz 1 Satz 1, 2. Alt.)	42	**III. Hinweise für die Praxis**	68

§ 36a FamFG Mediation, außergerichtliche Konfliktbeilegung

I. Regelungsgegenstand und Zweck

1. Systematischer Zusammenhang

1 Die neugeschaffene Vorschrift ist in ihren Absätzen 1 und 2 nahezu wortgleich mit der Regelung des § 278a ZPO; hinzugekommen sind Absatz 1 Satz 2 sowie Absatz 3.

Der Entwurf der Bundesregierung[1] hatte noch die gerichtsinterne Mediation vorgesehen, die nunmehr aufgrund der Beschlussempfehlung des Rechtsausschusses entfallen ist,[2] sieht man einmal von der Übergangsregelung in § 9 MediationsG ab. Für die gerichtliche Mediation mangelte es bislang an einer ausdrücklichen gesetzlichen Regelung, weshalb als prozessrechtliche Grundlage überwiegend § 278 Abs. 5 ZPO in analoger Anwendung herangezogen wurde; für den Übergangszeitraum folgt dies nunmehr aus § 9 MediationsG.[3]

2 Im Hinblick auf die Regelung in Absatz 1 ist es die erklärte Intention des Gesetzgebers, die außergerichtliche Konfliktbeilegung auch bei bereits rechtshängigen Streitigkeiten zu ermöglichen.[4]

2. Europäische Mediationsrichtlinie

3 § 36a Abs. 1 nimmt den **Erwägungsgrund Nr. 12** der EUMed-RL auf und dient der Umsetzung der **Art. 1 Abs. 1, Art. 3 lit. a und Art. 5 Abs. 1 EU-Med-RL**. So heißt es schon in der Richtlinie, ein Gericht, das mit einer Klage befasst werde, könne die Parteien auffordern, die Mediation zur Streitbeilegung in Anspruch zu nehmen. Das Gericht könne dies sowohl vorschlagen als auch anordnen; dies umfasse auch die Mediation durch einen in der betreffenden Streitsache nicht zuständigen Richter.

---

1 BT-Drucks. 17/5335, Art. § 1 MediationsG, Art. 3 § 278a ZPO.
2 BR-Drucks. 17/8058, III. Zu Artikel 1, zu § 1 Abs. 1.
3 Vgl. zum Verfahren der gerichtlichen Mediation die Kommentierung zu § 9 MediationsG, Rdn. 6 ff.
4 Begr. BT-Drucks. 17/5335, B., Zu Artikel 3, Zu Nummer 5.

II. Grundsätze/Einzelheiten

1. Gerichtlicher Vorschlag (Absatz 1 Satz 1)

a) Adressatenkreis

In Abgrenzung zu § 278a ZPO spricht die Norm nicht von Parteien, denen 4
der Vorschlag einer Mediation etc. unterbreitet werden kann, sondern von
»**einzelnen oder allen Beteiligten**«. Damit greift der Gesetzgeber nicht allein
die Terminologie der §§ 7, 113 Abs. 5 Nr. 5 FamFG auf, sondern trifft zugleich eine **inhaltliche Regelung.**

Der **Beteiligtenbegriff** des FamFG umfasst neben dem Antragsteller gem. § 7 5
Abs. 2 FamFG diejenigen, deren Recht durch das Verfahren unmittelbar betroffen wird und diejenigen, die aufgrund des FamFG oder eines anderen
Gesetzes von Amts wegen oder auf Antrag zu beteiligen sind. Zudem können
gem. § 7 Abs. 3 FamFG auch weitere Personen hinzugezogen werden, soweit
dies im FamFG oder einem anderen Gesetz vorgesehen ist.

Den Adressatenkreis **nicht** generell auf alle Verfahrensbeteiligten zu erstre- 6
cken sondern nur auf einzelne Beteiligte ist der Erkenntnis geschuldet, dass
der hinter dem gerichtlichen Verfahren stehende eigentliche Konflikt, um
dessen Lösung es in einem nichtstreitigen Verfahren gehen soll, häufig andere Linien und Protagonisten aufweist als dies im gerichtlichen Verfahren der
Fall ist. Daher kann es durchaus sinnvoll sein, eine Beteiligung des Jugendamtes in Kindschaftssachen nicht vorzusehen, auch wenn dieses gem. § 162
Abs. 2 FamFG auf seinen Antrag hin am Gerichtsverfahren beteiligt wurde.[5]

Zwischen »einzelnen oder allen Beteiligten« zu differenzieren betrifft allein 7
den gerichtlichen Vorschlag nach § 36a Abs. 1 FamFG und daraus folgend
die Benennung derjenigen, die dem Vorschlag **zustimmen** müssen, damit die
Rechtsfolge nach § 36a Abs. 2 FamFG (Aussetzung des Verfahrens) eintreten
kann. Im Mediationsverfahren selbst steht es den Konfliktbeteiligten frei zu
bestimmen, ob und ggf. welche weitere Personen/Institutionen zur Mediation hinzuzuziehen sind.

---

[5] Begr. BT-Drucks. 17/5335, B., Zu Artikel 4, Zu Nummer 3.

b) Ermessen

aa) Allgemeine Voraussetzungen

8 Ob und welchen Beteiligten das Gericht den Vorschlag einer Mediation oder eines anderen Verfahrens der außergerichtlichen Konfliktbeilegung unterbreitet, liegt alleine in seinem **pflichtgemäßen Ermessen**. Zwar benennt das Gesetz keine Voraussetzungen, die dem Vorschlag des Gerichts vorausgehen sollen. Als **ungeschriebenes Tatbestandsmerkmal** ist jedoch stets zu prüfen, ob es sich um einen »**geeigneten Fall**« handelt.[6]

9 Der Vorschlag einer Mediation ist immer dann in Erwägung zu ziehen, wenn dem Rechtsstreit Konflikte zugrunde liegen, die im gerichtlichen Verfahren nicht oder nur unzureichend beigelegt werden können; diese Überlegungen treffen in der Übergangsphase des § 9 MediationsG selbstverständlich auch auf die gerichtliche Mediation zu.

10 Mediationen bieten sich bei **personenbezogenen Auseinandersetzungen** (z. B. Umgang, elterliche Sorge) und bei **vermögensrechtlichen Streitgegenständen** an,[7] während in Ehe-, Adoptions- und Abstammungssachen Mediationen oder andere Verfahren der außergerichtlichen Konfliktbeilegung regelmäßig ausscheiden.[8]

11 **Abstrakt** betrachtet wird das Gericht immer dann den Vorschlag einer konsensualen Streitbeilegung in Betracht ziehen, wenn es den Konfliktbeteiligten vorrangig darum geht,
– nichtrechtliche Interessen zu berücksichtigen,
– eine zukunftsorientierte Lösung anzustreben,
– Vertraulichkeit zu wahren oder
– eine schnelle Lösung herbeizuführen,

sowie dann, wenn
– es sich um einen komplexen Sachverhalt handelt,
– zahlreiche Rechtsstreite anhängig sind,
– nichtverfahrensbeteiligte Dritte in das Verfahren einbezogen werden sollen,
– zwischen den Parteien eine besondere Emotionalität besteht oder
– es um einen grenzüberschreitenden Rechtsstreit geht.

---

6 So auch *Baumbach u.a.*, ZPO, II. A, Rechtspolitischer Ausblick, § 278a Rn. 7.
7 Vgl. *Proksch* ZKM 2010, 39 ff.
8 Begr. BT-Drucks. 17/5335, B., Zu Artikel 4, Zu Nummer 2.

Hingegen wird das Gericht eine konsensuale Streitbeilegung **nicht** unterbrei- 12
ten, wenn beispielsweise
– gesetzliche Bestimmungen den Parteien eine privatautonome Regelung untersagen,
– ein besonderes öffentliches Interesse an der Rechtsdurchsetzung besteht oder
– eine Grundsatzentscheidung begehrt wird.[9]

bb) Gewaltschutzsachen (Absatz 1 Satz 2)

Eine Mediation ist in Gewaltschutzsachen nicht ausgenommen, jedoch sind 13
die schutzwürdigen Belange der von Gewalt betroffenen Personen zu wahren. Absatz 1 Satz 2 ist auf Vorschlag des Rechtsausschusses in das Gesetz aufgenommen worden, der seinerseits einen Vorschlag des Bundesrates aufgegriffen hat.[10]

Schutzwürdige Belange im Sinne des Gesetzes können allgemeine und be- 14
sondere Gefährdungen, Retraumatisierung etc. sein.

Diesen schutzwürdigen Belangen kann einmal dadurch Rechnung getragen 15
werden, dass von einem Vorschlag des Gerichts nach Absatz 1 Satz 1 überhaupt abgesehen wird.[11] Denkbar ist auch, allenfalls eine Mediation, aber kein anderes außergerichtliches Streitbeilegungsverfahren zu unterbreiten. Schließlich ist es ebenfalls möglich, den schutzwürdigen Belangen dadurch Rechnung zu tragen, das das Gericht Empfehlungen hinsichtlich der Qualifikation der Mediatoren ausspricht (z. B. einen Mediator mit einem psychosozialen Grundberuf zu wählen). Unter Hinweis auf das einschlägige Schrifttum[12] geht der Gesetzgeber davon aus, dass bei Beachtung der besonderen Bedingungen eine Mediation – anders als gerichtliche gütliche Einigungsversuche – bei vorliegendem Gewalthintergrund ein sinnvoller Weg sein kann,

---

9 Vgl. in diesem Zusammenhang auch die Versuche im Schrifttum, mit Hilfe von Check-Listen die Mediationsgeeignetheit von Konflikten zu ergründen: *Monßen* AnwBl 2004, 7 ff. (8 f); *Korteweg-Wiers*, FS VG Gießen, S. 359 ff. (360 Fn. 5; 366 f.).
10 Vgl. Begr. BT-Drucks. 17/8058, III. Zu Artikel 3 – neu –, Zu Nummer 5 – neu –.
11 Für eine gründliche Prüfung des Einzelfalles *Proksch* ZKM 2011,173 ff. (175).
12 *Gläßer*, Mediation und Beziehungsgewalt.

zu einer Konfliktlösung zu gelangen.[13] Das Gericht wird in derartigen Konstellationen die Sinnhaftigkeit einer konsensualen Konfliktlösung besonders sorgfältig prüfen müssen.

c) Zeitpunkt

16 Der Vorschlag kann gegenüber den Beteiligten grundsätzlich in **jedem Stadium des Rechtsstreits** erfolgen, also vor und in der mündlichen Verhandlung, aber auch noch im Rechtsmittelzug. Im Revisionsverfahren dürfte eine außergerichtliche Konfliktlösung eher nicht in Betracht zu ziehen sein.[14]

17 Gleichwohl bietet es sich grundsätzlich an, den **Vorschlag** für eine nichtstreitige Konfliktbeilegung **zu Beginn** eines Prozesses zu unterbreiten. Hierfür sprechen Gründe der Zeit- und Kostenersparnis für die Beteiligten wie auch für das Gericht. Zudem wird erfahrungsgemäß durch ein frühzeitiges Mediationsgespräch der Gefahr weiterer »emotionaler Verletzungen« während des Rechtsstreits entgegengewirkt.

18 Ob der Vorschlag unmittelbar nach Antragserhebung erfolgt oder nach Antragserwiderung und ggf. Replik, u. U. erst nach Erörterung mit den Beteiligten oder gar später, ist jeweils vom Einzelfall abhängig und davon, welche Rechtsbereiche des FamFG betroffen sind. Schließlich spielen die Informationen nach § 23 Abs. 1 Satz 3 FamFG eine nicht unerhebliche Rolle

19 Rechtliche Bedenken bestehen nicht, einen **Vorschlag** nach Absatz 1 ggf. **mehrfach** zu unterbreiten, also nach zunächst erfolgter Ablehnung durch die Beteiligten in einer späteren Phase des Prozesses (ggf. nach erfolgter Beweisaufnahme) oder nach einer gescheiterten Mediation- oder einem anderen Konfliktlösungsverfahren. Der erneute Vorschlag kann sowohl in der gleichen Instanz wie auch im Rechtsmittelzug erfolgen.

d) Gericht

20 Gericht im Verständnis der Vorschrift sind **alle Gerichte**, die für Verfahren nach dem FamFG zuständig sind: Amtsgerichte (Familiengerichte und Betreuungsgerichte), Landgerichte, Oberlandesgerichte und BGH.

---

13 Begr. BT-Drucks. 17/5335, B., Zu Artikel 4, Zu Nummer 2.
14 Vgl. jedoch zum Verwaltungsprozess *Ortloff*, Festgabe, S. 797.

Handelt es sich um ein Verfahren, für das die Zuständigkeit des **Amtsgerichts** (Familien- oder Betreuungsgerichts) gem. §§ 23b und 23c GVG gegeben ist, so wird ein entsprechender Vorschlag nach § 36a FamFG vom Familien- oder Betreuungsrichter unterbreitet. 21

Befindet sich ein Verfahren in der **Berufung- bzw. Beschwerdeinstanz** und ist die Zuständigkeit des Landgerichtes oder Oberlandesgerichtes (vgl. §§ 72, 119 GVG) gegeben, so kommt es auf den Zeitpunkt an,[15] in dem der Vorschlag unterbreitet werden soll. 22

Grundsätzlich kann dies durch den Kammer- bzw. Senatsvorsitzenden erfolgen, nach Übertragung auf den Berichterstatter sodann durch diesen; erfolgt der Vorschlag (erst) in der mündlichen Verhandlung, so geschieht dies durch den Spruchkörper. Nach erfolgter Übertragung auf den Einzelrichter ist dieser zuständig. 23

e) Form

Nach dem Gesetzeswortlaut ist der Vorschlag **weder** an eine **Form noch** an (inhaltliche) **Voraussetzungen** gebunden. 24

Das Gericht kann den Vorschlag mündlich als auch schriftlich unterbreiten und ist auch nicht gehindert, vor dem eigentlichen Vorschlag bei und mit den Beteiligten zu sondieren, ob eine nichtstreitige Konfliktlösung für sie bzw. die Lösung ihres Rechtsstreits in Betracht kommt. 25

Das Gericht ist im Rahmen seiner Pflicht aus § 139 ZPO gehalten, den Beteiligten Inhalt und Umstände des beabsichtigten oder unterbreiteten Vorschlags, auch in Abgrenzung zu etwaigen Alternativen außergerichtlicher Konfliktlösungen, deutlich zu machen und dabei auf Chancen, Risiken und Kosten hinzuweisen. 26

Dass derartige Informationen entsprechende Kenntnisse der Richterschaft voraussetzen und somit auch entsprechende Schulungen erforderlich machen, liegt auf der Hand. Denn nur wer selbst hinreichend informiert ist, 27

---

15 Vgl. oben Rdn. 16 ff.

wird seiner Informationspflicht gegenüber den Beteiligten gerecht werden können.[16]

28 **Prozesskostenhilfe** für die Durchführung einer Mediation etc. darf nicht bewilligt werden;[17] für eine Anwendung des § 7 MediationsG fehlt es bislang an der vom Gesetz geforderten Vereinbarung zwischen Bund und Ländern.

29 Erfolgen Vorschlag und ggf. Ablehnung durch die Beteiligten in der mündlichen Verhandlung, so ist dies gem. § 160 Abs. 2, 3 ZPO in der **Niederschrift** zu vermerken und im Ablehnungsfall das Verfahren in dem Stadium fortzusetzen, in dem es sich befindet.

30 Ob und ggf. wie lange das Gericht den Beteiligten eine **Frist** einräumt, sich zu seinem Vorschlag **zu äußern**, liegt ebenfalls in seinem pflichtgemäßen **Ermessen**. In einem Klageverfahren dürften drei Wochen, in einem Eilverfahren längstens eine Woche sachangemessen sein.

31 Einen Vorschlag in **Beschlussform** zu erlassen, wird nicht verlangt werden können. Gleichwohl wäre es wünschenswert, wenn die Gerichte – um die Bedeutung konsensualer Konfliktlösungsmöglichkeiten zu unterstreichen und um diese zu fördern – den Beteiligten einen entsprechenden Vorschlag in Form eines verfahrensleitenden, nicht anfechtbaren Beschlusses unterbreiten würden.

32 Anderenfalls sollte aus Gründen der Klarheit der Vorschlag in Form einer **richterlichen Verfügung** erfolgen, aus Gründen der Nachvollziehbarkeit und Dokumentation ist Schriftform anzuraten, wobei die Übermittlung dann auch per Telefax, mündlich/telefonisch oder elektronisch erfolgen kann. Macht das Gericht – fallspezifisch – von seinem Vorschlagsrecht keinen Gebrauch, so sollten die tragenden Erwägungen hierfür jedenfalls in einem **Aktenvermerk** festgehalten werden.

---

16 Vgl. auch die Erwägungen des Rechtsausschusses, besonders geschulte Koordinatoren, sog. »Court-Dispute-Manager«, hierfür einzusetzen: Begr. BT-Drucks. 17/8058, III. Allgemeines. S. 17.
17 A.A. zur früheren Rechtslage OLG Köln, Beschl. v. 03.06.2011, ZKM 2012, 29 ff. mit ablehnender Anmerkung von *Spangenberg* ZKM 2012, 31. Zur Bedeutung einer entsprechenden Regelung gerade für das familienrechtliche Verfahren *Proksch* ZKM 2011, 173 ff. (176).

2. Vorschlag einer Mediation (Absatz 1 Satz 1, 1. Alt.)

a) Begrifflichkeit

Was eine Mediation ist, folgt aus der **Begriffsbestimmung** des § 1 Abs. 1 **MediationsG:** Ein vertrauliches und strukturiertes Verfahren, bei dem die Beteiligten mit Hilfe eines oder mehrerer Mediatoren freiwillig und eigenverantwortlich eine einvernehmliche Beilegung ihres Konflikts anstreben. 33

Mediation im Sinne des Mediationsgesetzes meint Mediation durch einen **nicht** in das **gerichtliche System** eingebundenen Mediator, mithin eine sog. »außergerichtliche« Mediation. Lediglich für die Übergangsphase des § 9 MediationsG kommt auch noch eine gerichtliche Mediation in Betracht. 34

Als Mediator in einer »außergerichtlichen« Mediation wird in aller Regel ein Anwaltsmediator, ein pensionierter Richtermediator oder ein Mediator mit einem psychosozialen Grundberuf in Betracht kommen, mithin ein freiberuflich tätiger Mediator. Durch die Regelung ist nicht ausgeschlossen, dass auch ein Richter außerhalb seines Amtes – nebenberuflich – in einem vom Gericht vorgeschlagenen Mediationsverfahren tätig werden kann, sofern er denn hierfür eine Nebentätigkeitserlaubnis erhalten hat. 35

b) Stufenverhältnis

Mit der Reihenfolge in Absatz 1 hat der Gesetzgeber **kein Stufenverhältnis** zwischen einer Mediation oder einem anderen Verfahren der außergerichtlichen Konfliktbeilegung[18] festgelegt. Allenfalls der Umstand, dass sich der Gesetzgeber intensiv mit Regelungen zur Mediation auseinandergesetzt hat könnte dafür streiten, dass er dieser eine gewisse Präferenz zubilligt. 36

Auch die gerichtliche Mediation steht in der Übergangsphase des § 9 MediationsG gleichberechtigt neben den anderen in Absatz 1 aufgeführten Methoden. 37

c) Formale und inhaltliche Kriterien

Der Vorschlag einer Mediation kann in der Eingangs-, in der Berufungs- und in der Revisionsinstanz unterbreitet werden. In aller Regel wird ein der- 38

---

18 Vgl. hierzu den Überblick unter Andere Verfahren, I. Rdn. 1 ff.

artiger Vorschlag in der auf die Überprüfung von Rechtsfragen beschränkten Revisionsinstanz jedoch nur ausnahmsweise in Betracht kommen.

39 Für das von einem Gericht unterbreitete Mediationsverfahren gelten die **gleichen Regeln** wie für jedes andere Mediationsverfahren auch. Wegen der näheren Einzelheiten wird auf die Kommentierung des Mediationsgesetzes zu Verfahren, Aufgaben,[19] Offenbarungspflichten, Tätigkeitsbeschränkungen[20] und Verschwiegenheitspflicht[21] sowie zur Aus- und Fortbildung[22] verwiesen.

40 Eine etwaige in einer Mediation geschlossene Vereinbarung kann dem erkennenden Gericht gem. § 36 Abs. 3 FamFG, § 278 Abs. 6 ZPO vorgelegt und über § 95 FamFG das Zustandekommen eines **Vergleichs** durch Beschluss festgestellt werden. Aus einem gerichtlichen Vergleich kann gem. § 794 Abs. 1 Nr. 1 ZPO die **Vollstreckung** betrieben werden.

41 Der Vorschlag zur Durchführung einer Mediation kann **nicht** zugleich mit der Person eines **bestimmten Mediators** verbunden werden.[23] Hierfür spricht zum einen die neutrale Haltung, die einzunehmen vornehmste Pflicht des Gerichts ist und dem es ebenfalls untersagt ist, den Beteiligten einen bestimmten Anwalt zu empfehlen; zum anderen ist es Ausfluss des Prinzips der Freiwilligkeit, dass sich die Parteien ihren Mediator selbst auswählen können.

3. Vorschlag eines anderen Verfahrens der außergerichtlichen Konfliktbeilegung (Absatz 1 Satz 1, 2. Alt.)

a) Begrifflichkeit

42 Im Gesetz selbst finden sich keine Hinweise darüber, was unter einem »anderen Verfahren der außergerichtlichen Konfliktbeilegung« zu verstehen ist. Der Begriff findet sich in der Überschrift des Gesetzes sowie an zahlreichen

---

19 Kommentierung zu § 2 MediationsG, Rdn. 1 ff.
20 Kommentierung zu § 3 MediationsG, Rdn. 1 ff.
21 Kommentierung zu § 4 MediationsG, Rdn. 1 ff.
22 Kommentierung zu § 5 MediationsG, Rdn. 1 ff.
23 A.A. *Baumbach u. a.*, ZPO, II. A, Rechtspolitischer Ausblick, § 278a Rn. 12. Es spricht jedoch nichts dagegen, die Beteiligten auf die Rechtsanwaltskammer, die IHK oder Mediationsinstitute zu verweisen, die Listen von Mediatoren vorhalten. Es dürfte auch nicht zu beanstanden sein, wenn die Gerichte selbst derartige Listen anlegen und die Beteiligten darauf verweisen. Weitergehend: *Nelle*, »Multi-Door-Courthouse Revisited«, S. 123 ff. (129 f.).

weiteren Stellen (vgl. § 278a ZPO, § 54a ArbGG), wird dort jedoch nicht definiert.

Unter Hinweis auf das Schrifttum[24] werden in der **Gesetzesbegründung** etliche Verfahrensarten benannt.[25] Es handelt sich hierbei um **keine abschließende Aufzählung**, zumal davon ausgegangen werden kann, dass über die zur Zeit bekannten und praktizierten Konfliktlösungsverfahren hinaus neue hinzukommen und die bereits praktizierten Verfahren sich in ihrer Ausgestaltung und Anwendung verändern werden.[26] 43

b) Stufenverhältnis

Zunächst kann auf die bereits oben erfolgten Ausführungen zum Stufenverhältnis verwiesen werden.[27] Darüber hinaus ist zu ergänzen, dass der Gesetzgeber, wie sich aus der Entstehungsgeschichte ergibt, der Mediation gegenüber anderen konsensualen Streitbeilegungsverfahren einen gewissen Vorzug einräumt, der jedoch nicht so weit geht, dass zwischen ihnen ebenfalls ein Stufenverhältnis bestehen würde. 44

c) Formale und inhaltliche Kriterien

Der **Vorschlag** für ein Verfahren der außergerichtlichen Konfliktbeilegung kann in **jeder Phase** des gerichtlichen Verfahrens erfolgen,[28] wenngleich die Besonderheiten mancher Konfliktbeilegungsverfahren dafür streiten, sie – soweit sie für Konflikte nach dem FamFG überhaupt geeignet sind – nur in der Eingangsinstanz vorzuschlagen. 45

Auch der Vorschlag eines bestimmten Konfliktbeilegungsverfahrens darf nicht mit einer bestimmten Person verbunden werden.[29] 46

---

24 *Risse/Wagner*, Mediation im Wirtschaftsrecht, in: *Haft/Schlieffen,* Handbuch der Mediation, S. 553 ff. (580).
25 Vgl. Begr. BT-Drucks.17/5335, A. II.
26 Wegen weiterer Einzelheiten zu den verschiedenen Verfahrensarten und ihren Inhalten vgl. die Ausführungen unter Andere Verfahren, I. Rdn. 1 ff.
27 Vgl. Rdn. 36 f.
28 Vgl. Rdn. 38 ff.
29 Vgl. insoweit die Ausführungen unter Rdn. 42.

4. Vorschlag einer gerichtlichen Mediation im Übergangszeitraum

a) Begrifflichkeit

47 Eine **gerichtliche Mediation** ist eine Mediation, die während eines anhängigen Gerichtsverfahrens von einem nicht entscheidungsbefugten Richter durchgeführt wird. Der **Unterschied** zum **Güterichter** nach § 36 Abs. 5 FamFG besteht darin, dass der gerichtliche Mediator ausschließlich die Methode der Mediation anwendet, die rechtliche Hinweise wie auch Einigungs- oder Lösungsvorschläge ausschließt, und keine richterlichen Tätigkeiten wie Protokollierung von Vergleichen oder Festsetzung des Streitwertes vornimmt. Der Güterichter hingegen bedient sich der gesamten Palette von Streitbeilegungsmethoden einschließlich rechtlicher Hinweise und Einigungsvorschlägen, protokolliert Vergleiche und setzt den Streitwert fest.[30]

48 Gerichtliche Mediation ist **nur** noch möglich **in** der **Übergangsphase** des § 9 MediationsG und auch nur dann, wenn sie vor Inkrafttreten des Mediationsförderungsgesetzes bereits an einem Gericht angeboten wurde.

b) Stufenverhältnis

49 Es besteht **kein** Stufenverhältnis zwischen gerichtlichen Mediation und (sog. außergerichtlicher) Mediation, ebenfalls nicht im Hinblick auf andere Verfahren der außergerichtlichen Konfliktbeilegung.

50 Die bisherigen Erfahrungen mit den Modellprojekten der gerichtlichen Mediation sprechen dafür, dass die Beteiligten auch in den Fällen, in denen ihnen das Gericht eine (sog. außergerichtliche) Mediation vorschlägt, auf die gerichtliche Mediation zurückgreifen werden, nicht zuletzt aus Kostengründen.[31]

Solange keine durchgreifenden **kostenrechtlichen Anreize**, beispielsweise über § 7 MediationsG, erfolgen, wird das gesetzgeberische Ziel der Förderung der Mediation in rechtshängigen Verfahren nur schwer zu erreichen sein.[32]

---

30 Vgl. Kommentierung zu § 278 ZPO, Rdn. 60 ff.
31 *Wagner* ZKM 2010, 172 ff. (173).
32 Die Regelung des § 61a FamGKG, wenn denn die Landesgesetzgeber von der Öffnungsklausel überhaupt Gebrauch machen, dürfte als Anreiz nur bedingte Wirksamkeit entfalten.

c) Formale und inhaltliche Kriterien

Gerichtliche Mediation ist richterliche Tätigkeit eigener Art und erfordert eine Regelung in der gerichtlichen **Geschäftsverteilung.** Der Grundsatz des gesetzlichen Richters (Art. 101 Abs. 1 GG) gilt für den richterlichen Mediator nicht. Zwar steht den Beteiligten hinsichtlich der Person des gerichtlichen Mediators ein Wahlrecht zu, allerdings ist damit kein Anspruch auf einen bestimmten gerichtlichen Mediator verbunden.[33]

51

Für die gerichtliche Mediation gelten grundsätzlich die **gleichen Regelungen** wie für sonstige Mediationen. Wegen der näheren Einzelheiten wird auf die Kommentierung des Mediationsgesetzes zu Verfahren, Aufgaben,[34] Offenbarungspflichten, Tätigkeitsbeschränkungen[35] und Verschwiegenheitspflicht[36] sowie zur Aus- und Fortbildung[37] verwiesen.

52

Was die **Verschwiegenheitspflicht** anbelangt, so findet § 4 MediationsG mit der Besonderheit Anwendung, dass über die Ausnahmen in § 4 Satz 3 Nrn. 1 – 3 MediationsG hinaus gerichtliche Mediatoren, weil sie als Amtsträger nicht nur den Parteien verpflichtet sind, besondere Anzeigepflichten treffen. Dies betrifft u. a. § 116 Abgabenordnung und § 6 des Gesetzes gegen missbräuchliche Inanspruchnahme von Subventionen.[38]

53

Durch § 9 Abs. 1 MediationsG ist nunmehr klargestellt, dass der gerichtliche Mediator ein **nicht entscheidungsbefugter Richter** ist: Er kann daher weder einen Vergleich protokollieren noch einen Streitwert festsetzen.[39] Auch bei

54

---

33 Begr. BT-Drucks. 17/5335, B., Zu Artikel 3, Zu Nummer 5.
34 Kommentierung zu § 2 MediationsG, Rdn. 1 ff.
35 Kommentierung zu § 3 MediationsG, Rdn. 1 ff.
36 Kommentierung zu § 4 MediationsG, Rdn. 1 ff.
37 Kommentierung zu § 5 MediationsG, Rdn. 1 ff.
38 Begr. BT-Drucks. 17/5335, B., Zu Artikel 1, Zu Nummer 4.
39 In einigen vor Inkrafttreten des Mediationsförderungsgesetzes bestehenden Modellprojekten wie dem der hessischen Verwaltungsgerichtsbarkeit (vgl. hierzu *Fritz*, FS VG Gießen, S. 319 ff. (330)) wurden die gerichtlichen Mediatoren zwar in analoger Anwendung des früheren § 278 Abs. 5 ZPO beauftragt, im Anschluss an ein Mediationsgespräch ggf. auch einen Vergleich zu protokollieren und einen Streitwert festzusetzen, mithin den »Hut des Mediators« abzunehmen und den »Hut des Richters« aufzusetzen. Die nunmehrige Regelung des § 9 MediationsG hat demgegenüber den klaren Vorteil, eindeutig zwischen Streitentscheidung

einer Streitwertfestsetzung sind rechtliche Fragen zu beurteilen und im Falle der Beschwerde würde die Grenze zwischen Streitentscheidung und Mediation verwischt, wenn die gebotene Abhilfeprüfung durch den Mediator vorgenommen würde.

55 Eine in der gerichtlichen Mediation geschlossene **Vereinbarung** kann nur vom streitentscheidenden Richter, mithin nicht vom Richtermediator, als Vergleich **protokolliert** werden und ist dann Vollstreckungstitel gem. § 794 Abs. 1 Nr. 1 ZPO. Die Beteiligten können die Vereinbarung auch dem erkennenden Gericht gem. § 36 Abs. 3 FamFG vorlegen und das Zustandekommen eines Vergleichs durch Beschluss feststellen lassen.

56 Im Hinblick auf die streitige Frage, unter welchen Voraussetzungen der gerichtliche Mediator Einblick in die Prozessakten nehmen darf, wird auf die Ausführungen zu § 278a ZPO und die Hinweise zum Schrifttum Bezug genommen. Die Einholung des regelmäßig erteilt werdenden Einverständnisses der Beteiligten ist anzuraten.[40]

5. Entscheidung der Beteiligten (Absatz 2, 1. HS)

a) Aufgrund eines gerichtlichen Vorschlages

57 Die **Entscheidung der Beteiligten** für eine Mediation oder eine andere konsensuale Streitbeilegung ist an **keine Form** gebunden. Sie kann schriftlich, mündlich als auch zu Protokoll geschehen. Sie hat gegenüber dem Gericht zu erfolgen, welches den Vorschlag unterbreitet hat; bei einer nur mündlichen Erklärung eines Beteiligten wird das Gericht einen entsprechenden Aktenvermerk fertigen oder die Erklärung in ein Protokoll aufnehmen.

58 Die Beteiligten sind an den Vorschlag des Gerichts **nicht** gebunden, können also, wenn beispielsweise eine Mediation vorgeschlagen wurde, dem Gericht auch übereinstimmend mitteilen, dass sie sich beispielsweise für eine Schlich-

---

durch den Richter und Mediation durch den gerichtlichen Mediator zu unterscheiden.
40 Begr. BT-Drucks. 17/5496, Zu Artikel 3, Zu Nummern 5 und 6; Begr. BT-Drucks. 17/5335, B. Zu Artikel 1, Zu Nummer 4; zur umfassenden Vorbereitung einschließlich des Studiums der Prozessakte *Krabbe/Fritz* ZKM 2010, 136 ff., restriktiv, wegen des konservativen Ansatzes der »mediatorischen Unbefangenheit«, *Carl* ZKM 2012, 16 ff. (20).

tung entschieden haben oder – wenn angeboten – eine gerichtliche Mediation bevorzugen.

b) Eigener Vorschlag der Beteiligten

Die **Beteiligten** sind nicht allein auf einen gerichtlichen Vorschlag angewiesen. Es steht ihnen **frei**, auch selbst einen entsprechenden Vorschlag über das Gericht dem anderen Beteiligten zukommen lassen oder bereits übereinstimmend dem Gericht mitzuteilen, dass sie sich beispielsweise für eine Mediation entschieden haben. Regt zunächst nur ein Beteiligter ein Verfahren der außergerichtlichen Konfliktbeilegung (oder der gerichtliche Mediation) an, so sollte das für das Gericht Anlass sein darüber zu reflektieren, seinerseits gem. Absatz 1 Satz 1 den Beteiligten einen Vorschlag zu unterbreiten. Die Intention des Gesetzes nach Förderung der Mediation wie auch anderer Verfahren der außergerichtlichen Konfliktbeilegung[41] erfordert, dass das Gericht einen entsprechenden Vorschlag eines Beteiligten an den anderen zur Stellungnahme weiterleitet. 59

6. Aussetzung des Verfahrens (Absatz 2, 2. HS)

Zwingende und daher **unanfechtbare Rechtsfolge** einer Entscheidung der Beteiligten für eine Mediation oder ein anderes Verfahren der außergerichtlichen Streitbeilegung ist eine Aussetzung des Verfahrens gem. § 36a Abs. 2 FamFG i.V.m. § 21 FamFG. Eines gesonderten Antrages hierzu bedarf es nicht; er ist in der Erklärung »für« ein konsensuales Verfahren konkludent enthalten.[42] Dies gilt nicht nur in den Fällen, in denen die Beteiligten sich zu einem entsprechenden Vorschlag des Gerichts gem. § 36a Abs. 1 FamFG verhalten, sondern auch dann, wenn sie aus eigenem Antrieb dem Gericht mitteilen, den Versuch einer konsensualen Einigung im Rahmen einer gerichtsnahen oder gerichtlichen Mediation bzw. eines anderen außergerichtlichen Konfliktbeilegungsverfahrens unternehmen zu wollen: Auch in diesen Fällen ist die Verfahrensaussetzung zwingende Rechtsfolge. 60

Aus § 21 Abs. 1 Satz 2 FamFG i.V.m. § 249 Abs. 1, 2 ZPO folgt, dass mit der Aussetzung der Lauf einer jeden (echten) Frist aufhört und nach Beendigung der Aussetzung die volle Frist von neuem zu laufen beginnt. Die wäh- 61

---

41 Begr. BT-Drucks. 17/5335, A. II.
42 Vgl. *Löer* ZKM 2010, 179 ff. (182) zur Ruhensregelung des § 278a Abs. 2 ZPO.

rend der Aussetzung von einem Beteiligten in Ansehung der Hauptsache vorgenommenen Prozesshandlungen sind dem anderen Beteiligten gegenüber ohne rechtliche Wirkung.[43]

62 Kommt in einer Mediation oder einem anderen außergerichtlichen Konfliktbeilegungsverfahren eine Vereinbarung nicht zustande und wird insbesondere der Rechtsstreit nicht beendet, so obliegt es den **Beteiligten** und nicht dem Streitschlichter (Mediator etc.), dies gem. § 250 ZPO durch einen bei Gericht einzureichenden Schriftsatz **anzuzeigen**. Mit der Zustellung des Schriftsatzes durch das Gericht gilt das Verfahren sodann als wieder aufgenommen.

63 Über diese allgemeine Regelung hinaus gilt in Verfahren nach dem FamFG zugleich die **Besonderheit** des § 155 Abs. 4 FamFG: Das Gericht nimmt das Verfahren in der Regel nach drei Monaten wieder auf, wenn die Beteiligten keine einvernehmliche Regelung erzielen.[44] Durch diese Regelung dürften Probleme mit etwaigen sachlichrechtlichen Fristen[45] ausgeschlossen sein.

7. Gerichtliche Anordnungs- und Genehmigungsvorbehalte (Absatz 3)

64 Die Regelung des Absatzes 3 stellt sicher, dass den **Besonderheiten** der Verfahren nach dem **FamFG** auch dann Rechnung getragen wird, wenn die Beteiligten in einem Mediationsverfahren eine gemeinsame Lösung ihres Konfliktes erzielen. Soweit nach dem Gesetz gerichtliche Anordnungs- oder Genehmigungsvorbehalte bestehen, werden diese **nicht** durch konsensual gefundene Lösungen **obsolet**. Dies betrifft beispielsweise Entscheidungen des Gerichts zur Alleinübertragung der elterlichen Sorge gem. § 1671 BGB, gerichtliche Maßnahmen bei Gefährdung des Kindeswohls gem. § 1666 BGB oder die gerichtliche Billigung eines Vergleichs über den Umgang oder die Herausgabe eines Kindes gem. § 156 Abs. 2 FamFG.

65 Den Beteiligen bleibt es unbenommen, übereinstimmend dem entscheidungsbefugten Richter die Gründe für die in der Mediation gefundene Lösung und getroffene Vereinbarung zu schildern. Auch können sie, worauf in der Gesetzesbegründung[46] verwiesen wird, beispielsweise den Mediator von

---

43 Vgl. zu Einzelheiten *Baumbach*, § 249 Rn. 4 ff.
44 Vgl. hierzu die Kommentierung zu § 155 Abs. 4 FamFG, Rdn. 10.
45 Vgl. hierzu die Kommentierung zu § 278a ZPO, Rdn. 68.
46 Begr. BT-Drucks. 17/5335, B., Zu Artikel 4, Zu Nummer 3.

seiner Verschwiegenheitspflicht entbinden und zugleich bitten, entsprechende Informationen dem Gericht zukommen zu lassen.

8. Anwendungsbereich der Vorschrift

Die Vorschrift findet **keine** Anwendung auf Ehesachen und Familienstreitsachen, §§ 113 Abs. 1 Satz 2, 124 Satz 2 FamFG.[47] 66

9. Verhältnis vom § 36a Abs. 1 FamFG zu § 36 Abs. 5 FamFG

Da sich zum Verhältnis der o.g. Vorschriften weder dem Gesetz noch der 67 Gesetzesbegründung Anhaltspunkte entnehmen lassen, muss das Gericht zunächst einmal für beide Verfahren grundsätzlich die gleichen Überlegungen zugrunde legen, also neben dem Aspekt der Freiwilligkeit insbesondere die Geeignetheit, ferner Zeit- und Kostenfaktoren sowie die Komplexität der Auseinandersetzung berücksichtigen. Bietet sich im Hinblick auf den konkreten Konflikt ein anderes Verfahren der außergerichtlichen Konfliktbeilegung an, so ist diesem jedenfalls gegenüber § 36 Abs. 5 FamFG der Vorrang einzuräumen.[48]

III. Hinweise für die Praxis

Spezifische, über § 278a ZPO hinausgehende Praxishinweise ergeben sich für 68 die Regelungen in § 36a FamFG nicht; insoweit kann daher auf die Ausführungen unter **§ 278a ZPO**[49] verwiesen werden. Soweit die Beteiligten nicht auf Vorschlag des Gerichts sondern von sich aus mitteilen, dass sie sich auf eine Mediation oder ein anderes Verfahren der außergerichtlichen Konfliktbeilegung geeinigt haben, sollten sie – solange noch keine einschlägige Rechtsprechung vorliegt – ihre entsprechende Information an das Gericht hilfsweise mit einem Antrag auf Aussetzung des Verfahrens gem. § 36a Abs. 2 FamFG verbinden.

---

47 Vgl. Einführung FamFG, Rdn. 3f.
48 Vgl. hierzu auch Rdn. 8ff., ferner die Kommentierung zu § 36 FamFG, Rdn. 50.
49 Vgl. Kommentierung zu § 278a ZPO, Rdn. 78ff.

§ 81 Grundsatz der Kostenpflicht

(1) Das Gericht kann die Kosten des Verfahrens nach billigem Ermessen den Beteiligten ganz oder zum Teil auferlegen. Es kann auch anordnen, dass von der Erhebung der Kosten abzusehen ist. In Familiensachen ist stets über die Kosten zu entscheiden.

(2) Das Gericht soll die Kosten des Verfahrens ganz oder teilweise einem Beteiligten auferlegen, wenn
1. der Beteiligte durch grobes Verschulden Anlass für das Verfahren gegeben hat;
2. der Antrag des Beteiligten von vornherein keine Aussicht auf Erfolg hatte und der Beteiligte dies erkennen musste;
3. der Beteiligte zu einer wesentlichen Tatsache schuldhaft unwahre Angaben gemacht hat;
4. der Beteiligte durch schuldhaftes Verletzen seiner Mitwirkungspflichten das Verfahren erheblich verzögert hat;
5. **der Beteiligte einer richterlichen Anordnung zur Teilnahme an einem kostenfreien Informationsgespräch über Mediation oder über eine sonstige Möglichkeit der außergerichtlichen Konfliktbeilegung nach § 156 Absatz 1 Satz 3 oder einer richterlichen Anordnung zur Teilnahme an einer Beratung nach § 156 Absatz 1 Satz 4 nicht nachgekommen ist, sofern der Beteiligte dies nicht genügend entschuldigt hat.**

(3) Einem minderjährigen Beteiligten können Kosten in Verfahren, die seine Person betreffen, nicht auferlegt werden.

(4) Einem Dritten können Kosten des Verfahrens nur auferlegt werden, soweit die Tätigkeit des Gerichts durch ihn veranlasst wurde und ihn ein grobes Verschulden trifft.

(5) Bundesrechtliche Vorschriften, die die Kostenpflicht abweichend regeln, bleiben unberührt.

Übersicht

	Rdn.
I. Regelungsgegenstand und Zweck	1
1. Normgefüge	1
2. Europäische Mediationsrichtlinie	6
II. Grundsätze/Einzelheiten	7
1. Kostenpflicht, Soll-Entscheidung (Absatz 2 Nr. 5)	7
a) Kostenentscheidung	9
b) Umfang der Kostenpflicht	11

c) Schuldhaftes Handeln	12	4. Versäumen einer richterlichen Anordnung für ein Beratungsgespräch (Absatz 2 Nr. 5, 2. Alt.) 21
2. Richterliche Anordnung nach § 156 Abs. 1 FamFG	17	
3. Nichtbefolgen einer richterlichen Anordnung für ein Informationsgespräch (Absatz 2 Nr. 5, 1. Alt.)	20	5. Anfechtbarkeit der Kostenentscheidung 22
		6. Anwendungsbereich der Vorschrift 23

I. Regelungsgegenstand und Zweck

1. Normgefüge

Die Vorschrift des § 81 FamFG über den Grundsatz der Kostentragungspflicht ist im **Zusammenhang mit § 80 FamFG** zu lesen, der den Umfang der Kostenpflicht regelt: Mit Kosten sind die Gerichtskosten (Gebühren und Auslagen) und die zur Durchführung des Verfahrens notwendigen Aufwendungen der Beteiligten gemeint. 1

Der **Anwendungsbereich** erstreckt sich auf Familiensachen (vgl. Katalog des § 111 FamFG), wobei in diesen Fällen stets eine Kostenentscheidung zu treffen ist, wie aus § 81 Abs. 1 Satz 3 FamFG folgt. In Ehe- und Familienstreitsachen gelten gem. § 113 Abs. 1 Satz 2 FamFG die §§ 91 ff ZPO; allerdings sind einige Normen des FamFG wie §§ 132, 150, 243 FamFG auch hier vorrangig.[1] 2

Während § 81 Abs. 1 FamFG dem Gericht grundsätzlich die Möglichkeit einräumt, eine Entscheidung über die Kosten nach billigem Ermessen zu treffen, regelt Absatz 2 als Soll-Vorschrift, in welchen enumerativ aufgezählten Fällen die Kosten des Verfahrens ganz oder teilweise einem Beteiligten auferlegt werden können. 3

Die **Neuregelung** der Kostensanktion in **Absatz 2 Nr. 5** war im Hinblick auf die Änderung des § 156 Abs. 1 Satz 3 FamFG erforderlich geworden. Die bislang bestehende unterschiedliche Behandlung von Kindschaftssachen einerseits und Scheidungs- und Folgesachen andererseits (vgl. § 135 Satz 1 - i.V.m. § 150 Abs. 4 Satz 2 FamFG) ist damit aufgehoben. 4

---

[1] Umfassend *Herget*, in: *Zöller*, ZPO, § 80 FamFG, Rn. 1.

§ 81 FamFG Grundsatz der Kostenpflicht

5 Die Absätze 3 und 4 des § 81 FamFG betreffen Kostenregelungen, soweit Minderjährige und Dritte betroffen sind und Absatz 5 nimmt Bezug auf entgegenstehende bundesrechtliche Kostenregelungen (vgl. § 183 FamFG).

2. Europäische Mediationsrichtlinie

6 Die Vorschrift bezieht sich auf **Art. 5 Abs. 1 Satz 2, Abs. 2 EUMed-RL**, wonach das Gericht die Parteien auffordern kann, an einer Informationsveranstaltung über Mediation teilzunehmen und diese Aufforderung mit einer Sanktion verbinden kann.

II. Grundsätze/Einzelheiten

1. Kostenpflicht, Soll-Entscheidung (Absatz 2 Nr. 5)

7 Das dem Gericht in Absatz 1 eingeräumte **Ermessen** hinsichtlich der Kostenentscheidung wird in den Fällen des **Absatz 2** deutlich **reduziert**. In Absatz 2 sind die Fälle zusammengefasst, in denen es in der Regel billigem Ermessen (vgl. insoweit Absatz 1 Satz 1) entspricht, wenn ein bestimmter Beteiligter alle oder wenigstens einen Teil der Kosten trägt.[2]

8 Das Gericht soll die Kosten ganz oder teilweise einem Beteiligten auferlegen, wenn ein Regelbeispiel wie das der Nr. 5 verwirklicht ist. Der Soll-Vorschrift ist nur in atypischen Fällen nicht zu folgen.

a) Kostenentscheidung

9 Die Kostenentscheidung, die das Gericht zu treffen hat, umfasst **Gerichtskosten** und **außergerichtliche Kosten**. Von daher empfiehlt es sich, im Tenor entsprechend zu differenzieren.[3]

10 Vorschriften bezüglich der Gerichtskosten finden sich im FamGKG, das die Gerichtskosten in Familiensachen regelt, und in der KostO, die die meisten Angelegenheiten der freiwilligen Gerichtsbarkeit betrifft.

---

2 Vgl. *Keitel*, FamFG, § 81 Rn. 50.
3 Vgl. *Keitel*, FamFG, § 81 Rn. 8.

b) Umfang der Kostenpflicht

Das Gesetz lässt offen, in welchem Umfang die Kostenpflicht den Beteiligten 11
treffen soll: Es können dies alle Kosten oder auch nur ein Teil derselben sein.
Gesichtspunkte wie Verfahrensverzögerung, vergebene Chance auf eine konsensuale Lösung oder das Kindeswohl können in diesem Zusammenhang eine Rolle spielen.

c) Schuldhaftes Handeln

Das Gesetz unterstellt zunächst, dass schuldhaftes Handeln bzw. Verhalten 12
auch in den Fällen der Nr. 5 vorliegt, räumt dem Beteiligten allerdings die
Möglichkeit ein, dieses »**genügend zu entschuldigen**«. Es handelt sich hierbei
um einen **unbestimmten Rechtsbegriff**, der der Interpretation durch das Familiengericht zugänglich ist.

Die Voraussetzungen hierfür dürften im Falle nachgewiesener (schwerer) **Erkrankung** 13
oder bei Bettlägerigkeit vorliegen, ferner dann, wenn ein Missverständnis aufgrund einer unklaren richterlichen Anordnung entstanden sein sollte.[4]

Auch im Falle von **Ortsabwesenheit** wird man vom Vorliegen einer genügenden 14
Entschuldigung ausgehen können. Erreicht den Beteiligten die gerichtliche Anordnung allerdings noch während seiner Ortsanwesenheit, so
wird man von ihm verlangen können, sich mit dem Gericht wegen einer
Verhinderung/Terminverlegung vorab in Verbindung zu setzen; dies gilt
grundsätzlich auch für andere Verhinderungsgründe, wenn diese im Vorhinein absehbar sind.

Eine genügende Entschuldigung kommt ferner dann in Betracht, wenn bei- 15
spielsweise im Falle des § 156 Abs. 2 Nr. 5, 1. Alt FamFG die vom Gericht
benannte Stelle oder Person das Informationsgespräch nicht kostenfrei erteilen oder keine Bestätigung aushändigen sollte.

Nach *Baumbach*[5] muss die Schuldlosigkeit genügend dargelegt werden, zu- 16
dem bei formellen Amtsbetrieb meist nach § 31 FamFG glaubhaft gemacht
oder gar nach §§ 29, 30 FamFG bewiesen werden.

---

4 Vgl. *Keitel*, FamFG, § 81 Rn. 65.
5 ZPO, § 81 FamFG Rn. 9.

2. Richterliche Anordnung nach § 156 Abs. 1 FamFG

17 Eine Kostentragungspflicht kommt nur in Betracht, wenn die nicht befolgten Verpflichtungen nach § 156 Abs. 1 Sätze 3, 4 FamFG auf eine richterliche **Anordnung** gestützt waren. Diese muss als Anordnung **erkennbar** sein (»*Die Teilnahme an ... wird angeordnet*«) und – soweit es um Informationen über Mediation etc. gem. § 156 Abs. 1 Satz 3 FamFG geht – eine bestimmte Stelle oder bestimmte Personen benennen, die die einschlägigen Informationen geben können. (»*Das Informationsgespräch findet statt bei ... (Name und Anschrift)*«). Es steht dem Gericht frei, einen bestimmen Termin hierfür zu bestimmen oder dem Beteiligten aufzugeben, sich selbst innerhalb eines bestimmten Zeitraumes darum zu bemühen.

18 Voraussetzung ist ferner, dass die Information **kostenfrei** erfolgt und die Stelle bzw. Person über die Teilnahme eine **Bestätigung** erteilt.[6]

19 Zur Vermeidung von Missverständnissen ist angezeigt, eine entsprechende Anordnung **umfassend**, **eindeutig** und mit **klaren Zeitvorgaben** zu versehen.

3. Nichtbefolgen einer richterlichen Anordnung für ein Informationsgespräch (Absatz 2 Nr. 5, 1. Alt.)

20 Das Gesetz geht in dieser Alternative von einer Säumnis, d. h. Nichtteilnahme an einem kostenfreien Informationsgespräch über Mediation oder eine sonstige Möglichkeit der außergerichtlichen Konfliktbeilegung nach § 156 Abs. 1 Satz 3 FamFG aus, und zwar im Zusammenhang mit Kindschaftssachen wie der elterlichen Sorge bei Trennung und Scheidung, dem Aufenthalt des Kindes, dem Umgangsrecht oder der Herausgabe des Kindes.

4. Versäumen einer richterlichen Anordnung für ein Beratungsgespräch (Absatz 2 Nr. 5, 2. Alt.)

21 Die 2. Alt. des Absatzes 2 Nr. 5 umfasst die Nichtteilnahme an Beratungen durch Beratungsstellen und -diensten der Träger der Kinder- und Jugendhilfe und war bisher schon im Gesetz verankert.[7]

---

6 Vgl. Kommentierung zu § 156 FamFG, Rdn. 11.
7 Vgl. zu Einzelheiten *Herget*, in: *Zöller*, ZPO, § 81 FamFG Rn. 12.

5. Anfechtbarkeit der Kostenentscheidung

Eine isolierte oder unselbständige Kostenentscheidung ist anfechtbar, wenn 22
der Wert des Beschwerdegegenstandes 600 € übersteigt (vgl. § 61 FamFG).[8]

6. Anwendungsbereich der Vorschrift

Durch die Bezugnahme auf § 156 Abs. 1 Sätze 3 und 4 FamFG ist klarge- 23
stellt, dass die Norm des § 81 Abs. 2 Nr. 5, 1. Alt. FamFG allein in Kindschaftssachen Anwendung findet, dort allerdings auch im Rechtsmittelverfahren.

§ 135 Außergerichtliche Konfliktbeilegung über Folgesachen

Das Gericht kann anordnen, dass die Ehegatten einzeln oder gemeinsam an einem kostenfreien Informationsgespräch über Mediation oder eine sonstige Möglichkeit der außergerichtlichen **Konfliktbeilegung** anhängiger Folgesachen bei einer von dem Gericht benannten Person oder Stelle teilnehmen und eine Bestätigung hierüber vorlegen. Die Anordnung ist nicht selbständig anfechtbar und nicht mit Zwangsmitteln durchsetzbar.

(Absatz 2 aufgehoben)

Übersicht

	Rdn.		Rdn.
I. Regelungsgegenstand und Zweck	1	b) Personen und Stellen	12
1. Normgefüge	1	c) Inhalt des Informationsgesprächs	16
2. Neufassung	4	d) Kosten	17
3. Europäische Mediationsrichtlinie	7	e) Teilnahmebestätigung	18
II. Grundsätze/Einzelheiten	8	3. Regelungsinhalt des Satzes 2	19
1. Änderung der Begrifflichkeit (Satz 1)	8	4. Konsequenzen einer Nichtteilnahme	20
2. Regelungsinhalt des Satzes 1	9	5. Kritik	21
a) Anordnung eines Informationsgesprächs durch das Gericht	10	**III. Hinweise für die Praxis**	22

---

8 *Herget*, in: *Zöller*, ZPO, § 81 FamFG Rn. 14; *Keitel*, FamFG, § 81 Rn. 81 f.

§ 135 FamFG Außergerichtliche Konfliktbeilegung über Folgesachen

I. Regelungsgegenstand und Zweck

1. Normgefüge

1 Mit dem zum 1. September 2009 in Kraft getretenen Gesetz über das Verfahren in Familiensachen und in Angelegenheiten der freiwilligen Gerichtsbarkeit (FamFG)[1] wurde das familienrechtliche Verfahren sowie das FGG-Verfahren von Grund auf neu geregelt mit dem Ziel, eine moderne und allgemein verständliche Verfahrensordnung zu schaffen. Dabei sollte u. a. der **Gedanke einer Schlichtung** außerhalb des Gerichts nach dem Vorbild des § 278 Abs. 5 S. 2 ZPO in das **familiengerichtliche Verfahren** übertragen werden, womit nicht zuletzt auch den Bemühungen auf europäischer Ebene, »Mediation und sonstige Möglichkeiten außergerichtlicher Streitbeilegung« den Weg zu bahnen, Rechnung getragen werden sollte.[2] Wegen der Besonderheit der Verfahrensgegenstände und wegen der persönlichen Beziehungen der Beteiligten wollte der Gesetzgeber die **Chancen für einvernehmliche Konfliktlösungen**, die sogar über den konkreten Streitgegenstand hinausgehen sollten, unbedingt – und zwar stärker als im allgemeinen Zivilrecht – fördern.[3]

2 § 135 FamFG a.F., der mit seiner Regelung beispiellos im bisherigen Recht war, gab (und gibt) dem Familiengericht erstmals die Möglichkeit »**anzuordnen**«, dass Ehegatten einzeln oder gemeinsam an einem **kostenfreien Informationsgespräch** über Mediation oder einer sonstigen Form außergerichtlicher Streitbeilegung teilnehmen (»Mandatorische Information über Mediation«[4]). Das Gericht hatte (und hat) zwar keine Kompetenz, diese Teilnahme zu erzwingen (vgl. Absatz 1 S. 2), aber die Nichtbefolgung einer solchen Anordnung kann die **negative Kostenfolge** des § 150 Abs. 4 S. 2 auslösen.[5]

3 Mit der Anordnung eines **Informationsgesprächs** wollte der Gesetzgeber sichergestellt wissen, dass die Ehegatten durch entsprechende Informationen auch über die Möglichkeiten einer außergerichtlichen Einigung hinsichtlich

---

1 Gesetz v. 17.12.2008, BGBl. I, S.2586 i.d.F v. 22.12.2011, BGBl. I, S. 3044.
2 Begr. BT-Drucks. 16/6308, S. 229.
3 Begr. BT-Drucks. 16/6308, S. 229.
4 *Paul* ZKM 2011, 122 (123).
5 Begr. BT-Drucks. 16/6308, S. 229.

der Scheidungsfolgensachen nachdenken. Eine **schriftliche Information**, z. B. durch ein Merkblatt, sah der Gesetzgeber als **nicht ausreichend** an.[6]

2. Neufassung

Mit der Neufassung des § 135 FamFG hat der Gesetzgeber zur **Vereinheitlichung des Sprachgebrauchs** den Terminus »Konfliktbeilegung« in der Überschrift und in Satz 1 eingefügt und **bisherigen Absatz 2 gestrichen**.

§ 135 Abs. 2 FamFG a.F. lautete: *Das Gericht soll in geeigneten Fällen den Ehegatten eine außergerichtliche Streitbeilegung anhängiger Folgesachen vorschlagen.* Die Regelung entsprach § 278 Abs. 5 S. 2 ZPO a. F. und war insoweit bei Folgensachen, die Familienstreitsachen waren, Spezialnorm, wobei es sich anders als bei der zivilprozessualen Regelung (»kann«) um eine **Soll-Vorschrift** handelte.

Mit der Neueinfügung des § 36a FamFG in das Gesetz und über § 113 Abs. 1 Satz 2 FamFG wird nunmehr der **Regelungsgehalt des neuen § 278a ZPO** im FamFG für sämtliche Familiensachen implementiert.

3. Europäische Mediationsrichtlinie

§ 135 FamFG entspricht **Art. 5 EUMed-RL**, wonach »das Gericht die Parteien auch auffordern (kann), an einer Informationsveranstaltung über die Nutzung der Mediation teilzunehmen« und diese Aufforderung mit der Androhung von Sanktionen versehen kann.

II. Grundsätze/Einzelheiten

1. Änderung der Begrifflichkeit (Satz 1)

Zur Vereinheitlichung des Sprachgebrauchs in den vom Mediationsförderungsgesetz betroffenen Gesetzen wird anstelle des Wortes »Streitbeilegung« der modernere Begriff der »**Konfliktbeilegung**«[7] verwandt, wohl weil dem üblichen deutschen Wort »Streit« weniger Versöhnungspotential innewohnt, als dem gemeinhin nur für schwächere Zwistigkeiten stehenden Begriff »Konflikt«.

---

6 Begr. BT-Drucks. 16/6308, S. 229.
7 Begr. BT-Drucks. 16/6308, S. 229.

2. Regelungsinhalt des Satzes 1

9 Auch nach der Änderung verbleibt es bei der Möglichkeit des Familiengerichts in **Sch**e**idungs- und Folgesachen anzuordnen**, dass die Ehegatten einzeln oder gemeinsam an einem **kostenfreien Informationsgespräch** über Mediation oder einer sonstigen Form außergerichtlicher Streitbeilegung teilnehmen. Die Regelung wird **durch** den geänderten **§ 156 Abs. 1 Satz 3 FamFG** ergänzt, wonach diese Anordnung nunmehr ebenfalls in Kindschaftssachen erfolgen kann.

a) Anordnung eines Informationsgesprächs durch das Gericht

10 Das Gericht ordnet die Teilnahme an einem Informationsgespräch nach **freiem Ermessen**[8] an. Es handelt sich um eine **gerichtliche Auflage**, die als Zwischenentscheidung[9] in Form eines Beschlusses[10] oder einer Verfügung[11] ergeht.

11 Die Entscheidung sollte eine wenn auch nur knappe **Begründung** enthalten, damit die für das Informationsgespräch vorgeschlagene Person oder Stelle erfährt, warum das Gericht die entsprechende Entscheidung für **angemessen** hält.[12] Die Entscheidung des Gerichts ist den Parteien nur **zuzustellen** (§ 329 Abs. 2 S. 3 ZPO), wenn sie mit einer Fristsetzung zur Durchführung des Informationsgesprächs verbunden ist; eine Fristsetzung sollte allerdings der **Normalfall** sein. Ansonsten reicht die formlose Mitteilung.[13]

b) Personen und Stellen

12 Das Gesetz regelt nicht, wer die Informationsgespräche durchführen soll. Man kann nur vermuten, dass der Gesetzgeber hier wie bereits in der Vergangenheit auf die selbständigen **Mediatoren** und **Mediationsverbände** vertraut, die ein mögliches Interesse haben werden, Mediation im Markt auch durch kostenfreie Informationsgespräche zu etablieren. Zwar gab es gerade

---

8 Begr. BT-Drucks. 16/6308, S. 229.
9 Begr. BT-Drucks. 16/6308, S. 229.
10 *Baumbach/Lauterbach/Albers/Hartmann*, ZPO, § 135 FamFG, Rn. 3.
11 *Heinemann* FamRB 2010, 125 ff. (127).
12 *Baumbach/Lauterbach/Albers/Hartmann*, ZPO, § 135 FamFG, Rn. 3, wo von einer »Anstandspflicht« hinsichtlich der Begründung gesprochen wird.
13 *Heinemann* FamRB 2010, 125 ff. (127).

von Seiten der Rechtsanwälte Kritik,[14] kostenlos tätig werden zu sollen, doch haben u. a. Rechtsanwälte und Mediationsverbände ihre Bereitschaft erklärt, diese Informationsgespräche kostenfrei anzubieten.[15]

Die **Auswahl** der **geeigneten Personen** und **Stellen** ist den Gerichten überlassen. In Frage sollen grundsätzlich Privatpersonen, Mediatoren, Güte- und Schiedsstellen, öffentliche Beratungseinrichtungen (z. B. Ehe- und Familienberatungen), aber auch Rechtsanwälte und Notare[16] kommen, nicht jedoch das Gericht selbst.[17] Da es sich nur um ein reines Informationsgespräch handelt, sind Rechtsanwälte und Notare nicht durch die Regelungen aus § 49b Abs. 1 S. 1 BRAO bzw. § 17 Abs. 1 S. 1 BNotO daran gehindert.[18]

Der Personenkreis und die Stellen sind jedoch vernünftigerweise auf solche Personen und Stellen einzuschränken, die über **ausreichende Kenntnis von Mediation** und anderen Konfliktlösungsverfahren verfügen. Rechtsanwälte und Notare, die sich allein aufgrund ihrer Erfahrungen, Verhandlungen zu führen und Vergleiche herbeizuführen, zu einem Informationsgespräch befähigt sehen, unterschätzen in hohem Maße den Unterschied zwischen der anwaltlichen oder notariellen Tätigkeit, eine Einigung zu erzielen, und einem Mediationsverfahren. Daher sind Personen, die nicht über entsprechende Kenntnisse verfügen, bei der Auswahl ausgeschlossen, weil sie die nötigen Informationen einfach nicht geben können. Die **ausgewählte Person kann** die gewünschte Tätigkeit ohne Angabe von Gründen **ablehnen**.[19]

Das Gericht kann den Ehegatten **mehrere geeignete Personen oder Stellen** zur Auswahl benennen oder auch an eine konkrete Person oder Stelle verweisen. Die Übergabe einer Liste mit entsprechenden Personen oder Stellen ist nicht ausreichend.[20] Der Gesetzgeber geht davon aus, das die Gerichte mit der Zeit eine »zunehmend größere Übersicht« über das Angebot der entspre-

---

14 *Grabow* FPR 2011, 33 ff. (35).
15 *Paul* ZKM 2011, 122 ff. (124); *Grabow* FPR 2011, 33 ff. (35).
16 *Kersten/Bühling*, Formularbuch und Praxis der Freiwilligen Gerichtsbarkeit, § 90, Rn. 87.
17 *Heinemann* FamRB 2010, 125 ff. (127).
18 *Heinemann* FamRB 2010, 125 ff. (127).
19 *Baumbach/Lauterbach/Albers/Hartmann*, ZPO, § 135 FamFG, Rn. 5.
20 *Heinemann* FamRB 2010, 125 ff. (127); Münchener Kommentar zur ZPO, § 135 FamFG, Rn. 11a.

chenden Dienstleistungen bekommen.[21] Die Gerichte sind daher gehalten, sich eine entsprechende Übersicht zu schaffen.

c) Inhalt des Informationsgesprächs

16 Das Informationsgespräch soll den Ehegatten **ausreichende Kenntnis** über Mediation und sonstige Möglichkeiten der außergerichtlichen Konfliktbeilegung geben, damit sie entscheiden können, ob sie ein solches Verfahren für die Beilegung ihres Konfliktes wählen möchten.[22] Über **Ablauf und Inhalt des Gesprächs** macht das Gesetz keinerlei Angaben. Erforderlich wird die Darstellung der unterschiedlichen Verfahren, z. B. Mediation, kooperatives Anwaltsverfahren,[23] notarielle Scheidungsfolgenvereinbarung, sein. Das beinhaltet zumindest die Erläuterung des wesentlichen Inhalts der unterschiedlichen Verfahrensabläufe, die Dauer jedes Verfahrens, die damit verbundenen Kosten und ggf. die Erörterung, welche Person oder Stelle geeignet scheint, ein solches Verfahren durchzuführen.

d) Kosten

17 Das Informationsgespräch ist **kostenfrei**. Voraussetzung ist, dass der entsprechenden Person oder Stelle vor Beginn des Informationsgesprächs die Entscheidung des Gerichts von den Ehegatten mitgeteilt wird. So bleibt die Entscheidungsmöglichkeit, eine kostenfreie Dienstleistung abzulehnen, bestehen. Sollte nicht erkennbar sein, dass es sich um ein Informationsgespräch nach § 135 FamFG handelt, kann der entsprechend tätige **Rechtsanwalt**[24] ein Honorar nach § 34 RVG verlangen, der Notar aber nur, wenn über das Informationsgespräch hinaus ein Mediations- oder Beratungsvertrag abgeschlossen wird.[25] Andere Personen oder Stellen können dies nur aufgrund entsprechender Vereinbarung. Sollte die Person oder die Stelle, die das Informationsgespräch durchführt, eine Vergütung vom Gericht erhalten, so kann eine Erstattung nicht von den Ehegatten verlangt werden.[26] Zudem entstehen **keine Gerichtsgebühren**.

---

21 Begr. BT-Drucks. 16/6308, S. 229.
22 Begr. BT-Drucks. 16/6308, S. 229.
23 Vgl. hierzu umfassend die Darstellung unter Andere Verfahren, III. Rdn. 1 ff.
24 *Baumbach/Lauterbach/Albers/Hartmann*, ZPO, § 135 FamFG, Rn. 6.
25 *Heinemann*, FamFG für Notare, Rn. 191.
26 *Baumbach/Lauterbach/Albers/Hartmann*, ZPO, § 135 FamFG, Rn. 5.

e) Teilnahmebestätigung

Über die Teilnahme an dem Informationsgespräch ist den Beteiligten eine 18
Teilnahmebestätigung zu erteilen, aus der sich Angaben über die Person
oder Stelle, die das Informationsgespräch geführt hat, und der Tag des Gesprächs ergeben. Angaben über den Inhalt und das Ergebnis des Gespräches
sind nicht erforderlich.[27]

3. Regelungsinhalt des Satzes 2

Die Anordnung nach Satz 1 ist **nicht** selbständig **anfechtbar** und kann von 19
dem Familiengericht auch nicht mit Zwangsmitteln durchgesetzt werden.
Gegen die Entscheidung kann lediglich die Gehörsrüge eingelegt werden
(§ 113 Abs. 1 S. 2 FamFG i.V.m. § 321a ZPO), wenn dem/den Ehegatten
z. B. keine Möglichkeit der Stellungnahme eingeräumt wurde.[28]

4. Konsequenzen einer Nichtteilnahme

Die Nichtteilnahme an einem gerichtlich angeordneten Informationsgespräch kann die **nachteilige Kostenfolge** des § 150 Abs. 4 S. 2 FamFG nach 20
sich ziehen. Die Teilnahme muss für die Ehegatten zumutbar sein. In Fällen
häuslichen Gewalt ist dies u. U. zu verneinen.[29]

5. Kritik

Bedauert wird vereinzelt, dass der Gesetzgeber weder in der Vergangenheit 21
noch gegenwärtig die Chance genutzt hat, durch das Gericht nicht nur ein
Informationsgespräch anordnen, sondern die Parteien im Rahmen einer Ermessensentscheidung direkt auf ein Mediationsverfahren verweisen zu können, mit der entsprechenden Kostenfolge nach § 150 Abs. 4 S. 2, sollte sich
eine Partei weigern, daran teilzunehmen.[30] So wird u. a. auf das seit 6. April
2011 vor den Familiengerichten in England und Wales gültige Verfahren[31]

---

27 *Heinemann* FamRB 2010, 125 ff. (128).
28 *Heinemann* FamRB 2010, 125 ff. (127).
29 Begr. BT-Drucks. 16/6308, S. 229.
30 *Wagner* ZKM 2010, 172 ff. (176); *Grabow,* FPR 2011, 33 ff. (36).
31 Sec. 4 Practice Direction 3 A – Pre-Application Protocol for Mediation Information and Assessment, Ergänzung zu The Family Procedure Rules 2010 (2010 No. 2955 (L. 17)), vgl. www.legislation.gov.uk.

verwiesen, wonach der Antragsteller und nach entsprechender Aufforderung auch der Antragsgegner an einem Gespräch mit einem Mediator teilnehmen muss (»**Mediation Information and Assessment Meeting**«), bei dem die Aussichten, einen Familienkonflikt mit Hilfe einer Mediation zu lösen, erörtert und abgewogen werden.[32] Das geht über die reine Information über Mediation hinaus und eröffnet u. U. bereits den Eintritt in ein Mediationsverfahren.[33]

III. Hinweise für die Praxis

22 Den Familiengerichten ist anzuraten, über die Rechtsanwaltskammern, die IHKs sowie die einschlägigen Verbände **Listen mit Mediatoren** oder Stellen vorzuhalten, die ein Informationsgespräch im oben beschriebenen Sinne durchzuführen in der Lage sind. Nach Umsetzung der nach § 6 MediationsG zu erlassenden Verordnung dürften im Hinblick auf die Qualitätsanforderungen an eine solche Information vor allem zertifizierte Mediatoren im Sinne von § 5 Abs. 2 MediationsG in Betracht kommen.

23 **Mustertext** einer nach § 135 FamFG vorzulegenden Teilnahmebestätigung:

▶ **Teilnahmebestätigung zur Vorlage beim Familiengericht**

Herr ... (*Name und Anschrift*)

und

Frau ... (*Name und Anschrift*)

haben heute ... (*Datum*) in der Zeit von ... bis ... (*Uhrzeit*)

gem. § 135 Satz 1 FamFG an einem kostenfreien Informationsgespräch über Mediation und sonstige Möglichkeiten der außergerichtlichen Konfliktbeilegung bei dem unterzeichnenden Mediator (*oder entsprechende Stelle*) teilgenommen.

(*Unterschrift sowie Name und Adresse*)

---

32 Vgl. *Steffek* RabelsZ, 74, 841 ff. (867 ff.).
33 *Paul* ZKM 2011, 122 ff. (123).

§ 150 Kosten in Scheidungssachen und Folgesachen

(1) Wird die Scheidung der Ehe ausgesprochen, sind die Kosten der Scheidungssache und der Folgesachen gegeneinander aufzuheben.

(2) Wird der Scheidungsantrag abgewiesen oder zurückgenommen, trägt der Antragsteller die Kosten der Scheidungssache und der Folgesachen. Werden Scheidungsanträge beider Ehegatten zurückgenommen oder abgewiesen oder ist das Verfahren in der Hauptsache erledigt, sind die Kosten der Scheidungssache und der Folgesachen gegeneinander aufzuheben.

(3) Sind in einer Folgesache, die nicht nach § 140 Abs. 1 abzutrennen ist, außer den Ehegatten weitere Beteiligte vorhanden, tragen diese ihre außergerichtlichen Kosten selbst.

(4) Erscheint in den Fällen der Absätze 1 bis 3 die Kostenverteilung insbesondere im Hinblick auf eine Versöhnung der Ehegatten oder auf das Ergebnis einer als Folgesache geführten Unterhaltssache oder Güterrechtssache als unbillig, kann das Gericht die Kosten nach billigem Ermessen anderweitig verteilen. Es kann dabei auch berücksichtigen, ob ein Beteiligter einer richterlichen Anordnung zur Teilnahme an einem Informationsgespräch nach § 135 nicht nachgekommen ist, sofern der Beteiligte dies nicht genügend entschuldigt hat. Haben die Beteiligten eine Vereinbarung über die Kosten getroffen, soll das Gericht sie ganz oder teilweise der Entscheidung zugrunde legen.

(5) Die Vorschriften der Absätze 1 bis 4 gelten auch hinsichtlich der Folgesachen, über die infolge einer Abtrennung gesondert zu entscheiden ist. Werden Folgesachen als selbständige Familiensachen fortgeführt, sind die hierfür jeweils geltenden Kostenvorschriften anzuwenden.

Übersicht	Rdn.
I. Regelungsgegenstand und Zweck	1
1. Normgefüge	1
2. Änderung	4
3. Europäische Mediationsrichtlinie	5
II. Grundsätze/Einzelheiten	6
1. Kostenaufhebung bei Scheidung (Absatz 1)	6
2. Kostentragung bei Erfolglosigkeit des Scheidungsantrages (Absatz 2)	7
3. Kosten weiterer Beteiligter (Absatz 3)	8

§ 150 FamFG   Kosten in Scheidungssachen und Folgesachen

4. Unbilligkeit der Kostenregelung (Absatz 4)	9	c) Fallkonstellationen nach Absatz 4 Satz 3	13
a) Fallkonstellationen nach Absatz 4 Satz 1	9	5. Abgetrennte Folgesachen (Absatz 5)	14
b) Fallkonstellationen nach Absatz 4 Satz 2	11	6. Rechtsmittelinstanz und einstweilige Anordnung	15

I. Regelungsgegenstand und Zweck

1. Normgefüge

1   § 150 FamFG entspricht etwa dem **früheren § 93a ZPO** vor Einführung des FamFG und enthält die **Kostenregelung** in Scheidungs- und Folgesachen gemäß §§ 133 ff FamFG.[1] Für Ehe- und Familienstreitsachen gelten nach § 113 Abs. 1 FamFG grundsätzlich nicht die allgemeinen Kostenregelungen des FamFG (§§ 80 ff.), sondern die allgemeinen zivilprozessualen Kostenregelungen der §§ 91 ff ZPO.

2   Für **Scheidungs- und Folgesachen** enthält § 150 FamFG eine weitere – auch gegenüber § 243 FamFG – **Sonderregelung**,[2] wonach die §§ 91 ff ZPO und damit das **zivilprozessuale Erfolgsprinzip** keine Anwendung findet, da dies in Scheidungssachen teilweise nicht zu sachgerechten Ergebnissen führen würde. So wäre der Zeitpunkt, welcher Ehegatte zuerst dem stattzugebenden Scheidungsantrag eingereicht hat ausschlaggebend für die Kostenlast; tatsächlich aber hängt die Reihenfolge der Anträge häufig von Zufällen oder Vereinbarungen der Parteien ab.[3] Ferner geht es in Scheidungssachen um weit mehr als lediglich um wirtschaftliche und rechtliche Aspekte, welche durch die Kostenregelung des § 150 FamFG – insbesondere bzgl. der Folgesachen – in die Entscheidung des Gerichts einbezogen werden können.

3   Getragen ist die Regelung des § 150 FamFG von dem **Prinzip der Kostenaufhebung** (Absatz 1), das nur bei Abweisung oder Rücknahme des Scheidungsantrags (Absatz 2) oder aus Billigkeitserwägungen (Absatz 4 Satz 1) durchbrochen wird. Bei einer Eheaufhebung greift die Vorschrift des § 132 FamFG. Für den Feststellungsantrag nach § 121 Nr. 3 FamFG gelten die all-

---

1 Begr. BT-Drucks. 16/6308, S. 233.
2 Begr. BT-Drucks. 16/6308, S. 233.
3 *Musielak/Borth*, Familiengerichtliches Verfahren, § 150 Rn. 2.; *Horndasch/Viefhues*, FamFG, § 150 Rn. 3.

gemeinen zivilprozessualen Regelungen der §§ 91 ff ZPO. Bei einer Lebenspartnerschaft ist § 270 FamFG zu beachten.

2. Änderung

In § 150 FamFG wurde in Absatz 4 Satz 2 nach der Angabe »§ 135« die Angabe »Abs. 1« gestrichen; dies ist der entsprechenden Veränderung des § 135 FamFG geschuldet.[4] Damit hat sich § 150 FamFG nunmehr gegenüber der alten Fassung nur unwesentlich verändert. 4

3. Europäische Mediationsrichtlinie

§ 150 Abs. 4 FamFG korrespondiert mit **Art. 5 Abs. 2 EUMed-RL**, der die Möglichkeit gerichtlicher **Sanktionen** bei Nichtinanspruchnahme von Mediationen zulässt. 5

II. Grundsätze/Einzelheiten

1. Kostenaufhebung bei Scheidung (Absatz 1)

Wird dem Scheidungsantrag stattgegeben, enthält § 150 Abs. 1 FamFG den Grundsatz der **Kostenaufhebung** bzgl. **der Scheidungssache** (vgl. § 121 Nr. 1 FamFG) und **der Folgesache** (vgl. § 137 Abs. 2 FamFG). Die Gleichbehandlung und die einheitliche Kostenentscheidung der Scheidungs- und der Folgesache resultiert aus dem **Verbundprinzip** des § 137 FamFG. Ausgenommen davon sind Verfahren, die zum Zeitpunkt der Verbundentscheidung nach § 140 Abs. 1 bis 3 FamFG abgetrennt sind und als selbstständige Verfahren fortgeführt werden (vgl. Absatz 5 Satz 2). Bei der Kostenaufhebung (vgl. § 92 Abs. 1 S. 2 ZPO) hat jeder Ehegatte die Hälfte der angefallenen Gerichtskosten sowie in voller Höhe die eigenen außergerichtlichen Kosten zu tragen hat. Hinsichtlich der außergerichtlichen Kosten einer dritten Person i.S.d § 139 FamFG trifft § 150 Abs. 3 FamFG eine gesonderte Regelung. Gemäß § 150 Abs. 4 FamFG kann das Gericht aus Billigkeitsgründen von den Kostenregelungen der Absätze 1 bis 3 abweichen. 6

---

4 Begr. BT-Drucks. 17/5335, III. Zu Artikel 4, Zu Nummer 6.

§ 150 FamFG   Kosten in Scheidungssachen und Folgesachen

2. Kostentragung bei Erfolglosigkeit des Scheidungsantrages (Absatz 2)

7 Wird der Scheidungsantrag eines Antragstellers (als unzulässig oder unbegründet) abgewiesen oder von diesem zurückgenommen (Absatz 2 Satz 1), hat dieser die Kosten der Scheidungssache und der Folgesachen zu tragen. Das **Kostenprinzip des § 91 ZPO** ist in diesem Fall sachgerecht. Wird der Antrag lediglich bezüglich der Folgesache zurückgenommen, findet § 150 Abs. 1 FamFG Anwendung. Werden die Scheidungsanträge von beiden Beteiligten abgewiesen oder zurückgenommen, sind die Kosten der Scheidungssache und der Folgesachen gegeneinander aufzuheben (Absatz 2 Satz 2). Auch bei Erledigung des Scheidungsverfahrens beispielsweise durch Versöhnung oder Tod (vgl. § 131 FamFG) werden die Kosten gegeneinander aufgehoben. Auch hier ist dem Gericht unter den Voraussetzungen des Absatz 4 die Möglichkeit eröffnet, von der Kostenregelung der Absätze 1 bis 3 aus **Billigkeitsgründen** abzuweichen.

3. Kosten weiterer Beteiligter (Absatz 3)

8 In einer Folgesache können weitere Beteiligte auftreten. Bestimmte Folgesachen – Unterhaltsfolgesachen oder Güterrechtsfolgesachen – sind nach § 140 Abs. 1 FamFG abzutrennen. Bei nicht nach § 140 Abs. 1 FamFG **abzutrennenden Folgesachen** haben die weiteren Beteiligten ihre außergerichtlichen Kosten selbst zu tragen (Absatz 3). **Weitere Beteiligte** sind z. B. bei Versorgungsausgleichsfolgesachen der **Versorgungsträger** (vgl. § 219 Nr. 3 FamFG), in Ehewohnungszuweisungsfolgesachen der **Vermieter** und in Kindschaftsfolgesachen das **Jugendamt** (vgl. § 204 FamFG). Auch hier kann das Gericht eine abweichende Kostenregelung aufgrund der allgemeinen Billigkeitsklausel in § 150 Abs. 4 FamFG treffen. Einem Verfahrensbeistand sind keine Verfahrenskosten aufzuerlegen (vgl. § 158 Abs. 8 FamFG).

4. Unbilligkeit der Kostenregelung (Absatz 4)

a) Fallkonstellationen nach Absatz 4 Satz 1

9 Aus Billigkeitserwägungen und im Sinn der **Kostengerechtigkeit** hat das Gericht nach § 150 Abs. 4 S. 1 FamFG einen **Ermessensspielraum**, über die Kostenverteilung anders als nach den Regelungen der Absätze 1 bis 3 zu entscheiden. Die »anderweitige Verteilung« der Kosten entspricht der »verhältnismäßigen Kostenteilung« des § 92 Abs. 1 ZPO, d.h. das Gericht kann jede anderweitige Verteilung vornehmen. Dem Gericht steht die Ausübung eines **pflichtgemäßen Ermessens** zu. Das ausgeübte Ermessen muss auf ausrei-

chend überprüfbaren Abwägungen und Begründungen hinsichtlich der Abweichung von den gesetzlichen Regelungen beruhen. Im Gesetz werden für die Eröffnung eines Ermessenspielraums als Beispiele (»**insbesondere**«) die Gesichtspunkte der »**Versöhnung**« (ein über das »kürzere Zusammenleben« hinausgehendes Ziel vgl. § 1567 Abs. 2 BGB) und das »**Ergebnis einer als Folgesache geführten Unterhaltssache oder Güterrechtssache**« angeführt. Bei dem Ergebnis der benannten Folgerechtssachen kann z. B. berücksichtigt werden, dass die geltend gemachten Ansprüche unbegründet oder verhöht waren.[5] Dadurch entstandene **Kosten** können entweder einem Ehegatten ganz auferlegt oder gemäß § 92 ZPO auf beide Ehegatten verteilt werden.[6] Auch Mehrkosten[7] einer Folgesache nach § 95 ZPO sowie die bezüglich einer Unterhaltsfolgesache in § 243 S. 2 Nr. 2 bis 4 FamFG genannten Umstände[8] können berücksichtigt werden.

Anders als noch in § 93 a Abs. 1 S. 2 ZPO a.F. ist der Gesichtspunkt der »unverhältnismäßigen Beeinträchtigung der Lebensführung eines Ehegatten durch die Kostentragung« nunmehr nicht mehr ausdrücklich in § 150 Abs. 4 erwähnt. Bei dessen Vorliegen wäre er aber weiterhin als möglicher **Ermessensgesichtspunkt** zu berücksichtigen, wie auch weitere im Einzelfall zu prüfende Aspekte, wenn sie den im Gesetz aufgeführten Beispielen an Gewicht und Bedeutung gleich kommen.[9] 10

b) Fallkonstellationen nach Absatz 4 Satz 2

Die Fallkonstellationen des Absatzes 4 Satz 2 sind diejenigen, die im Zusammenhang mit den durch das Mediationsgesetz erfolgten Änderungen von Belang sind. Das Gericht kann bei seiner Ermessensentscheidung berücksichtigen, ob ein Beteiligter einer richterlichen Anordnung zur Teilnahme an einem **Informationsgespräch nach § 135 FamFG** nicht nachgekommen ist, sofern der Beteiligte dies nicht genügend entschuldigt hat. Mit dieser Rege- 11

---

5 OLG München, Beschl. v. 16.9.1998–11EF 1101/98, NJW –RR 99, S. 366.; *Bumiller/Harders*, FamFG Freiwillige Gerichtsbarkeit; § 150 Rn. 8; *Horndasch/Viefhues*, FamFG; § 150 Rn. 16.
6 OLG München, Beschl. v. 16.9.1998–11EF 1101/98, NJW – RR 99, S. 366.
7 OLG München, Beschl. v. 16.9.1998–11EF 1101/98, NJW – RR 99, S. 366.
8 *Engelhardt/Sternal*, FamFG, § 150 Rn. 8.
9 *Engelhardt/Sternal*, FamFG, § 150 Rn. 8; *Bumiller/Harders*, FamFG, § 150 Rn. 7; *Horndasch/Viefhues*, FamFG, §150 Rn. 15.

lung trägt der Gesetzgeber der Förderung der außergerichtlichen Streitbeilegung Rechnung. Es genügt das unentschuldigte Nichterscheinen, es kommt nicht darauf an, ob durch die Teilnahme an einem Informationsgespräch das Ergebnis des Verfahrens ein anderes gewesen wäre.[10]

12 Als **ausreichende Entschuldigung** sind beispielsweise zu erachten
 - Krankheitsgründe der eigenen Person oder zu betreuender Personen, insbesondere Kinder (jeweils belegt durch ärztliches Attest),
 - zu kurzfristig angesetztes Informationsgespräch (weniger als zwei Wochen Vorlauf),
 - gemeinsam angesetztes Informationsgespräch in Fällen häuslicher Gewalt (abhängig vom Einzelfall).

c) Fallkonstellationen nach Absatz 4 Satz 3

13 Das Gericht soll grundsätzlich eine zwischen den Beteiligten bestehende **Vereinbarung** über die Kosten ganz oder teilweise bei seiner Entscheidung berücksichtigen. Durch die Ausgestaltung der Norm als »Soll- Vorschrift« wird das Gericht nur in Ausnahmefällen von der Parteivereinbarung abweichen;[11] es ist aber nicht an die Kostenvereinbarung gebunden.

5. Abgetrennte Folgesachen (Absatz 5)

14 Die Absätze 1 bis 4 gelten auch für Folgesachen, über die nach Abtrennung **gesondert entschieden** wird; dies folgt aus Absatz 5 Satz 1. Werden diese ehemaligen Folgesachen als selbstständige Familiensache fortgeführt, finden die jeweils geltenden Kostenvorschriften Anwendung (vgl. Absatz 5 Satz 2).

6. Rechtsmittelinstanz und einstweilige Anordnung

15 Bei erfolglosem Rechtsmittel finden über § 113 Abs. 1 S. 2 FamFG die allgemeinen zivilprozessualen Vorschriften (§§ 97 ff ZPO) Anwendung. Bei erfolgreichem Rechtsmittel wegen neuen Vorbringens kommt § 97 Abs. 2 ZPO zum Tragen. Im Übrigen gelten die Grundsätze des § 150 FamFG bei der Kostenverteilung in Scheidungs- und Scheidungsfolgesachen auch in der Rechtsmittelinstanz, insbesondere auch der Absatz 4. Sofern ein **Drittbeteiligter** Rechtsmittel einlegt, hat dieser die Kosten bei erfolglosem Rechtsmittel

---

10 *Bumiller/Harders*, FamFG, § 150 Rn. 9.
11 *Büte* FuR 2009, 650.

nach § 97 Abs. 1 ZPO zu tragen. Bei erfolgreichem Rechtsmittel haben die Eheleute die Kosten des Rechtsmittelverfahrens im Verhältnis zu dem Drittbeteiligten gemäß § 91 ZPO, bei Teilerfolg nach § 91 ZPO zu tragen. Der auf die Ehegatten entfallende Teil wird nach § 150 Abs. 1 FamFG aufgeteilt.

Einstweilige Anordnungen sind gemäß §§ 113 Abs. 1 S. 1, 51 Abs. 3 FamFG rechtlich selbstständige Verfahren. Die Kostenentscheidung der einstweiligen Anordnung richtet sich nach den allgemeinen Vorschriften (vgl. § 51 Abs. 4 FamFG), d.h. § 150 FamFG findet keine Anwendung. **16**

§ 155 Vorrang- und Beschleunigungsgebot

(1) Kindschaftssachen, die den Aufenthalt des Kindes, das Umgangsrecht oder die Herausgabe des Kindes betreffen, sowie Verfahren wegen Gefährdung des Kindeswohls sind vorrangig und beschleunigt durchzuführen.

(2) Das Gericht erörtert in Verfahren nach Absatz 1 die Sache mit den Beteiligten in einem Termin. Der Termin soll spätestens einen Monat nach Beginn des Verfahrens stattfinden. Das Gericht hört in diesem Termin das Jugendamt an. Eine Verlegung des Termins ist nur aus zwingenden Gründen zulässig. Der Verlegungsgrund ist mit dem Verlegungsgesuch glaubhaft zu machen.

(3) Das Gericht soll das persönliche Erscheinen der verfahrensfähigen Beteiligten zu dem Termin anordnen.

(4) Hat das Gericht ein Verfahren nach Absatz 1 zur Durchführung einer Mediation oder eines anderen Verfahrens der außergerichtlichen Konfliktbeilegung ausgesetzt, nimmt es das Verfahren in der Regel nach drei Monaten wieder auf, wenn die Beteiligten keine einvernehmliche Regelung erzielen.

Übersicht	Rdn.		Rdn.
I. Regelungsgegenstand und Zweck	1	1. Wiederaufnahme des Verfahrens (Absatz 4)	7
1. Normgefüge	1	a) Aussetzung des Verfahrens zur Mediation oder anderer gerichtlicher Konfliktbeilegung	7
2. Gesetzesänderung	6		
II. Grundsätze/Einzelheiten	7		

Pielsticker

b) Wiederaufnahme in der Regel nach drei Monaten	10	2. Fristberechung	11

I. Regelungsgegenstand und Zweck

1. Normgefüge

1 Der Regelungszweck des § 155 FamFG besteht darin, im Interesse des Kindes die Verfahrensdauer von bestimmten, in Absatz 1 benannten, **Kindschaftssachen** zu verkürzen und diese **beschleunigt und bevorzugt, ggf. auch auf Kosten anderer Verfahren zu bearbeiten**.[1] Vom Regelungsbereich des § 155 FamFG sind daher nur solche Verfahren umfasst, die **unverzüglicher Klärung** bedürfen, weil eine zu lange Verfahrensdauer die Positionen der Eltern verschärfen, zur Eskalation des Streits und zur Beeinträchtigung des Kindeswohls führen könnte. § 155 FamFG betrifft somit nicht sämtliche Kindschaftssachen nach § 151 FamFG, insbesondere nicht die der elterlichen Sorge, da diese Verfahren einer umfangreichen und ggf. zeitaufwändigen Aufklärung bedürfen.[2] »Der Grundsatz des Kindeswohls prägt und begrenzt zugleich das Beschleunigungsgebot«.[3]

2 Der **Normauftrag des § 155 FamFG** ist, wie sich auch aus den Absätzen 2 und 3 ergibt, im Zusammenhang mit § 156 FamFG zu sehen, wonach das Familiengericht in jeder Lage des Verfahrens auf eine **einvernehmliche Regelung** hinwirken soll und nach § 156 Abs. 1 FamFG die Teilnahme an einem Informationsgespräch über Mediation oder eine sonstige Möglichkeit der außergerichtlichen Streitbeilegung anordnen kann.[4]

3 Das Prinzip des **Vorrangs- und Beschleunigungsgebots** nach **Absatz 1** – das nach dem Willen des Gesetzgebers nicht schematisch anzuwenden ist[5] – wird geprägt vom Gedanken des **Kindeswohls**, wie es in § 1697a BGB seinen Niederschlag gefunden hat. Das Kindeswohl, und das hier verankerte Beschleunigungsgebot, gilt in jeder Verfahrenslage und in allen Rechtszügen. Es umfasst auch die einstweilige Anordnung z. B. in Umgangssachen, denn gerade in diesen Fällen ist eine schnelle, dem Kind Klarheit und Sicherheit ge-

---

1 Begr. BT-Drucks. 16/6308, S. 235.
2 Begr. BT-Drucks. 16/6308, S. 235 f.; *Horndasch/Viefhues*, FamFG, § 155 Rn. 4.
3 Begr. BT-Drucks. 16/6308, S. 236.
4 *Musielak*, Familiengerichtliches Verfahren, § 155 Rn. 1.
5 Begr. BT-Drucks. 16/6308, S. 235 f.

bende Entscheidung von großer Bedeutung, um eine zu lange Unterbrechung des Umgangskontaktes zwischen dem Kind und dem nicht betreuenden Elternteil zu vermeiden.[6]

Absatz 2 betrifft Einzelheiten des Termins: Das Gericht soll spätestens **einen** 4 **Monat** nach Beginn des Verfahrens eine **mündliche Verhandlung** durchführen und die Sache mit den Beteiligten erörtern, das Jugendamt anhören und eine Terminverlegung nur aus zwingenden Gründen, die glaubhaft zu machen sind, vornehmen.

Nach **Absatz 3** soll das persönliche Erscheinen der verfahrensfähigen Beteilig- 5 ten angeordnet werden.

2. Gesetzesänderung

Durch das Mediationsgesetz wurde **Absatz 4** neu in die Vorschrift eingefügt. 6 Die Norm dient ebenfalls der Wahrung des in Kindschaftssachen nach Absatz 1 geltenden Vorrangs- und Beschleunigungsgebotes. Es wird sicher gestellt, dass ein ausgesetztes Verfahren zeitnah wieder betrieben wird.[7]

II. Grundsätze/Einzelheiten

1. Wiederaufnahme des Verfahrens (Absatz 4)

a) Aussetzung des Verfahrens zur Mediation oder anderer gerichtlicher Konfliktbeilegung

Ist eine Kindschaftssache nach Absatz 1, mithin eine solche, die den Aufent- 7 halt, das Umgangsrecht oder die Herausgabe sowie die Gefährdung des Kindeswohl betrifft, wegen einer **Mediation** oder eines anderen Verfahrens der außergerichtlichen Konfliktbeilegung ausgesetzt worden, so verpflichtet Absatz 4 das (Familien)Gericht, das Verfahren in der Regel nach **drei Monaten** wieder **aufzunehmen**, wenn die Beteiligten keine einvernehmliche Regelung erzielt haben. Während der Begriff der Mediation sich aus § 1 Abs. 1 MediationsG ableiten lässt, findet sich im Gesetz keine Definition, was unter »anderen **Verfahren der außergerichtlichen Konfliktbeilegung**« zu verstehen ist. Von den in der Gesetzesbegründung[8] beispielhaft aufgeführten Verfahren

---

6 Begr. BT-Drucks. 16/6308, S. 235 f.
7 Begr. BT-Drucks. 17/5335, S. 23 f.
8 Begr. BT-Drucks. 17/5335, S. 23 f.

dürften nur die Wenigsten für Kindschaftssachen in Betracht kommen. Gleichwohl ist zu konstatieren, dass die Entwicklung neuer innovativer Verfahren der außergerichtlichen Konfliktbeilegung weiter voranschreiten wird und neue Verfahren sich ggf. für Kindschaftssachen besonders anbieten werden.

8 Unter **Gericht** im Sinne des Absatz 4 werden sämtliche mit den Kindschaftssachen nach §§ 155, 156 FamFG befassten Gerichte verstanden.

9 Die Vorschrift des Absatz 4 ist im **Zusammenhang mit § 156 FamFG und § 36a FamFG** zu lesen. Gemäß § 156 Abs. 1 FamFG soll das Gericht in den Verfahren des § 155 Abs. 1 FamFG sowie in Kindschaftssachen, die die elterliche Sorge betreffen, in jeder Lage des Verfahrens auf **ein Einvernehmen der Beteiligten** hinwirken. Ferner kann das Gericht in diesen Verfahren nach § 156 Abs. 1 S. 3 FamFG die **Teilnahme** an einem Informationsgespräch über Mediation und andere Verfahren der außergerichtlichen Konfliktbeilegung **anordnen**. Sofern sich die Beteiligten zur Teilnahme an einer Mediation entscheiden, setzt das Gericht das Verfahren nach § 36a Abs. 2 FamFG aus.[9]

b) Wiederaufnahme in der Regel nach drei Monaten

10 Nach der Gesetzesbegründung soll die Hauptsache unabhängig von einer ggf. nach § 156 Abs. 3 S. 2 FamFG erlassenen einstweiligen Anordnung in der Regel nach **drei Monaten** wieder aufgenommen werden, wenn keine einvernehmliche Regelung erzielt wurde.[10] Das ist im Schrifttum kritisiert worden, weil die Beteiligten dadurch gezwungen werden könnten, das Verfahren auch **gegen ihren Willen** wieder zu betreiben;[11] das überzeugt jedoch nur bedingt. Denn die Normierung der Wiederaufnahme des Verfahrens **als Regelfall** eröffnet die Möglichkeit, in einzelnen Fällen der außergerichtlichen Konfliktbeilegung den Beteiligten mehr Zeit einzuräumen.[12] Den Beteiligten ist daher anzuraten, wenn sie sich dem Ende der drei Monatsfrist nähern, ggf. das Gericht davon in Kenntnis zu setzen, dass Verhandlungen über eine kon-

---

9 Vgl. umfassend die Kommentierung zu § 36a FamFG, Rdn. 1 ff.
10 Begr. BT-Drucks. 17/5335, S. 23.
11 *Trossen*, Stellungnahme zum Mediationsgesetz, http://www.in-mediation.eu/stellungnahme-zum-mediationsgesetz.
12 Begr. BT-Drucks. 17/5335, III. Zu Artikel 4, Zu Nummer 7.

sensuale Lösung noch laufen und von daher eine Wiederaufnahme der gerichtlichen Verfahrens nicht angezeigt ist.

2. Fristberechung

Die **drei Monatsfrist** berechnet sich nach § 16 FamFG i. V. m. § 222 ff 11
ZPO i. V. m. §§ 187 ff BGB.

§ 156 Hinwirken auf Einvernehmen

(1) Das Gericht soll in Kindschaftssachen, die die elterliche Sorge bei Trennung und Scheidung, den Aufenthalt des Kindes, das Umgangsrecht oder die Herausgabe des Kindes betreffen, in jeder Lage des Verfahrens auf ein Einvernehmen der Beteiligten hinwirken, wenn dies dem Kindeswohl nicht widerspricht. Es weist auf Möglichkeiten der Beratung durch die Beratungsstellen und -dienste der Träger der Kinder- und Jugendhilfe insbesondere zur Entwicklung eines einvernehmlichen Konzepts für die Wahrnehmung der elterlichen Sorge und der elterlichen Verantwortung hin. **Das Gericht kann anordnen, dass die Eltern einzeln oder gemeinsam an einem kostenfreien Informationsgespräch über Mediation oder über eine sonstige Möglichkeit der außergerichtlichen Konfliktbeilegung bei einer von dem Gericht benannten Person oder Stelle teilnehmen und eine Bestätigung hierüber vorlegen.** Es kann **ferner** anordnen, dass die Eltern an einer Beratung nach Satz 2 teilnehmen. **Die Anordnungen nach den Sätzen 3 und 4 sind** nicht selbständig anfechtbar und nicht mit Zwangsmitteln durchsetzbar.

(2) Erzielen die Beteiligten Einvernehmen über den Umgang oder die Herausgabe des Kindes, ist die einvernehmliche Regelung als Vergleich aufzunehmen, wenn das Gericht diese billigt (gerichtlich gebilligter Vergleich). Das Gericht billigt die Umgangsregelung, wenn sie dem Kindeswohl nicht widerspricht.

(3) Kann in Kindschaftssachen, die den Aufenthalt des Kindes, das Umgangsrecht oder die Herausgabe des Kindes betreffen, eine einvernehmliche Regelung im Termin nach § 155 Abs. 2 nicht erreicht werden, hat das Gericht mit den Beteiligten und dem Jugendamt den Erlass einer einstweiligen Anordnung zu erörtern. Wird die Teilnahme an einer Beratung, **an einem kostenfreien Informationsgespräch über Mediation oder einer sonstigen Möglichkeit der außergerichtlichen Konfliktbeilegung** oder eine schriftliche

§ 156 FamFG Hinwirken auf Einvernehmen

Begutachtung angeordnet, soll das Gericht in Kindschaftssachen, die das Umgangsrecht betreffen, den Umgang durch einstweilige Anordnung regeln oder ausschließen. Das Gericht soll das Kind vor dem Erlass einer einstweiligen Anordnung persönlich anhören.

Übersicht

	Rdn.		Rdn.
I. Regelungsgegenstand und Zweck	1	b) Anordnung der Teilnahme an einer Beratung (Absatz 1 Satz 4)	16
1. Normgefüge	1	c) Rechtsmittel gegen Anordnungen (Absatz 1 Satz 5)	18
2. Gesetzesänderung	2		
3. Europäische Mediationsrichtlinie	6	d) Konsequenzen einer Nichtteilnahme	19
II. Grundsätze und Einzelheiten	7	2. Umgangsregelung durch einstweilige Anordnung	20
1. Hinwirken auf Einvernehmen	7		
a) Anordnung der Teilnahme an Informationsgespräch (Absatz 1 Satz 3)	7	a) Vorläufige Regelung durch das Gericht (Absatz 3 Satz 2)	20
aa) Anordnung	9	b) Anhörung des Kindes (Absatz 3 Satz 3)	21
bb) Personen und Stellen	11	3. Rechtsmittel	22
cc) Inhalt des Informationsgesprächs	13	**III. Hinweise für die Praxis**	23
dd) Kosten	14		
ee) Teilnahmebestätigung	15		

I. Regelungsgegenstand und Zweck

1. Normgefüge

1 Regelungszweck des § 156 FamFG ist es, dem Gericht aufzugeben, in bestimmten Kindschaftssachen auf eine **eigenverantwortliche Konfliktlösung** der Eltern hinzuwirken und diese bei der Konfliktlösung zu unterstützen. Eine solche über die allgemeine Pflicht des Gerichts hinausgehende Verpflichtung soll einer langfristigen Lösung des Konflikts und dem **Schutz des Kindeswohls** dienen.[1] Allerdings stellt die Ausgestaltung als **Soll-Vorschrift** klar, dass ein Hinwirken auf ein Einvernehmen insbesondere dann nicht in Betracht kommt, wenn es dem Kindeswohl zuwiderläuft, z. B. in Fällen

---

[1] Begr. BT-Drucks. 16/6308, S. 236 f., *Bumiller/Harders*, FamFG, § 156 Rn. 1.

häuslicher Gewalt.² Die Gewährleistung und Förderung des Kindeswohls durch die Eltern hat seine **verfassungsrechtlich Verankerung** u. a. in Art. 6 Abs. 2 Satz 1 GG.³ Die Eltern haben die **Pflicht**, die mit ihrer Trennung häufig einhergehende Schädigung der Entwicklung des Kindes so gering wie möglich zu halten und »eine vernünftige, den Interessen des Kindes entsprechende Lösung für seine Pflege und Erziehung«⁴ zu finden. Staatliches Einschreiten i.S.v. Art. 6 Abs. 2 GG in Familienstreitigkeiten sollte insoweit lediglich in der Unterstützung und Förderung der **eigenverantwortlichen Konfliktlösung** der Eltern bestehen.⁵ Eine solche Unterstützung bietet Mediation, wodurch eine einvernehmliche, faire und eine das Kindeswohl in den Vordergrund stellende Lösung gefunden werden kann. Die eigenverantwortliche Konfliktlösung durch die Eltern will der Gesetzgeber auch dadurch fördern, dass die **gerichtliche Anordnung**, an einem kostenlosen Informationsgespräch über Mediation, über die Möglichkeit einer sonstigen außergerichtlichen Konfliktbeilegung (Abatz 1 Satz 3) oder an einer Beratung durch Beratungsstellen und -dienste der Träger der Kinder- und Jugendhilfe (Absatz 1 Satz 4) teilzunehmen, nicht angefochten werden kann. Der Gesetzgeber geht davon aus, dass sich durch die Vermeidung eines gerichtlichen Verfahrens mit richterlicher Anhörung, Sachverständigengutachten, Ermittlungen des Jugendamtes etc. die **Belastung des Kindes** vermindern lässt.⁶

2. Gesetzesänderung

Durch das Mediationsgesetz wurden § 156 Abs. 1 Sätze 3, 4 und 5 sowie 2 Abs. 3 Satz 2 FamFG geändert. Dabei wurde der Begriff »Streitbeilegung« durch »**Konfliktbeilegung**« in § 156 Abs. 1 Satz 3 FamFG ersetzt, was der

---

2 Begr. BT-Drucks. 16/6308, S. 236.
3 *Proksch* ZKM 2010, 39 ff. (40); *Proksch* ZKM 2011, 173 ff. (174).
4 BVerfGE 61, 358 (373 ff.).
5 *Proksch* ZKM 2010, 39 ff. (40); *Proksch* ZKM 2011, 173 ff. (174).
6 Begr. BT-Drucks. 13/4899, S. 133 zum früheren § 52 FGG, wonach das Gericht »über die allgemeine Pflicht zur gütlichen Beilegung von rechtlichen Konflikten« hinauseine besondere Verpflichtung hatte, »im Interesse des betroffenen Kindes auf ein Einvernehmen der Beteiligten hinzuwirken«.

§ 156 FamFG Hinwirken auf Einvernehmen

»Vereinheitlichung« der Begrifflichkeiten in den einzelnen vom Mediationsgesetz betroffenen Gesetzen dienen soll.[7]

3   Während das Gericht nach Absatz 1 Satz 3 a.F. lediglich auf die Möglichkeit der Mediation oder außergerichtlichen Streitbeilegung hinweisen sollte, kann es nach Absatz 1 Satz 3 n. F. nunmehr auch in **Kindschaftssachen** die Teilnahme an einem **Informationsgespräch** über Mediation oder über eine sonstige Möglichkeit der außergerichtlichen Konfliktbeilegung **anordnen**. Dies war bisher nur in Scheidungs- und Folgesachen gemäß § 135 Satz 1 FamFG möglich. Diese »unterschiedliche und nicht sachgerechte Behandlung« von Kindschafts- und Scheidungs-/Scheidungsfolgesachen ist nunmehr beseitigt.[8] Die geänderte Regelung des § 156 Abs. 1 Satz 3 FamFG gleicht jetzt dem § 135 S. 1 FamFG. Im Unterschied zu § 135 FamFG sind allerdings **Adressaten der Anordnung** die Eltern des von der Kindschaftssache betroffenen Kindes.

4   Die Änderungen in § 156 Abs. 1 Satz 4 und 5 sowie in Abs. 3 Satz 2 FamFG haben allein klarstellende Bedeutung und ergeben sich aus der Änderung von Satz 3 in § 156 Abs. 1 FamFG.[9]

5   Die Änderungen in § 156 Abs. 3 Satz 2 FamFG dienen dem **Vorrang- und Beschleunigungsgebot** des § 155 FamFG. Denn auch in den Fällen, in denen das Familiengericht die Teilnahme an einem **Informationsgespräch** zur außergerichtlichen Konfliktbeilegung oder Mediation anordnet, ist das Gericht nunmehr verpflichtet, eine einstweilige Anordnung hinsichtlich des Umgangsrechts zu erlassen.[10] Dies galt bislang nur bei der Anordnung der Teilnahme an einer Beratung oder einer schriftlichen Begutachtung.

3. Europäische Mediationsrichtlinie

6   § 156 Abs. 1 Satz 4 FamFG entspricht dem Gedanken, der sich in **Art. 5 EUMed-RL** findet, wonach »das Gericht die Parteien auch auffordern (kann), an einer Informationsveranstaltung über die Nutzung der Mediation teilzunehmen« und dies mit Sanktionen versehen kann. Die EUMed-RL be-

---

7   Begr. BT-Drucks. 17/5335, III. Zu Artikel 4, Zu Nummer 8; vgl. auch § 135 FamFG, der dem § 156 Abs. 1 Satz 3 FamFG vergleichbar ist.
8   Begr. BT-Drucks. 17/5335, S. 23.
9   Begr. BT-Drucks. 17/5335, S. 23.
10 Begr. BT-Drucks. 17/5335, S. 23.

zieht sich dabei aber allein auf Zivil- und Handelssachen und nicht auf Kindschaftssachen.[11]

II. Grundsätze und Einzelheiten

1. Hinwirken auf Einvernehmen

a) Anordnung der Teilnahme an Informationsgespräch (Absatz 1 Satz 3)

Nach der Neueinfügung des § 156 Abs. 1 Satz 3 FamFG kann das Gericht nunmehr auch **anordnen**, dass die Eltern einzeln oder gemeinsam an einem kostenfreien **Informationsgespräch** über Mediation oder über eine sonstige Möglichkeit der außergerichtlichen Konfliktbeilegung bei einer von dem Gericht benannten Person oder Stelle teilnehmen und eine Bestätigung hierüber vorlegen. Die Vorschrift korrespondiert mit der für Scheidungs- und Folgesachen nahezu wortgleichen Regelung des § 135 FamFG. 7

Die Neuregelung, wonach das Gericht die Teilnahme an einem Informationsgespräch anordnen kann, widerspricht nicht dem **Prinzip der Freiwilligkeit** der Mediation. Die angeordnete Teilnahme an dem Informationsgespräch bedeutet nicht, dass die Eltern sich letztlich für die Durchführung eines Mediationsverfahrens entscheiden müssen. Das Informationsgespräch soll den Eltern lediglich die Chance geben, mehr über Mediation oder über eine sonstige Möglichkeit der außergerichtlichen Konfliktbeilegung und deren Möglichkeiten der Konfliktlösung zu erfahren. Auf dieser Basis sollen die Eltern dann selbstständig und freiwillig eine »**informierte Entscheidung**« treffen, ob sie ein derartiges Verfahren durchführen und dort eine Einigung erzielen wollen.[12] 8

aa) Anordnung

Das Gericht **ordnet die Teilnahme** an einem Informationsgespräch nach **freiem Ermessen** an; es handelt sich um eine **gerichtliche Auflage**, die als Zwischenentscheidung in Form eines Beschlusses oder einer Verfügung ergeht. 9

Die Entscheidung sollte eine, wenn auch nur knappe, **Begründung** enthalten, damit die für das Informationsgespräch vorgeschlagene Person oder Stel- 10

---

11 Begr. EUMed-RL 2008/52/EG, S. 4.
12 Begr. BT-Drucks. 17/5335, S. 23, 24.; *Engelhardt/Sternal*, FamFG, § 156 Rn. 6.

le erfährt, warum das Gericht die entsprechende Entscheidung für angemessen hält. Die Entscheidung ist den Parteien nur zuzustellen (§ 329 Abs. 2 S. 3 ZPO), wenn sie mit einer Fristsetzung zur Durchführung des Informationsgesprächs verbunden ist; eine Fristsetzung sollte allerdings der Normfall sein. Ansonsten reicht die formlose Mitteilung.[13]

bb) Personen und Stellen

11 Das Gesetz regelt nicht, wer das **Informationsgespräch** durchführen soll. Die **Auswahl** der geeigneten Personen und Stellen ist den Gerichten überlassen. Die ausgewählte Person kann jedoch die gewünschte Tätigkeit ohne Angabe von Gründen **ablehnen**.[14]

12 In der Gesetzesbegründung heißt es, dass die Familiengerichte auf die »örtlichen Gegebenheiten Rücksicht nehmen und sowohl private Mediationsangebote als auch Mediationsangebote freier und öffentlicher Träger berücksichtigen« sollen.[15] Man kann nur vermuten, dass der Gesetzgeber hier wie bereits in der Vergangenheit auf die selbstständigen **Mediatoren** und **Mediationsverbände** vertraut, die ein mögliches Interesse haben werden, Mediation im Markt auch durch kostenfreie Informationsgespräche zu etablieren. Zwar gab es gerade von Seiten der **Rechtsanwälte** Kritik,[16] kostenlos tätig werden zu sollen, doch haben u. a. Rechtsanwälte und Mediationsverbände ihre Bereitschaft erklärt, diese Informationsgespräche **kostenfrei** anzubieten.[17]

cc) Inhalt des Informationsgesprächs

13 Das Informationsgespräch soll den Eltern ausreichende Kenntnis über Mediation und sonstige Möglichkeiten der außergerichtlichen Konfliktbeilegung geben, damit sie eine qualifizierte Antwort für den Konflikt geben können. Über **Ablauf** und **Inhalt** des Gesprächs macht das Gesetz keinerlei Angabe. Erforderlich wird die Darstellung der unterschiedlichen Verfahren wie beispielsweise Mediation oder kooperatives Anwaltsverfahren sein. Das beinhaltet zumindest die **Erläuterung des wesentlichen Inhalts** der unterschiedli-

---

13 Vgl. Kommentierung zu § 135 FamFG, Rdn. 10.
14 *Baumbach/Lauterbach/Albers/Hartmann*, ZPO, § 135 FamFG, Rn. 5.
15 Begr. BT-Drucks. 17/5335, S. 22, 23.
16 *Grabow* FPR 2011, 33 ff. (35).
17 *Paul* ZKM 2011, 122 ff. (124); *Grabow* FPR 2011, 33 ff. (35); vgl. im Übrigen Kommentierung zu § 135 Abs. 1 FamFG, Rdn. 12 ff.

chen Verfahrensabläufe, die Dauer des jeweiligen Verfahrens, die damit verbundenen Kosten und ggf. die Erörterung, welche Person oder Stelle geeignet erscheint, ein solches Verfahren durchzuführen.

dd) Kosten

Das Informationsgespräch ist **kostenfrei.** Voraussetzung ist, dass der entsprechenden Person oder Stelle vor Beginn des Informationsgesprächs die Entscheidung des Gerichts von den Eltern mitgeteilt wird.[18] 14

ee) Teilnahmebestätigung

Über die Teilnahme an dem Informationsgespräch ist den Beteiligten eine **Teilnahmebestätigung** zu erteilen, aus der sich Angaben über die Person oder Stelle, die das Informationsgespräch geführt hat und der Tag des Gesprächs, ergeben. Angaben über den Inhalt und das Ergebnis des Gespräches sind nicht erforderlich.[19] 15

b) Anordnung der Teilnahme an einer Beratung (Absatz 1 Satz 4)

Ferner kann das Gericht die Teilnahme an einer Beratung nach § 156 Abs. 1 Satz 2 FamFG anordnen. Gemäß Absatz 1 Satz 2 soll das Gericht auf die Möglichkeit der Beratung durch die **Beratungsstellen und –dienste der Träger der Kinder- und Jugendhilfe** (§§ 3 ff SGB VIII[20]) insbesondere zur Entwicklung eines einvernehmlichen Konzepts für die Wahrnehmung der elterlichen Sorge und der elterlichen Verantwortung hinweisen. Durch den Hinweis auf die elterliche Verantwortung soll betont werden, dass die Verantwortung der Eltern unabhängig von der elterlichen Sorge besteht und auch nach der Trennung und Scheidung zu beachten ist.[21] 16

Eine solche **Anordnung** wird das Gericht insbesondere vornehmen, wenn die Eltern im Termin kein Einvernehmen über Regelungen der sorge- und umgangsrechtlichen Fragen erreichen können, das Gericht aber die Chance sieht, dass mit Hilfe fachlicher Beratung durch einen Dritten ein gemeinsa- 17

---

18 Vgl. im Übrigen die Kommentierung zu § 135 FamFG, Rdn. 17.
19 *Heinemann* FamRB 2010, 125 ff. (128).
20 Sozialgesetzbuch (SGB) – Achtes Buch (VIII) v. 26.06 1990, BGBl. I S. 1163, zuletzt geändert am 22.12.2011, BGBl. I S. 2975, 2976 ff.
21 Begr. zu § 52 Abs. 1 Satz 2 FGG a.F., BT-Drucks. 13/8511, S. 79.

mes elterliches Lösungskonzept entwickelt werden kann. In der Anordnung soll das Gericht im Einvernehmen mit dem Jugendamt festlegen, bei welcher Beratungsstelle binnen welcher Frist die Eltern sich beraten lassen sollen. **Vor Erlass der Anordnung** hat das Gericht dem **Jugendamt** Gelegenheit zur **Stellungnahme** zu geben, das zur Abgabe der Stellungnahme auch gemäß § 50 SGB VIII verpflichtet ist. Die Anordnung ist so konkret und nachvollziehbar zu formulieren, dass die Eltern genau wissen, was sie zu tun haben und welches Ziel mit der Anordnung verfolgt wird.[22]

c) Rechtsmittel gegen Anordnungen (Absatz 1 Satz 5)

18 Die Anordnung zur Teilnahme am Informationsgespräch oder an der Beratung ist gemäß § 156 Abs. 1 Satz 5 **nicht selbstständig anfechtbar**, aber auch **nicht mit Zwangsmitteln durchsetzbar**. Die Nichtanfechtbarkeit dient der Beschleunigung des Verfahrens. Die Nichtdurchsetzbarkeit liegt in der Natur der Sache, da die Teilnahme an dem Informationsgespräch zumindest eine gewisse Bereitschaft des Zuhörens voraussetzt, die nicht erzwungen werden kann.[23]

d) Konsequenzen einer Nichtteilnahme

19 Ein nicht ausreichend entschuldigtes **Nichtfolgeleisten** einer Anordnung kann **Kostennachteile** nach sich ziehen. Nach § 81 Abs. 2 Nr. 5 FamFG sollen einem Beteiligten die Kosten des Verfahrens ganz oder teilweise auferlegt werden, wenn er einer richterlichen Anordnung nach § 156 Abs. 1 Satz 4 FamFG nicht nachgekommen ist, sofern der Beteiligte dies nicht genügend entschuldigt hat.

2. Umgangsregelung durch einstweilige Anordnung

a) Vorläufige Regelung durch das Gericht (Absatz 3 Satz 2)

20 In Verfahren, die das **Umgangsrecht** betreffen, soll das Gericht sofern die Teilnahme an einem Informations- oder Beratungsgespräch angeordnet ist, den Umgang vorläufig regeln, d. h. den Umgang **anordnen oder ausschließen**. Ziel ist eine mögliche Entfremdung zwischen dem Kind und dem Elternteil, mit dem es nicht den gewöhnlichen Aufenthalt teilt, zu verhin-

---

[22] *Bumiller/Harders*, FamFG, § 156 Rn. 4; OLG Bremen, Beschl. v. 02.11.2009, FamRZ 2010, 821.
[23] *Horndasch/Viefhues*, FamFG, § 156, Rn. 9.

dern.²⁴ Von einer solchen einstweiligen Anordnung kann das Gericht absehen, wenn davon auszugehen ist, dass die Anordnung nur zu einer unwesentlichen Zeitverzögerung führt.²⁵ Von der als Sollvorschrift formulierten Pflicht einer einstweiligen Anordnung kann das Gericht nur in **Ausnahmefällen** absehen. Ein solcher Fall liegt z. B. vor, wenn im Zeitpunkt der mündlichen Verhandlung absehbar ist, dass die Anordnung nur zu einer unwesentlichen Verzögerung führt.²⁶

b) Anhörung des Kindes (Absatz 3 Satz 3)

Vor Erlass der einstweiligen Anordnung ist das **Kind** zu hören. Denn zum einen soll sich das Gericht vor der Entscheidung einen persönlichen Eindruck vom Kind verschaffen und zum anderen werden die höchstpersönlichen **Rechte des Kindes** durch die Entscheidung des Gerichts unmittelbar betroffen.²⁷ 21

3. Rechtsmittel

Gemäß § 57 **FamFG** sind Entscheidungen in Verfahren der einstweiligen Anordnung nach § 156 FamFG nur **anfechtbar**, wenn das Gericht des ersten Rechtszuges aufgrund mündlicher Erörterung über das Aufenthaltsbestimmungsrecht, die Herausgabe des Kindes an den anderen Elternteil oder über einen Antrag auf Verbleiben des Kindes bei einer Pflege- oder Bezugsperson entschieden hat; nicht aber anfechtbar sind Entscheidungen über das Umgangsrecht.²⁸ 22

III. Hinweise für die Praxis

Was die Personen und Stellen anbelangt, die ein Informationsgespräch durchführen können und was das **Muster** einer Teilnahmebestätigung betrifft, so wird ergänzend auf die Ausführungen unter § 135 **FamFG**²⁹ verwiesen, die im Wesentlichen auch für § 156 FamFG gelten. 23

---

24 Begr. BT-Drucks.16/6308, S. 237.
25 Begr. BT-Drucks.16/6308, S. 237.
26 Begr. BT-Drucks. 16/6308, S. 237.
27 BGH, Beschl. v. 14. 5. 2008 – XII ZB 225/06, NJW 2008, 2586 und FamRZ 2008, 1334.
28 *Engelhardt/Sternal*, FamFG, § 156 Rn. 24.
29 Vgl. die Kommentierung zu § 135 FamFG, Rdn. 23.

Arbeitsgerichtsgesetz (§§ 54, 54a, 55, 64, 80, 83a, 87 ArbGG)

Das arbeitsgerichtliches Verfahren ist wie kein zweites auf eine **nichtstreitige** 1 **Erledigung** des Rechtsstreits ausgerichtet: So bestimmt § 54 Abs. 1 Satz 1 ArbGG, dass in Urteilsverfahren[1] zunächst stets eine Güteverhandlung durchzuführen ist, wobei diese mit Zustimmung der Parteien in einem weiteren Termin alsbald fortgesetzt werden kann (§ 54 Abs. 1 Satz 5 ArbGG). Zudem heißt es in § 57 Abs. 2 ArbGG, eine gütliche Einigung solle während des ganzen Verfahrens angestrebt werden. In der arbeitsgerichtlichen Literatur wird hieraus nicht nur das Recht sondern eine entsprechende Pflicht des Gerichts abgeleitet, wiederholt zum Zwecke der gütlichen Einigung auf die Prozessparteien einzuwirken und mit ihnen die tatsächlichen und rechtlichen Probleme zu erörtern.[2] Und obgleich die Zahl **nichtstreitiger Erledigungen** in der **Arbeitsgerichtsbarkeit** im Vergleich zu den übrigen Gerichtsbarkeiten deutlich **höher** ist, wurde im arbeitsgerichtlichen Schrifttum schon immer nach neuen Wegen konsensualer Streitschlichtung, auch im Wege der Mediation, gesucht.[3] Dementsprechend hatte sich die Arbeitsgerichtsbarkeit bereits frühzeitig, wie beispielsweise in Niedersachsen, mit eigenen Mediationsprojekten positioniert.

Durch Artikel 4 des Mediationsförderungsgesetzes wird nunmehr auch den 2 Arbeitsgerichten die Möglichkeit eröffnet, Verfahren an einen Güterichter im Rahmen des »erheblich erweiterten Güterichtermodells« zu verweisen und den Parteien zudem Mediationen wie andere Verfahren der außergerichtlichen Konfliktbeilegung zu empfehlen. Zentrale Normen sind hierbei **§ 54 Abs. 6 ArbGG** für das erheblich erweitere **Güterichtermodell** und **§ 54a ArbGG**, der **Mediationen** und außergerichtliche Konfliktbeilegung betrifft. Über die Änderungen in den §§ 64 Abs. 7, 80 Abs. 2 Satz 1, 83a Abs. 1 und 87 Abs. 2 Satz 1 ArbGG wird klarstellt, dass die Vorschrift sowohl im Urteils- wie im Beschlussverfahren und vor dem Arbeits- wie dem Landesarbeitsgericht Anwendung findet; mit § 55 Abs. 1 Nr. 8 ArbGG wird die verfahrensrechtliche Seite des § 54a ArbGG komplettiert. Die Möglichkeit,

---

1 § 80 Abs. 2 Satz 3 ArbGG eröffnet dem Kammervorsitzenden auch im Beschlussverfahren die Möglichkeit, ein Güteverfahren durchzuführen.
2 *Francken* NJW 2006, 1103 ff. (1105).
3 *Henkel* ZZP 1997, 91 ff., NZA 2000, 929 ff.; *Notter* Der Betrieb, 2004, 874 ff.

über die Länderöffnungsklausel in § 69b GKG kostenrechtliche Anreize für das Mediationsverfahren sowie andere Verfahren der außergerichtliche Konfliktbeilegung zu schaffen, betrifft auch das arbeitsgerichtliche Verfahren.

3 Die durch das Mediationsförderungsgesetz ebenfalls geänderten Vorschriften über **Inkompatibilität** (§ 41 Nr. 8 ZPO), über die **Niederschrift** (§ 159 Abs. 2 Satz 2 ZPO) sowie über die **Klageschrift** (§ 253 Abs. 3 Nr. 1 ZPO) sind auch im Arbeitsgerichtsprozess anwendbar; dies folgt aus §§ 46 Abs. 2, 64 Abs. 6, 7 und 87 Abs. 2 ArbGG.

4 Was schließlich die in der »Vorbemerkung zur Änderung der ZPO« aufgeworfenen Fragen im Zusammenhang mit einem **Zeugnisverweigerungsrecht** nach § 383 Abs. 1 Nr. 6 ZPO sowie der **Verjährung** nach § 203 Satz 1 BGB anbelangt, so treffen diese auch für Verfahren in der Arbeitsgerichtsbarkeit zu; insoweit wird auf die dortigen Ausführungen verwiesen.

5 Die EUMed-RL verlangt, wie aus ihrem Art. 1 Abs. 2 folgt, eine Umsetzung nur für grenzüberschreitende Streitigkeiten in Zivil- und Handelssachen. Soweit bei den einzelnen Normen des ArbGG daher vergleichend auf die EU-Med-RL verwiesen wird, ist diese Einschränkung stets mitzulesen.

§ 54 Güteverfahren

(1) Die mündliche Verhandlung beginnt mit einer Verhandlung vor dem Vorsitzenden zum Zwecke der gütlichen Einigung der Parteien (Güteverhandlung). Der Vorsitzende hat zu diesem Zweck das gesamte Streitverhältnis mit den Parteien unter freier Würdigung aller Umstände zu erörtern. Zur Aufklärung des Sachverhalts kann er alle Handlungen vornehmen, die sofort erfolgen können. Eidliche Vernehmungen sind jedoch ausgeschlossen. Der Vorsitzende kann die Güteverhandlung mit Zustimmung der Parteien in einem weiteren Termin, der alsbald stattzufinden hat, fortsetzen.

(2) Die Klage kann bis zum Stellen der Anträge ohne Einwilligung des Beklagten zurückgenommen werden. In der Güteverhandlung erklärte gerichtliche Geständnisse nach § 288 der Zivilprozessordnung haben nur dann bindende Wirkung, wenn sie zu Protokoll erklärt worden sind. § 39 Satz 1 und § 282 Abs. 3 Satz 1 der Zivilprozessordnung sind nicht anzuwenden.

(3) Das Ergebnis der Güteverhandlung, insbesondere der Abschluss eines Vergleichs, ist in die Niederschrift aufzunehmen.

(4) Erscheint eine Partei in der Güteverhandlung nicht oder ist die Güteverhandlung erfolglos, schließt sich die weitere Verhandlung unmittelbar an oder es ist, falls der weiteren Verhandlung Hinderungsgründe entgegenstehen, Termin zur streitigen Verhandlung zu bestimmen; diese hat alsbald stattzufinden.

(5) Erscheinen oder verhandeln beide Parteien in der Güteverhandlung nicht, ist das Ruhen des Verfahrens anzuordnen. Auf Antrag einer Partei ist Termin zur streitigen Verhandlung zu bestimmen. Dieser Antrag kann nur innerhalb von sechs Monaten nach der Güteverhandlung gestellt werden. Nach Ablauf der Frist ist § 269 Abs. 3 bis 5 der Zivilprozessordnung entsprechend anzuwenden.

(6) Der Vorsitzende kann die Parteien für die Güteverhandlung sowie deren Fortsetzung vor einen hierfür bestimmten und nicht entscheidungsbefugten Richter (Güterichter) verweisen. Der Güterichter kann alle Methoden der Konfliktbeilegung einschließlich der Mediation einsetzen.

Übersicht	Rdn.		Rdn.
I. Regelungsgegenstand und Zweck	1	aa) Ermessen	17
1. Normgefüge	1	aaa) Einverständnis der Parteien	18
2. Europäische Mediationsrichtlinie	4	bbb) Konstellationen, in denen eine Verweisung ausscheidet	22
II. Grundsätze/Einzelheiten	5		
1. Verweisung nach Absatz 6	5	bb) Folgen einer Verweisung	26
a) Grundsatz der obligatorischen Güteverhandlung	5	b) Vorgehensweise des Güterichters	28
b) Verweisung an einen Güterichter	8	aa) Akteneinsicht und Informationsbeschaffung	28
c) Abweichung von § 278 Abs. 5 ZPO	9	bb) Verfahrens- und Terminsabsprache	30
aa) Verweisung durch den Vorsitzenden	10	cc) Festlegung des Setting	33
bb) Güteverhandlung sowie deren Fortsetzung	11	c) Durchführung des Güteversuchs	34
2. Das erheblich erweiterte Institut des Güterichters	12	d) Mögliche Ergebnisse und Verfahrensbeendigungen	40
3. Darstellung des Verfahrensablaufs vor dem Güterichter	14	e) Zeugnisverweigerungsrecht	48
a) Verweisungsbeschluss	14		

§ 54 ArbGG Güteverfahren

3. Verhältnis von § 54 Abs. 6 ArbGG zu § 54a Abs. 1 ArbGG 49

III. Hinweise für die Praxis 50

I. Regelungsgegenstand und Zweck

1. Normgefüge

1 § 54 ArbGG ist dem § 278 ZPO vergleichbar: Beide Vorschriften verpflichten den Vorsitzenden bzw. das Gericht, eine obligatorische (§ 54 Abs. 1 ArbGG) bzw. semi-obligatorische (§ 278 Abs. 2 ZPO) Güteverhandlung zum Zwecke einer gütlichen Einigung durchzuführen. Güteverhandlungen sind für das arbeitsgerichtliche Verfahren von immens großer Bedeutung, wie aus der hohen Zahl von Erledigungen folgt, die regelmäßig erzielt werden.

2 **Absatz 1** der Vorschrift delegiert die Güteverhandlung an den Vorsitzenden und lässt ihm für die Durchführung weitgehend freie Hand. Dementsprechend kann er zur Aufklärung des Sachverhalts alle Handlungen vornehmen, die sofort erfolgen können. Die Güteverhandlung ist nicht auf einen Termin beschränkt; mit Zustimmung der Parteien kann sie in einem weiteren Termin fortgesetzt werden.

Absatz 2 behandelt Klagerücknahme und gerichtliche Geständnisse, wobei letztere nur dann bindende Wirkung haben, wenn sie zu Protokoll erklärt wurden.

Nach dem Gesetzeswortlaut des **Absatzes 3** ist (zumindest) das Ergebnis der Güteverhandlung, insbesondere der Abschluss eines Vergleichs, in der Niederschrift aufzunehmen. Nimmt eine Partei die Güteverhandlung nicht wahr oder ist die Güteverhandlung erfolglos, so schließt sich die weitere Verhandlung an (**Absatz 4**). Erscheinen oder verhandeln beide Parteien in der Güteverhandlung nicht, so ist nach **Absatz 5** das Ruhen des Verfahrens anzuordnen.

3 Der auf Vorschlag des Rechtsausschusses neu eingefügte und im Vermittlungsverfahrens seine endgültige Fassung erhalten habende **Abs. 6** betrifft das erheblich erweiterte Institut des ersuchten Güterichters und korrespondiert im Wesentlichen mit der Regelung des § 278 Abs. 5 ZPO.[1]

---

1 Vgl. zum Gesetzgebungsprozess die Kommentierung zu § 278 ZPO, Rdn. 13 ff.

2. Europäische Mediationsrichtlinie

Nachdem der Güterichter nunmehr ein nicht entscheidungsbefugter Richter ist, der sich auch der Methode der Mediation bedienen kann, korrespondiert die Vorschrift mit dem **Erwägungsgrund Nr. 12** der EUMed-RL und mit **Art. 1 Abs. 1 EUMed-RL**.

II. Grundsätze/Einzelheiten

1. Verweisung nach Absatz 6

a) Grundsatz der obligatorischen Güteverhandlung

Das Gesetz geht in seinem Absatz 1 von dem Grundsatz aus, dass die mündliche Verhandlung mit einer Güteverhandlung beginnt. Anders als in § 278 ZPO ist diese **obligatorisch** vorgeschrieben; weder können die Parteien darauf verzichten noch beispielsweise der Vorsitzende auf übereinstimmenden Antrag der Parteien davon absehen. Allerdings bleibt es beiden Parteien unbenommen, zur Güteverhandlung nicht zu erscheinen oder nicht zu verhandeln; dies folgt aus Absatz 5.

Regelungen über den Verlauf der Güteverhandlung enthalten Absatz 1 Sätze 2 bis 5 sowie Absätze 2 bis 5 ArbGG, u. a. über Schlichtung und Sachverhaltsaufklärung, über Klagerücknahme und Vergleich, über die Niederschrift und über die Folgen von Säumnis. Mit Zustimmung der Parteien kann die Güteverhandlung in einem zweiten Termin fortgesetzt werden (Absatz 1 Satz 5). Zuständig für die Durchführung der obligatorischen Güteverhandlung ist der Vorsitzende, mithin der entscheidungsbefugte Richter; hierin liegt der Unterschied zur Güteverhandlung nach Absatz 6. Die obligatorische Güteverhandlung nach Absatz 1 dient zwei Zielen: Sie bezweckt zum einen eine gütliche Beilegung des Rechtsstreits herbeizuführen, zum anderen dient sie im Falle des Scheiterns zugleich der Anberaumung und durch die Erteilung fristgebundener Auflagen der Vorbereitung des Kammertermins; von daher kann sie auch nur durch den entscheidungsbefugten Richter durchgeführt werden.

Obligatorische Güteverhandlungen nach Absatz 1 finden **in allen Urteilsverfahren** statt, auch in Schlichtungsverfahren nach § 111 Abs. 2 ArbGG, ferner bei Vollstreckungsabwehrklagen sowie bei Wiederaufnahmeverfahren.

§ 54 ArbGG   Güteverfahren

Im Hinblick auf die besondere Eilbedürftigkeit geht das Schrifttum[2] davon aus, dass eine Güteverhandlung in Verfahren auf Erlass eines Arrests oder einer einstweiligen Anordnung nicht in Betracht kommt. Ansonsten gilt das Verfahren über die Güteverhandlung **auch im Beschlussverfahren** (§ 80 Abs. 2 AbGG), nicht hingegen in den Rechtsmittelinstanzen.[3]

b) Verweisung an einen Güterichter

8   Eine Ausnahme vom Grundsatz des Absatz 1, wonach die Güteverhandlung vom Vorsitzenden durchzuführen ist, regelt Absatz 6: Danach können die Parteien für die Güteverhandlung sowie deren Fortsetzung vor einen hierfür bestimmten und nicht entscheidungsbefugten Richter (Güterichter) verwiesen werden. Anders als die obligatorische Güteverhandlung ist die nach Abs. 6 **fakultative** Güteverhandlung ausschließlich auf eine gütliche Einigung des Rechtsstreits ausgerichtet. Der Unterschied wird auch dadurch deutlich, dass die Regelungen über die fakultative Güteverhandlung im Verfahren zweiter Instanz anwendbar sind, wie aus §§ 64 Abs. 7, 87 Abs. 2 ArbGG folgt.[4]

c) Abweichung von § 278 Abs. 5 ZPO

9   Absatz 6 unterscheidet sich von § 278 Abs. 5 ZPO insoweit, als
   - im Arbeitsgerichtsverfahren statt des Gerichts der Vorsitzende für die Verweisung zuständig ist,
   - der Gesetzestext von »Güteverhandlung sowie deren Fortsetzung« spricht statt von »weiteren Güteversuchen«.

aa) Verweisung durch den Vorsitzenden

10 Indem das Gesetz dem Vorsitzenden und nicht wie in § 278 Abs. 5 ZPO dem Gericht die Aufgabe zuweist, eine Verweisung an den Güterichter vorzunehmen, will es dem besonderen Beschleunigungsgrundsatz des § 9 Abs. 1 ArbGG Rechnung tragen. Im Schrifttum[5] wird daraus gefolgert, dass der

---

2 *Hauck u. a.*, ArbGG, § 54 Rn. 3; *Bader u. a.*, ArbGG, § 54 Rn. 1; *Schwab/Weth*, ArbGG, § 54 Rn. 3.
3 *Natter/Gross*, ArbGG, § 54 Rn. 7.
4 Vgl. hierzu die Kommentierungen zu § 64 ArbGG, Rdn. 3 und § 87 ArbGG, Rdn. 3.
5 *Francken* NZA 2012, 249 ff. (251).

Verweisungsbeschluss des Vorsitzenden nur vor der Güteverhandlung, in der Güterverhandlung oder im Anschluss daran, jedenfalls vor der (mündlichen) Verhandlung vor der Kammer, erfolgen könne. Denn das Arbeitsgerichtsgesetz differenziere zwischen den Aufgaben des Vorsitzenden und denen der Kammer; eine Verweisung durch die Kammer sehe das Gesetz nicht vor. Dem könnte allerdings entgegengehalten werden, dass die fakultative Güteverhandlung nach Absatz 6 ohnehin nur mit dem Einverständnis der Parteien durchgeführt werden kann, auch noch in zweiter Instanz möglich ist und daher bei entsprechendem Parteiwillen auch eine »Verweisung sui generis« außerhalb des Regelungsbereichs des § 54 Abs. 6 ArbGG durch die Kammer zulässig sein müsste.

bb) Güteverhandlung sowie deren Fortsetzung

Die Verwendung der Begrifflichkeit »Güteverhandlung sowie deren Fortsetzung« meint zum einen, dass die in Absatz 1 geregelte »Verhandlung zum Zwecke der gütlichen Einigung« statt vor dem Vorsitzenden auch **von Beginn an** vor einem ersuchten **Güterichter**, mithin dem nicht entscheidungsbefugten Richter, stattfinden kann. Damit wird für das arbeitsgerichtliche Verfahren die Möglichkeit eröffnet, in **geeigneten Fällen**[6] mit **Einverständnis der Parteien** sogleich den Versuch einer konsensualen Einigung zu unternehmen, wobei hierfür ganz unterschiedliche Konfliktlösungsverfahren zum Einsatz gelangen können. Zum anderen bedeutet die Regelung, dass eine bereits begonnene obligatorische Güteverhandlung vor dem Vorsitzenden übergeleitet werden kann in ein fakultatives Verfahren vor dem nicht entscheidungsbefugten ersuchten Güterichter und schließlich, dass das Verfahren vor dem ersuchten Güterichter nicht unbedingt in einem Termin zum Abschluss

11

---

[6] In Kündigungsstreitigkeiten wird dies wegen des besonderen Beschleunigungsgrundsatzes des § 61a Abs. 2 ArbGG wohl nur in Ausnahmefällen in Betracht kommen. Insoweit vorstellbar sind »parallele Fälle«: eine große Zahl von Kündigungsschutzklagen, die – weil gegen denselben Arbeitgeber gerichtet – auf ein einheitliches, alle gekündigten Arbeitnehmer betreffendes Problem zurückzuführen sind, wie dies beispielsweise bei der Schließung einer ganzen Abteilung eines Unternehmens der Fall ist oder bei der Aufdeckung gemeinschaftlichen vertragswidrigen Handelns zulasten eines Arbeitgebers. Zu denken ist ferner an betriebsbedingte Kündigungen in Betrieben ohne Betriebsrat, so dass es sich anbietet, mithilfe eines Güterichters einen »Sozialplan« zu verwirklichen.

gebracht werden muss, sondern dass hierfür Folgetermine anberaumt werden können.

2. Das erheblich erweiterte Institut des Güterichters

12 Absatz 6 Satz 1 verwendet den Begriff des Güterichters als eines hierfür bestimmten und nicht entscheidungsbefugten Richters, der nach Satz 2 alle Methoden der Konfliktbeilegung einschließlich der Mediation einsetzen kann. Was im Einzelnen unter einem Güterichter, namentlich dem »erheblich erweiterten Institut des Güterichters« zu verstehen ist und wie er seine Aufgaben im Einzelnen erfüllen soll, erschließt sich aus einer Gesamtbetrachtung der bisherigen Güterichterpraxis in Bayern und Thüringen, des systematischen Zusammenhangs der geänderten Vorschriften und des Willens des Gesetzgebers, wie dies in der Kommentierung zu § 278 Abs. 5 ZPO dargestellt wurde.[7]

13 Das **neue Konzept** des erheblich erweiterten Instituts des Güterichters bedeutet im hier interessierenden Zusammenhang folgendes:
– Güterichter kann nur ein nicht entscheidungsbefugter Richter sein,
– seine Tätigkeit ist als richterliche Tätigkeit zu qualifizieren,
– er wird nur tätig, soweit es um den/die Versuch(e) einer gütlichen Einigung geht,
– er muss über besondere fachliche Qualifikationen verfügen, die denen der bisherigen gerichtlichen Mediatoren vergleichbar sind,
– er kann am eigenen Gericht, einem anderen Gericht und auch in einer anderen Gerichtsbarkeit eingesetzt werden,
– er wird nur mit Einverständnis der Parteien aktiv (sog. fakultative Güteverhandlung), wobei Vertraulichkeit und Freiwilligkeit das Verfahren prägen,
– er kann die Prozessakten einsehen,
– er kann sich aller Verfahren der Konfliktbeilegung bedienen, einschließlich der Mediation,
– er kann rechtliche Bewertungen vornehmen und den Parteien Lösungsvorschläge für den Konflikt unterbreiten und
– er kann mit Zustimmung der Parteien eine Niederschrift erstellen, einen Vergleich protokollieren und – was streitig ist – den Streitwert festsetzen.

---

[7] Vgl. hierzu umfassend die Kommentierung zu § 278 Abs. 5 ZPO, Rdn. 20 ff.

3. Darstellung des Verfahrensablaufs vor dem Güterichter

a) Verweisungsbeschluss

Ein Tätigwerden des Güterichters setzt zunächst voraus, dass seitens des Vorsitzenden das Verfahren verwiesen wurde. 14

Die Verweisung selbst erfolgt durch **gerichtlichen Beschluss**, der nicht begründet zu werden braucht. Wird er angefochten, so ist dies als fehlende (bzw. zurückgenommene) Zustimmung zu einer gütlichen Einigung auszulegen und der Beschwerde entsprechend abzuhelfen.[8] Wer als Güterichter in Betracht kommt, ergibt sich aus dem **Geschäftsverteilungsplan**[9] des Gerichts gem. § 21e GVG. Es zählt zu den Aufgaben des Präsidiums festzulegen, wie diejenigen Richter, die über entsprechende Ausbildung und Qualifikationen verfügen, »als ersuchte Güterichter« eingesetzt werden.[10] 15

Den Parteien steht – anders als in einem Mediationsverfahren – kein Wahlrecht hinsichtlich des Güterichters zu. 16

aa) Ermessen

Grundsätzlich liegt die Verweisung an einen Güterichter im pflichtgemäßen Ermessen des Vorsitzenden. 17

aaa) Einverständnis der Parteien

Das Gericht muss bei seiner Entscheidung jedoch das für den Güterichter geltende **ungeschriebenen Tatbestandsmerkmals** der **Freiwilligkeit** beachten: 18

---

8 *Hauck u.a.*, ArbGG, § 78 Rn. 8.
9 So wie bisher schon als gerichtlicher Mediator nur derjenige bestellt werden konnte, der eine entsprechende Ausbildung durchlaufen hatte, so kommt auch zukünftig als Güterichter nach § 278 Abs. 5 ZPO nur in Betracht, wer aufgrund entsprechender Ausbildung in der Lage ist, die einschlägigen Methoden der Konfliktbeilegung einschließlich der Mediation einzusetzen. Dabei finden die in § 5 MediationsG geregelten Standards hinsichtlich der Aus- und Fortbildung auch auf Güterichter entsprechende Anwendung: vgl. insoweit Begr. BT-Drucks. 17/5335, A. II.
10 Es obliegt dem Präsidenten, dem Präsidium das Vorliegen der entsprechenden Qualifikationen zu unterbreiten, vergleichbar der Information über formale Qualifikationen, wie sie in § 22 Abs. 5, 6 GVG angesprochen sind.

Nur mit Einwilligung der Parteien kann ein Verfahren vor dem Güterichter durchgeführt werden.[11]

19 Dieser Umstand zeitigt Konsequenzen für die **Verweisungspraxis:** Entweder holt bereits der Vorsitzende des Arbeitsgerichts das Einverständnis der Parteien für ein Güterichterverfahren ein und verweist sodann das Verfahren, oder er nimmt eine Verweisung vor und der Güterichter holt daraufhin die Zustimmung der Parteien für die Durchführung eines Güterversuchs ein. Während die Sachnähe des Güterichters zu den Verfahren der konsensualen Streitschlichtung dafür spricht, ihm die Einholung der Zustimmung zu übertragen, sprechen prozessökonomische Gründe – u. U. auch der Grundsatz des rechtlichen Gehörs – dafür, den Vorsitzenden mit dieser Aufgabe zu betrauen: Ob nämlich ein Verfahren für eine Verweisung an den Güterichter geeignet ist, wird sich in aller Regel vor Durchführung der obligatorischen Güteverhandlung noch nicht beurteilen lassen.[12] Von daher bietet sich folgendes **Vorgehensweise** an: Der Vorsitzende informiert die Beteiligten zunächst über die grundsätzlich möglichen Methoden, die ein Güterichter einsetzen kann und weist darauf hin, dass dieser in Absprache mit ihnen die fall- und konfliktangemessene Methode absprechen wird; hierzu holt er ihre Zustimmung ein. Nach sodann erfolgter Verweisung an den Güterichter ist es dessen Aufgabe, in Absprache mit den Parteien das weitere Vorgehen, insbesondere die einzusetzenden Methoden zu erörtern und hierfür das Einverständnis einzuholen.

20 Die Einschaltung eines »**besonders geschulten Koordinators**«[13] könnte u. U. datenschutzrechtliche Probleme aufwerfen. Von daher dürfte es auf die konkrete Ausgestaltung eines derartigen »Court-Dispute-Managers« ankommen:

---

11 Vgl. *Francken* NZA 2012, 249 ff. (251); a.A. *Carl* ZKM 2012, 16 ff. (19).
12 Namentlich im Kündigungsschutzprozess liegt in aller Regel vor der obligatorischen Güteverhandlung häufig außer dem Mindestvortrag zur Anwendbarkeit des KündigungsschutzG und der Behauptung, die Kündigung sei sozialwidrig, kein weiterer Sachvortrag vor. Es bleibt abzuwarten, ob über die Sollregelung des § 253 Abs. 3 Nr. 1 ZPO insoweit zukünftig eine Änderung erfolgen wird.
13 Vgl. BT-Drucks. 17/8058, III. Allgemeines, S. 17. Zur Praxis in den Niederlanden mit besonderen Verweisungsbeauftragten vgl. *Schmiedel* ZKM 2011, 14 ff. (15).

Vom Entlastungseffekt idealiter bei einem Rechtspfleger verankert,[14] müsste dies aber mangels entsprechender gesetzlicher Regelung als zulässige richterassistierende Verwaltungstätigkeit organisiert werden.

Den Parteien bleibt es unbenommen, die Durchführung einer Güterichterverhandlung vor einem Güterichter selbst anzuregen. Liegt ein übereinstimmendes Petitum der Parteien vor, dann reduziert sich das dem Vorsitzenden eingeräumte Ermessen zur Verweisung auf Null. 21

bbb) Konstellationen, in denen eine Verweisung ausscheidet

Das Ermessen ist nicht eröffnet, wenn schon nach dem Inhalt der Klage- bzw. Antragsschrift, insbesondere den Ausführungen gem. §§ 46 Abs. 2, 80 Abs. 2 ArbGG i.V.m. § 253 Abs. 3 Nr. 1 ZPO – ggf. auch der Klage- bzw. Antragserwiderung (vgl. allerdings § 47 Abs. 2 ArbGG) – eine **gütliche Beilegung** des Rechtsstreits **erkennbar aussichtslos** erscheint. 22

Der Vorsitzende wird von einer Verweisung an den Güterichters absehen können, wenn er den Eindruck gewinnt, dass es sich um ein **einfach gelagertes Verfahren** handelt, welches von ihm selbst in einer Güteverhandlung zu einem gütlichen Einigung gebracht werden kann. 23

Eine Verweisung kommt ferner nicht in Betracht, wenn eine **Partei** zu verstehen gegeben hat, dass sie ein solches **Verfahren nicht wünscht.** Dies ist Ausfluss des Freiwilligkeitsprinzips. 24

Die maßgeblichen Erwägungen, von einer Verweisung an den ersuchten Güterichter abzusehen, sollten in einem Aktenvermerk mit kurzer Begründung festgehalten werden. 25

bb) Folgen einer Verweisung

Die Verweisung eines Rechtsstreits zum Zwecke einer Güteverhandlung an den Güterichter nach § 54 Abs. 6 ArbGG führt, anders als in den Fällen des § 54a Abs. 2 Satz 1 ArbGG, nicht automatisch zum Ruhen des Verfahrens; jedoch ist ein **Ruhensbeschluss** gem. § 251 ZPO **möglich.** 26

---

14 Das verkennt *Carl* ZKM 2012, 16 ff. (20), der hierfür die früheren richterlichen Mediatoren einsetzen will.

27 Der Güterichter übt **richterliche Tätigkeit** – aber ohne Entscheidungskompetenz – aus und handelt als gesetzlicher Richter im Sinne des § 16 Satz 2 GVG. Seine konkrete Zuständigkeit folgt aus dem gerichtlichen **Geschäftsverteilungsplan** gem. § 21e GVG. Den Parteien steht daher – anders als bei einem Mediator und zugleich auch anders als bei einem gerichtlichen Mediator in der Übergangsphase des § 9 MediationsG – hinsichtlich seiner Person kein Wahlrecht zu.

b) Vorgehensweise des Güterichters

aa) Akteneinsicht und Informationsbeschaffung

28 Der Güterichter wird **Einsicht** in die ihm vom erkennenden Gericht überlassenen **Akten** nehmen und prüfen, welches Verfahren der konsensualen Streitschlichtung indiziert ist.

29 Sodann wird er sich mit den Parteien des Rechtsstreits ins Benehmen setzen, ggf. vorab weitere Informationen bei ihnen einholen und auch klären, ob **weitere Personen** zum Güteversuch hinzuziehen sind.

bb) Verfahrens- und Terminsabsprache

30 Der Güterichter wird den Parteien einen Verfahrens- und einen Terminsvorschlag unterbreiten:

31 Ausgehend vom **Grundsatz der Informiertheit** der Parteien erscheint es angezeigt, diese bereits zu diesem frühen Zeitpunkt darüber in Kenntnis zu setzen, ob der Güterichter beispielsweise zu einer Schlichtung mit rechtlichen Hinweisen und ggf. einem Vorschlag tendiert oder ob er die Durchführung einer Mediation für angezeigt hält (Grundsatz der »**Methodenklarheit bei Methodenvielfalt**«).

32 Das **Prinzip der Freiwilligkeit** spricht dafür, in gemeinsamer Absprache einen allen Parteien passenden Termin zu wählen und von einer Terminsanordnung abzusehen. Ein Anwaltszwang besteht für den Güteversuch nicht (§ 11 Abs. 1 Satz 1, Abs. 4 Satz 1 ArbGG), bestellte Bevollmächtigte sind jedoch einzubeziehen.

cc) Festlegung des Setting

Es obliegt allein dem Güterichter, das Setting für den Güteversuch festzulegen; hierbei bietet sich ein **mediationsanaloges Vorgehen** mit dem Ziel einer kommunikationsfördernden Verhandlungsatmosphäre an.[15]

c) Durchführung des Güteversuchs

Die Durchführung des Güteversuchs ist **nicht öffentlich**; das Öffentlichkeitsgebot des § 169 GVG gilt nur für mündliche Verhandlungen vor dem erkennenden Gericht.[16] Der Güterichter wird die Parteien auf die Vorschrift des § 159 Abs. 2 Satz 2 ZPO (anwendbar über §§ 46 Abs. 2, 64 Abs. 6,7, 80 Abs. 2, 87 Abs. 2 ArbGG) hinweisen sowie darauf, dass die Vertraulichkeit zudem durch eine Vereinbarung zwischen den Parteien besonders geregelt werden kann.

Die Beachtung des Grundsatzes »**Methodenklarheit bei Methodenvielfalt**« soll den Güterichter davor bewahren, zwischen einzelnen Verfahren der Konfliktbeilegung zu wechseln und Elemente der einzelnen Methoden miteinander zu vermischen: Ein »stockendes oder gar scheiterndes« Mediationsverfahren dadurch retten zu wollen, dass der Güterichter – entgegen seiner eingangs erfolgten Information der Parteien – sodann einen Lösungsvorschlag unterbreitet, bedeutet eine methodische Fehlleistung und führt zu einem Glaubwürdigkeitsverlust des Güterichters. Denkbar ist allenfalls, dass der Güterichter gemeinsam mit den Parteien übereinkommt, eine bestimmte Methode abzuschließen und mit deren Einverständnis mit einer anderen Methode fortzufahren,[17] was jedoch ebenfalls nicht unproblematisch ist.[18]

---

15 *Tautphäus* Spektrum der Mediation 40/2010, 26.
16 *Baumbach*, ZPO, § 169 GVG Rn. 3 m.N. zur Rechtsprechung.
17 Langfristig wird nicht auszuschließen sein, dass sich eine neue und eigenständige Methode der Konfliktbeilegung durch einen Güterichter entwickelt. Davon scheint auch der Gesetzgeber auszugehen, wenn er in der Begründung der Beschlussempfehlung des Rechtsausschusses (BT-Drucks. 17/8058, III. Zu Artikel 1, Zu § 1 Abs. 1) u.a. ausführt, die in der gerichtsinternen Mediation entwickelten Kompetenzen könnten im Rahmen der Güterichtertätigkeit fortentwickelt werden. Die unterschiedlichen Stile beschreibt *Kotzian-Marggraf* ZKM 2012, 123 ff. (125).
18 Vgl. hierzu Kommentierung zu § 278 ZPO, Rdn. 6 f.

36 Wenn angezeigt, kann der Güterichter mit den Parteien auch **Einzelgespräche** (Caucus) führen. Um die Neutralität des Güterichters nicht zu gefährden, sollte dies jedoch vorab mit den Parteien erörtert und vereinbart werden.

37 Die Erörterung mit den Parteien ist nicht auf die dem Rechtsstreit zugrundeliegenden entscheidungserheblichen Punkte reduziert; vielmehr wird – unter der Zielsetzung einer konsensualen Lösung – das zur Sprache gebracht, was den Parteien zur Beilegung ihres Konfliktes wichtig ist.[19] Soweit der Güterichter rechtliche Hinweise gibt, sind diese mangels Entscheidungskompetenz unverbindlich.[20]

38 Dem Güterichter ist es verwehrt, den Beteiligten **Prozesskostenhilfe** gem. §§ 114 ff. ZPO zu gewähren oder einen **Ruhensbeschluss** gem. § 251 ZPO zu erlassen, da er nicht »Gericht« im Sinne der genannten Vorschriften ist. Hingegen kann er, unter der Voraussetzung des 54 Abs. 3 ArbGG, einen Vergleich protokollieren oder eine prozessbeendende Erklärung zu Protokoll nehmen (vgl. § 54 Abs. 2 ArbGG).

39 Ob es ihm gestattet ist, einen Streitwert, Beschwerdewert oder Gegenstandswert festzusetzen, ist streitig. Dafür spricht, die Festsetzung des Streitwertes als Annexkompetenz zur Protokollierung des Vergleichs zu erachten, zumal (nur) der Güterichter Kenntnis vom Umfang und Wert des Vergleichsgegenstandes hat.[21] Zur Vermeidung etwaiger Rechtsstreitigkeiten nach entsprechender Beschlussfassung empfiehlt es sich, einen Rechtsmittelverzicht zu protokollieren.

---

19 *Gemählich* Spektrum der Mediation 40/2010, 37 ff. (38); vgl. auch beispielhaft *Tautphäus/Fritz/Krabbe* NJW 2012, 364 ff.
20 Rechtliche Hinweise, die noch dazu in eine nicht bindende Empfehlung zur Konfliktlösung münden, kennzeichnen eine Schlichtung. Vgl. hierzu auch in Abgrenzung zur Mediation, Methodik IV., Rdn. 1 ff.; I. Rdn. 13 f.
21 *Zöller*, ZPO, § 278 Rn. 27. Die Überlegungen, die die Bundesregierung in ihrem Gesetzentwurf dazu bewogen hatten, für den seinerzeit noch vorgesehenen gerichtsinternen Mediator eine Streitwertfestsetzung nicht zuzulassen (Begr. BT-Drucks. 17/5335, Anlage 3, Zu Artikel 3, Zu Nummern 5 und 6), treffen auf den Güterichter nicht zu.

d) Mögliche Ergebnisse und Verfahrensbeendigungen

Der Güteversuch vor dem Güterichter kann wie folgt enden: 40

(1) Die Parteien haben sich auf eine Lösung ihres Konfliktes geeinigt. Sie 41
schließen daraufhin einen gerichtlichen Vergleich in der Form des § 54
Abs. 3 ArbGG. Das führt zur Beendigung des anhängigen Rechtsstreits.

(2) Die Parteien haben sich auf eine Lösung ihres Konfliktes geeinigt. Der 42
anhängige Rechtsstreit wird durch eine prozessbeendende Erklärung (Klagerücknahme,[22] Hauptsacheerledigung[23]) abgeschlossen.

(3) Die Parteien haben sich im Grundsatz auf eine Lösung ihres Konfliktes 43
geeinigt und erbitten einen Vergleichsvorschlag des erkennenden Gerichts
gem. § 278 Abs. 6 ZPO nach Maßgabe der in dem Güteversuch erzielten
Eckpunkte. Die Annahme des Vorschlags führt zur Beendigung des anhängigen Rechtsstreits.[24]

(4) Die Parteien haben sich im Grundsatz auf eine Lösung ihres Konfliktes 44
geeinigt und werden – ggf. nach weiterer Prüfung oder Bedenkzeit – dem
Gericht einen schriftlichen Vergleichsvorschlag § 278 Abs. 6 ZPO unterbreiten. Dieser führt dann zur Beendigung des anhängigen Rechtsstreits.[25]

(5) Die Parteien haben sich verständigt, außerhalb des anhängigen Verfahrens 45
noch Sachaufklärung zu betreiben und ggf. Dritte als Sachverständige
einzuschalten oder aber ein Verfahren der außergerichtlichen Konfliktbeilegung zu beschreiten. Der Rechtsstreit bleibt anhängig, kann jedoch – falls
noch nicht geschehen – gem. § 55 Abs. 1 Nr. 8 ArbGG, § 251 ZPO vom
Vorsitzenden zum Ruhen gebracht werden.

(6) Die Parteien haben sich hinsichtlich des anhängig gemachten Rechts- 46
streits nur zum Teil oder überhaupt nicht geeinigt. Der Güterichter gibt –
nach entsprechender Anhörung der Parteien, ggf. auch nach Erlass eines ent-

---

22 Die Klagerücknahme vor einer Kammerverhandlung lässt die Gerichtsgebühr entfallen, die verbleibenden gerichtlichen Auslagen liegen häufig unter der Niederschlagungsgrenze, *Bader u. a.*, ArbGG, § 54 Rn. 9.
23 Es ist danach nur noch über die Kosten des Verfahrens durch den Vorsitzenden zu entscheiden, §§ 308 Abs. 2, 91a Abs. 1 ZPO, § 128 Abs. 3 ZPO i.V.m. § 46 Abs. 2 Satz 2 ArbGG; vgl. insoweit *Schwab/Werth*, ArbGG, § 54 Rn. 33.
24 *Bader u. a.*, ArbGG, § 54 Rn. 12; *Schwab/Werth*, ArbGG, § 54 Rn. 33.
25 *Bader u. a.*, ArbGG, § 54 Rn. 12a.

sprechende »Rückgabebeschlusses«[26] – das Verfahren an das erkennende Gericht zurück, das sodann den noch anhängigen Rechtsstreit fortsetzt.

47 (7) Beide Parteien erscheinen nicht zur verabredeten und ordnungsgemäß geladenen Güteverhandlung. Der Güterichter gibt das Verfahren – ggf. nach entsprechendem Beschluss, jedenfalls nach einem Aktenvermerk – an das erkennende Gericht zurück, das den noch anhängigen Rechtsstreit fortsetzt.

e) Zeugnisverweigerungsrecht

48 Eine analoge Anwendung der Verschwiegenheitsregelung des § 4 MediationsG auf den Güterichter scheidet aus. Er kann sich jedoch gem. § 383 Abs. 1 Nr. 6 ZPO auf ein Zeugnisverweigerungsrecht hinsichtlich des Inhalts der Güteversuchs berufen, wenn ihm als Güterichter Tatsachen anvertraut wurden, deren Geheimhaltung durch ihre Natur oder gesetzliche Vorschrift geboten ist.[27] Im Übrigen sind Güterichter, auch wenn sie sich beispielsweise der Mediation bedienen, nach wie vor Richter und als Amtsträger nicht nur den Beteiligten verpflichtet. Sie unterliegen daher weiterhin **besonderen Anzeigeverpflichtungen.**[28]

3. Verhältnis von § 54 Abs. 6 ArbGG zu § 54a Abs. 1 ArbGG

49 Weder im Mediationsförderungsgesetz selbst noch in der Gesetzesbegründung und den parlamentarischen Protokollen finden sich Anhaltspunkte für das Verhältnis der oben benannten beiden Normen. Grundsätzlich wird das Gericht jedoch jeweils die gleichen Überlegungen anzustellen und sich zu fragen haben, ob dem Rechtsstreit Konflikte zugrunde liegen, die im Prozess nicht oder nur unzureichend beilegt werden können. Auch bedarf es für beide Verfahren des Einverständnisses aller Konfliktparteien. Das Verfahren nach § 54 Abs. 6 ArbGG dürfte vorzuziehen sein, wenn davon ausgegangen werden kann, dass der Güterichter innerhalb eines überschaubaren Zeitrah-

---

26 Diese Vorgehensweise hat den Vorteil, dass (auch) für die Parteien eindeutig dokumentiert wird, dass ihr Güteversuch nunmehr als gescheitert zu erachten ist.
27 Vgl. Begr. BT-Drucks. 17/8058, III. Zu Artikel 2 – neu-, Zu Nummer 3 – neu-; *Zöller*, ZPO, § 383 Rn. 19. *Musielak*, ZPO, § 383 Rn. 4,6. Das Zeugnisverweigerungsrecht erstreckt sich auch auf die vom Güterichter mit dem Verfahren befassten Servicemitarbeiter der Geschäftsstelle.
28 Z.B. nach § 116 AO oder nach § 6 SubvG, vgl. Begr. BT-Drucks. 17/5335, B., Zu Artikel 1, Zu § 4.

mens von zwei, höchstens drei Sitzungen zu einem Ergebnis gelangen wird. Ist hingegen absehbar, dass (auch) eine konsensuale Lösung eine Vielzahl von Terminierungen erforderlich machen wird, so bietet sich der Vorschlag einer (Langzeit-) Mediation gem. § 54a Abs. 1 ArbGG an. Das Gleiche gilt, wenn ein anderes Verfahren der außergerichtlichen Konfliktbeilegung in Betracht zu ziehen sein wird.[29] Schließlich dürfen finanzielle Gesichtspunkte nicht außer Acht gelassen werden, sind doch mit dem Güterichterverfahren keine zusätzlichen (Gerichts-) Kosten verbunden, während durch ein Verfahren der Mediation oder der außergerichtlichen Konfliktbeilegung weitere Kosten auf die Konfliktparteien zukommen werden.

III. Hinweise für die Praxis

Zur Einbindung des Güterichters im richterlichen Geschäftsverteilungsplans vgl. die »**Hinweise für die Praxis**« bei § 278 ZPO, ferner an gleicher Stelle die Mustertexte für »**Parteienvereinbarung über Verschwiegenheit und Vertraulichkeit**« sowie für »**Vereinbarungen bei Einbeziehung Dritter**«.[30] 50

§ 54a Mediation, außergerichtliche Konfliktbeilegung

(1) Das Gericht kann den Parteien eine Mediation oder ein anderes Verfahren der außergerichtlichen Konfliktbeilegung vorschlagen.

(2) Entscheiden sich die Parteien zur Durchführung einer Mediation oder eines anderen Verfahrens der außergerichtlichen Konfliktbeilegung, ordnet das Gericht das Ruhen des Verfahrens an. Auf Antrag einer Partei ist Termin zur mündlichen Verhandlung zu bestimmen. Im Übrigen nimmt das Gericht das Verfahren nach drei Monaten wieder auf, es sei denn, die Parteien legen übereinstimmend dar, dass eine Mediation oder eine außergerichtliche Konfliktbeilegung noch betrieben wird.

---

29 Vgl. hierzu die Darstellungen der unterschiedlichen Verfahren im Andere Verfahren, I. Rdn. 1 ff. Auch die »Komplexität« der Auseinandersetzung kann als ein Abgrenzungskriterium herangezogen werden. Für Konfliktfälle beispielsweise, die die Parteien in mehreren Prozessen über mehrere Instanzen parallel austragen, dürfte statt des Güterichters eine Mediation angezeigt sein.
30 Vgl. Kommentierung zu § 278 ZPO, Rdn. 84 ff.

§ 54a ArbGG Mediation, außergerichtliche Konfliktbeilegung

Übersicht

	Rdn.
I. Regelungsgegenstand und Zweck	1
1. Systematischer Zusammenhang	1
2. Europäische Mediationsrichtlinie	3
II. Grundsätze/Einzelheiten	4
1. Gerichtlicher Vorschlag (Absatz 1 Satz 1)	4
a) Adressatenkreis	4
b) Ermessen	6
c) Zeitpunkt	11
d) Gericht	14
e) Form	15
2. Vorschlag einer Mediation (Absatz 1 Satz 1, 1. Alt.)	24
a) Begrifflichkeit	24
b) Stufenverhältnis	27
c) Formale und inhaltliche Kriterien	29
3. Vorschlag eines anderen Verfahrens der außergerichtlichen Konfliktbeilegung (Absatz 1 Satz 1, 2. Alt.)	32
a) Begrifflichkeit	32
b) Stufenverhältnis	34
c) Formale und inhaltliche Kriterien	35
4. Vorschlag einer gerichtlichen Mediation im Übergangszeitraum	37
a) Begrifflichkeit	37
b) Stufenverhältnis	39
c) Formale und inhaltliche Kriterien	41
5. Abgrenzung zum Einigungsstellenverfahren nach § 76 BetrVG	42
6. Entscheidung der Parteien (Absatz 2 Satz 1, 1. HS)	43
a) Aufgrund eines gerichtlichen Vorschlages	43
b) Eigener Vorschlag der Parteien	45
7. Gerichtlicher Ruhensbeschluss (Absatz 2 Satz 1, 2. HS)	47
8. Fortsetzung des Verfahrens	51
a) Terminsbestimmung (Absatz 2 Satz 2)	51
b) Gerichtliche Wiederaufnahme des Verfahrens (Absatz 2 Satz 3)	54
9. Verhältnis von § 54a Abs. 1 ArbGG zu § 54 Abs. 6 ArbGG	60
III. Hinweise für die Praxis	61

I. Regelungsgegenstand und Zweck

1. Systematischer Zusammenhang

1 Die neugeschaffene Vorschrift ist in Absatz 1 und in Absatz 2 Satz 1 **identisch** mit der Regelung des § 278a ZPO. Hinzugetreten sind zudem die Sätze 2 und 3 des Absatz 2. Sie sind dem Umstand geschuldet, dass im arbeitsgerichtlichen Verfahren der Beschleunigungsgrundsatz gilt.[1]

Mit § 54a ArbGG werden in arbeitsgerichtlichen Verfahren die Mediation und andere Verfahren der außergerichtlichen Konfliktbeilegung nunmehr auf eine ausdrückliche gesetzliche Regelung gestellt. Im Hinblick auf Absatz 1 Satz 1 ist es die erklärte Intention des Gesetzgebers, die außergerichtliche Konfliktbeilegung auch bei bereits **rechtshängigen Streitigkeiten** zu ermöglichen.[2]   2

2. Europäische Mediationsrichtlinie

§ 54a ArbGG nimmt den **Erwägungsgrund Nr. 12** der EUMed-RL auf und dient der Umsetzung des **Art. 1 Abs. 1, Art. 3 lit. a und des Art. 5 Abs. 1 EUMed-RL**.   3

II. Grundsätze/Einzelheiten

1. Gerichtlicher Vorschlag (Absatz 1 Satz 1)

a) Adressatenkreis

Nach dem Gesetzeswortlaut ist der gerichtliche Vorschlag »den Parteien« zu unterbreiten. Den **Begriff der Parteien** verwendet das Arbeitsgerichtsgesetz für das Urteilsverfahren nach §§ 2, 46 ff. ArbGG, während es im Beschlussverfahren nach §§ 2a, 80 ff. ArbGG von **Beteiligten** spricht. Anhaltspunkte dafür, dass § 54a ArbGG allein für das Urteilsverfahren gelten sollte, sind vorliegend nicht erkennbar, im Gegenteil: Die für das Beschlussverfahren geltenden Normen der §§ 80 Abs. 2 und 87 Abs. 2 ArbGG verweisen jeweils auf »Mediation und außergerichtliche Konfliktbeilegung«.   4

Der **Begriff** »der Parteien« ist mithin **untechnisch** zu verstehen und meint alle in einem arbeitsgerichtlichen Verfahren Involvierte, mithin Kläger und Beklagte, Antragsteller und Antragsgegner, zugleich auch weitere Beteiligte nach § 83 Abs. 3 ArbGG.   5

---

[1] Begr. BT-Drucks. 17/5335, B., Zu Artikel 5, Zu Nummer 2.
[2] Begr. BT-Drucks. 17/5335, B., Zu Artikel 3, Zu Nummer 5; Zu Artikel 5, Zu Nummer 2.

b) Ermessen

6 Ob das Arbeitsgericht den Parteien den Vorschlag einer Mediation oder eines anderen Verfahrens der außergerichtlichen Konfliktbeilegung unterbreitet, liegt alleine in seinem **pflichtgemäßen Ermessen**. Voraussetzungen hierfür sind dem Gesetz nicht zu entnehmen, jedoch ist stets das **ungeschriebene Tatbestandsmerkmal** zu prüfen, ob es sich um einen »**geeigneten Fall**« handelt.[3]

7 Der Vorschlag einer Mediation ist immer dann in Erwägung zu ziehen, wenn dem Rechtsstreit Konflikte zugrunde liegen, die im gerichtlichen Verfahren nicht oder nur unzureichend beigelegt werden können. Diese Überlegungen finden in der Übergangsphase des § 9 MediationsG auch auf die gerichtliche Mediation Anwendung.

8 In einem Arbeitsgerichtsprozess bietet sich der Vorschlag für eine Mediation beispielsweise in **Fallkonstellationen** an,
- in denen die Parteien auch zukünftig weiterhin zusammenarbeiten werden,
- in denen eine Vielzahl von Arbeitnehmern betroffen sind,
- in denen es um hochemotionalisierte Umstände wie Mobbing etc. geht,[4]
- in denen um die vorzeitige Auflösung von Vertragsverhältnissen gestritten wird,
- in denen die Parteien verwandt oder (nicht mehr) verheiratet sind,
- in denen die Parteien zahlreiche Rechtsstreitigkeiten miteinander austragen, u. U. gleichzeitig und in mehrere Instanzen,
- in denen grundsätzliche persönliche Zerwürfnisse zwischen Geschäftsführung und Betriebsrat zutage treten.

9 **Abstrakt** betrachtet wird das Gericht immer dann eine konsensuale Streitbeilegung in Betracht ziehen, wenn es den Konfliktbeteiligten vorrangig darum geht,
- nichtrechtliche Interessen zu berücksichtigen,
- eine zukunftsorientierte Lösung anzustreben,
- Vertraulichkeit zu wahren oder
- eine schnelle Lösung herbeizuführen,

---

3 Vgl. hierzu auch *Palandt*, ZPO, Rechtspolitischer Ausblick II A, § 278a Rn. 7.
4 *Göldner-Dahmke* SchlHA 2010, 54 ff.

sowie dann, wenn
- es sich um einen komplexen Sachverhalt handelt,
- nichtbeteiligte Dritte in das Verfahren einbezogen werden sollen,
- zwischen den Parteien eine besondere Emotionalität besteht oder
- es um einen grenzüberschreitenden Rechtsstreit geht.

Hingegen wird das Gericht eine konsensuale Streitbeilegung **nicht** unterbreiten, wenn beispielsweise 10
- gesetzliche Bestimmungen den Parteien eine privatautonome Regelung untersagen,
- ein besonderes öffentliches Interesse an der Rechtsdurchsetzung besteht oder
- eine Grundsatzentscheidung begehrt wird.[5]

c) Zeitpunkt

Der Vorschlag kann gegenüber den Parteien grundsätzlich in **jedem Stadium des Rechtsstreits** erfolgen, betrifft allerdings nur Urteilsverfahren im ersten Rechtszug und im Berufungsverfahren sowie Beschlussverfahren in den ersten beiden Rechtszügen. Dass der Gesetzgeber Mediationen wie sonstige Verfahren der außergerichtlichen Konfliktlösung für das Verfahren vor dem **Bundesarbeitsgericht nicht** vorgesehen hat, folgt aus den §§ 64 Abs. 7 und 87 Abs. 2 ArbGG mit ihren entsprechenden Verweisen und Bezugnahmen einerseits und der unveränderten Beibehaltung der Regelungen in §§ 72 ff., 92 ff. ArbGG andererseits. 11

Grundsätzlich bietet es sich an, den **Vorschlag** für eine nichtstreitige Konfliktbeilegung so **frühzeitig** wie möglich zu unterbreiten. Hierfür sprechen Gründe der Zeit- und Kostenersparnis für die Parteien wie auch ggf. für das Gericht. Zudem wird erfahrungsgemäß durch ein frühzeitiges Mediationsgespräch der Gefahr weiterer »emotionaler Verletzungen« während des Rechtsstreits entgegengewirkt. 12

Obwohl es stets eine Frage des Einzelfalles, des Rechtsgebietes sowie des Kenntnisstandes des Gerichts (vgl. § 253 Abs. 3 Nr. 3 ZPO) bleiben wird, 13

---

5 Vgl. in diesem Zusammenhang auch die Versuche im Schrifttum, mit Hilfe von Check-Listen die Mediationsgeeignetheit von Konflikten zu ergründen *Monßen* AnwBl 2004, 7 ff. (8 f.); *Korteweg-Wiers*, FS VG Gießen, S. 359 ff. (360 Fn. 5; 366 f.).

wann der Vorschlag für eine konsensualen Streitbeilegung erfolgt, so spielt die **Güteverhandlung** nach § 54 ArbGG in diesem Zusammenhang dennoch eine gewichtige Rolle: In ihr erörtert der Vorsitzende mit den Parteien das gesamte Streitverhältnis unter freier Würdigung aller Umstände (§ 54 Abs. 1 Satz 1 ArbGG) mit dem Ziel einer gütlichen Einigung. Der Vorsitzende lernt somit den Streitstoff wie auch die Parteien kennen und kann einschätzen, ob die Unterbreitung einer konsensualen Streitbeilegung sinnvoll ist oder nicht.

d) Gericht

14 Vom o. g. Zeitpunkt ist es auch abhängig, wer den Vorschlag unterbreitet: Beim Arbeits- wie Landesarbeitsgericht kann dies durch den **Vorsitzenden** geschehen; erfolgt der Vorschlag (erst) in der mündlichen Verhandlung, so ist der **Spruchkörper** hierfür zuständig. Keine Anwendung findet der § 54a ArbGG im Verfahren vor dem Bundesarbeitsgericht.

e) Form

15 Nach dem Gesetzeswortlaut ist der Vorschlag **weder** an eine **Form noch** an (inhaltliche) **Voraussetzungen** gebunden.

16 Das Gericht kann den Vorschlag mündlich als auch schriftlich unterbreiten und ist auch nicht gehindert, vor dem eigentlichen Vorschlag bei oder mit den Parteien zu sondieren, ob eine nichtstreitige Konfliktlösung für sie bzw. die Lösung ihres Rechtsstreits in Betracht kommt.

17 Das Gericht ist im Rahmen seiner **Aufklärungsverpflichtung** gehalten, den Parteien Inhalt und Umstände des beabsichtigten oder unterbreiteten Vorschlags, auch in Abgrenzung zu etwaigen Alternativen außergerichtlicher Konfliktlösungen, deutlich zu machen und dabei auf Chancen, Risiken und Kosten hinzuweisen.

18 Dass derartige Informationen entsprechende Kenntnisse der Richterschaft voraussetzen und somit auch entsprechende Schulungen erforderlich machen, liegt auf der Hand. Denn nur wer selbst hinreichend informiert ist, wird seiner Informationspflicht gegenüber den Parteien gerecht werden können.[6]

---

6 Auf die Möglichkeit, besonders geschulte Koordinatoren, sog. Court-Dispute-Ma-

Prozesskostenhilfe für die Durchführung einer Mediation etc. darf nicht be- 19
willigt werden;[7] für eine Anwendung des § 7 MediationsG fehlt es bislang an
der vom Gesetz geforderten Vereinbarung zwischen Bund und Ländern.

Erfolgen Vorschlag und ggf. Ablehnung durch die Parteien in der mündli- 20
chen Verhandlung, so ist dies in der Niederschrift zu vermerken und im Ablehnungsfall das Verfahren in dem Stadium fortzusetzen, in dem es sich befindet.

Ob und ggf. wie lange das Gericht den Parteien eine **Frist** einräumt, sich zu 21
seinem Vorschlag **zu äußern**, liegt ebenfalls in seinem pflichtgemäßen **Ermessen**, wobei der das arbeitsgerichtliche Verfahren prägende Beschleunigungsgrundsatz zu beachten ist. Je nach Verfahren dürften in einem Urteils-
und Beschlussverfahren zwei Wochen, in einem Eilverfahren höchstens eine
Woche sachangemessen sein.

Den Vorschlag des Gerichts in **Beschlussform** zu erlassen wird nicht verlangt 22
werden können. Gleichwohl wäre es wünschenswert, wenn die Gerichte –
um die Bedeutung konsensualer Konfliktlösungsmöglichkeiten zu unterstreichen und um diese zu fördern – den Parteien einen entsprechenden Vorschlag in Form eines verfahrensleitenden, nicht anfechtbaren Beschlusses unterbreiten würden.

Anderenfalls sollte aus Gründen der Klarheit der Vorschlag jedenfalls in 23
Form einer **richterlichen Verfügung** erfolgen, aus Gründen der Nachvollziehbarkeit und Dokumentation ist Schriftform anzuraten, wobei die Übermittlung dann auch per Telefax, mündlich/telefonisch oder elektronisch erfolgen kann. Macht das Gericht – fallspezifisch – von seinem Vorschlagsrecht
keinen Gebrauch, so sollten die tragenden Erwägungen hierfür jedenfalls in
einem **Aktenvermerk** festgehalten werden.

---

nager, einzusetzen, hat bereits der Rechtsausschuss hingewiesen, Begr. BT-
Drucks. 17/8058, III. Allgemeines, S. 17.
7 A.A. zur früheren Rechtslage OLG Köln, Beschl. v. 03.06.2011,
ZKM 2012, 29 ff., mit ablehnender Anmerkung von *Spangenberg* ZKM 2012, 31.

2. Vorschlag einer Mediation (Absatz 1 Satz 1, 1. Alt.)

a) Begrifflichkeit

24 Was eine Mediation ist, folgt aus der **Begriffsbestimmung** des § 1 Abs. 1 MediationsG: Ein vertrauliches und strukturiertes Verfahren, bei dem die Parteien mit Hilfe eines oder mehrerer Mediatoren freiwillig und eigenverantwortlich eine einvernehmliche Beilegung ihres Konflikts anstreben.

25 Mediation im Sinne des Mediationsgesetzes meint Mediation durch einen **nicht** in das **gerichtliche System** eingebundenen Mediator, mithin eine sog. »außergerichtliche« Mediation. Lediglich in der Übergangsphase des § 9 MediationsG kommt auch noch eine gerichtliche Mediation in Betracht.

26 Als Mediator in einer »außergerichtlichen« Mediation wird in aller Regel ein Anwaltsmediator oder ein ehemaliger gerichtlicher Mediator in Betracht kommen, mithin ein freiberuflich tätiger Mediator; allerdings kann auch ein Richter außerhalb seines Amtes – nebenberuflich – in einem vom Gericht vorgeschlagenen Mediationsverfahren tätig werden, sofern er hierfür eine Nebentätigkeitserlaubnis erhalten hat.

b) Stufenverhältnis

27 Mit der Reihenfolge in Absatz 1 hat der Gesetzgeber **kein Stufenverhältnis** zwischen den verschiedenen ADR-Verfahren festgelegt. Allenfalls der Umstand, dass sich der Gesetzgeber intensiv mit Regelungen zur Mediation auseinandergesetzt hat, könnte dafür streiten, dass er dieser eine gewisse Präferenz zubilligt.

28 Auch die gerichtliche Mediation steht in der Übergangsphase des § 9 MediationsG gleichberechtigt neben den anderen in Absatz 1 aufgeführten Methoden.

c) Formale und inhaltliche Kriterien

29 Eine Mediation oder ein anderes Konfliktbeilegungsverfahren kann vom Arbeitsgericht wie auch vom Landesarbeitsgericht unterbreitet werden.

30 Für das von einem Gericht unterbreitete Mediationsverfahren gelten die **gleichen Regeln** wie für jedes andere Mediationsverfahren auch. Wegen der näheren Einzelheiten wird auf die Kommentierung des Mediationsgesetzes zu Verfahren, Aufgaben, Offenbarungspflichten, Tätigkeitsbeschränkungen und

Verschwiegenheitspflicht (§§ 2 bis 4 MediationsG), sowie zur Aus- und Fortbildung (§§ 5, 6 MediationsG) verwiesen.

Der Vorschlag zur Durchführung einer Mediation kann nicht mit der Person 31 eines bestimmten Mediators verbunden werden.[8] Dafür spricht zum einen die neutrale Haltung, die einzunehmen vornehmste Pflicht des Gerichts ist und dem es auch untersagt ist, den Parteien beispielsweise einen bestimmten Anwalt zu empfehlen; zum anderen zählt zum Prinzip der Freiwilligkeit in der Mediation, dass sich die Parteien ihren Mediator selbst auswählen können.

3. Vorschlag eines anderen Verfahrens der außergerichtlichen Konfliktbeilegung (Absatz 1 Satz 1, 2. Alt.)

a) Begrifflichkeit

Das Gesetz schweigt sich darüber aus, was unter einem »anderen Verfahren 32 der außergerichtlichen Konfliktbeilegung« zu verstehen ist. Der Begriff findet sich bereits in der Überschrift des Gesetzes sowie an zahlreichen weiteren Stellen (vgl. nur § 278a ZPO, § 36a FamFG), wird jedoch durch das Gesetz selbst nicht definiert.

Unter Hinweis auf das Schrifttum[9] werden in der **Gesetzesbegründung** wei- 33 tere ADR-Verfahren benannt.[10] Es handelt sich hierbei um **keine abschließende Aufzählung**, zumal davon ausgegangen werden kann, dass über die zur Zeit bekannten und praktizierten Konfliktlösungsverfahren hinaus neue hinzukommen und die bereits praktizierten Verfahren sich in ihrer Ausgestaltung und Anwendung verändern werden.[11]

---

8 Es spricht nichts dagegen, die Parteien auf die Rechtsanwaltskammer, die IHK oder Mediationsinstitute zu verweisen, die Listen von Mediatoren vorhalten. Es dürfte auch nicht zu beanstanden sein, wenn die Arbeitsgerichte selbst derartige Listen vorhalten und die Parteien darauf verweisen. Weitergehend *Nelle*, »Multi-Door-Courthouse Revisited«, S. 123 ff. (129 f.), a.A. *Baumbauch u. a.*, ZPO, II. A, Rechtspolitischer Ausblick, § 278a Rn. 12.
9 *Risse/Wagner*, Handbuch der Mediation, § 23 Rn. 93 ff.
10 Vgl. Begr. BT-Drucks. 17/5335, A. II.
11 Wegen weiterer Einzelheiten zu den verschiedenen Verfahrensarten und ihren Inhalten vgl. die Ausführungen unter Andere Verfahren, I. Rdn. 1 ff.

b) Stufenverhältnis

34 Zunächst kann auf die bereits oben erfolgten Ausführungen zum Stufenverhältnis verwiesen werden.[12] Darüber hinaus ist zu ergänzen, dass der Gesetzgeber, wie sich aus der Entstehungsgeschichte ergibt, der Mediation gegenüber anderen konsensualen Streitbeilegungsverfahren einen gewissen Vorzug einräumt, der jedoch nicht so weit geht, dass zwischen ihnen ebenfalls ein Stufenverhältnis bestehen würde.

c) Formale und inhaltliche Kriterien

35 Der **Vorschlag** für ein Verfahren der außergerichtlichen Konfliktbeilegung kann in **jeder Phase** des gerichtlichen Verfahrens erfolgen,[13] wenngleich die Besonderheiten mancher Konfliktbeilegungsverfahren wie beispielsweise Mini-Trial oder Early-Neutral-Evaluation in aller Regel dafür streiten, sie den Parteien – wenn überhaupt – nur in der Eingangsinstanz vorzuschlagen.

36 Auch der Vorschlag eines bestimmten Konfliktbeilegungsverfahrens darf nicht mit einer bestimmten Person verbunden werden. Insoweit gelten die oben bereits gemachten Ausführungen.[14]

4. Vorschlag einer gerichtlichen Mediation im Übergangszeitraum

a) Begrifflichkeit

37 Eine **gerichtliche Mediation** ist eine Mediation, die während eines anhängigen Arbeitsgerichtsprozesses von einem nicht entscheidungsbefugten Richter durchgeführt wird. Der **Unterschied** zum **Güterichter** nach § 54 Abs. 6 ArbGG besteht darin, dass der gerichtliche Mediator ausschließlich die Methode der Mediation anwendet, die rechtliche Hinweise wie auch Einigungs- oder Lösungsvorschläge ausschließt, und keine richterlichen Tätigkeiten wie Protokollierungen von Vergleichen oder Festsetzung des Streitwertes vornimmt. Der Güterichter hingegen bedient sich der gesamten Palette von Streitbeilegungsmethoden einschließlich rechtlicher Hinweise und Einigungsvorschlägen, protokolliert Vergleiche und setzt den Streitwert fest.[15]

---

12 Vgl. oben Rdn. 27.
13 Vgl. oben Rdn. 29.
14 Vgl. oben Rdn. 31.
15 Vgl. insoweit die Kommentierung zu § 278 ZPO, Rdn. 65 ff.

Gerichtliche Mediation ist nur noch möglich in der Übergangsphase des § 9 MediationsG und auch nur dann, wenn sie vor Inkrafttreten des Mediationsförderungsgesetzes bereits an einem Arbeitsgericht angeboten wurde.

38

b) Stufenverhältnis

Es besteht **kein** Stufenverhältnis zwischen gerichtlicher Mediation und (sog. außergerichtlicher) Mediation, ebenfalls nicht im Hinblick auf andere Verfahren der außergerichtlichen Konfliktbeilegung.

39

Die bisherigen Erfahrungen mit den Modellprojekten der gerichtsinternen Mediation sprechen dafür, dass die Parteien auch in den Fällen, in denen ihnen das Arbeitsgericht eine (sog. außergerichtliche) Mediation vorschlägt, auf die gerichtliche Mediation zurückgreifen werden, nicht zuletzt aus Kostengründen.[16] Solange keine durchgreifenden **kostenrechtlichen Anreize**, beispielsweise über § 7 MediationsG, erfolgen, wird das gesetzgeberische Ziel der Förderung der Mediation in rechtshängigen Verfahren nur schwer zu erreichen sein.[17]

40

c) Formale und inhaltliche Kriterien

Für die gerichtsinterne Mediation in arbeitsgerichtlichen Verfahren gelten grundsätzlich die gleichen Kriterien und Regeln, wie sie im Zusammenhang mit der Mediation nach § 278a ZPO beschrieben wurden:[18]
- Regelung im gerichtlichen Geschäftsverteilungsplan,
- Wahlrecht der Beteiligten, aber kein Anspruch auf bestimmten Mediator,
- Anwendbarkeit der Vorschriften über die (sog. außergerichtliche) Mediation,
- Verschwiegenheitspflicht mit besonderen Anzeigepflichten,
- keine Entscheidungsbefugnis mit Konsequenzen für Vergleich, Streitwert und Akteneinsicht.

41

---

16 *Wagner*, ZKM 2010, 172 ff. (173).
17 Die Regelung des § 69b GKG, wenn denn die Landesgesetzgeber von der Öffnungsklausel überhaupt Gebrauch machen, dürfte als finanzieller Anreiz nur bedingte Wirksamkeit entfalten.
18 Vgl. wegen der Einzelheiten die Kommentierung zu § 278a ZPO, Rdn. 50 ff.

5. Abgrenzung zum Einigungsstellenverfahren nach § 76 BetrVG

42 Im Schrifttum[19] wird vielfach die Auffassung vertreten, dass das Einigungsstellenverfahren, das an zahlreichen Stellen im BetrVG als konfliktlösendes Instrument vorgesehen ist,[20] **das** abschließende Modell der Konfliktbewältigung im Betriebsverfassungsrecht darstelle. Diese Auffassung nimmt jedoch nicht hinreichend in den Blick, dass auch das Einigungsstellenverfahren auf eine streitige Entscheidung hinausläuft, wenn sich die Parteien nicht auf einen Kompromiss einigen und die Stimme des Vorsitzenden in einer Pattsituation den Ausschlag gibt. Von daher sind durchaus Fallkonstellationen denkbar, in denen die Konflikte durch eine Mediation weitaus besser bearbeitet werden können als durch das Einigungsstellenverfahren,[21] beispielsweise wenn es um komplexe Auseinandersetzungen wie die Erstellung von Sozialplänen geht[22] oder wenn die Auseinandersetzung ihren wahren Kern in persönlichen Macht- und Racheerwägungen hat. Für ein Mediationsverfahren sprechen zudem Vertraulichkeit und fehlende Anfechtbarkeit der konsensualen Entscheidung; aber auch Kostengesichtspunkte (vgl. § 76a BetrVG) lassen eine Mediation als lohnenswerte Alternative zu einem Einigungsstellenverfahren erscheinen.[23]

6. Entscheidung der Parteien (Absatz 2 Satz 1, 1. HS)

a) Aufgrund eines gerichtlichen Vorschlages

43 Die **Entscheidung der Parteien** für eine Mediation oder eine andere konsensuale Streitbeilegung ist an **keine Form** gebunden. Sie kann schriftlich, mündlich als auch zu Protokoll geschehen. Sie hat gegenüber dem Gericht zu erfolgen, welches den Vorschlag unterbreitet hat; bei einer nur mündlichen Erklärung einer Partei wird das Gericht einen entsprechenden Aktenvermerk fertigen oder die Erklärung in ein Protokoll aufnehmen.

44 Die Parteien sind an den Vorschlag des Gerichts **nicht** gebunden, können also, wenn beispielsweise eine Mediation vorgeschlagen wurde, dem Gericht auch übereinstimmend mitteilen, dass sie sich beispielsweise für eine Schlich-

---

19 Vgl. *Göldner-Dahmke* SchHN 2010, 54 f.; *Abeln* Personalführung 2000, 62 ff.
20 Vgl. die Regelungen in §§ 87 Abs. 1, 94 Abs. 1, 109, 111 BetrVG.
21 *Redmann* Fachanwalt Arbeitsrecht 2000, 76 ff.
22 *Weißleder* SchlHN 2010, 55.
23 A.A. *Abeln* Personalführung 2000, 63 ff. (65).

tung entschieden haben oder – wenn angeboten – eine gerichtliche Mediation bevorzugen.

b) Eigener Vorschlag der Parteien

Die **Parteien** sind nicht allein auf einen gerichtlichen Vorschlag angewiesen. 45
Es steht ihnen **frei**, einen eigenen Vorschlag über das Gericht der anderen Partei zukommen lassen oder bereits übereinstimmend dem Gericht mitzuteilen, dass sie sich beispielsweise für eine Mediation entschieden haben. Regt zunächst nur eine Partei ein Verfahren der außergerichtlichen Konfliktbeilegung oder eine Mediation an, so sollte das für das Gericht Anlass sein darüber zu reflektieren, seinerseits gem. Absatz 1 den Parteien einen Vorschlag zu unterbreiten.

Die Intention des Gesetzes nach Förderung der Mediation wie auch anderer 46
Verfahren der außergerichtlichen Konfliktbeilegung[24] erfordert, dass das Gericht einen entsprechenden Vorschlag einer Partei an die andere zur Stellungnahme weiterleitet.

7. Gerichtlicher Ruhensbeschluss (Absatz 2 Satz 1, 2. HS)

Zwingende und daher unanfechtbare Rechtsfolge einer Entscheidung der 47
Parteien für eine Mediation oder ein anderes Verfahren der außergerichtlichen Streitbeilegung ist die **Anordnung** des Ruhens des Verfahrens gem. §§ 54a Abs. 2, 46 Abs. 2, 55 Abs. 1 Nr. 8 ArbGG i.V.m. § 251 ZPO durch gerichtlichen Beschluss. Eines gesonderten Antrages hierzu bedarf es nicht; er ist in der Erklärung »für« ein konsensuales Verfahren konkludent enthalten.[25]

Dies gilt nicht nur in den Fällen, in denen die Parteien sich zu einem ent- 48
sprechenden Vorschlag des Gerichts gem. § 54a Abs. 2 ArbGG verhalten, sondern auch dann, wenn die Parteien aus eigenem Antrieb dem Gericht mitteilen, den Versuch einer konsensualen Einigung im Rahmen einer »gerichtsnahen« oder einer »gerichtlichen« Mediation bzw. eines anderen außergerichtlichen Konfliktbeilegungsverfahrens unternehmen zu wollen: Auch in diesen Fällen ist die Ruhensanordnung zwingende Rechtsfolge.

---

24 Begr. BT-Drucks. 17/5335, A. II.
25 Vgl. *Löer* ZKM 2010, 179 ff. (182).

49 **Gerichtlicher Beschluss** meint in diesem Zusammenhang eine Entscheidung des Vorsitzenden, wenn dies außerhalb der streitigen Verhandlung geschieht (§ 55 Abs. 1 Nr. 8 ArbGG); ansonsten ist der Spruchkörper zuständig.

50 Aus § 46 Abs. 2 ArbGG i.V.m. § 251 Satz 2 ZPO folgt, dass bei einer Ruhensanordnung grundsätzlich wie bei einer Unterbrechung und Aussetzung nach § 249 ZPO der Lauf einer jeden **Frist** aufhört mit Ausnahme der in § 233 ZPO bezeichneten Fristen. Das bedeutet, dass die Notfristen gem. § 224 Abs. 1 Satz 1 ZPO, die Rechtsmittelbegründungsfristen und die Wiedereinsetzungsfrist des § 234 Abs. 1 ZPO weiterhin laufen.[26]

8. Fortsetzung des Verfahrens

a) Terminsbestimmung (Absatz 2 Satz 2)

51 Kommt in einer Mediation oder einem anderen außergerichtlichen Konfliktbeilegungsverfahren eine Vereinbarung nicht zustande und wird insbesondere der Rechtsstreit nicht beendet, so obliegt es den Parteien und nicht dem Streitschlichter (Mediator etc), dies gem. § 250 ZPO durch einen bei Gericht einzureichenden Schriftsatz **anzuzeigen**. Mit der Zustellung des Schriftsatzes durch das Gericht gilt das Verfahren sodann als wieder aufgenommen.

52 Absatz 2 Satz 2 sieht zudem die Möglichkeit vor, dass eine Partei bei Gericht einen **Antrag** auf **mündliche Verhandlung** stellt; diesem Antrag ist durch den Vorsitzenden zu entsprechen und Termin – unter Berücksichtigung der Ladungsfrist des § 217 ZPO (3 Tage) – zu bestimmen. Für die Fristberechnung kommen die §§ 222 ZPO i.V.m. §§ 187 Abs. 1, 188 Abs. 1 BGB zur Anwendung.[27]

53 Auch in den Fällen des Absatzes 2 Satz 2 kann es u. U. sinnvoll sein, eine Güteverhandlung anzuberaumen, falls dies bislang noch nicht geschehen war.[28]

b) Gerichtliche Wiederaufnahme des Verfahrens (Absatz 2 Satz 3)

54 Über die oben dargestellte allgemeine Regelung hinaus gilt in Verfahren nach dem ArbGG zugleich die Besonderheit des Absatz 2 Satz 3: Das Gericht

---

26 Vgl. zu Einzelheiten *Baumbach*, ZPO, § 251 Rn. 9.
27 Vgl. *Bader u. a.*, ArbGG, § 47 Rn. 3 mit Berechnungsbeispielen.
28 Begr. BT-Drucks. 17/5335, B. Zu Artikel 5, Zu Nummer 2.

nimmt das Verfahren nach **drei Monaten** wieder auf, es sei denn, die Parteien legen übereinstimmend dar, dass eine Mediation oder eine außergerichtliche Konfliktbeilegung noch betrieben wird. Es fällt mithin in den Verantwortungsbereich der Parteien, das Gericht rechtzeitig vor Ablauf von drei Monaten über den Stand der konsensualen Streitschlichtung in Kenntnis zu setzen. Dass das Gericht seinerseits bei den Parteien zum Stand des Verfahrens nachfragt, kann aus der imperativen Regelung des Absatz 2 Satz 3 nicht abgeleitet werden; jedoch ist das Gericht nicht gehindert, die Parteien hierzu anzuhören.

Übereinstimmend im Sinne der Vorschrift bedeutet nicht zeitgleich. Von 55
daher ist es ausreichend, wenn der Schriftsatz einer Partei, der auf den weiteren Fortgang einer Mediation hinweist, nach Zustellung durch die andere Partei bestätigt wird.

Die Mediation (oder ein anderes Verfahren) muss nach dem Gesetzeswort- 56
laut »**weiter betrieben**« werden. Damit ist gemeint, dass die Parteien im Rahmen eines konsensualen Streitbeilegungsverfahrens weiterhin gemeinsam an einer nichtstreitigen Lösung arbeiten und das Verfahren nicht zumindest von einer Partei als gescheitert angesehen wird. »Weiter betrieben« wird ein Verfahren beispielsweise auch dann, wenn die Parteien übereinstimmend einen Gutachter eingeschaltet haben, der zunächst ein Gutachten erstellen soll, bevor sich die Parteien wieder gemeinsam an einen Tisch setzen. Auch Einzelgespräche, wie sie insbesondere in Mediationsverfahren anzutreffen sind, bedeuten nicht, dass das Verfahren fehlgeschlagen ist. Solange ein weiterer gemeinsamer Termin der Parteien im Raume steht, ist vom Fortgang des Mediationsverfahrens auszugehen.

Mit Absatz 2 Satz 3 will der Gesetzgeber grundsätzlich sichergestellt wissen, 57
dass Verfahren in der **Hauptsache zeitnah** weiter geführt werden. Durch die Wiederaufnahme des Verfahrens dürften Probleme mit etwaigen sachlichrechtlichen Fristen ausgeschlossen sein.[29]

Für **Streitigkeiten** nach dem **KSchG** bedeutet dies, dass die Parteien in die- 58
sen Fällen im Hinblick auf die Dreiwochenfrist des § 4 KSchG die Klageerhebung mit dem Hinweis auf eine geplante oder bereits laufende Mediation

---

29 Vgl. hierzu Kommentierung zu § 278a ZPO, Rdn. 69.

oder ein anderes außergerichtliches Konfliktlösungsverfahren verbinden und die Anordnung des Ruhens des Verfahrens beantragen können.[30]

59 Die Entscheidung des Gerichts nach Absatz 2 Satz 3 über die Wiederaufnahme des Verfahrens erfolgt durch den Vorsitzenden (vgl. § 55 Abs. 1 Nr. 8 ArbGG); sie kann gem. §§ 46 Abs. 2, 78 ArbGG i.V.m. §§ 567 ff. ZPO mit der sofortigen Beschwerde angefochten werden.

9. Verhältnis von § 54a Abs. 1 ArbGG zu § 54 Abs. 6 ArbGG

60 Da sich zum Verhältnis der o.g. Vorschriften weder dem Gesetz noch der Gesetzesbegründung Anhaltspunkte entnehmen lassen, muss das Gericht zunächst einmal für beide Verfahren grundsätzlich die gleichen Überlegungen zugrunde legen, also neben dem Aspekt der Freiwilligkeit insbesondere die Geeignetheit, ferner Zeit- und Kostenfaktoren sowie die Komplexität der Auseinandersetzung berücksichtigen. Bietet sich im Hinblick auf den konkreten Konflikt ein anderes Verfahren der außergerichtlichen Konfliktbeilegung an, so ist diesem jedenfalls gegenüber § 54 Abs. 6 ArbGG der Vorrang einzuräumen.[31]

III. Hinweise für die Praxis

61 Spezifische, über § 278a ZPO hinausgehende Praxishinweise ergeben sich für die Regelungen in § 54a ArbGG nicht; insoweit kann daher auf die Ausführungen unter »**Hinweise für die Praxis**« zu **§ 278a ZPO** verwiesen werden.[32] Soweit die Parteien nicht auf Vorschlag des Gerichts sondern von sich aus mitteilen, dass sie sich auf eine Mediation oder ein anderes Verfahren der außergerichtlichen Konfliktbeilegung geeinigt haben, bleibt anzuraten – solange noch keine einschlägige Rechtsprechung vorliegt –, ihre entsprechende Information an das Gericht hilfsweise mit einem Antrag auf Ruhen des Verfahrens gem. § 54a Abs. 2 ArbGG zu verbinden.

---

30 Begr. BT-Drucks. 17/5335 zu Art. 5, zu Nr. 2.
31 Vgl. hierzu auch Rdn. 17 ff., ferner in der Kommentierung zu § 54 ArbGG, Rdn. 49.
32 Vgl. Kommentierung zu § 278a ZPO, Rdn. 84 ff.

§ 55 Alleinentscheidung durch den Vorsitzenden

(1) Der Vorsitzende entscheidet außerhalb der streitigen Verhandlung allein
1. bei Zurücknahme der Klage;
2. bei Verzicht auf den geltend gemachten Anspruch;
3. bei Anerkenntnis des geltend gemachten Anspruchs;
4. bei Säumnis einer Partei;
4a. über die Verwerfung des Einspruchs gegen ein Versäumnisurteil oder einen Vollstreckungsbescheid als unzulässig;
5. bei Säumnis beider Parteien;
6. über die einstweilige Einstellung der Zwangsvollstreckung;
7. über die örtliche Zuständigkeit;
8. **über die Aussetzung und Anordnung des Ruhens des Verfahrens;**
9. wenn nur noch über die Kosten zu entscheiden ist;
10. bei Entscheidungen über eine Berichtigung des Tatbestandes, soweit nicht eine Partei eine mündliche Verhandlung hierüber beantragt;
11. im Fall des § 11 Abs. 3 über die Zurückweisung des Bevollmächtigten oder die Untersagung der weiteren Vertretung.

(2) Der Vorsitzende kann in den Fällen des Absatzes 1 Nr. 1, 3 und 4a bis 10 eine Entscheidung ohne mündliche Verhandlung treffen. Dies gilt mit Zustimmung der Parteien auch in dem Fall des Absatzes 1 Nr. 2.

(3) Der Vorsitzende entscheidet ferner allein, wenn in der Verhandlung, die sich unmittelbar an die Güteverhandlung anschließt, eine das Verfahren beendende Entscheidung ergehen kann und die Parteien übereinstimmend eine Entscheidung durch den Vorsitzenden beantragen; der Antrag ist in die Niederschrift aufzunehmen.

(4) Der Vorsitzende kann vor der streitigen Verhandlung einen Beweisbeschluss erlassen, soweit er anordnet
1. eine Beweisaufnahme durch den ersuchten Richter;
2. eine schriftliche Beantwortung der Beweisfrage nach § 377 Abs. 3 der Zivilprozessordnung;

§ 55 ArbGG   Alleinentscheidung durch den Vorsitzenden

3. die Einholung amtlicher Auskünfte;
4. eine Parteivernehmung;
5. die Einholung eines schriftlichen Sachverständigengutachtens.

Anordnungen nach Nummer 1 bis 3 und 5 können vor der streitigen Verhandlung ausgeführt werden.

Übersicht	Rdn.		Rdn.
I. Regelungsgegenstand und Zweck	1	2. Entscheidung des Vorsitzenden über das Ruhen des Verfahrens (Absatz 1 Nr. 8, 2. Alt.)	6
II. Grundsätze/Einzelheiten	3		
1. Entscheidung des Vorsitzenden über Aussetzung des Verfahrens (Absatz 1 Nr. 8, 1. Alt)	3		

I. Regelungsgegenstand und Zweck

1 Die Vorschrift regelt – ebenso wie §§ 53, 56 ArbGG – die **Befugnisse** des **Vorsitzenden** und betrifft Entscheidungen außerhalb der streitigen Verhandlung. Sie stellt eine Ausgestaltung des Prinzips des gesetzlichen Richters (Art. 101 Abs. 1 GG) dar, denn Vorsitzender und Kammer sind zwei verschiedene Spruchkörper.[1] § 55 ArbGG findet Anwendung in Verfahren vor dem Arbeits- und dem Landesarbeitsgericht (vgl. § 64 Abs. 7 ArbGG) und differenziert nicht nach der Entscheidungsform, betrifft mithin Urteils- wie Beschlussverfahren.[2]

2 Die Regelung des Absatzes 1 Nr. 8 hat durch das Mediationsförderungsgesetz nunmehr eine Ergänzung hinsichtlich einer Ruhensanordnung erfahren.

Der Umstand, dass der Katalog des § 55 ArbGG **bislang** die Ruhensanordnung nicht aufführte, kann als **gesetzgeberisches Versehen** gewertet werden, zumal das ArbGG schon in der Vergangenheit Regelungen über Ruhensanordnungen aufwies (vgl. § 54 Abs. 5 Satz 1 ArbGG) und im Übrigen im Arbeitsgerichtsprozess **§ 251 ZPO** Anwendung findet. Dementsprechend entschied bislang der Vorsitzende in diesen Fällen allein, es sei denn ein

---

1 Zu den Rechtsfolgen einer fehlerhaften Besetzung vgl. *Natter/Gross*, § 55 Rn. 27, *Bader u. a.*, § 55 Rn. 2.
2 *Bader* u. a., § 55 Rn. 1.

Ruhensantrag wurde im Kammertermin gestellt (§ 251 Satz 1 ZPO) oder beide Parteien waren säumig oder verhandelten nicht (§ 251a Abs. 3 ZPO).[3]

II. Grundsätze/Einzelheiten

1. Entscheidung des Vorsitzenden über Aussetzung des Verfahrens (Absatz 1 Nr. 8, 1. Alt)

Im Katalog des § 55 ArbGG war bislang nur die Entscheidungsmöglichkeit des Vorsitzenden über einen Beschluss zur **Aussetzung** eines Verfahrens vorgesehen; eine entsprechende konkrete Regelung findet sich § 97 Abs. 5 ArbGG. 3

Die **ZPO**, die insoweit im arbeitsgerichtlichen Verfahren Anwendung findet, kennt eine Vielzahl von Regelungen über die **Aussetzung**.[4] Dazu zählen als Wichtigste die §§ 148, 149 ZPO.[5] Es kann zudem nach anderen Regelwerken zu einer Aussetzungen der Verfahrens kommen, so bei Vorlage an das BVerfG nach Art. 100 Abs. 1 GG sowie im Vorabentscheidungsverfahren vor dem EuGH nach Art. 267 AEUV. In diesen Fällen ist für die Entscheidung allerdings die Zuständigkeit der Kammer gegeben. 4

Ein ausgesetztes Verfahren hat die **Wirkung** des § 249 ZPO und wird nach §§ 150 oder 250 ZPO wieder aufgenommen. 5

2. Entscheidung des Vorsitzenden über das Ruhen des Verfahrens (Absatz 1 Nr. 8, 2. Alt.)

Die Anordnung des **Ruhens** des Verfahrens durch den Vorsitzenden soll der **Verfahrensvereinfachung** dienen;[6] die gesetzliche Regelung dürfte dem Umstand geschuldet sein, dass mit der Vorschrift des § 54a Abs. 2 Satz 1 ArbGG i.V.m. § 251 ZPO nunmehr (neben § 54 Abs. 5 Satz 1 ArbGG) eine weitere gesetzliche Ruhensanordnung vorgesehen ist, so dass eine **Komplettierung** des Katalogs des § 55 ArbGG angezeigt war. 6

---

3 Vgl. *Schwab/Weth*, § 55 Rn. 46 ff.
4 Vgl. zu Einzelheiten *Thomas/Putzo*, ZPO, Vorb. § 239 Rn. 8.
5 Zu Einzelfällen der Aussetzung im Arbeitsgerichtsprozess s. *Bader u.a.*, § 55 Rn. 14.
6 Begr. BT-Drucks. 17/5335, B., Zu Artikel 5, Zu Nummer 3.

§ 55 ArbGG Alleinentscheidung durch den Vorsitzenden

7 Aus § 251 Satz 2 ZPO folgt, dass bei einer Ruhensanordnung grundsätzlich wie bei einer Unterbrechung und Aussetzung nach § 249 ZPO der **Lauf** einer jeden **Frist aufhört** und nach Beendigung die volle Frist von neuem zu laufen beginnt. Dies gilt jedoch nicht für die in § 233 ZPO bezeichneten Fristen. Das bedeutet, dass die Notfristen gem. § 224 Abs. 1 Satz 1 ZPO, die Rechtsmittelbegründungsfristen und die Wiedereinsetzungsfrist des § 234 Abs. 1 ZPO weiterhin laufen.[7]

8 Auch in den Fällen einer Ruhensanordnung nach § 54a Abs. 2 Satz 1 ArbGG obliegt es den Parteien und nicht dem Streitschlichter, die Beendigung eines konsensualen Verfahrens gem. § 250 ZPO durch einen beim **Arbeitsgericht** einzureichenden Schriftsatz **anzuzeigen**. Mit der Zustellung des Schriftsatzes durch das Gericht gilt das Verfahren sodann als wieder aufgenommen.

9 Im Übrigen ist, wie sich aus § 54a Abs. 2 Satz 2 ArbGG ergibt, auf **Antrag einer Partei** Termin zur mündlichen Verhandlung zu bestimmen. Aber auch dann kann es, je nach Fallgestaltung, sinnvoll sein, eine Güteverhandlung anzuberaumen, falls dies bislang noch nicht geschehen war.[8]

10 Über diese allgemeine Regelung hinaus gilt in Verfahren nach dem ArbGG zugleich die Besonderheit des § 54a Abs. 2 Satz 3 ArbGG: Das Gericht nimmt das ruhende Verfahren nach **drei Monaten** wieder auf, es sei denn, die Parteien legen übereinstimmend dar, dass eine Mediation oder eine andere außergerichtliche Konfliktbeilegung noch betrieben wird.[9] Die Entscheidung des Gerichts erfolgt auch hier durch den Vorsitzenden; es ist dies die Kehrseite seiner Befugnis gem. Absatz 1 Nr. 8.

11 Die Entscheidung über die Wiederaufnahme des Verfahrens kann mit der **sofortigen Beschwerde** (§§ 46 Abs. 2, 78 ArbGG i.V.m. §§ 567 ff. ZPO) angefochten werden.[10]

---

7 Vgl. zu Einzelheiten *Baumbach*, § 251 Rn. 9.
8 Begr. BT-Drucks. 17/5335, B., Zu Artikel 5, Zu Nummer 2.
9 Vgl. Kommentierung zu § 54a ArbGG, Rdn. 1 ff.
10 Umfassend hierzu *Schwab/Weth*, § 55 Rn. 50, § 46 Rn. 52 ff. m.w.N.

§ 64 Grundsatz

(1) Gegen die Urteile der Arbeitsgerichte findet, soweit nicht nach § 78 das Rechtsmittel der sofortigen Beschwerde gegeben ist, die Berufung an die Landesarbeitsgerichte statt.

(2) Die Berufung kann nur eingelegt werden,
a) wenn sie in dem Urteil des Arbeitsgerichts zugelassen worden ist,
b) wenn der Wert des Beschwerdegegenstandes 600 Euro übersteigt,
c) in Rechtsstreitigkeiten über das Bestehen, das Nichtbestehen oder die Kündigung eines Arbeitsverhältnisses oder
d) wenn es sich um ein Versäumnisurteil handelt, gegen das der Einspruch an sich nicht statthaft ist, wenn die Berufung oder Anschlussberufung darauf gestützt wird, dass der Fall der schuldhaften Versäumung nicht vorgelegen habe.

(3) Das Arbeitsgericht hat die Berufung zuzulassen, wenn
1. die Rechtssache grundsätzliche Bedeutung hat,
2. die Rechtssache Rechtsstreitigkeiten betrifft
   a) zwischen Tarifvertragsparteien aus Tarifverträgen oder über das Bestehen oder Nichtbestehen von Tarifverträgen,
   b) über die Auslegung eines Tarifvertrags, dessen Geltungsbereich sich über den Bezirk eines Arbeitsgerichts hinaus erstreckt, oder
   c) zwischen tariffähigen Parteien oder zwischen diesen und Dritten aus unerlaubten Handlungen, soweit es sich um Maßnahmen zum Zwecke des Arbeitskampfs oder um Fragen der Vereinigungsfreiheit einschließlich des hiermit im Zusammenhang stehenden Betätigungsrechts der Vereinigungen handelt, oder
3. das Arbeitsgericht in der Auslegung einer Rechtsvorschrift von einem ihm im Verfahren vorgelegten Urteil, das für oder gegen eine Partei des Rechtsstreits ergangen ist, oder von einem Urteil des im Rechtszug übergeordneten Landesarbeitsgerichts abweicht und die Entscheidung auf dieser Abweichung beruht.

(3a) Die Entscheidung des Arbeitsgerichts, ob die Berufung zugelassen oder nicht zugelassen wird, ist in den Urteilstenor aufzunehmen. Ist dies unterblieben, kann binnen zwei Wochen ab Verkündung des Urteils eine entsprechende Ergänzung beantragt werden. Über den Antrag kann die Kammer ohne mündliche Verhandlung entscheiden.

§ 64 ArbGG Grundsatz

(4) Das Landesarbeitsgericht ist an die Zulassung gebunden.

(5) Ist die Berufung nicht zugelassen worden, hat der Berufungskläger den Wert des Beschwerdegegenstands glaubhaft zu machen; zur Versicherung an Eides Statt darf er nicht zugelassen werden.

(6) Für das Verfahren vor den Landesarbeitsgerichten gelten, soweit dieses Gesetz nichts anderes bestimmt, die Vorschriften der Zivilprozessordnung über die Berufung entsprechend. Die Vorschriften über das Verfahren vor dem Einzelrichter finden keine Anwendung.

(7) Die Vorschriften des § 49 Abs. 1 und 3, des § 50, des § 51 Abs. 1, der §§ 52, 53, 55 Abs. 1 Nr. 1 bis 9, Abs. 2 und 4, **des § 54 Absatz 6, des § 54a,** der §§ 56 bis 59, 61 Abs. 2 und 3 und der §§ 62 und 63 über Ablehnung von Gerichtspersonen, Zustellungen, persönliches Erscheinen der Parteien, Öffentlichkeit, Befugnisse des Vorsitzenden und der ehrenamtlichen Richter, **Güterichter, Mediation und außergerichtliche Konfliktbeilegung,** Vorbereitung der streitigen Verhandlung, Verhandlung vor der Kammer, Beweisaufnahme, Versäumnisverfahren, Inhalt des Urteils, Zwangsvollstreckung und Übersendung von Urteilen in Tarifvertragssachen gelten entsprechend.

(8) Berufungen in Rechtsstreitigkeiten über das Bestehen, das Nichtbestehen oder die Kündigung eines Arbeitsverhältnisses sind vorrangig zu erledigen.

Übersicht	Rdn.		Rdn.
I. Regelungsgegenstand und Zweck	1	2. Europäische Mediationsrichtlinie	2
1. Normgefüge	1	**II. Grundsätze/Einzelheiten**	3

I. Regelungsgegenstand und Zweck

1. Normgefüge

1 § 64 ArbGG regelt Voraussetzungen und Umfang der Berufung im arbeitsgerichtlichen Urteilsverfahren und erklärt in seinem Abatz 7 im Einzelnen benannten Regelungen des ArbGG für das Berufungsverfahren für entsprechend anwendbar.

2. Europäische Mediationsrichtlinie

§ 64 Abs. 7 ArbGG nimmt den **Erwägungsgrund Nr. 12** der EUMed-RL 2
auf und dient der Umsetzung des **Art. 1 Abs. 1, Art. 3 lit. a** und des **Art. 5 Abs. 1 EUMed-RL.**

II. Grundsätze/Einzelheiten

Durch die in Absatz 7 erfolgte Bezugnahme auf §§ 54 Abs. 6, 54a ArbGG 3
stellt der Gesetzgeber sicher, dass auch im **Berufungsverfahren** vor dem **Landesarbeitsgericht** der Versuch einer gütlichen Beilegung des Rechtsstreits durch einen ersuchten Güterichter sowie ein Vorschlag für eine Mediation oder ein anderes Verfahren der außergerichtlichen Konfliktbeilegung möglich ist. Hinsichtlich der Einzelheiten wird auf die Kommentierungen der §§ 54 Abs. 6, 54a, 55 und 87 ArbGG verwiesen.

§ 80 Grundsatz

(1) Das Beschlussverfahren findet in den in § 2a bezeichneten Fällen Anwendung.

(2) Für das Beschlussverfahren des ersten Rechtszugs gelten die für das Urteilsverfahren des ersten Rechtszugs maßgebenden Vorschriften über Prozessfähigkeit, Prozessvertretung, Ladungen, Termine und Fristen, Ablehnung und Ausschließung von Gerichtspersonen, Zustellungen, persönliches Erscheinen der Parteien, Öffentlichkeit, Befugnisse des Vorsitzenden und der ehrenamtlichen Richter, **Mediation und außergerichtliche Konfliktbeilegung,** Vorbereitung der streitigen Verhandlung, Verhandlung vor der Kammer, Beweisaufnahme, gütliche Erledigung des Verfahrens, Wiedereinsetzung in den vorigen Stand und Wiederaufnahme des Verfahrens entsprechend; soweit sich aus den §§ 81 bis 84 nichts anderes ergibt. Der Vorsitzende kann ein Güteverfahren ansetzen; die für das Urteilsverfahren des ersten Rechtszugs maßgebenden Vorschriften über das Güteverfahren gelten entsprechend.

(3) § 48 Abs. 1 findet entsprechende Anwendung.

§ 80 ArbGG Grundsatz

Übersicht

	Rdn.		Rdn.
I. Regelungsgegenstand und Zweck	1	2. Europäische Mediationsrichtlinie	2
1. Normgefüge	1	II. Grundsätze/Einzelheiten	3

I. Regelungsgegenstand und Zweck

1. Normgefüge

1 § 80 ArbGG regelt Voraussetzungen und Umfang des arbeitsgerichtlichen Beschlussverfahrens (vgl. § 2a ArbGG) in kollektivrechtlichen Streitigkeiten und erklärt in seinem Absatz 2 im Einzelnen benannten Regelungen des ArbGG für das Beschlussverfahren für entsprechend anwendbar.

2. Europäische Mediationsrichtlinie

2 § 80 Abs. 2 ArbGG nimmt den **Erwägungsgrund Nr. 12** der EUMed-RL auf und dient der Umsetzung des **Art. 1 Abs. 1, Art. 3 lit. a** und des **Art. 5 Abs. 1 EUMed-RL**.

II. Grundsätze/Einzelheiten

3 Durch die in Absatz 2 erfolgte Bezugnahme auf Mediation und außergerichtliche Konfliktbeilegung stellt der Gesetzgeber sicher, dass der Vorschlag einer Mediation oder eines anderen Verfahrens der außergerichtlichen Konfliktbeilegung auch im **Beschlussverfahren** des ersten Rechtszugs vor dem **Arbeitsgericht** möglich ist. Hinsichtlich der Einzelheiten wird auf die Kommentierung der §§ 54 Abs. 6, 54a und 55 ArbGG verwiesen.

4 Unschädlich ist, dass in der Vorschrift der Güterichter nicht explizit benannt wird. § 80 Abs. 2 Satz 2 ArbGG räumt dem Vorsitzenden die Möglichkeit ein, ein Güteverfahren anzusetzen, wobei die für das Urteilsverfahren des ersten Rechtszugs maßgeblichen Vorschriften über das Güteverfahren entsprechend gelten. Dazu zählt nunmehr gem. § 54 Abs. 6 ArbGG **auch** das erheblich erweiterte Institut des **Güterichters**.

§ 83a Vergleich, Erledigung des Verfahrens

(1) Die Beteiligten können, um das Verfahren ganz oder zum Teil zu erledigen, zur Niederschrift des Gerichts oder des Vorsitzenden **oder des Güterichters** einen Vergleich schließen, soweit sie über den Gegenstand des Vergleichs verfügen können, oder das Verfahren für erledigt erklären.

(2) Haben die Beteiligten das Verfahren für erledigt erklärt, so ist es vom Vorsitzenden des Arbeitsgerichts einzustellen. § 81 Abs. 2 Satz 3 ist entsprechend anzuwenden.

(3) Hat der Antragsteller das Verfahren für erledigt erklärt, so sind die übrigen Beteiligten binnen einer von dem Vorsitzenden zu bestimmenden Frist von mindestens zwei Wochen aufzufordern, mitzuteilen, ob sie der Erledigung zustimmen. Die Zustimmung gilt als erteilt, wenn sich der Beteiligte innerhalb der vom Vorsitzenden bestimmten Frist nicht äußert.

Übersicht	Rdn.		Rdn.
I. Regelungsgegenstand und Zweck	1	2. Verfahrenseinstellung und Fristsetzungen (Absätze 2 und 3)	5
II. Grundsätze/Einzelheiten	2		
1. Verfahrenserledigung vor dem Güterichter (Absatz 1, 3. Alt.)	2		

I. Regelungsgegenstand und Zweck

Die Vorschrift normiert für das arbeitsgerichtliche **Beschlussverfahren** zwei 1 Möglichkeiten der Verfahrenserledigung: Den von den Beteiligten zur Niederschrift erklärten Vergleich oder die übereinstimmend erklärte Hauptsacheerledigung (Absatz 1). Beide Möglichkeiten gelten gem. §§ 90 Abs. 2, 95 Abs. 4 ArbGG entsprechend für das Beschwerde- und das Rechtsbeschwerdeverfahren. Absätze 2 und 4 enthalten Regelungen, wie nach erfolgter Erledigungserklärung – sei es übereinstimmend (Absatz 2) oder sei es einseitig (Absatz 3) – weiter zu verfahren ist.

II. Grundsätze/Einzelheiten

1. Verfahrenserledigung vor dem Güterichter (Absatz 1, 3. Alt.)

2 Zur Entgegennahme der prozessualen Erklärungen eines Vergleichs oder der Hauptsacheerledigung bestimmte das Gesetz bislang das Gericht oder den Vorsitzenden. Durch die Neufassung ist nunmehr der **Güterichter** als die Person hinzugekommen, der gegenüber ein Vergleich oder die Erledigung der Hauptsache erklärt werden kann. Die Vorschrift komplettiert damit die Befugnisse des Güterichters, die ihm für das Urteilsverfahren bereits nach § 54 Abs. 6 i.V.m. Abs. 3 ArbGG zustehen.[1]

3 Der Vergleich oder die Hauptsacheerledigung ist in einer **Niederschrift** zu protokollieren. Über die Verweisungsvorschriften der §§ 46 Abs. 2, 64 Abs. 6, 7, 80 Abs. 2 und 87 Abs. 2 ArbGG findet im Verfahren vor dem ersuchten Güterichter ansonsten die Vorschrift des § 159 Abs. 2 ZPO, wonach ein Protokoll nur bei übereinstimmendem Antrag der Parteien bzw. Beteiligten aufgenommen wird, entsprechende Anwendung.

4 Ein vor dem Güterichter geschlossener und protokollierter Vergleich stellt gem. § 85 Abs. 1 Satz 1 ArbGG, § 794 Abs. 1 Nr. 1 ZPO einen **Vollstreckungstitel** dar.

2. Verfahrenseinstellung und Fristsetzungen (Absätze 2 und 3)

5 Nach dem Wortlaut der Absätze 2 und 3 ist es dem Güterichter nicht gestattet, nach erfolgter Hauptsacheerledigung das Verfahren einzustellen oder bei nur einseitiger Hauptsacheerledigung den Beteiligten eine Frist zur Abgabe einer entsprechenden prozessualen Erklärung zu setzen; das Gesetz benennt nur den Vorsitzenden.

6 Sachliche Gründe lassen sich hierfür nicht ausmachen, vielmehr scheint es sich um ein gesetzgeberisches Versehen zu handeln. Gesichtspunkte der Prozessökonomie sprechen daher dafür, die Regelungen der **Absätze 2 und 3** auch **auf** die Tätigkeit des **Güterichters entsprechend** zu erstrecken.

---

[1] Begr. BT-Drucks. 17/8058, III., Zu Artikel 4 – neu –, Zu Nummer 6 – neu –.

§ 87 Grundsatz

(1) Gegen die das Verfahren beendenden Beschlüsse der Arbeitsgerichte findet die Beschwerde an das Landesarbeitsgericht statt.

(2) Für das Beschwerdeverfahren gelten die für das Berufungsverfahren maßgebenden Vorschriften über die Einlegung der Berufung und ihre Begründung, über Prozessfähigkeit, Ladungen, Termine und Fristen, Ablehnung und Ausschließung von Gerichtspersonen, Zustellungen, persönliches Erscheinen der Parteien, Öffentlichkeit, Befugnisse des Vorsitzenden und der ehrenamtlichen Richter, **Güterichter, Mediation und außergerichtliche Konfliktbeilegung,** Vorbereitung der streitigen Verhandlung, Verhandlung vor der Kammer, Beweisaufnahme, gütliche Erledigung des Rechtsstreits, Wiedereinsetzung in den vorigen Stand und Wiederaufnahme des Verfahrens sowie die Vorschriften des § 85 über die Zwangsvollstreckung entsprechend. Für die Vertretung der Beteiligten gilt § 11 Abs. 1 bis 3 und 5 entsprechend. Der Antrag kann jederzeit mit Zustimmung der anderen Beteiligten zurückgenommen werden; § 81 Abs. 2 Satz 2 und 3 und Abs. 3 ist entsprechend anzuwenden.

(3) In erster Instanz zu Recht zurückgewiesenes Vorbringen bleibt ausgeschlossen. Neues Vorbringen, das im ersten Rechtszug entgegen einer hierfür nach § 83 Abs. 1a gesetzten Frist nicht vorgebracht wurde, kann zurückgewiesen werden, wenn seine Zulassung nach der freien Überzeugung des Landesarbeitsgerichts die Erledigung des Beschlussverfahrens verzögern würde und der Beteiligte die Verzögerung nicht genügend entschuldigt. Soweit neues Vorbringen nach Satz 2 zulässig ist, muss es der Beschwerdeführer in der Beschwerdebegründung, der Beschwerdegegner in der Beschwerdebeantwortung vortragen. Wird es später vorgebracht, kann es zurückgewiesen werden, wenn die Möglichkeit es vorzutragen vor der Beschwerdebegründung oder der Beschwerdebeantwortung entstanden ist und das verspätete Vorbringen nach der freien Überzeugung des Landesarbeitsgerichts die Erledigung des Rechtsstreits verzögern würde und auf dem Verschulden des Beteiligten beruht.

(4) Die Einlegung der Beschwerde hat aufschiebende Wirkung; § 85 Abs. 1 Satz 2 bleibt unberührt.

§ 87 ArbGG Grundsatz

Übersicht

	Rdn.		Rdn.
I. Regelungsgegenstand und Zweck	1	2. Europäische Mediationsrichtlinie	2
1. Normgefüge	1	II. Grundsätze/Einzelheiten	3

I. Regelungsgegenstand und Zweck

1. Normgefüge

1 § 87 ArbGG regelt Voraussetzungen und Umfang des arbeitsgerichtlichen Beschwerdeverfahren und erklärt in seinem Absatz 2 die im Einzelnen benannten Regelungen für das Beschwerdeverfahren entsprechend anwendbar.

2. Europäische Mediationsrichtlinie

2 § 87 Abs. 2 ArbGG nimmt den **Erwägungsgrund Nr. 12** der EUMed-RL auf und dient der Umsetzung des **Art. 1 Abs. 1, Art. 3 lit. a** und des **Art. 5 Abs. 1 EUMed-RL.**

II. Grundsätze/Einzelheiten

3 Durch die in Absatz 2 erfolgte Bezugnahme auf die Regelungen des Berufungsverfahrens unter Benennung von »Güterichter, Mediation und außergerichtliche Konfliktbeilegung« stellt der Gesetzgeber sicher, dass der Versuch einer gütlichen Beilegung des Rechtsstreits durch einen ersuchten Güterichter sowie ein Vorschlag für eine Mediation oder ein anderen Verfahrens der außergerichtlichen Konfliktbeilegung in kollektivrechtlichen Streitigkeiten auch im **Beschwerdeverfahren** vor dem **Landesarbeitsgericht** möglich ist. Hinsichtlich der Einzelheiten wird auf die Kommentierung der §§ 54 Abs. 6, 54a, und 55 ArbGG verwiesen.

Sozialgerichtsgesetz

§ 202

Soweit dieses Gesetz keine Bestimmungen über das Verfahren enthält, sind das Gerichtsverfassungsgesetz und die Zivilprozessordnung **einschließlich § 278 Absatz 5 und § 278a** entsprechend anzuwenden, wenn die grundsätzlichen Unterschiede der beiden Verfahrensarten dies nicht ausschließen.

Übersicht	Rdn.
I. Regelungsgegenstand und Zweck	1
1. Normgefüge und Systematik	1
2. Europäische Mediationsrichtlinie	5
II. Grundsätze/Einzelheiten	6
1. Zur Anwendbarkeit des § 41 Nr. 8 ZPO	6
a) Vorrangige Verweisungsnorm des § 60 Abs. 1 SGG	6
b) Normzweck	7
c) Mediationsverfahren und andere ADR-Verfahren	9
d) Mitwirkung	10
e) Sachidentität	12
f) Verfahrensrechtliche Konsequenzen	13
2. Zur Anwendbarkeit des § 159 Abs. 2 Satz 2 ZPO	15
a) Vorrangige Verweisungsnorm des § 122 SGG	15
b) Normzweck	16
c) Adressat der Vorschrift	17
d) Weitergehender Schutz der Vertraulichkeit	18
e) Protokollpflicht bei übereinstimmendem Antrag	20
f) Form und Inhalt	21
3. Zur Anwendbarkeit des § 253 Abs. 3 Nr. 1 ZPO	22
a) Verweisungsnorm des § 202 SGG	22
b) Normzweck	23
c) Angaben über bisherige oder zukünftige Konfliktlösungsversuche	24
d) Angaben über entgegenstehende Gründe	25
e) Soll-Vorschrift	26
4. Zur Anwendbarkeit des § 278 Abs. 5 ZPO	27
a) Verweisungsnorm des § 202 SGG	27
b) Normzweck	28
c) Güteversuche	29
d) Verweisung durch das Gericht	31
e) Verweisung an einen hierfür bestimmten und nicht entscheidungsbefugten Güterichter	32
f) Darstellung des Verfahrensablaufs vor dem Güterichter	34
aa) Verweisungsbeschluss	34
bb) Ermessen	36
aaa) Einverständnis der Beteiligten	37

§ 202 SGG

bbb) Konstellationen, in denen eine Verweisung ausscheidet	41
cc) Folgen einer Verweisung	45
g) Vorgehensweise des Güterichters	47
aa) Akteneinsicht und Informationsbeschaffung .	47
bb) Verfahrens- und Terminsabsprache	49
cc) Festlegung des Setting .	52
dd) Durchführung des Güteversuchs	53
ee) Mögliche Ergebnisse und Verfahrensbeendigungen	59
h) Zeugnisverweigerungsrecht .	66
i) Verhältnis der Vorschrift zu § 278a Abs. 1 ZPO	67
j) Hinweise für die Praxis	68
5. Zur Anwendbarkeit des § 278a ZPO	69
a) Verweisungsnorm des § 202 SGG	69
b) Normzweck	70
c) Gerichtlicher Vorschlag (§ 278a Abs. 1 Satz 1 ZPO)	71
aa) Adressatenkreis	71
bb) Ermessen	73
cc) Zeitpunkt	78
dd) Gericht	82
ee) Form	83
d) Mediation (§ 278a Abs. 1 Satz 1, 1. Alt. ZPO)	92
aa) Begrifflichkeit	92
bb) Stufenverhältnis	95
cc) Formale und inhaltliche Kriterien	97
e) Andere Verfahren der außergerichtlichen Konfliktbeilegung (§ 278a Abs. 1 Satz 1, 2. Alt. ZPO)	101
aa) Begrifflichkeit	101
bb) Stufenverhältnis	103
cc) Formale und inhaltliche Kriterien	104
f) Vorschlag einer gerichtlichen Mediation im Übergangszeitraum	106
aa) Begrifflichkeit	106
bb) Stufenverhältnis	108
cc) Formale und inhaltliche Kriterien	110
g) Entscheidung der Beteiligten (§ 278a Abs. 2, 1. HS ZPO)	111
aa) Aufgrund eines gerichtlichen Vorschlages	111
bb) Eigener Vorschlag der Beteiligten	113
f) Gerichtlicher Ruhensbeschluss (§ 278a Abs. 2, 2. HS ZPO)	115
i) Verhältnis der Vorschrift zu § 278 Abs. 5 ZPO	122
j) Hinweise für die Praxis	123

I. Regelungsgegenstand und Zweck

1. Normgefüge und Systematik

1 § 202 SGG ist durch **Artikel 5 des Mediationsförderungsgesetzes** geändert worden. Die Vorschrift stimmt wörtlich mit § 173 Satz 1 VwGO überein,

regelt die subsidiäre Anwendung der Vorschriften des GVG und der ZPO und dient damit der **Komplettierung** der für die Sozialgerichte geltenden **Prozessordnung**: Soweit das SGG keine Bestimmungen über das Verfahren enthält, sind das GVG und die ZPO entsprechend anzuwenden, es sei denn die grundsätzlichen Unterschiede der beiden Verfahrensarten schließen dies aus. Erst wenn sich weder im SGG noch im GVG oder der ZPO passende Regelungen finden, ist der Weg der freien Rechtsfindung eröffnet. Die Verweisung auf das GVG und die ZPO betrifft die jeweils gültigen Fassungen einschließlich anderer Gesetze wie das EGZPO oder das GKG, die sich inhaltlich auf das Verfahren nach der ZPO beziehen und sie ergänzen.[1]

Ebenso wie die anderen Gerichtsbarkeiten hatte sich auch die Sozialgerichtsbarkeit bereits vor Inkrafttreten des Mediationsförderungsgesetzes mit eigenen gerichtlichen Mediationsprojekten positioniert.[2] Die in der Vergangenheit hierüber geführten Auseinandersetzungen über Sinnhaftigkeit[3] wie rechtliche Zulässigkeit[4] dürften sich nunmehr erübrigen: Die **Implementierung von Mediationen** sowie anderer Verfahren der außergerichtlichen Konfliktbeilegung in das sozialgerichtliche Verfahren erhält durch die gesetzliche Neuregelung nunmehr eine ausdrückliche rechtliche Grundlage, indem im Wesentlichen auf die einschlägigen **Vorschriften der ZPO** verwiesen wird. Dabei ist es die erklärte Intention des Gesetzgebers, außergerichtliche Streitbeilegung auch bei bereits rechtshängigen Streitigkeiten zu ermöglichen.[5]

Zentrale Norm hierfür ist § 202 SGG. Neben dieser generellen Verweisungsnorm finden sich zahlreiche weitere Regelungen, die auf Vorschriften der ZPO Bezug nehmen, wie beispielsweise § 60 SGG (Ausschließung und Ablehnung von Gerichtspersonen) und § 122 SGG (Niederschrift).

Mit der Neueinfügung von §§ 278 Abs. 5, 278a ZPO in § 202 SGG hat der Gesetzgeber deutlich gemacht, dass die Regelungsbereiche beider Normen auch im Verfahren vor den Sozialgerichten Anwendung finden sollen, soweit dies nicht durch die grundsätzlichen Unterschiede der Verfahrensarten ausge-

---

1 *Hennig* SGG, § 202 Rn. 1, 2.
2 Vgl. nur *Brändle/Schreiber* BJ 2008, 351 ff.; *Dürschke/Josephi* SGb 2010, 324 ff.; *Clostermann u. a.* SGb 2003, 266 ff.
3 *Spellbrink* DRiZ 2006, 88 ff.
4 Vgl. nur *von Bargen*, Gerichtsinterne Mediation, S. 273 ff. m.w.N.
5 Begr. BT-Drucks. 17/5335, B., Zu Artikel 3, Zu Nummer 5; Zu Artikel 6, Zu Nummer 3.

§ 202 SGG

schlossen ist. §§ 278 Abs. 5, 278a ZPO bilden dabei das **Herzstück der** zivilprozessualen **Änderungen**, um die herum sich weitere Vorschriften gruppieren: § 41 Nr. 8 ZPO, der die Befangenheit betrifft, § 159 Abs. 2 ZPO, der die eingeschränkte Protokollierung regelt sowie § 253 Abs. 3 Nr. 1 ZPO, der besondere Voraussetzungen für die Klageschrift enthält und über § 69b GKG eine Ergänzung erfahren hat. Alle Vorschriften werden im Folgenden in ihren Grundzügen unter Heraushebung der Besonderheiten im sozialgerichtlichen Verfahren dargestellt; im Übrigen wird auf die obige umfassende Kommentierung dieser Vorschriften verwiesen.

2. Europäische Mediationsrichtlinie

5 Die über § 202 SGG in Bezug genommenen Vorschriften der ZPO beziehen sich auf die **Erwägungsgründe Nr. 12 und 13** der EUMed-RL und dienen der Umsetzung der **Art. 1 Abs. 1, 3 lit. a, 5 Abs. 1 und 7 EUMed-RL**. In diesem Zusammenhang ist jedoch die Einschränkung in Art. 1 Abs. 2 EU-Med-RL von Relevanz, wonach die Richtlinie nur bei grenzüberschreitenden Streitigkeiten für Zivil- und Handelssachen gilt.

II. Grundsätze/Einzelheiten

1. Zur Anwendbarkeit des § 41 Nr. 8 ZPO

a) Vorrangige Verweisungsnorm des § 60 Abs. 1 SGG

6 Die Regelung des § 41 Nr. 8 ZPO[6] über die Ausschließung von Richtern findet über die **spezielle Verweisung** in § 60 SGG auch im sozialgerichtlichen Verfahren Anwendung. Danach ist ein Richter **kraft Gesetzes** von der Ausübung des Richteramtes **ausgeschlossen** in Sachen, in denen er an einem Mediationsverfahren oder einem anderen Verfahren der außergerichtlichen Konfliktbeilegung mitgewirkt hat.

b) Normzweck

7 Die Vorschrift bezweckt den **Schutz der Beteiligten**,[7] die an einer (früheren) konsensualen Konfliktlösung beteiligt waren: Sie sollen nach dem Willen des

---

6 Vgl. umfassend hierzu die Kommentierung zu § 41 ZPO, Rdn. 7 ff.
7 Das SGG verwendet, wie sich aus § 69 SGG ergibt, statt der Bezeichnung Parteien den Begriff der Beteiligten.

Gesetzgebers nicht befürchten müssen, dass in einem späteren Prozess vor dem streitentscheidenden Richter Tatsachen verwertet werden, die diesem Richter zuvor bekannt geworden sind,[8] und zwar im Rahmen einer Mediation oder eines anderen Verfahrens der außergerichtlichen Konfliktbeilegung.

Vom Regelungsgegenstand des § 41 Nr. ZPO **nicht umfasst** wird die Anwendung mediativer Elemente im sozialgerichtlichen Verfahren und die Tätigkeit als Güterichter gem. § 278 Abs. 5 ZPO. 8

c) Mediationsverfahren und andere ADR-Verfahren

Gründe der Klarheit und Rechtssicherheit verlangen, dass sich die Beteiligten eindeutig und nachweisbar auf die Durchführung einer Mediation verständigt haben. Dies wird in nichtrechtshängigen Konflikten durch einen »**Mediationsvertrag**« oder in gerichtlichen Verfahren durch einen **Ruhensbeschluss** gem. § 278a Abs. 2 ZPO belegt werden können. Gleiches gilt, soweit es um ein anderes Verfahren der außergerichtlichen Konfliktbeilegung geht: in nicht rechtshängigen Konflikten sollten klare Vereinbarungen getroffen werden, die ein entsprechendes Tätigwerden des Dritten dokumentieren; bei rechtshängigen Konflikten kann wiederum auf den gerichtlichen Ruhensbeschluss abgestellt werden. 9

d) Mitwirkung

Der Begriff der Mitwirkung umfasst die Tätigkeit als **Mediator** oder Co-Mediator (vgl. die Definition in § 1 Abs. 1 MediationsG) oder die als eines für ein anderes Verfahren der außergerichtlichen Konfliktbeilegung **Verfahrensverantwortlichen** (Schlichter, Schiedsgutachter etc.) und betrifft mithin Lenkungs- und Leitungsfunktionen. Vorbereitende Handlungen zählen hierzu nicht, sondern ausschließlich ein Tätigwerden, durch das der konkrete Konflikt zielgerichtet einer konfliktbezogenen Lösung zugeführt werden soll. 10

Über die oben dargestellte Verfahrensverantwortung hinaus will § 41 Nr. 8 ZPO auch **andere Formen von Beteiligung** in einem konsensualen Streitbeilegungsverfahren erfassen, sei es als Konfliktbeteiligter selbst oder als dessen Vertreter, Bevollmächtigter etc. Die Beteiligung als Zeuge, Sachverständiger, Gutachter etc. wie auch die als eines zum Verfahren hinzugezoge- 11

---

[8] Vgl. Begr. BT-Drucks.17/5335, B., Zu Artikel 3, Zu Nummer 2.

nen Dritten rechnet ebenfalls hierzu, es sei denn, die Inkompatibiliät ergibt sich bereits aus § 41 Nrn. 1 bis 6 ZPO.

e) Sachidentität

12 Die Inkompatibilitätsregelung des § 41 Nr. 8 ZPO verlangt zudem, dass ein Sachzusammenhang des bereits in einem konsensualen Verfahren behandelten Konflikts mit dem später gerichtlich anhängig gemachten Konflikt besteht, d. h. es muss sich jeweils um den **gleichen Streitgegenstand** handeln.

f) Verfahrensrechtliche Konsequenzen

13 Der Ausschluss gilt für **jedes Stadium** des sozialgerichtlichen Verfahrens. Ein Verstoß führt nicht zur Nichtigkeit, sondern nur zur Anfechtbarkeit. Der gesetzliche Ausschluss greift auch, wenn die Mitwirkung bereits vor In-Kraft-Treten der jetzigen Regelung erfolgte.

14 Der Ausschluss eines Richters ist **von Amts wegen** zu beachten. Die Beteiligten können auf die Vorschriften über die Ausschließung nicht wirksam verzichten. In Zweifelsfällen entscheidet das für ein Ablehnungsgesuch zuständige Landessozialgericht gem. § 60 Abs. 1 Satz 2 SGG über einen Ausschluss.

2. Zur Anwendbarkeit des § 159 Abs. 2 Satz 2 ZPO

a) Vorrangige Verweisungsnorm des § 122 SGG

15 Die Regelung des § 159 Abs. 2 Satz 2 ZPO[9] über die Ausnahme von der Protokollpflicht findet über die spezielle Verweisungsnorm des § 122 SGG, der den Begriff Niederschrift verwendet, auch im sozialgerichtlichen Verfahren Anwendung. Danach wird eine **Niederschrift** über eine Güteverhandlung oder weitere Güteversuche vor einem Güterichter nach § 278 Abs. 5 ZPO **nur** auf **übereinstimmenden Antrag** der Beteiligten aufgenommen.

b) Normzweck

16 Die Bedeutung einer Niederschrift liegt darin, dass sie verbindliche Auskunft über den Hergang eines Termins gibt; ihr kommt somit die **Beweiskraft einer öffentlichen Urkunde** zu.[10] Hiervon gem. § 159 Abs. 2 Satz 2 ZPO eine

---

9 Vgl. umfassend die Kommentierung zu § 159 ZPO, Rdn. 5 ff.
10 *Baumbach*, ZPO, Einführung vor §§ 159 – 165, Rn. 2 m.N. zur Rechtsprechung.

Ausnahme zuzulassen beruht auf der Überlegung, dass Beteiligte eher zu einer umfassenden Erörterung über eine Lösung ihres Konfliktes bereit sein werden, wenn die Verhandlung nicht durch Auseinandersetzungen über zu protokollierende Äußerungen oder Tatsachen belastet wird oder wenn ihnen im Falle eines Scheiterns des Güteversuchs ihre Erklärungen und ihr Verhalten in einem nachfolgenden gerichtlichen Verfahren nicht entgegengehalten werden können.[11] Die Vorschrift dient somit dem Schutz der Vertraulichkeit eines Güteversuchs.

c) Adressat der Vorschrift

Die Suspendierung vom »Protokollierungszwang« betrifft **nur** den **Güterichter nach § 278 Abs. 5 ZPO**, mithin denjenigen, der nicht dem erkennenden Gericht angehört.   17

Wer als Mitglied des Prozessgerichts mit den Beteiligten um eine einvernehmliche Lösung ringt, kennt die Standpunkte der Beteiligten und wird im Falle des Scheitern (mit) über den Streitstoff zu entscheiden haben; ein besonderer Schutz der Vertraulichkeit und damit eine Ausnahme vom »Protokollierungszwang« besteht in diesen Konstellationen nicht.

d) Weitergehender Schutz der Vertraulichkeit

Über § 159 Abs. 2 Satz 2 ZPO hinaus wird die Vertraulichkeit eines Gütegesprächs vor einem Güterichter auch dadurch geschützt,[12] dass es unter **Ausschluss der Öffentlichkeit** stattfindet.[13]   18

Der Güterichter kann sich zudem gem. § 118 Abs. 1 SGG, § 383 Abs. 1 Nr. 6 ZPO auf ein **Zeugnisverweigerungsrecht** berufen, wenn ihm als Güterichter Tatsachen anvertraut wurden, deren Geheimhaltung durch ihre Natur oder durch gesetzliche Vorschrift geboten ist.[14]   19

---

11 Vgl. Begr. BT-Drucks. 17/8058, III. Zu Artikel 2 – neu –, Zu Nummer 3 – neu –.
12 Vgl. Begr. BT-Drucks. 17/8058, III. Zu Artikel 2 – neu –, zu Nummer 3 – neu –.
13 Vgl. *Baumbach*, ZPO, § 169 GVG, Rn. 3 m.N. zur Rechtsprechung.
14 Vgl. Begr. BT-Drucks. 17/8058, III. Zu Arttikel 2 – neu –, Zu Nummer 3 – neu –. Das Zeugnisverweigerungsrecht steht auch den dem Güterichter zuarbeitenden Servicemitarbeitern der Geschäftsstelle zu, *Zöller*, ZPO, § 383 Rn. 17 m.w.N.

e) Protokollpflicht bei übereinstimmendem Antrag

20 Die **Regelung** des § 159 Abs. 2 Satz 2 ZPO ist **abdingbar:** Auf übereinstimmenden Antrag der Beteiligten ist eine Niederschrift zu erstellen. Beteiligte im Sinne des Gesetzes sind diejenigen des Ausgangsstreites; auf die Zustimmung etwaiger Dritter, die zum Gütegespräch hinzugezogen wurden, kommt es nicht an. Der Antrag kann zu jeder Zeit während des Gütegesprächs gestellt werden.

Haben die Beteiligten eine Lösung ihres Konfliktes erzielt und eine Vereinbarung getroffen, sei es in der Form einer Erklärung bezüglich des Sachkonflikts und/oder des anhängigen gerichtlichen Verfahrens (beispielsweise in der Form einer Klagerücknahme (§ 102 SGG),[15] einer Hauptsacheerledigung (§ 197a SGG i. V. m. § 161 Abs. 2 VwGO, bzw. § 193 Abs. 1 Satz 3 SGG)[16] oder eines Vergleichs (vgl. § 101 Abs. 1 SGG), so sollte die Vereinbarung wegen des **Beweiswertes einer Niederschrift** stets protokolliert werden. Es kommt hinzu, dass ein gerichtlicher Vergleich einen Vollstreckungstitel (§ 85 Abs. 1 SGG) darstellt.

f) Form und Inhalt

21 Die Niederschrift eines Güterichtertermins im sozialgerichtliche Verfahren unterscheidet sich hinsichtlich Form und Inhalt nicht von einer sonstigen Niederschrift; einschlägig sind die **§§ 159 ff. ZPO.** Die materiell-rechtliche Bedeutung einer Protokollierung besteht auch darin, dass ein gerichtlicher Vergleich die notarielle Beurkundung ersetzt.[17]

3. Zur Anwendbarkeit des § 253 Abs. 3 Nr. 1 ZPO

a) Verweisungsnorm des § 202 SGG

22 Ob § 253 Abs. 3 Nr. 1 ZPO[18] im Verfahren vor den Sozialgerichten anzuwenden ist, ist im Hinblick auf §§ 92, 93 SGG streitig. Die Besonderheiten

---

15 Wird ein Verzicht auf den prozessualen Anspruch erklärt, so ist dies als Klagerücknahme zu werten, *Meyer-Ladewig u. a.*, SGG, § 101 Rn. 25.
16 Ein angenommenes Anerkenntnis hat die Rechtswirkung einer Hauptsacheerledigung, § 101 Abs. 2 SGG.
17 Zum Mustertext eines Güterichterprotokolls vgl. die Kommentierung zu § 159 ZPO, Rdn. 25.
18 Vgl. umfassend die Kommentierung zu § 253 ZPO, Rdn. 6 ff.

des sozialgerichtlichen Prozesses, der durch einen einfachen Zugang zum Verfahren auch ohne anwaltliche Vertretung geprägt ist, sollen nach der Begründung des Gesetzesentwurfs dagegen sprechen.[19] Das überzeugt im Hinblick auf die Ausgestaltung der Norm als Soll-Regelung und die mittlerweile **hohe anwaltliche bzw. rechtskundige Vertretungsdichte** in Verfahren vor den Sozialgerichten nicht. Zudem streitet die hier vertretene Anwendung des § 253 Abs. 3 Nr. 1 ZPO im amtsgerichtlichen Verfahren[20] dafür, die Vorschrift über § 202 SGG ebenfalls im sozialgerichtlichen Verfahren anzuwenden. Auch ist im Gesetzgebungsverfahren auf Beschluss des Vermittlungsausschusses die Vorschrift des § 69b GKG in das Regelwerk des Mediationsförderungsgesetzes eingefügt worden, der in seinem Satz 1 auf Nr. 7111 des Kostenverzeichnisses und damit auf Verfahren vor den Sozialgerichten Bezug nimmt.

b) Normzweck

Die Klageschrift dient der Einleitung eines Prozesses. Die Essentialia, die sie nach Abs. 3 enthalten soll, gelten **für alle Klageverfahren**,[21] nach hier vertretener Auffassung grundsätzlich auch für Verfahren des einstweiligen Rechtsschutzes, es sei denn, eine umgehende und kurzfristige gerichtliche Entscheidung ist unabdingbar. Danach sollen die Beteiligten in der Klage- bzw. Antragsschrift darlegen, ob der Klage bzw. dem Antrag der Versuch einer Mediation oder eines anderen ADR-Verfahrens vorausgegangen ist, sowie eine Äußerung dazu, ob einem solchen Verfahren Gründe entgegenstehen. Die Vorschrift erlangt zudem Bedeutung im Hinblick auf eine Verweisung nach § 278 Abs. 5 ZPO, ferner im Hinblick auf eine mögliche Reduzierung der Verfahrensgebühr nach § 69b GKG, wonach das Gericht auch darüber informiert werden sollte, ob eine Mediation »unternommen wird oder beabsichtigt ist«.

23

---

19 Begr. BT-Drucks.17/5335, B., Zu Artikel 6, Zu Nummer 3, Zu Artikel 7, Zu Nummer 3.
20 Vgl. die Kommentierung zu § 253 ZPO, Rdn. 8.
21 Die Vorschrift gilt auch im Rechtsmittelzug, wie aus § 69b Satz 2 GKG folgt, der zur Interpretation des § 202 SGG i.V.m. § 253 Abs. 3 Nr. 1 ZPO mit seiner Nr. 1750 des Kostenverzeichnisses ergänzend heranzuziehen ist.

c) Angaben über bisherige oder zukünftige Konfliktlösungsversuche

24 Die Angaben über bisherige, also in der Vergangenheit liegende Konfliktlösungsversuche sollen das Sozialgericht in die Lage versetzen, die Chancen einer außergerichtlichen Konfliktlösung einschätzen und darauf aufbauend ggf. den Beteiligten einen Vorschlag gem. § 278a ZPO unterbreiten zu können oder eine Verweisung an einen Güterichter nach § 278 Abs. 5 ZPO vorzunehmen. Gleiches gilt, soweit sich die Beteiligten zu zukünftigen Konfliktlösungsversuchen äußern sollen.

d) Angaben über entgegenstehende Gründe

25 **Vielfältige Gründe** sind vorstellbar, die gegen einen Vorschlag nach § 278a ZPO oder eine Verweisung nach § 278 Abs. 5 ZPO sprechen:
- Es handelt sich um einen hoch eskalierten Konflikt, der nur noch durch einen Machteingriff entschieden werden kann,[22]
- den Beteiligten geht es um die Entscheidung einer bislang nicht judizierten Rechtsfrage,
- zwischen den Beteiligten besteht ein Machtungleichgewicht, das einer konsensualen Streitbeilegung entgegensteht,
- der Rechtsstreit stammt aus einem Rechtsgebiet, das einer konsensualen Lösung nur in Ausnahmefällen zugänglich ist.

e) Soll-Vorschrift

26 Die nach § 253 Abs. 3 ZPO geforderten **Angaben** sind allesamt **nicht erzwingbar**, ihr Fehlen ändert nichts an der Zulässigkeit der Klage; allerdings kann dies im Hinblick auf eine mögliche Reduzierung der Verfahrensgebühr nach § 69b GKG Nachteile nach sich ziehen. Es obliegt den Sozialgerichten, bei den Beteiligten insoweit nachzufragen, wenn Klage- oder Antragsschrift keine Informationen über die Chancen konsensualer Lösungen enthalten.

---

[22] Vgl. *Glasl*, Konfliktmanagement, S. 218 ff.

4. Zur Anwendbarkeit des § 278 Abs. 5 ZPO

a) Verweisungsnorm des § 202 SGG

Dem sozialgerichtlichen Verfahren ist das **Güteverfahren fremd**, wie es als semi-obligatorisches in § 278 Abs. 2 ZPO[23] oder als obligatorisches in § 54 Abs. 1 ArbGG vorgesehen ist. Indem der Gesetzgeber in § 202 SGG nur den Absatz 5 des § 278 ZPO aufgenommen hat, hat er klargestellt, dass es beim bisherigen Gang der mündlichen Verhandlung gem. § 112 SGG verbleiben soll. Diese Grundentscheidung zeitigt Konsequenzen für die entsprechende Anwendbarkeit des § 278 Abs. 5 ZPO, weil insoweit grundsätzliche Unterschiede der Verfahrensarten bestehen.

27

b) Normzweck

Im Unterschied zum Verfahren nach der ZPO, dem FamFG oder dem ArbGG fehlt es im SGG an einer spezifischen Norm, die den Sozialgerichten die Verpflichtung auferlegt, auf eine **gütliche Einigung** anhängiger Verfahren hinzuwirken. Als allgemeiner Grundsatz[24] ist dies im Verfahren vor den Sozialgerichten gleichwohl von Bedeutung.[25] Mit der Verweisung auf § 278 Abs. 5 ZPO erfährt dieser allgemeine Grundsatz nunmehr eine **besondere Ausprägung** dahingehend, als das Gericht die Beteiligten für die Güteverhandlung sowie für weitere Güteversuche vor einen hierfür bestimmten und nicht entscheidungsbefugten Richter (Güterichter) verweisen kann. Damit soll das erheblich erweiterte Institut des Güterichters auch im sozialgerichtlichen Verfahren implementiert werden.[26]

28

---

23 Vgl. umfassend die Kommentierung zu § 278 ZPO, Rdn. 45 ff.
24 Insoweit vergleichbar für den verwaltungsgerichtlichen Prozess: *Ortloff* NVwZ 2004, 385 ff. (387); vgl. ferner BVerfG, Beschl. v. 14.02.2007, ZKM 2007, 128 ff.
25 Vgl. zur Bedeutung des Erörterungstermins für eine konsensuale Streitbeilegung *Meyer-Ladewig u.a.*, SGG, § 106 Rn. 15. Nach *Dürschke* SGb 2001, 532, ist der Erörterungstermin in gewisser Weise einer Güteverhandlung zum Zwecke der gütlichen Beilegung des Rechtsstreits vergleichbar.
26 Begr. BT-Drucks. 17/8058, III., Zu Artikel 5 – neu –, Zu Nummer 3 – alt –; Zu Artikel 2 – neu –, Zu Nummer 5 – neu –; Allgemeines S. 17.

c) Güteversuche

29 Obgleich im Gesetz von »Güteverhandlung sowie weiteren Güteversuchen« die Rede ist, sind im Verfahren vor den Sozialgerichten wegen des Fehlens der semi-obligatorischen Güteverhandlung nach § 278 Abs. 2 ZPO **ausschließlich** die **fakultativen Güteversuche** von Bedeutung. Darunter sind Bemühungen des, nicht entscheidungsbefugten Güterichters zu verstehen, unter Ausnutzung der gesamten Palette der zur Verfügung stehenden Konfliktlösungsmethoden den Beteiligten bei der Suche nach einer einvernehmlichen Lösung behilflich zu sein.

30 Der Plural »Güteversuche« ist zum einen dahingehend zu verstehen, dass der Güterichter selbst **mehrere Termine** mit den Beteiligten durchführen kann, zum anderen bedeutet er, dass das Gericht auch nach einem erfolglosen Güteversuch erneut einen solchen Versuch in einem späteren Verfahrensstand anregen kann. Güteversuche vor dem Güterichter können nur mit Zustimmung der Beteiligten erfolgen.[27]

d) Verweisung durch das Gericht

31 Mit dem für eine Verweisung im hier interessierenden Zusammenhang zuständigen Gericht meint das Gesetz die **jeweiligen Spruchkörper** des Sozialgerichts, des Landessozialgerichts und des Bundessozialgerichts, §§ 7, 28, 38, 39 SGG, wenngleich im Revisionsverfahren ein Güterichter wohl eher nicht zum Einsatz kommen dürfte. Im Verfahren vor dem Sozialgericht ergeht die Entscheidung, soweit sie außerhalb der mündlichen Verhandlung erfolgt, durch den Vorsitzenden, ansonsten durch die Kammer. Im Berufungs- und Revisionsverfahren erfolgt sie durch die Senate, es sei denn, es liegt ein Fall des § 155 Abs. 3, 4 SGG vor.

e) Verweisung an einen hierfür bestimmten und nicht entscheidungsbefugten Güterichter

32 § 278 Abs. 5 Satz 1 ZPO verwendet den Begriff des Güterichters als eines hierfür bestimmten und nicht entscheidungsbefugten Richters, der nach Satz 2 alle Methoden der Konfliktbeilegung einschließlich der Mediation einsetzen kann. Was im Einzelnen unter einem Güterichter, namentlich dem »erheblich erweiterten Institut des Güterichters« zu verstehen ist und wie er

---

27 Begr. BT-Drucks. 17/8058, III., Zu Artikel 5 – neu –, Zu Nummer 3 – alt –.

seine Aufgaben im Einzelnen erfüllen soll, erschließt sich aus einer Gesamtbetrachtung der bisherigen Güterichterpraxis in Bayern und Thüringen, des systematischen Zusammenhangs der geänderten Vorschriften und des Willens des Gesetzgebers, wie dies in der Kommentierung zu § 278 Abs. 5 ZPO dargestellt wurde.[28]

Das neue Konzept des erheblich erweiterten Instituts des Güterichters bedeutet für das Verfahren vor den Sozialgerichten folgendes: 33
- Güterichter kann nur ein nicht entscheidungsbefugter Richter sein,
- seine Tätigkeit ist als richterliche Tätigkeit zu qualifizieren,
- er wird nur tätig, soweit es um den/die Versuch(e) einer gütlichen Einigung geht,
- er muss über besondere fachliche Qualifikationen verfügen, die denen der bisherigen gerichtlichen Mediatoren vergleichbar sind,
- er kann am eigenen Sozialgericht, einem anderen Sozialgericht und auch für eine andere Gerichtsbarkeit eingesetzt werden,
- er wird nur mit Einverständnis der Beteiligten aktiv, wobei Vertraulichkeit und Freiwilligkeit das Verfahren prägen,
- er kann die Prozessakten einsehen,
- er kann sich aller Methoden der Konfliktbeilegung bedienen, einschließlich der Mediation,
- er kann rechtliche Bewertungen vornehmen[29] und den Beteiligten Lösungsvorschläge für den Konflikt unterbreiten und
- er kann mit Zustimmung der Beteiligten eine Niederschrift erstellen, einen Vergleich protokollieren und – was streitig ist – einen Streitwertbeschluss erlassen.

f) Darstellung des Verfahrensablaufs vor dem Güterichter

aa) Verweisungsbeschluss

Ein Tätigwerden des Güterichters setzt zunächst voraus, dass das Verfahren 34 verwiesen wurde. Die Verweisung selbst erfolgt durch **gerichtlichen Beschluss**, der nicht begründet zu werden braucht und nicht selbständig an-

---

28 Vgl. hierzu umfassend die Kommentierung zu § 278 Abs. 5 ZPO, Rdn. 27 ff.
29 Da er nicht streitentscheidender Richter ist, bleiben diese rechtlichen Bewertungen jedoch unverbindlich.

fechtbar ist.[30] Wer als Güterichter in Betracht kommt, ergibt sich aus dem **Geschäftsverteilungsplan**[31] des Gerichts gem. § 21e GVG. Es obliegt dem Präsidium, wie diejenigen Richter, die über entsprechende Ausbildung und Qualifikationen verfügen, »als Güterichter nach § 278 Abs. 5 ZPO« eingesetzt werden.[32]

35 Den Beteiligten steht – anders als in einem Mediationsverfahren – kein Wahlrecht hinsichtlich des Güterichters zu.

bb) Ermessen

36 Grundsätzlich liegt die Verweisung an einen Güterichter im **pflichtgemäßen Ermessen** des Gerichts.[33]

aaa) Einverständnis der Beteiligten

37 Das Gericht muss bei seiner Entscheidung jedoch das für den Güterichter geltende **ungeschriebenen Tatbestandsmerkmals** der **Freiwilligkeit** beachten:

---

30 Vgl. *Baumbach*, ZPO, § 278 Rn. 55 und *Musielak*, ZPO, § 278 Rn. 4 zur insoweit vergleichbaren Anordnung bzw. Unterlassung einer Güteverhandlung.
31 So wie bisher schon als gerichtlicher Mediator nur derjenige bestellt werden konnte, der eine entsprechende Ausbildung durchlaufen hatte, so kommt auch zukünftig als Güterichter nach § 278 Abs. 5 ZPO nur in Betracht, wer aufgrund entsprechender Ausbildung in der Lage ist, alle Methoden der Konfliktbeilegung einschließlich der Mediation einzusetzen. Dabei finden die in § 5 MediationsG geregelten Standards hinsichtlich der Aus- und Fortbildung auch auf Güterichter entsprechende Anwendung. Vgl. insoweit Begr. BT-Drucks. 17/5335, A. II.
32 Es obliegt dem Präsidenten, dem Präsidium das Vorliegen der entsprechenden Qualifikationen zu unterbreiten, vergleichbar der Information über formale Qualifikationen, wie sie in § 22 Abs. 5, 6 GVG angesprochen sind.
33 Obgleich beispielsweise im Sozialrecht die Dispositionsbefugnis der Sozialversicherungsträger und der Sozialberechtigten erheblich eingeschränkt ist (vgl. §§ 31, 32 SGB I), verbleibt im Hinblick auf die auch dort vorhandenen Ermessensvorschriften genügend Raum für die güterichterliche Tätigkeit zumindest im Rahmen der Sachverhalts und Interessensklärung, solange, wie *Weitz* (Gerichtsnahe Mediation in der Verwaltungs-, Sozial- und Finanzgerichtsbarkeit, S. 109) zutreffend darlegt, kein Verstoß gegen den Vorbehalt des Gesetzes und die Gesetzesund Selbstbindung der Verwaltung zu befürchten steht.

Nur mit dem Einverständnis der Beteiligten kann ein Verfahren vor dem ersuchten Güterichter durchgeführt werden.[34]

Dieser Umstand zeitigt Konsequenzen für die **Verweisungspraxis**: Entweder holt bereits der Vorsitzende des Sozialgerichts (bzw. des Senats beim LSG/BSG) das Einverständnis der Beteiligten für ein Güterichterverfahren ein und verweist sodann das Verfahren, oder das Gericht nimmt eine Verweisung vor und der Güterichter holt daraufhin die Zustimmung der Beteiligten für die Durchführung eines Güterversuchs ein. Während die Sachnähe des Güterichters zu den Verfahren der konsensualen Streitschlichtung dafür sprechen könnte, ihm die Einholung der Zustimmung zu übertragen, streiten prozessökonomische Gründe – u.U. auch der Grundsatz des rechtlichen Gehörs – dafür, dem Streitrichter die Einholung der Zustimmung zu übertragen. Von daher bietet sich folgendes **Vorgehensweise** an: Der Streitrichter informiert die Beteiligten zunächst über die grundsätzlich möglichen Methoden, die ein Güterichter einsetzen kann und weist darauf hin, dass dieser in Absprache mit ihnen die fall- und konfliktangemessene Methode absprechen wird; hierzu holt er ihre Zustimmung ein. Nach sodann erfolgter Verweisung auf den Güterichter ist es dessen Aufgabe, in Absprache mit den Beteiligten das weitere Vorgehen, insbesondere die einzusetzenden Methoden zu erörtern und hierfür das Einverständnis einzuholen. 38

Die Einschaltung eines »**besonders geschulten Koordinators**«[35] könnte u.U. datenschutzrechtliche Probleme aufwerfen. Von daher dürfte es auf die konkrete Ausgestaltung eines derartigen »Court-Dispute-Managers« ankommen: Vom Entlastungseffekt idealiter bei einem Rechtspfleger verankert,[36] müsste dies aber mangels entsprechender gesetzlicher Regelung als zulässige richterassistierende Verwaltungstätigkeit organisiert werden. 39

Den Beteiligten bleibt es unbenommen, die Durchführung einer Güterichterversuchs vor einem Güterichter selbst anzuregen. Liegt ein **übereinstim-** 40

---

34 Vgl. Begr. BT-Drucks. 17/8058, III., Zu Artikel 5 – neu –, Zu Nummer 3 – alt –; *Francken* NZA 2012, 249 ff. (251); *Ewig* ZKM 2012, 4; a.A. *Carl* ZKM 2012, 16 ff. (19).
35 Vgl. BT-Drucks. 17/8058, III. Allgemeines, S. 17. Zur Praxis in den Niederlanden mit besonderen Verweisungsbeauftragten vgl. *Schmiedel* ZKM 2011, 14 ff. (15), ferner *Mattioli/Trenczek* BJ 2010, 323 ff. (310).
36 Das verkennt *Carl* ZKM 2012, 16 ff. (20), der hierfür die früheren richterlichen Mediatoren einsetzen will.

§ 202 SGG

mendes Petitum der Beteiligten vor, dann reduziert sich das dem Gericht eingeräumte Ermessen zur Verweisung auf Null.

bbb) Konstellationen, in denen eine Verweisung ausscheidet

41 Das Ermessen ist nicht eröffnet, wenn schon nach dem Inhalt der Klageschrift (ggf. der Antragsschrift), insbesondere den Ausführungen gem. § 92 SGG i.V.m. § 253 Abs. 3 Nr. 1 ZPO, der Klageerwiderung (ggf. der Antragserwiderung) und ggf. einer Replik eine **gütliche Beilegung** des Rechtsstreits **erkennbar aussichtslos** erscheint.

42 Das Gericht wird von einer Verweisung an den Güterichters absehen können, wenn es den Eindruck gewinnt, dass es sich um ein **einfach gelagertes Verfahren** handelt, welches von ihm selbst, beispielsweise in einem Erörterungstermin, zu einer gütlichen Einigung gebracht werden kann.

43 Eine Verweisung kommt ferner nicht in Betracht, wenn einer der **Beteiligten** zu verstehen gegeben hat, dass er ein solches **Verfahren nicht wünscht**. Dies ist Ausfluss des Freiwilligkeitsprinzips.

44 Die maßgeblichen Erwägungen, von einer Verweisung an den Güterichter abzusehen, sollten in einem Aktenvermerk mit kurzer Begründung festgehalten werden.

cc) Folgen einer Verweisung

45 Die Verweisung eines Rechtsstreits zum Zwecke einer Güterverhandlung an den ersuchten Güterichter führt, anders als in den Fällen des § 54a Abs. 2 Satz 1 ArbGG, nicht automatisch zum Ruhen des Verfahrens; jedoch ist ein **Ruhensbeschluss** gem. § 202 SGG, § 251 ZPO **möglich**.[37]

46 Der Güterichter übt richterliche Tätigkeit aus und handelt als gesetzlicher Richter im Sinne des § 16 Satz 2 GVG. Seine konkrete Zuständigkeit folgt aus dem gerichtlichen **Geschäftsverteilungsplan** gem. § 21e GVG. Den Beteiligten steht daher – anders als bei einem Mediator und zugleich auch anders als bei einem gerichtlichen Mediator in der Übergangsphase des § 9 MediationsG – hinsichtlich seiner Person kein Wahlrecht zu.

---

37 Vgl. *Meyer-Ladewig u. a.*, SGG, Vor § 114, Rn. 4 m.w.N.

g) Vorgehensweise des Güterichters

aa) Akteneinsicht und Informationsbeschaffung

Der Güterichter wird **Einsicht** in die ihm vom erkennenden Gericht überlassenen **Akten** nehmen und prüfen, welches Verfahren der konsensualen Streitschlichtung indiziert ist. 47

Sodann wird er sich mit den Beteiligten des Rechtsstreits ins Benehmen setzen, ggf. vorab weitere Informationen bei ihnen einholen und auch klären, ob **weitere Personen** zum Güteversuch hinzuziehen sind. 48

bb) Verfahrens- und Terminsabsprache

Der Güterichter wird den Beteiligten einen Verfahrens- und einen Terminsvorschlag unterbreiten: 49

Ausgehend vom **Grundsatz der Informiertheit** der Beteiligten erscheint es angezeigt, diese bereits zu diesem frühen Zeitpunkt darüber in Kenntnis zu setzen, ob der Güterichter beispielsweise zu einer Schlichtung mit rechtlichen Hinweisen und ggf. einem Vorschlag tendiert oder ob er die Durchführung einer Mediation für angezeigt hält. Insoweit gilt der Grundsatz der »**Methodenklarheit vor Methodenvielfalt**«. 50

Das **Prinzip der Freiwilligkeit** spricht dafür, in gemeinsamer Absprache einen allen Beteiligten passenden Termin zu wählen und von einer Terminsanordnung abzusehen. Ein Anwaltszwang besteht für den Güteversuch nicht,[38] bestellte Bevollmächtigte sind jedoch einzubeziehen. 51

cc) Festlegung des Setting

Es obliegt allein dem Güterichter, das Setting für den Güteversuch festzulegen; hierbei bietet sich ein **mediationsanaloges Vorgehen** mit dem Ziel einer kommunikationsfördernden Verhandlungsatmosphäre an. 52

dd) Durchführung des Güteversuchs

Die Durchführung des Güteversuchs ist **nicht öffentlich**; das Öffentlichkeitsgebot gem. § 61 Abs. 1 SGG, § 169 GVG gilt nur für Verhandlungen vor 53

---

[38] Ein Vertretungszwang besteht nur für Verfahren vor dem BSG, §§ 73, 166 SGG.

dem erkennenden Gericht;[39] zudem ist auch der Erörterungstermin vor dem Vorsitzenden gem. § 106 Abs. 3 Nr. 7 SGG nicht öffentlich.[40] Der Güterichter wird die Beteiligten auf die Vorschrift des § 159 Abs. 2 Satz 2 ZPO (anwendbar über § 122 SGG) hinweisen sowie darauf, dass die Vertraulichkeit zudem durch eine Vereinbarung zwischen den Beteiligten besonders geregelt werden kann.

54 Die Beachtung des Grundsatzes »Methodenklarheit bei Methodenvielfalt« soll den Güterichter davor bewahren, zwischen einzelnen Verfahren der Konfliktbeilegung zu wechseln und Elemente der einzelnen Methoden miteinander zu vermischen: Ein »stockendes oder gar scheiterndes« Mediationsverfahren dadurch retten zu wollen, dass der Güterichter – entgegen seiner eingangs erfolgten Information der Beteiligten – sodann einen Lösungsvorschlag unterbreitet, bedeutet eine methodische Fehlleistung und führt zu einem Glaubwürdigkeitsverlust des Güterichters. Denkbar ist allenfalls, dass der Güterichter gemeinsam mit den Beteiligten übereinkommt, eine bestimmte Methode abzuschließen und mit deren Einverständnis mit einer anderen Methode fortzufahren,[41] was jedoch ebenfalls nicht unproblematisch ist.[42]

55 Wenn angezeigt, kann der ersuchte Güterichter mit den Beteiligten auch **Einzelgespräche** (Caucus) führen. Um die Neutralität des ersuchten Güterichters nicht zu gefährden, sollte dies jedoch vorab mit den Beteiligten erörtert und vereinbart werden.

56 Die Erörterung mit den Beteiligten ist nicht auf die dem Rechtsstreit zugrundeliegenden entscheidungserheblichen Punkte reduziert; vielmehr wird – un-

---

39 *Meyer-Ladewig u. a.*, SGG, § 61 Rn. 2a; *Baumbach*, ZPO, § 169 GVG Rn. 3 m. N. zur Rechtsprechung.
40 *Meyer-Ladewig u. a.*, SGG, § 106 Rn. 15a.
41 Langfristig wird nicht auszuschließen sein, dass sich eine neue und eigenständige Methode der Konfliktbeilegung durch einen Güterichter entwickelt. Davon scheint auch der Gesetzgeber auszugehen, wenn er in der Begründung der Beschlussempfehlung des Rechtsausschusses (BT-Drucks. 17/8058, III., Zu Art. 1, Zu § 1 Absatz 1) u. a. ausführt, die in der gerichtsinternen Mediation entwickelten Kompetenzen könnten im Rahmen der Güterichtertätigkeit fortentwickelt werden.
42 Vgl. Kommentierung zu § 278 ZPO, Rdn. 68.

ter der Zielsetzung einer konsensualen Lösung – das zur Sprache gebracht, was den Beteiligten zur Beilegung ihres Konfliktes wichtig ist.

Dem Güterichter ist es verwehrt, den Beteiligten **Prozesskostenhilfe** gem. 57
§ 173a SGG, §§ 114 ff. ZPO zu gewähren oder einen **Ruhensbeschluss** gem. § 202 SGG, § 251 ZPO zu erlassen, da er nicht »Gericht« im Sinne der genannten Vorschriften ist. Hingegen kann er, unter der Voraussetzung des § 101 Abs. 1 SGG, einen Vergleich protokollieren oder eine prozessbeendende Erklärung zu Protokoll nehmen.

Ob es ihm gestattet ist, einen **Streitwert**, Beschwerdewert oder Gegenstands- 58
wert festzusetzen, ist streitig. Dafür spricht, die Festsetzung des Streitwertes als Annexkompetenz zur Protokollierung des Vergleichs zu erachten, zumal (nur) der ersuchte Güterichter Kenntnis vom Umfang und Wert des Vergleichsgegenstandes hat.[43] Zur Vermeidung etwaiger Rechtsstreitigkeiten nach entsprechender Beschlussfassung empfiehlt es sich, einen **Rechtsmittelverzicht** zu protokollieren.

ee) Mögliche Ergebnisse und Verfahrensbeendigungen

Der Güteversuch vor dem Güterichter kann wie folgt enden: 59

(1) Die Beteiligten haben sich auf eine Lösung ihres Konfliktes geeinigt. Sie schließen daraufhin einen gerichtlichen Vergleich in der Form des § 101 Abs. 1 SGG. Das führt zur Beendigung des anhängigen Rechtsstreits.

(2) Die Beteiligten haben sich auf eine Lösung ihres Konfliktes geeinigt. Der 60
anhängige Rechtsstreit wird durch eine prozessbeendende Erklärung (Klagerücknahme gem. § 102 SGG,[44] Hauptsacheerledigung gem. § 197a SGG i. V. m. § 161 Abs. 2 VwGO, § 193 Abs. 1 Satz 3 ZPO[45]) abgeschlossen.

---

43 *Zöller*, ZPO, § 278 Rn. 27. Die Überlegungen, die die Bundesregierung in ihrem Gesetzentwurf dazu bewogen hatten, für den seinerzeit noch vorgesehenen gerichtsinternen Mediator eine Streitwertfestsetzung nicht zuzulassen (Begr. BT-Drucks. 17/5335, Anlage 3, Zu Artikel 3, zu Nummern 5 und 6), treffen auf den ersuchten Güterichter nicht zu.
44 Wird ein Verzicht auf den prozessualen Anspruch erklärt, so ist dies als Klagerücknahme zu werten, *Meyer-Ladewig u. a.*, SGG, § 101 Rn. 25.
45 Ein angenommenes Anerkenntnis hat die Rechtswirkung einer Hauptsacheerledigung, § 101 Abs. 2 SGG.

61 (3) Die Beteiligten haben sich im Grundsatz auf eine Lösung ihres Konfliktes geeinigt und erbitten einen Vergleichsvorschlag gem. § 202 SGG, § 278 Abs. 6 ZPO nach Maßgabe der in dem Güteversuch erzielten Eckpunkte. Die Annahme des Vorschlags führt zur Beendigung des anhängigen Rechtsstreits.[46]

62 (4) Die Beteiligten haben sich im Grundsatz auf eine Lösung ihres Konfliktes geeinigt und unterbreiten – ggf. nach weiterer Prüfung oder Bedenkzeit – dem Gericht einen schriftlichen Vergleichsvorschlag § 202 SGG, § 278 Abs. 6 ZPO. Dieser führt dann zur Beendigung des anhängigen Rechtsstreits.

63 (5) Die Beteiligten haben sich verständigt, außerhalb des anhängigen Verfahrens noch Sachaufklärung zu betreiben und ggf. Dritte als Sachverständige einzuschalten oder aber ein Verfahren der außergerichtlichen Konfliktbeilegung zu beschreiten. Der Rechtsstreit bleibt anhängig, kann jedoch – falls noch nicht geschehen – gem. § 202 SGG, § 251 ZPO zum Ruhen gebracht werden.

64 (6) Die Beteiligten haben sich hinsichtlich des anhängig gemachten Rechtsstreits nur zum Teil oder überhaupt nicht geeinigt. Der Güterichter gibt – nach vorheriger Anhörung der Beteiligten, ggf. auch nach Erlass eines »Rückgabebeschlusses« – das Verfahren an das erkennende Gericht zurück, das den noch anhängigen Rechtsstreit fortsetzt.

65 (7) Beide Beteiligten erscheinen nicht zum verabredeten und ordnungsgemäß geladenen Güteversuch. Der Güterichter gibt daher, ggf. nach entsprechendem Beschluss oder Aktenvermerk, das Verfahren an das erkennende Gericht zurück, das den noch anhängigen Rechtsstreit fortsetzt.

h) Zeugnisverweigerungsrecht

66 Eine analoge Anwendung der Verschwiegenheitsregelung des § 4 MediationsG auf den Güterichter scheidet aus. Er kann sich jedoch gem. § 383 Abs. 1 Nr. 6 ZPO auf ein Zeugnisverweigerungsrecht hinsichtlich des Inhalts des Güteversuchs berufen, wenn ihm als Güterichter Tatsachen anvertraut wurden, deren Geheimhaltung durch ihre Natur oder gesetzliche Vor-

---

46 *Meyer-Ladewig u. a.*, SGG, § 101 Rn. 9.

schrift geboten ist.[47] Im Übrigen sind Güterichter, auch wenn sie sich der Mediation bedienen, nach wie vor Richter und als Amtsträger nicht nur den Beteiligten verpflichtet. Sie unterliegen daher weiterhin **besonderen Anzeigeverpflichtungen.**[48]

i) Verhältnis der Vorschrift zu § 278a Abs. 1 ZPO

Das Gericht wird für beide Verfahrensarten (Güterichter einerseits, Mediation andererseits) grundsätzlich die gleichen Überlegungen zugrunde legen, also neben dem Aspekt der Freiwilligkeit insbesondere die Geeignetheit, ferner Zeit- und Kostenfaktoren sowie die Komplexität des Verfahrens berücksichtigen. Bietet sich im Hinblick auf den konkreten Konflikt ein anderes Verfahren der außergerichtlichen Konfliktbeilegung an, so ist diesem jedenfalls der Vorrang einzuräumen.[49]

67

j) Hinweise für die Praxis

Zur Einbindung des ersuchten Richters als Güterichters im richterlichen Geschäftsverteilungsplan vgl. die »**Hinweise für die Praxis**« bei § 278 ZPO,[50] ferner an gleicher Stelle die Mustertexte für »Beteiligtenvereinbarung über Verschwiegenheit und Vertraulichkeit« sowie entsprechende »Vereinbarungen bei Einbeziehung Dritter«.

68

5. Zur Anwendbarkeit des § 278a ZPO

a) Verweisungsnorm des § 202 SGG

Mit der Einfügung des § 278a ZPO[51] in die Verweisungsnorm des § 202 SGG hat der Gesetzgeber klargestellt, dass Mediationen sowie sonstige Formen außergerichtlicher Konfliktbeilegung auch im sozialgerichtlichen Ver-

69

---

47 Vgl. Begr. BT-Drucks. 17/8058, III. Zu Artikel 2 – neu –, Zu Nummer 3 – neu –; *Zöller*, ZPO, § 383 Rn. 19. *Musielak*, ZPO, § 383 Rn. 4, 6. Das Zeugnisverweigerungsrecht erstreckt sich auch auf die vom Güterichter mit dem Verfahren befassten Servicemitarbeiter der Geschäftsstelle.
48 Z.B. nach § 116 AO oder nach § 6 SubvG, vgl. Begr. BT-Drucks. 17/5335, B., Zu Artikel 1, Zu § 4.
49 Vgl. hierzu umfassend die Kommentierung zu § 278 ZPO, Rdn. 82.
50 Vgl. Kommentierung zu § 278 ZPO, Rdn. 85 ff.
51 Vgl. umfassend die Kommentierung zu § 278 ZPO, Rdn. 4 ff.

fahren zulässig sein sollen und hat diese auf eine ausdrückliche rechtliche Grundlage gestellt.[52] Die grundsätzlichen Unterschiede der Verfahrensordnungen SGG und ZPO schließen die entsprechende Anwendung nicht aus.

b) Normzweck

70 Mit § 278a ZPO sollen Mediationen wie sonstige ADR-Verfahren in das Bewusstsein der in der Rechtspflege Tätigen gerückt und neben dem kontradiktorischen Verfahren die konsensualen Konfliktlösungsmöglichkeiten im Sinne der Einordnung des Bundesverfassungsgerichts[53] etabliert werden. Zugleich ist es die erklärte Intention des Gesetzgebers, außergerichtliche Konfliktbeilegung auch bei bereits rechtshängigen Streitigkeiten zu ermöglichen.[54]

c) Gerichtlicher Vorschlag (§ 278a Abs. 1 Satz 1 ZPO)

aa) Adressatenkreis

71 Nach dem Gesetzeswortlaut ist der gerichtliche Vorschlag »den Parteien« zu unterbreiten. Den Begriff der Parteien verwendet das Sozialgerichtsgesetz nicht, spricht vielmehr in § 69 SGG von **Beteiligten**: Danach sind Kläger und Beklagte die Hauptbeteiligten eines sozialgerichtlichen Verfahrens.[55]

72 Der **Begriff** »der Parteien« ist mithin **untechnisch** zu verstehen und meint alle in einem sozialgerichtlichen Verfahren Involvierte, mithin Kläger und Beklagte in Hauptsacheverfahren, Antragsteller und Antragsgegner in Eilverfahren, Gläubiger und Schuldner im Zwangsvollstreckungsverfahren, zugleich auch weitere Beteiligte nach 75 SGG und Dritte, die über § 74 SGG in einen Rechtsstreit einbezogen sind.

bb) Ermessen

73 Ob das Sozialgericht den Beteiligten den Vorschlag einer gerichtsnahen Mediation oder eines anderen Verfahrens der außergerichtlichen Konfliktbeilegung unterbreitet, liegt alleine in seinem **pflichtgemäßen Ermessen**. Voraus-

---

52 Begr. BT-Drucks. 17/5335, B., Zu Artikel 6, Zu Nummer 3.
53 BVerfG, Beschl. v. 14.02.2007, ZKM 2007, 128 ff.
54 Begr. BT-Drucks. 17/5335, B., Zu Artikel 3, Zu Nummer 5.
55 *Meyer-Ladewig*, SGG, § 69 Rn. 2 m.w.N.

setzungen hierfür sind dem Gesetz nicht zu entnehmen, jedoch ist stets das ungeschriebene Tatbestandsmerkmal zu prüfen, ob es sich um einen »**geeigneten Fall**« handelt.

Der Vorschlag einer Mediation ist immer dann in Erwägung zu ziehen, wenn dem Rechtsstreit Konflikte zugrunde liegen, die im gerichtlichen Verfahren nicht oder nur unzureichend beigelegt werden können.[56] Dieser Gedanke ist in der Übergangsphase des § 9 MediationsG auch auf gerichtliche Mediationen anzuwenden. 74

In einem Sozialgerichtsprozess bietet sich der **Vorschlag** für eine Mediation beispielsweise an 75
– in Verfahren mit komplexen, schnell zu entscheidenden oder ungeklärten Sachverhalten, vor allem in Verbindung mit bedeutenden wirtschaftlichen Folgen für einen oder beide Beteiligte,
– ferner wenn es um die Anwendung von Normen mit unbestimmten Rechtsbegriffen geht sowie dann,
– wenn ein Ermessen ausgeübt werden soll.[57]

Das bedeutet im Einzelnen, dass das Gericht eine konsensuale Streitbeilegung in Betracht ziehen wird, wenn es den Konfliktbeteiligten vorrangig darum geht, 76
– nichtrechtliche Interessen zu berücksichtigen,
– eine zukunftsorientierte Lösung anzustreben,
– Vertraulichkeit zu wahren oder
– eine schnelle Lösung herbeizuführen,

sowie dann, wenn

---

[56] Zu den Bereichen, die sich insbesondere für konsensuale Lösungen eignen, zählen ausweislich des Schrifttums (*Weitz*, Gerichtsnahe Mediation in der Verwaltungs-, Sozial- und Finanzgerichtsbarkeit, S. 203 m. w. N.; *Barkow-von Creytz*, in: *Niedostadek* (Hrsg.), Praxishandbuch Mediation, S. 349) beispielsweise folgende: Streitigkeiten im Sozialhilferecht; Streitigkeiten zwischen Vertragsärzten/Krankenkassen und kassenärztlichen Vereinigungen; Streitigkeiten zwischen Versicherungsträgern und Verbänden; Streitigkeiten im Rentenversicherungsrecht; Streitigkeiten im Aufgabenbereich der BfA; Steitigkeiten im Leistungs-, Reha- und Beitragsrecht etc. Vgl. aber auch die insgesamt zurückhaltend bis kritisch Position von *Kilger*, Mediation im Sozialrecht, in: *Haft/Schlieffen*, Handbuch Mediation, S. 715 ff.
[57] Vgl. *Dürschke* SGb 2001, 533 ff. (536).

- es sich um einen komplexen Sachverhalt handelt,
- zahlreiche Rechtsstreitigkeiten zwischen den Beteiligten anhängig sind,
- nichtbeteiligte Dritte in das Verfahren einbezogen werden sollen,
- zwischen den Beteiligte eine besondere Emotionalität besteht oder
- es um einen grenzüberschreitenden Rechtsstreit geht.

77 Hingegen wird das Gericht eine konsensuale Streitbeilegung **nicht** unterbreiten, wenn beispielsweise
- gesetzliche Bestimmungen den Beteiligten eine privatautonome Regelung untersagen,
- ein besonderes öffentliches Interesse an der Rechtsdurchsetzung besteht oder
- eine Grundsatzentscheidung begehrt wird.[58]

cc) Zeitpunkt

78 Der Vorschlag kann gegenüber den Beteiligten grundsätzlich in jedem Stadium des Rechtsstreits erfolgen, auch noch in der Berufungs- und Revisionsinstanz. Im Revisionsverfahren dürfte eine außergerichtliche Konfliktlösung, von Ausnahmefällen abgesehen, eher nicht in Betracht zu ziehen sein.[59]

79 Gleichwohl bietet es sich grundsätzlich an, den **Vorschlag** für eine nichtstreitige Konfliktbeilegung **zu Beginn eines Prozesses** zu unterbreiten. Hierfür sprechen Gründe der Zeit- und Kostenersparnis für die Beteiligten wie auch ggf. für das Gericht. Zudem wird erfahrungsgemäß durch ein frühzeitiges Mediationsgespräch der Gefahr weiterer »emotionaler Verletzungen« während des Rechtsstreits entgegengewirkt.

80 Ob der Vorschlag unmittelbar nach Klageerhebung erfolgt oder nach Klageerwiderung und ggf. Replik, u. U. erst nach Erörterung mit den Beteiligten oder gar später, ist jeweils vom Einzelfall und vom Rechtsgebiet abhängig.

81 Rechtliche Bedenken bestehen nicht, einen **Vorschlag** nach § 278a Abs. 1 ZPO ggf. **mehrfach** zu unterbreiten, also nach zunächst erfolgter Ablehnung

---

58 Vgl. in diesem Zusammenhang auch das Prüfungsraster von *Brändle/Schreiber* BJ 2008, 351 ff. (352), ferner die als ungeeignet erachteten Fälle mit Schwerpunkten im medizinischen Fachbereich etc. nach der Darstellung von *Weitz*, Gerichtsnahe Mediation in der Verwaltungs-, Sozial- und Finanzgerichtsbarkeit, S. 203.
59 Vgl. jedoch zum Verwaltungsprozess *Ortloff*, Festgabe, S. 797.

durch die Beteiligten in einer späteren Phase des Prozesses (ggf. nach erfolgter Beweisaufnahme) oder nach einer gescheiterten Mediation- oder einem anderen Konfliktlösungsverfahren. Der erneute Vorschlag kann sowohl in der gleichen Instanz wie auch im Rechtsmittelzug erfolgen.

dd) Gericht

Vom o.g. Zeitpunkt hängt auch ab, wer den Vorschlag unterbreitet: Beim 82
Sozial- wie Landessozialgericht kann dies durch den **Vorsitzenden** geschehen. Erfolgt der Vorschlag (erst) in der mündlichen Verhandlung, so ist der Spruchkörper hierfür zuständig, es sei denn es liegt ein Fall des § 155 Abs. 3, 4 SGG vor.

ee) Form

Nach dem Gesetzeswortlaut ist der Vorschlag **weder** an eine **Form noch** an 83
(inhaltliche) **Voraussetzungen** gebunden.

Ein **Beschluss** wird hierfür nicht verlangt werden können, wenngleich es 84
wünschenswert wäre, wenn die Gerichte – um die Bedeutung konsensualer Konfliktlösungsmöglichkeiten zu unterstreichen und um diese zu fördern – den Beteiligten einen entsprechenden Vorschlag in Form eines verfahrensleitenden, nicht anfechtbaren Beschlusses unterbreiten würden.

Anderenfalls sollte aus Gründen der Klarheit der Vorschlag jedenfalls in 85
Form einer **richterlichen Verfügung** erfolgen, aus Gründen der Nachvollziehbarkeit und Dokumentation ist Schriftform erforderlich, wobei die Übermittlung dann auch per Telefax, mündlich/telefonisch oder elektronisch erfolgen kann.

Macht das Gericht – fallspezifisch – von seinem Vorschlagsrecht keinen Ge- 86
brauch, so sollten die tragenden Erwägungen hierfür jedenfalls in einem Aktenvermerk festgehalten werden.

Das Gericht ist im Rahmen seiner **allgemeinen Aufklärungspflicht** aus 87
§§ 106 Abs. 1, 112 Abs. 2 SGG gehalten, den Beteiligten Inhalt und Umstände des beabsichtigten oder unterbreiteten Vorschlags, auch in Abgrenzung zu etwaigen Alternativen außergerichtlicher Konfliktlösungen, deutlich zu machen und dabei auf Chancen, Risiken und Kosten hinzuweisen.

Dass derartige Informationen entsprechende Kenntnisse der Richterschaft 88
voraussetzen und somit auch entsprechende Schulungen erforderlich ma-

chen, liegt auf der Hand. Denn nur wer selbst hinreichend informiert ist, wird seiner Informationspflicht gegenüber den Beteiligten gerecht werden können.[60]

89 **Prozesskostenhilfe** für die Durchführung einer Mediation etc. darf nicht bewilligt werden;[61] für eine Anwendung des § 7 MediationsG fehlt es bislang an der vom Gesetz geforderten Vereinbarung zwischen Bund und Ländern.

90 Erfolgen Vorschlag und ggf. Ablehnung durch die Beteiligten in der mündlichen Verhandlung, so ist dies gem. § 160 Abs. 2, 3 ZPO in der **Niederschrift** zu vermerken und im Ablehnungsfall das Verfahren in dem Stadium fortzusetzen, in dem es sich befindet.

91 Ob und ggf. wie lange das Gericht den Beteiligten eine **Frist** einräumt, sich zu seinem Vorschlag **zu äußern**, liegt ebenfalls in seinem pflichtgemäßen **Ermessen**. In einem Klageverfahren dürften drei Wochen, in einem Eilverfahren längstens eine Woche sachangemessen sein.

d) Mediation (§ 278a Abs. 1 Satz 1, 1. Alt. ZPO)

aa) Begrifflichkeit

92 Was eine Mediation ist, folgt aus der **Begriffsbestimmung** des § 1 Abs. 1 MediationsG: Ein vertrauliches und strukturiertes Verfahren, bei dem die Beteiligten mit Hilfe eines oder mehrerer Mediatoren freiwillig und eigenverantwortlich eine einvernehmliche Beilegung ihres Konflikts anstreben.

93 Mediation im Sinne des Mediationsgesetzes meint Mediation durch einen **nicht** in das **gerichtliche System** eingebundenen Mediator, mithin eine sog. »außergerichtliche« Mediation. Lediglich für die Übergangsphase des § 9 MediationsG kommt auch noch eine gerichtliche Mediation in Betracht.

94 Als Mediator in einer »außergerichtlichen« Mediation wird in aller Regel ein Anwaltsmediator oder ein Mediator mit einem psychosozialen Grundberuf in Betracht kommen, mithin ein freiberuflich tätiger Mediator. Durch die Re-

---

60 Vgl. auch die Erwägungen des Rechtsausschusses, besonders geschulte Koordinatoren, sog. »Court-Dispute-Manager«, hierfür einzusetzen: Begr. BT-Drucks. 17/8058, III. Allgemeines. S. 17.

61 A. A. zur früheren Rechtslage OLG Köln, Beschl. v. 03.06.2011, ZKM 2012, 29 ff., mit ablehnender Anmerkung von *Spangenberg* ZKM 2012, 31.

gelung ist nicht ausgeschlossen, dass auch ein Richter außerhalb seines Amtes – nebenberuflich – in einem vom Gericht vorgeschlagenen Mediationsverfahren tätig werden kann, sofern er hierfür eine Nebentätigkeitserlaubnis erhalten hat.

bb) Stufenverhältnis

Mit der Reihenfolge in § 278a Abs. 1 ZPO hat der Gesetzgeber **kein Stufenverhältnis** zwischen einer Mediation oder einem anderen Verfahren der außergerichtlichen Konfliktbeilegung festgelegt. Allenfalls der Umstand, dass sich der Gesetzgeber intensiv mit Regelungen zur Mediation auseinandergesetzt hat könnte dafür streiten, dass er dieser eine gewisse Präferenz zubilligt. 95

Auch die gerichtliche Mediation steht in der Übergangsphase des § 9 MediationsG gleichberechtigt neben den anderen in § 278a Abs. 1 ZPO aufgeführten Methoden. 96

cc) Formale und inhaltliche Kriterien

Der Vorschlag einer Mediation kann in der Eingangs-, in der Berufungs- und in der Revisionsinstanz unterbreitet werden. In aller Regel wird ein derartiger Vorschlag in der auf die Überprüfung von Rechtsfragen beschränkten Revisionsinstanz jedoch nur ausnahmsweise in Betracht kommen. 97

Für das von einem Gericht unterbreitete Mediationsverfahren gelten die **gleichen Regeln** wie für jedes andere Mediationsverfahren auch. Wegen der näheren Einzelheiten wird auf die Kommentierung des Mediationsgesetzes zu Verfahren, Aufgaben, Offenbarungspflichten, Tätigkeitsbeschränkungen und Verschwiegenheitspflicht (§§ 2 bis 4 MediationsG) sowie zur Aus- und Fortbildung (§§ 5, 6 MediationsG) verwiesen. 98

Eine etwaige in einer Mediation geschlossene Vereinbarung kann dem erkennenden Gericht gem. § 202 SGG, § 278 Abs. 6 ZPO vorgelegt und das Zustandekommen eines **Vergleichs** durch Beschluss festgestellt werden. Aus einem gerichtlichen Vergleich kann gem. § 794 Abs. 1 Nr. 1 ZPO die **Vollstreckung** betrieben werden. 99

Der Vorschlag zur Durchführung einer Mediation kann **nicht** zugleich mit der Person eines **bestimmten Mediators** verbunden werden.[62] Hierfür spricht 100

---

[62] A.A. *Baumbach u.a.*, ZPO, II. A, Rechtspolitischer Ausblick, § 278a Rn. 12. Es

zum einen die neutrale Haltung, die einzunehmen vornehmste Pflicht des Sozialgerichts ist und dem es ebenfalls untersagt ist, den Beteiligten einen bestimmten Anwalt zu empfehlen; zum anderen ist es Ausfluss des Prinzips der Freiwilligkeit, dass sich die Beteiligten ihren Mediator selbst auswählen können.

e) Andere Verfahren der außergerichtlichen Konfliktbeilegung (§ 278a Abs. 1 Satz 1, 2. Alt. ZPO)

aa) Begrifflichkeit

101 Im Gesetz selbst finden sich keine Hinweise darüber, was unter einem »anderen Verfahren der außergerichtlichen Konfliktbeilegung« zu verstehen ist. Der Begriff findet sich in der Überschrift des Gesetzes sowie an zahlreichen weiteren Stellen (vgl. § 36a FamFG, § 54a ArbGG), wird dort jedoch nicht definiert.

102 Unter Hinweis auf das Schrifttum[63] werden in der **Gesetzesbegründung** etliche Verfahrensarten benannt.[64] Es handelt sich hierbei um **keine abschließende Aufzählung**, zumal davon ausgegangen werden kann, dass über die zur Zeit bekannten und praktizierten Konfliktlösungsverfahren hinaus neue hinzukommen und die bereits praktizierten Verfahren sich in ihrer Ausgestaltung und Anwendung verändern werden.[65]

bb) Stufenverhältnis

103 Zunächst kann auf die bereits oben erfolgten Ausführungen zum Stufenverhältnis verwiesen werden.[66] Darüber hinaus ist zu ergänzen, dass der Gesetz-

---

spricht jedoch nichts dagegen, die Beteiligten auf die Rechtsanwaltskammer, die IHK oder Mediationsinstitute zu verweisen, die Listen von Mediatoren vorhalten. Es dürfte auch nicht zu beanstanden sein, wenn die Gerichte selbst derartige Listen anlegen und die Beteiligten darauf verweisen. Weitergehend: *Nelle*, »Multi-Door-Courthouse Revisited«, S. 123 ff. (129 f).

63 *Risse/Wagner*, Mediation im Wirtschaftsrecht, in: *Haft/Schlieffen*, Handbuch der Mediation, S. 553 ff. (580).
64 Vgl. Begr. BT-Drucks.17/5335, A. II.
65 Wegen weiterer Einzelheiten zu den verschiedenen Verfahrensarten und ihren Inhalten vgl. die Ausführungen unter Andere Verfahren, I. Rdn. 1 ff.
66 Vgl. oben Rdn. 95.

geber, wie sich aus der Entstehungsgeschichte ergibt, der Mediation gegenüber anderen konsensualen Streitbeilegungsverfahren einen gewissen Vorzug einräumt, der jedoch nicht so weit geht, dass zwischen ihnen ebenfalls ein Stufenverhältnis bestehen würde.

cc) Formale und inhaltliche Kriterien

Der **Vorschlag** für ein Verfahren der außergerichtlichen Konfliktbeilegung kann in **jeder Phase** des gerichtlichen Verfahrens erfolgen, wenngleich die Besonderheiten mancher Konfliktbeilegungsverfahren dafür streiten, sie – soweit sie für Konflikte nach dem SGG überhaupt geeignet sind – nur in der Eingangsinstanz vorzuschlagen. 104

Auch der Vorschlag eines bestimmten Konfliktbeilegungsverfahrens darf nicht mit einer bestimmten Person verbunden werden. 105

f) Vorschlag einer gerichtlichen Mediation im Übergangszeitraum

aa) Begrifflichkeit

Eine **gerichtliche Mediation** ist eine Mediation, die während eines anhängigen Gerichtsverfahrens von einem nicht entscheidungsbefugten Richter durchgeführt wird. Der **Unterschied** zum ersuchten **Güterichter** nach § 278 Abs. 5 ZPO besteht darin, dass der gerichtliche Mediator ausschließlich die Methode der Mediation anwendet, die rechtliche Hinweise wie auch Einigungs- oder Lösungsvorschläge ausschließt, und keine richterlichen Tätigkeiten wie Protokollierung von Vergleichen oder Festsetzung des Streitwertes vornimmt. Der Güterichter hingegen bedient sich der gesamten Palette von Streitbeilegungsmethoden einschließlich rechtlicher Hinweise und Einigungsvorschlägen, protokolliert Vergleiche und setzt – was nicht unstreitig ist – den Streitwert fest.[67] 106

Gerichtliche Mediation ist **nur** noch möglich **in der Übergangsphase** des § 9 MediationsG und auch nur dann, wenn sie vor Inkrafttreten des Mediationsförderungsgesetzes bereits an einem Sozialgericht angeboten wurde. 107

---

67 Vgl. Kommentierung zu § 278 ZPO, Rdn. 70.

bb) Stufenverhältnis

108 Es besteht **kein** Stufenverhältnis zwischen gerichtliche Mediation und (sog. außergerichtlicher) Mediation, ebenfalls nicht im Hinblick auf andere Verfahren der außergerichtlichen Konfliktbeilegung.

109 Die bisherigen Erfahrungen mit den Modellprojekten der gerichtliche Mediation sprechen dafür, dass die Beteiligten auch in den Fällen, in denen ihnen das Gericht eine (sog. außergerichtliche) Mediation vorschlägt, auf die gerichtliche Mediation zurückgreifen werden, nicht zuletzt aus Kostengründen.[68] Solange keine durchgreifenden **kostenrechtlichen Anreize**, beispielsweise über § 7 MediationsG, erfolgen, wird das gesetzgeberische Ziel der Förderung der Mediation in rechtshängigen Verfahren nur schwer zu erreichen sein.[69]

cc) Formale und inhaltliche Kriterien

110 Für die gerichtliche Mediation im Sozialgerichtsprozess gelten die **gleichen Kriterien und Regeln**, wie sie im Zusammenhang mit der gerichtliche Mediation im Zivilprozess nach § 278a ZPO beschrieben wurden:
- Regelung im gerichtlichen Geschäftsverteilungsplan,
- Wahlrecht der Beteiligten, aber kein Anspruch auf bestimmten Mediator,
- Anwendbarkeit der Vorschriften über die (außergerichtliche) Mediation,
- Verschwiegenheitpflicht mit besonderen Anzeigepflichten,
- Feststellung des Zustandekommens eines Vergleichs,
- Vollstreckbarkeitserklärung einer Mediationsvereinbarung.

g) Entscheidung der Beteiligten (§ 278a Abs. 2, 1. HS ZPO)

aa) Aufgrund eines gerichtlichen Vorschlages

111 Die Entscheidung der Beteiligten für eine Mediation oder eine andere konsensuale Streitschlichtung ist an **keine Form** gebunden. Sie kann schriftlich, mündlich als auch zu Protokoll geschehen. Sie hat gegenüber dem Gericht zu erfolgen, welches den Vorschlag unterbreitet hat; bei einer nur mündli-

---

68 *Wagner* ZKM 2010, 172 ff. (173).
69 Auch die Regelung des § 69b GKG wird, wenn denn die Landesgesetzgeber von der Öffnungsklausel überhaupt Gebrauch machen, als Anreiz nur bedingte Wirksamkeit entfalten.

chen Erklärung eines Beteiligten wird das Gericht einen entsprechenden Aktenvermerk fertigen oder die Erklärung in ein Protokoll aufnehmen.

Die Beteiligten sind an den Vorschlag des Gerichts nicht gebunden, können 112 also, wenn beispielsweise eine »gerichtsnahe« Mediation vorgeschlagen wurde, dem Gericht auch übereinstimmend mitteilen, dass sie sich beispielsweise für eine Schlichtung entschieden haben oder – wenn angeboten – eine gerichtliche Mediation bevorzugen.

bb) Eigener Vorschlag der Beteiligten

Die Beteiligten sind zudem nicht von einem gerichtlichen Vorschlag abhängig. 113 Es steht ihnen frei, selbst einen entsprechenden Vorschlag über das Gericht dem anderen Beteiligten zukommen lassen oder bereits übereinstimmend dem Gericht mitzuteilen, dass sie sich beispielsweise für eine Mediation entschieden haben. Regt zunächst nur ein Beteiligter ein Verfahren der außergerichtlichen Konfliktbeilegung oder der gerichtlichen Mediation an, so sollte das für das Gericht Anlass sein darüber zu reflektieren, seinerseits gem. § 278a Abs. 1 ZPO den Beteiligten einen Vorschlag zu unterbreiten.

Die Intention des Gesetzes nach Förderung der Mediation wie auch anderer 114 Verfahren der außergerichtlichen Konfliktbeilegung[70] erfordert, dass das Gericht einen entsprechenden Vorschlag eines Beteiligten an den anderen Beteiligten zur Stellungnahme weiterleitet.

f) Gerichtlicher Ruhensbeschluss (§ 278a Abs. 2, 2. HS ZPO)

Zwingende und daher unanfechtbare **Rechtsfolge** einer Entscheidung der 115 Beteiligten für eine Mediation oder ein anderes Verfahren der außergerichtlichen Streitbeilegung ist die Anordnung des Ruhens des Verfahrens gem. § 202 SGG i. V. m. §§ 278a Abs. 2, 251 ZPO durch gerichtlichen Beschluss. Eines gesonderten Antrages hierzu bedarf es nicht; er ist in der Erklärung »für« ein konsensuales Verfahren konkludent enthalten.[71]

Dies gilt nicht nur in den Fällen, in denen sich die Beteiligten zu einem 116 entsprechenden Vorschlag des Gerichts gem. § 278a Abs. 2 ZPO verhalten,

---

70 Vgl. Begr. BT-Drucks. 17/5335, A. II.
71 Vgl. *Löer* ZKM 2010, 179 ff. (182).

sondern auch dann, wenn diese aus eigenem Antrieb dem Gericht mitteilen, den Versuch einer konsensualen Einigung im Rahmen einer gerichtsnahen oder gerichtlichen Mediation bzw. eines anderen außergerichtlichen Konfliktbeilegungsverfahrens unternehmen zu wollen: Auch in diesen Fällen ist die Ruhensanordnung zwingende Rechtsfolge.

117 Gerichtlicher Beschluss meint in diesem Zusammenhang eine Entscheidung der Kammer bzw. des Senats, es sei denn in der Berufungsinstanz liegt ein Fall des § 155 Abs. 2 Nr. 1 oder Abs. 3, 4 SGG vor.

118 Aus § 202 SGG i.V.m. § 251 Satz 2 ZPO folgt, dass bei einer Ruhensanordnung grundsätzlich wie bei einer Unterbrechung und Aussetzung nach § 249 ZPO der Lauf einer jeden Frist aufhört mit Ausnahme der in § 233 ZPO bezeichneten Fristen. Das bedeutet, dass die Notfristen gem. § 224 Abs. 1 Satz 1 ZPO, die Rechtsmittelbegründungsfristen und die Wiedereinsetzungsfrist des § 234 Abs. 1 ZPO weiterhin laufen.[72]

119 Der Ruhensbeschluss des Gerichts ist zudem relevant für die **Hemmung der Verjährung:** Danach endet die Hemmung der Verjährung durch Klageerhebung (§ 204 Abs. 1 Nr. 1 BGB) nach Ablauf von 6 Monaten nach der letzten Verfahrenshandlung der Parteien oder des Gerichts (vgl. § 204 Abs. 2 BGB), also der Anordnung des Ruhens des Verfahrens gem. § 278a Abs. 2 ZPO; im Übrigen gilt jedoch weiterhin § 203 Satz 1 BGB.

120 Kommt in der gerichtsnahen wie in der gerichtlichen Mediation oder einem anderen außergerichtlichen Konfliktbeilegungsverfahren eine Vereinbarung nicht zustande und wird insbesondere der Rechtsstreit nicht beendet, so obliegt es den **Beteiligten** und nicht dem Streitschlichter (Mediator etc.), ob das **Gericht** hierüber **informieren**, die Aufhebung des Ruhensbeschlusses beantragen und das Verfahren fortsetzen wollen. In der gerichtlichen Mediation wird das Gericht jedoch dadurch Kenntnis erhalten, dass der gerichtliche Mediator die Gerichtsakten an den streitentscheidenden Richter zurückreicht.

121 Im Sozialgerichtsprozess kann die **Wiederaufnahme** eines ruhenden Verfahrens **von Amts wegen** erfolgen. Dies ist nach dem Schrifttum[73] dann der

---

72 Vgl. zu Einzelheiten *Meyer-Ladewig u.a.*, SGG, vor § 114 Rn. 4; *Baumbach*, ZPO, § 251 Rn. 9.
73 *Meyer-Ladewig u.a.*, SGG, vor § 114 Rn. 5.

Fall, wenn die Fortdauer des Ruhens nicht mehr zweckmäßig ist, z.B. bei Gefährdung der Rechtsposition eines Beteiligten. In Anbetracht des Prinzips der Freiwilligkeit der Mediation, der zwingenden Rechtsfolge des § 278a Abs. 2 ZPO und der expliziten Regelung des § 54a Abs. 2 Sätze 2, 3 ArbGG spricht jedoch vieles dafür, dies nicht auf ruhende Verfahren im Zusammenhang mit einer Mediation anzuwenden, sondern die Aufhebung des Ruhens des Verfahrens von einer Prozesserklärung eines Verfahrensbeteiligten abhängig zu machen. Gegen die Aufhebungsentscheidung ist gem. § 202 SGG i.V.m. § 252 ZPO, 172 SGG die Beschwerde möglich.

i) Verhältnis der Vorschrift zu § 278 Abs. 5 ZPO

Das Gericht wird für beide Verfahrensarten (Mediation auf der einen, Güterichter auf der anderen Seite) grundsätzlich die gleichen Überlegungen zugrunde legen, also neben dem Aspekt der Freiwilligkeit insbesondere den der Geeignetheit, ferner Zeit- und Kostenfaktoren sowie die Komplexität der Auseinandersetzung berücksichtigen. Bietet sich im Hinblick auf den konkreten Konflikt ein anderes Verfahren der außergerichtlichen Konfliktbeilegung an, so ist diesem jedenfalls der Vorrang einzuräumen.[74] 122

j) Hinweise für die Praxis

Spezifische, über § 278a ZPO hinausgehende Praxishinweise ergeben sich für die Sozialgerichtsbarkeit nicht; insoweit kann daher auf die Ausführungen unter **§ 278a ZPO, »Hinweise für die Praxis«,** verwiesen werden.[75] Soweit die Beteiligten nicht auf Vorschlag des Gerichts sondern von sich aus mitteilen, dass sie sich auf eine Mediation oder ein anderes Verfahren der außergerichtlichen Konfliktbeilegung geeinigt haben, bleibt anzuraten – solange noch keine einschlägige Rechtsprechung vorliegt –, ihre entsprechende Information an das Gericht hilfsweise mit einem Antrag auf Ruhen des Verfahrens gem. 278a Abs. 2 ZPO zu verbinden. 123

---

74 Vgl. hierzu umfassend die Kommentierung zu § 278 ZPO, Rdn. 82.
75 Vgl. Kommentierung zu § 278a ZPO, Rdn. 74 ff.

Verwaltungsgerichtsordnung

§ 173

Soweit dieses Gesetz keine Bestimmungen über das Verfahren enthält, sind das Gerichtsverfassungsgesetz und die Zivilprozessordnung **einschließlich § 278 Absatz 5 und § 278a** entsprechend anzuwenden, wenn die grundsätzlichen Unterschiede der beiden Verfahrensarten dies nicht ausschließen. Gericht im Sinne des § 1062 der Zivilprozessordnung ist das zuständige Verwaltungsgericht, Gericht im Sinne des § 1065 der Zivilprozessordnung das zuständige Oberverwaltungsgericht.

Übersicht

	Rdn.
I. Regelungsgegenstand und Zweck	1
1. Normgefüge und Systematik	1
2. Europäische Mediationsrichtlinie	5
II. Grundsätze/Einzelheiten	6
1. Zur Anwendbarkeit des § 41 Nr. 8 ZPO	6
a) Vorrangige Verweisungsnorm des § 54 Abs. 1 VwGO	6
b) Normzweck	7
c) Mediationsverfahren und andere ADR-Verfahren	9
d) Mitwirkung	10
e) Sachidentität	12
f) Verfahrensrechtliche Konsequenzen	13
2. Zur Anwendbarkeit des § 159 Abs. 2 Satz 2 ZPO	15
a) Vorrangige Verweisungsnorm des § 105 VwGO	15
b) Normzweck	16
c) Adressat der Vorschrift	17
d) Weitergehender Schutz der Vertraulichkeit	18
e) Protokollpflicht bei übereinstimmendem Antrag	20
f) Form und Inhalt	21
3. Zur Anwendbarkeit des § 253 Abs. 3 Nr. 1 ZPO	22
a) Verweisungsnorm des § 173 Satz 1 VwGO	22
b) Normzweck	23
c) Angaben über bisherige oder zukünftige Konfliktlösungsversuche	24
d) Angaben über entgegenstehende Gründe	25
e) Soll-Vorschrift	26
4. Zur Anwendbarkeit des § 278 Abs. 5 ZPO	27
a) Verweisungsnorm des § 173 Satz 1 VwGO	27
b) Normzweck	28
c) Güteversuche	29
d) Verweisung durch das Gericht	31
e) Verweisung an einen hierfür bestimmten und nicht entscheidungsbefugten Güterichter	32

f)	Darstellung des Verfahrensablaufs vor dem Güterichter	34	cc) Zeitpunkt	78
			dd) Gericht	82
	aa) Verweisungsbeschluss ..	34	ee) Form	83
	bb) Ermessen	36	d) Mediation (§ 278a Abs. 1 Satz 1, 1. Alt. ZPO)	91
	aaa) Einverständnis der Beteiligten	37	aa) Begrifflichkeit	91
	bbb) Konstellationen, in denen eine Verweisung ausscheidet	41	bb) Stufenverhältnis	94
			cc) Formale und inhaltliche Kriterien	96
	cc) Folgen einer Verweisung	45	e) Andere Verfahren der außergerichtlichen Konfliktbeilegung (§ 278a Abs. 1 Satz 1, 2. Alt. ZPO)	100
g)	Vorgehensweise des Güterichters	47	aa) Begrifflichkeit	100
	aa) Akteneinsicht und Informationsbeschaffung .	47	bb) Stufenverhältnis	102
	bb) Verfahrens- und Terminabsprache	49	cc) Formale und inhaltliche Kriterien	103
	cc) Festlegung des Setting .	52	f) Vorschlag einer gerichtlichen Mediation im Übergangszeitraum	105
	dd) Durchführung des Güteversuchs	53	aa) Begrifflichkeit	105
			bb) Stufenverhältnis	107
	ee) Mögliche Ergebnisse und Verfahrensbeendigungen	59	cc) Formale und inhaltliche Kriterien	109
h)	Zeugnisverweigerungsrecht .	66	g) Entscheidung der Beteiligten (§ 278a Abs. 2, 1. HS ZPO)	110
i)	Verhältnis der Vorschrift zu § 278a Abs. 1 ZPO	67	aa) Aufgrund eines gerichtlichen Vorschlages	110
j)	Hinweise für die Praxis	68	bb) Eigener Vorschlag der Beteiligten	112
5. Zur Anwendbarkeit des § 278a ZPO		69	f) Gerichtlicher Ruhensbeschluss (§ 278a Abs. 2, 2. HS ZPO)	114
a)	Verweisungsnorm des § 173 Satz 1 VwGO	69		
b)	Normzweck	70		
c)	Gerichtlicher Vorschlag (§ 278a Abs. 1 Satz 1 ZPO)	71	i) Verhältnis der Vorschrift zu § 278 Abs. 5 ZPO	120
	aa) Adressatenkreis	71	j) Hinweise für die Praxis	121
	bb) Ermessen	73		

§ 173 VwGO

I. Regelungsgegenstand und Zweck

1. Normgefüge und Systematik

§ 173 Satz 1 VwGO ist durch **Artikel 6 des Mediationsförderungsgesetzes** 1
geändert worden. Die Vorschrift stimmt der wörtlich mit § 202 SGG überein, regelt die subsidiäre Anwendung der Vorschriften des GVG und der ZPO und dient damit der **Komplettierung** der für die Verwaltungsgerichte geltenden **Prozessordnung**: Soweit die VwGO keine Bestimmungen über das Verfahren enthält, sind das GVG und die ZPO entsprechend anzuwenden, es sei denn die grundsätzlichen Unterschiede der beiden Verfahrensarten schließen dies aus. Erst wenn sich weder in der VwGO noch im GVG oder der ZPO passende Regelungen finden, ist der Weg der freien Rechtsfindung eröffnet. Die dynamische Verweisung auf das GVG und die ZPO betrifft die jeweils gültigen Fassungen einschließlich anderer Gesetze wie das EGZPO oder das GKG, die sich inhaltlich auf das Verfahren nach der ZPO beziehen und sie ergänzen.[1]

Früher und breiter aufgestellt als die anderen Fachgerichtsbarkeiten hatte sich 2
auch die Verwaltungsgerichtsbarkeit vor Inkrafttreten des Mediationsförderungsgesetzes erfolgreich mit eigenen gerichtlichen Mediationsprojekten positioniert.[2] Die in der Vergangenheit geführten Auseinandersetzungen über

---

1 *Kopp* VwGO, § 173 Rn. 1, 2.
2 Vgl. zum umfangreichen einschlägigen Schrifttum nur beispielhaft *Bader*, Gerichtsinterne Mediation am Verwaltungsgericht; *von Bargen* Die Verwaltung 2010, 405 ff.; *von Bargen* BDVR-Rundschreiben 2004, 55 ff.; *von Bargen* EUR 2008, 200 ff.; *von Bargen* DVBl. 2004, 468 ff.; *von Bargen*, Gerichtsinterne Mediation, S. 61 ff.; *Fritz*, Mediation-Vorurteil und Wirklichkeit, in: FS VG Gießen, S. 319 ff.; *Fritz/Karber/Lambeck* (Hrsg.), Mediation statt Verwaltungsprozess?; *Fritz/Krabbe* NVwZ 2011, 396 ff., 595 ff.; *Holznagel/Ramsauer*, Mediation im Verwaltungsrecht, in: *Haft/Schlieffen* (Hrsg.), Handbuch Mediation, S. 683 ff.; *Ortloff*, Grundlagen der Mediation im Verwaltungsrecht; *Ortloff*, Alternative Konfliktlösung – zur Mediation im deutschen Verwaltungsprozess, in:, FS Yueh-Sheng Weng, S. 399; *Ortloff*, Mediation und Verwaltungsprozess, in: *Haft/Schlieffen* (Hrsg.), Handbuch Mediation, S. 1007 ff.; *Ortloff* NVwZ 2004, 385 ff.; *Ortloff* NVwZ 2006, 148 ff.; *Ortloff* NVwZ 2006, 1143 ff.; *Ortloff* NVwZ 2007, 33; *Ortloff* NVwZ 2012, 1057 ff.; *Ortloff*, in: *Schoch u. a.*, Kommentar zur VwGO, § 104 Rn. 81; *Pitschas/Walther* (Hrsg.), Mediation in der Verwaltungsgerichtsbarkeit; *Reitz* ZKM 2008, 1 ff.; *R./Apell* LKRZ 2007, 1 ff.; *Schenke*, in: *Aschke/Hase/Schmidt-De Caluwe* Hrsg.), Selbst-

Sinnhaftigkeit[3] wie rechtliche Zulässigkeit[4] dürften sich nunmehr erübrigen: Die **Implementierung von Mediationen** sowie anderer Verfahren der außergerichtlichen Konfliktbeilegung in das verwaltungsgerichtliche Verfahren erhält durch die gesetzliche Neuregelung nunmehr eine ausdrückliche rechtliche Grundlage, indem im Wesentlichen auf die einschlägigen **Vorschriften der ZPO** verwiesen wird. Dabei ist es die erklärte Intention des Gesetzgebers, außergerichtliche Streitbeilegung auch bei bereits rechtshängigen Streitigkeiten zu ermöglichen.[5]

3 **Zentrale Norm** hierfür ist § 173 Satz 1 VwGO. Neben dieser generellen Verweisungsnorm finden sich zahlreiche weitere Regelungen, die auf Vorschriften der ZPO Bezug nehmen, wie beispielsweise § 54 Abs. 1 VwGO (Ausschließung und Ablehnung von Gerichtspersonen) und § 105 VwGO (Niederschrift).

4 Mit der Neueinfügung von §§ 278 Abs. 5, 278a ZPO in § 173 Satz 2 VwGO hat der Gesetzgeber deutlich gemacht, dass die Regelungsbereiche beider Normen auch im Verfahren vor den Verwaltungsgerichten Anwendung finden sollen, soweit dies nicht durch die grundsätzlichen Unterschiede der Verfahrensarten ausgeschlossen ist. §§ 278 Abs.5, 278a ZPO bilden dabei das **Herzstück der** zivilprozessualen **Änderungen**, um die herum sich weitere Vorschriften gruppieren: § 41 Nr. 8 ZPO, der die Befangenheit betrifft, §159 Abs. 2 ZPO, der die eingeschränkte Protokollierung regelt sowie § 253 Abs. 3 Nr. 1 ZPO, der besondere Voraussetzungen für die Klageschrift enthält und durch § 69b GKG eine Ergänzung erfahren hat. Alle Vorschriften werden im Folgenden in ihren Grundzügen unter Heraushebung der Besonderheiten im verwaltungsgerichtlichen Verfahren dargestellt; im Übrigen wird auf die umfassenden Kommentierungen der einschlägigen Normen der Zivilprozessordnung verwiesen.[6]

---

bestimmung und Gemeinwohl, S. 130 ff.; *Seibert* NVwZ 2008, 365 ff.; *Ziekow* NVwZ 2004, 390 ff.

3 *Pitschas* NVwZ 2004, 396 ff.

4 Vgl. nur *von Bargen*, Gerichtsinterne Mediation, S. 273 ff. m. w. N.

5 Begr. BT-Drucks. 17/5335, B., Zu Artikel 3, Zu Nummer 5; Zu Artikel 6, Zu Nummer 3.

6 Soweit bestimmte Gesetze – beispielsweise das KDVG, das SoldatenG, das BDG etc. – ergänzend die VwGO in Bezug nehmen, stellt sich die Frage, ob dies »automatisch« dazu führt, dass die durch das Mediationsförderungsgesetz in die VwGO

§ 173 VwGO

2. Europäische Mediationsrichtlinie

Die über § 173 Satz 1 VwGO in Bezug genommenen Vorschriften der ZPO beziehen sich auf die **Erwägungsgründe Nr. 12 und 13** der EUMed-RL und setzen **Art. 1 Abs. 1, 3 lit. a, 5 Abs. 1 und 7 EUMed-RL** um; in diesem Zusammenhang ist jedoch die Einschränkung in Art. 1 Abs. 2 EUMed-RL zu beachten, wonach die Richtlinie nur bei grenzüberschreitenden Streitigkeiten für Zivil- und Handelssachen gilt und verwaltungsgerichtliche Angelegenheiten nicht umfasst.

II. Grundsätze/Einzelheiten

1. Zur Anwendbarkeit des § 41 Nr. 8 ZPO

a) Vorrangige Verweisungsnorm des § 54 Abs. 1 VwGO

Die Regelung des § 41 Nr. 7 ZPO[7] über die Ausschließung von Richtern findet über die **spezielle Verweisung** in § 54 Abs. 1 VwGO auch im verwaltungsgerichtlichen Verfahren Anwendung. Danach ist ein Richter[8] **kraft Gesetzes** von der Ausübung des Richteramtes **ausgeschlossen** in Sachen, in denen er an einem Mediationsverfahren oder einem anderen Verfahren der außergerichtlichen Konfliktbeilegung mitgewirkt hat.

b) Normzweck

Die Vorschrift bezweckt den **Schutz der Beteiligten**,[9] die an einer (früheren) konsensualen Konfliktlösung beteiligt waren: Sie sollen nach dem Willen des Gesetzgebers nicht befürchten müssen, dass in einem späteren Prozess vor dem streitentscheidenden Richter Tatsachen verwertet werden, die diesem

---

implementierten Vorschriften Anwendung finden. Soweit derartige Verweisungen unter dem Vorbehalt stehen, dass die betreffenden Bestimmungen mit der Eigenart des jeweiligen Verfahrens vereinbar sind, wird die Anwendbarkeit konsensualer Streitschlichtung jeweils im Einzelfall zu prüfen sein (vgl. Begr. BT-Drucks. 17/5335, A. II., S. 11).

7 Vgl. umfassend hierzu die Kommentierung zu § 41 ZPO, Rdn. 7 ff.
8 Hauptamtliche Richter (§ 15 VwGO), Richter im Nebenamt (§ 16 VwGO), Richter auf Probe und kraft Auftrags (§ 17 VwGO), ehrenamtliche Richter (§§ 19 ff. VwGO).
9 Die VwGO verwendet, wie sich aus § 63 VwGO ergibt, statt der Bezeichnung Parteien den Begriff der Beteiligten.

Richter zuvor bekannt geworden sind,[10] und zwar im Rahmen einer Mediation oder eines anderen Verfahrens der außergerichtlichen Konfliktbeilegung.

8 Vom Regelungsgegenstand des § 41 Nr. 8 ZPO **nicht umfasst** wird die Anwendung mediativer Elemente im verwaltungsgerichtlichen Verfahren[11] und die Tätigkeit als Güterichter gem. § 278 Abs. 5 ZPO.

c) Mediationsverfahren und andere ADR-Verfahren

9 Gründe der Klarheit und Rechtssicherheit verlangen, dass sich die Beteiligten eindeutig und nachweisbar auf die Durchführung einer Mediation verständigt haben. Dies wird in nicht rechtshängigen Konflikten durch einen »**Mediationsvertrag**« oder im Gerichtsverfahren durch einen **Ruhensbeschluss** zur Durchführung einer Mediation gem. § 278a Abs. 2 ZPO belegt werden können. Gleiches gilt, soweit es um ein anderes Verfahren der außergerichtlichen Konfliktbeilegung geht: in nicht rechtshängigen Konflikten sollten klare Vereinbarungen getroffen werden, die ein entsprechendes Tätigwerden des Dritten dokumentieren; bei rechtshängigen Konflikten kann wiederum auf den gerichtlichen Ruhensbeschluss abgestellt werden.

d) Mitwirkung

10 Der Begriff der Mitwirkung umfasst die Tätigkeit als **Mediator** oder Co-Mediator (vgl. die Definition in § 1 Abs. 1 MediationsG) oder die als eines für ein anderes Verfahren der außergerichtlichen Konfliktbeilegung **Verfahrensverantwortlichen** (Schlichter, Schiedsgutachter etc.) und betrifft mithin Lenkungs- und Leitungsfunktionen. Vorbereitende Handlungen zählen hierzu nicht, sondern ausschließlich ein Tätigwerden, durch das der konkrete Konflikt zielgerichtet einer konfliktbezogenen Lösung zugeführt werden soll.

11 Über die oben dargestellte Verfahrensverantwortung hinaus will § 41 Nr. 8 ZPO auch **andere Formen von Beteiligung** in einem konsensualen Streitbeilegungsverfahren erfassen, sei es als Konfliktbeteiligter selbst oder als dessen Vertreter, Bevollmächtigter etc. Die Beteiligung als Zeuge, Sachverständiger, Gutachter etc. wie auch die als eines zum Verfahren hinzugezoge-

---

10 Vgl. Begr. BT-Drucks.17/5335, B., Zu Artikel 3, zu Nummer 2.
11 Zum Einsatz mediativer Elemente im Verwaltungsprozess: *Fritz* LKRZ 2009, 281 ff.

nen Dritten rechnet ebenfalls hierzu, es sei denn, die Inkompatibilität ergibt sich bereits aus § 41 Nrn. 1 bis 6 ZPO.

e) Sachidentität

Die Inkompatibilitätsregelung des § 41 Nr. 8 ZPO verlangt zudem, dass ein Sachzusammenhang des bereits in einem konsensualen Verfahren behandelten Konflikts mit dem später gerichtlich anhängig gemachten Konflikt besteht, d. h. es muss sich jeweils um den **gleichen Streitgegenstand** handeln.

f) Verfahrensrechtliche Konsequenzen

Der Ausschluss gilt für **jedes Stadium** des verwaltungsgerichtlichen Verfahrens. Ein Verstoß führt nicht zur Nichtigkeit, sondern nur zur Anfechtbarkeit.

Der gesetzliche Ausschluss greift auch, wenn die Mitwirkung bereits vor In-Kraft-Treten der jetzigen Regelung erfolgte.

Der Ausschluss eines Richters ist **von Amts wegen** zu beachten. Die Beteiligten können auf die Vorschriften über die Ausschließung nicht wirksam verzichten. In Zweifelsfällen entscheidet das für ein Ablehnungsgesuch zuständige Verwaltungsgericht über einen Ausschluss.

2. Zur Anwendbarkeit des § 159 Abs. 2 Satz 2 ZPO

a) Vorrangige Verweisungsnorm des § 105 VwGO

Die Regelung des § 159 Abs. 2 Satz 2 ZPO[12] über die Ausnahme der Protokollpflicht findet über die spezielle Verweisungsnorm des § 105 VwGO, der den Begriff »Niederschrift« verwendet, auch im verwaltungsgerichtlichen Verfahren Anwendung. Danach wird eine **Niederschrift** über eine Güteverhandlung oder weitere Güteversuche vor einem Güterichter nach § 278 Abs. 5 ZPO **nur** auf **übereinstimmenden Antrag** der Beteiligten aufgenommen.

---

12 Vgl. umfassend die Kommentierung zu § 159 ZPO, Rdn. 5 ff.

§ 173 VwGO

b) Normzweck

16 Die Bedeutung einer Niederschrift liegt darin, dass sie verbindliche Auskunft über den Hergang eines Termins gibt; ihr kommt somit die **Beweiskraft einer öffentlichen Urkunde** zu.[13] Hiervon gem. § 159 Abs. 2 Satz 2 ZPO eine Ausnahme zuzulassen beruht auf der Überlegung, dass Beteiligte eher zu einer umfassenden Erörterung über eine Lösung ihres Konfliktes bereit sein werden, wenn die Verhandlung nicht durch Auseinandersetzungen über zu protokollierende Äußerungen oder Tatsachen belastet wird oder wenn ihnen im Falle eines Scheiterns des Güteversuchs ihre Erklärungen und ihr Verhalten in einem nachfolgenden verwaltungsgerichtlichen Verfahren nicht entgegengehalten werden können.[14] Die Vorschrift dient somit dem Schutz der Vertraulichkeit eines Güteversuchs.

c) Adressat der Vorschrift

17 Die Suspendierung vom »Protokollierungszwang« betrifft **nur den Güterichter nach § 278 Abs. 5 ZPO**, mithin denjenigen, der nicht dem erkennenden Gericht angehört.

Wer als Mitglied des Prozessgerichts mit den Beteiligten um eine einvernehmliche Lösung ringt, kennt die Standpunkte der Beteiligten und wird im Falle des Scheitern (mit) über den Streitstoff zu entscheiden haben; ein besonderer Schutz der Vertraulichkeit und damit eine Ausnahme vom »Protokollierungszwang« besteht in diesen Konstellationen nicht.

d) Weitergehender Schutz der Vertraulichkeit

18 Über § 159 Abs. 2 Satz 2 ZPO hinaus wird die Vertraulichkeit eines Gütegesprächs vor einem Güterichter auch dadurch geschützt,[15] dass es unter **Ausschluss der Öffentlichkeit** stattfindet.[16]

19 Der Güterichter kann sich zudem gem. § 383 Abs. 1 Nr. 6 ZPO auf ein **Zeugnisverweigerungsrecht** berufen, wenn ihm als Güterichter Tatsachen

---

13 *Kopp* VwGO, § 105 Rn. 1.
14 Vgl. Begr. BT-Drucks. 17/8058, III. Zu Artikel 2 – neu –, Zu Nummer 3 – neu –.
15 Vgl. Begr. BT-Drucks. 17/8058, III. Zu Artikel 2 – neu –, Zu Nummer 3 – neu –.
16 Vgl. *Kopp* VwGO, § 55 Rn. 4.

anvertraut wurden, deren Geheimhaltung durch ihre Natur oder durch gesetzliche Vorschrift geboten ist.[17]

e) Protokollpflicht bei übereinstimmendem Antrag

Die **Regelung** des § 152 Abs. 2 Satz 2 ZPO ist **abdingbar:** Auf übereinstim- 20
menden Antrag der Beteiligten ist eine Niederschrift zu erstellen. Beteiligte im Sinne des Gesetzes sind diejenigen des Ausgangsstreites; auf die Zustimmung etwaiger Dritter, die zum Gütegespräch hinzugezogen wurden, kommt es nicht an. Der Antrag kann zu jeder Zeit während des Gütegesprächs gestellt werden.

Haben die Beteiligten eine Lösung ihres Konfliktes erzielt und eine Vereinbarung getroffen, sei es in der Form einer Erklärung bezüglich des Sachkonflikts und/oder des anhängigen gerichtlichen Verfahrens (beispielsweise in der Form einer Klagerücknahme (§ 92 VwGO), einer Hauptsacheerledigung (§ 161 Abs. 2 VwGO) oder eines Vergleichs (vgl. § 106 VwGO), so sollte die Vereinbarung wegen des **Beweiswertes einer Niederschrift** stets protokolliert werden. Es kommt hinzu, dass ein gerichtlicher Vergleich einen Vollstreckungstitel (§ 160 Abs. 1 N. 3 VwGO) darstellt.

f) Form und Inhalt

Die Niederschrift eines Güterichtertermins im verwaltungsgerichtlichen Ver- 21
fahren unterscheidet sich hinsichtlich Form und Inhalt nicht von einer sonstigen Niederschrift; einschlägig sind die **§ 105 VwGO, §§ 159 ff ZPO.** Die materiell-rechtliche Bedeutung einer Protokollierung besteht auch darin, dass ein gerichtlicher Vergleich die notarielle Beurkundung ersetzt.[18]

---

17 Vgl. Begr. BT-Drucks. 17/8058, III. Zu Artikel 2 – neu –, Zu Nummer 3 – neu –. Das Zeugnisverweigerungsrecht steht auch den dem Güterichter zuarbeitenden Servicemitarbeitern der Geschäftsstelle zu, *Zöller* ZPO, § 383 Rn. 17 m. w. N.
18 Zum Mustertext eines Güterichterprotokolls vgl. die Kommentierung zu § 159 ZPO, Rdn. 25.

3. Zur Anwendbarkeit des § 253 Abs. 3 Nr. 1 ZPO

a) Verweisungsnorm des § 173 Satz 1 VwGO

22 Ob § 253 Abs. 3 Nr. 1 ZPO[19] im Verfahren vor den Verwaltungsgerichten anzuwenden ist, ist im Hinblick auf §§ 82, 81 VwGO streitig. Die Besonderheiten des verwaltungsgerichtlichen Prozesses, der durch einen einfachen Zugang zum Verfahren auch ohne anwaltliche Vertretung geprägt ist, sollen nach der Begründung des Gesetzesentwurfs dagegen sprechen.[20] Das überzeugt im Hinblick auf die Ausgestaltung der Norm als Soll-Regelung und die mittlerweile **hohe anwaltliche bzw. rechtskundige Vertretungsdichte** in verwaltungsgerichtlichen Verfahren nicht. Zudem streitet die hier vertretene Anwendung des § 253 Abs. 3 Nr. 1 ZPO im amtsgerichtlichen Verfahren[21] dafür, die Vorschrift über § 173 Satz 1 VwGO ebenfalls im Verwaltungsprozess anzuwenden. Auch ist im Gesetzgebungsverfahren auf Beschluss des Vermittlungsausschusses § 69b GKG in das Regelwerk des Mediationsförderungsgesetzt eingefügt worden, der in seinem Satz 1 u.a. auf Nr. 5111 des Kostenverzeichnisses verweist, der Verfahren vor den Verwaltungsgerichten betrifft.

b) Normzweck

23 Die Klageschrift dient der Einleitung eines Prozesses. Die Essentialia, die sie nach Abs. 3 enthalten soll, gelten **für alle Klageverfahren**,[22] nach hier vertretener Auffassung grundsätzlich auch für Verfahren des einstweiligen Rechtsschutzes, es sei denn, eine umgehende und kurzfristige gerichtliche Entscheidung ist unabdingbar. Danach sollen die Beteiligten in der Klage- bzw. Antragsschrift darlegen, ob der Klage bzw. dem Antrag der Versuch einer Mediation oder eines anderen ADR-Verfahrens vorausgegangen ist, sowie eine Äußerung dazu, ob einem solchen Verfahren Gründe entgegenstehen. Die Vorschrift erheischt auch Bedeutung im Hinblick auf eine Verweisung nach § 278 Abs. 5 ZPO, ferner im Hinblick auf eine mögliche Reduzierung

---

19 Vgl. umfassend die Kommentierung zu § 253 ZPO, Rdn. 6 ff.
20 Begr. BT-Drucks.17/5335, B., Zu Artikel 6, Zu Nummer 3, Zu Artikel 7, Zu Nummer 3.
21 Vgl. Kommentierung zu § 253 ZPO, Rdn. 8.
22 Die Vorschrift gilt auch im Rechtsmittelzug: vgl. § 69b Satz 2 GKG, der zur Interpretation des § 173 VwGO i.V.m. § 253 Abs. 3 Nr. 1 ZPO ergänzend heranzuziehen ist, wie sich aus der Nr. 5211 des Kostenverzeichnisses zum GKG ergibt.

der Verfahrensgebühr nach § 69b GKG, weshalb das Gericht auch darüber informiert werden sollte, ob eine Mediation »unternommen wird oder beabsichtigt ist«.

c) Angaben über bisherige oder zukünftige Konfliktlösungsversuche

Die Angaben über bisherige, also in der Vergangenheit liegende Konfliktlösungsversuche sollen das Verwaltungsgericht in die Lage versetzen, die Chancen einer außergerichtlichen Konfliktlösung einschätzen und darauf aufbauend ggf. den Beteiligten einen Vorschlag gem. § 278a ZPO unterbreiten zu können oder eine Verweisung an einen Güterichter nach § 278 Abs. 5 ZPO vorzunehmen. Gleiches gilt, soweit sich die Beteiligten zu zukünftigen Konfliktlösungsversuchen äußern sollen. 24

d) Angaben über entgegenstehende Gründe

Vielfältige Gründe sind vorstellbar, die gegen einen Vorschlag nach § 278a ZPO oder eine Verweisung nach § 278 Abs. 5 ZPO sprechen: 25
- Es handelt sich um einen hoch eskalierten Konflikt, der nur noch durch einen Machteingriff entschieden werden kann,[23]
- den Beteiligten geht es um die Entscheidung einer bislang nicht judizierten Rechtsfrage,[24]
- zwischen den Beteiligten besteht ein Machtungleichgewicht, das einer konsensualen Streitbeilegung entgegensteht,[25]
- der Rechtsstreit stammt aus einem Rechtsgebiet, das einer konsensualen Lösung nur in Ausnahmefällen oder überhaupt nicht zugänglich ist.[26]

e) Soll-Vorschrift

Die nach § 253 Abs. 3 ZPO geforderten **Angaben** sind allesamt **nicht erzwingbar**, ihr Fehlen ändert nichts an der Zulässigkeit der Klage; allerdings kann dies im Hinblick auf eine Reduzierung der Verfahrensgebühr nach 26

---

23 Vgl. *Glasl* Konfliktmanagement, 218 ff.
24 Zur Kontrollfunktion der Verwaltungsgerichte auch im Hinblick auf zukünftige Verwaltungsentscheidungen vgl. *Bader*, Gerichtsinterne Mediation am Verwaltungsgericht, S. 75 ff., 84 ff.
25 *Duve/Eidenmüller/Hacke*, Mediation in der Wirtschaft, S. 267 ff.; *Proksch* ZKM 2011, 173 ff. (175).
26 Beispielsweise Streitigkeiten auf Anerkennung als Asylberechtigter.

§ 69b Satz 1 GKG Nachteile nach ziehen. Es obliegt den Verwaltungsgerichten, bei den Beteiligten insoweit nachzufragen, wenn Klage- oder Antragsschrift keine Informationen über die Chancen konsensualer Lösungen enthalten.

4. Zur Anwendbarkeit des § 278 Abs. 5 ZPO

a) Verweisungsnorm des § 173 Satz 1 VwGO

27 Dem verwaltungsgerichtlichen Verfahren ist das **Güteverfahren fremd**, wie es als semi-obligatorisches in § 278 Abs. 2 ZPO[27] oder als obligatorisches in § 54 Abs. 1 ArbGG vorgesehen ist. Indem der Gesetzgeber in § 173 Satz 1 VwGO nur den Abs. 5 des § 278 ZPO aufgenommen hat, hat er klargestellt, dass es beim bisherigen Gang der mündlichen Verhandlung gem. § 103 f VwGO wie auch deren Vorbereitung gem. § 87 VwGO verbleiben soll. Diese Grundentscheidung zeitigt Konsequenzen für die entsprechende Anwendbarkeit des § 278 Abs. 5 ZPO, weil insoweit grundsätzliche Unterschiede der Verfahrensarten bestehen.

b) Normzweck

28 Ebenso wie in der ZPO, dem FamFG und dem ArbGG findet sich mit § 87 Abs. 1 Satz 2 Nr. 1 VwGO in der Prozessordnung der Verwaltungsgerichte eine Regelung, die explizit auf die gütliche Beilegung eines Rechtsstreits abstellt. Als allgemeiner Grundsatz hat dies über den Erörterungstermin hinaus Bedeutung für den gesamten Verwaltungsprozess. Mit der Verweisung auf § 278 Abs. 5 ZPO erfährt dieser allgemeine Grundsatz nunmehr eine **besondere Ausprägung** dahingehend, als das Gericht die Beteiligten für die Güteverhandlung sowie für weitere Güteversuche vor einen hierfür bestimmten und nicht entscheidungsbefugten Güterichter verweisen kann. Damit soll das erheblich erweiterte Institut des Güterichters auch im verwaltungsgerichtlichen Verfahren implementiert werden.[28]

---

27 Vgl. umfassend die Kommentierung zu § 278 ZPO, Rdn. 45 ff.
28 Begr. BT-Drucks. 17/8058, III., Zu Artikel 5 – neu –, Zu Nummer 3 – alt –; Zu Artikel 2 – neu – Zu Nummer 5 – neu –; Allgemeines S. 17.

c) Güteversuche

Obgleich im Gesetz von »Güteverhandlung sowie weiteren Güteversuchen« die Rede ist, sind im Verfahren vor den Verwaltungsgerichten wegen Fehlens der semi-obligatorischen Güteverhandlung nach § 278 Abs. 2 ZPO **ausschließlich** die **fakultativen Güteversuche** von Bedeutung. Darunter sind Bemühungen des nicht entscheidungsbefugten Güterichters zu verstehen, unter Ausnutzung der gesamten Palette der zur Verfügung stehenden Konfliktlösungsmethoden den Beteiligten bei der Suche nach einer einvernehmlichen Lösung behilflich zu sein.

29

Der Plural »Güteversuche« ist zum einen dahingehend zu verstehen, dass der Güterichter selbst **mehrere Termine** mit den Beteiligten durchführen kann, zum anderen bedeutet er, dass das Verwaltungsgericht auch nach einem erfolglosen Güteversuch erneut einen solchen Versuch in einem späteren Verfahrensstand anregen kann. Güteversuche vor dem Güterichter können nur mit Zustimmung der Beteiligten erfolgen.[29]

30

d) Verweisung durch das Gericht

Mit dem für eine Verweisung im hier interessierenden Zusammenhang zuständigen Gericht meint das Gesetz die **jeweiligen Spruchkörper** des Verwaltungsgerichts, des Oberverwaltungsgerichts und des Bundesverwaltungsgerichts, wenngleich im Revisionsverfahren ein Güterichtereinsatz wohl eher nicht in Betracht kommen dürfte. Im Verfahren vor dem Verwaltungsgericht ergeht die Entscheidung, soweit sie außerhalb der mündlichen Verhandlung erfolgt, durch die Kammer, es sei denn es liegt eine Einzelrichterübertragung (§ 6 VwGO) oder ein Fall des § 87a Abs. 2, 3 VwGO vor. Im Berufungs- und Revisionsverfahren erfolgt sie durch die Senate.[30]

31

e) Verweisung an einen hierfür bestimmten und nicht entscheidungsbefugten Güterichter

Absatz 5 Satz 1 verwendet den Begriff des Güterichters als eines hierfür bestimmten und nicht entscheidungsbefugten Richters, der nach Satz 2 alle

32

---

29 Begr. BT-Drucks. 17/8058, III., Zu Artikel 5 – neu –, Zu Nummer 3 – alt –.
30 Vgl. für die 1. und 2. Instanz auch die Möglichkeit des § 87a Abs. 2, 3 VwGO, der allerdings für das Revisionsverfahren nicht in Betracht kommt (§ 141 VwGO).

§ 173 VwGO

Methoden der Konfliktbeilegung einschließlich der Mediation einsetzen kann. Was im Einzelnen unter einem Güterichter, namentlich dem »erheblich erweiterten Institut des Güterichters« zu verstehen ist und wie er seine Aufgaben im Einzelnen erfüllen soll, erschließt sich aus einer Gesamtbetrachtung der bisherigen Güterichterpraxis in Bayern und Thüringen, des systematischen Zusammenhangs der geänderten Vorschriften und des Willens des Gesetzgebers, wie dies in der Kommentierung zu § 278 Abs. 5 ZPO dargestellt wurde.[31]

33 Das **neue Konzept** des erheblich erweiterten Instituts des Güterichters bedeutet im hier interessierenden Zusammenhang folgendes:
- Güterichter kann nur ein nicht entscheidungsbefugter Richter sein,
- seine Tätigkeit ist als richterliche Tätigkeit zu qualifizieren,
- er wird nur tätig, soweit es um den/die Versuch(e) einer gütlichen Einigung geht,
er muss über besondere fachliche Qualifikationen verfügen, die denen der bisherigen gerichtlichen Mediatoren vergleichbar sind,
er kann am eigenen Verwaltungsgericht, einem anderen Verwaltungsgericht und auch in einer anderen Gerichtsbarkeit eingesetzt werden,
- er wird nur mit Einverständnis der Beteiligten aktiv, wobei Vertraulichkeit und Freiwilligkeit das Verfahren prägen,
- er kann die Prozessakten einsehen,[32]
- er kann sich aller Methoden der Konfliktbeilegung bedienen, einschließlich der Mediation,
- er kann rechtliche Bewertungen vornehmen[33] und den Beteiligten Lösungsvorschläge für den Konflikt unterbreiten und
- er kann mit Zustimmung der Beteiligten eine Niederschrift erstellen, einen Vergleich protokollieren und – was streitig ist – einen Streitwertbeschluss erlassen.

---

31 Vgl. hierzu umfassend die Kommentierung zu § 278 Abs. 5 ZPO, Rdn. 24 ff.
32 Vgl. zur gerichtsinternen Mediation *Bader*, Gerichtsinterne Mediation am Verwaltungsgericht, S. 205 ff.
33 Anders als beim Berichterstatter nach § 87 Abs. 1 Satz 2 Nr. 1 VwGO ist seine Ansicht jedoch unverbindlich.

§ 173 VwGO

f) Darstellung des Verfahrensablaufs vor dem Güterichter

aa) Verweisungsbeschluss

Ein Tätigwerden des ersuchten Güterichters setzt zunächst voraus, dass das Verfahren verwiesen wurde. Die Verweisung selbst erfolgt durch **gerichtlichen Beschluss**, der nicht begründet zu werden braucht und nicht selbstständig anfechtbar ist.[34] Wer als ersuchter Güterichter in Betracht kommt, ergibt sich aus dem **Geschäftsverteilungsplan**[35] des Gerichts gem. § 21e GVG. Es obliegt dem Präsidium, wie diejenigen Richter, die über entsprechende Ausbildung und Qualifikationen verfügen, »als ersuchte Güterichter nach § 278 Abs. 5 ZPO« eingesetzt werden.[36] 34

Den Beteiligten steht – anders als in einem Mediationsverfahren – kein Wahlrecht hinsichtlich der Person des Güterichters zu. 35

bb) Ermessen

Grundsätzlich liegt die Verweisung an einen Güterichter im **pflichtgemäßen Ermessen** des Gerichts. 36

aaa) Einverständnis der Beteiligten

Das Gericht muss bei seiner Entscheidung jedoch das für den Güterichter geltende **ungeschriebenen Tatbestandsmerkmals** der **Freiwilligkeit** beachten: 37

---

34 Die Verweisung an ein anderes Gericht zur Beweisaufnahme (§ 96 Abs. 2 VwGO) ist gem. § 146 Abs. 2 VwGO unanfechtbar und der Verweisung an einen Güterichter vergleichbar; vgl. im Übrigen die Ausführungen zum ungeschriebenen Tatbestandsmerkmal der Freiwilligkeit.

35 So wie bisher schon als gerichtlicher Mediator nur derjenige bestellt werden konnte, der eine entsprechende Ausbildung durchlaufen hatte, so kommt auch zukünftig als Güterichter nach § 278 Abs. 5 ZPO nur in Betracht, wer aufgrund entsprechender Ausbildung in der Lage ist, alle Methoden der Konfliktbeilegung einschließlich der Mediation einzusetzen. Dabei finden die in § 5 MediationsG geregelten Standards hinsichtlich der Aus- und Fortbildung auch auf Güterichter entsprechende Anwendung: Vgl. insoweit Begr. BT-Drucks. 17/5335, A. II.

36 Es obliegt dem Präsidenten, dem Präsidium das Vorliegen der entsprechenden Qualifikationen zu unterbreiten, vergleichbar der Information über formale Qualifikationen, wie sie in § 22 Abs. 5, 6 GVG angesprochen sind.

Nur mit dem Einverständnis der Beteiligten kann ein Verfahren vor dem ersuchten Güterichter durchgeführt werden.[37]

38 Dieser Umstand zeitigt Konsequenzen für die **Verweisungspraxis**: Entweder holt bereits der Vorsitzende des Verwaltungsgerichts (bzw. des Senats beim OVG/VGH oder BVerwG) das Einverständnis der Beteiligten für ein Güterichterverfahren ein und veranlasst sodann einen Verweisungsbeschluss des Spruchkörpers,[38] oder das Gericht nimmt eine Verweisung vor und der Güterichter holt daraufhin die Zustimmung der Beteiligten für die Durchführung eines Güterversuchs ein. Während die Sachnähe des Güterichters zu den Verfahren der konsensualen Streitschlichtung dafür spricht, ihm die Einholung der Zustimmung zu übertragen, streiten prozessökonomische Gründe wie auch der Grundsatz des rechtlichen Gehörs dafür, den Vorsitzenden mit der Einholung der Einwilligung zu betrauen. Von daher bietet sich folgendes **Vorgehensweise** an: Der Streitrichter informiert die Beteiligten zunächst über die grundsätzlich möglichen Methoden, die ein Güterichter einsetzen kann und weist darauf hin, dass dieser in Absprache mit ihnen die fall- und konfliktangemessene Methode absprechen wird; hierzu holt er ihre Zustimmung ein. Nach sodann erfolgter Verweisung auf den Güterichter ist es dessen Aufgabe, in Absprache mit den Beteiligten das weitere Vorgehen, insbesondere die einzusetzenden Methoden zu erörtern und hierfür das Einverständnis einzuholen.

39 Die Einschaltung eines »**besonders geschulten Koordinators**«[39] könnte u. U. datenschutzrechtliche Probleme aufwerfen. Von daher dürfte es auf die konkrete Ausgestaltung eines derartigen »Court-Dispute-Managers« ankommen: Vom Entlastungseffekt idealiter bei einem Rechtspfleger verankert,[40] müsste

---

37 Vgl. Begr. BT-Drucks. 17/8058, III., Zu Artikel 5 – neu –, Zu Nummer 3 – alt –; *Francken* NZA 2012, 249 ff. (251); *Ewig* ZKM 2012, 4; a.A. *Carl* ZKM 2012, 16 ff. (19).

38 Es sei denn es liegt in der ersten Instanz eine Übertragung auf den Einzelrichter gem. § 6 VwGO oder ansonsten ein Fall des § 87a Abs. 2, 3 VwGO vor; letztere Vorschrift findet keine Anwendung im Revisionsverfahren, § 141 VwGO.

39 Vgl. BT-Drucks. 17/8058, III. Allgemeines, S. 17. Zur Praxis in den Niederlanden mit besonderen Verweisungsbeauftragten vgl. *Schmiedel* ZKM 2011, 14 ff. (15).

40 Das verkennt *Carl* ZKM 2012, 16 ff. (20), der hierfür die früheren richterlichen Mediatoren einsetzen will. Vgl. auch *Mattioli/Trenczek* BJ 2010, 223 ff. (231), die

dies aber mangels entsprechender gesetzlicher Regelung als zulässige richterassistierende Verwaltungstätigkeit organisiert werden.

Den Beteiligten bleibt es unbenommen, die Durchführung einer Güterichterversuchs vor einem Güterichter selbst anzuregen. Liegt ein **übereinstimmendes Petitum der Beteiligten** vor, dann reduziert sich das dem Gericht eingeräumte Ermessen zur Verweisung auf Null. 40

bbb) Konstellationen, in denen eine Verweisung ausscheidet

Das Ermessen ist nicht eröffnet, wenn schon nach dem Inhalt der Klageschrift (ggf. der Antragsschrift), insbesondere den Ausführungen gem. §§ 82, 83 VwGO i. V. m. § 253 Abs. 3 Nr. 1 ZPO, der Klageerwiderung (ggf. der Antragserwiderung) und ggf. einer Replik eine **gütliche Beilegung** des Rechtsstreits **erkennbar aussichtslos** erscheint. 41

Das Gericht wird von einer Verweisung an den Güterichters absehen können, wenn es den Eindruck gewinnt, dass es sich um ein **einfach gelagertes Verfahren** handelt, welches von ihm selbst, beispielsweise in einem Erörterungstermin (vgl. § 87 VwGO), zu einer gütlichen Einigung gebracht werden kann. 42

Eine Verweisung kommt ferner nicht in Betracht, wenn ein **Beteiligter** zu verstehen gegeben hat, dass er ein solches **Verfahren nicht wünscht.** Dies ist Ausfluss des Freiwilligkeitsprinzips. 43

Die maßgeblichen Erwägungen, von einer Verweisung an den ersuchten Güterichter abzusehen, sollten in einem Aktenvermerk mit kurzer Begründung festgehalten werden. 44

cc) Folgen einer Verweisung

Die Verweisung eines Rechtsstreits zum Zwecke einer Güterverhandlung an den Güterichter führt, anders als in den Fällen des § 54a Abs. 2 Satz 1 ArbGG, nicht automatisch zum Ruhen des Verfahrens; jedoch ist ein **Ruhensbeschluss** gem. § 173 Satz 1 VwGO, § 251 ZPO **möglich.**[41] 45

---

sich – vergleichbar dem australischen (registrar) bzw. niederländischen Vorbild (mediationfunctionaris) – u. a. für gerichtliche Koordinationsstellen aussprechen.
41 Vgl. *Bader u. a.*, VwGO, § 94, Rn. 2.

§ 173 VwGO

46 Der Güterichter übt richterliche Tätigkeit aus und handelt als gesetzlicher Richter im Sinne des § 16 Satz 2 GVG. Seine konkrete Zuständigkeit folgt aus dem gerichtlichen **Geschäftsverteilungsplan** gem. § 21e GVG.

g) Vorgehensweise des Güterichters

aa) Akteneinsicht und Informationsbeschaffung

47 Der Güterichter wird **Einsicht** in die ihm vom erkennenden Gericht überlassenen **Akten** nehmen und prüfen, welches Verfahren der konsensualen Streitschlichtung indiziert ist.

48 Sodann wird er sich mit den Beteiligten des Rechtsstreits ins Benehmen setzen, ggf. vorab weitere Informationen bei ihnen einholen und auch klären, ob **weitere Personen** zum Güteversuch hinzuziehen sind.

bb) Verfahrens- und Terminabsprache

49 Der Güterichter wird den Beteiligten einen Verfahrens- und einen Terminvorschlag unterbreiten:

50 Ausgehend vom **Grundsatz der Informiertheit** der Beteiligten erscheint es angezeigt, diese bereits zu diesem frühen Zeitpunkt darüber in Kenntnis zu setzen, ob der Güterichter beispielsweise zu einer Schlichtung mit rechtlichen Hinweisen und ggf. einem Vorschlag tendiert oder ob er die Durchführung einer Mediation für angezeigt hält. Insoweit gilt der Grundsatz der »**Methodenklarheit bei Methodenvielfalt**«.

51 Das **Prinzip der Freiwilligkeit** spricht dafür, in gemeinsamer Absprache einen allen Beteiligten passenden Termin zu wählen und von einer Terminanordnung abzusehen. Ein Anwaltszwang besteht für den Güteversuch nicht,[42] bestellte Bevollmächtigte sind jedoch einzubeziehen.

cc) Festlegung des Setting

52 Es obliegt allein dem Güterichter, das Setting für den Güteversuch festzulegen; hierbei bietet sich ein **mediationsanaloges Vorgehen** mit dem Ziel einer kommunikationsfördernden Verhandlungsatmosphäre an.

---

42 Ein Vertretungszwang besteht nur für das Berufungs- und Revisionsverfahren, § 67 Abs. 4 VwGO.

dd) Durchführung des Güteversuchs

Die Durchführung des Güteversuchs ist **nicht öffentlich**; das Öffentlichkeitsgebot gem. § 55 VwGO, § 169 GVG gilt nur für Verhandlungen vor dem erkennenden Gericht.[43] Der Güterichter wird die Beteiligten auf die Vorschrift des § 159 Abs. 2 Satz 2 ZPO (anwendbar über § 105 VwGO) hinweisen sowie darauf, dass die Vertraulichkeit zudem durch eine Vereinbarung zwischen den Beteiligten besonders geregelt werden kann.

53

Die Beachtung des Grundsatzes »**Methodenklarheit bei Methodenvielfalt**« soll den Güterichter davor bewahren, zwischen einzelnen Verfahren der Konfliktbeilegung zu wechseln und Elemente der einzelnen Methoden miteinander zu vermischen: Ein »stockendes oder gar scheiterndes« Mediationsverfahren dadurch retten zu wollen, dass der Güterichter – entgegen seiner eingangs erfolgten Information der Beteiligten – sodann einen Lösungsvorschlag unterbreitet, bedeutet eine methodische Fehlleistung und führt zu einem Glaubwürdigkeitsverlust des Güterichters. Denkbar ist allenfalls, dass der Güterichter gemeinsam mit den Parteien übereinkommt, eine bestimmte Methode abzuschließen und mit deren Einverständnis mit einer anderen Methode fortzufahren,[44] was jedoch ebenfalls nicht unproblematisch ist.[45]

54

Wenn angezeigt, kann der Güterichter mit den Beteiligten auch **Einzelgespräche** (Caucus) führen. Um die Neutralität des ersuchten Güterichters nicht zu gefährden, sollte dies jedoch vorab mit den Beteiligten erörtert und vereinbart werden.

55

Die Erörterung mit den Beteiligten ist nicht auf die dem Rechtsstreit zugrundeliegenden entscheidungserheblichen Punkte reduziert; vielmehr wird – un-

56

---

43 *Bader u. a.*, VwGO, § 55 Rn. 7; *Baumbach,* ZPO, § 169 GVG Rn. 3 m. N. zur Rechtsprechung.
44 Langfristig wird nicht auszuschließen sein, dass sich eine neue und eigenständige Methode der Konfliktbeilegung durch einen Güterichter entwickelt. Davon scheint auch der Gesetzgeber auszugehen, wenn er in der Begründung der Beschlussempfehlung des Rechtsausschusses (BT-Drucks. 17/8058, III., Zu Artikel 1, Zu § 1 Abs. 1) u. a. ausführt, die in der gerichtsinternen Mediation entwickelten Kompetenzen könnten im Rahmen der Güterichtertätigkeit fortentwickelt werden.
45 Vgl. Kommentierung zu § 278 ZPO, Rdn. 68.

ter der Zielsetzung einer konsensualen Lösung – das zur Sprache gebracht, was den Beteiligten zur Beilegung ihres Konfliktes wichtig ist.

57 Dem ersuchten Güterichter ist es verwehrt, den Beteiligten **Prozesskostenhilfe** gem. § 166 VwGO, §§ 114 ff ZPO zu gewähren oder einen **Ruhensbeschluss** gem. § 173 Satz 1 VwGO, § 251 ZPO zu erlassen, da er nicht »Gericht« im Sinne der genannten Vorschriften ist. Hingegen kann er, unter der Voraussetzung des § 106 VwGO, einen Vergleich protokollieren oder eine prozessbeendende Erklärung zu Protokoll nehmen.

58 Ob es ihm gestattet ist, einen **Streitwert**, Beschwerdewert oder Gegenstandswert festzusetzen, ist streitig. Dafür spricht, die Festsetzung des Streitwertes als Annexkompetenz zur Protokollierung des Vergleichs zu erachten, zumal (nur) der ersuchte Güterichter Kenntnis vom Umfang und Wert des Vergleichsgegenstandes hat.[46] Zur Vermeidung etwaiger Rechtsstreitigkeiten nach entsprechender Beschlussfassung empfiehlt es sich, einen **Rechtsmittelverzicht** zu protokollieren.

ee) Mögliche Ergebnisse und Verfahrensbeendigungen

59 Der Güteversuch vor dem Güterichter kann wie folgt enden:

(1) Die Beteiligten haben sich auf eine Lösung ihres Konfliktes geeinigt. Sie schließen daraufhin einen gerichtlichen Vergleich in der Form des § 106 Satz 1 VwGO. Das führt zur Beendigung des anhängigen Rechtsstreits.

60 (2) Die Beteiligten haben sich auf eine Lösung ihres Konfliktes geeinigt. Der anhängige Rechtsstreit wird durch eine prozessbeendende Erklärung (Klagerücknahme gem. § 92 VwGO, Hauptsacheerledigung gem. § 161 Abs. 2 VwGO) abgeschlossen.

61 (3) Die Beteiligten haben sich im Grundsatz auf eine Lösung ihres Konfliktes geeinigt und erbitten einen Vergleichsvorschlag gem. § 106 Satz 2 VwGO

---

46 *Zöller*, ZPO, § 278 Rn. 27. Die Überlegungen, die die Bundesregierung in ihrem Gesetzentwurf dazu bewogen hatten, für den seinerzeit noch vorgesehenen gerichtsinternen Mediator eine Streitwertfestsetzung nicht zuzulassen (Begr. BT-Drucks. 17/5335, Anl. 3, zu Artikel 3, zu Nummer 5 und 6), treffen auf den Güterichter nicht zu.

nach Maßgabe der in dem Güteversuch erzielten Eckpunkte. Die Annahme des Vorschlags führt zur Beendigung des anhängigen Rechtsstreits.[47]

(4) Die Beteiligten haben sich im Grundsatz auf eine Lösung ihres Konfliktes geeinigt und unterbreiten – ggf. nach weiterer Prüfung oder Bedenkzeit – dem Gericht einen schriftlichen Vergleichsvorschlag, den dann das Gericht durch entsprechenden Beschluss zum Gegenstand seines Vorschlags machen kann. Die Annahme durch die Beteiligten führt zur Beendigung des anhängigen Rechtsstreits.[48]

(5) Die Beteiligten haben sich verständigt, außerhalb des anhängigen Verfahrens noch Sachaufklärung zu betreiben und ggf. Dritte als Sachverständige einzuschalten oder aber ein Verfahren der außergerichtlichen Konfliktbeilegung zu beschreiten. Der Rechtsstreit bleibt anhängig, kann jedoch – falls noch nicht geschehen – gem. § 173 Satz 1 VwGO, § 251 ZPO zum Ruhen gebracht werden.

(6) Die Beteiligten haben sich hinsichtlich des anhängig gemachten Rechtsstreits nur zum Teil oder überhaupt nicht geeinigt. Der Güterichter gibt – nach vorheriger Anhörung der Beteiligten und ggf. nach entsprechendem »Rückgabebeschluss« – das Verfahren an das erkennende Gericht zurück, das den noch anhängigen Rechtsstreit fortsetzt.

(7) Beide Beteiligten erscheinen nicht zum verabredeten und ordnungsgemäß geladenen Güteversuch; dies ist als Rücknahme des zuvor erklärten Einverständnisses für einen freiwilligen Güteversuch zu interpretieren. Der Güterichter gibt daher, ggf. nach entsprechendem Beschluss oder Aktenvermerk, das Verfahren an das erkennende Gericht zurück, das den noch anhängigen Rechtsstreit fortsetzt.

h) Zeugnisverweigerungsrecht

Eine analoge Anwendung der Verschwiegenheitsregelung des § 4 MediationsG auf den Güterichter scheidet aus. Er kann sich jedoch gem. **§ 383 Abs. 1 Nr. 6 ZPO** auf ein Zeugnisverweigerungsrecht hinsichtlich des Inhalts der Güteversuchs berufen, wenn ihm als Güterichter Tatsachen anvertraut wurden, deren Geheimhaltung durch ihre Natur oder gesetzliche Vor-

---

47 *Kopp*, VwGO, § 106 Rn. 11 m. w. N.
48 *Stelkens* NVwZ 1991, 209 ff. (216).

§ 173 VwGO

schrift geboten ist.[49] Im Übrigen sind Güterichter, auch wenn sie sich der Mediation bedienen, nach wie vor Richter und als Amtsträger nicht nur den Beteiligten verpflichtet. Sie unterliegen daher weiterhin **besonderen Anzeigeverpflichtungen**.[50]

i) Verhältnis der Vorschrift zu § 278a Abs. 1 ZPO

67 Das Gericht wird für beide Verfahrensarten grundsätzlich die gleichen Überlegungen zugrunde legen, also neben dem Aspekt der Freiwilligkeit insbesondere die Geeignetheit, ferner Zeit- und Kostenfaktoren sowie die Komplexität des Verfahrens berücksichtigen. Bietet sich im Hinblick auf den konkreten Konflikt ein anderes Verfahren der außergerichtlichen Konfliktbeilegung an, so ist diesem jedenfalls der Vorrang einzuräumen.[51]

j) Hinweise für die Praxis

68 Zur Einbindung des ersuchten Richters als Güterichters im richterlichen Geschäftsverteilungsplans vgl. »**Hinweise für die Praxis**« bei **§ 278 ZPO**,[52] ferner an gleicher Stelle die Mustertexte für »Beteiligtenvereinbarung über Verschwiegenheit und Vertraulichkeit« sowie entsprechende »Vereinbarungen bei Einbeziehung Dritter«.

5. Zur Anwendbarkeit des § 278a ZPO

a) Verweisungsnorm des § 173 Satz 1 VwGO

69 Mit der Einfügung des § 278a ZPO[53] in die Verweisungsnorm des § 173 Satz 1 VwGO hat der Gesetzgeber klargestellt, dass Mediationen sowie sonstige Formen außergerichtlicher Konfliktbeilegung auch im Verwaltungsprozessrecht zulässig sein sollen und hat diese auf eine ausdrückliche rechtliche

---

49 Vgl. Begr. BT-Drucks. 17/8058, III. Zu Artikel 2 – neu –, Zu Nummer 3 – neu –; *Zöller*, ZPO, § 383 Rn. 19; *Musielak*, ZPO, § 383 Rn. 4,6. Das Zeugnisverweigerungsrecht erstreckt sich auch auf die vom Güterichter mit dem Verfahren befassten Servicemitarbeiter der Geschäftsstelle.
50 Z.B. nach § 116 AO oder nach § 6 SubvG, vgl. Begr. BT-Drucks. 17/5335, B., Zu Artikel 1, Zu § 4.
51 Vgl. hierzu umfassend die Kommentierung zu § 278 ZPO, Rdn. 82.
52 Vgl. Kommentierung zu § 278 ZPO, Rdn. 85 ff.
53 Vgl. umfassend die Kommentierung zu § 278a ZPO, Rdn. 4 ff.

Grundlage gestellt.[54] Die grundsätzlichen Unterschiede der Verfahrensordnungen VwGO und ZPO schließen die entsprechende Anwendung nicht aus.

b) Normzweck

Mit § 278a ZPO sollen Mediationen wie sonstige ADR-Verfahren in das Bewusstsein der in der Rechtspflege Tätigen gerückt und neben dem kontradiktorischen Verfahren die konsensualen Konfliktlösungsmöglichkeiten im Sinne der Einordnung des Bundesverfassungsgerichts[55] etabliert werden. Zugleich ist es die erklärte Intention des Gesetzgebers, außergerichtliche Konfliktbeilegung auch bei bereits rechtshängigen Streitigkeiten zu ermöglichen.[56] 70

c) Gerichtlicher Vorschlag (§ 278a Abs. 1 Satz 1 ZPO)

aa) Adressatenkreis

Nach dem Gesetzeswortlaut ist der gerichtliche Vorschlag »den Parteien« zu unterbreiten. Den Begriff der Parteien verwendet die Verwaltungsgerichtsordnung nicht, spricht vielmehr in § 63 VwGO von **Beteiligten**: Danach sind Kläger und Beklagte die Hauptbeteiligten eines verwaltungsgerichtlichen Verfahrens. 71

Der **Begriff** »der Parteien« ist mithin **untechnisch** zu verstehen und meint alle in einem verwaltungsgerichtlichen Verfahren Involvierte, mithin Kläger und Beklagte in Hauptsacheverfahren, Antragsteller und Antragsgegner in Eilverfahren, Gläubiger und Schuldner im Zwangsvollstreckungsverfahren, zugleich auch weitere Beteiligte nach 63 VwGO und Dritte, die über § 64 VwGO in einen Rechtsstreit einbezogen sind. 72

bb) Ermessen

Ob das Verwaltungsgericht den Beteiligten den Vorschlag einer gerichtsnahen Mediation oder eines anderen Verfahrens der außergerichtlichen Konfliktbeilegung unterbreitet, liegt alleine in seinem **pflichtgemäßen Ermessen**. 73

---

54 Begr. BT-Drucks. 17/5335, B., Zu Artikel 6, Zu Nummer. 3.
55 BVerfG, Beschl. v. 14.02.2007, ZKM 2007, 128 ff.
56 Begr. BT-Drucks. 17/5335, B., Zu Artikel 3, Zu Nummer 5.

§ 173 VwGO

Voraussetzungen hierfür sind dem Gesetz nicht zu entnehmen, jedoch ist stets das ungeschriebene Tatbestandsmerkmal zu prüfen, ob es sich um einen **»geeigneten Fall«** handelt.

74 Der Vorschlag einer Mediation ist immer dann in Erwägung zu ziehen, wenn dem Rechtsstreit Konflikte zugrunde liegen, die im gerichtlichen Verfahren nicht oder nur unzureichend beigelegt werden können.[57] Dieser Gedanke ist in der Übergangsphase des § 9 MediationsG auch auf gerichtliche Mediationen anzuwenden.

75 In einem Verwaltungsgerichtsprozess bietet sich der **Vorschlag** für eine Mediation beispielsweise an
- in Verfahren mit komplexen, schnell zu entscheidenden oder ungeklärten Sachverhalten, vor allem in Verbindung mit bedeutenden wirtschaftlichen Folgen für einen oder beide Beteiligte,
- ferner wenn es um die Anwendung von Normen mit unbestimmten Rechtsbegriffen geht sowie dann,
- wenn ein Ermessen ausgeübt werden soll.[58]

76 Das bedeutet im Einzelnen, dass das Gericht eine konsensuale Streitbeilegung in Betracht ziehen wird,[59] wenn es den Konfliktbeteiligten vorrangig darum geht,
- nichtrechtliche Interessen zu berücksichtigen,
- eine zukunftsorientierte Lösung anzustreben,
- Vertraulichkeit zu wahren oder
- eine schnelle Lösung herbeizuführen,

sowie dann, wenn
- es sich um einen komplexen Sachverhalt handelt,

---

57 Nahezu alle verwaltungsrechtlichen Gebiete eigenen sich grundsätzlich für eine Mediation, sieht man einmal vom Asylrecht ab. Umfassend hierzu, m. w. N. zu den einzelnen Rechtsgebieten, *Weitz*, Gerichtsnahe Mediation in der Verwaltungs-, Sozial- und Finanzgerichtsbsrkeit, S. 200 ff., ferner *Korte*, Fallbeispiele gerichtlicher Mediation im Verwaltungsrecht, in: *Gläßer/Schröter* (Hrsg.), Gerichtliche Mediation, S. 201 ff. (211 ff.); *Fritz*, Mediation – Vorurteil und Wirklichkeit, in: FS Gießen, S. 319 ff. (321 f); *Weiler/Schlickum*, Praxisbuch Mediation, S. 52.
58 Vgl. *von Bargen* Die Verwaltung 2010, 405 ff. (421 f.).
59 Vgl. in diesem Zusammenhang auch das Prüfungsraster bei *Korteweg-Wiers*, FS VG Gießen, S. 359 ff. (360 Fn. 5, 366 ff.).

- mehrere Verfahren der Beteiligten gerichtlich anhängig sind oder sich im Widerspruchsverfahren befinden,
- nichtbeteiligte Dritte in das Verfahren einbezogen werden sollen,
- zwischen den Beteiligten eine besondere Emotionalität besteht oder
- es um einen grenzüberschreitenden Rechtsstreit geht.

Hingegen wird das Gericht eine konsensuale Streitbeilegung **nicht** unterbreiten, wenn beispielsweise 77
- gesetzliche Bestimmungen den Beteiligten eine privatautonome Regelung untersagen,
- ein besonderes öffentliches Interesse an der Rechtsdurchsetzung besteht oder
- eine Grundsatzentscheidung begehrt wird.[60]

cc) Zeitpunkt

Der Vorschlag kann gegenüber den Beteiligten grundsätzlich in jedem Stadium des Rechtsstreits erfolgen, auch noch in der Berufungs- und Revisionsinstanz. Im Revisionsverfahren dürfte eine außergerichtliche Konfliktlösung, von Ausnahmefällen abgesehen, eher nicht in Betracht zu ziehen.[61] 78

Gleichwohl bietet es sich grundsätzlich an, den **Vorschlag** für eine nichtstreitige Konfliktbeilegung **zu Beginn eines Prozesses** zu unterbreiten. Hierfür sprechen Gründe der Zeit- und Kostenersparnis für die Beteiligten wie auch ggf. für das Gericht. Zudem wird erfahrungsgemäß durch ein frühzeitiges Mediationsgespräch der Gefahr weiterer »emotionaler Verletzungen« während des Rechtsstreits entgegengewirkt. 79

Ob der Vorschlag unmittelbar nach Klageerhebung erfolgt oder nach Klageerwiderung und ggf. Replik, u. U. erst nach Erörterung mit den Beteiligten oder gar später, ist jeweils vom Einzelfall und vom Rechtsgebiet abhängig. 80

Rechtliche Bedenken bestehen nicht, einen **Vorschlag** nach § 278 Abs. 1 ZPO ggf. **mehrfach** zu unterbreiten, also nach zunächst erfolgter Ablehnung durch die Beteiligten in einer späteren Phase des Prozesses (ggf. nach erfolg- 81

---

60 Zur Kontrollfunktion der Verwaltungsgerichte auch im Hinblick auf zukünftige Verwaltungsentscheidungen vgl. *Bader*, Gerichtsinterne Mediation am Verwaltungsgericht, S. 75 ff., 84 ff.
61 Vgl. jedoch zum Verwaltungsprozess *Ortloff*, Festgabe, S. 797.

ter Beweisaufnahme) oder nach einer gescheiterten Mediation- oder einem anderen Konfliktlösungsverfahren. Der erneute Vorschlag kann sowohl in der gleichen Instanz wie auch im Rechtsmittelzug erfolgen.

dd) Gericht

82 Vom o.g. Zeitpunkt hängt auch ab, wer den Vorschlag unterbreitet: Beim Verwaltungs- wie beim Oberverwaltungsgericht/Verwaltungsgerichtshof kann dies durch den Vorsitzenden geschehen, es sei denn, es ist ein Berichterstatter bestellt (§ 87a Abs. 1, 3 VwGO) oder es liegt eine Einzelrichterübertragung nach § 6 Abs. 1 VwGO vor. Erfolgt der Vorschlag (erst) in der mündlichen Verhandlung, so ist – wenn kein Fall des § 6 Abs. 1 VwGO oder des § 87a Abs. 2, 3 VwGO vorliegt – der Spruchkörper hierfür zuständig.

ee) Form

83 Nach dem Gesetzeswortlaut ist der Vorschlag **weder** an eine **Form noch** an (inhaltliche) **Voraussetzungen** gebunden.

84 Ein **Beschluss** wird hierfür nicht verlangt werden können, wenngleich es wünschenswert wäre, wenn die Gerichte – um die Bedeutung konsensualer Konfliktlösungsmöglichkeiten zu unterstreichen und um diese zu fördern – den Beteiligten einen entsprechenden Vorschlag in Form eines verfahrensleitenden, nicht anfechtbaren Beschlusses unterbreiten würden.

85 Ansonsten sollte aus Gründen der Klarheit der Vorschlag jedenfalls in Form einer **richterlichen Verfügung** erfolgen, aus Gründen der Nachvollziehbarkeit und Dokumentation ist Schriftform erforderlich, wobei die Übermittlung dann auch per Telefax, mündlich/telefonisch oder elektronisch erfolgen kann. Macht das Gericht – fallspezifisch – von seinem Vorschlagsrecht keinen Gebrauch, so sollten die tragenden Erwägungen hierfür jedenfalls in einem Aktenvermerk festgehalten werden.

86 Das Gericht ist im Rahmen seiner **allgemeinen Aufklärungspflicht** aus §§ 86 Abs. 1, 3, 104 Abs. 1 VwGO gehalten, den Beteiligten Inhalt und Umstände des beabsichtigten oder unterbreiteten Vorschlags, auch in Abgrenzung zu etwaigen Alternativen außergerichtlicher Konfliktlösungen, deutlich zu machen und dabei auf Chancen, Risiken und Kosten hinzuweisen.

87 Dass derartige Informationen entsprechende Kenntnisse der Richterschaft voraussetzen und somit auch entsprechende Schulungen erforderlich ma-

chen, liegt auf der Hand. Denn nur wer selbst hinreichend informiert ist, wird seiner Informationspflicht gegenüber den Beteiligten gerecht werden können.[62]

Prozesskostenhilfe für die Durchführung einer Mediation etc. darf nicht bewilligt werden;[63] für eine Anwendung des § 7 MediationsG fehlt es bislang an der vom Gesetz geforderten Vereinbarung zwischen Bund und Ländern. 88

Erfolgen Vorschlag und ggf. Ablehnung durch die Beteiligten in der mündlichen Verhandlung, so ist dies gem. § 160 Abs. 2, 3 ZPO in der **Niederschrift** zu vermerken und im Ablehnungsfall das Verfahren in dem Stadium fortzusetzen, in dem es sich befindet. 89

Ob und ggf. wie lange das Gericht den Beteiligten eine **Frist** einräumt, sich zu seinem Vorschlag **zu äußern**, liegt ebenfalls in seinem pflichtgemäßen **Ermessen**. In einem Klageverfahren dürften drei Wochen, in einem Eilverfahren längstens eine Woche sachangemessen sein. 90

d) Mediation (§ 278a Abs. 1 Satz 1, 1. Alt. ZPO)

aa) Begrifflichkeit

Was eine Mediation ist, folgt aus der **Begriffsbestimmung** des **§ 1 Abs. 1 MediationsG**: Ein vertrauliches und strukturiertes Verfahren, bei dem die Beteiligten mit Hilfe eines oder mehrerer Mediatoren freiwillig und eigenverantwortlich eine einvernehmliche Beilegung ihres Konflikts anstreben. 91

Mediation im Sinne des Mediationsgesetzes meint Mediation durch einen **nicht** in das **gerichtliche System** eingebundenen Mediator, mithin eine sog. »außergerichtliche« Mediation. Lediglich für die Übergangsphase des § 9 MediationsG kommt auch noch eine gerichtliche Mediation in Betracht. 92

Als Mediator in einer »außergerichtlichen« Mediation wird in aller Regel ein Anwaltsmediator oder ein Mediator mit einem psychosozialen Grundberuf in Betracht kommen, mithin ein freiberuflich tätiger Mediator. Durch die Re- 93

---

62 Vgl. auch die Erwägungen des Rechtsausschusses, besonders geschulte Koordinatoren, sog. »Court-Dispute-Manager«, hierfür einzusetzen: Begr. BT-Drucks. 17/8058, III. Allgemeines. S. 17.
63 A.A. zur früheren Rechtslage OLG Köln, Beschl. v. 03.06.2011, ZKM 2012, 29 ff., mit ablehnender Anmerkung von *Spangenberg* ZKM 2012, 31.

gelung ist nicht ausgeschlossen, dass auch ein Richter außerhalb seines Amtes – nebenberuflich – in einem vom Gericht vorgeschlagenen Mediationsverfahren tätig werden kann, sofern er denn hierfür eine Nebentätigkeitserlaubnis erhalten hat.

bb) Stufenverhältnis

94 Mit der Reihenfolge in § 278a Abs. 1 ZPO hat der Gesetzgeber **kein Stufenverhältnis** zwischen einer Mediation oder einem anderen Verfahren der außergerichtlichen Konfliktbeilegung festgelegt. Allenfalls der Umstand, dass sich der Gesetzgeber intensiv mit Regelungen zur Mediation auseinandergesetzt hat könnte dafür streiten, dass er dieser eine gewisse Präferenz zubilligt.

95 Auch die gerichtliche Mediation steht in der Übergangsphase des § 9 MediationsG gleichberechtigt neben den anderen in § 278a Abs. 1 ZPO aufgeführten Methoden.

cc) Formale und inhaltliche Kriterien

96 Der Vorschlag einer Mediation kann in der Eingangs-, in der Berufungs- und in der Revisionsinstanz unterbreitet werden. In aller Regel wird ein derartiger Vorschlag in der auf die Überprüfung von Rechtsfragen beschränkten Revisionsinstanz jedoch nur ausnahmsweise in Betracht kommen.

97 Für das von einem Gericht unterbreitete Mediationsverfahren gelten die **gleichen Regeln** wie für jedes andere Mediationsverfahren auch. Wegen der näheren Einzelheiten wird auf die Kommentierung des Mediationsgesetzes zu Verfahren, Aufgaben, Offenbarungspflichten, Tätigkeitsbeschränkungen und Verschwiegenheitspflicht (§§ 2 bis 4 MediationsG) sowie zur Aus- und Fortbildung (§§ 5, 6 MediationsG) verwiesen.

98 Eine etwaige in einer Mediation geschlossene Vereinbarung kann dem erkennenden Gericht zur Protokollierung in einem Erörterungstermin vorgelegt oder dem Gericht unterbreitet werden mit der Ersuchen, gem. § 106 Satz 2 VwGO vorzugehen.[64] Aus einem gerichtlichen Vergleich kann gem. § 168 Abs. 1 Nr. 3 VwGO die **Vollstreckung** betrieben werden.

---

64 Ein Vergleich nach § 106 Satz 2 VwGO ersetzt nicht die für ein Rechtsgeschäft vorgeschriebene notarielle Form, vgl. *Bader u.a*, VwGO, § 106 Rn. 33.

Der Vorschlag zur Durchführung einer Mediation kann **nicht** zugleich mit der Person eines **bestimmten Mediators** verbunden werden.[65] Hierfür spricht zum einen die neutrale Haltung, die einzunehmen vornehmste Pflicht des Verwaltungsgerichts ist und dem es ebenfalls untersagt ist, den Beteiligten einen bestimmten Anwalt zu empfehlen; zum anderen ist es Ausfluss des Prinzips der Freiwilligkeit, dass sich die Beteiligten ihren Mediator selbst auswählen können.

e) Andere Verfahren der außergerichtlichen Konfliktbeilegung (§ 278a Abs. 1 Satz 1, 2. Alt. ZPO)

aa) Begrifflichkeit

Im Gesetz selbst finden sich keine Hinweise darüber, was unter einem »anderen Verfahren der außergerichtlichen Konfliktbeilegung« zu verstehen ist. Der Begriff findet sich in der Überschrift des Gesetzes sowie an zahlreichen weiteren Stellen (vgl. § 36a FamFG, § 54a ArbGG), wird dort jedoch nicht definiert.

Unter Hinweis auf das Schrifttum[66] werden in der **Gesetzesbegründung** etliche Verfahrensarten benannt.[67] Es handelt sich hierbei um **keine abschließende Aufzählung**, zumal davon ausgegangen werden kann, dass über die zur Zeit bekannten und praktizierten Konfliktlösungsverfahren hinaus neue hinzukommen und die bereits praktizierten Verfahren sich in ihrer Ausgestaltung und Anwendung verändern werden.[68]

---

65 A. A. *Baumbach u.a.*, ZPO, II. A, Rechtspolitischer Ausblick, § 278a Rn. 12. Es spricht jedoch nichts dagegen, die Beteiligten auf die Rechtsanwaltskammer, die IHK oder Mediationsinstitute zu verweisen, die Listen von Mediatoren vorhalten. Es dürfte auch nicht zu beanstanden sein, wenn die Gerichte selbst derartige Listen anlegen und die Beteiligten darauf verweisen. Weitergehend: *Nelle*, »Multi-Door-Courthouse Revisited«, S. 123 ff. (S. 129 f).
66 *Risse/Wagner*, Mediation im Wirtschaftsrecht, in: *Haft/Schlieffen* (Hrsg.), Handbuch der Mediation, S. 553 ff. (S. 580).
67 Vgl. Begr. BT-Drucks.17/5335, A. II.
68 Wegen weiterer Einzelheiten zu den verschiedenen Verfahrensarten und ihren Inhalten vgl. die Ausführungen unter Andere Verfahren, I. Rdn. 1 ff.

bb) Stufenverhältnis

102 Zunächst kann auf die bereits oben erfolgten Ausführungen zum Stufenverhältnis verwiesen werden. Darüber hinaus ist zu ergänzen, dass der Gesetzgeber, wie sich aus der Entstehungsgeschichte ergibt, der Mediation gegenüber anderen konsensualen Streitbeilegungsverfahren einen gewissen Vorzug einräumt, der jedoch nicht so weit geht, dass zwischen ihnen ebenfalls ein Stufenverhältnis bestehen würde.

cc) Formale und inhaltliche Kriterien

103 Der **Vorschlag** für ein Verfahren der außergerichtlichen Konfliktbeilegung kann in **jeder Phase** des gerichtlichen Verfahrens erfolgen, wenngleich die Besonderheiten mancher Konfliktbeilegungsverfahren dafür streiten, sie – soweit sie für Konflikte nach der VwGO überhaupt geeignet sind – nur in der Eingangsinstanz vorzuschlagen.

104 Auch der Vorschlag eines bestimmten Konfliktbeilegungsverfahrens darf nicht mit einer bestimmten Person verbunden werden.

f) Vorschlag einer gerichtlichen Mediation im Übergangszeitraum

aa) Begrifflichkeit

105 Eine **gerichtliche Mediation** ist eine solche, die während eines anhängigen Gerichtsverfahrens von einem nicht entscheidungsbefugten Richter durchgeführt wird. Der **Unterschied** zum ersuchten **Güterichter** nach § 278 Abs. 5 ZPO besteht darin, dass der gerichtliche Mediator ausschließlich die Methode der Mediation anwendet, die rechtliche Hinweise wie auch Einigungs- oder Lösungsvorschläge ausschließt, und keine richterlichen Tätigkeiten wie Protokollierung von Vergleichen oder Festsetzung des Streitwertes vornimmt. Der Güterichter hingegen bedient sich der gesamten Palette von Streitbeilegungsmethoden einschließlich rechtlicher Hinweise und Einigungsvorschlägen, protokolliert Vergleiche und setzt, was nicht unstreitig ist, den Streitwert fest.[69]

106 Gerichtliche Mediation ist **nur** noch möglich **in** der **Übergangsphase** des § 9 MediationsG und auch nur dann, wenn sie vor Inkrafttreten des Mediationsförderungsgesetzes bereits an einem Verwaltungsgericht angeboten wurde.

---

69 Vgl. die Kommentierung zu § 278 ZPO, Rdn. 70.

bb) Stufenverhältnis

Es besteht **kein** Stufenverhältnis zwischen gerichtliche Mediation und (sog. 107 außergerichtlicher) Mediation, ebenfalls nicht im Hinblick auf andere Verfahren der außergerichtlichen Konfliktbeilegung.

Die bisherigen Erfahrungen mit den Modellprojekten der gerichtliche Me- 108 diation sprechen dafür, dass die Beteiligten auch in den Fällen, in denen ihnen das Gericht eine (sog. außergerichtliche) Mediation vorschlägt, auf die gerichtliche Mediation zurückgreifen werden, nicht zuletzt aus Kostengründen.[70] Solange keine durchgreifenden **kostenrechtlichen Anreize**, beispielsweise über § 7 MediationsG, erfolgen, wird das gesetzgeberische Ziel der Förderung der Mediation in rechtshängigen Verfahren nur schwer zu erreichen sein.[71]

cc) Formale und inhaltliche Kriterien

Für die gerichtliche Mediation im Verwaltungsgerichtsprozess gelten die **glei-** 109 **chen Kriterien und Regeln**, wie sie im Zusammenhang mit der gerichtlichen Mediation im Zivilprozess nach § 278a ZPO beschrieben wurden:
– Regelung im gerichtlichen Geschäftsverteilungsplan,
– Wahlrecht der Beteiligten, aber kein Anspruch auf bestimmten Mediator,
– Anwendbarkeit der Vorschriften über die (außergerichtliche) Mediation,
– Verschwiegenheitspflicht mit besonderen Anzeigepflichten,
– Feststellung des Zustandekommens eines Vergleichs,
– Vollstreckbarkeitserklärung einer Mediationsvereinbarung.

g) Entscheidung der Beteiligten (§ 278a Abs. 2, 1. HS ZPO)

aa) Aufgrund eines gerichtlichen Vorschlages

Die Entscheidung der Beteiligten für eine Mediation oder eine andere kon- 110 sensuale Streitschlichtung ist an **keine Form** gebunden. Sie kann schriftlich, mündlich als auch zu Protokoll geschehen. Sie hat gegenüber dem Gericht zu erfolgen, welches den Vorschlag unterbreitet hat; bei einer nur mündli-

---

70 *Wagner* ZKM 2010, 172 ff. (173).
71 Auch die Regelung des § 69b GKG wird, wenn denn die Landesgesetzgeber von der Öffnungsklausel überhaupt Gebrauch machen, als Anreiz nur bedingte Wirksamkeit entfalten.

chen Erklärung eines Beteiligten wird das Gericht einen entsprechenden Aktenvermerk fertigen oder die Erklärung in ein Protokoll aufnehmen.

111 Die Beteiligten sind an den Vorschlag des Gerichts nicht gebunden, können also, wenn beispielsweise eine »gerichtsnahe« Mediation vorgeschlagen wurde, dem Verwaltungsgericht auch übereinstimmend mitteilen, dass sie sich beispielsweise für eine Schlichtung entschieden haben oder – wenn angeboten – eine gerichtliche Mediation bevorzugen.

bb) Eigener Vorschlag der Beteiligten

112 Die Beteiligten sind zudem nicht von einem gerichtlichen Vorschlag abhängig. Es steht ihnen frei, selbst einen entsprechenden Vorschlag über das Gericht dem anderen Beteiligten zukommen lassen oder bereits übereinstimmend dem Gericht mitzuteilen, dass sie sich beispielsweise für eine Mediation entschieden haben. Regt zunächst nur ein Beteiligter ein Verfahren der außergerichtlichen Konfliktbeilegung oder der gerichtlichen Mediation an, so sollte das für das Gericht Anlass sein darüber zu reflektieren, seinerseits gem. § 278a Abs. 1 ZPO den Beteiligten einen Vorschlag zu unterbreiten.

113 Die Intention des Gesetzes nach Förderung der Mediation wie auch anderer Verfahren der außergerichtlichen Konfliktbeilegung[72] erfordert, dass das Gericht einen entsprechenden Vorschlag eines Beteiligten an den anderen Beteiligten zur Stellungnahme weiterleitet.

f) Gerichtlicher Ruhensbeschluss (§ 278a Abs. 2, 2. HS ZPO)

114 **Zwingende** und daher unanfechtbare **Rechtsfolge** einer Entscheidung der Beteiligten für eine Mediation oder ein anderes Verfahren der außergerichtlichen Streitbeilegung ist die Anordnung des Ruhens des Verfahrens gem. § 173 Satz 1 VwGO i. V. m. §§ 278a Abs. 2, 251 ZPO durch gerichtlichen Beschluss. Eines gesonderten Antrages hierzu bedarf es nicht; er ist in der Erklärung »für« ein konsensuales Verfahren konkludent enthalten.[73]

115 Dies gilt nicht nur in den Fällen, in denen sich die Beteiligten zu einem entsprechenden Vorschlag des Gerichts gem. § 278a Abs. 2 ZPO verhalten,

---

72 Vgl. Begr. BT-Drucks. 17/5335, A. II.
73 Vgl. *Löer* ZKM 2010, 179 ff. (182).

sondern auch dann, wenn diese aus eigenem Antrieb dem Gericht mitteilen, den Versuch einer konsensualen Einigung im Rahmen einer gerichtsnahen oder gerichtliche Mediation bzw. eines anderen außergerichtlichen Konfliktbeilegungsverfahrens unternehmen zu wollen: Auch in diesen Fällen ist die Ruhensanordnung zwingende Rechtsfolge.

Gerichtlicher Beschluss meint in diesem Zusammenhang eine Entscheidung der Kammer bzw. des Senats, es sei denn, es liegt beim Verwaltungsgericht eine Übertragung auf den Einzelrichter (§ 6 Abs. 1 VwGO) oder ein Fall des § 87a Abs. 2, 3 VwGO vor. 116

Aus § 173 Satz 1 VwGO i. V. m. § 251 Satz 2 ZPO folgt, dass bei einer Ruhensanordnung grundsätzlich wie bei einer Unterbrechung und Aussetzung nach § 249 ZPO der Lauf einer jeden Frist aufhört mit Ausnahme der in § 233 ZPO bezeichneten Fristen. Das bedeutet, dass die Notfristen gem. § 224 Abs. 1 Satz 1 ZPO, die Rechtsmittelbegründungsfristen und die Wiedereinsetzungsfrist des § 234 Abs. 1 ZPO weiterhin laufen.[74] 117

Der Ruhensbeschluss des Gerichts ist zudem relevant für die **Hemmung der Verjährung:** Danach endet die Hemmung der Verjährung durch Klageerhebung (§ 204 Abs. 1 Nr. 1 BGB) nach Ablauf von 6 Monaten nach der letzten Verfahrenshandlung der Parteien oder des Gerichts (vgl. § 204 Abs. 2 BGB), also der Anordnung des Ruhens des Verfahrens gem. § 278a Abs. 2 ZPO; im Übrigen gilt jedoch weiterhin § 203 Satz 1 BGB. 118

Kommt in der gerichtsnahen Mediation oder einem anderen außergerichtlichen Konfliktbeilegungsverfahren eine Vereinbarung nicht zustande und wird insbesondere der Rechtsstreit nicht beendet, so obliegt es den **Beteiligten** und nicht dem Streitschlichter (Mediator etc.), ob sie das **Gericht** hierüber **informieren**, die Aufhebung des Ruhensbeschusses beantragen und das Verfahren fortsetzen wollen. In der gerichtlichen Mediation wird das Gericht jedoch dadurch Kenntnis erhalten, dass der gerichtliche Mediator die Gerichtsakte an den streitentscheidenden Richter zurückreicht. 119

i) Verhältnis der Vorschrift zu § 278 Abs. 5 ZPO

Das Gericht wird für beide Verfahrensarten grundsätzlich die gleichen Überlegungen zugrunde legen, also neben dem Aspekt der Freiwilligkeit insbeson- 120

---

74 Vgl. zu Einzelheiten *Baumbach*, ZPO, § 251 Rn. 9.

dere den der Geeignetheit, ferner Zeit- und Kostenfaktoren sowie die Komplexität der Auseinandersetzung berücksichtigen. Bietet sich im Hinblick auf den konkreten Konflikt ein anderes Verfahren der außergerichtlichen Konfliktbeilegung an, so ist diesem jedenfalls der Vorrang einzuräumen.[75]

j) Hinweise für die Praxis

121 Spezifische, über § 278a ZPO hinausgehende Praxishinweise ergeben sich für die Verwaltungsgerichtsbarkeit nicht; insoweit kann daher auf die Ausführungen unter **III. zu § 278a ZPO**,[76] verwiesen werden. Soweit die Beteiligten nicht auf Vorschlag des Gerichts sondern von sich aus mitteilen, dass sie sich auf eine Mediation oder ein anderes Verfahren der außergerichtlichen Konfliktbeilegung geeinigt haben, bleibt anzuraten – solange noch keine einschlägige Rechtsprechung vorliegt –, ihre entsprechende Information an das Gericht hilfsweise mit einem Antrag auf Ruhen des Verfahrens gem. 278a Abs. 2 ZPO zu verbinden.

---

75 Vgl. hierzu umfassend die Kommentierung zu § 278 ZPO, dort Rdn. 82.
76 Vgl. Kommentierung zu § 278a ZPO, Rdn. 74 ff.

Gerichtskostengesetz

§ 69b Verordnungsermächtigung

Die Landesregierungen werden ermächtigt, durch Rechtsverordnung zu bestimmen, dass die von den Gerichten der Länder zu erhebenden Verfahrensgebühren über die in den Nummern 1211, 1411, 5111, 5113, 5211, 5221, 6111, 6211, 7111, 7113 und 8211 des Kostenverzeichnisses bestimmte Ermäßigung hinaus weiter ermäßigt werden oder entfallen, wenn das gesamte Verfahren nach einer Mediation oder nach einem anderen Verfahren der außergerichtlichen Konfliktbeilegung durch Zurücknahme der Klage oder des Antrags beendet wird und in der Klage- oder Antragsschrift mitgeteilt worden ist, dass eine Mediation oder ein anderes Verfahren der außergerichtlichen Konfliktbeilegung unternommen wird oder beabsichtigt ist, oder wenn das Gericht den Parteien die Durchführung einer Mediation oder eines anderen Verfahrens der außergerichtlichen Konfliktbeilegung vorgeschlagen hat. Satz 1 gilt entsprechend für die in den Rechtsmittelzügen von den Gerichten der Länder zu erhebenden Verfahrensgebühren; an die Stelle der Klage- oder Antragsschrift tritt der Schriftsatz, mit dem das Rechtsmittel eingelegt worden ist.

Übersicht

	Rdn.
I. Regelungsgegenstand und Zweck	1
1. Normentwicklung und -gefüge	1
2. Europäische Mediationsrichtlinie	4
II. Grundsätze/Einzelheiten	5
1. Ermächtigungsnorm für Gebührenreduzierung	5
a) Ermächtigungsadressat	6
b) Bestimmung von Inhalt, Zweck und Ausmaß	7
c) Umsetzung	11
2. Ermäßigung bzw. Wegfall der Verfahrensgebühr (Satz 1)	12
a) Umfang	12
b) Voraussetzungen	24
aa) Klage- oder Antragsrücknahme	25
bb) Beendigung des gesamten Verfahrens	28
cc) Verfahrensbeendigung nach einer Mediation	29
dd) Ankündigung in der Klageschrift gem. § 253 Abs. 3 Nr. 1 ZPO	33

ee) Gerichtlicher Vor-
schlag gem. § 278a
Abs. 1 ZPO 35
3. Rechtsmittelverfahren (Satz 2) 36
4. Geltungsbereich der Vorschrift 38
III. Hinweise für die Praxis 39

I. Regelungsgegenstand und Zweck

1. Normentwicklung und -gefüge

1 Mit der Vorschrift, die ebenso wie § 61a FamFGKG erst über das **Vermittlungsverfahren** als **Artikel 7 des Mediationsförderungsgesetzes** in das Regelwerk aufgenommen wurde,[1] reagierte der Vermittlungsausschuss auf Anregungen, die sowohl den Referentenentwurf wie den Entwurf der Bundesregierung als auch den vom Bundestag verabschiedeten Gesetzentwurf begleitet hatten: Dass entgegen der Gesetzesüberschrift von einer »Förderung« der Mediation und anderer ADR-Verfahren nicht gesprochen werden könne, solange nicht der Gesetzgeber finanzielle Anreize für solche gerichtshängige Verfahren schaffen würde, die von den Parteien während der Rechtshängigkeit einer konsensualen Lösung zugeführt würden;[2] auch der Bundesrat hatte sich seinerzeit in seiner Stellungnahme zum Gesetzentwurf entsprechend kritisch geäußert.[3]

2 Die Verordnungsermächtigung zur Reduzierung der Verfahrensgebühren ist ein erster **zögerlicher Schritt** in Richtung »**finanzieller Anreiz**«. Der Bundesgesetzgeber überlässt es den Landesregierungen, ob überhaupt und in welchem Umfang sie eine Gebührenreduzierung umsetzen wollen. In Anbetracht des engen finanziellen Handlungsrahmens vieler Justizhaushalte scheint die Prognose nicht gewagt, dass die Länder von dieser Öffnungsklausel eher zurückhaltend Gebrauch machen werden.

3 Die Vorschrift ist im Übrigen erneut ein Beispiel dafür, dass durch den Vermittlungsausschuss eingebrachte neue Regelungen sich überwiegend als politischer Kompromiss denn als gut durchdachte Vorschriften erweisen, die sich unschwer in bestehende Regelwerke integrieren lassen. Anknüpfungspunkte

---

1 Vgl. BT-Drucks. 17/10102, Artikel 7.
2 Vgl. nur *Paul* ZKM 2011, 119 ff. (121); *Bastine* ZKM 2010, 59 f. (60); *Göcken* NJW-aktuell,52/2011, 16; *Kraft/Schwerdtfeger* ZKM 2011, 55 ff. (56); *Mattioli/Trenczek* BJ 2010, 324 ff. (331).
3 BT-Drucks. 17/5335, Anl. 3, Zu Artikel 8.

für eine Gebührenreduzierung sind vorliegend die einschlägigen Nummern des Kostenverzeichnisses, die u. a. »Klage- bzw. Antragsrücknahmen« hinsichtlich der jeweiligen Verfahrensgebühr privilegieren. Allein hierauf abzustellen, nicht jedoch auch auf andere Formen der Beendigung anhängiger gerichtlicher Verfahren, die sich in Mediationsverfahren bewährt haben, erscheint wenig sinnvoll; gerade der Vergleich wie auch die Hauptsacheerledigung hätten sich hierfür angeboten. Es kommt hinzu, dass eine Privilegierung von Verfahren vor den Bundesgerichten, die vom (Bundes)Gesetzgeber selbst hätte geregelt werden müssen, nach dem MediationsförderungsG nicht vorgesehen ist.

2. Europäische Mediationsrichtlinie

Die Vorschrift des § 69b GKG bezieht sich auf den **Erwägungsgrund Nr. 14** 4
der EUMed-RLund auf **Art. 5 Abs. 2 EUMed-RL**, wonach eine »Inanspruchnahme der Mediation vor oder nach Einleitung eines Gerichtsverfahrens ... mit Anreizen ... verbunden« werden kann.

II. Grundsätze/Einzelheiten

1. Ermächtigungsnorm für Gebührenreduzierung

§ 69b GKG ist die **Ermächtigungsnorm**, deren es nach **Art. 80 Abs. 1 GG** 5
bedarf, wenn rechtsetzende Gewalt auf die Exekutive übertragen werden soll. Der Bundesgesetzgeber bestimmt in § 69a GKG nicht selbst das »ob und wie« einer möglichen Ermäßigung der Verfahrensgebühren, sondern überlässt dies den jeweiligen Ländern im Rahmen einer Rechtsverordnung. Da die Länder hiervon Gebrauch machen können, jedoch nicht müssen, nimmt der (Bundes-)Gesetzgeber insoweit in Kauf, dass möglicherweise eine Rechtszersplitterung eintritt. Allerdings zählt die Regelung einer Gebührenermäßigung zu den Tatbeständen, die der Evaluierung gem. § 8 MediationsG unterfallen; etwaige erforderlich werdende Korrekturen könnten mithin zu einem späteren Zeitpunkt erfolgen.

a) Ermächtigungsadressat

Als Ermächtigungsadressat im Sinne des Art. 80 Abs. 1 Satz 1 GG wird die 6
jeweilige **Landesregierung** benannt, wobei sich die Frage, welches Organ als

§ 69b GKG Verordnungsermächtigung

»Landesregierung« zuständig ist, aus der **Verfassung des jeweiligen Landes** beantwortet.[4]

b) Bestimmung von Inhalt, Zweck und Ausmaß

7 § 69b GKG ist zudem an den Anforderungen zu messen, die nach dem Konkretisierungsgebot des **Art. 80 Abs. 1 Satz 2 GG** zu beachten sind: **Inhalt, Zweck und Ausmaß** der erteilten Ermächtigung müssen im Gesetz selbst bestimmt sein. Daran würde es fehlen, wenn die Ermächtigung so unbestimmt wäre, dass nicht mehr voraussehbar wäre, in welchen Fällen und mit welcher Tendenz von ihr Gebrauch gemacht werden wird und welchen Inhalt die auf Grund der Ermächtigung erlassene Verordnung haben könnte.[5]

8 Indem der Gesetzgeber auf die Verfahrensgebühren im Zusammenhang mit den von ihm benannten Nummern des Kostenverzeichnisses, auf Mediation und andere Verfahren der außergerichtlichen Konfliktbeilegung sowie auf §§ 253 Abs. 3 Nr. 1, 278a Abs. 1 ZPO abstellt, genügt er den verfassungsrechtlichen Anforderungen an eine **inhaltliche Bestimmung.**

9 Auch das **Ziel**, das er erreichen will, wird aus der Vorschrift deutlich: eine Ermäßigung bzw. Erlass der Verfahrensgebühr als finanzieller Anreiz zur Förderung der Mediation und anderer ADR-Verfahren bei anhängigen Gerichtsverfahren.

10 Schließlich sind auch die **Grenzen** klar erkennbar: Ermäßigung oder Erlass sollen nur in Betracht kommen, wenn ein Verfahren in der Eingangs- wie Rechtsmittelinstanz vor Gerichten der Länder nach einer Mediation oder einem sonstigen ADR-Verfahren durch Klage- oder Antragsrücknahme beendet wird und zuvor entweder (teilweise) die Voraussetzungen des § 253 Abs. 3 Nr. 1 ZPO oder die des § 278a Abs. 1 ZPO vorgelegen haben.

c) Umsetzung

11 Machen die Landesregierungen von der ihnen eingeräumten Ermächtigung Gebrauch, dann muss sich die Gebührenreduzierung in dem durch § 69a GKG vorgegebenen Rahmen halten und gem. **Art. 80 Abs. 1 Satz 3 GG** ihre

---

4 BVerfGE 11, 77 ff. (86).
5 BVerfGE 1, 14 (60), 58, 257 (277).

Rechtsgrundlage benennen. Wie aus **Art. 80 Abs. 4 GG** folgt, sind die Länder auch zu einer Regelung durch Gesetz befugt.

2. Ermäßigung bzw. Wegfall der Verfahrensgebühr (Satz 1)

a) Umfang

Das Gesetz sieht vor, dass die von den Gerichten der Länder zu erhebenden Verfahrensgebühren über die in den Kostenverzeichnissen bereits vorgesehene Ermäßigung hinaus **weiter ermäßigt** werden oder vollständig **entfallen** können. 12

Mit dieser Privilegierung sollen zum einen die alternativen Streitbeilegungsverfahren gefördert, zu anderen dem Umstand Rechnung getragen werden, dass eine Klagerücknahme stets mit einer Entlastung der Justiz verbunden ist, da es dann nur noch eines Einstellungsbeschlusses und ggf. – abhängig vom Verfahrensgegenstand – eines Streitwertbeschlusses bedarf. Indem der Gesetzgeber an bestimmte Gebührentatbestände und –ermäßigungen anknüpft stellt er klar, dass **ausschließlich in diesen Fällen** eine **weitere Reduzierung** in Betracht kommen kann. Es sind dies im Einzelnen

(1) **Nr. 1211** des Kostenverzeichnisses. 13

Danach ist in zivilrechtlichen **Verfahren vor den ordentlichen Gerichten** im ersten Rechtszug vor dem Amts- oder Landgericht die für das Verfahren im Allgemeinen (vgl. Nr. 1210) zu erhebende dreifache Gebühr auf eine 1,0-fache Gebühr zu ermäßigen, u. a. bei einer Beendigung des gesamten Verfahrens durch Klagerücknahme.

(2) **Nr. 1411** des Kostenverzeichnisses. 14

Die Regelung gilt für Verfahren des einstweiligen Rechtsschutzes im ersten Rechtszug vor den ordentlichen Gerichten. Die nach Nr. 1410 anfallende 1,5-fache Gebühr ermäßigt sich bei einer Beendigung des gesamten Verfahrens durch Antragsrücknahme auf eine 1,0-fache Gebühr.

(3) **Nr. 5111** des Kostenverzeichnisses. 15

In **Verfahren vor den Verwaltungsgerichten** ermäßigt sich im ersten Rechtszug die 3,0-fache Gebühr für Verfahren im Allgemeinen bei Beendigung des gesamten Verfahrens u. a. durch Klagerücknahme auf eine 1,0-fache Gebühr.

§ 69b GKG Verordnungsermächtigung

16 (4) **Nr. 5113** des Kostenverzeichnisses.

Dieser Gebührentatbestand betrifft erstinstanzliche Verfahren nach §§ 47, 48 VwGO vor den Oberverwaltungsgerichten/Verwaltungsgerichtshöfen und sieht eine Ermäßigung des 4,0-fachen Gebührentatbestandes für Verfahren im Allgemeinen auf eine 2,0-fache Gebühr u. a. bei einer Beendigung des gesamten Verfahrens durch Klagerücknahme vor.

17 (5) **Nr. 5211** des Kostenverzeichnisses.

In Verfahren des vorläufigen Rechtsschutzes vor den Verwaltungsgerichten und Oberverwaltungsgerichten/Verwaltungsgerichtshöfen ermäßigt sich die 1,5-fache Gebühr der Nr. 5210 auf eine 0,5-fache Gebühr bei Beendigung des gesamten Verfahrens durch Antragsrücknahme.

18 (6) **Nr. 5221** des Kostenverzeichnisses.

Bei gleichzeitiger erstinstanzlicher Zuständigkeit eines Oberverwaltungsgerichts/Verwaltungsgerichtshofs gilt in Verfahren des vorläufigen Rechtsschutzes, dass die 2,0-fache Verfahrensgebühr bei einer Beendigung des gesamten Verfahrens durch Klagerücknahme sich auf eine 0,75-fache Gebühr verringert.

19 (7) **Nr. 6111** des Kostenverzeichnisses.

In **Verfahren vor den Gerichten der Finanzgerichtsbarkeit** fallen im ersten Rechtszug für Verfahren im Allgemeinen nach der Nr. 6110 Gebühren in Höhe des 4,0-fachen Satzes an, die sich bei Beendigung des gesamten Verfahrens durch Klagerücknahme auf eine 2,0-fache Gebühr ermäßigen.

20 (8) **Nr. 6211** des Kostenverzeichnisses.

In Verfahren des vorläufigen Rechtsschutzes ermäßigt sich die 2,0-fache Gebühr bei Antragsrücknahme, die zur Beendigung des gesamten Verfahrens führt, auf eine 0,75-fache Gebühr.

21 (9) **Nr. 7111** des Kostenverzeichnisses.

In **Verfahren vor den Gerichten der Sozialgerichtsbarkeit** fallen im ersten Rechtszug für Verfahren im Allgemeinen nach der Nr. 7110 Gebühren in Höhe des 3,0-fachen Satzes an, die sich bei Beendigung des gesamten Verfahrens durch Klagerücknahme auf eine 1,0-fache Gebühr ermäßigen.

(10) **Nr. 7113** des Kostenverzeichnisses. 22

In Verfahren vor dem Landessozialgericht ermäßigt sich die 4,0-fache Gebühr bei Klagerücknahme, die zur Beendigung des gesamten Verfahrens führt, auf eine 2,0-fache Gebühr.

(11) **Nr. 8211** des Kostenverzeichnisses. 23

In Verfahren vor den Gerichten der Arbeitsgerichtsbarkeit fallen für Urteilsverfahren im ersten Rechtszug nach der Nr. 7110 für Verfahren im Allgemeinen Gebühren in Höhe des 2,0-fachen Satzes an, die sich bei Beendigung des gesamten Verfahrens nach streitiger Verhandlung durch Klagerücknahme auf eine 0,4-fache Gebühr ermäßigen.

b) Voraussetzungen

Der Gesetzgeber hat eine mögliche **Gebührenreduzierung** in den oben aufgeführten Gebührentatbeständen von **zahlreichen Voraussetzungen** abhängig gemacht. Es sind dies im Einzelnen: 24

aa) Klage- oder Antragsrücknahme

Die Vergünstigung einer Gebührenermäßigung kann nach dem Wortlaut des Gesetzes **ausschließlich** im Falle einer **Klage- oder Antragsrücknahme** (vgl. § 269 ZPO, § 92 VwGO, § 102 SGG, § 54 Abs. 2 ArbGG, § 72 FGO) in Betracht kommen. Auf die exakte Bezeichnung als »Klage- oder Antragsrücknahme« kommt es nicht an; in Zweifelsfällen ist der wahre Wille des Erklärenden zu erforschen. 25

Eine **Erledigungserklärung** (vgl. § 91a ZPO) wie auch ein **gerichtlicher Vergleich**, lösen die Vergünstigung **nicht** aus, selbst wenn sich die Parteien in beiden Fällen auf eine Kostenregelung verständigt haben sollten. Dies folgt aus dem Umstand, dass die einschlägigen Nummern des Kostenverzeichnisses, auf die der Gesetzgeber in § 69a Satz 1 GKG abstellt, neben der Klage- und Antragsrücknahme weitere Verfahrensbeendigungen wie Anerkenntnisurteil, gerichtlichen Vergleich oder Erledigungserklärung kennen, die alle eine Kostenermäßigung nach sich ziehen. Indem der Gesetzgeber im Zusammenhang mit Mediationen und anderen ADR-Verfahren ausschließlich die Verfahrensbeendigung durch Klage- bzw. Antragsrücknahme benennt, hat er deutlich gemacht, dass er **andere Verfahrensbeendigungen nicht privilegiert** wissen will. 26

27 Dies wirft in der Praxis nicht unerhebliche Probleme auf: Besteht die Rechtsfolge einer Klagerücknahme (oder Rücknahme eines Antrags oder Rechtsmittels) doch darin, dass derjenige, der die Klage zurücknimmt, die Kosten zu tragen hat,[6] wozu auch die anwaltlichen Kosten der Gegenseite und die eines etwaigen Beigeladenen zählen. Um in den Genuss der Kostenprivilegierung zu kommen, wird es deshalb häufig einer **spezifischen Kostenregelung in der Mediationsvereinbarung** bedürfen, um einer möglicherweise nicht gewünschten Kostenfolge der Klagerücknahme zu entgehen.

bb) Beendigung des gesamten Verfahrens

28 Klage- bzw. Antragsrücknahme müssen zu einer Beendigung des **gesamten** Verfahrens führen. Eine Reduzierung der Verfahrensgebühr darf mithin nur für solche Fälle vorgesehen werden, in denen das Prozessverfahren wegen sämtlicher Anträge und wegen aller Beteiligten insgesamt endet. Eine nur teilweise Klage- bzw. Antragsrücknahme, die nach den Prozessordnungen zulässig ist, lässt die jeweilige Verfahrensgebühr weiter bestehen.[7]

cc) Verfahrensbeendigung nach einer Mediation

29 Entsprechend dem gesetzgeberischen Ziel, Mediationen und andere Verfahren außergerichtlichen Konfliktbeilegung zu fördern, sollen nur solche Klage- bzw. Antragsrücknahmen zu einer weitergehende Ermäßigung bzw. zu einem Entfallen der Verfahrensgebühr führen, die als Folge einer **zuvor durchgeführten Mediation** (oder eines anderen ADR-Verfahrens) zu erachten sind. Dabei lässt es der Gesetzgeber dahingestellt, in welchem Kontext die verfahrensbeendende Erklärung abgegeben wird: ob sie mithin übereinstimmende, konsensuale Vereinbarung einer Mediation oder bloßer Reflex auf eine zuvor durchgeführte, aber ergebnislos beendete oder abgebrochene Mediation ist. Teilt der Kläger bzw. Antragsteller dem Gericht mit, es habe ein Mediationsverfahren stattgefunden und es werde nunmehr die Klage bzw. der Antrag zurückgenommen, so löst dies Gebührenprivilegierung aus; weitergehender Erklärung bedarf es – nicht zuletzt im Hinblick auf das **Prinzip der Vertraulichkeit** (vgl. § 4 MediationsG) – nicht.

---

6 Vgl. beispielhaft § 269 Abs. 3 ZPO oder § 155 Abs. 2 VwGO.
7 *Hartmann*, Kostengesetze, KV 1211, Rn. 3.

Mediation meint in diesem Zusammenhang eine »**außergerichtliche Media-** 30
tion«, nicht hingegen eine Mediation durch einen gerichtlichen Mediator im
Übergangszeitraum des § 9 MediationsG oder eine Mediation durch einen
Güterichter gem. § 278 Abs. 5 Satz 2 ZPO. Dies folgt aus der Bezugnahme
des § 69a GKG auf die Regelungszusammenhänge der §§ 253 Abs. 3 Nr. 1,
278a Abs. 1 ZPO; hätte der Gesetzgeber auch Mediationsverfahren des Güterichters
nach § 278 Abs. 5 ZPO privilegieren wollen, dann hätte er dies im
Gesetzestext zum Ausdruck gebracht.

Für diese Interpretation streiten auch Sinn und Zweck der Regelung, die den 31
Umstand der **Entlastung der Justiz** privilegiert wissen will. Im Falle einer
zuvor durchgeführten gerichtlichen Mediation im Übergangszeitraum des § 9
MediationsG als auch einer Mediation vor dem Güterichter gem. § 278
Abs. 5 ZPO erbringt die Justiz jedoch ebenfalls nicht unerhebliche Leistungen,
die mit Kosten verbunden sind. Von daher war im Gesetzgebungsverfahren
sogar angeregt worden, diese Leistungen kostenpflichtig anzubieten.[8]

Soweit neben der Mediation auf **andere Verfahren der außergerichtlichen** 32
Konfliktbeilegung abgestellt wird, so handelt es sich um solche Verfahren,
wie sie unter Andere Verfahren, I. Rdn. 1 ff.) beschrieben sind. Die dortige
Darstellung ist nicht abschließend; der Gesetzgeber selbst geht davon aus,
dass die Entwicklung neuer innovativer Verfahren der außergerichtlichen
Konfliktbeilegung weitergehen wird.[9]

dd) Ankündigung in der Klageschrift gem. § 253 Abs. 3 Nr. 1 ZPO

Um in den Genuss der Reduzierung der Verfahrensgebühr zu kommen ist es 33
weiterhin erforderlich, dass bereits mit Einreichung der Klage- oder Antragsschrift
dem Gericht mitgeteilt wurde, ob bereits eine Mediation unternommen
wird oder beabsichtigt ist.

Damit knüpft § 69b GKG an die Sollvorschrift des § 253 Abs. 3 Nr. 1 ZPO 34
an, ohne allerdings den Text dieser Norm zu übernehmen: Allein eine **bereits
stattfindende** oder **beabsichtigte Mediation** (oder ein anderes außergerichtliches
Konfliktbeilegungsverfahren) kann mithin zu einer Gebührenprivilegierung
führen. Da das Gesetz auf den Kläger bzw. Antragsteller abstellt,
ist das Tatbestandsmerkmal der »beabsichtigten Mediation« auch allein aus

---

[8] Vgl. nur *Paul* ZKM 2011, 119 ff. (121); *Mattioli/Trenczek* BJ 2010, 324 ff. (331).
[9] Begr. BT-Drucks. 17/5335, A. II.

dessen Perspektive zu bewerten, d. h. der Kläger bzw. Antragsteller muss gegenüber dem Gericht deutlich machen, dass er beim Beklagten bzw. Antragsgegner die Durchführung eines Mediationsverfahrens anregen wird. Hierfür wird es eines **konkreten Vorschlags** etwa in dem Sinne bedürfen, dass bereits im verfahrenseinleitenden Schriftsatz der Gegenseite unterbreitet wird, den Versuch einer konsensualen Lösung zu unternehmen. Ausführungen etwa des Inhalts, »einer Mediation oder eines anderen Verfahrens der außergerichtlichen Konfliktbeilegung stehe man aufgeschlossen gegenüber«, »die Durchführung einer Mediation sei erwägenswert« oder »die Herbeiführung einer konsensualen Lösung sei sinnvoll«, reichen hierfür nicht aus. Sollte sich ein Kläger bzw. Antragsteller hierzu nicht eindeutig verhalten, so bleibt es dem Gericht unbenommen, dies beim Kläger bzw. Antragsteller aufzuklären.

ee) Gerichtlicher Vorschlag gem. § 278a Abs. 1 ZPO

35 Alternativ zur Mitteilung in der Klage- und Antragsschrift, wie sie vorstehend beschrieben wurde, kommt eine Kostenreduzierung auch in Betracht, wenn die Parteien aufgrund eines **Vorschlag des Gerichts** gem. § 278a Abs. 1 ZPO eine Mediation oder ein anderes Verfahren der außergerichtlichen Konfliktlösung durchgeführt haben. Es genügt danach nicht, wenn die Parteien von sich aus übereinstimmend dem Gericht mitteilen, sie wollten den Weg einer konsensualen Konfliktbeilegung beschreiten und ggf. ein Ruhen des Verfahrens gem. § 278a Abs. 2 ZPO begehren. Vielmehr wird es erforderlich sein, dass die Parteien, wenn sie sich denn mit dem Gedanken tragen, ein Verfahren einer konsensualen Konfliktbeilegung durchzuführen, dem Gericht einen entsprechenden Hinweis geben und einen **Vorschlag** nach § 278a Abs. 1 ZPO **anregen**, damit der Kläger ggf. später in den Genuss der Kostenprivilegierung kommen kann.

3. Rechtsmittelverfahren (Satz 2)

36 Satz 2 betrifft die Möglichkeit einer Reduzierung der Verfahrensgebühren im Rechtsmittelverfahren. Dabei gilt die **Regelung des Satzes 1**, der die Nrn. 1211, 1411, 5111, 5113, 5211, 5221, 6111, 6211, 7111, 7113 und 8211 des Kostenverzeichnisses betrifft, **entsprechend** für die in den **Rechtsmittelzügen** vor den **Gerichten der Länder** zu erhebenden Verfahrensgebühren. An die Stelle der Klage- oder Antragsschrift tritt dabei jeweils der Schriftsatz, mit dem das Rechtsmittel eingelegt worden ist.

Aus der Verweisung auf Satz 1 folgt, dass nur bestimmte Verfahren privilegiert sein sollen. Es sind dies die Fälle der Nrn. 1221, 1222, 1421, 1422, 1431, 5121, 5123, 5124, 5241, 7121, 7122, 8221 und 8222 des Kostenverzeichnisses. 37

4. Geltungsbereich der Vorschrift

Der Geltungsbereich des § 69b GKG erschließt sich aus § 1 GKG und betrifft nach dessen Abs. 1 Verfahren vor den ordentlichen Gerichten. Allerdings ist für Verfahren in Familiensachen und für Verfahren vor dem Oberlandesgericht nach § 107 des Gesetzes über das Verfahren in Familiensachen und in den Angelegenheiten der freiwilligen Gerichtsbarkeit das Gesetz über Gerichtskosten in Familiensachen einschlägig (vgl. § 1 FamGKG). Nach § 1 Abs. 2 GKG ist § 69b GKG auch anzuwenden für Verfahren vor den Gerichten der Verwaltungsgerichtsbarkeit, der Finanzgerichtsbarkeit, der Sozialgerichtsbarkeit und vor den Gerichten für Arbeitssachen. 38

III. Hinweise für die Praxis

Die Parteien einer Mediation sind gut beraten, in der abschließenden, den Konflikt beendenden Mediationsvereinbarung eine Kostenregelung hinsichtlich des anhängigen Rechtsstreits zu treffen, die auch die Anwaltskosten einschließlich der Kosten etwaiger Beigeladener betrifft. Denn eine Klage- bzw. Antragsrücknahme als notwendige Voraussetzung für eine Kostenprivilegierung zieht als Rechtsfolge die Kostentragungspflicht der Prozesskosten – einschließlich der Kosten des Anwalts der Gegenseite und die eines etwaigen Beigeladenen – durch den Kläger bzw. Antragsteller nach sich. 39

Gesetz über Gerichtskosten in Familiensachen

§ 61a Verordnungsermächtigung

Die Landesregierungen werden ermächtigt, durch Rechtsverordnung zu bestimmen, dass die von den Gerichten der Länder zu erhebenden Verfahrensgebühren in solchen Verfahren, die nur auf Antrag eingeleitet werden, über die im Kostenverzeichnis für den Fall der Zurücknahme des Antrags vorgesehene Ermäßigung hinaus weiter ermäßigt werden oder entfallen, wenn das gesamte Verfahren oder bei Verbundverfahren nach § 44 eine Folgesache nach einer Mediation oder nach einem anderen Verfahren der außergerichtlichen Konfliktbeilegung durch Zurücknahme des Antrags beendet wird und in der Antragsschrift mitgeteilt worden ist, dass eine Mediation oder ein anderes Verfahren der außergerichtlichen Konfliktbeilegung unternommen wird oder beabsichtigt ist, oder wenn das Gericht den Beteiligten die Durchführung einer Mediation oder eines anderen Verfahrens der außergerichtlichen Konfliktbeilegung vorgeschlagen hat. Satz 1 gilt entsprechend für die im Beschwerdeverfahren von den Oberlandesgerichten zu erhebenden Verfahrensgebühren; an die Stelle der Antragsschrift tritt der Schriftsatz, mit dem die Beschwerde eingelegt worden ist.

Übersicht	Rdn.		Rdn.
I. Regelungsgegenstand und Zweck	1	1. Ermächtigungsnorm für Gebührenreduzierung	3
1. Normentwicklung und -gefüge	1	2. Ermäßigung bzw. Wegfall der Verfahrensgebühr (Satz 1)	4
2. Europäische Mediationsrichtlinie	2	a) Umfang	4
II. Grundsätze/Einzelheiten	3	b) Voraussetzungen	5
		3. Beschwerdeverfahren (Satz 2)	12

I. Regelungsgegenstand und Zweck

1. Normentwicklung und -gefüge

Mit der Vorschrift, die zusammen mit § 69b GKG erst über das **Vermitt-** 1
lungsverfahren als **Artikel 7a des Mediationsförderungsgesetzes** in das Re-

§ 61a FamGKG   Verordnungsermächtigung

gelwerk aufgenommen wurde,[1] reagierte der Gesetzgeber auf die Kritik mangelnder finanzieller Förderung der Mediation und anderer Verfahren der außergerichtlichen Konfliktbeilegung auch und gerade in Familiensachen.[2] Allerdings überlässt er es den jeweiligen Landesregierungen im Rahmen einer »Öffnungsklausel«, ob überhaupt und in welchem Umfang sie eine Reduzierung von Verfahrensgebühren für das Tätigwerden ihrer (Landes-)Gerichte im Geltungsbereich des § 1 FamGKG einführen wollen. § 61a FamGKG ist im Wesentlichen der Norm des § 69b GKG nachempfunden, sieht man einmal von den unterschiedlichen Bezugnahmen ab: hier Verfahrensgebühren in Verfahren, die auf Antrag eingeleitet werden, bei § 69b GKG Verfahren nach im Einzelnen benannten Nummern des Kostenverzeichnisses. Wegen der weitgehenden Vergleichbarkeit beider Normen verweist die vorliegende Kommentierung daher vielfach auf die Ausführungen zu § 69b GKG, die ergänzend heranzuziehen sind.

2. Europäische Mediationsrichtlinie

2   Die Vorschrift des § 61a FamGKG bezieht sich auf den **Erwägungsgrund Nr. 14** der EUMed-RL und auf **Art. 5 Abs. 2 EUMed-RL**, wonach eine »Inanspruchnahme der Mediation vor oder nach Einleitung eines Gerichtsverfahrens … mit Anreizen … verbunden« werden kann.

II. Grundsätze/Einzelheiten

1. Ermächtigungsnorm für Gebührenreduzierung

3   § 61a FamGKG ist die **Ermächtigungsnorm**, deren es nach **Art. 80 Abs. 1 GG** zur Übertragung rechtsetzender Gewalt auf die Exekutive bedarf.[3] Die Vorschrift genügt den verfassungsrechtlichen Anforderungen hinsichtlich der Benennung des **Ermächtigungsadressaten** sowie der Bestimmung von **Inhalt**,[4] **Zweck** und **Ausmaß**. Im Rahmen der Umsetzung hat der Ermächti-

---

1   Vgl. BT-Drucks. 17/10102, Artikel 7a.
2   Vgl. nur *Paul* ZKM 2011, 119 ff. (121); *Bastine* ZKM 2010, 59 f (60); *Göcken* NJW-aktuell, 52/2011, 16; *Kraft/Schwerdtfeger* ZKM 2011, 55 ff. (56); *Mattioli/Trenczek* BJ 2010, 324 ff. (331).
3   Vgl. ergänzend die Kommentierung zu § 69b GKG, Rdn. 4 ff.
4   Was die inhaltliche Bestimmung anbelangt, so stellt § 61a FamFG im Gegensatz zu § 69b GKG auf Verfahrensgebühren in Verfahren ab, die auf Antrag eingeleitet werden.

gungsadressat den durch § 61a FamFGKG vorgegebenen Rahmen und das Zitiergebot des Art. 80 Abs. 1 Satz 2 GG einzuhalten; es bleibt ihm unbenommen, statt einer Rechtsverordnung auch die Umsetzungsmöglichkeit eines Gesetzes zu wählen (Art. 80 Abs. 4 GG).

2. Ermäßigung bzw. Wegfall der Verfahrensgebühr (Satz 1)

a) Umfang

Das Gesetz sieht vor, dass die von den Gerichten der Länder zu erhebenden Verfahrensgebühren ausschließlich in solchen Verfahren über die in den Kostenverzeichnissen bereits vorgesehene Ermäßigung hinaus **weiter ermäßigt** werden oder vollständig **entfallen** können, die nur **auf Antrag** eingeleitet werden. 4

Das FamFG unterscheidet nämlich in **Familiensachen** zwischen sog. **Antragsverfahren** (23 FamFG) und solchen, die von Amts wegen eingeleitet werden (vgl. § 24 FamFG). In den Angelegenheiten der freiwilligen Gerichtsbarkeit ist insoweit das **materielle Recht entscheidend**, d.h. es bedarf der Prüfung, ob ein Antrag ausschließlich oder in erster Linie der Durchsetzung privater Rechte dient oder ob die Einleitung des Verfahrens vollständig oder überwiegend im öffentlichen Interesse liegt; in Bezug auf Familiensachen sind beispielsweise in den Fällen des § 1666 BGB die Verfahren von Amts wegen einzuleiten.[5]

b) Voraussetzungen

Der Gesetzgeber hat eine mögliche Gebührenreduzierung in den oben erwähnten Antragsverfahren von **zahlreichen Voraussetzungen**[6] abhängig gemacht: 5

(1) Dazu zählt eine **Beendigung** des Verfahrens durch **Antragsrücknahme**, wobei dadurch das **gesamte Verfahren** beendet werden muss; eine teilweise Antragsrücknahme ist nicht ausreichend.[7] 6

---

5 *Musielak/Borth*, Familiengerichtliches Verfahren, § 23 Rn. 1 ff.
6 Vgl. ergänzend die Kommentierung zu § 69b GKG, Rdn. 23 ff.
7 Vgl. ergänzend die Kommentierung zu § 69b GKG, Rdn. 24 ff.

§ 61a FamGKG Verordnungsermächtigung

7 (2) Handelt es sich um ein Verbundverfahren nach § 44 FamGKG, so muss eine Folgesache beendet werden. Was eine Folgesache ist, ergibt sich aus § 137 Abs. 2 und 3 FamFG:
– Versorgungsausgleichssachen (§ 137 Abs. 2 Nr. 1 FamFG),
– Familiensachen (§ 137 Abs. 2 FamFG), und zwar
– Unterhaltssachen (§ 137 Abs. 2 Nr. 2 FamFG),
– Ehewohnungssachen (§ 137 Abs. 2 Nr. 3 FamFG),
– Haushaltssachen (§ 137 Abs. 2 Nr. 3 FamFG),
– Güterrechtssachen (§ 137 Abs. 2 Nr. 4 FamFG),
– Kindschaftssachen (§ 137 Abs. 3 FamFG).[8]

8 (3) Die verfahrensbeendende Antragsrücknahme führt nur dann zu einer weitergehende Ermäßigung bzw. zu einem Entfallen der Verfahrensgebühr, wenn die Erklärung Folge einer **zuvor durchgeführten außergerichtlichen Mediation** (oder eines anderen ADR-Verfahrens) ist, wobei der Kontext, aufgrund dessen die Rücknahme erfolgt, dahinstehen kann.[9] Ein Verfahren vor dem Güterichter nach § 36 Abs. 5 FamFG oder dem gerichtlichen Mediator im Übergangszeitraum des § 9 MediationsG zählt nicht hierzu.[10]

9 (4) Soweit neben der Mediation auf **andere Verfahren der außergerichtlichen Konfliktbeilegung** abgestellt wird sind damit Verfahren gemeint, wie sie unter Andere Verfahren, I. Rdn. 1 ff. beschrieben sind.[11]

10 (5) Es muss bereits in der Antragsschrift dem Gericht mitgeteilt worden sein, dass bereits eine Mediation unternommen wird oder beabsichtigt ist. Trotz der Anknüpfung an § 23 Abs. 1 Satz 2 FamFG kann **ausschließlich** eine **bereits stattfindende** oder **beabsichtigte Mediation** (bzw. ein anderes außergerichtliches Konfliktbeilegungsverfahren) zu einer Gebührenprivilegierung führen. Für eine beabsichtigte Mediation bedarf es in der Antragsschrift eines konkreten Vorschlags an die Gegenseite.[12]

11 (6) Alternativ zur Mitteilung in der Antragsschrift kommt eine Kostenreduzierung auch in Betracht, wenn die Beteiligten aufgrund eines **Vorschlag des**

---

8 Vgl. im Einzelnen *Schneider/Wolf/Volpert*, FamGKK, § 44 Rn. 16.
9 Vgl. ergänzend die Kommentierung zu § 69b GKG, Rdn. 27 f.
10 Vgl. ergänzend die Kommentierung zu § 69b GKG, Rdn. 30 f.
11 Der Gesetzgeber ist sich darüber im Klaren, dass die Entwicklung neuer Verfahren weitergehen wird: Vgl. Begr. BT-Drucks. 17/5335, A. II.
12 Vgl. ergänzend die Kommentierung zu § 69b GKG, Rdn. 30 f.

Gerichts gem. § 36a Abs. 1 FamFG eine Mediation oder ein anderes Verfahren der außergerichtlichen Konfliktlösung durchgeführt haben.[13]

3. Beschwerdeverfahren (Satz 2)

Satz 2 betrifft die Möglichkeit einer Reduzierung der Verfahrensgebühren im Beschwerdeverfahren vor dem Oberlandesgericht. Dabei gilt die **Regelung des Satzes 1** entsprechend, wobei an die Stelle der Antragsschrift der Schriftsatz tritt, mit dem die Beschwerde eingelegt worden ist.

---

13 Vgl. ergänzend die Kommentierung zu § 69b GKG, Rdn. 32.

Finanzgerichtsordnung

§ 155

Soweit dieses Gesetz keine Bestimmungen über das Verfahren enthält, sind das Gerichtsverfassungsgesetz und, soweit die grundsätzlichen Unterschiede der beiden Verfahrensarten es nicht ausschließen, die Zivilprozessordnung **einschließlich § 278 Absatz 5 und § 278a** sinngemäß anzuwenden. Die Vorschriften des Siebzehnten Titels des Gerichtsverfassungsgesetzes sind mit der Maßgabe entsprechend anzuwenden, dass an die Stelle des Oberlandesgerichts und des Bundesgerichtshofs der Bundesfinanzhof und an die Stelle der Zivilprozessordnung die Finanzgerichtsordnung tritt; die Vorschriften über das Verfahren im ersten Rechtszug sind entsprechend anzuwenden.

Übersicht	Rdn.		Rdn.
I. Regelungsgegenstand und Zweck	1	3. Zur Anwendbarkeit des § 253 Abs. 3 Nr. 1 ZPO	19
1. Normgefüge und Systematik	1	a) Verweisungsnorm des § 155 Satz 1 FGO	19
2. Europäische Mediationsrichtlinie	7	b) Normzweck und Inhalt	20
II. Grundsätze/Einzelheiten	8	4. Zur Anwendbarkeit des § 278 Abs. 5 ZPO	21
1. Zur Anwendbarkeit des § 41 Nr. 8 ZPO	8	a) Verweisungsnorm des § 155 Satz 1 FGO	21
a) Vorrangige Verweisungsnorm des § 51 Abs. 1 FGO.	8	b) Normzweck	22
b) Normzweck	9	c) Güteversuche	24
c) Mitwirkung an einem Mediationsverfahren oder anderen ADR-Verfahren	11	d) Verweisung durch das Gericht	26
d) Verfahrensrechtliche Konsequenzen	14	e) Verweisung an einen hierfür bestimmten und nicht entscheidungsbefugten Güterichter	27
2. Zur Anwendbarkeit des § 159 Abs. 2 Satz 2 ZPO	15	f) Darstellung des Verfahrensablaufs vor dem ersuchten Güterichter	29
a) Vorrangige Verweisungsnorm des § 94 FGO	15	aa) Verweisungsbeschluss	29
b) Normzweck	16	bb) Ermessen	30
c) Normadressat und Verfahrensrecht	17	g) Vorgehensweise des ersuchten Güterichters	31

h) Verhältnis der Vorschrift zu § 278a Abs. 1 ZPO	35	e) Andere Verfahren der außergerichtlichen Konfliktbeilegung (§ 278a Abs. 1 Satz 1, 2. Alt. ZPO)	46
i) Hinweise für die Praxis	36	f) Gerichtliche Mediation im Übergangszeitraum	47
5. Zur Anwendbarkeit des § 278a ZPO	37	g) Entscheidung der Beteiligten (§ 278a Abs. 2, 1. HS ZPO)	48
a) Verweisungsnorm des § 155 Satz 1 FGO	37	h) Gerichtlicher Ruhensbeschluss (§ 278a Abs. 2, 2. HS ZPO)	49
b) Normzweck	38	i) Verhältnis der Vorschrift zu § 278 Abs. 5 ZPO	53
c) Gerichtlicher Vorschlag (§ 278a Abs. 1 Satz 1 ZPO)	39	j) Hinweise für die Praxis	54
d) Mediation (§ 278a Abs. 1 Satz 1, 1. Alt. ZPO)	41		

I. Regelungsgegenstand und Zweck

1. Normgefüge und Systematik

1 § 155 Satz 1 FGO ist durch **Artikel 8 des Mediationsförderungsgesetzes** geändert worden und stimmt nahezu wörtlich mit § 202 SGG und § 173 Satz 1 VwGO überein. Die Norm regelt die subsidiäre Anwendung der Vorschriften des GVG und der ZPO und dient damit der **Komplettierung** der für die Finanzgerichte geltenden **Prozessordnung:** Soweit die FGO keine Bestimmungen über das Verfahren enthält, sind das GVG und die ZPO entsprechend anzuwenden, es sei denn die grundsätzlichen Unterschiede der beiden Verfahrensarten schließen dies aus. Erst wenn sich weder in der FGO noch im GVG oder der ZPO passende Regelungen finden, ist der Weg der freien Rechtsfindung eröffnet. Die Verweisung auf das GVG und die ZPO betrifft die jeweils gültigen Fassungen einschließlich anderer Gesetze wie das EGZPO oder das GKG, die sich inhaltlich auf das Verfahren nach der ZPO beziehen und sie ergänzen.[1]

2 Die Einführung von Mediationen auch im finanzgerichtlichen Verfahren ist nicht unumstritten.[2] Nur wenige Finanzgerichte hatten vor Inkrafttreten des

---

1 *Tipke/Kruse*, Abgabenordnung, § 155 FGO Rn. 1 ff.
2 Ablehnend *Mellinghof*, www.dgap-medientreff.de; *Fahrenschon*, Pressemitteilung 183/2011 vom 30.05.2011 des Bayerischen Staatsministeriums der Finanzen; be-

Mediationsförderungsgesetzes eigene gerichtliche Mediationsprojekte etabliert[3] bzw. verfügen über ausgebildete Mediatoren.[4]

Für den Rechtsausschuss war es ersichtlich selbstverständlich, das erheblich erweiterte Güterichtermodell wie auch Mediationen (und andere Verfahren der außergerichtlichen Konfliktbeilegung) in Verfahren vor den Finanzgerichten einzuführen.[5] Bereits der Referentenentwurf hatte dies vorgesehen,[6] im Entwurf der Bundesregierung war diese Regelung jedoch wieder gestrichen worden.[7] Die **Implementierung von Mediationen** sowie anderer Verfahren der außergerichtlichen Konfliktbeilegung in das finanzgerichtliche Verfahren erhält durch die gesetzliche Neuregelung nunmehr eine ausdrückliche rechtliche Grundlage, indem im Wesentlichen auf die einschlägigen **Vorschriften der ZPO** verwiesen wird. Dabei ist es die erklärte Intention des Gesetzgebers, außergerichtliche Streitbeilegung auch bei bereits rechtshängigen Streitigkeiten zu ermöglichen.[8]

Zentrale Norm hierfür ist § 155 Satz 1 FGO. Neben dieser generellen Verweisungsnorm finden sich zahlreiche weitere Regelungen, die auf Vorschriften der ZPO Bezug nehmen, wie beispielsweise § 51 FGO (Ausschließung und Ablehnung von Gerichtspersonen) und § 94 FGO (Niederschrift).[9] 3

Mit der Neueinfügung von §§ 278 Abs. 5, 278a ZPO in § 155 Satz 1 FGO hat der Gesetzgeber deutlich gemacht, dass die Regelungsbereiche beider Normen auch im Verfahren vor den Finanzgerichten Anwendung finden sollen, soweit dies nicht durch die grundsätzlichen Unterschiede der Verfahrensarten ausgeschlossen ist. §§ 278 Abs. 5, 278a ZPO bilden dabei das **Herzstück der zivilprozessualen Änderungen**, um die herum sich weitere Vorschriften gruppieren: § 41 Nr. 8 ZPO, der die Befangenheit betrifft, § 159 Abs. 2 ZPO, der die eingeschränkte Protokollierung regelt sowie § 253 4

---

fürwortend *BVStB*, Stellungnahme vom 07.03.2011, www.bvstb.de/aktuelles-presse; *Hölzer/Schnüttgen/Bornheim*, DStR 2010, 2538.
3 FG Bremen, FG Rheinland-Pfalz.
4 FG Köln, FG Schleswig-Holstein, FG Berlin, FG Münster.
5 Begr. BT-Drucks. 17/8058, III. Allgemeines, S. 17.
6 Vgl. dort Artikel 8 des Entwurfes; *Hölzer/Schnüttgen/Bornheim* DStR 2010, 2538.
7 Begr. BT-Drucks. 17/5335, A. II., S. 11.
8 Begr. BT-Drucks. 17/5335, B., Zu Artikel 3, Zu Nummer 5; Zu Artikel 6, Zu Nummer 3.
9 Vgl. darüber hinaus *Tipke/Kruse*, Abgabenordnung, § 155 FGO Rn. 2.

Abs. 3 Nr. 1 ZPO, der besondere Voraussetzungen für die Klageschrift enthält[10] und durch § 69b GKG eine Ergänzung erfahren hat.

5 Der grundsätzlichen Anwendung dieser Vorschriften im Finanzprozessrecht stehen, wie bereits im Referentenentwurf ausgeführt wurde,[11] weder der Grundsatz der Gesetzmäßigkeit der Besteuerung (vgl. § 85 AO) noch die daraus folgende Tatsache entgegen, dass nach h. M. im finanzgerichtlichen Verfahren das Institut des Prozessvergleichs keine Anwendung finden soll.[12] **Anwendungsgebiete** der außergerichtlichen Mediation und der Mediation durch den Güterichter sind die steuerlichen Konflikte, die bereits seit langem mit einer »tatsächlichen Verständigung« beigelegt werden.[13] Auf diesem Wege können neben schwierigen Sachverhaltsfragen gesetzliche Konkretisierungs- und Ermessensspielräume (Abgrenzung zwischen verschiedenen Einkunftsarten, Aufteilung privater/betrieblicher Aufwendungen, Bewertungsfragen, Zuschätzungen nach Kalkulationsdifferenzen) konsensual ausgefüllt werden,[14] ohne dass gegen den Grundsatz der Besteuerung verstoßen würde.[15] Zudem bietet es sich in bestimmten Konstellationen an, über den Streitgegenstand hinausgehende Konfliktpunkte in das Verfahren mit einzubeziehen, beispielsweise im Hinblick auf weitere Veranlagungszeiträume, etwaige Stundungsmöglichkeiten etc.[16] Schließlich dürfte auch eine Überein-

---

10 Vgl. im Einzelnen die Kommentierung zu den jeweiligen Vorschriften in diesem Kommentar.
11 Vgl. Begründung, B., Zu Artikel 8.
12 *Gräber/Stapperfend*, FGO, § 76 Rn. 4; stattdessen kann sich der Steuerpflichtige zu einem Rechtsmittelverzicht verpflichten, während sich die Finanzbehörde bereit erklärt, im Rahmen ihres Ermessensspielraums (vgl. § 5 AO) einen bestimmten Verwaltungsakt zu erlassen, zu ändern oder aufzuheben, sog. »ungeschriebene Zusage«: vgl. *Tipke/Kruse*, Abgabenordnung, § 89 AO Tz 116; *Weitz*, Gerichtsnahe Mediation in der Verwaltungs-, Sozial- und Finanzgerichtsbarkeit, S. 113.
13 Umfassend zur »tatsächlichen Verständigung« und der sich daraus ergebenden »ungeschriebenen Zusage« *Hölzer* ZKM 2012, 119 ff. (120), m.w.N.
14 BMF-Schreiben vom 30.07.2008, BStBl. I 2008, 831.
15 BFH, U. v. 08.10.2008 – I R 63/07 – BFH/NV 2009, 243 m.w.N.; *Boochs* DStR 2006, 1062 ff.
16 *BVStB*, Stellungnahme vom 7.3.2011, www.bvstb.de/aktuelles-press; *Hölzer/Schnüttgen/Bornheim*, DStR 010, 2538 ff. (2541).

kunft über die Kosten des finanzgerichtlichen Verfahrens zulässig sein, da dies weder die Erhebung noch die Festsetzung von Steuern betrifft.[17]

Gleichwohl ist die Prognose nicht auszuschließen, dass sich konsensuale Streitschlichtung in finanzgerichtlichen Verfahren zunächst nur langsam durchsetzen wird.[18] Von daher werden die einschlägigen zivilprozessualen Normen im Folgenden lediglich kursorisch in ihren Grundzügen unter Heraushebung der Besonderheiten für das finanzgerichtliche Verfahren dargestellt.[19] 6

2. Europäische Mediationsrichtlinie

Die über § 155 Satz 1 FGO in Bezug genommenen Vorschriften der ZPO beziehen sich auf die **Erwägungsgründe Nr. 12 und 13** der EUMed-RL und setzen **Art. 1 Abs. 1, 3 lit. a, 5 Abs. 1 und 7 EUMed-RL** um; in diesem Zusammenhang ist jedoch die Einschränkung in Art. 1 Abs. 2 EUMed-RL zu beachten, wonach die Richtlinie nur bei grenzüberschreitenden Streitigkeiten für Zivil- und Handelssachen gilt und Steuer- und Zollsachen nicht umfasst. 7

II. Grundsätze/Einzelheiten

1. Zur Anwendbarkeit des § 41 Nr. 8 ZPO

a) Vorrangige Verweisungsnorm des § 51 Abs. 1 FGO

Die Regelung des § 41 Nr. 8 ZPO[20] über die Ausschließung von Richtern findet über die **spezielle Verweisung** in § 51 Abs. 1 FGO auch im finanzgerichtlichen Verfahren Anwendung. Danach ist ein Richter[21] **kraft Gesetzes** von der Ausübung des Richteramtes **ausgeschlossen** in Sachen, in denen er an einem Mediationsverfahren oder einem anderen Verfahren der außergerichtlichen Konfliktbeilegung mitgewirkt hat. 8

---

17 Vgl. FG Bremen, EFG 2000, 95.
18 Vgl. auch *Paul* DStR 2008, 1111 ff.; *Weitz*, Gerichtsnahe Mediation in der Verwaltungs-, Sozial- und Finanzgerichtsbarkeit, S. 114.
19 Vgl. im Einzelnen die Kommentierung zu den jeweiligen Vorschriften in diesem Kommentar.
20 Vgl. umfassend hierzu die Kommentierung zu § 41 ZPO, Rdn. 7 ff.
21 Richter auf Lebenszeit (§ 14 FGO), Richter auf Probe und kraft Auftrags (§ 15 FGO) und ehrenamtliche Richter (§§ 16 ff. VwGO).

§ 155 FGO

b) Normzweck

9 Die Vorschrift bezweckt den **Schutz der Beteiligten**.[22] Sie sollen nicht befürchten müssen, dass in einem späteren Prozess vor dem streitentscheidenden Richter Tatsachen verwertet werden, die diesem zuvor im Rahmen einer Mediation oder eines anderen Verfahrens der außergerichtlichen Konfliktbeilegung bekannt geworden sind.[23]

10 § 51 FGO, § 41 Nr. 8 ZPO **umfassen nicht** die Anwendung mediativer Elemente im finanzgerichtlichen Verfahren[24] und die Tätigkeit als Güterichter gem. § 115 Satz 1 FGO, § 278 Abs. 5 ZPO.

c) Mitwirkung an einem Mediationsverfahren oder anderen ADR-Verfahren

11 Gründe der Klarheit und Rechtssicherheit verlangen, dass sich die Beteiligten eindeutig und nachweisbar auf die Durchführung einer Mediation verständigt haben, beispielsweise durch einen »**Mediationsvertrag**« oder durch einen **Ruhensbeschluss** gem. § 278a Abs. 2 ZPO.

12 Der Begriff der Mitwirkung umfasst die Tätigkeit als **Mediator**, Co-Mediator (vgl. die Definition in § 1 Abs. 1 MediationsG) oder als eines für ein anderes Verfahren der außergerichtlichen Konfliktbeilegung **Verfahrensverantwortlichen** (Schlichter, Schiedsgutachter etc.), aber auch andere Formen der Beteiligung (z. B. als Konfliktbeteiligter, Vertreter, Zeuge, Sachverständiger, Gutachter etc.).

13 Für einen Ausschluss ist erforderlich, dass Sachidentität des bereits in einem konsensualen Verfahren behandelten Konflikts mit dem später gerichtlich anhängig gemachten Konflikt besteht, d. h. es muss sich jeweils um den **gleichen Streitgegenstand** handeln.

---

22 Die FGO verwendet, wie sich aus § 57 FGO ergibt, statt der Bezeichnung Parteien den Begriff der Beteiligten.
23 Vgl. Begr. BT-Drucks.17/5335, B., Zu Artikel 3, Zu Nummer 2.
24 Zum Einsatz mediativer Elemente im gerichtlichen Verfahren: *Fritz* LKRZ 2009, 281 ff.; *Weitz*, Gerichtsnahe Mediation im Verwaltungs-, Sozial- und Finanzgerichtsbarkeit, S. 114.

§ 155 FGO

d) Verfahrensrechtliche Konsequenzen

Der Ausschluss gilt für **jedes Stadium** des finanzgerichtlichen Verfahrens, ist 14
von Amts wegen zu beachten und umfasst auch Mitwirkungen, die vor In-Kraft-Treten der jetzigen Regelung erfolgten. Ein Verstoß gegen § 51 Abs. 1 FGO, § 41 Nr. 8 ZPO führt zur Anfechtbarkeit der gerichtlichen Entscheidung.[25]

2. Zur Anwendbarkeit des § 159 Abs. 2 Satz 2 ZPO

a) Vorrangige Verweisungsnorm des § 94 FGO

Die Regelung des § 159 Abs. 2 Satz 2 ZPO[26] über die Ausnahme der Proto- 15
kollpflicht findet über die spezielle Verweisungsnorm des § 94 FGO auch im finanzgerichtlichen Verfahren Anwendung. Danach wird eine **Niederschrift**[27] über eine Güteverhandlung oder weitere Güteversuche vor einem Güterichter nach § 278 Abs. ZPO **nur** auf **übereinstimmenden Antrag** der Beteiligten aufgenommen.

b) Normzweck

Die Bedeutung einer Niederschrift liegt darin, dass sie verbindliche Auskunft 16
über den Hergang eines Termins gibt; ihr kommt somit die **Beweiskraft einer öffentlichen Urkunde** zu.[28] Hiervon gem. § 159 Abs. 2 Satz 2 ZPO eine Ausnahme zuzulassen dient dem **Schutz der Vertraulichkeit** eines Güteversuchs; im Falle des Scheiterns müssen die Beteiligten nicht befürchten, dass ihnen in einem Gerichtsverfahren Erklärungen etc. entgegengehalten werden.[29] Ergänzt wird dieser Schutz durch die Nichtöffentlichkeit des Güever-

---

25 Vgl. zum Verfahren *Tipke/Kruse*, Abgabenordnung, § 51 FGO, Rn. 15.
26 Vgl. umfassend die Kommentierung zu § 159 ZPO, Rdn. 5 ff.
27 Die FGO verwendet statt es Terminus Protokoll den Begriff der Niederschrift.
28 *Tipke/Kruse*, Abgabenordnung, § 94 FGO Rn. 1.
29 Vgl. Begr. BT-Drucks. 17/8058, III. Zu Artikel 2 – neu –, Zu Nummer 3 – neu –.

fahrens;[30] ob dem Güterichter ein Auskunftsverweigerungsrecht gem. §§ 102, 103 Satz 1 AO, § 4 MediationsG analog zusteht, ist zweifelhaft.[31]

c) Normadressat und Verfahrensrecht

17 Die Suspendierung vom Protokollierungszwang betrifft **nur** den **Güterichter nach § 278 Abs. 5 ZPO**, mithin denjenigen, der hierfür bestimmt und nicht entscheidungsbefugt ist. Auf übereinstimmenden, jederzeit zu stellenden Antrag der Beteiligten ist jedoch eine Niederschrift zu erstellen (§ 152 Abs. 2 Satz 2 ZPO), wobei hinsichtlich der Form und des Inhalts die §§ 159 ff. ZPO einschlägig sind.

18 Haben die Beteiligten eine Lösung ihres Konfliktes erzielt und eine Vereinbarung getroffen, sei es in der Form einer Erklärung bezüglich des Sachkonflikts und/oder des anhängigen gerichtlichen Verfahrens (beispielsweise in der Form einer Klagerücknahme (§ 72 Abs. 1 FGO) oder einer Hauptsacheerledigung (§ 138 Abs. 1 FGO), so sollte die Vereinbarung wegen des **Beweiswertes einer Niederschrift** stets protokolliert werden. Die materiell-rechtliche Bedeutung einer Protokollierung besteht u. a. darin, dass sie die notarielle Beurkundung ersetzt.[32]

3. Zur Anwendbarkeit des § 253 Abs. 3 Nr. 1 ZPO

a) Verweisungsnorm des § 155 Satz 1 FGO

19 Ob § 253 Abs. 3 Nr. 1 ZPO[33] auch im Verfahren vor den Finanzgerichten über die Verweisungsnorm des § 155 Satz 1 FGO anzuwenden ist, ist wegen

---

30 Vgl. Begr. BT-Drucks. 17/8058, III. Zu Artikel 2 – neu –, Zu Nummer 3 – neu –.

31 Vgl. Begr. BT-Drucks. 17/8058, III.Zu Artikel 2 – neu –, Zu Nummer 3 – neu –. Bejaht man ein Auskunftsverweigerungsrecht des Güterichters, so muss dies entsprechend für die dem Güterichter zuarbeitenden Servicemitarbeitern der Geschäftsstelle gelten. Vgl. auch, m. w. N. zu Rechtsprechung und Schrifttum, zur Notwendigkeit einer beamtenrechtlichen Aussagegenehmigung die umfassende Darstellung bei *Weitz*, Gerichtsnahe Mediation in der Verwaltungs-, Sozial- und Finanzgerichtsbarkeit, S. 451 ff.

32 Zum Mustertext eines Güterichterprotokolls vgl. die Kommentierung zu § 159 ZPO, Rdn. 25.

33 Vgl. umfassend die Kommentierung zu § 253 ZPO, Rdn. 8.

der Vorschriften der §§ 64, 65 FGO **streitig**. Im Referentenwurf war eine entsprechende Anwendung noch unter Hinweis auf die eigenständigen Regelung des § 65 FGO abgelehnt worden: in öffentlich-rechtlichen Verfahren sei mit einer deutlich geringeren Zahl von Mediationsfällen zu rechnen als in zivilprozessualen Verfahren.[34] Diese Überlegungen, so richtig sie auch sein mögen, überzeugen im vorliegenden Zusammenhang allerdings wenig. Der Rechtsausschuss, auf dessen Betreiben die Änderung der FGO in das Gesetz mitaufgenommen wurde, hat sich hierzu nicht verhalten. Nimmt man in den Blick, dass die Norm als Soll-Vorschrift ausgestaltet ist und einschlägige Angabe ohnehin nicht erzwungen werden können, so sprechen keine durchschlagenden Argumente gegen eine entsprechende Anwendung des § 253 Abs. 3 Nr. 1 ZPO im Finanzgerichtsprozess. Es kommt hinzu, dass die Vorschrift über die in das Regelwerk des Mediationsförderungsgesetz eingefügte Vorschrift des § 69b GKG, Nummer 6111 des Kostenverzeichnisses, eine Ergänzung insoweit erfahren hat, als das Gericht auch darüber informiert werden sollte, ob eine »Mediation unternommen oder beabsichtigt ist«. Jedenfalls sollten die Finanzgerichte die einschlägigen Informationen immer dann abfragen, wenn sie nicht schon im Rahmen der Klageerhebung mitgeteilt wurden.

b) Normzweck und Inhalt

Nach § 253 Abs. 3 Nr. 1 ZPO soll bereits in der Klageschrift darlegt werden, ob der Klage der Versuch einer Mediation oder eines anderen ADR-Verfahrens vorausgegangen ist sowie eine Äußerung dazu, ob einem solchen Verfahren Gründe entgegenstehen. Durch diese Angaben soll das Finanzgericht bereits zu einem frühen Zeitpunkt in die Lage versetzt werden, die Chancen einer außergerichtlichen Konfliktlösung einschätzen[35] und darauf aufbauend den Beteiligten einen Vorschlag gem. § 278a ZPO unterbreiten oder eine Verweisung an einen Güterichter gem. § 278 Abs. 5 ZPO vornehmen zu können.

20

---

34 Begründung, B., Zu Artikel 8.
35 Anders als in den übrigen Gerichtsbarkeiten wird sich ein entsprechender Erfahrungswert bei den Finanzgerichten erst aufbauen müssen, zumal es bislang keine »außergerichtliche« Mediation in diesem Bereich gibt und vergleichbare Erfahrungen allenfalls aus dem Institut des Erörterungstermins gem. § 364a AO abgeleitet werden können.

§ 155 FGO

4. Zur Anwendbarkeit des § 278 Abs. 5 ZPO

a) Verweisungsnorm des § 155 Satz 1 FGO

21 Dem finanzgerichtlichen Verfahren ist ein **Güteverfahren**, wie es als semi-obligatorisches in § 278 Abs. 2 ZPO[36] oder auch als obligatorisches in § 54 Abs. 1 ArbGG vorgesehen ist, **fremd**. Indem der Gesetzgeber in § 155 Satz 1 FGO nur den Abs. 5 des § 278 ZPO aufgenommen hat, hat er klargestellt, dass es beim bisherigen Gang der mündlichen Verhandlung gem. § 92 ff. FGO wie auch deren Vorbereitung gem. § 76 ff. FGO verbleiben soll. Diese Grundentscheidung zeitigt Konsequenzen für die entsprechende Anwendbarkeit des § 278 Abs. 5 ZPO, weil insoweit **grundsätzliche Unterschiede** der **Verfahrensarten** bestehen.

b) Normzweck

22 Obgleich das finanzgerichtliche Verfahren den Vergleich nicht kennt,[37] findet sich mit § 79 Abs. 1 Saz 2 Nr. 1 FGO gleichwohl eine Regelung, die im Zusammenhang mit einem Erörterungstermin explizit auf eine gütliche Einigung des Rechtsstreits abstellt.[38] Im Übrigen greift auch im Finanzprozess der allgemeine Grundsatz Platz, wonach das Gericht die Beteiligten bei der Bemühung um eine gütlichen Einigung unterstützen soll.

23 Mit der Verweisung auf § 278 Abs. 5 ZPO erfährt dieser allgemeine Grundsatz nunmehr eine **besondere Ausprägung** dahingehend, als das Gericht die Beteiligten für die Güteverhandlung sowie für weitere Güteversuche vor einen Güterichter nach § 278 Abs. 5 ZPO verweisen kann. Damit soll das erheblich erweiterte Institut des Güterichters, der alle Methoden der Konfliktbeilegung einschließlich der Mediation einsetzen kann, auch im finanzgerichtlichen Verfahren implementiert werden.[39]

c) Güteversuche

24 Im Verfahren vor den Finanzgerichten kommen wegen des oben beschriebenen Fehlens der semi-obligatorischen Güteverhandlung nach § 278 Abs. 2

---

[36] Vgl. umfassend die Kommentierung zu § 278 ZPO, Rdn. 45 ff.
[37] Kritisch *Tipke/Kruse*, Abgabenordnung, § 78 FGO Rn. 5.
[38] Umfassend *Tipke/Kruse*, Abgabenordnung, § 78 FGO Rn. 5 f.
[39] Begr. BT-Drucks. 17/8058, III., Zu Artikel 8 – neu –; Allgemeines S. 17.

ZPO **ausschließlich** die **fakultativen Güteversuche** zur Anwendung. Darunter sind Bemühungen des nicht entscheidungsbefugten Güterichters zu verstehen, unter Ausnutzung der gesamten Palette der zur Verfügung stehenden Konfliktlösungsmethoden den Beteiligten bei der Suche nach einer einvernehmlichen Lösung behilflich zu sein.

Der Plural »Güteversuche« ist zum einen dahingehend zu verstehen, dass der Güterichter selbst **mehrere Termine** mit den Beteiligten durchführen kann, zum anderen bedeutet er, dass das Finanzgericht auch nach einem erfolglosen Güteversuch erneut einen solchen Versuch in einem späteren Verfahrensstand anregen kann. Güteversuche vor dem ersuchten Güterichter können nur mit Zustimmung der Beteiligten erfolgen.[40]

d) Verweisung durch das Gericht

Mit dem für eine Verweisung zuständigen Gericht sind die **jeweiligen Senate** des Finanzgerichts und des Bundesfinanzhofs gemeint, wenngleich im Revisionsverfahren ein Güterichter wohl eher nicht zum Einsatz kommen dürfte. Im Verfahren vor dem Finanzgericht ergeht die Entscheidung durch den Senat, es sei denn es liegt eine Einzelrichterübertragung (§ 6 FGO) oder ein Fall des § 79a Abs. 3, 4 FGO (sog. konsentierter Einzelrichter) vor.

e) Verweisung an einen hierfür bestimmten und nicht entscheidungsbefugten Güterichter

§ 278 Abs. 5 Satz 1 verwendet den Begriff des Güterichters als eines hierfür bestimmten und nicht entscheidungsbefugten Richters, der nach Satz 2 alle Methoden der Konfliktbeilegung einschließlich der Mediation einsetzen kann. Was im Einzelnen unter einem Güterichter, namentlich dem »erheblich erweiterten Institut des Güterichters« zu verstehen ist und wie er seine Aufgaben im Einzelnen erfüllen soll, erschließt sich aus einer Gesamtbetrachtung der bisherigen Güterichterpraxis in Bayern und Thüringen, des systematischen Zusammenhangs der geänderten Vorschriften und des Willens des Gesetzgebers, wie dies in der Kommentierung zu § 278 Abs. 5 ZPO dargestellt wurde.[41]

---

40 Begr. BT-Drucks. 17/8058, III., Zu Artikel 5 – neu –, Zu Nummer 3 – alt –.
41 Vgl. hierzu umfassend die Kommentierung zu § 278 Abs. 5 ZPO, Rdn. 20 ff.

28 Das **neue Konzept** des erheblich erweiterten Instituts des Güterichters bedeutet im hier interessierenden Zusammenhang folgendes:
- Güterichter kann nur ein nicht entscheidungsbefugter Richter sein,
- seine Tätigkeit ist als richterliche Tätigkeit zu qualifizieren,
- er wird nur tätig, soweit es um den/die Versuch(e) einer gütlichen Einigung geht,
- er muss über besondere fachliche Qualifikationen verfügen, die denen eines bisherigen gerichtlichen Mediators vergleichbar sind,
- er muss als Güterichter bestimmt sein,
- er kann grundsätzlich für das eigene oder für ein fremdes Finanzgericht und auch für eine andere Gerichtsbarkeit eingesetzt werden,
- er wird nur mit Einverständnis der Beteiligten aktiv, wobei Vertraulichkeit und Freiwilligkeit das Verfahren prägen,
- er kann die Prozessakten einsehen,
- er kann sich aller Methoden der Konfliktbeilegung bedienen, einschließlich der Mediation,[42]
- er kann rechtliche Bewertungen vornehmen und den Beteiligten Lösungsvorschläge für den Konflikt unterbreiten und
- er kann mit Zustimmung der Beteiligten eine Niederschrift erstellen.

f) Darstellung des Verfahrensablaufs vor dem ersuchten Güterichter

aa) Verweisungsbeschluss

29 Die Verweisung an den Güterichter erfolgt durch **gerichtlichen Beschluss**, der nicht begründet zu werden braucht und nicht selbständig anfechtbar ist.[43] Wer als Güterichter in Betracht kommt, ergibt sich aus dem **Geschäfts-**

---

42 *Hölzer* ZKM 2012, 119 ff. (122) empfiehlt für die meisten Steuersachen die Methode der Kurz-Zeit-Mediation. Vgl. Methodik, IV. Rdn. 3 ff.
43 Die Verweisung an ein anderes Gericht zur Beweisaufnahme (§ 81 Abs. 2 FGO) ist gem. § 128 Abs. 2 FGO unanfechtbar und der Verweisung an einen Güterichter vergleichbar; vgl. im Übrigen die Ausführungen zum ungeschriebenen Tatbestandsmerkmal der Freiwilligkeit in der Kommentierung zu § 278 ZPO, Rdn. 50.

verteilungsplan[44] des Gerichts gem. § 21e GVG.[45] Der Güterichter nach § 278 Abs. 5 ZPO übt richterliche Tätigkeit aus und handelt als gesetzlicher Richter.

bb) Ermessen

Die Verweisung an einen Güterichter liegt im **pflichtgemäßen Ermessen** des 30 jeweils zuständigen Spruchörpers des Finanzgerichts, das jedoch das ungeschriebene Tatbestandsmerkmal der **Freiwilligkeit** zu beachten hat: Nur mit dem Einverständnis der Beteiligten[46] kann ein Verfahren vor dem Güterichter durchgeführt werden.[47] Die Konstellationen, in denen eine Verweisung ausscheidet, entsprechen den bei § 278 Abs. 5 ZPO Beschriebenen. Die Verweisung führt nicht automatisch zum Ruhen des Verfahrens, jedoch ist ein Ruhensbeschluss gem. § 155 Satz 1 FGO, § 251 ZPO möglich.[48]

---

44 So wie bisher schon als gerichtlicher Mediator nur derjenige bestellt werden konnte, der eine entsprechende Ausbildung durchlaufen hatte, so kommt auch zukünftig als Güterichter nach § 278 Abs. 5 ZPO nur in Betracht, wer aufgrund entsprechender Ausbildung in der Lage ist, alle Methoden der Konfliktbeilegung einschließlich der Mediation einzusetzen. Dabei finden die in § 5 MediationsG geregelten Standards hinsichtlich der Aus- und Fortbildung auch auf Güterichter entsprechende Anwendung: Vgl. Begr. BT-Drucks. 17/5335, A. II. Zu weitgehend wohl *Hölzer* ZKM 2012, 119 ff. (122), die auf die Qualifikation eines zertifizierten Mediators abstellt.
45 Es obliegt dem Präsidenten, dem Präsidium das Vorliegen der entsprechenden Qualifikationen zu unterbreiten, vergleichbar der Information über formale Qualifikationen, wie sie in § 22 Abs. 5, 6 GVG angesprochen sind.
46 Vgl. Begr. BT-Drucks. 17/8058, III., Zu Artikel 5 – neu –, Zu Nummer 3 – alt –; *Francken*, NZA 2012, 249 ff. (251); *Ewig*, ZKM 2012, 4; a.A. *Carl* ZKM 2012, 16 ff. (19).
47 Was die Verweisungspraxis anbelangt, so dürfte es sich anbieten, vor einer Verweisung zunächst das Einverständnis der Beteiligten einzuholen. Der Einsatz eines »Court-Dispute-Managers« (BT-Drucks. 17/8058, III. Allgemeines, S. 17), wie er für die anderen Gerichtsbarkeiten beschrieben wurde, dürfte im Finanzprozess von der Gesamtzahl etwaiger Güterichtertermine abhängig sein.
48 *Tipke/Kruse*, Abgabenordnung, § 74 FGO, Rn. 22.

g) Vorgehensweise des ersuchten Güterichters

31 Die Vorgehensweise des Güterichters in einem Finanzgerichtsprozess unterscheidet sich nicht grundlegend von dem in einer anderen Gerichtsbarkeit:
- Er wird sich um Akteneinsicht und Informationsbeschaffung bemühen,
- abklären, ob weitere Personen zum Güteversuch hinzuzuziehen sind,
- eine Terminsabsprache treffen,
- das Setting festlegen und
- bereits frühzeitig die Beteiligten darüber in Kenntnis setzen, welches Konfliktlösungsverfahren angewendet werden soll (Grundsatz der »**Methodenklarheit bei Methodenvielfalt**«).

32 Die Durchführung des Güteversuchs ist **nicht öffentlich**, Einzelgespräche sind nach Vereinbarung möglich. Darüber hinaus sollte Vertraulichkeit zwischen den Beteiligten verabredet werden. Die Beachtung des Grundsatzes »**Methodenklarheit bei Methodenvielfalt**« soll den Güterichter davor bewahren, zwischen einzelnen Verfahren der Konfliktbeilegung zu wechseln und Elemente der einzelnen Methoden miteinander zu vermischen: Ein »stockendes oder gar scheiterndes« Mediationsverfahren dadurch retten zu wollen, dass der Güterichter – entgegen seiner eingangs erfolgten Information der Beteiligten – sodann einen Lösungsvorschlag unterbreitet, bedeutet eine methodische Fehlleistung und führt zu einem Glaubwürdigkeitsverlust des Güterichters. Denkbar ist allenfalls, dass der Güterichter gemeinsam mit den Beteiligten übereinkommt, eine bestimmte Methode abzuschließen und mit deren Einverständnis mit einer anderen Methode fortzufahren[49] was jedoch ebenfalls nicht unproblematisch ist.[50]

33 Das Zeugnisverweigerungsrecht des Güterichters ist im Steuerverfahren nicht sinnvoll geregelt: § 84 Abs. 1 FGO verweist auf § 102 AO, der eine dem Zeugnisverweigerungsrecht gem. § 383 Abs. 1 Nr. 6 ZPO entsprechende Regelung für Güterichter nicht enthält. Ob eine analoge Anwendung der Vor-

---

49 Langfristig wird nicht auszuschließen sein, dass sich eine neue und eigenständige Methode der Konfliktbeilegung durch einen Güterichter entwickelt. Davon scheint auch der Gesetzgeber auszugehen, wenn er in der Begründung der Beschlussempfehlung des Rechtsausschusses (BT-Drucks. 17/8058, III., Zu Artikel 1, Zu § 1 Abs. 1) u. a. ausführt, die in der gerichtsinternen Mediation entwickelten Kompetenzen könnten im Rahmen der Güterichtertätigkeit fortentwickelt werden.
50 Vgl. hierzu die Kommentierung zu § 278 ZPO, Rdn. 78.

schriften der §§ 102, 103 AO, § 4 MediationsG für den eine Mediation durchführenden Güterichter in Betracht kommen könnte, ist zweifelhaft.

Eine etwaige Verständigung der Beteiligten und eine beiderseitige Erledigungserklärung entsprechend § 138 Abs. 1 FGO (oder eine Klagerücknahme nach § 72 Abs. 1 FGO) kann in einer Niederschrift (vgl. § 159 Abs. 2 Satz 2 ZPO) festgehalten werden; zudem kann ein Streitwert festgesetzt werden, wobei sich die Protokollierung eines Rechtsmittelverzichts empfiehlt. Einigen sich die Beteiligten hinsichtlich des anhängig gemachten Rechtsstreits nur zum Teil oder überhaupt nicht, so gibt der Güterichter das Verfahren an den nach dem Geschäftsverteilungsplan zuständigen Senat oder Einzelrichter zurück, der den (noch) anhängigen Rechtsstreit fortsetzt. 34

h) Verhältnis der Vorschrift zu § 278a Abs. 1 ZPO

Das Finanzgericht wird für beide Verfahrensarten (Güterichter einerseits, Mediation andererseits) grundsätzlich die gleichen Überlegungen zugrunde legen, also neben dem Aspekt der Freiwilligkeit insbesondere die Geeignetheit, ferner Zeit- und Kostenfaktoren sowie die Komplexität des Verfahrens berücksichtigen. Bietet sich im Hinblick auf den konkreten Konflikt ausnahmsweise ein anderes Verfahren der außergerichtlichen Konfliktbeilegung an, so ist diesem jedenfalls der Vorrang einzuräumen.[51] 35

i) Hinweise für die Praxis

Zur Einbindung des Richters als Güterichters im richterlichen Geschäftsverteilungsplans vgl. die »**Hinweise für die Praxis**« in der Kommentierung zu § 278 ZPO,[52] ferner an gleicher Stelle die Mustertexte für »Beteiligtenvereinbarung über Verschwiegenheit und Vertraulichkeit« sowie entsprechende »Vereinbarungen bei Einbeziehung Dritter«. 36

---

51 Vgl. hierzu umfassend die Kommentierung zu § 278 ZPO, Rdn. 82.
52 Vgl. die Kommentierung zu § 278 ZPO, Rdn. 85 ff.

§ 155 FGO

5. Zur Anwendbarkeit des § 278a ZPO

a) Verweisungsnorm des § 155 Satz 1 FGO

37 Mit der Einfügung des § 278a ZPO[53] in die Verweisungsnorm des § 155 Satz 1 FGO hat der Gesetzgeber klargestellt, dass Mediationen sowie sonstige Formen außergerichtlicher Konfliktbeilegung auch im Finanzgerichtsprozess zulässig sein sollen und hat diese auf eine ausdrückliche rechtliche Grundlage gestellt.[54] Die grundsätzlichen Unterschiede der Verfahrensordnungen FGO und ZPO schließen die entsprechende Anwendung nicht aus.

b) Normzweck

38 Mit § 278a ZPO sollen insbesondere Mediationen aber auch sonstige ADR-Verfahren in das Bewusstsein der in der Rechtspflege Tätigen gerückt und neben dem kontradiktorischen Verfahren die konsensualen Konfliktlösungsmöglichkeiten im Sinne der Einordnung des Bundesverfassungsgerichts[55] etabliert werden. Zugleich ist es die erklärte Intention des Gesetzgebers, außergerichtliche Konfliktbeilegung auch bei bereits rechtshängigen Streitigkeiten zu ermöglichen.[56]

c) Gerichtlicher Vorschlag (§ 278a Abs. 1 Satz 1 ZPO)

39 Der gerichtliche Vorschlag eines konsensualen Konfliktlösungsverfahrens ist an die Beteiligten (vgl. § 57 FGO) eines finanzgerichtlichen Verfahrens zu richten und steht im pflichtgemäßen **Ermessen** des Finanzgerichts. Von der **Geeignetheit eines** derartigen **Vorschlages** kann in solchen Verfahrenskonstellationen ausgegangen werden, in denen es um komplexe Sachverhalte, atypische Fälle oder um neue Sachverhalte geht, ferner ggf. dann, wenn die angegriffenen Entscheidungen einen längeren Zeitraum betreffen und solche Auswirkungen haben.[57] Gründe der Zeit- und Kostenersparnis sprechen da-

---

53 Vgl. umfassend die Kommentierung zu § 278a ZPO, Rdn. 4 ff.
54 Begr. BT-Drucks. 17/5335, B., Zu Artikel 6, Zu Nummer 3.
55 BVerfG, B.v.14.2.2007, ZKM 2007, 128 ff.
56 Begr. BT-Drucks. 17/5335, B., Zu Artikel 3, Zu Nummer 5.
57 Wenngleich finanzgerichtliche Entscheidungen nur zwischen den Beteiligten wirken, haben sie gleichwohl sehr häufig eine große Breitenwirkung. Ist eine Entscheidung daher zur Systematisierung des Steuerrechts erforderlich, wird sich eine

für, den Vorschlag für eine nichtstreitige Konfliktbeilegung zu Beginn eines Prozesses zu unterbreiten; zulässig ist es, einen solchen Vorschlag mehrfach anzubieten.

Gericht im Sinne der Vorschrift ist vor der mündlichen Verhandlung der Vorsitzende bzw. der Berichterstatter (vgl. § 79a Abs. 4 FGO) oder nach entsprechender Übertragung gem. § 6 FGO der Einzelrichter; erfolgt der Vorschlag in der mündlichen Verhandlung, so ist der Senat zuständig. 40

Nach dem Gesetzeswortlaut ist der Vorschlag weder an eine Form noch an (inhaltliche) Voraussetzungen gebunden; als richterliche Verfügung ist aus Gründen der Nachvollziehbarkeit und Dokumentation allerdings Schriftform erforderlich, wobei die Übermittlung dann auch per Telefax, mündlich/telefonisch oder elektronisch erfolgen kann. Die Einräumung der Äußerungsfrist liegt im richterlichen Ermessen.

Die Bewilligung von Prozesskostenhilfe für die Durchführung einer Mediation ist ausgeschlossen.[58]

d) Mediation (§ 278a Abs. 1 Satz 1, 1. Alt. ZPO)

Mediation im Sinne der Begriffsbestimmung des § 1 Abs. 1 MediationsG meint Mediation durch einen **nicht** in das **gerichtliche System** eingebundenen Mediator, mithin eine sog. »außergerichtliche« Mediation. Lediglich für die Übergangsphase des § 9 MediationsG kommt auch noch eine gerichtliche Mediation in Betracht. 41

Ein Stufenverhältnis zur gerichtlichen Mediation oder zu einem anderen Verfahren der außergerichtlichen Konfliktbeilegung besteht nicht, wobei jedoch die Besonderheiten des finanzgerichtlichen Prozesses dafür streiten, als Konfliktlösungsverfahren die Mediation vorzuschlagen. 42

Der Vorschlag einer Mediation kann vom Finanzgericht wie vom Bundesfinanzhof unterbreitet werden. In aller Regel wird ein derartiger Vorschlag in der auf die Überprüfung von Rechtsfragen beschränkten Revisionsinstanz jedoch nur ausnahmsweise in Betracht kommen. 43

---

konsensuale Lösung eher nicht anbieten; vgl. insoweit auch *Tipke/Kruse*, Einf. FGO, Rn. 52 f.
58 A.A. zur früheren Rechtslage OLG Köln, B. v. 3.6.2011, ZKM 2012, 29 ff., mit ablehnender Anmerkung von *Spangenberg* ZKM 2012, 31.

44 Für das nach § 278a Abs. 1 ZPO vorgesehene Mediationsverfahren gelten die **gleichen Regeln** wie für jedes andere Mediationsverfahren auch. Wegen der näheren Einzelheiten wird auf die Kommentierung des Mediationsgesetzes zu Verfahren, Aufgaben, Offenbarungspflichten, Tätigkeitsbeschränkungen und Verschwiegenheitspflicht (§§ 2 bis 4 MediationsG) sowie zur Aus- und Fortbildung (§§ 5, 6 MediationsG) verwiesen.

45 Der Vorschlag zur Durchführung einer Mediation kann **nicht** zugleich mit der Person eines **bestimmten Mediators** verbunden werden.[59] Hierfür spricht zum einen die neutrale Haltung, die einzunehmen vornehmste Pflicht des Finanzgerichts ist und dem es ebenfalls untersagt ist, den Beteiligten einen bestimmten Anwalt zu empfehlen; zum anderen ist es Ausfluss des Prinzips der Freiwilligkeit, dass sich die Parteien ihren Mediator selbst auswählen können.

e) Andere Verfahren der außergerichtlichen Konfliktbeilegung (§ 278a Abs. 1 Satz 1, 2. Alt. ZPO)

46 Im Gesetz selbst finden sich keine Hinweise darüber, was unter einem »anderen Verfahren der außergerichtlichen Konfliktbeilegung« zu verstehen ist. In der Gesetzesbegründung werden etliche Verfahrensarten benannt,[60] von denen jedoch die Wenigsten für einen finanzgerichtlichen Vorschlag in Betracht kommen dürften.

f) Gerichtliche Mediation im Übergangszeitraum

47 In der Übergangsphase des § 9 MediationsG können die Finanzgerichte den Konfliktbeteiligten auch eine gerichtliche Mediation vorschlagen, wenn eine solche bereits vor Inkrafttreten des Mediationsförderungsgesetzes zum Angebot des Finanzgerichts zählte.

---

[59] Es spricht jedoch nichts dagegen, die Beteiligten auf ggf. bei Gericht vorgehaltene Listen oder solche der Rechtsanwaltskammern, der IHKs oder der Mediationsinstitute zu verweisen; vgl. auch *Nelle*, »Multi-Door-Courthouse Revisited«, S. 123 ff. (129 f.).

[60] Vgl. Begr. BT-Drucks. 17/5335, A. II., ferner die Zusammenstellung unter Andere Verfahren, I. Rdn. 1 ff.

g) Entscheidung der Beteiligten (§ 278a Abs. 2, 1. HS ZPO)

Die Entscheidung der Beteiligten für eine Mediation oder eine andere konsensuale Streitschlichtung ist an **keine Form** gebunden. Sie kann schriftlich, mündlich als auch zu Protokoll geschehen. Die Beteiligten sind an den Vorschlag des Finanzgerichts nicht gebunden, können also beispielsweise statt einer angebotenen außergerichtlichen Mediation sich in der Übergangsphase des § 9 MediationsG auch für eine gerichtliche Mediation entscheiden oder von sich aus dem Gericht einen entsprechenden Vorschlag unterbreiten. 48

h) Gerichtlicher Ruhensbeschluss (§ 278a Abs. 2, 2. HS ZPO)

Zwingende und daher unanfechtbare **Rechtsfolge** einer Entscheidung der Beteiligten für eine Mediation oder ein anderes Verfahren der außergerichtlichen Streitbeilegung ist die Anordnung des Ruhens des Verfahrens gem. § 155 Satz 1 FGO i. V. m. §§ 278a Abs. 2, 251 ZPO durch gerichtlichen Beschluss. Eines gesonderten Antrages hierzu bedarf es nicht; er ist in der Erklärung »für« ein konsensuales Verfahren konkludent enthalten.[61] 49

Gerichtlicher Beschluss meint in diesem Zusammenhang eine Entscheidung des Senats, es sei denn es liegt eine Übertragung auf den Einzelrichter vor (§ 6 Abs. 1 FGO). 50

Aus § 155 Satz 1 FGO i. V. m. § 251 Satz 2 ZPO folgt, dass bei einer Ruhensanordnung grundsätzlich wie bei einer Unterbrechung und Aussetzung nach § 249 ZPO der Lauf einer jeden Frist aufhört mit Ausnahme der in § 233 ZPO bezeichneten Fristen. Das bedeutet, dass die Notfristen gem. § 224 Abs. 1 Satz 1 ZPO, die Rechtsmittelbegründungsfristen und die Wiedereinsetzungsfrist des § 234 Abs. 1 ZPO weiterhin laufen.[62] 51

Es obliegt den Beteiligten und nicht dem Streitschlichter (Mediator etc.), das Gericht über das Ergebnis der Mediation zu unterrichten. 52

i) Verhältnis der Vorschrift zu § 278 Abs. 5 ZPO

Das Gericht wird für beide Verfahrensarten (Mediation einerseits, Güterichter andererseits) grundsätzlich die gleichen Überlegungen zugrunde legen, also neben dem Aspekt der Freiwilligkeit insbesondere die Geeignetheit, 53

---

61 Vgl. die Kommentierung zu § 278a ZPO, Rdn. 65.
62 *Tipke/Kruse*, Abgabenordnung, § 74 FGO, Rn. 21; *Baumbach*, ZPO, § 251 Rn. 9.

§ 155 FGO

Zeit- und Kostenfaktoren sowie die Komplexität der Auseinandersetzung berücksichtigen. Sollte sich im Hinblick auf den konkreten Konflikt ein anderes Verfahren der außergerichtlichen Konfliktbeilegung anbieten, so ist diesem jedenfalls der Vorrang einzuräumen.[63]

j) Hinweise für die Praxis

54 Sieht man von den eingangs dargestellten Besonderheiten im Zusammenhang mit der beschränkten Vergleichsmöglichkeit ab, so ergeben sich keine spezifischen, über § 278a ZPO hinausgehende Praxishinweise; insoweit kann daher auf die Ausführungen in der Kommentierung zu **§ 278a ZPO**[64] verwiesen werden. Soweit die Beteiligten nicht auf Vorschlag des Gerichts, sondern von sich aus mitteilen, dass sie sich auf eine Mediation oder ein anderes Verfahren der außergerichtlichen Konfliktbeilegung geeinigt haben, bleibt anzuraten – solange noch keine einschlägige Rechtsprechung vorliegt –, ihre entsprechende Information an das Gericht hilfsweise mit einem Antrag auf Ruhen des Verfahrens gem. 278a Abs. 2 ZPO zu verbinden.

---

63 Vgl. hierzu umfassend die Kommentierung zu § 278 ZPO, Rdn. 82.
64 Vgl. die Kommentierung zu § 278a ZPO, Rdn. 85 ff.

Mediationsförderungsgesetz

Artikel 9 Inkrafttreten

Dieses Gesetz tritt am Tag nach der Verkündung in Kraft.

Die Vorschrift des **Artikels 9 des Mediationsförderungsgesetzes** ist aus sich 1
heraus verständlich und entspricht der üblichen Klausel. Das (Artikel-)Gesetz
zur Förderung der Mediation und anderer Verfahren der außergerichtlichen
Konfliktbeilegung ist am 25.07.2012 im Bundesgesetzblatt (BGBl. 2012,
S. 1577) verkündet worden und dem gemäß am 26.07.2012 in Kraft getreten.

Der Tag des Inkrafttretens erlangt im Übrigen Bedeutung für die Übergangs- 2
bestimmung des § 9 MediationsG, wonach die bisherigen gerichtsinternen
Mediationsangebote noch bis zum 01.08.2013 weiterhin durchgeführt werden können; auf die Kommentierung zu § 9 MediationsG wird Bezug genommen.

Methodik und Anwendungsbereiche der Mediation

Im Folgenden werden Methodik und Anwendungsbereiche der Mediation im Zusammenhang dargestellt. Zwar enthält die vorhergehende Kommentierung des Mediationsförderungsgesetzes, namentlich der einzelnen Vorschriften des Mediationsgesetzes, an zahlreichen Stellen Ausführungen und Hinweise zum Verfahren wie zu Prinzipien und Methoden. Um die Kommentierung handhab- wie nachvollziehbar zu halten und nicht mit Details des notwendigen Hintergrundwissens zu überfrachten, andererseits jedoch auch denjenigen Benutzern ein umfassende Darstellung zu unterbreiten, die mit der Mediation (noch) nicht (in allen Einzelheiten) vertraut sind, wurde dieser Teil ausgegliedert und hierfür die Form der lehrbuchmäßigen Darstellung gewählt.

Das **erste Kapitel** befasst sich u. a. mit den **Ursachen** und der **Entwicklung von Konflikten** und spannt einen Bogen von der Entwicklung der Konflikttheorien über Typisierung, Ursachen und Dynamiken bis hin zu konfliktangemessenen Interventionsmöglichkeiten und verdeutlicht damit deren Bedeutung für eine erfolgversprechende Tätigkeit als Mediator.

Das **zweite Kapitel** widmet sich im Wesentlichen der **Methodik der Mediation** und stellt im Zusammenhang das Handwerkszeug dar, dessen Kenntnis und Beherrschung für eine erfolgreiche Konfliktlösung unabdingbar sind: Prinzipien, Phasen und Kommunikationstechniken der Mediation. Dabei geht es nicht (allein) um abstraktes Wissen, sondern um das Beherrschen ihrer konkreten und konfliktangemessen Verwendung. Abgerundet wird dieses Kapitel daher mit Ausführungen zur mediationsanalogen Supervision, die dem Mediator einen »Über-Blick« auf die eigene Arbeit und deren Perfektionierung ermöglicht.

Mit dem **dritten Kapitel** wird das Wissen eines Mediators für **psychologische Aspekte, Hintergründe und Dynamiken** geschärft. Dementsprechend finden sich Schwerpunkte zur Bedeutung von Emotionen und zu hocheskalierten Konflikten, ferner zu dem Konfliktfeld Familie, namentlich bei Trennung und Scheidung, sowie dem Konfliktfeld Arbeit mit dem Schwerpunkt Mobbing.

Das **vierte Kapitel** stellt einige **besondere Formen der Mediation** dar, die sich zum Teil erst in den letzten Jahren herausgebildet bzw. einen stärken Stellenwert erhalten haben. So macht die vermehrte Hinwendung von Mediationen im Bereich von Arbeit und Gemeinwesen es in zahlreichen Kon-

Methodik und Anwendungsbereiche der Mediation I.

flikten erforderlich, eine Mediation nicht allein, sondern in Zusammenarbeit mit einem oder mehreren Mediatoren anzubieten und durchzuführen. Zudem sind Konfliktparteien aus vielfachen Gründen nur dann zu einem Mediationsverfahren bereit, wenn für den gesamten Prozess ein überschaubarer Zeitrahmen eingehalten wird, äußere Umstände mithin, die ebenfalls ein Umdenken im Verfahren erforderlich machen: Mit der Kurz-Zeit-Mediation steht daher für solche Konfliktparteien ein methodisches Angebot zur Verfügung, deren Streit überschaubar ist und die für dessen Bearbeitung nur eine knappes Zeitbudget aufbringen wollen oder können. Schließlich wird ein zukunftsorientierter Blick auf die Möglichkeiten geworfen, die sich aus dem Einsatz elektronischer Medien im Bereich der konsensualen Konfliktlösung ergeben.

6 Das **fünfte** und letzte **Kapitel** widmet sich den **unterschiedlichen Anwendungsbereichen** der Mediation und beschreibt u. a. exemplarisch erfolgreiche Beispielsfälle aus ganz unterschiedlichen Feldern wie beispielsweise dem Familienrecht, dem Arbeitsrecht, dem Wirtschaftsrecht oder dem öffentlichen Recht.

I. Ursache und Entwicklung von Konflikten

Übersicht	Rdn.		Rdn.
1. Einführung	1	dd) Verteilungskonflikte	28
2. Begriff	6	ee) Wertekonflikte	29
3. Die Entwicklung der Konflikttheorien	10	ff) Rollenkonflikte	30
		gg) Strukturkonflikte	31
a) Die Vorgeschichte konflikttheoretischen Denkens	11	hh) Machtkonflikte	32
		ii) Identitätskonflikte	33
b) Die Entwicklung der klassischen Konflikttheorie	14	b) Unterscheidung nach den Konfliktbeteiligten	34
c) Soziale Konflikttheorie in der Gegenwart	17	aa) Intrapersonelle Konflikte	35
d) Ergebnis	22	bb) Interpersonelle Konflikte	36
4. Die Typisierung von Konflikten	23	cc) Intergruppenkonflikte	37
a) Unterscheidung nach den Streitgegenständen	25	dd) Internationale und globale Konflikte	38
aa) Sachkonflikte	25	c) Unterscheidung nach der Erscheinungsform des Konflikts	39
bb) Beziehungskonflikte	26		
cc) Interessenkonflikte	27		

I. Methodik und Anwendungsbereiche der Mediation

aa) Äußere Erscheinungsform und Konfliktintensität 40	aa) Was ist Kommunikation? 52
bb) Austragungsform 41	bb) Kommunikationsstörungen als Konfliktursache 59
d) Unterscheidung nach dem Konfliktrahmen 42	d) Machtverhältnisse und Erwartungen 63
aa) Mikrosozialer Raum 43	e) Kulturkreis und Geschlecht . 65
bb) Mesosozialer Raum 44	6. Die Dynamik von Konflikten .. 67
cc) Makrosozialer Raum 45	a) Konfliktentwicklung 69
5. Die Ursachen von Konflikten .. 46	aa) Naming 69
a) Konfliktverhalten und Sozialisation 49	bb) Blaming 70
b) Selbstbild und Rollenverständnis 51	cc) Claiming 71
c) »Gestörte« Kommunikation . 52	b) Konfliktstufen nach Glasl ... 73
	7. Konflikteskalation und Interventionsmöglichkeiten 86

1. Einführung

Konflikte sind alltäglich. Sie gehören zum Leben des Menschen ebenso wie die morgendliche Tasse Tee oder Kaffee. Die Konfrontation mit ihnen findet in vielen Bereichen statt: in der Familie zwischen Eltern und Kindern, in der Berufswelt zwischen Arbeitgebern und Arbeitnehmern oder Mitgesellschaftern, in Politik und Wirtschaft zwischen Parteien, Organisationen, Koalitionen und zwischen verschiedenen Ländern.

Konflikte treiben den Menschen an und sind eine grundlegende Bedingung für soziale Interaktion und Veränderungsprozesse. Produktiv gehandhabt, sind sie eine wichtige **Quelle für Fortschritt** und Weiterentwicklung – in der Mediation wird auch von der Krise als Chance gesprochen. Und dennoch: Konflikte werden allgemein eher als belastend empfunden und wahrgenommen. Sie verursachen Magendrücken und Unwohlsein, sie schleichen sich ein und wirken meist lähmend, oft werden sie nicht einmal bemerkt, bewusst oder unterbewusst verdrängt. In ihrer Alltäglichkeit stellen Konflikte für die Betroffenen meist eine Bedrohung dar: sie werden unterdrückt, um den vermeintlichen Frieden nicht zu gefährden oder die vorhandenen Strukturen zu schützen. Tritt der Streit dann zutage, ist der Konflikt oft so weit eskaliert, dass die Beteiligten nicht mehr in der Lage sind, miteinander zu kommunizieren und Anwälte und Gerichte für die Durchsetzung ihrer Belange in Anspruch nehmen.

Methodik und Anwendungsbereiche der Mediation I.

3 **Moderne Konfliktlösungsmöglichkeiten** wie die Mediation fördern den produktiven Umgang mit Konflikten und Streit und die Erarbeitung konstruktiver Lösungen. Die Mediation kann dabei auch schon **präventiv** – zur Vermeidung vom Konflikten – und/oder **begleitend**, z. B. während eines großen Bauvorhabens oder in der Trennungsphase eines Paares eingesetzt werden. Insbesondere in sog. nicht oder schwer justitiablen Bereichen (z. B. Familie, Nachbarschaft), in denen die Erlangung und Durchsetzung einer juristischen Entscheidung zwar praktisch möglich, aber eigentlich nie zu einer nachhaltigen Lösung oder Befriedung der Situation führt, zeigt die Mediation ihre Stärke: mit Hilfe des Mediators besteht die Chance, manifeste Konflikte aufzubrechen und die streitenden Parteien zu befähigen, einander zuzuhören und wieder ins Gespräch zu bringen.

4 Wenn Konflikte unerkannt und ungelöst bleiben, destruktiv ausgetragen oder gar nicht behandelt werden, besteht die Gefahr umfangreicher Verwerfungen und Schäden. Der berühmte Tropfen, der das Fass zum Überlaufen bringt, kann zu Trennungen, zum Abbruch von Geschäftsbeziehungen, langjährigen und streitigen Gerichtsverfahren oder in internationalen Beziehungen gar zu kriegerischen Auseinandersetzungen führen. Zurück bleibt oft ein politisches, wirtschaftliches oder emotionales Schlachtfeld.

5 Die **Ursachen für Konflikte** sind vielfältig und vielschichtig. Sie tauchen regelmäßig nicht isoliert auf sondern sind ein Zusammenspiel einzelner, miteinander verzahnter Faktoren: Sozialisation, kulturelle Prägung und eigene Verhaltensmuster spielen eine ebenso große Rolle wie Gefühle, Interessen, Werte, Erwartungen, subjektive Wahrnehmung und individuelle Vorstellungen. Die Kenntnis der individuellen Prägung eines Konflikts und seiner verschiedenen Ursachen gehört zum fundamentalen Basiswissen des Mediators, der mit der Klärung in einem Mediationsverfahren beauftragt ist.

2. Begriff

6 Bei der Recherche nach einer allgemein gültigen Definition von »Konflikt« wird schnell klar, dass es einen einheitlichen Begriff ebenso wenig gibt, wie eine einzige Konflikttheorie. Der Konfliktbegriff sei einer der »**schillerndsten und widersprüchlichsten Begriffe** der Sozialwissenschaft«,[1] konstatiert *Thorsten Bonacker*. Dieser Erkenntnis kann man nur beipflichten.

---

1 Vgl. *Bohnacker/Imbusch*, in: *Imbusch/Zoll*, Friedens- und Konfliktforschung, S. 77.

I. Methodik und Anwendungsbereiche der Mediation

Der Duden definiert Konflikt als »**Zusammenstoß, Zwiespalt oder Widerstreit**«;[2] der Brockhaus beschreibt Konflikt (lat. ›Widerstreit‹) als »Streit, Zwiespalt«.[3] Bereits an dieser Stelle setzt in der (Sozial-) Wissenschaft eine kontroverse Diskussion ein: es sei unzulässig, nicht klar zwischen einem neutralen Arbeitsbegriff und einer Bewertung des Phänomens Konflikt sowie dessen Kontext und Ursächlichkeit zu unterscheiden. Zwar lasse sich ein Streit und jeder Zusammenprall immer auf einen Konflikt zurückführen, doch nicht jeder Konflikt führe zwangsläufig zu diesen Austragungsformen.[4]

Tatsächlich gibt es eine **Vielzahl von Definitionen**, die den Begriff »Konflikt« in Bezug zu seinen möglichen Austragungsformen, seinen Ursachen oder seinen Kontext setzen und dadurch mit einer Bewertung versehen. In der Friedensforschung wird Konflikt als »eine Eigenschaft eines Systems, in dem es miteinander unvereinbare Zielvorstellungen gibt, sodass das Erreichen des einen Zieles das Erreichen des anderen ausschließen würde«[5] definiert. Hier wird auf die Ursache eines Systems Bezug genommen.

Das Wörterbuch der Soziologie definiert: »Konflikt (lat.: *confligere* = Zusammenstoß), im sozialwissenschaftlichen Sinn allgemeine Bezeichnung für Auseinandersetzungen, Spannungen, Gegnerschaften, Gegensätzlichkeiten, Streitereien und Kämpfe verschiedener Intensität und Gewaltsamkeit zwischen einzelnen Personen, Personen und Gruppen, Organisationen, Verbänden, Gesellschaften, Staaten u. a. untereinander über Werte, Lebensziele, Status-, Macht- oder Verteilungsverhältnisse knapper Güter.«[6] Auch bei dieser Definition werden verschiedene Ebenen – Kontext, Ursachen und Austragungsformen – vermischt. *Josef H. Fichter* definiert in »Grundbegriffe der Soziologie« den Konflikt als »jene Form der Interaktion, durch die zwei oder auch mehr als zwei Personen einander zu beseitigen suchen, und zwar entweder durch vollkommene Vernichtung oder Unschädlichmachung. Die elementarste Form des Konflikts ist der Krieg …«.[7] Bei dieser Definition steht die Konfliktaustragungsform im Vordergrund, die zwangsläufig zu einer negativen Bewertung führt: Konflikt bedeutet Destruktion.

---

2 *Duden*, Bd. 1, Rechtschreibung.
3 *Brockhaus*, Bd. 3, S.198.
4 http://www.friedenspädagogik.de.
5 *Galtung*, in: *Senghaas*, Kritische Friedensforschung, S. 235.
6 *Hartfiel*, Wörterbuch der Soziologie, S. 347.
7 *Fichter*, Grundbegriffe der Soziologie, S. 25.

9 Die verschiedenen Definitionen[8] verdeutlichen, dass der Konfliktbegriff nicht isoliert als »Arbeitsbegriff« aussagekräftig ist, sondern er auch nach seinen Austragungsformen (z. B. Streit), nach seiner Ursächlichkeit (z. B. unvereinbare Zielvorstellungen) und/oder der Konfliktart (z. B. Verteilungskonflikt) beschrieben und ergänzt wird. Als Minimalkonsens gilt heute, dass Konflikte **Auseinandersetzungen zwischen zwei oder mehreren Individuen** oder Gruppen sind. Auch bezüglich der Grundeinteilung in Interessen- und Wertekonflikte besteht mittlerweile Einigkeit.[9]

3. Die Entwicklung der Konflikttheorien

10 Um Konflikte nach unserem heutigen Verständnis zu begreifen und zu erkennen, ist ein kurzer Überblick über die Entstehung und Entwicklung der Konflikttheorien hilfreich. Die unterschiedlichen Begrifflichkeiten sind eine Folge des sich **wandelnden Konfliktverständnisses**, die sich in unzähligen theoretischen Positionen widerspiegeln.

a) Die Vorgeschichte konflikttheoretischen Denkens

11 Die Wurzeln der Konflikttheorie liegen in der Renaissancezeit.[10] Bis zu diesem Zeitpunkt galt die Neigung des Menschen zu Streit und Auseinandersetzungen als unerwünschte Erscheinungen, die den inneren Frieden der Gesellschaft und die Moral der Menschen gefährden. Die Angst vor dem Auseinanderbrechen der Gesellschaft verbot es, Konflikte als normale Handlungsprozesse wahrzunehmen. Das menschliche Handeln, welches sich bis dahin an **religiösen und moralischen Geboten** orientierte, wurde mit dem Säkularisierungsprozess zunehmend einer eigenen Gesetzmäßigkeit unterstellt. Dadurch änderte sich auch die Betrachtung sozialer Konflikte. Der Italiener *Niccolo Machiavelli* (1469–1527) und die Engländer *Thomas Hobbes* (1588–1678) und *Charles Darwin* (1809–1882) gelten als Wegbereiter des konflikttheoretischen Denkens.

---

[8] Vgl. auch *Dahrendorf*, Gesellschaft und Freiheit, S. 201; *Wasmuth*, in: *Imbusch/Zoll*, Friedens- und Konfliktforschung, S. 180 f.; *Glasl*, Konfliktmanagement, S. 17.
[9] *Endruweit/Trommsdorf*, Wörterbuch der Soziologie, S. 281.
[10] *Giesen*, in: *Endruweit*, Moderne Theorien der Soziologie, S. 87.

I. Methodik und Anwendungsbereiche der Mediation

Macchiavelli stellte erstmals Politik und Kriegsführung als rationale und weltliche Unternehmungen dar. Nach seinen Erkenntnissen musste zum Gewinn und zum Erhalt politischer und militärischer Macht die Moral zurückstehen und wenn erforderlich sogar auch missachtet werden. Durch die Abkoppelung der moralischen Gebote vom politischen Handeln wurde der Weg geebnet zu einer neuen, revolutionären Sichtweise auf soziale Konflikte. Von nun an wurde das menschliche Handeln als eine Sphäre betrachtet, das eigenen rationalen Gesetzen unterliegt und einer empirischen Untersuchung zugänglich ist. An dieser Stelle entspringt die konflikttheoretische Tradition, die Konflikte als strategische Spiele zwischen rationalen Akteuren betrachtet und die Analyse des Handelns in den Mittelpunkt stellt.[11]

Eine weitere Grundlage für die Entstehung der modernen Konflikttheorien liefert der Engländer *Thomas Hobbes* in seinem Werk »Leviathan«:[12] Vor dem Hintergrund des englischen Bürgerkrieges und des ständigen Wechsels staatlicher Autorität mit chaotischen, ärmlichen und gewalttätigen Verhältnissen entwickelte er seine Vorstellung von der **konfliktträchtigen Grundnatur der Menschen**, die ihre Bedürfnisse nach Macht und Eigennutz ungehemmt ausleben und sich damit schließlich ins Unglück stürzen. Diese Wahrnehmung brachte ihn zu seiner Überzeugung, dass der Verzicht auf einen Teil der Freiheit durch die Unterordnung unter eine zentrale Autorität, den »Leviathan«, zu einer sozialen Ordnung führt, die wechselseitige Sicherheit gibt und eine geregelte Kooperation ermöglicht. Ebenso wie bei *Machiavelli* herrscht auch bei ihm die Überzeugung vor, dass nicht die moralische Verpflichtung auf göttliche Gebote die Menschen dazu bringt, sich einem Souverän zu unterwerfen, sondern die vernünftige Wahrnehmung der eigenen Interessen. Für das konflikttheoretische Denken setzte *Hobbes* mit dieser Annahme vor 450 Jahren Maßstäbe: Durch die von ihm geschaffenen Gegenpole des anarchischen Naturzustandes einerseits und der sozialen Ordnung andererseits schaffte er erstmals einen analytischen Rahmen, der bis in die moderne Gesellschaftstheorie fortwirkt.

12

Obwohl die Evolutionstheorie *Charles Darwins* zunächst nur auf natürliche Prozesse ausgerichtet war, hat sie auch intensiven Einfluss auf die Sozialtheorie des späten 19. und beginnenden 20. Jahrhunderts ausgeübt. Darwins Er-

13

---

11 *Giesen*, in: *Endruweit*, Moderne Theorien der Soziologie, S. 87.
12 *Hobbes*, Leviathan or the Matter, Forme and Power of a Commonwealth Ecclesiastical and Civil.

kenntnis, dass sich die Arten aufgrund eines natürlichen Ausleseprozesses entwickeln, indem sich die an die Umwelt angepassten Individuen im Kampf um knappe Ressourcen durchsetzen, bedeutete im gesellschaftlichen Sinn schließlich auch, dass Konkurrenz und Konflikt im Verteilungskampf zu **Entwicklung, Wandel und Fortschritt** führt.[13] Der sozialdarwinistische Ansatz geht von naturwissenschaftlichen Determinanten aus, der auf das menschliche Sozialverhalten übertragen wird. Erstmals wird Konflikt und Wettbewerb als eine natürliche Entwicklung begriffen, die im Hinblick auf geschichtlichen Wandel ein Fortkommen darstellen. Ohne auf die christliche Vorstellung zurückgreifen zu müssen, ermöglichte der Ansatz von *Darwin* die Erklärung einer natürlichen Folge bei Kampf und Konkurrenz um knappe Ressourcen und bereitete den Boden für die Betrachtung sozialer Prozesse. *Darwins* Evolutionstheorie trägt in erheblichem Maße zur Entstehung der klassischen Konflikttheorie bei, die Konflikt und Konkurrenz als Motor für Wandel und Fortschritt entdeckte.

b) Die Entwicklung der klassischen Konflikttheorie

14 Die Basis für die konflikttheoretische Tradition ist eng verbunden mit dem Werk von *Karl Marx* (1818–1883) und den Begriffen des Klassenkampfes und des gesellschaftlichen Widerspruchs der klassischen Gesellschaftstheorie des 19. Jahrhunderts. *Marx* wandte die Modelle der sozialen Prozesse in umfassender Weise auf die Beziehungen zwischen unterschiedlichen gesellschaftlichen Gruppen an. Im Mittelpunkt seiner Theorie steht die Erkenntnis, dass nicht der Mensch selbst und sein individuelles Handeln ursächlich für Konflikte sind, sondern die **Strukturen einer Gesellschaft der Nährboden für Konflikt** und Kampf sind. Konflikt im Marxschen Sinn ist das Ergebnis der Ungleichheit in der Gesellschaft, die mit der Entwicklung der Arbeitsteilung und des Eigentums zu einer Hierarchie zwischen Herrschern und Beherrschten führt. Diese durch Herrschaft geschaffene Ungleichheit der Besitzenden und der Besitzlosen und den damit einhergehenden grundsätzlich gegensätzlichen Interessen führen zu einem Klassenkampf, der im Kern unauflösbar ist. Nur unter Aufhebung aller Klassengegensätze, ohne Privateigentum, ohne Herrschaft und gesellschaftlicher Arbeitsteilung sei es möglich, die Dynamik individueller Interessen und sozialer Konflikte zu brechen. Bei *Marx* gelten Konflikte nicht mehr als soziale Beziehungsprozesse zwischen Indivi-

---

13 Vgl. *Schellenberg*, The Science of Conflict, S. 19 ff. (33).

I. Methodik und Anwendungsbereiche der Mediation

duen, sondern sie sind das Ergebnis gesellschaftlicher Strukturen: der Klasse der Herrschenden und der Beherrschten.

Die Theorie des Klassenkonfliktes von *Marx* war für den Gesellschaftstheoretiker *Max Weber* (1864–1920) Hintergrund und Anknüpfungspunkt für seine eigenen Theorien. Insbesondere seine Herrschaftssoziologie führte auch in der Konflikttheorie wieder zu neuen Fragestellungen. *Weber* verstand unter Herrschaft im Gegensatz zu *Marx* nicht nur eine auf Zwang zurück zu führende feindliche Beziehung zwischen Herrschenden und Beherrschten, sondern für ihn bedeutete es auch eine soziale Ordnung, die zwar ebenfalls Ungleichheit erzeugte, aber von den Beherrschten aufgrund ihrer Legitimität auch Anerkennung erhalten kann, jedoch Gehorsam voraussetzt. *Weber* war der erste, der den Begriff **Legitimität mit Herrschaft** zusammen dachte und drei Gründe unterschied: die charismatische Herrschaftslegitimation, die auf dem Glauben an die Fähigkeiten des Herrschers beruht, die traditionelle Herrschaft, die sich auf den Glauben an die Heiligkeit altüberkommener Ordnungen und Herrengewalten stützt und die legal-bürokratische Legitimation, die auf anerkannte formale Verfahren und Rechtsordnungen beruht. Damit ging es künftig nicht mehr nur um den Umsturz gesellschaftlicher Strukturen durch Konflikte, sondern um gesellschaftliches Konflikthandeln, welches im Rahmen der Herrschaftsordnung seinen Sinn erhält und dadurch gerechtfertigt wird.[14]

Einen entscheidenden Wendepunkt in der Konfliktsoziologie leitete *Georg Simmel* (1858–1918) ein. Er interessierte sich nicht für die konkreten Inhalte zwischenmenschlicher Beziehungen, sondern für die Art und Weise, wie sie sich vollziehen und betrachtete sie aus der Distanz des Beobachters. Seine **Theorie des sozialen Konflikts** führt zur Überwindung des bis dato geltenden dyadischen Konfliktmodells, indem er seinen Blick – weg von der Substanz des Konflikts – auf die unterschiedlichen Formen der Auseinandersetzungen lenkt und diese als Bestandteil einer konstruktiven Gesellschaftsbildung versteht. Konflikte sind nach *Simmel* keine Ausnahmen oder Erscheinungen, die die »Ordnung« der Gesellschaft in Gefahr bringen oder in Frage stellen, sondern sie *sind* die Gesellschaft.[15] Insbesondere die Erkenntnis, dass der Konflikt weder ausschließlich negativ noch ausschließlich positiv zu beurteilen ist und in Folge dessen seine sowohl konstruktiven

---

14 Vgl. *Giesen*, in: *Endruweit*, Moderne Theorien der Soziologie, S. 90.
15 Vgl. *Stark*, in: *Bonacker*, Sozialwissenschaftliche Konflikttheorie, S. 85.

als auch seine destruktiven Wirkungen stets eng miteinander verbunden sind,[16] stellt die Grundlage für die heutige **empirische Konfliktforschung** dar. Wenn man mit *Simmel* von dem Grundsatz der Ambivalenz des Konflikts ausgeht, dann sind damit alle Theoriekonstruktionen überholt, die das Wesen des Konflikts einseitig als dysfunktional oder pathologische Abnormität beurteilen oder ebenso einseitig als Motor für Fortschritt und sozialen Wandel ansehen. Die Entwicklung der Gesellschaft sei nun »nicht mehr als bloße Abfolge von Konflikt- und Integrationsperioden (von der friedlichen »Urhorde« zur »kapitalistischen Gesellschaft« und zum »Klassenkampf« und weiter zur »freien Assoziation von Individuen«, oder von der »militärischen« Konfliktgesellschaft« zur »industriellen« Friedens-Gesellschaft)« zu konstruieren,[17] sondern sich bedingen: »Und so verhält sich Kampf und Frieden. Im Nacheinander wie im nebeneinander des gesellschaftlichen Lebens verschlingen sie sich derartig, dass sich in jedem Friedenszustand die Bedingungen für den künftigen Kampf, in jedem Kampf die für den künftigen Frieden herausbilden; verfolgt man die sozialen Entwicklungsreihen unter dieser Kategorie rückwärts, so kann man nirgends haltmachen, in der geschichtlichen Wirklichkeit weisen beide Zustände ununterbrochen aufeinander hin.«[18]

c) Soziale Konflikttheorie in der Gegenwart

17 In der Soziologie war der Konflikt von Anfang an ein zentrales Thema. Als Wissenschaft nimmt die Konfliktsoziologie jedoch erst seit den 50iger Jahren des 20. Jahrhunderts Gestalt an, in dem sie Typisierungen und Klassifikationen von Konflikten in theoretische Bezugsrahmen setzt.[19]

18 An die Tradition von *Simmel* knüpfte *Lewis A. Coser*[20] mit seiner strukturfunktionalistischen Konflikttheorie an, die auf der Erkenntnis beruht, dass jedes Element in einer Gesellschaft einen Beitrag zu ihrer Veränderung leistet. Er unterteilt Konflikte grundsätzlich in **funktionale und dysfunktionale Konflikte.** Dabei sind nach seiner Auffassung die funktionalen – produktiven – Konflikte einer Lösung zugänglich, weil sie konsensorientiert sind und für die Konfliktparteien einen Strukturwandel mit sich bringen. Den dys-

---

16 Vgl. *Simmel*, in: *Bühl*, Konflikt und Konfliktstrategie, S. 186 ff.
17 Vgl. *Bühl*, Konflikt und Konfliktstrategie, S. 12.
18 *Simmel*, in: *Bühl*, Konflikt und Konfliktstrategie, S. 246.
19 Vgl. *Bühl*, Konflikt und Konfliktstrategie, S. 9.
20 Vgl. *Coser*, Theorie sozialer Konflikte, S. 8.

I. Methodik und Anwendungsbereiche der Mediation

funktionalen Konflikten fehle es hingegen an dem konsensorientierten Hintergrund gemeinsamer Ziele oder eines Einigungswillens mit der Folge desintegrierender Wirkung. So unterscheidet *Coser* »echte« Konflikte, die der Erreichung eines Zieles dienen, und »unechte« Konflikte, in dem der Konflikt an sich im Mittelpunkt steht.

Ralf Dahrendorf, wie *Coser* ebenfalls ein Vertreter der liberalistischen Theorie, führt Konflikte auf die strukturellen Bedingungen des Systems zurück und definiert Konflikt als »jede Beziehung von Elementen, die sich durch objektive (latente) oder subjektive (manifeste) Gegensätzlichkeit kennzeichnen lässt.«[21] Jeder Konflikt sei auf zwei Elemente zurückzuführen – auch wenn mehrere beteiligt seien: immer würden sich Koalitionen bilden, die wiederum zur Zweidimensionalität führen. *Dahrendorf* führt zur Klassifizierung der Konflikte eine **neue Typologie** ein und unterscheidet nach dem Umfang von sozialen Einheiten (Rollen, Gruppen, Sektoren, Gesellschaften, übergesellschaftliche Verbindungen) bzw. nach dem Rangverhältnis der Konfliktbeteiligten (Gleicher contra Ungleicher, Übergeordneter contra Untergeordneter, Ganzes contra Teil).

In der modernen soziologischen Konfliktforschung sind drei Abgrenzungskriterien für den Konfliktbegriff von Bedeutung: die **soziale Kontextbezogenheit** des Konflikts, die **Mehrdimensionalität** des Konflikts und seine **funktionale Ambivalenz**. Nach heutiger Erkenntnis ist jeder Konflikt sowohl in seinen Ursachen als auch in den Formen der Austragung vom sozialen Kontext zumindest mitbedingt. Ein Konflikt kann u. a. nur »durch die Verweisung auf regelmäßig zugrunde liegende gesellschaftliche Beziehungen und Prozesse«[22] erklärt werden und eben nicht durch das Wesen des Menschen oder der Gesellschaft.

Konflikte werden als mehrdimensionale Geschehen angesehen, deren Ursachen und Funktionszusammenhänge vielfältig sind und auf verschiedenen Ebenen stattfinden können. Im Gegensatz zur Eindimensionalität des Konfliktes, bei dem alle Konfliktvarianten auf einen Grundkonflikt reduziert werden – wie bei *Marx* – stehen mehrdimensionale Konflikte eben nicht notwendigerweise in einem Folgeverhältnis zueinander, wie z. B. im Herrschaftskonflikt.

---

21 *Dahrendorf*, Konflikt und Freiheit, S. 23.
22 *Bühl*, Konflikt und Konfliktstrategie, S. 10.

Wie bereits *Simmel* klar herausgestellt hat, kann ein Konflikt schließlich weder ausschließlich negativ oder ausschließlich positiv beurteilt werden. Seine guten und schlechten Funktionen ergänzen sich in unterschiedlichster Weise und Wirkung und sind schließlich Folge vielfältiger individueller Ursachen.

d) Ergebnis

22 Nach dem heutigen Konfliktverständnis sind Konflikte immer im Zusammenhang mit dem sozialen Kontext zu betrachten, sie sind weder alleine »gut« noch »böse« und hängen von vielen äußeren Einflüssen und inneren Einstellungen der Beteiligten ab. In einer gleichen Situation können gleichzeitig mehrere Wirkungen, Funktionen, Beziehungen oder Rollenerwartungen in immer neuer Konstellation Einfluss auf die Entstehung von Konflikten nehmen.[23] Das soziale Handeln ist darüber hinaus von Werten und Normen, Macht- und Produktionsverhältnissen beeinflusst, die wiederum in engem Zusammenhang mit Gesellschaftssystemen stehen, die das Konfliktverständnis prägen.

Der heute **geltende Begriff des sozialen Konflikts** »ist eine Interaktion zwischen Aktoren (Individuen, Gruppen, Organisationen usw.), wobei wenigstens ein Aktor Unvereinbarkeit im Denken/Vorstellen/Wahrnehmen und/oder Fühlen und/oder Wollen mit einem anderen Aktor (anderen Aktoren) in der Art erlebt, – dass im Realisieren eine Beeinträchtigung durch einen anderen Aktor (die anderen Aktoren) erfolge.«[24]

4. Die Typisierung von Konflikten

23 Ebenso wenig wie es einen einheitlichen Konfliktbegriff gibt, lassen sich auch verschiedene Konflikttypen[25] nicht trennscharf voneinander abgrenzen. Weil es sich bei Konflikten immer um **dynamische Vorgänge** handelt, entsprechen sie äußerst selten einem Idealtypus. Vielmehr sind Überschneidungen die Regel in der realen Konfliktwelt. Bei der Vielfalt von Konflikten ist eine Systematisierung für ein tieferes Verständnis von Konflikten für den Mediator hilfreich, um sie zu erkennen, zu bewerten und entsprechende präventive oder konfliktregelnde Maßnahmen ergreifen zu können. Für die Konfliktbe-

---

23 Vgl. *Glasl*, Konfliktmanagement, S. 14 ff.
24 *Glasl*, Konfliktmanagement, S. 17.
25 Vgl. http://de.wikipedia.org/wiki/Konflikt#Konfliktart.

teiligten geht es darum, den Konflikt an der Stelle zu behandeln, wo er gerade akut ist: deshalb muss der Mediator zum Beispiel möglichst rasch erkennen, ob sich der eigentliche Konflikt schon verselbstständigt hat, die anfängliche Ursache möglicherweise sogar irrelevant und deshalb eine Ursachenforschung konkret nicht zielführend ist. Auf der anderen Seite können Ursachen aus der Vergangenheit immer wieder für neue Konflikte auf verschiedenen Ebenen sorgen, sodass eine Klärung dieser Ursachen vordringlich ist.

Die konflikttheoretischen Ansätze zur Kategorisierung von Konflikten sind 24 vielfältig und nahezu unüberschaubar.[26] Damit der Mediator die vielversprechendste Interventionsmethode einsetzen kann, ist eine Kategorisierung nach handlungsorientierten Aspekten, wie auch *Friedrich Glasl*[27] sie vornimmt, für die Konfliktanalyse praktikabel. *Glasl* unterteilt Konflikte in drei Obergruppen: nach dem Streitgegenstand, nach ihrer Erscheinungsform und nach den Eigenschaften der Parteien.[28] Um möglichst alle auftretenden Konflikte mit einzubeziehen, wird hier zusätzlich noch nach den Beteiligten und nach dem Konfliktraum unterschieden.[29]

a) Unterscheidung nach den Streitgegenständen

aa) Sachkonflikte

Bei Sachkonflikten[30] geht es objektiv um eine Sachfrage, z. B. bei größeren 25 Kindern um den Wunsch: Wer darf im Auto vorne sitzen? Hinter dieser vordergründigen objektiven Frage verbirgt sich jedoch regelmäßig auch eine **Frage auf der Beziehungsebene**, verbunden mit Aspekten des Selbstbildes: tatsächlich bedeutet die Frage nämlich: Wer darf bei Mama/Papa sitzen? Wem schenkt der Elternteil seine Aufmerksamkeit, Anerkennung und Wertschätzung? Wer gewinnt den Verteilungskampf um die knappe Ressource?

Bereits hier ist schnell zu erkennen, wie viel Konfliktpotential sich um eine Sachfrage ranken kann.

---

26 Vgl. *Glasl*, Konfliktmanagement, S. 53 ff.
27 *Glasl*, Konfliktmanagement, S. 54.
28 *Glasl*, Konfliktmanagement, S. 54 ff.
29 Vgl. u. a. *Hennsler/Koch*, Mediation in der Anwaltspraxis, § 16, S. 561 f.
30 Vgl. *Duve/Eidenmüller/Hacke*, Mediation in der Wirtschaft, S. 16 f.

bb) Beziehungskonflikte

26 In Beziehungskonflikten[31] spielen **Emotionen** die größte Rolle. Sympathie und Antipathie, aber auch Vorurteile und Stereotype sowie Kommunikationsformen beeinflussen in hohem Maße das Verhalten der Menschen zueinander. Wir streiten mit Personen in unserem Umfeld, die wir nicht mögen, fühlen uns vom Chef benachteiligt oder vom Partner nicht gewertschätzt. »Beziehungskonflikte entstehen, wenn eine Partei die andere verletzt, demütigt, missachtet.«[32]

cc) Interessenkonflikte

27 Interessenkonflikte treten auf, wenn **persönliche, berufliche oder andere Beweggründe** der Konfliktbeteiligten miteinander kollidieren. Dies können unterschiedliche inhaltliche oder psychologische Interessen oder Bedürfnisse sein, wie z. B. Expansions- oder gegenläufige Sparinteressen im Unternehmen oder die unterschiedlichen Urlaubsideen und -bedürfnisse in der Familie. Im weiteren Sinn kann es sich bei Interessenkonflikten auch um einen Zielkonflikt handeln, wie etwa unter Gesellschaftern in Bezug auf die Unternehmensausrichtung oder -zukunft.

dd) Verteilungskonflikte

28 Verteilungskonflikte[33] entstehen, wenn die Beteiligten unterschiedliche Vorstellungen und Empfindungen in Bezug auf die **Nutzung von begrenzten Ressourcen** haben, wie über Lohn und Macht, aber auch über Anerkennung oder Wertschätzung. Sie können im familiären, wirtschaftlichen und politischen Bereich auftreten, z. B. bei der Aufteilung des Erbes oder bei der Sicherung von Bodenschätzen, wie z. B. aktuell bei der Frage, wem mögliche zu erwartende Ressourcen am Nordpol zustehen können. Dabei geht es einerseits um die tatsächliche Aufteilung des Vorhandenen, andererseits aber fast immer auch darum, dass man dem anderen etwas – aus persönlichen Gründen – nicht gönnt. So sind Verteilungskonflikte eng verwoben mit Beziehungs- und Machtfragen insbesondere unter Konkurrenten.

---

31 Vgl. *Duve/Eidenmüller/Hacke*, Mediation in der Wirtschaft, S. 22.
32 *Berkel*, Konflikttraining, S. 20.
33 Vgl. *Duve/Eidenmüller/Hacke*, Mediation in der Wirtschaft, S. 21.

I. Methodik und Anwendungsbereiche der Mediation

ee) Wertekonflikte

Menschen geraten in Wertekonflikte[34] miteinander, wenn **unterschiedliche Vorstellungen von Moral, Verantwortung oder Gerechtigkeit** aufeinander prallen. Wertekonflikte sind oft mit (inter-) kulturellen Konflikten verzahnt. Hier treten die angelernten Wertmaßstäbe von »gut« und »böse« zutage und können zu heftigen Auseinandersetzungen führen.

ff) Rollenkonflikte

Rollenkonflikte können entstehen, wenn die Beteiligten unterschiedliche Erwartungen – z. B. an Kollegen oder Vorgesetzte – haben und diese dann – in den Augen der anderen – ihrer Rolle nicht gerecht werden. Ausschlaggebend für den Konflikt sind die **verschieden empfundenen Ansprüche** an die Rolle, die damit verbunden werden.

gg) Strukturkonflikte

Strukturkonflikte kommen vorwiegend in Unternehmen und Organisationen vor, wenn es um administrative Abläufe, um Machtverteilung und **Kontrolle oder Hierarchien** geht. Sie können aber auch innerhalb der Familie auftreten, etwa wenn es darum geht, wie Familie und Beruf zwischen den Eltern gleichberechtigt aufgeteilt werden. In engem Zusammenhang damit stehen auch häufig Daten- oder Faktenkonflikte. Dabei spielen Informationsdefizite oder Fehlinformationen bzw. deren unterschiedliche Bewertung oft eine große Rolle.

hh) Machtkonflikte

Überall, wo Menschen miteinander in Beziehung stehen, können auch Machtkonflikte auftreten. Bürger fühlen sich »ohnmächtig« einer Behörde ausgeliefert oder pubertierende Kinder ihren Eltern. Die **Machtverteilung** wird als ungleich und damit als ungerecht empfunden und führt zu Streit.

---

34 Vgl. *Duve/Eidenmüller/Hacke*, Mediation in der Wirtschaft, S. 18.

ii) Identitätskonflikte

33 Identitätskonflikte oder innere Konflikte[35] entstehen, wenn die Betroffenen sich in ihrem eigenen Selbstbild oder in ihrer individuellen Persönlichkeit bedroht fühlen. Dies kann aufgrund äußerer Einflüsse geschehen, die Auswirkungen auf unser Innenleben und den seelischen Frieden haben kann. Aber auch umgekehrt werden Identitätskrisen hervorgerufen: es gibt typische Konflikte, die sich im Inneren entwickeln – etwa während der Pubertät – und **Veränderungen im Verhalten** hervorrufen, die unsere Beziehungen zu anderen Personen neu gestalten, was in der Regel nicht konfliktfrei abläuft.

b) Unterscheidung nach den Konfliktbeteiligten

34 Bei der Kategorisierung anhand der Merkmale der Konfliktparteien werden zum Einen das Verhältnis der Streitbeteiligten zueinander untersucht und zum Anderen nach der Anzahl und der Art der Parteien unterschieden.[36] Es erleichtert dem Mediator zu Beginn einer Mediation die Erfassung der Problematik und der **Dimension des Konflikts.**

aa) Intrapersonelle Konflikte

35 Bei **Konflikten im Inneren einer Person** sind zwei (oder mehrere) gegensätzliche Strömungen scheinbar oder tatsächlich unvereinbar. Intrapersonelle Konflikte,[37] die die Beteiligten mit sich selbst austragen, finden in der Mediation nur insoweit Berücksichtigung, als sie sich auf der Sachebene auswirken. In der Persönlichkeit angelegte Konfliktfaktoren beeinflussen aber sehr häufig die Beziehungsebene der Konfliktparteien zueinander und spielen in der Mediation deshalb mittelbar eine nicht zu unterschätzende Rolle. In diesem Rahmen sind sie aber unbedingt zu berücksichtigen. Ein intrapersoneller Konflikt ist nie der Auslöser für eine Mediation, sondern in der Regel Anlass zur Behandlung der Persönlichkeit.

bb) Interpersonelle Konflikte

36 Hauptanwendungsbereich der Mediation sind die interpersonellen Konflikte zwischen **zwei oder mehreren Einzelpersonen.** Sie sind alltäglich und kom-

---

35 Vgl. *Duve/Eidenmüller/Hacke*, Mediation in der Wirtschaft, S. 24.
36 *Glasl*, Konfliktmanagement, S. 57.
37 Vgl. *Duve/Eidenmüller/Hacke*, Mediation in der Wirtschaft, S. 24.

I. Methodik und Anwendungsbereiche der Mediation

men in allen Bereichen des Lebens vor, in Unternehmen zwischen Vorgesetzten und Mitarbeitern sowie unter Kollegen, innerhalb der Familie, in der Schule, kurz: überall dort wo Beziehungen zwischen Menschen bestehen. In Bezug auf das Verhältnis der Parteien können strukturelle Unterschiede von Bedeutung sein, etwa wenn sich nicht ebenbürtige Parteien gegenüber stehen.[38] Hinter solchen sogenannten asymmetrischen Konflikten können sich auch ungleiche Verteilungen von Kontrolle, Besitz, Ressourcen, Machtverhältnissen etc. verbergen, die eine Kooperation verhindern kann.

cc) Intergruppenkonflikte

Konflikte zwischen Interessengruppen oder zwischen verschiedenen Organisationen entstehen, wenn sie **unterschiedliche Ziele verfolgen** oder sich dabei gegenseitig beeinträchtigen. Es können sich im Rahmen von Auseinandersetzungen aber auch Koalitionen bilden, die verschiedene Positionen verfolgen, wie es häufig in Wirtschaftsunternehmen vorkommt, wenn z. B. Abteilungen untereinander Konflikte haben. Insbesondere auch im öffentlichen Bereich spielen Konflikte zwischen Vertretern von Unternehmen, Verbänden und Bürgerinitiativen mit der Verwaltung eine große Rolle. »Stuttgart 21« oder Konflikte um die An- und Abflugrouten von Großflughäfen sind exemplarisch für Intergruppenkonflikte im öffentlichen Bereich. 37

dd) Internationale und globale Konflikte

Politische und wirtschaftliche Konflikte auf internationaler Ebene, zwischen Ländern und/oder internationalen Organisationen werden traditionell mit Hilfe von **Diplomatie und Friedensverhandlungen** gelöst. In diesem Bereich liegen auch die Wurzeln der Mediation. 38

c) Unterscheidung nach der Erscheinungsform des Konflikts

Bei der Kategorisierung nach der Erscheinungsform des Konflikts werden die äußere Erscheinungsform des Konflikts und die **Art und Weise der Austragung** des Konflikts betrachtet. 39

---

38 *Moore,* The Mediation Process: Practical Strategies for Resolving Conflict, S. 60.

Methodik und Anwendungsbereiche der Mediation I.

aa) Äußere Erscheinungsform und Konfliktintensität

40 Die Konfliktintensität beschreibt das Ausmaß und die Mittel, mit denen eine Auseinandersetzung geführt und Interessen durchgesetzt werden. Hier wird einerseits zwischen **latenten oder manifesten Konflikten**[39] unterscheiden. Erstere schwelen unter der Oberfläche und werden möglicherweise noch nicht einmal konkret wahrgenommen, weil das Verhalten der Parteien miteinander vereinbar ist, nicht jedoch die Bedürfnisse und Wertvorstellungen.[40] Letztere treten offen zutage und werden je nach dem Ausmaß der Spannungen aber auch der taktischen Möglichkeiten sowie der vorhandenen Druckmittel unter Beachtung von Alternativen und Folgen mit dem Gegner ausgetragen. *Glasl*[41] unterscheidet zwischen »**kalten**« und »**heißen**« **Konflikten**. Kalte, nicht ausgelebte, Konflikte weisen eine äußerlich beherrschte, indirekte, verdeckte und weitgehend formgebundene Austragung auf, die zu Frustration führt und den Zusammenhalt zerstört. Heiße Konflikte implizieren hingegen eine direkte, offene und höchst emotionale Auseinandersetzung, bei der die Konfliktparteien ihre eigentlichen Motive und die Folgen ihres Handelns aus den Augen verlieren. Man spricht hier auch vom »Tunnelblick«.

bb) Austragungsform

41 Nach ihrer Austragungsform lassen sich Konflikte in institutionalisierte und nicht institutionalisierte Verfahren unterscheiden. Häufig werden Konflikte in formgebundenen oder sog. **institutionalisierten Verfahren**[42] ausgetragen. Neben dem klassischen streitigen Gerichtsverfahren gibt es in vielen Bereichen Schiedsgerichts- und Schlichtungsverfahren, eingerichtete Schiedsstellen, Vermittlungsausschüsse und Selbstverwaltungsgremien, die sich um die Vermittlung und Lösung von Konflikten bemühen.[43] Dazu gehören beispielsweise Tarifstreitigkeiten zwischen Unternehmen und Gewerkschaften. Auch im Vorfeld von Gerichtsverfahren, aber selbst während laufender Gerichtsprozesse, wird verstärkt auf außergerichtliche Konfliktbeilegungsmög-

---

39 Vgl. *Glasl*, Konfliktmanagement, S. 57.
40 Vgl. grundlegend dazu *Dahrendorf*, Zu einer Theorie des sozialen Konflikts.
41 Vgl. *Glasl*, Konfliktmanagement, S. 77 ff.
42 Vgl. Übersicht bei *Duve/Eidenmüller/Hacke*, Mediation in der Wirtschaft, S. 53.
43 Vgl. hierzu die zusammenfassende Darstellung unter Andere Verfahren, I. Rdn. 1 ff.

lichkeiten hingewiesen[44] und im Gütetermin des Gerichts die Möglichkeit einer außergerichtlichen Einigung ausgelotet.[45]

Konflikte werden sehr häufig aber auch vollkommen ohne Form ausgetragen, was die Lösungsmöglichkeiten erschwert. Die Mediation ist hier eine Brücke zwischen unkontrollierter Konflikteskalation und formalisierter Verfahren, indem sie bestimmte Spielregeln beim Verhandeln garantiert und insbesondere eine Struktur zur Verfügung stellt.

d) Unterscheidung nach dem Konfliktrahmen

Welche Personen am Konflikt beteiligt sind, richtet sich auch nach dem **Umfeld**, in dem sich ein Konflikt abspielt.[46] 42

aa) Mikrosozialer Raum

In diesem Konfliktraum spielen die interpersonellen Konflikte zwischen zwei 43 oder mehreren Einzelpersonen und kleinen Gruppen die größte Rolle. Kennzeichnend ist die **direkte Auseinandersetzung** zwischen den Beteiligten, die sog. Face-to-Face-Interaktion.[47] Der Konfliktraum kann sich aber ebenfalls ausweiten, wenn weitere Personen von außen dazukommen, die ebenfalls betroffen sind.

bb) Mesosozialer Raum

Im mesosozialen Umfeld erweitert sich die Konfliktarena. Es sind nicht mehr 44 nur Einzelakteure miteinander in Konflikt, sondern es kommen Organisationen, Koalitionen und Vertreter von Gruppen ins Spiel, was zu **Mehr-Parteien-Konflikten führt**.[48]

cc) Makrosozialer Raum

Im makrosozialen Raum ist das Konfliktumfeld von **strukturellen, gesell-** 45 **schaftlichen oder politischen Verflechtungen** geprägt. Kennzeichnend sind

---

44 Vgl. nunmehr § 278a ZPO.
45 Vgl. § 278 Abs. 5 ZPO.
46 Vgl. *Glasl*, Konfliktmanagement, S. 67 f.
47 Vgl. *Glasl*, Konfliktmanagement, S. 68.
48 Vgl. *Glasl*, Konfliktmanagement, S. 69.

verstärkte gegenseitige Abhängigkeiten, die ein hohes und komplexes Konfliktpotential bergen.[49]

5. Die Ursachen von Konflikten

46 Konflikte sind wie kulinarische Spezialitäten: man kennt ungefähr die Zutaten, aber nie die Kombination. Bei der **Komplexität von Konflikten** liegt es nahe, dass auch ihre Ursachen nicht sortiert aus der Schublade zu ziehen sind, um den Konflikt zu erklären und einer Lösung zugänglich zu machen. Es gibt fast nie nur einen Grund für einen Streit, die Konfliktursache liegt immer in einem Zusammenspiel verschiedener Konfliktfaktoren, die nicht isoliert erscheinen und in der Mediation deshalb auch nicht einzeln und nacheinander bearbeitet werden können. Es ist eine der großen Herausforderungen an den Mediator, die Ursachen aufzuspüren und gemeinsam mit den Medianten herauszuarbeiten.

47 Theoretisch besteht die Möglichkeit, Konfliktursachen in **zwei große Bereiche** zu ordnen: Faktoren, die ihren Ursprung in der Persönlichkeit und Psyche der Beteiligten haben und ihrer Art nach den Beziehungskonflikten zugeordnet werden und Faktoren, die objektive Fragen betreffen und zu den Sachkonflikten gezählt werden. In der Konfliktrealität fließen diese Sphären regelmäßig zusammen. So sind z. B. bei einer Scheidungsmediation Gefühle wie Wut, Trauer und Enttäuschung ebenso Teil der Konfliktrealität wie Sachinformationen, Daten und Fakten zur Vermögenssituation.

48 Um die Konfliktursachen zu diagnostizieren ist es für den Mediator wichtig zu wissen, wie viele verschiedene Ursachen an der Entstehung eines Konfliktes beteiligt sein können, damit er auch in der Lage ist, den Konfliktparteien aufzuzeigen, welche Faktoren ihre Wahrnehmung und Wirklichkeit prägen.

a) Konfliktverhalten und Sozialisation

49 Familiäre und **gesellschaftliche Strukturen prägen** das Konfliktverhalten und Konfliktverständnis. Erfahren Kinder und Jugendliche, dass Konflikt und Streit lautstark oder gar mit Gewalt ausgetragen oder niedergeschlagen wird, werden Konflikte als Bedrohung erlebt. Je nach der persönlichen Ausprägung eines Charakters können Negativerfahrungen im Umgang mit Konflikten entweder zu Aggressivität führen oder aber auch zu Vermeidungsstrategien,

---

49 Vgl. *Glasl*, Konfliktmanagement, S. 70.

I. Methodik und Anwendungsbereiche der Mediation

was wieder zu neuen Konflikten führen kann. Dies geschieht häufig in Paarbeziehungen, wenn ein Partner einen Konflikt erkennt, der andere ihn aber – bewusst oder unbewusst – verdrängt.[50]

Die eigene Einstellung zum Konflikt beeinflusst Wahrnehmung, Gefühle und Gedanken und **das individuelle Konfliktverhalten**.[51] Sichtbar wird nach außen jedoch nur das Verhalten – die Gefühle und psychischen Hintergründe bleiben meist wie bei einem Eisberg unter der Oberfläche verborgen. In der Mediation gilt es, die Konfliktbeteiligten zu befähigen, ihre unsichtbaren Gefühle, Wünsche und Ziele selbst wahrzunehmen, zu verstehen und zu formulieren, damit der Andere in die Lage versetzt wird, sein Verhalten nachzuvollziehen.

b) Selbstbild und Rollenverständnis

Jede Person gibt sich eine Eigendefinition, wie sie sich selbst sieht und wie sie auch von der Umwelt wahrgenommen werden möchte. Dieses **Selbstbild ist eine subjektive Vorstellung**, eine eigene Wirklichkeit, die mit dem Anspruch verknüpft ist, dass es nur diese eine »Wahrheit« über die eigene Person gibt. In dem Moment, in dem diese Eigendefinition von anderen Menschen nicht bestätigt oder gar in Frage gestellt wird, kann das Selbstverständnis ins Wanken geraten und zu einem Konflikt mit dem »Angreifer« führen.[52] Hinzu kommt das eigene Rollenverständnis, welches sich eine Person selbst gibt oder ihr von außen zugedacht wird. Es kann sogar in verschiedenen Sphären differieren, etwa in der Partnerschaft und in der Arbeitswelt. Eine Person kann sich in der Partnerschaft unterordnen, im Beruf aber eine Führungsrolle übernehmen. Wird sich die Person über ihre Doppelrolle bewusst, kann dies zu einem inneren Konflikt führen, dessen Auswirkung in der Regel auch nach außen zutage tritt und zu Konflikten mit dem Partner und Kollegen führen kann.

---

50 Vgl. umfassend hierzu Methodik, III. Rdn. 1 ff.
51 Vgl. *Duve/Eidenmüller/Hacke*, Mediation in der Wirtschaft, S. 26 ff.
52 Vgl. *Glasl*, Konfliktmanagement, S. 131.

c) »Gestörte« Kommunikation

aa) Was ist Kommunikation?

52 »Kommunikation ist die menschliche und im weitesten Sinne technisch fundierte Tätigkeit des wechselseitigen Zeichengebrauchs und der wechselseitig adäquaten Zeichendeutung zum Zwecke der erfolgreichen Verständigung, Handlungskoordinierung und Wirklichkeitsgestaltung.«[53] Kleinster gemeinsamer Nenner aller Kommunikationsforschung ist die Grundannahme, dass Kommunikation aus dem **Senden und Empfangen von Nachrichten** besteht. Kommunikation heißt nicht nur, Informationen auszutauschen oder zu übermitteln, sondern auch, miteinander in Verbindung zu treten, sich zu verständigen, sich zu verstehen. Neben Inhalten spielen Appelle und Beziehungen eine entscheidende Rolle in der Kommunikation. Der Psychotherapeut *Paul Watzlawick* hat sich intensiv mit der menschlichen Kommunikation beschäftigt und Axiome[54] über Kommunikationsabläufe aufgestellt:

53 »Man kann nicht *nicht* kommunizieren.«[55]

In einem sozialen Miteinander ist es unmöglich, nicht zu kommunizieren. Da Kommunikation nicht allein über verbale Sprache erfolgt – gesprochen oder geschrieben – sondern sich ebenso durch **nonverbales Verhalten** wie Schweigen, Mimik, Gestik und Körperhaltung ausdrückt, kann sich eine Person des Aussendens einer Nachricht nicht erwehren. Kommunikation ist – kurz gefasst – »Verhalten jeder Art.«[56] Hartnäckiges Schweigen kann eine sehr deutliche Mitteilung enthalten, wie z. B. das Beispiel des Fernsehinterviews mit dem deutschen Boxer Norbert Grupe alias Prinz von Homburg in der Sportschau anschaulich beweist.[57]

---

53 *Krallmann/Ziemann*, Grundkurs Kommunikationswissenschaft, S. 13.
54 Definition: Ein fundamentales Prinzip, das als gültig und richtig anerkannt ist, ohne dass es schon bewiesen ist.
55 *Watzlawick/Beavin/Jackson,* Menschliche Kommunikation, Formen, Störungen, Paradoxien, S. 53.
56 *Watzlawick/Beavin/Jackson*, Menschliche Kommunikation, Formen, Störungen, Paradoxien, S. 51.
57 http://de.wikipedia.org/wiki/Norbert_Grupe.

I. Methodik und Anwendungsbereiche der Mediation

»Jede Kommunikation hat einen Inhalts- und einen Beziehungsaspekt, derart, dass letzterer den ersteren bestimmt und daher eine Metakommunikation ist.«[58]   54

Diese 2. Grundannahme verdeutlicht, dass mit jeder Aussage auch offenbart wird, welche Beziehung zum Empfänger der Botschaft besteht. Der Beziehungsaspekt in der Kommunikation zeigt, *wie* der Inhalt zu verstehen ist. Neben der angesprochenen Sachebene wird durch die Art der Fragestellung und Antwort definiert, wie es um die Beziehung zu der anderen Person steht, z. B. kann durch den Tonfall, aber auch durch Gestik und Mimik die wahre Einstellung zum Kommunikationspartner erkannt werden.

Hinter dieser Erkenntnis verbirgt sich das »**Vier-Seiten-Modell**« von *Friedemann Schultz von Thun*,[59] welches auf der der Annahme beruht, dass Nachrichten sowohl vom Sender als auch vom Empfänger nach den vier Seiten als Sachinhalt, Selbstoffenbarung, Beziehung und Appell interpretiert werden können. Jede Botschaft hat demnach vier Aspekte: einen **Sachinhalt**, mit dem der Sender den Empfänger über eine Sache informiert und eine **Beziehungsseite**, indem der Sender ausdrückt, wie er zum Empfänger steht und was er von ihm hält. In jeder Botschaft **offenbart** der Sender auch **etwas über sich selbst**; »Wenn einer etwas von sich gibt, gibt er auch etwas von sich – dieser Umstand macht jede Nachricht zu einer kleinen Kostprobe der Persönlichkeit, was dem Sender nicht nur in Prüfungen und in der Begegnung einige Besorgnis verursacht.«[60]   55

Schließlich möchte der Sender mit seiner Nachricht auch etwas erreichen: er **appelliert** an den Empfänger, etwas zu tun oder zu lassen.

---

58 *Watzlawick/Beavin/Jackson*, Menschliche Kommunikation, Formen, Störungen, Paradoxien, S. 56.
59 *Schultz von Thun*, Miteinander reden, Bd. 1, S. 48.
60 *Schultz von Thun*, Miteinander reden, Bd. 1, S. 53.

Methodik und Anwendungsbereiche der Mediation I.

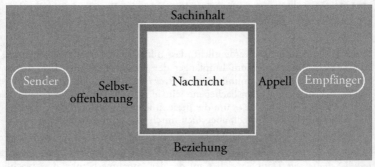

Abb. 1[61]

Das Nachrichtenquadrat wiederholt diese Aspekte einer Botschaft auf der Empfängerseite. Jede Nachricht kann man spiegelbildlich mit 4 Ohren empfangen.[62]

Selbstoffenbarungsohr	Sachverhaltsohr
Was ist das für einer? Was ist mit ihm?	Wie ist der Sachverhalt zu verstehen?
Beziehungsohr	**Appellohr**
Wie redet der eigentlich mit mir? Wen glaubt er vor sich zu haben?	Was soll ich tun, denken und fühlen aufgrund seiner Mitteilung?

56 Wie die Nachricht tatsächlich beim Empfänger ankommt, richtet sich danach, auf welchem »Ohr« er hört bzw. hören will. Der Empfänger kann sich aussuchen, auf welche Seite der Nachricht er reagieren will. Sind die Antennen für die Selbstoffenbarungsseite empfindlich, fragt sich der Empfänger: »Was ist das für einer?« »Was ist mit ihm los?« Das Appellohr fragt hingegen: »Was will er mir sagen?« Und das Beziehungsohr möchte heraushören, »Wie steht der Sender zu mir, was hält er von mir, wen glaubt er vor sich zu haben, wie fühle ich mich behandelt?« Die vielen möglichen Kombinationen

---

61 *Schultz von Thun*, Miteinander reden, Bd. 1, S. 53.
62 *Schultz von Thun*, Miteinander reden, Bd. 1, S. 49.

I. Methodik und Anwendungsbereiche der Mediation

zwischen dem Sender, der glaubt, seine Nachricht werde so empfangen, wie er sie sendet, und dem Empfänger, der selektiv hört und wählt, lassen erahnen, wie zahlreich und alltäglich Konflikte durch Kommunikation entstehen. Das macht »zwischenmenschliche Kommunikation so kompliziert.«[63]

Sich »richtig« verstehen bedeutet deshalb für den Empfänger auch, zu versuchen, die Bedeutung einer Nachricht zu erfassen und umgekehrt für den Sender, in Erwägung zu ziehen, wie der Empfänger die Worte verstehen könnte.[64]

»Die Natur einer Beziehung ist durch die Interpunktion der Kommunikationsabläufe seitens der Partner bedingt.«[65]

Eine weitere Grundannahme resultiert aus der Erkenntnis, dass Menschen sich ihre eigene Wirklichkeit aufgrund von persönlichen und subjektiven Erfahrungen bilden, und diese dann für »wahr« halten. Diese **konstruierte »subjektive« Wirklichkeit**, die für objektiv und richtig gehalten wird, bestimmt dann das weitere Handeln. Die Konstruktion der eigenen Wirklichkeit vollzieht sich als Interpunktion, indem Ereignisfolgen – in der Regel willkürlich aber oft im besten Glauben – geschaffen werden. Bestimmten Ereignissen wird ein besonderer Wert zugedacht, dieser wird als Ursache und Anlass für weitere Ereignisse aufgenommen der das Handeln bestimmt und die Entscheidung dazu rechtfertigt.

Ein berühmtes Beispiel für Interpunktion ist das folgende:

▶ Ein Ehepaar hat fortwährend Streit. Die Ehefrau nörgelt an ihrem Mann herum, der Ehemann zieht sich zurück.

Daraus ergibt sich ein kreisförmiges Konfliktschema: Beide rechtfertigen ihr Verhalten als Reaktion auf das Verhalten des anderen, sie interpunktieren

---

63 *Schultz von Thun*, Miteinander reden, Bd. 1, S. 44.
64 *Krauss/Morsella*, Communications and Conflict, in: *Deutsch/Coleman*, Handbook of conflict resolution, S. 135: »When listening, try to understand the intended meaning of what your counterpart is saying.« »When formulating a message, consider what the listener will take your words to mean«.
65 *Watzlawick/Beavin/Jackson*, Menschliche Kommunikation, Formen, Störungen, Paradoxien, S. 61.

diese Ereignisfolgen so, dass jeweils das Tun des anderen als Ursache für das eigene Tun genommen wird.

▶ Sie geht davon aus, dass sie nörgelt, weil er sich zurückzieht. Er geht davon aus, dass er sich zurückzieht, weil sie nörgelt.

58 »Menschliche Kommunikation bedient sich digitaler und analoger Modalitäten. Digitale Kommunikationen haben eine komplexe und vielseitige logische Syntax, aber eine auf dem Gebiet der Beziehungen unzulängliche Semantik. Analoge Kommunikationen hingegen besitzen dieses semantische Potential, ermangeln aber die, für die eindeutige Kommunikation erforderliche, logische Syntax.«[66]

Aussagekräftiger als die digitale (verbale) Kommunikation über die Beziehung der Menschen zueinander ist die sog. analoge Kommunikation, also die **Körpersprache**. Gestik und Mimik, die Körperhaltung, die Sprechweise (Tonfall, Pausen, Betonung) und der gesamte weitere Kontext verraten die wirkliche Einstellung zum Gegenüber. Insbesondere die Tatsache, dass eine sprachliche Aussage auch deutlich im Widerspruch zu Körperhaltung und Mimik stehen kann, hilft bei der Deutung nach der »wahren« Aussage. »Kindern (…) wird ja seit alters her eine besondere Intuition für die Aufrichtigkeit oder Falschheit menschlicher Haltungen zugeschrieben; denn es ist leicht, etwas mit Worten zu beteuern, aber schwer, eine Aufrichtigkeit auch analogisch glaubhaft zu kommunizieren. Eine Geste oder eine Miene sagt uns mehr darüber, wie ein anderer über uns denkt, als hundert Worte.«[67]

bb) Kommunikationsstörungen als Konfliktursache

59 Häufige Ursachen für Konflikte liegen in der Kommunikation auf der Sach- und Beziehungsebene. Im Idealfall sind sich die Partner sowohl über den Inhalt ihrer Kommunikation, also über die Sache einig, als auch über die Definition ihrer Beziehung. Im schlechtesten Fall sind sich die Beteiligten auf der Sach- und Beziehungsebene uneinig. Dazwischen liegen **unterschiedliche Formen von Kommunikationsstörungen:** es kann sein, dass sich die Betei-

---

66 *Watzlawick/Beavin/Jackson*, Menschliche Kommunikation, Formen, Störungen, Paradoxien, S. 68.
67 *Watzlawick/Beavin/Jackson*, Menschliche Kommunikation, Formen, Störungen, Paradoxien, S. 68.

I. Methodik und Anwendungsbereiche der Mediation

ligten über ein Sachthema uneinig sind, aber ihre Beziehungsebene ist davon nicht berührt. Diese Form der Einigkeit »uneins zu sein«[68] gilt als menschlich reifste Form der Auseinandersetzung.

Schwieriger ist die Variante gestörter Kommunikation, wenn sich die Partner in der Sache bzw. inhaltlich einig sind, aber nicht auf der Beziehungsebene. Es ist bekannt, dass bei dem **Wegfall der inhaltlichen Einigkeit** Beziehungen gefährlich ins Wanken geraten können, u. a. auch weil diese Ebene gekonnt verdrängt wurde. Sowohl in der Familiendynamik als auch auf politischer Ebene kann man das gleiche Phänomen beobachten: überwindet ein »Problemkind« seine schwierige Phase, die die Eltern gemeinsam gemeistert haben und der Beziehung eine gewisse Tragfähigkeit verliehen hatte, folgt in der Regel die Ehekrise, die wiederum zu einem Rückfall des Kindes in seine alte Rolle führen kann, um das gewohnte Gleichgewicht in der Familie wiederherzustellen. Ein gleicher Mechanismus vollzieht sich in der Weltpolitik, wenn z. B. eine gemeinsame Bedrohung endet und die ehedem Bedrohten nun zu Feinden werden.

Noch subtiler – und damit schwerer aufzulösen – sind vermeintliche Differenzen auf der Inhaltsebene, die tatsächlich aber auf der Beziehungsebene stattfinden. Eine Meinungsverschiedenheit zwischen zwei Personen über die Wahrheit einer Aussage kann zwar durch Feststellung der objektiven Richtigkeit entschieden werden. Dies umfasst gleichzeitig aber immer die Erfahrung, dass die eine Person Recht und die andere Unrecht hat. Es kommt nun auf die Beziehung der Personen untereinander an, ob sie sie als komplementär oder symmetrisch definieren.[69] Die Person im »Unrecht« kann sich nun entscheiden, ob sie den anderen für sein Wissen bewundert oder sich aus Ärger über die »Niederlage« vornimmt, ihn bei nächster Gelegenheit zu übertrumpfen, um das intellektuelle Gleichgewicht wieder herzustellen. Symmetrische Beziehungen bergen ein **hohes Konfliktpotential.**

Menschen, die in Beziehung zu einander stehen, hegen den **Wunsch nach Bestätigung** und Anerkennung der eigenen Person und Identität, was nur durch Kommunikation ermöglicht wird. »Es hat den Anschein, daß wir

---

68 *Watzlawick/Beavin/Jackson*, Menschliche Kommunikation, Formen, Störungen, Paradoxien, S. 81.
69 *Watzlawick/Beavin/Jackson*, Menschliche Kommunikation, Formen, Störungen, Paradoxien, S. 82 f.

Menschen mit anderen zum Zwecke unseres Ichbewußtseins kommunizieren *müssen*.«[70] Konflikte entstehen demnach auch dann, wenn einer Person die Bestätigung verweigert, ihre Selbstdefinition verworfen oder gar entwertet wird.

Widersprüchliche Annahmen oder Vorstellungen können zu Konflikten führen, wenn die Kommunikationspartner gegenseitig davon ausgehen, über die gleichen Informationen zu verfügen und auch die gleichen Schlussfolgerungen daraus zu ziehen. Wenn z. B. ein Ostergruß der Tochter an die Mutter in der Post verloren geht – was keiner von beiden weiß – dann ist die Mutter enttäuscht, weil sie glaubt, ihre Tochter habe sie vergessen, während die Tochter gekränkt ist, dass sich die Mutter für die Aufmerksamkeit nicht bedankt. Beide ziehen sich zurück und schweigen. Der Konflikt bleibt unausgesprochen und wird sich – wie von selbst – auflösen, wenn der Konflikt angesprochen und das Missverständnis allein dadurch ausgeräumt werden kann. Die jeweils subjektiv empfundene Wirklichkeit ist das Ergebnis unserer gedachten Vorstellung und Wahrnehmung, die zu Interpunktionskonflikten führt und solange nicht durchbrochen werden kann, bis die betroffenen Personen die Kommunikation selbst zum Thema machen. Die sog. **Metakommunikation** – ein gutes Gespräch über die verunglückte Kommunikation führen – erfordert einen tieferen Einblick in die eigene Innenwelt und den Mut zur Selbstoffenbarung.[71]

62 Konflikte entstehen in der Kommunikation auch durch das Aussenden sog. inkongruenter Nachrichten,[72] d. h. wenn die sprachlichen und nicht-sprachlichen Signale einer Nachricht nicht stimmig sind oder sich widersprechen. Wer mit traurigem Blick sagt: »Es ist alles in Ordnung«, kann meinen: »Lass mich in Ruhe!« oder genau das Gegenteil, »Kümmere Dich um mich!« Der Empfänger gerät in eine Zwickmühle und weiß in der Regel nicht, welchem Teil der Nachricht er glauben und wie er sich richtig verhalten soll. Inkongruente Nachrichten entstehen beim Sender, wenn er sich selbst nicht klar ist, was er will, *Schultz von Thun* spricht treffend vom inneren »Kuddelmuddel«.[73]

---

70 *Watzlawick/Beavin/Jackson*, Menschliche Kommunikation, Formen, Störungen, Paradoxien, S. 84.
71 Vgl. *Schultz von Thun*, Miteinander reden, Bd. 1, S. 91–93.
72 *Schultz von Thun*, Miteinander reden, Bd. 1, S. 35.
73 *Schultz von Thun*, Miteinander reden, Bd. 1, S. 39.

d) Machtverhältnisse und Erwartungen

Erwartungen und Ansprüche bestimmen der Alltag der meisten Menschen: 63
sie stellen Ansprüche an sich selbst und an andere Personen im privaten und
beruflichen Umfeld und sind ebenso den Erwartungen von anderen ausgesetzt. Jeder Mensch verfolgt seine Ziele und vertritt eine Grundhaltung, die
ihn charakterlich integer erscheinen lassen soll, er bemüht sich, »gute« Verhaltensweisen zu verstärken oder sich »schlechte« abzugewöhnen. Manchmal
werden die eigenen Ziele zu hoch gesteckt oder die **Anforderungen an andere** sind überhöht und unerreichbar. Wenn sie nicht zu erfüllen sind, führt
das zu Enttäuschung und Frustration, die sich dann unterschiedlich entladen
und zu Konflikten in der Familie oder am Arbeitsplatz führen kann.

Hierarchien sowohl in der Familie als auch am Arbeitsplatz begünstigen Er- 64
wartungen und führen zu (verdeckten) Konflikten. Mitarbeiter haben Erwartungen an ihren Chef, trauen sich aufgrund der **Machtverhältnisse** aber oft
nicht, diese zu formulieren, weil sie möglicherweise Nachteile befürchten.
Umgekehrt haben Führungskräfte Erwartungen an ihre Mitarbeiter. Wenn
diese nicht klar formuliert werden, eröffnet sich ebenfalls ein Raum für Missverständnisse, weil die Mitarbeiter möglicherweise andere Erwartungen vermuten, als an sie gestellt werden. In Familien und Partnerschaften spielen
(angenommene) Machtstrukturen ebenfalls eine Rolle. »Solange Du Deine
Füße unter meinem Tisch hast ...« ist bekannt und wenn auch nicht mehr
so deutlich ausgesprochen, eine oft vorhandene innere Haltung, die erhebliches Konfliktpotential in sich birgt.

e) Kulturkreis und Geschlecht

Menschen aus unterschiedlichen Kulturen oder verschiedenen Geschlechts 65
werden individuell geprägt und sozialisiert. **Anerzogene Verhaltensmuster**,
die in der Kindheit angelegt sind, verschiedene Erfahrungen und Motive führen zu Handlungen und Reaktionen, die andere Menschen manchmal nicht
verstehen oder falsch interpretieren.[74] Selten werden diese höchst persönlichen Bereiche des anderen angesprochen – es wird befürchtet, das könnte
verletzend oder zudringlich sein – mit der Folge dass sich ein großes Feld für
verzerrte Wahrnehmungen und eigene Annahmen und Vorstellungen eröff-

---

74 Vgl. *Duve/Eidenmüller/Hacke*, Mediation in der Wirtschaft, S. 32.

net. In den Konflikt fließen auf diese Weise die Unterschiede von Persönlichkeiten verdeckt und unbewusst ein.

66 Werden diese Faktoren nicht aufgedeckt, wird eine nachhaltige Konfliktlösung schwer. In einem familienrechtlichen Konflikt ist es z. B. hilfreich zu wissen, dass thailändische Mütter mit ihren Kleinkindern nicht so spielen, wie es in unserem Kulturkreis von Eltern erwartet wird. Man könnte annehmen, die Mutter liebe ihr Kind nicht oder sei ignorant und habe

kein Interesse an der Förderung des Nachwuchses. Ein Gericht wird sich nicht die Mühe machen können, **der wahren Ursache auf den Grund zu gehen** und möglicherweise eine »falsche« Entscheidung – das Kind soll beim Vater leben – treffen. In der Mediation sollte genug Vertrauen aufgebaut werden, um solche Beweggründe zu erforschen, das gegenseitige Verstehen der Konfliktparteien zu fördern und eine gute Lösung für alle Beteiligten, hier insbesondere für das gemeinsame Kind, zu erarbeiten.

6. Die Dynamik von Konflikten

67 Selten entstehen Konflikte von jetzt auf gleich, auch wenn das häufig so erscheinen mag:

Der Partner vergisst den Hochzeitstag, die Tochter bringt den Müll nicht weg, die Chefin erwähnt einen Mitarbeiter bei der Weihnachtsfeier nicht lobend. Drei alltägliche Situationen, die regelmäßig zu **Enttäuschungen** und Konflikten führen. Anlass ist die konkrete Situation – kein Glückwunsch am Hochzeitstag etc. Nicht jede Person empfindet diese Situation gleich: manche Menschen fühlen sich tief gekränkt, wenn der Partner diesen Tag vergisst, andere messen diesem Umstand keine tiefere Bedeutung zu.

68 Ein entscheidender Anteil an der Entstehung und Entwicklung von Konflikten findet im Inneren einer Person statt.[75] Gefühle und Gedanken verändern sich immer wieder und in unterschiedliche Richtungen, es ist ein **wiederkehrender dynamischer und instabiler Prozess**,[76] »Krankes« nistet sich ein und bleibt meist unentdeckt, wie ein noch nicht diagnostiziertes Geschwür, welches sich ausbreiten kann, wenn es nicht erkannt und behandelt wird.[77] Es

---

[75] *Felstiner/Abel/Sarat*, Law and Society Review Vol. 15 Number 3–4 (10/81), 632.
[76] *Felstiner/Abel/Sarat*, Law and Society Review Vol. 15 Number 3–4 (10/81), 637.
[77] *Felstiner/Abel/Sarat*, Law and Society Review Vol. 15 Number 3–4 (10/81), 633.

gilt demnach, die nicht wahrgenommenen, schädlichen Erlebnisse (»unperceived injurious experience«) in wahrgenommene umzuwandeln (»perceived injurious experience«).[78] *Felstiner u. a.*[79] haben drei Entwicklungsstadien bei der Entfaltung eines Konflikts systematisiert: das sog. Naming, Blaming und Claiming.

a) Konfliktentwicklung

aa) Naming

In dieser Phase wird sich eine Person über ihren inneren Zustand bewusst: 69
Gefühle zu einer Situation am Arbeitsplatz oder im privaten Bereich verändern sich, es wird z. B. nun etwas als ungerecht empfunden, was vorher unbemerkt geblieben ist und was nun erstmals auch benannt wird. Es handelt sich zunächst um eine Feststellung, die **Transformation vom Unbewussten** in einen wahrgenommenen Zustand.

bb) Blaming

Wird das »Unrecht« erkannt, folgt in der weiteren Entwicklung die Ver- 70
knüpfung des erlittenen Schadens mit einer dafür verantwortlichen Person. Es wird ein »**Schuldiger**« gesucht, eine Person, an die »man sich halten kann.«[80] Die »schuldige« Person weiß in dieser Phase noch nicht, dass sie in naher Zukunft mit Ansprüchen konfrontiert wird.

cc) Claiming

Nachdem der Verantwortliche gefunden wurde, erfolgen nun **Taten**: es wer- 71
den Erwartungen ausgesprochen und Ansprüche formuliert. Das bedeutet noch nicht, dass Ansprüche im rechtlichen Sinn geltend gemacht werden. Es kann – nicht muss – eine Vorstufe sein, indem die Person aufgefordert wird, dem empfundenen Unrecht abzuhelfen oder einen Schaden auszugleichen.

Pondy[81] unterscheidet hingegen fünf Stufen einer Konfliktentwicklung und 72
bezieht mehr die anderen Konfliktbeteiligten mit ein: er unterteilt die »Na-

---

78 *Felstiner/Abel/Sarat*, Law and Society Review Vol. 15 Number 3–4 (10/81), 635.
79 *Felstiner/Abel/Sarat*, Law and Society Review Vol. 15 Number 3–4 (10/81), 635.
80 *Breidenbach,* Mediation, S. 42.
81 Vgl. *Pondy* Administrative Science Quarterly Vol. 12, Number 2, 306.

ming«-Phase nochmals und setzt die sog. »Latenzphase« voran, in der alte Konflikte und neue Ursachen zu einem unbewussten Konflikt führen, den insbesondere die Betroffenen selbst nicht wahrnehmen. Schließlich setzt er der manifesten Phase, also dem Ausbrechen des Konflikts bzw. dem »claiming« noch eine Nachwirkungsphase hinzu, indem der Konflikt entweder beseitigt oder erneut aufgeladen wird.

b) Konfliktstufen nach Glasl

73 Beispielhaft für Konflikte in Organisationen hat *Glasl* die **Dynamik eines Konflikts** von seiner Entstehung bis zur Eskalation in neun Stufen entwickelt.[82]

74 Die Konfliktintensität steigert sich nach diesem Modell nicht linear und kontinuierlich sondern stufenweise. Jede Schwelle zur nächsten Stufe wird von den Konfliktparteien als Wendepunkte in der Entwicklung des Konflikts erlebt, auch wenn die Übergänge fließend sind. Je nach Temperament der Konfliktbeteiligten kann jedoch auch eine Stufe übersprungen werden.

75 Bleiben die Beteiligten auf der gleichen Stufe, wissen sie in der Regel, womit sie bei dem anderen zu rechnen haben. Überschreitet eine Partei eine Schwelle gelten plötzlich neue »Regeln« und eine neue Qualität in der konflikthaften Auseinandersetzung. Der Übergang in eine neue Ebene wirkt dabei für die Konfliktbeteiligten in doppelter Hinsicht: keiner möchte sich nachsagen lassen, für die Ausweitung des Konflikts verantwortlich zu sein, sodass die nächste Stufe erst einmal unberührt bleibt. Auf der anderen Seite ist jede neue Stufe, die genommen wird, wie ein »point-of-no-return«, weil keine Partei sich eingestehen kann, Fehler gemacht zu haben und durch ein Zurückgehen in der Konfliktdynamik z. B. Gesichtsverlust riskiert.

76 Für den Mediator ist es äußerst wichtig zu Beginn einer Mediation zu ermitteln, in welchem Konfliktstadium sich die Parteien befinden. Danach kann er entscheiden, ob er vermitteln kann und welche Maßnahme er ergreift.

77 **Stufe 1: Verhärtung**[83]

Auf der untersten Ebene kann es zwischen den Parteien zu Meinungsverschiedenheiten kommen, Standpunkte verhärten sich zunehmend, was zu

---

82 Vgl. *Glasl*, Konfliktmanagement, S. 234 ff.
83 Vgl. *Glasl*, Konfliktmanagement, S. 234 ff.

Spannungen führt. Jedoch sind die Konfliktparteien noch überwiegend in der Lage, ihren Disput selbst zu lösen.

Stufe 2: Debatte und Polemik[84]

Im Streit entsteht eine Diskrepanz zwischen dem Ober- und Unterton; zwischen den Zeilen wird Feindseligkeit spürbar. Die Konfliktbeteiligten beginnen, im Denken, Fühlen und Wollen zu polarisieren, tun aber so, als ob sie rational argmentieren. Es entstehen Kausalitätsstreitigkeiten, extreme Schlussfolgerungen (Schwarz-Weiß-Denken), die die Überlegenheit demonstrieren soll. Die Konfliktbeteiligten rechtfertigen den Übergang zu Stufe 2 vor sich selbst, als erlaubte Taktik zur Durchsetzung ihrer Interessen und versprechen sich Verhandlungsvorteile.

Stufe 3: Taten statt Worte[85]

Wenn die Parteien zu der Überzeugung gelangen, Reden hilft nichts mehr, sind sie im Begriff, die Schwelle zur 3. Eskalationsstufe zu nehmen. Es werden vollendete Tatsachen geschaffen und gerechtfertigt (»Ich habe doch alles versucht, aber nun ist mal Schluss«). Das Einfühlungsvermögen geht den Parteien verloren, Taten werden falsch gedeutet und fehl- oder überinterpretiert, symbolisches und nonverbales Verhalten wird wichtiger, das Vertrauen schwindet. Innerhalb von Gruppen steigt der Druck zur Konformität. In diesem Stadium beginnt das Konkurrenzverhalten gegenüber dem Kooperationswillen zu überwiegen.

Stufe 4: Sorge um Image und Koalitionen[86]

In dieser Phase erkennen die Konfliktbeteiligten für sich, dass nur einer gewinnen kann – es beginnt eine »Win-Lose-Situation«. Gegenseitig manövrieren sich die Parteien in negative Rollen, es werden Imagekampagnen gestartet, Gerüchte und Klischees bezüglich Wissen und Fachkompetenz verbreitet, verdeckt gereizt und gestichelt. Es bilden sich stereotype Feindbilder heraus, die vor allem auf die Fähigkeiten des Gegners abzielen, noch nicht auf dessen moralische Qualitäten. Dabei liegt das Hauptinteresse auf der Wahrung des eigenen Images. Gleichzeitig wird verstärkt um Anhänger geworben, um Bündnisse zu schmieden: Allianzen gegen den gemeinsamen

---

84 Vgl. *Glasl*, Konfliktmanagement, S. 239 ff.
85 Vgl. *Glasl*, Konfliktmanagement, S. 249 ff.
86 Vgl. *Glasl*, Konfliktmanagement, S. 256 ff.

Feind, Koalitionen für gemeinsame Aktionen oder Symbiosen, die die Selbstständigkeit der Parteien untergraben. Im Mittelpunkt steht nun deutlich das Problem mit dem Gegner, durch die gegenseitige Abhängigkeit wird der Konflikt verstärkt durch Macht geprägt und jede Seite weist dem anderen die Verantwortung zu und sieht sich selbst als nur reagierend auf die Aggressionen des Gegners.

81 Stufe 5: Gesichtsverlust[87]

Phase 5 – ein entscheidender Wendepunkt in der Konfliktdynamik. Der Konflikt wandelt sich zum Wertekonflikt; ab jetzt geht es um die Moral des Gegners und nicht mehr um sein Verhalten. Die eigenen Erwartungen und Werte werden ideologisiert und hinsichtlich der Inhalte werden die Parteien zunehmend bewegungsunfähig. Es geht nun darum, den Gegner in Situationen zu bringen, in denen er sich selbst »entlarvt« und das Gesicht verliert. Hier reicht meist schon ein kleiner Vorfall, um die negative Einschätzung des Gegners bestätigt zu wissen. Rückblickend wird nun »erkannt«, dass der Gegner schon lange ein falsches Spiel spielt, was wiederum die Distanzierung zu ihm, aber auch seiner gesamten Verbündeten, rechtfertigt. Es geht nur noch um die Rettung der eigenen Person.

82 Stufe 6: Drohstrategien[88]

Die Konfliktparteien gehen in die Offensive: das Geschehen wird beherrscht von Drohung und Gegendrohung. Dabei hat der Drohende nur seine Forderung im Auge; die angekündigte Sanktion soll abschreckend wirken und Entschlossenheit demonstrieren. Der Bedrohte interpretiert die Provokation als Gewalt, die sich z.B. im Einschalten der Presse äußern kann. Die Konfliktparteien glauben, durch ihre Drohstrategie zu größerer Glaubwürdigkeit zu gelangen und die Kontrolle über die Situation zurück zu erlangen. Tatsächlich gelangen sie in eine immer größere Abhängigkeit zu der Reaktion des Gegners und in Handlungszwang, Ultimata rufen Gegenultimata hervor, der Weg zurück ist abgeschnitten. Der Konflikt beschleunigt sich in der dieser Phase rapide.

---

87 Vgl. *Glasl*, Konfliktmanagement, S. 266 ff.
88 Vgl. *Glasl*, Konfliktmanagement, S. 277 ff.

Stufe 7: Begrenzte Vernichtungsschläge[89]

Auf dieser Stufe wird der Gegner nur noch als Objekt wahrgenommen, es wird in »Ding«-Kategorien gedacht. Menschliche Qualitäten und Fairness spielen keine Rolle mehr und werden nicht respektiert. Der Gegner soll gefügig gemacht werden, dazu werden begrenzte Vernichtungsschläge vorgenommen, der Gegner soll entmachtet werden. An dieser Stelle werden auch Werte und Tugenden ins Gegenteil umgekehrt: eigene Verluste werden in Kauf genommen und als Gewinn gewertet, wenn nur die Verluste des Gegners größer sind.

Stufe 8: Zersplitterung[90]

Diese Phase ist auf den Zusammenbruch des feindlichen Systems ausgerichtet. Exponierte Vertreter einer Gruppe sollen von der Basis und ihren Verbündeten abgeschnitten werden; vitale Systemfaktoren werden zerstört und damit das System unsteuerbar. Die Konfliktparteien sind fasziniert von den Vernichtungsmöglichkeiten, alleiniges Ziel ist die totale Zerstörung des Gegners.

Stufe 9: Gemeinsam in den Abgrund[91]

Es gibt keinen Weg mehr zurück. Der Gegner wird vernichtet, auch um den Preis der Selbstvernichtung und der Bereitschaft, mit dem eigenen Untergang auch die Umgebung und nächste Generation zu schädigen. Die Parteien reagieren irrational und triebgesteuert, es kann zu physischer Gewalt kommen. Hass und Aggressivität auf den Gegner lässt den Blick für die eigene Situation völlig verschwinden; die Lust an der Selbstzerstörung erreicht ihren Höhepunkt.

7. Konflikteskalation und Interventionsmöglichkeiten

Das Eskalationsmodell von *Glasl* zeigt, dass sich ein ungelöster Konflikt ohne Intervention in der Regel weiterentwickelt und stetig an **Eigendynamik** gewinnt. Je höher sich die Parteien auf der Eskalationstreppe befinden, desto

---

89 Vgl. *Glasl*, Konfliktmanagement, S. 292 ff.
90 Vgl. *Glasl*, Konfliktmanagement, S. 297 ff.
91 Vgl. *Glasl*, Konfliktmanagement, S. 299 f.

weniger Handlungsmöglichkeiten stehen ihnen zur Verfügung und desto mehr »untermenschliche Energien« werden freigesetzt.[92]

87 Die neun Eskalationsstufen sind insbesondere zur **Konfliktdiagnose** eine hilfreiche Orientierung. In einer Mediation muss der Mediator beleuchten, in welchem Stadium sich die Parteien befinden, um ggf. auch zu erkennen, dass Mediation im konkreten Fall nicht das probate Konfliktlösungsmittel ist.

88 In den ersten drei Stufen besteht noch die Möglichkeit, den Konflikt zwischen den Parteien mit Hilfe eines **moderierten Gesprächs** zu lösen, »geschulte« Parteien mögen gar in der Lage sein, ihren Streit selbst zu lösen und eine für beide Seiten gute Lösung zu erarbeiten. Auf Stufe 2 und 3 der Konfliktentwicklung steht die Wiederherstellung der Beziehung zwischen den Parteien im Vordergrund. Der Moderator/Mediator hat für eine direkte Kommunikation der Konfliktbeteiligten zu sorgen, um ihnen ihre tatsächlichen Intentionen und Interessen zu verdeutlichen. In diesen drei Stufen können beide Konfliktbeteiligten durch Kooperation noch gewinnen, er herrscht eine »Win-Win-Situation« vor.

89 Der Hauptanwendungsbereich für Mediation sind die Konfliktstufen 4 bis 6, in dem die Parteien den Streit als bereits »Win-Lose-Spiel« begreifen. Er herrscht die Auffassung vor, dass nur einer gewinnen kann und der andere verliert. Auf Stufe 4 hat der Mediator die Aufgabe, den Konfliktparteien zu vermitteln, dass der Gegner zu Entwicklungen fähig und bereit ist. Der Tendenz zur Bildung von Bündnissen kann der Mediator entgegenwirken, indem er die einzelnen Mitglieder sprechen und sich deren Interessen erläutern lässt. So können die Zuhörer erfahren, worum es dem Gegner tatsächlich geht und vorhandene Wahrnehmungsverzerrungen und stereotype Bilder ausgeräumt werden.

Auf der nächsten Stufe muss in der Mediation insbesondere Vertrauen und Nicht-Öffentlichkeit geschaffen werden, damit die Angst vor dem Gesichtsverlust kleiner wird und wieder Raum entsteht, um miteinander zu kommunizieren. Auf Stufe 6 können insbesondere klare Verhaltensregeln, denen sich die Konfliktparteien unterwerfen, helfen, Drohstrategien zu unterbinden. Gelingt das nicht, wird an einer streitigen gerichtlichen Entscheidung kein Weg vorbeiführen.

---

92 *Glasl*, Konfliktmanagement, S. 215.

II. Methodik und Anwendungsbereiche der Mediation

Ab Phase 7 des Eskalationsmodells betreten die Konfliktparteien einen Bereich, in dem beide nur noch verlieren können, es herrscht eine »Lose-Lose-Situation«. Den Konfliktparteien geht es vordringlich darum, dem anderen zu schaden, der Gegner wird nur noch als Objekt wahrgenommen. Dabei werden eigene Verluste in Kauf genommen. Auf dieser Stufe kann der erfahrene Mediator im Einzelfall, je nach konkreter Ausprägung des Konflikts, noch tätig werden und unter Einforderung strenger Verhaltens- und Gesprächsregeln versuchen, eine **Kommunikationsebene herzustellen**, die dazu führt, dass die Parteien wieder den Menschen hinter ihrem Gegner und »Feind« erkennen. Gelingt das nicht, dürfte eine Mediation scheitern. Auf Stufe 8 und 9 sind die Konfliktparteien meist nicht mehr in der Lage, sich auf eine Mediation einzulassen, sodass der Konflikt nur noch durch einen Machteingriff (Gerichtsentscheidung) unterbrochen oder beendet werden kann.

90

II. Bedeutung und Methodik der Mediation

Übersicht

	Rdn.
1. Bedeutung der Mediation	1
a) Bedeutung der Mediation für Recht und Gerechtigkeit.	2
b) Bedeutung der Mediation in der Rechtspolitik	5
c) Bedeutung der Mediation für die Gesellschaft	8
2. Methodik der Mediation	11
a) Die Prinzipien der Mediation	12
aa) Freiwilligkeit	14
bb) Eigenverantwortlichkeit.	18
cc) Transparenz und Offenlegung	22
dd) Vertraulichkeit	24
ee) Neutralität des Mediators	28
ff) Informiertheit	31
b) Die Phasen des Mediationsverfahren	35
aa) Phase 1: Vorgespräch und Mediationsvertrag .	36
bb) Phase 2: Themensammlung	42
cc) Phase 3: Interessenklärung	46
dd) Phase 4: Kreative Lösungssuche	52
ee) Phase 5: Lösungsoptionen bewerten und auswählen	55
ff) Phase 6: Abschlussvereinbarung	58
c) Die Kommunikationstechniken in der Mediation	61
aa) Aktives Zuhören und Paraphrasieren	62
bb) Zusammenfassen	63
cc) Spiegeln	64
dd) Fokussieren	65
ee) Reframing	66
d) Die Fragetechniken in der Mediation	67
e) Setting	70

aa) Ort	71	aa) Einführung und Kontrakt	78
bb) Raumgestaltung	72	bb) Fallsammlung, Gewichtung, Rangfolge	79
cc) Ausstattung	73	cc) Konfliktbearbeitung	80
dd) Rhythmus und Dauer	74	dd) Verhandeln und Vereinbaren	81
3. Die mediationsanaloge Supervision	75	d) Methodische Besonderheiten	84
a) Allgemeines	75	aa) »Blitzlicht Supervision«	84
b) Übertragung auf Mediationsverfahren	76	bb) Intervision/Supervision	85
c) Methodik und Verfahren	77		

1. Bedeutung der Mediation

1   Mediation ist keine Modeerscheinung und schon gar keine Erfindung des 21. Jahrhunderts. Mediation beruht auf dem **Gedanken der Konsensfindung**, die sich bereits im römischen Recht entwickelt hat.[1] Im deutschen Recht fand der Güte- oder auch als Sühnegedanke bezeichnete Ansatz bereits in der Zivilprozessordnung von 1877[2] seinen Niederschlag: damals wie heute ging und geht es um die Frage, in wie weit der Staat neben der Aufgabe der Rechtsprechung auch »Pflichten prozeßhygienischer Fürsorge«[3] zu übernehmen hat. Mit anderen Worten: neben der streitigen Gerichtsbarkeit und der Rechtsfortbildung soll den Menschen auch die Möglichkeit gegeben werden, sich mit professioneller Hilfe auf friedlichem Weg zu einigen.

a) Bedeutung der Mediation für Recht und Gerechtigkeit

2   Gerechtigkeitsvorstellungen des Einzelnen sind überwiegend persönlich geprägt und stehen daher nicht selten im Widerspruch zum Recht: Recht und Gesetz haben die Aufgabe, eine Vielzahl von Situationen und Geschehensabläufen zu umfassen. Sie werden demzufolge unabhängig von den Akteuren abstrakt-generell normiert und dienen der Gesellschaft als verbindliche und für alle Individuen gleich geltende Ordnung, was »richtig« und was »falsch«

---

1   Vgl. umfassend Einleitung, Rdn. 1 ff.
2   RGBl. S. 83; §§ 268 und 471 CPO enthielten Vorschriften, die sich mit einer gütlichen Beilegung des Rechtsstreits unter Mitwirkung des Gerichts befassten.
3   *Stein/Jonas*, ZPO, S. 1202.

II. Methodik und Anwendungsbereiche der Mediation

ist.[4] In den **Gerechtigkeitsideen des Einzelnen** spiegeln sich hingegen die ganz eigenen, konkreten und persönlichen Zielsetzungen, die mitunter nicht im Einklang mit den gesellschaftlichen Vorstellungen von Recht konform gehen oder im Einzelfall als ungerecht empfunden werden. Dabei ist das Recht nicht nur objektiv und Gerechtigkeit nicht allein subjektiv – beides prägt sich gegenseitig. Das Recht beruht auf der Umsetzung dessen, was die Gesellschaft in ihrer Gesamtheit als gerecht empfindet. Umgekehrt wird die Rechtsprechung immer auch beeinflusst durch die individuellen Gerechtigkeitsvorstellungen der Juristen, die an Entscheidungen beteiligt sind.

Die Leitidee des Rechts ist, Ansprüche des Einen gegen und auf Kosten des Anderen im Rahmen der Gesetze durchzusetzen. Das Ziel der Mediation ist es, einen Konsens zwischen den Konfliktbeteiligten herzustellen und deren Interessen und Bedürfnisse, die regelmäßig mit den individuellen Gerechtigkeitsempfindungen verbunden sind, mit beiderseitigem Gewinn zu realisieren. In der Mediation bekommen die individuellen Gerechtigkeitsvorstellungen der Beteiligten einen größeren Stellenwert und werden besprochen. Häufig löst sich schon über die Gerechtigkeitsdiskussion ein Konflikt, weil deutlich wird, warum die eine Partei so denkt und empfindet und die andere Partei Gelegenheit erhält, sich mit den Gedanken des Anderen auseinanderzusetzen. Für diese persönlichen Aspekte bleibt im »normalen« Zivilprozess in der Regel kein Raum. Für die Gerechtigkeit bedeutet Mediation deshalb eine Chance, **individuelle Konfliktlösungen** verwirklichen zu können. 3

Mediation und Recht sind aber kein Gegensatz und schließen sich auch nicht aus: Obwohl die Vorteile der Mediation gerade in der Überwindung einer »schlichten rechtlichen Konfliktbetrachtung, der Loslösung vom »formalen« juristischen »Anspruchs«- bzw. »Positionsdenken« zur Ermöglichung einer selbstbestimmten Verhandlungslösung«[5] liegen, müssen rechtliche Fragestellungen einbezogen werden. Das **Wissen um die rechtliche Position** ist für die eigenverantwortliche Lösungsfindung ebenso wichtig, wie eine rechtlich saubere Abschlussvereinbarung, die ggf. auch durchsetzbar ist.[6] 4

---

4 Vgl. *Ripke*, in: *Haft/von Schlieffen* (Hrsg.), Handbuch Mediation, § 7, S. 161 ff.
5 *Hess*, in: *Haft/von Schlieffen* (Hrsg.), Handbuch Mediation, § 43, S. 1053 ff.
6 Umfassend *Köper*, Die Rolle des Rechts in der Mediation.

b) Bedeutung der Mediation in der Rechtspolitik

5 Die Mediation ist nicht nur ein interessengerechtes Verfahren für die Konfliktbeteiligten sondern sie steht auch im Fokus der Justizpolitik. Die **Entlastung der Justiz** und des Staatshaushaltes sind zentrale Anliegen des Gesetzgebers.[7] Das Mediationsverfahren ist, verglichen mit einem rechtsstaatlichen Gerichtsverfahren, effizient und häufig kostengünstiger und deshalb geeignet, die öffentlichen Kassen zu schonen. Dies war einer der Hauptgründe für die Entscheidung des Gesetzgebers, die Mediation zu fördern und durch Pilotprojekte in allen Gerichtsbarkeiten zu unterstützen.[8]

6 Die im Jahr 2007 ergangene Entscheidung des Bundesverfassungsgerichts[9] leitete schließlich einen **Paradigmenwechsel in der Rechtspolitik** ein, in dem es die Bewältigung eines Konfliktes durch eine einverständliche Lösung auch in einem Rechtsstaat als vorzugswürdig gegenüber einer richterlichen Streitentscheidung bewertete. Inwieweit nun das Mediationsgesetz die Mediation bzw. alternativen Konfliktlösungen (im Gericht?) zu fördern vermag, bleibt abzuwarten und ist auch nach wie vor insbesondere in der Anwaltschaft höchst umstritten.[10]

7 Von einem »**Multi-Door-Courthouse**« mit einem umfassenden Konfliktmanagementangebot an den Gerichten, wie es *Frank Sander*[11] schon 1976 für die amerikanischen Zivilgerichte in den USA forderte und dessen »erstes Haus« 1995 in Colorado seine Arbeit aufnahm, sind deutsche Gerichte noch immer weit entfernt.[12]

c) Bedeutung der Mediation für die Gesellschaft

8 »Der Mensch ist dazu verdammt, die Probleme, vor denen er steht, selbst in die Hand zu nehmen: Er muss **wählen**. Dies klarzumachen, ist ein schwieriger Prozess.«[13]

---

7 Vgl. BT-Drucks. 13/6398, S. 17 ff.
8 Beschluss der 76. Justizministerkonferenz am 29./30.06.2005, DRiZ 2005, 213 f.
9 BVerfG – 1 BvR 1351/01; vgl. auch Einleitung, Rdn. 1 ff.
10 Vgl. *Ewer* AnwBl. 2012,18 ff.; *Hirtz* AnwBl. 2012, 21 ff.
11 *Sander*, F.R.D. 1976,S. 111, 130 f.; *Sander/Crespo*, http://www.stthomas.edu/law/programs/journal/Volume 5num3/665–674 (670 f).
12 *Engel* AnwBl. 2012, 13 ff.
13 *Fietkau*, www.mediation-fuer-uns.de/.

II. Methodik und Anwendungsbereiche der Mediation

Selbstbestimmung und Eigenverantwortung der Konfliktbeteiligten sind 9
Grundprinzipien des Mediationsverfahrens. Die Parteien sind aktive Teilnehmer am Konfliktlösungsprozess und »verstecken« sich nicht – wie im Gerichtsprozess – hinter ihren Anwälten, die den Prozess für sie als Interessenvertreter führen. Der Mediation liegen nach *Breidenbach/Gläßer*[14] fünf Leitideen zugrunde: Konfliktlösung als Dienstleistung (»Service-Delivery-Project«), Zugang zu Gerechtigkeit (»Access-to-Justice-Project«), Selbstbestimmung (»Individual-Autonomy-Project«), Versöhnung (»Reconciliation-Project«) und gesellschaftliche Veränderung (»Social-Transformation-Project«).

Ein wesentliches Element des Mediationsverfahrens ist die Befähigung der 10
Parteien mit Hilfe des Mediators, ihre Interessen und Bedürfnisse selbst zu formulieren und sich dem Konfliktpartner gegenüber verständlich zu machen. Die Mediation soll neben der Lösung des konkreten Konflikts auch dazu beitragen, dass die Beteiligten lernen, in Zukunft – etwa durch eine bessere **Kommunikation und Wahrnehmung** – alleine mit einem Problem fertig zu werden und Streitigkeiten nicht so schnell an Dritte abzugeben. Wenn Menschen erfahren, dass eigenverantwortliche und selbstbestimmte Lösungen vorteilhaft sind und positive Auswirkungen im sozialen Umfeld hervorrufen, kann die Gesellschaft langfristig auch eine konstruktive Streitkultur etablieren, die zunehmend in bestimmten Bereichen auf gerichtliche Entscheidungen verzichten kann. Gute Erfahrungen mit Mediation können zu einer Bewusstseinsänderung in der Gesellschaft hin zur konsensualen Konfliktbearbeitung führen. Dazu gehört auch der Dienstleistungsgedanke, den insbesondere die Rechtspolitik interessiert, weil der Bedarf an effektiven und kostengünstigen Konfliktlösungen steigt und zu einer Entlastung der Gerichte und des Staatshaushaltes führt.

2. Methodik der Mediation

Von Kritikern gern als »Freestyle Justiz« ohne Schranken und Einschränkun- 11
gen,[15] Palaver, juristisches Modethema oder alter Wein in neuen Schläuchen[16] belächelt und verkannt, liegen der Mediation Grundprinzipien zu-

---

14 *Breidenbach/Gläßer* ZKM 1999, 207 ff.
15 *Böhlk* BRAK-Mitt. 2002, 207 f.
16 Vgl. u. a. *Wassermann* NJW 1998, 1685 f.; *Spellbrink* DRiZ 2006, 88 ff.

grunde, die einen **strukturierten Verfahrensablauf** des Konfliktlösungsprozesses ermöglichen und gewährleisten.

a) Die Prinzipien der Mediation

12 Das Mediationsverfahren folgt bestimmten Grundsätzen, die die Gewähr dafür bieten, dass das Verfahren von den Beteiligten als **ausgewogen und fair** empfunden wird.[17] Aufgabe des Mediators ist es, darauf zu achten, dass die Grundprinzipien in allen Verfahrensabschnitten beachtet werden. Dies ist die Voraussetzung für eine dauerhafte Befriedung des Konflikts.

13 Die **Grundprinzipien** sind die freiwillige Teilnahme am Mediationsverfahren und die Eigenverantwortlichkeit der Konfliktbeteiligten, der Grundsatz der Vertraulichkeit und der rechtlichen Informiertheit der Parteien sowie die Neutralität des Mediators. Weitere Verfahrensmerkmale sind Ergebnisoffenheit der Beteiligten, Transparenz und Offenlegung von Informationen im Verfahren. Sie alle haben ihren Niederschlag im »Gesetz zur Förderung der Mediation und anderer Verfahren der außergerichtlichen Konfliktbeilegung« (MediationsG) gefunden.

aa) Freiwilligkeit

14 Zentrales Grundprinzip der Mediation ist die **freiwillige Teilnahme** am Verfahren. Dahinter steht der Gedanke, dass eine erzwungene Teilnahme selten zu der erwünschten und von innerer Überzeugung getragenen und damit nachhaltigen Konfliktlösung führt. Wo Freiwilligkeit aufhört und Überredung, Druck oder gar Zwang beginnt, ist in der Praxis schwer abzugrenzen. Häufig geht die Initiative von einer Person aus, die den Vorschlag zur Mediation unterbreitet. Oft lässt sich der Konfliktpartner überreden, zumindest an einem Vorgespräch teilzunehmen und entscheidet sich dann – mitunter auch mit einem gewissen Widerwillen – zur Mediation. Im Hinblick auf die **Möglichkeit der jederzeitigen Beendigung des Verfahrens** – die Medianten können die Mediation ohne Angabe von Gründen und zu jedem Zeitpunkt

---

17 Vgl. *Weiler/Schlickum*, Praxishandbuch Mediation, S. 5 ff., *Kracht*, in: *Haft/von Schlieffen* (Hrsg.), Handbuch Mediation, § 12, S. 284 ff.; Richtlinien der BAFM, II. 3, http://www.bafm-mediation.de/ausbildung/ausbildungs-richtlinien-der-bafm/2-richtlinien-der-bafm-fur-mediation-in-familienkonflikten/.

II. Methodik und Anwendungsbereiche der Mediation

beenden – dürfte die Freiwilligkeit in solchen Fällen jedoch durchaus gewährleistet sein.

Sogenannte »faktische« Unfreiwilligkeit[18] liegt vor, wenn zwischen den Parteien ein Machtungleichgewicht besteht und eine Seite dadurch die Bedingungen der Verhandlungen diktieren kann. In solchen Fällen muss der Mediator genau untersuchen, ob die erforderliche Freiwilligkeit (noch) vorhanden ist oder er die Mediation ggf. abbricht oder gar nicht erst beginnt. Streng genommen wird das Prinzip der Freiwilligkeit auch aufgrund des Gesetzes zur Förderung der Mediation und der zahlreichen Änderungen, z. B. im »Gesetz über das Verfahren in Familiensachen und in den Angelegenheiten der freiwilligen Gerichtsbarkeit« (FamFG), angetastet, indem das Familiengericht gem. § 135 Abs. 1 Satz 1 FamFG anordnen kann, dass die Beteiligten eines Scheidungsverfahrens an einem **Informationsgespräch über Mediation** teilnehmen und darüber eine Bescheinigung vorlegen müssen. Auch in diesen Fällen ist die Teilnahme an einem späteren Mediationsverfahren formal frei. Es ist jedoch – insbesondere in den Fällen, in denen ein Richter den Parteien die Mediation nahelegt – nicht auszuschließen, dass die »freiwillige« Entscheidung für eine Mediation sowohl unter dem Eindruck der staatlichen Autorität erfolgt als auch weil bei einer Ablehnung Nachteile befürchtet werden,[19] selbst wenn formal die Entscheidungsfreiheit mangels echter Sanktionen gewahrt bleibt.[20] Gleiches wird im Schrifttum im Zusammenhang mit der gerichtsinternen Mediation eingeführt.[21]

Diese den Gerichten eingeräumte Möglichkeit soll auch dazu beitragen, die Konfliktbeteiligten stärker dazu anzuhalten, eine Mediation in Anspruch zu nehmen, alternative Lösungsmöglichkeiten kennen zu lernen und damit gute Erkenntnisse zu gewinnen.[22] Im Hinblick auf das **Ziel des Gesetzgebers**, der Mediation in der Gesellschaft einen größeren Stellenwert zu verschaffen, ist dies mit dem Grundsatz der Freiwilligkeit durchaus vereinbar.

---

18 *Kracht*, in: *Haft/von Schlieffen* (Hrsg.), Handbuch Mediation, § 12, S. 284.
19 *Weiler/Schlickum*, Praxishandbuch Mediation, S. 5; *Kracht*, in: *Haft/von Schlieffen* (Hrsg.), Handbuch Mediation, § 12, S. 285.
20 § 135 Abs. 1, S. 2 FamFG: »Die Anordnung ist nicht selbständig anfechtbar und nicht mit. Zwangsmitteln durchsetzbar.«.
21 *Etscheit*, Externe Mediation in der Praxis der Berliner Familiengerichte, S. 21.
22 Vgl. *Etscheit*, in: *Gläßer/Schroeter* (Hrsg.), Gerichtliche Mediation, S. 156 ff.

17 Der Gesetzgeber hat den Grundsatz der Freiwilligkeit an mehreren Stellen des MediationsG ausdrücklich normiert: In § 1 Abs. 1 sowie in § 2 Abs. 2 und 5 MediationsG. Während in § 1 MediationsG allgemein eine Begriffsbestimmung der Mediation unter Einbeziehung der Freiwilligkeit als Verfahrensmerkmal erfolgt, wird es in § 2 Abs. 2 und 5 MediationsG konkreter: der Mediator hat die Pflicht, sich davon zu überzeugen, dass die Parteien freiwillig an der Mediation teilnehmen. Die bereits oben angesprochenen, sicher sehr häufig auftretenden, inneren Widerstände oder Ängste einer Person, an einer Mediation teilzunehmen dürften der Voraussetzung der erforderlichen Freiwilligkeit nicht entgegenstehen. Der (gute) Mediator wird in der Lage sein, diese **Gedanken und Gefühle** zu Beginn aufzuspüren, anzusprechen und auszuräumen oder anderenfalls zu entscheiden, dass eine Mediation nicht sinnvoll erscheint im konkreten Fall. Selbst »Parteien«, die preisgeben, sie seien nur da, weil sie »müssen«, kann der Mediator darauf hinweisen, dass nur eine freiwillige Teilnahme erfolgversprechend ist und niemand gezwungen wird. § 2 Abs. 5 MediationsG bestimmt noch einmal ausdrücklich, dass die Parteien die Mediation jederzeit beenden können, aber auch der Mediator die Möglichkeit hat, das Verfahren abzuschließen.[23]

bb) Eigenverantwortlichkeit

18 Das Prinzip der Eigenverantwortlichkeit oder Selbstverantwortlichkeit der Parteien bedeutet, dass der Mediator – im Gegensatz zum Schlichter oder Schiedsrichter – **keine Lösung anbietet**.[24] Die Konfliktparteien müssen die Lösung des Problems selbst erarbeiten; Aufgabe des Mediators ist es »nur«, die Verhandlungen zu unterstützen. Voraussetzung ist, dass die Beteiligten auch in der Lage sind, ihre Interessen und Bedürfnisse zu formulieren und zu vertreten. Es kommt vor, dass eine Partei sich der anderen gegenüber unterlegen fühlt, weil sie in einem Bereich unerfahren ist, und zweifelt ob sie sich selbst angemessen einbringen kann. Der Mediator kann dafür sorgen, dass die Partei genügend Raum erhält oder anbieten, dass Dritte in das Verfahren mit einbezogen werden. Das Prinzip der Eigenverantwortung ist nicht gewahrt, wenn sich die Parteien auf den Mediator verlassen und von ihm Lösungen erwarten.

---

23 Vgl. umfassend die Kommentierung zu § 2 MediationsG, Rdn. 1 ff.
24 Vgl. u. a. *Kracht*, in: *Haft/von Schlieffen* (Hrsg.), Handbuch Mediation, § 12, S. 285 ff.; *Weiler/Schlickum*, Praxishandbuch Mediation, S. 6.

II. Methodik und Anwendungsbereiche der Mediation

Das MediationsG normiert in § 1 Abs. 1 und in § 2 Abs. 5 Satz 2 MediationsG die Eigenverantwortlichkeit. Danach kann der Mediator eine Mediation beenden, wenn er der Auffassung ist, dass eine **eigenverantwortliche Kommunikation** zwischen den Parteien nicht möglich ist. Der Gesetzgeber gibt dem Mediator hier die Verantwortung für die Eigenverantwortlichkeit der Parteien in der Mediation. Er als Fachmann muss entscheiden, ob die Konfliktparteien fähig sind, eine gleichberechtigte Kommunikation zu führen und die eigenen Interessen zu vertreten. Wenn die Parteien z.B. überhaupt keine Lösungsideen haben, stellt sich die Frage, ob der Mediator inhaltliche Vorschläge unterbreiten darf, weil sie das Prinzip der Eigenverantwortlichkeit verletzen könnten. Nach der Lehre von der passiven Mediation muss der Mediator jegliche Verantwortung für das Verfahrensergebnis ablehnen und darf auch keine eigenen Vorschläge einbringen, selbst wenn die Einigung der Parteien möglicherweise einen Beteiligen erheblich benachteiligen oder gar gegen geltendes Recht verstößt.

19

In der Praxis wird häufig die sog. aktive Mediation angewandt. Durch seine größere Aktivität im Verfahren hat der Mediator die Möglichkeit, **Machtungleichgewichte** zwischen den Parteien auszugleichen und das Verfahren dadurch besser zu steuern. Soweit er inhaltliche Vorschläge einbringt, muss er darauf achten, dass den Parteien genügend Freiraum bleibt, den Vorschlag zu überdenken, um eine eigene Entscheidung treffen können. Er begibt sich sonst in die Gefahr, das Prinzip der Eigenverantwortlichkeit der Parteien zu verletzen.

20

Eine wesentliche Voraussetzung für das Gelingen einer Mediation ist die **Ergebnisoffenheit** der Parteien. Vermutlich geht jede Partei mit ihren Vorstellungen und Ideen in eine Mediation. Diese dürfen aber nicht starr im Sinne eines festgeschriebenen Zieles oder Ergebnisses sein, weil die Mediation als Lösungsverfahren dann keine Chance hat. Ergebnisoffenheit bedeutet, dass die Parteien zumindest bereit sind, den anderen anzuhören und sich mit seinen Vorschlägen und Lösungsideen auseinanderzusetzen.

21

cc) Transparenz und Offenlegung

In engem Zusammenhang mit der Möglichkeit, in Eigenverantwortung zu entscheiden, steht der Anspruch auf Transparenz im Verfahren und Offenlegung aller erforderlichen Unterlagen und Dokumente. Dies betrifft in erster Linie Fakten in Vermögensangelegenheiten privater oder geschäftlicher Natur. Die Richtlinien der Bundes-Arbeitsgemeinschaft für Familien-Mediation

22

(BAFM) führen dazu aus: »Jede/r Konfliktpartner/in muss ausreichend Gelegenheit haben, sich **Zugang zu sämtlichen Informationen** zu verschaffen, die entscheidungserheblich sind und sie in ihrer Tragweite erkennen und gewichten können, damit jede/r sich der Konsequenzen der eigenen Entscheidungen voll bewusst ist.«[25]

23 In der Mediation verpflichten sich die Parteien freiwillig zur Offenlegung der erheblichen Daten und Fakten. Es setzt die **Bereitschaft** beider Parteien voraus **zur Offenlegung** voraus. Der Mediator muss darauf achten, dass die Konfliktbeteiligten in gleicher Weise Zugang zu den relevanten Informationen erhält. Ist die Offenlegung nicht gewährleistet, muss die Mediation beendet[26] bzw. darf gar nicht erst begonnen werden.

dd) Vertraulichkeit

24 Dem wohl **wichtigsten Prinzip der Mediation**, der Vertraulichkeit, räumt der Gesetzgeber mit einem eigenen Paragrafen, § 4 des MediationsG, einen entsprechenden Stellenwert ein. Vertraulichkeit in der Mediation soll in erster Linie verhindern, dass Informationen, die im Rahmen der Mediation offengelegt wurden, beim Scheitern der Mediation in einem nachfolgenden Gerichtsverfahren gegen die offenbarende Partei verwendet werden.[27]

25 Gleichzeitig hängt der Erfolg einer Mediation u. a. entscheidend davon ab, ob die Konfliktparteien sich in der Mediation offen mitteilen und alle Karten auf den Tisch legen können. Wenn sie die Befürchtung haben müssten, dass Informationen aus der Mediation zu eigenen Zwecken verwandt würden oder daraus Nachtteile entstünden, wäre eine offene Kommunikation von vornherein ausgeschlossen. Erforderlich ist ein **geschützter Raum**, um überhaupt die Voraussetzung für eine offene Kommunikation zu schaffen. Der Grundsatz der Vertraulichkeit bekommt an dieser Stelle seine zentrale Bedeutung und Funktion im Kommunikationsprozess.

---

25 Richtlinien BAFM Nr. 3.2.2., http://www.bafm-mediation.de/ausbildung/ausbildungs-richtlinien-der-bafm/2-richtlinien-der-bafm-fur-mediation-in-familienkonflikten/.
26 *Weiler/Schlickum*, Praxishandbuch Mediation, S. 7.
27 *Kracht*, in: *Haft/von Schlieffen* (Hrsg.), Handbuch Mediation, § 12, S. 289 ff.; *Hartmann*, Handbuch Mediation, § 44 Sicherung der Vertraulichkeit, S. 1088 ff., vgl. auch umfassend die Kommentierung zu § 4 MediationsG, Rdn. 1 ff.

II. Methodik und Anwendungsbereiche der Mediation

Das Prinzip der Vertraulichkeit dient dem Schutz jeder Partei. Der Mediator 26 hat allen Personen gegenüber Stillschweigen über den Inhalt des Mediationsprozesses zu bewahren mit Ausnahme gegenüber den Personen, die in das Verfahren mit eingebunden werden. Führt der Mediator **Einzelgespräche** mit den Parteien, muss er zusätzlich auch diese erlangten Informationen vertraulich behandeln und darf die so gewonnenen Kenntnisse nicht der anderen Partei gegenüber offenbaren.

Der Gesetzgeber hat die **Verschwiegenheitspflicht** aller am Verfahren betei- 27 ligten Personen normiert. Dazu zählen der Mediator, in die Durchführung der Mediation eingebundene Personen (Hilfskräfte des Mediators, wie z.B. Bürokräfte, Übersetzer), Parteien und Dritte.[28] In allseitigem Einvernehmen können die Beteiligten den Mediator und seine Hilfspersonen aber auch von den Schweigepflichten entbinden.[29]

ee) Neutralität des Mediators

»Das Herz der Mediation«[30] ist die Neutralität des Mediators, seine Rolle als 28 **allparteilicher Dritter** hat in der Mediation fundamentale Bedeutung[31] und garantiert ein faires Verfahren.[32] Anders als ein Richter hat der Mediator keine vom Staat zugewiesene Autorität, er ist darauf angewiesen, dass die Parteien ihn aufgrund seiner Neutralität und fachlichen Fähigkeiten respektieren. Entscheidend für den Erfolg einer Mediation ist demzufolge, dass sich die Parteien von dem Mediator in gleicher Weise gewürdigt, ernst genommen und nicht benachteiligt fühlen. Tritt ein solcher Zustand ein, kann es geschehen, dass sich ein Beteiligter aus dem Verfahren zurück zieht und die Mediation scheitert.

Die Verpflichtung des Mediators zur Wahrung der **Neutralität und Gleich-** 29 **behandlung** der Parteien geht so weit, dass er jeden Anschein vermeiden muss, der seine Neutralität aus der Perspektive der Parteien in Frage stellen

---

28 Vgl. auch umfassend die Kommentierung zu § 4 MediationsG, Rdn. 1 ff.
29 Vgl. auch umfassend die Kommentierung zu § 4 MediationsG, Rdn. 1 ff.
30 *Friedman*, Die Scheidungs-Mediation, S. 28.
31 Vgl. *Breidenbach*, Mediation, S. 145; *Weiler/Schlickum*, Praxishandbuch Mediation, S. 9; *Kracht*, in: *Haft/von Schlieffen* (Hrsg.), Handbuch Mediation, § 12, S. 270.
32 *Montada/Kals*, Mediation, S. 38.

könnte.[33] Eine Gefährdung seiner Neutralität kann schon eintreten, wenn die Parteien sich nicht gewertschätzt fühlen, etwa weil sie den Eindruck haben, die andere Seite erhalte mehr Zeit, um sich zu erklären und damit auch mehr Aufmerksamkeit, obwohl objektiv dazu gar kein Anlass besteht. Dies liegt vor allem daran, dass die Betroffenen hoch empfindliche Sensoren haben, wenn es um ihre Belange geht, die im Streit sind und sich schnell verraten fühlen, wenn sie »Bedrohung« spüren. Es ist auch deshalb von höchster Wichtigkeit, dass der Mediator nicht in Abhängigkeit oder Nähe zu einer Partei steht, der ihn in den Geruch bringt, er könne deshalb nicht allparteilich und neutral sein. Tatsächlich besteht die Gefahr, anders zu fragen oder zu verstehen, wenn zwischen dem Mediator und einer Partei ein Verhältnis besteht, wie z. B. wenn die Mutter eines Kindes auch dessen Klassenlehrerin ist und dieses Kind etwas anstellt. Die Lehrerin wird bei ihrer Entscheidung, wie sie den Schüler bestrafen soll nicht neutral sein können, sei es sie bestraft ihn zu hart, um nicht in den Verdacht zu kommen, ihren Sohn milder zu behandeln als andere Schüler oder zu leicht, weil sie mit ihrem Kind mehr Verständnis hat als mit den fremden Kindern. Obwohl die Lehrerin ganz sicher neutral sein möchte, kann es ihr nicht gelingen.

30 Das Prinzip der Neutralität betrifft einerseits die Person des Mediators, wie sie auch in § 2 Abs. 2, S. 1 MediationsG angesprochen ist, andererseits bedeutet Neutralität als Grundsatz auch **Unabhängigkeit im Verfahren** selbst, wie es § 3 Abs. 1 bis 3 MediationsG normiert. Der Mediator darf nicht tätig werden, wenn er bereits vor, während oder nach der Mediation für eine der beteiligten Konfliktparteien in derselben Sache tätig gewesen ist. Dies gilt vor allem für Anwaltsmediatoren, die z. B. bei einer vorangegangenen anwaltlichen Beratung mit dieser Partei keine Mediation mehr durchführen dürfen.[34]

ff) Informiertheit

31 Konfliktlösungen sind nachhaltig, wenn sie unter Einbeziehung aller erheblichen Tatsachen und relevanten Informationen sowie in **Kenntnis der Rechtslage** getroffen werden.[35] Um bewusste Entscheidungen zu treffen und diese auch für die Zukunft als richtig und gut zu empfinden, ist es erforder-

---

33 *Kracht*, in: *Haft/von Schlieffen* (Hrsg.), Handbuch Mediation, § 12, S. 270.
34 Vgl. auch umfassend die Kommentierung zu § 3 MediationsG, Rdn. 1 ff.
35 Vgl. *Niedostadek*, Praxishandbuch Mediation, S. 46; ferner auch die Kommentierung zu § 2 Abs. 6 MediationsG, Rdn. 1 ff.

II. Methodik und Anwendungsbereiche der Mediation

lich, sich darüber im Klaren zu sein, in welchem tatsächlichen und rechtlichen Rahmen man sich bewegt. Jede Partei muss spätestens beim Abschluss der Mediationsvereinbarung wissen, wo sie welche Abstriche in Kauf genommen hat und dem anderen entgegen gekommen ist und umgekehrt. Stellt sich z. B. erst viel später heraus, dass die Ehefrau auf Unterhalt verzichtet hat, weil sie glaubte, ohnehin keinen Anspruch zu haben, obwohl dieser gegeben war, könnte der Konflikt neu ausbrechen.

Nur wer seine Rechte kennt, kann sich angemessen verhalten und für eine **dauerhafte Befriedung** sorgen.[36] Aufgabe des Mediators ist es, abzusichern, dass beide Parteien eine Vereinbarung nur in Kenntnis der Sachlage unterzeichnen und sich ggf. rechtlich beraten lassen, bevor sie eine Mediationsvereinbarung unterzeichnen. Problematisch kann es in diesem Zusammenhang für den Anwaltsmediator werden, wenn die Parteien von ihm im Rahmen der Mediation rechtliche Informationen erwarten. Der Anwaltsmediator darf rechtliche Auskünfte erteilen, soweit dies nicht seine Neutralität bzw. Allparteilichkeit in Frage stellt. Unbedenklich ist die Darstellung allgemeiner rechtlicher Handlungsoptionen,[37] z. B. der allgemeine Hinweis, dass Voraussetzung für eine einverständliche Scheidung das Vorliegen eines Trennungsjahres ist. Dies ist eine objektive Rechtsauskunft, die weder den einen noch den anderen bevor- oder benachteiligt. 32

Kritischer kann es werden, wenn z. B. beide Parteien davon ausgehen, dass Trennungsunterhalt ein Jahr lang gezahlt wird und danach keine weitere Verpflichtung besteht. Klärt der Anwaltsmediator beide Parteien allgemein über die Rechtslage auf (Trennungsunterhalt wird bis zur Rechtskraft der Scheidung gezahlt, auch wenn die Trennungszeit viele Jahre andauert), hat dies zur Folge, dass diese objektive Information für den Unterhaltsberechtigten einen Vorteil aufzeigt und für den Unterhaltsverpflichteten einen Nachteil. Die Parteien könnten nun annehmen, dass der Mediator sich auf die Seite des Unterhaltsberechtigten »schlägt« und parteiisch wirkt, auch wenn er nur die tatsächliche Rechtslage aufzeigt. Der Mediator muss also in jedem **Einzelfall** abschätzen und entscheiden, ob und in welchem Umfang er Rechtshinweise erteilt. 33

---

36 *Kracht*, in: *Haft/von Schlieffen* (Hrsg.), Handbuch Mediation, § 12, S. 270 ff.
37 BT-Drucks. 17/5335, B., Zu Art. 1, Zu § 2.

Etscheit

34 Das Gesetz greift den Grundsatz der rechtlichen Informiertheit in § 2 Abs. 6 S. 1 u. 2 MediationsG auf. Der Gesetzgeber hat darauf verzichtet, die Parteien parallel zu der Mediation zu einer rechtlichen Beratung zu verpflichten, wie es bislang als erforderlich angesehen wurde.[38] Vielmehr wird nun dem Mediator die **Verantwortung** übertragen, dass die Parteien in Kenntnis der Sach- und Rechtslage eine für sie richtige und gute Entscheidung treffen, die sie auch inhaltlich verstehen. Dazu wird regelmäßig auch der Hinweis auf die anwaltliche Beratung genügen.[39]

b) Die Phasen des Mediationsverfahren

35 Mediation ist ein **strukturiertes Verfahren**, das in verschiedenen Phasen durchgeführt wird. Der Mediator steuert den prozessualen Ablauf des Verfahrens und ermöglicht dadurch eine gezielte und problembezogene Auseinandersetzung mit den Konfliktbeteiligten. Überwiegend wird die Mediation in sechs Phasen durchgeführt; es gibt auch Modelle mit drei, vier, fünf, sieben, neun oder sogar 12 Phasen.[40] Inhaltlich unterscheiden sie sich kaum und folgen alle einem ähnlichen Verfahrensablauf. Vorliegend wird von einem Verfahren in sechs Phasen ausgegangen:
(1) Vorgespräch und Mediationsvereinbarung
(2) Informations- und Themensammlung
(3) Interessenklärung
(4) Kreative Lösungssuche
(5) Lösungsoptionen bewerten und auswählen
(6) Abschlussvereinbarung

In allen Phasen hat der Mediator die verschiedenen Ebenen des Konflikts[41] – die Sach-, Beziehungs- und Verfahrensebene – mit einzubeziehen, die für eine effektive Konfliktregelung von Bedeutung sind.

aa) Phase 1: Vorgespräch und Mediationsvertrag

36 Nach der ersten **Kontaktaufnahme** eines oder mehrerer Konfliktbeteiligten, persönlich, telefonisch oder per Mail, trifft der Mediator die ersten Vorberei-

---

38 *Weiler/Schlickum*, Praxishandbuch Mediation, S. 14.
39 Vgl. umfassend die Kommentierung zu § 2 Abs. 6 MediationsG, Rdn. 1 ff.
40 Vgl. Überblick bei *Zenk*, Mediation im Rahmen des Rechts, S. 28.
41 Vgl. Methodik, I. Rdn. 1 ff.

II. Methodik und Anwendungsbereiche der Mediation

tungen.[42] Diese können je nach Auftrag und Konfliktfeld erheblich differieren: Bei einer Familienmediation ist in der Regel keine gesonderte Vorbereitungszeit notwendig und es kann umgehen ein Termin vereinbart werden, während im Wirtschaftsbereich und im öffentlichen Bereich nicht selten zahlreiche Informationsgespräche mit Geschäftsführern, Personalchefs oder Betriebsräten und den Konfliktbeteiligten bzw. ihrer Abgesandten vorausgehen.[43] Je besser eine Mediation mit vielen Beteiligten vorbereitet ist, desto größer ist die Aussicht auf eine Konfliktbefriedung im Mediationsverfahren.

Dazu gehört eine umfassende **Konfliktanalyse** zur Sachlage und den beteiligten Personen, wie z. B. in Großmediationen[44] die Feststellung, ob alle relevanten Gruppen vertreten sind, in welchem Stadium sich der Konflikt befindet und welche Erwartungen die Einzelnen bzw. die Gruppen an die Mediation haben. Insbesondere bei Mehr-Parteien-Konflikten sind auch organisatorische Fragen zu klären, wie z. B. die Einigung auf Repräsentanten und Gruppengröße, Ort und Zeit der Sitzungen und die Feststellung, welche Entscheidungskompetenzen und Verhandlungsmandate mitgebracht werden. 37

Ferner müssen den Verfahrensbeteiligten der Mediationsprozess und die Grundprinzipien der Mediation erklärt werden: Welche Ziele werden mit der Mediation verfolgt, welche Rolle und welche Haltung übernimmt der Mediator, welche **Verfahrensregeln** sollen gelten und sollen oder müssen im konkreten Konflikt Experten mit einbezogen werden. 38

Die Vorgespräche bedeuten für jeden Mediator eine **Gratwanderung:** er muss sich die notwendigen Informationen verschaffen, um z. B. zu entscheiden, ob eine Mediation überhaupt in Frage kommt und wenn ja, wie sie gestaltet werden könnte. Gleichzeitig muss er sehr darauf achten, nicht zu viele Informationen und Sichtweisen der Beteiligten zu hören, damit sie ihn nicht in seiner Objektivität beeinflussen. Gelegentlich kann es erforderlich sein, die Parteien in ihren Ausführungen zu bremsen und auf die erste gemeinsame Sitzung mit allen Beteiligten zu vertrösten, was zwar nicht mit Unverständnis aber manchmal mit Unmut aufgenommen wird. Es ist jedoch insbesondere in den Mediationen mit zwei Personen von großer Relevanz, 39

---

42 Auch »Vorbereitungsphase« genannt.
43 Vgl. auch die Besonderheiten bei der Kurz-Zeit-Mediation, Methodik, IV. Rdn. 1 ff.
44 So beispielsweise beim Flughafen Wien.

wenn eine Partei die Initiative ergreift und sich bei einem Mediator meldet, wie es ganz üblich ist. Häufig weiß die andere Seite noch gar nicht von diesem Vorstoß, sodass sich auch regelmäßig die Frage stellt, wie die andere Partei möglicherweise am besten von einer Mediation zu überzeugen ist. Es wird oft die Frage gestellt, ob nicht der Mediator die andere Partei anrufen könnte um eine Mediation vorzuschlagen. Dies könnte im Einzelfall problematisch werden, weil nicht ganz auszuschließen ist, dass sowohl das Prinzip der Eigenverantwortlichkeit der Parteien als auch die Neutralität des Mediators berührt wird. Unbedenklich ist es hingegen, die andere Partei durch den Initiator zu bitten, sich mit dem Mediator in Verbindung zu setzen, um sich zu informieren.

40 In der ersten gemeinsamen Sitzung haben die Parteien dann Gelegenheit kurz jeweils ihre Sicht auf den Konflikt zu skizzieren, ohne zu sehr in die Tiefe zu gehen. Der Mediator sollte eine **angenehme Gesprächsatmosphäre** schaffen, die Parteien dafür wertschätzen, dass sie den Weg der Mediation gehen (»Es ist Ihnen sicherlich nicht leicht gefallen, heute in die Mediation zu kommen. Die Entscheidung, ihren Konflikt hier gemeinsam zu regeln, ist bereits ein wichtiger Schritt und erster Erfolg.«)[45] und ihnen das Gefühl geben, dass er ihre Erwartungen und Bedenken versteht und beachtet. Dazu gehört eine professionelle Gesprächsführung, die z. B. Bagatellisierungen (»Das ist doch nicht so schlimm.«), Bewertungen (»Da machen Sie es sich aber einfach.«) oder Vergleiche (»Nach meiner Erfahrung ….«) unterlässt. In dieser frühen Phase kann der Mediator durch gezielte Fragetechniken (»Was würde geschehen, wenn sie keine Mediation machen würden?«) bereits erkennen, wie eskaliert der Konflikt ist und wie die Parteien miteinander kommunizieren, z. B. ob sie einander ausreden lassen oder nicht. Auf dieser Basis werden dann die Verfahrensregeln gemeinsam festgelegt: Vertraulichkeit, Kommunikationsregeln, ob und wann die Sitzung beispielsweise bei starken Emotionen unterbrochen wird, Transparenz und Offenlegung aller Zahlen, falls erforderlich Einzelgespräche, Ort, Dauer und Häufigkeit der Sitzungen sowie die Aufteilung der Kosten.

41 Zum Abschluss des Vorgesprächs bzw. am Ende der ersten Sitzung wird der **Mediationsvertrag** gemeinsam unterzeichnet; gelegentlich möchten die Parteien die selbst geschaffenen Verfahrensregeln noch einmal in Ruhe zu Hause

---

45 *Kessen/Troja*, in: *Haft/von Schlieffen* (Hrsg.), Handbuch Mediation, § 13, S. 300.

lesen und bringen den unterschriebenen Vertrag dann zur zweiten Sitzung mit.

bb) Phase 2: Themensammlung

Aus der Sicht der Medianten beginnt jetzt die eigentliche Mediation: der 42
Mediator bittet die Parteien, ihren Konflikt zu erläutern und fragt, wer beginnen möchte, die Dinge aus seiner Sicht darzustellen. Für den Mediator gilt es nun, jedem Einzelnen aufmerksam, zugewandt und geduldig **zuzuhören**, um die Parteien auch zu ermutigen, weiter zu erzählen und ihnen das Gefühl der Wertschätzung und Akzeptanz zu geben. Dabei sollte der Mediator darauf achten, dass beide bzw. alle Beteiligten in etwa die gleiche Redezeit haben; gelegentlich kann es erforderlich werden, den einen oder anderen in seinen Ausführungen etwas zu bremsen, wenn es entweder schon zu sehr in die Details geht oder in die Selbstdarstellung. Hier ist das Gespür des Mediators gefragt, wann er ggf. eingreift.

Gleichzeitig kann der Mediator an dieser Stelle schon viele Informationen 43
über die Parteien und ihr **Konfliktverhalten** und -verständnis erfahren, insbesondere auch durch Beobachtung ihrer non-verbalen Kommunikation. Körperliche Reaktionen wie z.B. Stirnrunzeln oder Nicken, Nervosität oder Gelassenheit, Seufzen oder Zittern sagen meist mehr über die Einstellung und Befindlichkeit einer Person aus als Worte. Die so gezeigten Symptome geben oft wichtige Hinweise auf den wahren Konflikt, *Besemer*[46] spricht von »eingefrorenen« Botschaften. So können Kopfschmerzen verschiedene Botschaften haben und Ausdruck von Angst oder Hilflosigkeit sein ebenso wie z.B. eines Harmoniebedürfnisses. Diese Wahrnehmungen muss der Mediator zu einem geeigneten Zeitpunkt ansprechen und näher ergründen.

Wenn die Parteien mit ihrer Darstellung fertig sind, fasst der Mediator das 44
jeweils Gesagte in seinen **eigenen Worten** zusammen. Dabei wird meist schon sichtbar, um welche Themen es den Beteiligten geht. In Abstimmung mit dem Mediator werden die einzelnen Themen benannt und dann gemeinsam in eine Reihenfolge gebracht, in der sie nacheinander bearbeitet werden sollen. Ab diesem Zeitpunkt arbeiten die Mediatoren meist mit einem Flipchart, auf dem die Themen der jeweiligen Partei notiert werden. Finden alle ihre Themen dort wieder, einigen sich die Beteiligten auf eine

---

46 *Besemer*, Mediation, S. 117.

Methodik und Anwendungsbereiche der Mediation II.

Reihenfolge, in der sie die Themen bearbeiten wollen. Eine sorgfältige Themensammlung bietet ein Grundgerüst für die Bearbeitung des Konflikts und führt bei den Beteiligten meist schon zu einem guten Gefühl, die eigenen Anliegen ausgedrückt und niedergeschrieben zu sehen.

45 Der Vorteil der **Visualisierung** besteht zudem in der sichtbaren Präsenz aller Themen und der vereinbarten Reihenfolge der Bearbeitung, aber auch für die Auf- und Nachbereitung einer Sitzung sind diese Unterlagen u. U. wichtig. Sie können jederzeit wieder hervorgeholt werden, wenn es z. B. Unstimmigkeiten geben sollte oder wenn neue Themen im Verlauf der Mediation hinzu kommen.

cc) Phase 3: Interessenklärung

46 Die intensivste, wichtigste, aber auch anspruchsvollste Phase des Mediationsprozesses ist die Klärung der Interessen der Konfliktparteien. Mediation beruht auf dem Gedanken, dass es keinen Ausgleich zwischen den unterschiedlichen Positionen der Parteien gibt, wohl aber zwischen ihren Interessen.[47] In dieser Phase gilt es also, die **Interessen und Bedürfnisse**, die sich hinter den Positionen verbergen, herauszuarbeiten. Die Bedeutung von Interessen und Wünschen für den Erfolg in Verhandlungen hat erstmals das sog. Harvard-Konzept[48] herausgearbeitet. Um zu vernünftigen Verhandlungsergebnissen zu gelangen, ist zwischen der sachlichen, persönlichen und menschlichen Ebene zu unterscheiden. Eckpunkte des Harvard-Konzeptes sind vier Verhandlungskriterien:[49]
(1) Sachfragen sind von der Person zu trennen.
(2) Konzentration auf die Interessen der Beteiligten und nicht auf Ihre Positionen.
(3) Bei der Lösungssuche sind Auswahlmöglichkeiten zu entwickeln.
(4) Lösungsmöglichkeiten sind anhand objektiver Beurteilungskriterien zu messen.

47 Auf der persönlichen Ebene sind die Interessen und Bedürfnisse angesiedelt, die in Einklang gebracht werden müssen.[50] Nach *Fisher/Ury/Patton* sind die

---

47 *Weiler/Schlickum*, Praxishandbuch Mediation, S. 16.
48 *Fisher/Ury/Patton*, Das Harvard-Konzept, S. 1 ff.
49 Vgl. *Fisher/Ury/Patton*, Das Harvard-Konzept, S. 43 ff.
50 Vgl. *Fisher/Ury/Patton*, Das Harvard-Konzept, S. 71.

II. Methodik und Anwendungsbereiche der Mediation

wichtigsten Interessen die menschlichen **Grundbedürfnisse**, das, was grundsätzlich alle Menschen umtreibt und motiviert:[51]
- Sicherheit,
- wirtschaftliches Auskommen,
- Zugehörigkeitsgefühl,
- Anerkennung,
- Selbstbestimmung.

Der amerikanische Psychologe *Abraham H. Maslow*[52] hat die menschlichen Grundbedürfnisse 1943 in einer Bedürfnispyramide nach fundamentaler Dringlichkeit dargestellt:[53]
- physiologische Bedürfnisse wie Nahrung, Schlaf, Sex,
- materielle Sicherheit,
- sozialer Kontakt (Freundschaft, Liebe, Zugehörigkeit),
- persönliche Bedürfnisse wie Anerkennung,
- selbstverwirklichung, Religion.

Abb. 1

In der Phase der Interessenklärung beginnt der Mediator mit dem ersten der gewählten Konfliktthemen und arbeitet die Interessen heraus. Dabei werden zunächst die möglichen notwendigen Informationen und Positionen zu diesem Thema zusammen getragen und jede Partei teilt nun mit, wie sie dieses Problemfeld betrachtet und was sie erwartet. Im zweiten Schritt fragt der

---

51 Vgl. *Fisher/Ury/Patton*, Das Harvard-Konzept, S. 81.
52 *Maslow*, A theory of human motivation, S. 370 ff.
53 Quelle der Grafik: www.informatikkaufmann-azubi.de.

Methodik und Anwendungsbereiche der Mediation   II.

Mediator nach und tastet sich an die **dahinter liegenden Interessen** und Bedürfnisse heran.

▶ **Beispiel für eine Position:**

   Partei A: Ich will das Fenster schließen.

   Partei B: Das Fenster bleibt offen.

Die Parteien formulieren etwas, dass sie für sich entschieden haben; etwas was sie tun wollen. Ihre Positionen liegen zu hundert Prozent auseinander.

Nun beginnt der Mediator mit seiner Arbeit. Er fragt nach dem »Warum?«, um die dahinter liegenden Interessen der Parteien zu erfahren.

▶ Partei A: Ich möchte das Fenster schließen, weil ich Angst habe, mich wieder zu erkälten. Ich hatte erst eine schwere Grippe.

   Partei B: Ich möchte, dass das Fenster offen bleibt, weil ich frische Luft brauche, um zu arbeiten.

49 Das Interesse ist das, was eine Person zu ihrer Position veranlasst hat. Kennt die andere Partei die Beweggründe, wird sie sich eher den Argumenten öffnen und bereit sein, eine Lösung zu finden. Der Mediator hat also die zentrale Aufgabe, die Parteien zu befähigen, ihre eigenen Interessen und Bedürfnisse zu erkennen und für den anderen verständlich zu formulieren (**Empowerment**). Im Gegensatz zu der Verhandlung über Ansprüche, die regelmäßig ein Nullsummenspiel ist – was der eine gewinnt, verliert der andere –, schließt die Verwirklichung der Interessen des einen die Berücksichtigung der Interessen des anderen nicht unbedingt aus.[54] Indem die Beteiligten in einem wechselseitigen, sich wiederholenden Prozess beginnen, sich auszudrücken, einander zuzuhören und gegenseitig ihre Bedürfnisse zu respektieren, gewinnen sie Selbsterkenntnis und gegenseitige Achtung (**Recognition**).[55]

50 Durch Empowerment und Recognition wird den Konfliktparteien oft erst bewusst, welche eigenen Interessen hinter ihren Forderungen stehen. Das

---

54 *Kessen/Troja*, in: *Haft/von Schlieffen* (Hrsg.), Handbuch Mediation, § 13, S. 303.
55 *Kessen/Troja*, in: *Haft/von Schlieffen* (Hrsg.), Handbuch Mediation, § 13, S. 303.

II. Methodik und Anwendungsbereiche der Mediation

bessere Selbstverständnis entsteht durch das gezielte Nachfragen des Mediators, gleichzeitig erlebt auch die andere Konfliktpartei diesen Prozess mit und beginnt, den anderen zu verstehen. Über diesen **Perspektivenwechsel** kommen die Beteiligten wieder in das direkte Gespräch, was eine wichtige Voraussetzung für die nachfolgende Lösungssuche ist. Dabei kommt es auf das Geschick und die Empathie des Mediators an, der den Prozess mit Hilfe von Fragetechniken, Wertschätzung und möglicherweise Einzelgesprächen in Gang hält.

Auch in dieser Phase werden die Interessen, Wünsche und Gefühle jeweils auf dem Flipchart notiert. So sehen die Kontrahenten zusammengefasst und auf das Wesentliche konzentriert, was den anderen bewegt. Die **Visualisierung** ist auch für die spätere Lösungsphase wichtig, um abzugleichen ob die Bedürfnisse hinreichend Berücksichtigung gefunden haben. 51

dd) Phase 4: Kreative Lösungssuche

Unter dem Stichwort »**Der Kuchen soll vergrößert werden**«,[56] regt der Mediator die Parteien nun an, sämtliche Ideen und Lösungsmöglichkeiten einzubringen. Mit verschiedenen Kreativitätstechniken sollen die gewohnten Denkmuster gesprengt und die zu lösenden Dinge aus unterschiedlicher Perspektive betrachtet werden. Dies kann z. B. mit Hilfe eines Brainstormings geschehen. Dabei gilt: jeder Vorschlag ist »erlaubt«, Quantität geht der Qualität vor, die Beteiligten sollen ihren Ideen freien Lauf lassen;[57] ausdrücklich erlaubt ist auch der »Ideenklau«, um eine Weiterentwicklung der eingebrachten Vorschläge zu ermöglichen. 52

In dieser Phase kommt es nicht darauf an, schon durchdachte Lösungen parat zu haben; vielmehr sollen die Parteien gerade dazu ermutigt werden, ihre spontanen Ideen kund zu tun ohne Rücksicht auf die Praktikabilität oder Angst vor negativer Bewertung durch die andere Seite. Jeder noch so ausgefallene Vorschlag und **scheinbar »verrückte« Ideen** werden aufgenommen.[58] Bei der gemeinsamen Suche nach Lösungen ist es von zentraler Bedeutung, vom »Entweder-Oder-Prinzip« zum »Und-Prinzip« zu wechseln und sich neuen Ideen gegenüber zu öffnen. In der Praxis kann man immer wieder 53

---

56 *Weiler/Schlickum*, Praxishandbuch Mediation, S. 18.
57 *Kessen/Troja*, in: *Haft/von Schlieffen* (Hrsg.), Handbuch Mediation, § 13, S. 311 f.
58 *Weiler/Schlickum*, Praxishandbuch Mediation, S. 18.

erleben, wie anfangs kategorisch abgelehnte Lösungsideen in modifizierter Form zu einer gemeinsamen guten Idee werden und sich plötzlich der berühmte Knoten löst. Die meisten Teilnehmer an einer Mediation sind erstaunt, dass ein Verfahren ohne starre Regeln trotzdem zielorientiert zu konkreten und maßgeschneiderten Lösungen führen kann. Alle Lösungsideen werden wieder auf dem Flipchart notiert; hier finden sich unterschiedliche Handhabungen: manche Mediatoren schreiben die Lösungsoptionen getrennt zu den jeweiligen Parteien auf, andere machen ein gemeinsames Blatt ohne die Zuordnung zu den Personen.

54 Mit den folgenden Kreativitätstechniken kann der Mediator die Parteien bei der Suche nach Lösungen unterstützen:

Brainstorming: Es handelt sich um eine klassische Methode, die Kreativität zu fördern, um außergewöhnliche Ideen zu entwickeln. Abhängig von der Fragestellung werden alle Ideen dazu gesammelt. Dabei dürfen bereits genannte Ideen übernommen und weiter entwickelt werden, wodurch völlig unsortiert Ideen und Begriffe gesammelt werden. Kritik und Kommentare zu geäußerten Ideen sind nicht gestattet.

Mind-Map: Die Methode unterscheidet sich vom Brainstorming dadurch, dass bereits zu Beginn eine Frage oder ein Begriff im Mittelpunkt steht. Ideen dazu werden auf einer Karte mit einer Baumstruktur nieder geschrieben und systematisch vernetzt. Die visuelle Darstellung spielt dabei eine größere Rolle als beim Brainstorming.

Methode 653: Es handelt sich um eine Brainwriting-Technik, bei der 6 Personen zu bestimmten Fragestellungen innerhalb von 5 Minuten jeweils 3 Lösungsideen auf einen Bogen Papier aufschreiben. Nach fünf Minuten wird der jeweilige Bogen an den nächsten Teilnehmer weitergereicht, der innerhalb der nächsten 5 Minuten die Ideen ergänzen oder verbessern kann. Am Ende gibt es zu sechs Fragen jeweils achtzehn Ideen.

Kartenabfrage: Zu einer konkreten Fragestellung werden von den Teilnehmern auf Pinnwandkarten Ideen und Antworten geschrieben, die dann strukturiert auf einer Pinnwand sichtbar gemacht werden. Diese Technik ist besonders bei größeren Gruppen geeignet.

Osborn-Checkliste: Dabei wird anhand einer Checkliste ein Lösungsansatz systematisch im Hinblick auf mögliche Verbesserungen hinterfragt, z.B. nach den Kriterien einer Zweckänderung, Adaption, Modifikation, Substitution etc.

II. Methodik und Anwendungsbereiche der Mediation

Umkehrmethode: Bei der Umkehrmethode wird das Problem auf den Kopf gestellt bzw. das Ziel ins Gegenteil verkehrt. Die Teilnehmer sollen darüber nachzudenken, was man unterlassen oder unternehmen muss, um genau das Gegenteil dessen zu erreichen, was man eigentlich erreichen möchte. Der damit verbundene Perspektivwechsel eröffnet den Blick für neue Ideen und macht bewusst, was man auf keinen Fall tun bzw. unterlassen sollte.

Vergangenheitsmethode: Die Teilnehmer überlegen, wie die Menschen ein bestimmtes Problem wohl in der Vergangenheit gelöst haben und welcher Mittel/Hilfsmittel sie sich dabei wohl bedient haben.

6-W-Fragetechnik: Die 6-W-Fragetechnik dient dazu, ein Problem oder eine Fragestellung gezielt anzugehen. Dabei werden folgende Fragen gestellt: Was ist das Problem? Wann stellt sich dieses Problem? Wer kann etwas verändern/durch wen entsteht das Problem? Wie kann ich etwas ändern? Wo kann ich etwas tun? Wozu muss ich etwas verändern?

ee) Phase 5: Lösungsoptionen bewerten und auswählen

In der 5. Phase werden die Ideen von den Konfliktparteien bewertet: ein gängiges Verfahren ist es, den Beteiligten jeweils einen farbigen Stift zu geben und sie zu bitten, von den Optionen drei auszuwählen und nach Priorität mit Punkten zu versehen. Gibt es Übereinstimmung, wird mit einer Option angefangen, die beide ausgewählt haben und diese wird dann je nach Bedarf weiter ausgearbeitet. Soweit es keine Übereinstimmungen gab, bittet der Mediator die Beteiligten vom jeweils anderen eine Lösungsoption zu wählen. Diese wird dann ggf. im Einzelnen nach integrativen Verhandlungsgrundsätzen[59] überarbeitet. **Integratives Verhandeln** bedeutet, den bekannten Verhandlungsgegenstand zu einem noch unbekannten größeren Ganzen zu integrieren um daraus einen fairen und positiven Interessenausgleich für alle Parteien zu erzielen. Dabei können Kompensationen einbezogen werden, die mit dem Konflikt nicht unmittelbar in Bezug stehen oder auch Dritte eine Rolle spielen.

Sollte sich für das erste Thema noch keine befriedigende übereinstimmende Lösung einstellen, wird ein **Zwischenergebnis** festgestellt. Es empfiehlt sich deshalb, ein neues Thema, auf das sich die Konfliktparteien geeinigt haben, zu beginnen und danach eine Gesamtlösung herzustellen. Erfahrungsgemäß

---

[59] *Müller*, Distributives und integratives Verhandeln, S. 4 ff.

gelingt dies überwiegend, weil auch die Medianten schon routinierter und aufgeschlossener im Mediationsprozess werden.

57 Sind alle Themen bearbeitet, die Interessen geklärt und in den Lösungen berücksichtigt, bereitet der Mediator zunächst ein Memorandum vor, in dem die Lösungen zusammengefasst werden. Parteien, die nicht in anwaltlicher Begleitung an der Mediation teilgenommen haben, muss der Mediator nun spätestens jetzt darauf aufmerksam machen, dass es vor Abschluss einer Vereinbarung notwendig ist, die erarbeitete **Lösung rechtlich überprüfen** zu lassen. Wichtig ist, dass jede Partei einen eigenen Anwalt zur Rate zieht, der den rechtlichen Rahmen erklärt. Ist der Mediator kein Anwaltsmediator, der die Vereinbarung in eine juristisch abgesicherte Form bringen kann, sollte der beratende Anwalt einen Entwurf machen.

ff) Phase 6: Abschlussvereinbarung

58 Zum Abschluss der Mediation sollte eine **verbindliche**, klare, verständliche und rechtlich geprüfte **Vereinbarung** erstellt sein. Nach dem anwaltlichen Beratungstermin findet meist noch eine weitere Sitzung statt, indem ggf. Änderungen, Details etc. mit aufgenommen werden. Nicht selten müssen z. B. in Scheidungsmediationen noch Sachfragen geklärt werden, etwa ob ein Beteiligter aus einem Darlehensvertrag von der Bank entlassen werden oder ein Ehegatte ein neues Darlehen allein aufnehmen kann, um das Haus zu finanzieren. In solchen Fällen empfiehlt es sich, in einem deutlich früheren Stadium des Verfahrens die anwaltliche Fachberatung in Anspruch zu nehmen, weil solche Sachfragen auch direkten Einfluss auf die Lösungsoptionen haben. Der bessere Zeitpunkt ist am Anfang der Phase 4.

59 Schließlich muss entschieden werden, in **welcher Form** die Vereinbarung abgeschlossen werden soll oder muss. Wurde eine Lösung zu sehr persönlichen, nicht justiziablen Fragen erarbeitet, wie etwa die Ausgestaltung einer Beziehung, dürfte eine informelle gemeinsame Erklärung genügen. Diese kann von den Parteien selbst entworfen werden. Handelt es sich z. B. um eine Scheidungsfolgenvereinbarung, in der auch ein Grundstück übertragen werden soll, muss ein Vertrag verfasst werden, der notariell beurkundet wird. In diesem Fall können entweder die Parteien selbst oder der Mediator dem Notar einen Entwurf überreichen, den dieser in die erforderliche juristische Form bringt. Handelt es sich um einen formfreien Vertrag, der jedoch juristische Qualität haben soll, kann der Anwaltsmediator ihn gemeinsam mit

II. Methodik und Anwendungsbereiche der Mediation

den Parteien formulieren oder der beratende Anwalt übernimmt diese Aufgabe.

Der Inhalt der Mediationsvereinbarung sollte »SMART«[60] sein:

S pecific (spezifisch)

M easurable (messbar)

A chievable (erreichbar)

R ealistic (realistisch)

T imed[61] (zeitlich bestimmt)

Die schriftliche Vereinbarung muss unmissverständlich sein: Wer macht was für wen wie und wann. Sie sollte messbare Indikatoren haben, die es den Parteien auch in der Phase der Umsetzung ermöglichen, ihre vereinbarten Handlungen zu überprüfen. Die vereinbarten Handlungen sollten nicht in gegenseitiger Abhängigkeit voneinander bestimmt und alltagstauglich sein, damit sie auf Dauer erreicht bzw. für die vereinbarte Zeit erfüllt werden können. Dazu gehört auch die Realitätsfähigkeit der Vereinbarung, d.h. die Verabredungen müssen zeitlich, finanziell, rechtlich, technisch und auch psychologisch möglich sein.

c) Die Kommunikationstechniken in der Mediation

Das Gelingen einer Mediation hängt wesentlich von der Beherrschung der Kommunikationstechniken ab. Aktives Zuhören und Paraphrasieren, Zusammenfassen, Spiegeln, Fokussieren und Refraiming sowie verschiedene Fragetechniken gehören zum unabdingbaren Handwerkszeug des Mediators.

aa) Aktives Zuhören und Paraphrasieren

Das aktive Zuhören ist die **wichtigste Basistechnik** in der Mediation und stellt eine anspruchsvolle Form des Zuhörens dar. Im Mittelpunkt steht die Fähigkeit des Zuhörers, sich ganz auf den Sprecher zu konzentrieren und ihm durch seine volle Aufmerksamkeit zu signalisieren, dass er verstehen möchte, was er denkt und fühlt. Der aktive Zuhörer paraphrasiert und verba-

---

60 *Kessen/Troja*, in: *Haft/von Schlieffen* (Hrsg.), Handbuch Mediation, § 13, S. 318.
61 *Ripke* KonSens 1999, 341 ff.

lisiert: er wiederholt die sachliche Aussage eines anderen in seinen eigenen Worten (paraphrasieren, umschreibendes Zuhören) und drückt die emotionale Aussage in Worte aus bzw. was gefühlsmäßig in den Äußerungen des anderen mitschwingt (verbalisiert). Dabei muss der Zuhörer die inneren Zusammenhänge des Gesagten erkennen, seine Wahrnehmungen kritisch überprüfen und ohne eigene Ergänzungen wiedergeben. So kann der Mediator dem Sprecher zeigen, dass er verstanden worden ist bzw. die Medianten haben nun die Möglichkeit, vom Mediator falsch Verstandenes zu korrigieren und der anderen Partei direkte Rückmeldungen zu geben.[62]

Aktives Zuhören	
(im Sinne von »konzentrierter Aufmerksamkeit, Erfassen innerer Zusammenhänge, ohne eigene Ergänzungen, kritische Überprüfung von Wahrnehmungen, zurückhaltende Interpretation«)	
Paraphrasieren	Verbalisieren
(Wiederholen der sachlichen Aussage eines anderen mit eigenen Worten)	(Wiederholen der emotionalen Aussage eines anderen mit eigenen Worten)

bb) **Zusammenfassen**

63 Nach längeren Ausführungen einer Partei fasst der Mediator das Gehörte in seinen eigenen Worten zusammen. So kann er insgesamt das Verfahren steuern: er sortiert das Gesagte nach Sach- und Beziehungsebene, **konzentriert die Aussagen** auf das Wesentliche, strukturiert eventuell schon nach Themen und versichert sich aktiv, ob seine Zusammenfassung so richtig ist, durch Rückfragen, z. B. »Habe ich das richtig verstanden, dass es Ihnen in der Hauptsache um … und … geht?« Den Parteien geben diese Zusammenfassungen einen Überblick und der Mediator kann ggf. auch das Tempo und die Ausführlichkeit des Sprechers steuern, indem er bei Bedarf und zum eigenen Verständnis eine Zusammenfassung einbringt.

cc) **Spiegeln**

64 Eine ebenso viel genutzte Kommunikationstechnik in der Mediation ist das Spiegeln. Ähnlich wie beim Zusammenfassen und auch beim aktiven Zuhö-

---

62 S. auch: www.teachsam.de/psy/psy_kom.

ren soll dem Sprecher vermittelt werden, dass er von seinem Zuhörer – richtig – verstanden worden ist. Wichtig ist auch hier, dass der Mediator das Gesagte kurz zusammenfasst, **ohne** den Inhalt zu verändern und **zu bewerten** und darüber hinaus auch die Emotionen wahrnimmt und ggf. in Worte kleidet. Die Technik des Spielgens soll dazu beitragen, das die Parteien über den Mediator wieder beginnen, einander zuzuhören und zu verstehen. Den Medianten fällt es in der Regel leichter, eine Botschaft aus dem Mund des Mediators zu hören und zu verstehen, als von ihrem Konfliktgegner.

dd) Fokussieren

Eine besondere Art des Zusammenfassens ist das Fokussieren. Das Gesagte **65** wird noch etwas trennschärfer herausgearbeitet und dabei konzentriert man sich insbesondere auf die unterschiedlichen Sichtweisen der Konfliktbeteiligten. Die aus der systemischen Therapie stammenden Techniken des Paraphrasierens, Zusammenfassens, Spiegelns und Fokussierens lassen sich nicht immer eindeutig voneinander trennen. Während *Hohmann/Morawe*[63] z. B. das Zusammenfassen als Teil des aktiven Zuhörens verstehen, besteht die Kunst des Zusammenfassens für *Dietz*[64] darin, »**das Gesagte** in einer für den Fortgang der Mediation hilfreichen Weise positiv **umzuformulieren** soweit dies möglich ist, ohne die Grenze zur Uminterpretierung oder gar Manipulation zu überschreiten.«

ee) Reframing

Reframing bedeutet, etwas in einen anderen Rahmen zu setzen und ist eine **66** spezielle Form des Paraphrasierens.[65] Der Einsatz dieser Technik eignet sich besonders, wenn aggressive Stimmungen und negative Gefühle im Spiel sind und die Mediation blockieren.

▶ Beispiel:

Der Ehemann findet die Ängste seiner Frau übertrieben und hysterisch und wirft ihr vor, sie mache sich und andere verrückt.

---

63 *Hohmann/Morawe*, Praxis der Familienmediation, S. 192.
64 *Dietz*, Werkstattbuch Mediation, S. 171.
65 *Weiler/Schlickum*, Praxisbuch Mediation, S. 31.

Methodik und Anwendungsbereiche der Mediation II.

Der Mediator kann die Aussage in einen neuen Kontext stellen, der es dem anderen erleichtert, darauf einzugehen, z. B.:

▶ »Sie finden es für sich belastend, wenn Ihre Frau sich solche Sorgen macht.«

Der Wechsel vom Positionskampf zu den Interessen und Bedürfnissen kann durch das Reframing eingeleitet werden.

d) Die Fragetechniken in der Mediation

67 Neben den Kommunikationstechniken gehört auch die **Kunst des Fragens** ebenso zum wichtigen Handwerkszeug des Mediators. Mit seinen »respektvoll, neugierigen«[66] Fragen kann der Mediator den Klärungsprozess entscheidend mit beeinflussen und das Verfahren voran bringen. Fragen lenken das Gespräch und legen fest, worüber der Befragte nachdenkt und welche Informationen der Fragende erhält.

68 Grundsätzlich wird zwischen offenen und geschlossenen Fragen[67] unterschieden, Geschlossene Fragen, die man nur mit »ja« oder »nein« beantworten kann, können häufig in der Mediation in eine Sackgasse führen, wenn es darum geht, die Bedürfnisse und Interessen der Parteien heraus zu arbeiten. Prozessfördernd hingegen sind in allen Phasen der Mediation die offenen Fragen: sie dienen der Unterstützung der Parteien, die eigene Sichtweise zu klären, fördern den Perspektivenwechsel und die **Überwindung von Blockaden** und stärken die Eigenverantwortlichkeit und Autonomie. Insbesondere die übergeordneten lösungsorientierten Fragen,[68] die aus der systemischen Beratung stammen, identifizieren im ersten Schritt das Problem (»Was ist genau das Problem?«), arbeiten im zweiten Schritt die Zielvorstellungen heraus und eröffnen den Lösungsraum (»Was wollen Sie erreichen?«), um im letzten Schritt die Ressourcen zu aktivieren (»Was können Sie tun, um Ihre Wunschvorstellung zu verwirklichen?«)

---

66 *Kessen/Troja*, in: *Haft/von Schlieffen* (Hrsg.), Handbuch Mediation, § 13, S. 307 ff.
67 *Haynes*, The Fundamentals of Family Mediation, S. 15 ff.
68 Überblick bei *Kuhlmann/Rieforth*, Das Neun-Felder-Modell, S. 52 ff.

II. Methodik und Anwendungsbereiche der Mediation

Offene Fragen im Einzelnen lassen sich wie folgt unterteilen:[69]

- **Öffnende Fragen** dienen dazu, die Mediation zu beginnen, z. B. »Können sie beschreiben, wie Sie das erleben?«
- **Informationsfragen** führen zur Feststellung von Sachverhalten und Meinungen, z. B. »Wie lang ist Ihr Arbeitstag?«
- **Klärungsfragen** helfen, generelles zu konkretisieren, z. B. »Was meinen Sie genau, wenn Sie sagen, Ihr Mann geht über Ihre Belange hinweg. Können Sie ein Beispiel benennen?«
- **Beurteilungsfragen** stellen die gründe für eine Position heraus, z. B. »Warum ist Ihnen das wichtig?«
- **Teilnehmende Fragen** dienen dazu, sich einen Eindruck über die Wünsche und Vorstellungen zu verschaffen, z. B. »Was macht Sie dabei so unsicher?«
- **Zukunftsfragen** helfen herauszufinden, ob langfristige Ideen vorhanden sind oder nicht, z. B. »Wie würde es in fünf Jahren aussehen, wenn Sie Ihr Problem nicht lösen?«
- **Fragen nach Ausnahmen** zeigen, dass möglicherweise auch Alternativen vorhanden sind, z. B. »Gab es Situationen, in denen es besser lief?«
- **Wunderfragen** sollen aufzeigen, wie es den Beteiligten ergehen mag, wenn der Konflikt gelöst ist, z. B. »Stellen sie sich vor, der Konflikt wäre verschwunden. Woran würden Sie merken, dass das Problem erledigt ist?«
- **Hypothesefragen** sollen Ideen in die Diskussion einbringen, z. B. »Wäre es für Sie denkbar, die Kinder in der Obhut Ihres Mannes zu lassen?«
- **Leitende Fragen** können eine Idee suggerieren, z. B. »Was wünschen Sie sich nicht nur privat, sondern auch beruflich von ihr?«
- **Konzentrierende Fragen** sollen zu den wesentlichen Punkten zurückführen, z. B. Was sind für Sie die wesentlichen Gesichtspunkte?«
- **Alternativfragen** helfen, die möglichen Alternativen nebeneinander zu stellen und zu vergleichen, z. B. »Was waren die Probleme bei der anderen Variante?«
- **Schlussfragen** dienen dazu sicherzustellen, dass ein Thema auch wirklich abgeschlossen ist, z. B. »Haben Sie nun alle Informationen, die Sie zur beurteilung brauchen?«
- **Skalafragen** dienen dazu, eine subjektive Bewertung bei den Beteiligten abzufragen und zu ergründen, was die Parteien zu einer positiven Veränderung selbst beitragen können, z. B. »Wo würden Sie sich auf einer Skala

69

---

[69] *Kessen/Troja*, in: *Haft/von Schlieffen* (Hrsg.), Handbuch Mediation, § 13, S. 307 f.

von 1–10 (1 = schlechteste Vorstellung; 10 = beste Vorstellung) zur Zeit in Bezug auf den Konflikt einordnen? Was könnten Sie tun, damit es zwei Punkte aufwärts geht?«
- **Verschlimmerungsfragen** (**worst case szenario**) dienen dazu, aufzuzeigen, was passieren müsste, damit sich das Problem noch verschlechtert, z. B., »Was könnten Sie tun, damit sich Ihr Problem verschlimmert?«
- **Zirkuläre Fragen** sollen einen Perspektivenwechsel anregen, z. B. »Was glauben Sie, wie würde Ihr Verhalten auf einen Außenstehenden wirken?«

e) Setting

70 Zur Herstellung einer angenehmen **Gesprächsatmosphäre** gehört auch der äußere Rahmen einer Mediation, das sog. Setting. Die Fragen, wo eine Mediation stattfindet, in welcher Häufigkeit, wie die Örtlichkeiten ausgestattet und möbliert sind und welche Technik ggf. erforderlich ist, auch wer daran teilnimmt, hängt von der konkreten Mediation und vom Mediator ab.

aa) Ort

71 Wo die Mediation stattfindet hängt wesentlich vom Mediator und seinem Tätigkeitsgebiet ab. Der Anwaltsmediator wird in seinen Kanzleiräumen tätig werden, der Psychologe in seiner Praxis, der Richtermediator im Gericht, Schulmediationen finden üblicherweise in der Schule statt. Wichtig ist, dass die Mediation auf einem **neutralen Terrain**[70] stattfindet, damit keine Partei von der vertrauten Umgebung profitiert bzw. der andere sich in die »Höhle des Löwen« begeben muss. Reichen die neutralen Räume des Mediators bei Gruppenmediationen nicht aus, können auch externe Räume genutzt oder gemietet werden, etwa Seminarräume in einem Hotel.

bb) Raumgestaltung

72 Innerhalb der Räumlichkeiten ist auf die Raumgestaltung und die Sitzordnung zu achten. Alle Beteiligten sollten so sitzen, dass sie einander und den Mediator sehen können und der Raum darf nicht zu klein sein. Vorteilhaft sind runde oder ovale Tische. Das Ambiente und die **Sitzordnung** sollten auf die jeweilige Zielgruppe zugeschnitten sein. Insbesondere bei Mediationen zwischen Gruppen ist eine durchdachte Sitzordnung wichtig und sollte der

---

70 *Kracht*, in: *Haft/von Schlieffen* (Hrsg.), Handbuch Mediation, § 12, S. 282.

II. Methodik und Anwendungsbereiche der Mediation

systemischen Struktur der Gruppen entsprechen.[71] Frische Luft ist ebenso wichtig wie möglichst wenige störende Geräusche von außen; insgesamt sollten sich die Parteien willkommen und wohl fühlen. Dies kann z. B. auch durch einen bunten Strauß Blumen erreicht werden und eine dezente unaufdringliche Dekoration und Beleuchtung. Sind Raucher unter den Medianten, sind auch kleinere Pausen immer willkommen, ebenso wie warme oder kalte Getränke und ggf. kleine Snacks oder Gebäck.

cc) Ausstattung

Zur Visualisierung ist ein **Flipchart** oder eine Pinnwand, an der die Ergebnisse aufgezeichnet oder Karten mit Nadeln befestigt werden können, unabdingbar. Dies dient einerseits dazu, die Beteiligten in den Mediationsprozess aktiv einzubinden, aber auch der Kontrolle und späteren Abgleichung, ob z. B. alle Interessen auch in einer Vereinbarung berücksichtigt wurden. Es hat sich als vorteilhaft erwiesen, den Medianten die Ergebnisse der Mediationen zugänglich zu machen, um ggf. eine gewisse Nachbearbeitung oder Reflektion zu ermöglichen. Der Mediator kann dazu die Aufzeichnungen aus den Sitzungen abfotografieren und per Mail an die beteiligten Parteien senden, die sie dann je nach Bedarf ausdrucken und abheften können. Bei späteren Unstimmigkeiten kann auf diese Weise auch noch einmal nachvollzogen werden, ob zu diesem Thema etwas gesagt und erarbeitet worden ist.

73

dd) Rhythmus und Dauer

Die Dauer einer Sitzung hängt insbesondere von der Anzahl der Beteiligten und dem Konfliktfeld ab. Bei Familienmediationen haben sich **ein bis zwei Stunden** bewährt.[72] Bei Wirtschaftsmediationen können die einzelnen Treffen aber auch länger dauern, insbesondere wenn Beteiligte eine lange Anreise haben, wird man sich auf längere Einheiten verständigen. Je emotionaler das Konfliktfeld ist, desto kürzer sollten die Sitzungen ausfallen, weil es für alle Beteiligten sehr anstrengend ist. Insgesamt gilt gleichwohl eine freie Vereinbarung und Abstimmung zwischen den Parteien und dem Mediator wie lange eine Sitzung geführt wird. Haben sich die Beteiligten z. B. auf Sitzungen von 90 Minuten verständigt und ist nach Ablauf dieser Zeit noch Kapazität,

74

---

71 *Weiler/Schlickum*, Praxisbuch Mediation, S. 21.
72 Vgl. *Weiler/Schlickum*, Praxisbuch Mediation, S. 21; *Kracht*, in: *Haft/von Schlieffen* (Hrsg.), Handbuch Mediation, § 12, S. 283.

kann die Sitzung natürlich verlängert werden. Auch die Häufigkeit hängt in erster Linie von den Wünschen der Parteien ab und der Art des Konfliktes. In akuten Familienkonflikten wird meist schnelle Linderung gewünscht und entsprechend die Sitzungen im Abstand von wenigen Tagen oder einer Woche vereinbart.

3. Die mediationsanaloge Supervision

a) Allgemeines

75 Supervision wurde gegen Ende des 19. Jahrhunderts in den USA als Leistungskontrolle in Unternehmen und Administrationen eingeführt. In den 20er Jahren des 20. Jahrhunderts haben die psychoanalytischen Schulen die Supervision zur Reflexion von Behandlungsfällen und von Gruppenphänomenen weiter entwickelt. Damit war die Basis dafür gelegt, dass sich die Supervision als professionelles Angebot in Arbeitsprozessen und in beruflichen Bezügen etablieren konnte. Fragen, Probleme, Konflikte aus dem beruflichen Alltag sind dabei Gegenstand der Supervision. Sie schafft Reflexionsräume, ermöglicht ein vertieftes Verstehen der beruflichen Probleme. Dabei arbeiten Supervisor und Supervisand gemeinsam mittels verschiedener Methoden und Techniken an der Lösung der aufgetauchten Fragen und Probleme.

b) Übertragung auf Mediationsverfahren

76 Mit der Etablierung der Mediation wurde auch die Reflexion des beruflichen Handelns in Form von Supervision der Mediation notwendig. Die Nachfrage nach Supervision in der Mediation entwickelte sich. Dabei zeigte sich, dass eine reine Übertragung der Supervision aus therapeutisch-beraterischen Zusammenhängen auf die Mediation allein nicht ausreichte. Die traditionelle Supervision bezog sich nicht hinreichend auf den Prozess der Mediation und blieb so nur begrenzt übertragbar.

c) Methodik und Verfahren

77 Anregung zu einer Supervisionsform, die der Mediation besser entsprach, gab John Haynes, indem er vorschlug, die Supervision analog zur Mediation zu gestalten. Aus seiner Sicht bestehen Parallelen zwischen der Mediation und der Supervision was die Prinzipien und den Prozess angeht

II. Methodik und Anwendungsbereiche der Mediation

Die Philosophie von Mediation und Supervision ist jeweils gekennzeichnet durch die Prinzipien der Selbstbestimmtheit, der Zukunftsorientierung, der Ressourcenorientierung, der Optionalität.

Was den Mediations-Prozess angeht, so folgt die Supervision analog einer Mediation folgendem Stufenplan:[73]

aa) Einführung und Kontrakt

Der Supervisor bespricht mit den Teilnehmern folgende Checkpunkte: 78
- Vorstellung des Supervisors,
- neue Teilnehmer, abwesende Teilnehmer,
- Vorstellung der Teilnehmer sowie Mitteilung über alte und neu einzubringende Mediationsfälle,
- Regeln für die Supervision,
- Regularien: Zeitplan, Pausen, Parkplatz, Honorar, Teilnahmebescheinigungen etc.,
- Absprachen über Dokumentation oder Protokollierung der Supervision.

bb) Fallsammlung, Gewichtung, Rangfolge

Der Supervisor verschafft sich ein Überblick über die von den Teilnehmern 79
eingebrachten Fälle und klärt mit ihnen, welcher Fall mit welchem Umfang in welcher Reihenfolge in der Supervision behandelt werden soll.

Dabei wählt der Supervisor als ersten Supervisionsfall möglichst einen Fall, an dem der Ablauf der mediationsanalogen Supervision gut demonstriert werden kann; In der Regel eine normale Mediation mit mindestens drei Sitzungen. Die Gewichtung der weiteren Fälle könnte sich am Stand des Mediationsprozesses der jeweiligen Fälle orientieren. Zusätzlich können gruppendynamische Prozesse sowie Ausbildungsstand der Teilnehmer bei der Gewichtung der Fälle beachtet werden. Es sollten nicht ausschließlich Fälle von Mediatoren mit einem bestimmten Grundberuf bearbeitet werden; Teilnehmer, die bisher noch keinen Fall vorstellen konnten, sollten mit ihrem Fall Priorität haben.

---

[73] Vgl. hierzu grundlegend: *Krabbe* Kon:Sens 1999, 160 ff.; *Diez* ZKM 2000, 227 ff.; *Thomsen*, Spektrum der Mediation 2009, 24 ff.

cc) Konfliktbearbeitung

80 Diese geschieht in folgenden Schritten:

Der Supervisand wird zunächst gebeten, seinen Fall vorzustellen. Er gibt dem Fall ein Codewort und erhält die Möglichkeit, jeweils eine Frage zum Mediationsprozess und zu seiner Person als Mediator zu stellen. Nach Vorstellung des Falles können die Teilnehmer noch Informationsfragen zum vorgestellten Fall stellen.

Im nächsten Schritt bittet der Supervisor die Gruppe, Hypothesen zu bilden. Diese können sich auf die Parteien, den Mediationsprozess, sowie auf die Person des Mediators beziehen. Dabei können Hypothesen unterschiedlicher Art gebildet werden, Mediationshypothesen, die sich direkt auf die Mediation beziehen, sowie Hintergrundhypothesen, die Hintergrundaspekte des Falls beleuchten. In jedem Fall achtet der Supervisor darauf, dass die gebildeten Hypothesen ressourcenorientiert statt problemorientiert ausgerichtet sind. Am Ende dieses Schrittes bittet der Supervisor den Supervisanden aus den genannten Hypothesen drei bis fünf auszusuchen, mit denen er im konkreten Fall weiterarbeiten möchte.

Danach werden die Teilnehmer aufgefordert, auf der Basis der ausgewählten Hypothesen Optionen zu entwickeln. (»Wenn es ihr Fall wäre, was würden sie tun?«) Diese Optionen können sich auf das Setting, den Mediationsprozess, auf Methoden und Techniken beziehen. Zum Schluss dieses Schrittes sucht der Supervisand wiederum drei bis fünf Optionen aus, die für ihn in Bezug auf die Gestaltung des Falles von Interesse sind.

dd) Verhandeln und Vereinbaren

81 Der Supervisor fordert den Supervisanden auf, sich für eine konkrete Option zu entscheiden, die er für seinen Fall direkt anwenden möchte, oder hätte anwenden können. Es wird verhandelt, wie diese Optionen konkret umgesetzt werden können. Bisweilen hilft bei der Klärung auch der Einsatz von Rollenspielen, bei denen der Supervisand probeweise die Option konkretisieren kann, von den Rollenspielern Rückmeldungen zu seinem Vorhaben bekommt, verschiedene Variationen überprüft werden können.

82 Kann sich der Supervisand vorstellen, wie er in dem Fall weiterarbeiten kann, hätte weiterarbeiten können, vereinbart der Supervisor mit dem Supervisanden, wie die nächsten konkreten Schritte aussehen, wer ihn dabei unterstützen kann, mit wem er das Umgesetzte auswerten kann. Der Supervisor

II. Methodik und Anwendungsbereiche der Mediation

schließt nun den vorgestellten Fall ab, indem er den Supervisanden nochmals an die beiden zu Beginn formulierten Fragen erinnert. Die erarbeiteten Ergebnisse zum Fall geben dann oft bereits eine ersten Antwort und Orientierung zu den beiden Fragen.

Nach Durchgang aller vorgestellten Fälle der Teilnehmer gibt der Supervisor 83 den Teilnehmern noch Gelegenheit, Rückmeldungen, Auswertungen zu den Fällen, zur Methodik zu geben. Zum Schluss werden noch Formalien abgesprochen (weitere Termine, Teilnahmebescheinigungen etc.).

d) Methodische Besonderheiten

aa) »Blitzlicht Supervision«

In der Supervision kann der Supervisor unterschiedliche Methoden und 84 Variationen der mediationsanalogen Supervision anbieten. So kann er einen Schnelldurchgang i.S. einer Blitzlicht-Supervision anbieten, bei der die Teilnehmer nach der Fallvorstellung jeweils nur einen Beitrag leisten, sei es in Form einer Hypothese, Option, Assoziation, Bild oder Ratschlag. Der Supervisor kann nach der Falldarstellung die Teilnehmer bitten zu prüfen, welche Assoziationen ihnen bei der Falldarstellung kommen; er kann eine Skulpturarbeit anbieten, bei der es um die Auflösung von Stress geht; er kann an den persönlichen und beruflichen Fallen des Supervisanden ansetzen und diese deutlich werden lassen mit dem Ziel des Wachstums des Supervisanden.

bb) Intervision/Supervision

Der Über-Blick auf die eigene Arbeit erfolgt in der Regel in einer Gruppe 85 von Mediatoren, die sich kollegial in der Bearbeitung des Falles unterstützen Intervision oder unter professioneller Anleitung durch den Supervisionsprozess geführt werden (Supervison). Die Notwendigkeit zur Supervision der eigenen Mediationspraxis hat auch der Gesetzgeber erkannt. Was noch fehlt sind Standards für die Ausbildung und Tätigkeit von Mediations-Supervisoren. Hier sollten die Verbände verbindliche Regelungen erarbeiten, um auch die Supervision durch ausgebildete Supervisoren als zusätzlich notwendiges Instrument in der Mediationspraxis verankern zu können.

III. Psychologische Aspekte, Hintergründe und Dynamiken

Übersicht

	Rdn.
1. Einleitung	1
2. »Das Gespräch«	3
a) Kommunikation	3
b) Die vier Seiten einer Nachricht	4
c) Gesprächsvariablen	8
aa) Echtheit (Kongruenz)	8
bb) Positive Wertschätzung	9
3. Emotionen	11
a) Zur Bedeutung von Emotionen	11
b) Definition von Emotion	12
c) Funktion von Emotion	14
aa) Grundbedürfnisse	14
bb) Signalfunktion von Emotionen	15
d) Emotion und Kognition	16
e) Grundannahmen der Arbeit mit Emotionen in der Mediation	17
4. Hocheskalierte Konflikte	19
a) Merkmale von Hocheskalation	19
b) Entstehungsbedingungen von Hocheskalation	20
aa) Auf der individuellen Ebene	20
bb) Auf der Beziehungsebene und der sozialen Ebene	22
c) Anforderungen an die Mediation bei Hocheskalation	23
d) Hintergrundinformationen zur Hochstrittigkeit	24
aa) Narzisstische Krise	25
aaa) Definition	25
bbb) Zwei Typen des Narzissmus	26
ccc) Klinische Symptomatik	27
ddd) Grundproblematik: Der eigene Selbstwert	28
eee) Therapie der narzisstischen Persönlichkeitsstörung	29
fff) Stabilisierung/Motivation	30
ggg) Beziehungsgestaltung	31
bb) Posttraumatische Belastungsstörung	32
aaa) Definition	32
bbb) Diagnostik	34
ccc) Therapie der Posttraumatischen Belastungsstörung	36
ddd) Traumabearbeitung	37
5. Konfliktfeld Familie	38
a) Der Wandel von Ehe und Familie	39
aa) Ehe und alternative Lebensformen	40
bb) Kernfamilie und andere Familienformen	44
cc) Die Scheidungsfamilie	45
dd) Alleinerziehende	46
ee) Zweitfamilien, Patchwork-Familien	47
ff) Adoptionsfamilien	49
gg) Pflegefamilien	50
hh) Inseminationsfamilien	51
b) Trennung, Scheidung	53
aa) Ablauf von Trennung und Scheidung	53

III. Methodik und Anwendungsbereiche der Mediation

bb) Verlaufsphasen bei Trennung und Scheidung	54
c) Kinder bei Trennung und Scheidung	55
aa) Belastende Gefühle von Kindern (Reaktionen von Kindern auf Trennung/Scheidung)	55
aaa) Trennungsentscheidung der Eltern	55
bbb) Folgen der Trennungsentscheidung für die Kinder	57
(1) Kinder im Alter bis 2,5 Jahren	61
(2) Kinder im Alter von 2 – 3 Jahren	62
(3) Kinder im Alter von 3 –5 Jahren	63
(4) Kinder im Alter von 5 – 6 Jahren	64
(5) Kinder im Alter von 6 – 9 Jahren	65
(6) Kinder im Alter von 9 – 12 Jahren	66
(7) Kinder und Jugendliche im Alter von 12 – 15 Jahren	
ccc) Einschätzung der Reaktionen der Kinder	67
ddd) Kinder in der Mediation	69
bb) Gespräche mit Kindern und Jugendlichen	71
aaa) Vorschulkinder	72
bbb) Schulkinder	80
ccc) Jugendliche	81
cc) Anhörung von Kindern .	83
aaa) Grundsatz	83
bbb) Praxisanregungen für die Anhörung .	84
dd) Förderliche Bedingungen für die Kinder zur Bewältigung der Scheidung	85
d) Professionelle Hilfen bei Trennung und Scheidung in Form von Information und Aufklärung	86
aa) Konzept der Information/Aufklärung	87
bb) Aufklärungsinhalte	88
cc) Unliebsame Folgen von Trennung und Scheidung	89
dd) Positivmodelle bei Instabilitäten	90
aaa) Mitteilung der Trennung	91
bbb) Auszug/Umzug ...	92
ccc) Wechsel der Kinder zwischen den Eltern	93
ddd) Scheidungsverfahren	94
eee) Neue Partner/neue Kinder	95
6. Konfliktfeld Arbeit, Mobbing ..	96
a) Definition von Mobbing	96
b) Handlungen des Mobbings .	97
c) Mobbingverlaufsmodelle	98

Methodik und Anwendungsbereiche der Mediation   III.

d)	Parallele soziale und psychische Verläufe bei Mobbing	99	
e)	Mobbinginterventionen	101	
f)	Betriebliche Interventionen bei Mobbing im Einzelnen	102	
	aa) Moderation	102	
	bb) Supervision	104	
	cc) Mediation	105	

1. Einleitung

1 In der Mediation erlebt der Mediator **Menschen im Konflikt.** Es handelt sich dabei um Menschen mit vielfältigen Gefühlen, Kognitionen, Verhaltensweisen, die bisweilen auf den ersten Blick befremdlich und nicht zugänglich erscheinen. Der Mediator kann nicht davon ausgehen, dass die Parteien sich »vernünftig« verhalten; sie stehen in der Mediation vielmehr unter Druck, sind im Stress, zeigen heftige Emotionen, erscheinen bisweilen wie blockiert. Diese Menschen verhalten sich ihrer Krise entsprechend normal. Ein Umgang des Mediators mit diesen Parteien wird erleichtert, bisweilen erst möglich, wenn der Mediator über psychologisches Hintergrundwissen verfügt. Es geht dabei nicht darum, dass der Mediator therapeutische Fähigkeiten erlernt, sondern dass er über psychologisches Wissen verfügt. Dies hilft ihm, Menschen im Konflikt besser einzuschätzen und verstehen zu können.

Psychologisches Hintergrundwissen wirkt insoweit wie eine Lichtquelle, die den Mediator in die Lage versetzt, das Konfliktgeschehen zu erhellen und die Parteien durch den Mediationsprozess so führen zu können, dass sie diesen beilegen können.

2 »Menschen im Konflikt« erfordern vom Mediator **Grundkenntnisse** in den Bereichen Kommunikation, Emotion/Kognition, sowie Kenntnisse zu einzelnen Konfliktfeldern mit dynamischen Konflikten, wie dies z. B. bei interpersonalen Konflikten in der Familie oder in den Konfliktdynamiken der Arbeitswelt.

2. »Das Gespräch«

a) Kommunikation

3 Mediation ist ein kommunikativer Prozess.[1] Zwischen den beteiligten Parteien findet ein Austausch statt. *Watzlawik, Beavin* und *Jackson* haben drei

---

[1] Vgl. auch die Ausführungen unter Methodik, I. Rdn. 1 ff.

III. Methodik und Anwendungsbereiche der Mediation

Grundgesetze für jede zwischenmenschliche Kommunikation aufgestellt.[2] **Jedes Verhalten ist Kommunikation** (»Man kann nicht nicht kommunizieren«). Die Kommunikationskanäle können sich auf der verbalen Ebene (das Wort), auf der paralinguistischen Ebene (Klangfarbe, Höhe, Tiefe, Tempo) oder der non-verbalen Ebene (Körpersprache) befinden. Auch der stumme Mensch tauscht aus. Jede Botschaft hat einen Sach- und einen Beziehungsaspekt. Zum einen werden in jeder Aussage sachliche Informationen vermittelt. Gleichzeitig schafft oder erneuert die Aussage eine Beziehung zwischen den Beteiligten. Kommunikation ist unterschiedlich punktierbar. Die am Kommunikationsprozess Beteiligten interpretieren Aussagen entweder als Aktionen oder als Reaktionen. Was Aktion und was Reaktion im Austausch ist nehmen die verschiedenen Personen unterschiedlich wahr. Dabei ist es unmöglich herauszufinden, wer den Anfang gesetzt hat, verursacht hat und daran schuld ist. Vielmehr ist Kommunikation als ein kreisförmiger Prozess zu verstehen.

b) Die vier Seiten einer Nachricht

Schaut man sich die ausgetauschten Nachrichten in der Kommunikation genauer an, so kann man feststellen, dass jede Nachricht **unterschiedliche Botschaften** enthält.[3] Diese lassen sich in vier Kategorien unterteilen: Sachinhalt (Sachinformationen), Selbstoffenbarung (Person des Senders), Beziehungsaspekt (Verhältnis vom Sender zum Empfänger) und Appellfunktion (Aufforderung etwas zu tun, zu lassen, zu denken, zu fühlen). Wenn bei den Parteien des Gesprächs eine Sensibilität für diese unterschiedlichen Botschaften vorliegt, können Missverständnisse in der Mediation vermieden werden, kann das Verhalten der Parteien besser beurteilt werden, kann effektiver verhandelt werden.

Störungen der Kommunikation können bereits beim Sender auftreten wenn nicht alle Signale, die er sendet, kongruent sind. Der Empfänger kann seinerseits auf »einem der vier Ohren taub« sein oder »nur mit einem Ohr« hören. Schließlich muss die Nachricht vom Sender codiert und vom Empfänger decodiert werden. Hier können bereits subtile Missverständnisse zu gravierenden Kommunikationsstörungen führen.

---

2 *Watzlawick/Beavin/Jackson*, Menschliche Kommunikation, Formen, Störungen, Paradoxien.
3 Vgl. auch die Ausführungen unter Methodik, I. Rdn. 1 ff.

Methodik und Anwendungsbereiche der Mediation III.

6 Wenn Menschen miteinander kommunizieren entsteht eine **Interaktion** zwischen ihnen. Jeder von ihnen ist Sender und Empfänger, nimmt auf den anderen Einfluss. Es entsteht eine Wechselwirkung zwischen den Beteiligten, auch wenn die eine Seite ausschließlich redet und die andere Seite schweigt.

7 Da in der Mediation die Parteien oft nur auf einen Aspekt einer Nachricht achten und beide Seiten unterschiedliche Aspekte betonen, ist es Aufgabe des Mediators, den **Gesamtaspekt** einer Nachricht zu erfassen und in der Wechselwirkung zwischen den Beteiligten diese Komplexität verständlich und verstehbar zu machen. Dies führt oft schon zu einer Beruhigung der einzelnen Parteien sowie zu einem echten Austausch der Parteien untereinander.

c) Gesprächsvariablen

aa) Echtheit (Kongruenz)

8 Ein Gespräch ist mit größter Wahrscheinlichkeit dann erfolgreich, wenn der Mediator in der Beziehung zu seinem Gesprächspartner er selbst ist, ohne sich hinter einer Fassade oder Maske zu verbergen. Der theoretische Ausdruck hierfür ist **Kongruenz**; er besagt, dass der Mediator sich dessen, was er erlebt oder leibhaft empfindet, deutlich gewahr wird und dass ihm diese Empfindungen verfügbar sind, sodass er sie mitzuteilen vermag, wenn es angemessen ist. Auf diese Weise ist der Mediator in der Beziehung transparent für die beteiligten Parteien. Kongruenz bedeutet, dass der Mediator seiner selbst bewusst ist, dass ihm Erfahrungen und Gefühle zugänglich sind, die er in den Kontakt mit den Parteien mit einbringt. Es handelt sich mithin um eine direkte, personale Begegnung, eine Begegnung von Person zu Person.

bb) Positive Wertschätzung

9 Dieses Merkmal besagt, dass sich der Mediator bemüht, dem jeweiligen Medianden eine nicht **an Bedingungen gebundene** Wertschätzung entgegenzubringen. Diese Partei wird akzeptiert und vom Mediator angenommen unabhängig davon, was sie äußert, unabhängig davon, wie sie sich gerade verhält. Dieses uneingeschränkte Akzeptieren ist unvereinbar mit einer wertenden, Abneigung oder Missbilligung ausdrückenden Stellungnahme.

10 **Uneingeschränktes Akzeptieren** bedeutet nicht, dass der Mediator allem zustimmen muss, was die Parteien sagen oder tun. Er kann durchaus inhaltlich anderer Meinung sein als die Medianden, doch müssen sie spüren, dass dies die Beziehung zum Mediator nicht beeinträchtigt.

III. Methodik und Anwendungsbereiche der Mediation

3. Emotionen

a) Zur Bedeutung von Emotionen

Menschen habe zwei grundsätzlich unterschiedliche Systeme, um Informationen zu prozessieren: ein **holistisches,**[4] **emotionales System** und ein **analytisch kognitives System.** Die bewusste Kommunikation findet überwiegend sprachlich und zwar mittels des analytisch-kognitiven Systems statt, während das holistisch-emotionale System überwiegend nicht direkt thematisiert wird. Die Thematisierung im Alltag steht häufig im krassen Gegensatz zu deren Bedeutung für Kommunikation, Motivation, Handlungen und Problemlösungen des Menschen. Sämtliche Handlungen, Gedanken, Ziele, Wünsche, Erinnerungen werden von emotionalen Prozessen gesteuert und geprägt. So rational und vernünftig die Gedanken und Pläne auch sein mögen, ohne Emotionen würden sie nicht entwickelt und in Handlungen umgesetzt werden. Emotionale Prozesse verleihen unseren Erlebnissen vor dem Hintergrund von Wünschen, Zielen und Bedürfnissen eine Bedeutung. Emotionen lenken die Aufmerksamkeit und das Verhalten in eine bestimmte Richtung. Es spricht alles dafür, dass die Menschen ohne Emotionen weder einen Sinn bzw. eine Bedeutung im Leben finden können, noch irgendwelche Ziele hätten.[5]

11

b) Definition von Emotion

Unter Emotion versteht man ein kurzzeitiges, stimulusabhängiges Erleben von Reizen (Körper- bzw. Sinnesempfindungen) einhergehend mit Motivation, Ausdruck und häufig auch Kognition. Als Stimuli für eine Emotion kommen hauptsächlich externe Stimuli, Kognitionen und andere Emotionen infrage. Eine Emotion stellt eine Bewertung und eine Reaktion auf einen dieser Stimuli dar und besteht aus mehreren **Komponenten:**
- somatische Komponente (Körperempfindungen),
- behaviorale Komponente (Handlungsimpuls),
- kognitive Komponente (gedankliche Repräsentation),

12

---

[4] Holistisch: Ganzheitlich. Die Elemente eines Systems sind durch ihre Strukturbeziehungen vollständig bestimmt (»Das Ganze ist mehr als die Summer seiner Teile.«).
[5] *Lammers*, Emotionsbezogene Psychotherapie, Grundlagen, Strategien und Techniken, S. 9.

- motivationale Komponente (Ausdruck eines Bedürfnisses),
- Gefühlskomponente (subjektiv empfundenes Gefühl).[6]

13 Man kann die Emotionen in **zwei grundsätzliche Klassen** aufteilen, in negative Emotionen (Ärger, Angst, Traurigkeit usw.) und in positive Emotionen (Freude, Interesse, Zufriedenheit usw.). Dabei stellen die Begriffe »positiv« und »negativ« in diesem Zusammenhang keine objektive Bewertung der Sinnhaftigkeit der Emotion dar, sondern beziehen sich auf den angenehmen bzw. den unangenehmen Charakter einzelner Emotionen. Negative Emotionen zeigen uns einen gefährlichen beeinträchtigenden Stimulus an (Umwelt, Kognition), der von uns besser bearbeitet, also verändert werden sollte. Solange dieser Stimulus unverändert ist, bleibt die negative Emotion bestehen und motiviert uns zu einem Verhalten, das der Veränderung des Stimulus und damit der Beendigung der spezifischen Emotion dient.[7]

c) Funktion von Emotion

aa) Grundbedürfnisse

14 Um die Bedeutung von Emotionen zu verstehen, muss man auf die menschlichen Grundbedürfnisse schauen. Die Grundbedürfnisse und deren individuelle Ausprägung sind **fester Bestandteil** des menschlichen Lebens und daher bei jedem Menschen uneingeschränkt wirksam. Hierzu gehören basale, gewissermaßen biologische Grundbedürfnisse: Nahrung, Fortpflanzung, körperliche Unversehrtheit. Darüber hinaus hat jeder Mensch eine Reihe von sozialen Grundbedürfnissen, die auf die lebensnotwendige Integration in menschliche Gemeinschaften und die soziale Umwelt ausgerichtet sind.[8] Bindungsbedürfnisse, Bedürfnis nach Orientierung und Kontrolle, Lustgewinn/Unlustvermeidung, Bedürfnis nach Selbstwerterhöhung/-schutz. Die Grundbedürfnisse zweigen sich im Laufe der Entwicklung eines Menschen in spezifische Bedürfnisse auf, die eine individuelle Ausprägung und Verfeinerung darstellen. Die Bedürfnisse des Menschen lassen sich mehr oder minder direkt in emotionale Prozesse übersetzen.

---

6 *Scherer*, Appraisal considered as a process of emotion. A component process approach, in: *Scherer/Schorr/Johnston* (Hrsg.), Appraisal process in emotion.
7 *Lammers*, Emotionsbezogene Psychotherapie, Grundlagen, Strategien und Techniken, S. 30 f.
8 *Epstein* Am. Psychologist 1994, 709 ff.

III. Methodik und Anwendungsbereiche der Mediation

bb) Signalfunktion von Emotionen

Damit unsere Bedürfnisse in entsprechende Kognitionen und Handlungen umgesetzt werden bedarf es eines Anhalts dafür, ob ein Bedürfnis eher befriedigt oder eher frustriert wird. Diese Einschätzung wird in Form einer Emotion getroffen. Emotionen zeigen uns also an, ob ein Bedürfnis in einer konkreten oder antizipierten Situation eher erfüllt oder eher frustriert wird. Zugleich initiieren Emotionen auch wichtige adaptive physiologische, kognitive und behaviorale Reaktionen.[9] Negative Emotionen initiieren Kognitionen und Verhaltensweisen, die einer Beendigung einer Frustration dienen; positive Emotionen zeigen die Erfüllung bzw. Annäherung eines Grundbedürfnisses an und stimulieren uns zu einer weiteren Verfolgung der hierzu dienlichen Kognitionen und Handlungen. Bei sehr intensiven und basalen Emotionen kann es zu automatischen, instinktiven Handlungen kommen, die über subkortikale Gehirnareale vermittelt werden. Im Alltag schaffen Emotionen jedoch keinen Handlungszwang sondern eher eine Handlungsdisposition, also eine Neigung, sich der Emotion entsprechend zu verhalten.

Zusammenfassend lässt sich feststellen, dass Emotionen uns eine **wichtige Information** über unsere Bedürfnisse und Motive geben und uns eine **adaptive Handlungsmöglichkeit** aufzeigen.[10]

d) Emotion und Kognition

Dies führt zu der Frage, ob Emotionen zumindest teilweise ein kognitionsunabhängiges Geschehen sind oder ob kognitive Prozesse eine notwendige Bedingung für Emotionen sind. *Lazarus* hat zu dieser Problematik ein kognitives Modell der Emotionen entwickelt.[11] Eine Emotion wird demnach erzeugt durch eine bewusste oder unbewusste **Bewertung** (primäres Appraisal) der Relevanz eines Stimulus in Bezug auf ein Bedürfnis. Eine positive Emotion entsteht aus der Bewertung, dass ein Bedürfnis befriedigt wurde oder wird, und eine negative Emotion aus einer gegenteiligen Bewertung. Bei bereits aktivierten Emotionen kommt es zu einer weiteren Bewertung (sekun-

---

9 Vgl. hierzu *Safran*, Widening the Scope of Cognitive Therapy. The therapeutic relationship, emotion and the process of change.
10 *Lammers*, Emotionsbezogene Psychotherapie, Grundlagen, Strategien und Techniken, S. 35.
11 *Lazarus*, Emotion and Adoption.

däres Appraisal) im Rahmen von Bewältigungsstrategien (kognitive Regulation des emotionalen Prozesses). Unter Kognitionen werden in diesem Zusammenhang also nicht nur langsame, bewusste, reflexive Prozesse verstanden, sondern auch schnelle, nicht intellektuelle, unbewusste automatische kognitive Prozesse (primäres und sekundäres Appraisal). Die kognitive Einflussmöglichkeit auf emotionale Prozesse in Form des sekundären Appraisals hat einen großen Einfluss auf das emotionale Erleben. Die Fähigkeit zur Regulation von Emotionen, insbesondere die der intensiven Emotionen, gibt dem Menschen eine größere Flexibilität und Anpassungsfähigkeit für sich ständig verändernde Umweltbedingungen.[12] Besteht bei Angst die Bereitschaft zum Weglaufen, so kann diese Angst so weit reguliert werden, dass wir stehen bleiben und uns aktiv mit der Angst auseinandersetzen.

e) Grundannahmen der Arbeit mit Emotionen in der Mediation

17 Die grundlegenden Erkenntnisse zu den Emotionen haben Auswirkungen auf die **Gestaltung des Mediationsprozesses**. Das Bemühen des Mediators um eine Arbeit auf der Sachebene schließt die Existenz von Emotionen nicht aus. Vielleicht muss der Mediator lernen, in bestimmter Weise mit den Emotionen der Parteien umzugehen, ohne in einen therapeutischen Prozess zu gelangen. Hierzu seien einige Grundannahmen aufgezählt:

18 – Emotionen sind **zentraler Bestandteil** von Konflikten,
 – der Ausdruck von Emotionen allein hat keinen dauerhaften kartharsischen Effekt, sondern ist nur Voraussetzung für eine mögliche therapeutische Arbeit an Emotionen,
 – die Arbeit an den Emotionen kann nur im gesicherten Rahmen einer Psychotherapie geleistet werden,
 – Emotionen haben Signalfunktion für Bedürfnisse; sie sind Ausdruck eines Bedürfnisses. Das Erkennen und Benennen der in Emotionen ausgedrückten Bedürfnisse der Parteien ist von zentraler Bedeutung für die Mediation,
 – für das Erleben der emotionalen Prozesse in der Mediation ist eine sichere sowie von Akzeptanz und Wertschätzung geprägte Beziehung des Mediators mit jeder Partei zu jedem Zeitpunkt unabdingbare Grundlage.

---

12 *Lammers*, Emotionsbezogene Psychotherapie, Grundlagen, Strategien und Techniken, S. 42.

III. Methodik und Anwendungsbereiche der Mediation

4. Hocheskalierte Konflikte

a) Merkmale von Hocheskalation

»Hocheskalation«, »Hochstrittigkeit« sind **beschreibende Merkmale** für ein bestimmtes Konfliktverhalten der Parteien. Die Definitionen sind dabei nicht diagnostisch sondern rein phänomenologisch zu verstehen, wie z. B. »wiederholte Gerichtspräsenz«, »wechselseitige Schuldzuweisungen«, »Androhung von Gewalt«. Sie sind eher eine erste Orientierung für den Mediator mit dem Hinweis, das Mediationsverfahren in bestimmter Weise zu gestalten.

b) Entstehungsbedingungen von Hocheskalation

aa) Auf der individuellen Ebene

Die Entstehungsbedingungen von Hocheskalation liegen auf unterschiedlichen Ebenen. Johnston spricht in diesem Zusammenhang von Konflikterhaltungsmechanismen.[13] Auf der individuellen Ebene führen persönliche Krisen einer oder beider Parteien zu hochstrittigem Konfliktverhalten. Diese Menschen sind in eine unerträgliche psychische Situation geraten.[14] Sie befinden sich in einer psychischen Ausnahmesituation und müssen vielfältige unbewusste Abwehrmaßnahmen installieren, um wieder ein wenig psychisch ins Gleichgewicht zu kommen. **Persönliche Krisen** treten i. d. R. in zwei Formen auf: in narzisstischer oder traumatischer Form. Bei der narzisstischen Krise befindet sich die Partei in einer Krise um den eigenen Selbstwert. Sie reguliert ihren Selbstwert in doppelter Weise: bewusst, nach außen wird ein positives bewundernswertes Selbstbild inszeniert bis hin zur Grandiosität; unbewusst, nach innen existiert ein negatives geringes Selbstbild, bestehend aus Selbstzweifeln. Hinter der extrovertierten grandiosen Fassade verbergen sich bei diesen Menschen Hilflosigkeit, Angst, Scham.

Bei der traumatischen Krise erlebt die Partei eine **massive Überforderung**. Es geht nur noch darum, die gegenwärtige Situation zu überleben, aber nicht mehr zu gestalten. Bei diesen Menschen sind frühere ungelöste, verdrängte Traumata neu aktiviert worden; diese werden als gegenwärtig erlebt.

---

13 Vgl. umfassend: *Johnston*, Sackgasse Scheidung, Wie geht es weiter?
14 *Figdor*, Hochstrittige Scheidungsfamilien und Lösungsstrategien für die Helfer.

Parteien in persönlicher Krise sind daher in der gegenwärtigen Lebenssituation nur begrenzt in der Lage, ihre Lage zu verbessern und neu auszuhandeln.

bb) Auf der Beziehungsebene und der sozialen Ebene

22 Ein weiterer Erklärungsansatz für Hocheskalation bezieht sich auf die Beziehungsgestaltung zwischen den Parteien. Es hat sich zwischen diesen Parteien ein **festes System** der gegenseitigen Anschuldigungen entwickelt und etabliert (Projektionssystem). Das Problem wird auf die andere Seite verlagert (projiziert) und entsprechend wird von ihr die Lösung des Problems verlangt. Da beide Seiten projizieren entsteht eine feste Dynamik, ein Muster, in dem von beiden Seiten ausschließlich Beschuldigungen formuliert werden und jede Partei damit die Verantwortung für eine Lösung des Konflikts an die jeweils andere Seite abgegeben hat. In diese Dynamik werden zudem weitere Personen (privat/beruflich) mit einbezogen, die ihrerseits die Dynamik des gegenseitigen Beschuldigens, Projizierens noch verstärken, sodass die Konflikte auch die soziale Umgebung der Parteien mit erfasst hat und zusätzlich die Hochstrittigkeit noch weiter verstärkt wird.

c) Anforderungen an die Mediation bei Hocheskalation

23 Schaut man sich die Konflikterhaltungsmechanismen in ihrer Gesamtheit an, so kann man für die Mediation mit diesen Parteien zu einer gewissen Vorsicht und Demut raten. Die Mediation ist in diesen Eskalationsstufen nicht ausgeschlossen; es bedarf jedoch **zusätzlicher Bemühungen** des Mediators, um zu diesem Feld zu Vereinbarungen zu kommen. Diese seien hier stichpunktartig aufgezählt. Generell: Die allgemein angewandten Prozessstufen, Methoden und Techniken reichen nicht aus Veränderung des Settings durch eine längere Vorlaufphase: Einzelsitzungen mit jeder Partei zum Aufbau einer Beziehung sowie als erster Test einer Umsetzung von Gesprächsführung in der Mediation. Gemeinsame Sitzungen im Vorlauf, um das starre Konfliktmuster der Projektion zu lockern i.S. einer Verlagerung der Aufmerksamkeit auf den eigenen Anteil. Einbau der Prozessstufe »Maßstäbe für Fairness und Gerechtigkeit«: Statt Vorwürfe über unfaire Verhaltensweisen in der Mediation zu sammeln, kann der Mediator den Parteien anbieten, sich mit den eigenen Maßstäben von Fairness und Gerechtigkeit zu befassen und die der anderen Seite zu verstehen. Im Verlauf der Mediation begrenzte, überschaubare, vorläufige Vereinbarungen zwischen den Parteien, um die gegenwärtige Krisensituation zu stabilisieren. Viele kleine Vereinbarungen brin-

III. Methodik und Anwendungsbereiche der Mediation

gen die Gewissheit bei den Parteien, längerfristige Regelungen treffen zu können.

d) Hintergrundinformationen zur Hochstrittigkeit

Für die Mediation mit hochstrittigen Parteien benötigt der Mediator **therapeutisches Wissen**, um die Parteien besser einschätzen zu können und den Kontakt zu ihnen besser gestalten zu können. Dies soll ihm helfen, den Mediationsprozess gestalten zu können. Hier sollte er die Grenze zu therapeutischen Interventionen beachten. 24

aa) Narzisstische Krise[15]

aaa) Definition

Narzissten sind **extrovertierte**, gleichzeitig aber sozial unverträgliche Menschen, die sich selbst positiv und andere negativ sehen.[16] 25

bbb) Zwei Typen des Narzissmus

In der therapeutischen Arbeit mit narzisstischen Persönlichkeitsstörungen unterscheidet man zwischen zwei zentralen Typen von Narzissten: 26

– **der unbeirrt offene Typ**	typ. narzisstische Kognitionen, Emotionen und entsprechende Verhaltensweisen, herablassend aggressiv (kann soziale Umgebung nicht lesen, eigene Phantasie zählt)
– **der hypervigilante, verdeckte Typ**	typ. narzisstische Kognitionen und Emotionen jedoch im Verhalten zurückhaltend, bescheiden, unsicher (bekommt soziale Umgebung genau mit, zeigt sich nicht)

ccc) Klinische Symptomatik

Im Rahmen der **Diagnostik** narzisstischer Persönlichkeitsstörungen lassen sich folgende Symptome bei diesen Personen feststellen: 27

---

15 Umfassend *Lammers*, Narzisstische Persönlichkeitsstörungen, Seminarunterlagen.
16 *Paulhus* Psych. Inq. 2001, 228 ff.

Methodik und Anwendungsbereiche der Mediation   III.

- Bedürfnis nach Anerkennung und Bewunderung,
- attraktive Selbstinszenierung,
- hohe Anspruchshaltung,
- Arbeitsstörung insbesondere im Jugendalter,
- Stimmungswechsel zwischen Euphorie und Depression,
- suizidale Krisen,
- häufig Substanzmissbrauch.

ddd) Grundproblematik: Der eigene Selbstwert

28 Der intra-psychische Konflikt bei der narzisstischen Persönlichkeitsstörung betrifft den **Selbstwert** dieser Person. Sie »bewältigt« den inneren Konflikt, indem sie ihren Selbstwert explizit bewusst darstellt und implizit unbewusst verdrängt. Der Selbstwert wird in doppelter Form reguliert:
- **explizit:** offenes kompensatorisches positives Selbstbild (bewundernswert, Abwertung, Neid)
- **implizit:** verborgenes negatives Selbstbild (minderwertig, Scham, Angst)

eee) Therapie der narzisstischen Persönlichkeitsstörung

29 Das therapeutische Konzept zur Behandlung narzisstischer Persönlichkeitsstörungen baut auf einem Grundsatz auf und verläuft in vier Phasen:

Grundsatz: »Die Therapie vom Patienten mit einer Persönlichkeitsstörung ist immer **beziehungs- und klärungsorientiert.**«

Phasen der Therapie:
- Stabilisierung/Motivation,
- Beziehungsgestaltung,
- Integration dissoziierter Selbstzustände,
- Etablierung angemessener Interaktionsmuster.

fff) Stabilisierung/Motivation

30 Für die Mediation kann der **erste Schritt** aus der therapeutischen Behandlung genutzt werden. Dieser umfasst
- die Bewältigung akuter Probleme und
- die Reduktion von Stress und Anspannung

III. Methodik und Anwendungsbereiche der Mediation

ggg) Beziehungsgestaltung

Ebenso wie in der therapeutischen Arbeit ist auch der Mediator in der Gestaltung der Beziehung zu Menschen in narzisstischer Krise gefordert. Dabei kann er **Elemente** aus der Beziehungsgestaltung im therapeutischen Rahmen in die Mediation übernehmen:
- Etablierung einer therapeutischen Beziehung auf gleicher Augenhöhe (kooperatives Arbeitsbündnis),
- Akzeptanz und Wertschätzung unabhängig von bzw. gegenläufig zu seinem selbstidealisierenden/selbstabwertenden Schema des Patienten,
- komplementäre Beziehungsgestaltung,
- therapeutische Selbstenthüllung,
- Arbeit im gegenseitigen Kontakt (back to reality),
- Ressourcenaktivierung.

bb) Posttraumatische Belastungsstörung

aaa) Definition

Die Posttraumatische Belastungsstörung ist eine mögliche Folgereaktion eines oder mehrerer traumatischer Ereignisse (wie z. B. Erleben von körperlicher und sexualisierter Gewalt, von Natur- oder durch Menschen verursachte Katastrophen, von Unfällen oder auch der Mitteilung einer lebensbedrohlichen Krankheit), die an der eigenen Person, aber auch an fremden Personen erlebt werden können.[17] In vielen Fällen kommt es zum **Gefühl von Hilflosigkeit** und durch das traumatische Erleben zu einer Erschütterung des Selbst- und Weltverständnisses.

Das **Störungsbild** ist geprägt durch:
- sich aufdrängende, belastende Gedanken und Erinnerungen an das Trauma (Intrusionen),
- Erinnerungslücken (Bilder, Alpträume, Flash-backs, partielle Amnesie),
- Überregungssymptome (Schlafstörungen, Schreckhaftigkeit, vermehrte Reizbarkeit, Affektintoleranz, Konzentrationsstörungen),
- Vermeidungsverhalten (Vermeidung traumaassoziierter Stimuli),
- emotionale Taubheit (allgemeiner Rückzug, Interessenverlust, innere Teilnahmslosigkeit).

---

[17] Vgl. hierzu *Reddemann*, Imagination als heilende Kraft zur Behandlung von Traumafolgen und ressourcenorientierten Verfahren.

bbb) Diagnostik

34 Die Person wurde mit einem traumatischen Ereignis konfrontiert, bei dem die beiden folgenden **Kriterien** erfüllt waren:

Die Person erlebte, beobachtete oder war mit einem oder mehreren Begebenheiten konfrontiert, die den tatsächlichen oder drohenden Tod oder eine ernsthafte Verletzung oder Gefahr der körperlichen Unversehrtheit der eigenen Person oder anderer Personen beinhalteten.

Die Reaktion der Person umfasste intensive Furcht, Hilflosigkeit oder Entsetzen. Entweder während oder nach dem extrem belastenden Ereignis zeigt die Person mindestens drei der folgenden Symptome:
- subjektives Gefühl von emotionaler Taubheit oder Fehlen emotionaler Reaktionsfähigkeit,
- Beeinträchtigung der bewussten Wahrnehmung der Umwelt (z. b. »wie betäubt sein«),
- Derealisationserleben,
- Depersonalisationserleben,[18]
- dissoziative Amnesie (z. b. Unfähigkeit, sich an einen wichtigen Aspekt des Traumas zu erinnern).

35 Das traumatische Ereignis wird ständig auf mindestens eine der folgenden Arten **wiedererlebt**: wiederkehrende Bilder, Gedanken, Träume, Illusionen, Flashback-Episoden, das Gefühl, das Geträumte wieder zu erleben, oder starkes Leiden bei Reizen, die an das Trauma erinnern.

Deutliche Vermeidung von Reizen, die an das Trauma erinnern (z. b. Gedanken, Gefühle, Gespräche, Aktivitäten, Orte oder Personen).

Deutliche Symptome von Angst oder erhöhtem Arousal[19] (z. B. Schlafstörungen, Reizbarkeit, Konzentrationsschwierigkeiten, Hypervigilanz,[20] übertriebene Schreckhaftigkeit, motorische Unruhe).

---

[18] Die veränderte Selbstwahrnehmung dieses Menschen lässt die eigenen psychischen Prozesse oder den eigenen Körper als unwirklich und fremd erscheinen.
[19] Arousal: Übererregung.
[20] Ein Übermaß an Wachheit bzgl. Wahrnehmung, Aufmerksamkeit, Konzentration, Lernen und Verstehen.

III. Methodik und Anwendungsbereiche der Mediation

Die Störung verursacht in klinisch bedeutsamer Weise Leiden oder Beeinträchtigungen in sozialen, beruflichen oder anderen wichtigen Funktionsbereichen oder beeinträchtigt die Fähigkeit der Person, notwendige Aufgaben zu bewältigen, z. B. notwendige Unterstützung zu erhalten oder zwischenmenschliche Ressourcen zu erschließen, indem z. B. Familienmitgliedern über das Trauma berichtet wird.

Die Störung dauert mindestens zwei Tage und höchstens vier Wochen und tritt innerhalb von vier Wochen nach dem traumatischen Ereignis auf.

Das Störungsbild geht nicht auf die direkte körperliche Wirkung einer Substanz (z. B. Droge, Medikament) oder eines medizinischen Krankheitsfaktors zurück, wird nicht besser durch eine kurze Psychotische Störung erklärt.

ccc) Therapie der Posttraumatischen Belastungsstörung

Das therapeutische Grundkonzept der Traumabehandlung sieht zunächst vielfältige **Stabilisierungsmaßnahmen** vor. Eine Reihe dieser Maßnahmen sind auch im Rahmen einer Mediation mit Parteien in traumatischer Krise umsetzbar.

Erste Maßnahmen:
- Herstellen einer sicheren Umgebung (Schutz vor weiterer Traumaeinwirkung),
- Organisation des psychosozialen Helfersystems,
- frühes Hinzuziehen eines in PTSD[21]-Behandlung erfahrenen Psychotherapeuten,
- Informationsvermittlung und Psychoedukation bezüglich traumatypischer Symptome und Verläufe.

Traumaspezifische Stabilisierung:
- Anbindung an engmaschige diagnostische und therapeutische Betreuung,
- Krisenintervention,
- ressourcenorientierte Interventionen (z. B. Distanzierungstechniken, Imaginative Verfahren),
- Pharmakotherapie.

---

21 PTSD: Posttraumatic Stress Disorder.

ddd) Traumabearbeitung

37 Nach Herstellen einer hinreichenden Stabilität kann die Therapie in Form einer Bearbeitung des Traumas fortgesetzt werden. Dieser Schritt ist im Rahmen der Mediation nicht angebracht. Er kann ausschließlich **im geschützten Rahmen** einer Therapie erfolgen.

Bei nicht-komplexer PTSD: dosierte Reizkonfrontation mit dem auslösenden Ereignis mit dem Ziel der Durcharbeitung und Integration unter geschützten therapeutischen Bedingungen.

Voraussetzung: ausreichende Stabilität, keine weitere Traumaeinwirkung, kein Täterkontakt.

Bei komplexer PTSD: nur bei ausgewählten Patienten möglich (ca. 40 – 50 %); stationäres Setting.

5. Konfliktfeld Familie

38 Im Folgenden werden einige **grundlegende Informationen** zu Familienformen, zu Trennung, Scheidung sowie den Kindern bei Trennung und Scheidung zusammenfassend dargestellt.

a) Der Wandel von Ehe und Familie

39 Der **Strukturwandel** im Bereich Ehe und Familie hat dazu geführt, dass sich mehr Zwischenformen und Nebenformen, Vorformen und Nachformen von Ehe und Familie herausgebildet haben: Alleinwohnende, kinderlose Ehepaare, nichteheliche Lebensgemeinschaften, living-apart-together-Beziehungen, Ein-Eltern-Familien, Zweit- oder Stieffamilien, Adoptions- und Pflegefamilien, Inseminationsfamilien. Selbst die moderne Kernfamilie hat zunehmen Schwierigkeit, dem früheren Leitbild von bürgerlicher Ehe und Familie zu entsprechen. Das ursprünglich einheitliche System von Ehe und Familie hat sich in mehrere Privatheitstypen ausdifferenziert. Da gibt es zunächst den kindorientierten Privatheitstyp (Prototyp ist die Kernfamilie); dann den partnerschaftlichen Privatheitstyp (Prototyp ist die nichteheliche Lebensgemeinschaft) und schließlich den individualistischen Privatheitstyp (Prototyp ist der Alleinlebende). Diese Privatheitstypen haben jeweils ihre eigenen charakterischen Rationalitäten, Themen, Vorzüge und Belastungen. All diese unterschiedlichen Beziehungsformen von Ehe und Familie[22] sind mit ihren Charakteristiken in der Familien-Mediation anzutreffen. Die Familien-Mediation bemüht sich darum, einen geeigneten Rahmen zu geben, um die Themen und Konflikte lösen zu können. Im Folgenden soll stichpunktartig aufgezeigt werden, welche Paare und Familien in die Familien-Mediation kommen, was ihren Typus kennzeichnet, welche Themen, Verhandlungspunkte sie klären wollen, welche zusätzlichen möglichen Regelungspunkte Kinder und Jugendliche haben.

aa) Ehe und alternative Lebensformen

In den heutigen Paarbeziehungen treffen zwei Menschen aufeinander, die beide den Möglichkeiten und Zwängen einer **selbstentworfenen Biographie** unterstehen. Die Frage dabei ist, in wie weit in einer Zeit, in der Unabhängigkeit und Selbstverwirklichung von beiden Geschlechtern sehr stark mit dem Beruf verknüpft sind, noch Raum bleibt für die Partnerin bzw. den Partner mit eigenen Ambitionen. Es müssen neue Arrangements für Partnerschaft und Beruf, neue Regelungen und Umgangsformen gefunden werden. Da ein allgemeinverbindliches Muster fehlt, muss im Einzelfall ausgehandelt werden, wessen Pläne und Vorstellungen Priorität besetzen bzw. welcher Kompromiss tragfähig erscheint. 40

Ehepaare und nichteheliche Lebensgemeinschaften kommen oft aus den gleichen Anlässen und mit ähnlichen Themen in die Familien-Mediation. Es zeichnen sich bei einem oder beiden Partnern **grundlegende Veränderungen** ab, die Auswirkungen auf die Gestaltung der Beziehung haben und neue Entscheidungen, Veränderungen erfordern. 41

Da allgemeinverbindliche Modelle zur Gestaltung der anstehenden Fragen von einem oder beiden Partnern zunehmend in Frage gestellt werden, kommen immer mehr Paare zu der Einsicht, diese auszuhandeln und zu vereinbaren. Bisher hat sich die Familien-Mediation auf Trennungs- und Scheidungskonflikte ausgerichtet; Erfahrungen mit Ehe-Mediationen zeigen jedoch, dass Paare auch **innerhalb einer Beziehung** ihre Themen und Konflikte gut mit Hilfe eines Mediators eigenverantwortlich regeln können. Familien-Mediation sollte daher auch Mediation bei Ehe- und Partnerschaftskonflikten sowie bei Ambivalenzen in der Beziehung mit einbeziehen. Paare, die sich noch 42

---

22 Vgl. hierzu *Peukert*, Familienformen im sozialen Wandel.

nicht entscheiden können, ob sie zusammenbleiben oder sich trennen werden, können Regelungen erarbeiten und zwar für den Fall, dass sie zusammenbleiben und für den Fall, dass sie sich trennen werden. Auf der Grundlage dieser möglichen Regelungen verliert die Frage, ob die Ehe fortgesetzt werden soll oder das Paar sich trennt, ihren existentiell bedrohlichen Charakter.

43 Als weitere alternative Lebensform zur Ehe haben sich die Lebensform des Alleinwohnens und des Getrennt-Zusammenlebens (»living-apart-together«) entwickelt. Insbesondere die Zahl der Alleinwohnenden ist seit Mitte der 60er Jahre drastisch gestiegen. Wichtig für die Lebenssituation, die Identität und Zufriedenheit Alleinwohnender ist, wie ihr Bedürfnis nach Intimität und Sexualität, nach Kontakten zu Freunden befriedigt wird. Viele **Alleinwohnende** haben einen festen Lebenspartner. Aus dieser Lebenssituation ergeben sich eine Fülle von Themen und Konflikten, die im Rahmen der bestehenden Beziehung geklärt werden müssen; so z. B. die Frage, in wieweit Verpflichtungen zwischen den Partnern im Krankheitsfall oder bei finanziellen Problemen bestehen, die Frage des Wohnorts, die Frage beruflicher Entwicklung, der Umgang mit Belastungen.

bb) Kernfamilie und andere Familienformen

44 Auch die Familie hat einen bedeutsamen Strukturwandel durchgemacht. Zum Leitbild der modernen Kernfamilie haben sich noch **weitere »Familien«** herausgebildet: unverheiratete Paare mit Kindern, Nachscheidungs-Familien, Zweitfamilien, Adoptivfamilien, Pflegefamilien, Inseminationsfamilien. Die Kernfamilie – Ehepaar mit Kindern – ist vom Leitbild der bürgerlichen Familie abgerückt. Sie ist zum einen stark kindzentriert, strukturprägend sind erzieherische Handlungsschemata. Darüber hinaus hat sich die Polarität zwischen den Geschlechtern verstärkt. Dem entsprechend sind die Themen, die von der Kernfamilie in der Familien-Mediation behandelt werden. So werden zum einen zahlreiche erzieherische Themen und elterliche Aufgaben untereinander verhandelt (pädagogische Absprachen, Betreuungspläne, Einbeziehung von Betreuungspersonen, schulische Angelegenheiten, Religion, Gesundheit, Krankheit, etc.). Zum anderen werden Konflikte um die Verteilung von Hausarbeit und Kinderbetreuung, um Familienzeiten und berufliche Tätigkeiten mit Hilfe der Familien-Mediation gelöst. Zusätzlich haben Jugendliche im Rahmen ihrer beginnenden Ablösung von den Eltern eigene Themen, die zwischen ihnen und den Eltern von Zeit zu Zeit neu vereinbart werden müssen (so z. B. Ausgehzeiten, Übernachtungen, Aus-

zug, eigenes Konto, Berufsweg, Freundschaften, Alkohol). Im Alltag der Kernfamilie ist mehr Aufwand als früher nötig, um die verschiedenen Einzelbiographien zusammenzuhalten. Konnte man in der Vergangenheit auf eingespielte Regeln und Rollen zurückgreifen, beginnt in der heutigen modernen Kernfamilie eine Inszenierung des Alltags. Die Kernfamilie hat sich zu einer »**Verhandlungsfamilie**« entwickelt. Bei so viel »Akrobatik des Abstimmens und Ausbalancierens« ist die Unterstützung durch einen Mediator im Rahmen eines strukturierten Prozesses oft sehr hilfreich, ist doch der Familienverband fraglich geworden und vom Auseinanderbrechen bedroht, wo die Abstimmungsleistungen nicht gelingen.[23]

cc) Die Scheidungsfamilie

Die Familien-Mediation wird inzwischen in starkem Maße von Trennungs- und Scheidungsfamilien in Anspruch genommen. Wo das Ereignis Trennung/Scheidung eintritt, entwickeln sich die Lebenslagen – von Männern und Frauen, Eltern und Kinder – in unterschiedliche Richtungen. Da Trennung und Scheidung nur die Beziehungen zwischen den beiden Ehepartnern beendet, geht die Beziehung zwischen Eltern und Kindern weiter; es bildet sich die Scheidungsfamilie, mit eigenen Themen. Eine neue Alltagsorganisation ist nötig, es muss geklärt werden, wer die Wohnung bekommt, welche Teile des Hausrats, welche Erinnerungsstücke, wie viel Unterhalt gezahlt werden muss, wer mit den Kindern schwerpunktmäßig lebt, ob ein Wechsel der Umgebung, der Schule ansteht, wie mit den Kontakten zu Verwandten und Freunden umgegangen wird. Neue Vereinbarungen werden gesucht. Es stehen sich dabei Einzelpersonen gegenüber, die jeweils eigene Interessen, Wünsche zu behaupten und miteinander zu verbinden suchen. Die Familien-Mediation hat für diesen Familientyp ein **umfassendes Repertoire** an Methoden und Techniken zur Unterstützung der Eltern entwickelt. Sie gibt darüber hinaus auch den Kindern und Jugendlichen Gelegenheit, ihre eigenen Themen und Ideen mit in den Prozess einzubringen. So können Kinder ihre Bedürfnisse nach Kontakt mit beiden Elternteilen thematisieren, ihre Ideen zur praktischen Gestaltung des weiteren Familienlebens mit zwei Zuhausen einbringen. Jugendliche können zusätzlich in der Mediation ihre Anliegen im Zusammenhang mit ihrer Ablösung und ihrem Erwachsenwerden thema-

---

23 Umfassend zu dieser Thematik: *Beck/Beck-Gernsheim*, Das ganz normale Chaos der Liebe.

tisieren und z. T. mit den Eltern verhandeln. Die Familien-Mediation als Trennungs- und Scheidungs-Mediation unterstützt die Familie im Prozess der Neustrukturierung. Sie gibt Raum für den Aufbau eines binuklearen Familiensystems (Zwei-Haushalte-Familien), für die Neuregelung der finanziellen Situation sowie die erneute Einbeziehung in ein soziales Netz.

dd) Alleinerziehende

46 Die Zahl der Alleinerziehenden hat in den zurückliegenden Jahren deutlich zugenommen: Alleinlebende werden als »**Ein-Eltern-Familien**« beschrieben; ein Elternteil bildet mit einem oder mehreren Kindern eine Hausgemeinschaft und besitzt die alltägliche Erziehungsverantwortung. Oft kümmert sich in Ein-Eltern-Familien jedoch auch der andere Elternteil um die Kinder, wenn auch im weit geringerem Maße als der Alleinerziehende. Bei den Alleinerziehenden geht es in der Familien-Mediation oft um ähnliche Themen wie in der Scheidungsfamilie. Hinzu kommt noch, dass die Koordination von Familie und Beruf geleistet werden muss, minimalisiert, nach außen verlagert werden muss. Im Rahmen der Familien-Mediation können die Alleinerziehenden und ihre Kinder sowie der andere Elternteil zu Vereinbarungen kommen, die der potentiellen Aufgabenüberlastung und emotionalen Überlastung entgegenwirken.

ee) Zweitfamilien, Patchwork-Familien

47 Immer häufiger fallen **biologische und soziale Elternschaft** auseinander. Viele getrennte, geschiedene Eltern heiraten wieder oder leben mit neuen Partnern zusammen, die ihrerseits oft selbst schon verheiratet waren und eigene Kinder mitbringen. Zweitfamilien, Patchwork-Familien bringen zwei oder mehrere Familienkulturen zu einem gemeinsamen Haushalt zusammen.

48 Es müssen differierende Werte, Regeln, Routinen, Erwartungen, Arbeitsabläufe ausgehandelt und abgestimmt werden. Zudem sind die Klärung der Beziehungsstrukturen und die Abstimmung der Erziehungskonzepte notwendig. Für diese komplizierten Verhältnisse hat sich die Familien-Mediation erst langsam geöffnet; hier ist die Form der Mehrparteien-Mediation hilfreich. Die beteiligten Familienmitglieder entwickeln oft erst in der Mediation eine **gemeinsame Familiengeschichte**, gemeinsame Regeln für ihre Zweitfamilie. Sie müssen die Beziehungen zu den außerhalb lebenden Elternteilen sowie die Rollen für den jeweiligen neuen Partner und dessen Kinder aushandeln und vereinbaren. Die Regelungspunkte beziehen sich auf die Fragen

III. Methodik und Anwendungsbereiche der Mediation

des Taschengeldes, der Tischmanieren, der Fernsehauswahl, der Schlafenszeit aber auch auf die Zeiten beim außerhalb lebenden Elternteil. Kinder wollen zudem Klarheit darüber, wen sie zukünftig zu ihrer Familie zählen können, welche Form von »Verwandtschaft« sie zu ihnen haben, wie sie ihre »Verwandten« ansprechen sollen.

ff) Adoptionsfamilien

In Konflikten sind Adoptionsfamilien auf die Familien-Mediation angewiesen. Immer häufiger setzen sich offene Adoptionen durch, bei denen die beteiligten Adoptionseltern und die leiblichen Eltern, insbesondere die leibliche Mutter, voneinander wissen. Juristisch haben die leiblichen Eltern keine Pflichten, aber auch keine Rechte mehr gegenüber ihrem Kind. Jedoch hat das Kind ab dem 16. Lebensjahr das Recht zu erfahren, wer seine Eltern sind. Somit geht es bei Adoptionen oft darum, dass die leiblichen Eltern oder das Kind den Wunsch nach Kennenlernen und Kontakt äußern. Die Gestaltung einer **doppelten Elternschaft** bzw. Mutterschaft ist letztlich das Thema in der Familien-Mediation mit einer Fülle praktischer Fragen insbesondere der Einbeziehung der biologischen Eltern in die Adoptivfamilie bzw. das Verhältnis der Adoptierten zu ihren biologischen Eltern. Z. Zt. gibt es ca. 160.000 Kinder und Jugendlichen in Adoptionsfamilien. 49

gg) Pflegefamilien

Die Zahl der Pflegefamilien ist in den zurückliegenden Jahren stark gewachsen, da familienersetzende Dauerpflegschaften eine kostengünstige Alternative zur Heimunterbringung darstellen. Bei Pflegefamilien verbleibt das Recht über das Pflegekind weiterhin bei der Herkunftsfamilie oder beim Jugendamt. Daraus ergeben sich im Rahmen der Familien-Mediation eine Fülle von Themen und Konflikten. Thematisch geht es um das Leben mit der **doppelten Elternschaft**, die Kontakte der Kinder zu den sozialen und leiblichen Eltern, der beiden Eltern untereinander sowie zur beteiligten Behörde. Beteiligte einer Familien-Mediation können die Pflegeeltern, die leiblichen Eltern bzw. das Jugendamt und das Kind/der Jugendliche selber sein. 50

hh) Inseminationsfamilien

Hinzugekommen ist in den letzten Jahren eine weitere familiäre Lebensform: sie wird mit den Begriffen der **Inseminationsfamilie** oder der **multiplen Elternschaft** gekennzeichnet. Neue Formen der Unfruchtbarkeitsbehandlung, 51 wie künstliche Befruchtung, In-vitro-Fertilisation haben dazu geführt, dass für Paare die Möglichkeit geschaffen ist, ihren Nachwuchs mit einer Samen- oder Eispende künstlich zeugen zu lassen. In Deutschland gilt bisher als einzig zugelassenes Verfahren, dass die Eizelle der Frau mit der Samenzelle eines anderen als der es Ehemannes künstlich befruchtet wird (Heterologe Insemination). Geschätzt wird die Anzahl von Inseminations-Kindern zum heutigen Zeitpunkt auf etwa 29.000. Es ist zu erwarten, dass ihre Zahl steigen wird. Die Fortpflanzungstechnologien schaffen einerseits neue Handlungsmöglichkeiten. Für die Familien entstehen zugleich neue Fragestellungen.

52 Die **bio-soziale Einheit der** Familie ist zur Hälfte nicht mehr gegeben. Damit stellt sich für diese Familie das Thema der doppelten Vaterschaft. Hinzu kommt das Problem der asymmetrischen biologischen Beziehung beider Eltern zum Kind. So sind auf Seiten des sozialen Vaters besondere Überlegungen – und Anstrengungen – erforderlich, wie er das Kind ohne biologische Absicherung als eigenes Kind annehmen kann. Zugleich muss geklärt werden, ob und wenn ja, welche Funktionen der biologische Vater in der Familie haben soll, ob das Kind mit ihm Kontakt aufnehmen kann, ob die Beziehung gefördert werden soll. Struktur und Dynamik unterscheiden sich erheblich von der auf »natürlichem Wege« entstandene Familie. Um der Gefahr der »Normalisierung als ob« zu entgehen, könnte die Familien-Mediation diese Familien darin unterstützen, ihrer Andersartigkeit Raum zu geben und die damit zusammenhängenden Themen und Konfliktpunkte zu regeln.[24]

b) Trennung, Scheidung

aa) Ablauf von Trennung und Scheidung

53 Trennung, Scheidung ist kein einmaliges Ereignis, sondern ein Prozess, der von den Parteien durchlebt und gestaltet werden muss. Man kann diesen Prozess in Form der **emotionalen Belastungsschritte** beschreiben; hier wird zurückgegriffen auf die emotionalen Phasen von *Kübler-Ross*[25] bei der Bewältigung des Todes eines nahestehenden Menschen. Ebenso kann man den Trennungsprozess in Form von Verläufen verschiedener Phasen beschreiben:
– Verleugnung der Tatsachen,
– Wut, Anklage, Hass,

---

24 Vgl. insgesamt *Peukert*, Familienformen im sozialen Wandel.
25 *Kübler-Ross*, Befreiung aus der Angst.

- Depression, Verzweiflung (evtl. nochmaliger Versuch von Beziehung),
- Trauer,
- Verhandeln, Neuorientierung, neue Ziele und Lebensplanung.

bb) Verlaufsphasen bei Trennung und Scheidung

Ehekonflikte/Krisen (verdeckt oder offen, oft über Kinder ausgetragen) 54
- Ambivalenzphase,
- Trennungsphase,
- Scheidungsphase,
- Nachscheidungsphase,
- Neuorientierung, Reorganisation der Familie.

c) Kinder bei Trennung und Scheidung

aa) Belastende Gefühle von Kindern (Reaktionen von Kindern auf Trennung/Scheidung)

aaa) Trennungsentscheidung der Eltern

In der Regel benötigen Erwachsene für die **Bewältigung** der Trennung/ 55
Scheidung 2 – 3 Jahre, vom ersten Gedanken an die Trennung (Ambivalenz) bis zum Abschluss der Scheidung, dem Übergang in die Nachscheidungsphase. Oft geht dieser Prozess bei strittigen Eltern über mehrere Jahre, bisweilen wir er nie abgeschlossen.

2 bis 3 Jahre sind für Kinder ein langer Zeitraum, in dem sie je nach Ent- 56
wicklungsstand unterschiedliche Entwicklungsaufgaben bewältigen müssen. Dazu benötigen sie den **Rückhalt** ihrer Eltern. Trennen sich die Eltern, so sind diese Entwicklungsprozesse gefährdet, da die Eltern nun ihrerseits mit der Bewältigung ihrer eigenen Krisensituation beschäftigt sind Die Trennung der Eltern stellt für die Kinder eine starke Belastung dar, zumindest vorübergehend für den Zeitraum der Reorganisation des eigenen Erwachsenenlebens. Die Entscheidung der Eltern zur Trennung mag ein sinnvoller Schritt sein, wenn für die Erwachsenen die Perspektive einer befriedigenden Partnerschaft nicht mehr realisierbar erscheint. Für die Kinder bedeutet die Trennung der Eltern zunächst erst einmal eine Erschütterung ihrer bisherigen gewohnten Lebensumstände. Eine Trennung ohne zumindest kurzfristig belastende Gefühle bei den Kindern ist somit nicht möglich. Jedoch können Eltern Bedingungen für ihre Kinder herstellen, dass die belastenden Gefühle verarbeitet

Methodik und Anwendungsbereiche der Mediation   III.

werden können und neue Sicherheiten für die Kinder entstehen, die ihre weitere Entwicklung fördern.

bbb) Folgen der Trennungsentscheidung für die Kinder

57 Die Trennung und Scheidung der Eltern wird zu den **am Stärksten belastenden Lebensereignissen** für Kinder gezählt. Sie bringt beträchtliche Veränderungen für verschiedene Lebensbereiche der Kinder mit sich. Mit dem Eintritt der Trennung entwickeln sich die Lebenslagen der Kinder in unterschiedliche Richtungen. Zunächst einmal im direkt geographischen Sinn: Umzug in eine andere Wohnung, vielleicht auch in eine andere Stadt. Mit dem geographischen Wechsel der Umgebung gibt es einen Wechsel der Schule, der Freunde, der Nachbarn. Darüber hinaus macht die Trennung eine neue Alltagsorganisation der Kinder mit jedem Elternteil notwendig: wer kauft ein, passt auf, hilft mit, verdient dazu? Statt gemeinsamem Alltag und gemeinsamer Wohnung mit beiden Eltern gibt es nun Separatzeiten, Besuchsregelungen mit jedem Elternteil. Ökonomisch herrscht eine Umverteilung des Mangels; die finanziellen Einbußen schränken die Gestaltungsmöglichkeiten der Kinder stark ein.

58 Für viele Kinder beginnt der Stress jedoch bereits **vor der Trennung**, der Zeit der Partnerschaftskrise ihrer Eltern. Diese Zeit ist in der Regel mit einem hohen elterlichen Konfliktniveau, unerklärlichen Veränderungen im familiären Alltagsleben, Anspannung und verändertem Verhalten der Eltern verbunden. Die Streitereien zwischen den Eltern – offen oder verdeckt – oder gar Tätlichkeiten und Gewaltausbrüche rufen bei Kindern starke Ängste hervor. Die Kinder müssen in dieser Zeit oft selbst herausfinden, was in ihrer Familie vorgeht. Niemand erklärt ihnen, worum es bei den gegenseitigen Vorwürfen, den halblauten Auseinandersetzungen hinter verschlossenen Türen, beim vorwurfsvollen Schweigen der Eltern geht. Kinder sind sehr sensibel für die Stimmungsschwankungen ihrer Eltern. Nicht selten übernehmen sie die Rolle als Berater, Vermittler, Tröster. In dieser Phase der Ambivalenz können Kinder bereits Symptome entwickeln, die primär den Zweck haben, eine Wiedervereinigung ihrer Eltern herbei zu führen. Solange sich die Eltern auf die Symptome ihrer Kinder konzentrieren, gibt es eine Chance, dass sie zusammenbleiben. Das Kind erlebt wieder eine verstärkte Sorge beider Eltern miteinander; es gibt Austausch, Verständigung, ja sogar gemeinsame Entscheidungen der Eltern, die die Trennungsabsichten der Eltern unterlaufen sollen.

III. Methodik und Anwendungsbereiche der Mediation

Kommt es zur Trennung, so lassen sich **kurzfristige und langfristige Folgen** bei Kindern feststellen. Kurzfristig fallen Kinder um ein bis zwei Entwicklungsstufen zurück, zeigen psychosomatische Reaktionen, sind verunsichert im Kontakt. Langfristig können sich bei ihnen psychische Probleme, insbesondere Selbstwertproblematiken ergeben, die Fähigkeit zur sozialen Integration ist nur schwach entwickelt, das Leistungsvermögen ist eingeschränkt. Es kommt daher zwangsläufig immer zu Reaktionen der Kinder auf die Trennung ihrer Eltern. Die Trennung der Eltern verändert das Beziehungsgefüge zwischen Kindern und Eltern in einer Weise, die für die Kinder nur begrenzt verständlich ist. Was sich da zwischen ihren Eltern abspielt, entzieht sich ihrer Kontrolle. Kinder reagieren auf die Scheidung der Eltern je nach Altersstufe unterschiedlich. Diese unterschiedlichen Reaktionen lassen sich zum einen aus den je nach Entwicklungsstand unterschiedlichen kognitiven Kompetenzen der Kinder, sowie dem je nach Entwicklungsstand unterschiedlichen Verständnis der Kinder von Beziehungen erklären. 59

Im Folgenden sollen die Reaktionen der Kinder auf die Trennung/Scheidung der Eltern stichpunktartig nach Altersstufen beschrieben werden.

(1) Kinder im Alter bis 2,5 Jahren 60

Sie reagieren auf die Trennung mit erhöhter Irritierbarkeit und weinerlichem Verhalten, ziehen sich zurück, können sich nur schwer auf ein Spiel einlassen, sind im Kontakt ängstlich oder im Übermaß anklammernd. Das im Ansatz entwickelte Beziehungsgefüge der Kinder wird durch die Trennung **erheblich erschüttert**. Das Kind wird in diesem Alter in seinen Bemühungen, eine stabile Umwelt zu erschaffen und mit ihr in Beziehung zu treten, zutiefst verunsichert. Die Trennung bedeutet im Erleben einen Verlust an Nähe, Geborgenheit; die Kinder fühlen sich verlassen und getrennt von ihren wichtigsten Bezugspersonen.

(2) Kinder im Alter von 2 – 3 Jahren 61

Sie reagieren auf die Trennung mit deutlichen Verhaltensänderungen, z. B. Angstzuständen, akuten Trennungsängsten, Aggressivität und Trotzverhalten. Das Bewusstsein über die existentielle Abhängigkeit von den Eltern weckt im Falle einer Trennung massive Ängste, für die nur wenige Fähigkeiten zum Umgang mit Stresssituationen bisher ausgebildet worden sind. Die Kinder sind überfordert mit der Bewältigung dieser neuen Lebenssituation. Diese **Ängste** finden sich in allgemeinen Angstzuständen, akuten Trennungsängsten, verstärkter Masturbation, Aggressivität, Trotzverhalten wieder.

Methodik und Anwendungsbereiche der Mediation III.

62 **(3) Kinder im Alter von 3 –5 Jahren**

Sie reagieren auf die Trennung vor allem mit aggressivem Verhalten, mit psychosomatischen Störungen (Einnässen, Kopfschmerzen, Bauchschmerzen). Die Trennung der Eltern hat ihr **Vertrauen in die Zuverlässigkeit** von Beziehungen erschüttert. Die Trennung der Eltern kann bereits mit eigenem Fehlverhalten erklärt werden. Daraus resultieren bei diesen Kindern massive Schuldgefühle.

63 **(4) Kinder im Alter von 5 – 6 Jahren**

Sie reagieren mit erhöhter Ängstlichkeit und Aggression, verstärktem Weinen. Sie bewerten die Auflösung der Familie als **Trennung von der eigenen Person**. Das Ausbleiben gemeinsamer familiärer Aktivitäten bewerten sie als Liebesentzug.

64 **(5) Kinder im Alter von 6 – 9 Jahren**

Sie reagieren auf die Tatsache, dass die Eltern den Bedürfnissen nach Wiedervereinigung der Familie nicht Rechnung tragen, **mit tiefer Trauer und Hilflosigkeit**. Häufig kommt es bei ihnen zu Leistungsabbrüchen, Verhaltensauffälligkeiten und Schwierigkeiten im Umgang mit Gleichaltrigen.

65 **(6) Kinder im Alter von 9 – 12 Jahren**

Bei einem beträchtlichen Teil dieser Altersgruppe sind Symptome wie depressive Stimmungen, niedriges Selbstwertgefühl, schulische Schwierigkeiten zu beobachten. Bei der Suche nach der eigenen Identität fühlen sie sich von den Eltern in der Trennung **im Stich gelassen**. Charakteristisch ist oft ein bewusster, intensiver Zorn, der sich direkt auf die Eltern bezieht.

66 **(7) Kinder und Jugendliche im Alter von 12 – 15 Jahren**

Die Trennung der Eltern löst bei ihnen **heftige Gefühle** aus. Es verbinden sich Zorn, Trauer, Schmerz und Scham mit dem Gefühl, verlassen worden zu sein. Dennoch sind sie oft in der Lage, konstruktiv mit der Trennung ihrer Eltern umzugehen und einen Beitrag zur Bewältigung zu leisten. Hier besteht bei ihnen die Gefahr, dass ihre eigenen angemessenen Schritte ihrer Ablösung von den Eltern unterbleiben.

ccc) Einschätzung der Reaktionen der Kinder

67 Es lässt sich zum einen feststellen, dass jüngere Kinder durch die elterliche Trennung heftigere und andauernde Belastungen erleben als ältere; zudem ist

III. Methodik und Anwendungsbereiche der Mediation

feststellen, dass Kinder aller Altersklassen zumindest kurzfristig und vorübergehend durch die Trennung der Eltern belastet sind. Die Scheidung bedeutet für Kinder **eine Krise**, die verschiedenste Gefühle bei ihnen hervorruft, hervorrufen muss. Ein gesundes, einigermaßen normales Kind muss auf eine solche Krise reagieren (»**Erlebnisreaktion**«). Die meisten Kinder können sich langfristig ohne weiterreichende Folgen von diesem kritischen Ereignis erholen. Die seelische Struktur des Kindes ist zwar durch die Trennung der Eltern vorübergehend belastet, jedoch noch nicht verändert. Das Kind ist weiterhin in der Lage, unter hilfreichen äußeren Umständen sein Gleichgewicht selbständig wieder zu finden. Es handelt sich bei dieser Form von belasteten Gefühlen und Reaktionen nicht um pathologische Erscheinungen, sondern um Reaktionen, die auch wieder vorübergehen können, wenn die damit verbundenen Befürchtungen angesichts der neuen Realität sich mildern oder korrigiert werden können. Es sind im Grunde normale und gesunde Antworten der Kinder auf verrückte Lebensumstände. Entscheidend kommt es darauf an, ob es den Eltern gelingt, dem Kind zu vermitteln, dass, bei aller Veränderung der äußeren Lebensumstände, die Welt in ihren Grundfesten sich nicht verändert hat.

Diese Grundfesten sind für die Kinder gewahrt, wenn folgende **Bedingungen** (wieder) hergestellt sind: 68
- der Kontakt des Kindes mit jedem Elternteil erhalten und für die Zukunft gesichert ist,
- eine Kooperation der Eltern miteinander neu etabliert wird,
- die finanzielle Sicherheit für die Kinder hergestellt ist.

ddd) Kinder in der Mediation

Die Familien-Mediation setzt bei der Regelung der äußeren Veränderungen für jedes Familienmitglied an, mit dem Effekt, dass dadurch auch eine innere Stabilität neu entstehen kann. Die Familien-Mediation bietet den Eltern die Möglichkeit, eigenverantwortlich Lösungen zu entwickeln und Vereinbarungen zu den drei oben genannten Bedingungen zu treffen. In diesen Prozess **bezieht** die Familien-Mediation auch **die Kinder aktiv mit** ein; die Kinder sollen sich am Veränderungsprozess ihrer Familie beteiligen können, ohne die Verantwortung für Entscheidungen übernehmen zu müssen. Auf den Prozessstufen der Themensammlung und der Optionenentwicklung wird den Kindern Gelegenheit gegeben, eigene Themen zu sammeln, die ihre Eltern für sie regeln müssen, sowie Ideen zu entwickeln, zu phantasieren, die die Lösungssuche der Eltern beflügeln können. 69

Beispielhaft seien einige typische Themen der Kinder in der Mediation genannt, die den Eltern vorher oft nicht bekannt waren:
- darf ich zu Oma/Opa/Tante/Onkel,
- mein Kaninchen/Vogel/Fisch,
- wer kauft meine Kleidung,
- wer unterschreibt mein Zeugnis,
- von wem kriege ich Taschengeld,
- meine Freundin/mein Freund,
- mit meinem Bruder zusammen sein,
- wo feiere ich meinen Geburtstag,
- Weihnachten/Ferien,
- wer holt mich ab vom Fußball-/Klavierspielen.

70 Mit diesen Themen können die Kinder aktiv den weiteren Prozess ihrer Familie beeinflussen; ihre Anliegen werden von den Eltern nicht mehr übersehen. Greifen die Eltern die Themen und Wünsche ihrer Kinder auf, dann gelingt es ihnen, die Grundfesten ihrer Kinder neu aufzubauen, es entstehen **neue Sicherheiten** für ihre Kinder. Unter diesen Voraussetzungen bedeutet die Scheidung für Kinder oft eine Entlastung im Vergleich zum konfliktreichen Zusammenleben mit beiden Eltern vor der Trennung. Mit dem Ende der Scheidung kann die neue Sozialstruktur die Kinder frei machen für ihre anstehenden eigenen Entwicklungsschritte. Gelingt es der »Familie nach der Familie« eine neue Struktur aufzubauen, entstehen mit den neuen Aufgaben für die Kinder Entwicklungsgewinne. Entlastung und neue Anregungen erweisen sich als förderlich.[26]

bb) Gespräche mit Kindern und Jugendlichen

71 Gespräche mit Kindern und Jugendlichen setzen **entwicklungspsychologische Kenntnisse** und Einschätzungen voraus. Zudem ist die Reflexion der eigenen Haltung als professioneller Helfer ihnen gegenüber sinnvoll. Schließlich sollte man über Kenntnisse bzgl. Setting und Ablauf der Gespräche sowie spezieller Methoden und Techniken der Gesprächsgestaltung verfügen. Kinder und Jugendliche lassen sich ganz grob in 3 Altersgruppen einteilen: Vorschulkinder bis 7 Jahre, Schulkinder von 8–14 Jahren, Jugendliche(r) von 14–18 Jahren. Diese Entwicklung ermöglicht eine bessere Einschätzung der jeweiligen kognitiven, emotionalen und sozialen Entwicklung eines Kin-

---

26 *Krabbe* Perspektive Mediation 2009/3, 147 ff.

III. Methodik und Anwendungsbereiche der Mediation

des. Vor diesem Hintergrund kann man die Möglichkeiten aber auch Grenzen der Gespräche mit ihnen besser einschätzen und entsprechend realisieren.

aaa) Vorschulkinder

Bei Kindern bis zum Alter von 7/8 Jahren sind die Erlebensinhalte noch nicht kognitiv sondern **symbolisch** repräsentiert. Diese Kinder sind noch nicht in der Lage, sprachlich-begrifflich zu denken. Ausdrucksform der Vorschulkinder ist das direkte Alltagsverhalten sowie das Spiel. Ein Gespräch mit ihnen müsste daher über etwas Drittes, ein Medium geführt werden. Zudem erkennen sie aufgrund ihrer egozentrischen Perspektivübernahme nicht, dass andere die Situation anders einschätzen als sie selbst. Kinder m Vorschulalter nehmen oft unhinterfragt an, dass Perspektiven gleich sind, dass also ihre eigene Perspektive mit der der anderen übereinstimmt. Erst langsam entwickeln Vorschulkinder eine Theorie, die davon ausgeht, dass andere Menschen auch vernunftbegabt Wesen sind, die ihre Voraussetzungen mitunter nicht teilen und dann zu anderen Einschätzungen und Gefühlen kommen. 72

Schließlich können Kinder vor Schulanfang im Allgemeinen keine Geschichten erzählen, in der sie zwei Gefühle gleichzeitig erlebt haben. Dies ist ein Hinweis für die in diesem Lebensabschnitt vorherrschende »**emotionale Spaltung**«. Eine Person ist für sie entweder gut oder böse, nett oder gemein. Dass der eine Elternteil auch schwierige Seiten haben kann, wird von den Kindern vor dem Schulalter meist strikt geleugnet. Diese Entwicklungsstände müssen beim Gespräch mit den Vorschulkindern berücksichtigt werden. So sollte im Kontakt mit dem Kind stets die »Triade« beachtet werden. Der direkte (»dyadische«) Kontakt zum Kind (»Dyade«) würde bei diesem zu viele Spannungen erzeugen, es überfordern. Die »**Triade**« bietet dem Kind eine leichtere Möglichkeit in das Gespräch ein- bzw. auszusteigen. So sollte ein drittes Medium in das Gespräch eingebracht werden. In der Regel ist das Kind, auch aus seiner Familie daran gewohnt in »Triaden« zu agieren, benötigt es doch im Kontakt zu Mutter bzw. Vater auch jeweils den anderen Elternteil zur eigenen Unterstützung im Kontakt mit dem Elternteil. Daher sollte man im Gespräch mit Vorschulkindern ihnen nicht direkt gegenüber sitzen sondern ein Triade über das Spiel, über die symbolische Kommunikation anbieten. 73

Bis zum Schulanfang haben die allermeisten Kinder ein **differenziertes Bild** von anderen Personen entwickelt. Spätestens bis dann wissen Kinder, dass 74 andere Personen andere Absichten haben als sie selbst und dass normalerweise Wahrnehmungen, Emotionen und Intentionen hinter dem Handeln dieser Personen stecken. Bei der einseitigen Perspektivendifferenzierung erkennen Kinder, dass andere Personen andere Ideen, Meinungen, Bedürfnisse und Absichten als das Subjekt, eben das Kind haben, die von seinem Äußeren abzulesen sind. Für Beziehungen bedeutet dies, dass Kinder die Folgen von Handlungen nur für eine Person bedenken, nämlich nur für sich selbst. Reziprozität existiert nur auf der Ebene der Handlungen: »Wenn der andere haut, haue ich zurück«.

75 Am Ende der Grundschulzeit – zwischen sieben und zwölf Jahren – wissen Kinder, dass andere über vielfältige geistige und emotionale Zustände verfügen, die sie aber manchmal auch verbergen. Auch die Kinder selbst zeigen ihre Gefühle nicht in allen Situation offen; sie bauen eine Fassade auf und bemühen sich oft, den Eindruck zu erwecken, dass sie emotional unbeteiligt, eben »cool« sind. **Die Beziehungsvorstellung ist nun zweiseitig:** Am Ende der Grundschulzeit wissen Kinder, dass sie selbst die Absichten, Meinungen und Wünsche der anderen erkennen, aber sie wissen auch, dass die anderen ihre auch erkennen. Kinder wissen nun also oft, welche Absichten und Meinungen ihre Eltern in einer Situation haben; aber sie verstehen auch, dass die Eltern wissen, was sie sich selbst denken, wünschen und hoffen. Es hat sich eine zweiseitige Perspektivendifferenzierung herausgebildet. Am Ende der Grundschulzeit können Kinder Geschichten erzählen, in denen sie ein positives und negatives Gefühl gleichzeitig erlebt haben, dies aber zu unterschiedlichen Sachverhalten. Neun- und Zehnjährige erzählen von den Ereignissen, bei denen sie sich über das Geschenk des einen Elternteils gefreut haben und sich gleichzeitig über das Schimpfen des anderen Elternteils geärgert haben.

76 Erst mit rund elf Jahren können Kinder **widerstreitende Gefühle gegenüber dem gleichen Sachverhalt** äußern. Bei einer Trennung bedeutet dies z. B., dass erst Elfjährige zugleich positive und negative Gefühle mit Worten ausdrücken können, so etwa ihre Zuneigung und ihre Wut gegenüber demselben Elternteil, weil sie diese Person einerseits lieben, sie diese aber andererseits für die ständigen Streitereien verantwortlich machen. Im längerfristigen Verlauf einer Trennung identifizieren sich die Kinder zumeist mit dem Elternteil, mit dem sie zusammenleben, und dessen Konfliktlösungen. Im Bündnis mit dem anwesenden Elternteil wird die innere Beziehung zum abwesenden Elternteil »emotional abgekapselt«, sodass sie dem Erleben nicht mehr unmittelbar zur Verfügung steht. In Gesprächen mit Schulkindern tauchen oft bei Trennung und Scheidung intensive Gefühle auf; Gefühle der

III. Methodik und Anwendungsbereiche der Mediation

Wut, des Ärgers, der Angst, Traurigkeit, Loyalitätskonflikte, Scham und Schuld. Gerade für die emotionale Ebene im kindlichen Erleben ist es sinnvoll, im Gespräch wachsam für diese Gefühle zu sein die das Kind ausdrücken möchte. Der Gesprächspartner fühlt sich ein, verbalisiert dieses emotionale Erlebnis, und holt sich dann die Rückmeldung des Kindes ein. So lernt das Kind, dass es auch den Umgang mit Gefühlen lernen kann. Hierfür eignet sich insbesondere das Zeichnen und Spielen: Familienzeichnungen, Puppen, Playmobilfiguren, Familienbrett.

Familienzeichnungen können Informationen über die Beziehungen des Kindes zu seinen Eltern und auch über Ausdauer oder Ablenkbarkeit des Kindes in einer ungewohnten Situation bringen. Ein Ansatz ist, das Kind zu bitten, sich und einen Elternteil zu malen, wie sie gerade etwas miteinander tun, und dies dann für den anderen Elternteil zu wiederholen. Wenn Kinder Personen aus der Familie nicht mitzeichnen, kann man sie bitten, sie diese auf einem eigenen Blatt zu zeichnen. Wen Kinder zur Familie rechnen, hängt sowohl vom Alter ab (kleine Kinder häufig: Haushaltsgemeinschaft) und von der Familienkonstellation. Die beste Art von Zeichnungen mit kleinen Kindern sind »teilnehmende« Zeichnungen, in denen der Berater und das Kind zusammen ein Bild anfertigen. Der Berater fragt »was wollen wir zeichnen?« und fängt an, das Kind zu zeichnen, oder der Berater zeichnet die Familie des Kindes, wobei er Beschreibungen verwendet, die das Kind im Verlaufe des Zeichnens über die Betreffenden gibt. Dies ist deswegen leichter, weil viele Kinder denken, sie »können« bestimmte Dinge wie Personen oder Tiere usw. nicht zeichnen, und sie zeichnen daher gar nicht (gerne) oder sie zeichnen nicht das, was sie wollen, sondern eben etwas, das sie »können«. Wichtig ist aber, den Vorstellungen des Kindes beim Zeichnen zu folgen, und nicht in suggestiver Weise eigene Inhalte einzubringen. 77

Familienpuppen, wie z. B. Puppenhäuser, Handpuppen, Playmobilfiguren, Familienbrett können den Ausdruck von Gefühlen bei Kindern ermutigen. Ein Ansatz ist, mit den Puppen die Konfliktsituation für die Eltern und für das Kind zu demonstrieren, und das Kind zum Mitspielen aufzufordern, indem man fragt, was jetzt in der dargestellten Familie wohl als nächstes geschieht. Wenn man Kinder im Puppenspiel ambivalente Szenen spielen lässt und sie dabei optional unterstützt, so können sie ambivalente Haltungen schön früher spielen und verbalisieren, nämlich schon etwa zu Beginn des Schulalters. 78

79 Die Aufforderung, **Wünsche** zu äußern, zu zaubern, ist ein beliebtes Verfahren für Kinder bis ins Latenzalter. Es können allgemein drei Wünsche, speziell Wünsche bezogen auf die Familie oder sogar ausdrücklich zehn Wünsche erfragt werden. Die mit kleineren Kindern gesammelten Äußerungen und Eindrücke, die in symbolischen Verfahren erhoben wurden, sollten mit der nötigen Vorsicht interpretiert werden. Eine Auswertung kann sich dabei nur auf die erste Symbolebene beziehen. Es ist allgemein besser mit den Eltern darüber zu sprechen was das Kind wohl aufgrund der Eindrücke braucht, statt zu interpretieren, was es gezeichnet hat.

bbb) Schulkinder

80 Bei Schulkindern ist eine Kommunikation über die Gespräche mit zunehmendem Alter möglich. Ebenso ist ihre Fähigkeit gewachsen **selbstexplorativ** zu kommunizieren. Angesicht der üblichen Regressionen von Kindern bei Trennung und Scheidung sollte man dennoch die Möglichkeit der symbolischen Arbeit über ein Medium beibehalten. Auch hier kann die Triade noch das tragende Element im Kontakt mit dem Kind bleiben, zumindest als gedachte Möglichkeit. Zumindest macht es auch bei diesen Kindern Sinn, Papier und Stifte bereitzuhalten, um das Kind im Gespräch einladen zu können.

ccc) Jugendliche

81 Jugendliche verfügen über die **Sprache** als Kommunikationsmittel. Eine dyadische Gesprächsanordnung ist prinzipiell möglich. Jedoch kann es bei Jugendlichen im Rahmen von Trennung und Scheidung immer wieder vorkommen, dass auch bei ihnen kindliche Anteile hervortreten, sodass auch die Möglichkeit beibehalten werden sollte, sich im Zweifel auf etwas Drittes beziehen zu können. Sinnvoll kann eine Sitzung über Eck mit ihnen sein. Gerade bei Trennung und Scheidung sind Jugendliche auch weiterhin in der Rolle der Kinder der sich trennenden Eltern und insoweit noch auf sie angewiesen. Zudem kämpfen sie oft stellvertretend für einen Elternteil dessen Kämpfe mit dem anderen Elternteil aus und sind insofern noch stark an die Eltern gebunden. Ihre eigene Autonomie ist oft trotz äußeren Anscheins noch gar nicht entwickelt (»Pseudo-Erwachsenheit«). Dennoch hat sich inzwischen bei ihnen die Fähigkeit entwickelt, eine gegenseitige Perspektive zu entwickeln. Sie sind z.B. in der Lage, bei Auseinandersetzungen mit ihren Eltern die Perspektiven Dritter als eine dritte davon abweichende Perspektive wahrzunehmen. Die verschiedenen Perspektiven können miteinander koor-

III. Methodik und Anwendungsbereiche der Mediation

diniert werden. Ein Jugendlicher weiß daher, dass das, was er zu seiner Mutter gesagt hat, etwas damit zu tun hat, was sie zu einem früheren Zeitpunkt zu ihm gesagt hat. Mit dieser Fähigkeit erweitern sich die Möglichkeiten der Reflexion über die eigene Person und ihre Wirkung auf andere; komplexere Problemlösungen werden theoretisch möglich. Zudem steht dem Jugendlichen die Möglichkeit offen, mehrdeutige Empfindungen in Worte zu fassen, sodass er über die anstehenden Entscheidungen nachdenken und mit anderen darüber sprechen kann. Sie können damit letztlich auch ihre Wünsche in differenzierter Form formulieren.

Von großer Bedeutung im Gespräch mit Jugendlichen ist die Zusicherung von **Vertraulichkeit**. Ihm muss genauestens erklärt werden, was mit den erhaltenden Informationen geschieht. Er muss um ausdrückliche Erlaubnis gefragt werden, ob über das Gespräch den Eltern berichtet werden darf, ob möglicherweise ein Bericht angefertigt oder eine Empfehlung abgegeben wird. Zusammenfassend sollte der Gesprächspartner dem Jugendlichen Authentizität, Respekt, gleiche Augenhöhe ohne Anbiederung anbieten.

cc) Anhörung von Kindern

aaa) Grundsatz

Die Anhörung ist geleitet von der Grundhaltung, den Kindern **eine Stimme** zu geben, ihrer Stimme zuzuhören, sie richtig zu verstehen. Dies sollen einige Gedanken näher bringen:
- Kinder sollen ihre Meinung äußern dürfen,
- die Verantwortung für das Wohl des Kindes liegt bei den Erwachsenen,
- ergänzend ist das Kindeswohl auch eine öffentliche Angelegenheit,
- das Wort der Kinder/die Meinung der Kinder muss ernst genommen werden,
- die Aussagen des angehörten Kindes sind zu gewichten unter Berücksichtigung seines Alters, seines Entwicklungsstandes, seiner Lebenssituation,
- die Deutungen eines Kindes entsprechen seiner eigenen Logik. Es deutet und fühlt anders als ein Erwachsener,
- die Deutungen des beurteilenden Erwachsenen basieren auf seinem Erwachsenendenken und seinen andersartigen persönlichen und berufsmäßigen Erfahrungen,
- es besteht die Gefahr, dass subjektives, kindbezogenes, egozentrisches Empfinden auf eine objektivierte Deutungsstufe von Erwachsenen gehoben wird,

Methodik und Anwendungsbereiche der Mediation III.

- aktueller Kindeswille und langfristige Kindesinteressen können sich widersprechen oder mindestens in einem nicht eindeutigen Verhältnis zueinander stehen. Die Integration der verschiedenen Rechte und Perspektiven auf das Wohl des Kindes ist eine äußerst anspruchsvolle und verantwortungsvolle Aufgabe,
- für Scheidungskinder ist es entscheidend, wie der Kontakt zu beiden Eltern gestaltet wird.

bbb) Praxisanregungen für die Anhörung

84 Die Anhörung des Kindes ist keine Befragung des Kindes. Sie erfordert vielmehr ein sorgfältiges Vorgehen. Dazu sollen einige Anregungen gegeben werden.

Die Anhörung selbst sollte als ein **Gespräch besonderer Art** verstanden werden, bei dem es darum geht, dass das Kind Gehör finden sollte. Das bedeutet, dass das Kind zu Wort kommen sollte mit der Sicherheit, keine Entscheidungen treffen zu müssen und auch nicht Partei ergreifen zu müssen. Die Anhörung stellt zudem keine therapeutisch ausgerichtete Beratung dar, durch die ein Kind über längere Zeit durch die Krise begleitet würde. Für die anhörende Partei gilt es, einen guten Kontakt zum Kind aufzubauen, einfühlsam und zugleich mit professioneller Distanz das Gespräch zu führen.

Zur Vorbereitung auf das Gespräch kann die Aktenkenntnis hilfreich sein, sowie ein vorgeschaltetes Gespräch mit den Eltern über ihr Kind. Dabei sollte den Eltern die Möglichkeit gegeben werden, ihr Kind zum Termin zu begleiten.

Für Kinder ist bereits der **äußere Rahmen** von Bedeutung: Es sollte ein kindgerecht ausgestatteter Raum sein, eventuell mit gemalten Bildern von anderen Kindern; zudem sollten der Zeitpunkt und der Umfang des Gesprächs kindgerecht sein.

Die Durchführung der Anhörung verläuft in Prozessschritten; nach dem bedeutsamen Anfangskontakt sollte dem Kind Zeit zum Anwärmen gewährt werden. Danach erfolgt eine Einleitung zum Anlass/Thema der Anhörung. Bei der eigentlichen Anhörung ist auf die entsprechenden Frageformen zu achten, aktives Zuhören dem Kind gegenüber verdeutlichen, die Sprache sollte einfach und korrekt sein. Zum Abschluss fasst die anhörende Partei das vom Kind Gesagte zusammen und erstellt ein Protokoll, bevor sie sich vom Kind mit Respekt verabschiedet.

dd) Förderliche Bedingungen für die Kinder zur Bewältigung der Scheidung

Einerseits bringt eine Trennung für Kinder eine starke Belastung mit sich, andererseits können beide Eltern im Rahmen ihrer Trennungsauseinandersetzungen jedoch auch Bedingungen schaffen, die die weitere **Entwicklung ihrer Kinder** fördern. Dazu zählen zuallererst ausreichende Kontaktmöglichkeiten des Kindes zu beiden Eltern. Die Beziehung zu jedem Elternteil sollte weiterhin gelebt werden können. Vom betreuenden Elternteil sollte das Kind am Kontakt mit dem anderen Elternteil nicht gehindert werden; vom weggezogenen Elternteil sollte es nicht zurückgestoßen zu werden. Dies schafft eine emotionale Sicherheit beim Kind. Notwendig ist zudem eine konfliktfreie Zusammenarbeit beider Eltern. Statt Sprachlosigkeit sollte die direkte Kommunikation beider Eltern über das Kind wieder hergestellt werden. Das emotionale Klima sollte entgiftet werden, da die Gefühle der Eltern die kindlichen Reaktionen verstärken. Zudem sollte sich nach einer Trennung möglichst wenig in der Lebenswelt der Kinder verändern; zumindest kurzfristig sollten Umzüge vermieden, verschoben werden, Kindergarten und Schulwechsel aufgeschoben werden. Weiterhin ist ein verlässliches soziales Beziehungsnetz für Kinder und Eltern förderlich. Es gilt weiterhin den Kontakt der Kinder zu Großeltern und weiteren Verwandten zu pflegen, Freunde um Unterstützung zu bitten. Schließlich sollten die Eltern sich darum bemühen, ihre Erziehungsfähigkeit wieder herzustellen, emotional und real wieder zur Verfügung zu stehen, Grenzen zwischen den Generationen wieder herstellen zu können.

d) Professionelle Hilfen bei Trennung und Scheidung in Form von Information und Aufklärung

Die erste früheste Form von professioneller Hilfe besteht in Form einer aktiven Information und **Aufklärung** der Eltern über ihre Kinder bei Trennung und Scheidung. Statt abzuwarten, dass sich im Rahmen der Trennungsauseinandersetzungen Schwierigkeiten entwickeln und verfestigen, sollte professionelle Hilfe früher einsetzen, um Eltern Orientierung bei den Entscheidungen zu den Kindern zu geben. Eine Reihe von Konflikten um die Kinder entsteht aus Unwissenheit, Unsicherheit der Eltern. Hier sollte ihnen das inzwischen gebildete Fachwissen frühzeitig zur Verfügung gestellt werden.[27]

---

27 *Figdor*, Hochstrittige Scheidungsfamilien und Lösungsstrategien für die Helfer.

Methodik und Anwendungsbereiche der Mediation III.

aa) Konzept der Information/Aufklärung

87 Die Informationsweitergabe/Aufklärung der Eltern durch einen professionellen Helfer ist eine **Vermittlung besonderen Wissens**. Es sollte über bestimmte Inhalte zur Situation der Kinder bei Trennung und Scheidung aufgeklärt werden. Dabei beziehen sich die Aufklärungsinhalte zum einen auf aktuelle Forschungsergebnisse zu den Reaktionen von Kindern auf die Trennung ihrer Eltern, zum anderen wird Verständnis für die eigenen Belastungen der Eltern gezeigt. Die vorhandenen Schuldgefühle eines Elternteils bzgl. seines Trennungsentschlusses wird umgedeutet in verantwortete Schuld; Ambivalenzen der Kinder zu dem Elternteil als zu Liebesbeziehungen dazu gehörend erläutert. Zudem werden Illusionen abgebaut: Trennung bedeutet für alle Familienmitglieder Schmerzen; eine Trennung hat keinen reibungslosen Ablauf. Am Ende werden den Eltern Positiv-Modelle (anderer Eltern) angeboten für typische Instabilitäten bei einer Trennung, so bei der Mitteilung der Trennung an die Kinder, der Gestaltung des Auszugs/Umzugs, dem Wechsel der Kinder zwischen den beiden Eltern, dem Ablauf des Scheidungsverfahrens, sowie dem Erscheinen neuer Partner, neuer Kinder.

Der professionelle Dritte sollte sich im Kontakt mit den Eltern verdeutlichen, dass die meisten Eltern aufgrund ihrer persönlichen Situation vor, während und nach der Scheidung nur bedingt in der Lage sind, die Realität ihrer Kinder zu sehen, einzuschätzen und ihnen wirksam zu helfen.

bb) Aufklärungsinhalte

88 – Der professionelle Dritte sollte zunächst über die **Forschungsergebnisse** zu den Reaktionen der Kinder bei Trennung und Scheidung berichten, so über die Anpassungsfunktion der Erlebnisreaktionen, dass alle Kinder vorübergehend unter der Scheidung leiden, aber langfristig die Trennung der Eltern auch eine Entwicklungschance darstellen kann.
– Er sollte den Eltern gegenüber Verständnis äußern, dass es bei den psychischen, sozialen und ökonomischen Belastungen einer Scheidung fast unmöglich ist, das Richtige zu tun.
– Er sollte die **Schuldgefühle** der Eltern den Kindern gegenüber ansprechen:
  – der unmittelbare Schmerz ist normal, ein Zeichen für eine bisher weitgehend gelungene Entwicklung des Kindes,
  – die kindlichen Reaktionen und Symptome sind eine Hilfe für das Kind, sein Selbstgleichgewicht wieder zu finden,

III. Methodik und Anwendungsbereiche der Mediation

- der aktuelle Schmerz des Kindes bedeutet keineswegs, dass das Kind die Trennung nicht bewältigen kann; die Trennung sich unter Umständen sogar als Chance für das Kind erweisen kann.

Es gehört wohl zu den schwierigsten Dingen im Leben von Eltern, akzeptieren zu können, dass sie ihren Kindern wehtun, weil sie es müssen – aus gesellschaftlichen Zwängen heraus oder für ein ausreichendes Quantum an eigenen Lebensglück; diese Schuld lässt sich für die Eltern leichter ertragen, wenn ihnen nur dieser Weg der Trennung bleibt und diese Entscheidungen langfristig ihrem Kind auch zugute kommen können. Es geht also darum, dass Eltern lernen, ihre Schuld gegenüber den Kindern zu verantworten statt sie leugnen zu müssen
- Der professionelle Dritte sollte über die prinzipielle **Ambivalenz** von Liebesbeziehungen aufklären. Die Anerkennung des Umstandes, dass Enttäuschungen und Kränkungen notwendiger Bestandteil aller Liebesbeziehungen sind, lässt verstehen, dass Aggressionen Begleiterscheinungen von Liebe sind; so wird die eigene Wut auf den Partner, auf das Kind, aber auch die Wut der Kinder auf die Eltern leichter verstehbar, akzeptierbar, entschuldbar.

Die Wut des Kindes bedeutet somit nicht, dass »mein Kind mich nicht mehr liebt«. Der Berater kann in diesem Zusammenhang den Eltern vermitteln, dass sie darauf vertrauen können, dass das Kind sie weiter liebt und lieben wird trotz oder wegen der gezeigten Wut.

cc) Unliebsame Folgen von Trennung und Scheidung

Neben dem Zuwachs an Erkenntnissen geht es in den aufklärenden Gesprächen auch um einen **Abbau von Illusionen:**
- die Trennung bedeutet eine Krisensituation für alle Familienmitglieder,
- es gibt keine Trennung mit reibungslosem Ablauf,
- mit der Trennung ziehe ich keinen endgültigen Schlussstrich unter das bisherige Leben,
- alle Beteiligten (Kind, Mutter, Vater) nehmen neben den neuen Chancen nach der Trennung auch etwas Unliebsames mit:
  - das Kind die Entbehrung, zukünftig mit beiden nicht mehr gemeinsam zusammen zu leben,
  - die Mutter den Umstand, dass der Vater trotz Trennung in Gestalt der Liebe des Kindes für alle Zukunft einen gewissen Rahmen im Leben

einnehmen wird, selbst wenn der Vater den Kontakt zum Kind ganz einstellen sollte,
- der Vater, dass sein Einfluss auf das Kind geringer wird und er im Kontakt zum Kind von der Mutter abhängig ist, da sie die reale »Macht«, den Einfluss über das Kind vergrößern wird.

dd) Positivmodelle bei Instabilitäten

90 Schließlich sollte der Berater den Eltern Positiv-Modelle anderer Eltern anbieten im Umgang mit Instabilitäten im Verlaufe der Trennung/Scheidung. Von der Haltung her sollte der Berater den Eltern vermitteln, dass es sich bei den Positiv-Modellen um **Orientierungshilfen**, um Vorschläge, um Anregungen, um Erfahrungen anderer Eltern handelt, die er auch ihnen als Eltern weitergeben möchte. Sie sollen selbst entscheiden, was sie davon übernehmen möchten, wie viel sie davon z. Zt. schon umsetzen können. Die eher idealtypisch klingenden Modelle müssen von ihnen noch in ihre Realität übertragen werden.

Instabilitäten zeigen sich bei folgenden Ereignissen:

aaa) Mitteilung der Trennung

91 - Mitteilung durch beide Eltern, **bei gleichzeitiger Anwesenheit**, Zeitpunkt festlegen,
- Kinder ohne Schuld an der Trennung,
- Trennungsgründe für jedem Elternteil unterschiedlich, jedoch beide akzeptieren die Trennung,
- Kontakt jedes Elternteils zu jedem Kind bleibt erhalten,
- weitere gemeinsame Gespräche als Eltern,
- über weitere Schritte werden Kinder auf dem Laufenden gehalten.

bbb) Auszug/Umzug

92 - frühzeitige Mitteilung und Information über Auszug/Umzug,
- **Kinder ziehen zweimal aus/um** = sind an beiden Auszügen/Umzügen beteiligt; direkt oder indirekt,
- eigene persönliche Sachen und Alltagsgegenstände der Kinder werden aufgeteilt und ziehen z. T. mit um = zwei »Zuhause« mit unterschiedlichem Gewicht/unterschiedlicher Zeit,
- in jeder Elternwohnung werden eigene Sachen der Kinder aufgebaut und eingeräumt.

III. Methodik und Anwendungsbereiche der Mediation

ccc) Wechsel der Kinder zwischen den Eltern

- Wechsel Kindern frühzeitig ankündigen,
- zumindest zu Beginn Begleitung der Kinder durch jeweils 1 Elternteil,
- **gute Balance** für jeden Elternteil zwischen Bringen und Holen der Kinder,
- Kontakt der Eltern beim Wechsel (kurze Informationen über Kinder, Übergaberitual zwischen den Eltern, Abschiednehmen und Kinder informieren über nächsten Kontakt),
- Erprobungsphasen einbauen.

93

ddd) Scheidungsverfahren

- Information über das Verfahren in allgemeiner Form (Prozessverlauf),
- Verantwortung für jur. Schritte übernehmen,
- Realitäten, Konfliktpunkte benennen (bei Jugendlichen),
- **keine Loyalitäts-/Entscheidungsfragen** an die Kinder,
- bei Anhörung der Kinder vor Gericht, Kinder begleiten/kein Ausfragen der Kinder danach, sondern Zuhören, Fragen der Kinder beantworten.

94

eee) Neue Partner/neue Kinder

- Betonung der Fortsetzung der eigenen bisherigen Familie der Kinder mit den unangetasteten Rollen aller bisher beteiligten Familienmitglieder,
- Realität des neuen Partners **nicht leugnen,**
- Zeit lassen zum kennen lernen des neuen Partners, der neuen Kinder,
- Zeit lassen zum Aufbau eines eigenen Kontaktes zwischen dem Kind und dem neuen Partner, den neuen Kindern,
- insgesamt behutsame Erweiterung der bisherigen Familie der Kinder um neue Personen sowie der Suche des neuen Partners nach einem Platz in der bisherigen Familie,
- Erprobungsphasen einbauen.

95

6. Konfliktfeld Arbeit, Mobbing

a) Definition von Mobbing

»Der Begriff Mobbing beschreibt **negative kommunikative Handlungen**, die gegen eine Person gerichtet sind (von einer oder mehreren anderen) und die

96

sehr oft und über einen längeren Zeitraum hinaus vorkommen und damit die Beziehung zwischen Täter und Opfer kennzeichnen.«[28]

b) Handlungen des Mobbings

97 Die verschiedenen Mobbinghandlungen lassen sich in mehrere **Handlungstypen** einteilen; man könnte auch von einer »Typologie der Handlungen« sprechen:
- Angriffe auf die Möglichkeiten, sich mitzuteilen (z. B. ständiges Unterbrechen, Kontaktverweigerung),
- Angriffe auf die sozialen Beziehungen (z. B. Versetzung in andere Räume),
- Angriffe auf das soziale Aussehen (z. B. Gerüchte, schlecht machen, lächerlich machen),
- Angriffe auf die Qualität der Berufs- und Lebenssituation (z. B. sinnlose Arbeiten, kränkende Aufgaben),
- Angriffe auf die Gesundheit (z. B. Denkzettel verpassen, sexuelle Handlungen).[29]

c) Mobbingverlaufsmodelle

98 Das diffuse Mobbinggeschehen lässt sich in einem **Verlaufsmodell** veranschaulichen, das die Auswirkungen beschreibt, die solche Konflikteskalationen bei den Betroffenen herstellen.
- **Konflikte, einzelne Unstimmigkeiten und Gemeinheiten:**
  Eine gefahrenträchtige Situation stellt sich ein.
- **Übergang zu Mobbing und Psychoterror:**
  Es geschieht eine psychische Traumatisierung, die die Möglichkeit der Stigmatisierung in sich trägt.
- **Rechtsbrüche durch Über- und Fehlgriffe der Personalverwaltung:**
  Bei seinem Versuch, sich wieder einzugliedern, widerfährt dem Opfer Rechtsverdrehung, Rechtsentzug, Unverständnis, Abweisung, Schuldzusprechung und ähnliches – das Opfer wird stigmatisiert.
- **Stigmatisierende Diagnosen:**
  Ärzte, Psychiater, Psychologen etc. wählen aus unzureichendem Wissen solche Diagnosen, die weiterhin stigmatisierend und schuldzuweisend wirken.

---

28 *Leymann*, Mobbing, S. 21.
29 *Leymann*, Mobbing, S. 23.

III. Methodik und Anwendungsbereiche der Mediation

- **Ausschluss aus der Arbeitswelt:**
  Das Opfer gleitet in eine Pariasituation hinein. Sein weiterer sozialer Überlebenskampf wird falsch gedeutet und ihm zur Last gelegt. Mehr noch: Dieser verzweifelte Überlebenskampf und das dabei gezeigte Verhalten überzeugt die Umwelt davon, dass die Person an irgendwelchen Charakterfehlern leidet.
- **Folgen:**
  Versetzung, Abfindung, Psychiatrie.[30]

d) Parallele soziale und psychische Verläufe bei Mobbing

Der Mobbingprozess braucht in der Regel eine lange Zeit, um sich zu entwickeln. Bis zur endgültigen Ausgrenzung können einige Jahre vergangen sein. Die **Belastungszeit** ist somit in der Regel lang. Der Konfliktverlauf benötigt oft eine lange Zeit, in der sich Veränderungen im Verhalten des Opfers ergeben. Gleichzeitig verändert sich auch die Einschätzung der Umwelt.

Der Konfliktverlauf:

Ein Konflikt bricht aus.

Erste (manchmal wechselseitige) Angriffe.

Es geschehen Machtübergriffe.

Rechtsbrüche geschehen.

Auf dem Weg zur Ausgrenzung.

Veränderungen im Verhalten des Opfers:

Das Opfer kristallisiert sich heraus.

Bewältigungsvermögen nimmt ab

Wilde Verzweiflung entsteht.

Verzweifelte Versuche zur Wiederaufrichtung.

Veränderungen in der Meinung über das Opfer:

Meinung sehr oft: »Er/sie ist o.k.«

---

30 *Kolodey*, Mobbing – Psychoterror am Arbeitsplatz und seine Bewältigung, S. 102.

Meinung: »Es ist schon anstrengend, ihn/sie hier zu haben.«

Meinung: »Er/sie hat Schwierigkeiten mit der Zusammenarbeit.«

Meinung: »Ganz und gar unakzeptables Auftreten.«

Meinung: »Der/die muss doch psychisch krank sein.«

Prozess der Bildung von Mythen:

Psychologische und soziale Mythen entstehen.

Psychologische und soziale Mythen nehmen zu.

Schuldigsprechung und soziale Stigmatisierung des Opfers.[31]

e) Mobbinginterventionen

101 **Individuelle Interventionen** aus betroffener Sicht:
- gesundheitsfördernde Bewältigungsmechanismen,
- Eigenkompetenzen stärken,
- Hilfsangebote in Anspruch nehmen,
- juristische Interventionen, Kündigung,
- therapeutische Interventionen,
- neue berufliche Perspektiven suchen.

Betriebliche Interventionen:
- Moderation,
- Supervision,
- Mediation,
- Organisiationsentwicklung und -beratung,
- Schlichtungsverfahren,
- Freisetzung.

f) Betriebliche Interventionen bei Mobbing im Einzelnen

aa) Moderation

102 Bei der Moderation handelt es sich um eine Methode, mit der Arbeitsgruppen unterstützt werden können, ein Thema, eine Aufgabe oder einen anstehenden Konflikt zielgerichtet, strukturiert und mittels demokratischer Mittel

---

31 *Leymann*, Mobbing, S. 77.

III. Methodik und Anwendungsbereiche der Mediation

zu bearbeiten. Der Moderator »bietet sich als methoden- und verfahrenskompetenter **Begleiter** für den Arbeitsprozess an, dessen Ziele und Inhalte die Gruppe grundsätzlich selbst verantwortet«.[32]

Die Moderation beginnt zunächst mit einem Einstieg, geht dann weiter zur Themensammlung, Themenauswahl und Themenbearbeitung und endet mit der Maßnahmenplanung und einer Abrundung des gesamten Prozess in Form eines Abschlusses. Die Methodik der Moderation erlaubt es, dass alle Teilnehmer einer Gruppe ihr Votum abgeben und es somit zur Veranschaulichung von Meinungen, Stimmungen und Einschätzungen kommen kann. Dies hilft, Koalitionen, wie sie im Mobbingprozess vorkommen, erst gar nicht entstehen zu lassen. Das Einbinden aller Gruppenmitglieder, der häufige Wechsel von unterschiedlichen Zweier-, Dreier-, und Großgruppen vertieft die Differenzierung eines Konfliktes. In diesem Sinn kann die Methode der Moderation als **Präventionsmaßnahme** angesehen werden. Darüber hinaus veranschaulicht die Moderation durch ihre unterschiedlichen Methoden die Meinungs- und Prioritätenerweiterung der einzelnen Gruppenteilnehmer und fördert eine konstruktive Zusammenarbeit.

bb) Supervision

Supervision i.S. einer Krisenintervention gegen Mobbing kommt dann in Frage, wenn frühzeitige Maßnahmen, Schlichtung und gruppendynamische Konfliktbearbeitung zur Bewältigung des Problems nicht mehr greifen und professionelle Hilfe notwendig wird.[33] Ziel der Supervision ist es, eine **Übersicht über den Mobbingprozess** herzustellen, indem die Innenansicht der beteiligten und die Außenansicht des Supervisors ermittelt und verglichen werden. Der Supervisor bemüht sich zudem darum, die Handlungskompetenzen der Mobbingbeteiligten zu erweitern, indem ein gewisses Maß an Kontrollmöglichkeiten über das eigene Verhalten und das des Verursachers aufgebaut wird. Hierzu zählt auch die Information über die psychischen und physischen Folgen von Mobbing. Zur Erweiterung der Handlungsmöglichkeiten bedarf es in der Supervision auch einer gemeinsamen Entwicklung kognitiver und verhaltensbezogener Strategien für einen adäquaten Umgang mit den bestehenden Problemen. Die Supervision kann sowohl im Einzelsetting als auch in der Gruppe erfolgen. Bei weit fortgeschrittenem Mobbingprozess

---

32 *Hartmann/Rieger/Pajonk*, Zielgerichtet moderieren, S. 15.
33 *Prosch*, Mobbing am Arbeitsplatz, S. 132.

sollte für die Betroffenen eher eine Einzelbetreuung gewährleistet werden, in die auch Angehörige auf Wunsch mit einbezogen werden können.[34]

cc) Mediation

105 Das Ziel der Mediation ist nicht die Klärung der Fragen, ob Mobbing vorliegt oder nicht, wer die wahrhaft Schuldigen sind und ob und wie jemand zu bestrafen ist. Vielmehr geht es in der Mediation im Bereich von Mobbing um die Klärung zur Bereitschaft zur **gemeinsamen Bearbeitung der Vorwürfe**, die Stärkung der beteiligten Personen, die Anerkennung der jeweils subjektiv erlebten Wahrnehmungen und Empfindungen und die gemeinsame Suche nach Lösungswegen. In der Mediation muss zunächst eine Auftragsklärung in zwei Schritten erfolgen: mit den Auftraggebern und mit den beteiligten Parteien. Stimmen beide Seiten der Durchführung einer Mediation unter Wahrung der Vertraulichkeit zu, werden im nächsten Schritt mit der Technik des ›Reframings‹ Themen gesammelt, die verhandelt werden sollen. In der Phase der Konflikterhellung beginnt die Erforschung der Interessen und Bedürfnisse, was bisweilen dadurch erschwert wird, dass sich die Parteien immer noch in einer empfundenen Rolle des Klagens und der Respektlosigkeit befinden. In der Lösungsphase werden auf der Flipchart Ideen gesammelt und bewertet, um schließlich über Verhandlungen zu einer Vereinbarung zu gelangen. Dabei ist stets eine Überprüfung der Vereinbarung nach zwei bis drei Monaten ratsam.[35]

IV. Besondere Formen der Mediation

Übersicht	Rdn.		Rdn.
1. Einleitung	1	aa) Sammeln und Austausch von Informationen	7
2. Die Kurz-Zeit-Mediation	3		
a) Allgemeines	3		
b) Prüfung von Zeitfenster und Konfliktgeeignetheit	5	bb) Arbeits- und Hintergrundhypothesen	8
c) Umfassende Vorbereitung in der Vorlaufphase	6	cc) Festlegung des äußeren Rahmens	10

---

34 *Kolodey*, Mobbing – Psychoterror am Arbeitsplatz und seine Bewältigung, S. 134.
35 *Lohmann/Sauthoff* ZKM 2007, 149 ff.

IV. Methodik und Anwendungsbereiche der Mediation

dd) Ausgestaltung des Zeitrahmens 11	dd) Verabredungen und Rituale 38
ee) Konfliktbezogene systematische Vorbereitung . 12	f) Rechtliche Rahmenbedingungen 39
d) Umsetzung der Vorbereitung und Durchführung der Kurz-Zeit-Mediation 13	g) Hinweise für die Praxis 44
	aa) Checkliste 44
e) Hinweise zur Praxis 15	bb) Mustertext: Kooperationsvertrag zwischen Mediatoren 45
aa) Checkliste strukturiertes Telefonat 16	
bb) Checkliste systematische Vorbereitung 17	cc) Mustertext: Vertragsklausel Co-Mediation mit Medianten 46
cc) Checkliste hilfreicher Fragen 18	4. Online-Mediation 47
3. Die Co-Mediation 19	a) Allgemeines 47
a) Allgemeines 19	b) Vorteile 49
b) Vorteile einer Co-Mediation . 23	c) Probleme und Risiken 51
c) Risiken einer Co-Mediation . 29	d) Einsatzmöglichkeiten 52
d) Problematik der sog. fachlichen Ergänzung 30	aa) Abstrakte Betrachtung .. 52
	bb) Konkrete Betrachtung .. 57
e) Einzelne Aspekte der Co-Mediation 33	e) Setting 59
	f) Indikationen 60
aa) Teamarbeit 33	g) Durchführung und Anwendbarkeit im Phasenmodell 61
bb) Schwerpunktbildungen . 36	
cc) Teamkonflikte und -konkurrenz 37	
	h) Ausblick 68

1. Einleitung

Erfolgreiche Bearbeitung von Konflikten bedarf einer **spezifischen**, auf die 1
jeweiligen Personen und den Grund ihrer Auseinandersetzung abgestellte
und abgestimmte **Vorgehensweise**.

Soll als Methode die Mediation zum Einsatz gelangen, so kann es u. U. angezeigt sein, statt der herkömmlichen Langzeitmediation mit mehreren Sitzungstagen eine andere Variante zu wählen, die einem von den Konfliktparteien nur begrenzt zur Verfügung gestellten Zeitbudget besser gerecht wird.
Und erweist sich der Konflikt hinsichtlich der Personen wie auch der Auseinandersetzung in der Sache als vielschichtig, so wird ein erfahrener Mediator
hierauf ggf. durch Verstärkung der Mediatorenseite zu reagieren wissen.

Schließlich sind Personen- und Sachkonstellationen denkbar, die erst durch den Einsatz neuer Technologien adäquat bearbeitet werden können.

2 Ausgehend von diesen Überlegungen widmet sich das vorliegende Kapitel solchen besonderen Formen der Mediation, die sich in den letzten Jahren herausgebildet haben und die für ihre jeweiligen spezifischen Anwendungsbereiche anerkannt sind: Die Kurz-Zeit-Mediation, die Co-Mediation und die Online-Mediation.

2. Die Kurz-Zeit-Mediation

a) Allgemeines

3 Gegenüber der herkömmlichen Langzeitmediation mit zahlreichen Sitzungsterminen hat sich in den letzten Jahren die Kurz-Zeit-Mediation als eine konkrete Alternative und adäquate Methode für solche Fälle entwickelt, in denen die Konfliktbeteiligten zwar dem Versuch einer konsensualen Lösung ihres Konfliktes positiv gegenüberstehen und ggf. auch den Versuch einer Mediation unternehmen würden, jedoch nur über ein begrenztes Zeit- und/oder Kostenbudget verfügen. Mit der Kurz-Zeit-Mediation eröffnet sich für die Konfliktparteien die Chance, die Motivation und Bereitschaft für ein Mediationsverfahren zu verstärken und zugleich die Konzentration auf eine Lösungsfindung zu erhöhen.

4 Im Schrifttum finden sich zahlreiche Nachweise, die die Vorteile der Kurz-Zeit-Mediation betonen[1] und zudem den erfolgreichen Einsatz dieser Methodik belegen, sei es in der gerichtlichen[2] wie in der außergerichtlichen[3]

---

1 Umfassend *Krabbe/Fritz* ZKM 2009, 136 ff., 176 ff.; ferner *Paul/Block*, in: *Gläßer/Schroeter* (Hrsg.), Gerichtliche Mediation, S. 215 ff. (221), *Probst*, in: *Gläßer/Schroeter* (Hrsg.), Gerichtliche Mediation, S. 227 ff. (232), *Diez*, Werkstattbuch Mediation, S. 221 ff.
2 *Fritz*, in: *Fritz* u. a. (Hrsg.), FS Gießen, S. 319 ff. (336 ff.).
3 *Fritz/Krabbe* NJW 2011, 3204 ff.

IV. **Methodik und Anwendungsbereiche der Mediation**

Mediation und beginnend mit dem Familienrecht[4] über das öffentliche Recht[5] und Arbeitsrecht[6] bis hin zum privaten Baurecht.[7]

Die Besonderheit der Kurz-Zeit-Mediation besteht
– in einer umfassenden Vorbereitung in der Vorlaufphase (einschließlich der Erstellung eines fallbezogenen präzisen Zeitplans nebst mentaler Vorbereitung) und
– in der hierauf aufbauenden Umsetzung und Durchführung des Mediationsprozesses.

b) Prüfung von Zeitfenster und Konfliktgeeignetheit

Muss ein Konflikt in kürzester Zeit geklärt werden, lässt die große Zahl von Konfliktbeteiligten nur einen Termin zu oder erfordern die finanziellen, zeitlichen und/oder gesundheitlichen Ressourcen der Parteien eine Konzentration, so bedeutet die Konsequenz aus all dem nicht etwa der Verzicht auf eine Mediation, sondern vielmehr mit den Parteien in einen Dialog darüber einzutreten, ob nicht stattdessen eine Kurz-Zeit-Mediation angezeigt wäre. Das ist jedenfalls dann der Fall, wenn es sich um einen thematisch begrenzten Konflikt handelt, der auch im Hinblick auf die involvierten Personen in längstens zwei Tagen geklärt werden kann.[8] Handelt es sich hingegen um ein

---

4 *Krabbe* ZKM 2004, 72 ff.
5 *Fritz/Krabbe* NVwZ 2010, 396 ff., 595 ff.
6 *Mattioli/Eyer*, Arbeit und Arbeitsrecht 2011, 468 ff. (470), die den Begriff »Intensivmediation« verwenden; vgl. ferner *Tauphäus/Fritz/Krabbe* NJW 2012, 364 ff.
7 *Bubert* 2009, werner-baurecht.de.
8 Im Familienrecht könnte dies (vorläufige) Umgangsregelungen, einen getrenntlebenden Unterhalt oder die alleinige (vorübergehende) Nutzung bestimmter Hausratsgegenstände, einer Wohnung oder eines Fahrzeugs etc. betreffen. Im Zivilrecht kämen bei einem Kaufvertrag Fragen der (Schlecht-)Erfüllung oder von Zahlungsmodalitäten und im Erbrecht die Zuteilung einzelner Erbstücke in Betracht, im Arbeitsrecht könnten die Konsequenzen und Folgen einer Kündigung, im Sozialrecht etwaige Leistungen zur medizinischen Rehabilitation oder Leistungen zur Teilhabe am Arbeitsleben Gegenstand einer Kurz-Zeit-Mediation sein und im Verwaltungsrecht baurechtliche Nachbarstreitigkeiten, Nutzungen von öffentlichen Flächen oder die konkrete Umstände einer Demonstration, um nur einige Beispiele zu nennen. Vgl. im Übrigen die von *Mattioli/Eyer* Arbeit und Arbeitsrecht 2011, 468 ff. (470) benannten Eignungskriterien für das Arbeitsrecht, und die von *Bubert* 2009, werner-baurecht.de aufgeführten Kriterien für das Baurecht.

Methodik und Anwendungsbereiche der Mediation IV.

weites, schwer eingrenzbares Konfliktfeld und/oder läuft der Konflikt bereits seit längerer Zeit, ohne dass eingeschaltete Konflikthelfer einen Durchbruch erzielen konnten, so dürfte eine Kurz-Zeit-Mediation wohl eher nicht in Betracht kommen.

c) Umfassende Vorbereitung in der Vorlaufphase

6 Der Erfolg einer Kurz-Zeit-Mediation steht und fällt mit der umfassenden Vorbereitung in der Vorlaufphase. Ihr kommt insofern eine zentrale Bedeutung zu, als sie vom Mediator genutzt wird zum
– Sammeln und Austausch von Informationen,
– Entwickeln von Hypothesen,
– Festlegen des Rahmens,
– Erarbeiten eines spezfischen, fallangemessenen Zeitmanagements und
– systematischen Vorbereiten.

aa) Sammeln und Austausch von Informationen

7 Bereits in der Vorlaufphase verschafft sich der Mediator ein möglichst umfassendes Bild über Umfang und Intensität des Konflikts, versorgt aber auch seinerseits die Medianten mit den notwendigen Informationen über den Prozessverlauf, seine eigene Rolle, den Mediationsvertrag und die Kosten.[9] Schriftlich, per Mail, telefonisch – wenn erforderlich auch in Einzelgesprächen – holt er Erkundigungen ein[10]
– zum Anlass der Mediation,
– zu den in den Konflikt involvierten Personen,[11]

---

9 Dies kann mündlich (telefonisch), schriftlich oder durch Hinweis auf die Homepage des Mediators geschehen, soweit dort die erforderlichen Informationen eingestellt sind.
10 Dass hierbei in verstärktem Maße auf die Wahrung der Allparteilichkeit des Mediators geachtet werden muss, ist offensichtlich: Wechselseitige Kundgabe der jeweils eingeleiteten Schritte an die Medianten und Einholung ihres Einverständnis sind ebenso unabdingbar wie die strikte Einhaltung gleicher Zeitbudgets bei Telefonaten und/oder Einzelgesprächen.
11 Begrifflich sollte zwischen den verhandelnden Mediationsparteien und den sonstigen Konfliktbeteiligten differenziert werden: Der Mediator klärt vorab, wer unmittelbar zur Mediationssitzung eingeladen wird und ob bzw. wie Dritte einbezogen werden sollen. Für letzteres sind verschiedene Möglichkeiten denkbar:

IV. Methodik und Anwendungsbereiche der Mediation

- ggf. zum Auftraggeber, wenn dieser nicht Konfliktpartei ist[12] sowie
- ggf. zur Organisation und zur Örtlichkeit.[13]

bb) Arbeits- und Hintergrundhypothesen

Die erlangten Kenntnisse über den Konflikt, die involvierten Personen etc. bilden die Grundlage, um Klarheit und Struktur für den vorgesehenen Prozessverlauf einer Kurz-Zeit-Mediation zu erhalten: Der Mediator bildet **Arbeitshypothesen** 8
- zu den Parteien und ihrem Konflikt,[14]
- zur Gestaltung des Mediationsprozesses[15] und
- zu seiner Person und seiner Rolle im beabsichtigten Verfahren.[16]

Eine Kurz-Zeit-Mediation wird sich zudem nur dann erfolgreich durchführen lassen, wenn der Mediator über hinreichende Kenntnis zum Konfliktfeld und Konfliktumfeld[17] besitzt, um hieraus wiederum auf den konkreten Fall 9

Telefonisch, als Anwesende im Pausengespräch oder als anwesende Berater/Unterstützer, mit oder ohne Verhandlungskompetenz.

12 In derartigen Fällen bedarf es zunächst eines Vertrags des Mediators mit dem Auftraggeber, in dem regelmäßig auch das Honorar geregelt wird; daneben ist dann noch ein Mediationsvertrag mit den Medianten abzuschließen.

13 Wird die Mediation durch einen Güterichter (oder als gerichtliche Mediation) durchgeführt, dann lassen sich aus der Gerichtsakte (in der Verwaltungs- und Sozialgerichtsbarkeit zudem aus der Behördenakte) wichtige Informationen filtern, auch zu der Frage, ob über deren Inhalt hinaus weitere schriftliche Unterlagen benötigt werden.

14 Z.B.: Wo liegen die Ressourcen der einzelnen Parteien? Wer ist vom Konflikt zudem betroffen?

15 Z.B.: Welche Stufe wird voraussichtlich intensiv bearbeitet werden müssen, welche kann u. U. verkürzt werden oder ganz wegfallen? Welche Interventionen werden möglicherweise erforderlich sein?

16 Z.B.: Bedarf es der Unterstützung durch einen Co-Mediator? Welche Anforderungen werden an die Allparteilichkeit gestellt werden? Vgl. hierzu auch *Krabbe/Fritz* ZKM 2009, 136 ff. (139).

17 Gemeint ist damit das Umfeld, in dem sich der Konflikt abspielt, z. B.: Wie ist der Fachbereich an einer Universität aufgebaut und wie wird er geleitet? Wie funktioniert ein Orchester? Wie ist eine Abteilung an einem Krankenhaus organisiert? Wie sind einzelne Bauabschnitte oder Gewerke miteinander verbunden? Welche

bezogene **Hintergrundhypothesen** entwickeln zu können. Die Hypothesen sind im Mediationsverfahren das, was im gerichtlichen Verfahren die Prozessordnungen darstellen: Eine Handhabe, wie das Verfahren strukturiert ablaufen könnte. Anhand seiner Hypothesen gestaltet der Mediator den Prozessverlauf, überprüft sie während des konkreten Verfahrens und trifft sodann jeweils weitere Entscheidungen über den Gesprächsfortgang.

cc) Festlegung des äußeren Rahmens

10 Die Festlegung der Rahmenbedingungen **obliegt**, nach Einbindung der Konfliktparteien, letztlich **dem Mediator** und orientiert sich an dem Vierklang »wer, wie lange, wo und wann«. Denn es ist der Mediator, der den Mediationsprozess, so wie er ihn geplant hat, verantworten und die Parteien in der zur Verfügung gestellten Zeit durch den Prozess leiten muss.[18]

Nach Bestimmung von Datum, Ort, Zeitdauer und teilnehmenden Personen[19] holt der Mediator die Zustimmung der Parteien ein und unterbreitet ihnen sodann den Mediationskontrakt.

dd) Ausgestaltung des Zeitrahmens

11 Die Festlegung eines spezifischen Zeitplans zeichnet die Kurz-Zeit-Mediation aus: Unter Berücksichtigung der einschlägigen Prozessstufen entwickelt der Mediator einen **fallspezifischen Zeitplan**, indem er die zur Verfügung ste-

---

Bedeutung haben Abschussquoten und wie ist die Population in einem Jagdrevier? Vgl. im Übrigen die weiteren Beispiele bei *Krabbe/Fritz* ZKM 2009, 136 ff. (139).

18 Dieser Ansatz kollidiert nicht mit dem Prinzip der Autonomie/Eigenverantwortlichkeit der Medianten, im Gegenteil: Die Medianten haben sich – ausgehend von einer nur eingeschränkt zur Verfügung stehenden Zeit oder sonstigen Ressource – bewusst für eine Kurz-Zeit-Mediation entschieden und erwarten vom Mediator, dass er diesen Prozess entsprechend steuert.

19 Dies ist letztlich abhängig von der jeweiligen Fallgestaltung: Geht es um einen familienrechtlichen Konflikt, so können u. U. neben dem streitenden Ehepaar deren Kinder und/oder die Großeltern hinzuzuziehen sein. In einem arbeitsrechtlichen Mobbing-Fall bietet es sich ggf. an, weitere Arbeitskollegen, Vertreter der Personalvertretung und/oder -abteilung einzubeziehen. In einem Schulstreit wegen ungebührlichen Verhaltens ist es mitunter hilfreich, wenn Mitschüler, Fachlehrer, Schulsprecher, Elternbeiräte, Schulpsychologischer Dienst etc. beteiligt werden; vgl. insoweit *Krabbe/Fritz* ZKM 2009, 136 ff. (138).

hende Zeit den jeweiligen sechs Mediationsphasen zuordnet, beginnend mit Einführung/Kontrakt und endend mit der Vereinbarung. Neben den herkömmlichen Prozessstufen werden noch zwei zusätzliche Elemente im Zeitplan berücksichtigt. Es ist dies einmal eine **Pause**, die nach den Optionen einzulegen sich in der Praxis bewährt hat,[20] sowie eine sog. **Joker-Zeit**. Dabei handelt es sich um einen Zeitpuffer, der nach Bedarf eingesetzt werden kann, sei es, weil etwas Unvorhergesehenes eintritt, sei es, weil der vorgesehene Zeitplan sich als zu anspruchsvoll erweist. Ein dreistündiges Zeitfenster könnte beispielsweise wie folgt aufgeteilt werden: Einführung/Kontrakt 15 Min., Themen 20 Min., Interessen 30 Min., Optionen 30 Min., Pause 15 Min., Verhandeln 40 Min., Vereinbaren 15 Min., Joker-Zeit 15 Min.[21]

ee) Konfliktbezogene systematische Vorbereitung

Zur eigenen Vergewisserung der anspruchsvollen Prozessleitung in einer Kurz-Zeit-Mediation hat es sich als hilfreich erwiesen,
– zunächst einmal die vorhandenen Sachinformationen und Hypothesen Parteien bezogen und übersichtlich zu notieren, ggf. zu ergänzen durch vorhandene juristische, soziologische, psychologische und sonstige Erkenntnisse, und sodann
– die einzelne Stufen oder auch den gesamten Prozess mental durchzugehen und darüber zu reflektieren, wie die einzelnen Stufen erklärt, welche Fragen gestellt, welche Methoden, Techniken und Verkürzungsmöglichkeiten eingesetzt und wie die Stufen abgeschlossen werden sollen.

d) Umsetzung der Vorbereitung und Durchführung der Kurz-Zeit-Mediation

Zur Umsetzung zählt, die notwendigen technischen Hilfsmittel einsatzbereit vorzuhalten: Vorbereitete Flipcharts, Laptop, Kommunikations- und Kopier-

---

20 Die Pause wird regelmäßig genutzt, um das bisher Erreichte in den Blick zu nehmen und die Gelegenheit zu nutzen, sich mit dem begleitenden Anwalt und/oder anwesenden Dritten abzusprechen sowie ggf. telefonisch Rat etc. einzuholen. Der Mediator kann, nach Absprache mit den Parteien, die Pause zu Einzelgesprächen und/oder Shuttle-Diplomatie nutzen.
21 Vgl. beispielhaft die Erstellung eines Zeitplanes in einem konkreten, jedoch anonymisierten Fall aus dem öffentlichen Recht *Fritz/Krabbe* NVwZ 2011, 396 ff. (400). Ferner für das Familienrecht *Krabbe* ZKM 2004, 72 ff. (74 f.).

Methodik und Anwendungsbereiche der Mediation   IV.

möglichkeiten und die fallspezifischen Überlegungen zum Zeitmanagement, die eingangs den Parteien erläutert werden. Nach Absprache der einzuhaltenden Verfahrens- und Gesprächsregeln gilt es, etwaigen am Mediationsgespräch teilnehmenden Bevollmächtigten ihre Rolle als Beobachter und rechtskundige Ratgeber zuzuweisen und sicherzustellen, dass diese nicht ihr im kontradiktorischen Verfahren erprobtes Vorgehen in den zeitlich limitierten Mediationsprozess einspeisen. Falls erforderlich, können zudem während des Verfahrens weitere Verkürzungsmöglichkeiten eingesetzt werden, so beispielsweise durch Zuruf von Themen und Optionen, verstärkter Einsatz des Paraphrasierens und Verzicht auf die Visualisierung von Wechselseitigkeiten, Gemeinsamkeiten und Window II.

14 Soweit möglich, sollte die Joker-Zeit nicht bereits zu Beginn des Verfahrens eingesetzt werden. Zwar ist der Hinweis des Mediators auf die begrenzte Zeit für die einzelnen Phasen dem Fortgang des Prozesses zumeist förderlich, erfahrungsgemäß ist jedoch eine Zeitreserve besonders in der Interessens- und Optionenphase hilfreich.

e) Hinweise zur Praxis

15 Der Prozess der Kurz-Zeit-Mediation lässt sich, wie angedeutet, durch sorgfältigen Vorlauf entscheidend steuern. Die im Folgenden aufgeführten **Checklisten** zu einem strukturierten Telefonat mit den Parteien, zur systematischen Vorbereitung und zu hilfreichen Fragen können dabei unterstützend herangezogen werden.

aa) Checkliste strukturiertes Telefonat

16 ▶ (1) Einführung (Vorgabe des Zeitrahmens des Telefonats, Allparteilichkeit etc.)
   (2) Darstellung von Mediation und Rolle des Mediators
   (3) Fragen nach aktuellem Anlass und Hintergrund für eine Mediation
   (4) Erkundigung nach bisherigen Lösungsversuchen und/oder Vereinbarungen
   (5) Fragen nach den Verhandlungsparteien und nach Dritten
   (6) Darstellung eines möglichen Setting (u. a. Ort, Dauer, Tag)

IV. Methodik und Anwendungsbereiche der Mediation

(7) Abschluss: Hinweis auf das weitere Vorgehen[22]

bb) Checkliste systematische Vorbereitung

▶ (1) Wie soll in die jeweilige Stufe/Phase eingeführt und wie soll diese Stufe den Parteien erklärt werden?
(2) Welche Fragen sollen in der jeweiligen Stufe gestellt werden, damit die Parteien sich auf die Aufgabe der Stufe konzentrieren können?
(3) Welche Hypothesen bestehen zu den einzelnen Stufen?
(4) Welche Inhalte könnten die Parteien auf der jeweiligen Stufe benennen?
(5) Welche Methoden und Techniken können auf der jeweiligen Stufe eingesetzt werden?
(6) Welche Visualisierungen müssen vorbereitet und was muss insoweit beachtet werden?
(7) Wie soll die Stufe abgeschlossen und wie auf die nächste Stufe übergeleitet werden?[23]

17

cc) Checkliste hilfreicher Fragen

▶ (1) Einführung und Kontrakt: »*Was wäre für Sie wichtig? Welche Regeln sollten verabredet werden? Was müssen Sie noch wissen?*«
(2) Themen: »*Über welche Themen wollen Sie heute sprechen? Nennen Sie Ihre Themen? Was soll geregelt werden?*«
(3) Interessen: »*Was ist Ihnen an dem Thema besonders wichtig? Was steckt dahinter? Worum geht es Ihnen? Weshalb ist das wichtig?*«
(4) Optionen: »*Gibt es bislang »unbekannte« Möglichkeiten? Was fällt Ihnen hierzu ein? Welche Möglichkeiten gibt es? Was für Ideen haben Sie?*«
(5) Verhandeln: »*Welche Angebote/Lösungen/Vorschläge hätten Sie bzw. können Sie machen?*« »*Haben Sie weitere Anregungen?*«

18

---

[22] Vgl. die Umsetzung eines strukturierten Telefonats in einem konkreten, jedoch anonymisierten Fall bei *Fritz/Krabbe* NVwZ 2011, 396 ff. (399).
[23] Aus *Krabbe/Fritz* ZKM 2009, 176.

(6) Vereinbaren: »*Welche Form soll das Ergebnis erhalten?*« »*Wie wollen Sie Ihre Vereinbarung verbindlich machen?*«

3. Die Co-Mediation

a) Allgemeines

19 Die Durchführung einer Mediation durch mehr als einen Mediator zählt zu den bereits lange bekannten und praktizierten Formen, um auf **komplexe**, den einzelnen Mediator u. U. überfordernde **Konflikte** und Situationen angemessen reagieren zu können.[24] Die Komplexität kann sich aus der Konfliktintensität, der Zahl der beteiligten Personen, aus Geschlechterspezifika, aus kulturellen Besonderheiten etc. ergeben.[25] Namentlich in Großkonflikten aus dem Umweltbereich mit einer Vielzahl beteiligter Gruppen auf der einen Seite und mehreren verantwortlichen bzw. zu beteiligenden Behörden auf der anderen Seite finden sich gelegentlich sogar regelrechte Mediatorenteams mit bis zu einem halben Dutzend Mediatoren.[26]

20 Mittlerweile geht auch das neue Mediationsgesetz in seinem **§ 1 Abs. 1 MediationsG** davon aus, dass ein Mediationsverfahren von mehreren Mediatoren geleitet werden kann; hierfür haben sich die Begriffe der Co-Mediation und der Team-Mediation durchgesetzt.[27] Allerdings schweigt das Gesetz hinsichtlich der Umstände, wann eine Co-Mediation in Betracht kommen könnte; auch über die mögliche Zahl der Mediatoren oder sonstiger in diesem Zusammenhang relevanter Faktoren finden sich im Gesetz keine Anhaltspunkte, sieht man einmal von der Regelung in § 2 Abs. 1 MediationsG ab, wonach es allein den Medianten obliegt, ob sie sich für einen oder mehrere Mediatoren entscheiden.[28]

---

24 *Troja* ZKM 2005, 161.
25 *Keydel/Knapp* ZKM 2003, 57 ff.; s. auch die Indikationskriterien bei *Diez*, Werkstattbuch Mediation, S. 229 f.
26 Vgl. die Beispiele bei *Niedostadek*, Praxishandbuch Mediation, S. 93, 123, 457.
27 Von Co-Mediation wird bei einer Zusammenarbeit von zwei Mediatoren gesprochen, von einer Teammediation, wenn die Zahl der Mediatoren darüber geht. Vgl. auch *Diez*, Werkstattbuch Mediation, S. 229 ff.; *Henssler/Koch*, Medation in der Anwaltspraxis, § 1 Rn. 16, § 8.
28 Vgl. hierzu die Kommentierung zu § 2 Abs. 1 MediationsG, Rdn. 1 ff.

IV. Methodik und Anwendungsbereiche der Mediation

Als Ausfluss des Prinzips der Freiwilligkeit wird damit (lediglich) klargestellt, 21
dass eine Co-Mediation nicht gegen den Willen der Beteiligten durchgeführt
werden kann, zumal dies in aller Regel mit einem **höheren Honorar** verbunden sein wird.[29]

Aber auch gegen den Willen eines Mediators kann dieser nicht zur Durchführung einer Einzelmediation bewegt werden, wenn er eine Co-Mediation
für angezeigt erachtet.

Während die Vor- wie Nachteile einer Mediation mit mehreren Mediatoren 22
im Schrifttum gelegentlich nur pauschal dargestellt werden im Sinne eines
positiven »Vier Augen sehen mehr« Ansatzes oder einer negativen Bewertung
im Hinblick auf »zusätzlichen finanziellen und/oder zeitlichen Aufwand«,
finden sich bei genauer Analyse eine Vielzahl von Gründen, die für eine Co-Mediation sprechen, aber auch ernstzunehmende Gegenargumente.

b) Vorteile einer Co-Mediation

Für die Durchführung einer Mediation mit zwei (oder gar mehreren) Media- 23
toren sprechen folgende Überlegungen:

(1) Eine Co-Mediation kann der **Wahrung und Förderung der Neutralität**[30] 24
des einzelnen Mediators in hohem Maße dienlich sein. Je nach Konfliktlage
und Fallgestaltung sind im Vorfeld einer Mediation u. U. Gespräche erforderlich, die den Mediator mehr oder weniger stark (vor-) beeinflussen kön-

---

29 *Troja* ZKM 2005, 161 ff. (163); *Duve/Eidenmüller/Hacke*, Mediation in der Wirtschaft, S. 296 f. Um den Nachteil der höheren Kosten auszugleichen wird im Schrifttum auch erörtert, Co-Mediationen nur temporär durchzuführen, also beispielsweise phasenbezogen (z. B. bei Akquise und Vorgespräch), themenbezogen (z. B. bei Vereinbarungen) oder situativ (z. B. bei hochemotionalen Situationen); vgl. hierzu auch *Weiler/Schlickum*, Praxisbuch Mediation, S. 59; *Diez*, Werkstattbuch Mediaton, S. 230. Im Hinblick auf die notwendige Akzeptanz der Medianten für diese Vorgehensweise wie auch die erforderliche Abstimmungen der Mediatoren untereinander wird sich eine zeitlich begrenzte Co-Mediation nur in besonderen Ausnahmefällen anbieten, zumal die auslösenden Umstände durch den Mediator auch im Rahmen einer Inter- oder Supervision bearbeitet werden können. Von der temporären Co-Mediation zu unterscheiden ist die Einbindung externer Experten in das Mediationsverfahren; vgl. hierzu *Schwartz/Geier* ZKM 2000, 196 ff.
30 *Hansmann* ZKM 2001, 60 ff. (61).

nen. Der fachliche Austausch mit dem Co-Mediator erleichtert es, den Konflikt bei den Parteien zu belassen und diese so zu akzeptieren und zu nehmen, wie sie sich geben und wie sie sind.

25 (2) Durch eine Co-Mediation lässt sich das **Spektrum möglicher Interventionen** in schwierigen Prozessphasen, so bei emotionalen Eruptionen oder bei bestehenden Machtungleichgewichten, unschwer erweitern.[31]

26 (3) Eine Co-Mediation **entlastet** den einzelnen Mediator während des Prozesses, sei es dass ein Mediator über spezifische Kenntnisse und Fertigkeiten verfügt, die dem anderen fremd sind, sei es, dass sich beide in bestimmten Prozessphasen und/oder Arbeitsbereichen **unterstützen und ergänzen**.[32] So ist es denkbar, dass ein Mediator mit einem psychosozialen Grundberuf während der Interessensphase leichter Zugang zu hochemotionalen Konfliktparteien herzustellen in der Lage ist als beispielsweise ein Mediator mit einem juristischen Grundberuf, der dann möglicherweise in der Phase des Verhandelns und Vereinbarens die Parteien sicherer zu führen und zu leiten vermag.[33]

27 (4) Zudem eröffnet die Co-Mediation die Möglichkeit, dass jeweils einer der Mediatoren das Gespräch mit den Beteiligten führt, während der andere die **Visualisierung** übernimmt.[34] Auf diese Weise kann leichter sichergestellt werden, dass der gesprächsleitende Mediator den Kontakt zu den Parteien hält. Soweit die Parteien sich zu Einzelgesprächen entschließen, so eröffnet eine Co-Mediation die Chance, diese **Einzelgespräche** parallel stattfinden zu lassen;[35] bei größeren Gruppen kann auch in Erwägung gezogen werden, diese generell oder in bestimmten Prozessphasen zu teilen und ihnen jeweils einen Mediator zuzuweisen.

---

31 *Keydel/Knapp* ZKM 2003, 57 ff. (59); *Hansmann* ZKM 2001, 60 ff. (61).
32 *Keydel/Knapp* ZKM 2003, 57 ff. (58).
33 Zu denken ist hier an Konflikte mit besonderen Psychodynamiken und/oder komplexen Strukturen, wie sie sich in Familien- und Erbmediationen häufig zeigen. Vgl. auch umfassend *Bernhardt/Winograd*, Interdisziplinäre Co-Mediation, S. 877 ff.
34 Über die Visualisierung hinaus ist auch an eine mögliche Protokollierung und/oder Dokumentation zu denken.
35 *Duve/Eidenmüller/Hacke*, Mediation in der Wirtschaft, S. 224; *Troja* ZKM 2005, 161 ff. (164).

(5) Durch eine Co-Mediation wird der Einsatz **zusätzlicher Instrumentarien** 28
erleichtert, der sonst nicht bzw. so nicht möglich wäre. In diesem Zusammenhang wäre beispielsweise an den Meta-Dialog zu denken, also die Intervention, die den Mediatoren die Möglichkeit eröffnet, ungewöhnliche Fragen zu stellen, besondere Wertschätzung zu vermitteln und Überlegungen sowie Beobachtungen mitzuteilen.[36]

c) Risiken einer Co-Mediation

Die Risiken, die im Rahmen einer Co-Mediation auftreten können, sind 29
vielfältiger Art. Etwaige Gefahren für den Mediationsprozess können darin liegen, dass es den Co-Mediatoren an **Erfahrung** mangelt, wie sie optimal miteinander für die Medianten tätig werden können. Auch ist denkbar, dass sie sich grundsätzlich oder jedenfalls im Hinblick auf den jeweiligen Co-Mediator als **nicht teamfähig** erweisen. Schwierigkeiten können zudem auftreten, wenn beide ein **unterschiedliches Verständnis** von Mediation haben[37] oder aber unterschiedliche innere Haltungen aufweisen.

d) Problematik der sog. fachlichen Ergänzung

Eine Co-Mediation nach Gesichtspunkte fachlicher Ergänzung (z. B. Psychologe 30
und Jurist; Jurist und Ingenieur;[38] oder aber Mediatoren mit jeweils unterschiedlichem spezifischem kulturellen Hintergrundwissen, Sprachkompetenzen[39] etc.) zusammenzustellen, kann für den Mediationsprozess **Vor- und Nachteile** beinhalten:

---

36 Vgl. umfassend zum Meta-Dialog *Hansmann* ZKM 2001, 60 ff.; *Troja* ZKM 2005, 161 ff. (164) verweist zudem auf das »reflecting team« sowie die »Arbeit im Innen- und Außenkreis«, *Keydel/Knapp* ZKM 2003, 57 ff. (59) auf das »gemischte Doppel«. In mehr technischer Hinsicht denn als Einsatz eines mediationsbezogenen Instrumentariums ist auch daran zu denken, dass durch die Co-Mediation u. U. die Möglichkeit eröffnet wird, etwaigen Wünschen und/oder Notwendigkeiten nach räumlicher Flexibilität zu entsprechen.
37 *Troja* ZKM 2005, 161 (162).
38 Vgl. den Beispielsfall, den *Duve/Eidenmüller/Hacke*, Mediation in der Wirtschaft, S. 296 beschreiben.
39 *Rendon/Bujosa*, Mediating with Interpreters, www.mediate.com/articles/rendon1.cfm.

Methodik und Anwendungsbereiche der Mediation IV.

31 (1) Die **Chance** (und die Gefahr) des **schnelleren Verständnisses** fachspezifischer Problembereiche und damit der parteiangemessenen Erfassung. Die Chance (und die Gefahr) besser zu erkennen, ob die Parteien über ihre Situation und die Konsequenzen unterschiedlicher Handlungsalternativen ausreichend informiert sind und wie ggf. fehlende Informationen eingebracht werden können.

32 (2) Die **Gefahr** (aber auch die kompensierende Chance), aufgrund der eigenen Fachkompetenz in eine **beratende** und gutachterliche **Rolle** zu rutschen und dadurch Eigenverantwortlichkeit und Allparteilichkeit zu gefährden. Die Gefahr (aber auch die kompensierende Chance), den Konflikt ausschließlich auf das zu reduzieren, was durch die eigene Fachkompetenz als relevant und bearbeitbar gesehen wird.

e) Einzelne Aspekte der Co-Mediation

aa) Teamarbeit

33 Den Co-Mediatoren (bzw. dem gesamten Mediatorenteam) obliegt die **gemeinsame Verantwortung,** das für eine erfolgreiche Mediation notwendige Gleichgewicht zwischen dem Prozessanliegen einerseits und dem inhaltlichen Anliegen andererseits zu halten. Von daher ist es notwendig, ein gemeinsames Verständnis für die Dynamik im Prozess zu entwickeln und wichtig, Machtspiele und Aktionen der Konfliktbeteiligten frühzeitig zu erkennen, die zu Missbrauch (sei es der Prozessleitung durch die Mediatoren, sei es der Stellung des anderen Medianten) führen können.

34 Die Mediatoren benötigen **Flexibilität** und **Diversität** in ihren jeweiligen Interventionen, die Blockaden lösen, gegenseitiges Verständnis fördern, Eigenverantwortung unterstützen, unterschiedliche Ressourcen der Parteien nutzbar machen, Kreativität stimulieren und Möglichkeiten der freien Kommunikation schaffen sollen. Der einzelne Mediator muss sich über seine eigene Rolle und Aufgabe im Team sowie über das Selbst- und das Fremdbild des Teams im Klaren sein. In diesem Zusammenhang ist von Bedeutung, aus welchen Gründen sich zwei oder mehrere Mediatoren zusammengetan haben: In Betracht kommt eine Qualitätssicherung durch die beteiligten Mediatoren (z. B. bei einer Kombination von Profi und Anfän-

IV. **Methodik und Anwendungsbereiche der Mediation**

ger[40]) wie auch an eine Qualitätssicherung durch die jeweils angewendete Methode.

Treten bei den Mediatoren **Konflikte** auf, so müssen diese professionell gelöst werden – und zwar unmittelbar während des stattfindenden Mediationsprozesses selbst wie auch sodann ergänzend außerhalb desselben, also beispielsweise im Rahmen einer Supervision. Die Mediatoren befinden sich in einem permanenten Lernprozess, den sie nutzen müssen, um das Mediationsverfahren bis zum Ende konstruktiv begleiten zu können. Schon hieraus folgt, dass eine Co- oder Team-Mediation einen deutlich höheren Zeitaufwand erfordert, und zwar sowohl in der Vor- wie auch in der Nachbereitung der einzelnen Mediationssitzungen.

bb) Schwerpunktbildungen

Um die Vorteile der Co-Mediation im Verfahren nutzbar zu machen, bietet es sich an, dass die Mediatoren bereits in der **Vorbereitung** ihrer gemeinsamen Mediation eine Schwerpunktbildung und **Aufgabenverteilung** bei der Zusammenarbeit festlegen.[41] Dazu zählt z. B.,
– dass sich jeweils ein Mediator auf einen Medianten oder auf eine Gruppe konzentriert,
– dass einer auf inhaltliche Aspekte fokussiert, der andere auf psychodynamische Gesichtspunkte,
– dass ein Mediator für die Gesprächführung zuständig ist, der andere für Visualisierung, Protokollierung und Dokumentation,
– dass der jeweilige Mediator während des Mediationsprozesses für den Bereich zuständig bleibt, der seinem fachlichen Schwerpunkt entspricht.

cc) Teamkonflikte und -konkurrenz

Die Erfahrung mit Co-Mediationen lehrt, dass Voraussetzung für ein erfolgreiches Miteinander **gegenseitiges Vertrauen** ist, jegliches Konkurrenzverhalten hingegen kontraproduktiv wirkt. Der Mediator, der im Mediationspro-

---

40 Hiervon zu unterscheiden sind sog. Hospitationen, mithin Konstellationen, bei denen erfahrene Mediatoren Berufsanfängern die Möglichkeit eröffnen, beobachtend an Mediationen teilzunehmen, um so notwendige Erfahrungen sammeln und in die Mediationspraxis hineinwachsen zu können.
41 *Troja* ZKM 2005, 161 ff. (163).

zess gerade das Gespräch führt, ist in diesem Moment auch hierfür alleine verantwortlich; von daher ist das Vertrauen des Co-Mediators, dass die gestellten Fragen Sinn machen und nicht durch eigene (Zwischen-) Fragen konterkariert werden, unverzichtbar. Kommt es dennoch zu einem Dissens, so darf dieser niemals im Verfahren öffentlich ausgetragen werden, weil dies den gesicherten Rahmen für die Medianten in Frage stellen würde. Dementsprechend muss ein Co-Mediator über die **Gelassenheit** verfügen, auch einmal den anderen Mediator mehr reden, mehr agieren, mehr fragen zu lassen. Latentes wie offensichtliches **Konkurrenzverhalten** wird von den Medianten regelmäßig wahrgenommen, führt zu Verunsicherungen und schadet den Mediatoren in ihrer Leitungs- und Verantwortungsfunktion für das Verfahren.

dd) Verabredungen und Rituale

38 Teamkonflikte lassen sich durch Verabredungen und Regelungen im **Vorfeld** reduzieren.[42] Dazu zählt,
- dass einer spricht, der andere visualisiert,
- dass die Gesprächsführung nach jeder Mediationsphase wechselt,
- dass einer der Mediatoren aktiv zuhört, während der andere sich auf Mimik und Gestik konzentriert,
- dass immer nur derjenige den Gesprächsprozess leitet, der einen bestimmten Gegenstand in der Hand hält, beispielsweise einen (roten) Textmarker. Will oder kann er nicht mehr weitermachen, dann reicht er den Filzstift an den anderen Mediator weiter.

f) Rechtliche Rahmenbedingungen

39 Werden Co-Mediatoren oder gar Mediatoren-Teams tätig, deren einzelne Mitglieder unterschiedliche Grundberufe aufweisen,[43] so können sich hieraus Probleme im Hinblick auf unterschiedliche berufliche Standards und Verhaltensregeln, das sog. Berufsrecht, ergeben.

---

42 Vgl. hierzu *Keydel/Knapp* ZKM 2003, 57 ff. (58), *Troja* ZKM 2005, 161 ff. (164).
43 Aber auch wenn Co-Mediatoren gleiche Grundberufe aufweisen, beispielsweise als Rechtsanwälte zugelassen sind, können aus der Zusammenarbeit rechtliche Konsequenzen erwachsen; beispielhaft sei insoweit auf die Regelungen des § 3 Abs. 2, 3 MediationsG und die jeweilige Kommentierung verwiesen, Kommentierung zu § 3 MediationsG, Rdn. 1 ff.

IV. Methodik und Anwendungsbereiche der Mediation

Der Zusammenschluss in der verfestigten und auf Dauer angelegten Form 40
einer **Sozietät**, in der die Entgegennahmen und Erfüllung von Aufträgen unter gemeinsamen Namen erfolgt,[44] oder einer **Bürogemeinschaft**, in der unter Beibehaltung der beruflichen Selbständigkeit gleichwohl ein gemeinsamer Auftritt gegenüber den Medianten erfolgt,[45] ist **nicht möglich** für Rechtsanwälte, Notare und Steuerberater auf der einen und Dipl.-Psychologen, Dipl.-Pädagogen und Sozialpädagogen auf der anderen Seite (vgl. § 59a BRAO, § 9 BNotO, §§ 51 ff. BOStB).

Zulässig sind sog. **verfestigte Kooperationen**[46] – auch in der Ausgestaltung 41
der vertraglichen Abrede – sich gegenseitig zu empfehlen, wenn immer möglich gemeinsam tätig zu werden und dementsprechend auch in der Öffentlichkeit gemeinsam aufzutreten und zu werben. Anwälte haben hier die Vorschriften des § 43b BRAO und des § 8 BORA zu beachten.

Es kommt hinzu, dass Rechtsanwälten, Notaren und Steuerberatern eine der- 42
artige Kooperation nur gestattet ist, wenn auch die anderen Kooperationspartner das anwaltliche Berufsrecht respektieren (vgl. §§ 33, 30 BORA). Gleiches gilt für Psychologen und Psychotherapeuten hinsichtlich der ihnen auferlegten Protokollierungspflichten (vgl. nur § 9 der Muster-BO der BPtK), die dann auch vom Co-Mediator mit anderem beruflichen Hintergrund zu beachten ist.

Die verfestige Kooperation hat hinsichtlich des mit den Medianten abzu- 43
schließenden Vertrags zur Folge, dass jeweils **eigenständige Verträge** mit den jeweiligen Mediatoren abzuschließen sind, die die gegenseitigen Rechte und Pflichten einschließlich des Honorars regeln (vgl. § 27 BORA). Im Übrigen haftet in einer verfestigten Kooperation nur der jeweils tätig gewordene Mediator.

---

44 *Henssler/Kilian* ZKM 2000, 55 ff. (56).
45 *Henssler/Kilian* ZKM 2000, 55 ff. (56).
46 Umfassend zu den verschiedenen Ausgestaltungen dieser Kooperationen als »Best-Friends-System«, »Club-System«, »Allianz-Lösung« und ihrer berufsrechtlichen Zulässigkeit vgl. *Henssler/Kilian* ZKM 2000, 55 ff. (57).

Methodik und Anwendungsbereiche der Mediation IV.

g) Hinweise für die Praxis
aa) Checkliste

44 In der praktischen Arbeit hat es sich als hilfreich erwiesen, die Frage einer etwaigen Co-Mediation anhand einer Checkliste zu überprüfen. Durch die hier vorgestellte Liste werden zunächst die Konfliktsituation und sodann die Mediatoren in den Blick genommen, um am Ende zudem absolute, einer Co-Mediation entgegenstehende Ausschlusskriterien zu berücksichtigen.

▶ Checkliste Co-Mediation

(Alle im folgenden aufgeführten Punkte sprechen bei Vorliegen (»ja«) grundsätzlich für eine Co-Mediation; gleichwohl ist für Abschnitt I. und II. eine von den Fähigkeiten, dem Können und den Bedürfnissen des jeweiligen Mediators abschließende Bewertung angezeigt)

I. Konfliktsituation

	nein	ja
1. Hohe Eskalationsstufe (Glasl ab 6)	□	□
2. Mehr als 6 Konfliktbeteiligte	□	□
3. Vielschichtige Themen	□	□
4. Vielschichtige Problemlagen	□	□
5. Erfordernis spezifischer Feldkompetenz	□	□
6. Besondere kulturelle Spezifik		
a) unterschiedliche Nationalität	□	□
b) unterschiedliche gesell. Schichten	□	□
c) unterschiedliche Geschlechter	□	□
d) unterschiedlicher Bildungsgrad	□	□
e) unterschiedliches Alter	□	□
f) unterschiedliche Muttersprache	□	□
g) unterschiedliche Dialekte	□	□

Bewertung: Co-Mediation
nein □   ja □

II. Bedürfnisse der Mediatoren

1. Qualitätssicherung durch Personen

	nein	ja
a) Kombination Profi/Anfänger	□	□
b) Kombination Profi/Profi	□	□
c) Kombination Profi/Übersetzer	□	□
d) Kombination Profi/Profi mit bes. Feldkompetenz	□	□

2. Qualitätssicherung durch Methode – allgemein

	nein	ja
a) Erfordernis intensiver Vor- und Nachbereitung	□	□

IV. Methodik und Anwendungsbereiche der Mediation

b) Entlastung allgemein durch Aufgabenverteilung	nein ☐	ja ☐
c) Permanente Co-Mediation	nein ☐	ja ☐
d) Temporäre Co-Mediation	nein ☐	ja ☐
3. Qualitätssicherung durch Methodenvielfalt		
a) Erfordernis paralleler Einzelgespräche	nein ☐	ja ☐
b) Reflecting Team	nein ☐	ja ☐
c) Gemischtes Doppel	nein ☐	ja ☐
d) Unterschiedliche Schwerpunktbildung		
aa) verständnisvoll/konfrontativ	nein ☐	ja ☐
bb) Sachebene/Gefühlsebene	nein ☐	ja ☐
e) Verschiedene beruflicher Hintergründe	nein ☐	ja ☐
	Bewertung: Co-Mediation	
	nein ☐	ja ☐
III. Absolute Ausschlusskriterien		
1. Medianten		
a) Akzeptanz für Co-Mediation	ja ☐	**nein** ☐
b) Bereitschaft zur Zahlung erhöhten Honorars	ja ☐	**nein** ☐
2. Mediatoren		
a) Teamfähigkeit	ja ☐	**nein** ☐
b) Keine berufsrechtliche Inkompatibilität	ja ☐	**nein** ☐

bb) Mustertext: Kooperationsvertrag zwischen Mediatoren

▶ »**Dauerhafter Kooperationsvertrag** 45

Herr/Frau (*Name, Berufsbezeichnung*)

– Kooperationspartner zu 1) –

und

Herr/Frau (*Name, Berufsbezeichnung*)

– Kooperationspartner zu 2) –

schließen folgenden Kooperationsvertrag:

1. Die Kooperationspartner vereinbaren eine dauerhafte Kooperation mit dem Ziel der Durchführung von Mediationen in Co-Mediation und der wechselseitigen Vermittlung von Klienten.
   Hierauf weisen sie in beruflich verwendeten Briefköpfen, E-Mail-Adressen und Internet-Auftritten hin, wobei die konkrete Ausgestal-

tung durch die Kooperationspartner abgestimmt wird. Darüber hinaus wird in ..... *(Benennung von Verzeichnissen, Adressbüchern etc)* auf die dauerhafte Kooperation hingewiesen. Beide Kooperationspartner verpflichten sich, etwaige Werbung ausschließlich mit sachlich zutreffendem Inhalt über die Zusammenarbeit durchzuführen.
2. Die Kooperationspartner werden im Falle einer Co-Mediation mit den Medianten jeweils gesonderte Mediationsvereinbarungen abschließen.
3. Soweit Aufzeichnungen über die Mediationssitzungen gefertigt werden, werden diese beim Kooperationspartner zu 1. geführt. Beide Kooperationspartner verpflichten sich wechselseitig zur Verschwiegenheit, soweit diese nicht bereits durch § 4 MediationsG abgedeckt ist.
4. Beide Kooperationspartner haben eine Berufshaftpflichtversicherung abgeschlossen. Regressansprüche der Kooperationspartner untereinander werden ausgeschlossen. Eine etwaige Haftung im Innenverhältnis ist auf die Versicherungssumme des in Anspruch genommenen Kooperationspartners beschränkt.
5. Beide Kooperationspartner werden den Medianten gesonderte Rechnungen stellen.
6. Finden Co-Mediationen in den Räumen eines Kooperationspartners statt, so zahlt der andere ein jeweils zu vereinbarendes Nutzungsentgelt. Das Gleiche gilt bei Inanspruchnahme von Servicepersonal eines Vertragspartners. Wird keine individuelle Regelung getroffen, dann tragen die Kooperationspartner die entstandenen Kosten je zur Hälfte.
7. Sollte eine der vorstehenden Regelungen ungültig sein, so gelten die Übrigen fort. Änderungen dieses Vertrages bedürfen der Schriftform. Dieser Kooperationsvertrag gilt unbefristet und kann mit einer Frist von drei Monaten zum Monatsende schriftlich gekündigt werden. Die Kooperationspartner verpflichten sich, bei etwaigen Auseinandersetzungen aus diesem Vertrag vor Beschreitung des Rechtswegs zunächst eine gütliche Einigung im Wege einer Mediation zu versuchen.

(Ort, Datum, Unterschriften)«

IV. **Methodik und Anwendungsbereiche der Mediation**

cc) Mustertext: Vertragsklausel Co-Mediation mit Medianten

> »Die Mediatoren *(Name)* und *(Name)* arbeiten in einer gefestigten Kooperation zusammen. Vertragspartner der Medianten sind jeweils – für sich getrennt – die zuvor benannten Mediatoren.
>
> Die Honorarvereinbarung erfolgt getrennt mit jedem Mediator, der insoweit eine gesonderte Rechnung erstellen wird. Das Honorar beträgt …«

4. Online-Mediation

a) Allgemeines

Online-Mediation[47] ist, ebenso wie viele andere Techniken der Mediation, eine im englischsprachigen Raum (USA, Kanada und Australien) entwickelte besondere Form der Umsetzung und Anwendung von Mediation, die sich des Mediums des Internets bedient und dessen Vorteile zunutze macht. Über große Entfernungen hinweg, je nach konkreter Ausgestaltung auch zu unterschiedlichen Zeiten, verhandeln die Konfliktparteien unter Leitung eines Mediators[48] per **E-Mail**[49] in besonderen **virtuellen Konferenzräumen** und/oder per **Videokonferenz** miteinander, um – der traditionellen (face to face) Mediation vergleichbar – einen Konflikt einer gemeinsamen Lösung zuzuführen.[50] Die Parteien benötigen einen leistungsfähigen Rechner nebst Internetzugang, der Mediator stellt die besonderen technischen Ressourcen, d. h. einen von unbefugten Zugriffen geschützten Server und den nur den Parteien möglichen Zugang zur Verfügung. Übersendung und Zugriff, Speiche-

---

[47] Online-Mediation meint im hiesigen Zusammenhang den Einsatz von Internet-Technologien im Rahmen einer Mediation. Soweit (ausschließlich) Telefon oder Fax angewendet werden, wird dies vom Begriff E-Mediation umfasst. Im Schrifttum wird zum Teil noch weiter differenziert: *Märker/Trénel*, Online-Mediation – Neue Medien in der Konfliktvermittlung mit Beispielen aus Politik und Wirtschaft, S. 8 f.
[48] Eine ausschließlich Computer gestützte Mediation ist ebenfalls möglich, s. hierzu die Ausführungen unter Rdn. 52 ff.
[49] Es sind auch andere Internet Chat-Programme denkbar wie Yuilop Messenger, MySMS, WhatsApp etc.
[50] Vgl. *Brauns*, Online-Mediation, Teil V.

rung und Verwaltung gerade von umfangreichen Datenmengen lassen sich so (relativ) problemlos verwirklichen.

48 Wenn der Gesetzgeber des Mediationsförderungsgesetzes davon spricht, Mediation sei ein noch stark in der Entwicklung begriffenes Verfahren und es sei davon auszugehen, dass die Entwicklung neuer innovativer Verfahren der außergerichtlichen Konfliktbeilegung weiter vorangehen werde, so gilt dies in besonderem Maße für die hier vorgestellte Form der Online-Mediation;[51] aber auch andere ADR-Verfahren lassen sich unschwer auf elektronischem Wege umsetzen und praktizieren.[52]

b) Vorteile

49 Der unbestreitbare Vorteil der Online-Mediation liegt, wie bereits angedeutet, in der Zeit- und Kostenersparnis:[53] **Zeitersparnis** insofern, als Anreisen zum Ort der Mediation ebenso entfallen wie ggf. langandauernde Terminabsprachen, aber auch langwieriges Versendung von Unterlagen auf herkömmlichen Postwege. Gleiches gilt für den **Kostennutzen**: Reise- und Unterkunftskosten fallen nicht an.

50 Namentlich bei Konflikten, in die eine Vielzahl von Betroffenen involviert ist (zu denken ist in diesem Zusammenhang an den Ausbau alternativer Energien, insbesondere Windparks und Stromtrassen, aber auch an (traditionelle) Kraftwerke, ferner an Verkehrsinfrastrukturprojekte), bietet die Verwendung des Internets auch in der Bundesrepublik Deutschland eine Chance, die Betroffenen in Planungen und Entscheidungen einzubinden: Über

---

51 Dafür, dass diese Form der Streitschlichtung auch in der Bundesrepublik Deutschland zukunftsfähig sein dürfte, spricht neben dem hohen Grad der Verbreitung von Internet-Zugängen und der intensiven Nutzung von internetgestützten sozialen Netzwerken wohl auch die Tatsache, dass selbst im Parteienspektrum eine Partei wie die »Piraten«, die sich in hohem Maße über das Netz organisiert, für viele Menschen attraktiv erscheint. Vgl. im Übrigen die Ausführungen zur Initiative der EU-Kommission, Rdn. 68.
52 *Alexander/Ade/Olbrisch*, Mediation, Schlichtung, Verhandlungsmanagement, S. 197, Fn. 552.
53 Vgl. in diesem Zusammenhang die übersichtlichen Ausführungen von *Rickert* ZKM 2009, 168 ff. (170 f.), die nach organisatorischen, psychisch und physisch bedingten sowie systemimmanenten Vorteilen differenziert und auf den Nutzen im Rahmen der Ausbildung hinweist.

die bloße Projektinformation hinaus lassen sich Meinungsbilder erstellen, Abstimmungen organisieren und Verhandlungspositionen strukturieren.[54] Auf diese Weise kann dem Partizipationsgedanken wie auch dem der Akzeptanz in besonderer Weise Rechnung getragen werden.[55]

c) Probleme und Risiken

Der Wegfall der Darstellungs-, Wahrnehmungs- und Interventionsmöglichkeiten des persönlichen Gesprächs ist einer der **zentralen Einwände** gegen die Online-Mediation,[56] das auch nicht durch die Möglichkeiten des »Einzelgesprächs im geschützten Chat« ersetzt werden kann. Es kommt hinzu, dass die Vertraulichkeit ungleich leichter gebrochen[57] und Dateien mit vertraulichen Inhalten weitergereicht werden können, als dies in der klassischen (face to face) Mediation der Fall ist.[58]

51

---

54 *Niedostadek*, Praxishandbuch Mediation, S. 436; *Alexander/Ade/Olbrisch*, Mediation, Schlichtung, Verhandlungsmanagement, S. 197.
55 *Zillesen* SchlHA 2007, 119 ff.; *Trenczek*, Konfliktmanagement in der Bürgergesellschaft.
56 Umfassend und detailreich hierzu *Adler*, e-Mediation, S. 24.
57 Dies betrifft nicht allein das Vertrauen in die Person des Mediators, sondern auch das Verhältnis zwischen den Parteien. *Brauns*, Online-Mediation, Teil III., macht zu Recht darauf aufmerksam, dass das für eine Mediation erforderliche notwendige Vertrauen zwischen allen am Prozess Beteiligten nur schwer aufgebaut werden kann und schlägt zur Kompensation u.a. Videokonferenzen vor. Die durch das Medium Internet bedingte Distanz zwischen den Konfliktparteien kann allerdings in bestimmten Konfliktbereichen auch dazu führen, dass leichter auf die Wahrheit abgestellt und u. U. weniger taktiert wird. *Rickert* ZKM 2009, 168, bezeichnet dies zutreffend als »Nähe durch Distanz«.
58 *Engel* ZKM 2007, 70 weist darauf hin, dass jeder Beteiligte die Möglichkeit hat, die gesamte Kommunikation nebst den verwendeten Dateien aufzuzeichnen bzw. zu speichern, ohne dass dies die anderen Konfliktparteien hierauf Einfluss hätten, geschweige denn die Weiterverwendung und -leitung von Daten kontrollieren könnten. Über Verschlüsselungen lässt sich allenfalls der Kreis derer, die unbefugten Zugriff auf verwendete Daten nehmen wollen, begrenzen.

d) Einsatzmöglichkeiten

aa) Abstrakte Betrachtung

52 In Anbetracht des oben beschriebenen Nutzens wie auch der Probleme und Gefahren bietet sich die Online-Mediation vor allem dann an, wenn zwischen den Konfliktparteien ein solches Maß an Vertrauen vorherrscht, das Missverständnisse und Materialmissbrauch ausgeschlossen werden können.[59]

53 Online-Mediation ist in verschiedenen Ausgestaltungen möglich:[60]
   - mit Hilfe eines Computerprogramms an Stelle des Mediators,
   - als vollständige Online-geführte Mediation durch einen Mediator,
   - als partielle Online-geführte Mediation durch einen Mediator.

54 Was den Einsatz von Mediations-Computerprogrammen anbelangt, so finden sich verschiedene Anbieter mit **automatisierten, mehrstufigen Streitbeilegungsverfahren**, die bei Bedarf durch optionale Telefonmediation etc. unterstützt werden können.[61]

55 Bei der **vollständigen Online-geführten Mediation durch einen Mediator** kommunizieren die Konfliktparteien mit dem Mediator und ggf. alle zusammen über das Internet, der Mediator ist – wie in der traditionellen (face to face) Mediation – für die Prozessgestaltung verantwortlich. Dazu können auch sog. Einzelgespräche in dem Sinne zählen, dass der Mediator beispielsweise zunächst mit einer Konfliktpartei in einem geschützten »Raum« einen Chat durchführt und im Anschluss daran mit der anderen Konfliktpartei, bevor er die Konfliktparteien im Netz wieder zusammenführt oder mit einer Videokonferenz fortfährt.[62]

56 Die **partielle Online-geführte Mediation** zeichnet sich dadurch aus, dass nur in bestimmten Phasen – bei der Themensammlung (ggf. auch nur in einem Bereich derselben, nämlich beim **Austausch** von Unterlagen) oder im Rahmen des optionalen Angebotsverhandelns – das technische Medium eingesetzt und es ansonsten bei der traditionellen Form der (face to face) Mediati-

---

59 *Engel* ZKM 2007, 70.
60 *Hinterhölzl-Widi*, Online-Mediation, S. 16.
61 Vgl. nur www.cybersettle.com; www.juripax.com; www.smartsettle.com; www.negpoint.com.
62 Vgl. hierzu beispielhaft www.vitero.de und die von *Rickert* ZKM 2009, 168 ff. beschriebene Anwendung, ferner www.netviewer.de oder www.netucate.de.

on verbleibt.[63] Nimmt man, was häufig übersehen wird, den Umstand in den Blick, dass heute bereits eine Vielzahl von Mediatoren sich Teilbereiche des Netzes zunutze machen, unter anderem dadurch, dass sie per E-Mail Termine vereinbaren, Unterlagen verschicken, Protokolle genehmigen lassen etc., so lässt sich konstatieren, dass jedenfalls die partiell geführte Online-Mediation bereits als etabliert angesehen werden kann.

bb) Konkrete Betrachtung

Im Schrifttum werden, in Anlehnung an Erfahrungen in den USA, typische 57 **Internet- Bereiche** genannt, für die sich Online-Mediation anbietet: Probleme im Zusammenhang mit Online-Kauf und -Verkauf, ferner bei Verleumdungen und Beleidigungen im Internet sowie bei Domainestreitigkeiten.[64]

Daneben besteht im Schrifttum weitgehend Einigkeit, dass (grundsätzlich) 58 **nahezu alle Konflikte**, die mit traditionellen Mediationsverfahren (face to face) bearbeitet werden, auch für Online-Mediation geeignet sind – die Bereitschaft der Konfliktparteien sowie das Vorhandensein und die Kenntnis der entsprechenden technischen Ausrüstung vorausgesetzt.[65]

e) Setting

Das Setting ist zunächst abhängig von der eingesetzten Software, die ein gän- 59 giges auf dem Markt zu erwerbendes Programm sein kann oder ein für den Mediator speziell geschriebenes.

Das Setting wird ferner dadurch bestimmt, ob sich Mediator und Konfliktparteien für eine **synchrone elektronische Kommunikation** entscheiden (per Chat, Videokonferenz), die in Echtzeit stattfindet, für eine **asynchrone Kommunikation** (E-Mail, Webforum), die zeitversetzt ist oder für einen Mix aus

---

63 Denkbar ist auch, dass bei einer Vielzahl von Konfliktbeteiligten diese ihre Anliegen mithilfe eines Internetportals an (ggf. online-gewählte) Repräsentanten weiterleiten, die diese dann in ein traditionelles (face to face) Mediationsverfahren einbringen; vgl. *Niedostadek*, Praxishandbuch Mediation, S. 437; *Alexander/Ade/Olbrisch*, Mediation, Schlichtung, Verhandlungsmanagement, S. 197.
64 *Hinterhölzl-Widi*, Online-Mediation, S. 18 f.
65 *Niedostadek*, Praxishandbuch Mediation, S. 436; vgl. auch *Rickert* ZKM 2009, 168 ff. (169), die beispielhaft den Bereich von Trennung- und Scheidung benennt.

beiden; letztlich hängt dies von den Wünschen der Parteien, ihren Intereressen und persönlichen Fähigkeiten ab.[66]

f) Indikationen

60 Im Schrifttum[67] werden verschiedene Umstände benannt, wann eine Online-Mediation[68] indiziert sein kann; es sind dies:
- große Zahl von Personen, die am Konflikt beteiligt sind,
- Konfliktintensität bis höchstens Stufe 5,[69]
- große Zahl von Konfliktthemen,
- weit auseinanderliegende Wohn- oder Arbeitsorte der Konfliktparteien,
- Unverhältnismäßigkeit der Kosten für eine traditionelle (face to face) Mediation,
- umfangreiche Informationen und Daten,
- langer Bearbeitungs-/Verfahrenszeitraum,
- Computerkenntnisse der Konfliktbeteiligen.

g) Durchführung und Anwendbarkeit im Phasenmodell

61 In den verschiedenen, eine Mediation bestimmenden Phasen lassen sich Online-Elemente (separat)[70] wie folgt **idealiter** einsetzen:[71]

---

66 Vgl. *Hinterhölzl-Widi*, Online-Mediation, S. 15 f., die im Einzelnen die Vor- und Nachteile der eingesetzten technischen Mittel beschreibt und deutlich macht, welche besonderen Aufgaben in diesem Zusammenhang auf den Mediator bereits im Vorfeld als auch in der konkreten Umsetzung zukommen: Wann muss spätestens auf eine E-Mail geantwortet werden? Wie wird in einem Chat mit Pausen umgegangen? Wann wird ein offenes, wann ein geschlossenes Internetforum angeboten? Was geschieht bei technischen Störungen im Rahmen einer Videokonferenz? etc.
67 *Alexander/Ade/Olbrisch*, Mediation, Schlichtung, Verhandlungsmanagement, S. 197; *Hinterhölzl-Widi*, Online-Mediation, S. 40 ff.
68 Für die ausschließlich mit einem Computerprogramm durchgeführte Mediation wird hingegen mit *Rickert* ZKM 2009, 168, auf folgende Merkmale abzustellen sein: Internetkonflikt, (große) räumliche Distanz, kein persönlicher Kontakt/Beziehung, keine emotionale Betroffenheit, ausschließlicher Geld-Konflikt.
69 *Glasl*, Konfliktmanagement, S. 219.
70 Es sei denn, die gesamte Mediation wird online durchgeführt, so z. B. bei www.vitero.de.
71 Vgl. hierzu *Hinterhölzl-Widi*, Online-Mediation, S. 20 f.

IV. Methodik und Anwendungsbereiche der Mediation

(1) Vorphase, Einführung und Kontrakt 62
Informationen über das Verfahren, die zu beachtenden Prinzipien, die Person des Mediators lassen sich auf der Homepage des Mediators einstellen und können dort auch abgefragt werden. Per E-Mail kann Kontakt mit dem Mediator aufgenommen werden, der sich seinerseits per E-Mail an die Medianten wenden kann, um auf die zu verwendende Software, den Beginn des Verfahrens, die zu beachtenden Regeln, den abzuschließenden Mediationskontrakt etc. hinzuweisen. Wenn notwendig und möglich, kann zu Beginn auch eine Videokonferenz durchgeführt werden.

(2) Themensammlung 63
Auch in der Themensammlung bietet sich die Verwendung von E-Mails an. Alle Konfliktbeteiligten haben dadurch hinreichend Zeit, um die für sie relevanten Themen zu benennen. Der Mediator kann ggf. ebenfalls per E-Mail nachfragen und die Themen sodann auf einer gemeinsamen Plattform auflisten. Ebenfalls per E-Mail, aber auch ebenso gut per Chat lässt sich dann eine gemeinsame Reihenfolge der Themen herausarbeiten.

(3) Interessensfindung 64
Für diese Phase eignet sich besonders das Chatten, also die elektronische Kontaktaufnahme in Echtzeit. Nachfragen sind so leichter möglich und im Bedarfsfall ist auch ein Einzelchat möglich. U.U. ist es hilfreich, in einer Videokonferenz miteinander zu kommunizieren.

(4) Optionensuche 65
Da bei der Optionensuche ein breites Feld von Möglichkeiten gesucht wird, ohne dass es dabei darauf ankommt, dass die Konfliktparteien unmittelbar und direkt miteinander in Kontakt treten, kann zunächst mit einer asynchronen Kommunikation beispielsweise per E-Mail begonnen werden, die in einer abschließenden Runde auch mit einem Chat fortgeführt und abgeschlossen werden kann.

(5) Verhandeln 66
Optionales Angebotsverhandeln setzt nicht zwangläufig eine Verhandlung in Echtzeit voraus, so dass per E-Mail kommuniziert werden kann. Es ist Aufgabe des Mediators, die jeweiligen Angebote zusammenzufassen und auf einer Plattform dazustellen.

67 **(6) Vereinbarung**
Auch hier bietet sich die Kommunikation per E-Mail an: Die vom Mediator aufgrund der Ergebnisse der vorhergehenden Stufe zusammengestellte Vereinbarung kann so von den Beteiligten korrigiert und ergänzt werden, bis sie ihre endgültige Zustimmung findet.

h) Ausblick

68 Es kann unterstellt werden, dass die zunehmende Internet Anwendung, gerade auch im schulischen, universitären und sonstigem Ausbildungssektor und die damit einhergehende Kenntnis und Vertrautheit mit diesem Kommunikationsmedium, sich mittelfristig fruchtbar für Online-Mediationen[72] auswirken wird.[73] Dementsprechend hat auf europäischer Ebene die EU-Kommission bereits am 29. November 2011 den Entwurf einer Richtlinie über die Online Streitbeilegung für Rechtsstreitigkeiten der Verbraucher vorgelegt und damit deutlich gemacht, dass auch sie auf dieses Instrument der alternativen Streitbeilegung setzt.[74]

V. Anwendungsbereiche der Mediation

Übersicht

	Rdn.		Rdn.
1. Einführung	1	aa) Mediation vor dem Eintritt des Erbfalles	22
2. Zivilrecht	3	bb) Streitigkeiten nach dem Eintritt des Erbfalles	26
a) Wirtschaftsrecht	6		
aa) Gesellschaftsrecht	7	cc) Testamentsvollstreckung und Unternehmensnachfolge	30
bb) Vertriebsrecht	10		
cc) Insolvenzrecht	11		
dd) Gewerblicher Rechtsschutz	15	dd) Mediation durch das Nachlassgericht?	32
ee) Sonstiges Wirtschaftsrecht	17	c) Familienrecht	33
b) Erbrecht	20	d) Arbeitsrecht	39

---

72 Vgl. auch zur Möglichkeit von Online-Supervision im Mediationsbereich: *Rickert* ZKM 2009, 168 ff. (170).
73 *Engel* AnwBl. 2012, 13 ff. (15 ff.).
74 Vorschlag für eine Verordnung des Europäischen Parlaments und des Rates über die Online-Beilegung verbraucherrechtlicher Streitigkeiten (Verordnung über Online-Streitbeilegung) COM(2011) 794 endgültig, 2011/0374 (COD).

V. Methodik und Anwendungsbereiche der Mediation

e) Nachbarrecht	44	a) Verwaltungsrecht	54
f) Mietrecht	48	b) Sozialrecht	56
g) Wohnungseigentumsrecht	51	c) Steuerrecht	57
h) »Allgemeines« Zivilrecht	52	4. Strafrecht	58
3. Öffentliches Recht	53		

1. Einführung

Das Recht ist dazu da, Interessengegensätze verschiedener Parteien auszugleichen. Rechtlichen Regelungen liegt daher immer ein abstrakter Interessenkonflikt zugrunde. In der Rechtspraxis konkretisiert sich dieser abstrakte Interessenkonflikt und es kommt in allen Rechtsgebieten zu streitigen Auseinandersetzungen über Ansprüche und sonstige Rechtspositionen. Daher bieten sich **Einsatzgebiete** für Mediatoren und Mediationen über die **gesamte Bandbreite des Rechts** hinweg: Vom Zivilrecht über das öffentliche Recht hin bis zum Strafrecht.

Im Folgenden soll ein **Überblick** über die Besonderheiten des Einsatzes der Mediation in den jeweiligen Rechtsgebieten vermittelt, spezifische rechtliche Konfliktsituationen als mögliche Einsatzgebiete der Mediation identifiziert und – soweit vorhanden – auf **Fallstudien** und Berichte über erfolgreich durchgeführte Mediationen im jeweiligen Rechtsgebiet verwiesen werden.

2. Zivilrecht

Mediationen werden in nahezu **allen Bereichen des Zivilrechts** erfolgreich praktiziert. Anlass für die Mediationen sind sowohl Mediations- und Eskalationsklauseln in Verträgen als auch Streitbeilegungsklauseln, die von den Konfliktparteien *ad hoc* nach der Entstehung der konkreten Streitigkeit abgeschlossen werden. Auch Streitigkeiten, die bereits vor Gericht gebracht worden sind, werden mit der Mediation beigelegt. Dies geschah bislang am häufigsten im Wege der gerichtsinternen Mediation,[1] aber auch in zunehmendem Maße auf Initiative der Parteien.

Daneben kommt es auch in **Schiedsverfahren** – die überwiegend einen wirtschaftsrechtlichen Hintergrund haben – zunehmend zu Situationen, in denen die Parteien mediative Elemente in das Schiedsverfahren einbeziehen wollen. Dies kann durch ein sogenanntes »**Mediation Window**« geschehen,

---

1 Vgl. nur *Gläßer/Schroeter* (Hrsg.), Gerichtsinterne Mediation.

in welchem das Schiedsgericht vorübergehend die Rolle des Mediators einnimmt. Dieser Rollenwechsel birgt offensichtlich praktische und rechtliche Probleme, die durch eine ausdifferenzierte Gestaltung des Prozesses unter Einbeziehung aller Beteiligter überwunden werden müssen.[2] In Anbetracht dieser Schwierigkeiten können die Parteien die Einschaltung eines zusätzlichen Mediators erwägen, der seine Tätigkeit aufnimmt, während das Schiedsverfahren vorübergehend ruht.

5 Die Schwierigkeit, allgemeingültige Kriterien für die **Eignung von Konfliktfällen** für die Mediation aufzustellen, wurde bereits an anderer Stelle erörtert.[3] Jedenfalls erscheinen Konflikte mit einem starken persönlichen Einschlag grundsätzlich besonders mediationsgeeignet sowie auch Konflikte, die in andauernden, noch in die Zukunft weisenden Beziehungen entstehen. Daneben sollte jedoch auch das Potential der Mediation in reinen Verteilungsstreitigkeiten oder in Vertragsbeziehungen mit einer überschaubaren Laufzeit nicht unterschätzt werden. Vielfach entstehen Situationen in Konflikten, in denen die Parteien bemerken, dass bestimmte Interessen nicht einseitig mit der Hilfe der Gerichte oder Schiedsgerichte durchgesetzt werden können. Stattdessen ist die jeweilige Partei zur Verwirklichung dieses Interesses auf die konkrete Mitwirkung der Gegenpartei angewiesen. Diese Erkenntnis kann die Bereitschaft der Parteien zur Durchführung eines Mediationsverfahrens erhöhen, wenn ihre rechtlichen Berater ihnen die Vor- und Nachteile dieser Vorgehensweise in der konkreten Situation aufzeigen können.

Im Einzelnen stellen sich die Einsatzmöglichkeiten der Mediation im Zivilrecht danach wie folgt dar:

a) Wirtschaftsrecht

6 Das Wirtschaftsrecht in dem hier verstandenen Sinn lässt sich definieren als das **Zivilrecht des Wirtschaftsverkehrs** und der **Rechtsbeziehungen** zwischen Unternehmen bzw. Rechtsträgern von Unternehmen und ihren Anteilseig-

---

[2] Die Details dieser Vorgehensweise können hier nicht erörtert werden. Es sei verwiesen auf *Pitkowitz/Richter* SchiedsVZ 2009, 225 ff.

[3] Vgl. nur Kommentierungen zu § 278a ZPO, Rdn. 6 ff.; § 36a FamFG, Rdn. 9 ff.; § 54a ArbGG, Rdn. 7 ff.; § 202 SGG, Rdn. 74 ff.; § 173 VwGO, Rdn. 74 ff.; § 155 FGO, Rdn. 37.

V. Methodik und Anwendungsbereiche der Mediation

nern. Im Sinne dieser Definition gehören insbesondere das Gesellschaftsrecht,[4] das Vertriebsrecht,[5] das Insolvenzrecht[6] und der gewerbliche Rechtsschutz[7] zum Wirtschaftsrecht. Als Auffangtatbestand erfasst das »sonstige« Wirtschaftsrecht auch noch die überwiegend vertragsrechtlich dominierten sonstigen Transaktionen zwischen Unternehmen.[8]

aa) Gesellschaftsrecht

Gesellschaftsrechtliche Beziehungen sind von vornherein **auf Dauer** angelegt. **Meinungsverschiedenheiten** unter den Gesellschaftern hinsichtlich der Unternehmensführung und der Fortentwicklung der Gesellschaft können auftreten, weil sich die Interessen und Risikoeinschätzungen der Gesellschafter im Laufe der Zeit verändern.[9] Aber auch **Trennungen von Gesellschaftern** können weitreichende Folgen für die Zukunft der Gesellschaft haben, weil der ausscheidende Gesellschafter abgefunden werden muss. Zudem haben die einzelnen Anteilseigner einer Gesellschaft, insbesondere bei personalistisch strukturierten Unternehmensträgern wie bei einer derart ausgestalteten GmbH oder der GbR/OHG, regelmäßig **differenzierte Interessen**, die allein mit rechtlichen Mitteln nicht immer voll verwirklicht werden können. Aus diesen Gründen eignen sich gesellschaftsrechtliche Streitigkeiten von vornherein gut für die Mediation. 7

Die **Konflikte**, die zwischen Gesellschaftern oder zwischen Gesellschaft und Gesellschafter auftreten können, sind **vielfältiger Natur.** Sie können ihre Wurzel in der Gründung, in der laufenden Geschäftstätigkeit, in der Umstrukturierung sowie in der Abwicklung finden.[10] Exemplarisch sind folgende Typen von Streitigkeiten genannt worden:[11] 8
– Beschlussmängelstreitigkeiten,[12]

---

4 Rdn. 7 ff.
5 Rdn. 10.
6 Rdn. 11 ff.
7 Rdn. 15 f.
8 Rdn. 17 ff.
9 *Duve* AnwBl. 2007, 389; *Dendorfer/Krebs* MittBayNot 2008, 1.
10 *Heckschen* ZKM 2002, 215 ff.
11 *Dendorfer* MittBayNot 2008, 85, 86; *Heckschen*, in: *von Schlieffen/Wegmann* (Hrsg.), Mediation in der notariellen Praxis, S. 204 ff.
12 *Weiler/Schlickum*, Praxisbuch Mediation, S. 128 ff.

- Streitigkeiten über die Gewinnverwendung und -verteilung,
- Konflikte zwischen Mehrheits- und Minderheitsgesellschaftern,
- Ansprüche nach verdeckter Sacheinlage,
- Streitigkeiten über die Abfindung von ausscheidenden Gesellschaftern, einschließlich der Nachfolgeregelung bei Familiengesellschaften,[13]
- Streitigkeiten aus Unternehmenskaufverträgen,[14]
- Streitigkeiten der Gesellschaft mit ihren Organen über Besetzungsfragen, Geschäftsführungsmaßnahmen oder über Organhaftungsansprüche,
- Streitigkeiten im Zusammenhang mit der Sanierung des Unternehmens.

9 Da die Mediation – anders als das schiedsgerichtliche Verfahren – kein Drittentscheidungsverfahren ist, das an Stelle des staatlichen Prozesses tritt,[15] stellen sich die Fragen der **Mediationsfähigkeit** des Streitgegenstandes im Gesellschaftsrecht von vornherein nicht.[16] Grundsätzlich sind alle Streitgegenstände »mediationsfähig« in dem Sinne, dass sie durch einen mediierten Vergleich geregelt werden können. Dennoch ist es bei bestimmten Arten von Streitigkeiten, z.B. Beschlussmängelstreitigkeiten in der Publikums-AG, aufgrund der Vielzahl der Beteiligten und der spezifischen Interessenlage höchst unwahrscheinlich, dass in der Praxis tatsächlich einmal ein Mediationsverfahren durchgeführt wird.

bb) Vertriebsrecht

10 Vertriebsrecht ist das Recht der Absatzmittler und regelt primär die **Beziehungen** zwischen einem **Hersteller** und seinen **Absatzmittlern**.[17] Absatzmittler sind z.B. Handelsvertreter, Vertragshändler, Franchisenehmer, etc. Auch wenn im Bereich des Vertriebsrechts derzeit noch keine umfangreichen Erfahrungen mit der Mediation als Konfliktbeilegungsmechanismus berichtet werden können,[18] haben einige Franchisesysteme nach Berichten in der Lite-

---

13 *Schwartz/Zierbock* ZKM 2001, 224; *Eyer* ZKM 2000, 277; *Weiler/Schlickum*, Praxisbuch Mediation, S. 121 ff.
14 S. speziell hierzu *Jäntges/Schwarz* ZKM 2010, 25 ff.
15 Für das Mediationsverfahren fehlt insbesondere eine mit § 1032 Abs. 1 ZPO vergleichbare Regelung, die den Zugang zu den staatlichen Gerichten ausschließt.
16 Vgl. *Heckschen*, in: *von Schlieffen/Wegmann* (Hrsg.), Mediation in der notariellen Praxis, S. 205.
17 *Flohr*, in: *Martinek/Semler/Habermeier/Flohr*, Vertriebsrecht, § 1 Rn. 4.
18 *Flohr*, in: *Martinek/Semler/Habermeier/Flohr*, Vertriebsrecht, § 81 Rn. 34.

V. Methodik und Anwendungsbereiche der Mediation

ratur[19] Mediation als Streitbeilegungsmechanismus im Rahmen einer Eskalationsklausel vorgesehen. Ob sich hieraus in Zukunft eine stärkere Verbreitung der Mediation in vertriebsrechtlichen Streitigkeiten ergibt, wird abzuwarten bleiben.

cc) Insolvenzrecht

Das Insolvenzrecht wird in der vorliegenden Darstellung dem Wirtschaftsrecht zugeordnet, da sich nach der Darstellung in der Literatur insbesondere die Bemühungen einer **Sanierung von** international aufgestellten **Unternehmen** für die Einsetzung von Mediationstechniken anbieten.[20] Unabhängig davon besteht natürlich auch die Möglichkeit einer Verbraucherinsolvenz nach §§ 304 ff. InsO, wobei die Möglichkeiten des Einsatzes der Mediation in diesem Bereich kritisch gesehen werden.[21] 11

Bei der **außergerichtlichen Unternehmenssanierung** verhandeln die Gläubiger mit dem Unternehmen und seinen Eignern über das »Ob« und »Wie« einer Fortführung des Unternehmens. Da diese außergerichtlichen Verhandlungen nicht gesetzlich geregelt sind, kann die Mediation bzw. können Mediationstechniken einen Beitrag zur Erreichung eines Verhandlungsergebnisses leisten, ohne dass zuvor verfahrensrechtliche Hürden zu überwinden wären.[22] Die **Vorteile der Mediation** werden in diesem Zusammenhang insbesondere in folgenden Aspekten gesehen:[23] 12
- Reduzierung von Komplexität durch Steuerung der Verhandlung und Zusammenfassung ihres Ablaufes durch den Mediator,
- Moderation von Verteilungskonflikten,
- Vermeidung von »Trittbrettfahrerverhalten«,
- Ausgleich von Informationsgefällen,
- Lancierung von Sanierungsvorschlägen durch den Mediator, die aus Sicht der Parteien eine höhere Akzeptanz genießen, weil sie von einer Partei ohne Eigeninteresse an der Gestaltung des Sanierungsplanes stammen.

---

19 *Flohr*, Masterfranchise-Vertrag, S. 235 ff.
20 *Eidenmüller* BB 1998, Beilage 10, 19 ff., insbesondere 23 f.
21 *Kassing*, in: *Haft/von Schlieffen* (Hrsg.), Handbuch Mediation, § 41 Rn. 4 ff.
22 *Eidenmüller* BB 1998, Beilage 10, 19, 20.
23 *Eidenmüller* BB 1998, Beilage 10, 19, 20 ff.

13 Bei der **gerichtlich überwachten Unternehmenssanierung** bieten sich ebenfalls Einsatzgebiete für mediative Techniken. Denn insbesondere der Insolvenzplan ist auch bei gerichtlicher Überwachung in erster Linie eine privatautonome Einigung der Mitwirkungsberechtigten untereinander, dessen Inhalt verhandelt werden muss.[24] Der Insolvenzverwalter kann durch den Einsatz von Mediationstechniken den Verlauf des Verfahrens insbesondere dadurch effizienter gestalten, dass er zunächst die Interessen der Verfahrensbeteiligten ermittelt, um sie in den Insolvenzplan einfließen zu lassen.[25] Dabei ist jedoch zu berücksichtigen, dass der Insolvenzverwalter aufgrund seiner gesetzlich vermittelten Stellung eine andere Position einnimmt als der Mediator in einem freiwilligen Mediationsverfahren. Der Insolvenzverwalter muss das Verfahren auch dann weiterführen, wenn eine Mediationsphase scheitert.[26] Im Sinne eines Vermittlers oder Mediators greifen vor allem in großen und/oder politisch relevanten Verfahren auch Träger öffentlicher Ämter in die Verhandlungen ein und versuchen, eine Einigung der Gläubiger im Sinne der Unternehmensfortführung zu erreichen.[27]

14 Schließlich soll nicht unerwähnt bleiben, dass die Insolvenz einer Gesellschaft nicht nur zu Streitigkeiten zwischen der Gesellschaft, ihren Eigentümern und ihren Gläubigern führt. Die **Insolvenz** hat darüber hinaus auch noch **Auswirkungen auf Rechtsbeziehungen Dritter**, die komplexe Streitigkeiten der Betroffenen untereinander nach sich ziehen können. Derartige Insolvenzfolgestreitigkeiten können sich ebenfalls für die Mediation anbieten, insbesondere wenn die Verflechtungen der einzelnen Rechtsbeziehungen so intensiv sind, dass die Beziehungen der Beteiligten untereinander von vornherein nicht abgebrochen werden können.[28]

---

24 *Kassing*, in: *Haft/von Schlieffen* (Hrsg.), Handbuch Mediation, § 41 Rn. 19 f.
25 *Eidenmüller* BB 1998, Beilage 10, 19, 24.
26 S. *Frege/Keller/Riedel*, Insolvenzrecht, Rn. S. 1158 ff.
27 Prototypisch kann der (in letzter Konsequenz erfolglose) Einsatz des damaligen Bundeskanzlers *Gerhard Schröder* im Jahr 1999 für die Rettung des Bauunternehmens Philipp Holzmann AG genannt werden; s. allgemein *Eidenmüller* BB 1998, Beilage 10, 19, 25.
28 Ein Bericht über eine solche Mediation findet sich bei *Breunlich/Fürst* ZKM 2008, 189 ff.

V. Methodik und Anwendungsbereiche der Mediation

dd) Gewerblicher Rechtsschutz

Auch Streitigkeiten des **gewerblichen Rechtsschutzes** können Gegenstand von Mediationsverfahren sein, da die Parteien über den Streitgegenstand auch dann verfügen können, wenn die Nichtigkeit von Patenten oder die Löschung von anderen gewerblichen Schutzrechten zwischen den Parteien umstritten ist.[29] Dementsprechend sind **sämtliche Arten von Streitigkeiten** über gewerbliche Schutzrechte der Mediation zugänglich.[30] Dies unterscheidet die Mediation als Verfahren der außergerichtlichen Streitbeilegung von der Schiedsgerichtsbarkeit. Denn nach der derzeit überwiegenden Auffassung sind bestimmte Streitigkeiten – z. B. über die Löschung von Patenten – nicht schiedsfähig.[31]

Streitigkeiten des gewerblichen Rechtsschutzes sind häufig **grenzüberschreitend** und betreffen Schutzrechte, die in mehreren Rechtsordnungen bestehen. Die daraus entstehende Komplexität lässt die Mediation als geeignete Streitbeilegungsmethode erscheinen, um den Rechtsstreit insgesamt interessengerecht beilegen zu können.[32] Vor diesem Hintergrund lassen sich insbesondere für internationale Sachverhalte Tendenzen zur Förderung der Mediation erkennen.[33]

ee) Sonstiges Wirtschaftsrecht

Auch in sonstigen Streitigkeiten zwischen Wirtschaftsunternehmen kann die Mediation eine Alternative zur Lösung von Streitigkeiten darstellen. Vielfach berühren die Gegenstände dieser Konflikte **mehrere Rechtsgebiete**, was wiederum eine Gesamtlösung besonders attraktiv erscheinen lässt. In der Litera-

---

29 *Chrocziel/von Samson-Himmelstjerna*, in: *Haft/von Schlieffen* (Hrsg.), Handbuch Mediation, § 43 Rn. 5 ff.
30 *Chrocziel/von Samson-Himmelstjerna*, in: *Haft/von Schlieffen* (Hrsg.), Handbuch Mediation, § 43 Rn. 9.
31 Vgl. *Trittmann/Hanefeld*, in: *Böckstiegel/Kröll/Nacimiento* (Hrsg.), Arbitration in Germany, § 1030 ZPO Rn. 14 ff.
32 *Chrocziel/von Samson-Himmelstjerna*, in: *Haft/von Schlieffen* (Hrsg.), Handbuch Mediation, § 43 Rn. 15, sowie Fallschilderung ebenfalls bei *Chrocziel/von Samson-Himmelstjerna*, in: *Haft/von Schlieffen* (Hrsg.), Handbuch Mediation, § 43 Rn. 26 ff.
33 Vgl. *Niedostadek* ZKM 2007, 50 ff.

tur wird zunehmend über erfolgreiche Mediationen in komplexen Fällen berichtet:
- Mediation einer Streitigkeit u. a. über Ansprüche aus Darlehensverträgen einer Bank und den dazu eingeräumten Kreditsicherungsrechten,[34]
- Mediation mit Coaching-Elementen einer unternehmensinternen Streitigkeit bei einem Vertriebsunternehmen,[35]
- Mediation eines Konfliktes innerhalb eines Familienunternehmens über die Kompetenzordnung mit Bezügen zur Problematik der Unternehmensnachfolge,[36]
- Mediation eines Konfliktes im Rahmen von Unternehmenskooperationen,[37]
- Mediation eines Konfliktes mit Streitwert von EUR 400 Mio. in der Energiebranche.[38]

18 Die hier angeführten Beispiele zeigen – gemeinsam mit in den vorangegangenen Abschnitten erörterten Konstellationen – zunächst, dass die **Mediation auch von Wirtschaftsunternehmen** zunehmend **genutzt** wird. Die Mediation von Auseinandersetzungen zwischen Wirtschaftsunternehmen weist aus Sicht des Mediators einige Besonderheiten auf, die unter anderem darauf beruhen, dass Unternehmen im Regelfall bereits erfahrene Nutzer von außergerichtlichen Streitbeilegungsverfahren (z. B. Schiedsverfahren) sind.[39]

19 Zunehmend fragen auch Rechtsabteilungen von Unternehmen ergebnisoffene Beratung auch zu der Vereinbarung zur Durchführung außergerichtlicher Streitbeilegungsmechanismen nach der Entstehung der konkreten Streitigkeit nach.[40] Dieser Trend ist zu begrüßen, da er die vermeintliche Dichotomie von staatlicher Gerichtsbarkeit und Mediation auflöst und auf der Basis der Annahme der grundsätzlichen Gleichwertigkeit aller Streitbeilegungsmechanismen einen Beitrag dazu leistet, dass die konkrete Streitigkeit in dem für sie am Besten geeigneten Verfahren beigelegt wird.[41] Gerade für

---

34 *Breunlich/Fürst* ZKM 2008, 189 ff.
35 *Malinowski/Lenz* ZKM 2008, 123 ff.
36 *Neuvians* ZKM 2011, 93 ff.
37 *Theuerkauf*, Konfliktmanagement in Kooperationsverträgen der Wirtschaft, S. 49 ff.
38 *Neuenhahn* ZKM 2000, 281 ff.
39 S. hierzu allgemein *Duve/Eidenmüller/Hacke*, Mediation in der Wirtschaft, passim.
40 *Duve/Eidenmüller/Hacke*, Mediation in der Wirtschaft, S. 337.
41 *Duve/Eidenmüller/Hacke*, Mediation in der Wirtschaft, S. 352.

V. Methodik und Anwendungsbereiche der Mediation

Streitigkeiten unter Wirtschaftsunternehmen führt dieser **pragmatische Ansatz** einer streitgegenstandsangepassten Streitbeilegung zu den besten und interessengerechtesten Ergebnissen. Und letztlich ist dies die alleinige Aufgabe von Streitbeilegungsmechanismen.

b) Erbrecht

Das Erbrecht ist ebenfalls ein konfliktträchtiges Rechtsgebiet, das sich grundsätzlich gut für die Mediation eignet. Insbesondere die Dauer und Kosten von Gerichtsverfahren im Erbrecht sowie die nur schwer kalkulierbaren Prozessrisiken lassen die Mediation als attraktive Alternative erscheinen.[42] Prozesse über die Verteilung des Erbes können im Übrigen das verteilungsfähige Erbe stark dezimieren und im Extremfall sogar vernichten.[43] Allerdings ist zu beachten, dass die Konflikte besonders emotionsgeladen sind und für die Beteiligten teilweise relativ hohe Summen betreffen.[44] Insbesondere weil sich das Erbrecht im Regelfall auf Rechtsbeziehungen im Familienverband erstreckt, lässt sich die **erbrechtliche Mediation** nicht immer klar von der **familienrechtlichen Mediation** trennen. Häufig gehen Auseinandersetzungen innerhalb einer Erbengemeinschaft in familienrechtliche Konflikte über.[45] Umgekehrt spiegeln auch erbrechtliche Konflikte häufig die Familienstrukturen wieder.[46]

20

Grundtypen des erbrechtlichen Konfliktes sind Auseinandersetzungen *nach* dem Eintritt des Erbfalles, die zwischen Erben untereinander – z. B. als Folge fehlender, fehlerhafter oder lückenhafter Verfügungen von Todes wegen[47] – und zwischen Erben und Nachlassgläubigern auftreten können. Darüber hi-

21

---

42 *Löning* Zeitschrift für Mediation, 1998, 16, 17.
43 S. hierzu eindrucksvoll die Fallberichte von dem weiteren Verlauf verschiedener gescheiterter Mediationen im Erbrecht bei *Beisel*, in: *Haft/von Schlieffen* (Hrsg.), Handbuch Mediation, § 35; *Risse* ZEV 1999, 205 ff.; zu den Möglichkeiten einer Prozessfinanzierung für ein erbrechtliches Mediationsverfahren s. *Meyer/Schricker* ZKM 2008, 156 ff.
44 *Löning*, Zeitschrift für Mediation, 1998, 16; *Beisel*, in: *Haft/von Schlieffen* (Hrsg.), Handbuch Mediation, § 35 Rn. 62.
45 Hierzu eingehend *Eyer* ZKM 2000, 227 ff.
46 *Löning* Zeitschrift für Mediation 1998, 16, 17.
47 *Schwartz*, in: *Henssler/Koch*, Mediation in der Anwaltspraxis, § 14 Rn. 21.

naus gibt es jedoch auch Streitigkeiten *vor* dem Eintritt des Erbfalles,[48] wenn eine Person zum Beispiel noch zu Lebzeiten den Vermögensübergang im Wege der Schenkung bewirken will (vorweggenommene Erbfolge) oder seine testamentarische Verfügung über den zukünftigen Nachlass im Einvernehmen mit den späteren Erben regeln will (Nachlassplanung).[49]

aa) Mediation vor dem Eintritt des Erbfalles

22 Die typischen Einsatzfälle der Mediation vor dem Eintritt des Erbfalles bestehen in der Konfliktlösung zwischen potentiellen Erben und dem Erblasser im Rahmen der einvernehmlichen Nachlassplanung bei der vorweggenommenen Erbfolge und in dem Umgang mit Beschränkungen der Testierfreiheit.[50]

23 Bei der **einvernehmlichen Nachlassplanung** besteht oft die Befürchtung des zukünftigen Erblassers, dass bei seinem Ableben Konflikte zwischen den übrigen Familienmitgliedern auftreten. Der zukünftige Erblasser hat zudem häufig das Bedürfnis, alle zukünftigen Erben gerecht zu behandeln.[51] Gleichzeitig setzt die einvernehmliche Nachlassplanung auch voraus, dass der zukünftige Erblasser den potentiellen Erben seine Vorstellungen darüber, was aus seiner Sicht eine angemessene oder **faire Verteilung** seiner Vermögensgegenstände darstellt, kommunizieren muss. Dies schließt auch Enteignungen mit ein und ist dementsprechend geeignet, einen Konflikt zu schaffen.[52]

24 Typische Problemkonstellationen aus dem Bereich der **vorweggenommenen Erbfolge** ergeben sich aus ihrer Anrechnung auf zukünftig zu empfangenes Erbe[53] und aus der Versorgung des Übergebers von Vermögen zu Lebzeiten im Alter.[54] Gerade die Versorgung im Alter und die dabei zu erbringenden Leistungen der Nachfolgegeneration kann aufgrund unterschiedlicher Erwartungen der beteiligten Personen und einer als ungerecht empfundener Lastenverteilung zu Konflikten führen. Die Regelung dieser Themen bedarf ei-

---

48 S. ausführlich *Schwartz/Zierbock* ZKM 2001, 224 ff.
49 *Schwartz*, in: *Henssler/Koch*, Mediation in der Anwaltspraxis, § 14 Rn. 20.
50 *Schwartz*, in: *Henssler/Koch*, Mediation in der Anwaltspraxis, § 14 Rn. 22 ff.; *Schwartz/Zierbock* ZKM 2001, 224 ff.
51 S. Fallstudie bei *Herms/Schwatz* Zeitschrift für Mediation 1999, 182.
52 *Beisel*, in: *Haft/von Schlieffen* (Hrsg.), Handbuch Mediation, § 35 Rn. 44.
53 *Schwartz*, in: *Henssler/Koch* (Hrsg.), Mediation in der Anwaltspraxis, § 14 Rn. 25.
54 *Schwartz*, in: *Henssler/Koch* (Hrsg.), Mediation in der Anwaltspraxis, § 14 Rn. 29.

V. Methodik und Anwendungsbereiche der Mediation

ner detaillierten Regelung, die zwischen allen Beteiligten (einschließlich der Ehegatten des Empfängers von Vermögen zu Lebzeiten) ausgehandelt werden muss.[55] Zur Überwindung der Interessengegensätze scheint die Mediation ebenfalls sehr gut geeignet zu sein.

Beschränkungen der Testierfreiheit können insbesondere aus einem Erbvertrag oder einem früheren gemeinschaftlichen Testament resultieren.[56] Diese Beschränkungen binden den zukünftigen Erblasser, soweit sie nicht einvernehmlich aufgehoben werden. Die hierzu erforderlich Einigung kann gut im Rahmen eines Mediationsverfahrens gesucht werden.

bb) Streitigkeiten nach dem Eintritt des Erbfalles

Nach dem Eintritt des Erbfalles geht es im Wesentlichen um die Auseinandersetzung der Erbengemeinschaft, um Fragen der Vor- und Nacherbfolge, sowie um das besonders streitträchtige Pflichtteilsrecht.[57]

Streitigkeiten bei der **Auseinandersetzung einer Erbengemeinschaft** treten insbesondere dann auf, wenn keine letztwillige Verfügung vorliegt oder aus anderen Gründen Streit um die Erbenstellung besteht.[58] Diese Art von Konflikten nimmt besonders häufig einen heftigen Verlauf, weil vielfach der oberflächliche Verteilungskonflikt um das Erbe noch durch jahrelange Beziehungskonflikte unter den Familienmitgliedern verschärft wird.[59] Die Verwaltung und Verteilung des Nachlasses bietet insbesondere aus rechtlichen, tatsächlichen und häufig auch persönlichen/emotionalen Gründen ein vielfältiges Konfliktpotential.[60]

Bei der **Vor- und Nacherbfolge** geht ein Gegenstand aus dem Vermögen des Erblassers zwar in das Eigentum des Vorerben über; dieser ist aber in seiner Verfügung zu Gunsten des Nacherben beschränkt, §§ 2113–2115 BGB. Typische Konflikte zwischen Vor- und Nacherben resultieren aus dem Umstand, dass der Nacherbe zu Lebzeiten des Vorerben keinen Zugriff auf das Erbe hat, wohingegen der Vorerbe das Erbe in dem Bewusstsein verwaltet,

---

55 *Schwartz*, in: *Henssler/Koch* (Hrsg.), Mediation in der Anwaltspraxis, § 14 Rn. 30 f.
56 *Schwartz*, in: *Henssler/Koch* (Hrsg.), Mediation in der Anwaltspraxis, § 14 Rn. 27.
57 *Schwartz*, in: *Henssler/Koch* (Hrsg.), Mediation in der Anwaltspraxis, § 14 Rn. 32 ff.
58 *Beisel*, in: *Haft/von Schlieffen* (Hrsg.), Handbuch Mediation, § 35 Rn. 24 f.
59 *Beisel*, in: *Haft/von Schlieffen* (Hrsg.), Handbuch Mediation, § 35 Rn. 24.
60 *Beisel*, in: *Haft/von Schlieffen* (Hrsg.), Handbuch Mediation, § 35 Rn. 33 ff.

nur auf Zeit an dem Erbe berechtigt zu sein. Dieser Konflikt kann innerhalb einer Familie zu einer unzumutbaren Belastung der Beziehung zwischen Vor- und Nacherben führen. Mit den gesetzlichen Mechanismen ist diesem Konflikt mangels Rechtsbehelfen nicht beizukommen. Daher eignet sich die Mediation zur Auflösung dieser Problemlage durch eine Vereinbarung zwischen dem Nacherben und dem Vorerben.[61]

29 Das **Pflichtteilsrecht** schützt einerseits den gesetzlichen Erben vor Enterbung. Andererseits kann auch die Belastung des testamentarisch mit Bedacht eingesetzten Alleinerben mit dem Pflichtteilsrecht mehrerer enterbter Familienmitglieder zu Verwerfungen führen. Letzteres gilt insbesondere immer dann, wenn die Einsetzung als Alleinerbe auf unterschiedlichen wirtschaftlichen Voraussetzungen der gesetzlichen Erben oder aufgrund besonderer Verdienste gegenüber dem Erblasser beruht.[62]

cc) Testamentsvollstreckung und Unternehmensnachfolge

30 Konflikte zwischen den Erben und dem Testamentsvollstrecker bei angeordneter **Testamentsvollstreckung** können ebenfalls für die Mediation geeignet sein.[63]

31 Die **Unternehmensnachfolge** ist ebenfalls besonders konfliktträchtig, insbesondere wenn es sich um die Nachfolge in ein Familienunternehmen handelt. Die Zahl der betroffenen Personen (*»stakeholder«*) ist weit größer als die des Unternehmers und seines oder seiner Nachfolger. Dementsprechend komplex sind die dabei möglicherweise auftretenden Probleme.[64] Insbesondere in Kombination mit dem Pflichtteilsanspruch von gesetzlichen Erben, die nach dem Willen des Unternehmers nicht als Nachfolger agieren sollen, kann es hier zu Konflikten kommen, die selbst den Bestand des Unternehmens bedrohen. In der Literatur wird dabei empfohlen, diesen Konflikt entweder durch jährliche Zahlungen aus den Erträgen des Unternehmens oder durch eine (stille) Beteiligung des Pflichtteilsberechtigten an dem Unterneh-

---

61 *Schwartz*, in: *Henssler/Koch* (Hrsg.), Mediation in der Anwaltspraxis, § 14 Rn. 41–44.
62 Zu den Problemen des Pflichtteilsrecht s. eingehend *Schröder* DnotZ 2001, 465 ff.
63 Fallstudien bei *Beisel*, in: *Haft/von Schlieffen* (Hrsg.), Handbuch Mediation, § 35 Rn. 58 ff.
64 S. hierzu ausführlich und mit Fallstudie *Beisel*, in: *Haft/von Schlieffen* (Hrsg.), Handbuch Mediation, § 35 Rn. 52 ff.

V. Methodik und Anwendungsbereiche der Mediation

men – jeweils im Gegenzug zu einem Verzicht auf das Pflichtteilsrecht – zu lösen.[65]

dd) Mediation durch das Nachlassgericht?

Gemäß § 363 FamFG hat das **Nachlassgericht** bei der Nachlassauseinandersetzung auf Antrag eines Antragsberechtigten **zwischen den Erben zu vermitteln**. Ähnlich wie bei der Vorgängervorschrift des § 86 FGG handelt es sich nicht um ein echtes Mediationsverfahren, wohl aber um eine attraktive und kostengünstige Alternative zu einem Prozess um das Erbe.[66] 32

c) Familienrecht

Das Familienrecht wird als ein typisches Beispiel für ein **sehr gut geeignetes Gebiet** angeführt, um Mediationsverfahren durchzuführen. Familienmediationen sind im Übrigen auch bereits früh Gegenstand empirischer Forschungen in Deutschland gewesen.[67] 33

Die **Eignung** von familienrechtlichen Konflikten für die Mediation beruht auf folgenden Erwägungen: 34

Die **Konflikte** sind erstens »**existentieller**« Natur,[68] da sie die persönlichen Lebensumstände intensiv und nachhaltig beeinflussen. Weiterhin sind die sachlichen und persönlichen Ebenen des Konfliktes meist eng miteinander verschränkt.[69] Während mit den Mitteln des Rechts die sachlichen Aspekte des Konfliktes durch eine Drittentscheidung gelöst werden können, bietet die Mediation die Möglichkeit, die sachliche Lösung nicht den Anwälten und dem Gericht zu überlassen, sondern selbst eine Lösung – im Idealfall gemeinsam mit den persönlichen Aspekten des Problems – zu entwickeln.[70] 35

Zweitens liegt familienrechtlichen Auseinandersetzungen im Regelfall eine Sachverhaltskonstellation zu Grunde, in welcher die Beteiligten trotz des Konfliktes **langfristig** miteinander **kooperieren** müssen. Trotz einer Tren- 36

---

65 *Beisel*, in: *Haft/von Schlieffen* (Hrsg.), Handbuch Mediation, § 35 Rn. 39; *Wegman* ZKM 2000, 126 ff.; *Eyer* ZKM 2000, 227 ff.
66 *Beisel*, in: *Haft/von Schlieffen* (Hrsg.), Handbuch Mediation, § 35 Rn. 23.
67 *Mähler/Mähler*, in: *Haft/von Schlieffen* (Hrsg.), Handbuch Mediation, § 34 Rn. 83.
68 *Mähler/Mähler*, in: *Haft/von Schlieffen* (Hrsg.), Handbuch Mediation, § 34 Rn. 2.
69 *Fischer*, in: *Henssler/Koch* (Hrsg.), Mediation in der Anwaltspraxis, § 13 Rn. 2.
70 *Mähler/Mähler*, in: *Haft/von Schlieffen* (Hrsg.), Handbuch Mediation, § 34 Rn. 4.

nung sind z. B. geschiedene Ehegatten über die Fragen des Unterhaltes oder des Sorgerechtes langfristig miteinander verbunden.[71] Zudem erhöht auch die Kooperation unmittelbar die Lebensqualität der Konfliktparteien, aber auch anderer Betroffener wie den Kindern.[72]

37 Drittens wird auch in familienrechtlichen Streitigkeiten ein besonderes **Potential** gesehen, durch **Überwindung** von **rechtlichen Positionen** zukunftsgerichtete Regelungen zu erzielen, die den Interessen der Parteien näher kommen, als dies eine rein vom Positionsdenken getriebene Lösung im Regelfall kann.[73]

38 Da in der Mediation der **Konflikt als Ganzes** betrachtet wird, können praktisch alle Aspekte einer familienrechtlichen Streitigkeit in einer Familienmediation abgehandelt werden. Dies umfasst die Trennung/Scheidung,[74] Unterhaltssachen, Versorgungsausgleich, Sorge- und Umgangsrecht etc.[75] Aber auch andere Konflikte im Familienverbund können Gegenstand eines Mediationsverfahrens sein,[76] z. B. alle Arten von Paarkonflikten (auch ohne Trennungswunsch und auch zwischen Unverheirateten), Konflikte in der Stieffamilie, Mehrgenerationenkonflikte.[77]

d) Arbeitsrecht

39 Grundsätzlich bestehen auch im Arbeitsrecht **vielfältige Konfliktpotentiale**, die eine Eignung arbeitsrechtlicher Streitigkeiten für die Mediation nahelegen. Streitigkeiten können in allen Phasen eines Arbeitsverhältnisses entstehen.

---

[71] *Fischer*, in: *Henssler/Koch* (Hrsg.), Mediation in der Anwaltspraxis, § 13 Rn. 4; *Mähler/Mähler*, in: *Haft/von Schlieffen* (Hrsg.), Handbuch Mediation, § 34 Rn. 9.
[72] *Fischer*, in: *Henssler/Koch* (Hrsg.), Mediation in der Anwaltspraxis, § 13 Rn. 3.
[73] *Mähler/Mähler*, in: *Haft/von Schlieffen* (Hrsg.), Handbuch Mediation, § 34 Rn. 38.
[74] Fallbericht bei *Kempf*, in: *Haft/von Schlieffen* (Hrsg.), Handbuch Mediation, § 22 Rn. 63 ff.
[75] Weiterer Fallbericht bei *Kempf*, in: *Haft/von Schlieffen* (Hrsg.), Handbuch Mediation, § 22 Rn. 69 ff.
[76] Beispiele bei *Mähler/Mähler*, in: *Haft/von Schlieffen* (Hrsg.), Handbuch Mediation, § 34 Rn. 61.
[77] Fallstudie bei *Lindner* ZKM 2008, 12.

V. Methodik und Anwendungsbereiche der Mediation

Im Zusammenhang mit der **Begründung eines Arbeitsverhältnisses** kann die 40
Frage relevant werden, ob ein Arbeitsverhältnis wegen Diskriminierung nicht
zustande gekommen ist und der verhinderte Arbeitnehmer deshalb einen Anspruch auf Schadensersatz hat.[78]

Innerhalb eines bestehenden Arbeitsverhältnisses sind vielfältige Konflikte 41
denkbar, die insbesondere aufgrund vermeintlicher Pflichtverstöße des Arbeitnehmers (Berechtigung einer Abmahnung etc.) oder des Arbeitgebers
(Mobbing, sexuelle Belästigung am Arbeitsplatz, etc.) entstehen können.[79]
Aber auch sonstige Interessengegensätze zwischen der Belegschaft (bzw. ihren
Vertretungsorganen) und dem Arbeitgeber können den Gegenstand eines
Mediationsverfahrens bilden.[80]

In dem Kontext der **Beendigung von Arbeitsverhältnissen** sind die Fragen 42
des Kündigungsschutzes und die Folgefragen einer Beendigung des Arbeitsverhältnisses (z. B. Zeugniserteilung, Abgeltung des Urlaubsanspruches etc.)
zu bedenken.[81] Insbesondere der Umstand, dass Kündigungsschutzstreitigkeiten auch in Verfahren, die gerichtlich geklärt werden sollen, mit einem
Abfindungsvergleich beigelegt werden, legt die generelle Eignung der Mediation für derartige Streitigkeiten nahe.[82]

Die **kurzen Fristen im Kündigungsschutzprozess** und die vergleichsweise ge- 43
ringen Verfahrenskosten im arbeitsgerichtlichen Prozess sind als Gründe dafür identifiziert worden, dass die Mediation in arbeitsrechtlichen Streitigkeiten offensichtlich noch keine nennenswerte Verbreitung erfahren hat.[83]
Tatsächlich beziehen sich die hier zitierten positiven Erfahrungsberichte auch
auf generellere Konflikte zwischen der Belegschaft und dem Arbeitgeber. Vor
diesem Hintergrund ist nachvollziehbar, dass in der Literatur eine Chance

---

78 *Prütting*, in: *Haft/von Schlieffen* (Hrsg.), Handbuch Mediation, § 36 Rn. 45.
79 *Prütting*, in: *Haft/von Schlieffen* (Hrsg.), Handbuch Mediation, § 36 Rn. 46.
80 S. Fallbericht bei *Schmidt* ZKM 2006, 90 ff.; vgl. ebenso Fallbericht von *Ripke/Trocha* ZKM 2011, 124 ff.
81 *Prütting*, in: *Haft/von Schlieffen* (Hrsg.), Handbuch Mediation, § 36 Rn. 47 ff.
82 S. hierzu *Prütting*, in: *Haft/von Schlieffen* (Hrsg.), Handbuch Mediation, § 36 Rn. 51.
83 *Prütting*, in: *Haft/von Schlieffen* (Hrsg.), Handbuch Mediation, § 36 Rn. 52.

der Mediation in diesem Rechtsbereich vor allem bei der Entwicklung von innerbetrieblichen Konfliktmanagementmechanismen gesehen wird.[84]

e) Nachbarrecht

44 Das Nachbarrecht soll die sinnvolle Nutzung von benachbarten Grundstücken ermöglichen und stellt insoweit einen **Ausgleich zwischen** den – zunächst anscheinend unbeschränkten – **Eigentumsrechten** der Nachbarn dar.[85]

45 **Konkrete Streitgegenstände** sind z. B.:[86]
– Streitigkeiten über Immissionen (z. B. Lärm durch Hundegebell[87]),
– Vertiefung eines der Grundstücke mit gefährdender Wirkung für das Nachbargrundstück,
– Errichtung von Bauten über die Grundstücksgrenze hinaus,
– Streitigkeiten über den Grundstückszugang und die Nutzung von Gemeinschaftsflächen.[88]

46 Das Nachbarrecht ist als ein **besonders typischer Konfliktbereich** beschrieben worden, in welchem es nur vordergründig um rechtliche Fragen geht und in der Hauptsache um einen eskalierten Streit auf der Beziehungsebene.[89] Obwohl teilweise der vordergründige Streit klar durch Rechtsnormen (z. B. Abstandsregeln) geklärt werden kann, verlagerte eine solche Regelung die Fortführung des Nachbarkonfliktes auf das nächste Thema.[90] Im Ergebnis ist eine Mediation einer nachbarrechtlichen Streitigkeit insbesondere dann (noch) sinnvoll, wenn die Fronten noch nicht so verhärtet und die vor-

---

84 S. näher dazu *Budde*, in: *Henssler/Koch* (Hrsg.), Mediation in der Anwaltspraxis, § 19 Rn. 47 ff.
85 S. ausführlich hierzu *Grziwotz*, in: *von Schlieffen/Wegmann* (Hrsg.), Mediation in der notariellen Praxis, S. 264 ff.
86 *Grziwotz*, in: *von Schlieffen/Wegmann* (Hrsg.), Mediation in der notariellen Praxis, S. 264.
87 S. Fallstudie bei *Marx/Prell* ZKM 2006, 59, 61 f.
88 Zu letzterem Fallstudie bei *Marx/Prell* ZKM 2006, 59, 62.
89 *Schmidt* ZWE 2009, 432, 433 f.; *Grziwotz*, in: *von Schlieffen/Wegmann* (Hrsg.), Mediation in der notariellen Praxis, S. 264 f.
90 *Grziwotz*, in: *von Schlieffen/Wegmann* (Hrsg.), Mediation in der notariellen Praxis, S. 265.

dergründigen Konflikte noch nicht so zahlreich sind, dass eine Einigung bereits ausgeschlossen erscheint.[91]

Bei nachbarrechtlichen Streitigkeiten ist allgemein zu berücksichtigen, dass gem. § 15a EGZPO in Verbindung mit einschlägigen **Landesgesetzen** ein Einigungsversuch vor der **Gütestelle** erforderlich sein kann, bevor der Rechtsweg zu den staatlichen Gerichten eröffnet ist. 47

f) Mietrecht

Das Mietrecht, also die Rechtsbeziehung zwischen dem Mieter und dem Vermieter,[92] ist insbesondere in Wohnraumfällen zu einem **sozialen Schutzrecht** des Mieters ausgestaltet. In der Folge können Konflikte zwischen Mieter und Vermieter für den Vermieter im Regelfall keinen Anlass dafür bieten, das Mietverhältnis ordentlich zu kündigen. Stattdessen muss der Vermieter auch bei Streitigkeiten mit dem Mieter das Mietverhältnis fortsetzen. Ausnahmen gelten nur für den Fall, dass sich der Mieter erheblich vertragswidrig verhält oder dass ein sonstiges berechtigtes Interesse des Vermieters an der Beendigung des Vertragsverhältnisses besteht. Allein diese Fortdauer des Mietverhältnisses trotz möglicherweise bestehender interpersoneller Konflikte zeigt das Potential des Mietrechts für die Mediation auf.[93] 48

Als **typische Konfliktfelder** finden sich folgende Themenbereiche:[94] 49
- Streitigkeiten über die Höhe des Mietzinses,
- Vorliegen von Mietmängeln,
- Mietminderung,
- Betriebskosten,
- Fragen der Beendigung des Mietverhältnisses in Folge von Kündigung und Befristung, einschließlich Schönheitsreparaturen und Räumung.

---

91 *Kleinrahm*, in: *Henssler/Koch* (Hrsg.), Mediation in der Anwaltspraxis, § 17 Rn. 110.
92 Konflikte zwischen Mietern untereinander sind Nachbarstreitigkeiten, s. oben Rdn. 44 ff.
93 Zum Ganzen unter dem Gesichtspunkt der Eignung der Mediation für Mietkonflikte trotz eines vermeintlichen Machtungleichgewichts zwischen Mieter und Vermieter s. *Kleinrahm*, in: *Henssler/Koch* (Hrsg.), Mediation in der Anwaltspraxis, § 17 Rn. 29 ff.
94 Beispiele nach *Kleinrahm*, in: *Henssler/Koch* (Hrsg.), Mediation in der Anwaltspraxis, § 17 Rn. 37 ff.

50 Wie immer wird auch in mietrechtlichen Streitigkeiten nur im **konkreten Fall** entschieden werden können, ob ein Konflikt sinnvoll in der Mediation geregelt werden kann. Ist der Interessengegensatz offensichtlich (z. B. weil der Mieter in der Wohnung bleiben möchte, der Vermieter aber die Wohnung zurückerhalten möchte) oder sind Fragen der Höhe der ortsüblichen Vergleichsmiete bzw. des Vorliegens eines Mangels streitig, kann eine Mediation im Einzelfall wenig erfolgversprechend sein.[95]

g) Wohnungseigentumsrecht

51 Die Mitglieder einer Wohnungseigentümergemeinschaft haben **Sondereigentum** in Form des Alleineigentums an einer Wohnung (§ 1 Abs. 2 WEG) und Sondereigentum in Form des Teileigentums an nicht zur Wohnung gehörenden Flächen (§ 1 Abs. 3 WEG). Bereits daraus folgt, dass die Wohnungseigentümer Nachbarn im Sinne der oben[96] genannten Konfliktlagen sind. Als Besonderheit kommt in Angelegenheiten des Wohnungseigentums noch hinzu, dass die Wohnungseigentümer in der Form einer **Bruchteilsgemeinschaft** miteinander verbunden sind. Streitigkeiten können nicht nur im Verhältnis der Mitglieder der Bruchteilsgemeinschaft untereinander entstehen, sondern auch zwischen der Bruchteilsgemeinschaft und der Verwaltung der Immobilie.[97]

h) »Allgemeines« Zivilrecht

52 Das »allgemeine« Zivilrecht lässt sich letztlich nur negativ zu den übrigen, hier speziell abgehandelten Rechtsbereichen definieren. Es handelt sich um all jene **Streitigkeiten** mit **vertragsrechtlichem** oder **deliktsrechtlichem Hintergrund**, die keiner der oben abgehandelten Spezialmaterien zugeordnet werden können. Hauptsächlich handelt es sich hierbei um Streitigkeiten mit Verbraucherbeteiligung, das private Baurecht, das Produkthaftpflichtrecht

---

95 Ausführliche Diskussion der Eignung der einzelnen Konfliktsituationen ebenfalls bei *Kleinrahm*, in: *Henssler/Koch* (Hrsg.), Mediation in der Anwaltspraxis, § 17 Rn. 37 ff.
96 Vgl. Rdn. 44 ff.
97 Zum Ganzen *Kleinrahm*, in: *Henssler/Koch* (Hrsg.), Mediation in der Anwaltspraxis, § 17 Rn. 85 ff.

und das Arzthaftungsrecht.[98] Daneben kann aber auch jeder Konflikt aus dem allgemeinen Schuldrecht – also Nichtleistung, Schlechtleistung, unzureichende oder fehlgeschlagene Gewährleistung ebenso wie das Verlangen auf Vertragsanpassung wegen Störung der Geschäftsgrundlage – Gegenstand einer Mediation sein. Die Gründe für die Parteien, ein Mediationsverfahren an Stelle eines staatlichen Prozesses in Betracht zu ziehen, sind letztlich identisch mit den Erwägungen, die die Parteien in den anderen Rechtsbereichen ebenfalls anstellen.

3. Öffentliches Recht

Auch im öffentlichen Recht können mediative Techniken und Mediationen 53 mit Erfolg eingesetzt werden. Dies mag auf den ersten Blick überraschen, weil das öffentliche Recht durch ein **Subordinationsverhältnis** gekennzeichnet ist. Gleichwohl hat sich allgemein die Erkenntnis durchgesetzt, dass eine Bürgerbeteiligung im öffentlichen Recht nicht nur wünschenswert, sondern erforderlich ist. Gleichzeitig hat sich das Selbstverständnis der öffentlichen Verwaltung von einer obrigkeitsrechtlichen zu einer eher serviceorientierten Herangehensweise gewandelt.[99] Schließlich ist zu berücksichtigen, dass im Rahmen von **Beurteilungs- und Ermessensspielräumen** oft die Interessen unterschiedlicher Gruppen von Betroffenen ausgeglichen werden müssen. Auch in diesem Kontext kann die Mediation einen sinnvollen Beitrag leisten.

a) Verwaltungsrecht

Ein prominentes Beispiel aus der aktuellen Diskussion im **Verwaltungsrecht** 54 für den Einsatz von Techniken der alternativen Streitbeilegung zum Gesamtinteressenausgleich ist die Schlichtung durch den Politiker Heiner Geißler im Rahmen des Konfliktes um das Bauvorhaben »Stuttgart 21«. Dieses Verfahren, das mit einer unverbindlichen Empfehlung endete, war zwar technisch eine Schlichtung und damit keine Mediation im eigentlichen Sinne. Gleichzeitig hat dieses Projekt aber auch eine Diskussion darüber ausgelöst, ob nicht die Mediation bei öffentlich-rechtlichen Großprojekten stärker zum

---

98 *Günther/Hilber*, in: *Henssler/Koch* (Hrsg.), Mediation in der Anwaltspraxis, § 15 Rn. 54.
99 Zum Ganzen ausführlich *Voß*, in: *Johlen/Oerder* (Hrsg.), MAH Verwaltungsrecht, § 3 Rn. 38 ff.

Einsatz kommen oder gar verbindlich vorgeschrieben werden sollte.[100] Im Schrifttum finden sich zahlreiche Referenzfälle für gelungene Mediationen im Verwaltungsrecht.[101]

55 Im Allgemeinen werden folgende Bereiche des **besonderen Verwaltungsrechts** als besonders geeignet für Mediationen bzw. den Einsatz mediativer Techniken angesehen:[102]
- Planfeststellungsverfahren als typische Mehrparteienverfahren mit differenzierter Interessenstruktur,
- Bauleitplanung, insbesondere im Rahmen der Aufstellung von Flächennutzungs- und Bebauungsplänen,[103]
- Genehmigungsverfahren im Bau- und Immissionsschutzrecht, aber auch im Gewerbe- und Gaststättenrecht,[104]
- beamtenrechtliche Konflikte, in Anlehnung an die zum Arbeitsrecht entwickelten Grundsätze,
- Naturschutzrecht.

b) Sozialrecht

56 Im Sozialrecht wird der Einsatz mediativer Elemente und von Mediationen ebenfalls befürwortet. Auch wenn im Regelfall kein Interessenausgleich zwischen unterschiedlichen von öffentlich-rechtlichem Handeln Betroffenen herbeizuführen ist, sind doch die Bedürfnisse des Bürgers im sozialrechtlichen Verfahren meist Interessen im Sinne der Theorie der Mediation. Diese **Bedürfnisse des Bürgers** sind für eine sachgerechte Entscheidung sowohl im Widerspruchsverfahren als auch im sozialgerichtlichen Verfahren zu berücksichtigen. In diesem Zusammenhang ist auch die Einführung eines mündlichen Widerspruchsverfahrens mit mediativer Grundausrichtung angeregt worden.[105] Hingewiesen wird in der Literatur im Übrigen auch auf das

---

100 Handelsblatt vom 28.10.2010: »Mediation bei Großprojekten im Gespräch«.
101 Vgl. nur *Fritz/Krabbe* NVwZ 2011, 396 ff., 595 ff.; *Korte* SchlHA 2010, 52 ff.
102 Beispiele nach *Voß*, in: *Johlen/Oerder* (Hrsg.), MAH Verwaltungsrecht, § 3 Rn. 65–95.
103 *Holznagel/Ramsauer*, in: *Haft/von Schlieffen* (Hrsg.), Handbuch Mediation, § 28, Rn. 79 ff.; *Battis* DÖV 2011, 340.
104 *Von Bargen* Die Verwaltung 2010, 405, 421.
105 *Kilger*, in: *Plagemann* (Hrsg.), Sozialrecht, § 2 Rn. 19; ausführlich auch *Kilger*, Sozialrecht, in: *Henssler/Koch* (Hrsg.), Mediation in der Anwaltspraxis, § 20.

V. Methodik und Anwendungsbereiche der Mediation

Schiedsstellenverfahren, das im SGB V und SGB XI geregelt ist und mediationsähnliche Züge aufweist.[106]

c) Steuerrecht

Auch im Steuerrecht wird die Mediation in allen Stadien des Verfahrens für **sinnvoll** erachtet, obwohl der Grundsatz der Gesetzmäßigkeit der Besteuerung aus der allgemeinen Bindung an Recht und Gesetz gilt, der die Vereinbarung über die steuerrechtliche Beurteilung eines Sachverhaltes ausschließt. Dennoch lässt das Steuerverfahren eine Verständigung über tatsächliche Grundlagen der Besteuerung zu, weshalb im Rahmen dieser Verständigung mediative Techniken durchaus zum Einsatz kommen können.[107] Hier werden insbesondere Schätzungen (Abgrenzung zwischen privater und betrieblicher Nutzung, Nutzungsdauer von Wirtschaftsgütern und Wertschätzungen im Allgemeinen) als gut geeignet für mediierte Verständigungen angesehen.[108]

57

4. Strafrecht

Zwar ist der Strafprozess in erster Linie ein Verfahren, das auf einen objektiven Ausspruch über die Schuld des Angeklagten, seine Strafe oder sonstige strafrechtliche Maßnahmen gerichtet ist.[109] Allerdings hat auch die Verständigung zwischen den Verfahrensbeteiligten im Strafverfahren mittlerweile eine rechtlich geregelte Rolle.[110] Daneben wird im Rahmen des **Täter-Opfer-Ausgleichs** der Versuch unternommen, in einem »kommunikativen Prozess« zwischen Täter und Opfer eine Übernahme der Verantwortung des Täters für sein Verhalten zu erreichen.[111] Eine Verständigung mit dem Opfer kommt weiterhin auch im **Privatklageverfahren** und im **Adhäsionsverfahren**

58

---

106 *Kilger*, in: *Plagemann* (Hrsg.), Sozialrecht, § 2 Rn. 19.
107 S. hierzu *Boochs* DStR 2006, 1062, 1062; für das finanzgerichtliche Verfahren ablehnend *Paul* DStR 2008, 1111, 1116; befürwortend dagegen *Hölzer/Schnüttgen/Bornheim* DStR 2010, 2538, 2544.
108 *Boochs* DStR 2006, 1062, 1064; vgl. im Übrigen die Kommentierung zu § 155 FGO, Rdn. 5.
109 *Meyer-Goßner*, StPO, Einleitung Rn. 1.
110 §§ 265a, 470 S.StPO.
111 *Fischer*, StGB, § 46a Rn. 10.

in Betracht.[112] Insoweit als in diesen Aspekten eine konsensuale Beilegung des strafrechtlichen Konfliktes zulässig ist, können auch mediative Techniken im Strafverfahren Anwendung finden.

59 Bei der Verständigung im Strafverfahren über den Ausgang des Ermittlungsverfahrens sind notwendige Teilnehmer der Staatsanwalt, der Beschuldigte und der Verteidiger.[113] Im Rahmen der Hauptverhandlung ist auch noch das Gericht mit einzubeziehen. Dies folgt aus § 257c Abs. 1 S. 1 StPO, wonach sich in erster Linie »das Gericht« mit den übrigen Verfahrensbeteiligten verständigt. In der Literatur wird vertreten, dass ein **externer Mediator** grundsätzlich auch zur Vermittlung einer Verständigung eingeschaltet werden kann. Nach dieser Auffassung sollte der Mediator dann aber ein strafrechtlich versierter Jurist sein, der auch ein Verständnis für die angemessene strafrechtliche Sanktion hat.[114] In der Hauptverhandlung kann zwar das Gericht zwischen den übrigen Prozessparteien vermitteln und insoweit als eine Art Schlichter ebenfalls mediative Techniken anwenden. Zu berücksichtigen bleibt aber, dass der vermittelnde Richter – anders als ein Mediator – bei einer fehlgeschlagenen Vermittlung zwischen den Prozessbeteiligten das Urteil aussprechen muss.

60 Im Rahmen des Täter-Opfer-Ausgleichs (»TOA«) soll eine **persönliche Begegnung** zwischen Täter und Opfer die Schadenswiedergutmachung in materieller und immaterieller Hinsicht ermöglichen.[115] Für den Täter lässt sich bei Berücksichtigung der **Wiedergutmachung** ein Vorteil bei der Strafzumessung erzielen (§ 46a StGB). Daneben soll durch die Konfrontation des Täters mit den Folgen der Tat auch die Resozialisierung des Täters gefördert werden.[116] Aus Sicht des Opfers kann der TOA insoweit sinnvoll sein, als es das Strafverfahren nicht nur als Zeuge erlebt, sondern auch als Person mit Emotionen erlebt, deren erlittenes Leid explizit auch vom Täter gewürdigt

---

112 *Meyer-Goßner*, StPO, Einleitung Rn. 119a.
113 *Huchel*, in: *Haft/von Schlieffen* (Hrsg.), Handbuch Mediation, § 48 Rn. 64. Offen bleibt allerdings, wer das Honorar für den Mediator zahlen soll.
114 *Huchel*, in: *Haft/von Schlieffen* (Hrsg.), Handbuch Mediation, § 48 Rn. 81.
115 *Kerner*, in: *Haft/von Schlieffen* (Hrsg.), Handbuch Mediation, § 49 Rn. 8 f.
116 *Kerner*, in: *Haft/von Schlieffen* (Hrsg.), Handbuch Mediation, § 49 Rn. 20.

V. Methodik und Anwendungsbereiche der Mediation

wird.[117] Dem TOA wird daneben auch gesamtgesellschaftlich eine Befriedungsfunktion zugeschrieben.[118]

Im Rahmen des TOA werden häufig **Dritte als Konfliktmittler** eingesetzt, **61** um den kommunikativen Prozess zwischen Täter und Opfer zu moderieren, auch wenn dies nicht zwingend ist.[119] Teilweise wird der Ausgleich mit dem Opfer auch durch den Verteidiger vermittelt. Der Einsatz mediativer Techniken durch den Dritten oder den Verteidiger ist in jedem Falle zielführend.

---

117 *Kerner*, in: *Haft/von Schlieffen* (Hrsg.), Handbuch Mediation, § 49 Rn. 12.
118 *Kerner*, in: *Haft/von Schlieffen* (Hrsg.), Handbuch Mediation, § 49 Rn. 21.
119 *Streng*, in: *Kindhäuser/Neumann/Paeffgen* (Hrsg.), Strafgesetzbuch, § 46a Rn. 12.

Andere Verfahren der außergerichtlichen Konfliktbeilegung

Die **öffentliche Debatte** wie auch die parlamentarischen Beratungen drehten sich vor Verabschiedung des Gesetzes **fast ausschließlich** um das Verfahren der **Mediation**, was damit zusammenhängt, dass das Gesetz in erster Linie der nationalen Umsetzung der EU-MediationsRL dient und dementsprechend detaillierte Regelungen hierzu aufweist.

Gleichwohl hat der **Gesetzgeber** jedoch durch die Bezeichnung des Regelwerks zu verstehen gegeben, dass er die Mediation nur als eine, wenn auch sehr bedeutsame, Variante von ADR erachtet und den Blick damit **zugleich auf andere Verfahren der außergerichtlichen Konfliktbeilegung** gelenkt; im Gesetz selbst wird im Zusammenhang mit einer richterlichen Inkompatibilität in § 41 Nr. 7 ZPO, den Anforderungen an die Klage- bzw. Antragsschrift in § 253 Abs. 3 ZPO, § 23 Abs. 1 Satz 2 FamFG sowie dem gerichtlichen Vorschlagsrecht zur Durchführung eines nichtstreitigen Verfahrens[1] hierauf abgestellt.

Dementsprechend wird es als **Ziel des Gesetzes** bezeichnet, die außergerichtliche Konfliktbeilegung im Bewusstsein der Bevölkerung und der in der Rechtspflege tätigen Berufsgruppen stärker zu verankern.[2] Mit der weiteren Feststellung in der Gesetzbegründung, dass »zur außergerichtlichen Konfliktbeilegung die unterschiedlichsten Verfahren wie die in zahlreichen Landesgesetzen vorgesehenen Schlichtungs-, Schieds- und Gütestellen, die Ombudsleute, Clearingstellen und neuere Schieds- und Schlichtungsverfahren wie Shuttle-Schlichtung, Adjudikation, Mini Trial, Early Neutral Evaluation und Online-Schlichtung« zu zählen sind und dass »diese Verfahren in den verschiedensten Ausprägungen und Kombinationen praktiziert werden und davon auszugehen ist, dass die Entwicklung neuer innovativer Verfahren der außergerichtlichen Konfliktbeilegung weiter vorangehen wird«, hat es dann allerdings sein Bewenden.

Der Gesetzgeber überlässt es bislang im Wesentlichen **Schrifttum und Praxis**, sich auf dem Weg zu einer nachhaltigen Verbesserung der Streitkultur in

---

1 Vgl. § 278a ZPO; §§ 36a, 81 Abs. 2 Nr. 5, 135, 15 Abs. 4, 156 Abs. 1 Satz 3 FamFG; §§ 54a, 64 Abs. 7, 80 Abs. 2 Satz 1, 87 Abs. 2 Satz 1 ArbGG.
2 Begr. BT-Drucks. 17/5335, A., II.

Andere Verfahren Einführung

Deutschland mit diesen anderen Verfahren der außergerichtlichen Konfliktbeilegung zu befassen. Eine Ausnahme bildet die Anfang 2010 einberufene Bund-Länder-Arbeitsgruppe, die unter Federführung des Bundesministeriums der Justiz Leitlinien für ein neues Bauvertragsrecht erarbeitet. Im Zuge dessen wird auch das sog. Adjudikations-Verfahren für Baustreitigkeiten als ADR-Verfahren erwogen.

5 Das folgende **Kapitel I** widmet sich den verschiedenen ADR-Verfahren im Kurzüberblick, das **Kapitel II** den vielfach vernachlässigten ökonomischen Fragen der alternativen Streitbeilegung. Der Ansatz einer ökonomischen Bewertung von ADR-Verfahren anhand der in diesem Beitrag im Einzelnen vorgestellten Kriterien ist in der Bundesrepublik Deutschland bislang noch nicht weit verbreitet. Es kann jedoch ohne weiteres prognostiziert werden, dass zukünftig auch insoweit ökonomische Aspekte für Betroffenen verstärkt an Bedeutung gewinnen werden; die Veröffentlichung bezweckt daher u. a., die wissenschaftliche Auseinandersetzung und Debatte hierüber zu befördern mit dem Ziel, für Nutzer leicht nachvollziehbare und handhabbare Kriterien zu entwickeln. Schließlich werden in den **Kapiteln III bis VII** einige ausgewählte alternative Verfahrensarten (kooperatives Anwaltsverfahren, Schlichtung, Adjudikation, Schiedsgutachten, Schiedsgerichtsbarkeit) umfassend dargestellt.

6 Im Einzelnen nicht näher behandelt wird die alternative Streitbeilegung über das Internet, wofür zumeist der englische Begriff Online Dispute Resolution (ODR) verwendet wird;[3] nahezu alle im Folgenden vorgestellten außergerichtlichen Konfliktbeilegungsverfahren ließen sich über das Internet praktizieren. Von ersten Ansätzen wie dem Angebot der Länder Hessen und Baden-Württemberg zur Online-Schlichtung für Online-Shopping und eCommerce[4] abgesehen gibt es bislang eine breite ODR-Kultur vor allem in den USA, und zwar überwiegend im Bereich zwischen Großanbietern und ihren Kunden.[5]

---

3 Vgl. die Ausführungen zur Online-Mediation unter Methodik, IV. Rdn. 47 ff.
4 www.online-schlichter.de.
5 Zur Bedeutung und Entwicklung von ODR bei »Konflikten im öffentlichen Bereich« vgl. *Alexander/Ade/Olbrisch*, Mediation, Schlichtung, Verhandlungsmanagement, S. 197; vgl. im Übrigen Methodik, IV. Rdn. 47 ff.

I. Andere Verfahren

I. Zusammenfassende Darstellung alternativer Konfliktbeilegungsmethoden im Überblick

Übersicht

	Rdn.		Rdn.
1. Einführung	1	h) Early neutral Evaluation	23
2. Verfahren, in denen die Parteien das Ergebnis bestimmen	3	3. Verfahren, in denen Dritte das Ergebnis bindend bestimmen	25
a) Coaching	3	a) Adjudikation	25
b) Moderation	5	b) Schiedsgutachten	29
c) Anwaltliche Vergleichsvermittlung	8	c) Schiedsgerichtliches Verfahren	32
d) Kooperatives Anwaltsverfahren	10	4. Verfahrenskombinationen	36
		a) Med-Arb	36
e) Schlichtung	13	b) MAX	38
f) Güteverfahren	15	c) Med-Adj	41
g) Mini-Trial	19	d) Ombudsmann	43

1. Einführung

Im Schrifttum finden sich **unterschiedliche Ansätze**, um die zahlreichen ADR-Verfahren **zu kategorisieren**. So wird auf die unterschiedliche Bindungswirkung abgestellt, auf den ungleichen Einfluss der Konfliktparteien auf das Verfahren oder auf die Rolle hinzugezogener Dritter; gelegentlich werden aber auch Mischformen gewählt. Andere wiederum differenzieren nach der Intensität des Konfliktes.[1] 1

Die im Folgenden gewählte Darstellung stellt auf die **Konfliktbeteiligten und deren Selbstbestimmungsverhalten** ab und unterscheidet die vorgestellten Konfliktbeilegungsverfahren in solche, 2
- in denen die Parteien die Konfliktlösung selbst bestimmen (2.),
- in denen dies bindend durch Dritte geschieht (3.) und
- in sog. Verfahrenskombinationen (4.), also hybride Formen,[2] die sowohl Inhalte eines eigen- wie fremdbestimmten Verfahrens enthalten.

---

1 *Alexander/Ade/Olbrisch*, Mediation, Schlichtung, Verhandlungsmanagement, S. 9 ff.
2 *Risse* ZKM 2004, 244.

Andere Verfahren I.

2. Verfahren, in denen die Parteien das Ergebnis bestimmen

a) Coaching

3 Nimmt man die **Definition** der **Deutschen Coaching Gesellschaft –** DCG –[3] in den Blick, wonach es sich um einen personenzentrierten und interdisziplinären Beratungsprozess handelt, so scheint fraglich, ob Coaching zu den anderen Verfahren der außergerichtlichen Konfliktbeilegung zu zählen ist, von denen der Gesetzgeber spricht. Zwar bezweckt Coaching das Erreichen von Verhaltensänderungen, auf denen aufbauend entstandene Konflikte einer Lösung zugeführt werden sollen; hierbei handelt es sich jedoch zumeist um einen Prozess, der auf einen Konfliktbeteiligten fokussiert und der dem eigentlichen Verhandlungsprozess zur Konfliktbeilegung vorgeschaltet ist.

4 Allenfalls in den Konstellationen, in denen sich ein Coach mit professioneller Beratung, Begleitung und Unterstützung zugleich an alle Konfliktparteien wendet (z. B. bei Mobbing- und Teamkonflikten)[4] und versucht, diese zu einer Verhaltensänderung zu bewegen und darauf aufbauend zu einer Konfliktlösung zu gelangen, lässt sich Coaching als eigenständiges Verfahren auf dem Weg zu einer Konfliktlösung begreifen.

b) Moderation

5 Unter Moderation wird die Einschaltung eines **neutralen Dritten** in einen **Gesprächs-, Diskussions- oder Verhandlungsprozess** verstanden, dem die Organisation und Leitung übertragen wird, ohne jedoch auf den Inhalt Einfluss zu nehmen.[5] Moderation kommt insbesondere in Betracht, wenn ein Konflikt die Eskalationsstufe 3 noch nicht überschritten hat[6] und der Moderator daher davon ausgehen kann, dass die Beteiligten den Konflikt nach seinen Interventionen selbst bewältigen werden.[7]

6 Zu den vorbereitenden Aufgaben des Moderators zählt die Bereitstellung geeigneter Arbeitsbedingungen, die Einführung und Nutzung zweckdienlicher

---

[3] www.decg.de.
[4] *Migge*, Handbuch Coaching und Beratung, S. 24.
[5] *Ponschab/Dendorf*, Konfliktmanagement im Unternehmen, S. 589 ff. (602).
[6] *Glasl*, Konfliktmanagement, S. 219.
[7] *Glasl*, Konfliktmanagement, S. 362.

I. Andere Verfahren

Arbeitstechniken und – sofern gewünscht – die Herstellung und Gewährleistung von Öffentlichkeit.

Im Prozess selbst obliegt ihm – unter Wahrung seiner Neutralität – die **Strukturierung der Diskussion** mit dem Ziel, Standpunkte zu klären und Lösungen herbeizuführen. Interventionen des Moderators erfolgen verfahrensorientiert. Dafür kann es u. U. erforderlich sein, Eigeninitiative, Selbstorganisation und Kreativität zu fördern, Ideen anzustoßen und Arbeitsergebnisse zusammenzufassen. Bereits während des Prozesses – oder spätestens in der Nachbereitung – wird der Moderator (Zwischen-) Lösungen und/oder Ergebnisse dokumentieren und – je nach Arbeitsauftrag – auch der Öffentlichkeit unterbreiten.

c) Anwaltliche Vergleichsvermittlung

Von einer anwaltlichen Vergleichsvermittlung spricht man, wenn nach entsprechender Beauftragung durch ihre Mandanten die Anwälte zunächst die grundsätzliche **Verhandlungs- und Vergleichsbereitschaft** der Gegenseite **ausloten** und sodann versuchen, gemeinsam eine Lösung bestehender Streitpunkte herbeizuführen.[8]

Dies kann – konfliktabhängig – fernmündlich, schriftlich oder in Konferenzen erfolgen; je nach Mandatierung können die Anwälte auch weitere Dritte als Sachverständige hinzuziehen.

In aller Regel werden die Bevollmächtigten die gefundene Lösung ihren Mandanten zur Zustimmung zuleiten und – wenn angezeigt – in eine entsprechende Vertragsform bringen, die ggf. nach entsprechender notarieller Beurkundung (§ 794 Abs. 1 Nr. 5 ZPO) oder als anwaltlicher Vergleich (§ 794 Abs. 1 Nr. 4b i.V.m. § 796a bis 796c ZPO) vollstreckt werden kann.

---

[8] »*Als unabhängiger Berater und Vertreter in allen Rechtsangelegenheiten hat der Rechtsanwalt seine Mandanten ... konfliktvermeidend und streitentscheidend zu begleiten...*«, vgl. § 1 Abs. 3 BORA. Bei Nichtaufklärung über die Vereinbarung und Anwendung von ADR-Verfahren kommt eine Haftung des Anwalts in Betracht; vgl. *Lembcke* JurBüro 2009, 175 ff.; *Riebesell* IBR 2010, 1236 – nur online.

d) Kooperatives Anwaltsverfahren

10 Kooperatives Anwaltsverfahren,[9] auch unter dem englischen Begriff »collaborative law« bekannt, stellt ein Verfahren dar, in dem (als Mediatoren geschulte bzw. über entsprechende Kenntnisse verfügende) **Anwälte zusammen mit ihren Mandanten** versuchen, eine gemeinsame Lösung bestehender Streitpunkte zu erreichen.[10]

11 In einer vertraglichen Abrede (sog. **Partizipationsabkommen**) vereinbaren die Parteien dieses Verfahren, sichern sich die Offenlegung aller relevanten Fakten zu, verabreden Vertraulichkeit und Verschwiegenheit sowie den Verzicht, den Klageweg zu beschreiten; zugleich beschließen sie, dass im Falle des Scheiterns die jeweiligen Anwälte für ein Gerichtsverfahren nicht mehr zur Verfügung stehen (sog. **Disqualifikationsklausel**).

12 Nach vorbereitenden Einzelgesprächen der jeweiligen Konfliktparteien mit ihren Anwälten finden sodann gemeinsame **Vierergespräche** mit dem Ziel der Konfliktbeilegung statt. Falls erforderlich, können Experten (Steuerberater, Psychologen etc.) zum Verfahren hinzugezogen werden. Im Anschluss an die Vierergespräche wird von den Anwälten die gefundene Vereinbarung in eine vertragliche Form, zumeist einen Vergleichsvorschlag, gebracht, die – wenn gewünscht – nach notarieller Beurkundung (§ 794 Abs. 1 Nr. 5 ZPO) oder als anwaltlicher Vergleich (§ 794 Abs. 1 Nr. 4b i.V.m. § 796a bis 796c ZPO) vollstreckt werden kann.

e) Schlichtung

13 Der Begriff der Schlichtung[11] wird im Sprachgebrauch als Synonym für eine Vielzahl unterschiedlicher Verfahrensarten gewählt,[12] soll hier jedoch als ein Verfahren verstanden werden, in dem ein **von den Konfliktparteien** bestellter **neutraler Schlichter** auf die Konfliktregulierung Einfluss nimmt.[13] Der Mediation vergleichbar ist der grundsätzlich konsensuale und wenig formalisierte Ansatz sowie die Verwendung mediativer Techniken, wenngleich der Schlichter in der Praxis häufig den **Sachverhalt inquisitorisch ermittelt** und

---

9 S. hierzu auch die umfassende Darstellung unter Andere Verfahren, III. Rdn. 1 ff.
10 *Engel* ZKM 2010, 112 ff.
11 S. hierzu auch die umfassende Darstellung unter Andere Verfahren, IV. Rdn. 1 ff.
12 *Alexander/Ade/Olbrisch*, Mediation, Schlichtung, Verhandlungsmanagement, S. 110.
13 *Heussen*, Die Auswahl des richtigen Verfahrens, S. 217 ff. (218).

I. Andere Verfahren

sodann – und hierin liegt der entscheidende Unterschied zur Mediation – einen **(nicht bindenden) Vorschlag** zur Lösung des Konflikt unterbreitet, den sog. Schlichtungs- oder Schlichterspruch. Lehnt eine Partei den Schlichtungsspruch ab, so gilt die Schlichtung als gescheitert.

In der Bundesrepublik Deutschland haben zahlreiche Verbände und Institutionen[14] **sog. Schlichtungsstellen** etabliert,[15] also Einrichtungen, die als Institution auf die gütliche Einigung zwischen verschiedenen Institutionen, Trägern und Angeboten ausgerichtet sind und zugleich für gegenseitige Abrechnung und Dokumentation verantwortlich zeichnen.[16] Im Wesentlichen betrifft dies Schlichtungen bei Verbraucherbeschwerden und unter Berufsangehörigen.[17] Für die Durchführung stehen (jeweils unterschiedliche) Schlichtungsordnungen bereit. Ebenso wie die Schlichtung an sich erfolgt auch die Inanspruchnahme einer Schlichtungsstelle auf freiwilliger Basis; ein Schlichtungsverfahren hemmt die Verjährung (§ 204 Abs. 1 Nr. 4 BGB). 14

f) Güteverfahren

Eine besondere Form der Schlichtung in zivilrechtlichen Streitigkeiten ist das Güteverfahren, das vor **staatlich anerkannten Gütestellen** erfolgt.[18] Diese sind mit Personen besetzt, die die Befähigung zum Richteramt aufweisen oder mit Experten, die besonderes technisches Fachwissen mit sich bringen.[19] 15

---

14 Vgl. beispielhaft zu weiterführenden Informationen über und Anschriften von Schlichtungsstellen/Schlichtungseinrichtungen: http://www.frankfurt-main.ihk.de/recht/themen/streitbeilegung/schlichtungsstellen/index.html.
15 Vgl. auch das Angebot der Länder Hessen und Baden-Württemberg zur Online-Schlichtung unter www.online-schlichter.de für Online-Shopping und eCommerce.
16 Vgl. für den Versicherungsbereich § 214 Versicherungsvertragsgesetz, für den Bankenbereich § 14 Unterlassungsklagengesetz.
17 Vgl. aktuell den Gesetzentwurf der BReg vom 04.07.2012 für ein Gesetz zur Schlichtung im Luftverkehr.
18 Die Nomenklatur dieser staatlich anerkannten Gütestellen ist nicht einheitlich, z.T. werden sie auch als Schlichtungs- oder Schiedsstellen oder als Schiedsamt bezeichnet. Um die Abgrenzung zu den Schiedsgerichten zu gewährleisten bedarf es der Überprüfung, ob die jeweilige Stelle ein Vermittlungs- oder ein Entscheidungsverfahren anbietet.
19 Auch für die Schiedspersonen oder -leute werden unterschiedliche Begriffe verwendet: Schiedsmann bzw. -frau, Friedensrichter(in).

Andere Verfahren I.

Jede Gütestelle hat eine (individuelle) Güteordnung, aus der sich das Verfahren, die Methodik und die Kosten ergeben. Die Kosten sind in der Regel vom Streitwert unabhängig und mithin kalkulierbar, was das Güteverfahren auch für zivilrechtliche Streitigkeiten mit höheren Streitwerten attraktiv machen kann.

16 Die Organisation und Durchführung der Verhandlung obliegt der Gütestelle, während für die inhaltliche Gestaltung einer möglichen Einigung die Konfliktparteien zuständig sind.

17 Güteverfahren können als **freiwilliges Verfahren** sowohl vor als auch während eines anhängigen Prozesses durchgeführt werden. Sie bieten den Parteien eine schnelle und kostengünstige Möglichkeit, ihren Rechtsstreit auf außergerichtlichem Wege beizulegen. Ein freiwilliges Güteverfahren vor einer Gütestelle wird durch den Antrag einer Konfliktpartei eingeleitet. Dieser Antrag bewirkt die Hemmung der Verjährung eines zivilrechtlichen Anspruchs (§ 204 Abs. 1 Nr. 4 BGB). Lehnt der Konfliktgegner ein Güteverfahren ab, so endet die Hemmung der Verjährung sechs Monate nach Beendigung des Verfahrens (§ 204 Abs. 2 S. 1 BGB). Einigen sich die Konfliktparteien auf einen Vergleich und wird dieser von der Gütestelle protokolliert, so kann daraus zwangsvollstreckt werden (§ 15a Abs. 6 S. 2 EGZPO, § 794 Abs. 1 Nr. 1 ZPO).

18 Neben dem freiwilligen Güteverfahren gibt es in einigen Bundesländern auch ein **obligatorisches Güteverfahren** vor eingerichteten oder anerkannten Gütestellen (vgl. § 15a Abs. 1 Nr. 5 EGZPO). Da es dem Landesgesetzgeber überlassen bleibt, ob und in welchem Umfang er von der Ermächtigung Gebrauch macht, finden sich nicht in allen Bundesländern entsprechende Rege-

I. Andere Verfahren

lungen.[20] Die Erhebung einer Klage[21] ist danach in bestimmten Fallkonstellationen[22] erst zulässig, nachdem die Konfliktparteien vor einer Gütestelle versucht haben, ihre Streitigkeit einvernehmlich beizulegen. Nach Klageerhebung kann das Verfahren nicht mehr nachgeholt werden.[23] Im Falle einer Einigung ist der vor der Gütestelle geschlossene Vergleich Vollstreckungstitel (§ 794 Abs. 1 Nr. 1 ZPO). Kommt eine Einigung nicht zustande, so stellt die Gütestelle dem Kläger eine Bescheinigung über einen erfolglosen Einigungsversuch aus, der bei Klageerhebung einzureichen ist; eine entsprechende Bescheinigung ist zudem auf Antrag auszustellen, wenn nicht binnen drei Monaten das beantragte Einigungsverfahren durchgeführt worden ist (§ 15a Abs. 1 Sätze 2, 3 EGZPO).

g) Mini-Trial

Der Mini-Trial stellt ein **privates**, dem (schieds-) gerichtlichen Verfahren vergleichbares **Verhandlungsverfahren** dar, dessen Durchführung freiwillig geschieht, für das Vertraulichkeit verabredet wird, das sich auf die zentralen Streitpunkte konzentriert und das kein Präjudiz für nachfolgende (Schieds-) Gerichtsverfahren darstellt.[24] Vielmehr geht es darum, die Chancen und Risi-

19

---

20 Baden-Württemberg, Gesetz vom 28.06.2000 (GVBl. S. 470); Bayern, Gesetz vom 25.04.2000 (GVBl. S. 268); Brandenburg, Gesetz vom 05.10.2000 (GVBl. S. 134); Hessen, Gesetz vom 06.02.2001 (GVBl. I. S. 98), ferner Hess. Schiedsamtsgesetz vom 23.03.1994 (GVBl. I. S. 148); Nordrhein-Westfalen, Gesetz vom 26.01.2010 (GVBl. 30); Rheinland-Pfalz, Gesetz vom 10.09.2008 (GVBl. S. 204); Saarland, Gesetz vom 30.05.2001 (Abl. S. 532); Sachsen-Anhalt, Gesetz vom 22.06.2001 (GVBl. LSA, S. 214); Schleswig-Holstein, Gesetz vom 11.12.2001 (GVOBl. S. 361).
21 Die Vorschrift gilt nicht für Verfahren des einstweiligen Rechtsschutzes, *Thomas-Putzo*, ZPO, § 15a EGZPO, Rn. 3. Die Landesgesetzgeber (vgl. Fn. 20), haben davon in unterschiedlicher Weise Gebrauch gemacht.
22 Das Landesrecht kann dies für vermögensrechtliche Ansprüche mit einem Gegenstandswert bis 750 Euro, für bestimmte nachbarrechtliche Streitigkeiten, für Ehrschutzklagen ohne presserechtlichen Bezug und für Streitigkeiten nach dem Allgemeinen Gleichbehandlungsgesetz vorsehen, § 15a Abs. 1 Nr. 1 bis 4 EGZPO.
23 *Baumbach u.a.*, ZPO, § 15a EGZPO Rn. 24.
24 *Helm/Bechtold* ZKM 2002, 159.

ken eines (schieds-) gerichtlichen Verfahrens herauszuarbeiten und den Konfliktparteien zu verdeutlichen.[25]

20 Das Gremium setzt sich aus je einem hochrangigen, zu einem Vergleichsabschluss berechtigten **Entscheidungsträger der Konfliktparteien**[26] zusammen, die sich auf eine **dritte Person** als Obmann, **als neutralem Vorsitzenden**, einigen.

21 Das Prozedere für das Verfahren wird von den Parteien entweder bereits bei Vertragsabschluss oder vor Durchführung des Verfahrens vereinbart und folgt regelmäßig folgendem Schema:[27] Die Konfliktparteien tauschen sich in knappen schriftlichen Darlegungen aus und stellen vor dem Mini-Trial (mündlich) ihre gegenseitigen Standpunkte dar. Falls erforderlich, wird ein Beweisverfahren mit Zeugen und Sachverständigen durchgeführt. Im Anschluss daran erörtert das Mini-Trial-Gremium den unterschiedlichen Sachstand und führt Vergleichsverhandlungen, wobei der Obmann eine Vergleichsempfehlung abgeben kann.[28] Das gesamte Verfahren wird in einem überschaubaren Zeitrahmen durchgeführt und beendet.[29] Gelangen die Parteienvertreter des Gremiums zu einem Vergleich, so ist das Verfahren abgeschlossen; einigen sie sich nicht, so kann der Weg zu anderen außergerichtlichen oder gerichtlichen Entscheidungsmöglichkeiten beschritten werden.

22 Der Vorteil des bislang überwiegend in den USA[30] und dort wiederum beim Großanlagenbau praktizierten Verfahrens ist darin zu sehen, dass nicht die

---

25 *Borris*, Mini-Trial, S. 67 ff. (68).
26 Im Schrifttum wird es als sinnvoll erachtet, dass diese Unternehmensvertreter aus den Geschäftsleitungen der jeweiligen Unternehmen stammen und zuvor nicht persönlich in die unternehmerische Entscheidung eingebunden waren, die zum Konflikt geführt hat und Gegenstand des Mini-Trials ist, *Grashoff* RIW 1994, 625 ff. (629), *Allmayer-Beck* Öst. AnwBl. 2010, 421 ff. (422).
27 Vgl. insoweit den Verfahrensvorschlag der Zürcher Handelskammer zum Mini-Trial-Verfahren von 1984, Grashoff RIW 1994, 625 ff. (629); *Helm/Bechtold* ZKM 2002, 159.
28 *Allmayer-Beck* Öst. AnwBl. 2010, 421 ff. (422).
29 *Borris*, Mini-Trial, S. 67 ff. (72), geht unter Bezugnahme auf das New Yorker Center for Public Resources von bis zu 50 Tagen aus, *Risse/Wagner*, Mediation im Wirtschaftsrecht, S. 553 ff. (580) sprechen von wenigen Stunden oder Tagen.
30 Umfassend zu den Bedingungen, unter denen sich der Mini-Trial entwickelt hat: *Borris*, Mini-Trial, S. 67 ff. (69).

beauftragten Anwälte (oder Rechtsabteilungen) der jeweiligen Unternehmen, sondern verantwortlichen Unternehmensorgane selbst über den Streit entscheiden. Das Verfahren fördert bei ihnen eine realistische Einschätzung der Prozessaussichten und eine betriebswirtschaftlich sinnvolle Lösung.[31] Die Unternehmensvertreter im Gremium sehen sich mit der Zustimmung zum Mini-Trial-Verfahren grundsätzlich mit der Erwartung konfrontiert, eine Einigung herbeizuführen.[32]

h) Early neutral Evaluation

Das Verfahren dient Konfliktparteien dazu, in einem Frühstadium einer Auseinandersetzung sich der Hilfe eines **neutralen Dritten** zu bedienen, der ihnen als **unabhängiger Experte** für das jeweilige Streitgebiet eine vorläufige und unverbindliche, sie **nicht bindende Expertise** ihres Konfliktes liefert.[33] Dazu ermittelt er in kurzen Verhandlungen mit den Parteien den Sachverhalt als auch die jeweiligen Rechtsansichten und begründet dann schriftlich seine Einschätzungen in rechtlicher wie tatsächlicher Hinsicht. Das versetzt die Konfliktbeteiligten in die Lage, ihre möglichen Erfolgsaussichten in einer gerichtlichen Auseinandersetzung besser einschätzen und ihr weiteres Vorgehen konfliktangemessen beurteilen zu können. Typische Überschätzungen der jeweiligen Prozessaussichten werden so auf ein realistisches Maß reduziert.[34]

23

Auf der Grundlage seiner Expertise kann er, wenn gewünscht, mit den Konfliktparteien in Vergleichsgespräche eintreten;[35] das kann sowohl vor Verkündung seiner Entscheidung als auch danach geschehen.[36] Bei fehlender Einigungsbereitschaft kann der Dritte zudem Hinweise geben, wie ein etwaiges

24

---

31 *Allmayer-Beck* Öst. AnwBl. 2010, 421 ff. (422).
32 Zur Motivation der Unternehmensvertreter und verhandlungspsychologischen Phänomenen: *Risse/Wagner*, Mediation im Wirtschaftsrecht, S. 581.
33 *Allmayer-Beck* Öst. AnwBl. 2010, 421 ff. (422).
34 *Risse/Wagner*, Mediation im Wirtschaftsrecht, S. 583.
35 Der Erfolg dieser Einigungsgespräche liegt bei Wirtschaftsstreitigkeiten u. a. darin, dass entscheidungsbefugte Geschäftsführer ihre Einigungsbereitschaft nunmehr gegenüber anderen Unternehmensorganen mit der Bewertung durch den neutralen Dritten rechtfertigen können, *Risse/Wagner*, Mediation im Wirtschaftsrecht, S. 584.
36 Denkbar ist auch, das Verfahren in eine Mediation zu integrieren und auf diese Weise überzogene Ansichten in Bezug auf einen möglichen Prozesserfolg der Wirklichkeit anzupassen.

gerichtliches Verfahren unter genauer Abgrenzung des Prozessstoffes effizient zu führen wäre, insbesondere im Hinblick auf ein ggf. erforderliches Beweisverfahren.

3. Verfahren, in denen Dritte das Ergebnis bindend bestimmen

a) Adjudikation

25 Die Adjudikation[37] zählt zu den Verfahren, in denen ein Dritter – ein **sachverständiger Experte** (Adjudikator) – eine **(vorläufig) bindende Entscheidung** in einem zwischen den Parteien streitigen Konflikt trifft. Das Verfahren findet Anwendung im klassischen Baubereich wie auch im Anlagenbau, weil in diesen Wirtschaftszweigen schnelle Lösungen zur Vermeidung von erheblichen Schäden unabdingbar sind und es sich regelmäßig um Konflikte handelt, die schnell die Eskalationsstufe 6 und höher erreichen,[38] wenn sie nicht kurzfristig einer Lösung zugeführt werden.

26 Bereits in dem **Bauvertrag** einigen sich die Parteien, im Konfliktfall einen Adjudikator einzusetzen, der auf Antrag ad-hoc innerhalb kurzer Zeit vor Baufertigstellung Entscheidungen über Baukonflikte in tatsächlicher und rechtlicher Hinsicht trifft. Dies ist deshalb von Bedeutung, weil zu diesem frühen Zeitpunkt das Budget noch nicht verbraucht ist und Anpassungen im Bauablauf und der -durchführung noch möglich sind und Schäden infolge von Bauablaufstörungen minimiert werden können. In der Adjudikations-Vereinbarung sollte bereits die Person des Adjudikators benannt oder zumindest eine Benennungsinstitution[39] angegeben und sich für das Verfahren auf eine Adjudikationsordnung[40] verständigen werden.

27 Der Adjudikator setzt dem Antragsgegner eine kurze Erwiderungsfrist und ermittelt ansonsten den Sachverhalt selbst. Seine Entscheidung ist für die Parteien zunächst auch dann bindend, wenn sie grobe tatsächliche und rechtliche Fehler aufweist. Ihre Durchsetzung erfolgt gerichtlich in einem sog. Vollstreckungsprozess. Die Bindung der Parteien an den Spruch des Adjudikators dauert so lange an, bis ggf. innerhalb eines (Schieds-) Gerichts- oder eines anderen ADR-Verfahrens der Konflikt endgültig beigelegt wird.

---

[37] S. hierzu auch die umfassende Darstellung unter Andere Verfahren, V. Rdn. 1 ff.
[38] *Glasl*, Konfliktmanagement, S. 219.
[39] Z.B. die Deutsche Institution für Schiedsgerichtsbarkeit -DIS-, www.dis-arb.de.
[40] Z.B. die Adjudikations-Ordnung für Baustreitigkeiten, www.ao-bau.com.

I. Andere Verfahren

Adjudikation ist auch als **bau- bzw. projektbegleitende Adjudikation** 28
(»Stand-by«) denkbar: Mehrere, in der Regel drei, Adjudikatoren (mit unterschiedlichen, aber auf das Vorhaben abgestellten Grundberufen) begleiten ein größeres Bauprojekt von Anfang an; bei aufkommenden Streitigkeiten benötigen sie keine Einarbeitungszeit.[41] Ihre schnelle Entscheidung hat den Vorteil, dass der Projektfortschritt durch die Auseinandersetzung kaum beeinträchtigt wird und Konflikte auch informell gelöst werden können, da die Schwelle zur Anrufung wegen dauernder Präsenz der Adjudikatoren herabgesenkt wird.[42] Nachteile müssen allerdings in den laufenden Kosten sowie in Folge des Aufwands gesehen werden: Die projektbegleitenden Adjudikatoren müssen kontinuierlich über den Projektfortgang informiert werden.

b) Schiedsgutachten

Unter einem Schiedsgutachten[43] ist die von einem **neutralen Dritten**, in aller 29
Regel einem Sachverständigem mit konfliktabhängigem Expertenwissen, gefällte **verbindliche Entscheidung** über den ihm von den Konfliktbeteiligten unterbreiteten streitigen Sachverhalt zu verstehen, §§ 317 ff. BGB. Dabei geht es oftmals um die Beurteilung von Tatsachen; allerdings können die Parteien einem Schiedsgutachter auch rechtliche Beurteilungen innerhalb des Schiedsgutachtens einräumen. Es dient somit der Streitbeendigung und -erledigung.

Das **Schiedsgutachten** ist **zwischen** den **Konfliktbeteiligten verbindlich**, er- 30
wächst jedoch nicht in Rechtskraft; hierin liegt der wesentliche Unterschied zur Schiedsgerichtsbarkeit.

Die Bindungswirkung entfällt, d.h. das Schiedsgutachten ist unverbindlich, 31
wenn es offenbar unbillig oder offenbar unrichtig ist (vgl. § 319 Abs. 1 S. 1 BGB). Die Rechte aus einem Schiedsgutachten können gerichtlich im Rahmen eines Urkundenprozesses durchgesetzt werden, wenn um Geldforderungen oder andere vertretbare Sachen gestritten wird.

---

41 *Allmayer-Beck* Öst. AnwBl. 2010, 421 ff. (423).
42 *Köntges/Mahnken* SchiedsVZ 2010, 310 ff.
43 S. hierzu auch die umfassende Darstellung unter Andere Verfahren, VI. Rdn. 1 ff.

c) Schiedsgerichtliches Verfahren

32 Das schiedsgerichtliche Verfahren[44] ist dem Verfahren vor staatlichen Gerichten stark angenähert und wird überwiegend bei Streitigkeiten im Wirtschaftsrecht – und hier wiederum häufig im internationalen Bereich – angewendet. Nationale Regelungen finden sich im 10. Buch der ZPO, §§ **1025 ff. ZPO**; sie dienen in erster Linie der Sicherung von Verfahrensgerechtigkeit. Diese Vorschriften werden **ergänzt durch** internationale (ICC) oder nationale (DIS) **Schiedsgerichtsordnungen**, auf die sich die Konfliktparteien in aller Regel verständigen.

34 Schiedsgerichtliche Verfahren unterscheiden sich von Verfahren vor staatlichen Gerichten vor allem dadurch, dass sie freiwillig und vertraulich sind, dass die Schiedsrichter ausgewählt und die Spruchkörper paritätisch besetzt werden können, dass das Verfahren flexibel gestaltet werden kann und dass häufig nur eine Instanz über den Streitfall befindet. Die lange Zeit als Vorteil beschriebene Schnelligkeit und Kostengünstigkeit des schiedsgerichtlichen Verfahrens wird im jüngeren Schrifttum eher zurückhaltend bewertet.[45]

35 Das schiedsgerichtliche Verfahren bedarf zu seiner Anwendung zunächst einer schriftlichen Schiedsvereinbarung (Schiedsabrede oder Schiedsklausel, § 1029 Abs. 2 ZPO). Gegenstand einer Schiedsvereinbarung kann jeder vermögensrechtliche Anspruch sein sowie solche nichtvermögensrechtlichen Ansprüche, über die die Parteien berechtigt sind, einen Vergleich zu schließen. Der Verfahrensablauf selbst kann weitgehend von den Parteien gestaltet werden, ansonsten steht er im Ermessen des Schiedsgerichts. § 1042 Abs. 1 ZPO schreibt die Beachtung von Gleichbehandlung und rechtlichem Gehör vor. Das schiedsgerichtliche Verfahren endet durch einen (inhaltlichen) schriftlichen Schiedsspruch (§§ 1053, 1054 ZPO), der zwischen den Parteien die Wirkung eines rechtskräftigen gerichtlichen Urteils hat (§ 1055 ZPO) und aus dem nach erfolgter Vollstreckbarkeitserklärung vollstreckt werden kann (§ 1060 ZPO). Entscheidungen der Schiedsgerichte unterliegen nur in beschränktem Maße der staatlichen Jurisdiktion durch die Oberlandesgerichte (§§ 1062 ff. ZPO).

---

44 S. hierzu auch die umfassende Darstellung unter Andere Verfahren, VII. Rdn. 1 ff.
45 *Helm/Bechtold* ZKM 2002, 159 f. (160); *Heussen*, Die Auswahl des richtigen Verfahrens, S. 217 ff. (219).

I. **Andere Verfahren**

4. **Verfahrenskombinationen**

a) **Med-Arb**

Ein Med-Arb-Verfahren[46] stellt eine **Kombination** von **Mediation und** 36
schiedsgerichtlichem Verfahren dar.[47] Da es nach einer gescheiterten Mediation schwierig sein dürfte, mit der Gegenseite eine Schiedsvereinbarung zu treffen, wird die Mediation nicht isoliert, sondern als vorgeschalteter Teil eines einheitlichen Schiedsverfahrens durchgeführt,[48] m. a. W. die Konfliktparteien vereinbaren von vornherein einen entsprechend aufschiebend bedingten Schiedsklausel: Kommt mit Hilfe des Mediators eine Einigung nicht zustande, so werden die (verbleibenden) Streitpunkte durch diesen in der Funktion als Schiedsrichter entschieden.[49]

Der Vorteil dieser Kombination liegt darin, dass zunächst eine interessensori- 37
entierte Konfliktbeilegung angestrebt wird und für den Fall der Nichteinigung unverzüglich eine vollstreckbare Entscheidung des Schiedsgerichts her-

---

[46] S. hierzu auch die Ausführungen unter Andere Verfahren, VII. Rdn. 1 ff.
[47] Vereinbaren die Parteien hingegen zunächst die Durchführung einer Mediation und im Falle des Scheiterns die Durchführung einer Last-Offer-Schiedsverfahren, so wird hierfür der Begriff »MEDALOA« verwendet. Der Schiedsrichter oder das Schiedsgericht kann dann entscheiden, ob es den Einigungsvorschlag des Klägers oder den des Beklagten akzeptiert, ausgehend davon welcher der beiden Vorschläge näher an das Urteil heranreicht, dass das Schiedsgericht gefällt hätte. Dieses Verfahren erhöht das Risiko potentieller Konfliktparteien, weil es keine vermittelnde Lösung mehr gibt: Sie werden daher darauf bedacht sein, keine überzogenen Forderungen geltend zu machen. Ansonsten laufen sie Gefahr, dass das Schiedsgericht dem Vorschlag der Gegenseite folgen wird, weil dieser näher an der Realität ist, *Allmayer-Beck* Öst. AnwBl. 2010, 421 ff. (423), *Risse* ZKM 2004, 244 ff. (245).
Zur »einfachen« Arb-Med vgl. die Ausführungen unter Andere Verfahren, VII. Rdn. 60 ff., ferner an gleicher Stelle die Ausführungen zur Möglichkeit eines »integrierten/parallelen Mediationsverfahrens«.
[48] Kritisch zu dieser Vorgehensweise *Duve*, in: *Duve/Eidenmüller/Hacke* (Hrsg.), Mediation in der Wirtschaft, S. 252, der empfiehlt, ein ggf. erforderliches Schiedsgericht ad hoc zu vereinbaren.
[49] Einigen sich die Parteien jedoch auf die Anwendung der ICC-Regeln, so schließt Art. 7 (3) ICC ADR Rules aus, dass der Mediator in späteren Schiedsverfahren tätig wird; vgl. *Koch*, in: *Bachmann/Breidenbach/Coester-Waltjen/Heß/Nelle/Wolf* (Hrsg.), Grenzüberschreitungen, S. 402 ff. (403).

beigeführt werden kann. Der Nachteil besteht in einer mangelnden Offenheit der Parteien: Es ist nur schwer vorstellbar, dass die Parteien dem mit Entscheidungsgewalt ausgestatteten Mediator sensible Informationen hinsichtlich einer umfassenden Bewertung ihres Konfliktes unterbreiten werden; stattdessen werden sie u. U. auch im Mediationsverfahren versuchen, den Mediator und späteren Schiedsrichter von ihrem Rechtsstandpunkt zu überzeugen. Eine interessensorientierte Streitbeilegung wird dadurch zumindest erschwert, die Vorteile des Mediationsverfahrens gelangen nicht umfassend zur Geltung.[50]

b) MAX

38 Den Bedenken, die gegen das Med-Arb-Verfahren vorgebracht werden, lässt sich durch eine **Erweiterung des Schiedsgerichts** begegnen, für das sich die Bezeichnung »**erweitertes Med-Arb-Verfahren**« (**MAX**)[51] anbietet.

39 In dem sich an die Mediation anschließenden schiedsgerichtlichen Verfahren entscheidet nicht der »**Mediationsschiedsrichter**« allein, sondern in einem Spruchkörper **zusammen mit zwei weiteren Schiedsrichtern**, die entweder gemeinsam oder jeweils von einer der Parteien bestellt werden. Das Wissen, das der Mediationsschiedsrichter im Rahmen der Mediation erfahren hat, darf er – zur Wahrung der Vertraulichkeit – seinen Mitschiedsrichtern nicht mitteilen. Dass er selbst möglicherweise sensible Informationen im Hinterkopf hat, die seine Entscheidung beeinflussen, kann zwar nicht ausgeschlossen werden, jedoch wird dies durch die Mitentscheidung der beiden anderen Schiedsrichter weitgehend kompensiert.

40 Das »MAX-Verfahren« hat gegenüber dem sog. **Co-Med-Arb**[52] den Vorteil, dass der Mediationsschiedsrichter sein allgemeines Wissen zum Verfahrensstand, namentlich zu den bereits gelösten Problemen, in das schiedsgerichtliche Verfahren einbringen und so zu einem zügigen und zugleich konfliktan-

---

50 *Peter* American Review of International Arbitration 1997, 1 ff.
51 »Erweitertes Med-Arb-Verfahren«: MAX = **m**ediation-**a**rbitration-e**x**tended.
52 Vgl. hierzu mit weiteren Nachweisen *Schoen*, Konfliktmanagementsysteme für Wirtschaftsunternehmen, S. 153 (Fn. 152). Im »Co-Med-Arb-Verfahren« wird der Konflikt zwei neutralen Dritten geschildert, von denen der eine als Mediator und der andere ggf. sodann als Schiedsrichter tätig wird. *Eidenmüller* RIW 2002, 1 ff. (10) benennt noch das »med-arb-opt-out-Verfahren«, das jeder Partei die Möglichkeit einräumt, den designierten Mediationsschiedsrichter abwählen zu können.

gemessenen Schiedsspruch beitragen kann.[53] Ein weiterer Vorteil besteht gegenüber dem herkömmlichen Med-Arb-Verfahren darin, dass es gerade in komplexen Verfahren schwierig sein dürfte, einen qualifizierten Schiedsrichter zu finden, der zudem die Qualifikation als Mediator besitzt. Beide Funktionen erfordern spezifische Kenntnisse und ein guter Mediator muss nicht zwangsläufig ein guter Schiedsrichter sein und umgekehrt.[54] Im »MAX-Verfahren« kann jedoch die mediative Kompetenz des Mediationsschiedsrichters um die – vom jeweiligen Konfliktfall abhängige – fachspezifische Kompetenz der beiden anderen Schiedsrichter ergänzt werden.

c) Med-Adj

Eine **Kombination von Mediations- und Adjudikationsverfahren** (Med-Adj)[55] wird im Schrifttum[56] für die Regelung von Baustreitigkeiten empfohlen, wobei das Mediationsverfahren vor, während und nach dem Adjudikationsverfahren erfolgen kann.

41

Bei personenidentischer Besetzung des Mediations- und Adjudikations-Verfahrens kommen allerdings auch die bereits beim Med-Arb geäußerten Bedenken hinsichtlich der Offenheit der Beteiligten im Mediationsverfahren zum Tragen.[57]

42

---

53 Die ebenfalls denkbare Möglichkeit, den Mediator einem schiedsgerichtlichen Spruchkörper allein mit beratender Stimme beizuordnen, ist wenig zielführend, weil so der Spruchkörper unnötig aufgebläht und weitere Kosten entstehen würden. Es wird nicht verkannt, dass das Kostenargument bereits einem mit drei Personen besetzten Schiedsgericht entgegengehalten werden könnte; die Rücksichtnahme auf das Prinzip der Vertraulichkeit wie auch der Umstand, dass das MAX-Verfahren nur eines unter vielen alternativen Verfahren wäre, dürfte die erhöhten Kosten jedoch rechtfertigen.
54 *Eidenmüller* RIW 2002, 1 ff. (10).
55 S. hierzu auch die umfassende Darstellung unter Andere Verfahren, V. Rdn. 23 ff.
56 *Lembcke* ZKM 2009, 122 (123); *Wagner* BauR 2009, 1491 (1491); *Englert/Schalk* BauR 2009, 874 (874 ff.); *Jung/Lembcke/Sundermeier/Steinbrecher* ZKM 2010, 50 (50 ff.).
57 Vgl. die Ausführungen unter Andere Verfahren, VII. Rdn. 58.

d) Ombudsmann

43 Die Einrichtung des Ombudsmannes[58] – also eines **neutralen Dritten**, der bei Streitfällen verschiedenster Art **zur Streitregelung angerufen** werden kann –, zählt deshalb zu den hybriden Formen der außergerichtlichen Konfliktbeilegung, weil in zahlreichen Fallkonstellationen seine **Entscheidung** (in gewissem Rahmen) **für eine Konfliktpartei bindend** ist, während die andere entscheiden kann, ob sie den Vorschlag des Ombudsmannes zur Konfliktlösung annimmt.

44 So wird beispielsweise der **Ombudsmann der privaten Banken** bei Beschwerden von Kunden jener Banken tätig, die Mitglieder des Bundesverbandes deutscher Banken sind (d. h. private Banken ohne Genossenschaftsbanken). Der Schlichtungsspruch des Ombudsmannes ist für die jeweilige Bank bis zu einem bestimmten Wert des Beschwerdegegenstands bindend (5.000 Euro), während der Kunde dies akzeptieren kann, aber nicht muss und seinen Anspruch auch vor Gericht geltend machen kann.[59]

45 Die Institution des Ombudsmannes findet sich in den verschiedensten Wirtschaftsbereichen, aber auch **bei öffentlichen Einrichtungen** wie Universitäten oder Rundfunkanstalten.[60] Zahlreiche Ombudsmann-Institutionen geben allerdings für beide Seiten nur unverbindliche Empfehlungen oder Lösungsvorschläge hinsichtlich des ihnen unterbreiteten Konfliktgegenstandes ab, so dass sich ihre Tätigkeit von der eines Schlichters (vgl. Rdn. 13 ff.) nicht unterscheidet.

---

58 Vgl. die Ausführungen unter Andere Verfahren, IV. Rdn. 27 ff.

59 Umfassend *Derleder/Knops/Bamberger* (Hrsg.), Handbuch zum deutschen und europäischen Bankrecht, § 57.

60 Vom privatrechtlich tätig werdenden Ombudsmann ist diejenige (Vertrauens-)Person oder Behörde zu unterscheiden, die – zumeist im Bereich des öffentlichen Rechts – in der Regel von einem Parlament dazu berufen oder eingesetzt wurde, die Rechte und den Rechtsschutz anderer zu überwachen und staatliche (Verwaltungs- oder Dienst-)Stellen zu kontrollieren etc. Dazu zählen beispielsweise die Datenschutzbeauftragten des Bundes- und der Länder oder aber auch der Wehrbeauftragte des Deutschen Bundestages. Der (öffentlich-rechtliche) Ombudsmann verfügt regelmäßig über keine eigenen Eingriffsrechte, kann aber vermittelnd tätig werden und (wenn gesetzlich vorgesehen) öffentlich Bericht erstatten; vgl. hierzu *Schubert/Klein*, Das Politiklexikon; umfassend ferner *Kruse*, Der öffentlich-rechtliche Beauftragte.

II. Andere Verfahren

II. Ökonomische Aspekte alternativer Streitbeilegung

Übersicht

	Rdn.
1. Ökonomische Bedeutung des Konfliktmanagements	1
a) Wirtschaftliche Dimension von Konflikten	1
aa) Erwerbswirtschaftliche Austauschbeziehungen	3
bb) Nicht erwerbswirtschaftliche Austauschbeziehungen	6
b) Erfordernis ökonomischer Auswahlkriterien für ADR-Verfahren	8
c) ADR-Bewertungsmaßstab: Effizienz	12
aa) Pareto-Effizienz	13
bb) Eliminierung von Akteurrisiken	15
2. Ökonomische Kriterien effizienter ADR-Verfahren	17
a) Ausgleich asymmetrischer Information	17
aa) Begriffsdefinition	17
bb) Relevanz für das Konfliktmanagement	18
aaa) Beobachtbarkeit	19
bbb) Beurteilbarkeit	20
ccc) Verifizierbarkeit	21
ddd) Sanktionierbarkeit	22
cc) Maßnahmen zum Informationsausgleich	26
aaa) Beiziehung sachverständiger Dritter	27
bbb) Untersuchungsbefugnisse des Sachverständigen	29
ccc) Frühzeitige Streitlösung	31
b) Reduzierung von Transaktionskosten	33
aa) Begriffsdefinition	33
bb) Relevanz für das Konfliktmanagement	35
aaa) Rechtsschutzhemmnis hoher Transaktionskosten	36
bbb) Problem vielfältiger Kostenentstehung	37
ccc) Auswirkung von Kostentragungsregelungen	38
ddd) Streitpräventions- und -bewältigungskosten	40
eee) Erfordernis effektiven Mitteleinsatzes	42
cc) Maßnahmen zur Transaktionskostenreduzierung	46
aaa) Vereinbarung üblicher Verfahrensregelungen	47
bbb) Zielorientierte Verfahrensgestaltung	48
ccc) Förderung konsensualer Lösungen	51
c) Verhinderung von Verhandlungsmacht-Verschiebungen	54
aa) Begriffsdefinition	54
bb) Relevanz für das Konfliktmanagement	56
aaa) Spezifische Investitionen einer Partei	57

bbb) Risiko eines ›Hold-Up‹ 58
ccc) Finanzierungsproblem strittiger Ansprüche 60
ddd) Risiko von ›Hold-Out‹-Strategien ... 63
eee) Einfluss von Transaktionskosten 65
fff) Effekt des Prozessrisikos 66
cc) Maßnahmen zum Verhandlungsmachtausgleich 67
aaa) Abbau asymmetrischer Information . 68
bbb) Ausgleich und Minimierung der Verfahrenskosten . 69
ccc) Zeitnahe Konfliktentscheidung 72
d) Absicherung spezifischer Investitionen 73
aa) Begriffsdefinition 73
bb) Relevanz für das Konfliktmanagement 76
aaa) Lock-In-Effekt der investierten Partei . 77
bbb) Gefahr der Unterinvestition 78
cc) Maßnahmen zur Investitionsabsicherung 80
aaa) Ausgleich der Verhandlungsmacht .. 81
bbb) Zeitnahe Konfliktentscheidung 82
e) Minimierung von Residualverlusten 83
aa) Begriffsdefinition 83

bb) Relevanz für das Konfliktmanagement 85
aaa) Kompensation einseitiger Vertragsänderungen .. 86
bbb) Bewältigung von Wertschöpfungsproblemen 90
ccc) Strukturdefizite juristischer Konfliktentscheidungen ... 92
ddd) Erfordernis interessenorientierter Lösungen 96
eee) Exkurs: Fallbeispiel 98
cc) Maßnahmen zur Minimierung von Residualverlusten 105
aaa) Frühzeitige Konflikterledigung 106
bbb) Förderung konsensualer Lösungen ... 107
ccc) Beiziehung sachverständiger Dritter 108
f) Minimierung externer Effekte 109
aa) Begriffsdefinition 109
bb) Relevanz für das Konfliktmanagement 111
aaa) Ungleiche Kostenbelastung der Parteien 112
bbb) Kostenabwälzung auf Dritte 114
cc) Maßnahmen zur Minimierung externer Effekte 116
3. Zusammenfassung/Resümee 118
4. Hinweise für die Praxis 121

II. Andere Verfahren

1. Ökonomische Bedeutung des Konfliktmanagements

a) Wirtschaftliche Dimension von Konflikten

Ein Wesensmerkmal moderner Gesellschaften sind Austauschbeziehungen, die Personen, Unternehmen und andere Institutionen miteinander eingehen. Der Austausch von Leistungen bzw. Ressourcen beschränkt sich hierbei keineswegs auf erwerbswirtschaftlich motiviertes Handeln, sondern prägt sämtliche Gesellschaftsbereiche. Austauschbeziehungen basieren in diesem Zusammenhang vor allem auf individuellen, freiwilligen Entscheidungen der Akteure und damit auf einer konkreten individuellen **Nutzen- bzw. Erfolgserwartung.** 1

Unabdingbar für das Zustandekommen des Austausches ist insoweit ein stabiler Erwartungswert des individuellen Nutzens, den die Beteiligten erzielen. M.a.W.: Nur wenn die Akteure die Chancen und Risiken im Vorfeld hinreichend sicher beurteilen und von einer hohen Erfolgswahrscheinlichkeit ausgehen können, werden sie eine Austauschbeziehung aus freiem Willen eingehen. Rechtsgeschäftliche Vereinbarungen basieren insoweit auf der **Erwartungssicherheit einer ordnungsgemäßen Leistungserfüllung.** Dies gilt in besonderem Maße für Verträge mit erwerbswirtschaftlicher Zielstellung. 2

aa) Erwerbswirtschaftliche Austauschbeziehungen

Kommt es im Zuge des Leistungsaustausches zu unterschiedlichen Auffassungen über die Auslegung der Vereinbarungen, so ist dies oft nicht allein Ausdruck einer unterschiedlichen Wahrnehmung und Beurteilung von Sachverhalten; Meinungsverschiedenheiten sind häufig auch ein Indikator für strukturell **divergierende Vertragsinteressen** der Parteien. Konflikte bergen vor diesem Hintergrund in mehrfacher Hinsicht akute Gefahren für die Realisierung des von den Parteien individuell erwarteten Vertragsnutzens bzw. wirtschaftlichen Erfolgs: 3

Je nach Ausgang des Streitfalls drohen zunächst wirtschaftliche Einbußen aus einer Konkretisierung oder (vermeintlichen) Anpassung vertraglicher Rechte und Pflichten, die die Beteiligten zuvor nicht in ihr Kalkül einbezogen haben. Im Extremfall müssen die Akteure erhebliche monetäre Verluste hinnehmen. 4

Hinzu kommt, dass die Beteiligten nur allzu oft einen Gutteil ihrer **Ressourcen** – insbesondere Zeit, Personal, Sach- oder Geldmittel – **für die Konfliktbewältigung** aufwenden müssen, anstatt diese produktiv einsetzen zu kön- 5 nen. Die Kosten dieses Ressourceneinsatzes sind in ökonomischer Hinsicht für eine alternative Verwendung unwiederbringlich verloren, und zwar unabhängig von der – insoweit nachrangigen – Frage nach der abschließenden Verteilung dieser Kosten auf die Konfliktparteien.

bb) Nicht erwerbswirtschaftliche Austauschbeziehungen

6 Nicht wesentlich anders liegen die Dinge bei Konflikten in Austauschbeziehungen ohne erwerbswirtschaftlichen Zweck. Auch hier drohen den Beteiligten **konfliktbedingte Einbußen** ihres – ggf. nicht monetär bewerteten – Austauscherfolgs, und auch hier müssen die Parteien für die Konfliktlösung ggf. beträchtlichen Ressourcenaufwand betreiben. Analoges gilt selbst für Beziehungen, die nicht auf Freiwilligkeit der beteiligten Akteure basieren.

7 Konflikte haben in allen Lebensbereichen also unmittelbare ökonomische Auswirkungen auf die Beteiligten und erreichen mithin eine ggf. ausgeprägte wirtschaftliche Dimension, weil sie die Erfolgserwartung einer Austauschbeziehung gefährden und sich nur durch den Einsatz von Zeit, Geld, Personal, Sachmitteln und anderen Ressourcen bewältigen lassen.

b) Erfordernis ökonomischer Auswahlkriterien für ADR-Verfahren

8 Außergerichtliche Verfahren erfreuen sich in zahlreichen Kulturkreisen und vielen Ländern der Welt als Instrumente zur Bewältigung von Konflikten in weiten Bereichen sozialer und wirtschaftlicher Beziehungen einer hohen Akzeptanz. Das gilt auch in der Europäischen Union und in der Bundesrepublik Deutschland. Die Verabschiedung des Mediationsgesetzes ist ein deutliches Signal für diese Entwicklung. Angestrebt wird zwar in besonderem Maße eine Förderung der Mediation. Das Gesetz greift jedoch noch weiter und zielt explizit darauf ab, auch anderen Verfahren der außergerichtlichen Konfliktbewältigung die Tür zu öffnen.

9 Die **Bandbreite der Verfahren** ist allerdings groß, und ihre **Ausgestaltung variiert** nicht nur zwischen den grundlegenden ADR-Modellen, sondern auch innerhalb der einzelnen Verfahrensarten, für die inzwischen eine Fülle unterschiedlicher Verfahrensordnungen bzw. Musterregelungen angeboten wird. Ihre Zahl ist mit steigender Intensität der Diskussion geradezu exponentiell in die Höhe geschnellt. Für interessierte Akteure, die ein ADR-Verfahren vereinbaren wollen oder in einem bereits bestehenden Konflikt auf der Suche nach einem geeigneten Instrument der Konfliktbewältigung sind, gestaltet sich die Auswahl oft schwierig – zu unüberschaubar zeigt sich die

ADR-Landschaft inzwischen. Für nicht ausgewiesene Experten ist es daher nur schwer zu beurteilen, welches Verfahrensmodell, welche Verfahrenskombination und welche Ausgestaltung eines Verfahrens im Einzelfall die richtige bzw. beste Wahl ist.

Die Entscheidung wird auch dadurch nicht erleichtert, dass die Diskussion über den Sinn und Zweck verschiedener ADR-Verfahren auch in der Fachwelt bisweilen ideologische Züge annimmt. Allzu oft folgt die **Verfahrenswahl** eher einem ›Glaubensbekenntnis‹ als sachlicher Abwägung. In dieser Konsequenz aber geraten der Konflikt und die Anforderungen an seine bestmögliche Bewältigung aus dem Blickfeld. Es droht die Gefahr, dass das Verfahren der Streitlösung nicht mehr als Mittel zur Erreichung eines klar definierten Ziels – einer optimalen Konfliktbewältigung – dient, sondern zum Selbstzweck gerät. 10

Zur Rechtfertigung und Förderung der außergerichtlichen Streitbewältigung vermag dies angesichts der ausgeprägten wirtschaftlichen Dimension von Konflikten nicht mehr zu genügen. Nötig sind deshalb **objektive ökonomische Kriterien**, anhand derer sich verschiedene ADR-Verfahrensmodelle und -Gestaltungsoptionen auf ihre Tauglichkeit hin überprüfen und zur Anwendung in der täglichen Praxis auswählen lassen. Als ›ökonomisch‹ ist hierbei im ursprünglichen Wortsinn der effiziente Einsatz begrenzter Ressourcen zu verstehen. 11

c) ADR-Bewertungsmaßstab: Effizienz

»Winning a lawsuit is not the goal, maximizing profits and minimizing risks and losses is the goal.«[1] – Nicht das Obsiegen vor Gericht ist das Ziel, sondern die Maximierung des wirtschaftlichen Erfolgs resp. die **Minimierung von Risiken und Verlusten.** Diese Feststellung trifft exakt die ökonomische Basisanforderung an ein wirksames Konfliktmanagement für alle Lebensbereiche, in denen Menschen unter Einsatz begrenzter Mittel agieren. Es kommt mithin zunächst darauf an, knappe Ressourcen (Zeit, Geld, Personal, Sachmittel,…) möglichst sinnvoll für die Bewältigung von Streitfällen einzusetzen. Weiterhin gilt es, eine – gemessen an den Nutzenerwartungen der Beteiligten – **ergebnisoptimale Konfliktlösung** zu fördern. Der ökonomische 12

---

1 *Edward A. Dauer*, Professor of Law and Dean Emeritus, University of Denver, Colorado.

Bewertungsmaßstab für jedwedes Konfliktmanagementinstrument und damit auch für ADR-Verfahren lässt sich insoweit wie folgt beschreiben:
- Verfahrenseffizienz der Konfliktbewältigung,
- Ergebniseffizienz der Konfliktbewältigung.

aa) Pareto-Effizienz

13 Effizienz bedeutet unter dem Kriterium der Verfahrens- und Ergebnisorientierung nicht die Maximierung eines Ertrags, also die Durchsetzung von Maximalansprüchen unter Einsatz geringstmöglicher Mittel. Es gilt vielmehr der Maßstab einer gesamtwirtschaftlichen **Effizienz durch optimale Ressourcenverwendung** für das Konfliktmanagement.[2] Das Optimum wird als sog. ›Pareto-Effizienz‹[3] erreicht, wenn sich ADR-Regelungen nur noch dadurch verändern lassen, indem eine Partei benachteiligt wird. Die Ausgestaltung von Regelungen für das Konfliktmanagement wird also auf eine ökonomische Ebene zurückgeführt – genauer: auf eine ›**Ökonomische Analyse des Rechts**‹ (ÖAR). Hierbei geht es darum, rechtliche Regelungen am Maßstab einer effizienten Ressourcenverwendung zu beurteilen. Im Kern stellen sich daher folgende Fragen:
- Welche Auswirkungen haben Konfliktmanagementregelungen bzw. ADR-Verfahren auf das Ziel einer optimalen Effizienz?
- Wie sollten Konfliktmanagementregelungen bzw. ADR-Verfahren unter der Zielsetzung ökonomischer Effizienz ausgestaltet werden?

14 Das ökonomische Kriterium der Effizienz steht hierbei keineswegs in einem grundsätzlichen Widerspruch zu außerökonomischen Zielsetzungen des Konfliktmanagements, sondern korrespondiert nach h.M. mit allgemeinen Rechtsprinzipien wie z.B. der Personenautonomie, der Gegenseitigkeit, der Verteilungs- und der Verfahrensgerechtigkeit.[4] Rechtsdogmatische und ökonomische Erwägungen schließen einander also nicht aus.

---

2 Man spricht insoweit auch von ›Allokationseffizienz‹. S. hierzu etwa *Richter/Furubotn*, Neue Institutionenökonomik, S. 1, und *Schäfer/Ott*, Lehrbuch der ökonomischen Analyse des Zivilrechts, S. 6.
3 Vgl. *Erlei/Leschke/Sauerland*, Neue Institutionenökonomik, S. 18.
4 Vgl. *Schäfer/Ott*, Lehrbuch der ökonomischen Analyse des Zivilrechts, S. 8 ff.

II. Andere Verfahren

bb) Eliminierung von Akteurrisiken

Verfahrens- und Ergebniseffizienz der Bewältigung von Streitigkeiten erfordern es, sog. ›Akteurrisiken‹ aus ›opportunistischem Verhalten‹ der Streitbeteiligten weitestmöglich zu unterbinden. Als **Opportunismus** bezeichnet man den Versuch einer Partei, ihren (wirtschaftlichen) Nutzen unter bewusster **Schädigung und Täuschung der Gegenseite** zu maximieren. Die Hauptgründe für eine Verwirklichung von Akteurrisiken bei der Bewältigung von Konflikten liegen bei näherer Betrachtung in asymmetrischer Information, hohen Transaktionskosten, Verhandlungsmachtungleichgewichten, einem mangelnden Schutz spezifischer Investitionen und im Problem externer Effekte. Hinzu kommen Residualverluste als mögliche wirtschaftliche Konfliktfolgen.

15

Die ökonomische Effizienz der Bewältigung von Konflikten im Allgemeinen lässt sich insoweit anhand folgender Aspekte bewerten:
– Ausgleich asymmetrischer Information,
– Reduzierung von Transaktionskosten,
– Verhinderung von Verhandlungsmacht-Verschiebungen,
– Absicherung spezifischer Investitionen,
– Minimierung von Residualverlusten,
– Minimierung externer Effekte.

16

Bisher sind diese Kriterien den wenigsten Parteien bei der Auswahl und Anwendung von ADR-Verfahren bewusst.

2. Ökonomische Kriterien effizienter ADR-Verfahren

a) Ausgleich asymmetrischer Information

aa) Begriffsdefinition

Konflikten liegen häufig **in individuellen Wahrnehmungsunterschieden** der Beteiligten begründet.[5] Sachverhalte oder Situationen werden unterschiedlich wahrgenommen oder interpretiert – je nachdem, welche Qualifikation, welchen Kenntnisstand und welche Erfahrung die Akteure besitzen, in welcher momentanen Stimmung sie sind oder welche Charaktereigenschaften sie prägen.

17

---

5 Vgl. dazu *Mullins*, Management and Organizational Behavior, S. 31.

Andere Verfahren II.

Im Regelfall verfügen die Beteiligten daher weder der Menge noch dem objektiven Inhalt nach über die gleichen konfliktrelevanten Informationen. Selbst wenn Sie es täten, so würden sie diese Informationen ggf. völlig unterschiedlich verstehen und bewerten. Je komplexer sich Sachverhalte gestalten, desto geringer ist nach aller Erfahrung die Schnittmenge der gemeinsamen Wahrnehmung. Konflikte sind daher ganz wesentlich durch **asymmetrische Information der Akteure** gekennzeichnet.

bb) Relevanz für das Konfliktmanagement

18 Für das Konfliktmanagement ist dieses Phänomen unter folgenden Gesichtspunkten von essentieller Bedeutung:
   - Beobachtbarkeit von Handlungen bzw. Verhaltensweisen[6] der Konfliktparteien,
   - Beurteilbarkeit des Akteurverhaltens,
   - Verifizierbarkeit unfairer, vertrags- oder regelwidriger Handlungen und Verhaltensweisen,
   - Sanktionierbarkeit von Regelverstößen und Vertragsbrüchen der Parteien.

Die ersten drei Punkte sind unmittelbar mit dem individuellen Informationsstand der Akteure verknüpft: Herrscht zwischen den Konfliktparteien asymmetrische Information, so schränkt dies unweigerlich die Beobachtbarkeit, Beurteilbarkeit und Verifizierbarkeit von vertrags- oder regelwidrigen bzw. unfairen Handlungen und Verhaltensweisen ein. Gleichzeitig stehen diese Aspekte in einem Stufenverhältnis zueinander:

aaa) Beobachtbarkeit

19 Die **Beobachtbarkeit von Handlungen und Verhaltensweisen** der Konfliktparteien ist zunächst denklogisch eine notwendige Bedingung, um z. B. unfaires Verhalten, Regelverstöße oder vertragswidriges Handeln überhaupt zu erkennen.

---

[6] Ein Konflikt ist nach *Jost* dadurch gekennzeichnet, dass sich gegenläufige Interessen mehrerer Parteien in nicht vereinbaren Handlungen manifestieren. Vgl. *Jost*, Strategisches Konfliktmanagement in Organisationen, S. 12.

II. Andere Verfahren

bbb) Beurteilbarkeit

Beobachtbarkeit allein genügt jedoch nicht. Zusätzlich bedarf es der Fähigkeit, **das beobachtete Verhalten** auch zutreffend am jeweiligen Erwartungsmaßstab eines fairen, ordnungsgemäßen oder vertragskonformen Handelns **beurteilen** zu können. Hierzu sind nicht selten besondere Sach- und Rechtskenntnisse, Erfahrungen und weitere Qualifikationen unabdingbar. Längst nicht jedes beobachtete Verhalten lässt sich deshalb stets richtig bewerten.

ccc) Verifizierbarkeit

Auch eine zutreffende Beurteilung genügt für die Bewältigung von Konflikten nicht, wenn unfaire Verhaltensweisen, Vertragsbrüche und insbesondere die daraus abgeleiteten Anspruchsfolgen nicht verifizierbar sind. Als ›Verifizierbarkeit‹ bezeichnet man in diesem Zusammenhang die **Möglichkeit der schlüssigen Darlegung oder Nachweisführung** gegenüber Dritten,[7] die den Konflikt z. B. als Schiedsgutachter, Schiedsrichter oder ordentliches Gericht entscheiden. Entscheidend für die Verifizierbarkeit ist insoweit, welche Anforderungen an die Darlegung strittiger Sachverhalte oder (Rechts-)Ansprüche zu stellen sind. Es kommt daher nicht auf die subjektive Einschätzung der entscheidungsbefugten Drittpartei an, sondern auf die Einhaltung der Darlegungs- und Beweisanforderungen im Einzelfall.

ddd) Sanktionierbarkeit

Erst mit Verifizierung strittiger Sach- und Rechtsfragen ist es generell möglich, unfaires, regel- oder vertragswidriges Verhalten zu sanktionieren, beispielsweise im Wege der **Durchsetzung entsprechender Rechtsfolgen** wie Schadenersatz, Vergütungsanpassung, Nachbesserung o. ä. (vgl. Abb. 1). Ob dies faktisch gelingt, hängt in letzter Konsequenz gleichwohl ab von der materiellen Vollstreckbarkeit einer Streitentscheidung und deshalb nicht selten von der wirtschaftlichen Lage der betroffenen Konfliktpartei.

---

[7] Vgl. etwa *Hart/Holmström*, in: *Bewley*, Advances in Economic Theory: Fifth World Congress, S. 71 (134); *Tirole*, The Theory of Industrial Organization, S. 38, und *Jost*, Die Prinzipal-Agenten-Theorie in der Betriebswirtschaftslehre, S. 11 (13).

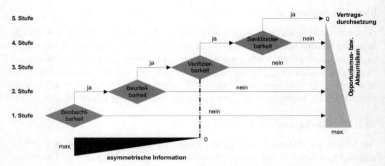

Abb. 1: Problematik asymmetrischer Information bei Vertragsstreitigkeiten

23 Im Ergebnis dieser Überlegungen können also Vertragsverstöße einer Partei, die beobachtbar und beurteilbar sind, von der benachteiligten Vertragsseite gegenüber Dritten längst nicht in jedem Fall auch hinreichend dargetan, nachgewiesen und mit deren Hilfe sanktioniert werden. Vertragsbrüche wiederum, die nicht beobachtet werden können, sind jedoch bereits aufgrund dieses Umstandes niemals beurteilbar und damit auch nicht sanktionsfähig.

24 Für das Konfliktmanagement ist das **Phänomen asymmetrischer Information** zwischen den Vertragsparteien untereinander bzw. zwischen den Vertragsparteien und Dritten insoweit **von elementarer Bedeutung**. Besonders kritisch wirkt es sich aus, wenn Streitigkeiten nicht allein aus sachlich begründeten Wahrnehmungsunterschieden resultieren, sondern durch sog. ›opportunistisches Verhalten‹ einer Seite verursacht werden. Das Merkmal des ›Opportunismus‹ bezieht sich hierbei auf die »unvollständige oder verzerrte Weitergabe von Informationen, insbesondere auf vorsätzliche Versuche irrezuführen, zu verzerren, verbergen, verschleiern oder sonstwie zu verwirren.«[8]

25 Asymmetrische Information zwischen den Beteiligten provoziert in diesem Zusammenhang nicht nur die Entstehung und die Eskalation von Konflikten, sondern **behindert** insbesondere auch eine sach- und interessengerechte **Bewältigung von Streitigkeiten**. Ein Ausgleich asymmetrischer Information

---

[8] *Williamson*, Die ökonomischen Institutionen des Kapitalismus, S. 54, vgl. auch *Richter/Furubotn*, Neue Institutionenökonomik, S. 153.

II. Andere Verfahren

trägt mithin unmittelbar dazu bei, die Gefahr der Streitentstehung und -eskalation nicht nur zu verringern, sondern darüber hinaus auch eine effiziente Konfliktlösung zu fördern.

cc) Maßnahmen zum Informationsausgleich

Welche Maßnahmen sind es nun, die einen **Ausgleich asymmetrischer Informationen** im Rahmen des Konfliktmanagements herbeiführen oder zumindest unterstützen können? Die Beantwortung dieser Frage hängt zunächst davon ab, ob ein Streitfall auf Wahrnehmungsunterschieden in der Sache beruht oder ob mindestens eine Seite bestrebt ist, in opportunistischer Weise Kapital aus Informationsvorteilen zu schlagen. 26

aaa) Beiziehung sachverständiger Dritter

In einem Sachkonflikt sind die Parteien nach aller Erfahrung bestrebt, alle vorliegenden Informationen in eine Klärung des Konflikts einzubringen. Eine gütliche Einigung scheitert meist daran, dass die Beteiligten entweder nicht über alle maßgeblichen Informationen verfügen oder die ihnen vorliegenden Informationen nicht kongruent bzw. nicht zutreffend auslegen können. 27

Abhilfe ist in dieser Situation durch die Beiziehung eines neutralen sachverständigen Dritten möglich, sofern dieser in der Lage ist, den **Konfliktstoff** hinreichend zu erfassen und **sicher zu beurteilen**. Der **Experte** kann die Parteien dann bei der Streitbeilegung unterstützen, indem er den Prozess als Mediator faszilitativ moderiert, mit einer evaluativen Mediation ggf. Anstöße für Lösungswege gibt oder in der Rolle eines Schlichters sogar eigenständig Einigungsvorschläge entwickelt. 28

bbb) Untersuchungsbefugnisse des Sachverständigen

In opportunistisch geprägten Konflikten halten die Parteien dagegen z. B. Unterlagen bewusst zurück, weil sie aus dem Bekanntwerden von Informationen Nachteile für sich befürchten. Die Beiziehung eines neutralen Experten hilft in dieser Situation nur sehr bedingt weiter, wenn dieser sich bei seiner Arbeit nur auf unvollständige Grundlagen stützen kann, weil ihm **konflikt- bzw. wertungserhebliche Informationen vorenthalten** bleiben. Eine sachgerechte Streitbewältigung bzw. Streitentscheidung wird auf diese Weise erschwert oder sogar vereitelt. 29

30 Ein Ausweg liegt darin, die Position des neutralen Dritten durch die Übertragung umfassender Amtsermittlungsbefugnisse zu stärken, die ihm eine **eigenständige Sachverhaltsermittlung** gestatten. Ein solches Modell findet sich z. B. im Adjudication-Verfahren, wie es zur Entscheidung von Bauvertragsstreitigkeiten u. a. in England gesetzlich verankert ist.[9] Diese Ausgestaltung kommt nicht von ungefähr in einer Branche, deren Konfliktstrukturen in hohem Maße von komplexen technisch-baubetrieblichen Sachverhalten geprägt sind. Das Instrument der Amtsermittlung dient hier auch und besonders dem Zweck, die **Informationsgrundlage der Streitentscheidung zu verbessern** und eine opportunistisch motivierte Zurückhaltung entscheidungserheblicher Informationen zu verhindern.

ccc) Frühzeitige Streitlösung

31 Ein nachhaltig positiver Effekt lässt sich durch eine möglichst **frühzeitige Verfahrenseinleitung, -durchführung und Streitentscheidung**. Dies gilt besonders für Streitfälle, die innerhalb einer längerfristigen Vertragsbeziehung auftreten, in die die Parteien jeweils individuelle Leistungsbeiträge einbringen und damit gleichsam als ›Co-Produzenten‹ fungieren. Zu denken ist in diesem Kontext in erster Linie an jegliche Formen des Projektgeschäfts. Typische Beispiele sind etwa industrielle Entwicklungspartnerschaften, die Softwarebranche, die Bauwirtschaft oder der Anlagenbau. Wird die Streitbewältigung hier auf die ›lange Bank‹ geschoben, so besteht immer die Gefahr, dass sich relevante Sachverhalte nachträglich kaum noch feststellen bzw. verifizieren lassen. Mit dem Zeitverlauf wächst zudem das Risiko von Informationsverlusten infolge von Mitarbeiterfluktuation oder schlichtweg aus verblassender Erinnerung der konfliktbeteiligten Personen.

32 Regelungen, die die Parteien auf eine zeitnahe Lösung von Streitigkeiten verpflichten oder zumindest wirksame Anreize hierfür schaffen, tragen daher ebenso zum **Ausgleich asymmetrischer Information** bei wie die Beiziehung sachverständiger Dritter.

---

9 Zum englischen Adjudication-Verfahren vgl. etwa *Harbst/Winter* BauR 2007, 1974 (1974 ff.); *Schramke* BauR 2002, 409 (409 ff.), und *Wiegand* RIW 2000, 197 (197 ff.).

II. Andere Verfahren

b) Reduzierung von Transaktionskosten

aa) Begriffsdefinition

Als Transaktionskosten (TAK) bezeichnet man den monetär bewerteten Ressourceneinsatz, zur Anbahnung, Vorbereitung und Realisierung sozialer und wirtschaftlicher Austauschbeziehungen. Zwischen Teilnehmern eines Marktes werden TAK als sog. ›Markttransaktionskosten‹ bezeichnet. Über den Phasenverlauf einer Leistungsbeziehung sind in diesem Kontext verschiedene **Transaktionskostenarten** zu unterscheiden. 33

Bis zum Zeitpunkt des Vertragsschlusses entstehen Such-, Informations- und Anbahnungskosten, Verhandlungs-, Entscheidungs- und Vereinbarungskosten. Nach Abschluss eines Vertrags bis zu seiner Beendigung fallen weiterhin Kontrollkosten, Anpassungskosten und Beendigungskosten an (vgl. Abb. 2). 34

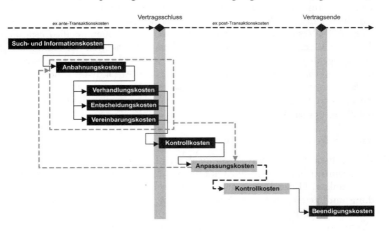

Abb. 2: Transaktionskosten über den Verlauf vertraglicher Leistungsbeziehungen

bb) Relevanz für das Konfliktmanagement

Die Leistungsfähigkeit des Konfliktmanagements in Austauschbeziehungen wird durch Transaktionskosten damit in mehrfacher Hinsicht beeinflusst: 35

aaa) Rechtsschutzhemmnis hoher Transaktionskosten

36 Es liegt auf der Hand, dass die Kontrolle und Durchsetzung von Rechtsansprüchen unter ökonomischen Überlegungen nur dann sinnvoll ist, wenn daraus ein **wirtschaftlicher Nutzenzuwachs** resultiert. Die TAK der Rechtsdurchsetzung müssen also niedriger liegen als der monetäre Wert der strittigen Ansprüche. Entscheidend ist hier die individuelle Risikobewertung der Anspruchsdurchsetzung durch die jeweilige Konfliktpartei. Muss ein Akteur Geld zur Entscheidung eines strittigen Anspruchs aufwenden, so wird er dies unter ökonomischer Abwägung nur dann tun, wenn er seinen **Erwartungswert des Streiterfolgs** höher einschätzt als die **Transaktionskosten der Konfliktbewältigung**. Die Anreizwirkung der Anspruchsverfolgung korrespondiert naturgemäß mit der Differenz zwischen dem erwarteten Erfolg und den zur Streitentscheidung anfallenden TAK. Sie ist daher nicht zuletzt abhängig von der **Einschätzung des wirtschaftlichen Verfahrensrisikos**[10] durch die einzelnen Parteien. Die Rechtsschutzqualität des Konfliktmanagements bzw. eines ADR-Verfahrens ist daher tendenziell umso höher, je niedriger die TAK des Verfahrens liegen. Zehren die Transaktionskosten der Konfliktbewältigung hingegen einen Großteil des strittigen Anspruchs auf, so verliert das entsprechende Verfahren an wirtschaftlicher Attraktivität – hohe TAK wirken damit faktisch als Rechtsschutzbarriere, hindern die Akteure an der Anspruchsverfolgung und zwingen sie ggf. wirtschaftlich nachteilige Verhandlungslösungen zu akzeptieren.

bbb) Problem vielfältiger Kostenentstehung

37 Zu beachten ist in diesem Zusammenhang, dass sich die TAK des Konfliktmanagements bei Weitem nicht auf die **Kosten der Verfahrensdurchführung** beschränken. Hinzu kommen beispielsweise Kosten zur Auswahl, Entscheidung und Vereinbarung der Konfliktmanagement-Regelungen bzw. der gewünschten ADR-Verfahren. Gleiches gilt für die Beauftragung neutraler Dritter, die im Streitfall etwa als Mediatoren, Schlichter, Schiedsgutachter oder Schiedsrichter fungieren. Weiterhin gilt es zu berücksichtigen, welche Kosten den Parteien für die Dokumentation bzw. die verfahrensgerechte Aufbereitung des Streitstoffs, den Anspruchsnachweis und die Verfahrensbe-

---

[10] Dieses Risiko wird im Zivilverfahren der ordentlichen Gerichtsbarkeit und im Schiedsgerichtswesen gemeinhin als ›Prozessrisiko‹ bezeichnet.

gleitung entstehen. Neben den unmittelbaren Verfahrenskosten gilt es also eine **Vielzahl sekundärer Kosten** zu beachten.

ccc) Auswirkung von Kostentragungsregelungen

Bei allen Kostenbetrachtungen ist natürlich zunächst die **Gesamtkostensumme** bedeutsam, weil diese Aufschluss über die volkswirtschaftliche Effizienz der Konfliktbewältigung liefert. Darüber hinaus aber ist nicht minder von Gewicht, ob und welche anfallenden TAK-Bestandteile von den Beteiligten erfolgsunabhängig selbst zu tragen sind oder ob eine **Tenorierung** erfolgt, d. h. ob den Parteien bestimmte Kosten beispielsweise im reziproken Verhältnis zur Obsiegensquote auferlegt werden. 38

Beteiligen sich die Akteure nach einem fixen Kostenschlüssel (z. B. 50:50) an den Verfahrenskosten des Konfliktmanagements, so schmälert dies den wirtschaftlichen Erfolg im Obsiegensfall, mindert allerdings auch die **Verfahrensrisiken** bei unklarer Anspruchssituation. Vereinbaren die Parteien hingegen eine ergebnisabhängige Quotelung, so erhöht sich das wirtschaftliche Risiko der Anspruchsverfolgung bei geringen Erfolgsaussichten in dem Maße, wie das Ergebnis im Obsiegensfall entsprechend besser ausfällt. 39

ddd) Streitpräventions- und -bewältigungskosten

Bei der Organisation des Konfliktmanagements ist ferner zu bedenken, dass die Transaktionskosten der Streitprävention und -bewältigung immer in einer **Wechselbeziehung** stehen: Werden zunächst nur geringe **Kosten für die vertragliche Risikoabsicherung** aufgewandt, so steigt unweigerlich die Konfliktgefahr und damit der **Erwartungswert konfliktbedingter TAK** – Analoges gilt im Umkehrschluss. 40

Verzichten die Transaktionspartner wegen hoher Verhandlungs- und Vereinbarungskosten auf detaillierte schriftliche Regelungen zu wesentlichen Vertragsfragen, so leidet hierunter deren Verifizierbarkeit gegenüber Dritten. Kommt es später zum Streit, müssen für die Konfliktbewältigung meist zusätzliche Ressourcen aufgewandt werden, wodurch die TAK der Vertragsdurchsetzung resp. Anpassung unausweichlich ansteigen. Treffen die Parteien anfangs detaillierte Vertragsvereinbarungen, so müssen sie hierfür zwar vergleichsweise hohe Transaktionskosten aufwenden. Sie sparen diese ggf. aber später dadurch wieder (mehr als) ein, dass einerseits die Konfliktgefahr reduziert wird und dennoch aufkommende Streitigkeiten andererseits unter geringeren Kosten zu bewältigen sind. 41

eee) Erfordernis effektiven Mitteleinsatzes

42 In der Gesamtsicht geht es unter diesen Überlegungen also nicht primär um die Minimierung der Kostensumme für die Konfliktbewältigung, sondern um eine Optimierung des Verhältnisses zwischen den aufzuwendenden TAK und dem **Zugewinn an Rechtsschutzqualität** bzw. Rechtssicherheit für die Parteien, die sich letztlich in einem belastbaren und dauerhaft stabilen **Erwartungswert des (wirtschaftlichen) Nutzens** aus der Austauschbeziehung niederschlägt.

43 Insoweit kann ein vergleichbar teures ADR-Verfahren durchaus sinnvoll sein, wenn es mit deutlich höherer Wahrscheinlichkeit zu einer sachgerechten, wirtschaftlich effizienten und abschließenden Streiterledigung führt als ein Verfahren, das kostengünstiger zu haben ist. Die anfallenden TAK sind daher stets im Zusammenklang mit allen anderen ökonomischen Aspekten des Konfliktmanagements zu bewerten.

44 Die Kosten einer Mediation beispielsweise liegen im Regelfall deutlich unterhalb denen eines Schlichtungs- oder Schiedsverfahrens. Gleichwohl wird ein Mediationsverfahren ggf. ökonomisch ineffizient sein, wenn die Aussichten auf eine akzeptable Streitlösung mangels Einigungswillen der Konfliktparteien nur gering sind. Scheitert eine konsensuale Lösung, so belasten die erfolglos aufgewandten TAK die Kostenbilanz des anschließend meist unausweichlichen Drittentscheidungsverfahrens. Wenig sinnvoll ist ein kostenminimales, konsensuales Verfahren wie die Mediation zumeist auch in den Fällen, in denen eine Partei über eine starke Verhandlungsposition verfügt und diese mit hoher Wahrscheinlichkeit nutzen wird, um der anderen Seite einen wirtschaftlich nachteiligen Vergleich aufzuzwingen.

45 Die Rechtsverfolgung im Gerichts- oder Schiedsgerichtsverfahren wird demgegenüber kaum Sinn machen, wenn das Verfahren zwar prinzipiell mit einem besseren wirtschaftlichen Ergebnis endet, dieser Vorteil letztlich aber durch hohe TAK wieder aufgezehrt wird.

cc) Maßnahmen zur Transaktionskostenreduzierung

46 Ein erster Ansatzpunkt zur Senkung der TAK liegt unter den oben skizzierten Überlegungen darin, die **Kosteneffektivität** innerhalb der unterschiedlichen ADR-Verfahren durch geeignete Maßnahmen zu verbessern.

II. Andere Verfahren

aaa) Vereinbarung üblicher Verfahrensregelungen

Hierzu gehört beispielsweise die Vereinbarung von Verfahrensregelungen, die in den Verkehrskreisen der Parteien gebräuchlich, den handelnden Personen bekannt und in ihrer Anwendung sicher vertraut sind. Es bietet sich daher an, auf ›**marktetablierte**‹ **Regelungsmuster bzw. Verfahrensordnungen** zurückzugreifen, wie sie von einschlägigen ADR-Institutionen angeboten werden. Auf diese Weise lassen sich Transaktionskosten der Verfahrensvereinbarung und -durchführung gegenüber einer Individualvereinbarung oft signifikant reduzieren. 47

bbb) Zielorientierte Verfahrensgestaltung

Spielräume für TAK-Einsparungen eröffnet auch die Gestaltung des Verfahrens an sich. Der Kosten- bzw. Ressourcenaufwand für das Konfliktmanagement hängt nämlich ganz wesentlich davon ab, welche **verfahrens- und materiellrechtlichen Anforderungen** zu beachten sind. Genügt beispielsweise eine summarische Sachverhaltsprüfung des Streitstoffs, so lässt sich eine Konfliktentscheidung in aller Regel erheblich zügiger und kostengünstiger herbeiführen, als wenn im Verfahren sämtliche strittigen Detailfragen Berücksichtigung finden müssen. 48

Ähnliches gilt im Hinblick auf den rechtlichen **Maßstab der Konfliktbeurteilung**. Eine Entscheidung nach billigem Ermessen z. B. wird deutlich kostengünstiger zu treffen sein als eine Entscheidung in ›Gerichtsqualität‹ (vgl. Abb. 3). Wesentlichen Einfluss auf die Höhe der anfallenden TAK hat schließlich auch die **Verfahrensorganisation**. Es liegt auf der Hand, dass ein ADR-Verfahren umso kostenintensiver sein wird, je umfassender den Parteien rechtliches Gehör zu gewährleisten ist, je aufwändiger die einzelnen Verfahrensschritte zu dokumentieren sind und je ausführlicher das Verfahrensergebnis zu begründen ist. 49

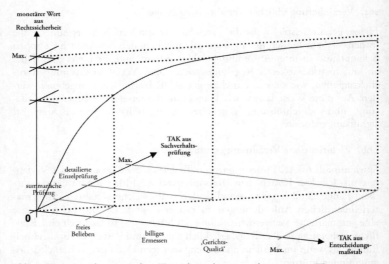

Abb. 3: Zusammenhang zwischen Transaktionskosten und monetärem Wert einer Streitentscheidung

50 Die Beteiligten sind mithin gefordert, ihr Rechtsschutzinteresse bei der **Verfahrenswahl und -gestaltung sorgfältig abzuwägen** (vgl. Abb. 3, Rdn. 49). Besonders in Wirtschaftsstreitigkeiten wird bisweilen noch außer Acht gelassen, dass der monetäre Wert einer letztlich ›rechtssicheren‹ Entscheidung häufig in einem signifikanten Missverhältnis zu den hierfür anfallenden Transaktionskosten steht.

ccc) Förderung konsensualer Lösungen

51 Eine Reduzierung der Transaktionskosten (TAK) für die Konfliktbewältigung gelingt grundsätzlich über konsensuale Verfahren wie Mediation oder Schlichtung, die bereits auf einer niedrigen Eskalationsstufe **unter geringem Ressourcen- und Kostenaufwand** durchführbar sind. Dieser Strukturvorteil lässt sich allerdings nur dann ausschöpfen, wenn die Konfliktlösung auch tatsächlich – und mit akzeptablem Ergebnis – gelingt. Insoweit muss die **Anreizwirkung** konsensualer Lösungen gestärkt werden.

II. Andere Verfahren

Möglichkeiten hierfür bieten sog. ›**hybride Verfahren**‹[11] unter Kopplung verschiedener ADR-Instrumente, wie sie vor allem international bzw. im Ausland etwa als ›MedArb‹ (Mediation-Arbitration)[12] oder ›MEDALOA‹ (Mediation and Last-Offer-Arbitration)[13] bekannt sind. Diese Modelle bieten den Konfliktparteien die Option, beim Scheitern einer gütlichen Einigung unverzüglich die Konfliktentscheidung im Schiedsverfahren einzuleiten. Andere Regelungen sehen im Rahmen eines Drittentscheidungsverfahrens mit dem sog. ›**Mediation-Window**‹[14] ein Zeitfenster vor, innerhalb dessen die Parteien explizit angehalten sind, (letztmals) Einigungsanstrengungen zu unternehmen.

52

Der Kern dieser Verfahrensgestaltung liegt in der Absicht, den **Einigungsdruck auf die Parteien** durch die Möglichkeit eines zeitnahen Übergangs in ein Drittentscheidungsverfahren zu erhöhen, was letztlich die Erfolgschancen einer konsensualen Lösung verbessert und damit – unabhängig von ggf. darüber hinaus gehenden Vorteilen – auch zu einer Transaktionskostenreduzierung beiträgt.

53

c) Verhinderung von Verhandlungsmacht-Verschiebungen

aa) Begriffsdefinition

Der Begriff der Verhandlungsmacht beschreibt die relative **Stärke der Verhandlungsposition**, welche Akteure im Zuge eines Interessenausgleichs einnehmen (können).[15] Ausgeprägte Verhandlungsmacht versetzt eine Partei in die Lage, ihren Nutzen aus einer Austauschbeziehung durch die **Vorgabe von Preisen, Leistungen oder anderen Konditionen** zu maximieren. Akteure mit geringerer Verhandlungsmacht sind daher gezwungen, Vertragsbedingungen bzw. Preise zu akzeptieren, die nicht ihren tatsächlichen Interessen bzw. **Präferenzen** entsprechen.

54

---

11 S. *Eidenmüller* RIW 2002, 1 (1 ff.).
12 *Risse*, Wirtschaftsmediation, S. 524 ff.
13 Vgl. *Eidenmüller* RIW 2002, 1 (8); *Risse* BB 2001, 16 (19), sowie *Risse*, Wirtschaftsmediation, S. 534 ff., und *Coulson* Journal of International Arbitration 1994, 111 (111 ff.).
14 Vgl. dazu etwa *Eidenmüller* RIW 2002, 1 (5).
15 Vgl. *Dixit/Skeath*, Games of Strategy, S. 571.

55 Virulent wird dies, wenn sich die Verhandlungsmacht nach Vertragsschluss zugunsten einer Partei verschiebt und diese Partei den so gewonnenen Vorteil ausnutzt, um der anderen Vertragsseite **im Wege von Nachverhandlungen schlechtere Vertragskonditionen** aufzuzwingen als ursprünglich vereinbart. Die verhandlungsschwächere Partei erleidet auf diese Weise ungeplante bzw. unvorhergesehene **Nutzeneinbußen** und wird die Transaktion ggf. insgesamt mit wirtschaftlichem Verlust abschließen. Die Austauschbeziehung wird damit ökonomisch ineffizient, denn sie wäre – sofern die schwächere Partei bereits vor Vertragsschluss Kenntnis von dieser Entwicklung gehabt hätte – unter freier Entscheidung wohl kaum zustande gekommen.

bb) Relevanz für das Konfliktmanagement

56 Eine Verschiebung der Verhandlungsmacht stellt sich im Verlauf der Vertragsabwicklung grundsätzlich immer dann ein, wenn eine Partei **Vorleistungen** (z. B. Lieferung von Waren, Herstellung von Bauteilen) erbracht hat, für die die geschuldete Gegenleistung (z. B. Vergütung) noch nicht getätigt ist.

aaa) Spezifische Investitionen einer Partei

57 Gelingen kann diese Strategie, wenn es sich bei den Vorleistungen um sog. ›vertrags- bzw. transaktionsspezifische Investitionen‹[16] handelt, die der Gläubiger anderweitig nicht oder nur unter **Hinnahme hoher wirtschaftlicher Einbußen** (sog. ›Sunk Costs‹ – versunkene Kosten) weiterverwenden kann. Der Gläubiger deshalb gleichsam in der Leistungsbeziehung gefangen und wirtschaftlich angewiesen auf eine ordnungsgemäße Vertragserfüllung.

bbb) Risiko eines ›Hold-Up‹

58 Spezifische Investitionen wären unproblematisch, wenn sich die Gegenleistung des Schuldners ohne Risiken durchsetzen ließe. In der Vertragswirklichkeit jedoch ist die Situation häufig eine andere: Mit zunehmender technischer und/oder organisatorischer Komplexität einer vertraglichen Leistungsbeziehung wächst naturgemäß das **Risiko von Lücken, Unklarheiten oder Widersprüchen** innerhalb des Vertragswerks, die im Wege der Auslegung geschlossen werden müssen. Ebenso steigt die Wahrscheinlichkeit, dass **Leistungsstörungen** eintreten oder **Leistungsmodifikationen** erforder-

---

16 S. hierzu ausführlich nachfolgend Rdn. 73 ff.

lich werden. Sofern der Vertrag für derartige Fälle Anpassungsregelungen vorsieht, sind diese notwendigerweise auf eine Vielzahl möglicher Konstellationen ausgelegt – für den konkreten Einzelfall verbleiben daher zumeist **Auslegungsspielräume**.

Gelingt keine einvernehmliche Anpassung, so laufen die Parteien Gefahr, ihre Auslegung des Vertrags im Streit nur unter hohem Kosten- und Zeitaufwand, ggf. nur eingeschränkt oder letztlich überhaupt nicht durchsetzen zu können. In wirtschaftlicher Hinsicht trifft dieses Risiko primär den Gläubiger, der bereits in Vorleistung getreten ist und seinen Anspruch auf die geschuldete Gegenleistung darlegen und beweisen muss. Der Schuldner hingegen ist zumeist in einer komfortablen Position: Er kann über die erbrachte Vorleistung faktisch verfügen und versuchen, die Vertragskonditionen – z. B. den Preis der Leistung – durch opportunistisch motivierte Nachverhandlungen (sog. ›Hold-Up‹ – ›Raubüberfall‹) zu seinen Gunsten zu verändern. Seine **Verhandlungsmacht resultiert** dabei aus dem Wert der erbrachten Vorleistung, vor allem aber **aus dem Risiko des Gläubigers** bei der Rechtsdurchsetzung.

ccc) **Finanzierungsproblem strittiger Ansprüche**

Von hoher Bedeutung ist in diesem Kontext bereits die Zeitdauer von der Entstehung bis zur Lösung des Konflikts: Selbst, wenn dem Gläubiger eine Durchsetzung strittiger Ansprüche im Wege einer Schlichtung, eines Schiedsgutachtens, eines Gerichts- oder eines Schiedsgerichtsverfahrens prinzipiell möglich ist, so wird das Rechtsschutzziel torpediert, wenn er den Streiterfolg mit einer überlangen Verfahrensdauer ›erkaufen‹ muss. Die Problematik liegt dabei nur zum Teil in den mit der Zeit anwachsenden **Transaktionskosten der Streitbewältigung**. Weit gravierender sind oft die ökonomischen Konsequenzen zum Vorteil des Anspruchsgegners.

Greifbar wird dieses Phänomen am **Beispiel des sog. ›Justizkredits‹**, dem Verzögern fälliger Zahlungen mit Hilfe des Gerichtsprozesses. Bis der Gläubiger vertragliche Forderungen gegenüber seinem Schuldner bzw. Vertragspartner im Klageweg durchgesetzt hat, kann der Schuldner als Beklagter die strittigen Mittel frei verwenden. Der klagende Gläubiger ist auf der anderen Seite zur **Zwischenfinanzierung** – meist bereits ausgabewirksam – **erbrachter Vorleistungen** gezwungen und kann das zu diesem Zweck erforderliche Kapital nicht anderweitig ertragbringend einsetzen. Seine wirtschaftliche Handlungsfähigkeit wird auf diese Weise gleich in doppelter Weise beschnitten.

62 Hinzu kommt, dass der Gläubiger vielfach zur **Abdiskontierung** seiner Forderungen gezwungen ist, weil der Schuldner die strittige Leistung (z. B. Zahlung) erst um die Dauer der rechtskräftigen Streitentscheidung verzögert erbringen muss. Die in der zivilgerichtlichen Prozesspraxis übliche Tenorierung von Verzugszinsen erweist sich in diesem Kontext nicht immer als hinreichend, um dem Gläubiger einen vollen Ausgleich dieser Kosten zu gewähren.

ddd) Risiko von ›Hold-Out‹-Strategien

63 Mit zunehmender Dauer eines Gerichtsprozesses und hohem monetären Volumen der streitbefangenen Forderungen droht einem wirtschaftlich schwachen Gläubiger ggf. die Insolvenz, wenn die **Finanzierungsmittel des ›Justizkredits‹** erschöpft sind. Umgekehrt verbessert sich die Position des beklagten Schuldners im Prozess kontinuierlich, weil der klagende Gläubiger bei drohender Insolvenz ggf. Vergleichsvereinbarungen akzeptiert wird, die weit unter seinen in der Sache gerechtfertigten Forderungen liegen. Der strukturell bevorteilte und mithin verhandlungsstärkere Schuldner resp. Anspruchsgegner wird in dieser Konstellation buchstäblich dazu verleitet, das Streitverfahren opportunistisch durch sog. ›Hold-Out‹ – ›Ausharren‹ zu verzögern, um die Gegenpartei mit der Zeit mürbe zu machen und schließlich in einen für sie nachteiligen Vergleich zu zwingen.

64 Die **Strategie der Obstruktionspolitik** ist allerdings nicht beschränkt auf die staatliche Zivilgerichtsbarkeit. Sie ist generell auch bei Schiedsgerichten und bei außergerichtlichen Verfahren ein Problem, wenn diese auf eine konsensuale Streitbeilegung ausgerichtet sind oder eine schnelle, abschließende Entscheidung nicht gewährleisten können.

eee) Einfluss von Transaktionskosten

65 Neben der Zeitdauer haben auch **hohe Transaktionskosten (TAK)** der Konfliktbewältigung hohen Einfluss auf eine **Verschiebung der Verhandlungsmacht**. Kann die vorleistende Partei z. B. Dokumentations- und Verfahrenskosten nicht aufbringen oder stehen die TAK der Rechtsverfolgung nicht in einem angemessenen Verhältnis zur strittigen Anspruchshöhe bzw. zum Erwartungswert des Streiterfolgs, so wirken die Kosten zwangsläufig als **Rechtsschutzhemmnis** und stärken auf diese Weise die Verhandlungsposition des Schuldners bzw. Anspruchsgegners.

II. Andere Verfahren

fff) Effekt des Prozessrisikos

Ist der Ausgang eines gerichtlichen oder außergerichtlichen Streitverfahrens zudem wegen der juristischen oder fachlichen Komplexität des Streitstoffs nur unzureichend prognostizierbar, so hat auch dies einen Effekt auf die **Verhandlungsmacht der Konfliktbeteiligten**. Bei hoher **Einschätzung des Prozessrisikos** resp. niedrigem Erwartungswert eines Streiterfolgs wird die betroffene Partei etwa trotz eines in der Sache berechtigten Anspruchs auf eine Klageerhebung verzichten. Dieses Resultat wird z. B. auch dann zu beobachten sein, wenn (Schieds-)Richter, Schiedsgutachter oder andere Drittentscheider nicht qualifiziert oder erfahren genug sind, um den ggf. komplexen Streitstoff juristisch und fachlich sicher zu erfassen und zu beurteilen, obwohl dieser von den Parteien ordnungsgemäß vorgetragen wird. Die Verschiebung der Verhandlungsmacht ist an diesem Punkt durch **asymmetrische Information** zwischen den unmittelbar Konfliktbeteiligten und entscheidungsbefugten Dritten bedingt.

cc) Maßnahmen zum Verhandlungsmachtausgleich

Die Problematik einer Verhandlungsmachtverschiebung nach Vertragsschluss und ihre Konsequenzen für den Umgang mit Konflikten gestalten sich vielschichtig. **Ausgangspunkt sind** stets **vertragsspezifische Investitionen** einer Partei, die das Risiko opportunistisch motivierter Nachverhandlungen mit sich bringen. Die Gefahr eines Hold-Up durch die verhandlungsstärkere Partei ist dann besonders ausgeprägt, wenn eine Rechtsverfolgung mit Hilfe Dritter nicht oder nicht hinreichend möglich ist.

aaa) Abbau asymmetrischer Information

Ein Ausgleich der Verhandlungsmacht setzt deshalb zwingend voraus, dass den Parteien im Streitfall der Weg in ein **leistungsfähiges Drittentscheidungsverfahren** offen steht. Ein wesentliches Rechtsschutzhemmnis liegt insoweit im Problem mangelnder **Verifizierbarkeit** strittiger Sachverhalte resp. Ansprüche gegenüber dem entscheidungsbefugten Dritten. Grundlegende Ansatzpunkte zum Verhandlungsmachtausgleich bieten zunächst also sämtliche Maßnahmen, die auf einen **Abbau asymmetrischer Information zwischen den Parteien und Dritten** abzielen – z. B. die Streitstoffbeurteilung und ggf. Konfliktentscheidung durch sachverständige Experten, die ggf. mit eigenen Amtsermittlungsbefugnissen ausgestattet sind.

Sundermeier

Andere Verfahren   II.

bbb) Ausgleich und Minimierung der Verfahrenskosten

69 Darüber hinaus gilt es, die Zugangsschwelle zur Drittentscheidung durch die Bereitstellung eines kostengünstigen Verfahrens möglichst niedrig zu halten. Maßnahmen zur **Transaktionskostenreduzierung** haben von daher einen positiven (Neben-)Effekt auf den Verhandlungsmachtausgleich der Konfliktparteien.

70 Einfluss haben in diesem Zusammenhang auch die Regelungen zur Übernahme bzw. **Tenorierung der Verfahrenskosten:** Eine – unabhängig vom Ausgang des Konflikts – eine jeweils **hälftige Kostentragung** beschränkt das Verfahrenskostenrisiko und senkt die Rechtsschutzbarriere nicht zuletzt in komplexen Streitfällen, die tendenziell einen höheren Verfahrensaufwand erfordern und in denen signifikante Unsicherheit über die Streitentscheidung herrscht. Erfolgt hingegen eine Tenorierung im Verhältnis Unterliegen/Obsiegen, so wächst mit der Prognoseunsicherheit des Streitergebnisses auch das Kostenrisiko der Verfahrensdurchführung. Die wirtschaftlich schwächere Konfliktpartei wird aus diesem Grund bei komplexen Streitsachen ggf. auf eine Rechtsverfolgung verzichten.

71 Von Bedeutung für den Ausgleich der Verhandlungsmacht ist insoweit, dass alle Konfliktparteien strukturell identische Kostenrisiken tragen. Die Gerichtskostenbefreiung von Landes- und Bundeskörperschaften beispielsweise hemmt latent die Bereitschaft dieser Institutionen, in Verträgen mit privaten Partnern ADR-Verfahren zu vereinbaren, deren Kosten die Haushalte der einzelnen Ressorts unmittelbar belasten würden. Dies wiederum schwächt die Verhandlungsmacht privater Partner, die ihr Prozesskostenrisiko bei der Rechtsverfolgung wirtschaftlich ins Kalkül ziehen müssen.

ccc) Zeitnahe Konfliktentscheidung

72 Nicht übersehen werden darf schließlich das bereits angesprochene Problem der **Vorfinanzierung strittiger Vorleistungen** über den Zeitraum bis zur Konfliktentscheidung und das damit einhergehende Risiko eines Hold-Out. Ist eine Vertragsseite vorleistungspflichtig bzw. stehen bereits erbrachte Leistungsteile im Streit, so muss der betroffenen Partei die **Möglichkeit** einer zeitnahen Verfahrenseinleitung und **einer kurzfristigen Entscheidung** eröffnet werden, die in materieller Hinsicht mindestens **vorläufige Bindungswirkung** entfaltet und ggf. unter Einlegung von Rechtsmitteln – z. B. in einem gerichtlichen Urkundsverfahren[17] – durchsetzbar ist. Beispielgebend für eine solche Verfahrensgestaltung steht etwa das englische Adjudication-Verfahren für Baustreitigkeiten.[18]

d) Absicherung spezifischer Investitionen

aa) Begriffsdefinition

Als (vertrags-) spezifische Investitionen bezeichnet man solche Investitionen, die **innerhalb einer Vertragsbeziehung** als Leistungsvoraussetzung getätigt werden (müssen) und sich nur mit einer ordnungsgemäßen Vertragserfüllung **vollständig amortisieren**. Sie sind grundsätzlich dort erforderlich, wo Leistungsbeiträge bzw. Produktionsfaktoren in technischer und/oder organisatorischer Hinsicht aufeinander abgestimmt oder im Einzelfall an die Anforderungen einer Transaktion angepasst werden müssen, damit der Leistungsaustausch durchgeführt werden kann. 73

Die Zweckbestimmung bzw. Ausrichtung der Investitionen auf eine bestimmte Leistungsbeziehung hat unweigerlich zur Folge, dass sie als sog. ›**Einzweckinvestitionen**‹[19] innerhalb des konkreten Vertrags erheblich werthaltiger sind als im Rahmen einer anderen Verwendung, die mit hohen Gewinneinbußen verbunden wäre.[20] Sind die Investitionen innerhalb der vorgesehenen Verwendung nicht rücklösbar – etwa infolge von Vertragsänderungen oder vorzeitiger Vertragsbeendigung, so müssen sie als sog. ›Sunk Costs‹ – ›versunkene Kosten‹[21] abgeschrieben werden. Probleme drohen deshalb insbesondere dort, wo Leistung und Gegenleistung Zug um Zug erfolgen und mindestens eine Partei zeitweise in Vorleistung geht. 74

Der Spezifitätsgrad einer Investition verstärkt sich hierbei in dem Maße, wie die **Langfristigkeit des Vertragsverhältnisses, Individualität** bzw. **Kunden-** 75

---

17 S. dazu etwa *Lembcke* BauR 2009, 19 (19 ff.).
18 Vgl. dazu etwa *Harbst/Winter* BauR 2007, 1974 (1974 ff.); *Schramke* BauR 2002, 409 (409 ff.), und *Wiegand* RIW 2000, 197 (197 ff.).
19 In diesem Kontext wird auch der Begriff ›Einzwecktechnologie‹ verwandt. Vgl. *Göbel*, Neue Institutionenökonomik, S. 139.
20 Vgl. *Erlei/Leschke/Sauerland*, Neue Institutionenökonomik, S. 180, und *Richter/Furubotn*, Neue Institutionenökonomik, S. 591.
21 Vgl. *Richter/Furubotn*, Neue Institutionenökonomik, S. 595.

spezifität der Leistung und **Integrativität** des Produktionsprozesses zusammenkommen.

bb) Relevanz für das Konfliktmanagement

76 Das wesentliche Kriterium vertragsspezifischer Investitionen und der Ausgangspunkt möglicher Probleme bei Streitfällen liegt darin, dass die Investitionen sich nur bei ordnungsgemäßer Erfüllung des Vertrags vollständig rückerlösen lassen.

aaa) Lock-In-Effekt der investierten Partei

77 Je größer der Unterschied des spezifisch investierten Kapitals zwischen den Vertragsparteien ist, desto stärker ist die höher investierte Partei **unter wirtschaftlichen Gesichtspunkten** davon **abhängig**, dass der Leistungsaustausch so erfolgt wie bei Vertragsschluss vorgesehen. Man bezeichnet dies als sog. ›Lock-In-Effekt‹, als ›Gefangensein‹ in der Vertragsbeziehung. Besteht keine oder keine hinreichende bzw. gegenüber Dritten verifizierbare vertragliche Absicherung der Investitionen, eröffnet dieser Lock-In-Effekt **Spielräume für eine opportunistisch motivierte Nachverhandlung** bzw. Änderung von Vertragskonditionen zulasten der stärker gebundenen Partei im Wege des Hold-Up. Die Problematik der vertragsspezifischen Investitionen steht hier in direkter Verbindung zur bereits diskutierten Frage der Verhandlungsmacht und ihrer Auswirkung auf das Konfliktmanagement.

bbb) Gefahr der Unterinvestition

78 Befürchten die Parteien hingegen schon im Vorfeld oder im Zuge des Leistungsaustausches spätere Nachverhandlungen oder Vertragsbrüche, so werden sie versucht sein, ihre nicht hinreichend geschützten und mithin ›Hold-Up-bedrohten‹ spezifischen **Investitionen** von diesem Zeitpunkt an zu **minimieren** und so dem Zugriff des Vertragspartners zu entziehen. Die negative Konsequenz dieser Strategie ist, dass auch wünschenswerte, wirtschaftlich sinnvolle Investitionen nicht oder nicht in dem erforderlichen Maße getätigt werden – es kommt somit zu einer Unterinvestition, die ein optimales Ergebnis des Leistungsaustausches verhindert und im Extremfall den **Vertragserfolg komplett gefährden** kann.

79 Eine wesentliche Aufgabe des Konfliktmanagements und damit auch ein wesentliches Kriterium zur Bewertung von ADR-Verfahren ist also die Absiche-

rung vertragsspezifischer Investitionen, sofern diese für den Leistungsaustausch erforderlich sind bzw. einen nutzensteigernden Effekt haben.

cc) Maßnahmen zur Investitionsabsicherung

Anknüpfend an die oben skizzierten Problemstellungen müssen Maßnahmen zur Investitionsabsicherung einen doppelten Zweck erfüllen. Einerseits müssen bereits **getätigte Investitionen** wirksam gegen späteren Verlust aus Nachverhandlung bzw. Hold-Up **geschützt** werden. Nicht minder wesentlich ist es andererseits, aktuell oder zukünftig notwendige Investitionen in erforderlichem Umfang sicherzustellen bzw. sinnvolle **Investitionen anreizwirksam** zu fördern. 80

aaa) Ausgleich der Verhandlungsmacht

Die Absicherung bestehender Investitionen gegen Hold-Up ist vor diesem Hintergrund als typisches **Kompensationsproblem** sachlich eng verbunden mit der Verhinderung von ex-post-Verschiebungen der Verhandlungsmacht zulasten der investierten bzw. vorleistenden Vertragsseite. Die erforderlichen Maßnahmen resp. Gestaltungsansätze des Konfliktmanagements sind deshalb weitestgehend kongruent. Es gilt, die **Bereitstellung eines leistungsfähigen Drittentscheidungsverfahrens** zu gewährleisten, das den Konfliktparteien im Scheiternsfall einer gütlichen Einigung zeitnah kosteneffizienten und sachverständig fundierten Rechtsschutz bietet. 81

bbb) Zeitnahe Konfliktentscheidung

Etwas anders liegen die Anforderungen, wenn – beispielsweise bei Leistungsstörungen innerhalb einer längerfristigen Austauschbeziehung – Streit darüber besteht, ob und welche vertragsspezifischen **Anpassungsdispositionen** seitens der Beteiligten jeweils vorzunehmen sind. Hier wird es nicht selten auf eine möglichst **kurzfristige und verbindliche Festlegung** ankommen, um den wirtschaftlichen Schaden aus Leistungsverzögerungen oder Schlechtleistungen in Grenzen zu halten. Für den Fall, dass die Akteure nicht zeitnah eine bilaterale Lösung im Konsens erreichen, kann der interessierten Partei bereits ex ante die Verfahrensoption eingeräumt werden, die erforderliche Leistung bzw. Anpassung kurzfristig und – vor allem – materiell verbindlich im Sinne von § 317 BGB durch einen neutralen Experten vornehmen zu lassen. In Betracht kommt hier etwa ein fristgebunden zu erstellendes Schiedsgutachten. 82

e) Minimierung von Residualverlusten

aa) Begriffsdefinition

83 Als Residualverluste bezeichnet man in der Ökonomik **Nutzeneinbußen** einer Transaktionsbeziehung, die aus der Differenz zwischen dem tatsächlich erreichten und dem wirtschaftlich optimalen Leistungsergebnis resultieren.[22] Die Ursache hierfür kann beispielsweise darin liegen, dass geschuldete **Leistungen mangelhaft erbracht** werden – in diesem Zusammenhang ist es unerheblich, ob die Schlechtleistung auf Vorsatz, auf Fahrlässigkeit oder auf unzureichender Qualifikation der Ausführenden beruht. Als Residualverlust der betroffenen Vertragsseite stehen in diesem Fall die Kosten der Mängelbeseitigung sowie die Kosten für Mangelfolgeschäden zu Buche.

84 Der Maßstab des vertraglich vereinbarten und geschuldeten Leistungssolls ist für die Feststellung von Residualverlusten nur dann entscheidend, wenn der Vertrag tatsächlich die bestmögliche Ressourcenallokation vorsieht, d. h. den Parteien Rechte und Pflichten im Hinblick auf das vorgesehene Leistungsziel optimal zuordnet. Ungeachtet des vertraglichen Bewertungsmaßstabs entstehen Nutzeneinbußen der Beteiligten etwa dann, wenn beispielsweise für Probleme lediglich suboptimale Lösungen gefunden werden oder wenn aus anderen Gründen technisch oder wirtschaftlich verbesserungsfähige Leistungsergebnisse erzielt werden.

bb) Relevanz für das Konfliktmanagement

85 Eine ökonomisch effiziente Bewältigung von Streitigkeiten setzt zwingend voraus, dass konfliktbedingte Residualverluste minimiert werden. Unter diesem Gesichtspunkt gilt es, zwischen verschiedenen Konfliktsituationen zu differenzieren:

aaa) Kompensation einseitiger Vertragsänderungen

86 Streitigkeiten entstehen oftmals dann, wenn eine Partei das vertragliche Äquivalenzgefüge aus Leistung und Gegenleistung durch ihr Handeln aufbricht. Zu denken ist hier etwa an die Anordnung von **Leistungsmodifika-**

---

[22] Vgl. hierzu *Jensen/Meckling* Journal of Financial Economics 1976, 305 (308); *Göbel*, Neue Institutionenökonomik, S. 125, und *Richter/Furubotn*, Neue Institutionenökonomik, S. 422 f.

tionen durch einseitige rechtsgeschäftliche Willenserklärungen, aber auch an Leistungsstörungen wie beispielsweise die nicht ordnungsgemäße Wahrnehmung von Mitwirkungsaufgaben. Es kommt folglich nicht darauf an, ob das synallagmatische Gleichgewicht durch vertragskonforme oder vertragswidrige Handlungen eine Beeinträchtigung erfährt.

Wichtig ist allein, wie das hieraus resultierende Kompensationsproblem gelöst wird. Gelingt keine **Wiederherstellung der vertraglichen Balance**, sind Residualverluste der benachteiligten Partei unvermeidbar – sie steht dann wirtschaftlich ggf. erheblich schlechter, als wenn der Vertrag ordnungsgemäß erfüllt resp. unverändert durchgeführt worden wäre. 87

Die Gefahr von Residualverlusten droht insoweit überall dort, wo der Vertrag keine bzw. keine sachgerechten **Anpassungsregelungen** an veränderliche Rahmenbedingungen vorsieht. Das Risiko opportunistischen Verhaltens in Form des sog. Hold-Up oder Hold-Out einer Seite ist zudem besonders ausgeprägt, wenn die geschuldete Leistung bzw. der Anspruch auf eine Vertragsanpassung gegenüber Dritten nicht hinreichend verifizierbar und damit nur unzureichend durchsetzbar ist. 88

Beide Aspekte wiederum münden letztlich in der Frage der **Verhandlungsmacht** und dem ebenfalls bereits angesprochenen Problem der **Absicherung von Vorleistungen** als besonderer Form vertragsspezifischer Investitionen. 89

bbb) Bewältigung von Wertschöpfungsproblemen

Etwas anders liegen die Dinge, wenn eine Vertragsmodifikation ansteht und wenn dafür grundsätzlich verschiedene Möglichkeiten in Betracht kommen, über deren Umsetzung erst noch entschieden werden soll. Anders als beim zuvor skizzierten Kompensationsproblem sind also hier sowohl die **Leistungs- als auch die Gegenleistungsseite des Vertrags noch offen**. Die Parteien haben in dieser Situation noch die Möglichkeit, ihren **Wertschöpfungsprozess frei zu gestalten** und den damit verbundenen Nutzenzuwachs (Kooperationsgewinn) frei untereinander aufzuteilen. Sie stehen mithin vor einem Wertschöpfungs- und Verteilungsproblem. 90

Beides hängt miteinander zusammen: Wenn die Parteien frei entscheiden können, so wird sich am Ende nur dann eine Lösung finden und vereinbaren – d.h. eine Wertschöpfung erreichen – lassen, wenn diese grundsätzlich beiden Vertragsseiten einen **Nutzengewinn** beschert. Die Verteilung des insgesamt erwarteten Nutzenzuwachses untereinander muss darüber hinaus so 91

Sundermeier

gestaltet werden, dass sie von den Parteien **subjektiv als gerecht empfunden** und akzeptiert wird.[23] Es liegt auf der Hand, dass hierin ein beträchtliches Konfliktpotenzial der Akteure liegt.

ccc) Strukturdefizite juristischer Konfliktentscheidungen

92 Eine juristische Entscheidung möglicher Konflikte in dieser Fallkonstellation meist mit beträchtlichen **Unwägbarkeiten** behaftet, weil die Festlegung von Leistung und Gegenleistung unter Zugrundelegung unbestimmter Rechtsbegriffe wie z. B. des billigen Ermessens (§§ 315, 317 BGB), Treu und Glauben (§ 242 BGB) oder der Störung der Geschäftsgrundlage (§ 313 BGB) im Auslegungswege zu erfolgen hat. Aus einer **Vielzahl möglicher Lösungsalternativen** muss durch Auslegung also die ›richtige‹ bzw. ›zutreffende‹ Neubestimmung des vertraglichen Leistungsgefüges gefunden werden.

93 In praxi dürfte eine ›optimale Lösung‹ unter diesen Voraussetzungen zumeist spätestens daran scheitern, dass als (Schieds-) Richter tätige Dritte den Streitstoff in tatsächlicher bzw. fachlicher Hinsicht kaum in jedem Fall hinreichend qualifiziert beurteilen können. Angesichts oftmals hochkomplexer Streitsachverhalte ist ihnen dies auch nicht abzuverlangen. Auch die Beiziehung von Sachverständigen hilft nur begrenzt weiter, denn diese haben sich auf die Beantwortung konkreter Beweisfragen zu beschränken, die ihnen wiederum von den Parteien oder dem Gericht vorgegeben sind. Sie haben keine Befugnis, kraft ihrer fachlichen Expertise eigenständig eine Anpassung von Leistung und Gegenleistung vorzunehmen, die über den Beweisbeschluss des Gerichts hinausgeht.

94 Dessen ungeachtet ist die **Effizienz einer juristischen Konfliktbewältigung** bereits durch den Umstand **limitiert**, dass sich die Leistungsbestimmung bzw. Vertragsauslegung stets am vermuteten Parteiwillen zum Zeitpunkt des Vertragsschlusses bzw. an der ursprünglichen vertraglichen Risikoverteilung orientiert und mithin dauerhaft stabile Präferenzen der Akteure voraussetzt. Eine unter ökonomischen Gesichtspunkten bestmögliche Lösung eines

---

23 Vgl. *Güth/Schmittberger/Schwarze* Journal of Economic Behavior and Organization 1982, 367 (367 ff.); *Roth/Prasnikar/Okuno-Fujiwara/Zamir* American Economic Review 1991, 1068 (1068 ff.), und *Piazolo* Enterprise and Benchmarking 2008, 123 (123 ff.).

Wertschöpfungs- bzw. Verteilungskonflikts kann daher nur unter folgenden Bedingungen auf juristischem Wege erreicht werden:
- Der Ursprungsvertrag enthält bereits eine optimal effiziente Allokation aller Rechte und Pflichten.
- Die bei Abschluss des Vertrags bestehenden Präferenzen der Parteien gelten unverändert fort.

Zweifel an diesen Voraussetzungen nährt schon die Tatsache, dass Menschen 95 nur **begrenzte kognitive und kommunikative Fähigkeiten** besitzen, nur **unvollkommene Voraussicht** auf zukünftige Ereignisse und Entwicklungen besitzen und aus diesen Gründen nur zu eingeschränkt rationalen Handlungen in der Lage sind. Eine rein juristische Konfliktentscheidung geht deshalb unweigerlich mit Residualverlusten einher, die umso größer ausfallen, je stärker sich die Ziele der Konfliktparteien seit Vertragsschluss gewandelt haben oder je weniger ökonomisch sinnvoll der Ursprungsvertrag gestaltet war.

ddd) Erfordernis interessenorientierter Lösungen

Um solche durch den Entscheidungsmaßstab und damit strukturell bedingten 96 Residualverluste zu minimieren, gilt es, auch **rechtsfremde Aspekte** bei der Streitbewältigung zu **berücksichtigen**. Ein ökonomisch effizientes Konfliktmanagement muss unter diesen Überlegungen vorrangig die Interessen der Parteien als Leitkriterium akzeptieren.

Konsensuale außergerichtliche Verfahren – insbesondere Mediations- und 97 Schlichtungsverfahren – haben unter diesem Gesichtspunkt substanzielle Vorteile, denn sie erlauben und fördern eine stark **interessenorientierte Konfliktbewältigung**. Sie eröffnen somit gleichsam den ›dritten Weg‹ einer freien Lösungsfindung unter dem Kriterium bestmöglicher Wertschöpfung zur Maximierung des Kooperationsgewinns beider Parteien.

eee) Exkurs: Fallbeispiel

Zum Verständnis dieses Ansatzes zeigt Abb. 4 ein Beispiel. Im Diagramm 98 abgebildet ist das Spektrum der Nutzenverteilung bzw. des Kooperationsgewinns zwischen den Vertragsparteien A (als Auftraggeber) und B (als Auftragnehmer).

Andere Verfahren II.

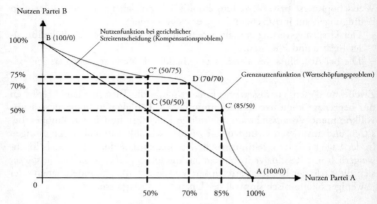

Abb. 4: Ökonomische Nutzenfunktionen verschiedener Lösungsoptionen eines Konflikts

99 Geht man zunächst davon aus, dass eine Partei in der Lage ist, das Synallagma einseitig zu ihren Gunsten zu verändern, so erreicht sie dadurch einen Nutzengewinn von 100 %. Kann z. B. der Auftraggeber beim Auftragnehmer eine Leistungserweiterung ohne Anpassung der Vergütung durchsetzen, so führt dies zur Nutzenverteilung (A/B) von 100/0, vgl. Punkt A der Nutzenfunktion. Erreicht umgekehrt der Auftragnehmer eine Vergütungserhöhung ohne faktische Ausweitung seiner Leistung, so liegt das Ergebnis mit einer Nutzenverteilung (A/B) von 0/100 auf Punkt B.

100 Erfolgt hingegen eine Kompensation (K) durch entsprechende Leistungs- bzw. Vergütungsanpassung, so gilt: Nutzen B = 100 – K und K = Nutzen A. Wenn also die Leistung oder die Vergütung zuvor feststehen, liegen alle Kompensationsergebnisse auf einer Geraden, welche die beiden Punkte A und B als Extremwerte der Nutzenverteilung miteinander verbindet. Im Idealfall wird bei diesem Verfahren eine vollständige Kompensation erreicht, d. h. 50/50-Aufteilung des Kooperationsgewinns (vgl. Punkt C).

101 Die Gerade AB entspricht allerdings im Regelfall nicht der optimal effizienten Nutzenfunktion – der sog. ›Grenznutzenfunktion‹, denn in der Vertragspraxis sind häufig Lösungen denkbar, die zu einer insgesamt höheren Wertschöpfung bzw. einem höheren **Kooperationsgewinn** führen, ohne dass eine Partei gegenüber der idealen **Kompensationslösung** 50/50 benachteiligt wür-

II. Andere Verfahren

de. Dargestellt ist dies im Diagramm durch die Nutzenverteilungen C' (85/50), C" (50/75) und D (70/70).

Ein optimales Konfliktmanagement muss insoweit die Vereinbarung von Lösungen bzw. Vertragsanpassungen fördern, mit denen insgesamt die **höchste Wertschöpfung** erreicht wird. Im hier gezeigten Beispiel also die Verteilung D mit einem Gesamtnutzen von 70 + 70 = 140 %. Jede klassische Kompensationsentscheidung würde dieser Lösung gegenüber also einen nominalen Residualverlust von 40 % bedeuten. 102

Statt der Lösung D würde Partei A im gezeigten Beispiel unter dem Gesichtspunkt der individuellen Nutzenmaximierung die Lösung C' bevorzugen, mit der sie einen anteiligen Kooperationsgewinn von nominal 85 % erzielen würde. Partei B hingegen würde mit gleicher Überlegung für Lösung C" mit einem Kooperationsgewinn von anteilig nominal 75 % votieren. 103

Die Frage nach der Vereinbarung einer konkreten Lösung und der Aufteilung des daraus entspringenden Kooperationsgewinns hängt insoweit ganz wesentlich von der **Verhandlungsmacht der Parteien** ab. Eine optimal effiziente Lösungsfindung setzt also voraus, dass sich die Parteien auf Augenhöhe bzw. mit **Waffengleichheit** begegnen. Im obigen Beispiel würde auf dieser Basis nur eine ausgeglichene Verteilung der erzielten Wertschöpfung einigungsfähig sein. Bei Lösung C' und C" müsste die schlechter gestellte Partei vom Vertragspartner also für ihren Nutzenentgang entschädigt werden. Das Ergebnis wäre dementsprechend statt C' (85/50) eine Nutzenverteilung C'* (67,5/67,5); statt C" (50/75) würde die Nutzenverteilung dann C"* (62,5/62,5) lauten. Unter dieser Abwägung aber würden beide Parteien Lösung D wählen. 104

cc) Maßnahmen zur Minimierung von Residualverlusten

Die oben skizzierten Überlegungen zeigen auf, dass Wertschöpfungsprobleme grundsätzlich ein höheres Potenzial für die Minimierung von Residualverlusten bieten als Kompensationsprobleme. Die Möglichkeiten der Lösungsgestaltung sind bei Kompensationskonflikten nämlich bereits dadurch limitiert, dass faktisch bereits eine Vertragsänderung erfolgt ist. Dementgegen stellt sich den Parteien bei Wertschöpfungskonflikten zwar eine Anpassungsaufgabe, für deren Lösung prinzipiell unbeschränkte Optionen bereitstehen. 105

Sundermeier

Andere Verfahren II.

aaa) Frühzeitige Konflikterledigung

106 Ein wesentliches Ziel eines effizienten Konfliktmanagements muss es daher sein, **einseitige Vertragsanpassungen** dort zu **vermeiden**, wo sie nicht zwingend erforderlich sind. Dies wiederum setzt voraus, dass ADR-Verfahren sehr frühzeitig nach dem Entstehen einer Streitigkeit beginnen und sehr zügig abgeschlossen werden. Mit dem Zeitverlauf hingegen schränkt die Macht des Faktischen nach aller Erfahrung die **Spielräume der Streitlösung** zusehends ein. Nur mit einem zeitnah eingeleiteten und zügig durchgeführten Verfahren lässt sich das **Wertschöpfungspotenzial von Konflikten** optimal heben.

bbb) Förderung konsensualer Lösungen

107 Eine konsensual erreichte Lösung ist in diesem Zusammenhang regelmäßig leistungsfähiger als eine Drittentscheidung. Es gilt daher, die Anreizwirkung einer gütlichen Einigung durch Maßnahmen zum **Verhandlungsmachtausgleich** der Konfliktparteien zu stärken und in der Verfahrensgestaltung die **Möglichkeit einer parteiautonomen Streitlösung** vorzusehen resp. zu unterstreichen, z. B. mit der Schaffung eines zwingenden ›Mediationsfensters‹.

ccc) Beiziehung sachverständiger Dritter

108 Ist eine wertschöpfungsorientierte Lösung des Konflikts nicht (mehr) möglich und stehen die Parteien somit vor einem Kompensationsproblem, so gelingt die weitest mögliche Vermeidung von Residualverlusten nur durch eine ›**richtige**‹ **Entscheidung.** Diese setzt voraus, dass Informationsgefälle – asymmetrische Information – zwischen den Streitbeteiligten bzw. zwischen den Streitbeteiligten und dem mit der Entscheidung betrauten Dritten ausgeglichen wird. Erreichen lässt sich dies nur, wenn eine **möglichst frühzeitige Durchführung** des ADR-Verfahrens gewährleistet ist. Zugleich bedarf es umfassender **Fach- und Sachkunde** des neutralen Dritten, der ggf. mit einem **Amtsermittlungsbefugnis** auszustatten ist.

II. Andere Verfahren

f) Minimierung externer Effekte

aa) Begriffsdefinition

Als externe Effekte[24] bezeichnet man **Auswirkungen des Verhaltens von Akteuren**, wenn diese nicht ihnen selbst zufallen, sondern sich stattdessen **auf Dritte** auswirken. Im Rahmen einer vertraglichen Leistungsbeziehung sind externe Effekte gegeben, wenn die Vertragsparteien den ökonomischen **Wertzuwachs** ihrer Transaktion nicht bzw. nicht vollständig abschöpfen können. Analoges gilt, wenn die Parteien die **Kostenfolgen** ihres Handelns nicht selbst tragen müssen, sondern auf Dritte überwälzen können. Man spricht in diesem Fall auch von sozialen Kosten.[25]

109

Externe Effekte sind grundsätzlich sämtliche Verhaltensfolgen, die nicht auf die Vertragsparteien zurückfallen. Es ist allerdings unbeachtlich, ob sie lediglich aus dem Agieren einer Partei entstehen oder von beiden Vertragsseiten gemeinsam hervorgerufen werden. Ebenfalls ist es für die Klassifizierung grundsätzlich ohne Belang, ob sich die Akteure über die externen Effekte bewusst sind oder nicht. Externe Effekte, die feststell- und monetär bewertbar sind, können von den Akteuren allerdings ins Kalkül ihres Handelns bei Streitfällen einbezogen werden.

110

bb) Relevanz für das Konfliktmanagement

Für das Konfliktmanagement spielen insoweit besonders solche externen Effekte eine Rolle, die sich lediglich auf eine der Parteien auswirken und damit tendenziell ein **wirtschaftliches Ungleichgewicht** hervorrufen. Es drohen in diesem Fall ex-post-Verschiebungen der Verhandlungsmacht.

111

aaa) Ungleiche Kostenbelastung der Parteien

Ein Beispiel für diesen Umstand ist etwa die Tatsache, dass Bundes- und Landeskörperschaften sowie die nach Haushaltsplänen des Bundes oder eines Landes verwalteten öffentlichen Anstalten und Kassen – also weite Teile der

112

---

[24] S. hierzu *Richter/Furubotn*, Neue Institutionenökonomik, S. 109 ff., und *Göbel*, Neue Institutionenökonomik, S. 68 f.
[25] Vgl. *Coase* Journal of Law and Economics 1960, 1 (1 ff.).

öffentlichen Hand – nach § 2 Abs. 1 GKG[26] von der Zahlung der Gerichtskosten befreit sind. Bei der Klärung von Vertragsstreitigkeiten vor ordentlichen Gerichten verfügt die öffentliche Hand als Vertragspartei somit über ggf. erhebliche Kostenvorteile und demzufolge über gestärkte **Verhandlungsmacht** gegenüber ihren (privatwirtschaftlichen) Vertragspartnern, die ggf. aus Kostengründen auf den Klageweg verzichten werden. Ähnlich verhält es sich, wenn infolge von **Konfliktkosten** entstehende Budgetüberschreitungen durch nachträglich anforderbare Mittel aus den öffentlichen Haushalten ausgeglichen werden können.

113 Ein starkes Indiz für dieses Phänomen liefert die Tatsache, dass Kommunen beispielsweise mit der Bewältigung von Baustreitigkeiten durch die Zivilgerichtsbarkeit deutlich unzufriedener sind als Landes- oder Bundesbehörden,[27] die einerseits von der Gerichtskostentragung befreit sind und konfliktbedingte Budgetüberschreitungen andererseits leichter nachfinanzieren können.

bbb) Kostenabwälzung auf Dritte

114 Auch auf anderer Ebene können externe Effekte zum Auslöser für **opportunistisches Verhalten** werden, wenn die Parteien sich durch die Abwälzung damit verbundener Kosten einen Vorteil verschaffen können. Zu denken ist hier etwa an Umwelt- und Verkehrsbelastungen, die der Allgemeinheit infolge eines Vertragskonflikts privatwirtschaftlicher Parteien entstehen und ihre Ursache in vertrags- oder pflichtwidrigem Verhalten haben.

115 In anderen Fällen münden externe Effekte nicht unmittelbar in Vorteilen für eine einzelne Vertragsseite, haben aber dennoch Einfluss auf den Umgang mit Streitigkeiten. So werden etwa die **Streitbereitschaft** und die **Intensität der Konfliktführung** tendenziell zunehmen, wenn Akteure die Kostenfolgen ihres Konflikts nicht in Gänze selbst tragen müssen, sondern mindestens teilweise sozialisieren können. Dies ist etwa bei einer Klärung von Zivilstreitigkeiten vor der staatlichen Justiz der Fall, deren Gerichtsgebühren regelmäßig nur einen Teil – im Durchschnitt zwischen 50 und 60 %[28] – der tatsächlich

---

26 Gerichtskostengesetz v. 05.05.2004, BGBl. I S. 718; zuletzt geändert durch Art. 7 des G. v. 21.07.2012, BGBl. I S. 1577.
27 Vgl. dazu *Gralla/Sundermeier* BauR 2007, 1961 (1964 f.).
28 So lag etwa der Kostendeckungsgrad der Ordentlichen Gerichte und Staatsanwaltschaften in Niedersachsen 2006 bei 55,7 %. Vgl. Niedersächsisches JM: Justiz in Niedersachsen. Zahlen, Daten, Fakten.

anfallenden Kosten kompensieren, während Deckungsfehlbeträge über die Justizetats der Landes- und Bundeshaushalte vom Steuerzahler ausgeglichen werden müssen. Entsprechende Beispiele lassen sich auf verschiedensten gesellschaftlichen Feldern finden.

cc) Maßnahmen zur Minimierung externer Effekte

Zur Minimierung externer Effekte müssen ADR-Verfahren in den Grenzen einer grundlegenden Rechtsschutzgewähr zuvorderst sicherstellen, dass **Konfliktkosten und konfliktbedingte Kosten von den Streitparteien selbst getragen** werden. Mindestens aber dürfen die Beteiligten im Sinne der notwendigen Waffengleichheit bzw. ausgeglichenen Verhandlungsmacht keine unterschiedlichen Möglichkeiten erhalten, diese Kosten auf Dritte abzuwälzen. Im Zentrum steht hierbei eine grundsätzlich vollständige Übernahme der ADR-Verfahrenskosten durch die Streitparteien.

In anderen Bereichen stellt sich das Problem, dass sich externe Effekte volkswirtschaftlich kaum bemessen oder zumindest nicht sanktionieren lassen. Sinn machen deshalb ADR-Verfahrensgestaltungen, die dem Entstehen externer Effekte proaktiv entgegenwirken. Umsetzbar ist dies vor allem mit einer möglichst **zeitnahen Streiterledigung**, weil auf diese Weise zumindest die Wirkungsdauer unmittelbar einsetzender Folgewirkungen auf Dritte minimiert wird.

3. Zusammenfassung/Resümee

In wirtschaftlichen und sozialen Austauschbeziehungen sind Konflikte oft unvermeidbar. Sie belasten die beteiligten Parteien nicht allein emotional, sondern sie kosten auch Zeit, Geld und binden die Ressourcen der Beteiligten unproduktiv. In allen gesellschaftlichen Bereichen haben Streitigkeiten daher stets auch eine ökonomische Dimension. Die Leistungsfähigkeit außergerichtlicher Konfliktbewältigungsverfahren lässt sich vor diesem Hintergrund auch anhand ökonomischer Kriterien beurteilen.

Im Kern geht es unter diesem Gesichtspunkt darum, unfaire Verhaltensweisen der Konfliktbeteiligten – sog. ›Opportunismus‹ zu unterbinden und Anreize einer sachgerechten und interessenausgewogenen Streitlösung zu schaffen.

Ein wesentlicher Faktor liegt dabei in der Offenlegung aller streitrelevanten Informationen. Nicht minder bedeutsam für ein effizientes Konfliktmanagement sind die Minimierung aller Kosten der Streitbewältigung und die Verhinderung von Verhandlungsmachtverschiebungen innerhalb eines Konflikts.

Leistungsfähige ADR-Verfahren müssen darüber hinaus gewährleisten, dass spezifische Investitionen wie z. B. bereits erbrachte Vorleistungen der Konfliktbeteiligten gegen Verlust abgesichert und dass wirtschaftlich optimale Streitlösungen gefördert werden. Abschließend gilt es, Auswirkungen von Streitigkeiten auf unbeteiligte Dritte durch geeignete Instrumente und Verfahren der Konfliktbewältigung weitestgehend zu minimieren.

4. Hinweise für die Praxis

121 Aus ökonomischer Sicht bergen Streitigkeiten zwar Risiken; sie bieten in vielen Fällen jedoch auch die Möglichkeit einer Wertschöpfung zum Nutzen aller Streitparteien. Eine konsensuale Konfliktbewältigung unter Einbezug rechtsfremder Aspekte und der individuellen Parteiinteressen, wie sie besonders die Mediation oder auch die Schlichtung vorsieht, ist gegenüber einer Streitentscheidung durch Dritte daher generell vorzugswürdig.

122 Die Anreizwirkung einer gütlichen Streitbeilegung auf die Parteien kann bei Bedarf – insbesondere bei ungleicher Verhandlungsmacht der Parteien – durch die alternative Option einer Drittentscheidung nachhaltig gestärkt werden. Es empfiehlt sich dann, hybride ADR-Verfahren zu verabreden oder Mediations- und Schlichtungsvereinbarungen so zu erweitern, dass die Parteien nach dem Scheitern einer einvernehmlichen Streitlösung kurzfristig die Entscheidung eines neutralen Dritten herbeiführen können. Im Sinne eines ökonomisch effizienten Verfahrens gilt es hierbei, folgende Anforderungen zu beachten:
– Möglichkeit einer frühzeitigen Verfahrenseinleitung,
– Vorgabe verbindlicher Entscheidungsfristen,
– Einbindung sachverständiger Experten bei komplexen Streitsachverhalten,
– Amtsermittlungsbefugnis des Entscheidungsgremiums bzw. der Entscheidungsperson,
– Vereinbarung gängiger Verfahrensregelungen,
– Erfolgsunabhängige Verfahrenskostentragung der Parteien,
– Zielorientierte Verfahrensgestaltung, sorgfältige Abwägung des geforderten Entscheidungsmaßstabs.

123 Zur Ergänzung von Mediations- oder Schlichtungsabreden kommt insoweit insbesondere eine Schiedsgutachtenvereinbarung in Betracht. Diese kann entweder eine abschließende Entscheidung des Konflikts vorsehen oder – wie etwa im Fall des ›Adjudication‹-Verfahrens in Bausachen – eine vorläufig verbindliche, aber nachträglich korrigierbare Entscheidung.

III. Andere Verfahren

III. Kooperatives Anwaltsverfahren

Übersicht

	Rdn.		Rdn.
1. Begriffsbildung und Verfahrensbeschreibung	1	3. Dogmatische Einordnung und Abgrenzung zu anderen ADR-Verfahren	25
a) Grundkonstellation	2		
b) Teamkonstellation	4	4. Rolle der Anwälte und Qualifikationsanforderungen	28
2. Verfahrensablauf	8	5. Anwendungsbereiche der kooperativen Praxis	32
a) Systemischer Ansatz	8		
b) Vertragliche Einigung	9	a) Konflikt- und Themenbereiche	32
c) Phasenmodell	14		
aa) Phase 1: Vorbereitendes Einzelgespräch	15	b) Indikation	34
bb) Phase 2: Gemeinsame Verhandlungsgespräche	17	6. Hinweise für die Praxis	36
		a) Netzwerk	36
		b) Vertragsmuster	37
cc) Phase 3: Juristische Abschlussvereinbarung	22	c) Kosten	38

1. Begriffsbildung und Verfahrensbeschreibung

Für das, was im Folgenden mit »kooperativem Anwaltsverfahren« beschrieben wird, gibt es im deutschen Sprachraum keine einheitliche Bezeichnung.[1] Gemeint ist das Verfahren, für das sich in der englischen Sprache die Begriffe »collaborative law« – CL – oder »collaborative practice« – CP –[2] herausgebildet haben und das, wie so viele ADR-Verfahren, im amerikanischen Rechts-

1

---

[1] Umfassend zur Terminologie: *Engel* ZKM 2010, 112 ff. (115), der sich für den Terminus kooperative Konfliktlösung = KoKon-Verfahren ausspricht; der hier verwendete Begriff »Kooperatives Anwaltsverfahren« wird auch in Österreich gebraucht.

[2] In Teilen des Schrifttums wird zudem zwischen Collaborative Law als anwaltszentriertem Ansatz, Collaborative Practice als interdisziplinärem Ansatz und Cooperative Practice unterschieden, wobei die zuletzt genannte Methode sowohl die Disqualifikationsklausel als auch Offenlegungspflicht und Vertraulichkeit differenziert an- und verwendet; *Binder*, Die sog. »Kooperative Praxis« als »Konvergenz« von Rechtsverfahren und Mediation, S. 16; *Lenz/Salzer/Schwarzinger* (Hrsg.), Konflikt, Kooperation, Konsens, S. 184 ff.

kreis seinen Ursprung hat.[3] Es handelt sich dabei um ein anwaltlich betreutes, strikt außergerichtliches kooperatives Konfliktlösungsverfahren.

a) Grundkonstellation

2 In seiner Grundform stellt das kooperative Anwaltsverfahren ein sog. Vier-Personen-Verhandlungsverfahren dar, das von den jeweiligen Konfliktbeteiligten zusammen mit ihren Anwälten geführt wird. Diese vier Hauptbeteiligten verabreden sich, zu »**kollaborieren**«, also zusammenzuarbeiten, um akzeptable Lösungen für den jeweiligen Konflikt zu finden. Die Besonderheit gegenüber traditionellen Verhandlungskonstellationen besteht darin, dass sich die Beteiligten schriftlich verabreden, den Rechtsweg nicht zu beschreiten (sog. **Partizipationsabkommen**).[4] Dies dient dem Ziel, die Aufgeschlossenheit und Kreativität der Parteien während des Verhandlungsprozesses zu fördern und aufrecht zu erhalten.[5]

3 Die **Mitwirkung von Parteianwälten** in diesem Verfahren ist **obligatorisch**, wobei diese sich vertraglich verpflichten, im **Falle des Scheiterns** der Verhandlungen den jeweiligen Parteien nicht mehr als Bevollmächtigte zur Verfügung zu stehen (sog. **Disqualifikationsklausel**).[6] Das anwaltliche Mandat wird somit auf das vorgerichtliche, einigungsorientierte Verhandlungsverfahren beschränkt. Die Disqualifikationsklausel erweist sich für die Konfliktparteien wie für ihre Bevollmächtigten als eine Art Selbstbindung für einigungs-

---

[3] Hierzu sowie zur internationalen und europäischen Entwicklung: *Mähler/Mähler* ZKM 2009, 70 f.

[4] *Schopper-Brigel* Öst. AnwBl. 2003, 392; *Engel* ZKM 2010, 112 ff. (113). Der damit einhergehende Verzicht auf Klagedrohung während der Verhandlungen im kooperativen Anwaltsverfahren hindert die Konfliktparteien aber nicht etwaige Folgen einer gerichtlichen Auseinandersetzung in den Verhandlungsprozess einzubringen und diese zu reflektieren. Die Grenzen zu einer unzulässigen Drohung, die gleichbedeutend mit einem Ausstieg aus dem kooperativen Anwaltsverfahren ist, sind allerdings fließend. Zutreffend weist daher *Engel*, Collaborative Law, S. 74, darauf hin, dass u. U. ein gerichtliches Verfahren die beste Handlungsalternative (BATNA) darstellen könnte und es von daher unklug wäre, diese nicht in den Blick zu nehmen.

[5] *Engel*, Collaborative Law, S. 74.

[6] *Schopper-Brigel* Öst. AnwBl. 2003, 392; *Engel* ZKM 2010, 112 ff. (113).

III. Andere Verfahren

orientiertes Verhandeln; alle sind gehalten, sich während des Verfahrens an der gemeinsam verabredeten Zielsetzung zu orientieren.[7]

b) Teamkonstellation

Neben der oben beschriebenen Grundform der anwaltlichen kooperativen Konfliktlösung hat sich zwischenzeitlich eine sog. **Teamform** herausgebildet, in der neben den erwähnten vier Hauptbeteiligten (je zwei Parteien und zwei Anwälte) **weitere Personen** am Verfahren beteiligt werden, um von deren speziellen Wissen und Erfahrung für eine Konfliktlösung zu profitieren.[8]

Es können dies beispielsweise in einem Familienkonflikt Therapeuten oder Psychologen[9] sein oder in einem Unternehmenskonflikt Steuer – oder Finanzberater,[10] die in jeweils spezifischen Verhandlungssituationen den Hauptbeteiligten mit ihrem **Expertenwissen** zur Seite stehen. Sie nehmen in aller Regel nicht an allen Verhandlungen teil, sondern werden nur selektiv hinzugezogen. Denkbar sind jedoch auch Konstellationen, in denen die Experten an allen Gesprächen beteiligt sind.[11]

Durch diese **Interdisziplinarität** werden zum einen die Möglichkeiten einer Konfliktlösung erweitert, zum anderen den Anwälte die Chance eingeräumt, sich auf ihre Kernkompetenzen, mithin die juristische Beratung, und die Gesprächsgestaltung zu konzentrieren. Allerdings stellt eine derartige Erweiterung des Teams auch ein u. U. nicht unerheblicher Kostenfaktor dar, den es zu bedenken gilt.

---

7 Allerdings dürften die Konfliktparteien nach Scheitern des kooperativen Anwaltsverfahrens nicht gehindert sein, ihre bisherige Vereinbarung durch einen Änderungsvertrag anzupassen und die Disqualifikationsklausel abzubedingen; u. U. ist dies sogar das Ergebnis der Verhandlungen. Ob die Anwälte, wie *Engel*, Collaborative Law, S. 257 f. unter Hinweis auf das Schrifttum meint, dadurch tatsächlich Vertrauen und Reputation verlieren würden, darf im Hinblick auf die Parteiautonomie einerseits und die Vertraulichkeitsabrede andererseits durchaus bezweifelt werden.
8 *Engel* ZKM 2010, 112 ff. (113).
9 *Schopper-Brigel* Öst. AnwBl. 2003, 392.
10 *Leiss* IDR 2005, 174 ff. (175).
11 Vgl. hierzu die instruktiven Fallbeschreibungen bei *Lenz/Salzer/Schwarzinger* (Hrsg.), Konflikt, Kooperation, Konsens, S. 32 ff.

7 Ähnlich wie bei der Disqualifikationsklausel für Anwälte wird vor Hinzuziehung von Experten oder Beratern vereinbart, dass im Falle des Scheiterns des Verfahrens diese nicht vor Gericht aussagen und ihre Expertisen, Vorschläge, Unterlagen etc. nicht verwendet werden dürfen.[12]

2. Verfahrensablauf

a) Systemischer Ansatz

8 Das kooperative Anwaltsverfahren geht von einem ganzheitlichen Ansatz aus. Es nimmt neben den juristischen Implikationen eines Konflikts zugleich dessen wirtschaftliche, soziale und emotionale Aspekte in den Blick mit dem Ziel, eine interessenszentrierte Lösung herbeizuführen; insoweit liegen die Parallelen zum Mediationsverfahren auf der Hand.[13]

b) Vertragliche Einigung

9 Für das Verfahren der anwaltlichen kooperativen Konfliktlösung bedarf es einer vertraglichen Einigung; dies kann im Rahmen eines einzigen Vertrages wie auch durch verschiedene hintereinander geschaltete Verträge geschehen.[14]

10 Zunächst übertragen die jeweiligen Konfliktbeteiligten ihren Anwälten im Rahmen der üblichen Kontaktaufnahme ein anwaltliches Mandat; rechtsdogmatisch handelt es sich um einen Rechtsdienstleistungsvertrag gem. § 611 BGB i.V.m. § 2 Abs. 1 RDG. Im Rahmen dieses Mandats werden sie von ihren Bevollmächtigten sodann über die Möglichkeit der anwaltlichen kooperativen Konfliktlösung einschließlich etwaiger Vor- und Nachteile aufgeklärt,[15] sog. **Vorphase**.

11 Entscheiden sich die Konfliktparteien für das Verfahren der anwaltlichen kooperativen Konfliktlösung, so schließen sie einen gemeinsamen Vertrages,

---

12 *Leiss* IDR 2005, 174 ff. (176).
13 *Mähler/Mähler* ZKM 2009, 70 ff. (72).
14 Vgl. beispielsweise die Mustervereinbarungen unter http://www.collaborative-law.eu/ooe/download.php sowie unter http://www.mediatoren-aktiv.de/fileadmin/user_upload/Internes_Archiv/Vortraege/CP-Vortrag_Handout_131107.2.pdf – am Ende.
15 Vgl. § 1 Abs. 3 BORA, der der Anwaltschaft die Verpflichtung auferlegt, ihre Mandantschaft konfliktvermeidend und streitschlichtend zu begleiten.

III. Andere Verfahren

das sog. **Partizipationsabkommen**.[16] Es ist dies die vertragliche Übereinkunft der Konfliktparteien und ihrer Anwälte, gemeinsam den Versuch einer gütlichen Einigung des Konflikts zu unternehmen und auf den Gang vor Gericht solange zu verzichten, als die Gespräche andauern. Zum Vertrag zählt auch eine **Disqualifikationsklausel**, wonach die Bevollmächtigten im Falle des Scheiterns der Verhandlungen für einen Rechtsstreit nicht zur Verfügung stehen.[17]

Rechtsdogmatische betrachtet stellt das Partizipationsabkommens eine **Modifikation** des zwischen Anwalt und Mandanten abgeschlossenen **Rechtsdienstleistungsvertrages** dar, und zwar im Sinne eines Geschäftsbesorgungsvertrages auf der Grundlage eines Dienstleistungsvertrages (§§ 675, 611 BGB). Dabei sind die Pflichten der Anwälte bezüglich der jeweiligen Gegenmandanten auf die ordnungsgemäße Verfahrensleitung beschränkt (sog. Verfahrensleitungsvertrag). Zwischen den Anwälten selbst bestehen keine vertraglichen Beziehungen. 12

In die vertragliche Abrede kann mit aufgenommen werden, sich – entweder von Anfang an oder ggf. bei Bedarf – des Expertenwissens Dritter zu bedienen und auch für diese eine Disqualifikationsklausel zu verabreden. Schließlich werden die Konfliktbeteiligten ggf. noch eine Regelung zur **Vertraulichkeit** des Verfahrens vereinbaren.[18] 13

---

16 Der Abschluss des Partizipationsabkommens kann u. U. auch schon in der Vorphase erfolgen: *Schopper-Brigel* Öst. AnwBl. 2003, 392 unter Hinweis auf die kanadische Praxis.

17 Es spricht einiges dafür, eine Disqualifikationsklausel auch auf Sozietätsangehörige zu erstrecken, auch wenn diese nicht ausdrücklich in der Klausel aufgeführt sind (vgl. für das Mediatonsverfahren nunmehr das Verbot in § 3 Abs. 3 MediationsG). Die Disqualifikation der Anwälte für einen Gerichtsprozess kann gerichtlich durchgesetzt und ein entsprechender Titel gem. § 888 Abs. 1 ZPO vollstreckt werden.

18 *Binder*, Die sog. »Kooperative Praxis« als »Konvergenz« von Rechtsverfahren und Mediation, S. 18 f., m.w.N. Ebenso wie im Mediationsverfahren dürfte es auch im kooperativen Anwaltsverfahren schwierig sein, ein effektives Beweisverbot für im Verfahren erlangte Informationen durchzusetzen; für Mediationen ist dies nunmehr in § 4 MediationsG ausdrücklich geregelt. Ein Verstoß gegen die Vertraulichkeitsabrede wird regelmäßig eine Beendigung des kooperativen Anwaltsverfahrens nach sich ziehen und ggf. Schadensersatzansprüche auslösen, § 280 Abs. 1 i.V.m. § 241 Abs. 1, 2 BGB.

c) Phasenmodell

14 Ähnlich dem Mediationsverfahren orientiert sich auch das kooperative Anwaltsverfahren an **verschiedenen Phasen**, beginnend mit der sog. Vorphase, in der die jeweiligen anwaltlichen Bevollmächtigten über das Verfahren und die Anwendbarkeit auf den konkreten Konfliktgegenstand informieren[19] und sodann gefolgt von drei weiteren Phasen:

aa) Phase 1: Vorbereitendes Einzelgespräch

15 In Phase 1 wird der jeweilige Konfliktbeteiligte von seinem Anwalt auf das gemeinsame Vierertreffen vorbereitet. Der Anwalt erörtert mit seinem Mandanten zunächst den Sachverhalt und stellt eine **Themensammlung** auf. Sodann wird er zusammen mit dem Mandanten die hinter den jeweiligen Themen stehenden Interessen herausarbeiten. Abschließend wird der Ablauf des gemeinsamen Termins erörtert und der Mandant darauf vorbereitet, in den anstehenden Verhandlungen auf seine **Interessen** statt auf seine (Rechts-)Positionen abzustellen.

16 Ausgehend hiervon nimmt der Anwalt **Kontakt** mit dem **Bevollmächtigten** der anderen Konfliktpartei auf, um mit diesem Informationen auszutauschen, die es ihm wie auch dem anderen Anwalt gestatten, den Konflikt zu managen und eine Tagesordnung für den gemeinsamen Gesprächstermin abzustimmen.[20]

bb) Phase 2: Gemeinsame Verhandlungsgespräche

17 Phase 2 umfasst den **gemeinsamen Verhandlungsprozess**, der je nach Konfliktlage ggf. mehrere Termine erforderlich machen kann. Auch ist es möglich, bei Bedarf bzw. von Beginn an Experten in die gemeinsamen Gespräche mit einzubeziehen, wobei diese strikt unparteilich agieren und ihr Wissen allen Hauptbeteiligten zur Verfügung stellen müssen.

18 Zu **Beginn** wird – falls nicht bereits vorab durch die Anwälte organisiert – der **Partizipationsvertrag** unterzeichnet, indem sich die Hauptparteien und ihre Anwälte – ggf. auch hinzugezogene oder zu ziehende Experten – zu ei-

---

19 Vgl. hierzu auch die Checklisten unter http://www.collaborativelaw.eu/ooe/docs/Fragen-Wirtschaft.pdf und http://www.collaborativelaw.eu/ooe/docs/Fragen.pdf.
20 *Tesler* American Journal of Family Law, Vol. 13 (1999), 215–225 (220).

nem respektvollen, fairen und kooperativen Umgang miteinander sowie zur Offenlegung aller relevanten Informationen verpflichten; zugleich beinhaltet der Vertrag die Disqualifikationsklausel und u. U. zudem eine Verschwiegenheits- und Vertraulichkeitsklausel.[21]

Der eigentliche Verhandlungsprozess dient der **offenen Kommunikation** aller miteinander, um so zu einer interessenbasierenden Konfliktlösung zu gelangen. Dies unterscheidet die Verhandlungsphase des kooperativen Anwaltsverfahrens von der herkömmlicher anwaltlicher Verhandlungen, in denen sich – argumentativ wie kommunikativ – zwei Seiten kontradiktorisch gegenüberstehen, während in der kooperativen Praxis durch den Einsatz mediativer Elemente durch die Anwälte wie auch die Kommunikation aller Anwesenden untereinander ein konfrontativer Verhandlungscharakter vermieden wird.[22] 19

Ziel dieser offenen Kommunikation ist es, die Interessen und Bedürfnisse der Konfliktparteien herauszuarbeiten und zu gewichten, sodann in einem weiteren Schritt Optionen und Lösungsmöglichkeiten zu erarbeiten und ebenfalls zu bewerten und schließlich gemeinsam auf dieser Grundlage eine endgültige Lösung zu verabreden. 20

Sind mehrere Verhandlungsgespräche erforderlich, so werden diese regelmäßig von den Anwälten, wie in Phase 1 beschrieben, in gemeinsamen Treffen/Gesprächen vorbereitet. 21

cc) Phase 3: Juristische Abschlussvereinbarung

In Phase 3 wird schließlich von den Anwälten auf der Grundlage der von den Konfliktparteien gebilligten Lösung des Streites eine konkrete vertragliche Regelung entworfen. Dabei bietet es sich an, diese Abschlussvereinbarung an den (SMART-) Kriterien zu messen, die auch in der Mediation angewendet werden.[23] Die Abschlussvereinbarung kann durch einen Notar beurkundet und dadurch vollstreckbar gemacht (§ 794 Abs. 1 Nr. 5 ZPO) 22

---

21 *Binder*, Die sog. »Kooperative Praxis« als »Konvergenz« von Rechtsverfahren und Mediation, S. 18 f., m.w.N.
22 *Leiss* IDR 2005, 174 ff. (176).
23 *Fritz/Fritz*, Wirtschaftsmediation, S. 51.

oder als anwaltlicher Vergleich gem. § 796a ZPO für vollstreckbar erklärt werden.[24]

23 Endet Phase 3 ergebnislos und entscheidet sich daraufhin eine Konfliktpartei, den Rechtsweg zu beschreiten, so greift die **Disqualifikationsklausel**, d. h. die bisherigen Anwälte stehen für das Gerichtsverfahren nicht zur Verfügung und auch etwaige hinzugezogene Experten können weder als Zeugen noch als Gutachter in den Prozess einbezogen werden. Durch entsprechende Abreden und Vereinbarungen im Partizipationsvertrag zur Vertraulichkeit ist es u. U. auch nicht zulässig, in einem Folgeprozess solche Fakten zu verwerten, die von einem Konfliktbeteiligten von der jeweils anderen Seite offenbart wurden.

24 Das kooperative Anwaltsverfahren lebt vom Willen der Streitbeteiligten, in dem hier beschriebenen Verfahren den Versuch einer Einigung zu unternehmen. Ist dieser Wille nicht wirklich vorhanden oder kommt er im Laufe des Prozesses abhanden, so ist den Parteien die Beschreitung des Rechtswegs nicht verwehrt; allerdings gelten auch dann die oben beschriebenen Besonderheiten hinsichtlich Anwälten, Experten und Fakten.

3. Dogmatische Einordnung und Abgrenzung zu anderen ADR-Verfahren

25 Die anwaltliche kooperative Konfliktlösung zählt zu den Verfahren, die von den Beteiligten selbst bestimmt werden und ist, was Prinzipien, Grundsätze und einzusetzende Techniken anbelangt, der Mediation in vielem vergleichbar. Freiwilligkeit, Offenheit, Eigenverantwortlichkeit, Vertraulichkeit und Informiertheit bestimmten auch hier das Verfahren, das ebenfalls interessens- und nicht rechtszentriert ausgestaltet ist.[25]

26 Das kooperative Anwaltsverfahren ist zwischen der Anwaltsmediation und der klassischen Anwaltsvertretung zu verorten und unterscheidet sich von fremdbestimmten Entscheidungsverfahren wie Schiedsgericht und staatlicher Gerichtsbarkeit.

27 Im Schrifttum wird im Vergleich mit der Mediation das starke **Potential zur Problemlösung** betont: In der anwaltlichen kooperativen Konfliktlösung ha-

---

24 Zu den einzelnen Verfahrensschritten vgl. § 794 Abs. 1 Nr. 4b ZPO i.V.m. §§ 796a Abs. 1, 796b Abs. 2 Satz 2, 796c Abs. 1 Satz 2 ZPO.
25 *Mähler/Mähler*, Familienmediation, Rn. 88.

ben die Parteien durch die Teilnahme ihrer Anwälte permanenten Zugang zu rechtlicher Beratung und Unterstützung.[26] Auch können die Rechtsbeistände unvernünftige und unkooperative Mandanten beiseite nehmen und unter vier Augen mit ihnen »arbeiten«, bis die Verhandlungen zum allseitigen Nutzen fortgesetzt werden können. Die Anwälte bürgen zudem mit ihrer eigenen Integrität, weil sie sich verpflichtet haben, bei einseitigen Verzögerungstaktiken, Widerständen und Vorenthaltungen von Informationen, an denen eine Verhandlung scheitern kann, den Mandanten nicht prozessual zu vertreten.[27]

4. Rolle der Anwälte und Qualifikationsanforderungen

In der anwaltlichen kooperativen Konfliktlösung nimmt der **Anwalt** eine **Doppelrolle** ein, die besondere Anforderungen an ihn stellt:[28]   28

Auf der **Inhaltsebene** ist er der parteiliche Vertreter seines Mandanten, indem er ihn rechtlich berät und bei der Benennung seiner Interessen, Bedürfnisse und Ziele unterstützt und bei der Abschlussvereinbarung dafür Sorge trägt, dass die Interessen umfassend berücksichtigt werden. Bereits das unterscheidet ihn von der eines ausschließlich auf die Durchsetzung von Rechtspositionen seines Mandanten verpflichteten Bevollmächtigten.   29

---

26 Namentlich in rechtlich wie tatsächlich komplex gelagerten Konfliktfällen wird – im Gegensatz zur nichtanwaltlich begleiteten Mediation – die Gefahr von Übertragungsfehlern, Kommunikationsschwierigkeiten und Missverständnissen reduziert, da die Parteien keine externen Rechtsauskünfte einzuholen brauchen; vgl. *Schwarz*, Mediation – Collaborative Law – Collaborative Practice, S. 130.
27 *Tesler* American Journal of Family Law, Vol. 13 (1999), 215–225 (222). Vgl. in diesem Zusammenhang auch die ethischen Standards der International Academy of Collaborative Professionals unter http://www.collaborativepractice.com/_t.asp?M=8&MS=5&T=Ethics.
28 In der Literatur (*Binder*, Die sog. »Kooperative Praxis« als »Konvergenz« von Rechtsverfahren und Mediation, S. 28 ff., *Engel* ZKM 210, 112 ff. (113), *Leiss* IDR 2005, 174 ff. (179)) wird zutreffend auf die Schwierigkeiten aufmerksam gemacht, die aus dem dualen Rollenverständnis erwachsen können: Dies betrifft u. a. die sachgerechte Wahrnehmung der Mandanteninteressen im Falle des drohenden Scheiterns von Verhandlungen sowie die Vereinbarkeit mit anwaltlichen Grundpflichten (Loyalitätspflicht, Verschwiegenheitspflicht). Umfassend zum anwaltlichen Berufs- und Haftungsrecht: *Engel*, Collaborative Law, S. 206 ff.

30 Auf der **Verfahrensebene** obliegt ihm zudem die Aufgabe, zusammen mit dem anderen Anwalt und dessen Partei einen Konsens zu finden. Dabei ist neben dem Verzicht auf eine mögliche Prozessvertretung vor Gericht von besonderer Bedeutung die Verpflichtung des Anwalts, mit dem Konflikt in kreativer Weise umzugehen.[29]

31 Hierfür bedarf es zunächst einer **veränderten Einstellung** bezüglich des eigenen Denkens, Sprechens und Verhaltens, einer Neujustierung der Beziehung zum eigenen Mandanten, zum Anwalt der Gegenseite sowie zu dessen Mandanten und ferner einer Offenheit und Bereitschaft, die Verhandlungsgespräche kooperativ zu konzipieren und durchzuführen.[30] Darüber hinaus sind in besonderem Maße **Kenntnisse** über Konflikte und Kommunikation gefragt, wie sie in aller Regel auch von Mediatoren gefordert werden und es bedarf der Fähigkeit, Kommunikations-, Frage-, Kreativitäts- und Organisationstechniken konfliktbezogen anwenden zu können.[31]

5. Anwendungsbereiche der kooperativen Praxis

a) Konflikt- und Themenbereiche

32 Die Anwendungsbereiche für das kooperative Anwaltsverfahren sind, soweit dies dem Schrifttum entnommen werden kann, im deutschsprachigen Raum bislang noch überschaubar;[32] gleiches scheint für die tatsächliche Umsetzung zu gelten.[33] Gleichwohl spricht nichts dagegen, dieses Streitbeilegungsverfahren in einer Vielzahl von Konflikt- und Themenbereichen einzusetzen, die

---

29 Verstößt ein Anwalt gegen seine vertraglichen Pflichten – parteilich in der Sache, neutral im Verfahren, konstruktiv in der Begleitung des Verhandlungsprozesses, kompromisslos in der Verschwiegenheit –, so stellt dies eine vertragliche Pflichtverletzung dar, die zu Schadensersatz führen kann, §§ 280 Abs. 1 i.V.m. 241 Abs. 1, 2 BGB.

30 *Tesler* American Journal of Family Law, Vol. 13 (1999), 215–225 (222).

31 *Engel* ZKM 2010, 112 ff. (113 f.); *Mähler/Mähler* ZKM 2009, 70 ff. (72) ist eine Mediationsausbildung Voraussetzung für anwaltliche kooperative Konfliktlösung; *Leiss* IDR 2005, 174 ff. (177 f.).

32 *Engel* ZKM 2010, 112 ff.

33 *Binder*, Die sog. »Kooperative Praxis« als »Konvergenz« von Rechtsverfahren und Mediation, S. 45; *Schwarz*, Mediation – Collaborative Law – Collaborative Practice, S. 133; zur erfolgreichen Anwendung in den USA vgl. *Engel*, Collaborative Law, S. 3 m.w.N.

III. Andere Verfahren

insbesondere durch fortdauernde gemeinsame Interessen und Beziehungen der Parteien sowie durch Komplexität der Sachverhalte geprägt sind.[34]

Die anwaltliche kooperative Konfliktlösung hat sich zunächst im Familienrecht etabliert vor allem in Verfahren von Trennung und Scheidung; für diesen Bereich finden sich in der Literatur auch die meisten Veröffentlichungen.[35]

Daneben sind erbrechtliche Streitigkeiten zu nennen, die für das Verfahren der anwaltlichen kooperativen Konfliktlösung in Betracht kommen sowie Konflikte im Wirtschaftsbereich, vor allem in Familienunternehmen bei Unternehmensnachfolgen, ferner bei Gesellschafterstreitigkeiten,[36] aber auch bei Streitigkeiten zwischen Unternehmen.[37]

b) Indikation

Die Indikationskriterien für das koopertive Anwaltsverfahren sind denen des Mediationsverfahrens ähnlich; von einer Indikation kann ausgegangen werden,
– wenn es den Konfliktbeteiligten um flexible und individuelle Lösungen ihrer Probleme geht,[38]
– wenn die emotionale Belastung reduziert werden soll,[39]
– wenn bestehende Geschäftsbeziehungen geschont werden sollen,[40]

---

34 *Binder*, Die sog. »Kooperative Praxis« als »Konvergenz« von Rechtsverfahren und Mediation, S.50.
35 *Schopper-Brigel* Öst. AnwBl. 2003, 392 f.; *Tesler* American Journal of Family Law, Vol. 13 (1999), 215–225, jeweils m.w.N.
36 *Engel*, Collaborative Law, S. 116, erwägt in diesem Kontext allerdingsein modifiziertes Verfahren, das die Rechtsanwälte durch innerhalb eines Unternehmens tätige Konfliktberater ersetzt.
37 *Binder*, Die sog. »Kooperative Praxis« als »Konvergenz« von Rechtsverfahren und Mediation, S. 40 ff.; *Mähler/Mähler* ZKM 2009, 70 ff. (72).
38 *Leiss* IDR 2005, 174 ff. (178).
39 Aufgrund der parteilichen Zuordnung der für die Verhandlung verantwortlichen Anwälte zu den jeweiligen Konfliktparteien ist eine Deeskalation eines Konflikts u. U. einfacher und nachhaltiger zu bewerkstelligen als in einer Mediation, *Schwarz*, Mediation – Collaborative Law – Collaborative Practice, S. 128.
40 Im Rahmen eines konsensualen Streitschlichtungsverfahrens lassen sich, im Gegensatz zu einer fremdbestimmten Entscheidung, nachhaltige Ergebnisse mit ei-

- wenn es gilt, die Verfahrenskosten überschaubar zu halten,[41]
- wenn Zeitersparnis von Bedeutung ist,[42]
- wenn der Konflikt nicht in der Öffentlichkeit ausgetragen werden soll,[43]
- wenn ein (dominierendes) Machtungleichgewicht zwischen den Konfliktparteien vorliegt, das eine Mediation ausschließt.[44]

35 Eine Kontraindikation liegt hingegen vor,
- wenn der Mandant bezogen auf seinen jeweiligen Bevollmächtigten einer Disqualifikationsklausel ablehnend gegenübersteht,[45]

---

nem hohen Wirkungsgrad erzielen, die sich an den Geschäfts- und Vertragsbeziehungen der Parteien sowie deren sonstigen Interessen orientieren, *Fritz/Fritz*, Wirtschaftsmediation, S. 19.

41 Im Vergleich zur Mediation, die nicht notwendig die ständige Teilnahme von (ggf. gut honorierten) Anwälten erfordert, ist beim kooperativen Anwaltsverfahren zu bedenken, dass die Kosten für zwei Anwälte und ggf. für weitere Experten aufzubringen sind.

42 Dies gilt jedenfalls im Vergleich zu aufwändigen Gerichts- und schiedsgerichtlichen Verfahren, durch die u. U. ganze betriebliche Abteilungen durch das Sammeln von Beweisen etc. gebunden werden, *Leiss* IDR 2005, 174 ff. (178). Ob die Methodik der Kurz-Zeit-Mediation, die in diesem Bereich zu einer deutlichen Zeitersparnis geführt hat, sich auch auf das kooperative Anwaltsverfahren übertragen lässt, ist allerdings im Schrifttum bislang noch nicht untersucht worden.

43 Namentlich bei Streitigkeiten im Wirtschafts- und Gesellschaftsrecht beinhaltet eine öffentliche Auseinandersetzung über betriebsinterne, ggf. sogar absolut vertraulich zu behandelnde Vorgänge oder Geschäfsbeziehungen die Gefahr einer Konfliktpotenzierung und eines Imageverlustes im Hinblick auf Gesellschafter, Aktionäre, Geschäftspartner, Kunden oder Dritte, *Fritz/Fritz*, Wirtschaftsmediation, S. 19.

44 Dies kann sowohl familienrechtliche Streitigkeiten als auch wirtschaftsrechtliche Streitigkeiten betreffen. Machtungleichgewichte vermag ein Mediator im Hinblick auf seine Allparteilichkeit u. U. nur schwer auszugleichen, während dies durch die Anwesenheit der (auch parteilichen) Anwälte leichter gelingen kann: *Schwarz*, Mediation – Collaborative Law – Collaborative Practice, S. 128. Vgl. zum Umgang mit Machtungleichgewichten im Familienrecht: *Gläßer*, Mediation und Beziehungsgewalt; *Matefi* FamPra 2003, 260 ff.

45 Für die Konfliktbeteiligten kann es vielfache Gründe geben, auf ihre Anwälte nicht verzichten zu wollen: angefangen von der Qualität des mandatierten Anwalts bis hin zu den weiteren Kosten, die durch neue Bevollmächtigungen entstehen; vgl. *Lenz/Salzer/Schwarzinger* (Hrsg.), Konflikt, Kooperation, Konsens, S. 185 ff.

III. **Andere Verfahren**

- wenn rechtlich wie tatsächlich relevante Fakten gegenüber dem anderen Konfliktbeteiligten nicht offengelegt werden sollen bzw. können,
- wenn kooperative Verhandlungen durch ein dominierendes Machtungleichgewicht konterkariert werden.

6. Hinweise für die Praxis

a) Netzwerk

Wer als Anwalt das kooperative Anwaltsverfahren praktizieren möchte, bedarf eines funktionierenden Netzwerkes, das gegenwärtig im deutschsprachigen Raum allenfalls ansatzweise, in der Bundesrepublik Deutschland selbst erst rudimentär, vorhanden ist. Im Folgenden werden einige Links aufgeführt, über die sich erste Kontakte aufbauen lassen: 36
- http://www.cooperative-praxis.de
- http.//www.an-kom.de
- http.//www.cooperative-praxis.de
- http.//www.eidos-projekt-mediation.de
- http.//www.collaborativelaw.eu
- http.//www.collaborativepractice.com
- http.//www.alternativefamilylaw.co.uk/de

b) Vertragsmuster

Unter den folgenden Links finden sich beispielhaft jeweils Vertragsmuster für 37
- den Abschluss eines vorbereitenden Mandatsvertrages
  http://www.collaborativelaw.eu/ooe/docs/Mandatsvertrag.pdf
- die Vereinbarung eines kooperativen Anwaltsverfahrens
  http://www.collaborativelaw.eu/ooe/docs/Cl-Vereinbarung.pdf
- die Beauftragung eines Steuerexperten
  http://www.collaborativelaw.eu/ooe/docs/AuftragFinanz.pdf

c) Kosten

Im Hinblick auf die mit § 612 Abs. 2 BGB verbundenen Unklarheiten des Begriffs »übliche Honorierung« empfiehlt sich eine Honorarvereinbarung auf der Basis eines Zeithonorars. Während in der Mediation gelegentlich empfohlen wird, die notwendige Vor- und Nacharbeit (Berechnungen, Sichtung von Unterlagen, Erstellung von Protokollen etc.) pauschal in die Höhe des Stundenhonorars einzuarbeiten, bietet sich diese Vorgehensweise beim kooperativen Anwaltsverfahren gerade im Hinblick auf die u. U. zeitintensive 38

Vorbereitung mit dem Anwalt der Gegenseite weniger an. Insoweit ist anzuraten, auch hier auf die tatsächlich aufgewendete Zeit abzustellen.

Aus der Sicht der Konfliktparteien kann es auch Sinn machen, ein in der Höhe moderates Stundenhonorar mit einer Vertrags- oder Einigungsgebühr zu koppeln und zugleich den Gegenstandswert einer Vereinbarung verbindlich abzusprechen.[46] Das Honorar sollte stets als Gesamtschuld i.S.v. § 420 BGB ausgestaltet werden.[47]

IV. Schlichtung

Übersicht

	Rdn.
1. Definition und Ablauf des Schlichtungs-Verfahrens	1
2. Rechtsdogmatische Einordnung	4
a) Auslegung des Parteiwillens	4
b) Nicht bindende Empfehlung	5
c) Bindend bei ausbleibendem Widerspruch einer Partei	8
d) Materiell-rechtliche Präklusionsfrist	12
3. Auswirkung der Schlichtung auf die Verjährung	14
a) Gütestelle	14
b) Beginn der Hemmung	15
c) Ende und Wirkung der Hemmung	17
d) § 203 BGB	20
4. Vollstreckbarkeit eines im Schlichtungsverfahren erzielten Vergleichs	21
a) Durch die Landesjustizverwaltung eingerichtete oder anerkannte Gütestelle (§ 15 a Abs. 1 EGZPO)	22
b) Sonstige Gütestellen (§ 15 a Abs. 3 EGZPO)	23
5. Hinweise für die Praxis	24
a) Mustertext für Schlichtungsklausel	24
b) Schieds- und Schlichtungsstellen nach Branchen	27
aa) Banken und Versicherungen	27
bb) Freie Berufe	28
(1) Ärzte und Apotheker	28
(2) Architekten und Ingenieure	29
(3) Rechtsanwälte und Steuerberater	30
cc) Handwerk	31
dd) Weitere Branchen	32

---

46 Zur Problematik von Erfolgshonoraren, die gem. § 4a RVG nur eingeschränkt möglich sind, *Engel*, Collaborative Law, S. 247.

47 *Friedrichsmeier*, in: *Haft/von Schlieffen* (Hrsg.), Handbuch Mediation, S. 837 ff., Rn. 53 ff.

IV. Andere Verfahren

1. Definition und Ablauf des Schlichtungs-Verfahrens

In Schlichtungs-Verfahren gibt ein Dritter eine **nicht bindende Empfehlung** 1
ab.[1] Das Verfahren ist konsensual und wie das Mediations-Verfahren meist wenig formalisiert, sodass die Regelungen für den Ablauf je nach Schlichtungs-Ordnung unterschiedlich ausfallen. Der Schlichter kann sich daher auch **mediativer Techniken** bedienen. In der Praxis wird die Schlichtung aber meistens als inquisitorisches Verfahren gelebt, in dem der Schlichter den Sachverhalt ermittelt und dann einen Schlichtungs-Spruch fällt. Ein prominentes Beispiel für eine Schlichtung lieferte die Auseinandersetzung um »Stuttgart 21«, die symptomatisch teilweise als »Mediations-Verfahren« bezeichnet wurde.

Der Schlichter genießt wegen **hoher Fachkompetenz** meist entsprechend hohes 2
Ansehen,[2] sodass die Parteien seiner Empfehlung folgen und auf dieser Grundlage eine Vereinbarung schließen.[3] In der Praxis wird vielfach auch nach einer gescheiterten Mediation durch den Mediator eine Empfehlung unterbreitet, sodass dieser dann als Schlichter tätig wird. Im Gerichtsverfahren oder anderen Drittentscheidungsverfahren wird vor einem Urteil bzw. einer bindenden Entscheidung regelmäßig eine Empfehlung abgegeben – etwa wenn der Richter seine Sicht der Dinge im Rahmen der Güteverhandlung schildert und den Parteien gewisse Risiken aufzeigt, um diese zu einem Vergleich zu bewegen.

§ 15 a Abs. 1 EGZPO eröffnet den Landesgesetzgebern die Regelung eines 3
obligatorischen Schlichtungs-Verfahrens für vermögensrechtliche Streitigkeiten bis € 700,00, Nachbarstreitigkeiten und Streitigkeiten wegen Verletzung der persönlichen Ehre. Hiervon haben 16 Bundesländer Gebrauch gemacht.[4]

---

1 OLG Hamm, Urt. v. 22.01.1992 – 12 U 142/91, BauR 1992, 812 (812, Ls. 1); *Greger/Stubbe*, Schiedsgutachten, Rn. 26; *Heussen*, in: *Haft/von Schlieffen* (Hrsg.), Handbuch Mediation, § 10 Rn. 5; *Ponschab/Dendorfer*, in: *Haft/von Schlieffen* (Hrsg.), § 24 Rn. 44. Unscharf OLG Hamm, Urt. v. 22.01.2001 – 8 U 66/00, Juris Rn. 36 = NZG 2001, 652 (652 ff.).
2 *Risse/Wagner*, in: *Haft/von Schlieffen* (Hrsg.), Handbuch Mediation, § 23 Rn. 94.
3 *Prütting*, in: *Haft/von Schlieffen* (Hrsg.), Handbuch Mediation, § 21 Rn. 5.
4 Überblick bei *Greger* NJW 2011, 1478 (1479 ff.).

2. Rechtsdogmatische Einordnung

a) Auslegung des Parteiwillens

4 Bei Schlichtungsvereinbarungen ist grundsätzlich der Parteiwille dafür maßgebend, ob tatsächlich eine Schlichtung gewollt ist oder ein anderes ADR-Verfahren vereinbart ist (§§ 133, 157 BGB). Sie können grundsätzlich innerhalb allgemeiner Geschäftsbedingungen vereinbart werden.[5]

b) Nicht bindende Empfehlung

5 In der Literatur werden Schlichtungs-Vereinbarungen teilweise als »Schiedsgutachten ohne Bindungswirkung«[6] bezeichnet. Rechtsdogmatisch ist die Abweichung von den §§ 317 ff. BGB aber so groß, dass eine **analoge Anwendung des Schiedsgutachtenrechts nicht** in Frage kommt.[7] Zunächst einmal fällt es schwer eine Empfehlung unter das Tatbestandsmerkmal »Bestimmung der Leistung« (§ 317 Abs. 1 BGB) zu subsumieren. Die §§ 317 ff. BGB sollen gerade denjenigen schützen, der sich an eine »Empfehlung« eines Dritten bindet (= Entscheidung). Auch dürfte der Parteiwille regelmäßig nicht darauf gerichtet sein, dass die im Anschluss an die Empfehlung des Dritten geschlossene Vereinbarung dann nicht bindend sein soll, wenn die Empfehlung »offenbar unbillig« ist (§ 319 Abs. 1 S. 1 BGB).

6 Sicherlich wollen die Parteien für diesen Fall auch keine Empfehlung durch ein Gericht erhalten, wie es aber § 319 Abs. 1 S. 2, 1. Hs. BGB vorsieht. Etwas anderes kann sich aber dann ergeben, wenn das **Schlichtungsverfahren mit einer Schiedsgutachtenklausel** derart **eng verbunden** ist, dass der Schiedsgutachter ohne den Schlichtungsspruch (fachlich) nicht in der Lage ist, sein Schiedsgutachten zu erstellen.[8] Dann führt auch das Ausbleiben des Schlichterspruches zur Ersatzbestimmung nach § 319 Abs. 1 S. 1 BGB.

7 Letztendlich dominiert im Schlichtungsverfahren die Vereinbarung oder der Vergleich der Parteien, sodass die Regelung des **Vergleichsvertrages** nach

---

5 LG Bielefeld, Urt. v. 26.01.2006 – 3 O 12/05, Juris Rn. 22.
6 *Greger/Stubbe*, Schiedsgutachten, Rn. 208; *Hamann/Lennarz* BB 2007, 1009 (1011).
7 LG Bielefeld, Urt. v. 26.01.2006 – 3 O 12/05, Juris Rn. 23; wohl auch *Rieble*, in: *Staudinger*, Kommentar zum Bürgerlichen Gesetzbuch, § 317 Rn. 8.
8 BGH, Urt. v. 21.12.1977 – VIII ZR 141/76, Juris Rn. 32 = NJW 1978, 631 (631 ff.).

IV. Andere Verfahren

§ 779 BGB herangezogen werden können.[9] Da unter Vergleich nur gegenseitiges Nachgeben verstanden wird (§ 779 Abs. 1 BGB), kann es sich im Einzelfall auch um einen Feststellungsvertrag handeln.

c) Bindend bei ausbleibendem Widerspruch einer Partei

Eine weitere denkbare Konstellation des Schlichtungs-Verfahrens stellt die Empfehlung eines Dritten dar, die zwischen den Parteien nach Ablauf einer Frist, binnen derer kein Widerspruch erhoben wird, Bindungswirkung entfalten soll. **8**

Insoweit ist fraglich, ob die §§ 317 ff. BGB grundsätzlich herangezogen werden können, man also von einem »**aufschiebend bedingtem Schiedsgutachten**«[10] sprechen muss oder es sich nur um eine Empfehlung eines Schlichters handelt, wobei die Willenserklärung des Schlichters zum Vergleichsschluss[11] bzw. Schluss eines Feststellungsvertrages dann durch Schweigen der Parteien angenommen wird. **9**

Da es in der Hand der Parteien liegt, die Bindungswirkung durch einen Widerspruch zu verhindern, könnte man davon ausgehen, dass es sich nur um eine Empfehlung handelt, der Schutz der §§ 317 ff. BGB daher nicht notwendig ist.[12] Jedoch wird man für diese Konstellation »**im Zweifel**« (§ 317 Abs. 1 BGB) annehmen müssen, dass der nicht Widersprechende nicht an sein Schweigen gebunden werden will, wenn das Votum des Dritten »offenbar unbillig« (§ 319 Abs. 1 S. 1 BGB) ist. Auf den Schutz der §§ 317 ff. **10**

---

9 In diese Richtung auch *Prütting*, in: *Haft/von Schlieffen* (Hrsg.), Handbuch Mediation, § 21 Rn. 5; *Hess*, in: *Haft/von Schlieffen* (Hrsg.), Handbuch Mediation, § 43 Rn. 50.

10 *Lembcke* IBR 2008, 1223; »*aufschiebend bedingt bindend*«, vgl. *Greger/Stubbe*, Schiedsgutachten, Rn. 39 u. 49; *Illies*, Forum Baukonfliktmanagement, werner-baurecht.de, 13.10.2010, S. 8. Auch *Franke/Englert/Halsterberg/Meyer-Postell/Miernik*, Kommentar zur SL-Bau, Rn. 243 wollen die Regelungen des §§ 317 ff. BGB teilweise analog anwenden.

11 Für diese Lösung *Franke*, in: *Franke/Englert/Halsterberg/Meyer-Postell/Miernik*, Kommentar zur SL-Bau, Rn. 233. Widersprüchlich aber die analoge Anwendung der §§ 317 ff. BGB, vgl. *Franke*, in: *Franke/Englert/Halsterberg/Meyer-Postell/Miernik*, Kommentar zur SL-Bau, Rn. 243.

12 So wohl *Rieble*, in: *Staudinger*, Kommentar zum Bürgerlichen Gesetzbuch, § 315 Rn. 97.

BGB soll daher im Zweifel nicht verzichtet werden.[13] Der Einwand der fehlenden Bindungswirkung kann aber verwirkt sein.

11 Bei dieser besonderen Ausgestaltung des Schlichtungs-Verfahrens muss der Schlichter daher die **Regelungen zum Schiedsgutachtenrecht beachten**.[14] Ansonsten besteht die Gefahr, dass seine Empfehlung auch bei einem ausbleibenden Widerspruch keine Bindung für die Parteien entfaltet. Innerhalb einer Schlichtungs-Vereinbarung empfiehlt sich daher eine klare Regelung, dass beide Parteien in den Grenzen von §§ 138, 242 BGB bei ausbleibendem Widerspruch an den Schlichterspruch gebunden sind.

d) Materiell-rechtliche Präklusionsfrist

12 Von der Konstellation des aufschiebend bedingt bindenden Schiedsgutachtens (c) ist wiederum die Vereinbarung einer materiell-rechtlichen Präklusionsfrist zu unterscheiden. Bei dieser Konstellation vereinbaren die Parteien eine (sofortige) Bindungswirkung der Entscheidung – also ein Schiedsgutachten im Sinne der §§ 317 ff. BGB. Wird **nicht rechtzeitig Widerspruch** gegen das Schiedsgutachten erhoben, wird dieses **auch dann bindend, wenn** es nicht nach dem vereinbarten Entscheidungsmaßstab getroffen wurde, es also nach der Zweifelsregelung des § 319 Abs. 1 S. 1 BGB »offenbar unbillig« ist. Die gerichtliche Prüfung ist in dieser Ausgestaltungsform nur möglich, wenn der Widerspruch rechtzeitig erhoben wurde. Eine Überprüfung im Rahmen der §§ 138, 242 BGB bleibt aber immer möglich.

13 Grundsätzlich handelt es sich auch bei dem Verfahren für Baustreitigkeiten nach **§ 18 Abs. 2 VOB/B** rechtsdogmatisch um eine Leistungsbestimmung der vorgesetzten Stelle,[15] die mit einer materiell-rechtlichen Präklusionsfrist versehen ist und um kein Schlichtungs-Verfahren.

---

13 So wohl auch OLG Karlsruhe, Urt. v. 22.12.1998 – 17 U 189/97, IBR 2000, 155 (155); *Illies*, Forum Baukonfliktmanagement, werner-baurecht.de, 13.10.2010, S. 8; a.A. *Rieble*, in: *Staudinger*, Kommentar zum Bürgerlichen Gesetzbuch, § 315 Rn. 97; *Franke*, in: *Franke/Englert/Halstenberg/Meyer-Postelt/Miernik*, Kommentar zur SL-Bau, Rn. 233. Ähnlich BGH, Urt. v. 21.04.1993 – XII ZR 126/91, NJW-RR 1993, 1034 (1034f.); OLG Hamm, Urt. v. 05.11.1993 – 26 U 61/93, Juris Rn. 6 = NJW-RR 1994, 1551 (1551f.).
14 S. hierzu Andere Verfahren, VI. Rdn. 1 ff.
15 *Lembcke* BauR 2010, 1666 (1666 ff.); *Lembcke* IBR 2008, 1223; wohl auch *Greger/Stubbe*, Schiedsgutachten, Rn. 53, 183 u. 249.

IV. Andere Verfahren

3. Auswirkung der Schlichtung auf die Verjährung

a) Gütestelle

Die Verjährung wird durch eine Schlichtungsverfahren **gehemmt** (§ 204 Abs. 1 Nr. 4 BGB). Dieses gilt für landesrechtlich anerkannte oder eingerichtete Gütestellen im Sinne des § 15a Abs. 1 EGZPO, als auch für sonstige Gütestellen im Sinne von § 15a Abs. 3 EGZPO. Selbst bei sachlicher[16] oder örtlicher[17] Unzuständigkeit der Gütestelle tritt die Hemmung ein.[18] Nach überwiegender Ansicht gilt dies auch bei der Anrufung einer ausländischen Gütestelle, soweit diese die Kriterien erfüllt, die für eine sonstige Gütestelle erforderlich sind.[19]

b) Beginn der Hemmung

Die Hemmung der Verjährung beginnt mit **Veranlassung der Bekanntgabe** des Güteantrags. Dies ist der Zeitpunkt, in welchem die Gütestelle die Übersendung des Güteantrags an den Schuldner aktenmäßig nachprüfbar verfügt.[20] Der Zeitpunkt der tatsächlichen Bekanntgabe bzw. Zustellung des Güteantrags bei dem Antragsgegner ist unerheblich, da § 15a EGZPO keine förmliche Zustellung vorschreibt.

Gemäß § 204 Abs. 1 Nr. 4, 2. Hs. BGB beginnt die Hemmung mit *Einreichung* des Güteantrags, wenn die Bekanntgabe des Güteantrags **demnächst** nach der Einreichung veranlasst wird (§ 167 ZPO).[21] Grundsätzlich wird dem Antragsteller eine Verzögerung nicht zugerechnet, die auf eine fehlerhafte Sachbehandlung durch die Gütestelle zurückzuführen sind – etwa wegen Arbeitsüberlastung der Gütestelle.[22]

---

16 BGH, Urt. v. 06.07.1993 – VI ZR 306/92, NJW-RR 1993, 1495 (1496); *Friedrich* NJW 2003, 1781 (1782) m.w.N.
17 OLG Brandenburg, Urt. v. 03.03.2010 – 4 U 40/09, BeckRS 2010, 07659; *Friedrich* NJW 2003, 1781 (1782) m.w.N.
18 Vgl. *Staudinger/Eidenmüller* NJW 2004, 23 (23 ff.).
19 *Friedrich* NJW 2003, 1781 (1782).
20 BT-Drucks. 14/7052, S. 181.
21 BGH, Urt. v. 22.09.2009 – XI ZR 230/08, NJW 2010, 222 (222 ff.).
22 BGH, Urt. v. 22.09.2009 – XI ZR 230/08, NJW 2010, 222 (222 ff.).

c) Ende und Wirkung der Hemmung

17 Die Hemmung endet sechs Monate nach der Beendigung des Schlichtungsverfahrens (§ 204 Abs. 2 S. 1 BGB) – durch Einigung, die Erfolglosigkeit des Einigungsversuchs (Erfolglosigkeitsbescheinigung), die Zurückweisung des Antrags als unzulässig, die Antragsrücknahme oder die Fiktion der Rücknahme, aufgrund der Säumnis einer Partei.[23]

18 Wird das Schlichtungsverfahren von den Parteien nicht weiter betrieben, endet die Hemmung sechs Monate nach der letzten Verfahrenshandlung der Parteien oder der Schlichtungsstelle (§ 204 Abs. 2 S. 2 BGB). Der Hemmungszeitraum wird in die Verjährungsfrist nicht eingerechnet (§ 209 BGB).

19 Die Hemmung beginnt erneut, wenn eine der Parteien das Verfahren weiter betreibt (§ 204 Abs. 2 S. 3 BGB).

d) § 203 BGB

20 Da einer Schlichtung regelmäßig **Verhandlungen zwischen den Parteien** vorausgehen, tritt die Hemmung dann bereits **vor** der Einleitung des Schlichtungsverfahrens ein.[24] Bei einer vereinbarten Mediationspflicht genügt bereits die Aufforderung zur Verhandlung (Mediation) durch eine Partei.[25] Diese wirkt dann sogar auf den Zeitpunkt der ersten Geltendmachung der Ansprüche zurück.[26]

4. Vollstreckbarkeit eines im Schlichtungsverfahren erzielten Vergleichs

21 In der Praxis ist der Schlichtungsspruch in der Regel von so **hoher Akzeptanz** der Parteien getragen, dass es nicht zu einer Vollstreckung kommt. Die Parteien folgen dem Schlichtungsspruch überwiegend freiwillig. Im Rahmen einer gleichwohl möglichen Vollstreckung ist zwischen der Art der Gütestelle zu differenzieren.

---

23 Vgl. *Krafka*, Außergerichtliche Streitschlichtung, Rn. 216.
24 *Ellenberger*, in: *Palandt*, § 204 Rn. 19.
25 *Eidenmüller* SchiedsVZ 2003, 163 (163 ff.).
26 BGH, Urt. v. 01.03.2005 – VI ZR 101/04, NJW-RR 2005, 1044 (1044 ff.).

IV. Andere Verfahren

a) Durch die Landesjustizverwaltung eingerichtete oder anerkannte Gütestelle (§ 15 a Abs. 1 EGZPO)

Für die durch die Landesjustizverwaltung eingerichteten oder anerkannten Gütestellen (§ 15a Abs. 1 EGZPO) ist der Schlichtungsspruch einem Prozessvergleich gleichgestellt und somit unmittelbar durchsetzbar. Die Schlichtungsstellen können als Gütestelle im Sinne von § 794 Abs. 1 Nr. 1 ZPO eine vollstreckbare Ausfertigung ausstellen.[27]

b) Sonstige Gütestellen (§ 15 a Abs. 3 EGZPO)

§ 794 Abs. 1 Nr. 4 ZPO ist auf Schlichtungssprüche einer sonstigen Gütestelle nicht anwendbar. Da die Parteien regelmäßig die Niederlegung der Vereinbarung (= des Schlichtungsspruches) in einer notariellen Urkunde nicht vornehmen (§ 794 Abs. 1 Nr. 5 ZPO) und auch ein Anwaltsvergleich im Sinne von § 796 a ZPO (§ 794 Abs. 1 Nr. 4 b ZPO) nicht schließen, bleibt oft nur der Klageweg. Der materielle Anspruch aus dem Schlichtungsspruch sollte im Wege des Urkundenprozesses geltend gemacht werden.

5. Hinweise für die Praxis

a) Mustertext für Schlichtungsklausel

Die Bedeutung von Schlichtungs-Verfahren scheint zuzunehmen. Wird im Rahmen eines Mediations-Verfahrens ein branchenkundiger Mediator ausgewählt, so kann dieser im Falle des Scheiterns mit einem Schlichtungsspruch betraut werden. Jedoch ist die Schlichtung gewissermaßen nichts Halbes und nichts Ganzes: Sie bedient sich weder zwangsläufig mediativer Techniken noch ist eine garantierte Entscheidung zu erlangen. Oftmals sind die Parteien aber nicht von einem anderen ADR-Verfahren zu überzeugen.

Eine **Schlichtungsklausel** sollte folgende **Minimalanforderungen** erfüllen:
- Anwendungsbereich,
- Verfahrensablauf,
- Benennung des Schlichters und einer Benennungsinstitution,
- Kostenregelung.

---

27 Vgl. die Ausführungen unter Andere Verfahren, V. Rdn. 35 ff.

26 ▶ **Beispiel Schlichtungsklausel:**

> Streitigkeiten aus und in Zusammenhang mit diesem Vertrag, werden auf Antrag durch eine Schlichtung beigelegt. Eine Streitigkeit liegt vor, wenn ein Vertragspartner schriftlich einen Anspruch anmeldet und dieser nicht binnen angemessener Frist erfüllt oder schriftlich anerkannt wird. Der Schlichter macht in tatsächlicher und rechtlicher Hinsicht für die Streitigkeit einen Lösungsvorschlag. Die Parteien sind hieran nicht gebunden. Der Schlichter bestimmt den Verfahrensablauf. Können sich die Parteien nicht binnen von zwei Wochen nach Antrag auf einen Schlichter einigen, wird dieser auf Antrag von der örtlichen Industrie und Handelskammer benannt. Die Kosten bemessen sich entsprechend §§ 91 ff. ZPO.

b) Schieds- und Schlichtungsstellen nach Branchen

aa) Banken und Versicherungen

27 Geldinstitute und Versicherungen haben in den vergangenen Jahren zahlreiche Schlichtungs- und Schiedsstellen ins Leben gerufen; es sind dies
- Schlichtungsstelle der Deutschen Bundesbank
  Deutsche Bundesbank
  www.bundesbank.de
- Ombudsmann der öffentlichen Banken
  Bundesverband der Öffentlichen Banken
  www.voeb.de
- Ombudsmann der privaten Banken
  Bundesverband deutscher Banken
  www.bankenombudsmann.de
- Ombudsmann der genossenschaftlichen Bankengruppe
  Bundesverband der Deutschen Volksbanken und Raiffeisenbanken e.V.
  www.bvr.de
- Schlichtungsstellen der Landesbausparkassen
  www.lbs.de
- Ombudsleute der Privaten Bausparkassen
  Bundesverband der Privaten Bausparkassen
  www.bausparkassen.de
- Versicherungsombudsmann
  www.versicherungsombudsmann.de

IV. **Andere Verfahren**

Ombudsmann Private Kranken- und Pflegeversicherung
Verband der Privaten Krankenversicherer
www.pkv-ombudsmann.de
- Deutscher Sparkassen- und Giroverband
www.dgb.de
(Liste der regionalen Schlichtungsstellen der Sparkassen dort abrufbar)
- Europäisches Verbraucherzentrum Deutschland
Zentrum für Europäischen Verbraucherschutz e.V.
www.euroinfo-kehl.com
- BaFin-Schlichtungsstelle
Bundesanstalt für Finanzdienstleistungsaufsicht
www.bafin.de

bb) Freie Berufe

(1) Ärzte und Apotheker

Die einzelnen Landeskammern und die dort eingerichteten Gutachterkommissionen und Schlichtungsstellen sind über die Kammern auf Bundesebene zu erreichen. 28
- Bundesärztekammer
www.baek.de
- Bundeszahnärztekammer
www.bzaek.de
- Bundesvereinigung Deutscher Apothekerverbände
www.abda.de
- Bundestierärztekammer
www.bundestierärztekammer.de

(2) Architekten und Ingenieure

Die einzelnen Landesarchitektenkammern bzw. Landesingenieurkammern und deren Schlichtungsstellen sind über die Kammern auf Bundesebene zu erreichen. 29
- Bundesarchitektenkammer
www.bak.de
- Bundesingenieurkammer
www.bingk.de

Andere Verfahren IV.

(3) Rechtsanwälte und Steuerberater

30 Auf nationaler Ebene stehen jeweils zur Verfügung:
- Schlichtungsstelle der Rechtsanwaltschaft
  Bundesrechtsanwaltskammer
  www.brak.de
- Bundessteuerberaterkammer
  www.bstbk.de

cc) Handwerk

31 Die einzelnen Handwerkskammern und die dort eingerichteten Schieds- oder Vermittlungsstellen sind über den Dachverband der Handwerkskammern zu erreichen.
- Zentralverband des Deutschen Handwerks
  www.zdh.de

dd) Weitere Branchen

32 Die unterschiedlichsten Branchen weisen mittlerweile entsprechende Stellen auf:
- Schiedsstellen des Kfz-Gewerbes
  Zentralverband Deutsches Kraftfahrzeuggewerbe e.V.
  www.kfz-schiedsstellen.de
- Schlichtungsstelle beim Verband der Bergungs- und Abschleppunternehmer e.V.
  www.vba-service.de
- Schlichtungsstelle Mobilität
  Verkehrsclub Deutschland e.V.
  www.schlichtungsstelle-mobilitaet.de
- Reiseschiedsstelle
  www.reiseschiedsstelle.de
- Schlichtungsstelle für den öffentlichen Personenverkehr e.V.
  www.soep-online.de

Bei Fahrten im Nahverkehr können auch regionale Schlichtungsstellen angerufen werden, deren Kontakdaten über die Zentralstelle abrufbar sind
- Schlichtungsstelle bei der Bundesnetzagentur
  www.bundesnetzagentur.de
- Ombudsmann bei der Verbaucher Initiative e.V.
  www.ombudsmann.de

V. Andere Verfahren

- Bundesverband Deutscher Bestatter e.V.
  www.bestatter.de
- Handelskammer Bremen
  www.handelskammer-bremen.ihk24.de
- Handelskammer Hamburg
  www.hk24.de

V. Adjudikation

Übersicht

	Rdn.
1. Definition und Ablauf des Adjudikations-Verfahrens	1
2. Rechtsdogmatische Einordnung und Abgrenzung zu anderen ADR-Verfahren und dem Schiedsgerichtsverfahren	4
a) Auflösend bedingtes Leistungsbestimmungsrecht	4
b) Auslegung des Parteiwillens .	9
3. Adjudikation als besonderes ADR-Verfahren für Baukonflikte	11
a) Konfliktstruktur des Bauvertrages	11
aa) Gegensätzliche Interessen	11
bb) Strukturmerkmale des Bauvertrages	13
b) Effiziente Streitbeilegung durch Adjudikation	16
4. Anwendungsbereich der Adjudikation und Verzahnung mit anderen ADR-Verfahren (Systematisches Baukonfliktmanagement)	22
a) Mediation-Adjudikation (MedAdj)	23
aa) Schwierigkeiten der Mediation in Bausachen	26
aaa) Hohe Eskalationsstufe	27
bbb) Machtgefälle	28
ccc) Eingeschränkter Verhandlungsspielraum nach Fertigstellung	29
ddd) Komplexität der Streitigkeit	30
bb) Positive Auswirkungen der Adjudikation auf die Mediation	31
b) Keine eigenständige Bedeutung der Schlichtung	35
c) Clearing-Instanz	37
5. Hinweise für die Praxis	39

Andere Verfahren V.

1. Definition und Ablauf des Adjudikations-Verfahrens

1 Im MediationsG findet das Adjudikations-Verfahren keine Erwähnung. Lediglich in der Gesetzesbegründung ist »Adjudikation« als »Verfahren der außergerichtlichen Konfliktbeilegung« genannt.[1]

2 Nach klassischem Verständnis trifft ein sachverständiger Experte (Adjudikator) auf Antrag eine (**vorläufig**) **bindende Entscheidung** über Baukonflikte in tatsächlicher und rechtlicher Hinsicht in kürzester Frist. Diese Entscheidung kann mit gerichtlicher Hilfe zwangsweise durchgesetzt werden (Vollstreckungsprozess). Der Antragsgegner hat in der Regel nur eine kurze Erwiderungsfrist. Der Adjudikator nimmt überdies die Sachverhaltsermittlung eigenständig war (Amtsermittlung). Seine Entscheidung ist auch dann bindend, wenn diese grobe tatsächliche oder rechtliche Fehler aufweist. Die Bindungswirkung dauert so lange an, bis innerhalb eines (Schieds-) Gerichts- oder eines anderen ADR-Verfahrens der Konflikt endgültig beigelegt wird. In diesem nachfolgenden Gerichtsverfahrens (Hauptsache- bzw. Rückforderungsprozess) wird eine *de novo*,[2] also eine eigenständige Entscheidung getroffen; die Adjudikations-Entscheidung ist mithin nicht Streitgegenstand, sondern der Anspruch aus dem Bauvertrag.

3 In England ist das Adjudication-Verfahren seit 1998 **gesetzlich normiert** und ein großer Erfolg.[3] Adjudikations-Entscheidungen werden dort selten einer weiteren gerichtlichen Auseinandersetzung unterzogen.[4] Auch der deutsche Gesetzgeber erwägt aktuell das Adjudikations-Verfahren im Rahmen der Diskussion um ein neues Bauvertragsrecht.[5] Diesem waren entsprechende Empfehlungen des Deutschen Baugerichtstages vorangegangen, der den Terminus »Adjudikation« geprägt hat.[6]

---

1 BT-Drucks. 17/5335, S. 11.
2 *Schramke* BauR 2007, 1983 (1986 Fn. 5); *Harbst/Winter* BauR 2007, 1974 (1980).
3 *Harbst* SchiedsVZ 2003, 68 (68 ff.).
4 In ca. 2 % der Fälle.
5 *Lembcke* BauR 2010, 1122 (1122 ff.); *Lembcke* ZRP 2010, 260 (260 ff.).
6 Empfehlungen veröffentlicht unter werner-baurecht.de, Forum Baukonfliktmanagement, Materialien.

V. **Andere Verfahren**

2. Rechtsdogmatische Einordnung und Abgrenzung zu anderen ADR-Verfahren und dem Schiedsgerichtsverfahren

a) Auflösend bedingtes Leistungsbestimmungsrecht

Für die umstrittene[7] rechtsdogmatische Einordnung des Adjudikations-Verfahrens ist entscheidend, dass sich das Adjudikations-Verfahren jedenfalls **nicht unter Beachtung der formalisierten Vorschriften des Schiedsgerichtsrechts (§§ 1025 ff. ZPO) abbilden lässt.**[8] In diesem ist wie im staatlichen Gerichtsverfahren ist zwingend rechtliches Gehör zu gewährleisten (§ 1042 Abs. 1 ZPO), was gerade in Bausachen ein zeittreibender Faktor ist. Auch müssen innerhalb des Schiedsgerichtsrechts beide Parteien gleichermaßen bei der Benennung des Schiedsrichters eingebunden werden (§ 1034 Abs. 2 S. 1 ZPO). Es besteht ein Ablehnungsrecht bei Befangenheit des Schiedsrichters (§ 1036 Abs. 2 S. 1 ZPO). 4

Nach §§ 317 ff. BGB ist hingegen **kein rechtliches Gehör** zu gewährleisten.[9] Ein **Benennungsverfahren** ist für den Schiedsgutachter weder vorgesehen, noch wird eine gleichgewichtige Berücksichtigung beider Parteien gefordert.[10] Schließlich gibt es **kein Ablehnungsrecht** wegen Befangenheit des Schiedsgutachters.[11] Die §§ 317 ff. BGB wurden daher bereits von *Bötticher* als »ungewöhnlich trächtige Vorschriften« bezeichnet[12] und können »als 5

---

7 Zum Streitstand vgl. *Lembcke* BauR 2009, 19 (24 Fn. 59).
8 *Voit*, in: *Musielak*, ZPO (2008), § 1025 Rn. 20.
9 BGH, Urt. v. 25.06.1952 – II ZR 104/51, BGHZ 6, 335 (335).
10 BGH, Urt. v. 14.07.1987 – X ZR 38/86, Juris, Rn. 47 = BGHZ 101, 307 (307 ff.); *Priebe*, werner-baurecht.de, Forum Baukonfliktmanagement, 26.06.2009, S. 10; *Rieble*, in: *Staudinger*, Kommentar zum Bürgerlichen Gesetzbuch, § 317 Rn. 40; a.A. *Köntges/Mahnken* SchiedVZ 2010, 310 (314).
11 RG, Urt. v. 21.08.1936 – II 154/36, RGZ 152, 201 (201 ff.); BGH, Urt. v. 06.06.1994 – II ZR 100/92, NJW-RR 1994, 1314 (Ls.); OLG München, Urt. v. 09.01.2008 – 20 U 3478/07, IBR 2008, 301 (m. Anm. *Lembcke*); OLG-Hamm, Urt. v. 16.10.2006 – 17 U 30/06, Juris Rn. 73 = ZfB 2007, 61 (61). Weitere Umstände sprechen für die §§ 317 ff. BGB, vgl. *Lembcke* IBR 2008, 1014 (1014).
12 *Bötticher*, Gestaltungsrecht, S. 17. Ferner *Borowsky*, Schiedsgutachten, S. 185.

Grundmuster der externen Leistungsbestimmung«[13] angesehen werden. Sie ermöglichen die Ausgestaltung des Adjudikations-Verfahrens.[14]

6 Die Leistungsbestimmung durch einen Schiedsgutachter ist nach den §§ 317 ff. BGB nur dann bindend, wenn die vereinbarte Bindungswirkung eingehalten wurde (»ist ... nicht verbindlich, wenn«, § 319 Abs. 1 S. 1 BGB). Ein unwirksames Schiedsgutachten ist daher weder vorläufig bindend oder anfechtbar,[15] wie es für den Verwaltungsakt gilt.[16] Ausgehend hiervon wird innerhalb des Adjudikations-Verfahrens die vorläufige Bindungswirkung durch eine auflösende Bedingung erreicht – die Verkündung eines erstinstanzlichen Urteils oder einer schiedsgerichtlichen Entscheidung. Die weitgehende Bindungswirkung innerhalb der Interimszeit bis zur endgültigen gerichtlichen Klärung lässt sich über eine weitgehende Bindungswirkung gem. § 319 Abs. 2 BGB erreichen: Die Entscheidung des Adjudikators kann »nach freiem Belieben« getroffen werden.[17] Das weitgehende Ermessen des Adjudikators hinsichtlich der Verfahrensgestaltung kann durch entsprechende Regelungen eingeschränkt werden, etwa binnen einer Frist rechtliches Gehör zu gewährleisten.

7 Wegen ihres **materiell-rechtlichen Charakters** können Adjudikations-Entscheidungen nicht unmittelbar vollstreckt werden. Sie können aber als zulässige Beweismittel im Urkundenprozess vorgelegt werden.[18] Die gerichtliche Durchsetzung ist zeitnah möglich, da der Gegner Privatgutachten nicht vorlegen kann.[19] Selbst im Nachverfahren ist ein Verteidigung nur schwer möglich, da die Adjudikations-Entscheidung grundsätzlich auch dann bindet,

---

13 *Joussen*, Schlichtung als Leistungsbestimmung, S. 33.
14 *Lembcke* IBR 2008, 1198 (1198); *Lembcke* ZfIR 2008, 36 (36 ff.).
15 *Lembcke* ZGS 2010, 261 (261 ff.).
16 *Lembcke* NVwZ 2008, 42 (42 ff.).
17 BGH, Urt. v. 28. 02. 1972 – II ZR 151/69, WM 1972, 474 (474).
18 *Lembcke* BauR 2009, 19 (24 f.); zustimmend *Voit*, in: *Musielak*, ZPO (2009), § 592 Rn. 12; *Priebe*, werner-baurecht.de, Forum Baukonfliktmanagement, 26. 06. 2009, S. 8 f.; a.A. *Hök* IBR 2007, 55 in Bezug auf § 416 ZPO.
19 BGH, Urt. v. 18. 09. 2007 – XI ZR 211/06, Juris, Rn. 24 = BGHZ 173, 366; *Olzen*, in: *Wieczorek*, ZPO, § 592 Rdnr. 42; a. A. OLG Brandenburg, Beschl. v. 04. 09. 2006 – 3 U 67/06, Juris, Rn. 12.

V. Andere Verfahren

wenn sie nach »gerichtlichen Maßstäben« fehlerhaft wäre (§ 319 Abs. 2 BGB).[20]

Soweit eine Partei mit der (bindenden) Adjudikations-Entscheidung nicht einverstanden ist, kann die vorläufige Bindung durch ein Gerichtsurteil im Hauptsache- bzw. Rückforderungsprozess beendet werden.[21] Im Rückforderungsprozess erfolgt im Gegensatz zu § 319 Abs. 1 S. 2 BGB rechtstechnisch **keine Überprüfung des Schiedsgutachtens**. Streitgegenstand im Hauptsache- bzw. Rückforderungsprozess ist der Anspruch, der dem Adjudikator zur Entscheidung vorlag – nicht hingegen die Adjudikations-Entscheidung selbst. Nach gerichtlichen Beurteilungsmaßstäben »fehlerhafte« Adjudikations-Entscheidungen können in der Regel über das Bereicherungsrecht revidiert werden (§§ 158 Abs. 2, 159 i.V.m. § 812 Abs. 1 S. 2 BGB). Allerdings können auch **vollende Tatsachen** geschaffen werden, wenn innerhalb der Adjudikations-Vereinbarung keine entsprechenden Regelungen getroffen werden.[22]

b) Auslegung des Parteiwillens

Die rechtsdogmatische Einordnung des Adjudikations-Verfahrens bedeutet aber nicht, dass alles, was mittlerweile unter dem Begriff Adjudikation gehandelt wird, als auflösend bedingtes Schiedsgutachten zu verorten ist. Der Parteiwille ist im Wege der Auslegung zu ermitteln (§§ 133, 157 BGB). Dieses ist insbesondere bei den **unterschiedlichen Adjudikations-Verfahrensordnungen**,[23] die im Umlauf sind und zu denen es bereits vereinzelt Kommentierungen gibt, zu beachten:
– Adjudikations-Ordnung für Baustreitigkeiten von *Lembcke/Sundermeier* (AO-Bau/Alpha),[24]

---

20 Vgl. BGH, Urt. v. 17.10.1996 – IX ZR 325/95, NJW 1997, 255 (255); BGH, Urt. v. 28.10.1993 – IX ZR 141/93, NJW 1994, 380 (380).
21 *Lembcke* IBR 2008, 1198 (1198).
22 Allerdings können auch vollendete Tatsachen entstehen, vgl. *Lembcke* BauR 2011, 1897 (1897 ff.).
23 Veröffentlicht unter werner-baurecht.de, Forum Baukonfliktmanagement, Verfahrensordnungen.
24 *Lembcke/Sundermeier* BauR 2009, 741 (741 ff.).

- Entwurf einer Adjudikations-Ordnung für Baustreitigkeiten des Deutschen Baugerichtstages (AO-Bau-E/DBGT),[25]
- Schiedsgutachtenordnung der Deutschen Institution für Schiedsgerichtsbarkeit (DIS-SchGO),[26]
- Streitlösungsordnung für das Bauwesen (SL-Bau) der Deutschen Gesellschaft für Baurecht.[27]

10 – Insbesondere die Regelungen zur Adjudikation, die die SL-Bau bereit hällt, sind eher als Schiedsgutachten im klassischen Sinne zu verorten (§§ 133, 157 BGB), da die Bindungswirkung der Entscheidung im Vergleich zu gesetzlichen Regelvermutung »offenbar unbillig« (§ 319 Abs. 1 BGB) wesentlich aufgelockert wurde: Der »Adjudikator« darf nur eine Entscheidung treffen, wenn eine »hohe Wahrscheinlichkeit für den Anspruch besteht« (§ 25 Abs. 2 S. 3 SL-Bau). Anderenfalls ist die Entscheidung unverbindlich. Dieser Entscheidungsmaßstab fordert wiederum vom »Adjudikator« eine **Tatsachenermittlung**, die **zu** seiner **vollen Überzeugung** führt. Eine summarische Prüfung, wie es für das Adjudikations-Verfahren typisch ist, findet also nach der SL-Bau gerade nicht statt.

3. Adjudikation als besonderes ADR-Verfahren für Baukonflikte

a) Konfliktstruktur des Bauvertrages

aa) Gegensätzliche Interessen

11 Die Auftraggeberseite strebt innerhalb eines Bauprojektes Kostenminimierung, die Auftragnehmerseite Gewinnmaximierung an.[28] Auf jeder Seite werden Ansprüche aufgetürmt, sodass Mängel versus Nachträge schnell zu einer

---

25 Kommentierung von *Lembcke*, werner-baurecht.de, Forum Baukonfliktmanagement, Verfahrensordnungen, 03.05.2010.
26 Hierzu *Stubbe* SchiedsVZ 2010, 130 (135).
27 Kommentierungen: *Lembcke*, werner-Baurecht, Forum Baukoflliktmanagement, Verfahrensordnungen, 13.08.2010; *Franke/Englert/Halstenberg/Meyer-Postelt/Miernik*, Kommentar zur SL-Bau.
28 Hierzu *von Damm* in seinem Plenarvortrag auf dem Braunschweiger Baubetriebsseminar 2007 des *Institutes für Bauwirtschaft und Baubetrieb* (IBB) der Technischen Universität Braunschweig, vgl. *Lembcke* BauR 2007, 939 (939); *von Damm* IBB, 1 (5 f.). Ferner *Englert*, FS Kapellmann, S. 97 (98).

V. Andere Verfahren

unentwirrbaren Gemengelage – einem sog. »Claimgebirge«[29] – führen.[30] Die **Justiziabilität** ist kaum möglich,[31] sodass der staatliche Bauprozess häufig mit dem Justizgewährleistungsanspruch unvereinbar und damit als verfassungswidrig einzustufen ist.[32]

Dieser Umstand wird maßgeblich durch eine fragwürdige **Vergabepraxis** beflügelt, innerhalb derer die Auftragnehmerseite anfänglich unauskömmliche Angebote abgibt, um den Auftrag zu erhalten.[33] Später muss über Nachträge das Geschäftsergebnis gerettet werden.[34] Die Durchsetzung einer berechtigten Forderung kostet den Auftragnehmer 50 % des Streitwertes an nicht tenorierbaren Konfliktkosten bei vollständigem Obsiegen.[35] Selbst berechtigte Ansprüche werden daher wegen der schwierigen Durchsetzbarkeit vom Auftraggeber zurückgewiesen. Der vorleistungspflichtige Auftragnehmer ist infolge geringer Liquiditätsstärke aber auf zeitnahe Zahlungen angewiesen.[36] Die Positionen von Auftraggeber und Auftragnehmer sind folglich von einem **erheblichen Machtgefälle** gekennzeichnet.[37] 12

---

29 *Stubbe*, in: *Böckstiegel/Berger/Bredow* (Hrsg.), Schiedsgutachten versus Schiedsgerichtsbarkeit, S. 75 (75). »Sammelclaim«, vgl. *Risse*, in: *Nicklisch* (Hrsg.), Öffentlich-private Großprojekte, S. 169 (171).
30 *Stubbe* BB 2001, 685 (687); *Stubbe* SchiedsVZ 2006, 150 (151); *Hobeck/Mahnken/Koebke* SchiedsVZ 2007, 225 (226).
31 *Greger/Stubbe*, Schiedsgutachten, Rn. 235.
32 *Lembcke* ZRP 2010, 260 (261 f.).
33 *Kniffka* BauR 2006, 1549 (1550).
34 So werden etwa Pauschalpreise vereinbart, obwohl der Umfang der Aufwendungen unüberschaubar ist, vgl. *Kniffka* BauR 2006 1549 (1551).
35 Für eine typische Punktesache eines Globalpauschalvertrags, vgl. *Sundermeier*, Gestaltungsvorschläge, Kap. VII. 3.
36 *Gralla/Sundermeier* Bauingenieur 2008, 393 (396); *Grieger*, in: *Kuffer/Wirth*, Handbuch des Fachanwalts. Bau- und Architektenrecht, 8. Kap. Rn. 9.
37 *Falke/Gessner*, in: *Blankenburg/Gottwald/Strempel* (Hrsg.), Alternativen in der Zivilrechtsjustiz, S. 289 (300); *Franke*, in: *Viering/Liebchen/Kochendörfer* (Hrsg.), Managementleistungen im Lebenszyklus von Immobilien, S. 393 (394); *Wagner* BauR 2004, 221 (228); *Hammacher* BauSV 1/2008, 48 (50).

bb) Strukturmerkmale des Bauvertrages

13 Der Bauvertrag ist *dynamisch*.[38] Zum einen ist die Planung bei Vertragsschluss nicht annähernd vollkommen (baubegleitende Ausführungsplanung), weil es sich um *technisch* **komplexe** und oft neuartige Einzelanfertigungen handelt, sodass ein erheblicher Konkretisierungs- bzw. Anpassungsbedarf besteht (*Rahmencharakter*).[39] So kann es sein, dass sich zwischen Vertragsschluss und Projekterstellung der Stand der Technik (*State of the Art*)[40] oder die Rechtsprechung[41] grundlegend verändern. Zum anderen geht die Projekterstellung voran, sodass die Beweislage mit Zeitablauf risikobelasteter wird: Mängel werden verbaut.[42] Zudem fällt es den beweisbelasteten Parteien schwer, die nichtjuristischen Projektverantwortlichen verfügbar zu halten, insbesondere wenn diese innerhalb neuer Projekte eingesetzt werden sollen oder sogar das Unternehmen gewechselt haben.[43] Zeugen erinnern sich nicht mehr an die Vorgänge. Es besteht daher ein Bedürfnis, dass Baustreitigkeiten zeitnah beigelegt werden.

14 Die Projektabwicklung (Planung, Finanzierung und ggf. Unterhaltung) ziehen sich über einen langen Zeitraum hin (sog. *Langzeitcharakter*). Viele Beteiligte[44] führen zu *netzwerkartigen* Vertragsverhältnissen mit »vielschichti-

---

38 *Nicklisch* 1988 IBL 253 (253 ff.); *Nicklisch* NJW 1985, 2361 (2362); *Nicklisch*, in: *Nicklisch* (Hrsg.), Öffentlich-private Großprojekte, S. 365 (365 ff.).

39 Das Phänomen der Vertragsbeziehungen innerhalb komplexer Langzeitverträge hat starke wissenschaftliche Beachtung gefunden, vgl. etwa die Idee des »*relational contract*«, *Macneil*, The New Social Contract; *Macneil*, 1981 Nw. U. L. Rev. 75, 1018 (1018 ff.); *Macneil*, 1977 Nw. U. L. Rev. 72, 854 (854 ff.); *Macneil*, 1974 S. Cal. L. Rev. 47, 691 (691 ff.); aus deutscher Sicht hierzu *Oechsler* RabelsZ 60 (1996), 91 (91 ff.).

40 *Horvath*, in: *Nicklisch* (Hrsg.), Öffentlich-private Großprojekte, S. 135 (145 f.); *Wagner* BauR 2004, 221 (226).

41 *Wagner* BauR 2004, 221 (226).

42 »Einbetoniert«, vgl. *Risse*, in: *Nicklisch* (Hrsg.), Öffentlich-private Großprojekte, S. 169 (172).

43 *Hobeck/Mahnken/Koebke* SchiedsVZ 2007, 225 (227).

44 Aus Sicht des Generalunternehmers oder Bauherrn regelmäßig 20 Vertragsverhältnisse, vgl. *Acker*, in: Partnering und PPP, S. 135 (137).

gen Risikozuweisungen«[45] und multikausalen Verursachungsbeiträgen.[46] Deren Arbeitsschritte greifen ineinander, sodass eine nicht unerhebliche *Komplexität* erreicht wird. Handelt es sich zudem um neuartige Einzelanfertigungen, so kann nicht auf einen breiten Erfahrungsschatz zurückgegriffen werden, m. a. W.: Es fehlen verlässliche Kalkulationsgrundlagen.

Die Projektabwicklung steht zudem unter erheblichem **Zeitdruck:**[47] Jede 15
Störung bringt die Gefahr von Verzögerungen mit sich, die regelmäßig auf verschiedene Vertragsverhältnisse ausstrahlen.[48] Im schlimmsten Fall droht sogar ein Baustillstand.[49] Der monetäre Schaden einer verzögerten Fertigstellung kann die Entstehungskosten unschwer übersteigen,[50] die verspätete Übergabe eines Flughafens oder eines Einkaufszentrums kann ruinös sein.[51] Soweit Mängel nicht zeitnah behoben werden, können erhebliche Mangelfolgeschäden entstehen. Auch aus diesen Gründen ist eine zeitnahe Streitbeilegung wichtig.

Die baubegleitende Streitbeilegung ist deswegen vor Fertigstellung erforderlich, weil das Budget noch nicht verbraucht ist und Anpassungen im Bauablauf möglich sind.

b) Effiziente Streitbeilegung durch Adjudikation

Durch Adjudikation kann eine effiziente Streitbeilegung sichergestellt werden.[52] 16

---

45 *Böhm*, in: *Böckstiegel/Berger/Bredow*, Schiedsgutachten versus Schiedsgerichtsbarkeit, S. 87 (88).
46 *Risse*, in: *Nicklisch* (Hrsg.), Öffentlich-private Großprojekte, S. 169 (170); a.A. *Duve* BauR 2008, 1531 (1533), der meint, dass »die Häufung von Streitgegenständen meist auf eine einzige Ursache zurückzuführen« sei.
47 Vgl. *Risse*, in: *Nicklisch*(Hrsg.), Öffentlich-private Großprojekte, S. 169 (171); *von Gehlen* NJW 2003, 2961 (2962 f.); *Westpfahl/Busse* SchiedsVZ 2006, 21 (21).
48 Sodass auch aus diesem Grund die Ausschreibung teilweise schon vor dem Vorliegen einer Baugenehmigung und eines Nutzungskonzepts beginnt, vgl. *Acker*, in: *Partnering und PPP Institut für Bauwirtschaft(IBW)*(Hrsg.), S. 135 (137).
49 A.A. *Duve* BauR 2008, 1531 (1533): »*Viele Meinungsverschiedenheiten der Vertragspartner haben auf den weiteren Bauablauf keinen Einfluss*«.
50 *Risse*, in: *Nicklisch* (Hrsg.), Öffentlich-private Großprojekte S. 169 (171).
51 *Wagner* BauR 2004, 221 (227).
52 Zur Effizienz s. Andere Verfahren, II. Rdn 1 ff.

Andere Verfahren V.

17 Bei Baukonflikten geht es (überwiegend) nicht um juristische Probleme, sondern es stehen vor allem **technische und baubetriebliche Fragestellungen** im Vordergrund.[53] Dieser Umstand erfordert aus ökonomischer Sicht, dass die Person des Adjudikators beispielsweise mit einem Bausachverständigen besetzt wird, der überdies zur Sachverhaltsaufklärung befugt ist; *Informationsasymmetrien* lassen sich dadurch leicht überwinden.

18 Streitbeilegung durch Adjudikation ist im Vergleich zu gerichtlichen Entscheidungen wesentlich kostengünstiger, sodass hierdurch das *Machtgefälle* zwischen Auftragnehmer und Auftraggeber wegen vereinfachter Durchsetzung berechtigter Forderungen egalisiert werden kann. Zugleich können die *Transaktionskosten* minimiert werden.

19 Adjudikation ermöglicht zudem eine *Absicherung spezifischer Investitionen* und damit zugleich eine Sicherung des *cash flow*. Im Gegensatz zum Gerichtsverfahren sind die Konfliktkosten besser kalkulierbar, weil das Adjudikations-Verfahren innerhalb einer bestimmten Frist eine Entscheidung hervorbringt und die Einzelstreitigkeiten erledigt werden: Bei einem Gerichtsverfahrens bedeutet ein Ausstieg den Verlust aller angehäuften Ansprüche, wenn diese gemeinsam geltend gemacht werden.

20 Mit Adjudikation wird eine *Internalisierung externer Effekte* möglich: Die Verlagerung der Streitbeilegung in den privaten Bereich trägt zu einer Minimierung der sozialen Kosten bei, da die Justiz in Bausachen in der Regel nicht kostendeckend arbeiten kann.

21 Schließlich werden *Residualverluste* **minimiert.** Die Parteien haben einen Anreiz, möglichst zeitnah die Konflikte in das Adjudikations-Verfahren einzubringen. Zum einen ist die Position des Antragstellers »attraktiver«, da der Antragsgegner innerhalb kurzer Fristen erwidern muss, der Antragsteller hingegen seinen Antrag in aller Ruhe vorbereiten kann. Je mehr Einzelstreitigkeiten in das Verfahren eingespeist werden, desto größer ist zudem das Risi-

---

53 *Vygen*, FS Werner, S. 1 (17); *Vygen*, in: *Vygen/Schubert/Lang*, Bauverzögerung und Leistungsänderung, I, Rn. 395; *Hobeck/Mahnken/Koebke* SchiedsVZ 2007, 225 (226); *Gralla/Sundermeier* Bauingenieur 2008, 393 (399); *Wiesel*, in: *Wirth*, Darmstädter Baurechtshandbuch, XIV. Teil, Rn. 5; *Hammacher* BauSV 1/2008, 48 (51). Aus empirischer Sicht, *Rothhaupt*, Außergerichtliche Streitbeilegung, S. 169, wonach nur 23 % der Befragten angaben, es handele sich um rein rechtliche Fragestellungen.

ko, dass der Adjudikator seinen Ermessensspielraum ausschöpft und eine weitgehend summarische Prüfung erfolgt. Im Gerichtsverfahren ist die Kostenstruktur hingegen so angelegt, dass die Partei, die Streitigkeiten sammelt, belohnt wird: Die Gerichtskosten entwickeln sich nicht linear.

4. Anwendungsbereich der Adjudikation und Verzahnung mit anderen ADR-Verfahren (Systematisches Baukonfliktmanagement)

Adjudikation ist kein Allheilmittel für Baustreitigkeiten. »Es gibt kein Instrument, das für jeden Konflikt geeignet wäre; es gibt aber für jeden Konflikt ein geeignetes Instrument der außergerichtlichen Streitbeilegung«.[54]»Tatsache ist, dass die Adjudikation die Mediation nicht ersetzen kann und umgekehrt die Mediation nicht die Adjudikation«.[55] Wichtig ist ein planvoller Umgang mit Baukonflikten, der in einer bewussten Entscheidung liegt, bestimmte Verfahren zu verwenden und diesen Prozess gezielt steuert (Systematisches Konfliktmanagement).[56]

22

a) Mediation-Adjudikation (MedAdj)

Einem systematischen Baukonfliktmanagement entspricht grundsätzlich ein **hybrides Verfahren** aus Mediation und Adjudikation (MedAdj[57]).[58] Innerhalb von MedAdj kann eine Partei jederzeit das Adjudikations-Verfahren einleiten. Ergänzend steht das Mediations-Verfahren bereit, das allerdings auch im konkreten Konfliktfall den Konsens beider Parteien voraussetzt. Das Mediations-Verfahren kann vor, während oder nach dem Adjudikations-Verfahren betrieben werden. Es besteht auch die Möglichkeit, im Rahmen eines

23

---

54 *Troja/Stubbe* ZKM 4/2006, 121 (125); *Stubbe* SchiedsVZ 2009, 321 (324).
55 *Wagner* BauR 2009, 1491 (1491).
56 *Kirchhoff* ZKM 4/2007, 108 (109, Fn. 10). Ferner *Stubbe* SchiedsVZ 2009, 321 (321 ff.).
57 *Lembcke* BauR 2010, 1 (1).
58 *Wagner* BauR 2009, 1491 (1491); *Englert/Schalk* BauR 2009, 874 (874 ff.); *Jung/Lembcke/Sundermeier/Steinbrecher* ZKM 2010, 50 (50 ff.). Zur Mediation *Wagner* BauR 2004, 221 (221 ff.); zur Kurz-Zeit-Mediation vgl. die Darstellung unter Methodik, IV. Rdn. 3 ff.; ferner *Bubert*, werner-baurecht.de, Forum Baukonfliktmanagement, Aufsatz vom 16. 09. 2009. Der Adjudikator kann sich auch mediativer Techniken bedienen, sodass keine Kombination, sondern eine Synthese erfolgt, *Berger* RiW 2001, 881 (885). Ferner *Kleine* SchiedsVZ 2008, 145 (146).

Mediations-Verfahrens einen Teilvergleich zu schließen und die offenen Streitigkeiten innerhalb eines Adjudikations-Verfahrens zu klären:[59] in das Mediations-Verfahrens wird somit eine Sachverständigenentscheidung implementiert.[60] Auch eine bereits getroffene Adjudikations-Entscheidung kann wiederum als Ausgangspunkt für eine Mediation dienen (*settlement event*). Schließlich ist denkbar, Mediations- und Adjudikations-Verfahren personenidentisch zu besetzen.[61]

24 Das Adjudikations-Verfahren ist nur dann ungeeignet, wenn der Konflikt schon zu einer komplexen Gemengelage angewachsen ist oder nach Fertigstellung des Bauvorhabens kein Bedürfnis mehr für eine schnelle Streitbeilegung besteht. Dann wäre es denkbar die kurzen Fristen des Adjudikations-Verfahrens auszuweiten oder sogleich ein endgültig bindendes **Schiedsgutachtenverfahren** an Stelle des Adjudikations-Verfahrens zu vereinbaren (**MedSchGA**).

25 Für Baukonflikte werden auch sog. **Kaskadenmodelle** diskutiert,[62] im Zuge derer eine Eskalationsleiter von Mediation, Schlichtung, Adjudikation und Schiedsgerichtsbarkeit nacheinander durchlaufen werden muss. Ein solches Modell scheint wenig effizient, zumal es ein Bedürfnis geben kann, sogleich mit der Adjudikation zu beginnen und auch noch nach dieser wieder in eine Mediation einzutreten.[63] Die Schlichtung wiederum hat keine eigenständige Bedeutung in Baustreitigkeiten.[64]

aa) Schwierigkeiten der Mediation in Bausachen

26 Baustreitigkeiten stellen an den Mediator ganz besondere Herausforderungen.[65]

---

59 Vgl. OLG Hamburg, Urt. v. 11.09.1998 – 11 U 102/98, NZG 1999, 202 (202 ff.).
60 Vgl. *Enaux*, FS Franke, S. 47 (51).
61 *Haft*, Forum Baukonfliktmanagement, werner-baurecht.de, 25.05.2009, S. 2.
62 *Englert/Schalk* BauR 2009, 874 (877).
63 *Lembcke*, FS Blecken 2011, Bd. II, S. 417 (418).
64 Siehe die Ausführungen unter Rdn. 35 ff.
65 *Lembcke* ZKM 2009, 122 (122 ff.).

V. Andere Verfahren

aaa) Hohe Eskalationsstufe

Baukonflikte sind meist weitgehend *eskaliert*, bevor diese innerhalb eines Mediations-Verfahrens gelöst werden sollen. Der Ton auf der Baustelle ist ein ganz besonderer.[66] Dieses liegt maßgeblich an dem ausgeprägten **Machtungleichgewicht** der Baubeteiligten. Für den Mediator ist es daher nicht einfach, die Streitigkeit von Konfliktstufe 6 oder höher[67] herunterzuholen und die Parteien wieder aneinander anzunähern. So ist das Resultat einer Mediation in Bausachen oftmals, dass »die Verhandlungsbarrieren »Positionsdenken« und »kompetitive« Strategie nicht (...) wesentlich abgebaut werden« konnten.[68]

27

bbb) Machtgefälle

Das ausgeprägte *Machtgefälle* ist eine weitere Schwierigkeit. Der Auftraggeber erhofft sich große Vorteile, wenn er sich nicht auf eine zeitnahe Einigung mit dem Auftragnehmer einlässt. Der Auftragnehmer ist vorleistungspflichtig, bis zur Abnahme beweisbelastet und gerät durch zunehmenden Zeitablauf mehr und mehr in Liquiditätsnot. Der »Justizkredit« bedeutet für den Auftraggeber einen Zinsvorteil. Auch hat der Auftraggeber kein besonderes Interesse daran, die Geschäftsbeziehung zum Auftragnehmer für künftige Geschäfte unbelastet zu halten, weil er sich ohnehin aussuchen kann, mit wem er in der Zukunft baut.

28

ccc) Eingeschränkter Verhandlungsspielraum nach Fertigstellung

Weiter ist der *Verhandlungsspielraum* der Baubeteiligten nach Fertigstellung des Bauvorhabens sehr begrenzt. Das kalkulierte Budget kann dann nicht mehr durch andere Anpassungen im geplanten Rahmen gehalten werden. Kompensationsgeschäfte wiederum sind für den Auftraggeber meist wenig interessant, weil er dann wieder in dem Dilemma steckt, vom Liquiditätsfluss abgeschnitten zu sein.

29

---

66 *Wiesel*, in: *Wirth*, Darmstädter Baurechtshandbuch, XIV. Teil, Rn. 77.
67 *Glasl*, Konfliktmanagement, S. 219.
68 *Kraus*, in: *Haft/von Schlieffen* (Hrsg.), Handbuch Mediation, § 22 Rn. 92.

ddd) Komplexität der Streitigkeit

30 Die *Komplexität* der Streitigkeiten führt im Mediationsverfahren dazu, dass die Parteien zumeist nicht absehen können, wie ein Gericht über ihre Ansprüche befinden würde. Eine realistische Einschätzung der eigenen Position ist nicht mehr möglich und die Parteien können nicht beurteilen, welche Folgen eine Nichteinigung nach sich zieht. Daher werden die scheinbaren Forderungen lieber in der Bilanz erhalten.

bb) Positive Auswirkungen der Adjudikation auf die Mediation

31 Die Rahmenbedingungen für ein erfolgreiches Mediations-Verfahren lassen sich durch die Vereinbarung eines Adjudikations-Verfahrens wesentlich verbessern, weil sich das **Machtungleichgewicht** zwischen den Parteien **relativiert**: es entsteht eine gleichgewichtige Verhandlungsstärke, die einen »heilsamen Einigungsdruck«[69] bewirkt. Denn beiden Parteien droht ein schneller Endpunkt durch eine Adjudikations-Entscheidung – auch der unkooperativen. Verzögerungstaktiken und die Motivation für die Inanspruchnahme eines Justizkredits schwinden schon im Vorwege.

32 Durch das Erfordernis, Streitigkeiten zeitnah in das Adjudikations-Verfahren einzubringen, wird eine **Eskalation vermieden**.[70] Konflikte befinden sich so erst auf unterer Eskalationsstufe, wenn sie im Mediationsverfahren anlanden, sodass es für den Mediator wesentlich einfacher[71] ist, die Parteien aneinander anzunähern und Vertrauen herzustellen. Die Parteien können in ihre Interessen offen legen.

33 Daneben wird der Verhandlungsspielraum durch die **baubegleitende Konfliktlösung** erweitert. Innerhalb eines Mediationsverfahrens, das schon vor Fertigstellung angestrengt wird, können noch Anpassungen vorgenommen werden, ohne das Budget zu überschreiten. Streitigkeiten, die von geringerer Komplexität gezeichnet sind, können zudem von den Parteien wesentlich realistischer eingeschätzt werden. So wird es dem Mediator wesentlich besser gelingen, den Parteien ihre Nichteinigungsalternative vor Augen zu führen.

---

69 *Kraayvanger/Richter* SchiedsVZ 2008, 161 (165).
70 *Bubert*, Forum Baukonfliktmanagement, werner-baurecht.de, 16.09.2009, S. 5.
71 *Grieger*, FS Franke, S. 91 (94).

V. Andere Verfahren

Konsensuale Verfahren werden in der Praxis durch eine Adjudikations-Vereinbarung beflügelt.[72] Die Vermeidung eines Adjudikations-Verfahrens wirkt gewissermaßen als Anreiz aus *(Incentiv)*.[73] Die Adjudikations-Verfahren in England sind daher rückläufig, weil die Parteien vermehrt konsensuale Lösungen für ihre Konflikte suchen.[74]

b) Keine eigenständige Bedeutung der Schlichtung

Vielfach wird Schlichtung als eine weitere Säule oder eigenständiges ADR-Verfahren begriffen.[75] Für Baukonflikte ist diese Sichtweise aber nur eine theoretische. Nach einer gescheiterten Mediation können die Parteien den Mediator um eine nicht bindende Empfehlung ersuchen. Eine erneute Sachverhaltsaufbereitung im Rahmen eines anschließenden Schlichtungs-Verfahrens wäre nicht effizient.

Der Adjudikator empfiehlt den Parteien vor einer bindenden Drittentscheidung als wesensgleiches Minus ohnehin, wie der Streit im Wege einer Vereinbarung beizulegen sein könnte, um sich eine lange Begründung seiner Entscheidung zu sparen. Aus ökonomischer Sicht bedarf es hierfür aber keines gesonderten Schlichtungs-Verfahrens, weil die Schlichtung im Adjudikations-Verfahren aufgeht.

c) Clearing-Instanz

Es kann sinnvoll sein, eine Clearing-Instanz im Sinn eines Konfliktlotsens[76] oder eines Konfliktmanagers zur Kanalisierung des Konfliktes hin zum »passenden« ADR-Verfahren zu installieren – etwa wenn die zu erwartenden Konflikte so unterschiedlich sind, dass ein systematisches **Konfliktmanagement** nur in einem gewissen **Rahmen** möglich ist. Wenn eine Institution ein

---

[72] 30 % der Adjudikation-Verfahren enden nicht mit einer Entscheidung des Adjudikators, vgl. *Borowsky* ZKM 2/2007, 54 (57); *Risse*, in: *Nicklisch* (Hrsg.), Öffentlich-private Großprojekte S. 169 (176 f.); *Harbst/Winter* BauR 2007, 1974 (1983); *Gralla/Sundermeier* Bauingenieur 2008, 393 (398 f.); *Duve*, in: *Breyer* (Hrsg.), Unternehmerhandbuch Bau, S. 125; *Schröder/Gerdes/Teubner-Oberheim*, in: *Kapellmann/Vygen*, Jahrbuch Baurecht 2009, S. 81 (93).
[73] *Risse*, in: *Nicklisch* (Hrsg.), Öffentlich-private Großprojekte S. 169 (179).
[74] *Harbst/Winter* BauR 2007, 1974 (1981).
[75] *Englert/Schalk* BauR 2009, 874 (875 ff.).
[76] *Greger/Stubbe*, Schiedsgutachten, Rn. 230 f.

breites Spektrum an Konfliktlösung anbietet – beispielsweise von IT- bis Baustreitigkeiten, muss erst ein passendes Verfahren ausgesucht werden. Es erfolgt gewissermaßen eine Streitbeilegung über die Streitbeilegung. In Bausachen erscheint der Einsatz einer Clearing-Instanz aber wenig effizient, weil ein systematisches Baukonfliktmanagement weitgehend spezifiziert werden kann, sodass kein Rahmen verbleibt, der durch eine Clearing-Instanz ausgefüllt werden müsste. Durch ein Clearing können **AGB-Probleme** von Anbeginn ausgeschlossen werden, da die Verfahrensordnung von der Institution eingebracht wird.

38 Eine Clearing-Instanz dürfte aus ökonomischer Sicht nur dann effizient sein, wenn diese Instanz die Parteien nicht allein darüber berät, welches ADR-Verfahren zu Anwendung kommen sollte, sondern in letzter Konsequenz die zu durchlaufenden ADR-Verfahren – jedenfalls wenn konsensuale Versuche gescheitert sind – im Sinn von § 317 Abs. 1 BGB anordnen können muss, damit eine Streitbeilegung garantiert wird.

5. Hinweise für die Praxis

39 Adjudikation ist ein höchst effizientes Verfahren für die Beilegung von Baustreitigkeiten. Eine Adjudikations-Vereinbarung sollte jedoch stets durch eine Mediations-Vereinbarung ergänzt werden.

40 Im Gegensatz zum Mediations-Verfahren ist die Adjudikations-Verfahrensordnung für das Gelingen von zentraler Bedeutung. Von dieser hängt es ab, ob die Entscheidung die Parteien bindet und entsprechend eine gerichtliche Durchsetzung möglich ist. Die Parteien sollten daher auf die
- **Adjudikations-Ordnung für Baustreitigkeiten (AO-Bau/Alpha)**[77]
- **Schiedsgutachtenordnung der Deutschen Institution für Schiedsgerichtsbarkeit (DIS-SchGO)**[78]

zurückgreifen. Andere Verfahrensordnungen sind nicht zu empfehlen. Da die Adjudikations-Ordnung für Baustreitigkeiten (AO-Bau/Alpha) keine institutionelle Verfahrensordnung ist, sollte der Adjudikator und eine Benennungsinstitution mit vereinbart werden.

---

[77] Veröffentlicht unter www.ao-bau.com.
[78] Veröffentlicht unter werner-baurecht.de, Forum Baukonfliktmanagement, Verfahrensordnungen.

VI. Andere Verfahren

Qualifizierte Adjudikatoren und Baumediatoren findet man über folgende 41
Institutionen, die gleichzeitig als Benennungsinstitution vereinbart werden
können und im Streitfall den passenden Adjudikator stellen:
- Handelskammer Hamburg (Recht und fair play),[79]
- Verband der Baumediatoren (VdB),[80]
- Royal Institution of Chartered Surveyors (RICS),[81]
- Deutsche Institution für Schiedsgerichtsbarkeit (DIS),[82]
- ARGE Baurecht im Deutschen Anwaltverein,[83]
- Deutsche Gesellschaft für Baurecht (DGfBR),[84]
- Verband der Bausachverständigen Deutschlands (VBD),[85]
- Bundesverband öffentlich bestellter und vereidigter sowie qualifizierter Sachverständiger e. V. (BVS).[86]

VI. Schiedsgutachten

Übersicht

	Rdn.
1. Definition des Schiedsgutachtens	1
2. Rechtsdogmatische Einordnung des Schiedsgutachtens	4
a) Schiedsgutachten im engeren und im weiteren Sinn	4
b) Abgrenzung zum Schiedsgerichtsverfahren	6
3. Möglichkeit rechtlicher Beurteilung	8
4. Person des Schiedsgutachters	10
a) Benennung	10
b) Unabhängigkeit	12
5. Entscheidung	16
a) Entscheidungsgrundlage und -zeitpunkt	16
aa) Maßgeblicher Sachverhalt	16
bb) Zeitpunkt	25
b) Entscheidungsmaßstab und Bindungswirkung	26
aa) Billiges Ermessen	27
aaa) Inhalt des billigen Ermessens	27

---

[79] www.hk24.de/recht_und_fair_play/schiedsgerichtemediationschlichtung.
[80] www.verband-der-baumediatoren.de.
[81] www.joinricsineurope.eu.
[82] www.dis-arb.de.
[83] www.arge-baurecht.de.
[84] www.dg-baurecht.de.
[85] www.vbd-ev.de.
[86] www.bvs-ev.de.

bbb) Abgrenzung von Entscheidungsmaßstab und Bindungswirkung	30
ccc) Grenzen der Bindungswirkung (»offenbar unbillig«)	32
ddd) Keine Teilunverbindlichkeit	33
eee) Fehlerkategorien	35
(1) Methodische Fehler bei der Gutachtenerstellung	35
(2) Verfahrensfehler	38
(3) Rechtliche Beurteilungsfehler	40
(4) Fehler im Ergebnis	41
bb) Freies Ermessen	44
cc) Freies Belieben	46
c) Keine vorläufige Verbindlichkeit des Schiedsgutachtens	51
d) Begründung und Änderung der Entscheidung	52
e) Eintritt der Bindungswirkung durch Zugang	55
6. Verfahrensgarantien im Schiedsgutachten und materiell-rechtliche Natur	58
7. Richterliche Ersatzbestimmung	60
a) Pactum de non petendo, selbständiges Beweisverfahren, Eilverfahren	62
b) Ersatzbestimmung für billiges und freies Ermessen	63
c) Zweistufiges richterliches Vorgehen	67
aa) Prüfung der Verbindlichkeit	67
bb) Aufhebung und Ersatzbestimmung	69
8. Verfahrenskosten	72
9. Gerichtliche Durchsetzung eines Schiedsgutachtens	73
a) Beweis- und Darlegungslast	73
b) Urkundenprozess als besondere Klageart	75
10. Haftung des Bürgen	78
11. Hinweise für die Praxis	79

1. Definition des Schiedsgutachtens

1 Der Terminus Schiedsgutachten wird als »Sammelkategorie für sämtliche Drittentscheidungen mit (beanspruchtem[1]) verbindlichem Charakter außer-

---

[1] Für diese Ergänzung *Schlosser*, in: *Böckstiegel/Berger/Bredow* (Hrsg.), Schiedsgutachten versus Schiedsgerichtsbarkeit, S. 1 (1).

VI. Andere Verfahren

halb der Schiedsgerichtsbarkeit«[2] begriffen.[3] Richtig an dieser Definition ist, dass die Erfassung des Schiedsgutachtens nur in **Abgrenzung zum Schiedsgerichtsverfahren** gelingt. Allerdings lässt sich die Fähigkeit der Rechtskraft als elementarer Unterschied dieser beiden Rechtsinstitute herausstellen. Insoweit ergibt sich für das Schiedsgutachten folgende Definition:

Schiedsgutachten sind materiell-rechtliche Drittentscheidungen mit beanspruchter Verbindlichkeit, die nicht der Rechtskraft fähig sind.[4]

Schiedsgutachten dienen der »raschen, einfachen, fachkundigen und kostengünstigen Beilegung etwaiger Meinungsverschiedenheiten«.[5] Die §§ 317 ff. BGB wurden bereits von *Bötticher* als »ungewöhnlich trächtige Vorschriften« bezeichnet.[6] »Letztlich schlägt wohl zugunsten des Schiedsgutachtens aus, dass der Praxis so ein formloses und in der Regel zügiges wie billiges Verfahren zur Verfügung steht«.[7]

Leider sind diese Möglichkeiten in der Praxis noch weitgehend unbekannt.[8] Schiedsgutachter könnten angeblich nur über Tatsachen entscheiden, dürfen keine rechtlichen Wertungen vollziehen und fehlende Verfahrensgarantien wie die Gewähr rechtlichen Gehörs bedeuteten ein Risiko für die Parteien.

Ob die Parteien jedoch die Gewähr rechtlichen Gehörs verfolgen, kann von Fall zu Fall ganz unterschiedlich aussehen. Das **Spannungsverhältnis zwischen Schutz- und Beschleunigungsfunktionen** lässt sich mit dem Schiedsgutachten vor dem Hintergrund der Bedürfnisse des Konfliktes im Einzelfall lösen. Daher ist das deutsche Schiedsgutachtenrecht alles andere als defizitär.[9]

---

2 *Borowsky*, Schiedsgutachten, S. 194.
3 In Abgrenzung zu anderen ADR-Verfahren, vgl. *Stubbe*, in: *Böckstiegel/Berger/Bredow* (Hrsg.), Schiedsgutachten versus Schiedsgerichtsbarkeit, S. 75 (75 ff.); *Greger/Stubbe*, Schiedsgutachten, Rn. 8 u. 61 ff.
4 *Lembcke* ZGS 2009, 548 (553); zu eng daher *Wolf*, in: *Soergel*, BGB, § 317 Rn. 17.
5 OLG Hamm, Urt. v. 16.10.2006 – 17 U 30/06, Juris Rn. 73 = ZfB 2007, 61 (61 ff.).
6 *Bötticher*, Gestaltungsrecht, S. 17. Ferner *Borowsky*, Schiedsgutachten, S. 185.
7 *Borowsky*, Schiedsgutachten, S. 85 f.
8 Exemplarisch *Borris* BB 2008, 294 (295 f.).
9 A.A. *Sieveking*, Schiedsgutachtenverträge, S. 422 ff.

2. Rechtsdogmatische Einordnung des Schiedsgutachtens

a) Schiedsgutachten im engeren und im weiteren Sinn

4 Das Schiedsgutachten wird in zwei Teile untergliedert. Das Schiedsgutachten im weiteren Sinn (sog. rechtsgestaltendes Schiedsgutachten) spiegele den klassischen Anwendungsfall des § 317 BGB wieder, der eine rechtsfolgenorientierte, ermessensausfüllende Vertragsergänzung (rechtsbegründend) oder Vertragsänderung (rechtsändernd) beinhalte.[10] Das Schiedsgutachten im engeren Sinn[11] (sog. feststellendes Schiedsgutachten) sei auf die Feststellung des Bestehens oder Nichtbestehens eines Rechtsverhältnisses (rechtserklärend) oder den Unterfall der Feststellung von Tatbestandselementen (rechtsfeststellend) gerichtet.[12]

5 Aus dieser Differenzierung folgt, dass der Schiedsgutachter im engeren Sinn **keinen Ermessensspielraum** nutze, sondern feststelle, ob ein Tatbestand erfüllt sei oder nicht. Er treffe die »richtige Entscheidung« und keine Ermessensentscheidung, beurteile kognitiv, nicht voluntativ.[13] Hinsichtlich des Schiedsgutachtens im engeren Sinn werden überwiegend die §§ 317 ff. BGB analog angewendet,[14] weil das Rechtsverhältnis der Parteien unverändert bliebe. Die Differenzierung überzeugt allerdings wenig, da auch die Feststellun-

---

10 BGH, Urt. v. 26.04.1991 – V ZR 61/90, NJW 1991, 2761 (2761); *Habscheid*, FS Lehmann, S. 789 (789); *Volmer* BB 1984, 1010 (1010).
11 Teilweise auch als »*echtes Schiedsgutachten*« bezeichnet, vgl. *Greger/Stubbe*, Schiedsgutachten, Rn. 85 u. 129.
12 RG, Urt. v. 23.05.1919 – II 22/19, RGZ 96, 57 (57 ff.); *Habscheid*, FS Lehmann, S. 789 (789 ff.); *Nicklisch* ZHR 136 (1972), 1 (7). Gleichwohl hat sich das RG im Zuge seiner Begründung im Dickicht verheddert, weil es von der »*Produktion von Beweismitteln*« sprach, vgl. RG, Urt. v. 23.05.1919 – II 22/19, RGZ 96, 57 (59), was der materiellen Sichtweise widerspricht.
13 BGH, Urt. v. 16.11.1987 – II ZR 111/87, NJW-RR 1988, 506 (506); *Gehrlein* VersR 1994, 1009 (1010).
14 Für eine direkte Anwendung, vgl. *Blomeyer*, Schuldrecht, S. 31; *Esser*, S. 141. *Habscheid* KTS 1957, 129 (136) will ausnahmslos die §§ 64 Abs. 1, 184 Abs. 1 VVG als Sonderregeln anwenden. Andere wollen ausnahmslos die §§ 1025 ff. ZPO analog anwenden, vgl. *Kornblum*, Probleme, S. 102 f.; *Rauscher*, Schiedsgutachtenrecht, S. 150 f. u. S. 158 ff.; *Sieg* VersR 1965, 629 (634 f.); *Schlosser*, in *Stein/Jonas*, ZPO, Vor § 1025, Rn. 32 ff.

gen des Schiedsgutachters im engeren Sinn verbindlich sein können, wenn dieser gerade nicht »die richtige Entscheidung« getroffen hat.

b) Abgrenzung zum Schiedsgerichtsverfahren

Eine Abgrenzung zwischen Schiedsgutachten- und Schiedsgerichtsverfahren ist nicht unter Bezugnahme auf **feststehende Abgrenzungskriterien** möglich.[15] »Es mag sein, dass im Ergebnis die Stellung eines Schiedsgutachters (im engeren Sinn) der eines Schiedsrichters sehr ähnlich sein kann.«[16] Von daher ist eine Auslegung des Parteiwillens im Einzelfall erforderlich (§§ 133, 157 BGB): Im Zweifel wollen die Parteien den **weitergehenden Schutz der §§ 1025 ff. ZPO** durch Verfahrensgarantien für sich in Anspruch nehmen.

Es kann jedoch auch ein **schnelles** und wenig formalisiertes **Verfahren gem. §§ 317 ff. BGB** gewollt sein. In letzter Konsequenz wird daher bei der Auslegung zu ergründen sein, ob die Parteien einen vollstreckbaren Titel (Schiedsgerichtsurteil) oder nur eine materielle Bindungswirkung (Schiedsgutachten) beabsichtigen – insbesondere ob die Entscheidung der Rechtskraft fähig sein soll.[17]

3. Möglichkeit rechtlicher Beurteilung

Dem Schiedsgutachter kann auch die rechtliche Beurteilung innerhalb eines Schiedsgutachtens eingeräumt werden.[18] Diese Möglichkeit ist durch Auslegung des Parteiwillens zu ermitteln. Im Zweifel ist dem Schiedsgutachter auch die rechtliche Entscheidung übertragen, da die Parteien mit einer

---

15 Grundlegend *Lembcke* ZGS 2009, 548 (548 ff.).
16 BGH, Urt. v. 17.05.1967 – VIII ZR 58/66, Juris, Rn. 32 = BGHZ 48, 25 (25 ff.).
17 »*Ein Schiedsgericht kommt in Betracht, wenn der Berufene den Streit durch einen dem Urteil gleichen Spruch beenden soll. Dagegen hat der Schiedsgutachter nicht eine solche abschließende Folgerung zu ziehen, sondern die Grundlage für das etwa zu erlassende Urteil zu schaffen*« (Vollstreckung also durch Gericht), vgl. BGH, Urt. v. 21.01.1963 – VII ZR 162/61, BB 1963, 281 (281). Ferner *Joussen*, Schlichtung als Leistungsbestimmung, S. 62.
18 RG, Urt. v. 21.08.1936 – II 154/36, RGZ 152, 201 (201); BGH, Urt. v. 20.03.1953 – V ZR 5/52, BGH 9, 138 (144); *Priebe*, Forum Baukonfliktmanagement, werner-baurecht.de, 26.06.2009, S. 7.

Schiedsgutachtenvereinbarung die Streitigkeit umfänglich befrieden wollen und dieses nicht nur ein Vorverfahren – vergleichbar dem Selbständigen Beweisverfahren – zu einer gerichtlichen Auseinandersetzung sein soll (§§ 133, 157 BGB).

9 Hinsichtlich der Tätigkeit des Schiedsgutachters im weiteren Sinn sind die **Parteien** (und damit das Gericht) an die Rechtsgestaltung des Schiedsgutachters **gebunden**. Auch soweit der Schiedsgutachter feststellend tätig wird (Schiedsgutachter im engeren Sinn), ergibt sich kein anderes Ergebnis: Auch hier ist das Gericht an die Feststellungen in tatsächlicher und rechtlicher Hinsicht gebunden. Der Grundsatz »iura novit curia« begrenzt die Bindungswirkung nicht auf die Tatsachenfeststellungen.[19] Die Parteien machen dem Gericht nämlich keine Vorgaben für die rechtliche Beurteilung, weil das Schiedsgutachten vergleichbar einem materiell-rechtlichen Feststellungsvertrag unmittelbar die Parteien untereinander bindet. Mit einer **Disposition über Rechte** geht denknotwendig ein Rechtsmittelverzicht einher. Das Gericht kann daher auch nicht nach § 411 Abs. 3 ZPO vorgehen.[20]

4. Person des Schiedsgutachters

a) Benennung

10 Als Schiedsgutachter kann eine natürliche oder juristische[21] Person benannt werden. Die namentliche Benennung des Schiedsgutachters muss nicht zwingend mit Vertragsschluss erfolgen. Es besteht auch die Möglichkeit, ein **Verfahren zur Benennung** der Person des Schiedsgutachters zu vereinbaren. So kann eine Institution als Dritter zur Benennung des Schiedsgutachters benannt werden, sodass wiederum die §§ 317 ff. BGB auf das Benennungsverfahren Anwendung finden.[22]

---

19 A.A. *Greger/Stubbe*, Schiedsgutachten, Rn. 158;); *Zerhusen*, Außergerichtliche Streitbeilegung, Rn. 118; wohl auch *Boldt*, Vorläufige baubegleitende Streitentscheidung, Rn. 854: »(...) *bestenfalls Beweiskraft darüber, ob bestimmte Tatsachen gegeben sind oder nicht*«.
20 KG, Urt. v. 13.05.2004 – 12 U 3/03, Juris Rn. 21 = KGR Berlin 2004, 560 (560 ff.).
21 BAG, Urt. v. 17.01.1979 – 5 AZR 498/77, NJW 1980, 470 (471).
22 Hierzu OLG Brandenburg, Urt. v. 04.12.2008 – 5 U 67/05, IBR 2009, 429 (m. Anm. *Lembcke*).

VI. Andere Verfahren

Auch kann einer Partei die Bestimmung des Schiedsgutachters nach § 315 Abs. 1 BGB übertragen werden. Diese Benennung bewegt sich nur dann im Rahmen der Billigkeit, wenn die Partei einen unabhängigen und unparteilichen Dritten benennt. Anderenfalls ist die Leistungsbestimmung von Anfang an unverbindlich. Soweit eine Partei ihr Benennungsrecht nicht ausübt, muss aber nicht erst eine richterliche Ersatzbestimmung bezogen auf die Benennung vorgenommen werden, sondern es kann sogleich eine richterliche Ersatzbestimmung hinsichtlich des Schiedsgutachtens erfolgen.[23]

11

b) Unabhängigkeit

Fehlende Unabhängigkeit des Schiedsgutachters führt zur Unverbindlichkeit des Schiedsgutachtens. Der Bundesgerichtshof stellt auf die »Geeignetheit« des Schiedsgutachters ab,[24] welche verwirkt sei, wenn es sich in der Sache um ein Privatgutachten im einseitigen Parteiinteresse handelt. Ein Schiedsgutachter darf nicht im Interesse nur einer Partei tätig werden.[25]

12

In einer *vertraglich* vereinbarten Schiedsgutachterabrede[26] (Vertrag zwischen den Parteien und dem Schiedsgutachter) hat der Bundesgerichtshof ein **Sonderkündigungsrecht** für den Fall mangelnder Neutralität des Schiedsgutachters erblickt, welche »das rechtliche Schicksal der Schiedsgutachtenvereinbarung (Vertrag zwischen den Parteien, Anm. d. Verf.) auf diese Weise mit

13

---

23 BGH, Urt. v. 30.03.1979 – V ZR 150/77, BGHZ 74, 341 (341 ff.).
24 BGH, Urt. v. 06.06.1994 – II ZR 100/92, Juris, Rn. 19 = NJW-RR 1994, 1314 (Ls.): »*Ein in einer Schiedsgutachtenvereinbarung vorgesehener Gutachter, der anstatt eines Gutachtens, das die Voraussetzungen eines Schiedsgutachtens erfüllt, ein Gutachten im einseitigen Interesse der einen Vertragspartei erstattet, verliert die Eignung zur Bestimmung der Leistung.*«; OLG Köln, Urt. v. 11.05.2001 – 19 U 27/00, Juris Rn. 25 = OLGR Köln 2001, 388 (388 ff.).
25 RG, Urt. v. 27.10.1899 – VIa 155/99, RGZ 45, 350 (352).
26 »*Sollte der Gutachter den Anregungen der Parteien nicht oder nicht sachgerecht nachgehen, würde darin eine schwerwiegende Verletzung der dem Schiedsrichter obliegenden Pflicht liegen, die zu einer fristlosen Kündigung des dienstvertragsähnlichen Verhältnisses berechtigt*«, BGH, Urt. v. 05.12.1979 – VIII ZR 155/78, Juris, Rn. 18 = WM 1980, 108 (108 ff.); für einen Rücktritt bei Vereinbarung eines Fixtermins *Greger/Stubbe*, Schiedsgutachten, Rn. 198.

dem des Auftrags an den Gutachter verknüpf(t)(e) (...)«[27] sei. Es ist aber entgegen des Bundesgerichtshofes nicht notwendig die verschiedenen Vertragsverhältnisse (Schiedsgutachten- und Schiedsgutachtervertrag) derart miteinander zu verknüpfen, weil schon die **Auslegung des Tatbestandsmerkmals »Dritter«** (§ 317 Abs. 1 BGB) zu einem sachgerechten Ergebnis führt.

14 Ein Schiedsgutachter ist nicht per se durch den Umstand befangen, dass er zuvor als Mediator zwischen den Parteien den Verhandlungsprozess geleitet hat. Hinzutreten müssen vielmehr weitere Umstände aufgrund des spezifischen Ablaufs des Mediationsverfahrens.[28]

15 Ein Befangenheitsgrund ergibt sich nicht aus dem Umstand, dass der Schiedsgutachter einem Mediator Verfahrensdetails mitteilt, weil diese Verschwiegenheitspflichtverletzung nicht so schwer wiegt, als hieraus auf die Voreingenommenheit gegenüber einer Partei geschlossen werden kann.[29] Zweifel an der Unparteilichkeit oder Unabhängigkeit eines Schiedsgutachters ergeben sich auch nicht, wenn dieser im selben Verein wie einer der Prozessbevollmächtigten aktiv ist, mit diesem auf Tagungen als Redner gemeinsam auftritt oder dieser Mitautor in einem vom Prozessbevollmächtigten herausgegebenen Werk ist.[30]

5. Entscheidung

a) Entscheidungsgrundlage und -zeitpunkt

aa) Maßgeblicher Sachverhalt

16 Das Schiedsgutachtenverfahren ist grundsätzlich **inquisitorisch** ausgestaltet, sodass der Schiedsgutachter den Sachverhalt aufzuklären hat.[31] Er kann

---

27 BGH, Urt. v. 05.12.1979 – VIII ZR 155/78, Juris, Rn. 92 = WM 1980, 108 (108 f.). A.A. *Greger/Stubbe*, Schiedsgutachten, Rn. 106, die als Kompensation für ein fehlendes Ablehnungsrecht immer ein Kündigungsrecht annehmen.
28 LAG Frankfurt, Beschl. v. 07.07.2009 – 12 Ta 304/09, IBR 2009, 3370 (m. Anm. *Lembcke*).
29 OLG Frankfurt, Beschl. v. 26.06.2008 – 26 SchH 2/08, IBR 2008, 549 (m. Anm. *Lembcke*).
30 OLG München, Beschl. v. 10.04.2008 – 34 SchH 5/07, IBR 2008, 482 (m. Anm. *Lembcke*).
31 OLG Frankfurt, Urt. v. 26.01.2006 – 26 U 24/05, Juris Rn. 28 = BauR 2006, 1325 (1325 f.).

VI. Andere Verfahren

grundsätzlich Hinweise der Parteien aufnehmen, ohne hierzu etwa die Zustimmung der anderen Partei einholen zu müssen.[32] Aus dem Wesen eines Schiedsgutachtenvertrages ergibt sich nach Treu und Glauben für beide Parteien die Pflicht, die Tätigkeit des Schiedsgutachters zu fördern und alles zu unterlassen, was seine Ermittlungen stören könnte.[33] Wird diese Pflicht verletzt, kann die andere Partei auf Erfüllung klagen und gegebenenfalls auch Schadensersatzansprüche geltend machen. Hierbei handelt sich nicht etwa nur um eine Obliegenheit.[34]

Der Schiedsgutachter kann bei verweigerter Mitwirkung nach **Aktenlage** entscheiden; er darf allerdings keine Unterstellungen vornehmen.[35] Dieses bedeutet aber nicht, dass er den Inhalt der Akte als wahr unterstellen darf. Er muss wegen des inquisitorischen Charakters ergänzend eigene Maßnahmen zur Überprüfung des Sachverhaltes treffen. Erst wenn diese zu keinem Ergebnis führen, kann die verweigerte Mitwirkung gegen die Partei gewertet werden. Soweit eine Partei Unterlagen nicht vorlegt, obwohl sie hierzu vertraglich verpflichtet ist, kann der Schiedsgutachter dieses gegen diese Partei werten.[36] Die Regelungen der **ZPO** sind hingegen **unanwendbar.**[37] Der Schiedsgutachter sollte im Falle mangelnder Mitwirkung einer Partei in der Begründung des Schiedsgutachtens hierauf hinweisen. 17

Der Schiedsgutachter kann Gespräche mit den Parteien, Mitarbeitern oder Dritten führen. Auch bestehen gegen **Einzelgespräche** keine Bedenken,[38] 18

---

32 *Bock*, in *Bayerlein*, Praxishandbuch Sachverständigenrecht, § 26 Rn. 29.
33 BGH, Urt. v. 11.06.1976 – IV ZR 84/75, Juris Rn. 27 = MDR 1976, 1008 (1008).
34 So aber *Franke/Englert/Halstenberg/Meyer-Postell/Miernik*, Kommentar zur SL-Bau, Rn. 270 für das Schlichtungsverfahren. Bei dieser Ansicht wäre zudem eine entsprechende Anwendung von § 446 ZPO ausgeschlossen.
35 *Greger/Stubbe*, Schiedsgutachten, Rn. 111; a. A. für den Schlichter *Franke/Englert/Halstenberg/Meyer-Postell/Miernik*, Kommentar zur SL-Bau, Rn. 271.
36 BGH, Urt. v. 11.06.1976 – IV ZR 84/75, VersR 1976, 821 (823); OLG Koblenz, Urt. v. 20.09.1996 – 10 U 964/95, VersR 1997, 963 (963); *Döbereiner*, VersR 1983, 712 (713).
37 A.A. *Franke/Englert/Halstenberg/Meyer-Postell/Miernik*, Kommentar zur SL-Bau, Rn. 318.
38 BGH, Urt. v. 11.06.1976 – IV ZR 84/75, VersR 1976, 821 (823); a.A. *Franke/Englert/Halstenberg/Meyer-Postell/Miernik*, Kommentar zur SL-Bau, Rn. 56.

wenn diese aufgrund der Beschleunigung des Verfahrens geboten sind.[39] Für Entscheidungen, die im Zusammenhang mit einem Schiedsgutachten im engeren Sinn stehen, können Einzelgespräche sogar notwendig werden, um die Interessen einer Partei herauszufinden, die im Plenum nicht genannt werden würden.

19 Nach Ansicht der Rechtsprechung muss der Schiedsgutachter unbestrittenen Angaben folgen, sofern ihm seine Feststellungen vor Ort keine Veranlassung geben, an der Richtigkeit der Angaben zu zweifeln.[40] Insoweit wird man annehmen müssen, dass der Schiedsgutachter den **unstreitigen Parteivortrag** als wahr unterstellen muss.[41] Der Fall des OLG Hamm betraf nämlich die Anhörung zweier Sachverständiger der Parteien, die keine Vollmacht zur Abgabe von den Schiedsgutachtenvertrag ändernden Willenserklärungen hatten, sodass diese auch nicht dazu befugt waren, Dinge unstreitig zu stellen. Stellen die Parteien (oder bevollmächtigte Vertreter) hingegen das Vorbringen unstreitig, so ist hierin wenigstens eine **konkludente Änderung der Schiedsgutachtenvereinbarung** zu sehen, an die auch der Schiedsgutachter gebunden ist.

20 Regelmäßig ist der Schiedsgutachter ohnehin nur befugt, über »Streitigkeiten« zu entscheiden. Die Parteien sind nämlich gewissermaßen »Herren des Verfahrens«[42] und wollen nur streitige Umstände entschieden wissen. Der Schiedsgutachter soll nur anstelle der Parteien Feststellungen treffen. Dieser Auftrag entfällt, wenn die Parteien dieses bereits in persona übernommen haben und auch dann, wenn die Parteien dem Schiedsgutachter (übereinstimmend) konkrete Vorgaben für die Ausübung seines Ermessens machen.[43] Zudem führt eine Bewertung durch den Schiedsgutachter außerhalb des Willens beider Parteien auch zu einem erheblichen Akzeptanzverlust des Schiedsgutachtens bei den Parteien – mögen die Bewertungen auch noch so

---

39 A.A. für das Adjudikations-Verfahren, *Boldt*, in: *Kapellmann/Vygen*, Jahrbuch Baurecht 2009, S. 115 (148).
40 OLG Hamm, Urt. v. 20.03.2003 – 21 U 76/02, Juris Rn. 52 = BauR 2003, 1400 (1400 ff.). Wohl auch OLG Köln, Urt. v. 13.12.1995 – 19 U 69/94, BauR 1996, 582 (582).
41 Ähnlich *Bock*, in: *Bayerlein*, Praxishandbuch Sachverständigenrecht, § 26 Rn. 47.
42 *Laule* DB 1966, 769 (769).
43 BGH, Urt. v. 19.01.2001 – V ZR 217/00, Juris Rn. 17 = NJW 2001, 1930 (1930 ff.).

VI. Andere Verfahren

zutreffend sein.[44] Sie laufen nämlich in jedem Fall den Erwartungen der Parteien entgegen.

Soweit das Schiedsgutachten neben dem inquisitorischen Charakter auch **21** Elemente des kontradiktorischen (Schieds-) Gerichtsverfahrens** beinhaltet – etwa wenn ein Antrag und eine Erwiderung oder gar mehrere Schriftsatzrunden vorgesehen sind – gilt Folgendes: Der Schiedsgutachter muss dann den streitigen Sachverhalt, die streitigen technischen und rechtlichen Begründungen aus den Schriftsätzen herausfiltern. Dieser streitige Sach- und Rechtsvortrag markiert den Umfang der Entscheidung. Insoweit ergibt sich der genaue Umfang des Schiedsgutachtens nicht nur aus einem gemeinsamen Auftrag der Parteien, sondern auch aus dem schriftsätzlichen Vorbringen.

Allerdings ist für streitiges Vorbringen in Ermangelung einer ausdrücklichen **22** Regelung innerhalb des Schiedsgutachtenvertrages **kein substantiiertes Bestreiten** – wie im Zivilprozess (§ 138 Abs. 3 ZPO) – **notwendig**, da die Parteien eine schnelle Lösung durch Amtsermittlung durch den Schiedsgutachter begehren (§§ 133, 157 BGB). Auch muss eine Partei im Gegensatz zu § 138 Abs. 2 ZPO überhaupt keine Erwiderung abgeben. Der Parteiwille einer Schiedsgutachtenvereinbarung ist aufgrund der Beschleunigungsmaxime grundsätzlich so auszulegen, dass gerade formalisierte Anforderungen vermieden werden sollen (§§ 133, 157 BGB). Zudem wird ein Schiedsgutachter, der vornehmlich einen technischen Ausbildungshintergrund vorzuweisen hat, mit der juristischen Reichweite der Substantiierungspflicht überfordert sein. Die Parteien wollen auch deswegen kein substantiiertes Bestreiten, da anderenfalls Fehlbeurteilungen der Reichweite der Substantiierungslast des Schiedsgutachters zur Unverbindlichkeit der Entscheidung führen würden: Der Ermessensspielraum des Schiedsgutachters wäre begrenzt und das Risiko mangelnder Bindungswirkung würde steigen.

Die Pflicht des substantiierten Bestreitens passt schließlich nicht zum inqui- **23** sitorischen Charakter des Schiedsgutachtens. Der Schiedsgutachter soll den streitigen Sachverhalt eigenständig anstelle der Parteien aufklären. Er tritt gerade an die Stelle der Parteien, denen es nicht gelungen ist, den Streit beizulegen. Dieses beinhaltet auch, dass er gewissermaßen den Sachvortrag für die Parteien durch seine fachliche Expertise substantiiert.

---

44 Hierzu *Lembcke* DS 2007, 303 (303 ff.).

Andere Verfahren VI.

24 Daher gibt es innerhalb eines Schiedsgutachtenverfahrens, das durch kontradiktorische Elemente wie Antrages und Erwiderung ergänzt wird, auch **keine Säumnis oder Entscheidung nach Aktenlage**, ohne dass der Schiedsgutachter alles ihm mögliche getan haben muss, den Sachverhalt aufzuklären.

bb) Zeitpunkt

25 Die Beurteilung der Verbindlichkeit des Schiedsgutachtens ist nach dem Sach- und Streitstand zu entscheiden, den die Parteien dem Schiedsgutachter zum **Zeitpunkt**[45] **der Beurteilung** vorgelegt haben[46] und für diesen erkennbar war.[47] Nachträglich zur Kenntnis gelangte Umstände sind unerheblich.[48] Der Schiedsgutachter hat daher »eigenständig die notwendigen Informationen einzuholen und die für sein Gutachten erforderlichen Tatsachen zu ermitteln und im Gutachten darzustellen«.[49] »Neuer Sachvortrag (im Gerichtsverfahren, Anm. d. Verf.) ist nicht zu berücksichtigen, da es nur darauf ankommt, ob dem Schiedsgutachter bei der Beurteilung des ihm vorgelegten (...) ein Fehler unterlaufen ist«.[50]

---

45 BGH, Urt. v. 04.06.1975 – VIII ZR 243/72, NJW 1975, 1557 (1557).
46 BGH, Urt. v. 26.10.1972 – VII ZR 44/71, Juris Rn. 20 = MDR 1973, 210 (210 ff.); BGH, Urt. v. 01.10.1997 – XII ZR 269/95, WM 1998, 628 (629); OLG Brandenburg, Urt. v. 13.11.2003 – 8 U 29/03, BauR 2005, 605 (605); OLG Düsseldorf, Urt. v. 26.07.2000 – 22 U 4/00, BauR 2000, 1771 (1771); OLG Düsseldorf, Urt. v. 28.03.2008 – I-16 U 88/07, 16 U 88/07, Juris Rn. 35 = IBR 2008, 550 (m. Anm. *Lembcke*); OLG Hamm, Urt. v. 14.02.1992 – 12 U 97/91, OLGR Hamm 1992, 160 (160).
47 BGH, Urt. v. 25.01.1979 – X ZR 40/77, NJW 1979, 1885 (1885); BGH, Urt. v. 09.06.1983 – IX ZR 41/82, NJW 1983, 2244 (2245); OLG Frankfurt, Urt. v. 10.06.1992 – 19 U 194/91, Juris Rn. 5 = ZMR 1993, 114 (114).
48 OLG Düsseldorf, Urt. v. 27.02.1996 – 4 U 282/94, NJW-RR 1996, 1117 (1117 ff.).
49 OLG Frankfurt, Urt. v. 26.01.2006 – 26 U 24/05, Juris Rn. 28 = BauR 2006, 1325 (1325 f.).
50 BGH, Urt. v. 25.1.1979 – X ZR 40/77, NJW 1979, 1885 (1886); »*Für die Annahme einer offenbaren Unrichtigkeit des Schiedsgutachtens genügt es nicht, wenn ein mit der Überprüfung des Gutachtens beauftragter Sachverständiger erst nachträglich vom Versicherungsnehmer eingereichte Belege verwertet hat und so zu anderen Ergebnissen gekommen ist als die Schiedsgutachter*«, vgl. OLG Koblenz, Urt. v. 20.9.1996 – 10 U 964/95, VersR 1997, 963 (963).

VI. Andere Verfahren

b) Entscheidungsmaßstab und Bindungswirkung

Die §§ 317 ff. BGB beinhalten Regelungen für den Entscheidungsmaßstab des Schiedsgutachters und die Bindungswirkung des Schiedsgutachtens. Die Parteien können vertraglich auch das Ermessen des Schiedsgutachters binden, indem bestimmte **Vorgaben für die Ermessensausübung** gemacht werden.[51] Diese Vorgaben können sich auf die Verfahrensführung und den Entscheidungsmaßstab beziehen.

aa) Billiges Ermessen

aaa) Inhalt des billigen Ermessens

Der Schiedsgutachter soll seine Entscheidung im Zweifel nach »billigem Ermessen« treffen (§ 317 Abs. 1 BGB) was »sachverständigem Ermessen« entspricht.[52] Diese Zweifelsregelung erfordert daher keine weiteren Richtlinien für die Ausübung[53] oder muss ausdrücklich innerhalb des Schiedsgutachtenvertrages geregelt werden.

Zwar ist Billigkeit ein unbestimmter Rechtsbegriff, Ermessen hingegen eine rechtsfolgenorientierte Wahlmöglichkeit; jedoch muss insgesamt von einem **Ermessensspielraum des Schiedsgutachters** ausgegangen werden – alles andere wäre widersprüchlich.[54] Die einzig richtige Entscheidung kann allenfalls als »Denkfigur«[55] herangezogen werden.

Letztlich verbirgt sich hinter dem Terminus »billigem Ermessen« nichts anderes als konkrete Einzelfallgerechtigkeit,[56] die in einem **Abwägungsvorgang** zu ergründen ist:

---

51 BGH, Urt. v. 12.01.2001 – V ZR 372/99, BGHZ 146, 280 (280); BGH, Urt. v. 03.11.1995 – V ZR 182/94, NJW 1996, 452 (452 ff.).
52 RG, JW 1936, 502 (502); RG, WarnRspr. 1910 Nr. 20.
53 So aber *Wolf*, in: Soergel, BGB, § 315 Rn. 1 u. 37, § 317 Rn. 16; *Gottwald*, in: MüKo BGB, § 317 Rn. 2.
54 BGH, Urt. v. 02.04.1964 – KZR 10/62, BGHZ 41, 271 (280); *Mayer-Maly*, in: Staudinger, Kommentar zum Bürgerlichen Gesetzbuch, § 315 Rn. 55; a.A. *Kornblum* AcP 168 (1968), 450 (462 ff.).
55 *Rieble*, in: Staudinger, Kommentar zum Bürgerlichen Gesetzbuch, § 315 Rn. 121.
56 BGH, Beschluss v. 06.06.1955 – GSZ 1/55, BGHZ 18, 149 (151). Daher muss die Ortsüblichkeit diesem Kriterium nicht unbedingt entsprechen, vgl. BGH, Urt. v. 29.01.2003 – XII ZR 6/00, NJW-RR 2003, 727 (727).

- Interessen der Beteiligten,
- Tatsachen, die den Interessen zugrunde liegen,
- Bewertung der widerstreitenden Interessen und deren Gewichtung.

29 Der Schiedsgutachter muss also den Vertragsinhalt[57] und den Vertragszweck berücksichtigen und den Interessen beider Parteien Rechnung tagen.[58] Er muss den Willen der Parteien respektieren und weiterdenken.[59] Bei der Zumutbarkeit der Ersatzbeschaffung für verloren gegangenes Baugerät kann beispielsweise berücksichtigt werden, dass eine Partei mit ihren Gläubigern einen außergerichtlichen Vergleich abgeschlossen hat, und aus diesem Grunde die Zumutbarkeit einer Ersatzbeschaffung nur in Höhe der Vergleichsquote besteht.[60]

Drittinteressen sind jedenfalls zu berücksichtigen, soweit die §§ 138, 242 BGB betroffen sind.[61] Deren Berücksichtigung macht das Schiedsgutachten nicht unverbindlich.[62]

bbb) Abgrenzung von Entscheidungsmaßstab und Bindungswirkung

30 Die zwischen den Parteien vereinbarte Bindungswirkung des Schiedsgutachtens ändert nichts am Entscheidungsmaßstab, den der Schiedsgutachter zu beachten hat. Im Gegensatz zum Entscheidungsmaßstab ist die Kontrolle des Entscheidungsmaßstabes über die Bindungswirkung **enger**, weil die Entscheidung nur unverbindlich ist, wenn diese »offenbar« (§ 319 Abs. 1 S. 1 BGB) unbillig ist.[63] Die »offenbare« Unbilligkeit liegt zwischen dem billigen Ermessen und dem freien Ermessen.[64] Allerdings ist zuzugeben, dass die Kontrolldichte – mithin die Bindungswirkung – letztlich faktisch den Aus-

---

[57] *Hager*, in: *Erman*, Bürgerliches Gesetzbuch, § 315 Rn. 21.
[58] KG, Urt. v. 28. 01. 1985 – 8 U 1420/84, ZMR 1986, 194 (194).
[59] *Rieble*, in: *Staudinger*, Kommentar zum Bürgerlichen Gesetzbuch, § 315 Rn. 125.
[60] BGH, Urt. v. 14. 10. 1958 – VIII ZR 118/57, NJW 1958, 2067 (2067 f.).
[61] Streitig, vgl. *Rieble*, in: *Staudinger*, Kommentar zum Bürgerlichen Gesetzbuch, § 315 Rn. 125 ff.
[62] BGH, Urt. v. 14. 10. 1958 – VIII ZR 118/57, NJW 1958, 2067 (2067 f.).
[63] Die Überprüfung findet nicht etwa nach § 319 Abs. 2 BGB statt, so aber OLG Frankfurt, Urt. v. 10. 06. 1992 – 19 U 194/91, Juris Rn. 3 = ZMR 1993, 114 (114).
[64] Etwas weiter BGH, Urt. v. 14. 10. 1958 – VIII ZR 118/57, NJW 1958, 2067 (2067 f.); *Ballhaus*, in: RGRK BGB, § 319 Rn. 5; *Laule* DB 1966, 769 (770).

schlag gibt.[65] Bei offenbarer Unbilligkeit nimmt der Bundesgerichtshof eine grobe Pflichtverletzung des Schiedsgutachters an.[66]

Obwohl der Gesetzgeber »billiges Ermessen« vermutet, sollte dieses im Schiedsgutachtenvertrag klar geregelt werden.[67] Auch kann eine im Vergleich zum Schiedsgutachtenvertrag andere Regelung innerhalb des Schiedsgutachtervertrages getroffen werden. 31

ccc) **Grenzen der Bindungswirkung (»offenbar unbillig«)**

Eine Leistungsbestimmung durch einen Dritten ist offenbar unbillig, wenn die Bestimmung in grober Weise gegen **Treu und Glauben** verstößt und sich dies bei unbefangener, sachkundiger Prüfung **sofort aufdrängt**.[68] Ein unverbindliches Schiedsgutachten kann bestätigt und damit wirksam gemacht werden.[69] 32

ddd) **Keine Teilunverbindlichkeit**

Für die Beurteilung der (Un-) Verbindlichkeit ist **Bezugspunkt die »Leistung«**, mithin das Schiedsgutachten als Ganzes. Es verbietet sich daher, bei einem teilbaren Gutachtenauftrag die Einzelpunkte als Bezugsgröße heranzuziehen und etwa bei einer baurechtlichen Punktesache jeden einzelnen Mangel auf den Prüfstand zu stellen.[70] Dieses wird von einigen Stimmen in der 33

---

65 *Rieble*, in: *Staudinger*, Kommentar zum Bürgerlichen Gesetzbuch, § 315 Rn. 132.
66 BGH, Urt. v. 13.12.1956 – VII ZR 22/56, Juris Rn. 7 = BGHZ 22, 343 (343 ff.). Zu Haftung des Schiedsgutachters, *Lembcke*, DS 2011, 96 (96 ff.).
67 Vgl. insoweit die zweifelhafte Entscheidung BGH, Urt. v. 27.01.1971 – VIII ZR 151/69, BGHZ 55, 248 (250); kritisch *Rieble*, in: *Staudinger*, Kommentar zum Bürgerlichen Gesetzbuch, § 315 Rn. 250.
68 BAG, Urt. v. 10.12.2008 – 4 AZR 801/07, Juris Rn. 73.
69 Etwas schief daher OLG Frankfurt, Urt. v. 13.05.1993 – 3 U 39/92, OLGR Frankfurt 1993, 217 (217 ff.).
70 OLG Stuttgart, Urt. v. 23.06.1960 – 2 U 43/60, MDR 1961, 230 (230 f.); OLG Köln, Urt. v. 27.08.1999 – 19 U 198/98, Juris Rn. 56 = ZfBR 2000, 105 (105 ff.); OLG Hamm, Urt. v. 20.03.2003 – 21 U 76/02, Juris Rn. 44 = BauR 2003, 1400 (1400 ff.); *Laule* DB 1966, 769 (771); *Franke/Englert/Halstenberg/Meyer-Postelt/Miernik*, Kommentar zur SL-Bau, Rn. 293; wohl auch *Ballhaus*, in: RGRK BGB, § 319 Rn. 7.

Literatur[71] unter Bezugnahme auf den Bundesgerichtshof[72] zu Unrecht[73] anders beurteilt.

34 Der Bundesgerichtshof hat festgestellt, dass abtrennbare Gutachtenteile, die für sich genommen nicht zu beanstanden sind, nicht einer richterlichen Ersatzleistungsbestimmung zugänglich sind. Aus der Rechtsprechung des Bundesgerichtshofes folgt keine Teilunwirksamkeit, sondern eine **Teilverbindlichkeit bei Gesamtunverbindlichkeit**.[74] Der Bundesgerichtshof stellt nämlich klar, dass ein einzelner fehlerhafter Punkt nur im Gesamtkontext des Schiedsgutachtens dazu angetan ist, dieses unverbindlich erscheinen zu lassen.

eee) Fehlerkategorien

(1) Methodische Fehler bei der Gutachtenerstellung

35 Zur Beurteilung methodischer Fehler bei der Schiedsgutachtenerstellung haben sich eine Reihe von Fallgruppen herausgebildet. Diese betreffen etwa **Lücken** innerhalb der Bewertung des Gutachtens, sodass die Annahme einer offenbaren Unrichtigkeit schon deshalb veranlasst ist, wenn der Sachverständige **zwingend zu berücksichtigende Beurteilungsfaktoren** unbeachtet gelassen hat.[75] Gleiches gilt, wenn den Feststellungen des Schiedsgutachters **unrichtige Bewertungsmaßstäbe** zugrunde liegen[76] oder ein **nicht aussagekräftiges Überprüfungsprogramm** eingesetzt wird. **Stichprobenartige Überprüfungen** als Solche sind aber nicht zu beanstanden.[77]

---

71 *Hager*, in: *Erman*, Bürgerliches Gesetzbuch, § 319 Rn. 4; *Wagner*, in: *Dauner-Lieb/Heidel/Ring*, BGB, § 318 Rn. 8; *Gottwald*, in: MüKo BGB, § 319 Rn. 25; wohl auch *Laule* DB 1966, 769 (771); alle unter Bezug auf BGH, Urt. v. 03.10.1957 – II ZR 77/56, NJW 1957, 1834 (1834).
72 BGH, Urt. v. 03.10.1957 – II ZR 77/56, NJW 1957, 1834 (1834).
73 *Lembcke* ZGS 2010, 261 (261 ff.).
74 *Lembcke* ZGS 2010, 261 (261 ff.).
75 BGH, Urt. v. 21.05.1975 – VIII ZR 161/73, NJW 1975, 1556 (1557).
76 BGH, Urt. v. 01.10.1997 – XII ZR 269/95, WM 1998, 628 (628); OLG Koblenz, Urt. v. 15.07.2002 – 5 U 1668/00, Juris Rn. 22 = VIZ 2002, 651 (651 ff.).
77 OLG Hamm, Urt. v. 20.03.2003 – 21 U 76/02, Juris Rn. 68 = BauR 2003, 1400 (1400 ff.).

VI. Andere Verfahren

Eine offenbare Unbilligkeit wird ferner ausgelöst, wenn die getroffene Bestimmung mangels **Angabe einer wesentlichen Grundlage** nicht überprüft werden kann,[78] so etwa, wenn bei der Bewertung von Grundstücken und Ertragswerten Vergleichsobjekte und Vergleichspreise nicht berücksichtigt oder nicht benannt werden.[79] Auch muss innerhalb des Schiedsgutachtens dargestellt werden, auf welche **Art und Weise** die in dem Gutachten aufgeführten Einheitspreise ermittelt wurden.[80]

36

Die Unrichtigkeit eines Schiedsgutachtens kann ferner dann offen zu Tage treten, wenn sich die Bestimmung des zu ermittelnden Leistungsinhalts maßgeblich an einem Kriterium orientiert, das mit sachgerechter Überlegung schlechthin nichts gemein hat, welches also sachfremd erscheint.[81] Die fehlende Berücksichtigung bedeutsamer Umstände und der **Einbezug falscher oder irrelevanter Tatsachen** macht das Schiedsgutachten also unverbindlich.[82] Ein Schiedsgutachten über den anteiligen Wert der erbrachten Leistungen aus einem gekündigten Pauschalpreisvertrag ist aber nicht unverbindlich, wenn der Schiedsgutachter auf statistische Werte zurückgreift.[83]

37

(2) Verfahrensfehler

Das Schiedsgutachtenverfahren hat der Schiedsgutachter grundsätzlich nach billigem Ermessen zu leiten.[84] Dieses ist nicht erst dann fehlerhaft, wenn die

38

---

[78] BGH, Urt. v. 21.01.2004 – VIII ZR 74/03, Juris Rn. 14 = NJW-RR 2004, 760 (760 ff.); BGH, Urt. v. 21.05.1975 – VIII ZR 161/73, NJW 1975, 1556 (1557); BGH, Urt. v. 02.02.1977 – VIII ZR 155/75, NJW 1977, 801 (802); BGH, Urt. v. 25.01.1979 – X ZR 40/77, NJW 1979, 1885 (1885); BGH, Urt. v. 16.11.1987 – II ZR 111/87, NJW-RR 1988, 506 (506); OLG Düsseldorf, Urt. v. 28.04.1999 – 11 U 69/98, NJW-RR 2000, 279 (279); *Gehrlein* VersR 1994, 1009 (1012).
[79] BGH, Urt. v. 17.05.1991 – V ZR 104/90, NJW 1991, 2698 (2698).
[80] KG, Urt. v. 13.05.2004 – 12 U 3/03, Juris Rn. 20 = KGR Berlin 2004, 560 (560 ff.).
[81] BGH, Urt. v. 03.11.1995 – V ZR 182/94, NJW 1996, 452 (454); KG, Urt. v. 28.01.1985 – 8 U 1420/84, ZMR 1986, 194 (195).
[82] BGH, Urt. v. 16.11.1987 – II ZR 111/87, NJW-RR 1988, 506 (506).
[83] OLG Dresden, Urt. v. 26.08.1999 – 16 U 931/99, Juris Rn. 39 = IBR 2002, 457 (457).
[84] *Mayer-Maly*, in: *Staudinger*, Kommentar zum Bürgerlichen Gesetzbuch, § 317 Rn. 28; *Wolf*, in: *Soergel*, BGB § 317 Rn. 22; wohl auch *Gottwald*, in: MüKo

»Grenze in den guten Sitten und der öffentlichen Ordnung« überschritten wurde.[85] Die Unverbindlichkeit kann sich auch aus Verstößen gegen die der Schiedsgutachtenvereinbarung zugrunde liegenden Verfahrensregeln ergeben, weil damit das Ermessen des Schiedsgutachters entsprechend reduziert ist.[86]

39 **Flüchtigkeit oder Oberflächlichkeit** genügen nicht, um eine offenbare Unbilligkeit zu begründen.[87] Der Schiedsgutachter darf sich zur Beurteilung nicht mehr sichtbarer Bauteile auch auf Angaben der bei den Ortsterminen anwesenden Parteivertreter stützen, um das mit erheblichen Kosten verbundene Öffnen von Bauteilen zu vermeiden.[88] Er darf nämlich keine unnötigen Kosten verursachen. Maßnahmen der Sachverhaltsermittlung müssen in einem **wirtschaftlich vernünftigen Verhältnis** zur Streitigkeit stehen. Fehler des Schiedsgutachters bei der Durchführung von Besichtigungsterminen sind grundsätzlich unerheblich.[89]

(3) Rechtliche Beurteilungsfehler

40 Ein Gutachten ist dann offenbar unrichtig und unverbindlich, wenn der Gutachter **zwingende gesetzliche oder vertragliche Vorschriften** nicht oder nicht zutreffend angewendet hat.[90] Der Schiedsgutachter muss daher auch die vertraglichen Regelungen zwischen den Parteien zutreffend anwenden.[91] Der Schiedsgutachter darf **fachliche Fragen an Dritte delegieren**, wenn er

---

BGB, § 317 Rn. 52; *Franke/Englert/Halstenberg/Meyer-Postelt/Miernik*, Kommentar zur SL-Bau, Rn. 48. Hierzu gehört aber nicht die Gewähr rechtlichen Gehörs, a.A. *Mayer-Maly*, in: *Staudinger*, Kommentar zum Bürgerlichen Gesetzbuch, § 317 Rn. 28.

85 So aber *Laule* DB 1966, 769 (769).
86 LAG Frankfurt, Urt. v. 13.08.2008 – 18 Sa 1618/07, Juris Rn. 49.
87 RG, JW 1908, 711 (711); RG, JW 1909, 315 (315); RG, JW 1936, 502 (502).
88 OLG Hamm, Urt. v. 20.03.2003 – 21 U 76/02, Juris Rn. 52 = BauR 2003, 1400 (1400 ff.).
89 OLG Düsseldorf, Urt. v. 26.07.2000 – 22 U 4/00, Juris Rn. 13 = BauR 2000, 1771 (1771 ff.).
90 BGH, Urt. v. 23.01.1976 – I ZR 15/74, DAR 1976, 162 (162); OLG Düsseldorf, Urt. v. 20.03.2009 – I 23 U 82/08, Juris Rn. 34. Einschränkend OLG Düsseldorf, Urt. v. 23.02.1989 – 5 U 161/88, Juris.
91 OLG München, Urt. v. 03.12.2009 – 23 U 3904/07, Juris Rn. 46.

VI. Andere Verfahren

selbst über das notwendige Fachwissen nicht verfügt.[92] Die rechtliche Beurteilung von Nichtjuristen beinhaltet **keinen Verstoß gegen das Rechtsdienstleistungsgesetz** (RDG).[93]

(4) Fehler im Ergebnis

Wenn das Schiedsgutachten zum selben Ergebnis wie ein gerichtliches Sachverständigengutachten kommt, ist das Schiedsgutachten nicht zu beanstanden.[94] Maßgebend ist allein das Ergebnis. **Fehler in der Bewertung sind daher unschädlich**, wenn sie durch andere gegenteilige Fehler ausgeglichen werden.[95]

Es kommt also darauf an, inwieweit das Schiedsgutachten von der wirklichen Sachlage abweicht (vgl. § 84 Abs. 1 S. 1 VVG). Als Abweichungswert seien 15 % nicht zu beanstanden,[96] was auch außerhalb des VVG gelte.[97] Das OLG Frankfurt hat für die Bewertung einer Aktie eine Abweichung von 20 % für unproblematisch befunden,[98] da die »Vielzahl der Einflussfaktoren eine schwierige, komplexe Aufgabe« sei. Das OLG Rostock geht von einer

---

[92] Sogar an einen nicht öffentlich bestellten und vereidigten Sachverständigen, vgl. OLG Köln, Urt. v. 27.08.1999 – 19 U 198/98, Juris Rn. 45 = ZfBR 2000, 105 (105 ff.); a.A. *Rieble*, in: *Staudinger*, Kommentar zum Bürgerlichen Gesetzbuch, § 315 Rn. 84 vgl. aber Rn. 270 und wohl auch *Bock*, in Bayerlein, § 26 Rn. 28; *Miernik*, in: *Franke/Englert/Halstenberg/Meyer-Postelt/Miernik*, Kommentar zur SL-Bau, Rn. 308; *Greger/Stubbe*, Schiedsgutachten, Rn. 107.

[93] *Lembcke* IBR 2009, 1362 (1362).

[94] OLG Brandenburg, Urt. v. 02.10.2008 – 12 U 92/08, Juris Rn. 21 = IBR 2008, 724.

[95] BGH, Urt. v. 01.04.1953 – II ZR 88/52, BGHZ 9, 195 (198); LG Dortmund, Urt. v. 30.05.2008 – 3 O 50/07, Juris Rn. 24.

[96] BGH, VersR 1987, 601. 10 % sind nicht zu beanstanden, vgl. AG Herborn, Urt. v. 08.12.2000 – 5 C 358/00, Schaden-Praxis 2001, 138 (138 f.). Nur 14 richtige von 18 Mängeln sind unproblematisch, vgl. AG Bad Berleburg, Urt. v. 05.11.2003 – 1 C 73/02, ZfSch 2004, 72 (72 ff.).

[97] 16,79 %, vgl. BGH, Urt. v. 26.04.1991 – V ZR 61/90, NJW 1991, 2761 (2761); 18 % vgl., BGH, Urt. v. 26.04.1991 – V ZR 61/90, Juris Rn. 17 = NJW 1991, 2761 (2761 ff.).

[98] OLG Frankfurt, Urt. v. 21.02.2007 – 23 U 86/06, Juris Rn. 43 = AG 2007, 699 (699 ff.).

allgemein anerkannten Toleranzgrenze von 20–25 % aus.[99] Eine frühe Entscheidung des Bundesgerichtshofes meint, 23,5 % seien nicht mehr hinnehmbar.[100] Auch andere sehen die Grenze bei 25 %.[101] 28,5 % machten das Schiedsgutachten unverbindlich.[102] 50 % Abweichung seien grob unbillig.[103]

43 Bei dem Gewicht möglicher Abweichungen, die hinnehmbar sind, berücksichtigt die Rechtsprechung den Zweck des Schiedsgutachtens – die **Vermeidung eines kostspieligen Gerichtsverfahrens** (Beschleunigungsmaxime) – und die **Komplexität der Entscheidung**.[104] Je schwieriger und komplexer die dem Schiedsgutachter überantworteten Fragestellungen sind, desto weitergehender ist das Schiedsgutachten bindend, wenn der Schiedsgutachter von seinem Beurteilungsspielraum Gebrauch macht. Insbesondere bei Schiedsgutachten, die innerhalb einer **bestimmten Entscheidungsfrist** erstellt werden müssen, ist die für die offenbare Unbilligkeit akzeptable Abweichung an der Komplexität der Entscheidung zu messen. So können auch Abweichungen

---

99 OLG Rostock, Urt. v. 26.05.2004 – 6 U 13/00, Juris Rn. 58 = OLGR Rostock 2006, 2 (2 ff.); OLG München, Urt. v. 15.05.1959 – 8 U 1490/56, VersR 1959, 1017 (1017); *Grüneberg*, in: *Palandt*, § 319 Rn. 3; *Hager*, in: *Erman*, Bürgerliches Gesetzbuch, § 319 Rn. 6; *Gehrlein*, in: *Bamberger/Roth*, BGB, § 319 Rn. 2; *Wagner*, in: *Dauner-Lieb/Heidel/Ring*, BGB, § 319 Rn. 7; *Schulze*, in: Hk-BGB, § 319 Rn. 2; *Gottwald*, in: MüKo BGB, § 319 Rn. 6.
100 BGH, Urt. v. 28.09.1964 – II ZR 181/62, Juris Rn. 21 = NJW 1964, 2401 (2401 ff.).
101 *Laule* DB 1966, 769 (770); *Mayer-Maly*, in: *Staudinger*, Kommentar zum Bürgerlichen Gesetzbuch, § 319 Rn. 12; *Wolf*, in: *Soergel*, BGB, § 319 Rn. 8.
102 OLG Rostock, Urt. v. 26.05.2004 – 6 U 13/00, Juris Rn. 58 = OLGR Rostock 2006, 2 (2 ff.).
103 BGH, Urt. v. 03.11.1995 – V ZR 182/94, Juris Rn. 43 = NJW 1996, 452 (452 ff). Ebenso 70 %, vgl. LG Bielefeld, Urt. v. 15.07.1976 – 6 O 99/75, RuS 1977, 251 (251).
104 BGH, Urt. v. 20.02.1970 – V ZR 35/67, Juris Rn. 27 = AP Nr. 1 zu § 319 BGB; BGH, Urt. v. 09.06.1983 – IX ZR 41/82, NJW 1983, 2244 (2245); BGH, Urt. v. 16.11.1987 – II ZR 111/87, NJW-RR 1988, 506 (506); BGH, Urt. v. 21.04.1993 – XII ZR 126/91, NJW-RR 1993, 1034 (1035); OLG - Hamm, Urt. v. 20.03.2003 – 21 U 76/02, Juris Rn. 44 = BauR 2003, 1400 (1400 ff.); OLG Hamm, Urt. v. 22.01.2001 – 8 U 66/00, Juris Rn. 39 = NZG 2001, 652 (652 ff.); OLG Köln, Urt. v. 27.08.1999 – 19 U 198/98, Juris Rn. 53 = ZfBR 2000, 105 (105 ff.); KG, Urt. v. 26.05.1998 – 21 U 9234/97, Juris Rn. 42 = KGR Berlin 1998, 409 (409 ff.).

VI. Andere Verfahren

von 40 % und mehr hinnehmbar sein. Je sicherer die Anhaltspunkte für eine billige Entscheidung aber sind, desto enger wird das Ermessen des Schiedsgutachters.[105]

bb) Freies Ermessen

»Freies Ermessen« kann an Stelle des »billigen Ermessens« vereinbart werden. 44
Für § 375 HGB ist umstritten, ob hier eine gesetzliche Regelung das »freie Ermessen« anordnet.[106] Die Leistungsbestimmung des Schiedsgutachters bei freiem Ermessen ist unverbindlich, wenn sie eine Unbilligkeit enthält, die sich dem sachkundigen und unbefangenen Beurteiler sofort aufdrängt[107] und nicht erst eine tiefer gehende Prüfung erforderlich ist, wie es für § 319 Abs. 1 S. 1 BGB angenommen wird. Das freie Ermessen ist daher nicht vollständig mit der »offenbaren Unbilligkeit« im Sinn des § 319 Abs. 1 S. 1 BGB gleichzusetzen,[108] da das freie Ermessen weiter geht.[109]

---

[105] *Laule* DB 1966, 769 (770).
[106] Dafür *Rieble/Gutfried* JZ 2008, 593 (596); für »freies Ermessen«, *Neumann-Duesber*, JZ 1952, 705 (707); *Hopt*, in: *Baumbach/Hopt*, HGB, § 375 Rn. 5; *Koller*, in: *Staub*, HGB, § 375 Rn. 2; *Grunewald*, in: MüKo HGB, § 375 Rn. 6. Zum Streitstand ferner *Müller*, in: *Ebenroth/Boujong/Joost*, HGB, § 375 Rn. 16.
[107] RG, WarnRspr. 1909 Nr. 395; RG, Urt. v. 12.05.1920 – I 23/20, RGZ 99, 105 (106).
[108] So aber BAG, Urt. v. 16.03.1982 – 3 AZR 1124/79, Juris Rn. 40 = BB 1982, 1486 (1486 ff.); *Gottwald*, in: MüKo BGB, § 315 Rn. 32.
[109] Zum Zeitpunkt der Rechtsprechung des Reichsgerichts mag das »freie Ermessen« noch mit der »offenbaren Unbilligkeit« übereingestimmt haben. Die Rechtsprechung hat die »offenbare Unbilligkeit« im Laufe der Jahre jedoch nach und nach konkretisiert und vom freien Ermessen hin zur Billigkeit abgekoppelt.

45 »Freies Ermessen« ist nicht mit »freiem Belieben«[110] (vgl. § 319 Abs. 2 BGB) oder gar mit der äußersten Grenze der §§ 138, 242 BGB gleichzusetzen.[111] Eine Leistungsbestimmung, die nur freiem Belieben entspricht macht eine Leistungsbestimmung, die freies Ermessen erfordert, unverbindlich.[112] Die Disposition der Bindungswirkung zwischen den Parteien ändert aber grundsätzlich nichts daran, dass der Schiedsgutachter gegenüber den Parteien eine Entscheidung nach billigem Ermessen zu treffen hat.[113]

cc) Freies Belieben

46 Die Parteien können sich auch dem »freien Belieben« des Schiedsgutachters unterwerfen (§ 319 Abs. 2 BGB). Dieses ist bei näherer Betrachtung nicht weiter verwunderlich, weil auch der Inhalt andere Verträge in der Regel nur sehr begrenzt überprüfbar ist.[114] Die Vertragsgestaltung liegt nach wie vor in den Händen der Parteien, da diese ein entsprechendes Leistungsbestimmungsrecht »dem Grunde nach« vereinbaren müssen. Auch der Kauf auf Probe beinhaltet eine gesetzliche Regelung für das »freie Belieben«.[115]

47 Freies Belieben im Sinn von § 319 Abs. 2 BGB steht im Gegensatz zum »billigen Ermessen« und dem »freien Ermessen« **nahe der Willkür**. Willkürliche Entscheidungen sind aber nach §§ 138, 242 BGB ausgeschlossen.[116] Bei § 319 Abs. 2 BGB sind »die Angriffsmöglichkeiten (...) auf die Fälle nach-

---

110 BGH, Urt. v. 20.11.1975 – III ZR 112/73, Juris Rn. 43 = WM 1976, 251 (251 ff.); BAG, Urt. v. 16.03.1982 – 3 AZR 1124/79, BB 1982, 1486 (1486); a.A. AG Hannover, Beschluss v. 15.11.1985 – 86 II 56/85, Juris Rn. 13 = WuM 1986, 227 (227 f.); *Wolf*, in: *Soergel*, BGB, § 315 Rn. 41, denn dann eine weitere Kategorie des »freien Ermessens« zwischen »billigem Ermessen« und dem »freien Ermessen« angesiedelt sein solle. Ferner *Mayer-Maly*, in: *Staudinger*, Kommentar zum Bürgerlichen Gesetzbuch, § 315 Rn. 51.
111 So aber *Gottwald*, in: MüKo BGB, § 315 Rn. 32, der aber gleichzeitig für eine Gleichsetzung mit § 319 Abs. 1 S. 1 BGB eintritt, aber wiederum zu § 319 Abs. 1 S. 1 BGB einen anderen Maßstab vertritt, vgl. *Gottwald*, in: MüKo BGB, § 319 Rn. 6.
112 *Ballhaus*, in: RGRK BGB, § 315 Rn. 12.
113 *Ballhaus*, in: RGRK BGB, § 319 Rn. 16.
114 *Joussen*, Schlichtung als Leistungsbestimmung, S. 485.
115 *Neumann-Duesberg* JZ 1952, 705 (707).
116 A.A. wohl *Engel/Schricker-Heinke*, Forum Baukonfliktmanagement, werner-baurecht.de, 18.11.2010, S. 6.

VI. Andere Verfahren

weisbarer Sittenwidrigkeit oder Gesetzeswidrigkeit beschränkt.«[117] Wirksam sind auch »offenbar unbillige« Leistungsbestimmungen.[118]

Der Schiedsgutachter ist bei freiem Belieben in seiner Entscheidung frei und **nicht** mehr **an die »objektiven« Interessen der Parteien gebunden.** Es können daher auch subjektive Interessen nur einer Partei den Ausschlag für die Entscheidung geben.[119] Eine einseitige Parteinahme macht das Schiedsgutachten aber unverbindlich.[120] Soll der Schiedsgutachter »nach allgemeinen wirtschaftlichen Grundsätzen« entscheiden, so ist die Entscheidung gerade nicht in sein freies Belieben gestellt,[121] sondern das Ermessen entsprechend gebunden. 48

Die Parteien können auch einen noch freieren Entscheidungsmaßstab vereinbaren, der bis zur Grenze der §§ 138, 242 BGB reicht.[122] Daher verbleibt zwischen dem »freien Belieben« und der Grenze zu den §§ 138, 242 BGB ein minimaler Unterschied,[123] auch wenn sich hier nur ein nur sehr schmaler Grad auftut.[124] 49

Entsprechend der Bindungswirkung des § 319 Abs. 2 BGB sind die Parteien auch an entsprechende Entscheidungen gebunden, sodass es sich nicht nur um eine Verpflichtung handelt, die den Schiedsgutachtervertrag betrifft.[125] 50

---

117 OGHBrZ Köln, Urt. v. 25.05.1950 – I ZS 85/49, NJW 1950, 781 (782).
118 A.A. *Gottwald*, in: MüKo BGB, § 315 Rn. 33.
119 BAG, Urt. v. 12.10.1961 – 5 AZR 423/60, BAGE 11, 318 (318 ff.); BAG, Urt. v. 16.03.1982 – 3 AZR 1124/79, Juris Rn. 38 = BB 1982, 1486 (1486 ff.).
120 *Rieble*, in: *Staudinger*, Kommentar zum Bürgerlichen Gesetzbuch, § 319 Rn. 2.
121 BGH, Urt. v. 20.11.1975 – III ZR 112/73, Juris Rn. 43 = WM 1976, 251 (251 ff.).
122 *Rieble*, in: *Staudinger*, Kommentar zum Bürgerlichen Gesetzbuch, § 315 Rn. 132.
123 A.A. *Gehrlein*, in: *Bamberger/Roth*, BGB, § 319 Rn. 7.
124 *Ballhaus*, in: RGRK BGB, § 315 Rn. 13.
125 *Grüneberg*, in: *Palandt*, § 319 Rn. 2; a.A. aber für § 315 BGB, vgl. *Grüneberg*, in: *Palandt*, § 315 Rn. 5 unter Bezug auf RG, Urt. v. 12.05.1920 – I 23/20, RGZ 99, 105 (107), in welchem aber gerade klar gestellt wird, dass die Parteien auch eine abweichende Bindungswirkung vereinbaren können (»*die Parteien können auch der Entscheidung des einen Vertragsteils einen größeren Spielraum einräumen.*«); diesem folgend BAG, Urt. v. 16.03.1982 – 3 AZR 1124/79, BB 1982, 1486 (1486 ff.); widersprüchlich *Gehrlein*, in: *Bamberger/Roth*, BGB, einerseits § 315 Rn. 5 andererseits Rn. 12.

Ob eine solche **weitgehende Bindungswirkung** zwischen den Parteien (Schiedsgutachtenvertrag) auch im Schiedsgutachtervertrag gelten soll, muss durch Auslegung ermittelt werden (§§ 133, 157 BGB). Im Zweifel hat der Schiedsgutachter innerhalb des Schiedsgutachtervertrages »billiges Ermessen« zu beachten (§§ 133, 157 BGB).

c) Keine vorläufige Verbindlichkeit des Schiedsgutachtens

51 Nach § 319 Abs. 1 S. 1 BGB »ist« die getroffene Bestimmung »unverbindlich«, wenn sie »offenbar unbillig« ist bzw. für das Schiedsgutachten im engeren Sinn analog § 319 Abs. 1 S. 1 BGB »offenbar unrichtig« ist. Das Schiedsgutachten hat nicht etwa den Charakter eines Verwaltungsaktes, der für sich trotz Rechtswidrigkeit (= Unverbindlichkeit) solange Rechtwirkung entfaltet, bis er aufgehoben wird.[126] Das Schiedsgutachten entfaltet daher **keine »vorläufige Verbindlichkeit«**,[127] wie einigen Stimmen zu entnehmen sein könnte, auch wenn es nicht der vereinbarten Bindungswirkung genügt.[128] Nach diesen Stimmen würde das Schiedsgutachten die Parteien auch dann binden, wenn es »offenbar unbillig« wäre und müsste erst mit gerichtlicher Hilfe wie ein Verwaltungsakt aufgehoben werden. Dies entspricht weder dem Gesetzeswortlaut noch dem Parteiwillen.

---

126 *Bötticher*, FS Dölle I, S. 41 (67). Das Adjudication-Verfahren in der Gegenüberstellung zum Verwaltungsverfahren, vgl. *Lembcke* NVwZ 2008, 42 (42 ff.). Ferner *Oster*, Normative Ermächtigung, S. 77 f.
127 OLG Frankfurt, Urt. v. 26.01.2006 – 26 U 24/05, Juris Rn. 27 = OLGR 2006, 708 (708 ff.); OLG Jena, Urt. v. 26.09.2007 – 2 U 227/07, Juris Rn. 17 = IBR 2009, 485 (m. Anm. *Lembcke*); *Rieble*, in: *Staudinger*, Kommentar zum Bürgerlichen Gesetzbuch, § 319 Rn. 16; *Ballhaus*, in: RGRK BGB, § 315 Rn. 17; *Wagner*, in: *Dauner-Lieb/Heidel/Ring*, BGB, § 315 Rn. 15; *Gottwald*, in: MüKo BGB, § 315 Rn. 44; *Schwintowski* ZIP 2006, 2302 (2305).
128 OLG Frankfurt, Urt. v. 03.12.1998 – 3 U 257/97, NJW-RR 1999, 379 (379); *Mayer-Maly*, in: *Staudinger*, Kommentar zum Bürgerlichen Gesetzbuch, § 315 Rn. 73; *Wolf*, in: *Soergel*, BGB, § 315 Rn. 46 f. u. § 319 Rn. 16; *Medicus*, in: PWW, § 315 BGB Rn. 9; *Hager*, in: *Erman*, Bürgerliches Gesetzbuch, § 315 Rn. 24; *Grüneberg*, in: *Palandt*, § 315 Rn. 16; *Gehrlein*, in: *Bamberger/Roth*, BGB, § 315 Rn. 10; *Schulze*, in: Hk-BGB, § 315 Rn. 10; *Motzke*, in: *Motzke/Bauer/Seewald*, Prozesse in Bausachen, § 4 Rn. 766; *Bock*, in: *Bayerlein*, Praxishandbuch Sachverständigenrecht, § 26 Rn. 49; »*aufgehoben*« *Schlehe* DS 2010, 10 (13).

VI. Andere Verfahren

d) Begründung und Änderung der Entscheidung

Die Feststellungen des Schiedsgutachters müssen für einen Fachmann **verständlich und nachprüfbar** sein. Bei fehlender, lückenhafter oder fehlerhafter Begründung[129] ist das Schiedsgutachten unverbindlich, sodass eine gewisse »Gutachtentransparenz«[130] erforderlich ist. 52

Es genügen also nicht Begründungen wie: »Nach den von (ihm) gewonnenen Erkenntnissen anhand der Unterlagen, der Gespräche mit den Beteiligten, insbesondere der örtlichen Überprüfung und Inaugenscheinnahme«[131] oder dass »umfangreiche Recherchen«[132] durchgeführt worden seien. Es bedarf insbesondere eines prüfbaren Berechnungsmaßstabes.[133]

Die **Entscheidung muss** daher ausreichend **begründet werden**, weil die Unverbindlichkeit ansonsten indiziert wird. Die Begründung könne nach zweifelhafter Ansicht des OLG Hamm auch noch innerhalb eines möglichen Prozesses nachgeholt werden.[134] Dieses ist aber sehr zweifelhaft, weil die Abschätzung der Erfolgsaussichten innerhalb eines Gerichtsverfahrens so nicht gewährleistet ist. 53

Der Schiedsgutachter kann keine **Schreib- und Rechenfehler** korrigieren, soweit dieses nicht ausdrücklich geregelt ist, weil diesem kein Anfechtungsrecht zusteht (§ 318 Abs. 2 BGB)[135] und sein Gestaltungsrecht mit Abgabe ver- 54

---

129 BGH, Urt. v. 02.02.1977 – VIII ZR 155/75, NJW 1977, 801 (801); BGH, Urt. v 25.01.1979 – X ZR 40/77, NJW 1979, 1885 (1885); BGH, Urt. v. 16.11.1987 – II ZR 111/87, NJW-RR 1988, 506 (506); OLG Brandenburg, Urt. v. 04.12.2008 – 5 U 67/05, Juris Rn. 64.

130 *Rieble*, in: *Staudinger*, Kommentar zum Bürgerlichen Gesetzbuch, § 319 Rn. 10.

131 OLG Düsseldorf, Urt. v. 28.05.1999 – 22 U 248/98, Juris Rn. 29 = NJW-RR 1999, 1694 (1694 ff.).

132 BGH, Urt. v. 23.11.1984 – V ZR 120/83, WM 1985, 174 (174).

133 BGH, Urt. v. 21.05.1975 – VIII ZR 161/73, Juris Rn. 22 = NJW 1975, 1556 (1556).

134 OLG Hamm, Urt. v. 22.01.2001 – 8 U 66/00, Juris Rn. 42 = NZG 2001, 652 (652 ff.).

135 *Laule* DB 1966, 769 (770); *Rieble*, in: *Staudinger*, Kommentar zum Bürgerlichen Gesetzbuch, § 318 Rn. 8; a.A. *Mayer-Maly*, in: *Staudinger*, § 318 Rn. 7; *Döbereiner*, VersR 1983, 712 (713); *Bock*, in Bayerlein, Praxishandbuch Sachverständigenrecht, § 26 Rn. 38; *Gehrlein*, in: *Bamberger/Roth*, BGB, § 318 Rn. 1 und *Gottwald*, in: MüKo BGB, § 318 Rn. 3 für § 319 BGB analog. Für die Ände-

braucht ist. Fehler sind dann im Wege der Auslegung des Willens des Schiedsgutachters nach §§ 133, 157 BGB zu beheben. Es dürfen vom Schiedsgutachter daher auch **keine Ergänzungsfragen** beantwortet werden, wenn dies nicht ausdrücklich vereinbart ist.[136]

e) Eintritt der Bindungswirkung durch Zugang

55 Das Schiedsgutachten ist als Drittleistungsbestimmung eine einseitige empfangsbedürftige Gestaltungserklärung. Das Schiedsgutachten muss daher einer Partei zugehen, um bindend zu werden (§ 318 Abs. 1 BGB).

56 Dieses gilt auch für ein rein feststellendes Schiedsgutachten im engeren Sinn.[137] Eine solche Feststellung tritt an die Stelle des ursprünglich vereinbarten Vertragsinhaltes.[138]

57 Die Partei, die das Schiedsgutachten erhält, ist verpflichtet, die andere Partei über den Inhalt zu informieren.[139] Mit dem Zugang beginnt die Verjährung des Anspruches zu laufen, soweit es sich um eine Vertragsänderung oder -ergänzung handelt.[140] Die **Wirkung des Schiedsgutachtens** entfaltet sich grundsätzlich ex nunc,[141] wobei der Parteiwille etwas anderes ergeben

---

rung einer Berechnungsgrundlage gilt dieses jedoch nicht BGH, Urt. v. 29.11. 1965 VII ZR 265/63 – Juris Rn. 18 = NJW 1966, 539 (539 ff.); *Ballhaus*, in: RGRK BGB, § 315 Rn. 16.

136 *von Behr*, in: *Althaus/Heidl*, Der öffentliche Bauauftrag, Kap. 8, Rn. 43.
137 *Mayer-Maly*, in: *Staudinger*, Kommentar zum Bürgerlichen Gesetzbuch, § 318 Rn. 4; *Wolf*, in: *Soergel*, BGB, § 317 Rn. 15.
138 »(...), sodass nach Vertragsschluss eine neue Rechtsgrundlage in Form eines neuen Schuldverhltnisses besteht«, vgl. *Halstenberg*, in: *Franke/Englert/Halstenberg/Meyer-Postell/Miernik*, Kommentar zur SL-Bau, Rn. 81.
139 *Rieble*, in: *Staudinger*, Kommentar zum Bürgerlichen Gesetzbuch, § 318 Rn. 4.
140 *Rieble*, in: *Staudinger*, Kommentar zum Bürgerlichen Gesetzbuch, § 315 Rn. 276.
141 *Rieble*, in: *Staudinger*, Kommentar zum Bürgerlichen Gesetzbuch, § 318 Rn. 5; *Mayer-Maly*, in: *Staudinger*, Kommentar zum Bürgerlichen Gesetzbuch, § 315 Rn. 65; *Wolf*, in: *Soergel*, BGB, § 315 Rn. 44 (vgl. aber § 318 Rn. 7); *Grüneberg*, in: *Palandt*, § 315 Rn. 10; *Gottwald*, in: MüKo BGB, § 315 Rn. 36; wohl auch *Ballhaus*, in: RGRK BGB, § 315 Rn. 15; a.A. *Hager*, in: *Erman*, Bürgerliches Gesetzbuch, § 315 Rn. 18.

VI. **Andere Verfahren**

kann.[142] Insbesondere feststellende Schiedsgutachten dürften nach dem Parteiwillen überwiegend ex tunc Wirkung entfalten.

6. Verfahrensgarantien im Schiedsgutachten und materiell-rechtliche Natur

Die §§ 317 ff. BGB schweigen dazu, ob innerhalb eines Schiedsgutachtens **58** Verfahrensgarantien zu beachten sind.[143] Eine Minderansicht in der Literatur knüpft an das Schiedsgutachten im engeren Sinn, welches auf die Feststellung des Bestehens oder Nichtbestehens eines Rechtsverhältnisses oder einzelner Tatbestandselemente gerichtet ist, besondere Anforderungen hinsichtlich der Beachtung von Rechtsschutzgarantien und wendet die §§ 1025 ff. ZPO teilweise analog an.[144] Die Rechtsprechung[145] und herrschende Literaturansicht[146] hält hingegen völlig zu Recht **Rechtsschutzgarantien nicht für erforderlich.**

Soweit der Schiedsgutachter rechtsgestaltend tätig wird, bedarf es nach ein- **59** helliger Ansicht keiner Beachtung von Rechtsschutzgarantien (Schiedsgutach-

---

142 *Habersack/Tröger* DB 2009, 44 (45 ff.). Zeitpunkt des ersten Änderungsbegehrens, vgl. BGH, Urt. v. 12.10.1977 – VIII ZR 84/76, NJW 1978, 154 (154).
143 *Habscheid* KTS 1957, 129 (130).
144 *Habscheid* KTS 1957, 129 (132); *Nicklisch*, FS Bülow, S. 159 (160); *Schlosser*, in: *Stein/Jonas*, ZPO, Vor § 1025 ff., Rn. 28; *Greger/Stubbe*, Schiedsgutachten, Rn. 131, 163 ff.; *Rothhaupt*, Außergerichtliche Streitbeilegung, S. 43.
145 BGH, Urt. v. 19.06.1975 – VII ZR 177/74, Juris, Rn. 13 = WM 1975, 1043 (1043); ferner BGH, Urt. v. 11.03.1982 – III ZR 171/80, MDR 1982, 828 (828); BGH, Urt. v. 04.06.1981 – III ZR 4/80, Juris, Rn. 17 = ZIP 1981, 1097 (1097); BGH, Urt. v. 17.05.1967 – VIII ZR 58/66, Juris, Rn. 28 = BGHZ 48, 25 (25 ff.); OLG Frankfurt, Urt. v. 25.08.2006 – 19 U 54/06, Juris, Rn. 26; OLG Sachsen-Anhalt, Urt. v. 10.11.1999 – 6 U 40/99, Juris, Rn. 18 = OLG-NL 2001, 188 (188); OLG Nürnberg, Urt. v. 28.07.1994 – 8 U 3805/93, Juris, Rn. 25 = NJW-RR 1995, 544 (544); OLG Hamm, Urt. v. 16.10.2006 – 17 U 30/06, Juris Rn. 73 = ZfB 2007, 61 (61 ff.).
146 *Mayer-Maly*, in: *Staudinger*, Kommentar zum Bürgerlichen Gesetzbuch, § 317 Rn. 26; *Grüneberg*, in: *Palandt*, § 317 Rn. 4; *Ballhaus*, in: RGRK BGB, § 317 Rn. 19; *Münch*, in: MüKo ZPO, Vor § 1025 Rn. 45 ff.; *Wolf*, in: *Soergel*, BGB § 317 Rn. 21; *Gehrlein*, in: *Bamberger/Roth*, BGB, § 317 Rn. 10; *Gottwald*, in: MüKo BGB, § 317 Rn. 41; *Roquette/Otto*, Vertragsbuch, C. VII. 3. Rn. 10; *Akker/Konopka* SchiedsVZ 2003, 256 (258).

ten im weiteren Sinn),[147] was die rechtsdogmatische Unschlüssigkeit der Minderansicht unterstreicht.

Die Parteien können dem Schiedsgutachter aber Vorgaben im Hinblick auf Verfahrensgarantien machen und so sein Ermessen bei der Verfahrensgestaltung begrenzen.

7. Richterliche Ersatzbestimmung

60 Eine richterliche Ersatzbestimmung findet statt »wenn der Dritte die Bestimmung nicht treffen kann oder will oder wenn er sie verzögert« (§ 319 Abs. 1 S. 2. 2. Hs. BGB). Allerdings kann die richterliche Ersatzbestimmung (im Gegensatz zur Kassation des Schiedsgutachtens) abbedungen werden,[148] sodass nur die feststellende nicht hingegen die gestaltende Kassation dispositiv ist.

61 Wenn aber vom mittleren Standard (billiges Ermessen) abgewichen wird, ist der Vertrag (bzw. die Leistungsbestimmung) unwirksam, »wenn der Dritte die Bestimmung nicht treffen kann oder will oder wenn er sie verzögert« (§ 319 Abs. 2 BGB).

a) Pactum de non petendo, selbständiges Beweisverfahren, Eilverfahren

62 Mit der Schiedsgutachtenabrede geht regelmäßig ein *pactum de non petendo* (Vertrag, nicht zu fordern) einher. Das bedeutet, dass das **Gericht** grundsätzlich **erst** angerufen werden kann, **wenn ein Schiedsgutachten bereits erstellt wurde**. Die Auslegung der Schiedsgutachtenabrede kann aber auch etwas anderes ergeben. Insbesondere auf ein gerichtliches Eilverfahren wird man das *pactum de non petendo* regelmäßig nicht erstrecken können (§§ 133, 157 BGB). Das *pactum de non petendo* gilt auch für ein selbststän-

---

147 Vgl. RG, Urt. v. 21. 08. 1936 – II 154/36, RGZ 152, 201 (204): »*Auf Schiedsgutachtenverträge findet die Vorschrift des § 1027 BGB weder unmittelbar noch entsprechend Anwendung. Das ist einhellige Meinung*«. (204 f.): »*Auf Schiedsgutachtenverträge werden insgemein die Vorschriften der §§ 317 flg. BGB schlechthin und unmittelbar angewendet*«. Ferner *Habscheid*, FS Kralik, S. 189 (190); *Schlosser*, FS Horn, S. 1023 (1029); *Greger/Stubbe*, Schiedsgutachten, Rn. 89 u. 107.
148 *Rieble*, in: *Staudinger*, Kommentar zum Bürgerlichen Gesetzbuch, § 315 Rn. 65.

VI. Andere Verfahren

ges Beweisverfahren,[149] es sei denn es soll in diesem die offenbare Unrichtigkeit des Schiedsgutachtens festgestellt werden.[150]

b) Ersatzbestimmung für billiges und freies Ermessen

Das gesetzliche Leitbild beinhaltet für den mittleren Standard (billiges Ermessen) drei Varianten für gerichtliche Hilfe, und zwar wenn 63
– eine Entscheidung des Schiedsgutachters ausbleibt – etwa beim Tod des Schiedsgutachters –,
– oder das Schiedsgutachten verzögert wird – etwa durch Krankheit –,
– oder der Schiedsgutachter eine Entscheidung nicht treffen kann – etwa in Folge mangelnder persönlicher Qualifikation.

Eine richterliche Ersatzbestimmung ist auch bei der Vereinbarung von »freiem Ermessen« möglich.[151] 64

Für die Annahme einer **Verzögerung** werden von der Rechtsprechung strenge Anforderungen gestellt.[152] Verschulden ist jedoch nicht erforderlich.[153] Im Falle von Verzögerungen kommt es zu einem Wettlauf zwischen primärer und richterlicher Leistungsbestimmung,[154] weil die Parteien eine zügige Streitbeilegung mit der Vereinbarung eines Leistungsbestimmungsrechts be- 65

---

149 OLG Düsseldorf, Beschl. v. 28.4.1998 – 23 W 25/98, BauR 1998, 1111 (1111).
150 OLG Bremen, Beschl. v. 30.01.2009 – 1 W 10/09, IBR 2009, 431 (m. Anm. *Lembcke*).
151 *Gottwald*, in: MüKo BGB, § 319 Rn. 28.
152 »*Rechtserhebliche Verzögerung (noch) nicht festgestellt werden, zumal an eine solche Feststellung strengste Anforderungen zu stellen sind*«, OLG München, Urt. v. 27.10.1999 – 7 U 3147/99, Juris, Rn. 50 = OLGR München 2000, 43 (43 ff.) unter Verweis auf BGH, Urt. v. 26.10.1989 – VII ZR 75/89, NJW 1990, 1231 (1231 f.). Im konkreten Fall hat der BGH eine Verzögerung von 3 Jahren, gerechnet ab Aufnahme der schiedsgutachterlichen Tätigkeit, ohne Vorliegen eines sachlichen Grundes als hinreichend im Sinn von § 319 Abs. 1 BGB angesehen, weil ansonsten der von den Parteien mit der Schiedsgutachterabrede verfolgte Zweck in Frage gestellt würde. Allerdings stellt sich bei dieser Begründung die Frage, ob es nicht dem Parteiwillen entsprochen hätte, eine Ersatzbestimmung zu treffen, da hierfür bereits alles vorlag.
153 BGH, Urt. v. 06.11.1997 – III ZR 177/96, NJW 1998, 1388 (1388).
154 A.A. *Wagner*, in: *Dauner-Lieb/Heidel/Ring*, BGB, § 315 Rn. 19.

zwecken. Auch führt ein Verschulden einer Partei nicht zum Verlust des Rechts auf richterliche Vertragshilfe.[155]

66 Ein Nichtkönnen im Sinne der 1. Variante liegt auch vor, wenn das Schiedsgutachtenverfahren undurchführbar ist.[156] Dieses ist aber nur ausnahmsweise anzunehmen, etwa wenn beide Parteien ihre Mitwirkung bei der Schiedsgutachtenerstellung verweigern,[157] weil der Schiedsgutachter nur in besonderen Ausnahmefällen gehindert ist, den Sachverhalt ohne eine sich weigernde Partei zu ermitteln. Eine analoge Anwendung der 2. Variante für den nachträglichen Wegfall des Schiedsgutachters ist nicht erforderlich, weil die 1. Variante direkt anwendbar ist.[158]

c) Zweistufiges richterliches Vorgehen

aa) Prüfung der Verbindlichkeit

67 Die richterliche Erstbestimmung ist im Schiedsgutachtenrecht die absolute Ausnahme (§ 319 Abs. 1 S. 2, 2. Hs. BGB), sodass der Richter regelmäßig nur als Ersatzbestimmer tätig wird (§ 319 Abs. 1 S. 2, 1. Hs. BGB). Nur wenn der Schiedsgutachter »die Bestimmung nicht treffen kann oder will oder wenn er sie verzögert« (§ 319 Abs. 1 S. 2, 2. Hs. BGB) findet eine richterliche Erstbestimmung statt, sodass dies im Prozess (hilfsweise) beantragt werden muss. Daher gibt es im Gegensatz zum Schiedsgerichtsrecht auch kein (außerordentliches) Kündigungsrecht des Schiedsgutachtenvertrages einer Partei.[159] Grundsätzlich ist der Richter nur befugt, die Verbindlichkeit des Schiedsgutachtens zu prüfen.

68 Hierfür ist der Zeitpunkt des Zugangs des Schiedsgutachtens gegenüber einer Partei maßgeblich, weil Gestaltungsrechte zu dem Zeitpunkt ihres Wirksam-

---

155 BGH, Urt. v. 07.04.2000 – V ZR 36/99, NJW 2000, 2987 (2987).
156 Nachträglicher Wegfall des Schiedsgutachters, vgl. BGH, Urt. v. 14.07.1971 – V ZR 54/70, BGHZ 57, 47 (52); bei Fristablauf, auch wenn dieser durch eine Partei verschuldet ist, vgl. BGH, Urt. v. 07.04.2000 – V ZR 36/99, Juris Rn. 18 = NJW 2000, 2986 (2986 ff.); Befangenheit des Gutachters und fehlende Einigung auf neuen Gutachter, BGH, Urt. v. 06.06.1994 – II ZR 100/92, NJW-RR 1994, 1314 (1315).
157 A.A. *Gehrlein*, in: *Bamberger/Roth*, BGB, § 319 Rn. 6.
158 A.A. wohl *Ballhaus*, in: RGRK BGB, § 319 Rn. 13.
159 A.A. *Bock*, in *Bayerlein*, Praxishandbuch Sachverständigenrecht, § 26 Rn. 17.

werdens zu beurteilen sind.¹⁶⁰ Daraus folgt, dass sich die **Entscheidung**, die eigentlich schon durch den Schiedsgutachter getroffen werden sollte, **sich mit Zeitablauf zufällig**¹⁶¹ **verändern kann**, da für die richterliche Ersatzbestimmung der Schluss der mündlichen Verhandlung maßgeblich ist.¹⁶² Hierfür haftet der Schiedsgutachter nicht.¹⁶³ Es kann einer Partei aber auch verwährt sein, sich auf eine zunächst unverbindliche Leistungsbestimmung zu berufen, die mit der Zeit in die Verbindlichkeit hineinwächst.¹⁶⁴

bb) Aufhebung und Ersatzbestimmung

Erst wenn der Richter das Schiedsgutachten für unverbindlich befindet und dieses aufhebt, kann er in einem zweiten Schritt als Ersatzbestimmer tätig werden soweit die Parteien ihm einen justiziablen Maßstab an die Hand geben und eine Entscheidung beantragt wurde. 69

Bei »freiem Belieben« im Sinn von § 319 Abs. 2 BGB findet im Gegensatz zum »freien Ermessen«¹⁶⁵ **keine richterliche Ersatzbestimmung** statt. Hier ordnet das Gesetz lediglich die Kassation des Schiedsgutachtens an; nicht aber eine richterliche Ersatzbestimmung wie bei § 319 Abs. 1 S. 2, 1. Hs. BGB. Der Richter kann nur eine rationale Leistungsbestimmung vornehmen¹⁶⁶ und darf hierzu im Übrigen nicht nur ein weiteres Schiedsgutachten beauftragen.¹⁶⁷ Die richterliche Ersatzbestimmung erfolgt an Stelle der Parteien, sodass auch der Richter einen Ermessensspielraum hat, den er vollstän- 70

---

160 BGH, Urt. v. 26.04.1991 – V ZR 61/90, NJW 1991, 2761 (2762).
161 *Rieble*, in: *Staudinger*, Kommentar zum Bürgerlichen Gesetzbuch, § 315 Rn. 146.
162 *Rieble*, in: *Staudinger*, Kommentar zum Bürgerlichen Gesetzbuch, § 315 Rn. 148.
163 *Lembcke* DS 2011, 96 (96 ff.).
164 *Mayer-Maly*, in: *Staudinger*, Kommentar zum Bürgerlichen Gesetzbuch, § 315 Rn. 71.
165 *Gottwald*, in: MüKo BGB, § 319 Rn. 28; a.A. *Neumann-Duesber* JZ 1952, 705 (707), der aber das frei Ermessen mir dem des § 375 HGB gleichsetzt.
166 *Rieble*, in: *Staudinger*, Kommentar zum Bürgerlichen Gesetzbuch, § 315 Rn. 215.
167 BGH, Urt. v. 02.02.1977 – VIII ZR 271/75, Juris Rn. 17 = MDR 1977, 572 (572); *Ballhaus*, in: RGRK BGB, § 317 Rn. 16; *Wolf*, in: *Soergel*, BGB, § 319 Rn. 17.

dig[168] ausschöpfen kann, weil den Parteien auch im Gerichtsprozess an Beschleunigung gelegen ist (§§ 133, 157 BGB).

71 Die Parteien können dem Richter für seine Ersatzbestimmung bei § 319 Abs. 2 BGB aber auch einen justiziablen Maßstab vorgeben.[169] Hierfür trägt wiederum die Partei die Beweislast, die sich hierauf beruft.[170]

8. Verfahrenskosten

72 Die Aufwendungen für ein Schiedsgutachten sind **nicht als Prozesskosten erstattungsfähig**.[171] Wie die Kosten zu verteilen sind, wird man im Wege der Auslegung des Parteiwillens ermitteln müssen (§§ 133, 157 BGB). Es können insbesondere auch dem Obsiegenden individualvertraglich die Kosten auferlegt werden;[172] eine Kostenteilung ungeachtet des Verfahrensausganges ist ebenfalls denkbar. Die Parteien können zudem eine Quotelung der Kosten im Verhältnis des Obsiegens/Unterliegens vereinbaren.

9. Gerichtliche Durchsetzung eines Schiedsgutachtens

a) Beweis- und Darlegungslast

73 Wer Rechte aus einem Schiedsgutachten für sich beansprucht, muss nachweisen, dass dieses vereinbart und die Leistungsbestimmung ausgeübt wurde. Dieses gilt auch dann, wenn die Bindungswirkung bis zum freien Ermessen des Schiedsgutachters reicht.[173] Die Tatsachen, die zur Unverbindlichkeit der Leistungsbestimmung führen, müssen **von der Partei bewiesen werden, die sich auf die Unverbindlichkeit beruft**.[174] Hierzu genügt nicht nur der Nach-

---

168 *Neumann-Duesberg* JZ 1952, 705 (707); a.A. *Gottwald*, in: MüKo BGB, § 319 Rn. 23; *Medicus*, in: PWW, § 315 BGB Rn. 12.
169 *Mayer-Maly*, in: *Staudinger*, Kommentar zum Bürgerlichen Gesetzbuch, § 319 Rn. 29.
170 *Wolf*, in: *Soergel*, BGB, § 315 Rn. 59.
171 OLG Düsseldorf, Beschl. v. 14.01.1999 – 10 W 1/99, NJW-RR 1999, 1667 (1667).
172 Zur Auslegung der Kostentragungspflicht, vgl. auch OLG Düsseldorf Urt. v. 20.3.1998 – 22 U 151/97, OLGR Düsseldorf 1998, 279 (279 ff.); OLG Celle, Urt. v. 24.11.1993 – 2 U 65/91, OLGR Celle 1994, 51 (51 ff.).
173 *Hager*, in: *Erman*, Bürgerliches Gesetzbuch, § 315 Rn. 25.
174 BGH, Urt. v. 21.09.1983 – VIII ZR 233/82, NJW 1984, 43 (43 ff.).

weis, dass zwischen dem Gutachten und einer anderen Schätzung ein Unterschied besteht.[175] Erforderlich ist die nähere Darlegung, dass der Schiedsgutachter sachwidrig und in einer das Interesse des die Verbindlichkeit der Schätzung bestreitenden Vertragspartners in offenbar verletzender Weise erfolgt ist.[176]

Die darlegungspflichtige Partei kann gegen die andere Partei ein **Auskunftsrecht** nach § 242 BGB haben,[177] weil der mit der Schiedsgutachtenabrede vereinbarte Zweck, jeden Streit zu vermeiden, nicht das Auskunftsrecht betrifft, welches zur Begründung der »offenbaren Unbilligkeit« notwendig ist. Anderenfalls könnte die unterliegende Partei, die ohne Verschulden nicht über die notwendigen Informationen verfügt und einem solchen Schiedsgutachten gegenübersteht, den Beweis der »offenbaren Unbilligkeit« nicht führen, sodass das Schiedsgutachten für sie de facto nur nach § 319 Abs. 2 BGB bindend wäre. Ein Auskunftsrecht kann aber bei der Vereinbarung von § 319 Abs. 2 BGB ausgeschlossen sein.[178]

74

b) Urkundenprozess als besondere Klageart

Als schnelle Durchsetzungsmöglichkeit kommt der Urkundenprozesses[179] als besondere Klageart in Betracht, wenn es um **Geldforderungen** oder andere vertretbare Sachen geht. Der Urkundenprozess ist beispielsweise für die Anspruchsverfolgung auf Sicherheitsleistung unstatthaft.[180]

75

---

175 *Ballhaus*, in: RGRK BGB, § 319 Rn. 9.
176 RG, WarnRspr. 1909, Nr. 395.
177 OGHBrZ Köln, Urt. v. 25.05.1950 – I ZS 85/49, NJW 1950, 781 (782); *Grüneberg*, in: *Palandt*, § 319 Rn. 7; *Gehrlein*, in: *Bamberger/Roth*, BGB, § 319 Rn. 5; *Wolf*, in: *Soergel*, BGB, § 319 Rn. 15.
178 OGHBrZ Köln, Urt. v. 25.05.1950 – I ZS 85/49, NJW 1950, 781 (782).
179 Grundlegend *Lembcke*, BauR 2009, 19 (19 ff.); *Lembcke*, MDR 2008, 1016 (1016 ff.).
180 *Greger*, in: *Zöller*, ZPO, § 592 Rdnr. 1; *Lembcke* IBR 2008, 629 (629); zustimmend *Voit*, in: *Musielak*, ZPO (2009), § 592 Rn. 5; *Klose* NJ 2009, 89 (91 f.); *Weyer* IBR 2008, 701 (701); *Koppmann* IBR 2009, 1084 (1084); *Scholtissek* NZBau 2009, 91 (94); a. A. *Heiland* IBR 2008, 493 (493).

76 **Schiedsgutachten** sind als unmittelbare Urkunden zu klassifizieren und damit **zulässige Beweismittel** im Urkundenprozess.[181] Der Anspruch muss nicht in einer Urkunde verbrieft sein.[182] Es ist daher unschädlich, wenn sich der Anspruch erst durch die Vorlage des Schiedsgutachtens und dem Schiedsgutachtenvertrag und anderen vertraglichen Vereinbarungen kumulativ beweisen lässt.[183]

77 Dem Gegner sind Einwendungen im Urkundenprozess insoweit abgeschnitten, als er diese nicht mit unmittelbaren Urkunden – nur diese sind zulässige Beweismittel – widerlegen kann.[184] So sind **private Gegengutachten nicht als Beweismittel zugelassen**, weil die Auswertung des schriftlichen Gutachtens durch Befragung des Sachverständigen in der mündlichen Verhandlung (§§ 402, 395 ff., 411 Abs. 3 ZPO) abgeschnitten würde.[185] Auch die Widerklage ist im Urkundenprozess ausgeschlossen.

---

181 BGH, Urt. v. 16.11.1987 – II ZR 111/87, Juris, Rn. 7 = KTS 1988, 405 (405 ff.); BGH, Urt. v. 13.02.2006 – II ZR 62/04, Juris, Rn. 18 = NJW-RR 2006, 760 (760 ff.); OLG Brandenburg, Urt. v. 13.11.2003 – 8 U 29/03, BauR 2005, 605 (605); wohl auch OLG Düsseldorf, Urt. v. 26.04.1996 – 22 U 230/95, Juris, Rn. 80 = OLGR Düsseldorf 1997, 345 (345 ff.); *Schlosser*, in: *Böckstiegel/Berger/Bredow* (Hrsg.), Schiedsgutachten versus Schiedsgerichtsbarkeit, S. 1 (8); *Greger*, in: *Zöller*, ZPO, § 592 Rn. 15; *Schwab/Walter*, Schiedsgerichtsbarkeit, Kap. 30, Rn. 3; *Schramke* BauR 2007, 1983 (1991); *Sessler*, in: *Böckstiegel/Berger/Bredow* (Hrsg.), Schiedsgutachten versus Schiedsgerichtsbarkeit, S. 97 (108); *Werner/Pastor*, Der Bauprozess, Rn. 538; *Bock*, in: *Beyerlein*, Praxishandbuch Sachverständigenrecht, § 26 Rn. 49; *Boldt*, Vorläufige baubegleitende Streitentscheidung, Rn. 263; wohl auch *Schulze-Hagen* BauR 2007, 1950 (1959) bezogen auf § 416 ZPO einerseits, auf das Urteil des OLG Brandenburg andererseits.
182 BGH, Urt. v. 13.02.2006 – II ZR 62/04, NJW-RR 2006, 760 (761); OLG Brandenburg, Urt. v. 13.11.2003 – 8 U 29/03, BauR 2005, 605 (605); a.A. *Hök* IBR 2008, 308 (308).
183 A.A. *Hök* IBR 2008, 308 (308).
184 Insoweit kann nicht pauschal von fehlenden gesetzlichen Reglungen gesprochen werden. So aber *Acker*, in: *Partnering und PPP Institut für Bauwirtschaft (IBW)* (Hrsg.), S. 135 (153).
185 BGH, Urt. v. 18.09.2007 – XI ZR 211/06, Juris, Rn. 24 = BGHZ 173, 366; *Olzen*, in: *Wieczorek*, ZPO, § 592 Rdnr. 42; a. A. OLG Brandenburg, Beschl. v. 04.09.2006 – 3 U 67/06, Juris, Rn. 12.

VI. **Andere Verfahren**

10. Haftung des Bürgen

Die Rechtsprechung überträgt die Rechtsprechung der Bürgenhaftung des Schiedsverfahrens-[186] auf das Schiedsgutachtenrecht.[187] Die herrschende Meinung[188] ist der Rechtsprechung kritiklos gefolgt. Allerdings sind nur Schiedsgerichtsurteile der materiellen Rechtskraft fähig. Hieraus folgt, dass nur bei Schiedsgerichtsurteilen die Rechtskraft auf die unmittelbar am Rechtsstreit Beteiligten beschränkt ist. Diese Beschränkung kann der Bürge bei einem Schiedsgutachten für sich aber nicht beanspruchen. Der **Bürge ist** wegen der Akzessorietät der Bürgschaft **an** Vertragsänderungen und Feststellungen des **Schiedsgutachters gebunden.**[189] Auch § 767 Abs. 1 S. 3 BGB steht einer Haftung des Bürgen nicht entgegen. Versicherer sind ebenfalls an Schiedsgutachten gebunden; Schiedsgutachtenvereinbarungen beinhalten insbesondere keine Obliegenheitsverletzung des Versicherungsnehmers.[190]

78

11. Hinweise für die Praxis

Eine Schiedsgutachtenklausel sollte folgende **Minimalanforderungen** erfüllen:
- Anwendungsbereich,
- Verfahrensablauf/-garantien,
- Bindungswirkung des Schiedsgutachtens,
- Benennung des Schiedsgutachters und einer Benennungsinstitution,
- Kostenregelung.

79

---

186 BGH, Urt. v. 12.11.1990 – II ZR 249/89, NJW-RR 1991, 423 (423 ff.).
187 OLG Düsseldorf, Urt. v. 13.11.2003 – I-12 U 55/03, 12 U 55/03, BauR 2004, 874 (874).
188 *Greger/Stubbe*, Rn. 157; *Franke/Zanner*, in: *Franke/Kemper/Zanner/Grünhagen*, VOB, § 18 Rn. 64 u. 120; *Franke*, in: *Viering/Liebchen/Kochendörfer*, Managementleistungen im Lebenszyklus von Immobilien, S. 393 (396); *Böhm*, in: *Böckstiegel/Berger/Bredow* (Hrsg.), Schiedsgutachten versus Schiedsgerichtsbarkeit S. 87 (91); *Roquette/Otto*, C. VII. 3. Rn. 8; *Sienz* IBR 2004, 13 (13); *Wiesel*, in: *Wirth*, Darmstädter Baurechtshandbuch, Rn. 10; wohl auch *Schwarzmann*, in: *Walz*, Formularbuch – Außergerichtliche Streitbeilegung, § 21 Rn. 21; zutreffend a.A. wohl *Gralla/Sundermeier* Bauingenieur 2008, 393 (399).
189 *Lembcke* NZBau 2009, 421 (425); *Lembcke* NZBau 2010, 158 (160).
190 *Lembcke* VersR 2010, 723 (723 ff.).

Andere Verfahren   VII.

80 ▶ **Beispiel Schiedsgutachtenklausel:**

> Streitigkeiten aus und in Zusammenhang mit diesem Vertrag, werden auf Antrag durch ein Schiedsgutachten beigelegt. Eine Streitigkeit liegt vor, wenn ein Vertragspartner schriftlich einen Anspruch anmeldet und dieser nicht binnen angemessener Frist erfüllt oder schriftlich anerkennt wird. Der Schiedsgutachter entscheidet die Streitigkeit in tatsächlicher und rechtlicher Hinsicht. Die Parteien sind hieran in den Grenzen von § 319 Abs. 1 S. 1 BGB gebunden. Der Schiedsgutachter muss rechtliches Gehör gewährleisten. Können sich die Parteien nicht binnen von zwei Wochen nach Antrag auf einen Schiedsgutachter einigen, wird dieser auf Antrag von der örtlichen Industrie und Handelskammer benannt. Die Kosten bemessen sich entsprechend §§ 91 ff. ZPO.

VII. Schiedsgerichtsbarkeit

Übersicht

	Rdn.		Rdn.
1. Begriff und Wesen der Schiedsgerichtsbarkeit	1	5. Institutionelle Schiedsgerichtsbarkeit und ad-hoc-Schiedsgerichtsbarkeit	27
a) Rechtsdogmatische Grundlage und verfassungsrechtliche Zulässigkeit	3	a) Institutionelle Schiedsgerichtsbarkeit	28
b) Charakteristika der Schiedsgerichtsbarkeit	4	b) Ad-hoc-Schiedsgerichtsbarkeit	32
c) Verhältnis zur staatlichen Gerichtsbarkeit	11	6. Ausgestaltung und Ablauf des Schiedsverfahrens	34
2. Abgrenzung zu anderen Verfahren der außergerichtlichen Konfliktbeilegung	14	a) Beginn des Verfahrens	39
a) Mediation	14	b) Bildung des Schiedsgerichts	40
b) Schiedsgutachtenverfahren	15	c) Durchführung des Verfahrens	44
3. Rechtsquellen der Schiedsgerichtsbarkeit	16	d) Schiedsspruch	48
4. Schiedsvereinbarung	18	7. Gerichtliche Aufhebung und Vollstreckbarerklärung eines Schiedsspruchs	51
a) Allgemeine Voraussetzungen und Schiedsfähigkeit	19	a) Aufhebung eines Schiedsspruchs	51
b) Inhalt der Schiedsvereinbarung	22	b) Vollstreckbarerklärung eines Schiedsspruchs	54
c) Form der Schiedsvereinbarung	24	8. Hybridverfahren	56

a) Vorgeschaltetes Mediationsverfahren (Med-Arb) 57	a) Institutionelles Schiedsverfahren oder ad-hoc-Schiedsverfahren? 63
b) Nachgeschaltetes Mediationsverfahren (Arb-Med) ... 60	b) Fast-Track-Arbitration/Expedited-Arbitration/Beschleunigte Schiedsverfahren 66
c) Integriertes/paralleles Mediationsverfahren 62	
9. Hinweise für die Praxis 63	

1. Begriff und Wesen der Schiedsgerichtsbarkeit

Der Begriff Schiedsgerichtsbarkeit bezeichnet ein Verfahren zur **Entscheidung** von Rechtsstreitigkeiten **durch private Gerichte**, die aus einem oder mehreren Schiedsrichtern bestehen und denen die Streitentscheidung übertragen wird.[1]

1

Die Ursprünge der Schiedsgerichtsbarkeit reichen weit zurück.[2] Regelungen, die schiedsgerichtliche Verfahren betreffen, finden sich etwa im antiken römischen Recht.[3] Der Einsatz von Schiedsgerichten ist nicht auf das Gebiet des Privatrechts beschränkt, sondern erfolgt auch auf anderen Rechtsgebieten, wie dem öffentlichen Recht[4] und dem Völkerrecht.[5] Allerdings kommt der privaten Schiedsgerichtsbarkeit, d. h. dem Einsatz von Schiedsgerichten zur Entscheidung bürgerlich-rechtlicher Streitigkeiten,[6] in der Praxis die größte Bedeutung zu. Gegenstand der nachfolgenden Darstellung ist die im 10. Buch der Zivilprozessordnung (ZPO) geregelte private Schiedsgerichtsbarkeit in Deutschland.

2

---

1 *Schwab/Walter*, Schiedsgerichtsbarkeit, Kap. 1, Rn. 1.
2 Vgl. dazu: *Böckstiegel* SchiedsVZ 2009, 3 (3); *Schütze*, Schiedsgericht und Schiedsverfahren, Rn. 1.
3 In einem vermutlich im 2. Jahrhundert v. Chr. entstandenen prätorischen Edikt (EP Tit. XI § 48) droht der Prätor an, einen Schiedsrichter – sofern erforderlich – dazu zu zwingen, eine Entscheidung zu treffen, vgl. *Schütze*, Schiedsgericht und Schiedsverfahren, Rn. 3; *Ziegler*, Das private Schiedsgericht im antiken römischen Recht, S. 6 f. Eingehend zur Schiedsgerichtsbarkeit im antiken römischen Recht: *Ziegler*, Das private Schiedsgericht im antiken römischen Recht, S. 5 ff.
4 Vgl. § 168 Abs. 1 Nr. 5 VwGO.
5 Vgl. dazu: *Lachmann*, Handbuch für die Schiedsgerichtspraxis, Rn. 14 ff.
6 *Lachmann*, Handbuch für die Schiedsgerichtspraxis, Rn. 1; *Lionnet*, Handbuch der internationalen und nationalen Schiedsgerichtsbarkeit, S. 40; *Schwab/Walter*, Schiedsgerichtsbarkeit, Kap. 1, Rn. 1.

a) Rechtsdogmatische Grundlage und verfassungsrechtliche Zulässigkeit

3   Rechtsdogmatische Grundlage der Zuständigkeit und Befugnis eines privaten Schiedsgerichts zur Entscheidung einer Streitigkeit ist die rechtsgeschäftliche Übertragung der Entscheidungsgewalt durch die Parteien auf ein Schiedsgericht.[7] »Niemand darf seinem gesetzlichen Richter entzogen werden« bestimmt Art. 101 Abs. 1 Satz 2 Grundgesetz und statuiert damit die verfassungsrechtliche Garantie des gesetzlichen Richters. Dieses grundrechtsähnliche Recht verbietet es jedoch dem Staat nicht, die private Schiedsgerichtsbarkeit zuzulassen.[8] Die Befugnis der Parteien, die Entscheidung ihrer Streitigkeiten, die keine öffentlichen Interessen oder Belange betreffen, einem privaten Gericht zu übertragen, ergibt sich aus dem **Grundsatz der Privatautonomie.**[9] Es besteht grundsätzlich kein Interesse des Staates, die staatliche Gerichtsbarkeit aufzuzwingen, wenn die Parteien freiwillig vereinbaren, diese nicht in Anspruch nehmen zu wollen.[10]

b) Charakteristika der Schiedsgerichtsbarkeit

4   Die Schiedsgerichtsbarkeit ist geprägt von dem **Grundsatz der Parteiherrschaft.**[11] Die Schiedsparteien können wesentlichen Einfluss auf den Gang und die Ausgestaltung des Verfahrens nehmen. Dies betrifft insbesondere die Auswahl des Schiedsrichters bzw. der Schiedsrichter. Anders als bei einem Verfahren vor den staatlichen Gerichten, bei dem die Person des gesetzlichen

---

7   *Lionnet*, Handbuch der internationalen und nationalen Schiedsgerichtsbarkeit, S. 46; *Schütze*, Schiedsgericht und Schiedsverfahren, Rn. 6.
8   *Pieroth*, in: *Jarass/Pieroth*, Grundgesetz für die Bundesrepublik Deutschland, Art. 92, Rn. 6. Auch das in Art. 92 GG normierte Richtermonopol steht der Schiedsgerichtsbarkeit grundsätzlich nicht entgegen, vgl. dazu: *Hillgruber*, in: *Maunz/Dürig*, Grundgesetz, Art. 92, Rn. 87. Zur Vereinbarkeit mit Art. 6 Abs. 1 EMRK und Art. 47 Abs. 2 Charta der Grundrechte der EU vgl. *Geimer*, in: *Zöller*, Zivilprozessordnung, Vor § 1025, Rn. 4; *Matscher*, FS Nagel, S. 227 ff.
9   *Geimer*, in: *Zöller*, Zivilprozessordnung, Vor § 1025, Rn. 3; *Lachmann*, Handbuch für die Schiedsgerichtspraxis, Rn. 3; *Schütze*, Schiedsgericht und Schiedsverfahren, Rn. 6.
10 *Geimer*, in: *Zöller*, Zivilprozessordnung, Vor § 1025, Rn. 3; *Schütze*, Schiedsgericht und Schiedsverfahren, Rn. 6; *Schwab/Walter*, Schiedsgerichtsbarkeit, Kap. 1, Rn. 7.
11 *Lögering* ZfBR 2010, 14; *Münch*, in: Münchener Kommentar zur Zivilprozessordnung, § 1042, Rn. 73.

VII. Andere Verfahren

Richters gewollt »von den Zufälligkeiten der Geschäftsverteilung und der Vertretungsrichter abhängig«[12] ist, können die Schiedsparteien grundsätzlich selbst entscheiden, wer ihre Streitigkeit entscheiden soll.

Damit haben es die Parteien auch in der Hand, ihre Streitigkeit durch eine Person bzw. **Personen mit spezieller Sachkunde oder spezifischen Qualifikationen**, beispielsweise besonderen Sprachkenntnissen, entscheiden zu lassen.[13] Dies kann insbesondere bei Konflikten, die spezielle Rechtsgebiete betreffen, in denen ausländisches Recht anzuwenden ist oder in denen eine spezifische technische oder wirtschaftliche Expertise erforderlich ist, zu einer erheblichen Effizienzsteigerung führen und zudem eine höhere Gewähr für richtige und praxistaugliche Entscheidungen bieten.[14]

Im internationalen Handelsverkehr bestehen teilweise besondere Vorbehalte gegenüber den staatlichen Gerichten einiger Länder wegen der Besorgnis mangelnder Neutralität bzw. Korruption. Ein Schiedsverfahren bietet in diesen Fällen regelmäßig auch eine **größere Gewähr für ein faires Verfahren**.[15]

Im Vergleich zu staatlichen Gerichtsverfahren kann ein **Schiedsverfahren deutlich flexibler ausgestaltet** und damit auf die spezifischen Bedürfnisse der Parteien und die Besonderheiten der Konflikte zugeschnitten werden.[16] Es besteht insbesondere keine Bindung an die für staatliche Gerichtsverfahren festgelegte Verfahrensausgestaltung, sodass grundsätzlich auch der ZPO unbekannte Elemente in ein Schiedsverfahren implementiert werden können, beispielsweise eine Beweisaufnahme nach common-law-Regeln.[17]

---

12 *Bombe* IBR 2006, 1312, Rn. 5.
13 *Lachmann*, Handbuch für die Schiedsgerichtspraxis, Rn. 130; *Lögering* ZfBR 2010, 14 (16); *Schütze*, Schiedsgericht und Schiedsverfahren, Rn. 20; *Schwab/Walter*, Schiedsgerichtsbarkeit, Kap. 1, Rn. 8. Kritisch zur Festlegung besonderer Qualifikationen der Schiedsrichter in der Schiedsvereinbarung: *Bombe* IBR 2006, 1312, Rn. 12.
14 *Schütze*, Schiedsgericht und Schiedsverfahren, Rn. 20.
15 *Schütze*, Schiedsgericht und Schiedsverfahren, Rn. 19. Kritisch hingegen: *Lachmann*, Handbuch für die Schiedsgerichtspraxis, Rn. 120 f.
16 *Böckstiegel* SchiedsVZ 2009, 3 (6); *Bombe* IBR 2006, 1312, Rn. 5; *Lachmann*, Handbuch für die Schiedsgerichtspraxis, Rn. 139 ff.; *Schwab/Walter*, Schiedsgerichtsbarkeit, Kap. 1, Rn. 8.
17 *Böckstiegel* SchiedsVZ 2009, 3 (7); *Schütze*, Schiedsgericht und Schiedsverfahren, Rn. 180.

Andere Verfahren VII.

8 Im Unterschied zu einem vor den staatlichen Gerichten geführten Prozess — insbesondere, wenn dieser über drei Instanzen betrieben wird — weisen Schiedsverfahren grundsätzlich eine deutlich **kürzere Verfahrensdauer** auf.[18] Die regelmäßige Beschränkung von Schiedsverfahren auf eine Instanz[19] hat der Schiedsgerichtsbarkeit den Ruf eingebracht, nicht nur geringere Verfahrensdauern, sondern auch **geringere Verfahrenskosten** aufzuweisen.[20] Die schiedsgerichtliche Praxis zeigt jedoch, dass dies nicht immer der Fall ist. Entscheidend ist insbesondere, welche Regelungen die Parteien hinsichtlich des Schiedsrichterhonorars und hinsichtlich des Umfangs der Erstattungsfähigkeit von Anwaltskosten treffen.[21]

9 Da Schiedsverfahren nicht öffentlich geführt werden und Schiedssprüche nicht ohne Einwilligung der Parteien veröffentlicht werden, weisen sie ein **besonderes Maß an Vertraulichkeit** auf.[22] Dies macht die Schiedsgerichtsbarkeit für solche Konflikte attraktiv, deren Inhalte nicht öffentlich zugänglich gemacht werden sollen, beispielsweise bei Streitigkeiten im Zusammenhang mit Geschäftsgeheimnissen.

10 Aufgrund internationaler Übereinkommen ist die **Anerkennung und Vollstreckung von Schiedssprüchen** auf internationaler Ebene erleichtert, sodass Schiedssprüche teilweise eine »größere Freizügigkeit«[23] als Urteile staatlicher Gerichte aufweisen.

---

18 *Schütze*, Schiedsgericht und Schiedsverfahren, Rn. 25; *Schwab/Walter*, Schiedsgerichtsbarkeit, Kap. 1, Rn. 8. Kritisch: *Lachmann*, Handbuch für die Schiedsgerichtspraxis, Rn. 155 ff.
19 Eine schiedsgerichtliche Berufungsinstanz wird in der Praxis nur sehr selten vereinbart. Die Schiedsgerichtsordnung des Waren-Vereins der Hamburger Börse e.V. (www.waren-verein.de) sieht eine solche Berufungsinstanz in Form eines Oberschiedsgerichts vor.
20 *Schwab/Walter*, Schiedsgerichtsbarkeit, Kap. 1, Rn. 8.
21 *Lachmann*, Handbuch für die Schiedsgerichtspraxis, Rn. 163 f.; *Lögering* ZfBR 2010, 14 (17); *Schütze*, Schiedsgericht und Schiedsverfahren, Rn. 22.
22 *Lachmann*, Handbuch für die Schiedsgerichtspraxis, Rn. 144; *Schütze*, Schiedsgericht und Schiedsverfahren, Rn. 24; *Schwab/Walter*, Schiedsgerichtsbarkeit, Kap. 1, Rn. 8; *Wolff* JuS 2008, 108 (108).
23 *Schütze*, Schiedsgericht und Schiedsverfahren, Rn. 25.

VII. Andere Verfahren

c) Verhältnis zur staatlichen Gerichtsbarkeit

Im Grundsatz tritt das Schiedsgericht an die Stelle der staatlichen Gerichte.[24] Gleichwohl kann den staatlichen Gerichten eine wichtige Funktion im Zusammenhang mit schiedsgerichtlichen Verfahren zukommen. Da das Schiedsgericht seine Befugnis aus der privatautonomen Schiedsvereinbarung der Parteien ableitet, steht ihm keine Befugnis zur Anwendung von Zwangsmitteln zu.[25] Zudem ist dem Schiedsgericht die Vornahme bestimmter richterlicher Handlungen verwehrt, etwa die Abnahme von Eiden und eidesstattlichen Versicherungen, die zwangsweise Vernehmung eines Zeugen oder die Vornahme einer öffentlichen Zustellung.[26] In diesen Bereichen können die staatlichen Gerichte bei Bedarf unterstützend tätig werden (§ 1050 ZPO).[27]

11

Zudem können die staatlichen Gerichte bei der Bildung des Schiedsgerichts aushelfen, etwa wenn die Parteien keine Einigung über den Einzelschiedsrichter erzielen können oder wenn sich die von den Parteien bestellten Schiedsrichter nicht auf den Vorsitzenden Schiedsrichter einigen können (§ 1035 Abs. 3 ZPO). Neben dieser unterstützenden Funktion kommt den staatlichen Gerichten auch eine begrenzte Kontrollfunktion im Rahmen der

12

---

24 Die Parteien können ein Wahlrecht zwischen der Anrufung des Schiedsgerichts oder der staatlichen Gerichte vereinbaren, vgl. dazu: BGH, Urt. v. 18.12.1975 – III ZR 103/73, NJW 1976, 852; *Schütze*, Schiedsgericht und Schiedsverfahren, Rn. 6. Ein Instanzenzug zwischen Schiedsgericht und staatlichen Gerichten kann hingegen nicht vereinbart werden, vgl. dazu: *Geimer*, in: *Zöller*, Zivilprozessordnung, § 1042, Rn. 47.
25 *Geimer*, in: *Zöller*, Zivilprozessordnung, § 1050, Rn. 1; *Münch*, in: Münchener Kommentar zur Zivilprozessordnung, § 1049, Rn. 44; *Schwab/Walter*, Schiedsgerichtsbarkeit, Kap. 17, Rn. 16; *Wyss* SchiedsVZ 2011, 194 (194).
26 Vgl. dazu: OLG Saarbrücken, Urt. v. 27.02.2007 – 4 Sch 1/07, SchiedsVZ 2007, 323 (326); *Geimer*, in: *Zöller*, Zivilprozessordnung, § 1050, Rn. 8; *Lachmann*, Handbuch für die Schiedsgerichtspraxis, Rn. 9 und Rn. 1621; *Münch*, in: Münchener Kommentar zur Zivilprozessordnung, § 1049, Rn. 52. Zuständig ist das Amtsgericht, in dessen Bezirk die richterliche Handlung vorzunehmen ist, vgl. § 1062 Abs. 4 ZPO.
27 Die Antragsbefugnis steht dem Schiedsgericht zu, aber mit dessen Zustimmung kann auch eine der Schiedsparteien den Antrag auf Vornahme der begehrten richterlichen Handlung stellen, vgl. dazu: *Lachmann*, Handbuch für die Schiedsgerichtspraxis, Rn. 1631.

Andere Verfahren VII.

Verfahren zur Aufhebung und Vollstreckbarerklärung von Schiedssprüchen zu (§§ 1059–1061 ZPO).

13 Auch bei Vorliegen einer Schiedsvereinbarung können die staatlichen Gerichte auf Antrag einer Partei vorläufige oder sichernde Maßnahmen, d. h. einstweilige Verfügungen und Arreste, anordnen (§ 1033 ZPO). Da auch das Schiedsgericht bei Vorliegen eines entsprechenden Antrags einer Partei zur Anordnung vorläufiger oder sichernder Maßnahmen befugt ist (§ 1041 Abs. 1 Satz 1 ZPO),[28] besteht auf dem Gebiet des einstweiligen Rechtsschutzes nach der gesetzlichen Regelung eine parallele Rechtsschutzmöglichkeit durch das Schiedsgericht und die staatlichen Gerichte.[29]

2. Abgrenzung zu anderen Verfahren der außergerichtlichen Konfliktbeilegung

a) Mediation

14 Das schiedsgerichtliche Verfahren unterscheidet sich wesentlich von den anderen gängigen Verfahren der außergerichtlichen Konfliktbeilegung. Der **zentrale Unterschied** ist die echte **streitentscheidende Funktion**, die dem Schiedsgericht zukommt. Das Schiedsgericht trifft mit dem Schiedsspruch grundsätzlich eine endgültige und verbindliche Entscheidung des Rechtsstreits[30] und nach Vollstreckbarerklärung kann der Schiedsspruch im Wege der Zwangsvollstreckung durchgesetzt werden. Hier zeigen sich die Unterschiede zur Mediation, bei welcher der Mediator die Parteien dabei unterstützt, eine einvernehmliche Lösung des Rechtsstreits zu finden, aber keine

---

28 Ob das Schiedsgericht neben einstweiligen Verfügungen und Arresten auch Maßnahmen anordnen kann, die nicht in der ZPO vorgesehen sind (z. B. mareva injunctions, freezing orders) wird nicht einheitlich beurteilt. Ablehnend: *Schütze*, Schiedsgericht und Schiedsverfahren, Rn. 256; bejahend: *Geimer*, in: *Zöller*, Zivilprozessordnung, § 1041, Rn. 1; *Schroeder* SchiedsVZ 2004, 26 (30); *Schwab/Walter*, Schiedsgerichtsbarkeit, Kap. 17a, Rn. 5.
29 *Schütze*, Schiedsgericht und Schiedsverfahren, Rn. 255. Doppelte Entscheidungen sollen insbesondere aufgrund des Erfordernisses eines Rechtsschutzbedürfnisses verhindert werden, vgl. dazu: BT-Drucks. 13/5274, S. 39; *Geimer*, in: *Zöller*, Zivilprozessordnung, § 1033, Rn. 2.
30 *Schütze*, Schiedsgericht und Schiedsverfahren, Rn. 9. Die Parteien können ihre Bindung an den Schiedsspruch an bestimmte Modalitäten knüpfen, vgl. dazu: BGH, Beschl. v. 01.03.2007 – III ZB 7/06.

streitentscheidende Funktion hat. Der Erfolg eines Mediationsverfahrens ist daher in starkem Maße davon abhängig, dass sich die streitenden Parteien ernsthaft auf die Mediation einlassen und pro-aktiv an dem Finden einer einvernehmlichen Lösung mitwirken. Das Schiedsgericht kann den Rechtsstreit hingegen grundsätzlich auch dann entscheiden, wenn eine der Schiedsparteien untätig bleibt und sich nicht an dem Schiedsgerichtsverfahren beteiligt. Allerdings führt eine solche Untätigkeit oder gar ein obstruktives Verhalten einer der Schiedsparteien in der Praxis oftmals zu nicht unerheblichen zeitlichen Verzögerungen im Verfahrensablauf.

b) Schiedsgutachtenverfahren

Von besonderer praktischer Bedeutung ist die Abgrenzung zwischen Schiedsverfahren und Schiedsgutachtenverfahren.[31] Das Schiedsgutachtenverfahren unterscheidet sich vom Schiedsverfahren zunächst ebenfalls durch die streitentscheidende Funktion des Schiedsgerichts.[32] Während das Schiedsgericht grundsätzlich eine Entscheidung des gesamten Rechtsstreits trifft, werden durch ein **Schiedsgutachtenverfahren** lediglich **einzelne Aspekte** eines Rechtsstreits **verbindlich geklärt.**[33] Einem Schiedsgutachter kann aber nicht nur die Feststellung von Tatsachenfragen, sondern grundsätzlich auch die Beurteilung der insoweit vorgreiflichen Rechtsfragen übertragen werden.[34] Insbesondere in einem solchen Fall sind die Grenzen zwischen einem Schiedsverfahren und einem Schiedsgutachtenverfahren fließend.[35] Dies kann in der Praxis zu Auslegungsschwierigkeiten führen, wenn die Regelungen eines Vertrages nicht klar erkennen lassen, ob die Parteien zur Streitlösung ein Schiedsgutachtenverfahren oder ein Schiedsverfahren vereinbaren wollten.[36]

15

---

31 Ausführlich hierzu s. Andere Verfahren, VI. Rdn. 1 ff.
32 *Schütze*, Schiedsgericht und Schiedsverfahren, Rn. 9; *Schwab/Walter*, Schiedsgerichtsbarkeit, Kap. 2, Rn. 1; *Wolff* JuS 2008, 108 (108).
33 *Schütze*, Schiedsgericht und Schiedsverfahren, Rn. 9; *Schwab/Walter*, Schiedsgerichtsbarkeit, Kap. 2, Rn. 1.
34 BGH, Urt. v. 07.05.1967 – VIII ZR 58/66, BGHZ 48, 30; *Schütze*, Schiedsgericht und Schiedsverfahren, Rn. 9; *Schwab/Walter*, Schiedsgerichtsbarkeit, Kap. 2, Rn. 1.
35 *Schütze*, Schiedsgericht und Schiedsverfahren, Rn. 9.
36 Vgl. etwa: BGH, Urt. v. 04.06.1981 – III ZR 4/80, MDR 1982, 36. Dazu auch: *Lachmann*, Handbuch für die Schiedsgerichtspraxis, Rn. 80 f.

3. Rechtsquellen der Schiedsgerichtsbarkeit

16 Neben den nationalen Schiedsverfahrensrechten ist die Schiedsgerichtsbarkeit in besonderem Maße geprägt durch staatsvertragliche Übereinkommen und einem internationalen Bestreben nach Rechtsvereinheitlichung.[37] Besondere Bedeutung kommt dabei dem UNCITRAL Model Law on International Commercial Arbitration (**UNCITRAL-Modellgesetz**)[38] zu, das im Jahre 1985 von der United Nations Commission on International Trade Law (UNCITRAL)[39] verabschiedet wurde und das eine modellhafte Vorlage für nationale Schiedsverfahrensrechte ist und Staaten bei der Schaffung oder Überarbeitung ihrer nationalen Schiedsverfahrensrechte unterstützen soll.[40] Das UNCITRAL-Modellgesetz war weltweit Vorbild oder Grundlage einer Vielzahl nationaler Schiedsverfahrensrechte und förderte damit die Rechtsvereinheitlichung auf dem Gebiet der Schiedsgerichtsbarkeit.[41] Auch das deutsche Schiedsverfahrensrecht beruht seit der Neufassung im Jahre 1997 weitgehend auf dem UNCITRAL-Modellgesetz.[42]

17 Einen wesentlichen Beitrag zum Erfolg der Schiedsgerichtsbarkeit leistete die Convention on the Recognition and Enforcement of Foreign Arbitral Awards

---

[37] Gemäß § 1025 Abs. 1 ZPO finden die Regelungen des deutschen Schiedsverfahrensrechts auf inländische Schiedsverfahren Anwendung, d.h. wenn der Ort des Schiedsverfahrens in Deutschland liegt. Zur Bestimmung des anwendbaren Verfahrensrechts bei ausländischen Schiedsverfahren vgl. *Geimer*, in: *Zöller*, Zivilprozessordnung, § 1025, Rn. 8 ff.; *Schmidt-Ahrendts/Höttler* SchiedsVZ 2011, 267 (268). Ein Überblick über die wichtigsten Staatsverträge findet sich bei: *Schütze*, Schiedsgericht und Schiedsverfahren, Rn. 15.

[38] Der Text des UNCITRAL-Modelgesetzes ist abrufbar auf der Website der UNCITRAL (www.uncitral.org).

[39] Die UNCITRAL ist ein Unterausschuss der UN-Generalversammlung.

[40] Eine Kommentierung des UNCITRAL-Modellgesetzes findet sich bei: *Roth*, in: *Weigand*, Practitioner's Handbook, S. 1153 ff.

[41] *Schütze*, Schiedsgericht und Schiedsverfahren, Rn. 14. Eine Übersicht über die auf dem UNCITRAL-Modellgesetz basierenden nationalen Schiedsverfahrensgesetze ist auf der Website der UNCITRAL (www.uncitral.org) verfügbar.

[42] BT-Drucks. 13/5274, S. 24 f.; *Geimer*, in: *Zöller*, Zivilprozessordnung, Vor § 1025, Rn. 9; *Wagner*, in: *Weigand*, Practitioner's Handbook, S. 685; *Wolff* JuS 2008, 108 (108).

(**New York Convention**)⁴³ aus dem Jahre 1958.⁴⁴ Die Vertragsstaaten der New York Convention verpflichten sich zur grundsätzlichen Anerkennung und Vollstreckung ausländischer Schiedssprüche.⁴⁵ Aufgrund der sehr hohen Anzahl von Vertragsstaaten (derzeit 146 Staaten)⁴⁶ bietet die New York Convention die Gewähr für die internationale Durchsetzbarkeit von Schiedssprüchen,⁴⁷ teilweise auch in Staaten, in denen Entscheidungen ausländischer staatlicher Gerichte nicht oder nicht in gleicher Weise durchsetzbar sind.

4. Schiedsvereinbarung

Die Schiedsvereinbarung ist von zentraler Bedeutung, denn mit dieser treffen die Parteien die Entscheidung, sich in den erfassten Streitigkeiten nicht der staatlichen Gerichtsbarkeit, sondern einem privaten Schiedsgericht zu unterwerfen.⁴⁸ In der Praxis werden Schiedsvereinbarungen regelmäßig im Rahmen der Schlussbestimmungen eines Vertrages getroffen (Schiedsklausel), daneben besteht auch die Möglichkeit, eine Schiedsvereinbarung in Form einer gesonderten Vereinbarung zu treffen (Schiedsabrede).⁴⁹

a) Allgemeine Voraussetzungen und Schiedsfähigkeit

Für den wirksamen Abschluss einer Schiedsvereinbarung müssen zunächst die allgemeinen Voraussetzungen für den Abschluss von Verträgen vorliegen,

---

43 Der Text der New York Convention ist auf der Website der UNCITRAL (www.uncitral.org) verfügbar.
44 *Kröll* SchiedsVZ 2009, 40.
45 Vgl. Art. 3 New York Convention.
46 Die Vertragsstaaten der New York Convention sind auf der Website der UNCITRAL (www.uncitral.org) abrufbar.
47 *Quinke* SchiedsVZ 2011, 169 (170).
48 Zur Rechtsnatur der Schiedsvereinbarung vgl. *Lachmann*, Handbuch für die Schiedsgerichtspraxis, Rn. 266; *Schütze*, Schiedsgericht und Schiedsverfahren, Rn. 107. Zu dem für internationale Schiedsvereinbarungen maßgeblichen Recht vgl. *Geimer*, in: *Zöller*, Zivilprozessordnung, § 1029, Rn. 1; *Schütze*, Schiedsgericht und Schiedsverfahren, Rn. 131.
49 Vgl. § 1029 Abs. 2 ZPO. Bei der Beurteilung der Schiedsfähigkeit und der Anforderungen an die Schiedsvereinbarung ist es empfehlenswert auch zu prüfen, welche ggf. abweichenden bzw. ergänzenden Anforderungen und Bedingungen nach den bei einer späteren Vollstreckung des Schiedsspruchs anwendbaren Vorschriften bestehen.

insbesondere auch die Rechtsfähigkeit der beteiligten Personen und im Falle des Handelns von Vertretern zudem das Bestehen wirksamer Vertretungsmacht.[50] Neben diesen allgemeinen Voraussetzungen ist des Weiteren erforderlich, dass die von der Schiedsvereinbarung erfassten Streitgegenstände allgemein einem Schiedsgericht zur Entscheidung übertragen werden können (objektive Schiedsfähigkeit)[51] und dass die Parteien der Schiedsvereinbarung zu deren Abschluss fähig sind (subjektive Schiedsfähigkeit).[52]

20 Objektiv schiedsfähig ist grundsätzlich jeder vermögensrechtliche Anspruch (§ 1030 Abs. 1 Satz 1 ZPO).[53] Nichtvermögensrechtliche Ansprüche sind hingegen nur objektiv schiedsfähig, soweit die Parteien berechtigt sind, über den Streitgegenstand einen Vergleich zu schließen (§ 1030 Abs. 1 Satz 2 ZPO). Damit hat der Gesetzgeber insbesondere diejenigen Streitigkeiten ausgenommen, für die ein Entscheidungsmonopol der staatlichen Gerichte besteht.[54] Ausgenommen sind ferner bestimmte mietrechtliche Streitigkeiten

---

50 *Geimer*, in: *Zöller*, Zivilprozessordnung, § 1029, Rn. 18 f.; *Lachmann*, Handbuch für die Schiedsgerichtspraxis, Rn. 272 ff.

51 *Münch*, in: Münchener Kommentar zur Zivilprozessordnung, § 1030, Rn. 11; *Schütze*, Schiedsgericht und Schiedsverfahren, Rn. 116.

52 *Lachmann*, Handbuch für die Schiedsgerichtspraxis, Rn. 286 ff.; *Lehmann*, SchiedsVZ 2003, 219 (221); *Münch*, in: Münchener Kommentar zur Zivilprozessordnung, § 1030, Rn. 11; *Schmidt-Ahrendts/Höttler* SchiedsVZ 2011, 267 (274); *Schütze*, Schiedsgericht und Schiedsverfahren, Rn. 83; *Wolff* JuS 2008, 108 (109).

53 Die objektive Schiedsfähigkeit vermögensrechtlicher Ansprüche ist nach der jetzigen gesetzlichen Regelung nicht mehr abhängig von einer Berechtigung der Parteien, über den Streitgegenstand einen Vergleich zu schließen, vgl. dazu: BT-Drucks. 13/5274, S. 34; *Schütze*, Schiedsgericht und Schiedsverfahren, Rn. 117. Zu verfassungsrechtlichen Bedenken im Hinblick auf Art. 92 GG vgl. *Voit*, in: *Musielak*, Kommentar zur Zivilprozessordnung, § 1030, Rn. 1.

54 BT-Drucks. 13/5274, S. 35; *Geimer*, in: *Zöller*, Zivilprozessordnung, § 1030, Rn. 2; *Lachmann*, Handbuch für die Schiedsgerichtspraxis, Rn. 279. Nicht schiedsfähig sind beispielsweise Ehe- und Kindschaftssachen (vgl. *Voit*, in: *Musielak*, Kommentar zur Zivilprozessordnung, § 1020, Rn. 6; zur Schiedsfähigkeit güter- und versorgungsrechtlicher Ansprüche vgl. *Huber* SchiedsVZ 2004, 280 (281)), Lebenspartnerschaftssachen (vgl. *Saenger*, in: *Saenger*, Zivilprozessordnung, § 1030, Rn. 6), Betreuungsangelegenheiten (vgl. *Schütze*, Schiedsgericht und Schiedsverfahren, Rn. 117) und Angelegenheiten der freiwilligen Gerichtsbarkeit, soweit es sich dabei nicht um echte Streitsachen handelt (vgl. *Geimer*, in: *Zöller*, Zivilprozessordnung, § 1030, Rn. 6).

VII. Andere Verfahren

(§ 1030 Abs. 2 ZPO).[55] Vereinzelte weitere Beschränkungen der objektiven Schiedsfähigkeiten finden sich in gesetzlichen Regelungen außerhalb der ZPO, deren Geltung § 1030 Abs. 3 ZPO ausdrücklich normiert.[56]

Die **subjektive Schiedsfähigkeit** erfordert insbesondere die Geschäftsfähigkeit der beteiligten Parteien.[57] In bestimmten Rechtsbereichen ist die Schiedsfähigkeit nur bestimmten Personengruppen vorbehalten[58] oder von bestimmten Genehmigungen abhängig.[59]   21

b) Inhalt der Schiedsvereinbarung

Eine **wirksame Schiedsvereinbarung** setzt zumindest eine Vereinbarung der Parteien voraus, alle oder einzelne Streitigkeiten, die zwischen ihnen in Bezug auf ein bestimmtes Rechtsverhältnis vertraglicher oder nichtvertraglicher Art entstanden sind oder künftig entstehen, der Entscheidung durch ein Schiedsgericht zu unterwerfen (§ 1029 Abs. 1 ZPO). Es muss demnach der Wille der Parteien feststellbar sein, dass die Entscheidung eines bestimmten Rechts- oder Streitverhältnisses anstelle der staatlichen Gerichte durch ein Schiedsgericht erfolgen soll.[60]   22

Neben dem notwendigen Inhalt der Schiedsvereinbarung werden in der Praxis regelmäßig auch Vereinbarungen hinsichtlich des Ortes des Schiedsverfahrens, der Anzahl der Schiedsrichter, der Sprache des Schiedsverfahrens und der weiteren Verfahrensausgestaltung getroffen.[61]   23

---

55 Vgl. dazu: *Geimer*, in: *Zöller*, Zivilprozessordnung, § 1030, Rn. 20; *Lachmann*, Handbuch für die Schiedsgerichtspraxis, Rn. 298 ff.
56 Vgl. beispielsweise: § 14 Abs. 7 UrhWahrnG;§§ 101–110 ArbGG.
57 *Schütze*, Schiedsgericht und Schiedsverfahren, Rn. 83.
58 Vgl. beispielsweise: § 37 h WpHG, vgl. dazu: *Geimer*, in: *Zöller*, Zivilprozessordnung, § 1030, Rn. 13.
59 Vgl. beispielsweise: § 160 Abs. 2 Nr. 3 InsO, § 1822 Nr. 12 BGB.
60 *Lachmann*, Handbuch für die Schiedsgerichtspraxis, Rn. 374. Zu sogenannten »pathologischen Schiedsklauseln« vgl. *Kröll* IHR 2006, 255.
61 *Lachmann*, Handbuch für die Schiedsgerichtspraxis, Rn. 393 ff.; *Schütze*, Schiedsgericht und Schiedsverfahren, Rn. 134. Zu weiteren Regelungsmöglichkeiten vgl. *Lachmann*, Handbuch für die Schiedsgerichtspraxis, Rn. 401 ff.

c) Form der Schiedsvereinbarung

24 Nach deutschem Schiedsverfahrensrecht kann eine Schiedsvereinbarung nicht mündlich geschlossen werden, sondern es bedarf stets einer **Form**, die den Nachweis der Schiedsvereinbarung möglich macht (§ 1031 Abs. 1 – 4 ZPO).[62]

25 Ist ein **Verbraucher**[63] an der Schiedsvereinbarung beteiligt, sieht die ZPO zu dessen Schutz **besondere Formerfordernisse** vor. Die Schiedsvereinbarung muss in diesem Fall in einer von den Parteien eigenhändig unterzeichneten Urkunde[64] enthalten sein. Diese darf ausschließlich solche Vereinbarungen enthalten, die sich auf das schiedsrichterliche Verfahren beziehen, sofern nicht eine notarielle Beurkundung erfolgt, bei welcher der Verbraucher durch die Belehrungspflicht des Notars besonders geschützt ist (§ 1031 Abs. 5 ZPO).[65]

26 Etwaige Formmängel beim Abschluss der Schiedsvereinbarung werden jedoch durch ein rügeloses Einlassen auf die schiedsgerichtliche Verhandlung zur Hauptsache geheilt (§ 1031 Abs. 6 ZPO).[66]

5. Institutionelle Schiedsgerichtsbarkeit und ad-hoc-Schiedsgerichtsbarkeit

27 Schiedsverfahren werden danach unterschieden, ob das Schiedsverfahren durch eine Schiedsinstitution administriert wird (institutionelle Schiedsgerichtsbarkeit) oder ob keine Schiedsinstitution involviert ist (ad-hoc-Schiedsgerichtsbarkeit).

---

[62] Vgl. dazu: *Geimer*, in: *Zöller*, Zivilprozessordnung, § 1031, Rn. 5 ff.
[63] Zur Verbrauchereigenschaft vgl. *Geimer*, in: *Zöller*, Zivilprozessordnung, § 1031, Rn. 35 f.
[64] Die schriftliche Form (§ 126 BGB) kann durch die elektronische Form (§ 126a BGB) ersetzt werden, vgl. § 1031 Abs. 5 Satz 2 ZPO.
[65] Vgl. dazu: BGH, Urt. v. 01.03.2007 – III ZR 164/06, SchiedsVZ 2007, 163 (164); *Geimer*, in: *Zöller*, Zivilprozessordnung, § 1031, Rn. 35.
[66] Vgl. dazu: *Geimer*, in: *Zöller*, Zivilprozessordnung, § 1031, Rn. 40 ff.

VII. Andere Verfahren

a) Institutionelle Schiedsgerichtsbarkeit

Es existiert weltweit eine Vielzahl von Schiedsinstitutionen, welche die Administrierung von Schiedsverfahren anbieten.[67] In Deutschland kommt in der Praxis der **Deutschen Institution für Schiedsgerichtsbarkeit** (DIS) und dem Schiedsgerichtshof der Internationalen Handelskammer (ICC) eine besondere Bedeutung zu. 28

Die Schiedsinstitutionen unterstützen die administrierten Verfahren zunächst in organisatorischer Hinsicht, etwa durch die Bereitstellung von Konferenzräumen für mündliche Verhandlungen und die Verwaltung von Kostenvorschüssen. Des Weiteren leistet die Schiedsinstitution in der Regel Unterstützung bei der Bildung des Schiedsgerichts, in dem sie die Benennung eines Schiedsrichters vornimmt, insbesondere wenn sich die Parteien nicht auf den Einzelschiedsrichter oder sich die Parteischiedsrichter nicht auf den Vorsitzenden Schiedsrichter einigen können. Daneben steht die Schiedsinstitution regelmäßig auch beratend bei verfahrensrechtlichen Fragen zur Verfügung. 29

Der Umfang der Administrierung variiert bei den einzelnen Schiedsinstitutionen deutlich. Während einige Schiedsinstitutionen primär bei organisatorischen Aspekten des Schiedsverfahrens tätig werden, sind andere Schiedsinstitutionen stärker in den administrierten Verfahren involviert. Für die Administrierung des Schiedsverfahrens ist an die Schiedsinstitution eine Gebühr zu entrichten, deren Höhe bei den einzelnen Schiedsinstitutionen nicht unerhebliche Unterschiede aufweist. 30

Alle bedeutenden Schiedsinstitutionen haben eigene **Schiedsordnungen** erarbeitet, die – mit unterschiedlicher Regelungstiefe – den Ablauf des Schiedsverfahrens und regelmäßig auch das Rechtsverhältnis der Schiedsparteien zu 31

---

67 Von besonderer Bedeutung sind insbesondere folgende Schiedsinstitutionen: American Arbitration Association (AAA); Arbitration Institute of the Stockholm Chamber of Commerce (SCC); China International Economic and Trade Arbitration Commission (CIETAC); Deutsche Institution für Schiedsgerichtsbarkeit (DIS); International Court of Arbitration of the International Chamber of Commerce (ICC); Kuala Lumpur Regional Centre for Arbitration (KLRCA); London Court of International Arbitration (LCIA); Singapore International Arbitration Centre (SIAC); Swiss Chambers Court of Arbitration and Mediation (SCCAM); Vienna International Arbitral Centre (VIAC).

den Schiedsrichtern und das Honorar der Schiedsrichter regeln.[68] Viele Schiedsinstitutionen haben zudem **Musterschiedsklauseln** veröffentlicht, mit denen für die erfassten Streitigkeiten die Durchführung eines Schiedsverfahrens nach der Schiedsordnung der jeweiligen Schiedsinstitution vereinbart wird.[69]

b) Ad-hoc-Schiedsgerichtsbarkeit

32 Ad-hoc-Schiedsverfahren sind solche, bei denen die Parteien ihren Rechtsstreit »einem ad hoc einzusetzenden sog. Gelegenheitsschiedsgericht«[70] vorlegen und die nicht durch eine Schiedsinstitution administriert werden. Die Parteien und das Schiedsgericht sind daher insbesondere in organisatorischer Hinsicht stärker gefordert als bei einem institutionellen Schiedsverfahren. Gleichzeitig entfallen jedoch die Gebühren für die Tätigkeit einer Schiedsinstitution.

33 Auch für ad-hoc-Schiedsgerichtsverfahren gibt es »vorgefertigte« Schiedsordnungen, auf welche die Parteien zur näheren Ausgestaltung des Schiedsverfahrens zurückgreifen können. Von besonderer Bedeutung sind dabei die **UNCITRAL Arbitration Rules**,[71] die im Jahre 1976 von der Vollversammlung der Vereinten Nationen verabschiedet und im Jahre 2010 einer ersten Revision unterzogen wurden.[72] Die UNCITRAL Arbitration Rules enthalten zunächst Regelungen über den Ablauf und die Ausgestaltung des ad-hoc-Schiedsverfahrens und sehen mit der sogenannten »appointing authority« einen Lösungsmechanismus für Konflikte im Zusammenhang mit der Schiedsrichterbestellung vor.

---

68 *Schütze*, Schiedsgericht und Schiedsverfahren, Rn. 28 f. Die Schiedsordnungen der bedeutenden Schiedsinstitutionen sind auf der Internetseite der jeweiligen Schiedsinstitution verfügbar.
69 *Schütze*, Schiedsgericht und Schiedsverfahren, Rn. 29. Die Musterschiedsklauseln sind auf den Internetseiten der Schiedsinstitutionen verfügbar.
70 *Schwab/Walter*, Schiedsgerichtsbarkeit, Kap. 1, Rn. 10.
71 Der Text der UNCITRAL Arbitration Rules (2010) ist abrufbar unter: http://www.cnudmi.org/pdf/english/texts/arbitration/arb-rules-revised/arb-rules-revised-2010-e.pdf.
72 Eine Kommentierung der UNCITRAL Arbitration Rules findet sich bei: *Aden*, Internationale Handelsschiedsgerichtsbarkeit, S. 573 ff. Zur Revision 2010 vgl. *Pörnbacher/Loos/Baur* BB 2011, 711.

6. Ausgestaltung und Ablauf des Schiedsverfahrens

Wie bereits erwähnt, können die Schiedsparteien das Schiedsverfahren grundsätzlich ihren Vorstellungen und Bedürfnissen entsprechend ausgestalten.[73] Das Schiedsverfahren richtet sich demnach primär nach den Vereinbarungen der Schiedsparteien. Dabei sind die Schiedsparteien insbesondere nicht gehalten, das Verfahren analog zu den Regelungen der ZPO für staatliche Gerichtsverfahren auszugestalten, sondern sie können individuelle Regelungen treffen, beispielsweise hinsichtlich der Fristen für Verfahrenshandlungen, der Zustellung von Schriftsätzen und Mitteilungen oder auch der Durchführung von Beweisaufnahmen.[74]

34

Die Regelungsbefugnis der Parteien ist jedoch begrenzt durch einige **grundlegende Verfahrensprinzipien**, die gewahrt bleiben müssen.[75] Insbesondere sind die Schiedsparteien gleich zu behandeln und es muss ihnen rechtliches Gehör gewährt werden (§ 1042 Abs. 1 ZPO).

35

Weil der Aufwand der Erstellung einer vollständigen individuellen Verfahrensordnung in der Regel in keinem angemessenen Verhältnis zu den dadurch begründeten Vorteilen steht, wird in der Praxis zumeist darauf verzichtet, individuelle Regelungen für das gesamte Schiedsverfahren zu erarbeiten. Haben sich die Parteien für ein institutionelles Schiedsverfahren entschieden, üben sie die Befugnis zur Verfahrensregelung regelmäßig durch die – gegebenenfalls implizite – Vereinbarung der Schiedsordnung der von ihnen gewählten Schiedsinstitution aus.

36

Sofern sich die Parteien für den Weg der ad-hoc-Schiedsgerichtsbarkeit entscheiden, wird in der Praxis oftmals auf die UNCITRAL Arbitration Rules zurückgegriffen. Treffen die Parteien keine Regelung hinsichtlich der anzuwendenden Verfahrensregeln, gelangt bei einem inländischen Schiedsverfahren das 10. Buch der ZPO zur Anwendung[76] und soweit dieses keine Rege-

37

---

73 Vgl. § 1042 Abs. 3 ZPO. *Schütze*, Schiedsgericht und Schiedsverfahren, Rn. 150; *Schwab/Walter*, Schiedsgerichtsbarkeit, Kap. 15, Rn. 29; *Lögering* ZfBR 2010, 14 (14).
74 *Schütze*, Schiedsgericht und Schiedsverfahren, Rn. 150.
75 *Schütze*, Schiedsgericht und Schiedsverfahren, Rn. 150.
76 Zur Bestimmung des nationalen Schiedsrechts bei internationalen Schiedsverfahren vgl. *Geimer*, in: *Zöller*, Zivilprozessordnung, § 1025, Rn. 7 ff.; *Schmidt-Ahrendts/Höttler* SchiedsVZ 2011, 267 (268).

lungen zu einzelnen Aspekten des Schiedsverfahrens enthält, werden die Verfahrensregeln vom Schiedsgericht nach freiem Ermessen bestimmt (§ 1042 Abs. 4 Satz 1 ZPO).[77]

38 Der Ablauf eines inländischen Schiedsverfahrens nach den Regelungen des 10. Buchs der ZPO stellt sich wie folgt dar:

a) Beginn des Verfahrens

39 Das Schiedsverfahren beginnt an dem Tag, an dem der Schiedsbeklagte den Antrag des Schiedsklägers empfangen hat, die Streitigkeit einem Schiedsgericht vorzulegen (§ 1044 Abs. 1 Satz 1 ZPO). Dieser **verfahrenseinleitende Vorlegungsantrag** muss lediglich die Parteien bezeichnen, den Streitgegenstand angegeben und auf die Schiedsvereinbarung hinweisen (§ 1044 Abs. 1 Satz 2 ZPO). Der Zugang des Vorlegungsantrags beim Schiedsbeklagten bewirkt die Schiedshängigkeit und — sofern deutsches Recht anwendbar ist — nach § 201 Abs. 1 Nr. 11 BGB die Hemmung der Verjährung.[78]

b) Bildung des Schiedsgerichts

40 Im nächsten Schritt muss das Schiedsgericht gebildet werden. Die gesetzlichen Regelungen stellen keine besonderen Anforderungen an die Qualifikation der Schiedsrichter, sodass die Parteien bei der Auswahl sehr weite Freiheit haben, beispielsweise auch Nichtjuristen zum Schiedsrichter bestellen können.[79] Haben die Parteien eine Entscheidung durch einen Einzelschiedsrichter vereinbart, müssen sie eine Einigung über die Person des Schiedsrichters erzielen. Gelingt dies nicht, kann jede Partei eine gerichtliche Bestellung des Schiedsrichters beantragen (§ 1035 Abs. 3 Satz 1 ZPO).

41 Liegt keine Vereinbarung der Parteien über die Anzahl der Schiedsrichter vor, besteht das Schiedsgericht aus drei Schiedsrichtern (§ 1034 Abs. 1 Satz 2 ZPO). In diesem Fall hat zunächst jede Partei einen Schiedsrichter zu bestel-

---

77 *Schwab/Walter*, Schiedsgerichtsbarkeit, Kap. 1, Rn. 10. Zu den Grenzen des schiedsrichterlichen Ermessens vgl. *Schütze*, Schiedsgericht und Schiedsverfahren, Rn. 151 f.
78 *Geimer*, in: *Zöller*, Zivilprozessordnung, § 1044, Rn. 4; *Lachmann*, Handbuch für die Schiedsgerichtspraxis, Rn. 766; *Schütze*, Schiedsgericht und Schiedsverfahren, Rn. 166.
79 *Geimer*, in: *Zöller*, Zivilprozessordnung, § 1035, Rn. 3 ff.

VII. Andere Verfahren

len (§ 1035 Abs. 3 Satz 2, 1. HS ZPO).[80] Anschließend haben die beiden von den Parteien berufenen Schiedsrichter den dritten Schiedsrichter als Vorsitzenden[81] auszuwählen (§ 1035 Abs. 3 Satz 2, 2. HS ZPO).

Bestellt eine Partei innerhalb eines Monats nach Empfang einer entsprechenden Aufforderung[82] durch die andere Partei keinen Schiedsrichter oder können sich die beiden von den Parteien benannten Schiedsrichter nicht innerhalb eines Monats nach ihrer Bestellung über den dritten Schiedsrichter einigen, kann jede Partei beim zuständigen Oberlandesgericht eine gerichtliche Bestellung des jeweiligen Schiedsrichters beantragen (§ 1035 Abs. 3 Satz 3 ZPO). 42

Ist das Schiedsgericht gebildet, wird in der Praxis regelmäßig ein Schiedsrichtervertrag zwischen den Parteien und dem Einzelschiedsrichter bzw. den Schiedsrichtern geschlossen, in dem auch die Vergütung der Schiedsrichter geregelt wird.[83] 43

c) Durchführung des Verfahrens

Der Kläger muss eine **Schiedsklage**[84] einreichen, in der er seinen Anspruch und die Tatsachen, auf die er seinen Anspruch stützt, darlegt und der Beklagte hat zu der Schiedsklage Stellung zu nehmen (§ 1046 Abs. 1 ZPO). Will der Beklagte die Zuständigkeit des Schiedsgerichts bestreiten, muss er dies spätestens in der **Beantwortung der Schiedsklage** tun (§ 1040 Abs. 2 Satz 1 ZPO). 44

---

80 Zum Inhalt der Bestellungsmitteilung vgl. *Lachmann*, Handbuch für die Schiedsgerichtspraxis, Rn. 790 ff.
81 Zur Stellung und Funktion des Vorsitzenden vgl. *Lachmann*, Handbuch für die Schiedsgerichtspraxis, Rn. 1213 ff.
82 Zu den Anforderungen an eine solche Aufforderung vgl. *Geimer*, in: *Zöller*, Zivilprozessordnung, § 1035, Rn. 14.
83 Zum Schiedsrichtervertrag vgl. *Lachmann*, Handbuch für die Schiedsgerichtspraxis, Rn. 1264.
84 Zu Form und Inhalt der Schiedsklage vgl. *Lachmann*, Handbuch für die Schiedsgerichtspraxis, Rn. 1442 ff.

45 Über **weitere Schriftsatzrunden** entscheidet das Schiedsgericht, wobei jedoch der Anspruch der Parteien auf rechtliches Gehör zu wahren ist.[85] Die Parteien müssen hinreichende Möglichkeit haben, zu allen Tatsachen und Beweismitteln Stellung zu nehmen, die das Schiedsgericht seiner Entscheidung zugrunde legen will, und ihre Angriffs- und Verteidigungsmittel vorbringen zu können.[86]

46 Die Durchführung einer **mündlichen Verhandlung** ist – anders als in Zivilverfahren vor den staatlichen Gerichten, wo der Grundsatz der Mündlichkeit gilt (§ 128 ZPO) – im Rahmen des Schiedsverfahrens grundsätzlich nicht zwingend.[87] Haben die Parteien insoweit keine Vereinbarung getroffen, entscheidet das Schiedsgericht über die Durchführung einer mündlichen Verhandlung. Sofern eine Partei dies beantragt, ist jedoch mündlich zu verhandeln (§ 1047 Abs. 1 Satz 2 ZPO), dies gilt nach überwiegender Auffassung – entgegen dem Gesetzeswortlaut – zumindest in Ausnahmefällen auch dann, wenn die Parteien die mündliche Verhandlung ausgeschlossen haben.[88]

47 Das Schiedsgericht hat den der von ihm zu entscheidenden Streitigkeit zugrunde liegenden Sachverhalt zu ermitteln.[89] *Lachmann* spricht insoweit von einem »**beschränkten Untersuchungsgrundsatz**«.[90] Dies bedeutet aber nicht, dass den Parteien im Schiedsverfahren nur eine passive Rolle zukäme. Tatsächlich sind die Parteien in der Schiedspraxis oftmals deutlich mehr gefordert als bei einem staatlichen Gerichtsverfahren. Das Schiedsgericht entscheidet über die Zulässigkeit einer Beweiserhebung, führt diese durch und ist

---

85 Zu den Beschränkungsmöglichkeiten des schriftlichen Vortrags der Parteien vgl. *Lögering* ZfBR 2010, 14 (16).

86 BGH, Urt. v. 02.07.1992 – III ZR 84/91, NJW-RR 1993, 444; BGH, Beschl. v. 12.07.1990 – III ZR 218/89; BGH, Urt. v. 18.01.1990 – III ZR 269/88, BGHZ 110, 104; BGH, Urt. v. 11.11.1982 – III ZR 77/81, BGHZ 85, 288; OLG Stuttgart, Beschl. v. 14.10.2003 – 1 Sch 16/02; *Lögering* ZfBR 2010, 14 (16).

87 *Lachmann*, Handbuch für die Schiedsgerichtspraxis, Rn. 1586.

88 BT-Drucks. 13/5274, S. 49; *Geimer*, in: *Zöller*, Zivilprozessordnung, § 1047, Rn. 1; *Münch*, in: Münchener Kommentar zur Zivilprozessordnung, § 1047, Rn. 7.

89 *Geimer*, in: *Zöller*, Zivilprozessordnung, § 1042, Rn. 30; *Lachmann*, Handbuch für die Schiedsgerichtspraxis, Rn. 1281; *Reichold*, in: *Thomas/Putzo*, Zivilprozessordnung, § 1042, Rn. 7.

90 *Lachmann*, Handbuch für die Schiedsgerichtspraxis, Rn. 1281.

befugt, das Ergebnis der Beweiserhebung frei zu würdigen (§ 1042 Abs. 4 Satz 2 ZPO). Dabei ist das Schiedsgericht bei der Beweiserhebung nicht an die Regelungen der ZPO für staatliche Gerichtsverfahren gebunden, sondern kann Beweise beispielsweise auch schriftlich erheben, etwa in Form schriftlicher Zeugenaussagen.[91] Zudem ist das Schiedsgericht befugt, Sachverständige zur Erstattung von Gutachten über vom Schiedsgericht festzulegende Fragen zu bestellen, sofern die Parteien keine entgegenstehende Vereinbarung getroffen haben (§ 1049 Abs. 1 ZPO).

d) Schiedsspruch

Am Ende des Schiedsverfahrens hat das Schiedsgericht eine Entscheidung der Streitigkeit zu treffen. Im Falle eines Schiedsgerichts, das aus mehreren Schiedsrichtern besteht, entscheidet – sofern die Parteien nichts anderes vereinbart haben – die **Mehrheit der Stimmen** (§ 1052 Abs. 1 ZPO). Das Schiedsgericht hat seine Entscheidung in Form eines **schriftlichen** Schiedsspruchs zu erlassen (§ 1054 Abs. 1 ZPO).[92] Der Schiedsspruch muss eine **Begründung**[93] enthalten, sofern die Parteien keine gegenteilige Vereinbarung getroffen haben oder ein Schiedsspruch mit vereinbartem Wortlaut (dazu sogleich) vorliegt (§ 1054 Abs. 2 ZPO). Zudem ist der Schiedsspruch vom Einzelschiedsrichter oder den Schiedsrichtern zu **unterschreiben** (§ 1054 Abs. 1 Satz 1 ZPO) und mit der Angabe des Erlassdatums und des Ortes des Schiedsverfahrens zu versehen (§ 1054 Abs. 3 Satz 1 ZPO). Jeder Partei ist ein unterschriebener Schiedsspruch zu übermitteln (§ 1054 Abs. 4 ZPO).

Das Schiedsgericht hat, wenn keine abweichende Vereinbarung der Parteien vorliegt, auch über die **Verteilung der Verfahrenskosten** zu entscheiden (§ 1057 Abs. 1 ZPO) und eine Kostenfestsetzung vorzunehmen (§ 1057 Abs. 2 ZPO). Dabei entscheidet das Schiedsgericht insbesondere auch über

48

49

---

91 *Geimer*, in: *Zöller*, Zivilprozessordnung, § 1042, Rn. 33. Zur Anwendung ausländischer Beweisregeln vgl. *Schütze*, Schiedsgericht und Schiedsverfahren, Rn. 180.
92 Zu Zwischen-, Teil- und Vorbehaltsschiedssprüchen vgl. *Schütze*, Schiedsgericht und Schiedsverfahren, Rn. 224 ff. Zum auf die Entscheidung der Streitigkeit anwendbaren Sachrecht vgl. *Geimer*, in: *Zöller*, Zivilprozessordnung, § 1051, Rn. 1 ff.; *Lachmann*, Handbuch für die Schiedsgerichtspraxis, Rn. 1672 ff.
93 Zu den Anforderungen an die Begründung vgl. *Schütze*, Schiedsgericht und Schiedsverfahren, Rn. 220.

die Erstattung der Rechtsanwaltskosten der Parteien.[94] Aufgrund des »Verbots, als Richter in eigener Sache zu entscheiden«,[95] ist es dem Schiedsgericht aber versagt, auch die eigenen Schiedsrichtergebühren durch Schiedsspruch festzusetzen.[96] Die Verteilung der Verfahrenskosten erfolgt in der Regel »nach dem Grad des Obsiegens und Unterliegens«.[97][98] Sofern das Schiedsgericht die Kostenentscheidung nicht bereits in dem Schiedsspruch zur Hauptsache vornimmt, trifft es diese in einem gesonderten Kostenschiedsspruch.[99]

50 Gelingt es den Parteien, während des Schiedsverfahrens einen Vergleich über die Streitigkeit zu erzielen, wird das Schiedsverfahren beendet (§ 1053 Abs. 1 Satz 1 ZPO). Sofern beide Parteien dies beantragen, erlässt das Schiedsgericht einen **Schiedsspruch mit vereinbartem Wortlaut**, der den Vergleich festhält (§ 1053 Abs. 1 Satz 2 ZPO). Andernfalls spricht das Schiedsgericht die Beendigung des Verfahrens durch Beschluss aus (§ 1056 Abs. 2 Nr. 2 ZPO).

7. Gerichtliche Aufhebung und Vollstreckbarerklärung eines Schiedsspruchs

a) Aufhebung eines Schiedsspruchs

51 Der Schiedsspruch trifft eine Entscheidung des Rechtsstreits, die grundsätzlich einer sachlichen Nachprüfung durch die staatlichen Gerichte entzogen

---

94 *Lögering* ZfBR 2010, 14 (17).
95 *Geimer*, in: *Zöller*, Zivilprozessordnung, § 1057, Rn. 4.
96 BGH, Urt. v. 07.03.1985 – III ZR 169/83, BGHZ 94, 92; *Schütze*, Schiedsgericht und Schiedsverfahren, Rn. 247. Eine ziffernmäßige Festsetzung der Schiedsrichtervergütung als Teil der Verfahrenskosten in einem Schiedsspruch ist nur dann möglich, »wenn ihre Höhe feststeht und der dafür benötigte Betrag bereits vorschußweise eingezahlt worden ist«, so: BGH, Urt. v. 25.11.1976 – III ZR 112/74, MDR 1977, 583.
97 *Schütze*, Schiedsgericht und Schiedsverfahren, Rn. 244.
98 *Geimer*, in: *Zöller*, Zivilprozessordnung, § 1057, Rn. 2.
99 *Geimer*, in: *Zöller*, Zivilprozessordnung, § 1057, Rn. 1a. Möglich ist auch eine weitere Aufspaltung in einen Kostengrundschiedsspruch und einen bezifferten Kostenschiedsspruch, vgl. dazu: *Geimer*, in: *Zöller*, Zivilprozessordnung, § 1057, Rn. 1a.

ist (**Verbot der révision au fond**).[100] Auf Antrag einer Partei kann ein inländischer[101] Schiedsspruch lediglich wegen der in § 1059 ZPO abschließend aufgeführten Gründe durch das zuständige Oberlandesgericht ganz oder teilweise[102] aufgehoben werden.[103] Allein die sachliche Unrichtigkeit der Entscheidung des Schiedsgerichts begründet grundsätzlich keinen Aufhebungsgrund.[104]

Zu den Aufhebungsgründen zählen zunächst die folgenden vom Antragsteller geltend zu machenden Mängel des Schiedsverfahrens (§ 1059 Abs. 2 Nr. 1 ZPO): Unwirksamkeit der Schiedsvereinbarung, die Verletzung des Anspruchs auf rechtliches Gehör, Überschreitung der Grenzen der Schiedsvereinbarung sowie fehlerhafte Besetzung des Schiedsgerichts und wesentliche Verfahrensverstöße.[105] Hinzu kommen die von Amts wegen zu berücksichtigenden Aufhebungsgründe (§ 1059 Abs. 2 Nr. 2 ZPO): Fehlende objektive Schiedsfähigkeit und Verstoß gegen den ordre public.[106]

52

Der Aufhebungsantrag muss, sofern die Parteien nichts anderes vereinbart haben, innerhalb von drei Monaten nach Empfang des Schiedsspruchs eingereicht werden (§ 1059 Abs. 3 ZPO). Wird der Aufhebungsbeschluss formell rechtskräftig, entfallen rückwirkend die Wirkungen des Schiedsspruchs.[107]

53

---

100 BGH, Beschl. v. 08.11.2007 – III ZB 95/06, SchiedsVZ 2008, 40; *Schütze*, Schiedsgericht und Schiedsverfahren, Rn. 284.
101 Im Falle ausländischer Schiedssprüche (§ 1061 ZPO) besteht keine Aufhebungszuständigkeit der deutschen Gerichte, sodass nur eine Verweigerung der Anerkennung und Vollstreckbarerklärung möglich ist, vgl. dazu: *Geimer*, in: *Zöller*, Zivilprozessordnung, § 1059, Rn. 1b.
102 *Geimer*, in: *Zöller*, Zivilprozessordnung, § 1059, Rn. 6.
103 Zu den Einzelheiten des Aufhebungsverfahrens vgl. *Schütze*, Schiedsgericht und Schiedsverfahren, Rn. 305 ff.
104 OLG *München*, Beschl. v. 14.11.2011 – 34 Sch 10/11; *Geimer*, in: *Zöller*, Zivilprozessordnung, § 1059, Rn. 47.
105 Zu den Aufhebungsgründen des § 1059 Abs. 2 Nr. 1 ZPO vgl. *Schütze*, Schiedsgericht und Schiedsverfahren, Rn. 306 ff.
106 Zu den Aufhebungsgründen des § 1059 Abs. 2 Nr. 2 ZPO vgl. *Schütze*, Schiedsgericht und Schiedsverfahren, Rn. 310 f.
107 *Geimer*, in: *Zöller*, Zivilprozessordnung, § 1059, Rn. 86; *Schütze*, Schiedsgericht und Schiedsverfahren, Rn. 314.

b) Vollstreckbarerklärung eines Schiedsspruchs

54 Dem Schiedsspruch kommen im Verhältnis zwischen den Parteien die **Wirkungen** eines **rechtskräftigen gerichtlichen Urteils** zu.[108] Gleichwohl fehlt einem Schiedsspruch die Vollstreckbarkeit,[109] d. h. die Möglichkeit zur Durchsetzung mit »staatlicher Hilfe im Wege der Zwangsvollstreckung«.[110] Hintergrund ist, dass es sich bei der Zwangsvollstreckung um einen grundrechtlich relevanten Vorgang handelt, sodass der zugrunde liegende Titel »von Organen der öffentlichen Gewalt verantwortet werden«[111] muss.[112] Diese Voraussetzung erfüllt das privat-autonom konstituierte Schiedsgericht nicht.

55 Die Vollstreckbarkeit erlangen Schiedssprüche daher erst mit der gerichtlichen Vollstreckbarerklärung durch die staatlichen Gerichte.[113] Auf Antrag der (teilweise) obsiegenden Partei wird ein inländischer[114] Schiedsspruch durch das zuständige Oberlandesgericht für vollstreckbar erklärt, sofern keine Aufhebungsgründe im Sinne des § 1059 Abs. 2 ZPO vorliegen oder Aufhebungsgründe nach § 1059 Abs. 2 Nr. 1 ZPO jedenfalls verfristet sind (§ 1060 Abs. 2 ZPO).[115]

8. Hybridverfahren

56 In der Praxis wird verstärkt versucht, Schiedsverfahren mit anderen Verfahren der außergerichtlichen Konfliktbeilegung zu kombinieren, um die Vorteile der verschiedenen Konfliktlösungsinstrumente zu nutzen und dadurch

---

108 Vgl. § 1055 ZPO.
109 BT-Drucks. 13/5274, S. 61; *Lachmann*, Handbuch für die Schiedsgerichtspraxis, Rn. 2044; *Schütze*, Schiedsgericht und Schiedsverfahren, Rn. 272.
110 *Gottwald*, in: Münchener Kommentar zur Zivilprozessordnung, § 322, Rn. 21.
111 *Geimer* DNotZ 1991, 266 (Fn. 27).
112 *Schwab/Walter*, Schiedsgerichtsbarkeit, Kap. 1, Rn. 7.
113 *Lachmann*, Handbuch für die Schiedsgerichtspraxis, Rn. 2044; *Schütze*, Schiedsgericht und Schiedsverfahren, Rn. 271 f.
114 Die Anerkennung und Vollstreckung ausländischer Schiedssprüche richtet sich nach der New York Convention und den einschlägigen Regelungen sonstiger Staatsverträge (§ 1061 Abs. 1 ZPO), vgl. dazu: *Schütze*, Schiedsgericht und Schiedsverfahren, Rn. 287 ff.
115 Zu den Einzelheiten des Vollstreckbarerklärungsverfahrens vgl. *Schütze*, Schiedsgericht und Schiedsverfahren, Rn. 271 ff.

VII. Andere Verfahren

eine möglichst kosten- und zeiteffiziente Konfliktlösung zu erzielen. Bei diesen sogenannten Hybridverfahren werden zum einen **gestufte Konfliktlösungsverfahren** vereinbart, die beispielsweise vorsehen, dass im Konfliktfall zunächst gewöhnliche Vergleichsgespräche geführt werden, an die sich beim Scheitern eine Mediation anschließt und erst, wenn auch diese ohne Erfolg beendet wird, eine Entscheidung der Streitigkeit durch ein Schiedsverfahren herbeigeführt wird.[116] Zum anderen wird eine Implementierung von anderen Verfahren der außergerichtlichen Konfliktbeilegung in das Schiedsverfahren vorgesehen. Nachfolgend wird ein Überblick zu einigen Hybridverfahren gegeben, die eine Kombination von Mediations- und Schiedsverfahren vorsehen.

a) Vorgeschaltetes Mediationsverfahren (Med-Arb)

In der Praxis wird ein erheblicher Teil der Schiedsverfahren durch einen Vergleich beendet. Dieses Einigungspotential versuchen sogenannte Med-Arb-Verfahren zu nutzen.[117] Es handelt sich dabei um ein **zweistufiges Verfahren**, bei dem zunächst eine Mediation durchgeführt wird. Gelingt es im Rahmen der Mediation nicht, eine Lösung des Konflikts zu erzielen, wird die Streitigkeit anschließend durch ein Schiedsverfahren entschieden. Die Konfliktparteien haben damit zum einen die Möglichkeit, ihre Streitigkeit kosten- und zeiteffektiv im Wege der Mediation beizulegen, und zum anderen aber auch die Sicherheit, dass eine Streitentscheidung erfolgt, wenn die Me-

57

---

116 Vgl. dazu: *Hobeck/Mahnken/Koebke* SchiedsVZ 2007, 225 (234). In der Praxis ist es grundsätzlich empfehlenswert, vertraglich konkret zu regeln, wann die jeweilige Stufe des Konfliktlösungsmodells als gescheitert anzusehen ist, um Streitigkeiten über die Zulässigkeit des Übergangs in die nächste Stufe zu vermeiden. Dies kann beispielsweise dadurch erfolgen, dass konkrete Zeiträume für die Vergleichsgespräche und das Mediationsverfahren vereinbart werden, nach deren Ablauf die jeweilige Stufe des Konfliktlösungsmodells als gescheitert gilt.
117 Allgemein zum Med-Arb-Verfahren vgl. *Berger* RIW 2001, 881 (884); *Dendorfer/Lack* SchiedsVZ 2007, 195 (200); *Eidenmüller* RIW 2002, 1 (10); *Horvath* SchiedsVZ 2005, 292 (298); *Lachmann*, Handbuch für die Schiedsgerichtspraxis, Rn. 90; *Leonhard* BB 1999, Beilage Nr. 9, 13 (16).

diation scheitert.[118] In der Praxis zeigt sich, dass das »drohende« Schiedsverfahren teilweise die Einigungsbereitschaft der Parteien erhöht.

58 Als problematisch kann es sich erweisen, wenn ein und dieselbe Person zunächst als Mediator und anschließend als Schiedsrichter fungieren soll.[119] Zum einen besteht die Gefahr, dass die Parteien im Hinblick auf das mögliche anschließende Schiedsverfahren bereits in der Mediation ein prozesstaktisches Verhalten zeigen und beispielsweise nicht bereit sind, vertrauliche Informationen preiszugeben oder Schwächen der eigenen Position einzuräumen, wie sie dies in einem isolierten Mediationsverfahren wären.[120] Zum anderen kann eine Doppelfunktion als Mediator und Schiedsrichter auch in rechtlicher Hinsicht problematisch sein. Hat sich etwa der spätere Schiedsrichter zuvor als Mediator zu der Rechtslage des Streitfalles geäußert und gegebenenfalls auch Prozessrisiken der Parteien aufgezeigt oder einen eigenen Lösungsvorschlag unterbreitet, droht im Rahmen des anschließenden Schiedsverfahrens ein Antrag auf Ablehnung des Schiedsrichters wegen Zweifeln an dessen Unparteilichkeit (§ 1036 Abs. 2 ZPO).[121]

59 Führt der spätere Schiedsrichter zuvor als Mediator Einzelgespräche mit den Parteien durch, besteht im Rahmen des anschließenden Schiedsverfahrens zudem die Gefahr einer Verletzung des Anspruchs der jeweils anderen Partei auf rechtliches Gehör, wenn Informationen aus den Einzelgesprächen Einfluss auf den Schiedsspruch haben, zu denen die jeweils nicht beteiligte Partei naturgemäß keine Stellung nehmen konnte.[122]

---

118 Zu der Möglichkeit, die Einigung im Mediationsverfahren in einen Schiedsspruch mit vereinbartem Wortlaut (§ 1053 Abs. 1 Satz 2 ZPO) zu überführen vgl. *Eidenmüller* RIW 2002, 1 (5 f.).
119 Vgl. dazu: *Berger* RIW 2001, 881 (883 f.); *Eidenmüller* RIW 2002, 1 (6); *Lachmann*, Handbuch für die Schiedsgerichtspraxis, Rn. 90; *Pitkowitz/Richter* SchiedsVZ 2009, 225 (228).
120 Vgl. dazu: *Dendorfer/Lack* SchiedsVZ 2007, 195 (201); *Eidenmüller* RIW 2002, 1 (10); *McIlwrath/Savage*, International Arbitration and Mediation, Rn. 1–197.
121 *Eidenmüller* RIW 2002, 1 (3).
122 *Eidenmüller* RIW 2002, 1 (3). Vgl. zur Erweiterung des Schiedsgerichts in einem »Erweiterten Med-Arb-Verfahren« (MAX) die Ausführungen unter Andere Verfahren, I. Rdn. 1 ff.

VII. Andere Verfahren

b) Nachgeschaltetes Mediationsverfahren (Arb-Med)

Das sogenannte Arb-Med-Verfahren ist ebenso wie das Med-Arb-Verfahren ein zweistufiges Verfahren, allerdings in umgekehrter Reihenfolge.[123] Auf der ersten Stufe wird ein Schiedsverfahren durchgeführt. Der Schiedsspruch wird den Parteien gegenüber zunächst aber nicht offengelegt, sondern die Parteien versuchen im Rahmen eines Mediationsverfahrens eine Einigung zu erzielen. Scheitert die Mediation, wird die Streitigkeit durch die Bekanntgabe des Schiedsspruchs entschieden.

Der Vorteil eines Arb-Med-Verfahrens ist, dass die Parteien aufgrund des Schiedsverfahrens oftmals eine sehr viel bessere und vor allem auch realistischere Einschätzung ihrer Erfolgsaussichten vornehmen können. Nachteilig ist, dass die Parteien regelmäßig auch dann mit den Kosten des Schiedsverfahrens belastet werden, wenn es ihnen gelingt, eine gütliche Einigung im Rahmen der nachgeschalteten Mediation zu erzielen.

c) Integriertes/paralleles Mediationsverfahren

Anstelle eines mehrstufigen Verfahrens mit einer vor- oder nachgeschalteten Mediation werden Mediationsverfahren auch integriert bzw. parallel zu einem Schiedsverfahren durchgeführt. Eine Integration der Mediation in ein Schiedsverfahren erfolgt dann oftmals in Form eines sogenannten Mediation-Window, d.h. einem bestimmten Verfahrensabschnitt, in dem eine einvernehmliche Beilegung der Streitigkeit im Wege der Mediation gesucht wird.[124] Bei einem parallel[125] zu einem Schiedsverfahren durchgeführten Mediationsverfahren kann dieses zum einen auf eine einvernehmliche Beilegung der gesamten Streitigkeit ausgerichtet sein. Zum anderen kann es aber auch lediglich zu einzelnen Aspekten oder Streitpunkten durchgeführt werden, deren Ergebnisse dann bei Erfolg der Mediation in das laufende Schiedsverfahren einfließen.

---

123 Allgemein zum Arb-Med-Verfahren vgl. *Dendorfer/Lack* SchiedsVZ 2007, 195 (202); *Horvath* SchiedsVZ 2005, 292 (299); *Lachmann*, Handbuch für die Schiedsgerichtspraxis, Rn. 91. Vgl. zur Besonderheit des MEDALOA-Verfahrens die Ausführungen unter Andere Verfahren, I. Rdn. 1 ff.
124 Vgl. dazu: *Dendorfer* SchiedsVZ 2009, 276 (281); *Dendorfer/Lack* SchiedsVZ 2007, 195 (202); *Eidenmüller* RIW 2002, 1 (5 f.).
125 Vgl. dazu: *Berger* RIW 2001, 881 (885); *Dendorfer/Lack* SchiedsVZ 2007, 195 (203).

9. Hinweise für die Praxis

a) Institutionelles Schiedsverfahren oder ad-hoc-Schiedsverfahren?

63 Aufgrund der besonderen Anforderungen, die ein ad-hoc-Schiedsverfahren an die Parteien stellt, sind unerfahrene Parteien in der Regel gut beraten, sich für die institutionelle Schiedsgerichtsbarkeit zu entscheiden. Bei den großen etablierten Schiedsinstitutionen finden sie erprobte Schiedsregeln, die regelmäßig auch bereits Regelungen zur Vergütung der Schiedsrichter enthalten, erhalten Unterstützung bei organisatorischen und administrativen Belangen und – soweit erforderlich – auch bei der Schiedsrichterbestellung.

64 Die meisten Schiedsinstitutionen stellen ihre jeweiligen Schiedsordnungen im Internet in verschiedenen Sprachen als Download zur Verfügung, vgl. etwa:
– DIS-Schiedsgerichtsordnung: www.dis-arb.de/de/16/regeln/uebersicht-id0
– ICC-Schiedsgerichtsordnung: www.iccwbo.org/court/arbitration/id4199/index.html

65 Für erfahrenere Parteien kann hingegen die besondere Flexibilität der ad-hoc-Schiedsgerichtsbarkeit interessant sein. In der Vertragspraxis zeigt sich, dass gerade Vertragsparteien aus Entwicklungsländern teilweise Vorbehalte gegen die Wahl einer westlichen Schiedsinstitution haben. Entscheiden sich die Parteien daher für die ad-hoc-Schiedsgerichtsbarkeit, stellen die UNCITRAL Arbitration Rules ein Regelungswerk dar, das international hohe Anerkennung findet und oftmals auch von Vertragsparteien aus Entwicklungsländern akzeptiert wird. Die UNCITRAL Arbitration Rules sind auf der Website der UNCITRAL in verschiedenen Sprachen als Download verfügbar:
– www.cnudmi.org/uncitral/en/uncitral_texts/arbitration/2010Arbitration_rules.html

b) Fast-Track-Arbitration/Expedited-Arbitration/Beschleunigte Schiedsverfahren

66 Viele Schiedsinstitutionen haben in den letzten Jahren Schiedsordnungen für sogenannte Fast-Track-Schiedsverfahren, Expedited-Schiedsverfahren oder beschleunigte Schiedsverfahren entwickelt.[126] Diese zielen auf eine **Verkür**-

---

126 Z.B.: DIS-Ergänzende Regeln für beschleunigte Verfahren; SCC-Expedited Rules.

VII. Andere Verfahren

zung der Verfahrensdauer ab, insbesondere durch kürzere Fristen für Verfahrenshandlungen bzw. -abschnitte und die frühzeitige Aufstellung eines Zeitplans für das Schiedsverfahren.[127]

Die Praxis zeigt, dass die ambitionierten Verfahrensfristen nur dann eingehalten werden können, wenn die Parteien pro-aktiv mitwirken und die Eigenarten des Streitfalles für eine solche Verfahrensausgestaltung geeignet sind.[128] Vor der Entscheidung für ein beschleunigtes Schiedsverfahren sollte daher geprüft werden, ob die Streitigkeiten, die im Rahmen der Vertragsdurchführung unter die Schiedsvereinbarung fallen könnten, tatsächlich für ein solches Schiedsverfahren geeignet sind.

67

---

127 *Lögering* ZfBR 2010, 14 (15 f.).
128 *Hobeck/Mahnken/Koebke* SchiedsVZ 2007, 225 (232); *Lögering* ZfBR 2010, 14 (15).

Europäische Regelungen

I. Entstehungsprozess der EU-Mediationsrichtlinie 2008 (Richtlinie 208/52/EG des Europäischen Parlaments und des Rates vom 21. Mai 2008 über bestimmte Aspekte der Mediation in Zivil- und Handelssachen)

Übersicht

	Rdn.
1. Einführung	1
2. Hintergrund und Dilemma des europäischen Gesetzgebers	9
3. Grünbuch 2002	16
a) Inhalt	17
b) Gründe für den Regelungsbedarf	21
c) Diskussion über Grünbuch 2002	24
d) Stellungnahmen zum Grünbuch	31
4. Europäischer Verhaltenskodex für Mediatoren	38
5. Erster Entwurf der EU-Mediationsrichtlinie 2004	39
a) Allgemeines	39
b) Inhalt	40
c) Stellungnahmen	46
aa) Art. 65 EGV	47
bb) Europäischer Wirtschafts- und Sozialausschuss	49
cc) Ausschuss für bürgerliche Freiheiten, Justiz und Inneres	51
dd) Bundesrechtsanwaltskammer	52
ee) Deutscher Anwaltsverein	53
ff) Deutscher Richterbund	55
gg) Schrifttum/Wissenschaft	57
hh) Britische Advice Services Alliance	60
ii) Eurochambres	63
jj) Council of the Bars and Law Societies of the European Union	64
kk) Conference of the Notariats of the European Union	66
6. Weitere Entwürfe der EU-Mediationsrichtlinie	67
a) Vorschlag vom 29. Juli 2005	67
b) Entschließung des Europäischen Parlaments vom 29. März 2007	68
c) Politische Einigung auf Richtlinienvorschlag vom 8. November 2007	71
d) Gemeinsamer Standpunkt des Rates vom 28. Februar 2008	73
7. EU-Mediationsrichtlinie vom 21. Mai 2008	75
a) Allgemeines	75
b) Erwägungsgründe	76
c) Regelungsinhalt	80
8. Resümee	81

Europäische Regelungen I.

1. Einführung

1 Am 21. Mai 2008 hat der europäische Gesetzgeber nach jahrelanger Vorbereitungszeit die **EUMed-RL 2008/52/EG** verabschiedet. »Ziel der Richtlinie ist es, aktiv den Einsatz der Mediation zu fördern und für ein ausgewogenes Verhältnis zwischen Mediation und Gerichtsverfahren zu sorgen, um auf diese Weise den Zugang zur alternativen Streitbeilegung bei grenzüberschreitenden Fällen zu erleichtern und die gütliche Beilegung von Streitigkeiten zu unterstützen.«[1]

2 Die EUMed-RL wurde **von vielen Seiten begrüßt:** u. a. vom Europäischen Parlament, das von einem »boost for mediation«[2] sprach, von der Europäischen Kommission,[3] von der deutschen Bundesjustizministerin, die in einer Pressemitteilung[4] mit dem Titel »Aufwind für Mediation in Europa« zitiert wurde: »*Ich bin davon überzeugt, dass die Parteien in unserer Zivilgesellschaft ihre Konflikte auch ohne Inanspruchnahme der Gerichte eigenverantwortlich beilegen können. Diese Rechtskultur will ich weiterentwickeln.*« Andere kritisierten hingegen, dass die EUMed-RL nur auf grenzüberschreitende Fälle anzuwenden sei, und sahen darin eine vertane Chance.[5]

3 Dem europäischen Gesetzgeber ging es bei Erlass der EUMed-RL um die **Verwirklichung europäischer Ziele**, nämlich um die Gewährleistung der rechtlichen Absicherung des freien Personenverkehrs und des reibungslosen Funktionierens des Binnenmarktes innerhalb der Europäischen Union (nach-

---

1 Pressemitteilung der Europäischen Kommission v. 23.04.2008, Reference:IP/08/628.
2 Pressemitteilung der Europäischen Kommission v. 23.04.2008, Reference:IP/08/628.
3 Vizepräsident der EU-Kommission *Jacques Barrot:* »Mit Hilfe der Mediation lassen sich Streitigkeiten in Zivil- und Handelssachen kostengünstig und rasch in einem außergerichtlichen Verfahren, das auf die Bedürfnisse der Parteien zugeschnitten ist, beilegen. Bei Vereinbarungen, die aus einer Mediation hervorgehen, ist die Wahrscheinlichkeit größer, dass sie freiwillig befolgt werden und ein wohlwollendes, zukunftsfähiges Verhältnis zwischen den Parteien gewahrt wird«, Pressemitteilung der Europäischen Kommission v. 23.04.2008, Reference:IP/08/628.
4 Pressemitteilung des Bundesministerium der Justiz v. 18.04.2008.
5 Eurochambers, Press Release v. 23.04.2008 »Today the European Institutions missed a great opportunity to improve access to dispute resolution with the adoption of a weak Directive on mediation in civil and commercial matters.«.

I. Europäische Regelungen

folgend auch »EU« oder »Gemeinschaft«) über Ländergrenzen hinweg sowie um die Gewährleistung des Prinzips und die Erleichterung des Zugangs zum Recht,[6] als eine Voraussetzung, das den EU-Bürgern garantierte umfassende Freiheitsrecht[7] zu erreichen. Als weiterer Grund wurde die Einsparung von Ressourcen, d. h. die Entlastung der Justiz[8] in den europäischen Ländern, genannt.

Es gibt gute Gründe daran zu zweifeln, ob es dem europäischen Gesetzgeber bei Erlass der (EUMed-RL) tatsächlich um die Etablierung der Mediation als einem probaten Mittel der alternativen Streitbeilegung ging oder ob er allein das politische Ziel des freien Personen- und Handelsverkehrs innerhalb der EU verfolgte, welches mithilfe der EUMed-RL besser zu erreichen ist – die **Mediation** als Verfahren also nur **Mittel zur Erzielung eines anderen Zwecks** ist. Beides scheint richtig zu sein, wobei mal das eine, mal das andere Argument in den Vordergrund rückt. In der Begründung zum ersten Vorschlag der EU-Richtlinie vom 22. Oktober 2004 wurde mit der Anwendung der Mediation die Hoffnung verbunden, Gerichte zu entlasten, Gerichtsverfahren zu verkürzen und so öffentliche Gelder einzusparen.[9] Gleichzeitig be-

---

6 ABl. L 136 v. 24.05.2008, S. 3, Erwägungsgründe Nr. 1 und 2; *Arlene McCarthy* (Berichterstatterin im Europäischen Parlament zur EUMed-RL) führt dazu in der Plenardebatte am 23.04.2008 in Straßburg aus: »Mediation can therefore be a valuable tool for citizens to achieve access to justice and potentially reduce the cost of dispute resolution without the often acrimonious process of going to trial .... This new law should assist people across Europe in getting quick, affordable access to justice.« (Europäisches Parlament CRE 23/04/2008 – 4.3).
7 »Freiheit im Sinne des freien Personenverkehrs innerhalb der Europäischen Union bleibt ein grundlegendes Ziel des Vertrags, zu dem die flankierenden Maßnahmen im Zusammenhang mit den Konzepten Sicherheit und Recht einen wesentlichen Beitrag leisten müssen.« Vgl. Aktionsplan des Rates und der Kommission zur bestmöglichen Umsetzung der Bestimmungen des Amsterdamer Vertrags über den Aufbau eines Raumes der Freiheit, der Sicherheit und des Rechts. ABl. C. 19 v. 23.01.1999, S. 3.
8 *Arlene McCarthy*, »It has the added benefit of freeing up court time for cases that require a court judgment.« In der Plenardebatte des Europäischen Parlaments in Straßburg bei Aussprache über die EUMed-RL am 23.04.2008.
9 Vorschlag für eine Richtlinie des Europäischen Parlaments und des Rates über bestimmte Aspekte der Mediation in Zivil- und Handelssachen v. 22.10.2004, S. 4; KOM(2004) 718 endgültig 2004/0251 (COD); nachfolgend: Vorschlag für EUMed-RL v. 22.10.2004.

tonte die Kommission, dass die Mediation keine Alternative zum Gerichtsverfahren sei; »es handelt sich dabei vielmehr um eines mehrerer Schlichtungsverfahren, die in einer modernen Gesellschaft verfügbar sind und für einige, aber sicherlich nicht alle, Streitsachen die beste Lösungsmöglichkeit darstellen.«[10]

5 Die EU-Mitgliedstaaten (mit Ausnahme von Dänemark[11]) waren nun gehalten, die EUMed-RL vor dem 21.5.2011 in landeseigene Rechts- und Verwaltungsvorschriften umzusetzen (Art. 12 Abs. 1 EUMed-RL), wobei sie den vorgegebenen Regelungsrahmen im Auge behalten mussten. Zum einen beschränkte dieser den Regelungsbedarf auf »grenzüberschreitenden Streitigkeiten für Zivil- und Handelssachen« (Art. 1 Abs. 1, Art. 2 EUMed-RL). Zum anderen sollten die Ausbildung von Mediatoren, die Entwicklung und Einhaltung von freiwilligen Verhaltenskodizes und Verfahren zur Qualitätskontrolle für die Erbringung von Mediationsdiensten, die Vertraulichkeit der Mediation, die Vollstreckbarkeit von Mediationsvereinbarungen und eine Änderung der Verjährungsfristen, um die Einleitung eines Gerichtsverfahrens nach erfolgloser Mediation nicht auszuschließen, geregelt werden.

6 Der durch die EUMed-RL vorgegebene Regelungsrahmen hindert die Gesetzgeber der jeweiligen EU-Mitgliedstaaten allerdings nicht, **darüber hinaus gehende Regelungen** zu schaffen; auch Regelungen, die Streitigkeiten innerhalb eines EU-Mitgliedstaates betreffen. Denn die Einschränkung der EU-Med-RL auf »grenzüberschreitende« Streitigkeiten erfolgte aufgrund des allgemein gültigen Subsidiaritätsprinzips (vgl. Präambel und Art. 2 EUV,[12] Art. 5 EGV[13]), wonach es dem europäischen Gesetzgeber verwehrt ist, den Mitgliedstaaten Regelungen aufzuerlegen, die keine grenzüberschreitende, sondern nur innerstaatliche Bedeutung haben.

7 Damit bestand nun die Chance, im Rahmen der Umsetzung der EUMed-RL, weitere gesetzliche Regelungen zu erlassen, u.a. die Mediation gesetzlich

---

10 Vorschlag für EUMed-RL v. 22.10.2004, S. 4.
11 ABl. L 136 v. 24.05.2008, S. 6, Erwägungsgrund Nr. 30.
12 Vertrag über die Europäische Union v. 07.02.1992 i.d.F. v. 16.04.2003 und 25.04.2005 (BGBl. 1992II, S. 1253; 2003 II, S. 1410; ABl. L. 157 v. 21.06.2005, S. 11).
13 Vertrag zur Gründung der Europäischen Gemeinschaft v. 25.03.1957 (BGBl. 1957 II, S. 766) zuletzt geändert durch die Akten zum Beitrittsvertrag v. 16.04.2003 (BGBl. 2003 II, S. 1410).

I. Europäische Regelungen

zu etablieren, den Berufsstand der Mediatoren zu schaffen und die Zulassungsvoraussetzungen zu diesem Berufsstand zu definieren. Dies galt nahezu für alle EU-Mitgliedstaaten, denn lediglich Österreich,[14] Lichtenstein,[15] Bulgarien[16] und Ungarn[17] hatten innerhalb der EU eigene Mediationsgesetze. Die anderen Mitgliedstaaten hatten lediglich durch Ergänzung zivilprozessualer Vorschriften die Mediation als Verfahren ermöglicht.[18] In Deutschland gab es neben § 15a EGZPO und § 278 Abs. 5 Satz 2 ZPO keine bundesweit gültigen Rechts- oder Verwaltungsvorschriften über Mediation.[19]

Die deutsche Bundesregierung hat bereits im April 2008 eine **Expertenkommission** einberufen und damit den Gesetzgebungsprozess für ein Mediationsgesetz eingeleitet, das nicht nur auf bilaterale Konflikte über Staatsgrenzen hinaus, sondern auch den Markt der Mediation in Deutschland regelt. 8

2. Hintergrund und Dilemma des europäischen Gesetzgebers

Der **Vertrag von Amsterdam**[20] aus dem Jahre 1997 veränderte die Zusammenarbeit der EU-Mitgliedstaaten in den Bereichen Justiz und Inneres.[21] Nachdem im Handel der Binnenmarkt nahezu verwirklicht war, wollte man 9

---

14 Bundesgesetz für Mediation in Zivilrechtssachen, Österreichisches BGBl 2003 I, S. 29.
15 Zivilrechts-Mediations-Gesetz (ZMG) v. 15.12.2004; Liechtensteinisches Landesgesetzblatt Jahrgang 2005 Nr. 31 v. 22.02.2005.
16 Vgl. *Datcheva* OER 2007, 430.
17 Mediationsgesetz v. 03.12.2002 (Gesetz Nr. LV. aus dem Jahre 2002, 2002. évi LX törvény a közvetítői tevékenys-égről).
18 Vgl. auch die Übersicht bei *Ortloff* NVwZ 2007, 35.
19 Im Land Niedersachsen wurde am 24.04.2007 das Gesetz über die Einführung eines Mediations- und Gütestellengesetzes sowie zur Änderung anderer Gesetze in den Landtag eingebracht; vgl. Niedersächsischer Landtag, 15. Wahlperiode Drucksache 15/3708; das Gesetz sollte nach der Landtagswahl in Niedersachsen 2008 erneut in den Landtag eingebracht werden.
20 Vertrag von Amsterdam zur Änderung des Vertrags über die Europäische Union, der Verträge zur Gründung der Europäischen Gemeinschaften sowie einiger damit zusammenhängender Rechtsakte v. 02.10.1997; ABl. C 340 v. 10.11.1997.
21 *Neumayr*, Die Verordnung (EG) Nr. 44/2001 (»Brüssel-I«-VO), 14.6.2005, S. 5 mit weiteren Hinweisen, beschreibt es als »Vergemeinschaftung der Bereiche Justiz und Inneres, da der Europäische Rat insoweit die Befugnis erhalten hat, Rechtsakte zu erlassen.

nun innerhalb der EU als politische Priorität einen Raum der Freiheit, der Sicherheit und des Rechts[22] mit konkreten Ansprüchen der Bürger und wirksameren und demokratischeren Methoden zur Durchsetzung dieser Ansprüche schaffen. Dies bedeutete eine konkrete Umsetzung des Grundrechts auf Zugang zum Recht für jedermann (Art. 6 Europäische Konvention zum Schutz der Menschenrechte und Grundfreiheiten; EMRK[23]) und des Rechts auf einen wirksamen Rechtsbehelf, das als Grundrecht Eingang in die Charta der Grundrechte der Europäischen Union fand (Art. 47 Charta der Grundrechte der Europäischen Union[24]). Auch für die weitere Gestaltung des einheitlichen Wirtschaftsraums innerhalb der EU wurde es zunehmend erforderlich, einen ausreichenden Rechtsschutz bei grenzüberschreitenden Sachverhalten zu gewährleisten,[25] zumal das internationale Privatrecht kein geeignetes Instrument mehr für den bereits so weitgehend integrierten europäischen Binnenmarkt darstellte.[26]

10 Obwohl der Vertrag von Amsterdam erst am 1. Mai 1999 in Kraft trat, war diese Zielsetzung seit 1997 Gegenstand der Politik der EU und damit Grundlage für die weiteren Entwicklungen in den Jahren 1998 und 1999, die man als Beginn der Geschichte der EUMed-RL bezeichnen kann. Zwar hatte die EU-Kommission bereits im März 1998 in ihrer Empfehlung über die außergerichtliche Beilegung von Verbraucherrechtsstreitigkeiten (98/257/EG)[27] über alternative Streitbeilegung bei grenzüberschreitenden Konflikten

---

22 Zur Definition dieser Begriffe vgl. Aktionsplan des Rates und der Kommission zur bestmöglichen Umsetzung der Bestimmungen des Amsterdamer Vertrags über den Aufbau eines Raums der Freiheit, der Sicherheit und des Rechts v. 03.12.1998; ABl. C 19 v. 23.01.1999, S. 1.
23 Europäische Konvention zum Schutz der Menschenrechte und Grundfreiheiten v. 04.11.1950; BGBl. 1952 II, S 685, 953 i.d.F. v. 11.05.1994, BGBl. 2002 II, S. 1054.
24 ABl. C 364 v. 18.12.2000, S. 1.
25 *Neumayr,* Die Verordnung (EG) Nr. 44/2001 (»Brüssel-I«-VO), 14.6.2005, S. 3.
26 Bericht über die Annäherung des Zivil- und Handelsrechts der Mitgliedstaaten v. 06.11.2001; S. 11.
27 Empfehlung der Kommission v. 30.03.1998 betreffend die Grundsätze für Einrichtungen, die für die außergerichtliche Beilegung von Verbraucherrechtsstreitigkeiten zuständig sind; ABl. L 115 v. 17.04.1998, S. 31; Bereits 1994 entstand das als Europäische wirtschaftliche Interessenvereinigung gegründete Netz von Schieds- und Schlichtungsstellen in Handelssachen, die in Spanien, Frankreich,

I. Europäische Regelungen

nachgedacht, doch beschränkte sich diese auf außergerichtliche Ombudsmann (Schlichter)-Systeme,[28] bei denen die Entscheidung in einem kontradiktorischen Verfahren[29] durch einen Dritten (»...der Einrichtung, der die Entscheidung obliegt, ...«) vorgesehen war.[30] Die Empfehlung vom 4.4. 2001 (2001/310/EG)[31] sah zwar von dieser aktiven Intervention eines Dritten ab und förderte das Ziel, die Parteien eine einvernehmliche Lösung finden zu lassen, doch blieb auch hier die Mediation als Verfahren noch unerwähnt.

Den »Grundstein« für die EUMed-RL legte der Europäische Rat im »**Wiener Aktionsplan**«[32] 1998, in den »**Schlussfolgerungen von Tampere**«[33] 1999   **11**

Italien und in Vereinigten Königreich bestehen und unter dem Namen »Réseau Européen d‹Arbitrage et de Médiation« bzw. »European Network for Dispute Resolution« bekannt sind.

28 Empfehlung der Kommission v. 30.03.1998 betreffend die Grundsätze für Einrichtungen, die für die außergerichtliche Beilegung von Verbraucherrechtsstreitigkeiten zuständig sind; ABl. L 115 v. 17.04.1998, S. 32.

29 So ausdrücklich in Ziffer III der Empfehlung der Kommission v. 30.03.1998 betreffend die Grundsätze für Einrichtungen, die für die außergerichtliche Beilegung von Verbraucherrechtsstreitigkeiten zuständig sind, ABl. L 115 v. 17.04.1998, S. 32.

30 Empfehlung der Kommission v. 30.03.1998 betreffend die Grundsätze für Einrichtungen, die für die außergerichtliche Beilegung von Verbraucherrechtsstreitigkeiten zuständig sind; ABl. L 115 v. 17.04.1998, S. 32.

31 Empfehlung der Kommission v. 04.04.2001 über die Grundsätze für an der einvernehmlichen Beilegung von Verbraucherrechtsstreitigkeiten beteiligte außergerichtliche Einrichtungen, ABl. L. 109 v. 19.04.2001, S. 56.

32 Aktionsplan des Rates und der Kommission zur bestmöglichen Umsetzung der Bestimmungen des Amsterdamer Vertrags über den Aufbau eines Raumes der Freiheit, der Sicherheit und des Rechts v. 03.12.1998; ABl. C 19 v. 23.01.1999, S. 1; Rn. 41 lit b): »Prüfung der Möglichkeit, Modelle für die außergerichtliche Beilegung von Streitigkeiten, im besonderen von grenzüberschreitenden Ehesachen zu entwerfen; in diesem Zusammenhang sollte das Mittel der Schlichtung zur Beilegung familiärer Streitigkeiten geprüft werden«.

33 *Tampere* Europäischer Rat 15. und 16.10.1999, Schlussfolgerungen des Vorsitzes. http://www.europarl.Europa. eusummits/tam_de.htm (Zugriff am 10.05.2008); Rn. 30: »Auch sollten alternative außergerichtliche Verfahren von den Mitgliedstaaten geschaffen werden«.

und von **Lissabon**[34] 2000, in denen die Bedeutung der alternativen Streitbeilegung bei grenzüberschreitenden Konflikten erstmals hervorgehoben wurde. Im Mai 2000 trat Art. 65 EGV in Kraft, mit dem der Europäischen Gemeinschaft die Zuständigkeit für die justizielle Zusammenarbeit in Zivil- und Handelssachen mit grenzüberschreitendem Bezug übertragen wurde und am 29. Mai 2000[35] erklärte der Europäische Rat sein Einverständnis mit folgenden Schlussfolgerungen und beauftragte die Kommission mit deren Umsetzung:

12 »*1. Auf Gemeinschaftsebene sollten Beratungen über alternative Verfahren zur Streitbeilegung im Zivil- und Handelsrecht eingeleitet werden.*

2. Zunächst sollte die derzeitige Lage in den Mitgliedstaaten der Gemeinschaft untersucht werden, wobei der Schwerpunkt auf den außergerichtlichen Streitbeilegungsverfahren unter Ausschluß der Schiedsverfahren zu liegen hätte. (...)

3. Die Kommission wird ersucht, auf der Grundlage der zusammengetragenen Daten spätestens bis 2001 ein Grünbuch zu erarbeiten und vorzulegen, das eine Analyse der gegenwärtigen Lage enthält und mit dem ein umfassender Konsultationsprozeß mit dem Ziel konkreter Maßnahmen eingeleitet werden soll.

4. Vorrang wird das Bemühen um Aufstellung allgemeiner oder auch speziell auf bestimmte Bereiche zugeschnittener grundlegender Prinzipien haben, die die erforderlichen Garantien dafür bieten sollen, daß die Streitbeilegung durch außergerichtliche Instanzen den für die Rechtspflege gebotenen Grad an Verläßlichkeit bietet.«

13 Der Europäische Rat hat im Juni 2000 nachdrücklich auf die **Bedeutung alternativer Streitbeilegungsverfahren** im Hinblick auf den elektronischen Ge-

---

34 Schlussfolgerungen des Vorsitzes Europäischer Rat (Lissabon) 23. u. 24.03.2000; Rn. 11: «... zu prüfen, wie das Vertrauen der Verbraucher in den elektronischen Geschäftsverkehr insbesondere durch alternative Streitbeilegungsregelungen gesteigert werden kann.«.

35 Alternative Streitbeilegungsverfahren im Zivil- und Handelsrecht – Schlussfolgerungen, in: Mitteilungen an die Presse über 2266. Tagung des Rates Justiz und Inneres v. 29.05.2000; 8832/00 (Presse 183).

I. Europäische Regelungen

schäftsverkehr[36] und im Dezember 2001 im Hinblick auf soziale Konflikte,[37] insbesondere soziale Konflikte grenzüberschreitender Art auf freiwillige Schlichtungsmechanismen hingewiesen, hierbei aber ausdrücklich die Art der Schlichtung nicht eingeschränkt, sondern auch z. B. für Schiedsverfahren offen gelassen.[38] Trotz dieser Entwicklung hat der Rat im Dezember 2000 bei Erlass der Verordnung über die gerichtliche Zuständigkeit und die Anerkennung und Vollstreckung von Entscheidungen in Zivil- und Handelssachen (»Brüssel-I«)[39] die Vorschläge des Europäischen Parlaments[40] zur Berücksichtigung der alternativen Streitbeilegung völlig unbeachtet gelassen. So hatte das Parlament angeregt, dass jede Streitsache einer außergerichtlichen Streitbeilegungsstelle übergeben werden[41] und ein dort geschlossener Vergleich

---

36 Art. 17 der Richtlinie über den elektronischen Geschäftsverkehr 2000/31/EG des Europäischen Parlaments und des Rates v. 8. Juni 2000, ABl. L 178 v. 17.07. 2000, S. 1.
37 Vgl. Rn. 25 der Schlussfolgerungen des Vorsitzes, Europäischer Rat (Laeken) am 14./15.12.2001.
38 Auch in anderen EU-Rechtsakten fand die alternative Streitbeilegung Eingang. Insoweit wird auf die Zusammenstellung in Rn. 28 im »Grünbuch über alternative Verfahren zur Streitbeilegung im Zivil- und Handelsrecht« v. 19.04.2002 verwiesen (Grünbuch 2002); es finden sich aber keine Hinweise auf ADR-Verfahren unter Ausschluss der hinlänglich bekannten Schlichtungsverfahren. »Die Mitgliedstaaten ermutigen die für die außergerichtliche Beilegung von Rechtsstreitigkeiten geschaffenen öffentlichen und privaten Einrichtungen zur Kooperation im Hinblick auf die Beilegung grenzübergreifender Rechtsstreitigkeiten;« heißt es z. B. lapidar in Art. 10 Vorschlag für eine Richtlinie des Europäischen Parlaments und des Rates über den Fernabsatz von Finanzdienstleistungen an Verbraucher und zur Änderung der Richtlinie 90/619/EWG des Rates und der Richtlinien 97/7/EG und 98/27/EG; ABl. C 385 v. 11.12.1998, S. 10.
39 Verordnung/EG Nr. 44/2001 des Rates v. 22.12.2000 über die gerichtliche Zuständigkeit und die Anerkennung und Vollstreckung von Entscheidungen in Zivil- und Handelssachen; ABl. L. 12 v. 16.01.2001, S. 1.
40 Vorschlag für eine Verordnung des Rates über die gerichtliche Zuständigkeit und die Anerkennung und Vollstreckung von Entscheidungen in Zivil- und Handelssachen; ABl. C 146 v. 17.05.2001, S. 94.
41 Vorschlag für eine Verordnung des Rates über die gerichtliche Zuständigkeit und die Anerkennung und Vollstreckung von Entscheidungen in Zivil- und Handelssachen; ABl. C 146 v. 17.05.2001, S. 98.

vollstreckbar sein sollte.[42] Begründet wurde diese Ablehnung mit verfassungsrechtlichen Problemen innerhalb einiger EU-Mitgliedstaaten, dem Mangel an den nötigen Strukturen für die Durchführung von alternativen Streitbeilegungsverfahren und Problemen im Verhältnis dieser Verfahren zu gerichtlichen Verfahren, z. B. auch im Bereich der Verjährung.[43] Rat und Kommission wiesen aber in einer gemeinsamen Erklärung[44] auf die Bedeutung der alternativen Streitbeilegung hin.

14 Die **Entwicklungen bis zum Jahre 2000** zeigen, dass es bereits konkrete Bestrebungen gab, Verfahren über alternative Streitbeilegung innerhalb der EU und in den unterschiedlichen EU-Mitgliedstaaten zu etablieren. Es handelte sich dabei allerdings um Verfahren, bei denen die Verfahrensverantwortlichen immer eine Entscheidungskompetenz besaßen und somit den klassischen gerichtlichen Verfahren ähnlicher waren als einem Mediationsverfahren. Innerhalb der EU-Organe hielt man zu dieser Zeit gedanklich noch an den zu einem Rechtsstaat gehörenden gerichtlichen Verfahrensstrukturen fest und dachte weniger an selbstständige, freiwillige und insbesondere eigenverantwortliche Streitbeilegungsverfahren, wie die Mediation. Die Ursache, Mediation noch auszuklammern, bestand in dem Dilemma, in dem sich der europäische Gesetzgeber befand: einerseits war es seine Pflicht, den freien Personenverkehr und das reibungslose Funktionieren des Binnenmarktes innerhalb der EU über die Ländergrenzen hinweg zu gewährleisten und andererseits durfte bei grenzüberschreitenden Konflikten das grundlegende Prinzip des freien Zugangs zum Recht für jeden EU-Bürger nicht dadurch gefährdet werden, dass es kein einheitliches Recht innerhalb der EU gibt. Mangels einheitlichem materiellen Rechts sowie Fehlens eines einheitlichen Verfahrensrechts konnte der europäische Gesetzgeber nicht zulassen, dass die Verwirklichung der Freiheitsrechte der EU-Bürger zwar zu einer Stärkung der Rechte des einzelnen EU-Bürgers führt, gleichzeitig aber Konflikte aus eben diesen neu gewonnenen Rechten nicht beherrscht werden konnten.

---

42 Vorschlag für eine Verordnung des Rates über die gerichtliche Zuständigkeit und die Anerkennung und Vollstreckung von Entscheidungen in Zivil- und Handelssachen; ABl. C 146 v. 17. 05. 2001, S. 100.
43 Grünbuch 2002, S. 22.
44 Gemeinsame Erklärung des Rates und der Kommission zu den Artikeln 15 und 73 der Verordnung aufgenommen in das Protokoll v. 22.12.2000, vgl. Grünbuch 2002, S. 12.

I. Europäische Regelungen

Daher war der europäische Gesetzgeber gezwungen, über alternative Streitbeilegungsverfahren nachzudenken. Es handelt sich hier um das Spannungsfeld, Freiheitsrechte durch den Abbau nationalstaatlicher Schranken zu gewähren, die EU-Mitgliedstaaten aber nicht zeitgleich zur Anpassung des Rechts oder auch zur Einigung auf einheitliche Rechtssysteme anhalten zu können. Alternative Streitbeilegungsverfahren füllen somit ein von der EU und deren Mitgliedstaaten geschaffenes rechtsstaatliches Vakuum aus.

3. Grünbuch 2002

Am 29. Mai 2000 wurde die Kommission vom Europäischen Rat[45] beauftragt, bis spätestens 2001 ein Grünbuch über alternative Verfahren zur Streitbeilegung im Zivil- und Handelsrecht unter Ausschluss der Schiedsverfahren einschließlich einer Analyse der gegenwärtigen Lage in den EU-Mitgliedstaaten vorzulegen, dem sich ein Beratungsprozess mit dem Ziel, konkrete Maßnahmen einzuleiten, anschließen sollte.

a) Inhalt

Die Kommission hat daraufhin eine **Bestandsaufnahme** in den EU-Mitgliedstaaten durchgeführt. Dabei sollte die bereits vorhandene Verankerung von ADR-Verfahren in Form gesetzlicher Rahmenregelungen oder als zivilprozessuale Möglichkeit, die neben bereits anhängigen Gerichtsverfahren genutzt wurden, festgestellt werden. Das »Grünbuch über alternative Verfahren zur Streitbeilegung im Zivil- und Handelsrecht«[46] wurde am 19.4.2002 von der Kommission der Europäischen Gemeinschaft vorgelegt. Darin wurde u.a. festgestellt, dass es zum damaligen Zeitpunkt in den Mitgliedstaaten gesetzliche Rahmenregelungen weder zu gerichtlichen noch zu außergerichtlichen ADR-Verfahren gab und nur in wenigen Staaten geplant waren, aber in zahlreichen Staaten bereits Pilotprojekte zu gerichtlichen ADR-Verfahren existierten.[47] Das Grünbuch 2002 regte an, die bereits vorhandenen Initiativen zu außergerichtlichen Streitbeilegungsverfahren im Bereich der grenzüber-

---

45 Alternative Streitbeilegungsverfahren im Zivil- und Handelsrecht – Schlussfolgerungen, S. 5; in Mitteilungen an die Presse über 2266. Tagung des Rates Justiz und Inneres v. 29.05.2000; 8832/00 (Presse 183).
46 KOM (2002) 196, endgültig, nachfolgend »Grünbuch 2002«.
47 Grünbuch 2002, S. 14f. mit zahlreichen Hinweisen.

schreitenden Familienstreitigkeiten zu nutzen und auch auf dem Gebiet des Arbeitsrechts »Maßnahmen zur Förderung von ADR« zu ergreifen.[48]

18 Als wesentliche Aspekte für die Beurteilung von ADR-Verfahren wurden Fragen im Zusammenhang mit dem Zugang zum Recht für jedermann, über die »Reichweite der Vertragsklauseln zur Inanspruchnahme von ADR, Verjährungsfristen, Vertraulichkeit, Wirksamkeit von ADR und die Verantwortung der ADR-Verantwortlichen«[49] identifiziert. So sah die Kommission die Frage, ob eine **Verpflichtung zur Teilnahme** an einem ADR-Verfahren zulässig sein sollte, sehr kritisch. Denn zum einen würde dies das den Parteien zustehende Recht (im Sinne von Art. 6 Abs. 1 EMRK und Art. 47 Charta der Grundrechte der Europäischen Union[50]) auf freien Zugang zur Justiz nehmen und zum anderen hinge »der Erfolg des Verfahrens von der Kooperationsbereitschaft der Beteiligten« ab.[51] Der freie Zugang zur Justiz sei zudem genommen oder erschwert, wenn bei einem Rückgriff auf ADR-Verfahren Klage- und Verjährungsfristen weiterlaufen würden. Zur Förderung der alternativen Streitbeilegung wäre somit eine Änderung der zivilprozessrechtlichen Verjährungsfristen erforderlich.[52]

19 Besonderen Raum nahmen die Ausführungen zu den **Fragen der Qualitätsnormen** ein. So sei ADR »zwar flexibel«, doch müssten gewisse Qualitätsnormen und Verfahrensgrundsätze beachtet werden.[53] Es solle gewährleistet werden, »dass ADR den Parteien gewisse Mindestgarantien wie Unabhängigkeit, Unparteilichkeit, Transparenz, Effizienz und Achtung des Rechts bietet. Dadurch wird die Glaubwürdigkeit der Organe gestärkt, die diesen Kriterien entsprechen.«[54] Wobei diese Prinzipien strenger sein sollten, wenn der ADR-Verantwortliche bei den Verhandlungen formell interveniert und aktiv an der Lösungssuche beteiligt ist. Denn dann müssten auch die Prinzipien eines kontradiktorischen[55] Verfahrens Berücksichtigung finden. Diese Verfahrens-

---

48 Grünbuch 2002, S. 23 – 25, auf die dortige Übersicht wird verwiesen.
49 Grünbuch 2002, S. 27.
50 Grünbuch 2002, S. 27.
51 Grünbuch 2002, S. 28.
52 Grünbuch 2002, S. 29.
53 Grünbuch 2002, S. 30.
54 Grünbuch 2002, S. 30.
55 Das bedeutet u. a. uneingeschränkte Transparenz über das Vorgehen der anderen Partei, Kenntnis von allen Dokumenten und Beweisen.

I. Europäische Regelungen

garantien könnten gesetzlich oder in Form von Verhaltenskodizes bzw. berufsethischen Regeln festgelegt werden.[56] Festgestellt wurde ferner, dass wichtigste Voraussetzung für den Erfolg von ADR-Verfahren ein hohes Maß an Vertraulichkeit im Hinblick auf die schriftlich oder mündlich ausgetauschten Informationen sei. So sollten entsprechende Informationen bei einem späteren Schieds- oder Gerichtsverfahren als Beweismittel nicht zugelassen werden. Diese Vertraulichkeit werde von den Parteien, wie auch von den ADR-Verantwortlichen eingefordert, die auch in derselben Sache grundsätzlich nicht als Zeugen oder Schiedsrichter heranzuziehen seien, falls das ADR-Verfahren scheitern sollte.[57] Als unbedingt erforderlich wurde die Notwendigkeit gesehen, dass die in einem ADR-Verfahren getroffene Vereinbarung auch dauerhaft Gültigkeit erlange und nicht bei Gericht angefochten werde. Hier wurde angeregt, eine Vereinbarung erst nach einer bestimmten Bedenkzeit zu unterzeichnen oder diese nach Ablauf einer Rücktrittsfrist wirksam werden zu lassen. Auch wurde die Möglichkeit gesehen, die Vereinbarung nach einer Anerkennungsfrist überprüfen und gleichzeitig durch einen Notar oder Richter als Vollstreckungstitel bestätigen zu lassen.[58] Die Effizienz der ADR-Verfahren werde gerade bei grenzüberschreitenden Streitigkeiten maßgeblich von der rechtlichen Bewertung der Tragweite der erzielten Einigung abhängen, die in den EU-Mitgliedstaaten sehr unterschiedlich sei. So sei es nicht nur notwendig, dass die in einem ADR-Verfahren erzielten Vereinbarungen mit einem Vollstreckungstitel versehen würden, sondern dass dieser Vollstreckungstitel auch von einer staatlich anerkannten Stelle, z. B. einem Gericht oder einem Notar, erteilt werde.[59]

Im Hinblick auf die **Ausbildung der ADR-Verantwortlichen**, z. B. des Mediators oder Richters, wurde festgestellt, dass die Qualität der alternativen Streitbeilegung in erster Linie von der Kompetenz der Personen abhänge, die diese Verfahren leiten, und dass daher deren Fachausbildung für die »Leistungsfähigkeit der ADR, ihre Qualität und damit für den Schutz der ADR-Nutzer« eine »herausragende Rolle« spiele.[60] Das beinhalte auch Fortbildung, Zulassung und Zertifizierung, Aufstellen von Verhaltenskodizes und Verfah-

20

---

56 Grünbuch 2002, S. 31.
57 Grünbuch 2002, S. 32.
58 Grünbuch 2002, S. 33, 34.
59 Grünbuch 2002, S. 34, 35.
60 Grünbuch 2002, S. 36, 37.

rensregeln, insbesondere dann, wenn die ADR-Verantwortlichen keinem »reglementierten Berufsstand« angehören.[61] So haben die EU-Mitgliedstaaten dafür zu sorgen, dass es »Mindestgarantien für die Qualifikation der ADR-Verantwortlichen gibt.«[62] Abschließend wurde die Frage nach der Haftung der ADR-Verantwortlichen gestellt, wenn diesen z. B. Unregelmäßigkeiten, wie einen Verstoß gegen die Vertraulichkeitspflicht oder die Parteinahme zugunsten eines Beteiligten, vorgeworfen werden können.[63]

b) Gründe für den Regelungsbedarf

21 Das Grünbuch 2002 war u. a. eine **Bestandsaufnahme über Notwendigkeit und Anwendung** alternativer Streitbeilegungsverfahren in den EU-Mitgliedstaaten. Die eigentliche Bedeutung des Grünbuchs 2002 lag darin, dass man Regularien identifizieren wollte, die notwendig erschienen, um alternativen Streitbeilegungsverfahren bei grenzüberschreitenden Fällen im Ergebnis eine ähnliche rechtliche Wirkung zu geben wie nationalen gerichtlichen Verfahren. Dabei handelt es sich ganz wesentlich um die Fragen der Durchsetzbarkeit einer Entscheidung oder einer Einigung in einem ADR-Verfahren, also die Vollstreckbarkeit. Denn der Wert einer gerichtlichen Entscheidung wurde neben der rechtsstaatlichen Entscheidung in der Möglichkeit gesehen, das Ergebnis eines gerichtlichen Verfahrens auch mit staatlichen Sanktionen durchsetzen zu können. Dies auch für eine Entscheidung oder Vereinbarung in einem ADR-Verfahren zu gewährleisten, musste daher im Interesse des EU-Gesetzgebers liegen, um solchen Verfahren nicht von vornherein eine geringere Qualität als den Gerichtsverfahren zu geben. Weiterhin muss den Parteien der zwar mühevolle und schwierige, aber für internationale Streitigkeiten bereits vorhandene Rechtsweg für den Fall des Scheiterns der alternativen Streitbeilegung eröffnet bleiben. Dies setzt Änderungen der Verjährungsvorschriften in den EU-Mitgliedstaaten voraus.

22 Warum die Europäische Kommission und der europäische Gesetzgeber eine Bestandsaufnahme in Form eines Grünbuches als notwendig ansahen, hatte folgenden **Grund:** Einerseits wollte man nach Gestaltung eines einheitlichen Wirtschafsraums und der zwischenzeitlich auch erreichten Schaffung eines

---

61 Grünbuch 2002, S. 37.
62 Grünbuch 2002, S. 37.
63 Grünbuch 2002, S. 38.

I. Europäische Regelungen

Raums der Freiheit, der Sicherheit und des Rechts[64] durch den weiteren Abbau nationalstaatlicher Schranken die Grundrechte der EU-Bürger, z. B. auf Niederlassungsfreiheit innerhalb der EU und den freien Binnenmarkt weiter ausbauen und stärken. Dies erforderte aber zumindest in bestimmten Bereichen ein Rechtsinstrumentarium, das anders als der Wirtschafsverkehr nicht vor Staatsgrenzen Halt macht. Da der europäische Gesetzgeber sich am vorhandenen EU-Recht, den allgemeinen Grundsätzen der Rechtsstaatlichkeit und den grundsätzlichen Rechtsprinzipien auszurichten hatte, wurde dort sein Handeln, die Ziele und Grundrechte der EU-Bürger durchzusetzen, eingeschränkt, wo ihm die grenzüberschreitende Gesetzgebungskompetenz fehlte. Diesem Rechtsvakuum, die EU-Mitgliedstaaten nicht zur Anpassung ihres nationalstaatlichen Rechts oder zur Einigung auf einheitliche EU-Rechtssysteme anhalten zu können, dem man auch nicht mit bereits bestehenden internationalen Rechtsvorschriften ausreichend und angemessen begegnen konnte, musste man pragmatisch begegnen, wenn man die Stärkung der persönlichen Freiheitsrechte des Einzelnen in einem freien Binnenmarkt weiter fördern wollte.

Eine solche rein pragmatische Lösung bieten die ADR-Verfahren in diesem Zusammenhang an. Auch wenn grundsätzlich das Handeln der EU-Kommission und des EU-Gesetzgebers rechtlichen Vorgaben folgt, was auf dem Weg bis zum Erlass der EUMed-RL immer deutlicher wurde, ist hierin das eigentliche Interesse an ADR-Verfahren zu sehen, ein **Interesse**, das sich am **europäischen Gemeinwohl** ausrichtet.

c) Diskussion über Grünbuch 2002

Das Grünbuch 2002 enthielt einen **Katalog von 21 Fragen** und interessierte Kreise, Verbände, berufsständige Organisationen waren eingeladen, diese zu beantworten sowie allgemeine Stellungnahmen abzugeben. Bereits bis zum 31. Januar 2003 hatten 160 »Regierungen von Mitgliedstaaten und Drittländern, verschiedene EU-Ausschüsse, Anbieter allgemeiner oder spezieller ADR-Leistungen (Einzelpersonen oder Vereinigungen), Schulungs- oder Informationsstrukturen im Bereich ADR, Hochschulen, Richter, Anwaltskam-

---

[64] Zur Definition dieser Begriffe vgl. Aktionsplan des Rates und der Kommission zur bestmöglichen Umsetzung der Bestimmungen des Amsterdamer Vertrags über den Aufbau eines Raums der Freiheit, der Sicherheit und des Rechts v. 03. 12. 1998; ABl. C 19 v. 23. 01. 1999, S. 1.

mern und -kanzleien, Notariate, Handelskammern, Berufsverbände, Handelsgesellschaften und Verbraucherverbände«[65] den Fragenkatalog beantwortet und Stellungnahmen abgegeben. Bei einer Anhörung am 21. Februar 2003 wurde mit der Kommission und ca. 200 Teilnehmern über die Stellungnahmen und das Grünbuch diskutiert.

25 Der **Tenor der Reaktionen** war grundsätzlich **positiv**; u. a. wurde festgestellt: »die ADR-Verfahren sind per se von Nutzen und müssen nicht unbedingt als Lösung für die Probleme im Zusammenhang mit dem Zugang zum Recht angesehen werden.«[66] Insbesondere EU-Institutionen wiesen in ihren Stellungnahmen häufig auf die grundsätzliche Bedeutung des Prinzips der Rechtsstaatlichkeit hin und dass europäische Reglungen über ADR nicht zu einer Beeinträchtigung des Grundrechts der Bürger auf freien Zugang zum Recht und zur Justiz führen,[67] ihnen also nicht das »*right to their day in court*« entzogen werden dürfe.[68]

26 Dem stand die eher einem **pragmatischen Ansatz** folgende Überzeugung der Rechtsanwaltschaft gegenüber, dass ADR als Verfahren nur als Ausdruck der Vertragsfreiheit zu sehen sei und die Entscheidung über die Durchführung eines solchen Verfahrens sehr wohl durch die beratenden Rechtsanwälte getroffen werden sollte.[69] Diese Betonung der in Art. 2 Abs. 1 GG verfassungs-

---

65 Zusammenfassung der Antworten zum Grünbuch über alternative Verfahren zur Streitbeilegung im Zivil- und Handelsrecht v. 31.01.2003 (nachfolgend: Antworten zum Grünbuch 2002).
66 Antworten zum Grünbuch 2002, S. 1.
67 Opinion of the Committee on Citizens Freedoms and Rights, Justice and Home Affairs for the Committee on Legal Affairs and the Internal Market on the Commission Green Paper on alternative dispute resolution in civil and commercial law, 18.02.2003; Verordnung/EG Nr. 44/2001 des Rates v. 22.12.2000 über die gerichtliche Zuständigkeit und die Anerkennung und Vollstreckung von Entscheidungen in Zivil- und Handelssachen; ABl. L. 12 v. 16.01.2001, S. 1; Report on the Commission Green Paper on alternative dispute resolution in civil and commercial law of the Committee on Legal Affairs and the Internal Market, 21.02.2003.
68 Report on the Commission Green Paper on alternative dispute resolution in civil and commercial law of the Committee on Legal Affairs and the Internal Market, 21.02.2003.
69 Response of the CCBE to the European Commission's Green Paper, Verordnung/ EG Nr. 44/2001 des Rates v. 22.12.2000 über die gerichtliche Zuständigkeit und

I. Europäische Regelungen

rechtlich geschützten allgemeinen Handlungsfreiheit der Parteien (Privatautonomie) steht dem Prinzip der Rechtsstaatlichkeit und des freien Zugangs zur Justiz nicht entgegen, sondern sieht darin eine den Parteien nie zu nehmende Möglichkeit, ihre Konflikte selber ohne staatliche Aufsicht oder Reglementierung so zu lösen, wie es tagtäglich mit den meisten Konflikten geschieht, nämlich untereinander.

Übereinstimmung zeigten die Stellungnahmen in der Auffassung, dass der Gegenstand einer Regelung sowohl fachliche als auch soziale Aspekte beinhaltet und die Debatte daher nicht nur juristisch, sondern auch politisch ausgerichtet sei.[70] Zur Frage, welche Regelungen getroffen werden müssten, gab es allerdings keine Präferenzen; insoweit sind die Ansichten vielmehr »*auffallend verschieden.*«[71] So wurde vorgeschlagen, dass man sich bei einer zukünftigen Richtlinie auf ADR-Formen – meist war Mediation gemeint – beschränken sollte, bei denen der ADR-Verantwortliche die Parteien bei der Lösungssuche unterstützt, aber keine eigenen Lösungsvorschläge macht.[72] 27

Interessant war die Feststellung, dass in den **EU-Mitgliedstaaten** die **Ausgangssituationen** in Bezug auf ADR-Verfahren sehr **unterschiedlich** seien. Wenig Bedarf an einer Weiterentwicklung der ADR-Verfahren hatte man in den Mitgliedstaaten, in denen die Gerichtsverfahren Zeit und Kosten effizient sind. Dort, wo dagegen das Justizsystem nicht ausreichend effizient ist und man über kaum entwickelte ADR-Verfahren verfügt, wurde eine EU-Richtlinie als erforderlich angesehen.[73] Viele waren der Auffassung, dass das, was auf nationaler Ebene im Bereich ADR schon erreicht worden sei, weder zur Disposition gestellt werden dürfte, noch sollte durch eine Richtlinie die Vertragsfreiheit der Parteien beeinträchtigt werden.[74] 28

Eine Mehrheit befürwortete, dass die **einzelnen Bereiche** (z. B. Zivil-, Handels-, Familiensachen) differenziert behandelt werden sollten (»*one does not fit all*«), wogegen andere eher einen **globalen Ansatz** im Rahmen von allgemei- 29

---

  die Anerkennung und Vollstreckung von Entscheidungen in Zivil- und Handelssachen; ABl. L. 12 v. 16.01.2001, S. 2, 3.
70 Antworten zum Grünbuch 2002, S. 1.
71 Antworten zum Grünbuch 2002, S. 1.
72 Antworten zum Grünbuch 2002, S. 1.
73 Antworten zum Grünbuch 2002, S. 2.
74 Antworten zum Grünbuch 2002, S. 3.

nen Grundsätzen vorschlugen, die für die unterschiedlichen Bereiche spezielle Regelungen vorsehen könnten.[75] Es wurde auch die Auffassung vertreten, dass ein Vorgehen durch die EU überhaupt nicht gerechtfertigt sei und sich die Frage nach einer Richtlinie zur Inanspruchnahme von ADR-Verfahren nicht stelle, da diese Verfahren ihre überzeugendste Wirkung hätten, wenn sie auf freiwilliger Basis durchgeführt würden und die Parteien jederzeit Verhandlungen beenden und sich an einen Richter oder Schiedsrichter wenden könnten.[76] Daher befürworteten einige die Verbindlichkeit einer ADR-Klausel, so dass ein gerichtliches oder schiedsgerichtliches Verfahren nur direkt in Anspruch genommen werden kann, wenn vorher das ADR-Verfahren eingeleitet wurde. Andere wollten ein ADR-Verfahren allein auf freiwilliger Basis durchführen.[77] Auch wurde eine Harmonisierung der einzelstaatlichen Rechtsvorschriften gefordert, damit die ADR-Klauseln in den EU-Mitgliedstaaten in rechtlicher Hinsicht gleichwertig seien.[78] Unterschiedliche Ansichten gab es auch hinsichtlich der berufsethischen Regeln. Einige hielten EU weite Regeln, einen europäischen Verhaltenskodex, eine ADR-Charta oder Mediationsregeln, für wünschenswert, andere wollten zwar vergleichbare Regeln, die aber von den einzelnen Berufsverbänden festgelegt werden sollten.[79]

30 Daneben wurden verschiedenen Vorschläge und Anmerkungen zu Fragen der Verjährung, eines möglichen Rücktritts oder der Einräumung einer Bedenkzeit vor Gültigkeit einer ADR-Vereinbarung und deren anschließender Vollstreckbarkeit sowie der Haftung der ADR-Verantwortlichen gemacht.[80]

d) Stellungnahmen zum Grünbuch

31 Die **Bundesrechtsanwaltskammer** hat im Februar 2003 in einer Stellungnahme[81] u. a. die These vertreten, dass es bei einer stärkeren Inanspruchnahme von ADR-Verfahren nicht um »*die Förderung einer bestimmten Form von Konfliktbehandlung*«, sondern um »*die Optimierung des Systems der Streitbear-*

---

75 Antworten zum Grünbuch 2002, S. 3.
76 Antworten zum Grünbuch 2002, S. 3.
77 Antworten zum Grünbuch 2002, S. 4.
78 Antworten zum Grünbuch 2002, S. 5.
79 Antworten zum Grünbuch 2002, S. 6.
80 Antworten zum Grünbuch 2002, S. 4, 5, 7, 8.
81 Ausschuss Mediation und ZPO/GVG-Ausschuss der Bundesrechtsanwaltskammer, Februar 2003; (nachfolgend: Stellungnahme BRAK Februar 2003).

I. Europäische Regelungen

beitung insgesamt« bei gleichzeitiger besonderer Hervorhebung der Mediation gehen sollte.[82] Hinsichtlich des Umfangs der rechtlichen Regulierung hieß es: *»So viel Gesetzgebung wie nötig, so wenig Gesetzgebung wie möglich.«*[83] Außerdem wurde empfohlen, dass das Gebot der Durchführung einer Mediation vor Beginn eines Gerichtsverfahrens eine prozesshindernde Einrede sein sollte, da dies die *»effektivste Sanktion zur Durchsetzung einer Mediationsabrede«*[84] sei.

Auch andere Gruppen, wie die Bundes-Arbeitsgemeinschaft für Familien-Mediation (**BAFM**)[85] und der Bundesverband **Deutscher Psychologinnen und Psychologen** gaben Stellungnahmen ab.[86] So wurde die Zusammenarbeit von Anwälten mit anderen Berufsgruppen, insbesondere Psychologen, und die Beseitigung der rechtlichen Hindernisse (z. B. anwaltliches Standesrecht) als »intelligente Verzahnung« vorgeschlagen.[87] Der **Deutsche Richterbund**[88] sprach sich für alternative Streitbeilegungsverfahren, die allerdings nicht zwingend sein sollten, aus. 32

Die **europäischen Notare** (Conférence des Notariats de l'Union Européenne – CNUE) hoben die besondere Fähigkeiten der Notare hervor und meinten in Verkennung der Mediation: »Notare haben in der Streitbeilegung und in der Mediation schon immer eine entscheidende Rolle gespielt.[89] Der 33

---

82 Stellungnahme BRAK Februar 2003, S. 2, 5.
83 Stellungnahme BRAK Februar 2003, S. 2, 5.
84 Stellungnahme BRAK Februar 2003, S. 10.
85 Stellungnahme der Bundes-Arbeitsgemeinschaft für Familien-Mediation (BAFM) zum Grünbuch der EU über alternative Verfahren zur Streitbeilegung v. 27.09.2002, S. 4, erhältlich über die BAFM in Berlin; (nachfolgend: Stellungnahme BAFM September 2002).
86 Stellungnahme BAFM September 2002, S. 7.
87 Stellungnahme BAFM September 2002, S. 7.
88 Stellungnahme des Deutschen Richterbundes zum Grünbuch der EU-Kommission über ein europäisches Mahnverfahren und über Maßnahmen zur einfacheren und schnelleren Beilegung von Streitigkeiten mit geringem Streitwert April 2003; zu Frage 40.
89 »Das europäische Notariat möchte betonen, dass der Notar aufgrund seiner öffentlichen Funktion und seiner unparteiischen Beratungstätigkeit in der täglichen Ausübung seines Berufes die Rolle des Mediators übernimmt. Immer, wenn er eine Urkunde erstellt, ist er darum bemüht, die Interessen der Beteiligten auszugleichen, um einen ausgewogenen und rechtmäßigen Vertrag zu erstellen.« vgl. Ant-

Europäische Wirtschafts- und Sozialausschuss,[90] der Ausschusses für bürgerliche Freiheiten, Justiz und Inneres des Europäischen Parlaments[91] und der Ausschusses für Recht und Binnenmarkt des Europäischen Parlaments[92] äußerten übereinstimmend, dass grundsätzlich der Zugang zum Recht neben der uneingeschränkten Niederlassungsfreiheit innerhalb der EU als fundamentale EU-Grundrechte gewährleisten sein müssten. Es dürfe den Bürgern ihr »*right to their day in court*« nicht entzogen werden.[93] Um unterschiedliche Vorschriften in den EU-Mitgliedstaaten unfaire Konsequenzen für die Bürger zu vermeiden, wurde von beiden Ausschüssen ein Mindestmaß an gesetzlichen Vorgaben für ADR für erforderlich gehalten.[94]

34 Zahlreiche **andere öffentliche Institutionen, private Verbände** und Gruppen sowie Privatpersonen[95] aus allen EU-Mitgliedstaaten gaben Stellungnahmen ab. Die britische ADR Group war gegen die Einflussnahme der EU auf die

---

wort v. 18.10.2002 der CNUE auf das Grünbuch über alternative Verfahren zur Streitbeilegung im Zivil- und Handelsrecht KOM(2002) 196 endgültig v. 19.04.2002, S. 1, 2.

90 Opinion of the European Economic and Social Committee on the Green Paper on alternative dispute resolution in civil and commercial law (COM(2002) 196 final).

91 Opinion of the Committee on Citizens‹ Freedoms and Rights, Justice and Home Affairs for the Committee on Legal Affairs and the Internal Market on the Commission Green Paper on alternative dispute resolution in civil and commercial law, 18.02.2003.

92 Report on the Commission Green Paper on alternative dispute resolution in civil and commercial law of the Committee on Legal Affairs and the Internal Market, 21.02.2003.

93 Report on the Commission Green Paper on alternative dispute resolution in civil and commercial law of the Committee on Legal Affairs and the Internal Market, 21.02.2003.

94 Opinion of the Committee on Citizens‹ Freedoms and Rights, Justice and Home Affairs for the Committee on Legal Affairs and the Internal Market on the Commission Green Paper on alternative dispute resolution in civil and commercial law, 18.02.2003; Report of the Committee on Legal Affairs and the Internal Market 2003.

95 Hier sei besonders auf die Stellungnahme von *Butler*, Draft Directive on Mediation, S. 7, hingewiesen, dessen Ergebnis wie folgt lautet: »The Directive is a desirable innovation. It should apply to all disputes, not just to cross-border disputes. There are still serious problems with the details.«.

I. Europäische Regelungen

Durchführung der Mediationsverfahren in Großbritannien.[96] Auch das Britische House of Commons zeigte sich in einer Stellungnahme vom 1. November 2002[97] ablehnend gegenüber einer europäischen Regelung der Mediation und bestätigte damit die ablehnende Haltung der britischen Regierung: »*Government's overall response to the questions posed by the Commission is that the regulation of ADR is to be avoided, and that this view is broadly supported by the other UK respondents to the Green Paper ..(…) We agree with the points made in the reply, in particular that ADR depends on the agreement of the parties, and that to regulate the process at EU level would be inappropriate.*«[98]

Auch **international tätige Wirtschaftskonzerne** setzten sich mit dem Grünbuch 2002 auseinander. Das in den Vereinigten Staaten ansässige CPR International Institute for Conflict Prevention and Resolution (CPR)[99] begrüßte mit großer Unterstützung einiger Mitgliedsunternehmen die Initiative:[100] »*The highly positive and creative approach taken by the Commission in the Green Paper is very much appreciated by CPR and the Endorsing Corporations. We applaud the initiative of the Commission to explore new ways to ensure widespread use of ADR.(…) The Endorsing Corporations have an immediate and vital commercial interest in their relationships with customers, suppliers, trading partners, competitors, regulatory agencies, and other entities with whom occasional disputes are unavoidable, and consider the Green Paper to be a substantial contribution to the discourse of making dispute resolution more efficient, more* 35

---

96 ADR Group am 29.10.2002.
97 Parlament des Vereinigten Königreiches, http://www.publications.parliament.uk.
98 Parlament des Vereinigten Königreiches, http://www.publications.parliament.uk.
99 »CPR Institute for Dispute Resolution (www.cpradr.org) is a nonprofit educational and research organization founded in 1979. It is funded by a coalition of approximately 500 corporations and law firms. CPR's mission is to provide information and services to its membership, and to the public at large, regarding alternatives to litigation of complex private and public disputes. The CPR Corporate Pledge, pursuant to which companies agree to consider alternatives to litigation in disputes with other signatories, has been endorsed on behalf of over 4,000 companies around the world.« vgl. www.cpradr.org.
100 Z.B. Akzo Nobel N.V., British American Tobacco (Holdings) Limited, Fiat S.p.A., General Electric Company, Johnson & Johnson und Nestlé S.A.; vgl. Response to the European Commission‹s Green Paper on Alternative Dispute Resolution in Civil and Commercial Law, International Institute for Conflict Prevention & Resolution; www.cpradr.org.

fair and more conducive to the resumption of mutually beneficial commercial relationships. All of the Endorsing Corporations would like to see substantial growth in commercial ADR in the EU.«[101]

36 Nach Ansicht der CPR sei die geringe Verbreitung der kommerziellen ADR-Verfahren auf die Unkenntnis bei insbesondere kleinen und mittelständischen Unternehmen, die den wirtschaftlichen Vorteil noch nicht erkannt hätten, zurückzuführen und auch staatlichen juristischen Einrichtungen gelinge es nicht, ADR zu verbreiten. Dies wiederum führe nach Ansicht der CPR sogar zu einem »*tangible and measurable brake on economic growth throughout the European Union.*«[102]

37 Das **Council of the Bars and Law Societies of the European Union** (CCBE)[103] kritisierte, dass ADR als reine Verfahrensmethode angesehen würde, um den Bürgern der EU den Zugang zum Recht (»*access to justice project*«)[104] zu gewährleisten. ADR sollte vielmehr als ein »*private autonomy and service delivery project*«[105] gesehen werden, bei dem die Parteien von ihrer Vertragsfreiheit in einem Bereich Gebrauch machen, in dem ansonsten Gerichte oder Schiedsgerichte Entscheidungen treffen. Diese Vertragsfreiheit sei in dem höchst möglichen Maße zu schützen. Schon die Festlegung von Mindeststandards, wie in Österreich oder Ungarn, führe zu einer Überregulie-

---

101 Response to the European Commission‹s Green Paper on Alternative Dispute Resolution in Civil and Commercial Law, International Institute for Conflict Prevention & Resolution, S. 2.

102 Response to the European Commission‹s Green Paper on Alternative Dispute Resolution in Civil and Commercial Law, International Institute for Conflict Prevention & Resolution, S. 3.

103 Council of the Bars and Law Societies of the European Union/Rat der Europäischen Anwaltschaften (CCBE); www.ccbe.org. CCBE vertritt in Europa mehr als 1.000.000 Rechtsanwälte. Mitglieder sind auch die deutsche Bundesrechtsanwaltskammer und der Deutsche Anwaltsverein e.V.

104 Response of the CCBE to the European Commission‹s Green Paper on Alternative Dispute Resolution in Civil and Commercial Law of April 19, 2002, v. 10.10.2002, S. 2, www.ccbe.org.

105 Response of the CCBE to the European Commission‹s Green Paper on Alternative Dispute Resolution in Civil and Commercial Law of April 19, 2002, v. 10.10.2002, S. 2.

rung.[106] Die Entscheidung, ob ein Konflikt vor Gericht ausgetragen oder in der Mediation gelöst werden kann, soll allein von dem beratenden Rechtsanwalt getroffen werden, der auch den Mediator auswählt, das Verfahren überwacht und bewertet, die nötigen Informationen für das Verfahren zusammenträgt und die Mediationsvereinbarung entwerfen sollte.[107]

4. Europäischer Verhaltenskodex für Mediatoren

Bereits am 26. September 2003 bei Beratungen über das weitere Vorgehen kündigte die Europäische Kommission an, dass sie eine Mediationsrichtlinie und einen Verhaltenskodex für Mediatoren erarbeiten werde.[108] Der nächste Schritt auf dem Wege zur EUMed-RL war nun nicht der erste Entwurf einer solchen Richtlinie, sondern die Verabschiedung des angekündigten Verhaltenskodex für Mediatoren, genannt »**Europäischer Verhalteskodex für Mediatoren**« (»European Code of Conduct for Mediators«), der am 2. Juli 2004 von der Europäischen Kommission veröffentlicht wurde – allerdings nicht im Amtsblatt, da der Kodex kein Rechtsakt der EU-Organe ist. Dieser Kodex war in Zusammenarbeit mit zahlreichen interessierten Gruppen, Einzelpersonen und Mediatoren erarbeitet und auf einer Expertentagung auf europäischer Ebene angenommen worden.[109] Er enthielt einen Katalog von Prinzipien über die Kompetenz und Ernennung von Mediatoren, Unabhängigkeit und Unparteilichkeit, Mediationsvereinbarung, Verfahren, Mediationsregelung und Vergütung sowie über Vertraulichkeit. Dazu gehörte u. a. die absolute Unparteilichkeit der Mediatoren (Ziff. 2 des Verhaltenskodex), die Durchführung eines fairen Verfahrens (Ziff. 3.2 des Verhaltenskodex) und die Pflicht des Mediators, alle alles zu tun, damit eine einvernehmliche Einigung der Parteien erreicht werden kann (Ziff. 3.3 des Verhalteskodex). Zahlreiche Mediatoren und Mediationsverbände berufen sich mittlerweile u. a. auf ihren Internetseiten auf den Europäischen Verhaltenskodex für Mediatoren.

38

---

106 Response of the CCBE to the European Commission‹s Green Paper on Alternative Dispute Resolution in Civil and Commercial Law of April 19, 2002, v. 10.10.2002, S. 2.
107 Response of the CCBE to the European Commission‹s Green Paper on Alternative Dispute Resolution in Civil and Commercial Law of April 19, 2002, v. 10.10.2002, S. 2.
108 *Duve* AnwBl. 2004, 1 (3).
109 Ausführungen der Europäischen Kommission.

5. Erster Entwurf der EU-Mediationsrichtlinie 2004

a) Allgemeines

39 Nur wenige Monate nach Erlass des Europäischen Verhaltenskodex für Mediatoren legte die Europäische Kommission am 22. Oktober 2004 einen »**Vorschlag für eine Richtlinie** des Europäischen Parlaments und des Rates über bestimmte Aspekte der Mediation in Zivil- und Handelssachen«[110] (nachfolgend auch nur: Vorschlag) vor, und zwar unter Bezugnahme auf das Grünbuch 2002. Zur Sicherstellung eines besseren Zugangs zum Recht schlägt die Kommission vor, den Zugang zu Streitschlichtung zu erleichtern, indem ein geeignetes Verhältnis zwischen der Mediation und Gerichtsverfahren sichergestellt sowie den Gerichten der Mitgliedstaaten die Möglichkeit gegeben wird, die Anwendung der Mediation aktiv zu fördern.[111] Artikel 1 Abs. 1 des Vorschlags lautet:

> »*Ziel dieser Richtlinie ist ein leichterer Zugang zu Streitschlichtung durch die Förderung der Anwendung der Mediation und die Sicherstellung eines geeigneten Verhältnisses zwischen der Mediation und Gerichtsverfahren.*«[112]

Rechtsgrundlage für den Vorschlag sind Art. 65 EGV, da zivilrechtliche Verfahrensvorschriften betroffen sind.[113] »Die vorgeschlagene Richtlinie ist für das reibungslose Funktionieren des Binnenmarktes erforderlich, da es gilt, den Zugang von Einzelpersonen und Wirtschaftsteilnehmern, die die vier

---

110 Vorschlag für eine Richtlinie des Europäischen Parlaments und des Rates über bestimmte Aspekte der Mediation in Zivil- und Handelssachen v. 22.10.2004; KOM(2004) 718 endgültig 2004/0251 (COD) (nachfolgend: Vorschlag für EU-Med-RL v. 22.10.2004).
111 Bulletin EU 10–2004 Raum der Freiheit, der Sicherheit und des Rechts (11/20).
112 Art. 1 Abs. 1 Vorschlag für EUMed-RL v. 22.10.2004.
113 Vorschlag für EUMed-RL v. 22.10.2004, S. 4.

I. Europäische Regelungen

Freiheiten[114] ausüben, zu Streitschlichtungsverfahren und die Freiheit der Erbringung und Nutzung von Mediationsdiensten zu sichern.«[115]

b) Inhalt

Der Vorschlag enthält eine Begründung und einen Entwurf für eine Richtlinie, der wiederum in 18 Erwägungsgründe und den Text der Richtlinie (11 Artikel) untergliedert ist. Vorschriften über das Mediationsverfahren und die Benennung oder Zulassung von Mediatoren sind darin nicht enthalten, weil man aufgrund der Reaktionen auf das Grünbuch 2002 nicht davon ausging, dass »Rechtsvorschriften die beste Lösung darstellen«[116] würden. Erstmals wird aber die **Mediation** als Streitschlichtungsverfahren wegen ihrer besonderen Vorteile **bewusst hervorgehoben** und gefördert: »Es handelt sich dabei um eine schnellere, einfachere und kostengünstigere Möglichkeit der Streitschlichtung, bei der breiter gefasste Interessen der Vertragsparteien berücksichtigt werden können und die Chance auf Erzeilung einer Vereinbarung, die freiwillig eingehalten wird und ein freundschaftliches und dauerhaftes Verhältnis zwischen den Parteien bewahrt, größer ist.«[117] Wobei dies nach Ansicht der Kommission auch normative Einschränkungen mit sich bringt, denn »die Rolle der Gemeinschaft bei der direkten Förderung der Mediation ist jedoch zwangsläufig beschränkt; die einzige in diesem Vorschlag enthaltene konkrete Maßnahme zur Förderung der Mediation besteht in der Pflicht der Mitgliedstaaten, den Gerichten die Möglichkeit zu geben, den Parteien eine Mediation vorzuschlagen. Die Sicherstellung eines geeigneten Verhältnisses zwischen Mediation und Gerichtsverfahren wird jedoch indirekt zur Förderung der Mediation beitragen.«[118]

40

---

114 Die »vier Freiheiten« garantieren den Bürgern der EU innerhalb der Mitgliedstaaten grundsätzlich freien Personenverkehr (Art. 39–42 EGV) einschließlich Niederlassungsfreiheit (Art. 43–48 EGV), freien Warenverkehr (Art. 23–31 EGV), freien Dienstleistungsverkehr (Art. 49–55 EGV) und freien Kapitalverkehr (Art. 56–60 EGV). Vgl. *Brodocz/Vorländer*, Freiheiten im Europäischen Binnenmarkt.
115 Vorschlag für EUMed-RL v. 22.10.2004, S. 4.
116 Vorschlag für EUMed-RL v. 22.10.2004, S. 2.
117 Vorschlag für EUMed-RL v. 22.10.2004, S. 3.
118 Vorschlag für EUMed-RL v. 22.10.2004, S. 3.

Europäische Regelungen I.

41 Die vorgeschlagene Richtlinie bezweckt **gemeinsame Mindestnormen** in den EU-Mitgliedstaaten über bestimmte wesentliche Aspekte des Zivilverfahrens wie die Aussetzung von Verjährungsfristen, die Vertraulichkeit und die Vollstreckung von Vereinbarungen über die Streitschlichtung vor, um ein geeignetes Verhältnis zwischen der Mediation und Gerichtsverfahren sicherzustellen.[119]

42 Der Vorschlag sieht auch noch vor – was sich später ändern sollte –, dass die Richtlinie **nicht ausschließlich** bei Streitsachen mit **grenzüberschreitenden Bezügen** zur Anwendung kommt. Denn diese Ausschließlichkeit könnte »willkürlich« und »diskriminierend« wirken, da »die Gerichte einigen Parteien eine Mediation allein aufgrund ihres Wohnortes vorschlagen würden«; außerdem, so wird zu Erläuterung weiter ausgeführt,[120] könnte dies zur »Schaffung zweier paralleler Regelungen und möglicherweise sogar unterschiedlicher Standards in Bezug auf die Erbringung und Nutzung von Mediationsdiensten führen«, was den Binnenmarktregeln der EU widersprechen würde.[121] Im Hinblick auf die Grundsätze der »Subsidiarität« und der »Verhältnismäßigkeit« der vorgeschlagenen Richtlinie wird ausgeführt, dass die Form der Richtlinie die »geeignetste Maßnahme darstellt, um bestimmte Ziele zu erreichen, wobei die Form und Mittel zur Erreichung dieser Ziele den Mitgliedstaaten überlassen sind. Der Vorschlag beschränkt sich auf Bereiche, die nur durch rechtliche Maßnahmen geregelt werden können, während Aspekte, für die der Markt geeignete Lösungen bietet, vom Geltungsbereich der Richtlinie ausgenommen wurden.«[122]

43 In den der eigentlichen Richtlinie vorangestellten **18 Erwägungsgründen** werden die Gründe, die sich aus dem Grünbuch 2002, den Stellungnahmen und der Anhörung zu diesem Vorschlag ableiten, sowie dessen Historie dargestellt. So heißt es u. a., dass die Richtlinie »insbesondere in Bezug auf die Erbringung und Nutzung von Mediationsdiensten zum reibungslosen Funktionieren des Binnenmarktes beitragen« soll, wobei die Mediation »eine kos-

---

119 Pressemitteilung der EU-Kommission v. 25. 10. 2004 (IP/04/1288).
120 Vorschlag für EUMed-RL v. 22. 10. 2004; Verordnung/EG Nr. 44/2001 des Rates v. 22. 12. 2000 über die gerichtliche Zuständigkeit und die Anerkennung und Vollstreckung von Entscheidungen in Zivil- und Handelssachen; ABl. L. 12 v. 16. 01. 2001, S. 5.
121 Vorschlag für EUMed-RL v. 22. 10. 2004, S. 6.
122 Vorschlag für EUMed-RL v. 22. 10. 2004, S. 6.

I. Europäische Regelungen

tengünstige und rasche außergerichtliche Form der Streitschlichtung in Zivil- und Handelssachen darstellen (kann), da die Verfahren auf die Bedürfnisse der Parteien abgestellt sind.«[123] In mehreren Erwägungsgründen wird zudem klargestellt, dass die Richtlinie nur Mediationsverfahren betrifft, »aber schiedsrichterliche Entscheidungen wie Schiedsverfahren, Ombudsmannregelungen, Verbraucherbeschwerdeverfahren, Sachverständigenbenennungen oder Verfahren von Stellen, die eine rechtlich verbindliche oder unverbindliche förmliche Empfehlung zur Streitschlichtung abgeben, nicht umfassen« soll.[124] Damit diese Mediationsverfahren nicht als »geringwertigere Alternative zu Gesetzgebungsverfahren« angesehen werden, muss die Vollstreckung von entsprechenden Vereinbarungen in den Mitgliedsstaaten gewährleistet sein, was in allen EU-Mitgliedstaaten ein Verfahren erforderlich macht, »nach dem eine Vereinbarung über die Streitschlichtung in einem Urteil, einer Entscheidung oder Urkunde eines Gerichts oder einer Behörde bestätigt werden kann«, sofern die Vereinbarung nicht gegen europäisches Recht oder innerstaatliches Recht verstößt (Art. 5).[125] Außerdem wird für erforderlich gehalten, dass die zivilrechtlichen Verfahrensvorschriften so geändert werden, dass Verjährungs- oder sonstige Fristen für Ansprüche während der Durchführung eines Streitschlichtungsverfahrens gehemmt sind (Art. 7). Nach dem Wortlaut des Zusatzes »sonstige Fristen« müssen damit auch Klagefristen, z. B. nach § 4 KSchG (3 Wochenfrist zur Erhebung der Kündigungsschutzklage), oder Ausschlussfristen, z. B. § 246 I AktG (1 Monatsfrist zur Anfechtungsklage gegen einen Beschluss der Hauptversammlung einer Aktiengesellschaft) gemeint sein. Der Vorschlag sieht ferner eine Vertraulichkeitspflicht des Mediators vor, nach der der Mediator in einem Zivilverfahren nur aus übergeordneten Erwägungen zum Schutze der öffentlichen Ordnung u. a. nicht über Vorschläge oder Eingeständnisse einer Partei aussagen oder Unterlagen, die zu Zwecken der Schlichtung erstellt wurden, als Beweismittel vorlegen darf (Art. 6).[126] Um dies zu gewährleisten, sind Verfahren zur Qualitätskontrolle für die Erbringung von Mediationsdiensten und für die

---

123 Vorschlag für EUMed-RL v. 22.10.2004, S. 8, Erwägungsgründe (5) und (6).
124 Vorschlag für EUMed-RL v. 22.10.2004, S. 8, Erwägungsgründe (8) »…bei denen zwei oder mehrere Parteien einer Streitsache von einem Mediator unterstützt werden …« Vgl. auch Erwägungsgründe (4), (5), (6), (7), (8), (9), (10), (12), (13) und (14).
125 Vorschlag für EUMed-RL v. 22.10.2004, S. 8, Erwägungsgründe (10).
126 Vorschlag für EUMed-RL v. 22.10.2004, S. 8, Erwägungsgründe (9).

Pielsticker

Europäische Regelungen I.

Ausbildung der Mediatoren sowie die Entwicklung von freiwilligen Verhaltenskodizes auf gemeinschaftlicher und innerstaatlicher Ebene (Art. 4) erforderlich und sollen gefördert werden.[127]

44 Der Beruf des Schlichters oder Mediators für Zivil- und Handelssachen wird aber mit der Richtlinie weder geschaffen noch geregelt. Die **Richtlinie definiert** lediglich den Begriff »**Mediator**« (Art. 2) als eine »dritte Partei, die eine Mediation durchführt, unabhängig von ihrer Bezeichnung oder ihrem Beruf in dem betreffenden Mitgliedstaat und der Art und Weise, in der sie benannt oder um Durchführung der Mediation ersucht wurde« (Art. 2 lit. b)). Die Richtlinie schreibt auch kein einheitliches Schlichtungsverfahren für diesen Bereich vor, da damit nicht das Ziel verfolgt wird, in den EU-Mitgliedstaaten bereits bestehende Streitschlichtungsmechanismen zu ersetzen oder zu harmonisieren. So wird nur der Begriff »Mediation« näher bestimmt (Art. 2 lit. a)). Ganz wesentlich ist auch die Möglichkeit, dass Gerichte die Konfliktparteien auf die Mediation verweisen dürfen (Art. 3).[128]

45 Damit hat der Vorschlag **vier Vorgaben** zum Inhalt: Die Mediatorentätigkeit soll einen geregelten Rahmen erhalten und qualitativ verbessert werden, Mediationsvereinbarungen sollen vollstreckbar gemacht werden können, der Vertrauensschutz soll gewährleistet und die Verjährung während einer Schlichtung gehemmt werden.

c) Stellungnahmen

46 Zahlreiche Institutionen, Gruppen, Verbände und Personen sowie auch Einrichtungen innerhalb der EU haben zu diesem Vorschlag Stellung genommen. Aauf einige Wichtige soll hingewiesen werden.[129]

aa) Art. 65 EGV

47 Der **Juristische Dienst des Rates der Europäischen Kommission**[130] zweifelte, ob die Voraussetzungen für die herangezogene Rechtsgrundlage (Art. 61 lit.

---

127 Vorschlag für EUMed-RL v. 22.10.2004, S. 9, Erwägungsgründe (12) und (14).
128 Vorschlag für EUMed-RL v. 22.10.2004, S. 8, Erwägungsgründe (9).
129 Stellungnahmen von der EU intern und aus dem Deutsch sprachigen Raum.
130 Gutachten des Juristischen Dienstes des Rates der Europäischen Kommission v. 29.11.2004; Dok. 15413/04 JUR 476 JUSTCIV 183 CODEX 1300; es gab auch frühere Gutachten des Juristischen Dienstes des Rates aus den Jahren 1999

I. Europäische Regelungen

c) i.V.m. Art. 65 u. Art. 67 Abs. 1 u. 5 EGV) überhaupt vorlagen. Voraussetzung seien Maßnahmen im Bereich der justiziellen Zusammenarbeit in Zivilsachen mit grenzüberschreitenden Bezügen, soweit diese Maßnahmen für das reibungslose Funktionieren des Binnenmarkts erforderlich sind. Zwar wird Art. 65 EGV weit ausgelegt, aber es ist nicht ausreichend, dass ein innerstaatlicher Rechtsstreit später theoretisch grenzüberschreitende Folgen haben kann. »Die grenzüberschreitenden Bezüge müssen tatsächlich und unmittelbar gegeben sein«.[131]

Es wurde insoweit **kein ausreichender Grund für den Erlass** dieser Richtlinie 48 gesehen, denn es sein nicht festgestellt worden, dass es ohne diese »Gemeinschaftsvorschrift zu einer Verfälschung des Wettbewerbs im Binnenmarkt kommen könnte, die durch die unterschiedliche Funktionsweise der den Parteien in den einzelnen Mitgliedstaaten zur Verfügung stehenden verfahrensrechtlichen Instrumente bewirkt würde.«[132] Der Vorschlag müsse aber geeignet sein, das reibungslose Funktionieren des Binnenmarkts zu erleichtern, indem gute Voraussetzungen für die Streitschlichtung in Zivil- und Handelssachen geschaffen und damit Hindernisse für den freien Waren-, Personen-, Dienstleistungs- oder Kapitalverkehr abgebaut werden, wie es Artikel 65 EGV verlange.[133] Der Mangel an entsprechenden Verfahrensmitteln sei alleine aber noch kein ausreichender Grund für den Richtlinienvorschlag, da die Justiz aller Mitgliedstaaten einen »hohen Wirksamkeitsgrad« habe und im Übrigen sei bisher der Nachweis noch nicht erbracht worden, dass die »derzeitigen Unterschiede in den Rechtsordnungen der Mitgliedstaaten das reibungslose Funktionieren des Binnenmarkts« behinderten.[134]

---

und 2004; vgl. insbesondere das Gutachten v. 11.11.1999, Dok. 11907/99 JUR 379 JUSTCIV 145; Nummer 15, das Gutachten v. 02.03.2004, Dok. 7015/04 JUR 109 JUSTCIV 37, Nummer 16, sowie das Gutachten v. 04.06.2004, Dok. 10107/04 JUR 267 JUSTCIV 80 CODEC 800.

131 Gutachten des Juristischen Dienstes des Rates der Europäischen Kommission v. 29.11.2004, S. 7.
132 Gutachten des Juristischen Dienstes des Rates der Europäischen Kommission v. 29.11.2004, S. 2.
133 Gutachten des Juristischen Dienstes des Rates der Europäischen Kommission v. 29.11.2004, S. 4, 5.
134 Gutachten des Juristischen Dienstes des Rates der Europäischen Kommission v. 29.11.2004, S. 5, 6.

bb) Europäischer Wirtschafts- und Sozialausschuss

49 Der Europäische Wirtschafts- und Sozialausschuss (EWAS)[135] betonte die zentrale Bedeutung einer qualifizierten Ausbildung der Mediatoren, um deren »Autorität und Qualität«[136] zu gewährleisten. Die Ausbildung sollte eine **Mindestharmonisierung** und eine Einheitlichkeit der Ausbildung und der Bestellung der Mediatoren und der Ausübung der Mediatorentätigkeit in den Mitgliedsstaaten gewährleisten.[137]

50 Der Geltungsbereich der Richtlinie sollte in Art. 1 Abs. 2 so erweitert werden, dass Zivilklagen, die sich aus Straf-, Steuer- oder Verwaltungsverfahren ableiten, und die weitere Ausdehnung auch auf Verwaltungs- und Steuerrechtssache nicht von der Anwendung der Richtlinie und der Möglichkeit der Mediation ausgeschlossen sind.[138]

cc) Ausschuss für bürgerliche Freiheiten, Justiz und Inneres

51 Das Europäische Parlament hat über den Ausschuss für bürgerliche Freiheiten, Justiz und Inneres Änderungsanträge[139] verfasst, u. a. weil die Argumentation der Kommission für den Erlass der Richtlinie grundsätzlich nicht »klar genug« erschien.[140] Denn in mehreren Mitgliedstaaten gäbe es bereits Entwicklungen zu alternativen Verfahren der Streitbeilegung. *»Rechtsvorschriften nutzen der Entwicklung der Mediation in den Mitgliedstaaten derzeit nicht.*

---

135 Stellungnahme des Europäischen Wirtschafts- und Sozialausschusses zu dem »Vorschlag für eine Richtlinie des Europäischen Parlaments und des Rates über bestimmte Aspekte der Mediation in Zivil- und Handelssachen«; KOM(2004) 718 endgültig; Abl. C 286 v. 17.11.2005, S. 1; (nachfolgend: Stellungnahme des EWSA v. 08./09.06.2005).
136 Stellungnahme des EWSA v. 08./09.06.2005, Ziff. 4.3.
137 Stellungnahme des EWSA v. 08./09.06.2005, Ziff.3.3, 3.4.
138 Stellungnahme des EWSA v. 08./09.06.2005, Ziff.3.3, 3.4.
139 Stellungnahme des Ausschusses für bürgerliche Freiheiten, Justiz und Inneres für den Rechtsausschuss zu dem Vorschlag für eine Richtlinie des Europäischen Parlaments und Rates über bestimmte Aspekte der Mediation in Zivil- und Handelssachen v. 23.06.2005, 2004/0251(COD); AD\571538DE.doc (nachfolgend: Stellungnahme des Ausschusses für bürgerliche Freiheiten, Justiz und Inneres).
140 Stellungnahme des Ausschusses für bürgerliche Freiheiten, Justiz und Inneres, S. 3.

I. Europäische Regelungen

Diese Richtlinie kann, in angepasster Form, einen Beitrag zum Vertrauen in die Mediation als Alternative zur Rechtsprechung bei grenzüberschreitenden Streitigkeiten leisten.«[141] In »Übereinstimmung mit den Richtlinien der internationalen Mediatorenverbände« sollte die Mediation unter Leitung eines »unabhängigen Mediationssachverständigen« durchgeführt und die abschließenden Mediationsvereinbarungen schriftlich niedergelegt werden.[142] Neben der Festlegung von **Qualitätsstandards** für die Durchführung der Mediation sei es erforderlich, eine **gesonderte** »Beschwerden – und Sanktionsregelung« zu gewährleisten. Denn nur so kann die Mediation eine »vollwertige Alternative zur Rechtsprechung« werden.[143]

dd) Bundesrechtsanwaltskammer

Die Bundesrechtsanwaltskammer begrüßte, dass es sich bei der Richtlinie 52 nicht um »ein umfangreiches Regelwerk für die Mediation oder gar das Mediationsverfahren« handele, sondern lediglich um die »**Ausarbeitung von Grundsätzen**«.[144] Unter Hinweis auf Art. 65 EGV als Rechtsgrundlage für Regelungen bei grenzüberschreitenden Streitigkeiten wurde angeregt, die Richtlinie auch nur auf grenzüberschreitende Fälle zu beschränken.[145] Allenfalls in der »Förderung von freiwilligen Verhaltenskodizies, Ergänzungen und Verbesserungen schon bestehender Veröffentlichungen der Kommission«, »Regelungen zur Wirksamkeit und zur Wirkung von Mediationsklauseln sowie Regelungen zur Vollstreckbarkeit des Mediationsvergleiches«, wobei auch bei der Durchsetzung einer Mediations- oder Schlichtungsvereinbarung »Zu-

---

141 Stellungnahme des Ausschusses für bürgerliche Freiheiten, Justiz und Inneres, S. 3, 4.
142 Stellungnahme des Ausschusses für bürgerliche Freiheiten, Justiz und Inneres, S. 3.
143 Stellungnahme des Ausschusses für bürgerliche Freiheiten, Justiz und Inneres, S. 3.
144 Stellungnahme der Bundesrechtsanwaltskammer zum Vorschlag für eine Richtlinie des Europäischen Parlaments und des Rates über bestimmte Aspekte der Mediation in Zivil- und Handelssachen; KOM (2004) 718 endgültig; Dezember 2005; BRAK-Stellungnahme-Nr. 31/2005, S. 3; (nachfolgend: Stellungnahme BRAK im Dezember 2005).
145 Stellungnahme BRAK im Dezember 2005, S. 4.

rückhaltung« geübt werden sollte sah man einen gemeinsamen und einheitlichen Lösungsansatz auf Gemeinschaftsebene.[146]

ee) Deutscher Anwaltsverein

53 Der Deutsche Anwaltsverein (DAV) **bedauerte**,[147] dass sich die Europäische Kommission in der vorgeschlagenen Richtlinie »vor allem auf das **Zusammenspiel zwischen Mediation und dem Gerichtsverfahren** konzentriert hat.«[148] Die Förderung der außergerichtlichen Streitbeilegung und gleichzeitig der Privatautonomie hätte man »idealerweise« durch die schlichte Empfehlung erreichen können, dass die Mitgliedstaaten das UNCITRAL Model Law on International Commercial Conciliation[149] in national staatliches Recht umsetzen.[150]

54 Einerseits sollten sich an den Vorgaben der Richtlinie ableitende rechtliche Regelungen keinen Einfluss auf Vergleichsbemühungen im Gerichtsverfahren haben und sich auch nicht auf die Gerichtsmediation beziehen.[151] Andererseits sollte bei der Durchführung der Gerichtsmediation die Anwaltschaft in höherem Maße beteiligt sein.[152] Für eine »untragbare Einschränkung der Privatautonomie« hielt der DAV die Überprüfung von außergerichtlich geschlossenen Vergleichen (gemeint waren Mediationsvereinbarungen) im Rahmen der Vollstreckbarkeitserklärung durch die Gerichte, was allenfalls bei

---

146 Stellungnahme BRAK im Dezember 2005, S. 5.
147 Stellungnahme des Deutschen Anwaltsvereins durch den Ausschuss Außergerichtliche Konfliktbeilegung zum Vorschlag für eine Richtlinie des Europäischen Parlaments und des Rates über bestimmte Aspekte der Mediation in Zivil- und Handelssachen, März 2005 (nachfolgend: Stellungnahme des Deutschen Anwaltvereins März 2005).
148 Stellungnahme des Deutschen Anwaltsvereins März 2005, S. 3.
149 UNCITRAL Model Law on International Commercial Conciliation (2002) v. 19.11.2002; Resolution adopted by the General Assembly (A/57/562 and Corr. 1); United Nations Publication Sales No. E.05.V.4, ISBN 92-1-133730-5. Auch dieses Model Law enthält keine Ausbildungsrichtlinien, aber bestimmte Vorgaben für den Verfahrensablauf (Art. 6), u. a. Vertraulichkeit (Art. 9), Beweisverwendung (Art. 10), die Beendigung des Verfahrens (Art. 11).
150 Stellungnahme des Deutschen Anwaltsvereins März 2005, S. 3.
151 Stellungnahme des Deutschen Anwaltsvereins März 2005, S. 5.
152 Stellungnahme des Deutschen Anwaltsvereins März 2005, S. 5.

I. Europäische Regelungen

Verstoß gegen den ordre public zulässig sein sollte.[153] Präferiert wurde vielmehr eine Ausweitung der Anwendung des Anwaltsvergleichs nach § 794 Nr. 4 lit b) ZPO in Verbindung mit §§ 796 a bis 796 c ZPO, womit eine EU-weite Vollstreckungsmöglichkeit zu erreichen sei.[154]

ff) Deutscher Richterbund

Der Deutsche Richterbund stellte fest,[155] dass der europäische Gesetzgeber unter Berücksichtigung des **Subsidiaritätsgebotes** seine Kompetenzen mit Erlass einer entsprechenden Richtlinie **überschreiten** würde.[156] Mit dem Ziel der Richtlinie, in den EU-Mitgliedstaaten einen leichteren »Zugang zu Streitschlichtung durch die Förderung der Anwendung der Mediation und die Sicherstellung eines geeigneten Verhältnisses zwischen der Mediation und Gerichtsverfahren« (Art. 1 der vorgeschlagenen Richtlinie) zu erreichen, sollte nach Ansicht des Deutschen Richterbundes »*unabhängig vom vorhandenen System eine EU-weite einheitliche Nutzung bestimmter Verfahrensweisen*« geschaffen werden, wodurch den Mitgliedstaaten ggf. »*an der Rechtskultur des fraglichen Mitgliedstaats vorbei*« eine bestimmte Form der Streitschlichtung aufgedrängt und vorgeschrieben würde.[157] Abgelehnt wurde die Begründung, dass die Richtlinie auch wegen der Angleichung der Lebensverhältnisse der EU-Mitgliedstaaten nötig sei; denn in den unterschiedlichen einzelstaatlichen Regelungen hinsichtlich der Durchsetzung von gerichtlichen und außergerichtlichen Einigungen sähe man keine ernsthafte Gefährdung von Interes-

---

153 Stellungnahme des Deutschen Anwaltvereins März 2005, S. 6.
154 Stellungnahme des Deutschen Anwaltvereins März 2005, S. 6.
155 Stellungnahme des Deutschen Richterbundes zum Vorschlag für eine Richtlinie des Europäischen Parlamentes und des Rates über bestimmte Aspekte der Mediation in Zivil- und Handelssachen (BR-Drs. 870/04) Dezember 2004 (nachfolgend: Stellungnahme Deutscher Richterbund Dezember 2004) und Stellungnahme des Deutschen Richterbundes zum Vorschlag für eine Richtlinie des Europäischen Parlamentes und des Rates über bestimmte Aspekte der Mediation in Zivil- und Handelssachen – Beantwortung des Fragenkatalogs November 2005 KOM(2004) 718 endgültig (nachfolgend: Stellungnahme Deutscher Richterbund November 2005).
156 Stellungnahme Deutscher Richterbund Dezember 2004 u. Stellungnahme Deutscher Richterbund November 2005; (nachfolgend: Stellungnahmen Deutscher Richterbund Dezember 2004 und November 2005).
157 Stellungnahme Deutscher Richterbund November 2005.

sen.[158] Eine einheitliche Regelung sein nicht zwingend zur Angleichung der Lebensverhältnisse erforderlich, und daher nicht nötig.[159] Als Alternative, die außergerichtliche Streitschlichtung zu fördern, sah der Deutsche Richterbund allein Empfehlungen auszusprechen oder freiwillige Verhaltenskodizies aufzustellen.[160]

56 Ausdrücklich wurde gefordert, dass daneben Modelle der gerichtsinternen Schlichtung nicht ausgeschlossen werden sollten, da diese vom Ansatz her alle Merkmale der Mediation erfüllen.[161]

gg) Schrifttum/Wissenschaft

57 Der Entwurf der Richtlinie wurde **grundsätzlich positiv aufgenommen**, da Verfahrensregeln in der Mediation nötig schienen. Allerdings sollten diese weniger verpflichtend, sondern mehr ergänzender Art und geeignet sein, die Offenheit der Parteien für die Mediation zu fördern und sie bei der Suche nach einer effektiven Lösung unterstützen.[162] Verpflichtend sollten Vorschriften nur dort sein, wo private Vertragsmechanismen nicht effektiv funktionierten.[163]

58 Neben der Mediation sollte auch die Schlichtung Gegenstand der Richtlinie sein, solange gewährleistet sei, dass der Mediator oder Schlichter den Parteien keine Lösung auferlegen könne.[164] Ferner sollte der Terminus »Zivil- und Handelssachen« definiert werden, da nicht erkennbar sei, ob dazu auch arbeits- und verbraucherrechtliche Angelegenheiten gehörten.[165] Kritisch wurde gesehen, dass der Entwurf keinerlei Vorgaben oder Mindeststandards für die Ausbildung der Mediatoren, für anzuwendende Mediationsprinzipien und sonstige Verhaltensregeln für Mediatoren enthielt, sondern diese Regelungen den nationalen Gesetzgebern der EU-Mitgliedstaaten überlassen bleiben sollten.[166]

---

158 Stellungnahmen Deutscher Richterbund Dezember 2004 und November 2005.
159 Stellungnahme Deutscher Richterbund Dezember 2004.
160 Stellungnahme Deutscher Richterbund Dezember 2004.
161 Stellungnahme Deutscher Richterbund Dezember 2004.
162 *Eidenmüller* SchiedsVZ 2005, 124 ff.
163 *Eidenmüller* SchiedsVZ 2005, 124.
164 *Eidenmüller* SchiedsVZ 2005, 125.
165 *Eidenmüller* SchiedsVZ 2005, 125.
166 *Eidenmüller* SchiedsVZ 2005, 126.

I. Europäische Regelungen

Das Gebot, Vertraulichkeit über die in der Mediation offenbarten Informationen zu wahren, sollte sich nicht nur auf zivilgerichtliche Verfahren beschränken, sondern grundsätzlich und auch außerhalb gerichtlicher Verfahren gelten, wurde angeregt.[167]

hh) Britische Advice Services Alliance

Die Advice Services Alliance (ASA),[168] die in Großbritannien zu rechtspolitischen Fragen und Initiativen der Regierung Stellung nimmt, hatte im Dezember 2004 auf Bitten des staatlichen Department for Constitutional Affairs (DCA)[169] die vorgeschlagene Richtlinie kommentiert.[170] Die ASA fürchtete, dass der Einfluss der Richtlinie auf zivilgerichtliche Verfahren viel größer als ursprünglich beabsichtigt sein würde. Es **widerspreche bereits Art. 6 EMRK**, Mediation als ein gesetzlich vorgeschriebenes Verfahren einzuführen.[171]

Daher sollten Parteien in guter Kenntnis über das Mediationsverfahren und aufgrund rechtlicher Beratung selber entscheiden, welches Verfahren sie zur Konfliktlösung wählen.[172] Soweit Mitgliedstaaten Mediation aber durch Anreize oder Sanktionen fördern möchten, sollten zwei wichtige Einwände bedacht werden: Anreize sollten nicht überproportional attraktiv für arme oder sozial ausgegrenzte Bevölkerungsschichten, wie z. B. die Versagung von Prozesskostenhilfe bei nicht vorher durchgeführter Mediation, sein, da dies den Eindruck eines Zwei-Klassen-Rechtssystems, einerseits für Reiche, die unmittelbaren Zugang zu den ordentlichen Gerichten hätten, und für Arme, die

---

167 *Eidenmüller* SchiedsVZ 2005, 127.
168 »The Advice Services Alliance is the umbrella body for independent advice services in the UK. (Its) members are national networks of not-for-profit organisations providing advice and help on the law, access to services and related issues.« Die Mitglieder der ASA repräsentieren wiederum über 2000 Organisationen, die u. a. rechtliche Beratungsdienstleistungen anbieten. Die 1980 gegründete Gesellschaft hat ihren Sitz in London. www.asauk.org.uk.
169 Department for Constitutional Affairs (www.dca.gov.uk) ist heute Teil des Ministry of Justice (www.justice.gov.uk).
170 ASA comments on the proposed EU directive on certain aspects of mediation in civil an commercial matters, v. 22.10.2004; (nachfolgend: ASA comments on the proposed EU directive).
171 ASA comments on the proposed EU directive, S. 3, 4.
172 ASA comments on the proposed EU directive, S. 4.

erst die Mediation durchführen müssten, entstehen lassen könnte. Sanktionen sollten nur möglich sein, wenn eine Mediation aus völlig unangemessenen Gründen verweigert werde, wobei den Parteien bereits vorher bekannt sein müsse, was »unangemessen« in diesem Zusammenhang bedeutet.[173]

62 Mediation sei »*a form of privatised justice*« und daher sei es nötig, dass die Richtlinie **Vorgaben für die Qualität** der Mediatoren und das Mediationsverfahren mache. Dies dem freien Wettbewerb zu überlassen, können nicht gelingen, da es sich bei den Parteien meist um Personen handelte, die nicht auf Erfahrungen mit Mediation und der Auswahl eines Mediators zurückgreifen könnten.[174] Insbesondere seien dies Vorgaben bei Verfahren wichtig, für die besondere Erfahrungen benötigt würden, wie z. B. in Arbeitsstreitigkeiten oder bei einem offensichtlichen Machtungleichgewicht zwischen den Parteien. Für Case Law Länder sei im Übrigen die Frage ganz wesentlich, inwieweit eine Vereinbarung im Rahmen einer Mediation einen Präzedenzfall für ein anschließendes Gerichtsverfahren schaffen könnte.[175]

ii) Eurochambres

63 Die Eurochambres, die Europäische Handelskammer,[176] als Vereinigung von 45 nationalen Handelskammern in ganz Europa hielt es für wichtig,[177] dass der **Zugang zu Mediationsverfahren** verbessert würde:[178] Mediation »*should be a natural part of any conflict solution process between disputing parties.*«[179] Allerdings sollte es sich um ein freiwilliges Verfahren handeln, das nicht durch zu strenge Vorschriften beschränkt wird; vielmehr sollte die Anwendung von Mediation durch weniger verbindliche Gesetzesinitiativen und

---

173 ASA comments on the proposed EU directive, S. 4.
174 ASA comments on the proposed EU directive, S. 4.
175 ASA comments on the proposed EU directive, S. 4.
176 The Association of the European Chambers of Commerce and Industry.
177 Eurochambres Position Paper 2004Preliminary Draft Proposal for a Directive on certain Aspects of Mediation in Civil and Commercial Matters May 2004 (nachfolgend: Eurochambres Position Paper 2004).
178 Die Handelskammer Stockholm sieht allerdings keinen Handlungsbedarf für eine europäische Regelung, wenn die UN das Model Law on International Commercial Conciliation annimmt. Eurochambres Position Paper 2004, S. 2.
179 Eurochambres Position Paper 2004, S. 2.

Projekte gefördert werden.[180] Gleichzeitig sollte die Richtlinie nicht im Widerspruch zum UNCITRAL Model Law on International Commercial Conciliation[181] stehen. Wenn diese Gefahr bereits bei Auslegungsschwierigkeiten der Richtlinie entstehen könnte, so sollte man auf die Richtlinie besser verzichten.[182] Vorgeschlagen wurde, auch Online-Mediation zu berücksichtigen und zu bestimmen, dass eine zwischen den Parteien vereinbarte Mediationsklausel zur Unzulässigkeit eines gerichtlichen Verfahrens führt.[183]

jj) Council of the Bars and Law Societies of the European Union

The Council of the Bars and Law Societies of the European Union (CCBE)[184] wies auf die Art. 3.7.1 des Code of Conduct for European Lawyers hin[185] hin, wonach für jeden Rechtsanwalt, der sich diesen Berufsregeln verpflichtet fühlt, gilt: »*The lawyer (...) should advise the client at appropriate stages as to the desirability of attempting a settlement and/or a reference to alternative dispute resolution.*«[186] CCBE forderte daher, dass die Richtlinie die positive Rolle der Rechtsanwälte in Mediationsverfahren, die diese bei einer ra-

64

---

180 Eurochambres Position Paper 2004, S. 2.
181 UNCITRAL Model Law on International Commercial Conciliation (2002) v. 19.11.2002; Resolution adopted by the General Assembly (A/57/562 and Corr. 1); Auch dieses Model Law enthält keine Ausbildungsrichtlinien, aber bestimmte Vorgaben für den Verfahrensablauf (Art. 6), u.a. Vertraulichkeit (Art. 9), Beweisverwendung (Art. 10), die Beendigung des Verfahrens (Art. 11).
182 Eurochambres Position Paper 2004, S. 2.
183 Proposition de directive du Parlement Europeen et du Conseil sur certains aspects de la mediation en matiere civile et commerciale du 22/10/2004 – Reaction de la Chambre de Commerce et d‹Industrie de Paris v. 24.02.2005 (nachfolgend: Reaction de la Chambre de Commerce et d‹Industrie de Paris).
184 Council of the Bars and Law Societies of the European Union7 Rat der Europäischen Anwaltschaften (CCBE).
185 CCBE Code of Conduct for Lawyers in the European Union Berufsregeln der Rechtsanwälte der Europäischen Union v. 28.10.1988, geändert am 28.11.1998, 06.12.2002 und 19.05.2006.
186 Der deutsche Text lautet: »Der Rechtsanwalt sollte immer danach trachten, (...) den Mandanten zum geeigneten Zeitpunkt dahingehend zu beraten, ob es wünschenswert ist, eine Streitbeilegung zu versuchen oder auf ein alternatives Streitbeilegungsverfahren zu verweisen«.

schen Lösung von Konflikten als Berater oder neutrale Schlichter einnehmen können, erläutern sollte.[187]

65 Wegen möglicher Interessenskonflikte bei Fragen der Vertraulichkeit und der Schweigepflicht und wegen der in manchen Mitgliedstaaten verbreiteten Arbeitsüberlastung der Gerichte hat die CCBE Vorbehalte, dass die Mediation allein von Richtern durchgeführt werden sollten.[188] Mediatoren sollten vielmehr auch bei gerichtlicher Mediation neben den Richtern den unterschiedlichen Berufsgruppen, z. B. Rechtsanwälten, Psychologen und Ingenieuren, angehören und sie sollten Erfahrung mit Mediationsverfahren haben. Die bei Vollstreckbarerklärung von Mediationsvereinbarungen vorgesehene Überprüfung durch die Gerichte, inwieweit diese im Widerspruch zu europäischem oder nationalem Recht stehen, lehnte die CCBE ab und hielt es für ausreichend, wenn Konfliktparteien bei einer Mediation von unabhängigen Rechtsanwälten beraten würden.[189]

kk) Conference of the Notariats of the European Union

66 Auch die Conference of the Notariats of the European Union (CNUE)[190] unterstützte[191] die EU-Initiative, die Anwendung von Mediation durch Privatpersonen wie auch Unternehmen zu fördern, wobei die Anwendungsbereiche nicht eingeschränkt werden sollten.[192] CNUE schlug vor, dass **Mediationsvereinbarungen** durch ein Gericht oder, wo vorhanden, durch einen Notar für **vollstreckbar erklärt** werden sollten.[193] Die Erklärung der Vollstreckbarkeit sei aufgrund des staatlichen Gewaltmonopols ein dem Staat zustehendes Recht, der die Weitergabe dieses Rechts überwachen müsse. Wegen der Wirkungen einer Vollstreckungserklärung sei es ferner erforderlich,

---

187 Response of the CCBE to the European Commission's Green Paper, S. 2.
188 Response of the CCBE to the European Commission's Green Paper, S. 3.
189 Response of the CCBE to the European Commission's Green Paper, S. 3.
190 Conseil des Notariats de l'Union Européenne – Council of the Notariats of the European Union.
191 CNUE responds to the European Parliament's questionnaire regarding the proposal for a directive of the European Parliament and of the Council on certain aspects of mediation in civil and commercial matters (COM/2004/0718 final – COD 2004/0251) (nachfolgend: CNUE Stellungnahme 2005).
192 CNUE Stellungnahme 2005, Ziff. 1 u. 3.
193 CNUE Stellungnahme 2005, Ziff. 6.

I. Europäische Regelungen

Mediationsvereinbarungen auf deren rechtliche Zulässigkeit und inhaltliche Ausgewogenheit im Rahmen der Vollstreckbarkeitserklärung hin zu überprüfen und die Parteien über ihre Rechte und Pflichten und den Umfang ihrer vertraglichen Verantwortung und Bindung zu belehren. Daher stellten die Notare als unabhängige Träger eines öffentlichen Amtes, die zumindest nach deutschem Recht (§ 1 Bundesnotarordnung) für die Beurkundung von Rechtsvorgängen und für andere Aufgaben auf dem Gebiet der vorsorgenden **Rechtspflege** in den Ländern bestellt sind, neben den Gerichten die geborene weitere Institution dar, Mediationsvereinbarungen für vollstreckbar zu erklären.

6. Weitere Entwürfe der EU-Mediationsrichtline

a) Vorschlag vom 29. Juli 2005

Am 29. Juli 2005 kam zu einem weiteren Vorschlag durch den Ausschuss für Zivilrecht,[194] der bereits einige der Stellungnahmen berücksichtigte. So wurde die Anwendung zwar **nicht auf »grenzüberschreitende Konflikte« beschränkt**, obwohl darauf mit guten Argumenten vielfach hingewiesen worden war (s. o.), aber Steuer- und Zollsachen, verwaltungsrechtliche Angelegenheiten und Haftungsfälle des Staates bei Ausübung hoheitlicher Rechte wurden von der Anwendung ausgenommen.[195] Neben redaktionellen Veränderungen gab es zum Teil neue Formulierungen im Hinblick auf die Vollstreckbarkeit einer Mediationsvereinbarung, der Vertraulichkeit (Zulässigkeit von Beweisen) und der Aussetzung von Verjährungsfristen,[196] auf die hier wegen ihrer sehr vorübergehenden Bedeutung nicht näher eingegangen werden soll.

67

b) Entschließung des Europäischen Parlaments vom 29. März 2007

Das Europäische Parlament hat am 29. März 2007 über die vorgeschlagene Richtlinie im Rahmen einer **legislativen Entschließung**[197] abgestimmt und

68

---

[194] Vorschlag für eine Richtlinie des Europäischen Parlaments und des Rates über bestimmte Aspekte der Mediation in Zivil-und Handelssachen v. 29.07.2005, Ausschuss für Zivilsachen (nachfolgend: Vorschlag für EUMed-RL v. 29.07.2005).
[195] Vgl. Art. 1 Vorschlag für EUMed-RL v. 29.07.2005, S. 3.
[196] Vgl. Vorschlag für EUMed-RL v. 29.07.2005.
[197] Legislative Entschließung des Europäischen Parlaments v. 29.03.2007 zu dem Vorschlag für eine Richtlinie des Europäischen Parlaments und des Rates über

Europäische Regelungen I.

den Vorschlag der Europäischen Kommission gestützt auf die Stellungnahme des Europäischen Wirtschafts- und Sozialausschusses vom 8./9. Juni 2005[198] in geänderter Fassung (mit 33 Abänderungen) gebilligt.

69 Das Europäische Parlament hob hervor, dass die Schaffung außergerichtlicher Verfahren eine Verbesserung des grundlegenden Prinzips des Zugangs zum Recht darstelle.[199] Die Richtlinie sollte nun ebenfalls für Verbraucherstreitigkeiten gelten, aber auf grenzüberschreitende Fälle beschränkt werden, wobei den Mitgliedstaaten empfohlen werden sollte, sie auch im Inland anzuwenden, um ein »reibungsloses Funktionieren des Binnenmarktes zu erleichtern«.[200] Trotz gerichtlichem Verweis oder gesetzlicher Verpflichtung zur Mediation sollte den Parteien wegen der Freiwilligkeit der Mediation Recht auf Zugang zur Justiz nicht genommen werden.[201] Um die Mediation nicht als eine »geringerwertige Alternative zu Gerichtsverfahren« anzusehen, wurde der **Anspruch** der Parteien auf **Vollstreckbarkeit** der im Mediationsverfahren **erzielten Vereinbarungen** betont,[202] wobei auf entsprechende bereits bestehenden europäische Verordnungen hingewiesen wurde.[203]

---

bestimmte Aspekte der Mediation in Zivil- und Handelssachen (KOM(2004) 0718 — C6–0154/2004 —2004/0251(COD)); ABl. C. 27 v. 31.01.2008, S. 129 (nachfolgend: Entschließung des Europäischen Parlaments v. 29.03. 2007).

198 Stellungnahme des Europäischen Wirtschafts- und Sozialausschusses zu dem »Vorschlag für eine Richtlinie des Europäischen Parlaments und des Rates über bestimmte Aspekte der Mediation in Zivil- und Handelssachen«; KOM (2004) 718 endg.; ABl. C 286 v. 17.11.2005, S. 1 (nachfolgend: Stellungnahme des EWSA v. 08./09.06.2005).

199 2. Erwägungsgrund, Entschließung des Europäischen Parlaments v. 29.03.2007, S. 130.

200 9. Erwägungsgrund, Entschließung des Europäischen Parlaments v. 29.03.2007, S. 130.

201 10. Erwägungsgrund, Entschließung des Europäischen Parlaments v. 29.03. 2007, S. 131.

202 12. Erwägungsgrund, wie vor, S. 131.

203 Verordnung (EG) Nr. 44/2001 des Rates v. 22.12.2000 über die gerichtliche Zuständigkeit und die Anerkennung und Vollstreckung von Entscheidungen in Zivil- und Handelssachen; ABl. L 12 v. 16.01.2001, S. 1. Zuletzt geändert durch die Verordnung (EG) Nr. 1791/2006 (ABl. L 363 v. 20.12.2006, S. 1). Verordnung (EG) Nr. 2201/2003 des Rates v. 27.11.2003 über die Zuständig-

I. Europäische Regelungen

Die Richtlinie sollte auch auf **familienrechtliche Streitfälle** Anwendung finden, soweit die Parteien gemäß dem Recht des Mitgliedstaats, in dem die Mediation erfolgt, über die entsprechenden Rechte verfügen können.[204] Hinsichtlich Qualifikation der Mediatoren und Verfahrensgrundsätzen wurde konkret auf die Anwendung des Europäischen Verhaltenskodex für Mediatoren vom 2. Juli 2004[205] und die in den Empfehlungen der Kommission vom 30. März 1998 (98/257/EG)[206] und vom 4. April 2001 (2001/310/EG)[207] genannten Kriterien wie Unparteilichkeit, Transparenz, Effizienz, Fairness, Vertretung, Unabhängigkeit, Rechtmäßigkeit und Handlungsfreiheit, aber auch kontradiktorisches Verfahren Bezug genommen; zudem sollten Einrichtungen für die Mediatorenausbildung einem Systems der Zertifizierung unterliegen.[208] Der Text der Richtlinie ist entsprechend dieser Änderungen angepasst worden.[209]

70

c) Politische Einigung auf Richtlinienvorschlag vom 8. November 2007

Dem folgte am 21. September 2007 eine konsolidierte Fassung der Richtlinie durch den Ausschuss für Zivilrecht (alternative Streitbeilegung) des Rates der Europäischen Union, die die vom Ausschuss akzeptierten Änderungen enthielt,[210] und eine weitere Änderung vom 3. Oktober 2007[211] sowie vom

71

---

keit und die Anerkennung und Vollstreckung von Entscheidungen in Ehesachen und in Verfahren betreffend die elterliche Verantwortung; ABl. L 338 v. 23.12. 2003, S. 1. Geändert durch die Verordnung (EG) Nr. 2116/2004 (ABl. L 367 v. 14.12.2004, S. 1).

204 14. Erwägungsgrund, Entschließung des Europäischen Parlaments v. 29.03. 2007, S. 131.
205 S. ZKM 2004, S. 48.
206 Empfehlung der Kommission v. 30.03.1998 betreffend die Grundsätze für Einrichtungen, die für die außergerichtliche Beilegung von Verbraucherrechtsstreitigkeiten zuständig sind; ABl. L 115 v. 17.04.1998, S. 31.
207 Empfehlung der Kommission v. 04.04.2001 über die Grundsätze für an der einvernehmlichen Beilegung von Verbraucherrechtsstreitigkeiten beteiligte außergerichtliche Einrichtungen, ABl. L. 109 v. 19.04.2001, S. 56.
208 16. Erwägungsgrund, Entschließung des Europäischen Parlaments v. 29.03. 2007, S. 132.
209 Insoweit wird auf die Richtlinie verwiesen.
210 Dok. 12690/07 JUSTCIV 230 CODEC 913.
211 Dok. 13290/07 JUSTCIV 243 CODEC 1000.

Europäische Regelungen I.

31. Oktober 2007,[212] die als Kompromissvorschlag dem Europäischen Parlament vorgelegt wurde.

72 Der Rat der Europäischen Union (Justiz und Inneres) erzielte dann am 8./9. November 2007 eine **politische Einigung** über den Entwurf der Richtlinie, mit dem Ziel, »den Zugang zur alternativen Streitbeilegung zu erleichtern und die gütliche Beilegung von Streitigkeiten zu fördern, indem zur Nutzung der Mediation ermutigt und für ein ausgewogenes Verhältnis zwischen Mediation und Gerichtsverfahren gesorgt wird«.[213] Der Text dieses Entwurfes entsprach dem Wortlaut der Verhandlungen mit dem Europäischen Parlament. Noch am selben Tag erklärte die belgische Delegation ihr Bedauern über die Beschränkung des Anwendungsbereichs des Richtlinienvorschlags auf grenzüberschreitende Fälle. Um die Mediation auch in den Ländern zu fördern, die dieses Verfahren noch nicht kennen, sei es nötig, dass die Richtlinie auch auf innerstaatlichen Streitigkeiten angewandt werden könne und so eine Annäherung der Rechtsvorschriften erreicht werde.[214] Die Richtlinie sei nur der erste »Schritt Europas auf dem Gebiet der Mediation« und es sei wichtig, die »Anwendung der Richtlinie zu evaluieren, damit die Anpassungen, die sich als erforderlich erweisen, vorgenommen werden können.«[215]

d) Gemeinsamer Standpunkt des Rates vom 28. Februar 2008

73 Es folgten am 7. Februar 2008[216] und am 28. Februar 2008[217] Entwürfe der Begründung des Europäischen Rates, die wiederum Änderungen und Ergänzungen enthielten. Am 28. Februar 2008 wurde der **Gemeinsame Standpunkt** des Rates zum Entwurf einer Richtlinie über Mediation in Zivil- und Handelssachen[218] **angenommen**. Dieser Entwurf entspricht zum größten

---

212 Dok. 14316/07 JUSTCIV 278 CODEC 1130.
213 Dok. 14316/07 JUSTCIV 278 CODEC 1130 Bulletin der Europäischen Union 11–200.
214 Dok. 14707/1/07 JUSTCIV 293 CODEC 1192.
215 Dok. 14707/1/07 JUSTCIV 293 CODEC 1192.
216 Dok. 15003/07 JUSTCIV 301 CODEC 1225; Dok. 15003/07 ADD 1 JUSTCIV 301 CODEC 1225.
217 Dok. 15003/5/07 REV 5 ADD 1 JUSTCIV 301 CODEC 1225.
218 Gemeinsamer Standpunkt (EG) Nr. 11/2008 v. 28.02.2008, vom Rat festgelegt gemäß dem Verfahren des Artikels 251 des Vertrags zur Gründung der Europäi-

I. Europäische Regelungen

Teil der endgültigen Richtlinie vom 21. April 2008, daher wird dort darauf näher eingegangen werden. Da es in der anschließenden Presseerklärung[219] wiederholend hieß, »Ziel der Richtlinie ist es, den Zugang zur alternativen Streitbeilegung zu erleichtern und die gütliche Beilegung von Streitigkeiten zu fördern, indem zur Nutzung der Mediation angehalten und für ein ausgewogenes Verhältnis zwischen Mediation und Gerichtsverfahren gesorgt wird« könnte dies darauf schließen lassen, dass zu diesem Thema nun alles gesagt worden ist.

Die Europäische Kommission sah es allerdings als notwendig an, dem Europäischen Parlament vor Verabschiedung der Richtlinie den eigenen Standpunkt in einer Mitteilung vom 7. März 2008[220] zu verdeutlichen. So akzeptierte die **Kommission** die begrenzte Anwendung der Richtlinie auf »**grenzüberschreitende**« Fälle, widersprach aber einer **restriktiven Auslegung** dieses Begriffes, da es nach ihrer Ansicht »weder machbar noch wünschenswert war, die Mediation nur bei Streitsachen mit Auslandsberührung zu fördern.«[221] Daher sei der Begriff der »grenzüberschreitenden Streitigkeit so weit wie möglich« zu definieren.[222] Diese Ausweitung sah die Kommission, ohne dies näher zu begründen, bereits in den Regelungen über »Vertraulichkeit der Mediation« (Art. 7 Gemeinsamer Standpunkt vom 28.2.2008) und »Auswirkung der Mediation auf Verjährungsfristen« (Art. 8 Gemeinsamer Standpunkt vom 28.2.2008) als bei den »zwei wichtigsten Artikeln«, was 74

---

schen Gemeinschaft im Hinblick auf den Erlass einer Richtlinie des Europäischen Parlaments und des Rates über bestimmte Aspekte der Mediation in Zivil- und Handelssachen, Abl. C. 122 E v. 20.05.2008, S. 1; Dok. 15003/5/07 REV 5 JUSTCIV 301 CODEC 1225 (nachfolgend: Gemeinsamer Standpunkt v. 28.02.2008).

219 Mitteilung an die Presse, 2853. Tagung des Rates Justiz und Inneres, 28.02.2008, C/08/48 6796/08 (Presse 48).
220 Mitteilung der Kommission an das Europäische Parlament gemäß Artikel 251 Absatz 2 Unterabsatz 2 EG-Vertrag zum gemeinsamen Standpunkt des Rates im Hinblick auf die Annahme einer Richtlinie des Europäischen Parlaments und des Rates über bestimmte Aspekte der Mediation in Zivil- und Handelssachen v. 07.03.2008, KOM(2008) 131 endgültig (nachfolgend: Mitteilung der Kommission v. 07.03.2008).
221 Mitteilung der Kommission v. 07.03.2008, S. 2, 3.
222 Mitteilung der Kommission v. 07.03.2008, S. 3.

eine besonders interessante Hervorhebung ist, als umgesetzt an.[223] Zustimmend hob die Kommission hervor, dass in Abweichung zur früheren Stellungnahme des Europäischen Parlaments nun der Gemeinsame Standpunkt eine Umsetzung der Richtlinie im Wege einer freiwilligen Vereinbarung der Parteien nicht zulässt; denn die Richtlinie werde sich auf das Prozessrecht der Mitgliedstaaten auswirken, das nur in Einzelfällen von den Parteien abbedungen werden kann.[224] Zusammenfassend akzeptierte die Kommission den Gemeinsamen Standpunkt vom 28.02.2008, »da er die wesentlichen Bestandteile ihres ursprünglichen Vorschlags enthält«.[225]

7. EU-Mediationsrichtlinie vom 21. Mai 2008

a) Allgemeines

75 Dem Europäischen Parlament wurde am 13. März 2008 der Gemeinsam Standpunkt vom 28. Februar 2008 nebst Begründung und Stellungnahme der Kommission übermittelt.[226] Bereits am 23. April 2008 wurde dann die Richtlinie 2008/52/EG des Europäischen Parlaments und des Rates über bestimmte Aspekte der Mediation in Zivil- und Handelssachen (»EUMed-RL«) vom Europäischen Parlament[227] verabschiedet. Bei der Aussprache wies die Berichterstatterin, *Arlene McCarthy*, darauf hin, dass das Parlament erst durch die vielen Stellungnahmen der Mediationsexperten und Mediationspraktiker von der Notwendigkeit der Richtlinie überzeugt worden sei und unterstrich diese Notwendigkeit interessanterweise, indem sie auf die Bedeutung der Richtlinie bei **familienrechtlichen Konflikten** hinwies.[228] Weiter führte sie aus:

> *»Mediation can therefore be a valuable tool for citizens to achieve access to justice and potentially reduce the cost of dispute resolution without the often acrimonious process of going to trial. It has the added benefit of freeing up court time for cases that require a*

---

223 Mitteilung der Kommission v. 07.03.2008, S. 3.
224 Mitteilung der Kommission v. 07.03.2008, S. 3.
225 Mitteilung der Kommission v. 07.03.2008, S. 3.
226 Übermittlung von Gemeinsamen Standpunkten des Rates, ABL. C. 113 E v. 08.05.2008, S. 162.
227 ABl. L 136 v. 24.05.2008, S. 3; die Richtlinie wurde am 24.05.2008 im Amtsblatt der Europäischen Union veröffentlicht.
228 *McCarthy*, Plenardebatte des Europäischen Parlaments in Straßburg bei Aussprache über die EU-Mediationsrichtlinie am 23.04.2008.

court judgment. This new law should assist people across Europe in getting quick, affordable access to justice.«[229]

Am 21. Mai 2008 unterzeichneten der Präsident des Europäischen Parlaments und der Präsident des Europäischen Rates die EUMed-RL, die am 24. Mai 2008 im Amtsblatt der Europäischen Union[230] veröffentlicht wurde und am Freitag, den 13. Juni 2008, in Kraft trat.[231]

b) Erwägungsgründe

Die EUMed-RL beschreibt außergerichtliche alternative Verfahren als eine **Erleichterung für den besseren Zugang zum Recht** und damit als Teil des grundlegenden »Prinzips des Zugangs zum Recht«.[232] Zwar steht es den Mitgliedstaaten frei, die EUMed-RL auch auf interne Mediationsverfahren anzuwenden, doch das Ziel ist, ein reibungsloses Funktionieren des Binnenmarktes durch die »Verfügbarkeit von Mediationsdiensten« bei grenzüberschreitenden Streitigkeiten zu gewährleisten.[233] Daher möchte der EU-Gesetzgeber vermeiden, dass die Mediation als eine »geringwertige Alternative zu Gerichtsverfahren« angesehen wird, und legt hohen Wert auf die Durchsetzbarkeit von Mediationsvereinbarungen durch von den Mitgliedstaaten gegenseitig anerkannte Vollstreckungsregeln.[234] Auch die Vorschriften über Vertraulichkeit, die Wirkung auf Verjährungsfristen und nicht zuletzt über die Mindestvorgaben für die Ausbildung von Mediatoren und die Qualitätskontrolle von entsprechenden Ausbildungseinrichtungen sowie der Beachtung von bestimmten Verfahrensgrundsätzen dienen dem Ziel, Vertrauen für die Mediation als Verfahren neben dem Gerichtsverfahren zu schaffen.[235] Da Vertrauen und Anwendungsinteresse Kenntnis voraussetzt, sollen der breiten Öffentlichkeit Informationen über Mediation und Kontaktaufnahme zu Mediatoren und Organisationen, die Mediationsdienste erbringen, zur

76

---

[229] *McCarthy*, Plenardebatte des Europäischen Parlaments in Straßburg bei Aussprache über die EU-Mediationsrichtlinie am 23.04.2008.
[230] EUMed-RL, ABl. L 136 v. 24.05.2008, S. 3.
[231] Nach Art. 13 EUMed-RL tritt die Richtlinie am zwanzigsten Tag nach ihrer Veröffentlichung im Amtsblatt in Kraft.
[232] 2. Erwägungsgrund, EUMed-R, S. 3.
[233] 5., 8. Erwägungsgrund, EUMed-R, S. 3.
[234] 19. Erwägungsgrund, EUMed-RL, S. 4.
[235] 16., 18. Erwägungsgrund, EUMed-R, S. 4.

Verfügung gestellt werden und Rechtsanwälte sollen angehalten werden, ihre Mandanten auf die Möglichkeiten der Mediation hinzuweisen.[236]

77 Die **Anwendung** der EUMed-RL neben Zivil- und Handelssachen auch **auf familien- und arbeitsrechtliche Fälle** wird sehr **zurückhaltend** gesehen. Denn die EUMed-RL soll keine Anwendung auf Rechte und Pflichten finden, die nicht zur Disposition der Parteien stehen. Derartige Rechte und Pflichten seien aber häufig im Familienrecht und im Arbeitsrecht zu finden, heißt es in den Erwägungsgründen.[237]

78 Die EUMed-RL zielt allein auf Mediationsverfahren, die die Parteien **freiwillig und eigenverantwortlich** durchführen und jederzeit beenden können; für vorvertragliche Verhandlungen, schiedsrichterliche Verfahren, wie gerichtliche Schlichtungsverfahren, Verbraucherbeschwerdeverfahren, Schiedsverfahren oder Schiedsgutachten, oder auf Verfahren, bei denen Dritte eine Empfehlung zur Streitbeilegung abgeben, ist ihre Anwendung ausdrücklich ausgeschlossen.[238] In diesem Rahmen soll die EUMed-RL bei Verweis der Parteien auf Mediation durch ein Gericht oder, wenn Mediation nach nationalem Recht vorgeschrieben ist oder wenn ein Richter als Mediator tätig ist, der nicht für ein Gerichtsverfahren in der oder den Streitsachen zuständig ist, gelten.[239]

79 Soweit sich ein Gericht oder ein Richter aber um eine Streitbeilegung im Rahmen eines Gerichtsverfahrens über die betreffende Streitsache bemüht oder in einem solchen Fall eine sachkundige Person durch Gericht oder Richter zur Unterstützung oder Beratung herangezogen wird, kommt eine Anwendung der EUMed-RL nicht in Betracht.[240] Das gilt auch, um nicht das Recht auf freien Zugang zum Gerichtssystem einzuschränken, wenn nach nationalen Vorschriften die Inanspruchnahme der Mediation verpflichtend oder mit Anreizen oder Sanktionen verbunden ist.[241] Hingegen sollten auch auf der Eigenverantwortlichkeit der Parteien beruhende »Mediationssysteme«

---

236 25. Erwägungsgrund, EUMed-RL, S. 5.
237 10. Erwägungsgrund, EUMed-RL, S. 4.
238 11., 13.Erwägungsgrund, EUMed-RL, S. 4.
239 12. Erwägungsgrund, EUMed-RL, S. 4.
240 12. Erwägungsgrund, EUMed-RL, S. 4.
241 14. Erwägungsgrund, EUMed-RL, S. 4.

I. Europäische Regelungen

der EUMed-RL unterliegen, soweit sie Aspekte betreffen, die unter diese Richtlinie fallen.[242]

c) Regelungsinhalt

Die EU-Med-RL enthält zwar alle wesentlichen Regelungstatbestände, die 80 bereits im ersten Vorschlag vom 22.10.2004[243] enthalten waren. Doch hat es **einige inhaltliche Änderungen** gegeben. Diese werden kurz vorgestellt. Wegen des Textes der EU-Med-RL wird auf den Anhang verwiesen:

Den Artikeln vorangestellt und für ihre Interpretation bedeutsam sind 30 Erwägungsgründe (vgl. Anhang).

Art. 1 Ziel und Anwendungsbereich

Ziel der Richtlinie ist, den Zugang zur alternativen Streitbeilegung zu erleichtern und die gütliche Beilegung von Streitigkeiten zu fördern, indem zur Nutzung der Mediation angehalten und für ein ausgewogenes Verhältnis zwischen Mediation und Gerichtsverfahren gesorgt werden soll (Abs. 1).

Die Richtlinie findet nur bei grenzüberschreitenden Streitigkeiten für Zivil- und Handelssachen Anwendung, nicht bei Steuer- und Zollsachen, verwaltungsrechtlichen Angelegenheiten oder bei der Haftung des Staates für Handlungen oder Unterlassungen im Rahmen der Ausübung hoheitlicher Rechte (Abs. 2).

Art. 2 Grenzüberschreitende Streitigkeiten

Dieser Artikel definiert den Begriff »Grenzüberschreitende Streitigkeit«, wonach mindestens eine Partei ihren Wohnsitz oder gewöhnlichen Aufenthalt in einem anderen EU-Mitgliedsstaat haben muss als eine der anderen Parteien.

Art. 3 Begriffsbestimmungen

Die Begriffe »Mediation« (Abs. 1) sowie »Mediator« (Abs. 2) werden definiert. Ausdrücklich erwähnt wird die Mediation auch durch einen Richter.

Art. 4 Sicherstellung der Qualität der Mediation

Die Mitgliedstaaten sollen die Entwicklung und Einhaltung von freiwilligen Verhaltenskodizes für Mediatoren fördern und Verfahren zur Qualitätskontrolle von Mediationsdiensten einführen (Abs. 1). Gleichzeitig soll die Aus- und Fortbildung von Me-

---

242 14. Erwägungsgrund, EUMed-RL, S. 4.
243 Vorschlag für EU-Mediationsrichtlinie v. 22.10.2004.

diatoren gefördert und die Einhaltung von Mindeststandards gewährleisten werden (Abs. 2).

Art. 5 Inanspruchnahme der Mediation

Gerichte sollen Parteien auffordern können, die Mediation zur Streitbeilegung in Anspruch zu nehmen oder zumindest unter bestimmten Umständen an einer Informationsveranstaltung über die Nutzung der Mediation teilzunehmen (Abs. 1). Nationale Vorschriften über die verpflichtende Inanspruchnahme der Mediation bleiben von der Richtlinie unberührt, solange diese die Parteien nicht daran hindern, ihr Recht auf Zugang zum Gerichtssystem wahrzunehmen (Abs. 2).

Art. 6 Vollstreckbarkeit einer im Mediationsverfahren erzielten Vereinbarung

Auf Antrag soll eine Mediationsvereinbarung für vollstreckbar erklärt werden können, solange dem nicht das Recht des Mitgliedstaats, in dem der Antrag gestellt wird, entgegen steht (Abs. 1). Die Mitgliedsstaaten haben der EU-Kommission die entsprechenden Stellen, die die Vollstreckbarkeit erklären (Abs. 2), mitzuteilen (Abs. 3).

Art. 7 Vertraulichkeit der Mediation

Weder Mediatoren noch am Verfahren beteiligte Dritte dürfen gezwungen werden, in Gerichts- oder Schiedsverfahren in Zivil- und Handelssachen Aussagen zu Informationen zu machen, die sich aus einem Mediationsverfahren oder im Zusammenhang mit einem solchen ergeben, es sei denn, dies ist a) aus vorrangigen Gründen der öffentlichen Ordnung, um insbesondere den Schutz des Kindeswohls zu gewährleisten oder eine Beeinträchtigung der physischen oder psychischen Integrität einer Person abzuwenden oder b) die Offenlegung ist für die Umsetzung oder Vollstreckung der Mediationsvereinbarung erforderlich (Abs. 1). Die Mitgliedsstaaten können zum Schutz der Vertraulichkeit strengere Vorschriften erlassen (Abs. 2).

Art. 8 Auswirkung der Mediation auf Verjährungsfristen

Der Lauf von Verjährungsfristen wird gehemmt, wenn die Parteien eine Streitigkeit im Wege der Mediation beizulegen versuchen (Abs. 1). Bestimmungen über geltende Verjährungsfristen in internationalen Übereinkommen bleiben von davon unberührt (Abs. 2).

Art. 9 Information der breiten Öffentlichkeit

Die Mitgliedsstaaten informieren die Öffentlichkeit mit allen ihnen geeignet erscheinenden Mitteln, insbesondere über das Internet, wie mit Mediatoren und entsprechenden Mediationsdienstleistern Kontakt aufgenommen werden kann.

Art. 10 Informationen über zuständige Gerichte und öffentliche Stellen

Die EU-Kommission veröffentlicht ihrerseits die Angaben der Mitgliedstaaten über die für die Vollstreckbarkeit zuständigen öffentlichen Stellen (Art. 6 Abs. 3) mit allen geeigneten Mitteln.

Art. 11 Überprüfung

Die Kommission wird dem Europäischen Parlament, dem Rat und dem Europäischen Wirtschafts- und Sozialausschuss bis zum 21. Mai 2016 einen Bericht über die Anwendung und Auswirkung der Richtlinie, die Entwicklung der Mediation in der Europäischen Union sowie über Vorschläge zur Anpassung der Richtlinie vorlegen.

Art. 12 Umsetzung

Die Mitgliedstaaten setzen vor dem 21. Mai 2011 die Richtlinie in nationales Recht um. Die für die Erklärung der Vollstreckbarkeit zuständigen öffentlichen Stellen sind der Kommission bis zum 21. November 2010 zu benennen. Bei Erlass der Vorschriften ist auf die Richtlinie Bezug zu nehmen (Abs. 1) und die wichtigsten nationalen Rechtsvorschriften sind der der Kommission mitzuteilen (Abs. 2).

Art. 13 Inkrafttreten

Die Richtlinie tritt am zwanzigsten Tag nach ihrer Veröffentlichung im Amtsblatt der Europäischen Union in Kraft.

Art. 14 Adressaten

Diese Richtlinie ist an die Mitgliedstaaten gerichtet.

8. Resümee

Die Darstellung und Aufarbeitung der historischen Gründe sowie die Beschreibung der Chronologie des Gesetzgebungsverfahrens im Hinblick auf die EUMed-RL macht die unterschiedlichen Interessenlagen bei der Frage deutlich, ob und wie alternative Streitbeilegungsverfahren, hier Mediation, in den EU-Mitgliedstaaten etabliert werden können, und in welchem Umfang der EU-Gesetzgeber dabei regulatorische Vorgaben machen sollte. 81

Der Erfolg dieser Politik drückt sich in einem ständig zunehmenden Binnenmarkt aus, der in einer immer größer werdenden EU sehr gut funktioniert. Dies hat zu einem veränderten Verhalten der EU-Bürger geführt, das von höherer Mobilität geprägt ist, und die verstärkt von ihren Rechten, sich innerhalb der EU niederzulassen oder Waren aus anderen EU-Mitgliedstaaten zu bestellen, Gebrauch machen. Diese Politik soll als Idee eines gemeinsamen Europas fortgesetzt werden. Das führt aber zu dem bereits beschriebe- 82

Europäische Regelungen   I.

nen Dilemma: einerseits den freien Personenverkehr, die Niederlassungsfreiheit und das Funktionieren des Binnenmarktes in der Europäischen Union zu gewährleisten und andererseits das Grundrecht des EU-Bürgers auf freien Zugang zum Recht bei grenzüberschreitenden Konflikten nicht dadurch zu beseitigen, dass es kein einheitliches Recht gibt. Der EU-Gesetzgeber musste daher einen Weg finden, wie grenzüberschreitende Konflikte gelöst werden können, wenn ein EU-weites harmonisiertes Rechtssystem noch nicht etabliert werden kann und damit die in einem Rechtsstaat vorgesehenen Mechanismen versagen, was wiederum zu einem nicht gewünschten rechtlichen Vakuum führen könnte.

83 Dieses **rechtliche Vakuum zu füllen** ist der wichtigste, wenn auch nicht der einzige Grund für die EUMed-RL. Allerdings sind andere überzeugende Gründe nicht erkennbar, insbesondere nicht die Überzeugung, dass es sich bei der Mediation um ein den gerichtlichen Verfahren überlegenes Streitbeilegungsverfahren handelt. Selbst wenn diese Überzeugung vorhanden wäre, ist es fraglich, ob es die Aufgabe des europäischen Gesetzgebers wäre, ein freiwilliges, eigenverantwortliches Streitbeilegungsverfahren wie die Mediation, verpflichtend vorzugeben. Diese Frage würde im Hinblick darauf, dass die EU im Rahmen des Rechtsstaatlichkeitsgebotes den EU-Bürger allein den freien Zugang zur Justiz zu gewährleisten hat, wohl mit »Nein« beantwortet.

84 Daher ist die EUMed-RL Ausdruck dafür, dass die Harmonisierung des Rechts innerhalb der Europäischen Gemeinschaft noch nicht ausreichend fortgeschritten ist. Dieses legt den Schluss nahe, dass niemand über eine EUMed-RL nachgedacht hätte, wenn ein einheitlicher Rechtsraum bereits existierte. Das würde man in dieser Absolutheit wiederum auch nicht konstatieren können, da in verschiedenen EU-Mitgliedstaaten die Notwendigkeit erkannt wird, auf nationaler Ebene Regularien über Mediation zu erlassen, soweit diese nicht bereits vorhanden sind. So mag, was aus den Stellungnahmen der EU-Gremien immer wieder deutlich wurde, auch die erhoffte Entlastung der Justiz und die damit verbundene Einsparung von öffentlichen Mitteln eine, aber wohl nur untergeordnete Rolle spielen. Die obligatorische Verpflichtung, Mediation z.B. als Vorschaltverfahren vor einem gerichtlichen Verfahren zu bestimmen, mag aus gesellschaftlichen, insbesondere fiskalischen, ressourcenerhaltenden, sozial-transformatorisch/erzieherischen Gründen (Gemeinwohl) grundsätzlich für angemessen gehalten werden. Doch wird dies kaum auf EU-Ebene durchsetzbar sein, wie die mehrheitlich ablehnenden Stellungnahmen und nationale Rechtsprechung, z.B. im Vereinigten Königreich, zeigen.

II. Europäische Regelungen

Der **EU-Gesetzgeber** hat sich daher ganz bewusst bei Erlass der EUMed-RL **auf** die **wichtigsten Regelungen beschränkt**. Möglicherweise auch in der Kenntnis und der Überzeugung, dass jeder Schritt auf dem Wege der Harmonisierung des Rechts der EU-Mitgliedstaaten – zumindest in den hier relevanten Bereichen – diese Richtlinie wieder überflüssig machen könnte. Die EUMed-RL ist daher die Umsetzung des häufig propagierten Satzes »*So viel Gesetzgebung wie nötig, so wenig Gesetzgebung wie möglich.*«[244]

85

II. Text der EU-MedRL

DAS EUROPÄISCHE PARLAMENT UND DER RAT DER EUROPÄISCHEN UNION — gestützt auf den Vertrag zur Gründung der Europäischen Gemeinschaft, insbesondere auf Artikel 61 Buchstabe c und Artikel 67 Absatz 5 zweiter Gedankenstrich,

auf Vorschlag der Kommission,

nach Stellungnahme des Europäischen Wirtschafts- und Sozialausschusses,[245]

gemäß dem Verfahren des Artikels 251 des Vertrags,[246]

in Erwägung nachstehender Gründe:

(1) Die Gemeinschaft hat sich zum Ziel gesetzt, einen Raum der Freiheit, der Sicherheit und des Rechts, in dem der freie Personenverkehr gewährleistet ist, zu erhalten und weiterzuentwickeln. Hierzu muss die Gemeinschaft unter anderem im Bereich der justiziellen Zusammenarbeit in Zivilsachen die für das reibungslose Funktionieren des Binnenmarkts erforderlichen Maßnahmen erlassen.

(2) Das Prinzip des Zugangs zum Recht ist von grundlegender Bedeutung; im Hinblick auf die Erleichterung eines besseren Zugangs zum Recht hat der Europäische Rat die Mitgliedstaaten auf seiner Tagung in Tampere am 15. und 16. Oktober 1999 aufgefordert, alternative außergerichtliche Verfahren zu schaffen.

---

244 Stellungnahme der Bundesrechtsanwaltskammer zu dem Grünbuch 2002, S. 5.
245 ABl. C 286 vom 17.11.2005, S. 1.
246 Stellungnahme des Europäischen Parlaments v. 29.03.2007 (ABl. C 27 E vom 31.1.2008, S. 129), Gemeinsamer Standpunkt des Rates v. 28.02.2008 (noch nicht im Amtsblatt veröffentlicht) und Standpunkt des Europäischen Parlaments v. 23.04.2008 (noch nicht im Amtsblatt veröffentlicht).

Europäische Regelungen II.

(3) Im Mai 2000 nahm der Rat Schlussfolgerungen über alternative Streitbeilegungsverfahren im Zivil- und Handelsrecht an, in denen er festhielt, dass die Aufstellung grundlegender Prinzipien in diesem Bereich einen wesentlichen Schritt darstellt, der die Entwicklung und angemessene Anwendung außergerichtlicher Streitbeilegungsverfahren in Zivil- und Handelssachen und somit einen einfacheren und verbesserten Zugang zum Recht ermöglichen soll.

(4) Im April 2002 legte die Kommission ein Grünbuch über alternative Verfahren zur Streitbeilegung im Zivil- und Handelsrecht vor, in dem die bestehende Situation im Bereich der alternativen Verfahren der Streitbeilegung in der Europäischen Union darlegt wird und mit dem umfassende Konsultationen mit den Mitgliedstaaten und interessierten Parteien über mögliche Maßnahmen zur Förderung der Nutzung der Mediation eingeleitet werden.

(5) Das Ziel der Sicherstellung eines besseren Zugangs zum Recht als Teil der Strategie der Europäischen Union zur Schaffung eines Raums der Freiheit, der Sicherheit und des Rechts sollte den Zugang sowohl zu gerichtlichen als auch zu außergerichtlichen Verfahren der Streitbeilegung umfassen. Diese Richtlinie sollte insbesondere in Bezug auf die Verfügbarkeit von Mediationsdiensten zum reibungslosen Funktionieren des Binnenmarkts beitragen.

(6) Die Mediation kann durch auf die Bedürfnisse der Parteien zugeschnittene Verfahren eine kostengünstige und rasche außergerichtliche Streitbeilegung in Zivil- und Handelssachen bieten. Vereinbarungen, die im Mediationsverfahren erzielt wurden, werden eher freiwillig eingehalten und wahren eher eine wohlwollende und zukunftsfähige Beziehung zwischen den Parteien. Diese Vorteile werden in Fällen mit grenzüberschreitenden Elementen noch deutlicher.

(7) Um die Nutzung der Mediation weiter zu fördern und sicherzustellen, dass die Parteien, die die Mediation in Anspruch nehmen, sich auf einen vorhersehbaren rechtlichen Rahmen verlassen können, ist es erforderlich, Rahmenregeln einzuführen, in denen insbesondere die wesentlichen Aspekte des Zivilprozessrechts behandelt werden.

(8) Die Bestimmungen dieser Richtlinie sollten nur für die Mediation bei grenzüberschreitenden Streitigkeiten gelten; den Mitgliedstaaten sollte es jedoch freistehen, diese Bestimmungen auch auf interne Mediationsverfahren anzuwenden.

II. Europäische Regelungen

(9) Diese Richtlinie sollte dem Einsatz moderner Kommunikationstechnologien im Mediationsverfahren in keiner Weise entgegenstehen.

(10) Diese Richtlinie sollte für Verfahren gelten, bei denen zwei oder mehr Parteien einer grenzüberschreitenden Streitigkeit mit Hilfe eines Mediators auf freiwilliger Basis selbst versuchen, eine gütliche Einigung über die Beilegung ihrer Streitigkeit zu erzielen. Sie sollte für Zivil- und Handelssachen gelten. Sie sollte jedoch nicht für Rechte und Pflichten gelten, über die die Parteien nach dem einschlägigen anwendbaren Recht nicht selbst verfügen können. Derartige Rechte und Pflichten finden sich besonders häufig im Familienrecht und im Arbeitsrecht.

(11) Diese Richtlinie sollte weder für vorvertragliche Verhandlungen gelten noch für schiedsrichterliche Verfahren, wie beispielsweise bestimmte gerichtliche Schlichtungsverfahren, Verbraucherbeschwerdeverfahren, Schiedsverfahren oder Schiedsgutachten, noch für Verfahren, die von Personen oder Stellen abgewickelt werden, die eine förmliche Empfehlung zur Streitbeilegung abgeben, unabhängig davon, ob diese rechtlich verbindlich ist oder nicht.

(12) Diese Richtlinie sollte für Fälle gelten, in denen ein Gericht die Parteien auf die Mediation verweist oder in denen nach nationalem Recht die Mediation vorgeschrieben ist. Ferner sollte diese Richtlinie dort, wo nach nationalem Recht ein Richter als Mediator tätig werden kann, auch für die Mediation durch einen Richter gelten, der nicht für ein Gerichtsverfahren in der oder den Streitsachen zuständig ist. Diese Richtlinie sollte sich jedoch nicht auf Bemühungen zur Streitbelegung durch das angerufene Gericht oder den angerufenen Richter im Rahmen des Gerichtsverfahrens über die betreffende Streitsache oder auf Fälle erstrecken, in denen das befasste Gericht oder der befasste Richter eine sachkundige Person zur Unterstützung oder Beratung heranzieht.

(13) Die in dieser Richtlinie vorgesehene Mediation sollte ein auf Freiwilligkeit beruhendes Verfahren in dem Sinne sein, dass die Parteien selbst für das Verfahren verantwortlich sind und es nach ihrer eigenen Vorstellung organisieren und jederzeit beenden können. Nach nationalem Recht sollte es den Gerichten jedoch möglich sein, Fristen für ein Mediationsverfahren zu setzen. Außerdem sollten die Gerichte die Parteien auf die Möglichkeit der Mediation hinweisen können, wann immer dies zweckmäßig ist.

(14) Diese Richtlinie sollte nationale Rechtsvorschriften, nach denen die Inanspruchnahme der Mediation verpflichtend oder mit Anreizen oder Sank-

tionen verbunden ist, unberührt lassen, sofern diese Rechtsvorschriften die Parteien nicht daran hindern, ihr Recht auf Zugang zum Gerichtssystem wahrzunehmen. Ebenso sollte diese Richtlinie bestehende, auf Selbstverantwortlichkeit der Parteien beruhende Mediationssysteme unberührt lassen, insoweit sie Aspekte betreffen, die nicht unter diese Richtlinie fallen.

(15) Im Interesse der Rechtssicherheit sollte in dieser Richtlinie angegeben werden, welcher Zeitpunkt für die Feststellung maßgeblich ist, ob eine Streitigkeit, die die Parteien durch Mediation beizulegen versuchen, eine grenzüberschreitende Streitigkeit ist. Wurde keine schriftliche Vereinbarung getroffen, so sollte davon ausgegangen werden, dass die Parteien zu dem Zeitpunkt einer Inanspruchnahme der Mediation zustimmen, zu dem sie spezifische Schritte unternehmen, um das Mediationsverfahren einzuleiten.

(16) Um das nötige gegenseitige Vertrauen in Bezug auf die Vertraulichkeit, die Wirkung auf Verjährungsfristen sowie die Anerkennung und Vollstreckung von im Mediationsverfahren erzielten Vereinbarungen sicherzustellen, sollten die Mitgliedstaaten die Aus- und Fortbildung von Mediatoren und die Einrichtung wirksamer Mechanismen zur Qualitätskontrolle in Bezug auf die Erbringung von Mediationsdiensten mit allen ihnen geeignet erscheinenden Mitteln fördern.

(17) Die Mitgliedstaaten sollten derartige Mechanismen festlegen, die auch den Rückgriff auf marktgestützte Lösungen einschließen können, aber sie sollten nicht verpflichtet sein, diesbezüglich Finanzmittel bereitzustellen. Die Mechanismen sollten darauf abzielen, die Flexibilität des Mediationsverfahrens und die Autonomie der Parteien zu wahren und sicherzustellen, dass die Mediation auf wirksame, unparteiische und sachkundige Weise durchgeführt wird. Die Mediatoren sollten auf den Europäischen Verhaltenskodex für Mediatoren hingewiesen werden, der im Internet auch der breiten Öffentlichkeit zur Verfügung gestellt werden sollte.

(18) Im Bereich des Verbraucherschutzes hat die Kommission eine förmliche Empfehlung[247] mit Mindestqualitätskriterien angenommen, die an der einvernehmlichen Beilegung von Verbraucherstreitigkeiten beteiligte außergerichtliche Einrichtungen ihren Nutzern bieten sollten. Alle Mediatoren oder

---

247 Empfehlung 2001/310/EG der Kommission v. 04.04.2001 über die Grundsätze für an der einvernehmlichen Beilegung von Verbraucherrechtsstreitigkeiten beteiligte außergerichtliche Einrichtungen (ABl. L 109 v. 19.04.2001, S. 56).

II. Europäische Regelungen

Organisationen, die in den Anwendungsbereich dieser Empfehlung fallen, sollten angehalten werden, die Grundsätze der Empfehlung zu beachten. Um die Verbreitung von Informationen über diese Einrichtungen zu erleichtern, sollte die Kommission eine Datenbank über außergerichtliche Verfahren einrichten, die nach Ansicht der Mitgliedstaaten die Grundsätze der genannten Empfehlung erfüllen.

(19) Die Mediation sollte nicht als geringerwertige Alternative zu Gerichtsverfahren in dem Sinne betrachtet werden, dass die Einhaltung von im Mediationsverfahren erzielten Vereinbarungen vom guten Willen der Parteien abhinge. Die Mitgliedstaaten sollten daher sicherstellen, dass die Parteien einer im Mediationsverfahren erzielten schriftlichen Vereinbarung veranlassen können, dass der Inhalt der Vereinbarung vollstreckbar gemacht wird. Ein Mitgliedstaat sollte es nur dann ablehnen können, eine Vereinbarung vollstreckbar zu machen, wenn deren Inhalt seinem Recht, einschließlich seines internationalen Privatrechts, zuwiderläuft oder die Vollstreckbarkeit des Inhalts der spezifischen Vereinbarung in seinem Recht nicht vorgesehen ist. Dies könnte der Fall sein, wenn die in der Vereinbarung bezeichnete Verpflichtung ihrem Wesen nach nicht vollstreckungsfähig ist.

(20) Der Inhalt einer im Mediationsverfahren erzielten Vereinbarung, die in einem Mitgliedstaat vollstreckbar gemacht wurde, sollte gemäß dem anwendbaren Gemeinschaftsrecht oder nationalen Recht in den anderen Mitgliedstaaten anerkannt und für vollstreckbar erklärt werden. Dies könnte beispielsweise auf der Grundlage der Verordnung (EG) Nr. 44/2001 des Rates vom 22. Dezember 2000 über die gerichtliche Zuständigkeit und die Anerkennung und Vollstreckung von Entscheidungen in Zivil- und Handelssachen[248] oder der Verordnung (EG) Nr. 2201/2003 des Rates vom 27. November 2003 über die Zuständigkeit und die Anerkennung und Vollstreckung von Entscheidungen in Ehesachen und in Verfahren betreffend die elterliche Verantwortung[249] erfolgen.

(21) In der Verordnung (EG) Nr. 2201/2003 ist ausdrücklich vorgesehen, dass Vereinbarungen zwischen den Parteien in dem Mitgliedstaat, in dem sie

---

248 ABl. L 12 v. 16.01.2001, S. 1. Zuletzt geändert durch die Verordnung (EG) Nr. 1791/2006 (ABl. L 363 v. 20.12.2006, S. 1).
249 ABl. L 338 v. 23.12.2003, S. 1. Geändert durch die Verordnung (EG) Nr. 2116/2004 (ABl. L 367 v. 14.12.2004, S. 1).

geschlossen wurden, vollstreckbar sein müssen, wenn sie in einem anderen Mitgliedstaat vollstreckbar sein sollen. In Fällen, in denen der Inhalt einer im Mediationsverfahren erzielten Vereinbarung über eine familienrechtliche Streitigkeit in dem Mitgliedstaat, in dem die Vereinbarung geschlossen und ihre Vollstreckbarkeit beantragt wurde, nicht vollstreckbar ist, sollte diese Richtlinie die Parteien daher nicht dazu veranlassen, das Recht dieses Mitgliedstaats zu umgehen, indem sie ihre Vereinbarung in einem anderen Mitgliedstaat vollstreckbar machen lassen.

(22) Die Vorschriften der Mitgliedstaaten für die Vollstreckung von im Mediationsverfahren erzielten Vereinbarungen sollten von dieser Richtlinie unberührt bleiben.

(23) Die Vertraulichkeit des Mediationsverfahrens ist wichtig und daher sollte in dieser Richtlinie ein Mindestmaß an Kompatibilität der zivilrechtlichen Verfahrensvorschriften hinsichtlich der Wahrung der Vertraulichkeit der Mediation in nachfolgenden zivil- und handelsrechtlichen Gerichts- oder Schiedsverfahren vorgesehen werden.

(24) Um die Parteien dazu anzuregen, die Mediation in Anspruch zu nehmen, sollten die Mitgliedstaaten gewährleisten, dass ihre Regeln über Verjährungsfristen die Parteien bei einem Scheitern der Mediation nicht daran hindern, ein Gericht oder ein Schiedsgericht anzurufen. Die Mitgliedstaaten sollten dies sicherstellen, auch wenn mit dieser Richtlinie die nationalen Regeln über Verjährungsfristen nicht harmonisiert werden. Die Bestimmungen über Verjährungsfristen in von den Mitgliedstaaten umgesetzten internationalen Übereinkünften, z. B. im Bereich des Verkehrsrechts, sollten von dieser Richtlinie nicht berührt werden.

(25) Die Mitgliedstaaten sollten darauf hinwirken, dass der breiten Öffentlichkeit Informationen darüber zur Verfügung gestellt werden, wie mit Mediatoren und Organisationen, die Mediationsdienste erbringen, Kontakt aufgenommen werden kann. Sie sollten ferner die Angehörigen der Rechtsberufe dazu anregen, ihre Mandanten über die Möglichkeit der Mediation zu unterrichten.

(26) Nach Nummer 34 der Interinstitutionellen Vereinbarung über bessere Rechtsetzung[250] werden die Mitgliedstaaten angehalten, für ihre eigenen

---

250 ABl. C 321 v. 31. 12. 2003, S. 1.

II. Europäische Regelungen

Zwecke und im Interesse der Gemeinschaft eigene Tabellen aufzustellen, aus denen im Rahmen des Möglichen die Entsprechungen zwischen dieser Richtlinie und den Umsetzungsmaßnahmen zu entnehmen sind, und diese zu veröffentlichen.

(27) Diese Richtlinie soll der Förderung der Grundrechte dienen und berücksichtigt die Grundsätze, die insbesondere mit der Charta der Grundrechte der Europäischen Union anerkannt wurden.

(28) Da das Ziel dieser Richtlinie auf Ebene der Mitgliedstaaten nicht ausreichend verwirklicht werden kann und daher wegen des Umfangs oder der Wirkungen der Maßnahme besser auf Gemeinschaftsebene zu verwirklichen ist, kann die Gemeinschaft im Einklang mit dem in Artikel 5 des Vertrags niedergelegten Subsidiaritätsprinzip tätig werden. Entsprechend dem in demselben Artikel niedergelegten Grundsatz der Verhältnismäßigkeit geht diese Richtlinie nicht über das für die Erreichung dieses Ziels erforderliche Maß hinaus.

(29) Gemäß Artikel 3 des dem Vertrag über die Europäische Union und dem Vertrag zur Gründung der Europäischen Gemeinschaft beigefügten Protokolls über die Position des Vereinigten Königreichs und Irlands haben das Vereinigte Königreich und Irland mitgeteilt, dass sie sich an der Annahme und Anwendung dieser Richtlinie beteiligen möchten.

(30) Gemäß den Artikeln 1 und 2 des dem Vertrag über die Europäische Union und dem Vertrag zur Gründung der Europäischen Gemeinschaft beigefügten Protokolls über die Position Dänemarks beteiligt sich Dänemark nicht an der Annahme dieser Richtlinie, die für Dänemark nicht bindend oder anwendbar ist —

HABEN FOLGENDE RICHTLINIE ERLASSEN:

Artikel 1 Ziel und Anwendungsbereich

(1) Ziel dieser Richtlinie ist es, den Zugang zur alternativen Streitbeilegung zu erleichtern und die gütliche Beilegung von Streitigkeiten zu fördern, indem zur Nutzung der Mediation angehalten und für ein ausgewogenes Verhältnis zwischen Mediation und Gerichtsverfahren gesorgt wird.

(2) Diese Richtlinie gilt bei grenzüberschreitenden Streitigkeiten für Zivil- und Handelssachen, nicht jedoch für Rechte und Pflichten, über die die Parteien nach dem einschlägigen anwendbaren Recht nicht verfügen können.

Europäische Regelungen II.

Sie gilt insbesondere nicht für Steuer- und Zollsachen sowie verwaltungsrechtliche Angelegenheiten oder die Haftung des Staates für Handlungen oder Unterlassungen im Rahmen der Ausübung hoheitlicher Rechte (»acta iure imperii«).

(3) In dieser Richtlinie bezeichnet der Ausdruck »Mitgliedstaat« die Mitgliedstaaten mit Ausnahme Dänemarks.

Artikel 2 Grenzüberschreitende Streitigkeiten

(1) Eine grenzüberschreitende Streitigkeit im Sinne dieser Richtlinie liegt vor, wenn mindestens eine der Parteien zu dem Zeitpunkt, zu dem
a) die Parteien vereinbaren, die Mediation zu nutzen, nachdem die Streitigkeit entstanden ist,
b) die Mediation von einem Gericht angeordnet wird,
c) nach nationalem Recht eine Pflicht zur Nutzung der Mediation entsteht, oder
d) eine Aufforderung an die Parteien im Sinne des Artikels 5 ergeht,

ihren Wohnsitz oder gewöhnlichen Aufenthalt in einem anderen Mitgliedstaat als dem einer der anderen Parteien hat.

(2) Ungeachtet des Absatzes 1 ist eine grenzüberschreitende Streitigkeit im Sinne der Artikel 7 und 8 auch eine Streitigkeit, bei der nach einer Mediation zwischen den Parteien ein Gerichts- oder ein Schiedsverfahren in einem anderen Mitgliedstaat als demjenigen eingeleitet wird, in dem die Parteien zu dem in Absatz 1 Buchstaben a, b oder c genannten Zeitpunkt ihren Wohnsitz oder gewöhnlichen Aufenthalt hatten.

(3) Der Wohnsitz im Sinne der Absätze 1 und 2 bestimmt sich nach den Artikeln 59 und 60 der Verordnung (EG) Nr. 44/2001.

Artikel 3 Begriffsbestimmungen

Im Sinne dieser Richtlinie bezeichnet der Ausdruck
a) »Mediation« ein strukturiertes Verfahren unabhängig von seiner Bezeichnung, in dem zwei oder mehr Streitparteien mit Hilfe eines Mediators auf freiwilliger Basis selbst versuchen, eine Vereinbarung über die Beilegung ihrer Streitigkeiten zu erzielen. Dieses Verfahren kann von den Parteien eingeleitet oder von einem Gericht vorgeschlagen oder angeordnet werden oder nach dem Recht eines Mitgliedstaats vorgeschrieben sein.

II. Europäische Regelungen

Es schließt die Mediation durch einen Richter ein, der nicht für ein Gerichtsverfahren in der betreffenden Streitsache zuständig ist. Nicht eingeschlossen sind Bemühungen zur Streitbeilegung des angerufenen Gerichts oder Richters während des Gerichtsverfahrens über die betreffende Streitsache;

b) »Mediator« eine dritte Person, die ersucht wird, eine Mediation auf wirksame, unparteiische und sachkundige Weise durchzuführen, unabhängig von ihrer Bezeichnung oder ihrem Beruf in dem betreffenden Mitgliedstaat und der Art und Weise, in der sie für die Durchführung der Mediation benannt oder mit dieser betraut wurde.

Artikel 4 Sicherstellung der Qualität der Mediation

(1) Die Mitgliedstaaten fördern mit allen ihnen geeignet erscheinenden Mitteln die Entwicklung und Einhaltung von freiwilligen Verhaltenskodizes durch Mediatoren und Organisationen, die Mediationsdienste erbringen, sowie andere wirksame Verfahren zur Qualitätskontrolle für die Erbringung von Mediationsdiensten.

(2) Die Mitgliedstaaten fördern die Aus- und Fortbildung von Mediatoren, um sicherzustellen, dass die Mediation für die Parteien wirksam, unparteiisch und sachkundig durchgeführt wird.

Artikel 5 Inanspruchnahme der Mediation

(1) Ein Gericht, das mit einer Klage befasst wird, kann gegebenenfalls und unter Berücksichtigung aller Umstände des Falles die Parteien auffordern, die Mediation zur Streitbeilegung in Anspruch zu nehmen. Das Gericht kann die Parteien auch auffordern, an einer Informationsveranstaltung über die Nutzung der Mediation teilzunehmen, wenn solche Veranstaltungen durchgeführt werden und leicht zugänglich sind.

(2) Diese Richtlinie lässt nationale Rechtsvorschriften unberührt, nach denen die Inanspruchnahme der Mediation vor oder nach Einleitung eines Gerichtsverfahrens verpflichtend oder mit Anreizen oder Sanktionen verbunden ist, sofern diese Rechtsvorschriften die Parteien nicht daran hindern, ihr Recht auf Zugang zum Gerichtssystem wahrzunehmen.

Artikel 6 Vollstreckbarkeit einer im Mediationsverfahren erzielten Vereinbarung

(1) Die Mitgliedstaaten stellen sicher, dass von den Parteien — oder von einer Partei mit ausdrücklicher Zustimmung der anderen — beantragt werden kann, dass der Inhalt einer im Mediationsverfahren erzielten schriftlichen Vereinbarung vollstreckbar gemacht wird. Der Inhalt einer solchen Vereinbarung wird vollstreckbar gemacht, es sei denn, in dem betreffenden Fall steht der Inhalt der Vereinbarung dem Recht des Mitgliedstaats, in dem der Antrag gestellt wurde, entgegen oder das Recht dieses Mitgliedstaats sieht die Vollstreckbarkeit des Inhalts nicht vor.

(2) Der Inhalt der Vereinbarung kann von einem Gericht oder einer anderen zuständigen öffentlichen Stelle durch ein Urteil oder eine Entscheidung oder in einer öffentlichen Urkunde nach dem Recht des Mitgliedstaats, in dem der Antrag gestellt wurde, vollstreckbar gemacht werden.

(3) Die Mitgliedstaaten teilen der Kommission mit, welche Gerichte oder sonstigen öffentlichen Stellen zuständig sind, einen Antrag nach den Absätzen 1 und 2 entgegenzunehmen.

(4) Die Vorschriften für die Anerkennung und Vollstreckung einer nach Absatz 1 vollstreckbar gemachten Vereinbarung in einem anderen Mitgliedstaat werden durch diesen Artikel nicht berührt.

Artikel 7 Vertraulichkeit der Mediation

(1) Da die Mediation in einer Weise erfolgen soll, die die Vertraulichkeit wahrt, gewährleisten die Mitgliedstaaten, sofern die Parteien nichts anderes vereinbaren, dass weder Mediatoren noch in die Durchführung des Mediationsverfahrens eingebundene Personen gezwungen sind, in Gerichts- oder Schiedsverfahren in Zivil- und Handelssachen Aussagen zu Informationen zu machen, die sich aus einem Mediationsverfahren oder im Zusammenhang mit einem solchen ergeben, es sei denn,
a) dies ist aus vorrangigen Gründen der öffentlichen Ordnung (ordre public) des betreffenden Mitgliedstaats geboten, um insbesondere den Schutz des Kindeswohls zu gewährleisten oder eine Beeinträchtigung der physischen oder psychischen Integrität einer Person abzuwenden, oder
b) die Offenlegung des Inhalts der im Mediationsverfahren erzielten Vereinbarung ist zur Umsetzung oder Vollstreckung dieser Vereinbarung erforderlich.

(2) Absatz 1 steht dem Erlass strengerer Maßnahmen durch die Mitgliedstaaten zum Schutz der Vertraulichkeit der Mediation nicht entgegen.

Artikel 8 Auswirkung der Mediation auf Verjährungsfristen

(1) Die Mitgliedstaaten stellen sicher, dass die Parteien, die eine Streitigkeit im Wege der Mediation beizulegen versucht haben, im Anschluss daran nicht durch das Ablaufen der Verjährungsfristen während des Mediationsverfahrens daran gehindert werden, ein Gerichts- oder Schiedsverfahren hinsichtlich derselben Streitigkeit einzuleiten.

(2) Bestimmungen über Verjährungsfristen in internationalen Übereinkommen, denen Mitgliedstaaten angehören, bleiben von Absatz 1 unberührt.

Artikel 9 Information der breiten Öffentlichkeit

Die Mitgliedstaaten fördern mit allen ihnen geeignet erscheinenden Mitteln, insbesondere über das Internet, die Bereitstellung von Informationen für die breite Öffentlichkeit darüber, wie mit Mediatoren und Organisationen, die Mediationsdienste erbringen, Kontakt aufgenommen werden kann.

Artikel 10 Informationen über zuständige Gerichte und öffentliche Stellen

Die Kommission macht die Angaben über die zuständigen Gerichte und öffentlichen Stellen, die ihr die Mitgliedstaaten gemäß Artikel 6 Absatz 3 mitteilen, mit allen geeigneten Mitteln öffentlich zugänglich.

Artikel 11 Überprüfung

Die Kommission legt dem Europäischen Parlament, dem Rat und dem Europäischen Wirtschafts- und Sozialausschuss bis zum 21. Mai 2016 einen Bericht über die Anwendung dieser Richtlinie vor. In dem Bericht wird auf die Entwicklung der Mediation in der gesamten Europäischen Union sowie auf die Auswirkungen dieser Richtlinie in den Mitgliedstaaten eingegangen. Dem Bericht sind, soweit erforderlich, Vorschläge zur Anpassung dieser Richtlinie beizufügen.

Artikel 12 Umsetzung

(1) Die Mitgliedstaaten setzen vor dem 21. Mai 2011 die Rechts- und Verwaltungsvorschriften in Kraft, die erforderlich sind, um dieser Richtlinie nachzukommen; hiervon ausgenommen ist Artikel 10, dem spätestens bis

zum 21. November 2010 nachzukommen ist. Sie setzen die Kommission unverzüglich davon in Kenntnis.

Wenn die Mitgliedstaaten diese Vorschriften erlassen, nehmen sie in den entsprechenden Vorschriften selbst oder durch einen Hinweis bei der amtlichen Veröffentlichung auf diese Richtlinie Bezug. Die Mitgliedstaaten regeln die Einzelheiten der Bezugnahme.

(2) Die Mitgliedstaaten teilen der Kommission den Wortlaut der wichtigsten nationalen Rechtsvorschriften mit, die sie auf dem unter diese Richtlinie fallenden Gebiet erlassen.

Artikel 13 Inkrafttreten

Diese Richtlinie tritt am zwanzigsten Tag nach ihrer Veröffentlichung im Amtsblatt der Europäischen Union in Kraft.

Artikel 14 Adressaten

Diese Richtlinie ist an die Mitgliedstaaten gerichtet.

Geschehen zu Straßburg am 21. Mai 2008.

In Namen des Europäischen Parlaments

Der Präsident

H.-G. Pöttering

Im Namen des Rates

Der Präsident

J. Lenarčič

III. Europäischer Verhaltenskodex für Mediatoren

Der vorliegende Verhaltenskodex[251] stellt Grundsätze auf, zu deren Einhaltung einzelne Mediatoren sich freiwillig und eigenverantwortlich verpflichten können. Der Kodex kann von Mediatoren in den verschiedenen Arten der Mediation in Zivil- und Handelssachen benutzt werden.

---

251 Abrufbar unter: http://ec.europa.eu/civiljustice/adr/adr_ec_code_conduct_de.pdf.

III. Europäische Regelungen

Organisationen, die Mediationsdienste erbringen, können sich ebenfalls zur Einhaltung verpflichten, indem sie die in ihrem Namen tätigen Mediatoren zur Befolgung des Verhaltenskodexes auffordern. Organisationen können Informationen über die Maßnahmen, die sie zur Förderung der Einhaltung des Kodexes durch einzelne Mediatoren ergreifen, zum Beispiel Schulung, Bewertung und Überwachung, zur Verfügung stellen.

Für die Zwecke des Verhaltenskodexes bezeichnet Mediation ein strukturiertes Verfahren unabhängig von seiner Bezeichnung, in dem zwei oder mehr Streitparteien mit Hilfe eines Dritten (nachstehend »Mediator«) auf freiwilliger Basis selbst versuchen, eine Vereinbarung über die Beilegung ihrer Streitigkeiten zu erzielen.

Die Einhaltung des Verhaltenskodexes lässt die einschlägigen nationalen Rechtsvorschriften oder Bestimmungen zur Regelung einzelner Berufe unberührt.

Organisationen, die Mediationsdienste erbringen, möchten möglicherweise detailliertere Kodexe entwickeln, die auf ihr spezielles Umfeld, die Art der von ihnen angebotenen Mediationsdienste oder auf besondere Bereiche (z. B. Mediation in Familiensachen oder Verbraucherfragen) ausgerichtet sind.

1. Fachliche Eignung, Ernennung und Vergütung von Mediatoren sowie Werbung für ihre Dienste

1.1. Fachliche Eignung

Mediatoren müssen in Mediationsverfahren sachkundig und kenntnisreich sein. Sie müssen eine einschlägige Ausbildung und kontinuierliche Fortbildung sowie Erfahrung in der Anwendung von Mediationstechniken auf der Grundlage einschlägiger Standards oder Zulassungsregelungen vorweisen.

1.2. Ernennung

Die Mediatoren müssen mit den Parteien die Termine für das Mediationsverfahren vereinbaren. Mediatoren müssen sich hinreichend vergewissern, dass sie einen geeigneten Hintergrund für die Mediationsaufgabe mitbringen und dass ihre Sachkunde in einem bestimmten Fall dafür angemessen ist, bevor sie die Ernennung annehmen, und müssen den Parteien auf ihren Antrag Informationen zu ihrem Hintergrund und ihrer Erfahrung zur Verfügung stellen.

Europäische Regelungen   III.

1.3. Vergütung

Soweit nicht bereits verfügbar, müssen die Mediatoren den Parteien stets vollständige Auskünfte über die Vergütungsregelung, die sie anzuwenden gedenken, erteilen. Sie dürfen kein Mediationsverfahren annehmen, bevor nicht die Grundsätze ihrer Vergütung von allen Parteien akzeptiert wurden.

1.4. Werbung für Mediationsdienste

Mediatoren dürfen für ihre Tätigkeit werben, sofern sie dies auf professionelle, ehrliche und redliche Art und Weise tun.

2. Unabhängigkeit und Unparteilichkeit

2.1. Unabhängigkeit

Gibt es Umstände, die die Unabhängigkeit eines Mediators beeinträchtigen oder zu einem Interessenkonflikt führen könnten oder den Anschein erwecken, dass sie seine Unabhängigkeit beeinträchtigen oder zu einem Interessenkonflikt führen, muss der Mediator diese Umstände offenlegen bevor er seine Tätigkeit wahrnimmt oder bevor er diese fortsetzt, wenn er sie bereits aufgenommen hat.

Zu diesen Umständen gehören
- eine persönliche oder geschäftliche Verbindung zu einer oder mehreren Parteien,
- ein finanzielles oder sonstiges direktes oder indirektes Interesse am Ergebnis der Mediation,
- eine anderweitige Tätigkeit des Mediators oder eines Mitarbeiters seines Unternehmens für eine oder mehrere der Parteien.

In solchen Fällen darf der Mediator die Mediationstätigkeit nur wahrnehmen bzw. fortsetzen, wenn er sicher ist, dass er die Aufgabe vollkommen unabhängig durchführen kann, sodass vollkommene Unparteilichkeit gewährleistet ist, und wenn die Parteien ausdrücklich zustimmen.

Die Offenlegungspflicht besteht während des gesamten Mediationsverfahrens.

2.2. Unparteilichkeit

Die Mediatoren haben in ihrem Handeln den Parteien gegenüber stets unparteiisch zu sein und sich darum zu bemühen, in ihrem Handeln als unpar-

III. Europäische Regelungen

teiisch wahrgenommen zu werden, und sind verpflichtet, im Mediationsverfahren allen Parteien gleichermaßen zu dienen.

3. Mediationsvereinbarung, Verlauf und Ende des Verfahrens

3.1. Verfahren

Der Mediator muss sich vergewissern, dass die Parteien des Mediationsverfahrens das Verfahren und die Aufgaben des Mediators und der beteiligten Parteien verstanden haben.

Der Mediator muss insbesondere gewährleisten, dass die Parteien vor Beginn des Mediationsverfahrens die Voraussetzungen und Bedingungen der Mediationsvereinbarung, darunter insbesondere die einschlägigen Regelungen über die Verpflichtung des Mediators und der Parteien zur Vertraulichkeit, verstanden und sich ausdrücklich damit einverstanden erklärt haben.

Die Mediationsvereinbarung kann auf Antrag der Parteien schriftlich abgefasst werden.

Der Mediator muss das Verfahren in angemessener Weise leiten und die jeweiligen Umstände des Falls berücksichtigen, einschließlich einer möglichen ungleichen Kräfteverteilung und eventueller Wünsche der Parteien, sowie des Rechtsstaatsprinzips, und der Notwendigkeit einer raschen Streitbeilegung. Die Parteien können unter Bezugnahme auf vorhandene Regeln oder anderweitig mit dem Mediator das Verfahren vereinbaren, nach dem die Mediation vorgenommen werden soll.

Der Mediator kann die Parteien getrennt anhören, wenn er dies für zweckmäßig erachtet.

3.2. Faires Verfahren

Der Mediator muss sicherstellen, dass alle Parteien in angemessener Weise in das Verfahren eingebunden sind.

Der Mediator muss die Parteien davon in Kenntnis setzen und kann das Mediationsverfahren beenden, wenn
– er aufgrund der Umstände und seiner einschlägigen Urteilsfähigkeit die vereinbarte Regelung für nicht durchsetzbar oder für rechtswidrig hält oder
– er der Meinung ist, dass eine Fortsetzung des Mediationsverfahrens aller Voraussicht nach nicht zu einer Regelung führen wird.

3.3. Ende des Verfahrens

Der Mediator muss alle erforderlichen Maßnahmen ergreifen, um sicherzustellen, dass eine Vereinbarung der Parteien in voller Kenntnis der Sachlage einvernehmlich erzielt wird und dass alle Parteien den Inhalt der Vereinbarung verstehen.

Die Parteien können sich jederzeit aus dem Mediationsverfahren zurückziehen, ohne dies begründen zu müssen.

Der Mediator muss auf Antrag der Parteien im Rahmen seiner Sachkunde die Parteien darüber informieren, wie sie die Vereinbarung formalisieren können und welche Möglichkeiten bestehen, sie durchsetzbar zu machen.

4. Vertraulichkeit

Der Mediator muss die Vertraulichkeit aller Informationen aus dem Mediationsverfahren und im Zusammenhang damit wahren, einschließlich des Umstands, dass die Mediation stattfinden soll oder stattgefunden hat, es sei denn, er ist gesetzlich oder aus Gründen der öffentlichen Ordnung (ordre public) zur Offenlegung verpflichtet. Informationen, die eine der Parteien dem Mediator im Vertrauen mitgeteilt hat, dürfen nicht ohne Zustimmung an die anderen Parteien weitergegeben werden, es sei denn, es besteht eine gesetzliche Pflicht zur Weitergabe.

Sachregister

Die **halbfett** gedruckten Verweise beziehen sich auf die Vorschriften bzw. Kapitel, die mager gedruckten Ziffern auf die Randnummern. *Kursive* Hinweise verweisen auf Hauptstichwörter.

Ad-hoc-Schiedsgerichtsbarkeit **Andere Verfahren VII.** 32 f.
Adhäsionsverfahren **Methodik V.** 58
Adjudication **Andere Verfahren I.**, 25 ff., **II.** 30, 72, **V.** 1
– Anwendungsbereich **Andere Verfahren V.** 22
– Ausgestaltung **Andere Verfahren V.** 5
– Definition **Andere Verfahren V.** 1
– positive Auswirkungen auf die Mediation **Andere Verfahren V.** 31
– rechtsdogmatische Einordnung **Andere Verfahren V.** 4
– Urkundenprozess **Andere Verfahren V.** 7
– Verfahrensordnung **Andere Verfahren V.** 9, 40
– vollstreckt **Andere Verfahren V.** 7
Adjudikationsentscheidung
– fehlerhafte **Andere Verfahren V.** 8

Adjudikatoren **Andere Verfahren V.** 41
ADR Verfahren – Grünbuch 2002 **Europäische Regelungen I.** 17 ff.
– Ausbildung **Europäische Regelungen I.** 20
– freier Zugang zur Justiz **Europäische Regelungen I.** 18
– Mindestgarantien **Europäische Regelungen I.** 19
– Qualitätsnormen **Europäische Regelungen I.** 19 f.
– Verjährungsfrist **Europäische Regelungen I.** 18
– Verpflichtung zur Teilnahme **Europäische Regelungen I.** 18
– Vertraulichkeit **Europäische Regelungen I.** 18
Akteneinsicht
– Güterichter **§ 278 ZPO** 60 f.
Akteurrisiken **Andere Verfahren II.** 15
Aktives Zuhören **Methodik II.** 61
Allgemeines Zivilrecht **Methodik V.** 52
Altenkirchener Modell – Integrierte Mediation **Einleitung** 34, 44

Sachregister

Alternative Konfliktbeilegungsmethoden Andere Verfahren I. 1 ff.
- Adjudikation **Andere Verfahren I.** 25 ff.
- anwaltliche Vergleichsvermittlung **Andere Verfahren I.** 8 f.
- Coaching **Andere Verfahren I.** 3 ff.
- Early Neutral Evaluation **Andere Verfahren I.** 23 ff.
- Güteverfahren **Andere Verfahren I.** 15 ff.
- kooperatives Anwaltsverfahren **Andere Verfahren I.** 10 ff.
- MAX **Andere Verfahren I.** 38 ff.
- Med-Adj **Andere Verfahren I.** 41 f.
- Med-Arb **Andere Verfahren I.** 36 f.
- Mini-Trial **Andere Verfahren I.** 19 ff.
- Moderation **Andere Verfahren I.** 5 ff.
- Ombudsmann **Andere Verfahren I.** 43 ff.
- schiedsgerichtliches Verfahren **Andere Verfahren I.** 32 f.
- Schiedsgutachten **Andere Verfahren I.** 29 ff.
- Schlichtung **Andere Verfahren I.** 13 f.

Amtsermittlung Andere Verfahren II. 108

Andere Verfahren außergerichtlicher Konfliktbeilegung
- eigener Vorschlag der Parteien **§ 278a ZPO** 62 f.
- Entscheidung der Parteien **§ 278a ZPO** 60 ff.
- gerichtlicher Vorschlag **§ 278a ZPO** 44 ff.
- Liste von Streitschlichtern **§ 278a ZPO** 49

Anfertigung eines Vermerks
- Güterichter **§ 28 FamFG** 7 ff.
- keine Pflicht zur Fertigung eines Vermerks **§ 28 FamFG** 1 ff.
- Mustertext Protokoll, Güterichter **§ 28 FamFG** 27
- Protokollpflicht bei übereinstimmendem Antrag **§ 28 FamFG** 12
- Verstoß gegen Protokollersuchen **§ 28 FamFG** 22 ff.

Angaben über bisherige Konfliktlösungsversuche
- Klageschrift **§ 253 ZPO** 11

Angaben über zukünftige Konfliktlösungsversuche
- Klageschrift **§ 253 ZPO** 12 f.

Anreizwirkung Andere Verfahren II. 36, 51, 107, 122

Anwaltliche Vergleichsvermittlung Andere Verfahren I. 8 ff.

Anwendungsbereiche der Mediation Methodik V. 1 ff.

Arb-Med Andere Verfahren VII. 60 f.

Sachregister

Arbeitsgemeinschaft Mediation Einleitung 36

Arbeitsgerichtsprozess
- andere Verfahren außergerichtlicher Konfliktbeilegung **§ 54a ArbGG** 32 ff.
- Mediation **§ 54a ArbGG** 1 ff.

Arbeitsrecht Methodik V. 39 ff.

Arbeitsverhältnis
- Streitigkeiten im Zusammenhang mit der Beendigung **Methodik V.** 42
- Streitigkeiten im Zusammenhang mit der Begründung **Methodik V.** 40
- Streitigkeiten innerhalb des bestehenden Arbeitsverhältnisses **Methodik V.** 41

Arzthaftungsrecht Methodik V. 52

Aufhebung eines Schiedsspruchs Andere Verfahren VII. 51 ff.

Aus- und Fortbildung
- geeignete Ausbildung **§ 5 MediationsG** 13, 24
- Herkunftsberufe, unterschiedliche **§ 5 MediationsG** 19
- Kenntnisse über Grundlagen und Rahmenbedingungen **§ 5 MediationsG** 25 f.
- Konfliktkompetenz **§ 5 MediationsG** 28
- praktische Erfahrungen **§ 5 MediationsG** 17
- praktische Übungen **§ 5 MediationsG** 31 f.
- Prinzip der Eigenverantwortung **§ 5 MediationsG** 9 ff.
- rechtliche Kenntnisse **§ 5 MediationsG** 29 ff.
- regelmäßige Ausbildung **§ 5 MediationsG** 14
- Regelungsgegenstand und Zweck **§ 5 MediationsG** 1 ff.
- Supervision, Intervision **§ 5 MediationsG** 31 f.
- theoretische Kenntnisse **§ 5 MediationsG** 16
- Verhandlungs- und Kommunikationstechniken **§ 5 MediationsG** 27
- Wechselseitigkeit von Theorie und Praxis **§ 5 MediationsG** 18
- zertifizierter Mediator **§ 5 MediationsG** 33 ff.
- Zielsetzung **§ 5 MediationsG** 20 ff.

Ausbildung § 3 MediationsG 92

Auslegung
- Vertragsauslegung **Andere Verfahren II.** 3, 58 f., 92 ff.

Ausscheidender Gesellschafter Methodik V. 8

Ausschluss von Ausübung des Richteramtes
- Begriff der Mitwirkung **§ 41 ZPO** 16 ff.

Sachregister

- Begriff der Mitwirkung, Sachidentität § 41 ZPO 23
- Begriff der Mitwirkung, sonstige Beteiligung § 41 ZPO 20 f.
- Begriff der Mitwirkung, Verfahrensverantwortlicher § 41 ZPO 16 ff.
- Folgen eines Verstoßes § 41 ZPO 24
- kraft Gesetzes § 41 ZPO 2
- Regelungsgegenstand und Zweck § 41 ZPO 1 ff.
- Verfahren § 41 ZPO 25
- vorausgegangene andere Verfahren außergerichtlicher Konfliktbeilegung § 41 ZPO 13 ff.
- vorausgegangenes Mediationsverfahren § 41 ZPO 9 ff.

Ausschlussgründe
- derselben Berufsausübungsgemeinschaft § 2 MediationsG 25
- derselben Sache § 2 MediationsG 24 f.
- Eigeninteresse § 2 MediationsG 24
- persönliche und geschäftliche Beziehung § 2 MediationsG 24
- Sachverständige und Zeugen § 2 MediationsG 24

Ausschuss für bürgerliche Freiheiten, Justiz und Inneres des Europäischen Parlaments Europäische Regelungen I. 33

Ausschuss für Recht und Binnenmarkt des Europäischen Parlaments Europäische Regelungen I. 33

Austauschbeziehung Andere Verfahren II. 1 ff., 54, 82
- erwerbswirtschaftliche **Andere Verfahren II.** 3 ff.
- nicht erwerbswirtschaftliche **Andere Verfahren II.** 6 ff.

Auswahl des Mediators § 2 MediationsG 7 ff.
- konkludente Auswahl § 2 MediationsG 8 ff.
- Selbstbestimmungsrecht § 2 MediationsG 7

Auswahlkriterien
- ökonomische **Andere Verfahren II.** 11

Baden-Württemberg Einleitung 39

Baukonflikte
- Gemengelage **Andere Verfahren V.** 11
- Justiziabilität **Andere Verfahren V.** 11
- Vergabepraxis **Andere Verfahren V.** 12

Bauleitplanung Methodik V. 55

Baumediatoren Andere Verfahren V. 41

Baurecht
- privates **Methodik V.** 52

Sachregister

Bauvertrag
- Strukturmerkmale **Andere Verfahren** V. 13

Bayern Einleitung 46

Beamtenrechtliche Konflikte Methodik V. 55

Beendigung der Mediation durch Mediator § 2 MediationsG 109, 114
- eigenverantwortliche Kommunikation § 2 MediationsG 117 f.
- Ermessen § 2 MediationsG 122 ff.
- Erwartung § 2 MediationsG 115 f.
- gesetzliche Tätigkeitsbeschränkungen § 2 MediationsG 123
- Gründe § 2 MediationsG 114 ff.
- keine Einigung § 2 MediationsG 119
- sonstige Gründe § 2 MediationsG 120 f.

Beendigung der Mediation durch Parteien § 2 MediationsG 109 ff.
- Freiwilligkeit § 2 MediationsG 110 ff.
- Kündigung § 2 MediationsG 113
- Zeitpunkt § 2 MediationsG 112

Beobachtbarkeit Andere Verfahren II. 19

Berater § 2 MediationsG 132 ff.
- Bedarf § 2 MediationsG 136 f.
- externe Berater § 2 MediationsG 132, 140 ff.
- Hinweispflicht § 2 MediationsG 138 f.
- Teilnahme ohne fachliche Beratung § 2 MediationsG 135

Beratung
- Anordnung § 156 FamFG 1, 16 f.
- Beratungsstellen und -dienste § 156 FamFG 16
- Jugendamt § 156 FamFG 17
- Kosten § 156 FamFG 19
- Rechtsmittel § 156 FamFG 18

Berlin Einleitung 43

Berufsausübungs- oder Bürogemeinschaft § 3 MediationsG 57 ff.
- andere Berufe § 3 MediationsG 57, 62
- andere Person § 3 MediationsG 59 f.
- Bundesverfassungsgericht § 3 MediationsG 58
- Rechtsanwalt § 3 MediationsG 57 f., 61
- Verbundenheit § 3 MediationsG 64 ff.
- vor der Mediation § 3 MediationsG 67 f.
- während und nach der Mediation § 3 MediationsG 69
- Zustimmung der Parteien *s. a. unter Dispensierung* § 3 MediationsG 71

Sachregister

Berufsethos § 2 MediationsG 18, 24, 74
Berufsrecht § 2 MediationsG 2 f.
Beschleunigte Schiedsverfahren Andere Verfahren VII. 66 f.
Beschlussmängelstreitigkeiten Methodik V. 8 f.
Besetzungsfragen
– Streitigkeiten der Gesellschaft mit ihren Organen Methodik V. 8
Beteiligte
– in Scheidungs- und Folgesachen § 150 FamFG 8
Beurteilbarkeit Andere Verfahren II. 20
Beurteilungs- und Ermessensspielräume Methodik V. 53
Beweisbeschluss Andere Verfahren II. 93
Beziehungsebene Methodik I. 25, 47
Billiges Ermessen Andere Verfahren VI. 28
Bindung
– freies Belieben Andere Verfahren V. 6
– vorläufige Andere Verfahren V. 6
– weitgehende Andere Verfahren V. 6
Bindungswirkung
– sofortige Andere Verfahren IV. 12
Brandenburg Einleitung 53
Bremen Einleitung 50

Britische ADR Group Europäische Regelungen I. 34
Britische Advice Service Alliance (ASA) Europäische Regelungen I. 60 ff.
British House of Commons Europäische Regelungen I. 34
Brüssel I Europäische Regelungen I. 13
Bundes-Arbeitsgemeinschaft für Familien-Mediation e.V. (BAFM) Einleitung 30; Europäische Regelungen I. 32
Bundesgerichtshof Einleitung 56
Bundesrechtsanwaltskammer Europäische Regelungen I. 52
Bundesverband Deutscher Psychologinnen und Psychologen Europäische Regelungen I. 32
Bundesverband Mediation e.V. Einleitung 30
Bundesverfassungsgericht Einleitung 56

Camp David Einleitung 5
Checkliste
– Co-Mediation Methodik IV. 44
– Kurz-Zeit-Mediation, hilfreiche Fragen Methodik IV. 18
– Kurz-Zeit-Mediation, strukturiertes Telefonat Methodik IV. 16
– Kurz-Zeit-Mediation, systematische Vorbereitung Methodik IV. 17

Sachregister

Clearing-Instanz Andere Verfahren V. 37
Co-Mediation § 1 MediationsG 30 ff.; Methodik IV. 19 ff.
– Checkliste **Methodik** IV. 44
– fachliche Ergänzung **Methodik** IV. 30 ff
– Mustertext Kooperationsvertrag **Methodik** IV. 45
– Mustertext Vertragsklausel **Methodik** IV. 46
– rechtliche Rahmenbedingungen **Methodik** IV. 39 ff.
– Risiken **Methodik** IV. 29
– Rituale **Methodik** IV. 38
– Schwerpunktbildungen **Methodik** IV. 36
– Teamarbeit **Methodik** IV. 33 ff.
– Teamkonflikt und -konkurrenz **Methodik** IV. 37
– Verabredungen **Methodik** IV. 38
– Vorteile **Methodik** IV. 23 ff.
Coaching
– Überblick **Andere Verfahren** I. 3 f.
Cochemer Praxis – 1992 Einleitung 32, 44
Conference of the Notariats of the European Union (CNUE) Europäische Regelungen I. 66
Contarini, Alvise Einleitung 3
Council of the Bars and Law Societies of the European Union (CCBE) Europäische Regelungen I. 37, 64

Darlehensvertrag Methodik V. 17
DDR Einleitung 16 ff.
Deutscher Anwaltverein Europäische Regelungen I. 53 f.
Deutscher Richterbund Europäische Regelungen I. 32, 55 f.
Dispensierung § 3 MediationsG 72 ff.
– Anwendungsbereich § 3 MediationsG 73
– Belang der Rechtspflege § 3 MediationsG 85 ff.
– Berufsausübungs- oder Bürogemeinschaft § 3 MediationsG 72
– Bundesverfassungsgericht § 3 MediationsG 85 ff., 101
– Einverständniserklärung § 3 MediationsG 79 ff.
– Einzelfall § 3 MediationsG 78
– Form und Dokumentation § 3 MediationsG 83 f.
– Muster einer Zustimmungserklärung § 3 MediationsG 100 ff.
– Parteien § 3 MediationsG 74 ff.
– Zeitpunkt § 3 MediationsG 82
Dritte § 2 MediationsG 103 ff.
– Einbeziehung § 2 MediationsG 105
– Vertraulichkeit § 2 MediationsG 108

Sachregister

- Zustimmung (allseitiges Einverständnis) § 2 MediationsG 106 f.

Drittentscheidung Andere Verfahren II. 44, 107, 122

Drittentscheidungsverfahren Andere Verfahren II. 44, 52 f., 68 f., 81

Early Neutral Evaluation
- Überblick Andere Verfahren I. 23 f.

Effekte
- externe Andere Verfahren II. 109 ff.

Effizienz Andere Verfahren II. 94
- Ergebnis Andere Verfahren II. 12, 15
- Kriterien Andere Verfahren II. 16
- Pareto- Andere Verfahren II. 13 ff.
- Verfahren Andere Verfahren II. 12, 15

Eigenes Interesse § 3 MediationsG 20 ff.

Eigenverantwortliche Konfliktlösung § 156 FamFG 1

Eigenverantwortlichkeit § 2 MediationsG 7 ff., 20, 29 f.

Eigenverantwortung Methodik II. 9

Eignung von Konfliktfällen für die Mediation
- besonderes Verwaltungsrecht Methodik V. 55

- Familienrecht Methodik V. 33 f.
- Zivilrecht Methodik V. 5

Einbindung der Parteien § 2 MediationsG 88 ff.
- Angemessenheit und Fairness § 2 MediationsG 88
- Empowerment § 2 MediationsG 89
- Gewährleistung § 2 MediationsG 90

Einbußen
- wirtschaftliche Andere Verfahren II. 4, 55, 57

Einigung *s. a. unter Vereinbarung* § 2 MediationsG 125 ff.

Einigungsdruck Andere Verfahren II. 53

Einigungsstellenverfahren § 54a ArbGG 42

Einsatzgebiete der Mediation Methodik V. 1 ff.

Einstweilige Anordnung
- Anhörung § 156 FamFG 21
- Rechtsmittel § 156 FamFG 22
- Umgangsrecht § 156 FamFG 5, 20

Einverständnis
- allseitiges § 2 MediationsG 101

Emminger Novelle Einleitung 12 ff.

Emotionen Methodik I. 26, 47

Empfehlung
- nicht bindende Andere Verfahren IV. 1, 5

Sachregister

Empirische Konfliktforschung
Methodik I. 16
Empowerment und Recognition
Methodik II. 49
Entlastung der Justiz Methodik II. 5
Entscheidung über Baukonflikte
– Adjudikator **Andere Verfahren V.** 2
– Amtsermittlung **Andere Verfahren V.** 2
– in England **Andere Verfahren V.** 3
– tatsächliche oder rechtliche Fehler **Andere Verfahren V.** 2
– Vollstreckungsprozess **Andere Verfahren V.** 2
– vorläufig bindende Entscheidung **Andere Verfahren V.** 2
Erbengemeinschaft
– Auseinandersetzung einer Methodik V. 26 f.
Erbfall
– Mediation vor dem Eintritt Methodik V. 21 f.
– Streitigkeiten nach dem Eintritt Methodik V. 21, 26
Erbfolge
– Vor- und Nacherbfolge Methodik V. 26, 28
– vorweggenommene **Methodik V.** 22, 24
Erbrecht Methodik V. 20 ff.
Erfahrung § 3 MediationsG 93

Erfolglosigkeitsbescheinigung
Andere Verfahren IV. 17
Erfolgreiche Mediation *s. a. unter Mediation*
Erfolgserwartung Andere Verfahren II. 1, 7
Ergebnisoffenheit Methodik II. 21
Erheblich erweitertes Institut des Güterichters § 54 ArbGG 12 ff.
Ermessen
– billiges **Andere Verfahren II.** 49, 92
Ersatzbestimmung nach § 319 Abs. 1 S. 1 BGB Andere Verfahren IV. 6
Eskalationsstufe Andere Verfahren V. 27
EU Med-RL 2008/52/EG Einleitung 7 f., 59 f.; § 2 MediationsG 4 ff., 28, 38; § 3 MediationsG 6; § 7 MediationsG 4; § 8 MediationsG 4, 24; § 135 FamFG 7; § 150 FamFG 5; § 156 FamFG 6; **Europäische Regelungen I.** 1 ff.
– § 15a EGZPO **Europäische Regelungen I.** 7
– Binnenmarkt **Europäische Regelungen I.** 2, 76
– Erwägungsgründe **Europäische Regelungen I.** 76 ff.
– EU Mediationsrichtlinie 2004 *s. a. unter EU – Mediationsrichtline 2004 – erster Entwurf* **Europäische Regelungen I.** 4, 39 ff.

Sachregister

- Europäische Kommission **Europäische Regelungen I.** 2
- Europäisches Parlament **Europäische Regelungen I.** 2
- familien- und arbeitsrechtliche Streitigkeiten **Europäische Regelungen I.** 77
- freier Personenverkehr **Europäische Regelungen I.** 2
- grenzüberschreitende Streitigkeiten **Europäische Regelungen I.** 5 f.
- Grünbuch 2002 *s. a. unter Grünbuch 2002* **Europäische Regelungen I.** 16 ff.
- Hintergrund *s. a. unter EU Med-RL 2008/52/EG – Hintergrund* **Europäische Regelungen I.** 9 ff.
- Mediation **Europäische Regelungen I.** 1, 4, 7, 78
- nationale Umsetzung **Europäische Regelungen I.** 5
- Regelungsinhalt **Europäische Regelungen I.** 80 ff.
- Resümee *s. a. unter EU Med-RL 2008/52/EG – Resümee* **Europäische Regelungen I.** 81 ff.
- Stellungnahmen **Europäische Regelungen I.** 2
- Streitigkeiten für Zivil- und Handelssachen **Europäische Regelungen I.** 5 f., 77
- Subsidiaritätsprinzip **Europäische Regelungen I.** 6
- Verabschiedung **Europäische Regelungen I.** 1, 75
- Ziel **Europäische Regelungen I.** 1, 3 f.
- Zugang zum Recht **Europäische Regelungen I.** 2, 76

EU Med-RL 2008/52/EG – Hintergrund **Europäische Regelungen I.** 9 ff.
- Art. 65 EGV **Europäische Regelungen I.** 11
- Brüssel I **Europäische Regelungen I.** 13
- einheitlicher Wirtschaftsraum **Europäische Regelungen I.** 9
- Empfehlungen der EU-Kommission **Europäische Regelungen I.** 10
- Europäischer Rat **Europäische Regelungen I.** 11 ff.
- Europäisches Parlament **Europäische Regelungen I.** 13
- freier Personenverkehr **Europäische Regelungen I.** 14
- freier Zugang zum Recht **Europäische Regelungen I.** 14
- Funktionieren des Binnenmarktes **Europäische Regelungen I.** 14
- Grundrecht auf Zugang zum Recht für jedermann (Art. 6 EMRK) **Europäische Regelungen I.** 9
- Schlussfolgerungen von Lissabon **Europäische Regelungen I.** 11

- Schlussfolgerungen von Tampere **Europäische Regelungen I.** 11
- Vertrag von Amsterdam **Europäische Regelungen I.** 9 f.
- Wiener Aktionsplan **Europäische Regelungen I.** 11

EU Med-RL 2008/52/EG – Resümee Europäische Regelungen I. 81 ff.
- Binnenmarkt **Europäische Regelungen I.** 82
- Einsparung von öffentlichen Mitteln **Europäische Regelungen I.** 84
- Entlastung der Justiz **Europäische Regelungen I.** 84
- Europa **Europäische Regelungen I.** 82
- freier Zugang zur Justiz **Europäische Regelungen I.** 83
- Gemeinwohl **Europäische Regelungen I.** 84
- Interessenlagen **Europäische Regelungen I.** 81 f.
- Rechtsstaatlichkeitsgebot **Europäische Regelungen I.** 83

EU Mediationsrichtlinie 2004 – Erster Entwurf Europäische Regelungen I. 39 ff.
- Erwägungsgründe **Europäische Regelungen I.** 40, 43
- Funktionieren des Binnenmarktes **Europäische Regelungen I.** 43
- grenzüberschreitende Streitigkeiten **Europäische Regelungen I.** 41
- Grünbuch 2002 **Europäische Regelungen I.** 39, 43
- Inhalt **Europäische Regelungen I.** 40 ff.
- Mediator **Europäische Regelungen I.** 44
- Mindestnormen **Europäische Regelungen I.** 41
- Ombudsmannregelungen **Europäische Regelungen I.** 43
- Sachverständigenbennungen **Europäische Regelungen I.** 43
- Schiedsverfahren **Europäische Regelungen I.** 43
- Stellungnahmen zum Vorschlag der EU – Mediationsrichtlinie v. 22.10.2004 (2004/0251) *s. a. unter EU Mediationsrichtlinie 2004 – Stellungnahmen zum ersten Entwurf* **Europäische Regelungen I.** 46 ff.
- Subsidiarität **Europäische Regelungen I.** 42
- Verbraucherbeschwerdeverfahren **Europäische Regelungen I.** 43
- Verhältnismäßigkeit **Europäische Regelungen I.** 42
- Vertraulichkeitspflicht des Mediators **Europäische Regelungen I.** 43

Sachregister

EU Mediationsrichtline 2004 – Stellungnahmen zum ersten Entwurf **Europäische Regelungen** I. 46 ff.
- Angleichung der Lebensverhältnisse **Europäische Regelungen** I. 55
- Anwaltsvergleich **Europäische Regelungen** I. 54
- Ausbildung **Europäische Regelungen** I. 49 f.
- Ausschuss für bürgerliche Freiheiten, Justiz und Inneres **Europäische Regelungen** I. 51
- Beschwerden- und Sanktionsregelungen **Europäische Regelungen** I. 51
- freier Waren-, Personen, Dienstleistungs- oder Kapitalverkehr **Europäische Regelungen** I. 48
- Funktionieren des Binnenmarktes **Europäische Regelungen** I. 48
- Mediationsvereinbarungen **Europäische Regelungen** I. 66
- Online Mediation **Europäische Regelungen** I. 63
- ordre public **Europäische Regelungen** I. 54
- Prozesskostenhilfe **Europäische Regelungen** I. 61
- Qualität **Europäische Regelungen** I. 62
- Schlichtung **Europäische Regelungen** I. 58
- Schrifttum **Europäische Regelungen** I. 57 ff.
- Subsidiaritätsgebot **Europäische Regelungen** I. 55
- Wissenschaft **Europäische Regelungen** I. 57 ff.
- Zugang zum Mediationsverfahren **Europäische Regelungen** I. 63
- Zwei-Klassen-Rechtssystem **Europäische Regelungen** I. 61

EU Mediationsrichtline 2004 – **Weitere Entwürfe Europäische Regelungen** I. 67 ff.
- Entschließung des Europäischen Parlaments 29.3.2007 **Europäische Regelungen** I. 68 ff.
- Gemeinsamer Standpunkt des Rates vom 28.2.2008 **Europäische Regelungen** I. 73 ff.
- politische Einigung auf Richtlinienvorschlag vom 8.11.2007 **Europäische Regelungen** I. 71 ff.
- Vorschlag vom 29.7.2005 – Ausschuss für Zivilrecht **Europäische Regelungen** I. 67 f.

Eurochambres Europäische Regelungen I. 63 f.

Europäische Notare Europäische Regelungen I. 33

Europäischer Verhaltenskodex § 2 MediationsG 1, 1 f.

Europäischer Verhaltenskodex für Mediatoren § 3 MediationsG 6; **Europäische Regelungen** I. 38 ff.
- Europäische Kommission **Europäische Regelungen** I. 38

Sachregister

- Veröffentlichung **Europäische Regelungen** I. 38
- **Europäischer Wirtschafts- und Sozialausschuss (EWAS)** Europäische Regelungen I. 33, 49 f.
- **Evaluierung**
  - Auswirkungen des MediationsG § 8 MediationsG 10 f.
  - Begriff § 8 MediationsG 5 ff.
  - Bericht § 8 MediationsG 1 ff., 8 ff.
  - Entwicklung der Mediation § 8 MediationsG 2 f., 11
  - EU Med-RL § 8 MediationsG 4, 24
  - finanzielle Förderung § 8 MediationsG 3
  - Frist § 8 MediationsG 1, 9
  - gesetzgeberische Maßnahme § 8 MediationsG 2 f., 18 f., 24 f.
  - Inhalt des Berichts § 8 MediationsG 10 ff.
  - kostenrechtliche Länderöffnungsklausel § 8 MediationsG 2, 15 ff.
  - Qualitätssicherung § 8 MediationsG 12, 18 ff.
  - Situation der Aus- und Fortbildung § 8 MediationsG 2 f., 10, 12 ff.
  - Verbraucherschutz § 8 MediationsG 12, 18 f., 23
- **Expedited-Arbitration** Andere Verfahren VII. 66 f.
- **Fachgerichtsbarkeiten**
  - Güterichter § 278 ZPO 80
- **Fachlicher Hintergrund** § 3 MediationsG 91
- **Fachverbände** Einleitung 30 ff.
- **Familiengerichtliches Verfahren – andere Verfahren außergerichtlicher Konfliktbeilegung** § 36a FamFG 43 ff.
- **Familiengerichtliches Verfahren – Informationsgespräch**
  - Kostentragungspflicht § 81 FamFG 1 ff.
  - Nichtbefolgen einer richterlichen Anordnung § 81 FamFG 20
  - richterliche Anordnung § 81 FamFG 17 ff.
  - Versäumen einer richterlichen Anordnung § 81 FamFG 21
- **Familiengerichtliches Verfahren – Mediation** § 36a FamFG 1 ff.
- **Familienrecht** Methodik V. 33 ff.
- **Familienunternehmen** Methodik V. 17
- **Fast-Track-Arbitration** Andere Verfahren VII. 66 f.
- **Feststellungsvertrag** Andere Verfahren IV. 9
- **Finanzgerichtliches Verfahren**
  - andere Verfahren außergerichtlicher Konfliktbeilegung § 155 FGO 46
  - gerichtliche Mediaton im Übergangszeitraum § 155 FGO 47

Sachregister

- Güterichter § 155 FGO 21 ff., 27 f.
- Güterichter, Verfahrensablauf § 155 FGO 29 ff.
- Güterichter, Verweisung durch Gericht § 155 FGO 29
- Güterichter, Vorgehensweise § 155 FGO 31 ff.
- Güterichter, Zeugnisverweigerungsrecht § 155 FGO 33
- Inkompatibilität für Richter § 155 FGO 8 ff.
- Inkompatibilität für Richter, verfahrensrechtliche Konsequenzen § 155 FGO 14
- Klageschrift § 155 FGO 19 f.
- Klageschrift, Normzweck § 155 FGO 20
- Klageschrift, Sollvorschrift § 155 FGO 20
- Mediation § 155 FGO 37 ff.
- Mediation, Anwendungsgebiete § 155 FGO 5
- Mediation, Entscheidung der Beteiligten § 155 FGO 48
- Mediation, gerichtlicher Ruhensbeschluss § 155 FGO 49
- Mediation, gerichtlicher Vorschlag § 155 FGO 39 f.
- Mediation, gerichtlicher Vorschlag, Ermessen § 155 FGO 39
- Mediation, gerichtlicher Vorschlag, formale und inhaltliche Kriterien § 155 FGO 40
- Mediation, gerichtlicher Vorschlag, Zeitpunkt § 155 FGO 39
- Verweisungsnorm § 155 FGO 1 ff.
- Wegfall der Protokollpflicht § 155 FGO 15 ff.
- Wegfall der Protokollpflicht, Adressat der Vorschrift § 155 FGO 17

Förderung
- Antrag § 7 MediationsG 10, 18
- Bedürftigkeit § 7 MediationsG 19
- Begriff/ Inhalt § 7 MediationsG 10, 17, 25
- Bewilligung § 7 MediationsG 16
- Einzelheiten § 7 MediationsG 10, 25 f.
- Entscheidung § 7 MediationsG 23
- Ermessen § 7 MediationsG 2, 5, 22
- Kommunikationsmethoden § 2 MediationsG 86 f.
- Kosten der Mediation § 7 MediationsG 20
- Mediationskostenhilfe § 7 MediationsG 1 f., 10, 13, 30 ff.
- Mutwilligkeit § 7 MediationsG 21
- Rechtsverfolgung/Rechtsverteidigung § 7 MediationsG 21
- Unanfechtbarkeit § 7 MediationsG 24

Sachregister

Förderung der Mediation
- Tendenzen **Methodik V.** 16

Folgesachen
- abgetrennte Folgesachen **§ 150 FamFG** 6, 8, 14
- Beteiligte **§ 150 FamFG** 8
- Kosten **§ 150 FamFG** 1 f., 6, 14
- Verbundsprinzip **§ 150 FamFG** 6

Forschungsvorhaben
- Begriff **§ 7 MediationsG** 6, 9 f.
- Erfahrungen und Erkenntnisse **§ 7 MediationsG** 29
- Ermessen **§ 7 MediationsG** 2, 5, 7
- EU Med-RL **§ 7 MediationsG** 4
- finanzielle Förderung **§ 7 MediationsG** 1 f., 10 ff., 15 ff., 30, 40
- Folgen **§ 7 MediationsG** 10, 12 f.
- Inhalt **§ 7 MediationsG** 10
- Länderöffnungsklausel **§ 7 MediationsG** 2
- Rechtsbereiche **§ 7 MediationsG** 3
- Träger **§ 7 MediationsG** 14
- Umsetzung **§ 7 MediationsG** 1, 5 ff.
- Unterrichtung des Bundestages **§ 7 MediationsG** 27 f.
- Vereinbarung **§ 7 MediationsG** 8, 10, 17, 25 f.
- wissenschaftlich **§ 7 MediationsG** 9
- Ziel/Zweck **§ 7 MediationsG** 1 ff., 11 ff.

Fragetechniken **Methodik II.** 66 ff.
Freiwilligkeit **§ 2 MediationsG** 28, 72 ff.
- Beendigung der Mediation **§ 2 MediationsG** 110 ff.
- Berufsethos **§ 2 MediationsG** 74
- Informationsgespräch **§ 2 MediationsG** 72, 76
- Vergewisserung und Gewährleistung durch Mediator **§ 2 MediationsG** 72, 74
- Zeitpunkt **§ 2 MediationsG** 72 f., 73, 77

Friedensrichter **Einleitung** 11
Funktionale Ambivalenz **Methodik I.** 20
Funktionale, dysfunktionale Konflikte **Methodik I.** 18

Gehör
- rechtliches **Andere Verfahren II.** 49

Genehmigungsverfahren
- Bau-, Emissionsschutz-, Gewerbe- und Gaststättenrecht **Methodik V.** 55

Generalklausel **§ 2 MediationsG** 24
Gerechtigkeitsvorstellungen **Methodik II.** 2 ff.
Gerichtsgebühren *s. a. unter Gerichtskosten* **Andere Verfahren II.** 115
Gerichtsintegrierte Mediation **Einleitung** 39

Sachregister

Gerichtsinterne Mediation Einleitung 48, 50 f.
Gerichtskosten Andere Verfahren II. 71, 112
Geschäftliche Verbindungen § 3 MediationsG 17 ff., 25 ff.
Geschäftsführungsmaßnahmen
– Streitigkeiten der Gesellschaft mit ihren Organen **Methodik V.** 8
Geschäftsverteilung
– gerichtliche Mediation § 278a ZPO 74 ff.
Geschäftsverteilungsplan
– Güterichter § 278 ZPO 73, 83 ff.
Geschichte der Mediation Einleitung 1 ff.
– Afrika **Einleitung** 1
– Alvise Contarini **Einleitung** 3
– Australien **Einleitung** 6
– China **Einleitung** 1
– Deutschland **Einleitung** 6
– Europa **Einleitung** 2
– Familienkonflikte **Einleitung** 6
– Frankreich **Einleitung** 2, 6
– Friedensschluss von Camp David **Einleitung** 5
– Griechenland **Einleitung** 2
– Gütegedanke **Einleitung** 9
– Japan **Einleitung** 1
– Mediator **Einleitung** 4
– Neutralität **Einleitung** 3
– öffentliche Planungsvorhaben **Einleitung** 6
– Solon **Einleitung** 2
– Sorge- und Besuchsstreitigkeiten **Einleitung** 6
– Tarifverhandlungen **Einleitung** 6
– USA **Einleitung** 6
– Vermittlungsgedanke **Einleitung** 1, 5, 9
– Westfälischer Frieden *s. a. unter Westfälischer Frieden* **Einleitung** 3
Gesellschaftsrecht Methodik V. 7 ff.
Gesetz zur Förderung der Mediation Einleitung 8 ff.
– EU Med-RL 2008/52/EG **Einleitung** 8
– Güteverfahren *s. a. unter Güteverfahren* **Einleitung** 10 ff.
Gesetzgebungsmaterialien § 278 ZPO 38 ff.
Getrennte Gespräche § 2 MediationsG 95 ff.
– allseitiges Einverständnis § 2 MediationsG 101
– Begriff § 2 **MediationsG** 95
– Einzelgespräche § 2 **MediationsG** 96 ff.
– Offenlegung der Informationen § 2 **MediationsG** 98
– Vertraulichkeit § 2 **MediationsG** 98 ff.
– Zustimmung § 2 **MediationsG** 101 f.
Gewerblicher Rechtsschutz Methodik V. 15 f.

Sachregister

Gewinnverwendung und -verteilung Methodik V. 8
Grenzüberschreitende Streitigkeiten
- Schutzrechte betreffend **Methodik V. 16**

Grünbuch 2002 Europäische Regelungen I. 16 ff.
- ADR-Verfahren *s. a. unter ADR-Verfahren – Grünbuch 2002* **Europäische Regelungen I. 17 ff.**
- Ausgangssituation der EU Mitgliedstaaten **Europäische Regelungen I. 28**
- Bestandsaufnahme **Europäische Regelungen I. 16, 21 ff.**
- Diskussion **Europäische Regelungen I. 24 ff.**
- Europäischer Rat **Europäische Regelungen I. 16**
- Fragenkatalog **Europäische Regelungen I. 24**
- freier Zugang zur Justiz **Europäische Regelungen I. 18, 25 f.**
- Gründe für Regelungsbedarf **Europäische Regelungen I. 21 ff.**
- Handlungsfreiheit der Parteien **Europäische Regelungen I. 26**
- Harmonisierung der einzelstaatlichen Rechtsvorschriften **Europäische Regelungen I. 29**
- Inhalt **Europäische Regelungen I. 17 ff.**
- Prinzip der Rechtsstaatlichkeit **Europäische Regelungen I. 26**
- Stellungnahmen *s. a. unter Grünbuch 2002 – Stellungnahmen* **Europäische Regelungen I. 25 ff.**

Grünbuch 2002 – Stellungnahmen Europäische Regelungen I. 31 ff.

Gütegedanke Einleitung 1, 5, 9, 16 ff., 27
- in der DDR **Einleitung 16 ff.**

Güterichter Einleitung 46, 51
- Änderungen des Rechtsausschusses **§ 278 ZPO 32 ff.**
- Änderungen des Vermittlungsausschusses **§ 278 ZPO 37**
- Akteneinsicht **§ 278 ZPO 60 f.**
- bayerisch-thüringisches Modell **§ 278 ZPO 27 ff.**
- Einverständnis der Parteien **§ 278 ZPO 50**
- erheblich erweitertes Institut **§ 278 ZPO 24 ff.**
- Freiwilligkeit **§ 278 ZPO 50**
- Geschäftsverteilungsplan **§ 278 ZPO 83 ff.**
- Geschäftsverteilungsplan, Mustertext **§ 278 ZPO 84 ff.**
- Informationsbeschaffung **§ 278 ZPO 60 f.**
- keine Protokollpflicht **§ 159 ZPO 1 ff.**
- Konzept **§ 278 ZPO 45 ff.**
- Koordinatoren, richterassistierende Tätigkeit **§ 278 ZPO 52**
- Mustertext, Geschäftsverteilungsplan **§ 278 ZPO 84 ff.**

Sachregister

- Mustertext, Verschwiegenheitsverpflichtung, Dritte § 278 ZPO 87
- Mustertext, Verschwiegenheitsverpflichtung, Parteivereinbarung § 278 ZPO 86
- nicht entscheidungsbefugt § 278 ZPO 37
- Normentwicklung § 278 ZPO 13 ff.
- Präsidium § 278 ZPO 48
- Setting, Festlegung § 278 ZPO 64
- Terminabsprache § 278 ZPO 62 f.
- Verfahren, Durchführung § 278 ZPO 65 ff.
- Verfahren, Ergebnisse § 278 ZPO 71 ff.
- Verfahrensablauf § 278 ZPO 47 ff.
- Verfahrensabsprache § 278 ZPO 62 f.
- Verfahrensbeendigungen § 278 ZPO 72 ff.
- Verhältnis zur Mediation § 278 ZPO 82
- Verweisungsbeschluss, Ermessen § 278 ZPO 49 ff.
- Verweisungsbeschluss, Gericht § 278 ZPO 47 f.
- Vorgehensweise § 278 ZPO 60 ff.
- Zeugnisverweigerungsrecht § 278 ZPO 79

Güterichter – Arbeitsgerichtsprozess
- Ausschluss einer Verweisung § 54 ArbGG 22 ff.
- Durchführung des Güteversuchs § 54 ArbGG 34 ff.
- Einverständnis der Parteien § 54 ArbGG 18 ff.
- Ergebnisse § 54 ArbGG 41 ff.
- Folgen einer Verweisung § 54 ArbGG 26 f.
- Setting § 54 ArbGG 33
- Terminabsprache § 54 ArbGG 30 ff.
- Verfahrensablauf § 54 ArbGG 14 ff.
- Verfahrensabsprache § 54 ArbGG 30 ff.
- Verfahrensbeendigungen § 54 ArbGG 41 ff.
- Verweisung § 54 ArbGG 8 ff.
- Verweisung durch Vorsitzenden § 54 ArbGG 10 ff.
- Vorgehensweise § 54 ArbGG 28 ff.
- Zeugnisverweigerungsrecht § 54 ArbGG 48

Güterichter – familiengerichtliches Verfahren § 36 FamFG 12 ff.
- Abweichung zu § 278 Abs. 5 ZPO § 36 FamFG 10
- Anwendungsbereich der Norm § 36 FamFG 8 ff.
- Durchführung des Güteversuchs § 36 FamFG 34 ff.

Sachregister

- Einverständnis der Beteiligten § 36 FamFG 18 ff.
- Ergebnisse § 36 FamFG 41 ff.
- erheblich erweitertes Institut § 36 FamFG 12 ff.
- Regelungsgegenstand und Zweck § 36 FamFG 1 ff.
- Setting § 36 FamFG 33
- Terminabsprache § 36 FamFG 32
- Verfahrensablauf § 36 FamFG 14 ff.
- Verfahrensabsprache § 36 FamFG 30 f.
- Verfahrensbeendigungen § 36 FamFG 41 ff.
- Verweisungsbeschluss, Ermessen § 36 FamFG 17 ff.
- Verweisungsbeschluss, Gericht § 36 FamFG 15 ff.
- Vorgehensweise § 36 FamFG 28 ff.
- Zeugnisverweigerungsrecht § 36 FamFG 49 ff.

Güterichterkonzept § 278 ZPO 45 ff.

Güteverfahren Einleitung 10 ff.
- amerikanische Besatzungszone Einleitung 15
- britische Besatzungszone Einleitung 15 f.
- DDR, Gütegedanke Einleitung 16 ff.
- Ehesachen Einleitung 10
- Emminger Novelle Einleitung 12 ff.
- Entlastungsverordnung vom 9.9.1915 Einleitung 11, 22
- französische Besatzungszone Einleitung 15 f.
- Friedensrichter Einleitung 11
- Güteverfahren seit 1944 Einleitung 15
- obligatorisches Güteverfahren *s. a. unter Obligatorisches Güteverfahren* Einleitung 12 ff.
- Öffnungsklausel § 15 a EGZPO Einleitung 21 ff.
- Rechtseinheitsgesetz 1950 Einleitung 15
- Regelungen in der ZPO Einleitung 10 f.
- Sühnetermin Einleitung 10
- Sühneversuch Einleitung 10
- Überblick Andere Verfahren I. 15 ff.
- Vereinfachungsnovelle zur ZPO v. 1.1.1977 Einleitung 19
- Vergleich Einleitung 10
- Zwangsvollstreckung Einleitung 10

Güteverfahren, Arbeitsgerichtsprozess
- obligatorisches § 54 ArbGG 5 ff.

Güteverhandlung § 278 ZPO 8 ff.
- semi-obligatorische § 278 ZPO 20

Sachregister

Gütliche Streitbeilegung § 278 ZPO 1 ff.

Haftung § 2 MediationsG 15, 19 f., 64 ff.
- andere Berufsgruppen § 2 MediationsG 69
- Anwaltsmediator § 2 MediationsG 64, 67
- Berufshaftpflicht § 2 MediationsG 67 f.
- Haftpflichtversicherung § 2 MediationsG 15
- Haftungsrisiko § 2 MediationsG 65, 90, 124, 148, 162
- Hinweis an Parteien § 2 MediationsG 70
- Notar § 2 MediationsG 68
- Pflichten des Mediators § 2 MediationsG 64 f., 83 f., 161 ff.
- Vermögensschadenversicherung § 2 MediationsG 66 f., 70

Hamburg Einleitung 52

Heidelberger Mediationsprojekt Einleitung 39

Heiße und kalte Konflikte Methodik I. 40

Hemmung Andere Verfahren IV. 15
- Aufforderung zur Verhandlung **Andere Verfahren IV.** 20
- Ende **Andere Verfahren IV.** 17
- Wirkung **Andere Verfahren IV.** 17

Hessen Einleitung 42

Hold-Out Andere Verfahren II. 63, 88

Hold-Up Andere Verfahren II. 58, 77, 80 ff., 88

Honorar
- Anwaltsmediator § 2 MediationsG 53 f., 57
- Anwaltsnotar § 2 MediationsG 60
- Einigungsgebühr § 2 MediationsG 55
- Erfolgshonorar § 2 MediationsG 55
- Höhe § 2 MediationsG 49 ff.
- Honorarvereinbarung *s. a. unter Honorarvereinbarung* § 2 MediationsG 1 ff.
- Notar § 2 MediationsG 59 f.
- Pauschalhonorar § 2 MediationsG 55
- rechtliche Auskunft § 2 MediationsG 57
- Rechtsanwalt § 2 MediationsG 58
- Rechtsschutzversicherung § 2 MediationsG 56
- Schuldner § 2 MediationsG 48
- sonstige Berufe § 2 MediationsG 61
- Stundenhonorar § 2 MediationsG 53 f.

Sachregister

Honorarvereinbarung § 2 MediationsG 48 ff.
- anwaltliche Tätigkeit § 2 MediationsG 50
- Gebührenvereinbarung § 2 MediationsG 50 ff.
- Inhalt § 2 MediationsG 51
- Schriftform § 2 MediationsG 48, 51

Hybrides Verfahren
- Mediation und Adjudikation (MedAdj) **Andere Verfahren V.** 23

Hybridverfahren Andere Verfahren VII. 56 ff.
- Arb-Med **Andere Verfahren VII.** 60 f.
- integriertes/paralleles Mediationsverfahren **Andere Verfahren VII.** 62
- Med-Arb **Andere Verfahren VII.** 57 ff.

Information
- asymmetrische **Andere Verfahren II.** 17 ff., 66, 68

Informationsgespräch
- Anfechtung der Anordnung § 135 FamFG 19
- Anordnung § 135 FamFG 2 f., 5 f., 9 ff., 21
- Begründung der Anordnung § 135 FamFG 11
- Dokumentation § 2 MediationsG 21
- Durchführung, Person oder Stelle § 135 FamFG 12 ff., 22
- Ermessen § 135 FamFG 10, 21
- EU Med-RL § 135 FamFG 7
- Freiwilligkeit § 2 MediationsG 13, 72, 76
- Frist § 135 FamFG 11
- Haftung § 2 MediationsG 70
- Honorar § 2 MediationsG 47
- Inhalt § 135 FamFG 16
- Kosten § 135 FamFG 2, 17, 20; § 150 FamFG 11, 12
- Mediationsverbände § 135 FamFG 12
- Nichterscheinen § 150 FamFG 11 f.
- Offenbarungspflichten *s. a. unter Offenbarungspflichten* § 3 MediationsG 1 ff.
- Regelungszweck § 135 FamFG 1
- schriftliche Bestätigung § 2 MediationsG 164
- Tätigkeitsbeschränkungen *s. a. unter Tätigkeitsbeschränkungen* § 3 MediationsG 1 ff.
- Tätigkeitsverbot *s. a. unter Tätigkeitsverbot* § 3 MediationsG
- Teilnahmebestätigung § 135 FamFG 18, 23
- Umfang des Kenntnisstandes § 2 MediationsG 17 ff.

Sachregister

- unentschuldigtes Nichterscheinen § 135 FamFG 2, 20
- Verständnis der Parteien § 2 MediationsG 13 ff.
- Vollstreckbarkeit § 135 FamFG 19
- Zeitpunkt § 2 MediationsG 15, 44

Informationsgespräch über Mediation oder außergerichtliche Streitbeilegung
- Anordnung § 156 FamFG 1, 3, 5, 7 ff.
- Eltern § 156 FamFG 3, 7
- Ermessen § 156 FamFG 9
- EU Med-RL § 156 FamFG 6
- Freiwilligkeitsprinzip § 156 FamFG 8
- Fristsetzung § 156 FamFG 10
- Inhalt § 156 FamFG 7 f., 13
- Kosten § 156 FamFG 1, 12, 14
- Personen und Stellen § 156 FamFG 11 f., 23
- Rechtsmittel § 156 FamFG 18
- Teilnahmebestätigung § 156 FamFG 7, 15, 23
- unentschuldigtes Nichterscheinen § 156 FamFG 19

Informationspflichten § 3 MediationsG 3, 89 ff.
- Adressat § 3 MediationsG 94
- Ausbildung § 3 MediationsG 92
- Erfahrung § 3 MediationsG 93
- fachlicher Hintergrund § 3 MediationsG 91
- Form § 3 MediationsG 97
- Qualitätssicherung § 3 MediationsG 89 f.
- Verlangen § 3 MediationsG 95
- Wahrheitsgebot § 3 MediationsG 96

Informationsvorteil Andere Verfahren II. 26

Informiertheit
- Fachkenntnisse § 2 MediationsG 33
- Fachwissen § 2 MediationsG 36
- gleicher Informationsstand § 2 MediationsG 32
- Prinzip § 2 MediationsG 31
- Rechtslage § 2 MediationsG 34 f.
- Waffengleichheit § 2 MediationsG 35

Inkompatibilität § 3 MediationsG 29

Inkrafttreten Art. 9 MediationsförderungsG 1 f.

Inquisitorisches Verfahren Andere Verfahren IV. 1

Insolvenzrecht Methodik V. 11 ff.

Institutionelle Schiedsgerichtsbarkeit Andere Verfahren VII. 28 ff.

Integrierte Mediation Einleitung 32, 44; Andere Verfahren VII. 62

International Institute for Conflict Prevention and Resolution

Sachregister

(CPR) Europäische Regelungen I. 35 f.

Internationale Familienmediation Deutschland – Frankreich Einleitung 41

Internationale Sachverhalte
– Schutzrechte betreffend **Methodik** V. 16

Investitionen
– spezifische **Andere Verfahren** II. 57, 67, 73 ff., 89

Juristischer Dienst des Rates der Europäischen Kommission Europäische Regelungen I. 47 f.

Justizkredit Andere Verfahren II. 61 ff.

Kaskadenmodell Andere Verfahren V. 25

Kindeswohl
– eigenverantwortliche Konfliktlösung § 156 FamFG 1
– elterliche Pflicht § 156 FamFG 1, 16
– Hinwirken auf Einvernehmen § 156 FamFG 1, 16 f.
– verfassungsrechtliche Verankerung § 156 FamFG 1

Kindschaftssachen
– Begriff nach § 155 FamFG *s. a. unter Vorrang und Beschleunigungsgebot* § 155 FamFG 1
– Begriff nach § 156 FamFG § 156 FamFG 1

– eigenverantwortliche Konfliktlösung § 156 FamFG 1
– Kindeswohl § 156 FamFG 1

Klageschrift
– Angaben über bisherige Konfliktlösungsversuche § 253 ZPO 11 ff.
– Anwendbarkeit der Norm § 253 ZPO 6 ff.
– Fachgerichtsbarkeiten § 253 ZPO 21 ff.
– Regelungsgegenstand und Zweck § 253 ZPO 1 ff.
– Soll-Vorschrift § 253 ZPO 16 ff.

Klassenkampf Methodik I. 14

Kölner Modell Einleitung 49

Kommunikationsstörungen Methodik I. 59

Kompensation Andere Verfahren II. 98 ff.

Kompensationsproblem Andere Verfahren II. 81, 87, 105, 108

Kompetenzordnung in der Gesellschaft
– Konflikt über die **Methodik** V. 17

Komplexe Fälle
– Beispiele erfolgreicher Mediationen **Methodik** V. 17

KON:SENS Einleitung 36

Konflikt Methodik I. 1 ff.

Konfliktdynamik Methodik I. 67 ff.

Konfliktkosten Andere Verfahren V. 12

Sachregister

Konfliktlösungsverfahren § 2 MediationsG 71
Konfliktlotsen Andere Verfahren V. 37
Konflikttypologie Methodik I. 23 ff.
Konkurrenz Methodik I. 11
Konsensfindung Methodik II. 1
Kooperationsgewinn Andere Verfahren II. 91, 98 ff.
Kooperatives Anwaltsverfahren Andere Verfahren III. 1 ff.
– Anwälte, Qualitätsanforderungen **Andere Verfahren** III. 28 ff.
– Anwendungsbereiche **Andere Verfahren** III. 32 ff.
– dogmatische Einordnung **Andere Verfahren** III. 25 ff.
– Grundkonstellation **Andere Verfahren** III. 2 f.
– Indikation **Andere Verfahren** III. 34
– Kosten **Andere Verfahren** III. 38
– Netzwerk **Andere Verfahren** III. 36
– Phasenmodell **Andere Verfahren** III. 14 ff.
– systemischer Ansatz **Andere Verfahren** III. 8
– Teamkonstellation **Andere Verfahren** III. 4 ff.
– Überblick **Andere Verfahren** I. 10 ff.
– Verfahrensablauf **Andere Verfahren** III. 8 ff.
– Verfahrensbeschreibung **Andere Verfahren** III. 1 ff.
– vertragliche Einigung **Andere Verfahren** III. 9 ff.
– Vertragsmuster **Andere Verfahren** III. 37

Kosten
– Beteiligte § 150 FamFG 8
– Billigkeitsklausel § 150 FamFG 3, 8 ff.
– dritter Personen § 150 FamFG 6
– Eheaufhebung § 150 3
– einstweilige Anordnung § 150 FamFG 16
– erfolgloser Scheidungsantrag § 150 FamFG 3
– erfolgreicher Scheidungsantrag § 150 FamFG 6 f.
– Erledigung des Scheidungsverfahrens § 150 FamFG 7
– Ermessen § 150 FamFG 9 ff.
– EU Med-RL § 150 FamFG 5
– Folgesachen § 150 FamFG 1 ff., 6, 14
– Höhe § 2 **MediationsG** 63
– Honorar des Mediators *s. a. unter Honorar* § 2 **MediationsG** 47 ff.
– in Ehe- und Familienstreitsachen § 150 FamFG 1 ff.
– Informationsgespräch *s. a. unter Informationsgespräch* § 150 FamFG 11 f.

Sachregister

- Parteivereinbarung § 150 FamFG 13
- Rechtsmittelinstanz § 150 FamFG 15
- soziale **Andere Verfahren II.** 109
- Verbundprinzip § 150 FamFG 6
- versunkene **Andere Verfahren II.** 74
- weitere Kosten der Mediation § 2 MediationsG 47, 62 ff.

Kostenrisiko Andere Verfahren II. 71

Kostentragung Andere Verfahren II. 38, 70, 113

Kreditsicherungsrecht Methodik V. 17

Kurz-Zeit-Mediation Methodik IV. 3 ff.
- Besonderheit **Methodik IV.** 4
- Checkliste hilfreicher Fragen **Methodik IV.** 18
- Checkliste strukturiertes Telefonat **Methodik IV.** 16
- Checkliste systematische Vorbereitung **Methodik IV.** 17
- Hypothesen **Methodik IV.** 8 f.
- Konfliktgeeignetheit **Methodik IV.** 5
- Sammeln und Austausch von Informationen **Methodik IV.** 7
- Setting **Methodik IV.** 10
- systematische Vorbereitung **Methodik IV.** 13 f.
- Vorlaufphase **Methodik IV.** 6
- Zeitrahmen **Methodik IV.** 11

Länderöffnungsklausel § 7 MediationsG 2

Landesrechtliche Güterstellen Andere Verfahren IV. 14

Leistungsmodifikation Andere Verfahren II. 86

Lock-In-Effekt Andere Verfahren II. 77

Machtgefälle Andere Verfahren V. 28

Machtungleichgewicht Methodik I. 32, 64

MAX
- Überblick **Andere Verfahren I.** 38 ff.

Mecklenburg-Vorpommern Einleitung 45

Med-Adj
- Überblick **Andere Verfahren I.** 41 f.

Med-Arb Andere Verfahren II. 52; **VII.** 57 ff.
- Überblick **Andere Verfahren I.** 36 f.

MEDALOA Andere Verfahren II. 52

Mediation
- Ablauf § 2 MediationsG 40
- aktiv § 2 MediationsG 30
- Allparteilichkeit **Einleitung** 8
- Alternativen zur Mediation § 2 MediationsG 71

Sachregister

- Beendigung durch Mediator *s. a. unter Beendigung* § 2 MediationsG 92 ff., 114 ff.
- Beendigung durch Parteien *s. a. unter Beendigung* § 2 MediationsG 109 ff.
- Beginn **Einleitung** 8
- Berater *s. a. unter Berater* § 2 **MediationsG** 132 ff.
- Co-Mediation § 1 **MediationsG** 30 ff.
- Dokumentation § 2 **MediationsG** 149
- Dritte *s. a. unter Dritte* § 2 **MediationsG** 103 ff.
- eigener Vorschlag der Parteien § 278a **ZPO** 62 f.
- Eigenverantwortlichkeit § 1 **MediationsG** 22 ff.
- Einbindung der Parteien *s. a. unter Einbindung der Parteien* § 2 **MediationsG** 88 ff.
- Einigung § 2 **MediationsG** 125
- Einsatzfeld § 1 **MediationsG** 13
- einvernehmliche Konfliktbeilegung § 1 **MediationsG** 15
- Einzelgespräche *s. a. unter Getrennte Gespräche* § 2 **MediationsG** 1 ff.
- Entscheidung der Parteien § 278a **ZPO** 60 ff.
- erfolgreiche, Beispielsfälle aus dem Verwaltungsrecht **Methodik V.** 54
- erfolgreiche, Beispielsfälle aus dem Wirtschaftsrecht **Methodik V.** 17
- evaluative **Andere Verfahren II.** 28
- faszilitative **Andere Verfahren II.** 28
- Förderung der Mediation § 2 **MediationsG** 86 ff.
- Freiwilligkeit *s. a. unter Mediationsverfahren und unter Freiwilligkeit* § 1 **MediationsG** 19 ff.; § 2 **MediationsG** 28, 72 ff.
- Gebührenvereinbarung § 2 **MediationsG** 50 f
- gerichtlicher Ruhensbeschluss § 278a **ZPO** 64 ff.
- gerichtlicher Ruhensbeschluss, Wiederaufnahme § 278a **ZPO** 67 ff.
- gerichtlicher Vorschlag § 278a **ZPO** 4 ff.
- gerichtlicher Vorschlag, Adressatenkreis § 278a **ZPO** 4
- gerichtlicher Vorschlag, arbeitsgerichtliches Verfahren § 278a **ZPO** 15 f.
- gerichtlicher Vorschlag, Ermessen § 278a **ZPO** 5
- gerichtlicher Vorschlag, familiengerichtliches Verfahren § 278a **ZPO** 9 f.
- gerichtlicher Vorschlag, Form § 278a **ZPO** 26 ff.

- gerichtlicher Vorschlag, sozialgerichtliches Verfahren § 278a ZPO 14
- gerichtlicher Vorschlag, verwaltungsgerichtliches Verfahren § 278a ZPO 11 ff.
- gerichtlicher Vorschlag, Zeitpunkt § 278a ZPO 21 ff.
- gerichtlicher Vorschlag, zivilgerichtliches Verfahren § 278a ZPO 6 ff.
- gerichtsintern § 2 MediationsG 8 f.
- getrennte Gespräche *s. a. unter Getrennte Gespräche* § 2 MediationsG 13, 95 ff.
- Grundsätze *s. a. unter Mediationsverfahren* § 2 MediationsG 7, 22 ff.
- Gütegedanke Einleitung 9
- Haftung *s. a. unter Haftung* § 2 MediationsG 1 ff.
- historische Entwicklung *s. a. unter Mediation – historische Entwicklung in Deutschland* Einleitung 27 ff.
- Informiertheit *s. a. unter Mediationsverfahren und unter Informiertheit* § 1 MediationsG 23 ff.; § 2 MediationsG 31 ff.
- Kosten *s. a. unter Kosten* § 2 MediationsG 47 ff.
- Lebenssachverhalt § 1 MediationsG 5
- Legaldefinition § 1 MediationsG 4 ff.
- Mediationsklauseln § 2 MediationsG 12
- Mediatior, Legaldefinition § 1 MediationsG 33
- Mediator, fehlende Entscheidungsmacht § 1 MediationsG 43 ff.
- Mediator, Führen der Parteien § 1 MediationsG 45 ff.
- Mediator, Grundberufe § 1 MediationsG 48 f.
- Mediator, Neutralität § 1 MediationsG 38 ff.
- Mediator, Unabhängigkeit § 1 MediationsG 34 ff.
- Mediator, zertifizierter § 1 MediationsG 50
- Mediatorenliste § 278a ZPO 43, 78
- Mustertext, Honorarvereinbarung § 1 MediationsG 55 f.
- Mustertext, Mediationsklausel § 1 MediationsG 51 ff.
- Neutralität *s. a. unter Mediationsverfahren und unter Neutralität* § 2 MediationsG 23 ff.
- Parteibegriff § 1 MediationsG 9
- passiv § 2 MediationsG 30
- rechtlicher Rahmen § 1 MediationsG 26 ff.
- Schwierigkeiten in Bausachen **Andere Verfahren** V. 26

Sachregister

- Selbstverantwortlichkeit *s. a. unter Mediationsverfahren und unter Selbstverantwortlichkeit* § 2 MediationsG 29 f.
- Vereinbarung *s. a. unter Vereinbarung* § 2 MediationsG 126 ff.
- Verfahrensprinzipien § 1 MediationsG 16 ff.
- Vertraulichkeit *s. a. unter Mediationsverfahren und unter Informiertheit* § 1 MediationsG 16 ff.; § 2 MediationsG 37 ff.

Mediation-Adjudikation (MedAdj) Andere Verfahren V. 23

Mediation – Arbeitsgerichtsprozess § 54a ArbGG 1 ff.
- Abgrenzung zum Einigungsstellenverfahren § 54a ArbGG 42
- Adressatenkreis § 54a ArbGG 4 f.
- Aussetzung des Verfahrens § 55 ArbGG 3 ff.
- Berufungsverfahren § 64 ArbGG 1 ff.
- Beschlussverfahren § 80 ArbGG 1 ff.
- Beschwerdeverfahren § 87 ArbGG 1 ff.
- Entscheidung der Parteien § 54a ArbGG 43 ff.
- Ermessen § 54a ArbGG 6 ff.
- Form § 54a ArbGG 15 ff.
- Fortsetzung des Verfahrens § 54a ArbGG 51 ff.
- gerichtliche Wiederaufnahme § 54a ArbGG 54 ff.
- gerichtlicher Ruhensbeschluss § 54a ArbGG 47 ff.
- gerichtlicher Vorschlag § 54a ArbGG 4 ff.
- Ruhen des Verfahrens § 55 ArbGG 6 ff.
- Vergleich § 83a ArbGG 1 ff.
- Vorsitzendenentscheidung § 55 ArbGG 1 ff.
- Zeitpunkt § 54a ArbGG 1 ff.

Mediation – Entwicklung auf Europäischer Ebene Einleitung 58 ff.

Mediation – familiengerichtliches Verfahren
- Adressatenkreis § 36a FamFG 4 ff.
- Anwendungsbereich § 36a FamFG 69
- Aussetzung des Verfahrens § 36a FamFG 63 ff.
- Entscheidung der Beteiligten § 36a FamFG 60 ff.
- Ermessen § 36a FamFG 8 ff.
- Form § 36a FamFG 25 ff.
- gerichtliche Anordnungs- und Genehmigungsvorbehalte § 36a FamFG 67 ff.
- gerichtlicher Vorschlag § 36a FamFG 4 ff.
- Gewaltschutzsachen § 36a FamFG 13 ff.

Sachregister

- Regelungsgegenstand und Zweck **§ 36a FamFG** 1 ff.
- Zeitpunkt **§ 36a FamFG** 16 ff.

Mediation – historische Entwicklung in Deutschland Einleitung 27 ff.
- Alternativen in der Ziviljustiz – 1977 **Einleitung** 27
- Aus- und Weiterbildung **Einleitung** 29
- Bundesgerichtshof **Einleitung** 56
- Bundesverfassungsgericht **Einleitung** 56 f.
- Erfahrungsberichte aus USA **Einleitung** 28
- Förderung und Projekte auf Bundes- und Landesebene *s. a. unter Projekte* **Einleitung** 38 ff.
- Gesetz zur Neuordnung des Kinder- und Jugendhilferechts (KJHG) **Einleitung** 29
- Gründung erster Fachverbände – 1992 *s. a. unter Fachverbände* **Einleitung** 30 ff.
- KON:SENS und Zeitschrift für Konfliktmanagement ZKM **Einleitung** 36
- OSZE Übereinkommen über Vergleichs- und Schiedsverfahren **Einleitung** 31
- Projekte zu alternativen Verfahren *s. a. unter Alternative Verfahren* **Einleitung** 32 ff.
- Rechtsanwaltschaft und Juristenausbildung *s. a. unter Mediationsausbildung* **Einleitung** 35 ff.
- Stuttgarter Modell **Einleitung** 28

Mediation – Nationales Gesetzgebungsverfahren Einleitung 60 ff.
- Anträge der Bundesländer **Einleitung** 65
- Ausbildung **Einleitung** 64, 66
- außergerichtliche Mediation **Einleitung** 61, 72
- Beschlussempfehlung v. 1.12.2011 **Einleitung** 69
- Bundesrat **Einleitung** 65 ff., 71 ff.
- Bundesregierung **Einleitung** 63 ff., 65
- Bundestag **Einleitung** 71 ff.
- EU Med-RL 2008/52/EG **Einleitung** 60
- gerichtsinterne Mediation **Einleitung** 61 f., 64, 66 ff., 71 f.
- gerichtsnahe Mediation **Einleitung** 61, 63
- Gesetzesentwurf 12.1.2011 **Einleitung** 63
- Güterichter **Einleitung** 69 ff., 73
- Inkrafttreten des MediationsG **Einleitung** 75
- Rechtsausschuss **Einleitung** 65 ff., 71 ff.
- Referentenentwurf 19.7.2010 **Einleitung** 61
- richterliche Mediation **Einleitung** 61

Sachregister

- Stellungnahmen **Einleitung** 61 ff.
- Verabschiedung des Gesetzes **Einleitung** 71 f., 74
- Vermittlungsausschuss **Einleitung** 72 f.

Mediation Window Andere Verfahren II. 52, 107; **Methodik** V. 4

Mediationsabschlussvereinbarung § 2 **MediationsG** 78, 150 ff.
- Begriff § 2 **MediationsG** 78, 150 ff.
- Dokumentation § 2 **MediationsG** 149, 156
- Formulierungsvorschlag § 2 **MediationsG** 157 ff.
- rechtlicher Charakter § 2 **MediationsG** 153 f.
- Schriftform § 2 **MediationsG** 155
- Vollstreckbarkeit § 2 **MediationsG** 153

Mediationsausbildung Einleitung 35 ff.
- Berufsordnung der Rechtsanwälte (BORA) **Einleitung** 35 f.
- Gesetz zur Reform der Juristenausbildung v. 11.7.2002 **Einleitung** 37
- Mediation als anwaltliche Tätigkeit **Einleitung** 35
- Rechtsanwaltsvergütungsgesetz (RVG) **Einleitung** 37

Mediationsfähigkeit Methodik V. 9
- des Streitgegenstandes im Gesellschaftsrecht **Methodik** V. 9

Mediationsklauseln § 2 **MediationsG** 12

Mediationskostenhilfe *s. a. unter Förderung* § 7 **MediationsG** 1 ff.

Mediationsprojekte auf Bundes – und Landesebene Einleitung 39 ff.

Mediationsvereinbarung § 2 **MediationsG** 78

Mediationsverfahren
- Ablauf § 2 **MediationsG** 40
- Allparteilichkeit § 2 **MediationsG** 27
- Ausschlussgründe § 2 **MediationsG** 24 f.
- Dauer § 2 **MediationsG** 44 ff.
- Freiwilligkeit § 2 **MediationsG** 28, 72 ff.
- Gerichtsverfahren § 2 **MediationsG** 46
- Grundsätze § 2 **MediationsG** 7, 9, 22 ff.
- Informiertheit *s. a. unter Informiertheit* § 2 **MediationsG** 31 ff.
- Mindestnorm § 2 **MediationsG** 1
- Neutralität *s. a. unter Neutralität* § 2 **MediationsG** 23 ff., 83 ff.
- Phasen § 2 **MediationsG** 41 f.
- Selbstbestimmungsrecht § 2 **MediationsG** 7, 9, 11

Sachregister

- Selbstverantwortlichkeit § 2 MediationsG 29 f.
- Teilnehmer § 2 MediationsG 43, 103 ff.
- Unabhängigkeit § 2 MediationsG 24 f.
- Vertraulichkeit *s. a. unter Informiertheit* § 2 MediationsG 32, 37 ff.
- zeitliche Abfolge § 2 MediationsG 44 f.

Mediationsverfahrensvereinbarung § 2 MediationsG 26, 78

Mediator
- Ablehnung § 2 MediationsG 10 f.
- Aufgaben § 2 MediationsG 1
- Ausschlussgründe § 2 MediationsG 24 f.
- Auswahl des Mediators § 2 MediationsG 7 ff.
- Begriff **Einleitung** 4
- Einbindung der Parteien § 2 MediationsG 88 ff.
- Förderung der Kommunikation § 2 MediationsG 86 ff.
- Gewährleistung § 2 MediationsG 17 ff., 71 f., 88, 90 ff.
- Informationsgespräch *s. a. unter Informationsgespräch* § 2 MediationsG 13 ff., 70, 72
- Informationspflichten *s. a. unter Informationspflichten* § 3 MediationsG 1 ff.
- Neutralität *s. a. unter Neutralität* § 2 MediationsG 24 f., 83 ff.
- Offenbarungspflichten *s. a. unter Offenbarungspflicht* § 3 MediationsG 1 ff.
- Pflichten § 2 MediationsG 1 f., 13 ff.
- Prüfungspflicht § 3 MediationsG 47 ff., 101
- Rechtsinformation durch den Mediator *s. a. unter Rechtsinformation* § 2 MediationsG 143 ff.
- Tätigkeitsbeschränkung *s. a. unter Tätigkeitsbeschränkung* § 3 MediationsG 1 ff.
- Tätigkeitsverbot *s. a. unter Tätigkeitsverbot* § 3 MediationsG 1 ff.
- Unabhängigkeit § 2 MediationsG 24
- Vergewisserung § 2 MediationsG 13, 16, 71 f., 164
- Verhältnis zu Parteien § 2 MediationsG 83 ff.
- Verpflichtung (gleichermaßen verpflichtet) § 2 MediationsG 83 ff.
- Vorschlag Dritter § 2 MediationsG 7 ff.
- zertifizierter § 1 MediationsG 50

Mediatorenliste § 278a ZPO 43, 49, 78

Mediatorenvertrag § 2 MediationsG 23, 40, 78

Mehrdimensionalität des Konflikts Methodik I. 20

Sachregister

Mehrere Rechtsgebiete Methodik V. 17

Mehrheitsgesellschafter
– Konflikt mit Minderheitsgesellschaftern **Methodik V. 8**

Meta-Kommunikation Methodik I. 61

Mietrecht Methodik V. 48 ff.
– typische Konfliktfelder **Methodik V. 49**

Minderheitsgesellschafter
– Konflikt mit Mehrheitsgesellschaftern **Methodik V. 8**

Mini-Trial
– Überblick **Andere Verfahren I. 19 ff.**

Moderation
– Überblick **Andere Verfahren I. 5 ff.**

Moralvorstellung Methodik I. 29

Multi-Door-Courthouse Methodik II. 6

Musterschiedsklauseln Andere Verfahren VII. 31

Nachbarrecht Methodik V. 44 ff.
– konkrete Streitgegenstände **Methodik V. 45**

Nachlassgericht
– Mediation durch das **Methodik V. 32**

Nachlassplanung
– einvernehmliche **Methodik V. 22 f.**

Nachweisführung Andere Verfahren II. 22

Naturschutzrecht Methodik V. 55

Neutralität § 3 MediationsG 1 f., 4 f., 10 f., 22 ff., 30, 37; **Methodik II. 28 ff.**
– des Mediators § 2 **MediationsG** 24 f., 83 ff.
– des Verfahrens § 2 **MediationsG** 26 f.
– Einzelgespräche § 2 **MediationsG** 98 ff.
– Mediatorenvertrag, Mediatorenvereinbarung § 2 **MediationsG** 23, 26
– relative Neutralität § 2 **MediationsG** 26

New York Convention Andere Verfahren VII. 17

Niedersachsen Einleitung 40 f.

Nonverbales Verhalten Methodik I. 53

Nordrhein-Westfalen Einleitung 49

Obligatorisches Güteverfahren Einleitung 12 ff.
– Öffnungsklausel des § 15 a EGZPO *s. a. unter Öffnungsklausel des § 15 a EGZPO* **Einleitung 21 ff.**

Obstruktion Andere Verfahren II. 64

Öffentliches Recht Methodik V. 53 ff.

Sachregister

Öffnungsklausel des § 15 a EGZPO Einleitung 21 ff.
- Baden-Württemberg Einleitung 24
- Bayern Einleitung 24
- Brandenburg Einleitung 24
- gesetzliche Umsetzung in den Bundesländern Einleitung 23 ff.
- Gleichbehandlungsgesetz Einleitung 23
- Hamburg Einleitung 24
- Hessen Einleitung 24
- Niedersachsen Einleitung 24
- Nordrhein-Westfalen Einleitung 24
- Saarland Einleitung 24
- Sachsen-Anhalt Einleitung 24
- Schleswig-Holstein Einleitung 24
- Streitschlichtungsstellen Einleitung 21

Offenbarungspflichten § 3 MediationsG 7 ff.
- Adressat § 3 MediationsG 3, 9
- andere Berufe § 3 MediationsG 4, 8
- Bundesgerichtshof § 3 MediationsG 7
- Dokumentation § 3 MediationsG 100
- EU Med-RL 2008/52/EG § 3 MediationsG 6
- Europäischer Verhaltenskodex für Mediatoren § 3 MediationsG 6
- Hinweise für Praxis § 3 MediationsG 99 ff.
- Inhalt *s. a. unter Umstände* § 3 MediationsG 15 ff.
- Inkompatibilität § 3 MediationsG 29
- Neutralität § 3 MediationsG 22 ff.
- persönliche Verbindung § 3 MediationsG 25 ff.
- Rechtsanwalt § 3 MediationsG 4
- Schiedsrichter § 3 MediationsG 8
- Tätigkeitsverbot *s. a. unter Tätigkeitsverbot* § 3 MediationsG 4
- Umfang *s. a. unter Umstände* § 3 MediationsG 10 ff.
- Umstände *s. a. unter Umstände* § 3 MediationsG 1 ff.
- Unabhängigkeit *s. a. unter Unabhägigkeit* § 3 MediationsG 1 f., 4, 6, 10 f.
- Verschwiegenheitspflicht § 3 MediationsG 12
- Zeitpunkt § 3 MediationsG 13 f.

Ombudsmann
- Überblick Andere Verfahren I. 43 ff.

Online-Mediation Methodik IV. 47 ff.
- Ausblick Methodik IV. 68
- Computerprogramme Methodik IV. 54

Sachregister

- Durchführung, Phasenmodell **Methodik IV.** 61 ff.
- Einsatzmöglichkeiten **Methodik IV.** 52 ff.
- Indikation **Methodik IV.** 60
- partiell online geführt **Methodik IV.** 56
- Probleme **Methodik IV.** 51
- Risiken **Methodik IV.** 51
- Setting **Methodik IV.** 59
- vollständig online geführt **Methodik IV.** 55
- Vorteile **Methodik IV.** 49 ff.

Opportunismus Andere Verfahren II. 15, 24, 59, 63, 77, 114

Ordre public
- Gefährdung des Kindeswohls **§ 4 MediationsG** 34 ff.
- physische Integrität **§ 4 MediationsG** 37 ff.
- psychische Integrität **§ 4 MediationsG** 40
- vorrangige Gründe öffentlicher Ordnung **§ 4 MediationsG** 32 f.

Organhaftungsansprüche
- Streitigkeiten der Gesellschaft mit ihren Organen über **Methodik V.** 8

Paradigmenwechsel in der Rechtspolitik Methodik II. 6
Paralleles Mediationsverfahren Andere Verfahren VII. 62
Paraphrasieren Methodik II. 61

Parteien
- Auswahl des Mediators **§ 2 MediationsG** 7 ff.
- Dispensierung der Tätigkeitsbeschränkung *s. a. unter Dispensierung* **§ 3 MediationsG** 4, 30 ff., 71
- eigenverantwortliche Kommunikation **§ 2 MediationsG** 11 ff.
- Eigenverantwortlichkeit **§ 2 MediationsG** 7 ff., 20, 29 f.
- Einbindung in die Mediation *s. a. unter Einbindung der Parteien* **§ 2 MediationsG** 88 ff.
- Einigung **§ 2 MediationsG** 125 ff.
- Freiwilligkeit **§ 2 MediationsG** 72
- getrennte Gespräche **§ 2 MediationsG** 95 ff.
- Kenntnis aller Umstände **§ 3 MediationsG** 31
- Selbstbestimmungsrecht **§ 2 MediationsG** 7, 9
- Teilnahme **§ 2 MediationsG** 13
- Verständnis **§ 2 MediationsG** 16
- volle Informiertheit **§ 2 MediationsG** 17 ff., 31, 40, 138

Perspektivenwechsel Methodik II. 50
Pflichtteilsrecht Methodik V. 26, 29
Planfeststellungsverfahren Methodik V. 55

Sachregister

Präkluobstruktion sionsfrist Andere Verfahren IV. 12

Präsidium
- gerichtlicher Mediator § 9 MediationsG 11
- Güterichter § 278 ZPO 48

Privatklageverfahren Methodik V. 58

Produkthaftpflichtrecht Methodik V. 52

Protokollpflicht, Ausnahme
- Güterichter § 159 ZPO 6
- Mustertext Protokoll, Güterichter § 159 ZPO 25
- Protokollpflicht bei übereinstimmendem Antrag § 159 ZPO 9 ff.
- Regelungsgegenstand und Zweck § 159 ZPO 1 ff.
- Verstoß gegen Protokollersuchen § 159 ZPO 19 f.

Rechtsfolgen Andere Verfahren II. 22

Rechtsfremde Aspekte Andere Verfahren II. 96

Rechtsfriedensbewegung Einleitung 11

Rechtsinformation durch den Mediator § 2 MediationsG 143 ff.
- Abgrenzung zu Rechtsdienstleistungsgesetz § 2 MediationsG 144 ff.
- Abschlussvereinbarung § 2 MediationsG 146
- Haftung § 2 MediationsG 148
- Neutralität § 2 MediationsG 147

Rechtsschutz Andere Verfahren II. 116
- Hemmnis Andere Verfahren II. 36, 65, 68

Rechtsschutzversicherung
- Kosten § 2 MediationsG 56

Reframing Methodik II. 65

Regensburger Justizprojekt Einleitung 33

Residualverluste Andere Verfahren II. 83 ff.

Ressourcen Andere Verfahren II. 5, 7, 12, 41, 84
- Aufwand Andere Verfahren II. 51

Rheinland-Pfalz Einleitung 44

Richterliche Mediation Einleitung 49

Rückforderungsprozess Andere Verfahren V. 8

Saarland Einleitung 54

Sachebene Methodik I. 25, 47

Sachsen Einleitung 55

Sachsen-Anhalt Einleitung 48

Sachverhaltsermittlung Andere Verfahren II. 29 f.

Sachregister

Sachverhaltsidentität § 3 MediationsG 43 ff.
– andere Berufsgruppen § 3 MediationsG 45
– Beispiele § 3 MediationsG 44
– dieselbe Sache § 3 MediationsG 43
– Rechtsanwalt § 3 MediationsG 46

Sanierung des Unternehmens Methodik V. 8, 11 ff.
– außergerichtliche **Methodik** V. 12
– gerichtlich überwachte **Methodik** V. 13

Sanktionierbarkeit Andere Verfahren II. 22

Schiedsgericht Andere Verfahren VII. 40 ff.
– Bildung **Andere Verfahren** VII. 40 ff.

Schiedsgerichtliches Verfahren
– Überblick **Andere Verfahren** I. 32 ff.

Schiedsgerichtsbarkeit Andere Verfahren VII. 1 ff.
– Abgrenzung zu Schiedsgutachten **Andere Verfahren** VII. 15
– Abgrenzung zur Mediation **Andere Verfahren** VII. 14
– Begriff **Andere Verfahren** VII. 1
– Charakteristika **Andere Verfahren** VII. 4 ff.
– rechtsdogmatische Grundlagen **Andere Verfahren** VII. 3
– Rechtsquellen **Andere Verfahren** VII. 16 f.
– verfassungsrechtliche Zulässigkeit **Andere Verfahren** VII. 3
– Verhältnis zur staatlichen Gerichtsbarkeit **Andere Verfahren** VII. 11 ff.

Schiedsgutachten Andere Verfahren II. 82
– Abgrenzung von Entscheidungsmaßstab und Bindungswirkung **Andere Verfahren** VI. 30
– Abgrenzung zum Schiedsgerichtsverfahren **Andere Verfahren** VI. 1, 6
– Abwägungsvorgang **Andere Verfahren** VI. 28
– Änderung der Entscheidung **Andere Verfahren** VI. 52
– Aufhebung **Andere Verfahren** VI. 69
– aufschiebend bedingtes **Andere Verfahren** IV. 9
– Beschleunigungsmaxime **Andere Verfahren** VI. 22
– Begründung der Entscheidung **Andere Verfahren** VI. 52
– Beispiel **Andere Verfahren** VI. 80
– billiges Ermessen **Andere Verfahren** VI. 27
– Bindungswirkung **Andere Verfahren** VI. 26, 55

Sachregister

- Definition **Andere Verfahren VI.** 1
- Eilverfahren **Andere Verfahren VI.** 62
- Einzelgespräch **Andere Verfahren VI.** 18
- Enscheidungsmaßstab **Andere Verfahren VI.** 26
- Entscheidung nach Aktenlage **Andere Verfahren VI.** 24
- Ermessen **Andere Verfahren VI.** 20
- Ersatzbestimmung **Andere Verfahren VI.** 60
- Fehler im Ergebnis **Andere Verfahren VI.** 41
- freies Belieben **Andere Verfahren VI.** 46
- freies Ermessen **Andere Verfahren VI.** 44
- gerichtliche Durchsetzung **Andere Verfahren VI.** 73
- Grenzen der Bindungswirkung **Andere Verfahren VI.** 32
- Haftung des Bürgen **Andere Verfahren VI.** 78
- im engeren und weiteren Sinn **Andere Verfahren VI.** 4
- kontradiktorische Elemente **Andere Verfahren VI.** 21
- maßgeblicher Sachverhalt **Andere Verfahren VI.** 16
- methodische Fehler bei der Gutachtenerstellung **Andere Verfahren VI.** 35
- ohne Bindungswirkung **Andere Verfahren IV.** 5
- pactum de non petendo **Andere Verfahren VI.** 62
- rechtliche Beurteilung **Andere Verfahren VI.** 8
- rechtliche Beurteilungsfehler **Andere Verfahren VI.** 40
- rechtsdogmatische Einordnung **Andere Verfahren VI.** 4
- Regelung der ZPO **Andere Verfahren VI.** 17
- Säumnis **Andere Verfahren VI.** 24
- selbständiges Beweisverfahren **Andere Verfahren VI.** 62
- Teilunverbindlichkeit **Andere Verfahren VI.** 33
- Überblick **Andere Verfahren I.** 29 ff.
- unstreitiger Parteivortrag **Andere Verfahren VI.** 19
- Urkundenprozess **Andere Verfahren VI.** 75
- Verfahrensfehler **Andere Verfahren VI.** 38
- Verfahrensgarantien **Andere Verfahren VI.** 56
- Verfahrenskosten **Andere Verfahren VI.** 72

Sachregister

- Verzögerung **Andere Verfahren VI.** 60
- Vorgaben für die Ermessensausübung **Andere Verfahren VI.** 26
- vorläufige Verbindlichkeit **Andere Verfahren VI.** 51
- Zeitpunkt **Andere Verfahren VI.** 25

Schiedsgutachter
- Befangenheitsgrund **Andere Verfahren VI.** 15
- Benennung **Andere Verfahren VI.** 10
- Unabhängigkeit **Andere Verfahren VI.** 12
- Verfahren zur Benennung **Andere Verfahren VI.** 10

Schiedsinstitutionen Andere Verfahren VII. 28 ff.

Schiedsordnungen Andere Verfahren VII. 31
- DIS-Schiedsgerichtsordnung **Andere Verfahren VII.** 64
- ICC-Schiedsgerichtsordnung **Andere Verfahren VII.** 64
- UNCITRAL Arbitration Rules **Andere Verfahren VII.** 33, 65

Schiedsrichter Andere Verfahren VII. 40

Schiedsspruch Andere Verfahren VII. 48 ff.
- Aufhebung **Andere Verfahren VII.** 51 ff.
- Form **Andere Verfahren VII.** 48
- Kostenentscheidung **Andere Verfahren VII.** 49
- Schiedsspruch mit vereinbartem Wortlaut **Andere Verfahren VII.** 50
- Vollstreckbarerklärung **Andere Verfahren VII.** 54 f.

Schiedsvereinbarung Andere Verfahren VII. 18
- Form **Andere Verfahren VII.** 24 ff.
- Inhalt **Andere Verfahren VII.** 22 f.
- objektive Schiedsfähigkeit **Andere Verfahren VII.** 20
- subjektive Schiedsfähigkeit **Andere Verfahren VII.** 21

Schiedsverfahren Andere Verfahren VII. 34 ff.
- Ablauf **Andere Verfahren VII.** 38 ff.
- Ausgestaltung **Andere Verfahren VII.** 34 ff.
- Beweiserhebung **Andere Verfahren VII.** 47
- mündliche Verhandlung **Andere Verfahren VII.** 46
- Schiedsklage **Andere Verfahren VII.** 44
- Verfahrensdauer **Andere Verfahren VII.** 8
- Verfahrenskosten **Andere Verfahren VII.** 49

Sachregister

- vorläufige/sichernde Maßnahmen **Andere Verfahren VII.** 13
- **Schleswig Holstein Einleitung** 47
- **Schlichtung Andere Verfahren IV.** 1, 4
- obligatorische **Andere Verfahren IV.** 3
- Überblick **Andere Verfahren I.** 13 f.
- Wirkung **Andere Verfahren V.** 35

Schlichtungsklausel
- Anforderungen **Andere Verfahren IV.** 25
- Beispiel **Andere Verfahren IV.** 26

Schlichtungsstellen
- nach Branchen **Andere Verfahren IV.** 27

Schlichtungsverfahren
- Vergleichsvertrag **Andere Verfahren IV.** 7
- Widerspruch **Andere Verfahren IV.** 8

Schuldrecht
- allgemeines **Methodik V.** 52

Selbstbestimmung Methodik II. 9

Selbstbestimmungsrecht § 2 MediationsG 7, 9

Selbstbild Methodik I. 33, 51

Selbstverantwortlichkeit
- Prinzip **§ 2 MediationsG** 29
- Umfang **§ 2 MediationsG** 30

Semi-obligatorische Güteverhandlung § 278 ZPO 20

Setting Methodik II. 69 ff.

Solon Einleitung 2

Sonstiges Wirtschaftsrecht Methodik V. 17 ff.

Soziale Kontextbezogenheit Methodik I. 20

Sozialer Konflikt
- Theorie des sozialen Konflikts **Methodik I.** 16 ff.

Sozialgerichtliches Verfahren
- andere Verfahren außergerichtlicher Konfliktbeilegung **§ 202 SGG** 101 ff.
- gerichtliche Mediaton im Übergangszeitraum **§ 202 SGG** 106 ff.
- Güterichter **§ 202 SGG** 27 ff.
- Güterichter, mögliche Ergebnisse **§ 202 SGG** 59 ff.
- Güterichter, Verfahrensablauf **§ 202 SGG** 34 ff.
- Güterichter, Verweisung durch Gericht **§ 202 SGG** 31
- Güterichter, Vorgehensweise **§ 202 SGG** 47 ff.
- Güterichter, Zeugnisverweigerungsrecht **§ 202 SGG** 66
- Inkompatibilität für Richter **§ 202 SGG** 6 ff.
- Inkompatibilität für Richter, Sachidentität **§ 202 SGG** 12
- Inkompatibilität für Richter, verfahrensrechtliche Konsequenzen **§ 202 SGG** 13 f.
- Klageschrift **§ 202 SGG** 22 ff.

Sachregister

- Klageschrift, Angaben über bisherige oder zukünftige Konfliktlösungsversuche § 202 SGG 24
- Klageschrift, Angaben über entgegenstehende Gründe § 202 SGG 25 f.
- Klageschrift, Sollvorschrift § 202 SGG 26
- Mediation § 202 SGG 69 ff.
- Mediation, Entscheidung der Beteiligten § 202 SGG 111 ff.
- Mediation, gerichtlicher Ruhensbeschluss § 202 SGG 115 ff.
- Mediation, gerichtlicher Vorschlag § 202 SGG 71 f.
- Mediation, gerichtlicher Vorschlag, Ermessen § 202 SGG 73 ff.
- Mediation, gerichtlicher Vorschlag, Form § 202 SGG 83 ff.
- Mediation, gerichtlicher Vorschlag, formale und inhaltliche Kriterien § 202 SGG 97 ff.
- Mediation, gerichtlicher Vorschlag, Zeitpunkt § 202 SGG 78 ff.
- Verweisungsnorm § 202 SGG 1 ff.
- Wegfall der Protokollpflicht § 202 SGG 15 ff.
- Wegfall der Protokollpflicht, Adressat der Vorschrift § 202 SGG 17
- Wegfall der Protokollpflicht, keine Anwendbarkeit § 202 SGG 20

Sozialisation Methodik I. 49

Sozialrecht Methodik V. 56
Steuerrecht Methodik V. 57
Strafrecht Methodik V. 58 ff.
Streitbeilegung Andere Verfahren V. 37
- baubegleitende **Andere Verfahren** V. 15
- effiziente **Andere Verfahren** V. 16

Streitbeilegungsmechanismen
- Aufgabe von **Methodik** V. 19
- Gleichwertigkeit aller **Methodik** V. 19

Streitentscheidung Andere Verfahren II. 31
Stuttgarter Modell Einleitung 28
Stuttgarter Modellversuch Einleitung 39
Subjektive Wahrnehmung Methodik I. 50
Sühnetermin Einleitung 10
Sühneversuch Einleitung 10 f.
- Rechtsfriedensbewegung **Einleitung** 11

Summarische Prüfung
- Adjudikation **Andere Verfahren** V. 10
- SL-Bau **Andere Verfahren** V. 10

Systematisches Baukonfliktmanagement
- Verzahnung mit anderen ADR-Verfahren **Andere Verfahren** V. 22

Sachregister

Täter-Opfer-Ausgleich Methodik V. 58, 60 f.

Tätigkeitsbeschränkung § 3 MediationsG 4, 15 ff.
- Dispensierung durch Parteien *s. a. unter Dispensierung* § 3 MediationsG 4, 30 ff., 71
- eigenes Interesse § 3 MediationsG 20 ff.
- geschäftliche Verbindungen § 3 MediationsG 17 ff.
- Inkompatibilität § 3 MediationsG 29
- Neutralität § 3 MediationsG 22 ff.
- persönliche Verbindungen § 3 MediationsG 25 ff.
- Unabhängigkeit § 3 MediationsG 16 ff.

Tätigkeitsverbot
- Berufsausübungs- oder Bürogemeinschaft *s. a. unter Berufsausübungs- oder Bürogemeinschaft* § 3 MediationsG 4, 57 ff.
- Bundesverfassungsgericht § 3 MediationsG 58
- EU Med-RL 2008/52/EG § 3 MediationsG 6
- europäischer Verhaltenskodex für Mediatoren § 3 MediationsG 6
- nicht abdingbare Tätigkeitsbeschränkung § 3 MediationsG 4, 37 ff.
- Prüfungspflicht des Mediators § 3 MediationsG 47 ff., 101
- Rechtsanwalt § 3 MediationsG 4, 39 ff., 57 ff.
- Sachverhaltsidentität *s. a. unter Sachverhaltsidentität* § 3 MediationsG 43 ff.
- Tätigwerden für eine Partei § 3 MediationsG 39 ff.
- vor der Mediation (Vorbefassung) § 3 MediationsG 38, 57 ff.
- während oder nach der Mediation § 3 MediationsG 51 ff.
- Zeitraum § 3 MediationsG 51 ff.
- Zustimmung der Parteien § 3 MediationsG 56

Tenorierung Andere Verfahren II. 38, 62, 70

Testamentsvollstreckung Methodik V. 30

Testierfreiheit
- Beschränkungen der Methodik V. 22, 25

Thüringen Einleitung 51

Transaktionskosten Andere Verfahren II. 33 ff., 60, 65, 69

Transparenz Methodik II. 22 f.

Trennungen von Gesellschaftern Methodik V. 7

Treu und Glauben Andere Verfahren II. 92

Sachregister

Übergangsbestimmung
- Abgrenzung gerichtlicher Mediator und Güterichter § 9 MediationsG 14
- Fachgerichtsbarkeiten § 9 MediationsG 18 ff.
- gerichtlicher Mediator, Geschäftsverteilung § 9 MediationsG 19 ff.
- gerichtlicher Mediator, Status § 9 MediationsG 10 ff.
- gerichtlicher Mediator, zeitliche Limitierung § 9 MediationsG 9
- Geschäftsverteilung, Mustertext § 9 MediationsG 20 ff.
- Regelungsgegenstand und Zweck § 9 MediationsG 1 ff.
- Weiterführung gerichtlicher Mediationen § 9 MediationsG 6 ff.
- zeitliche Begrenzung des Begriffs »gerichtlicher Mediator« § 9 MediationsG 9

Umgangsregelung
- Anhörung § 156 FamFG 21
- Rechtsmittel § 156 FamFG 22

Umstände
- Bundesgerichtshof § 3 MediationsG 7
- eigenes Interesse § 3 MediationsG 20 ff.
- geschäftliche Verbindungen § 3 MediationsG 17 ff.
- Inkompatibilität § 3 MediationsG 29
- Neutralität § 3 MediationsG 22 ff.
- parteiobjektivierter Maßstab § 3 MediationsG 10
- persönliche Verbindungen § 3 MediationsG 25 ff.
- Schiedsrichter § 3 MediationsG 10
- subjektiver Maßstab § 3 MediationsG 10 f.
- Unabhängigkeit § 3 MediationsG 16 ff.
- Verschwiegenheitspflicht § 3 MediationsG 12

Unabhängigkeit § 3 MediationsG 1 f., 4, 6, 10 f., 16 ff., 30, 37
- eigenes Interesse § 3 MediationsG 20 ff.
- geschäftliche Verbindung § 3 MediationsG 17 ff.

UNCITRAL Arbitration Rules Andere Verfahren VII. 33

UNCITRAL-Modellgesetz Andere Verfahren VII. 16

Unterinvestition Andere Verfahren II. 78

Unternehmensinterne Streitigkeit Methodik V. 17

Unternehmenskaufverträge Methodik V. 8

Unternehmenskooperationen
- Konflikt im Rahmen von Methodik V. 17

Sachregister

Unternehmensnachfolge Methodik V. 30
– Familienunternehmen **Methodik V.** 17

Unternehmenssanierung *s. a. unter Sanierung des Unternehmens*

Urkundsverfahren Andere Verfahren II. 72

Verbraucher
– Streitigkeiten mit Beteiligung durch einen **Methodik V.** 52

Verbraucherinsolvenz Methodik V. 11

Verdeckte Sacheinlage
– Ansprüche im Anschluss an die **Methodik V.** 8

Vereinbarung § 2 MediationsG 126 ff.; **Andere Verfahren IV.** 2
– Abschlussvereinbarung **§ 2 MediationsG** 78, 150 ff.
– Berater **§ 2** *s. a. unter Berater* **§ 2** 132 ff.; **§ 2 MediationsG** 140
– Einigung **§ 2 MediationsG** 125
– Hinweispflicht **§ 2 MediationsG** 138 f.
– Kenntnis der Sachlage **§ 2 MediationsG** 128
– Rechtsinformation **§ 2 MediationsG** 143 ff.
– Schriftform **§ 2 MediationsG** 127
– Vergewisserung **§ 2 MediationsG** 130 f.
– Verständnis des Inhalts **§ 2 MediationsG** 129

Verfahren § 278 ZPO 20 ff.
– hybride **Andere Verfahren II.** 52

Verfahren für Baustreitigkeiten nach § 18 Abs. 2 VOB/B Andere Verfahren IV. 13

Verfahrensdauer Andere Verfahren II. 60

Verfahrenseinleitender Antrag nach FamFG
– Angaben über bisherige Konfliktlösungsversuche **§ 23 FamFG** 7
– Angaben über zukünftige Konfliktlösungsversuche **§ 23 FamFG** 8 f.
– Angaben über zukünftige Konfliktlösungsversuche, entgegenstehende Gründe **§ 23 FamFG** 10 f.
– Anwendbarkeit der Norm **§ 23 FamFG** 6 ff.
– Regelungsgegenstand und Zweck **§ 23 FamFG** 1 ff.
– Soll-Vorschrift **§ 23 FamFG** 13

Verfahrenseinleitung Andere Verfahren II. 31

Verfahrensgebühr
– Ermäßigung **§ 69b GKG** 1 ff.
– Ermäßigung, Ankündigung in der Klageschrift **§ 69b GKG** 33 f.
– Ermäßigung, Beendigung des gesamten Verfahrens **§ 69b GKG** 28
– Ermäßigung, gerichtlicher Vorschlag **§ 69b GKG** 35

Sachregister

- Ermäßigung, Rechtsmittelverfahren § 69b GKG 36
- Gebührentatbestände, Kostenverzeichnis § 69b GKG 13 ff.
- Klage- oder Antragsrücknahme § 69b GKG 25 ff.
- Ländereröffnungsklausel § 69b GKG 5

Verfahrensgebühr – familienrechtliches Verfahren
- Ermäßigung § 61a FamGKG 1 ff.
- Ermäßigung, Antragsrücknahme § 61a FamGKG 5 ff.
- Ermäßigung, Antragsverfahren § 61a FamGKG 4 ff.
- Ermäßigung, Beschwerdeverfahren § 61a FamGKG 12
- Ermäßigung, Umfang § 61a FamGKG 4 f.
- Ländereröffnungsklausel § 61a FamGKG 3

Verfahrensgestaltung Andere Verfahren II. 48, 117

Verfahrenskosten Andere Verfahren II. 37, 69 ff., 116

Verfahrensordnung Andere Verfahren II. 9, 47

Verfahrensorganisation Andere Verfahren II. 49

Verfahrensregelungen Andere Verfahren II. 47

Verfahrensrisiko Andere Verfahren II. 36, 66
- wirtschaftliches **Andere Verfahren** II. 36, 38

Verfahrensvereinbarung § 2 MediationsG 78 ff.
- Abgrenzung zu anderen Vereinbarungen § 2 MediationsG 78, 81
- Inhalt § 2 MediationsG 79 ff.
- Schriftform § 2 MediationsG 81
- Zeitpunkt § 2 MediationsG 82

Verfahrenswahl Andere Verfahren II. 10, 50

Verhaltensmuster Methodik I. 65

Verhandlungsmacht Andere Verfahren II. 54 ff., 59, 63, 65, 77, 89, 104, 111 f., 116, 122
- Ausgleich **Andere Verfahren** II. 67 ff., 107
- Verschiebung **Andere Verfahren** II. 54 ff., 65, 66

Verhandlungsposition Andere Verfahren II. 44, 54

Verifizierbarkeit Andere Verfahren II. 21, 41, 68

Verjährung Einführung ZPO 5
- Hemmung **Einführung ZPO** 6

Verlangen § 3 MediationsG 95

Verordnungsermächtigung für Aus- und Fortbildung
- Abschluss der Ausbildung § 6 MediationsG 32
- Anforderungen an Lehrkräfte § 6 MediationsG 30

Sachregister

- Ermächtigungsadressat § 6 MediationsG 6
- gesetzgeberische Erwartungen an Curriculum § 6 MediationsG 36 ff.
- Inhalt der Ausbildung § 6 MediationsG 17 ff.
- Inhalt der Fortbildung § 6 MediationsG 21 ff.
- Inhalt, Zweck und Ausmaß § 6 MediationsG 7 ff.
- Konkretisierung nach Satz 2 § 6 MediationsG 16 ff.
- Mindeststundenzahl § 6 MediationsG 23 ff.
- Regelungsbereich, abstrakt § 6 MediationsG 12 ff.
- Regelungsgegenstand und Zweck § 6 MediationsG 1 ff.
- Übergangsbestimmungen § 6 MediationsG 33 ff.
- vorgesehenes Inkrafttreten § 6 MediationsG 39 ff.
- zeitliche Abstände § 6 MediationsG 29
- Zertifizierung durch Aus- und Fortbildungseinrichtungen § 6 MediationsG 31

Verschwiegenheitspflicht § 4 MediationsG 6 ff.
- Dritte § 4 **MediationsG** 21 ff.
- Entbindung § 4 **MediationsG** 27
- fehlende Geheimhaltung § 4 MediationsG 41
- gesetzlicher Ausschluss § 4 MediationsG 28 ff.
- gesetzlicher Ausschluss, ordre public § 4 **MediationsG** 32 ff.
- Hilfspersonen § 4 **MediationsG** 17 ff.
- Informationspflicht über Umfang § 4 MediationsG 42 f.
- Inhalt § 4 **MediationsG** 6 ff.
- Mediator § 4 **MediationsG** 14 ff.
- Mustertext § 4 **MediationsG** 52
- Mustertext, Information § 4 MediationsG 48 f.
- Mustertext, Parteivereinbarung § 4 MediationsG 50 f.
- Parteien § 4 **MediationsG** 21 ff.
- Personenkreis § 4 **MediationsG** 14 ff.
- Sicherung der Vertraulichkeitsabrede § 4 **MediationsG** 45 f.
- Umfang § 4 **MediationsG** 6 ff., 25 f.
- Verstoß, Folgen § 4 MediationsG 44
- Zeugnisverweigerungsrecht § 4 MediationsG 9 ff.

Vertragsinteressen
- divergierende **Andere Verfahren** II. 3

Vertraulichkeit
- Beweisverwertungsverbot § 2 **MediationsG** 39
- Dritte § 2 **MediationsG** 108

Sachregister

- EU Med-RL 2008/52/EG § 2 MediationsG 38
- Geheimhaltung § 2 MediationsG 39
- Prinzip § 2 MediationsG 37
- Sanktionen § 2 MediationsG 39
- Zeugnisverweigerungsrecht § 2 MediationsG 38

Vertriebsrecht Methodik V. 10

Verwaltungsgerichtliches Verfahren

- andere Verfahren außergerichtlicher Konfliktbeilegung § 173 VwGO 100 ff.
- gerichtliche Mediaton im Übergangszeitraum § 173 VwGO 105 ff.
- Güterichter § 173 VwGO 27 ff.
- Güterichter, mögliche Ergebnisse § 173 VwGO 59 ff.
- Güterichter, Verfahrensablauf § 173 VwGO 34 ff.
- Güterichter, Verweisung durch Gericht § 173 VwGO 31
- Güterichter, Vorgehensweise § 173 VwGO 47 ff.
- Güterichter, Zeugnisverweigerungsrecht § 173 VwGO 66
- Inkompatibilität für Richter § 173 VwGO 6 ff.
- Inkompatibilität für Richter, Sachidentität § 173 VwGO 12
- Inkompatibilität für Richter, Verfahrensrechtliche Konsequenzen § 173 VwGO 13 f.
- Klageschrift § 173 VwGO 22 ff.
- Klageschrift, Angaben über bisherige oder zukünftige Konfliktlösungsversuche § 173 VwGO 24
- Klageschrift, Angaben über entgegenstehende Gründe § 173 VwGO 25 f.
- Klageschrift, Sollvorschrift § 173 VwGO 26
- Mediation § 173 VwGO 69 ff.
- Mediation, Entscheidung der Beteiligten § 173 VwGO 110 ff.
- Mediation, gerichtlicher Ruhensbeschluss § 173 VwGO 114 ff.
- Mediation, gerichtlicher Vorschlag § 173 VwGO 71 f.
- Mediation, gerichtlicher Vorschlag, Ermessen § 173 VwGO 73 ff.
- Mediation, gerichtlicher Vorschlag, Form § 173 VwGO 83 ff.
- Mediation, gerichtlicher Vorschlag, formale und inhaltliche Kriterien § 173 VwGO 96 ff.
- Mediation, gerichtlicher Vorschlag, Zeitpunkt § 173 VwGO 78 ff.
- Verweisungsnorm § 173 VwGO 1 ff.
- Wegfall der Protokollpflicht § 173 VwGO 15 ff.
- Wegfall der Protokollpflicht, Adressat der Vorschrift § 173 VwGO 17
- Wegfall der Protokollpflicht, keine Anwendbarkeit § 173 VwGO 20

Verwaltungsrecht Methodik V. 54 f.
- besonderes **Methodik V.** 55

Verwirkung Andere Verfahren IV. 10

Vier-Seiten-Modell Methodik I. 55

Vollstreckbarerklärung eines Schiedsspruchs Andere Verfahren VII. 54 f.

Vollstreckbarkeit
- durch die Landesjustizverwaltung eingerichtete oder anerkannte Gütestelle **Andere Verfahren IV.** 22
- eines im Schlichtungsverfahren ergangenen Vergleichs **Andere Verfahren IV.** 21
- sonstige Gütestellen **Andere Verfahren IV.** 23

Voraussicht
- unvollkommene **Andere Verfahren II.** 95

Vorläufige Bindung
- Rückforderungsprozess **Andere Verfahren V.** 8

Vorleistung Andere Verfahren II. 56 ff., 61, 72, 89

Vorrang- und Beschleunigungsgebot
- Aussetzung des Verfahrens § 155 FamFG 7, 9
- Informationsgespräch § 155 FamFG 2, 9
- Kindeswohl § 155 FamFG 3, 7
- Kindschaftssachen § 155 FamFG 1, 7
- Normenzusammenhang § 155 FamFG 2, 9
- Termin nach § 155 Abs. 2 § 155 FamFG 4 f.
- Wiederaufnahme des Verfahrens § 155 FamFG 7, 10 f.

Vorrang- und Beschleunigungsgebot § 156 FamFG 5, 18
- Verfahrenslage § 155 FamFG 3

Vorschlag
- Gericht, anderes Verfahren außergerichtlicher Konfliktbeilegung § 278a ZPO 44 ff.
- Gericht, gerichtsinterne Mediation § 278a ZPO 50 ff.
- Gericht, Mediation § 278a ZPO 35 ff.

Vorteile der Mediation
- außergerichtliche Unternehmenssanierung **Methodik V.** 12

Wandel und Fortschritt Methodik I. 13

Wertschöpfung Andere Verfahren II. 90 f., 97, 102 ff.

Wertschöpfungsproblem Andere Verfahren II. 90 f., 105

Westfälischer Frieden Einleitung 3

Widerspruch
- gegen das Schiedsgutachten **Andere Verfahren IV.** 12
- rechtzeitig **Andere Verfahren IV.** 12

Sachregister

Wiederaufnahme des Verfahrens
- Frist § 155 FamFG 10 f.
- Kindschaftssachen § 155 FamFG 7

Wiener Aktionsplan Europäische Regelungen I. 11

Wirtschaftsrecht Methodik V. 6 ff.

Wirtschaftsunternehmen
- Besonderheiten aus Sicht des Mediators bei Auseinandersetzungen zwischen **Methodik V. 18**

Wissenschaftliche Forschungsvorhaben *s. a. unter Forschungsvorhaben*

Wohnungseigentumsrecht Methodik V. 51

Zeitschrift für Konfliktmanagement ZKM Einleitung 36

Zertifizierter Mediator § 5 MediationsG 33 ff.
- Fortbildungsverpflichtung § 5 MediationsG 39
- Rechtsverordnung § 5 MediationsG 36 ff.

Zeugnisverweigerungsrecht § 2 MediationsG 38

Zivilrecht Methodik V. 3 ff.

Zustimmung der Parteien *s. a. unter Dispensierung* § 3 MediationsG 1 ff.

Zwischenfinanzierung Andere Verfahren II. 61